미완의 청산

한일회담 청구권 교섭의 세부 과정

미완의 청산

한일회담 청구권 교섭의
세부 과정

장박진 지음

역사공간

들어가며

이 책은 해방 후, 일본의 식민지 지배에서 연유하는 각종 과제 중에서도 대한민국이 그 핵심으로서 청산하려 한 이른바 청구권 문제의 전모를 그 세부 과정에 파고들어 밝히고자 하는 것이다. 특히 이 책이 강조하는 '세부 과정'이라고 함은 한국이 일본과의 과거처리와 관련해 구상한 각 구체적인 항목들을 짚어보고 그 항목들의 형성, 변용, 확립 등의 과정을 가능한 한 구체적으로 분석하는 것을 뜻한다.

이런 문제의식에 따라 이 연구가 대상으로 삼는 분석 기간은 해방 후로부터 한일 간의 과거처리 문제의 주된 전환점이 된 1962년 11월 김종필 – 오히라(大平正芳) 합의 무렵까지로 한다. 1965년 6월의 타결이 아니라 김종필 – 오히라 합의로 일단 선을 긋는 것은 바로 그 합의로 인해 한일 청구권 교섭의 성격이 근본적으로 달라졌다고 판단되기 때문이다. 실제 청구권 요구로부터 경제협력 방식으로 이행한 동 합의에 따라 그 후 한일교섭은 합의된 자금의 도입 조건이나 협정 규정의 내용 등을 조정하는 교섭으로 바뀌게 되어, 이 연구가 무게를 두고 밝히고자 하는 구체적인 요구 항목에 기초한 교섭이 진행되는 일은 완전히 사라졌다.

주지하는 바와 같이 한일회담은 전후 한일관계의 기초를 형성한 매우 중요한 외교 교섭이었다. 그것은 단절된 한일관계를 외교적으로 수복하는 중요한 계기였던 한편, 오늘날까지 이어지는 전후 양국 간의 불신과 갈등의 불씨가 도사리는 시발점이 되기도 했다. 특히 양국 사이에 놓인 이러한 불신과 갈등의 주된 대상이 이른바 청구권 문제로 알려진 한일 과거처리의 내용에서 유래되었음은 새삼 강조할 필요도 없다. 이로 인해 청구권 문제를 중심으로 한 한일회담에 대한 관심은 교섭 진행 당시부터 많았다. 특히 한국 국내에서는 이에 대한 비판의식으로부터 많은 담론이 표출되어 왔다. 그러나 한일회담에 대한 학술적인 검증이 본격적으로 진행된 것은 사실상 1990년대 중반에 접어들고 나서의 일이라고 해도 과오는 없다.

먼저 그 이전에는 알려져 있지 않았던 자료들을 발굴하면서 한일회담 연구를 '학술적'인 수준까지 끌어올린 것은 이원덕(1996); 다카사키(高崎宗司, 1996)의 노력에 의한 것이었다. 이들 연구 성과에 의해 자칫 감정적이고 주관적인 사견이 난무했던 한일회담에 대한 고찰이 냉정하고 객관적인 분석 대상으로 되었다. 청구권 교섭 연구에 큰 진전을 가져다준 것은 무엇보다 오타(太田修, 2003)의 공헌이다. 오타의 연구는 상세한 자료 분석에 의해 지금까지의 청구권 교섭의 이해와 틀을 구축했다고 해도 과언이 아니다. 요시자와(吉澤文壽, 2005)는 오타의 연구에서 다루어지지 않았던 차관 교섭의 동향이나 기본관계 교섭을 보완하면서 한일회담 연구를 보다 체계화하는 길을 열었다.

그 후 한일회담 연구 발전의 중요한 계기를 마련한 것은 2005년 한국정부에 의한 공식 문서 공개로 인한 조건 변화였다. 이에 따라 그 이전에는 들여다볼 수 없었던 한일회담에 임한 한국정부 내부의 움직임을 공식 문서를 통해서 확인할 수 있게 되었다. 박진희(2008)는 비록 이승만 정권하의 교섭에 한정했으나 이러한 연구 방향의 선구가 되었다. 저자 역시 청구권 문제와 기본관계 문제를 주제로 한일교섭에 임한 한국정부의 인식이나 대응 등을 분석함으로써 한일회담이 식민지 관계의 청산을 도모하는 회담이 아니라 오히려 그것을 역사 속에 묻어버리는 의미를 지닌 교섭이었음을 밝혔다.

이상의 성과들에 따라 한일회담 연구는 청구권 교섭의 역사적인 성격이나 배상·청구권·경제협력으로 이어진 교섭의 흐름, 그리고 그와 관련된 정치 교섭의 동향 등에 관해 많은 성과를 남겨 왔다고 평가할 수 있다.

그러나 많은 성과를 거둔 이러한 연구들 역시 청구권 교섭 연구의 토대가 되어야 하는 한국의 대일요구의 기초 단위까지 내려가 그 구체적인 항목의 형성, 변용, 확립 등을 고찰한 것은 아니다. 그 결과 한국의 구체적인 대일요구의 내용에 관해서는 각 논자의 문제의식에 따라 단편적으로 소개되었을 뿐, 그것을 해방 후로부터의 흐름 속에서 체계적으로 고찰하는 일은 없었다. 저자 역시 앞서 진행한 연구 과정에서 이 과제에 대한 규명이 필요하다고 실감하면서도 자료 해독의 어려움 등에 직면하여 거의 그 과제를 수행할 수 없었다.

그러나 식민지 관계에서 연유하는 한일 간의 과거처리 문제의 전모를 밝히기 위해서는 해방을 맞이한 한국이 언제쯤부터 구체적으로 어떤 대일과거처리 구상을 세웠으며, 그에 따라 일본에 대해 어떤 요구 내용을 마련하였는가, 또 그것은 그 후 특히 정권 교체 등을 거치면서 어떤 변용을 이루게 되었는가, 그리고 한국은 최종적으로 대일요구 항목들을 어떻게 구성했으며 또 어떤 근거로 제기했는가, 그리고 그것은 얼마만큼 '청구권'으로서의 근거를 가지고 있었는가 하는 등의 물음을 상세히 밝힐 필요가 있음은 덧붙여 강조할 필요도 없을 것이다.

또한 한일회담 연구에 남겨진 또 하나의 주요 과제는 일본정부의 동향을 자세히 분석하는 것이었다. 말할 나위도 없이 외교 교섭에 대한 연구는 그 교섭에 참여한 주체들에 대한 종합적인 분석을 통해서만 체계적이고 유기적인 규명이 가능해진다. 그럼에도 한일회담 연구는 그 분석의 축이 되는 공식 외교 문서가 먼저 한국에 의해 공개되었다는 영향을 받아, 한국정부의 대응에 대한 연구로부터 본격화되었다. 일본 측의 움직임이 포착되는 경우에도 그것은 적어도 공식 문서에 기초한 것으로서는 한국문서, 또는 미국의 관련 문서를 통한 간접적인 검증에 그칠 수밖에 없었다. 그러나 관련 연구자 및 시민운동가들의 노력으로 2008년 무렵부터는 일본 측 공식 문서 역시 본격적으로 공개되기 시작했으며 비록 아직 비공개 부분이 남아 있기는 하나 그 많은 부분을 열람할 수 있게 되었다. 이에 따라 드디어 한일회담에 임한 일본정부의 인식, 대응, 전략 등에 대한 포괄적인 분석이 일본 측 1차 자료를 통해 가능하게 되었다. 이와 같은 극적인 연구 환경의 진전을 맞이해 일본문서를 대거 도입한 관련 연구 성과도 나오기 시작했다.(李鍾元·木宮正史·浅野豊美編, 2011)

그러나 그에 수록된 논문들 역시 각 주제에 맞게 일본정부의 대응을 부분적으로 고찰한 것에 불과하며 청구권 문제를 다룬 논고에 관해서도 한일교섭에 임한 일본정부의 동향을 포괄적으로 밝혀낸 것은 아니다. 더욱이 한국이 대일요구로서 제기한 각종 청구권 요구 내용들에 대해 일본이 각 시점에서 어떤 인식을 나타내며 대응했는지를 시간의 흐름 속에서 일관되게 규명한 연구는 존재하지 않는다. 그러나 이 책이 고찰하고자 하는 한일교섭의 '세부 과정'을 그려내기 위해서는 교섭의 틀과 내용을 형성하는 또 하나의 주된 힘이었던 일본정부의 동향을 체계적으로 분석할 필요가 있음은 두말할 필요도 없다.

바로 이 책은 한국이 마련하고 일본에 제기한 각 구체적인 요구 항목의 형성, 변용, 확립이라는 시각을 세로의 축으로, 또 그 요구에 맞서게 된 일본정부의 대항에 대한 고찰을 가로의 축으로 설정함으로써 지금까지의 선행연구가 미처 접근하지 못했던 한일 청구권 교섭의 세부 과정을 밝히고자 한다. 각 장의 보다 구체적인 분석 과제는 다음과 같다.

1장은 해방을 맞이한 한국이 '배상'으로서 대일교섭을 진행하려 했을 때의 동향을 분석한다. 해방 후 대일과거처리 문제에 직면한 한국은 과연 그 과제를 어떻게 인식하고 처리하려 했는가? 또 해방 공간에서 한국을 구속한 제약 조건들은 무엇이었으며 또 한국은 그에 대해 어떻게 대응하려 했는가? 그리고 그 결과 한일 과거처리 문제의 내용은 어떻게 변했는가? 이들이 주된 규명 과제이다. 특히 지금까지 '배상' 요구가 그 후 변화된 '청구권' 요구와 대비(對比)되는 단일 개념으로 인식되어온 결과, 배상 요구 속에서 일어난 대일과거처리 구상의 변용에 관해서는 충분한 고찰이 이루어지지 않았다. 1장은 바로 이 같은 '배상' 요구 속에서 일어나고 있었던 변용의 내용과 그 의미도 분석한다.

2장은 한국정부가 대일배상 요구의 내용을 체계화한 『대일배상요구조서』를 상세히 분석한다. 지금껏 대일배상 요구의 핵심적인 재료로서 동 조서가 거론되는 경우는 많았다. 그러나 방대한 요구 항목이 들어간 이 조서의 내용에 대해 그 하나하나의 항목에까지 내려가서 분석되는 일은 없었다. 이 작업을 진행하는 이유는 다음 두 가지다. 하나는 일본에 대한 배상 요구의 실체를 파악하기 위해서는 그것을 구성한 각 구체적인 항목에 대한 세밀한 검증이 필요하다는 점이며, 또 하나는 한일교섭이 그 후 청구권 교섭으로 변화됨으로써 대일요구에 어떤 영향이 생겼는가를 정확히 파악하기 위해서는 그 출발점이 된 『대일배상요구조서』의 구성 내용들을 정확히 파악해둘 필요가 있다는 점이다.

3장은 한국이 대일과거처리를 추진하는 데 있어서, 미국이 주도한 대일평화조약의 영향을 정확히 분석한다. 지금껏 한국의 연합국 참가 좌절 문제는 크게 다루어져 왔다. 그것은 배상 권리의 상실과 청구권 교섭으로의 이행이 한국의 대일과거처리 문제에 지대한 영향을 주었다고 하는 관심에서 비롯된 것이었다. 그러나 그 영향을 암묵적으로 자명하게 여긴 선행연구들과 달리 한국이 연합국에서 배제됨으로써 배상 권리를 상실함에 따라 과연 대일과거처리 과제에 구체적으로 어떤 영향을 받게 되었는가를 구체적으로 분석한 연구는 없다. 3장은 평화조약 조문의 형성 과정을 상세히 분석함으로써 바로 그 영향 여부 및 영향의 내용을 밝힌다.

4장은 평화조약 체결 후 한일교섭이 청구권 교섭으로 이행되어 가는 과정 및 대일8항목요구로 상징되는 대일청구권 요구가 형성되는 1차 한일회담 교섭까지의 동향을 분석한다. 이 시기는 바로 대일교섭이 배상 요구로서가 아니라 청구권 요구로서 진행되는 것이 확립되는 시기인 만큼, 배상과 청구권 요구의 관계를 파악하는 데 가장 중요한 시기가 된다. 다시 말해 배상 요구로부터 변화되고 형성된 청구권 요구의 의미란 무엇인가? 4장은 바로 이것을 분석하는 것을 하나의 주제로 삼는다. 아울러 이 장에서는 한일교섭의 또 하나의 주역인 일본정부가 한국과의 초기 청구권 교섭에 임하는 데 있어서 어떤 대응, 전략 등을 세웠는가를 상세히 분석한다. 이는 물론 그 후 청구권 교섭이 걷게 되는 과정과 논리를 분석하는 데 불가결한 과제이기도 하다.

5장은 대일청구권 요구의 범위와 내용들이 부각된 2차 한일회담 교섭을 분석한다. 지금까지 2차 회담은 별 성과도 없이 끝난 짧은 회담으로서 거의 주목 대상이 되지 않았다. 그러나 공개된 일본문서가 가리키고 있는 것은 한국이 이 회담에서 비록 조회 요청이라는 형식이었으나 대일청구권 요구에 관한 최대 항목을 제시하고 있었다는 사실이었다. 바로 이 장은 한국이 제시한 대일청구권 요구의 내용과 그 의미를 분석한다. 아울러 한국이 그 구체적인 대일요구의 내용을 밝히게 된 2차 한일회담을 일본이 어떻게 인식하고 대응하려고 했는지를 분석하면서 그 최대 항목의 제시에도 불구하고 결과적으로 2차 한일회담이 전혀 진전이 없이 끝나게 된 배경을 분석한다.

6장은 이른바 구보타 발언을 계기로 결렬된 3차 한일회담 후의 교섭 과정 및 재개된 4차 한일회담 전후에 한국정부가 보인 대응을 분석한다. 주지하는 바와 같이 식민지 통치를 미화한 일본 측 구보타(久保田貫一郎) 수석대표의 발언을 계기로 결렬된 한일회담은 그 후 약 4년 반에 이르는 중단 기간을 맞이하게 되었다. 한일회담 결렬의 최대 원인이 일본의 대한역청구권 주장에 있었으니만큼 회담 재개를 위한 물밑 교섭 역시 그 철회에 초점이 모였다. 그 결과 일본의 한국에 대한 청구권은 철회되며 그에 따라 재개된 한일회담은 표면상 한국의 일방적인 대일요구 형식으로 재개되게 된다. 그러나 그 실태는 다른 것이었다. 과연 재개된 한일 청구권 교섭의 실태는 무엇이었는가? 바로 4장은 이 물음의 규명과 관련해 미일 간의 접촉을 중심으로 한일교섭 재개를 위한 수면 하의 조정 과정을 분석함으로써 재개되는 한일 청구권 교섭이 놓이게 된 제약조건 형성의 과정을 밝힌다. 아울러 이 장은 약 4년 반 만에 재개된 4차 한일회담 청구권 교섭을 맞이해 이승만 정권이 이 시기, 청구권 문제에 어떤 대응을 취했는지, 또한 일본 역시 재개 회담에 대비해서 어떤 대응을 취했는지 등을 고찰함으로써 결과적으로 이승만 정권하에서의 마지막 회담이 된 4차 한일회담 청구권 교섭의 동향을 분석한다.

7장은 4·19 혁명을 거쳐 한국의 정권이 바뀐 조건하에서 진행된 5차 한일회담 청구권 교섭의 내용을 분석한다. 장면 정권하에서 진행된 5차 한일회담에서는 청구권 문제를 현실적으로 해결하기 위한 본격적인 교섭이 시작되었다. 이 장은 먼저 장면 정권이 마련한 청구권 요구의 준비 내용이 어떤 것이었으며 그것은 이승만 정권하의 청구권 요구와 어떤 관계에 있었는지, 그리고 한국에서의 정권 교체에 따라 일본은 어떤 준비와 전략을 세워 교섭에 임하려 했는지 등을 고찰한다. 또한 5차 한일회담에서 장면 정권은 구체적인 문제 해결을 위해 세부항목까지 포함한 정식 요구를 제출하게 되었다. 이에 따라 1차 한일회담에서 애매하게 제기되던 대일8항목요구의 세부내역이 정식으로 확정되었다. 과연 장면 정권은 어떤 항목을 어떤 근거로 제기했는지, 또 그에 대해 일본은 어떤 반응을 보였는지 등을 분석함으로써 정식으로 확립된 대일청구권 요구의 범위와 내용, 그리고 그 의미를 살핀다.

마지막 8장은 5·16 쿠데타를 통해 정권을 장악한 박정희 정권하에서 진행된 6차 한일회담 중, 김종필 – 오히라 합의 성립 전후까지의 청구권 교섭의 내용을 분석한다. 장면 정권하에서 구체적으로 가동된 청구권 교섭은 급변한 한국의 정치 상황에 따라 도중에 중단되었으며, 각 요구액 역시 제기되는 일은 없었다. 또한 박정희 정권은 장면 정권이 제기하던 요구 내용을 일부 수정한 결과 6차 한일회담 초기에 다시 제기된 대일청구권 요구의 범위와 내용이 결과적으로 한국정부의 최종적인 대일청구권 요구가 되었다. 이 장은 먼저 박정희 정권과 그에 맞서게 된 일본정부의 청구권 문제에 대한 대응들을 살핀다. 이어 6차 한일회담 청구권 교섭의 내용을 심층적으로 분석하고 장면 정권하의 요구 내용들과의 변용을 살피면서 한국정부의 최종적인 대일청구권의 범위와 내용, 그리고 그 의미를 분석한다. 또 확정된 한국의 대일요구에 대해 일본이 취한 논리와 입장을 정리하고 한일교섭이 그대로 '청구권' 교섭으로 끝났을 경우의 귀결을 전망한다. 이로써 한일교섭이 그 후 청구권 요구로부터 경제협력 방식으로 이행되어야만 했던 배경을 그려낸다.

이상의 분석에 즈음하여서는 앞서 발표한 이하 논문들을 활용하고 있음을 밝혀둔다.

"한일회담 청구권 교섭에서의 세부항목 변천의 실증분석: 대일8항목요구 제5항의 해부", 『정신문화연구』 제34권 제1호, 2011년 3월.
"한일회담 청구권 교섭에서의 세부항목 변천의 실증분석: 대일8항목요구 제2항의 해부", 『일본공간』 vol.6, 2011년 5월.
"대일평화조약 제4조의 형성과정 분석: 한일 간 피해보상 문제에 대한 '배상', '청구권'의 이동(異同)", 『국제·지역연구』(서울대) 제20권 3호, 2011년 가을호.
"전후 한국의 대일배상 요구의 변용: 미국의 대일배상 정책에 대한 대응과 청구권으로의 수렴", 『아세아연구』 제55권 제4호, 2012년 12월.

이 연구를 진행하는 데 있어서, 저자는 한일 청구권 교섭이 많은 문제점을 안고 있었던 교섭이었다는 문제의식으로부터 접근하고 있음을 먼저 천명해두고자 한다. 그리고 그 문제점이나 한계를 살피는 데 그 무게를 일본정부보다 오히려 한국정부에 조금 더 두고 있는 것도 아울러 밝혀두고자 한다. 식민지 지배에서 연유하는 과거처리와 관련된 문제의 고찰에 즈음하여 가해의 근원인 일본 측 대응을 비판적으로 고찰하는 것보다 오히려 한국 측에 더 무게를 두는 것에 대해서는 회의적인 시각이 있을 것이다.

그러나 적어도 학술연구로서는 그 의미는 분명하다. 당시 식민지 지배에 대한 가해 의식 자체가 없으며 또 그 책임을 외면하는 것을 자신의 국익으로 여긴 일본정부가 한국과의 교섭에서 그 책임을 회피하는 타결을 추진하려 한 것은 어찌 보면 자명한 귀결이었다. 그것을 새삼 역설한다고 해도 특히 한국사회에서 출판하는 학술연구서로서는 그 분석상의 의의는 그다지 크지 않다. 물론 지금까지 알려져 있지 않았던 개별적이고 세부적인 부분에 관한 비판적인 분석은 필요하며 그 작업에 관해서는 이 책에서도 나름대로 체계적으로 진행하고 있다. 그러나 애초부터 다른 시각과 국익을 배경으로 교섭에 임한 일본정부의 역사 인식이나 대응들을 식민지 지배의 책임을 외면하려는 것이었다고 다시 강조한들 적어도 지식의 지평을 넓히기 위한 학문으로서 그 의미는 그다지 크지 않다.

오히려 오직 '과거를 반성할 줄 모르는 일본'이라는 구호 하나만으로 과거처리 문제의 미흡함을 다 이해할 수 있다고 생각하는 피상적인 사고가 여전히 지배하고 있는 한국사회에는 국민의 상처와 고통을 털고 그 권리를 옹호하기 위해 교섭에 임하게 된 한국정부의 움직임을 보다 체계적으로 분석, 평가하는 작업이 필요하다. 해방 후부터 한국정부는 대일과거처리와 관련해 과연 어떤 인식을 가지고 대응해 왔는가? 그리고 그 과정에서 어떤 문제나 한계를 야기하고 있었는가? 이런 물음에 대한 상세하고도 체계적인 규명은 툭하면 일본에 대해서는 비판의 목소리를 높이면서도 정작 자신들의 책임에 대해서는 외면하기 쉬운 한국사회의 인식을 넓히는 데 적어도 학문적으로는 보다 건설적이라고 생각하고 있다.

물론 그렇다고 해서 저자는 당시의 한국정부를 '비난'하고자 하는 것은 아니다. 그 시대를 살지 않고, 또 교섭에 참여한 것도 아닌 저자에게 애당초 한국정부를 '비난'할 자격은 없다. 자격은 같은 조건하에서 자신이 참여하기만 하면 보다 나은 결과를 가져왔을 것이라고 단정 지을 수 있는 사람에게만 주어진다.

그러나 역사 연구라고 함은 말 그대로 고찰 대상으로부터 일정한 기간을 거치면서 어떤 과거를 성찰하는 영위를 말한다. 그것은 미로를 걷는 자를 어떤 고지(高地)에서 지켜보고 있는 관찰자의 시선과 비슷하다. 출구로 이어지는 적절한 길을 쉽사리 찾지 못하는 미로 속 보행자처럼 과거 청산에 임하게 된 당시 한국정부 관계자들이 현 시점에서 깨달을 수 있는 문제점을 다 전망해서 행동하는 것은 어려웠을 것이다. 역사를 만드는 '보행자'는 향후 일어날 모든 문제점을 간파해서 앞으로 나아갈 길을 택하는 것은 아니다. 또 가령 당시 그 인식이나 선택이 미흡하다는 판단이 가능해도 역사 속의 주체는 반드시 그 문제점을 극복하는 선택만을 할 수 있는 것도 아니다. 주체들은 늘 그가 존재한 시대의 제약조건에 묶여 있기 때문이다.

신생 독립 국가로서 외교 경험이 부족하고 남북대립과 한국전쟁, 그리고 계속된 빈곤에 시달리던 국내 사정, 또 일제 통치하에서 일어남으로써 한국정부가 애초 관련 상황들을 충분히 파악하지 못하는 조건하에서 과제들을 풀어야 했다는 대일교섭의 성격은 당시 한국정부 관계자들이 취할 수 있는 선택의 범위를 엄격히 제한했다. 무엇보다 미국의 힘으로 독립을 맞이하게 된 한국은 연합국의 전후 처리라는 틀 안에서 움직여야만 한다는 제약조건에 늘 구속되어 있었다. 이와 같은 조건들을 가볍게 여기고 오직 현재의 잣대로만 결과를 쉽게 '비난'하는 것은 역사 연구의 목적이 아니다.

그러나 한편으로 역사 연구는 그 고찰 대상에 문제가 숨어 있는 한, 그것이 발생한 근원을 분석, 기록하고 그에 대한 이해의 틀을 만드는 것을 사명으로 한다. 미로 속을 헤맨 사람에게 '사후(事後)'에 어떤 문제점이 있었는지를 가리킬 수 있는 관찰자의 역할과 마찬가지로, 일정한 기간을 거침으로써 과거의 문제점을 어느 정도 파악할 수 있게 된 현재에 진행하는 역사 연구는 그러한 과거의 행적을 사회에 밝혀야 한다. 평범하지만 역사에서 배운다는 것은 바로 이러한 영위를 뜻하기 때문이다.

물론 현재의 시각으로 역사 속에서 '긍정'을 찾는 것 역시 역사 연구의 하나의 역할이기도 하다. 역사에는 애초부터 100점 만점도 0점도 없다. 따라서 역사에서 배운다는 자세에는 원래 긍정의 요소도 당연히 포함된다. 이러한 의미에서 이 연구는 균형을 잃고 있다는 비판도 있을 것이다. 그러나 식민지 지배와 전쟁 피해에 따른 고통과 슬픔의 기억 속에서 살아가는 많은 피해자가 존재하고 있다는 사실, 그리고 결국 21세기인 오늘날까지 한일 간에 불신과 갈등이 풀리지 않았다는 사실 앞에서 한일교섭을 긍정적으로 그리는 작업은 저자에게는 어려웠다. 가령 당시의 제약조건들에서는 불가피했다고 하더라도, 결과적으로 많은 문제점을 노출했다는 그 사실로 인해, 저자는 한일 청구권 교섭은 기본적으로 반성해야 하는 대상으로서 기록되어야 한다고 생각한다. 적어도 학문으로서는 그것이 역사에서 겸허하게 배우는 자세라고 생각하고 있다.

긍정은 자신감도 주지만 종종 오만함을 낳는다. 한국사회는 시대를 덮은 제국주의적인 세계질서를 내세우면서 자신들이 일으킨 식민지 지배나 전쟁을 '긍정'하려는 자세를 비판하는 일본인들을 '양심 세력'이라고 부른다. 저자 역시 그에는 전적으로 동의한다. 스스로를 합리화하려는 핑계를 찾는 것에 급급해하는 것보다 문제를 일으킨 자신의 책임을 통감하는 자세가 인간으로서 보다 믿음직스러운 것은 누구나 공감할 것이다. 그러나 일본에게 그런 '양심'을 요구한다면 한국사회에도 같은 '양심'이 필요하다. 한일교섭의 역사적인 문제점은 일본에 의해서만 주어진 것이 아니다. 한국 측에 문제가 있다면 그것을 겸허히 직시하는 자세 역시 '양심'이 아닌가 싶다. 그리고 한일 양국의 그러한 '양심'이 서로를 아우를 때 비로소 진정한 화해가 가능하다고 전망해본다. 역사의 한계를 오직 상대에게만 돌리는 협소한 시각에서는 뭐 하나 건설적인 교훈은 나오지 않는다. 물론 이 연구가 그러한 협소한 시각에서 벗어나 '양심'에 부합하고 있는지에 관한 평가는 각 독자들의 판단에 맡기고자 한다.

이 책의 집필과 관련해서는 많은 분들께 도움을 받았다. 아사노(浅野豊美, 주쿄대학), 나가사와(長澤裕子, 도쿄대학) 두 선생님한테서는『對日賠償要求調書』1954년판 및 유출되어 있었던 대장성이재국(理財局) 집필의 미간행물『日韓請求權問題參考資料未定稿 第2分冊』을 파일로 제공받았다. 특히 일단 일본공문서관에 공개되어 있는 후자는 아직 먹칠로 인한 비공개 부분이 많아, 연구 진행에 상당히 유익했다. 또한 이 연구의 주된 주제의 하나인 일본정부의 대응 분석은 일본정부가 한일회담 공식 문서를 공개함으로 인해 처음으로 가능해졌다. 그러나 이 자료는 그냥 가만히 앉아서 공개된 것이 아니라 그것을 실현하려는 많은 노고가 있었기에 가능한 것이었다. 저자는 한국에 있는 것을 핑계로 그 활동에 전혀 참여도 하지 않은 채, 오직 무임승차만 하고 있는 느낌이

들어 늘 가슴이 무겁다. 많은 분들의 참여가 있었던 만큼 하나하나 구체적인 이름은 거론하지 않으나 그 숨은 노고로 인해 일본정부의 내부 동향을 자세히 엿볼 수 있게 해준 분들께 머리 숙여 존경과 감사의 뜻을 밝히는 바이다. 아울러 늘 우의와 도움을 주시는 국민대학교 일본학연구소의 동료 선생님들, 역사공간과의 인연을 맺게 해주신 동북아역사재단의 조윤수 선생님, 그리고 학술도서 출판의 어려운 환경 속에서도 기꺼이 이 연구의 출판을 수락해주신 역사공간의 주혜숙 사장님, 그리고 이 길고 복잡한 원고와 '사투'를 벌이면서 그나마 읽을 만한 글로 재탄생시켜주신 역사공간 편집부에도 여기서 진심으로 감사의 뜻을 전하고 싶다.

차례

일러두기

1. 표기에 관해

- 한국어 인용문의 경우 현재 사용되는 표현에 맞게 일부 수정했다.
- 첨부가 필요한 한자 표기는 본문을 기준으로 책 전체에서 처음 나올 때만 첨부했다. 단 헷갈릴 우려가 있는 표현에 관해서는 횟수에 상관없이 첨부했다.
- 한반도 관련 호칭에 관해서는 현재 대한민국에서 사용되는 표현을 기본적으로 사용했으나 고유명사 및 문맥상 필요하다고 판단한 경우에는 '조선' 등도 남겼다.
- '[ ]'를 달아 표기한 부분은 독자의 이해를 돕기 위해 저자가 보충한 것을 뜻한다.
- 대일청구권 항목에는 〈 〉를 달아 구별했다. 단 워낙 방대한 청구권 항목이 나오기에 그들 모두에 〈 〉를 다는 것은 오히려 복잡하므로 길이, 문맥 등을 고려해 〈 〉를 달지 않은 경우도 있다.
- 대일청구권 항목의 명칭은 같은 항목인데도 1차 자료에서 달리 표기되는 경우가 많으나 각 해당 표기를 그대로 따르는 것을 기본 원칙으로 했다. 단 명칭의 길이, 표현의 편의성 등을 고려해 일부는 수정, 통일했다.
- 청구권 요구액에 관해 원문에서는 세목들의 합산치가 합계와 일치하지 않는 경우가 종종 있으나 그것이 단순 계산 실수로 인한 것인지, 아니면 기타 이유가 있는지 확실하지 않으므로, 일치하지 않는 경우에도 문맥상 명확히 계산 실수라고 판단할 수 있는 경우를 제외하고 기본적으로 자료에 나오는 수치를 그대로 표기했다.
- 금액 표기에 관해서 관련 자료에서는 소수점 이하 3자리, 2자리 등 다양하게 표기되어 있으나 국가 간의 처리 문제인 점을 감안해 편의상 소수점 이하의 수치들은 모두 생략했다. 그에 따라 소수점 부분을 포함해서 산출된 합계치나 사사오입 처리에 따른 수치와 오차가 생긴 항목들이 있으나 그대로 원문의 수치를 따랐다.

2. 일본 외무성 공개 한일회담 공식 문서에 관해

- 같은 문서번호에 복수의 개별 문서가 철해지고 있을 경우 첫 번째 이외의 문서에는 각 번호 뒤에 '내'를 달아 구별했다.
- 일본문서에는 쪽수 표기가 없는 경우가 많은데 그 경우에는 표지를 1페이지로 정하고 저자가 세서 표기했다. 문서 비공개로 인해 도중 삭제되어 있는 쪽수는 그 안에 들어가지 않는다. 같은 문서번호에 복수의 문서가 철해지고 있을 경우 각 개별 문서마다 쪽수를 매겼다. 쪽수 표기가 없는 경우는 그 문서 전체가 대상임을 뜻한다.
- 2013년 2월 이후 추가 공개된 문서에는 같은 문서인데도 신규의 문서번호가 붙여지고 있으나 혼란을 피하는 의미에서 그 이전의 공개 시에 달려 있었던 문서번호로 통일했다.

대일배상 구상의 대두와 그 변용

1

역사는 항상 그것을 형성하는 주체와 이를 구속하는 제약조건과의 관계를 통해 만들어진다. 전후 새로운 역사를 그리게 된 한일관계 역시 마찬가지였다. 식민지 지배 – 피지배 관계를 겪음에 따라 한일관계는 해방 후 그 새로운 관계 구축에 즈음하여 식민지 관계로 인해 발생한 재산 및 기타 피해보상 문제를 어떻게 처리하는가 하는 문제(이하 기본적으로 과거처리로 약기)에 부딪히지 않을 수 없었다.

한일과거처리 문제에 직면한 한국의 각 주체들은 이 과제를 어떻게 인식하고 처리하려 했는가? 또 해방 시 한국의 주체들을 구속한 제약조건들은 무엇이었으며, 또 그에 구속된 각 주체들은 어떻게 대응하려 했는가? 그리고 그 결과 한일과거처리 문제의 내용은 어떻게 변했는가? 이 물음을 분석하는 것은 한일과거처리의 과제가 전개되는 출발점을 밝히는 것과 더불어 그 후 한일과거처리 교섭이 구속되는 논리를 파악하는 데 중요한 과제라고 하겠다.

지금까지 한일과거처리 문제에 대한 이해의 틀은 '배상', '청구권', '경제협력'이라고 하는 큰 개념을 통해 분류되어 왔다. 물론 이와 같은 테두리는 당초 배상으로 처리하려고 한 한국의 입장이 대일평화조약(이하 평화조약으로 약기)을 거치면서 청구권 문제[1]로 변용되었으며, 그 후 한일 간의 입장 차이에 따라 경제협력으로 이어지게 된 교섭 과정에 상응하는 것이었다. 그러나 이와 같은 거시적인 분류를 통한 인식은 청구권, 경제협력이라는 개념과 대조되는 하나의 통일 개념으로서 배상을 인식시키는 결과, 배상으로서 그 과제의 처리를 밀고 나가려고 했을 때, 이미 있었던 한일과거처리에 관한 중요한 변용을 놓치기 쉽다.

---

1   평화조약 4조에 기초한 한일 간의 특별 조정의 주제는 정확히 '재산(property) 및 청구권(claims)' 문제이나 이하 문맥에 따라 특히 그 점을 명시할 필요가 있는 경우를 제외하고 이 책에서는 그 '재산 및 청구권'을 기본적으로 '청구권'으로 약기한다.

그러나 해방 후 한일과거처리 문제를 당초 배상으로 추진하려 한 주체들 역시 그 시대가 낳은 제약조건으로 인해 구속되었으며 그에 대응하기 위해 배상처리의 내용을 수정해 나갔다. 즉 배상은 그 후 나타난 청구권과 단순히 구별되는 통일 개념이 아니라 그 속에 다양한 변용을 내포한 추상 개념에 불과했음을 인식할 필요가 있다.

이 장에서는 해방 후 배상과 관련된 제약조건에 주목하면서 한국에서 나타난 배상 구상과 그 변용의 논리를 분석하고, 한일과거처리 과제가 청구권 문제로 이행되어 가게 된 과정을 밝히고자 한다.

1. 재한일본인 재산의 취득과 그 한계

1) 적산론의 역설

여운형과 함께 총독부로부터 치안 확보에 대한 협력 요청을 받은 건국준비위원회 부위원장이었던 안재홍은 광복 다음 날인 16일, 당시 경성방송국을 통해 다음과 같은 말을 남겼다.[2]

해내외 3천만의 동포에 고한다. …… 조선을 핵심으로 하는 전 동아의 정세가 크게 변동하는 때를 맞이하여 우리 조선민족으로서 대처해야 할 방침도 한층 더 긴요 중대함이 요청되어 있다. …… 조선·일본 양 민족의 자주호양의 태도를 견지(堅持)하여 추호도 마찰이 없도록 엄계(嚴戒)해야 한다. 즉 일본인 주민의 생명·재산의 보장을 실현시키는 것이므로 경비대를 결성하고 일반 질서를 정리할 필요가 있다.

해방 후 기록에 남을 만한 언급으로, 이후 한일과거처리 문제의 핵심이 된 재한일본인 재산의 존재가 책임 있는 한국인의 입을 통해 나온 것은 이 발언

---

2   森田芳夫·長田かな子編, 『朝鮮終戰の記錄 資料篇第一卷日本統治の終焉』, 巖南堂書店, 1979, 113~114쪽.

이 처음일 것이다. 물론 이는 재한일본인 재산 처분의 문제와 전혀 상관없는 것은 분명하다. 그것은 총독부 통치의 종언에 따른 권력의 공백을 맞이함에 따라 발생할 것이 우려되는 한국인과 일본인 간의 갈등을 막기 위한 호소에 불과함은 두말할 필요도 없다. 그러나 가령 혼란을 막기 위한 메시지라 하더라도 재한일본인 재산을 보장한다고 하는 발언으로부터 해방 후의 역사가 시작된 것은 기억할 만하다.

해방을 맞이해 '한국'과 '일본'이란 이질감이 다시 부각되며, 더 나아가 그 '일본'이라는 존재가 바야흐로 혼란의 근원이 될 수도 있다는 해방 직후의 분위기는 당시 경성제국대학에 적을 둔 어떤 일본인 교수의 일기를 통해서도 엿볼 수 있다.[3]

> 여느 때와 같이 학교에 나간다. 거리도 지극히 평온하다. 바야흐로 외국 땅이 된 이 거리의 평온함이 오히려 나에게는 불가사의하게 느껴지지 않을 수가 없다. …… 대국민답게 각 연구실은 딱 정리하여 넘겨주어야 할 사람에게 접수해 받게 하자는 원칙론에는 물론 찬성이며 한 마디의 의의(疑義)를 제기할 여지도 없다.

안재홍의 연설이 있던 날에 쓰인 이 일기는 "조선통치의 근본 방침이 내선(內鮮)일체화이며 궁극적인 목표는 조선의 시코쿠 규슈화"[4]였다는 일본정부의 의도가 당시 지배자로서 거주한 재한일본인들에게도 침투하지 못했음을 말해 주고 있다. 패전에 따라 한반도가 하루아침에 '외국 땅'이 되었다고 하는 피부 감각이나 자신의 연구실 접수에 대해 한 마디의 의의도 없다고 쓴 교수의 인

---

3 森田芳夫·長田かな子編, 『朝鮮終戦の記録 資料篇第二巻 南朝鮮地域の引揚げと日本人世話会の活動』, 巌南堂書店, 1980, 148쪽.

4 大蔵省管理局編, 『日本人の海外活動に関する歴史的調査』通巻 第3册 朝鮮篇 第2分册, 高麗書林, 1985, 3쪽.

식은 한반도에 거주한 당시의 일본인에게도 '내선의 일체화'라는 구호가 허공의 산물이었음을 보여주고 있다. 한반도의 주권을 영원히 일본에 양도할 것을 규정한 한일병합조약으로 인한 한일 양국의 '일체화'가 양 국민 간의 자발적인 동의에 따른 한반도의 '시코쿠 규슈화'였다면 일본의 패전으로 인해 한반도가 '외국 땅'이 되어야 할 이유는 어디에도 없었다.

교전 와중에 한반도의 독립을 공약한 카이로선언이나 그 이행을 촉구한 포츠담선언은 내선일체화를 믿는 일본인에게는 바로 규슈, 시코쿠의 분리를 주장하는 것과 같은 부당한 선언으로 비쳐야 마땅했다. 그럼에도 패전이라는 권력 기반의 변동에 따라 일본인 역시 한반도가 '외국 땅'이 되었다고 생각했다는 것은 한반도의 '시코쿠 규슈화'가 쉽게 허물어질 수 있는 공허한 권력 기반으로 뒷받침된 것에 불과하다는 것을 인식하고 있었음을 말해주고 있다. 이와 같은 해방 직후의 분위기가 그 교수 개인의 생각만이 아니었음은 그 이틀 후인 18일의 일기에 적힌 같은 교수의 말이 전하고 있다.

어슬렁어슬렁 거리를 걷는다. 거리에서는 일본인 가구의 매각(売り払い)이 한창이다.

패전을 고한 천황의 이른바 '옥음방송(玉音放送)'이 나온 지 불과 3일 후에 이미 일본인들의 가구 매각이 한창 이루어지고 있었다는 사실은 지배 구조의 붕괴로 인해 철수가 불가피함을 알아챈 한반도 거주 일본인들의 공통적인 생각을 전달하고 있다. 일본이 한반도를 지배한 35년이라는 세월은 오랜 역사를 통해 굳어진 한국과 일본 사이의 '경계'를 허물고 완전한 일체화를 이루어 내는 데는 짧았던 것이다. 그러나 반대로 그 세월은 해방이라는 기쁨으로 일본에게 당한 지배의 상처를 잊기에는 너무 길었다.

땅을 되찾은 한국인들이 원래 주인으로서 '외부인'이 남긴 각 재산에 대한 권리 승계를 요구하는 것은 그간의 지배에 의한 상처를 치료하기 위해서도 당연했다. 그러나 민족을 대표하는 국가가 들어서지 못하는 상황에서는 그 권리 회복을 위해 필요한 통일된 질서가 마련될 겨를이 없었다. 결국 각 개인이 그 권리의 회복을 각 삶의 현장에서 구체화시켜 나갈 수밖에 없었음은 광복 직후 한반도의 역사가 낳은 필연적인 결과였다.

한국인들의 삶의 요구에 기초한 그런 권리 회복에 대한 움직임은 당시 남한의 치안을 관리하던 미군정이 전하고 있다. 예컨대 1945년 10월 30일의 보고서는 남한의 광범위한 지역에서 일본인 경영자들에 대한 한국인 근로자들의 소동이 일어나고 있으며, 또 그 소동이 소유권이나 경영권의 이전, 또 특별 상여나 기타 금전적인 혜택을 요구하는 것임을 전달하고 있다.[5]

그들의 권리 회복에 대한 요구가 식민지 지배에 따른 명확한 피해 인식이나 그 피해에 대한 통일된 보상 요구로 인해 일어난 것으로 평가하는 것은 적절하지 않을 것이다. 그것은 해방 후의 혼란기, 자신들의 생계를 자신의 힘으로만 챙겨야 하는 개인의 다급한 사정으로 도출된 임시방편이라는 측면이 강했을 것이다. 또 그와 같은 작은 소요들은 당시 불가피하게 생긴 급속한 인구 변동이라는 조건이 작용한 결과이기도 했다. 예를 들어 연합국군총사령부(General Headquarters: 이하 GHQ로 약기)의 정세 요약 보고서는 해방된 지 불과 2달 후인 10월 25일 시점에서 한반도 거주 일본인의 약 10%가 이미 귀환했으며 반대로 약 16만 명가량의 한국인이 일본으로부터 귀환했다고 전하고 있다.[6]

---

5   HQ, USAFIC, XXIV Corps, "G2 Weekly Summary", no.7(1945. 10. 30.), 『美軍政情報報告書』 통권 第11券 1945년 9월부터 1946년 5월까지, 日月書閣, 1986, 98쪽.
6   GENERAL HEADQUARTERS SUPREME COMMANDER FOR THE ALLIED

패전에 따라 갑자기 일어난 일본인들과 한국인들의 귀향의 교차는 당연히 주인을 잃은 재한일본인 재산에 대한 한국인들의 관심을 유발시키지 않을 수 없었다. 그것은 충분한 생활 수단을 보유하지 않았던 많은 한국인들에게는 결정적인 의미를 지녔다. 그 시기의 GHQ 보고서는 남한에 남은 일본인 소유의 재산에 대한 처분을 요구하는 한국인들의 대대적이고 거센 목소리가 터져 나오고 있음을 전하고 있다.[7]

즉 아직 정부 차원에서의 명확한 방침이 없는 혼란기, 각 현장에서 일어난 그러한 '소요'들은 식민지 지배에 대한 명확한 책임 추궁이라기보다 어디까지나 생활을 빈틈없이 이어가야만 하는 각 개인들의 생활 수단 확보라는 개별적인 행동으로 보는 것이 타당하다.

그러나 그것이 비록 흐트러진 형태로 일어난 임시방편이라고 하더라도 광범위한 지역에서 그것을 동시에 유발한 힘이 민족적인 차원에서의 통일된 권리 회복을 위한 요구로 압축되어 가는 것은 어찌 보면 시간문제였다. 일본인이 남한에서 막대한 재산을 가지고 있는 한편, 원래 주인이어야 했던 많은 한국인들이 심한 생활고에 시달리고 있다는 현실, 바로 이것은 그 원인이 각 개인에 있는 것이 아니라 일본의 한반도 지배라는 비대칭적인 권력 관계에서 유래한다는 인식과 연결되는 것이 당연했다.

POWERS, "SUMMATION NO.1 NON-MILITARY ACTIVITIES IN JAPAN AND KOREA : FOR THE MONTHS OF SEPTEMBER-OCTOBER 1945", 國史編纂委員會 편, 『韓國 現代史資料集成 46 주한 미군사고문단 문서』, 國史編纂委員會, 1999, 31쪽.

7 GENERAL HEADQUARTERS SUPREME COMMANDER FOR THE ALLIED POWERS, "SUMMATION OF NON-MILITARY ACTIVITIES IN JAPAN AND KOREA : PART V KOREA", 위의 책, 19쪽. 그 보고서에서는 많은 한국인들이 재산을 살 것을 열망하고 있다고 전하고 있으므로 당시 일본인 재산의 처분 요구가 반드시 식민지 피해에 대한 대가로서 받을 것을 요구한 것이 아닌 점에는 주의가 필요하다.

그러나 이유가 어떻든 바로 미국의 통치하에서 출발함에 따라 개인재산권의 존중이라는 자유주의적인 가치관을 존중해야만 했던 남한사회가 그것을 부정하고 재한일본인 재산의 계승을 정당화하기 위해서는 그에 부합하는 논리가 요구되었다. 그리고 구체적인 내용에는 차이가 있을지언정, 한국사회가 그 논리적 기반을 한일의 일체화가 왜곡된 지배-피지배 관계에 있었다는 데서 찾을 수밖에 없었음은 자명한 일이었다.

주인을 잃은 재한일본인 재산의 행방을 둘러싼 관심이 높아질 수밖에 없었던 해방기에 처음으로 일본인 재산에 대한 통일적이고 공식적인 취득 근거를 제공한 것은 임시정부였다.

1945년 9월 3일 김구는 당면의 정책을 발표했다. 그 12항에는 '적산(敵産) 몰수'가 규정되어 있었다.[8] 동 조항에는 '일본인 재산'이라는 직접적인 표현은 없다. 그에 따라 비록 일부지만 일본 이외에도 추축국으로서 연합국과 교전한 국가들의 재한재산의 존재도 그에 포함될 수 있다. 실제 남한에서의 재산 동결을 명령한 군정법령 2호(이하 군정법령에 관해서는 모두 군정령으로 약기)는 일본과 함께 독일 등의 추축국 재산도 동결 대상으로 삼고 있었다.

그러나 원래 3·1운동에서 그 정통성의 원천을 찾고, 태평양전쟁 발발에 따라 1941년 12월 9일, 일본에 대해 선전포고를 한 임시정부의 속성을 감안할 때, 김구가 밝힌 한반도 내 적산의 실태가 사실상 일본인 재산을 뜻했음은 따로 입증할 필요도 없을 것이다. 김구가 직접적으로 '일본인 재산'이라고 표현하지 않고 적산 몰수라고 표현한 까닭은 재산 몰수를 교전관계에 기초해서 제기하는 이상, 적산이라는 문맥을 떠나, 그 대상을 일본인 재산으로 직접 한정

---

8   國會圖書館立法調査局, 『韓國外交關係資料集 「立法參考資料 第193號」』, 國會圖書館, 1976, 13쪽.

할 필요도 근거도 없었기 때문이라고 풀이된다.

그러나 일본과의 교전관계를 내세우고 국제적 선례에 따른 일본인 재산의 획득 논리를 밝힌 임시정부의 방침은, 식민지 관계라고 하는 한일관계의 특수성을 반영한 것이 아니었다.

실제 임시정부가 발표한 당면 정책에는 식민지 지배와 관련된 피해보상으로서 재한일본인 재산을 몰수한다는 요구는 나오지 않았다. 물론 적산 몰수에 식민지 통치와 얽힌 피해보상의 뜻을 담을 수 없는 것은 아니다. 그러나 원래보다 광범위한 성격을 띤 1910년 이후의 식민지 피해는 제2차 세계대전 기간에만 한정되는 것이 아니었다. 그럼에도 임시정부가 식민지 지배에 따른 피해를 강조하지 않고 오히려 적산 몰수로서 재한일본인 재산을 취득할 것을 간접적으로 드러낸 이유는 국제사회에서 차지하는 스스로의 입장을 냉철하게 인식한 결과로 보는 것이 타당할 것이다.

일본을 패전으로 몰아간 전쟁 종결의 구조는 대전 후 일본과의 과거처리에 즈음하여 미국을 중심으로 한 식민지 보유국들이 그 주도권을 잡는 것을 불가피하게 하고 있었다. 임시정부로서는 이와 같은 냉철한 국제정치의 논리와 역학 관계를 고려하면서 최대한 스스로의 권리를 지키기 위해서는 식민지 지배에 따른 피해보상이라는 성격을 지우고 오히려 교전관계를 강조할 필요성을 느꼈을 것이다. 그것은 민족의 대표정부임을 자인하면서도 실제 국내에 정치적인 기반을 갖지 못했던 임시정부 세력들에게 또 다른 정치적 의미도 지녔다. 국내에 정치적인 기반이 없는 그들에게 귀국 후의 정국에서 주도권을 장악하기 위해서도 대일교전을 주도한 정부라는 명분은 매력적이었다.

이와 같이 해방기에 갑작스럽게 생긴 재한일본인 재산의 행방을 둘러싼 공백은 적산 몰수라는 국제적 관례에 따른 논리로 일단 메워지게 되었다. 그러나 임시정부가 주장한 적산 몰수라는 방침은 바로 그것이 의거하려 한 냉철한 국제정치의 논리 앞에서 오히려 한국에 불리한 환경을 제공하게 된다. 그 근본적인 원인은 한반도에 해방을 안겨준 정치적 역학 관계와의 모순에 있었다.

새삼 지적할 필요도 없이 일본을 패전으로 몰아감으로써 종전 후 한국을 지배한 것은 임시정부가 아니라 미국이었다. 더구나 임시정부는 대일전의 주역이었던 미국에 의해 대일교전국가로서의 지위는 물론, 정부로서의 승인조차 얻지 못했다. 종전 후 한국으로 귀환 시, 임시정부 요원들의 귀국이 개인 자격으로 이루어진 것은 주지의 사실이다. 무엇보다 중요한 것은 전후 미군의 남한 진주(進駐)가 일본의 항복에 따라 이루어졌다는 정치적·법적 현실이었다.

미국이 한반도 통치를 위해 처음으로 발령한 "태평양미국육군총사령부포고령(이하 대일요구 항목 표제로서 직접 사용되어 나오는 경우를 빼고 기본적으로 포고령으로 약기) 1호"는 한반도 점령과 관련해 다음과 같이 규정하고 있었다.

> 일본국 천황과 정부와 대본영(大本營)을 대표하여 서명한 항복문서의 조항에 의하여 본관 휘하의 전첩군(戰捷軍)은 본일(本日) 북위 38도 이남의 한국(Korea)을 점령함

포고령 1호의 근거가 된 일본의 항복문서에는 다음과 같은 규정이 있었다.

> 천황 및 일본국 정부의 국가 통치의 권한은 본 항복 조항을 실시하기 위하여 적당하다고 인정되는 조치를 취할 연합국군최고사령관의 제한 밑에 두어지기로 한다.

일본정부의 국가 통치 권한이 연합국군최고사령관의 제한 밑에 들어가며 그 조문에 따라 미국이 남한을 점령했다는 현실은 전후 처리에 즈음하여 한반도가 국제적으로는 '일본 영토'로 인식되어 있었음을 여지없이 드러냈다. 한반도가 일본 영토가 아니었으면 일본 항복에 따라 대일교전국에 불과한 미국

이 남한까지 통치하는 근거를 가질 수 없었다. 따라서 카이로선언 등으로 인해 한반도의 독립을 공약하던 미국 역시 일본 항복에 남한 통치의 근거를 설정함으로써 간접적으로 한반도가 이미 '시코쿠 규슈화'되어 있었음을 애초부터 공언하고 있었던 것이다.

이러한 인식은 진주를 정당화하기 위한 미국의 억지만은 아니었다. 실제 해방의 성격을 둘러싼 한국의 담론 속에서도 유사한 인식은 나와 있다. 예컨대 박헌영은 "개인의 희망이나 염원은 하여간 민족 전체를 볼 때 조선은 일본제국주의 편에 서서 일본이 하라는 대로 순종 협조해 온 것이 솔직한 사실이 아닌가."라고 말하고 있다.[9]

이러한 현실은 임시정부가 규정한 적산으로서 재한일본인 재산을 몰수하려는 논리를 허무는 위태로운 조건이었다. 한반도가 미국의 적지임을 뜻하는 이상, 임시정부가 규정한 한국 내 일본인 재산은 한국에 대한 적산이 아니라 바로 미국을 중심으로 한 연합국의 적산이 될 수밖에 없었다. 심지어 그 논리가 관철될 경우 한국에 있던 일본인 재산뿐만 아니라 한국인 재산마저 '적국 재산'으로서 미국의 취득 대상이 될 수도 있었다. 임시정부가 발표한 적산 몰수라는 방침은 바로 그것이 '적산' 논리를 내세움으로 인해 한반도에 남은 일본인 재산을 교전에 따른 배상 지불의 담보로서 오히려 연합국에게 내놓아야 할 상황을 연출한 셈이었다.

물론 한반도는 단순한 적지가 아니었다. 대전 중, 전후 일본의 국력 억제를 목적으로 공약된 한반도의 독립은 바로 미국에 의해 약속된 것이었다. 한반도는 '적국'으로서의 지위와 동시에 식민지 지배로부터의 '해방국'이기도 했다.

---

9   國史編纂委員會편, 『資料 大韓民國史 1』, 國史編纂委員會, 1968, 329쪽. 이하 "자료 대한민국사"에 관해서는 서명만 약기한다.

실제 주한미군 사령관에게 민생에 관한 점령 행정의 내용을 지시한 국무·육군·해군조정위원회(State-War-Navy Coordinating Committee: 이하 SWNCC로 약기)176/8은 "귀관에게는 적국 영토의 군사 점령자가 통례 가지는 권한이 부여된다."고 하면서도 그 뒤에서는 "민정은 귀관의 군대의 안전과 양립하는 한 최대한 한국(Korea)을 해방된 국가로서 취급할 것을 기본으로 한다."[10]고 지령했다.

적국 영토이면서도 동시에 식민지 지배로부터 해방된 지역이라는 모순된 성격을 띤 한국에 대한 미국의 관여는 그 당연한 결과로서 재한일본인 재산의 취급에 관해서도 복잡한 과제를 안겨주었다.

9월 6일 한반도에 파견된 미군정 최고 통치자 하지(John R. Hodge)는 11일, 최초의 시정 방침을 발표했다. 그 가운데 하지는 질문에 대한 답변으로서 한국에 있는 일본인 재산은 한국의 것임을 밝혔다.[11] 이 발언 자체는 한국의 입장을 거들어준 것이었다. 그러나 한국 통치의 최고 책임자라고 하더라도 일본인 재산의 처분 문제는 해방 직후 최초의 시정 방침에서 결정할 수 있는 문제가 아니었다. 두말할 필요도 없이 한반도에 남은 일본인 재산의 처리 문제는 단독의 문제가 아니라 전후 처리의 일환으로서 세계적인 차원에서 결정되어야 하는 문제였다. 당시 미국정부가 전후 배상 방침을 정식으로 결정한 것도 아니거니와 또한 대일점령 정책에 대한 형식상의 최고기관인 극동위원회(Far Eastern Commission)도 아직 조직되지 않았던 그 시기, 일 지역의 통치 기구인 미군정이 재한일본인 재산의 처분 방침을 독자적으로 결정할 수는 없었다. 실제 '한국의 것'임을 언급한 하지의 방침에는 그것이 어떤 법적 근거로 이루어

---

10 神谷不二, 『朝鮮問題戰後資料 第1巻』, 日本国際問題研究所, 1978, 171~185쪽(資料 57).

11 『資料 大韓民國史 1』, 88쪽.

지며, 언제, 어떤 절차로 한국에 귀속되는가 하는 등의 구체적인 내용은 전혀 없었다. 하지의 발언은 주둔 직후 남한 통치를 원활하게 진행해야만 했던 당국자로서의 임시방편이었음이 틀림없었다.

9월 25일 공포된 재한일본인 재산 처분에 관한 최초의 법적 기반인 군정령 2호는 이러한 사정을 반영하고 있다. 동 법령은 그 1조에서 국유 및 그에 준하는 일본 재산 등의 동결 및 보존 등을 명했으나 그 최종적인 처분, 귀속 등은 명시하지 않았다. 또 그 법령은 다음 3조에서 동결 대상이 되지 않는 일본인 재산의 매매를 허가했으나 그 허가 대상에는 한국인뿐만 아니라 연합국 국민도 포함했다. 즉 재한일본인 재산이 한국인 이외의 손으로 넘어갈 법적 기반이 생긴 것이었다.

그 지시는 금전 지불을 통한 매매를 허가한 것이며 일방적인 취득이 가능한 몰수 권리 자체를 부여한 것은 아니었다. 그러나 구입 주체가 누구든 매매대금으로서 정부 회계로 들어간 그 자금에 관해서는 그 보관 의무만 명확히 지시되었을 뿐, 최종적인 귀속에 관한 규정 역시 없었다. 진주 직후에 나온 하지의 '한국의 것'이란 발언이 당시 남한사회에서 그 귀속에 대한 확신을 안겨줄 수 있을 만한 것이 아니었음은 이하에서 언급하는 한국사회의 담론들을 봐도 알 수 있다.

재한일본인 재산의 귀속 문제가 짙은 안개 속에 갇혀 있었던 10월 23일 미 군정청은 그에 관한 방침을 발표, 일본인 재산을 미 군정청 재산으로 할 것을 천명했다.[12] 그 발표 역시 일본인 재산을 최종적으로 미국의 소유물로 할 것을 공언한 것은 아니었으나 그것이 배상을 위한 적산 몰수의 성격을 지닌 것으로 비치게 됨은 자연스러운 일이었다. 당시 국제사회에서 전후의 적산 취득 권리

12　위의 책, 295쪽.

를 둘러싼 법적 기반을 마련해 준 것은 1907년 10월의 헤이그 제4육전에 관한 법과 관습(Laws and Customs on War on Land on Hague IV : 이하 헤이그육전법규로 약기) 부속서 3관 "적국 영토에서 군의 권력"에 규정된 내용이었다. 그 규정은 사유재산 및 종교, 교육, 자선 관련 재산 등을 제외했으나 국유재산을 몰수하는 것은 인정하고 있었다. 따라서 미 군정청의 방침을 접한 당시 한국인들은 재한일본인 재산이 결국 그 육전법규에 기초해 최종적으로 연합국 재산으로 귀속될 것이라는 불안감을 가졌을 것이다.

이에 보조를 맞추듯이 12월 4일 군정장관 아놀드(Archibald V. Arnold)는 "조선에서는 배상 문제가 있을 리 없어 보인다. 조선은 일본 영토였으나 전쟁의 피해가 없으므로 배상 근거가 될지 알 수 없다."고 말했다.[13] 배상은 교전에 따른 연합국들 고유의 피해보상 권리이며 일본 영토였던 한반도가 일본과의 교전으로 인해 실제 피해를 입은 일이 없는 이상, 한반도에는 배상 취득 권리가 없음을 공언한 것이었다.

아놀드 장관의 이 발언 역시, 재한일본인 재산의 최종적인 처분을 결정한 것은 아니었다. 실제 아놀드는 그 발언과 함께 군정청의 방침은 확실한 처분안이 나올 때까지 한국에 소재한 일본인 재산을 관리하는 것임을 천명하면서 향후 일본인 재산의 최종적 처분은 미국의 배상위원이 한국으로 와서 결정할 것임을 예고하고 있었다.

아놀드가 말한 '확실한 처분 안'을 정하기 위한 '미국의 배상위원'은 폴리(Edwin E. Pauley) 사절단이었다. 폴리는 11월 일본을 방문, 본격적으로 배상 조사에 나서고 있었다. 그 동향은 남한에서도 물론 주목 대상이었다. 그러나 그 움직임을 전한 보도 내용은 한국인의 기대에 부응하는 것이 아니라 미 군

---

13 위의 책, 522쪽.

정청의 방침과 같은 것이었다.

11월 말, 도쿄에서 온 소식으로 보도된 폴리의 발언은 그것이 개인적인 견해라고 하면서도 "일본은 연합국에 몰수된 조선, 만주, 중국, 대만, 필리핀, 란인(蘭印) 등지의 투자만으로도, 수십억 달러에 상당한 배상을 지출할 수 있다고 관측한다."[14]는 것이었다. 이것은 일본의 지배하에 있었던 다른 지역의 일본인 재산과 더불어 한반도에 있는 일본인 재산 역시 직접 한국으로 귀속하는 것이 아니라 일본의 대연합국 배상으로 충당할 것을 연상케 하는 내용이었다. 이하 언급하는 바와 같이 이 발언이 전해진 불과 보름 만에 한국에 있는 일본인 재산의 한국 귀속을 건의한 폴리 방침을 생각할 때, 보도된 그 발언의 진위 여부는 불투명하다. 그러나 한국의 보도가 폴리 발언을 그와 같은 각도에서 전한 것은 그 당시 한국사회를 덮고 있었던 불안한 심정을 대변한 것으로 봐도 틀림없을 것이다. 임시정부가 공언한 적산 몰수로 인한 일본인 재산 취득의 논리는 점점 한국 내에서 그 설득력을 잃어가고, 오히려 그것을 상실할 가능성마저 제공하게 된 것이다.

이와 같은 보도는 재한일본인 재산에 관심을 가진 한국사회에 파장을 일으키지 않을 수 없었다. 예를 들어 12월 3일 조선인민당은 폴리 발언과 관련해 미국이 재한일본인 재산을 일본에게서 받을 배상의 일부에 충당할 생각을 보여준 것으로 이해하고, 동 사절단의 시각을 다음과 같이 비판하고 있다.[15]

일본의 군국주의의 침략정책에 어두워 배상량에만 편향하고 질적으로 그 투자가 우리 조선의 응혈체(凝血體)인 것을 모르고 있다.

---

14 위의 책, 484쪽.
15 위의 책, 513쪽.

'응혈체'라는 말은 구체성을 결여한 지극히 추상적이고 정서적인 표현이다. 그러나 그 개념이 재한일본인 재산이 한국인들의 피와 땀으로 만들어진 원래 '한국인의 것'이라는 메시지를 담기 위한 것이었다는 것만은 분명하다. 그것은 재한일본인 재산의 취득을 적산 몰수로 정당화하려 한 임시정부의 논리가 자칫 그 재산의 연합국 귀속을 자초할 위험성이 있다는 것을 알아채고 그 취약성을 대체하는 의미를 지닌 것이었다. 실질적으로 같은 논리를 내세운 신진당(新進党) 역시 "조선에 있는 일인재산은 적산이 아니고 조선민족의 혈한(血汗)을 착취한 것이므로 고유한 조선재산이며 대일배상의 대상 운운은 절대 부당함"이라고 성명하고 있다.[16] 응혈체론은 재한일본인 재산이 적산이 아니라 원래 한국인 고유의 것이라는 논리로 인해 그 취득을 정당화하려 한 것이었다.

이와 같은 사고는 남한사회에서 일정한 영향력을 행사하게 된다. 예컨대 일본인 재산 처리 문제가 미소 간의 교섭 문제로 되어가고 있다는 상황을 맞이해 1946년 11월 민족통일총본부는 다음과 같이 성명하고 있다.[17]

조선 내에는 일본인 재산이라고는 전연 없다. 조선 내 적산이라는 것은 전부 조선인의 고혈(膏血)을 착취하여 일본인이 자기의 것이라고 기만한 데 불과한 것이다.

한국독립당 역시 다음과 같이 표현했다.[18]

일제의 학정 40년에 우리의 고혈은 모조리 착취되어 실로 한국 전 재산의 구할을

---

16 『資料 大韓民國史 3』, 1970, 862쪽.

17 위의 책, 812쪽.

18 위의 책, 813쪽.

일본인이 점유했다. 이러한 강도적 행위의 재산이 일인의 재산으로 간주한다면 이는 선악의 구별과 정의가 없는 세계이다.

즉 적산으로서의 일본인 재산 취득 논리가 설득력을 잃게 되자 한국사회의 담론은 한반도에는 애초 일본인 재산이라고 하는 것이 없고 '일본인 재산'은 한국인에 대한 강도 행위의 결과에 불과하다는 논리를 내세움으로써 재한일본인 재산의 취득 정당화를 도모하게 되었다.

앞서 재한일본인 재산이 한국인의 응혈체임을 강조한 인민당의 담화에는 한국이 일본에 대해 선전포고한 사실도 거론하면서 한국인이 일본으로부터 전보(塡補)배상을 받을 권리가 있다고 하는 등, 임시정부가 내세운 적산 몰수론의 논리도 담겨 있다. 한국사회의 담론 역시 교전국가 및 전승국가로서의 국가 정체성을 쉽사리 버릴 수는 없었으며 그 결과 재한일본인 재산의 취득과 관련해서도 교전에 기초한 권리와 식민지 피해라는 두 가지 논리를 공존시키려는 미련을 여전히 보이고 있었던 것이다.

그러나 그 두 가지 논리는 애초에 양립할 수 없었다. 교전에 따른 피해보상으로서의 배상은 받을 재산이 원래 상대국의 정당한 재산임을 인정해서 성립되는 것이었다. 따라서 적산으로서의 몰수 논리를 유지하려면 재한일본인 재산이 원래 '일본인의 것'임을 인정해야만 했다. 고혈을 착취했다고 하는 응혈체론과 적산 몰수론은 서로를 부정해야만 가능한 논리였던 것이다.

그것을 의식하든 않든, 인민당이 내세운 '응혈체'론과 적산 몰수론의 공존은 재한일본인 재산 확보를 위한 남한의 담론이 과도기적인 상황에 놓여 있었다는 것을 보여준다. 그러나 적산 몰수론의 취약함을 대체하기 위해 나오기 시작한 응혈체론 역시, 국제정치의 논리 앞에서 변용되기 시작했다.

2) 응혈체론의 한계와 국가경제 재건론의 대두

재한일본인 재산 취득을 위한 논리로서 응혈체론이 대두되기 시작한 12월 초, 그 재산의 귀속 여부를 결정하는 데 커다란 영향을 주게 되는 미국의 대일 배상 방침이 구체화되었다. 미국의 대일배상 방침은 원래 일본 항복 직후인 1945년 8월 22일자로 작성된 SWNCC150/3 "항복 후 일본에 대한 미국의 초기 방침" 등에서 재외일본 재산 및 일본 국내에 소재한 것 중, 일본 국민의 평화적인 경제생활과 점령군에게 공급하는 데 필요한 것 이상의 생산물, 자본재, 시설 등을 이전(移轉)함으로써 실행하도록 정해지고 있었다.[19] 또 이와 같은 방침은 11월 3일자 합동참모본부(Joint Chiefs of Staff)1380/15 "항복 후의 일본 본토 점령 정부에 대한 기본적 지령"에서도 재확인되었다.[20]

그러한 미국의 초기 방침에 따라 구체적인 배상 계획을 수립하기 위해 본격적인 조사에 나선 폴리는, 12월 6일에 첫째 보고서를, 18일에는 그것을 보다 구체화한 보고서를 트루먼(Harry S. Truman) 대통령에게 보냈다. 그 가운데 폴리는 광범위한 파괴가 이루어졌음에도 불구하고 일본에는 아직 시민 생활을 영위하는 이상의 공업 능력이 남아 있음을 지적하고 당면의 배상(immediate reparation)으로서는 자본재를 대상으로 할 것, 또 일본에 남게 될 지역 이외에 있는 재외재산은 박탈할 것 등을 권고했다.[21] 특히 한반도 문제를 다룬 18일자 보고서에서 폴리는 재한일본인 재산을 이미 미 군정청이 압류(seize)

---

19 "United States Initial Post-Defeat Policy Relating to Japan", 大蔵省財政室編, 『昭和財政史-終戦から講和まで-』第20巻 英文資料, 東洋経済新報社, 1982, 66쪽.

20 "Basic Directive for Post-Surrender Military Government in Japan Proper", 위의 책, 171쪽.

21 "Reparations from Japan-Immediate Program(Pauley Interim Report)", 위의 책, 444쪽.

하고 있음을 지적하면서 재한일본인 주요 자산은 통일된 후 한국(Korea)에 그 지배권(control)을 넘겨줄 것을 권장했다.[22]

1945년 말, 미국정부에 제출된 대일배상 구상은 폴리 자신으로 인해 대외적으로도 공표되었다. 폴리는 "배상사절단의 사명은 해방된 국가로부터 물자를 걷어 가려는 것이 아니다. 도리어 나는 이전에 일본이 조선의 물적·인적 자원을 착취하기 위하여 설치한 일본인의 공장과 시설을 독립된 조선경제를 건설하기 위하여 일본으로부터 유리하게 수출시킬 방침을 세워야겠다는 것을 트루먼 대통령에게 진언할 작정이다."[23]라고 언명했다.

이러한 언명은 한국인에게 고무적인 것이었다. 그러나 그것은 사절단의 권고에 불과하며 미국정부나 연합국으로서의 최종적인 결정이 아닌 만큼 불안감을 불식하는 데는 역부족이었음을 쉽게 상상할 수 있다.

12월 6일 군정령 33호가 공포되었다. 재한일본인 재산을 9월 25일자로 미군정청이 '취득(vest)'하고 '소유(own)'할 것을 지시한 이 법령은 위에서 언급했듯이 갑작스러운 재한일본인들의 귀환에 따라 생긴 일본인 재산의 귀속을 둘러싼 혼란을 막기 위한 응급조치의 성격을 지녔다. 그것은 소유권자의 부재로 인해 재산 귀속을 둘러싸고 일어날 수 있는 혼란의 근원을 제거하기 위해 어디까지나 잠정적으로 그것들을 미 군정청에 귀속한 조치였다.

따라서 군정령 33호 자체는 결코 재한일본인 재산을 최종적으로 미국에 귀속할 것을 결정한 법령이 아니었다. 그러나 재한일본인 재산의 행방에 대한 불안감을 가지고 있었던 당시의 한국사회에 한층 더 의심을 안겨주게 됨은 피할 수 없었다. 그 법령이 나오자, 주한미군 정치고문 던(James C. Dunn)

22 "Reparations from Japan-Immediate Program(Pauley Interim Report)", 위의 책, 447쪽.
23 『資料 大韓民國史 1』, 561~562쪽.

은 SWNCC에 보낸 12월 19일자 보고서에서 "배상 및 구 일본인 재산에 대한 확고하고 원대한 정책의 조기 확립이 절대적으로 중요하며(essential) 그와 관련된 모든 문제에 대해 애매하고 책임 회피적인 것 이상의 답을 주지 못하는 것은 점령 정책에 대해 역작용할 것"[24] 이라는 우려를 나타내고 있다. 최종적인 처분 방침이 결여된 군정령 33호 역시 재한일본인 재산을 둘러싼 한국사회의 불안감을 불식하는 근본적인 대책이 될 리가 없었다.

새해에 접어들어서도 미군정 당국이 명확한 입장을 밝히지 못하는 상황은 계속되었다. 예컨대 1946년 1월 미 군정청 법제장관은 군정령 33호에 따라 미 군정청으로 귀속된 일본인 재산에 대한 청구권 권리에 관한 문의에 대해 연합국 국민이나 한국인 채권자에 관해서도 귀속 재산은 상부의 상세한 지시에 의하여 최종적으로 결정될 때까지 보류하고 있으며 청구권이 유효한가의 여부는 정할 수 없음을 밝히고 있다.[25]

귀속된 일본인 재산에 대한 미 군정청의 애매한 태도가 계속되자 한국에서는 폴리 사절단의 언약대로 미 군정청이 일단 취득한 일본인 재산을 최종적으로 한국으로 이양하는 문제가 풀리지 않는 과제가 될 수밖에 없었다. 조선일보는 1946년 5월 한국 현지 조사에 나선 폴리 사절단의 방한에 맞추어, 사설을 통해 다음과 같이 호소하고 있다.[26]

---

24 國史編纂委員會편, 『大韓民國史資料輯18 : 駐韓美軍政治顧問文書1(1945. 8.~1946. 2.)』, 國史編纂委員會, 1994, 251쪽.

25 鄭光鉉편, "敵産関係法規並手続便覧", 東光堂書店, 1948, 南植 · 李庭植 · 韓洪九 엮음, 『韓国現代史資料叢書 14(1945~1948)』 제3부 단행본 편 제5권 경제 · 사회 · 문화, 돌베개, 1986, 85~86쪽.

26 『資料 大韓民國史 2』, 1969, 547쪽.

점령군이 1907년 헤이그조약의 육전법규 관례에 관한 규칙 중의 적국의 영토에 있어서의 군의 권력을 …… 최대한도로 자국의 이익과 발전을 위하여만 행사한다면 …… 일본국의 소유는 그 대부분을 압수할 수 있고 또 사인(私人)의 것이라도 광범위로 압수할 수 있다고 주장할런지 모른다. 그렇게 된다면 전쟁 중 모든 시설과 물자의 동원이 완전히 일본군 관하에 있던 사정으로 보아 조선의 모든 것은 연합군이 가지고 갈 권리가 있다고도 주장할 것이다. 그러나 금차 대전의 종결과 평화건설의 원칙은 카이로와 포츠담의 선언, 삼상(三相)회의 결정 내용에서 결정적인 규정을 지었고, 특히 조선이 단순한 적군의 점령지가 아닌 것은 자명한 것이다. 하물며 조선의 시설은 40년래 착취에서 된 것임에랴 우리 민족의 해방과 국가 재건에 관한 연합군의 우의적 원칙과 구체적인 방향은 헤이그조약을 1국 이익 본위로 일방적 해석을 하는 것과는 완전히 배치됨을 이론적으로 지적하지 않을 수 없다.

사설은 재한일본인 재산의 최종적인 귀속에 관해 국제법상 연합국으로 귀속하는 것이 가능하다는 현실을 염두에 두면서도 그것을 막기 위한 논리로 한반도의 시설이 착취의 결과라고 하는 응혈체론과 함께 새로운 입장을 내놓고 있었다. 즉 이 사설은 해방지역의 국가 재건이 제2차 세계대전 처리를 둘러싼 연합국의 원칙이라는 점을 강조한 것이었다.

조선일보의 사설이 비판한 '1국의 이익 본위'라고 함은 소련에 의한 만주, 북한 소재의 일본인 재산의 반출을 염두에 둔 것이었다.[27] 소련은 제2차 세계대전 말기 참전한 대일전의 결과로서 교전지역에 소재한 일본인 재산을 자국의 이익을 위해 반출하고 있었다. 기정사실로 되어 있었던 소련에 의한 일본인 재산의 반출이 만약에 다른 연합국의 이익으로서 되풀이될 경우, 재한일본인 재산 역시 반출 대상이 될 위험성이 컸다. 조선일보의 사설은 그것을 막기

---

27 본론의 인용에서는 뺐으나 동 사설에서는 인용 부분 이전에 소련에 의한 만주, 이북 지역에 소재한 일본인 재산의 반출 문제가 언급되어 있다.

위해 재한일본인 재산이 원래 한국인의 것임을 강조하는 것과 동시에 한국인의 것은 연합국의 방침대로 해방지역인 한국의 국가경제 재건을 위해 활용되어야 한다는 것을 강조한 것이었다.

그러나 중요한 것은 조선일보의 사설이 왜 한국의 경제 재건을 위한 사용을 호소하게 되었는가 하는 문제였다. 원래 '한국인의 것'을 한국의 경제 재건을 위해 쓰는 것은 당연한 일이며 굳이 강조해야 할 사항이 아니었다. 그러나 국민감정으로서는 이치에 맞는 응혈체론은 국제사회의 현실과는 동떨어진 것이었다. 말할 필요도 없이 대일전승국인 주된 연합국들은 식민지를 보유하고 그에 따라 각 지역에 재산권을 설정하고 있었다. 따라서 식민지로부터 독립될 지역에 있는 구 종주국의 재산권을 부정하기 위해 만들어진 응혈체 논리는 자칫하면 연합국의 재산권에 대해서도 부정적으로 작용할 위험성을 내재하고 있었다.

또 과거 미국 자신이 일본의 한반도 지배를 인정한 사실에 비추어 볼 때 일본의 한반도 지배 자체가 불법이라고 규정해, 그 결과 한반도에서 축재한 일본인 재산의 법적 효력을 부정함으로써 그들 재산의 한국 귀속을 정당화하는 것 역시 어려웠다. 한국에 있는 일본인 재산이 원래 '한국의 것'이라고 하는 응혈체 논리는 애초 국제사회에서 통할 여지가 없었던 것이다.

식민지에 대한 종주국들의 재산권을 정당화하면서도 일본인 재산의 처분만은 정당화할 수 있는 논리는 바로 일본이 패전했다는 것 이외에는 없었다. 그러나 미국이 대일전승국으로서의 한국의 지위를 부정하고 있는 이상, 일본인 재산의 한국 이양을 교전관계에 따른 국제법상의 배상 권리로서 정당화하는 것도 불가능했다. 남은 가능성은 법적 근거가 아니었다. 그것은 제2차 세계대전 후, 미국이 공약한 신 질서 구축을 위한 원칙을 부각하여, 재한일본인 재산의 취득으로 인한 한국의 국가경제 재건이 그에 부합하는 것임을 강조하는 것뿐이었다.

제2차 세계대전에 즈음하여 미국은 대서양헌장으로부터 카이로선언으로 이어지는 일련의 국제적 공약을 통해 한반도 독립을 공식화하고 있었다. 종전 후, 구체적인 대일배상 계획 작성에 나선 폴리 역시 맥아더(Douglas MacArthur)에게 서한을 보내고 자신이 이끄는 배상사절단의 사명이 아시아 지역에서 평화적·번영적 경제 균형을 확립하는 데 있으며 그를 위해서도 일본과 일본이 정복한 지역들의 상류–하류 관계(tributary ties)를 절단하는 것이 중요하다고 적었다. 그 결과 폴리는 한반도를 포함해 일본의 침략에 의해 희생당한 아시아 지역의 경제 발전을 최대한 고려할 것을 권고하고 있었다.[28]

즉 미국은 제2차 세계대전 후의 처리에 관해 배상 문제를 고전적인 전승–패전 관계에 따른 처리 문제로만 인식한 것이 아니었으며 일본에 의해 지배당한 각 지역의 부흥이 아시아 지역의 안전과 번영의 핵심 조건이라는 인식을 가지고 있었다. 더구나 이미 한반도에서는 남북의 이념 대립이 본격화되고 있었다. 한국의 경제 재건은 좌파세력에 대한 견제의 의미가 가해지며 더욱 긴요한 과제가 되어가고 있었다.[29]

이와 같은 국제정치의 현실 앞에서 재한일본인 재산의 취득에 관해 정치적·법적으로 아무런 호소력이 없는 응혈체론은 국가경제 재건론에 그 길을

---

28 "Policy Toward Japanese Assets in China and Korea"(1946년 5월 11일), 大蔵省財政室編, 앞의 책, 449쪽.

29 흥미롭게도 한국인들의 이익을 위해 재한일본인 재산을 배정할 것을 일찍부터 권고하고 있었던 폴리도 당분간 일본인 재산에 대한 권한을 미국이 가져야 하는 이유의 하나로 그것을 한국인들에게 넘길 경우 인민원회 등 한국 내의 좌파세력의 소유물이 될 가능성을 지적하고 있었다. 그에 따라 그는 트루먼 대통령에게 민주적(자본주의적) 정부가 수립되기까지는 미국이 재산 권한을 보유할 것을 권고했다. 740.00119 PW/7–346, "Ambassador Edwin W. Pauley to President Truman", *Foreign Relations of the United States*(이하 *FRUS*), *1946 VIII The Far East*, p.707.

넘겨줄 수밖에 없었다. 실제로 방한한 폴리에 대한 전달 메시지로서 5월 22일 비상국민회의 홍진 명의로 작성된 서한은 재한일본인 재산의 처리 문제에 관해 다음과 같이 호소하고 있다.[30]

> 한국에 있는 일본의 재산은 전 한국재산의 90%나 되는 막대한 거액이니 이것은 한국독립의 경제적 기초로 삼지 않으면 안 됩니다. 각하께서는 이러한 사정을 양찰(諒察)하시고 그 재산을 한국의 이익을 위하여 또는 한국본위로 처리하심을 바라고 건투하심을 비나이다.

공식적인 탄원의 성격을 띤 이 메시지에서는 '착취'나 '응혈체' 같은 추상적인 구호는 그 자취를 완전히 감추었다. 오직 한국에서 차지하는 일본인 재산의 규모와 그로 인해 독립된 한국의 경제 재건을 위해서는 그 재산의 귀속이 절실하다고 하는 현실적인 호소만을 담았다. 재한일본인 재산의 처리 문제에 대해 커다란 영향력을 가진 폴리에게 직접적으로 전달하기 위한 메시지에서 응혈체 같은 추상적인 기술은 일절 빠지고 현실적인 호소만이 담겼다는 사실은 주목할 만하다. 그것은 재한일본인 재산 귀속의 실현을 위해서는 응혈체론 같은 민족감정보다 국제사회에서 통하는 논리를 사용해야 한다는 한국사회의 냉정한 판단을 드러낸 것이라고 볼 수 있다.

결국 폴리의 중간배상 구상에 따라 1946년 5월부터 대일정책의 최고기관이었던 극동위원회는 구체적인 중간배상계획의 작성에 들어갔다. 12월 결정된 중간배상계획에서 실제 철거 대상으로 지정된 시설들은 모두 일본 국내에 소재한 것이었다.[31] 또 11월 16일 폴리는 최종보고서를 발표하여 그 가운

---

30 『資料 大韓民國史 2』, 681쪽.
31 지정 과정에 관한 연구는 岡野鑑記, 『日本賠償論』, 東洋経済新報社, 1958, 82~87쪽

데 일본이 지배, 또는 점령한 지역에 있는 일본인 소유의 산업 시설을 철거하는 정책은 취하지 말아야 하고 그 시설은 그대로 각 지역에 남길 것을 권고했다.[32] 이와 같은 흐름을 맞아 미 국무성 역시 1947년 2월 장관 명의로 일본인이 소유한 재한산업시설은 일본의 배상에서 제외하고 한국의 재산으로 남길 방침을 밝혔다.[33]

이렇게 하여 '적산'으로서 당초 그 철거가 우려된 재한일본인 재산의 한국 귀속이 확정되었다. 그 방침에 따라 미 군정청으로 일단 귀속되었던 일본인 재산은 대한민국 건국 후인 1948년 9월 11일에 체결된 "대한민국 정부 및 미국 정부 간의 재정 및 재산에 관한 최초협정(이하 한미협정으로 약기)"에 따라 미 군정이 미리 처분한 일부를 제외하고 정식으로 한국에 이양되었다. 그러나 이와 같은 과정과 논리를 거쳐 이루어진 재한일본인 재산의 한국 귀속은 한일 과거처리라는 측면에서 볼 때 그 후 오래 계속되는 갈등의 불씨를 남기게 되었다.

3) '근거 없는' 취득의 귀결

그 불씨는 이양된 재산이 일본인 재산으로서 한국으로 이양되었는가, 또 일본인 재산으로서 이양되었다고 해도 그것이 어떤 근거에 기초해 이루어졌는가 등, 재산 이양에 관한 핵심사항이 일절 명확하지 않았다는 데서 기인했다. 그

참고.

32 위의 책, 89쪽에서 재인용.

33 740.00119 P.W./2-347, "The Secretary of State to the Political Adviser in Korea(Langdon)", *FRUS, 1947 Volume VI The Far East*, p.352.

리고 그러한 애매함이 발생한 근원은 재한일본인 재산의 처리가 한일 간의 과거처리 문제로서 양국 간에 직접 이루어진 것이 아니라 결국 미국의 정책으로 인해 좌우되었다는 점에 있었다.

미국의 힘으로 해방이 이루어지고, 해방 후에도 즉시 민족 대표정부를 조직하지 못했던 한국은 결국 재한일본인 재산의 취득 역시 미국이라는 존재를 거쳐 실현했다. 그러나 한국을 대일교전국으로서 인정하지 않았던 미국은 한국이 재한일본인 재산을 교전 배상으로 취득하는 것을 허용하지 않았다. 또한 그것을 응혈체로서, 즉 식민지 피해에 대한 보상으로서 취득하게 하는 조치 역시 피했다. 따라서 한국은 교전 피해이건 식민지 피해이건 재한일본인 재산을 일본에 대한 한국의 법적인 권리로서 취득한 것이 아니었다.

한편, 한국을 원활하게 통치해야 한다는 목적과 무엇보다 제2차 세계대전 후의 처리 원칙으로서 각 나라에 소재한 일본인 재산을 각 정부가 취득하는 것을 구상하던 미국은 일시적이라도 재한일본인 재산을 대일교전 배상으로서 정식으로 취득하는 조치를 취하지 않았다. 그로 인해 미국은 재한일본인 재산을 명확히 미국의 재산으로 변경한 후, 그것을 한국에 대한 지원으로 넘긴다는 방법도 취하지 못했다.

그 결과 일본인 재산의 한국 이양을 최종적으로 확정한 한미협정 5조는 군정령 33호로 인해 귀속된 일본인 재산 중, 미군정이 이미 처분한 것을 제외하고 한국으로 이전하는 것만을 규정했을 뿐, 한국으로 이양하는 재산들이 일본인 재산으로서 이양되는가, 아니면 군정령 33호 등으로 인해 미국 재산으로 된 것을 경제 지원으로서 한국으로 이양하는가 하는 재산 소유권에 대한 명확한 규정을 내리지 않았다. 이것은 일본인 재산과 같이 군정령 2호로 인해 동결 대상이 된 재한독일 재산과는 대조적인 조치였다. 실제로 같이 동결된 재한독일 재산은 군정령 33호 등에 해당하는 다른 법령으로 미 군정청에 귀속되지 않은 결과 한미협정에서는 그 3조에서 독일의 재산으로서 미국이 보관하고 있었던 것을 한국정부의 보관으로 이전한다고 규정함으로써 이전되는 재산이 독일 재산임을 직접 천명하고 있었다. 그에 반해 한국은 귀속된 원(元) 재한일본인 재산을 과연 '일본인 재산'으로서 받는 것인가, 또는 이미 미국의 재산으로 된 것을 받는 것인가 하는 명확한 규정 없이 그것을 취득하게 된 것이다.

또한 한미협정은 그들 재산을 한국으로 넘기는 명확한 근거 역시 주지 않았다. 그에 따라 한국은 그것을 일본인 재산으로 받는다고 해도 그 취득 근거가 애매했다. 그 결과 그것이 교전이건 식민지 지배이건, 일본에 대한 피해보상의 일환으로서 받았다는 직접적인 관련성이 차단되었다. 실제 한미협정은 그 1조에서 미국이 지원하는 구제품 등의 이양 규정이 포함되는 등, 한국의 국가 경제 기반을 마련하기 위한 미국의 경제 지원을 위한 협정의 성격을 강하게 띠고 있었으며 일본에 대한 피해보상 협정으로서의 규정은 전혀 없었다. 이것은 결국 한일회담에 들어서면서 재한일본인 재산 취득과 관련된 한일 간의 심각한 갈등의 원인이 된다.

문제는 이에 머무르는 것이 아니었다. 전후 한일관계를 생각할 때 주의해야 하는 것은 재한일본인 재산의 취득과 피해보상의 관련성이 규정되지 않았다는 점을 넘어, 재한일본인 재산의 취득 자체를 한국사회가 거의 기억하지 못하고 있다는 점이다. 그 이유 역시 해방된 한국이 놓이게 된 특유의 조건에서 기인한 것이었다.

상술한 바와 같이 해방이 미국의 힘으로 인해 이루어져, 즉시 민족의 힘으로 주권 국가를 만들지 못했던 한국은 일본인 재산을 자신의 힘으로 처분한 것이 아니었다. 실제 군정령 2호, 33호 그리고 한미협정으로 이어진 재산 이양 과정은 모두 미국의 정책에 따라 실현되었다.

그것을 지지하든 않든, 당초 임시정부가 주장하듯이 주권을 가진 민족 대표정부가 교전관계에 따른 배상으로서 일본인 재산을 적산으로 몰수했다면 그것은 일본인 재산의 취득임이 분명해졌을 것이다. 그에 따라 그 취득은 배상이라는 교전 피해에 대한 보상의 의미를 저절로 지니게 되었을 것이다.

그러나 적산 논리가 그 재산의 상실 논리와 연결된 한국의 경우, 상실을 막기 위해 나온 대체 논리는 그 재산이 한국인의 피와 땀이 어린 응혈체라는 것이었다. 물론 그 담론은 교전관계에 대한 승인이 차단된 조건하에서 식민지 피해라는 한일관계의 고유성을 반영하고 그로 인한 한국인의 피해를 강조하는 성격을 지니고 있었다. 그러나 적산 논리의 한계를 극복하기 위해 대두된 응혈체론은 피해보상으로서 일본인 재산을 취득한다는 인식을 스스로 약화했다.

왜냐하면 응혈체론은 재산의 취득을 정당화하기 위해 재한일본인 재산을 애초 '한국인의 것'이라고 규정했기 때문이다. 이 담론이 마련한 인식의 틀은 취득할 재산을 원천적으로 일본인 재산으로 인식하지 않았다. 피해에 대한 보상 인식은 이양받을 재산이 원래 '가해자의 것'임을 인정해야 성립된다. 이러한 의미에서 적산 몰수론의 한계를 알아채고 그 대체 논리로서 나오게 된 응혈체론은 오히려 그것이 원래 한국인의 것임을 강조함으로써 반대로 피해보상 성립의 근거를 원천적으로 허물어버리는 속성을 내재하고 있었다.

그러나 식민지 피해를 강조한 응혈체론이 안겨준 영향은 이에 그치지 않았다. 부(富)의 창조에 피나 땀을 강조한 그 응혈체론은 비록 추상적이나마 각 구체적인 개인 피해에 대응할 수밖에 없었다. 말할 나위도 없이 피나 땀이 귀속되는 주체는 결국 각 개인이지, 국가가 아니었다. 따라서 식민지 피해를 강조한 응혈체론에 의하면 피해보상의 실현은 당연히 각 피해자 개인에 대한 지불을 통해 이루어져야만 했다.

그러나 미국의 정책으로 인해 이루어진 재한일본인 재산의 이양은 한국에 대한 경제 지원의 성격이 강했으며 한국사회 역시 국가경제 재건론으로서 그것을 받아들였다. 그 결과 국유·사유를 막론하고 실현된 재한일본인 재산의 이전은 모두 일단 국가에 귀속되는 형식으로 진행되었으며 피해자 개인의 손에 직접 들어오는 일은 없었다.

국가에 귀속된 재산의 개인에 대한 배분은 1949년 12월 19일 제정된 법률 74호 "귀속재산처리법"에 따라 결국 매매를 통해서만 가능해졌다. 즉 피나 땀을 실제 흘린 피해 당사자 개인은 일본인 재산의 취득을 위해 다시 추가적인 금전 지불을 요구받게 된 것이었다. 그에 따라 그 재산을 받지 못했던 많은 한국인들에게는 물론, 추가 지불로 인해 재산을 취득한 일부 한국인들에게 역시 그 취득이 식민지 피해에 대한 보상의 의미를 지닐 리 없었다.

더욱이 일단 국가로 귀속된 일본인 재산은 그 후 한국전쟁으로 인해 많은 것이 파괴되어 물리적으로 사라지게 되었다. 한국사회는 경제 재건에 대한 공헌으로서 일본인 재산의 귀속을 기억하는 계기 역시 얻지 못했다. 또한 한국사회가 재한일본인 재산의 취득을 기억하지 못했던 또 하나의 요인은 국가로서 그 규모를 정확히 파악하지 않은 채, 그 이양이 실현되었다고 생각되는 점에도 있다. 공개된 일본 측 문서에 따르면 일본이 남한에 가진 재산은 정부자산 449,202,006달러, 기업자산 1,333,393,416달러, 개인자산 492,940,000달러, 합계 2,275,535,422달러[1달러 : 15엔으로 환산]라는 규모에 이르고 있다.[34] 그러나 이는 한미협정에 따라 한국정부에 이양된 금액을 직접 뜻하는 것

---

34 「日韓会談重要資料集(続)」, 外務省日韓会談公開文書(문서번호 526), 84쪽(資料31). 그 총액은 1945년 8월 시점에서의 SCAP 민간재산관리국, 재외재산국(Civil Property Custodian, External Assets Division) 자료에 나온 값과 완전히 일치하고 있으므로 새로운 것은 아니나 SCAP 자료에서는 총액만이 표시되어 있어, 구성에 관해서는 알 수가 없었다. SCAP 자료는 "Japanese External Assets", 大蔵省財政室編, 앞의 책, 431~434쪽. 이 수치는 대장성 및 일본은행이 제출한 자료를 기초로 점령당국이 1달러 = 15엔으로 집계한 것이라고 적혀 있으나 국유, 기업 및 개인 재산 모두 남북한의 산출

은 아니다. 먼저 일본정부가 시산한 그 재산 금액이 과연 얼마나 정확한 것인가 하는 문제가 제기되는 데다 그중 얼마가 군정령 33호 등으로 인해 미 군정청에 귀속되었는지도 알 수 없다. 또한 미 군정청이 취득한 일본인 재산 중, 얼마나 한국정부에 이양된 것인가 하는 문제도 생긴다.[35] 실제 한미협정 5조는 한국정부에 이양하는 재한일본인 재산과 관련해 미군정이 이미 처분한 것들을 한국정부가 승인하도록 요구하고 있었다. 남한 통치 기간 중에 미군정이 처분함에 따라 이미 상실한 재산 가치 부분 등은 한국정부에 이양되는 재한일본인 재산에서 공제되었다. 그럼에도 동 한미협정은 그 상실된 재산 가치가 얼마인지도 밝히고 있지 않다.

　그 금액이 명시되지 않았던 것은 단지 협정만의 일이 아니었을 가능성이 크다. 7장에서 논하지만 5차 한일회담에서 일본은 한국이 취득한 일본인 재산의 규모를 밝힐 것을 정식으로 요구했다. 그에 대해 한국정부는 재산이 포괄

에 즈음하여 재산 분포를 추정하면서 산출하는 등 반드시 정확한 것이 아님은 확실하다. 실제 재한일본인 재산 문제를 집중 정리한 대장성의 다른 내부 자료에서는 재한일본인 재산을 정확히 산출하는 것은 어렵다는 인식을 드러내고 있다. 大藏省理財局外債課, 『日韓請求權問題參考資料未定稿 第4分冊』, 1963, 5쪽. 이하 대장성이재국외채과가 작성한 동 자료 시리즈는 서명만 표기한다. 또 동 대장성의 자료에 의하면 이 이외에도 일본이 독자 조사한 다른 값으로서 인양자나 해당 기업들에게 직접 신고하게 한 결과로서 집계한 개인재산 19,205백만 엔, 기업재산 52,107백만 엔, 국유재산 19,265백만 엔, 합계 90,577백만 엔이라는 추정치도 있다. 그러나 이 역시 남북한의 구별이 없는 값(『日韓請求權問題參考資料未定稿　第4分冊』, 151~153쪽)인 데다 그 신고 내용의 신빙성 자체에 대한 검증도 필요하다는 인식이 나타나고 있으므로(『日韓請求權問題參考資料未定稿 第4分冊』, 5쪽) 꼭 정확한 것으로 볼 수는 없다.

35　그러나 지금까지 전혀 알려지지 않았던 주목할 만한 사실로서 그 시기는 불명하나 미국이 재한미군정부 관계 자료를 일본에 제출하면서 남한에서 접수한 일본인 사유재산 규모를 밝힌 사실이 있음을 대장성의 내부 자료를 통해 알 수 있다. 단, 대장성은 이 수치역시 불충분하고 분명하지 않다는 인식을 드러내고 있으므로 한국정부에 이양된 액수가 정확히 파악된 것은 아니라고 본다. 현재 미국이 제시한 액수 자체는 먹칠로 비공개되어 있어 알 수 없다. 『日韓請求權問題參考資料未定稿 第4分冊』, 5~6쪽.

적으로 이양된 것임을 강조하면서 거절했다. 그러나 단지 거절한 것이 아니었다. 실제 한국이 취득한 재한일본인 재산의 규모를 밝힐 것을 일본이 요구하자, 5차 회담 한국 측 수석대표 유진오는 한미협정으로 인해 이양된 일본인 재산의 금액을 본국정부에 조회했다. 이양된 지 10년 이상 경과했음에도 불구하고 한일회담 교섭 책임자조차 그 금액을 몰랐던 것이다. 더 나아가 유진오의 조회 요청에 대해 본국정부가 그 규모를 파악해 답신을 보낸 사실도 확인되지 않는다.

이러한 점들과 더불어 원래 방대한 항목에 이를 것으로 예상되는 재한일본인 재산의 구성을 감안하면 재한일본인 재산은 정부 차원에서조차 그 귀속 규모를 정확히 파악하지 않은 채, 이양된 것이 틀림없어 보인다.[36] 그리고 정부조차 정확한 규모를 파악하지 않았던 이상, 그 후 한국사회가 그것을 파악할 수 있을 리가 없었다. 실제로 현재에 이르기까지 귀속된 재산 규모에 대한 검증이 한국사회에서 이루어졌다는 사실은 전혀 없다. 한국사회는 재산의 규모라는 측면에서도 일본인 재산의 귀속을 기억하지 않았던 것이다.

한국이 식민지 지배에 따른 피해를 생생하게 기억하듯이 재한재산을 잃

---

36 다만 당시 대일배상 처리 문제의 책임자였던 이순탁 기획처장이 1948년 9월 13일 국회에서 한미협정의 조문 설명과 함께 5조로 인해 귀속되는 재한일본인 재산의 규모에 대해 어느 정도 언급하고 있다. 그에 의하면 협정으로 인해 한국정부에 이양되는 일본인 재산의 규모는 8월 10일 현재로 적산으로서 16,301,514,389원과 현금 및 수취계정 1,339,173,605원이었다. 『資料 大韓民國史 8』, 1998, 349쪽. (단 그 자료는 서울신문의 보도로서 이순탁의 설명이 국회에서 이루어졌다고 기술하고 있으나 저자가 조사하는 한, 국회의사록에서 그와 같은 설명 기록은 찾을 수 없다.) 그러나 이순탁이 밝힌 그 수치는 일부 시가 환산의 문제가 남아 있다는 것, 운수통신, 전신기관이 포함되지 않았다는 것, 무엇보다 아직 미조사 · 미발각된 재산이 상당히 남아 있다는 것을 전제로 밝힌 것이므로 그 수치들을 한국정부로서의 최종적인 공식 수치로 평가하는 것은 타당하지 않다.

은 귀환 일본인들 역시 자신이 보유한 재산의 상실을 당연히 '피해'로 기억했다.[37] 더욱이 식민지 지배에 대한 가해 의식이 약했던 당시 일본사회는 국제법을 어기고 사유재산에 대한 소유권까지 '자의적'으로 변경한 것에 대해 당연히 자신의 재산을 빼앗겼다고 인식했다. 일본사회는 오히려 자신들이야말로 피해자라는 인식을 일부 가지게 된 것이다.

즉 한국사회는 재한일본인 재산에 대해 그것을 식민지 피해에 대한 보상으로서 받았다는 기억을 가지지 못했던 데 반해 일본사회는 한국이 자신들의 재산을 근거도 없이 자의적으로 훔쳤다는 엇갈린 인식을 가지게 되었다. 이와 같은 양국의 입장 차이가 그 후 한일 직접 교섭에서 큰 영향을 주게 됨은 당연한 귀결이었다.

---

37 예컨대 1947년 3월 당시 한반도로부터의 귀환자들에 의해 조직된 조선인양동포세화회(朝鮮引揚同胞世話会)는 「在朝鮮日本人個人財産額調」 등을 작성하고 자신들이 남기고 온 재산 환수에 나서고 있다. 加藤聖文監修·編, 『海外引揚関係史料集成(国外篇)』 第17巻, ゆまに書房, 2002, 505~517쪽.

2. 대일배상 구상의 확대와 구체화

1) 한국의 중간배상 취득 요구와 배제

초미의 과제였던 재한일본인 재산의 귀속 문제와 더불어 배상 문제는 물론 그에 그치는 것이 아니었다. 당시 연합국은 재외일본인 재산의 몰수 문제와 함께 폴리 사절단의 권고에 기초하여 일본 본토에 있는 시설 배상의 책정 문제를 진행하고 있었다. 1946년 5월부터 극동위원회는 대일배상 문제에 관한 토의에 들어가며 구체적인 배분 책정 문제에 나서고 있었다.

바로 이러한 시기인 6월, 조선상공회의소는 폴리에게 제출하는 청원서 속에서 재한일본인 재산이나 기타 지역의 한국인 재산과 더불어 일본 본토 및 점령지역에서 일본이 소유한 군사 시설, 군수품들이 한국인의 강제노동과 원료의 일부로 생산된 것임을 이유로 한국으로 이전할 것을 요청하고 있다.[38]

즉 재외일본인 재산의 몰수와 더불어 일본 본토에 있는 시설들을 이전하려고 하고 있었던 연합국의 대일배상 구상에 따라 한국에도 그 일부를 이전할 것을 요구한 것이다. 그 담론은 '한국인의 강제노동'이나 '원료의 일부로 생산

---

38 『資料 大韓民國史 2』, 785~786쪽.

된 것'이라고 하는 취득 근거를 일단 명시하고 있었다. 그러나 국제법상 배상 권리가 인정되는 교전관계 등과 달리 그와 같은 애매한 논리가 즉시 일본에 있는 재산의 이전까지 정당화할 수 있는 것은 아니었다. 그 실현 여부는 미국을 중심으로 하는 연합국의 중간배상계획에 따라 좌우되는 것이 국제정치의 현실이었다. 한국은 미국에 기대를 걸어, 재한일본인 재산을 넘는 보다 많은 배상을 받으려 한 것이었다.

그 기대는 전혀 근거 없는 것은 아니었다. 재한일본인 재산의 한국 귀속을 대통령에게 권고한 폴리는 원래 한반도(Korea)에서 수입한 원재료를 가공했던 산업 시설 역시 한국으로 이전할 것을 권고하고 있었다.[39] 또 한국으로부터 그러한 요청을 받은 폴리는 1946년 6월 22일 다시 트루먼 대통령에게 한반도에 관한 보고서를 보냈다.

그 가운데 폴리는 한반도의 경제 구조가 일본의 지배하에서 일본을 위한 원재료 및 중간재의 생산을 위해 형성되었다고 지적하면서 향후 한국에는 자신의 경제에 필요한 생산물을 제조하기 위한 생산 시설이 필요하다는 인식을 드러내고 있다. 그 결과 폴리는 한국(Korea)은 일본으로부터 배상 철거물(reparations removals)의 일부로서 산업 시설을 받을 수 있도록 해야 한다고 권고했다.[40] 재한일본인 재산의 한국 귀속을 승인한 1947년 2월의 국무성 문서 역시 일본으로부터 철거되는 시설의 일부를 한국을 위해 이전할 것을 정부 방침으로 정하고 있었다.[41]

---

39 "Reparations from Japan−Immediate Program(Pauley Interim Report)", 大蔵省財政室編, 앞의 책, 447쪽.

40 740.00119 P.W./7-346, "Ambassador Edwin W. Pauley to President Truman", *FRUS, 1946 VIII The Far East*, p.709.

41 740.00119 P.W./2-347, "The Secretary of State to the Political Adviser in Korea(Langdon)" (1947. 2. 3.), *FRUS, 1947 Volume VI The Far East*, p.352.

이와 같이 폴리가 대통령에게 보낸 정책 권고나 미 국무성 방침은 한국의 이익을 거들어주는 것이었다. 그러나 이러한 미국 측 승인은 한국이 연합국의 일원이 됨으로써 일본으로부터 직접 배상을 받을 권리까지 인정한 것은 아니었다.

11월 23일 이승만은 워싱턴에 있던 주미 한국대표부(Korean Commission) 대표인 임병직에게 전문을 보내, 일본의 배상 문제에 절대적인 이해관계를 유하고 있는 한국을 12월 초에 예정된 배상회의에[42] 참가시켜 일본에 의해 약탈(taken)된 것을 반환(given back)받을 수 있도록 타당한 배분을 요구할 것을 지시했다.[43] 그 훈령을 받은 임병직은 25일, 이승만의 지시임을 밝히면서 폴리에게 배상회의 참가를 요청했다.[44]

그러나 1947년 1월 8일자로 폴리에게서 온 답장은 일본에 대한 배상 교섭은 극동위원회 참가국 차원에서 해결될 것이며 한국의 건설(installation)을 위해 일본으로부터 이전하는 산업 시설은 미국에 배분되는 것으로 충당할 방침임을 밝혔다.[45] 즉 미국은 대일배상 문제를 위한 교섭에 한국이 직접 참여하는 것을 거절하고 재한일본인 재산 이외에 일본 본토에 있는 시설의 한국 이전 문제는 미국이 대일배상으로 받는 것 중에서 배정할 것을 정식으로 통보한 것

---

42 직접적인 기술은 없으나 여기서 나온 '배상회의'라고 함은 1947년 7월에 미국이 극동위원회에 제안한 대일예비평화회의를 뜻하는 것으로 풀이된다. 그러나 그 예비회의는 미영중소 4개국 외상회담에 의한 우선적인 토의를 주장한 소련 등의 반대로 인해 결국 실행되지 않았다. 이 과정에 관해서는 外務省編, 『日本外交文書 サンフランシスコ平和条約準備対策』, 外務省, 2006, 328~344쪽. 이하 평화조약과 관련해서 외무성이 편집한 "일본외교문서" 시리즈는 서명만 약기한다.

43 國史編纂委員會編, 『大韓民國史資料集 28(李承晚關係書翰資料集)〈1944-1948〉』, 國史編纂委員會, 1996, 166쪽.

44 위의 책, 169쪽.

45 위의 책, 201쪽.

이었다. 이와 같은 폴리의 견해는 재한일본인 재산이나 일본 소재의 시설 이전을 최초로 권고한 1945년 12월의 시점에서 이미 뚜렷이 나타나고 있었다. 폴리는 12월 18일의 보고서에서 "한국을 우호국으로 취급하되 대일전 승리를 이끄는 데 아무런 공헌이 없었으므로 일본 본토로부터의 배상 수취국으로서 특별히 고려되는 아무런 권한이 없다."고 진술했다.[46]

이 방침은 배상 문제가 원래 교전국 간에 적용되는 것이라는 전통적인 국제적 기준에 따른 결과였다. 무엇보다 배상회의에 참가하는 것을 요청한 이승만 역시 '약탈'된 것을 '반환'할 것 등의 추상적인 이유를 들었을 뿐, 한국이 대일교전국임을 직접 내세울 것을 지시하지는 않았다. 또 주목되는 것은 한국의 배상 교섭 참가를 거절한 폴리의 답신이 동시에 다년간 일본에 당한 착취의 대가를 위해 미국이 계속 노력할 것을 약속하면서도 그 구체적인 방법으로는 일본으로부터 원조(assistance)를 확보하는 것임을 밝히고 있는 점이다. 즉 비교적 한국의 입장에 호의적인 대응을 취한 폴리 역시 대일교전국가로서 한국의 배상 권리를 인정하지 않았던 것뿐만 아니라, 식민지 지배에서 발생한 피해와 배상 문제를 논리적으로 연결하려는 명확한 의도 또한 가진 것이 아니었다.

물론 이와 같은 입장은 폴리 개인의 문제가 아니었다. 3장에서 자세히 논하는 바와 같이 대일배상 처리에 관해 한국의 법적 지위를 정식으로 결정하는 평화조약 관련 구상에서도 그 시기 한국의 지위는 연합국과는 명확히 구별되어 있었다. 1946년 10월 25일자로 미국정부의 일각에서 작성된 "대일 평화조약"에서는 동 1항 영토 조항과 관련해 한반도(Korea)를 전 일본제국

---

46 "Reparations from Japan—Immediate Program(Pauley Interim Report)", 大蔵省財政室編, 앞의 책, 447쪽.

의 잔여(remainder)로 명확히 포함하고 있으며,[47] 2항으로서 "할양지역(ceded territories)에 관련된 조항들"을 따로 설정하고 배상협정 등의 확정이 들어간 7항 "전쟁으로부터 생긴 청구권"과 명확히 구별했다.[48]

유사한 인식은 그 후에도 변함이 없었다. 한국 문제를 담당한 주한미군 관계자는 1948년 3월 한일 문제와 관련된 의문점들을 검토하는 가운데 한국과 관련한 대일처리 문제를 정치적인 색깔 없이 처리할 것을 권고하고 있다. 즉 그 관계자는 한국이 일본제국의 일부였으며 일본과 교전관계에 있지 않았으므로 당연히 어떠한 배상 권리도 없고, 일본으로부터 금전적인 취득권(due)을 줄 경우에도 미국정부는 상업상(commercial)의 거래에서 생긴 '청구권(claims)'으로 간주해야 하고, 또 재산 피해 및 재산에 대한 청구권도 통상적인(normal) 청구권 베스로 해결해야 한다고 답하고 있다.[49]

즉 이 검토는 재한일본인 재산의 취득 이외 추가 권리의 가능성을 인정하면서도 그 실현은 어디까지나 '배상'이 아니라 '상업상'이나 기타 '통상적'인 '청구권'으로서 진행할 것, 다시 말해 교전 피해와 같은 정치적인 의미로서 처리하는 것은 부정하고 있었다.

결국 이러한 취약한 지위에 놓이게 된 한국에 일본 본토 등에 존재한 관련

---

47 "Peace Treaty with Japan"(unpublished manuscript). *Drafts of Treaty(Ruth Bacon)*, YF-A10, Box no.1, Folder no.15, R.01, p.213. ('YF-A10' 이하는 일본 국회도서관 헌정자료실 소장 기호를 뜻함) 단 문서에 찍힌 날짜 표기는 선명하지 않아, '1945'년의 가능성도 있다.

48 ibid., p.214 ; p.219. 동 문서는 한반도를 직접 할양지역으로 명시하지 않았으며 또 정확히 말해 타이완 등 '할양' 상대가 있는 지역도 아니었으나 '전 일본제국의 잔여'로 인식되어 있었던 한반도가 연합국이 아닌 '할양지역에 관련된 조항들' 관련 규정을 받게 될 지역이었음은 틀림없을 것이다.

49 "Questions Involving Korea and Japan", 國史編纂委員會편, 『韓國 現代史資料集成 46 주한 미군사고문단 문서』, 國史編纂委員會, 1999, 285쪽.

일본 시설들이 직접 이전되는 일은 없었다. 극동위원회 참가국들에 의한 대일배상 배분을 둘러싼 힘겨루기로 인해 대일배상 문제는 좀처럼 움직이지 않았다. 그 타개를 위하여 미국이 1947년 4월에 먼저 지령한 중간배상 추심 지령에서 그 배정을 우선적으로 받게 된 국가들은 중국, 네덜란드, 필리핀, 영국 등 4개국이었다. 그 후 중간배상 구상은 미국의 대일정책의 변경에 따라 1949년 5월 맥코이(Frank R. MacCoy) 성명으로 인해 정식으로 중단되었으며 미국이 중간배상을 일본으로부터 받는 일 역시 없었다. 이로 인해 비록 미국이 받게 될 대일중간배상의 재배분에 불과했으나 재한일본인 재산 이외에 일본의 생산 시설들이 실제 한국으로 이전되는 일 역시 사라졌다.

이와 같이 연합국의 중간배상계획과 연결하여 배상받으려고 한 한국의 구상은 좌절되었다. 재한일본인 재산 이외의 추가 취득을 한일 간의 피해보상으로서 충당하는 계기 역시 원천적으로 없어진 것이었다. 그러나 이와 더불어 중요한 것은 추가 시설의 이전이 실현되는 일이 있어도 미국이 한국의 직접적인 배상 권리를 부정하고, 일본으로부터 받는 미국 지분에서의 재배분으로 그것을 진행하고 있었던 이상, 그 추가 취득 역시 애매한 성격으로 이행되었을 것임은 틀림없었을 것이라는 점이다. 그러한 의미에서 실제 실현되었는지 아닌지의 차이는 있어도 중간배상과 연동한 추가 시설물의 취득 역시 재한일본인 재산의 취득과 같은 한계를 안게 되는 것은 마찬가지였을 것이다.

중간배상계획과 연동해서 대일배상을 실현하는 것에 실패한 한국에 남겨진 마지막 가능성은 배상 문제를 최종적으로 마무리 짓는 평화조약에 연합국으로 참가하면서 배상 권리를 획득하는 것이었다. 그를 위해서도 한국은 배상 근거의 마련과 그에 걸맞은 구체적인 내용을 준비하는 것이 중요해졌다.

2) 이상덕 배상 구상

평화조약을 향한 한국의 구체적인 움직임은 1947년 여름부터 시작되었다. 대한민국이 건국되기 전인 8월, 당시 남조선과도정부는 연합국의 대일배상회의가 정식으로 성립할 때 일본에게 요구할 배상액에 대한 구체적인 조사 및 대책 수립 등을 위해 오정수 상무부장을 책임자로 하는 조사위원회를 조직했다.[50] 또 조선식산은행의 김남용은 1947년 9월 재무부 산하에 각 은행 관계자의 대일청산위원회가 구성되었다고 증언하고 있다.[51] 금융기관들을 중심으로 가동하기 시작한 이 움직임 역시 시기적으로 배상조사 및 대책을 위한 배상위원회와의 연관 속에서 조직된 것이 확실하다.

평화조약을 둘러싼 움직임은 이 시기부터 대외적으로도 활발해졌다. 8월 18일 입법의원은 131차 본회의에서 대일평화회의 참석을 요청하는 결의를 냈다.[52] 그 결의가 나오자 당시 입법의원 의장이던 김규식은, 한일관계가 오랜 기간 동안 복잡한(complicated) 관계에 있었으므로 한국이 평화회의에 직접 참가하는 것이 정당하다고 언급하면서, 트루먼 대통령에게 회의 참가 허락을 당부하는 메시지를 보냈다.[53]

연합국으로서 평화조약에 참가해 문제를 해결한다는 방침은 대한민국 건국

---

50 『資料 大韓民國史 5』, 1972, 250쪽.
51 金南瑢, "対日賠償問題와 當行", 『무궁』, 1948. 2., 20쪽.
52 『資料 大韓民國史 5』, 231쪽.
53 740.0011 PW(Peace)/8-2947, "The Political Adviser in Korea(Jacobs) to the Secretary of State", *FRUS, 1947 vol. VI, The Far East*, p.511. 흥미로운 것은 그 메시지를 전달한 주한 미 정치고문 제이콥스(Jacobs)는 참관인으로서 한국 대표를 참석시킬 것을 권고하고 있으나 그것이 북한 대표를 참석시킬 것을 요구하는 소련의 움직임을 유발하고 분단을 강조하게 된다는 시각에서 반대가 있을 수 있음을 지적하고 있는 점이다. 같은 자료, pp.511~512.

후에도 변함이 없었다. 건국 직후인 1948년 9월 30일 이승만 대통령은 국회 시정 연설에서 한국이 연합국으로 참가해서 피해보상 문제를 추진한다는 방침을 천명했다.[54] 이 방침은 그 후 전개된 한미교섭에서도 직접 미국에게 전달되었다. 예컨대 1950년 11월 장면 주미대사는 러스크(Dean Rusk) 등에게 평화조약에서 한국에게 발언권(a voice)을 줄 것을 당부하고 있으며,[55] 또 3장에서 언급하는 바와 같이 그 요청은 1951년 1월의 한미교섭에서도 확인된다.

1947년 여름부터 구체화되기 시작한 배상 준비의 결과로서 1948년 1월 대일배상연구위원회는 대일배상 5종목을 발표했다.[56] 그것은 대장성 발행의 국채, 조선은행 금괴, 은급, 징용자 미수 임금, 세계시장의 시세보다 저렴하게 가져간 광석 등의 차액금, 반출된 기계류, 만주·중국으로의 중개무역과 관련된 수수료였다. 그 발표에 포함된 항목들 자체는 이하 보는 대일배상 요구들과 비교할 때 지극히 미진한 내용에 불과했다. 그러나 같은 시기에 배상 문제에 관여한 인물들이 발표한 내용을 보면, 이 시기 한국정부 내부에서는 그 후 일본과의 과거처리 진행 과정을 분석하는 의미에서도 매우 주목할 만한 대일배상 구상이 세워져 있었음을 알 수 있다.

그 주목할 만한 구상을 발표한 인물은 이상덕이었다. 당시 조선은행 업무부 차장이었던 이상덕은 1948년 1월, "대일배상요구의 정당성"이라는 대일배상 구상을 발표했다.

그 배상 구상에는 당시 추진하려 한 중간배상 취득에 관한 언급은 없다.

---

54 『資料 大韓民國史 8』, 532쪽.

55 795.00/11-2050, "Memorandum of Conversation, by the Acting Officer in Charge of Korean Affairs(Emmons)", *FRUS, 1950 vol. VII, Korea*, p.1200.

56 『資料 大韓民國史 6』, 1973, 54쪽. 기사는 '5종목'으로 발표하고 있으나 거론된 세부항목들은 7개항이라고도 생각되므로, 세부항목 중 관련 깊은 항목을 묶어 분류했을 가능성이 있다.

즉,이상덕이 발표한 배상은, 평화조약 이전의 잠정적인 조치로서 이루어지고 있었던 중간배상 문제와 상관없이 평화조약으로 인한 최종적인 배상 문제 처리를 염두에 두면서 구상된 것이었다. 무엇보다 중요한 것은 이상덕이 발표한 이 배상 구상은 결코 이상덕 개인의 의견에 그치지 않고 당시 대일배상 문제에 관여한 과도정부 내부에서 공유되었던 견해로 보인다는 점이다.[57] 그 근거는 다음과 같다.

첫째, 상술했다시피 국내 금융기관은 대일배상조사위원회에 참여한 재무부 산하의 대일청산위원회에서 활동하고 있었으며, 이들 금융기관의 중심축이었던 조선은행이 각 은행 관계자로 조직된 청산위원회에 참가하지 않았다는 것은 상상하기 어렵다는 점이다. 실제 이하 보듯이 조선은행이 1947년 9월에 작성한 "대일채권일람"[표1-3]의 내용은 그 후 한국정부의 정식 배상 요구인 『대일배상요구조서』에 거의 그대로 반영되어 있다.

둘째, 이상덕은 한일회담 개시 후에도 청구권위원회 대표로서 일본과의 과거처리 문제에 정부 관계자로서 깊이 관여했는데, 이는 이상덕이 배상 요구 시절부터 이 문제에 관여한 인물이었다는 점이 영향을 미쳤다고 볼 수 있다.

셋째, 배상 문제에 관해 "한반도의 국제법상의 지위는 역사상 독특한 것"[58]임을 지적한 이상덕의 상황 인식이 대일청산위원회에서 활동한 조선식산은행의 김남용의 담론, 즉 "한반도의 대일배상 문제가 전승국 대 패전국의 강화문제와 달라 세계 역사상에 유례가 없고, 또 국제법상으로도 정확한 규정을 찾을 수 없는 해방지구라는 특이한 입장"[59]이라고 하는 인식과 사실상 같은 것

57　이와 같은 점을 먼저 지적한 것은 太田修, 『日韓交涉 請求權問題の研究』, クレイン, 2003, 39~46쪽.
58　李相德, "對日賠償要求의 正當性", 『新天地』, 1948. 1., 39쪽.
59　金南瑢, 앞의 논문, 20쪽.

으로 보이는 점이다.[60]

넷째, 이하 논하는 바와 같이 배상 요구의 근거를 연합국의 제2차 세계대전 후의 배상 처리 정책에서 찾으려고 한 이상덕의 시각이 당시 재무부 이재국장으로서 이상덕의 상부에 있었던 김경진의 "대일배상청구에 관한 법적 근거를 카이로, 포츠담 양 선언에 두고……."[61]라고 하는 시각과 일치하는 점이다.

마지막으로 오타(太田修)가 이미 적절히 지적하고 있듯이[62] 이상덕이 배상 구상 속에서 밝힌 내용이 다음 2장에서 검토할『대일배상요구조서』서문의 내용뿐만 아니라 심지어 그 세부 표현까지 지극히 흡사하다는 점이다.

이상 몇 가지 논점들을 감안할 때, 이상덕 배상 구상은 평화조약에 대비하는 과정에서, 비록 확정 발표한 공식 요구는 아니었으나 당시 대일배상 문제를 준비하던 한국정부 내부에서 공유한 구상을 잠정 발표한 성격을 지닌 것으로 봐도 무방할 것이다.

이러한 의미에서 이상덕 배상 구상은 1947년 여름부터 적어도 1948년 초까지 한국정부가 구상한 대일배상 요구의 원형을 나타내는 것으로, 1949년에 공식화한 한국정부의 대일배상 내용의 의미를 이해하는 데 매우 중요한 위치를 차지하고 있다고 평가된다. 그만큼 이상덕 배상 구상의 내용은 자세히 검토할 가치를 가지고 있다.

"대일배상요구의 정당성"의 첫머리에서 이상덕은 제1차 세계대전의 처리와 비교해 제2차 세계대전 후 대일배상 문제에 대한 연합국의 일련의 방침에 먼저 주목하면서 "금차 대일배상의 기본 이념이 침략국의 전력 제거 및 재군

---

60 발표된 시기가 이상덕 배상론의 시기와 사실상 같은 1948년 2월이라는 점도 주목할 만하다.
61 『資料 大韓民國史 7』, 1974, 453쪽.
62 太田修, 앞의 책, 50쪽.

비의 방지를 목적으로 하고 종래와 같은 승자의 보복을 패전의 부담으로 과(課)한다는 사상은 배제되는 것으로 판단한다."[63]고 지적했다. 원래 일본과의 과거처리 문제가 한일 두 나라 간의 문제임에도 불구하고 연합국의 움직임을 먼저 검토한 것은 바로 국제정치의 냉혹한 현실을 감안한 결과였다. 실제 이상덕은 "실무적 견지에서 …… 우리의 정당한 요구는 단지 그 정당성의 강조뿐만 아니라 금차 대전의 배상 문제의 세계적 조류에 부합한 이론적 무장이 필요하고 동시에 유효할 것."[64]이라고 언급하고 있다. 다시 말해 실무자로서 대일배상 문제의 실현에 관여한 이상덕은 당시 한국사회에 존재한 '적산'이나 '응혈체' 같은 비현실적인 개념과 결별하고 국제적 논리에 부합하는 것이야말로 한국에게 주어진 유일한 길임을 지적한 것이다.

이상덕은 한국의 대일배상 요구의 실현과 관련해 연합국의 대일처리를 고찰해야 함을 지적한 후, 제2차 세계대전의 성격에 주목했다. 그는 제국주의적 식민지 쟁탈전이었던 제1차 세계대전과 달리 제2차 세계대전이 파시즘의 침략에 대한 민주주의 방위전이라는 성격을 지니고 있었으며, 따라서 그 특징은 '해방 전쟁'이라는 데에 있음을 강조했다. 물론 이 지적은 한국의 대일배상 요구 근거의 기초를 마련하기 위한 것이었다. 즉 그는 연합국이 주도한 제2차 세계대전의 성격이 민족 해방에 있으므로 전후 배상 처리 원칙 중 하나가 그 성격에 기반할 것을 예상하면서 바로 한국의 대일배상 요구의 근거를 연합국이 지향한 '민족 해방'과 연결하려 한 것이다.

실제 이상덕은 일본의 한반도 지배가 국제 정의의 기본적 조건인 도의·공평·호혜의 원칙에 입각한 것이 아니라 폭력과 착취로 얼룩진 지배였으며 한

---

63 李相德, 앞의 논문, 31쪽.
64 위의 논문, 31쪽.

일병합이 한민족의 자유의사에 반해 강제되었다는 것, 그리고 이번 전쟁에서도 한국인들은 가능한 모든 방법으로 저항했다고 규정했다.[65] 즉 일본의 한국 지배는 한국 국민의 의사에 반한 것인 만큼 제2차 세계대전 후의 한국 독립은 바로 연합국이 주도한 '해방 전쟁'이라는 제2차 세계대전의 역사적 성격에 부합하는 것임을 부각한 것이다.

일본의 식민지 지배는 한국 국민의 의사에 반한 폭력과 착취로 얼룩진 것임을 강조한 그가 그럼에도 불구하고 한국의 대일배상 요구를 일본을 징벌하기 위한 보복의 부과로서가 아니라 피해 회복을 위한 필연적 수행을 기본 이념으로 한 것이라고 설명해, 그것이 "연합국의 전쟁 목적과 연합국이 일본국에 과하려는 정신과 일치한다고 믿는다."[66]고 표현한 것 역시 한국의 대일배상 근거를 연합국의 정신에 두는 것을 그 실현 여부의 관건으로 보고 있었기 때문이다.[67]

이와 같이 이상덕은 국제정치의 현실을 깊이 성찰하면서 연합국이 취할 조치의 틀 안에서 대일배상의 실현을 도모할 것을 구상하고 있었다. 그런 그가 그 정신에 기초하면서 대일배상의 범주로서 제시한 것이 다음 다섯 가지 '기

---

65 이상 제2차 세계대전의 성격과 한국인이 일본에 저항했다는 등의 기술은 위의 논문, 32쪽.

66 위의 논문, 32쪽.

67 선행연구 중, 먼저 이상덕 배상론에 주목한 오타는 '보복의 부과가 아니라 피해 회복'이라는 논리가 미국의 대일배상 정책의 전환에 영향을 받지 않기 위한 논리였다고 평가하고 있으나(太田修, 앞의 책, 46쪽), 그 평가는 오히려 반대라고 해야 하겠다. 즉 그 논리는 한국의 대일배상이 연합국이 처리하는 틀 안에서 이루어질 수밖에 없는 조건하에서 한국의 대일요구가 제2차 세계대전 후의 연합국의 방침과 일치하는 것임을 강조하기 위한 논리였다. 그것은 무엇보다 본론에서 말한 바와 같이 이상덕 자신이 연합국의 대일처리가 승자의 보복이 아님을 지적하고 한국의 대일배상 실현을 위해 세계적인 조류에 부합해야 한다는 것을 강조하고 있는 점에서 알 수 있다.

본적 표준'이었다.[68]

1. 일본으로부터 강제된 합병 이래 약탈·강탈·학대·강압 등으로 인한 일절의 희생 또는 손해, 손실은 그 정당한 소유자 또는 피해자에게 보상 또는 반환할 것이다.
2. 일본이 기도하고 강제로 관련된 전쟁의 결과 한국인이 피(被)한 일절의 손해 및 손실의 책임이 일본국에 있음을 단정하고 그 보상금을 주장한다.
3. 1945년 8월 9일 포츠담선언 수락 이후 9월 7일 미군 진주 시까지의 허공 상태에 일본 잔존 세력의 집정과 책임하 한국의 불이익을 초래한 일절의 배신적 불법행위 또는 재산상의 침략은 무효 또는 보상할 것이다.
4. 한반도 내 유체(有體)·무체(無體) 일절의 일본인 재산은 우리의 노력(勞力)과 우리의 자원을 착취하여 비대한 것이므로 그 소유가 일본정부 그 대행기관 또는 보통 인민 여하를 막론하고 한반도에 수립되는 국가에 무상 귀속할 것을 주장한다.
5. 한반도 내 거주 또는 조선 외 거주 또는 소재를 막론하고 일본인 또는 일본인 지배하의 법인이 부담하는 금전 채무는 변제기간 도래 또는 미도래를 막론하고 즉시 반납을 주장한다.

위 다섯 가지 '기본적 표준'을 간략하게 정리하자면, 〈1. 강제병합에 따른 식민지 피해보상〉, 〈2. 일본의 전쟁 수행에 따라 발생한 피해보상〉, 〈3. 해방 후의 혼란기에 생긴 피해보상〉, 〈4. 재한일본인 재산의 무상 취득〉, 〈5. 일본 관련 법인에 대한 한국인들의 채권 청산〉으로 나눌 수 있을 것이다. 이처럼 배상의 '기본적 표준'으로서 대일배상의 범주를 유형화한 이상덕은 보다 구체적인 요구 항목을 표1-1과 같이 제시했다.[69]

---

68 李相德, 앞의 논문, 32쪽.
69 위의 논문, 33~34쪽. 이상덕은 요구 항목의 제시에 즈음하여 직접적으로는 '청구권 항목'으로 기술하고 있으나, 그 '청구권'이 평화조약 이후 성립한 이른바 '재산청구권'에

표1-1 이상덕이 밝힌 구체적인 배상 요구 항목

(1) 약탈에 의한 손해	a) 일본이 자의 또는 강제로 반출한 국보미술품, 문헌, 유물, 기타 역사적 물건의 반환 또는 보상 b) 일본 육해군 또는 신사 건축에 기부헌납 또는 위문(慰問), 기타 방법으로 강탈한 금전 또는 물건의 반환 또는 보상 c) 공출헌납 또는 금속회수령 등으로 강탈한 귀금속 제품, 수기(輸器) 등의 반환 또는 보상
(2) 강제로 동원된 금차 전쟁의 결과 피한 손해	a) 동원, 지원 또는 출정(出征)한 군인·군속의 사망, 질병 또는 불구, 폐질(廢疾)의 희생이 된 일절의 수당, 은급 및 보상 b) 전투 또는 군사적 행위의 직접의 결과 사망, 상해에 의한 손해 c) 징용근로봉사 또는 보국대(報國隊)의 명목으로 강제노동의 희생이 된 자 및 생존 피부양자의 손해 d) 직접 또는 간접의 군사적 목적에 의한 시설 공작물 또는 수용령의 결과 피한 재산의 파괴, 몰수 또는 훼손
(3) 학대강폭(强暴)에 의한 손해	a) 관공서, 학교, 정부기관, 회사 등에 있어 급여상 민족적 차별대우로 인한 손해 b) 가문의 명예, 인권의 존엄을 무시한 창씨개명의 강제에 기인한 손해 c) 종교, 신앙, 사상, 학문의 자유 탄압으로 폭학(暴虐)한 희생이 된 자 및 그 생존 피부양자의 손해 d) 언론, 출판, 집회, 결사의 자유를 억압하고 부당히 폭행, 고문, 재산파괴 또는 몰수의 희생된 자 및 그 생존 피부양자의 손해 e) 이민 또는 인구 정책의 명목하 간도, 만주 등에 추방의 희생이 된 자 및 생존 피부양자의 손해 ※ 일본의 폭학에 의한 피손해 및 위자료 일절이 포함될 것이다.
(4) 해방 직후 발악 일인(發惡日人)이 조선의 불이익을 초래할 목적으로 각종 시설, 공장, 부동산 또는 재고품 파괴, 소각, 매장 또는 훼손에 의한 손해, 또는 경비의 부정 지출 회계의 문란(紊亂), 급여의 과불 등 배덕(背德)적 불법행위에 의한 손해	
(5) 전시 중 일본의 작전 목적으로 사용된 선박, 차량, 자동차, 기타 수송기관의 상실, 파괴, 훼손 등에 의한 ( )의 보상	
(6) 미곡 강제 반출의 보상 : 정확한 수치는 불명이나 매해 500만 석(石) 내지 800만 석에 달하였으리라 보이며 이 수출은 정상적인 수출이 아니라 약탈적 기아 수출이었다. 따라서 당시 미곡시장 가격과 공출 가격의 교환, 불균등한 수탈 차액은 일본이 보상해야 할 것이다.	

한정되는 개념이 아님은 그가 '배상' 요구로서 제시하고 있는 점에서 분명하다.

(7) 일군 100만 명의 양병(養兵)비 : 우리나라 국민경제와 생활자원에 속하는 막대한 물자의 강탈적 보급으로 구성된 양병비는 일본의 부담 보상을 요구한다.

(8) 전시 중 일본이 전비 염출의 목적으로 강제 징수한 과세, 부금(賦金), 벌금, 기타 이에 유(類)하는 피해 일절

(9) 반출 지금(地金)의 현물 반환 : 일제 침략 이래 우리나라 산금 실적은 공식으로 등록된 것에 한해도 누계 406톤(瓲)에 달하며 그중 조선은행을 통해서 반출된 것이 24톤이 된다. 이러한 반출 대금은 위체(爲替)상 결제되었으나 그 강제적 불법성을 지적하고 현물 반환을 주장한다.

(10) 본방(本邦)인의 해외재산 : 전후의 혼란으로 상실 또는 손실된 만주·중국 또는 해외에 소유한 본방인의 재산을 그 책임이 일본에 있음을 단정하여 그 보상을 요구한다.

주석 : (5)의 ( )는 인쇄 불명으로 판독 불가능함을 뜻함.

이상덕이 밝힌 '기본적 표준' 및 배상 항목과 관련해 주목되는 것은 세 가지다. 첫째는 이후의 배상 요구에도 남게 되는 전쟁 수행 관련 피해와 별도로 그것을 뛰어넘는 식민지 지배에 대한 피해보상 요구가 명확히 들어가 있었던 점이다.

이상덕이 거론한 구체적인 항목은 10개로, 정확히 다섯 가지 '기본적 표준'에 따라 정리된 것은 아니다. 그러나 배상 항목 중, (4)는 '기본적 표준'의 〈3. 해방 후의 혼란기에 생긴 피해보상〉에, 또 (10)은 〈5. 일본 관련 법인에 대한 한국인들의 채권 청산〉에 해당하는 것은 쉽게 알 수 있다.[70] 또, (4), (10) 이외의 항목들이 '기본적 표준'의 〈1. 강제병합에 따른 식민지 피해보상〉, 〈2. 일본의 전쟁 수행에 따라 발생한 피해보상〉에 해당하는 것으로 판단할 수 있다. 물론 예를 들어 〈(1) 약탈에 의한 손해〉에는 미술품 등의 반출과 함께 일본 육해군의 강탈, 공출 등이 섞여 있듯이 각 항목이 반드시 식민지 피해보상과 전쟁

---

70 또 '기본적 표준'의 〈4. 재한일본인 재산의 무상 취득〉에 관해서는 구체적인 요구 항목은 없다. 이는 한국에 있는 일본인 재산 전체를 상정한 것이므로 구체적인 항목을 거론할 필요가 없는 데에 따른 것으로 풀이되며 특별한 의미는 없을 것이다.

수행 피해로 명확히 구별되어 있는 것은 아니다. 한국의 경우, 전쟁 수행에 따른 피해가 식민지 통치와 일체화되어 있는 조건하에서 발생한 피해인 만큼 섬세한 차원에서는 '식민지 피해'와 '전쟁 피해'를 구별할 수 없는 것들이 많다. '식민지'와 '전쟁' 관련 항목으로 나누는 것이 아니라, '약탈', '강제동원', '학대' 등 피해 발생의 구체적인 원인별로 명시한 것은 그와 같은 사정과 관련되었을 가능성이 있다.

그러나 비록 명확히 구별할 수 없는 부분이 존재한다고 하더라도 2장에서 해부할 『대일배상요구조서』와 비교할 때, 이상덕이 밝힌 배상 구상 속에 전쟁 피해와 직접적으로 상관없는 식민지 통치에 따른 피해보상 요구가 포함되어 있는 것은 틀림없다. 특히 그것은 〈(3) 학대강폭(强暴)에 의한 손해〉에 집중적으로 나타나고 있다. 예컨대 동 항목에 포함된 민족적 차별로 인한 급여 차별, 창씨개명, 신앙·학문 등의 탄압, 언론·결사 등의 억압, 또 이민 등은 직접적으로 전쟁 수행과 반드시 연관되는 문제는 아니었다. 민족적 차별로 인한 급여 차별, 창씨개명 등은 식민지 지배에 따른 행정적인 책임을 묻는 것이며, 신앙·학문 등의 탄압과 언론·결사 등의 억압 역시 전쟁 수행 이전에 식민지 지배에 대한 저항을 탄압한 것에 대한 책임 추궁의 의미를 가질 수 있다.

즉 이 항목은 식민지 지배 자체에서 발생한 피해보상을 요구하려 한 것이다. 무엇보다 이 항목은 다음 2장에서 검토할, 한국정부가 대일배상 요구로 미국에 제출한 『대일배상요구조서』에는 포함되지 않았다. 그 점에서 1948년 초 이상덕이 발표한 한국의 대일배상 구상은 이후 배상 요구와 큰 차이를 보인 것이었음에 틀림없다.

둘째는 재한일본인 재산과의 관련성 문제다. 이상덕은 해방 후 한국에서 지대한 관심의 대상이 된 재한일본인 재산의 귀속 문제에 대해 '기본적 표준' 네 번째로서 그것을 국유, 사유를 막론하고 '무상'으로 귀속할 것을 주장했다. 그 의도는 재한일본인 재산에 관한 원칙을 다른 '기본적 표준'과 명확히 구별하여 제시하고 있는 데서도 볼 수 있듯이 재한일본인 재산의 한국 귀속과 기타 배상 요구와의 상쇄 관련성을 절단하려 한 점에 있었음은 쉽게 상상할 수 있다.[71]

이상덕 배상 구상이 발표된 1948년 초에는 이미 재한일본인 재산의 한국 귀속 자체는 확실시되어 있었으나 오히려 한국 국내에서는 그 취득으로 인해 기타 추가적인 대일배상이 어려워질 것이라는 우려의 목소리가 나타나고 있었다. 이와 같은 우려는 정부 내부에서도 나타났다. 예를 들어 김경진 재무부 이재국장은 한국의 대일배상 요구와 적산이 상쇄되지 않을까 하는 전망을 내놓았다.[72] 이상덕이 그 귀속 자체가 확실시되어 있었던 재한일본인 재산 문제를 '기본적 표준' 속에서 의도적으로 독립 항목으로 잡아, '무상' 취득할 것을 주장한 것은 그 우려에 대한 대항 논리를 구축하기 위한 것이었다.

이를 위해서 이상덕이 세운 논리는 다음과 같았다. 즉 이상덕은 사유재산의 몰수를 금한 헤이그육전법규가 왕조 간 전쟁 시대의 산물이며 사유재산 불가침의 원칙은 총력전의 성격을 띤 근대전인 제1차 세계대전을 거치며 그 의의(意義)가 사라졌다는 것, 군정령 33호는 그 헤이그육전법규에 규율되는 것이 아니라 대일강화를 전제로 한 대일관리 방침에서 나온 것으로 연합국은 무조건 일방적으로 일본의 재외재산을 몰수하는 것으로 해석할 수 있다는 것, 따라서 만일 최종적인 귀속에 의의(疑義)가 있다면 그것은 연합국과 한국 간의 내부 문제이며 일본이 발언할 권리는 추호도 없다는 것 등을 주장했다.

이상덕은 이와 같은 논리를 전제로 "따라서 일계재산으로 하여금 마치 우리

---

71 실제 이상덕은 배상청구권 책정에 있어서 개입하는 최대의 문제가 이른바 일본계재산의 귀추 문제임을 지적하면서 일본의 국회에서 언급된 대조선 투자액을 둘러싼 논의 역시 상쇄론의 복선 아닌가 하는 경계심을 나타내고 있다. 李相德, 앞의 논문, 34~35쪽.
72 『資料 大韓民國史 7』, 453쪽.

의 청구권의 공동 담보적 관념으로 보는 논(論)은 그 착오를 지적하지 않을 수 없다. 우리의 청구권은 이와는 관련이 없이 별도로 책정될 것이다.”[73]라고 단정 지었다.

중요한 점은 이상덕이 내놓은 논리에 의하면 한국에 귀속되는 재한일본인 재산은 ‘일본 재산’으로 귀속되는 것이 아니라 미국 재산의 이양을 받는 것이 된다는 점이다. 즉 재산권 존중에 대한 국제적 사상이 변화된 가운데 재한일본인 재산의 귀속을 명령한 군정령 33호가 연합국에 대한 최종적인 소유권 이전을 실시한 것이라는 논리는 바로 한국이 이양받을 재산이 이미 미군정의 소유물임을 뜻했다.

미국의 재산을 받았다고 하는 논리에 입각하는 이상, 향후 한국이 일본에서 받을 배상 구상에 재한일본인 재산 취득을 고려한 탕감 논리가 성립할 리가 없다. 따라서 1948년 초, 이상덕이 밝힌 대일배상 구상이 재한일본인 재산의 취득과 전혀 무관한 추가 요구였음은 틀림없다.

후술하는 바와 같이, 한일회담 개시 후 한국정부는 일본에 대해 대일청구권이 재한일본인 재산의 취득을 고려해, 당초의 대일요구를 탕감해서 제출한 것이라는 입장을 취하게 되었다. 이는 물론 평화조약 4조 규정에 따라 재한일본인 재산의 취득과 한국의 대일청구권과의 관련성을 부정하지 못하게 된 데 따른 것이었다. 그러나 지금까지 그 탕감이 실제 언제, 어떻게 반영되었는가 하는 물음은 일절 고찰된 바가 없다. 그 물음을 어느 정도 풀기 위해서라도 과도정부 시절 한국정부가 처음으로 구체화하기 시작한 배상 구상에서는 재한일본인 재산과의 관련성이 명확히 부정되어 있었음을 기억해 둘 필요가 있다.[74]

---

73 이상 한국의 재한일본인 재산을 무상으로 취득할 수 있는 논리와 인용은 李相德, 앞의 논문, 35~36쪽.

74 실제 이러한 입장은 고위직에 있었던 다른 사람들의 발언을 통해서도 확인할 수 있다.

마지막 셋째는 금전채권 문제를 '배상' 문제로 다룰 것을 이미 정하고 있었던 점이다. 즉 향후 한일회담에서 이른바 재산청구권 문제로 제기되는 문제들이 당초부터 배상 문제 영역에서 처리되는 것으로 구상되어 있었다.

말할 필요도 없이, 교전관계에 따른 정치적 요구인 배상과 금전채권의 문제는 기본적으로 다른 개념이었다. 실제 평화조약에서도 14조에서 배상이 규정된 데 반해 재산 문제는 동 15조에서 규정되었다.

그러나 이상덕은 전쟁으로 인해 정지된 패전국가에 대한 금전채권은 일반 교전에 따른 손해배상 문제와 약간 그 성질이 다르다고 하면서도 금전채권의 청산 문제 역시 평화조약의 대강에 의해 결국 광범위한 의미의 배상 범주에 속한다고 규정했다. 즉 한국정부는 당초부터 전쟁의 수행과 직접적으로 관련이 없는 금전채권 문제를 대일배상 문제로 같이 다루려고 한 것이다. 물론 그것은 '배상' 개념이 발생 원인에서 유래한다기보다 결국 매듭짓는 방식에 의거하게 될 것임을 강하게 인식한 결과였다.

그러나 채권-채무 문제를 배상 문제의 일환으로 다루려고 한 의도는 단지 그것이 대일강화의 문제로 다루어질 것이라고 예상될 뿐만 아니라, 그렇게 하는 것이 한국에 유리하다는 판단이 작용했다고 추측된다. 실제 이상덕은 한일 간의 금전채권의 처리 원칙을 다음과 같이 정리했다.[75]

• 일제 항복 이후 미군 진주(9월 7일)의 간극을 이용한 그들의 연장세력하의 일절 행위는 불법이므로 무효를 주장하고 그간에 초래한 손실을 청구할 것이다.

예컨대 대일배상 문제의 책임자로서 활동했던 상공부장 오정수는 자신들이 조사하는 내용이 일본인 재산과 별도로 일본에 요구하는 것임을 밝히고 있으며(『資料 大韓民國史 7』, 474쪽), 이순탁 기획처장 역시 대일배상 문제와 관련해 일본인 재산과 별개로 청구할 수 있음을 밝히고 있다. 『資料 大韓民國史 8』, 367쪽.

75 李相德, 앞의 논문, 37쪽.

- 청산 기준 날짜는 법령 33호의 발효날인 1945년 8월 9일로 책정한다.
- 국내 일본계재산은 청산 범위에서 제외할 것이다.
- 1945년 8월 9일부로 군정청에 귀속한 국내 일본인 관계에 대한 채권(이른바 적산 채권)을 일절 포함한다.

일본과의 금전채권 문제 처리를 위해 이상덕이 제기한 각 원칙의 의미는 다음과 같이 정리할 수 있다.

먼저 첫 번째에서는 그것이 금전채권의 문제임에도 불구하고 미군의 한반도 진주 이전에 일본인들이 아직 남아 있었던 권력을 동원해 행한 민사상의 금전 거래가 한국의 손실을 초래한 것으로서, 이는 무효라고 주장하고 있다. 그 원칙에서는 무효로 하는 시기 구분에 관한 날짜는 직접 명시되어 있지 않다. 그러나 향후 그 기준일은 일본이 첫 번째 포츠담선언 수락 의사를 전달한 8월 9일로 되었다. 즉 이 원칙은 포츠담선언 수락에 따라 일본이 법적으로 패전국가가 되었음에도 해방 후의 혼란기를 이용해서 일본인들이 행한 자금 인출, 해외 송금, 기타 관련 지출 등 금융거래는 일절 '불법'이며 그에 따라 한국이 손실을 겪게 되었다는 논리를 세운 것이었다. 물론 일본인이 행한 인출, 지출 등 자체는 원래 통상적인 활동이었다. 한국이 일본인들의 금융거래를 배상 문제로 같이 다루려고 한 까닭은 그렇게 함으로써 비로소 그들의 정상적인 활동에 따른 자금 이동도 한국 채권으로 만들 수 있다는 전략적 의미가 있었다.

두 번째 원칙은 한일 간의 금전채권-채무 문제의 청산 기준 날짜를, 군정령 33호가 남한에 존재한 일본인 재산을 취득하는 날로 정한 8월 9일로 삼은 것이었다. 물론 군정령 33호는 전승국인 미국이 전후 처리의 일환으로 정치적으로 발령한 법령이었다.

원래 금전채권-채무 문제는 정치적인 가해-피해와는 일차적으로 상관없는 문제인 만큼 이 문제의 처리에는 일본이 한국에 대해 가진 채권의 청산 문제도 포함되었다. 그러나 이상덕은 전승국인 미국이 취한 군정령 33호가 지정한 재한일본인 재산의 취득일을 한일 간의 금전채권 관계 청산일로 삼는다는 원칙을 정했다. 물론 이것은 그날을 기준으로 삼는 것이 한국에게 유리하다는 판단에 따른 것으로 풀이된다. 즉 이상덕은 군정령 33호에 따라 8월 9일로 재한일본인 재산 모두가 미 군정청에 최종적으로 귀속되었다는 입장을 취하고 있었다. 따라서 그날을 채권-채무 처리의 기준일로 한다는 것은, 일본의 재한재산 전부가 미국에 이양됨에 따라 남한에서의 일본 금전채권이 없어지는 날을 택한 것을 뜻하며 그로 인해 일본에 대한 한국의 일방적인 금전채권만 남게 된다. 한국은 원래 배상 문제가 아닌 금전채권-채무 문제를 미국의 전후 처리 일환으로 발령된 군정령 33호와 연결함으로써 사실상 금전채권-채무 문제를 일본에 대한 일방적인 채권 문제로 바꾼 것이다. 그 의도는 다음 세 번째 원칙에서도 잘 나타난다.

세 번째 원칙은 재한일본인 재산을 청산 범위에서 제외하는 것으로 정함으로써 군정령 33호에 따라 이미 미국이 취득한 일본인 재산을 향후 한국이 인수받을 경우에도 그것을 일본인 재산의 선불로 간주하지 않는다는 원칙을 정한 것이었다.

언급한 바와 같이 금전채권 문제는 교전국 간의 일방적인 배상 문제로 처리되는 문제가 아니라 사법상의 채권-채무 문제로, 재한일본인 재산을 한국이 취득할 경우에는 그에 대한 일본의 채권이 당연히 생길 수 있었다. 이상덕이 제시한 세 번째 원칙은 바로 그것을 미리 막기 위한 것이었다. 물론 이 논리는 재한일본인 재산의 취득을 미국으로부터의 이양으로 간주한다는 입장에 기초한 것이었다. 다시 말해 재한일본인 재산의 한국 취득을 미국의 배상 처리 범주로서 간주해야만, 한국은 재한일본인 재산 취득에 따른 대일채무에서 벗어날 수 있다는 의미를 지닌 것이다.

마지막 네 번째 원칙은 비록 군정령 33호에 따라 미 군정청에 일본인 재산이 귀속되더라도 그 재산에 대해 한국인이 가지고 있는 한국인 채권은 소멸되지 않고 그대로 유지된다는 원칙이었다. 이 원칙은 예컨대 한국계 금융기관의 대출로 생긴 일본인 재산이 군정령 33호에 따라 미 군정청에 귀속되더라도 그 금융기관이 가지고 있는 대일본인 채권은 그대로 청산 범위에 포함된다는 것을 의미했다.

즉 미 군정청에 귀속된 일본인 재산이 이후 한국으로 이양될 경우 적어도 일본의 입장에서 볼 때, 그 원칙은 2중 청구를 뜻했다. 그러나 그것을 전승국에 의한 적산 몰수라는 전쟁 관련 조치와 연결해 재한일본인 재산의 취득을 미국으로부터의 이양으로 간주함으로써 2중 청구라는 논리를 봉쇄할 수 있었던 것이다.

이와 같이 이상덕이 밝힌 금전채권 문제 처리에 관한 원칙은 한국에게 매우 유리한 처리를 실현하기 위한 전략이었다고 판단된다. 한국은 배상 문제와 상관없는 금전채권 – 채무 문제를 전후 처리에 따른 배상의 범주에서 처리함으로써 보다 유리한 입장을 취할 수 있다고 판단한 것이다.

후술하는 바와 같이 한국은 평화조약의 결과 연합국으로서의 지위를 상실함에 따라 한일 간의 과거처리 문제를 이른바 청구권 문제로서 제기했다. 그러나 그 요구에는 군정령 33호를 중심으로 1948년 초에 이상덕이 이미 밝혔던 금전채권 처리의 원칙이 짙게 반영되었다. 이런 의미에서 표면상 배상 권리의 상실에 따라 성격이 바뀌었다고 평가하기 쉬운 청구권 문제는 결코 '배상' 요구와 단절된 것이 아니다.

이와 같이 이상덕은 한국의 입장을 강화하기 위해 금전채권 문제를 전후 대일배상 처리의 틀 안에서 다루는 원칙을 세움으로써 한일회담 개시 후 청구권 요구의 기초를 닦아 놓았다. 다만 이상덕은 중요한 이론적 근거를 마련한 금

표1-2 이상덕이 소개한 대일금전채권 일람

항목	금액(추산)	내역
은행 환 거래	78억 엔	조선은행의 대일본 수취계정 62억 엔 8월 9일 이후 일본인이 감행한 본국 송금 16억 엔
일본공사채 유가증권	105억 엔	금융기관 90억 엔 민간 15억 엔
일본계통화의 보상	15억 엔	일본은행권, 일본정부소액지폐, 만주국폐, 중국연합 준비은행권 등
구 일본은행 대리점, 전시 금융금고 대리점 등 계정의 대월(貸越) 보상	15억 엔	-
잡 계정	-	부정 지출, 가불금 중 결제 불가능한 부분, 보험금, 우편저금

주석 : -는 해당 기술이 없음을 뜻함.

전채권 요구와 관련해 구체적인 요구 내용을 밝히지 않았다. 그가 "대일배상 요구의 정당성"에서 제시한 대일금전채권은 표1-2와 같이 지극히 간략한 내용이다.[76]

그러나 이상덕이 금전채권 문제에 관해 미진한 내용만을 소개하고 있다는 사실은 결코 그 문제에 대한 준비 작업이 진전되어 있지 않았음을 가리키는 것은 아니었다. 실제 이상덕 자신이 소속된 조선은행은 이상덕 배상 구상이 발표되기 전인 1947년 9월 30일 보다 세밀한 조사 결과를 작성하고 있었다. 과도정부 시절, 배상을 위한 조사위원회가 활동을 시작한 것은 1947년 8월이 므로 적어도 은행 관련 금전채권 문제에 관해서는 일찍 구체적인 조사가 진행되어 있었음을 알 수 있다. 조선은행이 작성한 구체적인 세부항목은 표1-3

---

76 李相德, 앞의 논문, 38쪽.

과 같다.[77]

다음 2장에서 해부하듯이 조선은행이 작성한 각 세부항목은 비록 일부 항목 구성이나 금액에 변동이 있었으나 한국정부가 대일배상을 위해 정식으로 작성한 『대일배상요구조서』 1부, 2부에 반영되었다. 즉 배상 준비가 시작된 지 얼마 안 되는 1947년 9월 시점에서 적어도 제도권에 속한 금융기관의 대일채권 관련 요구 내역은 일찍 그 윤곽을 드러내고 있었음을 짐작할 수 있다. 이는 조선식산은행의 움직임을 봐도 짐작할 수 있다. 조선식산은행 조사부의 김남용은 조선식산은행이 요구하는 대일채권에 관한 항목을 표1-4와 같이 구체적으로 거론하고 있다.[78]

김남용이 정리한 금전채권 항목은 기본적으로 조선은행이 1947년 9월 30일 작성한 대일채권 일람과 같다고 볼 수 있다. 실제 표1-4에 있는 〈(1) 일본인 관계 대출금〉, 〈(2) 소유 일본계유가증권〉, 〈(3) 일본 관계 가불금〉, 〈(4) 일본인 관계 부정 지출〉, 〈(6) 만주은행권〉, 〈(8) 일본 내지 소재 동산, 부동산〉, 〈(9) 일본 관계 환잔(換殘)〉 등은 조선은행이 정리한 대일채권 일람에도 그대로 포함되어 있다. 또 〈(10) 삼화(三和)은행 접수계정〉은 해방 후 조선식산은행이 접수한 은행으로 그 직접적인 대상은 다르나 조선은행이 접수한 야스다(安田)은행이나 제국(帝國)은행에 대한 채권과 같은 성격의 요구로 봐도 무방하다.

물론 〈(5) 일본권업은행 대리점 관계 청구〉, 〈(7) 전시금융금고 및 산업설비영단 관계〉와 같이 조선은행의 대일채권 일람 중에는 직접 해당하지 않는 항

77　朝鮮銀行, 『朝鮮銀行의 對日債權 一覽表[南朝鮮](1947年9月30日 調査)』, 2~10쪽에서 정리.

78　金南瑢, 앞의 논문, 21~22쪽에서 정리. 김남용은 대일요구 조항에 이어 조선식산은행이 지게 된 대일채무도 나열하고 있으나 그것은 대일청구 조항이 아니므로 여기서는 포함하지 않았다. 그러나 김남용은 대일채무도 군정령 33호에 따라 미군정에 귀속된 결과 대일채무가 소멸되었다는 입장에 서고 있다.

표1-3 조선은행이 작성한 대일채권 일람(1947. 9. 30. 현재)

항목	내역	금액
(1) 일본계통화	일본은행권	1,491,616,748
	만주중앙은행권	1,462,795
	대만은행권	15,963
	중국연합준비은행권	64,289
	중앙저비(儲備)은행권	43,506
	일본군표	23,225
	일본정부소액지폐	19,800,042
	몽강(蒙疆)은행권	5
	대리보관 일본계통화	27,757,124
	합계	1,540,783,700
(2) 대일본 환전(換錢)	재일본 당행 지점 환 대잔(貸殘)	2,934,564,937
	대일본 환 대금 미청구분	3,049,213
	대일본 환 대금 미결제분	507,877
	해외 지점 계정 채권	35,593,194
	특수 관리 계정 청구분	15,000,000
	합계	2,988,715,223
(3) 일본계유가증권	일본정부 국채, 식량증권	*5,656,
	일본 국내 지방채	1,327,500
	일본정부 보증사채(社債)	202,239,300
	일본정부기관 사채	35,480,300
	일본 일반 사채	172,500
	일본 일반 주식	9,958,600
	만주, 중국 내 공사채 및 주식	81,092,487 4,000,000상해불
	조선 내 회사 주식	9,041,087
	재일본 지점 투자증권	860,267,300
	합계	*7,007,588,532

항목	내역	금액
(4) 대출금 (1945. 9. 25. 현재)	일본인 개인	24,325,787
	일본에서 설립·등기한 법인	345,942,979
	50% 이상 일본인 소유 법인	3,460,909,286
	50% 이하로 된 대표자 일본인 명의분	200,000
	공공단체	256,076
	사영리 산업 법인	72,830,658
	50% 이하 일본인 소유 법인	6,378,321
	만주흥업은행 대출	40,000,000
	합계	3,950,843,110
(5) 해외 점포, 동산, 부동산	토지	1,099,315,700
	건물	4,780,080,238
	금고	345,811,467
	합계	6,225,207,405
(6) 외자금고 이자 미수분		8,418,578,493
(7) 일본정부 국고금	일본은행 대리점	742,859,002
	일본은행 대월금	158,889,841
	일본은행 대리점 소유 또는 보관 증권	124,015,487
	합계	1,025,764,331
(8) 대일본인 가불금		206,256
(9) 일본인 부정지출 경비		44,902,321
(10) 대일본 수납(輸納) 지금(1945. 8. 8. 현재)		249,633,198g
(11) 대일본 수납 지은(1945. 8. 8. 현재)		67,577,771g
(12) 부산야스다(安田)은행 계정		1,053,290
(13) 부산제국(帝國)은행 계정		8,662,884
총합계		*16,827,490,992엔 4,000,000상해불 지금 약 249돈 지은 약 67돈

주석 : *는 인쇄 불명으로 인해 수치가 정확하지 않음을 뜻함.

단위는 별도로 직접 명시한 것 외에는 모두 엔임.

표1-4 김남용이 밝힌 조선식산은행의 대일금전채권 요구

항목	내역 및 청구 근거
(1) 일본인 관계 대출금	일본인이 포츠담선언을 수락한 1945년 8월 9일[79] 현재의 일본인 각 대출금과 그 후 일본인 지배하에서 방출된 대일본인 각종 대출금 일체. 단 1945년 8월 9일 이후 일본인이 변제한 금액은 군정령 33호로 인해 군정청 귀속 재산이므로 고려하지 않는다.
(2) 소유 일본계유가증권	조선식산은행 소유의 모든 유가증권. 이는 일본이 강제로 보유시킨 것이며 무조건항복으로 일본이 파산 상태에 이르렀으므로 그 이익을 상실했다고 판단하기 때문이다.
(3) 일본 관계 가불금	일본인에게 대불한 예저금, 역위체 정리대불, 화재보험료, 기타
(4) 일본인 관계 부정 지출	일본인이 감행한 부정 지출 일체 및 일본인에 의해 생긴 사고금. 그중에는 일본인에게 지출한 퇴직위로금, 여비, 6개월 급여 선불 등도 포함됨
(5) 일본권업은행 대리점 관계 청구	일본권업은행과의 대리점 계약에 기인한 미결제 청구. 그중에는 매수채권, 회수저축권, 각종 수수료 및 경비 일체가 포함됨
(6) 만주은행권	현재 조선식산은행이 보유하고 있는 만주은행권의 대가. 총독부가 전시 비상사태 긴급조치로서 그 은행권의 매수를 강요한 까닭이다.
(7) 전시금융금고 및 산업설비영단 관계	조선식산은행이 대리 사무를 맡았으나 계정상의 자금적 관련이 없는데도 동 금고 및 영단을 위해 임시 처리한 선 대출액. 선 대출에 대한 담보는 동 금고 및 영단에 저당되어 있다.
(8) 일본 내지 소재 동산, 부동산	일본에 있는 조선식산은행 소유의 동산, 부동산에 대한 소유권을 침해당할 이유가 없고 그 권리를 일본 및 연합국에 확인시킬 필요가 있으므로 이 항목을 배상 문제에 가함
(9) 일본 관계 환잔	조선식산은행 간, 다른 은행 간, 대삼화은행에 구분하고 포고령 3호 및 군정령 2호 및 33호에 기초하여 조사 요구함
(10) 삼화은행 접수계정[80]	미군정의 명령으로 접수한 일본계은행인 삼화은행 계정을 관리하는 입장에서 삼화은행의 부채를 가불한 것, 또 삼화은행에 대한 조선인 관계 채권
합계	약 20억 엔가량. 그중 약 10억 엔은 미 군정청에 귀속

목도 있다. 그러나 이 항목은 조선식산은행이 대리 업무를 맡아 가지게 된 채권인 만큼 조선은행의 대일채권 일람에 들어가지 않는 것이 당연하다. 실제 조선은행의 대일채권 일람 중에는 조선은행이 일본은행의 대리점으로서 가지게 된 채권이 포함되어 있으며[표1-3 〈(7) 일본정부 국고금〉], 이는 조선은행 고유의 대일채권으로서 조선식산은행의 대일채권 요구에는 포함되지 않았다.

김남용이 조선식산은행의 대일요구 항목을 발표한 1948년 2월은 이상덕이 포괄적인 배상 구상을 발표한 시기와 사실상 같다. 1947년 여름부터 시작된 대일배상 문제 처리의 일환으로 은행권에서 이루어진 금전채권 요구 준비는 상당히 빠른 속도로 구체화되어 가고 있었다.

이와 같이 평화조약을 내다보면서 과도정부가 펼친 대일배상 실현을 위한 준비 작업은 대일배상의 범주, 요구 내용, 금전채권 처리 원칙, 그리고 은행권의 대일채권 등 영역에서 주목할 만한 성과를 거두고 있었다.

79　원문에는 8월 8일로 되어 있으나, 역사적인 사실 및 이후의 교섭 경위를 생각하면 8월 9일이 맞다고 판단해 고쳐 표기했다.

80　김남용은 '삼화은행 접수계정'은 미 군정청에 귀속된 것이며 따라서 조선식산은행의 접수는 대리 업무에 불과함을 강조하고 기타 직접적인 대일요구 조항과 다른 범주로서 정리하고 있다. 그러나 대리 업무 중, 조선식산은행이 삼화은행의 부채를 대리 지불한 것은 일본에 청구하게 될 것, 또 삼화은행에 대한 한국인의 채권은 직접적으로 미 군정청에 귀속되더라도 군정청을 경유해서 간접적으로 일본에 청구할 수 있다는 입장에 서 있으므로 여기서는 대일청구 항목에 포함했다. 김남용, 앞의 논문, 22~23쪽.

3. '배상' 아닌 '배상론'으로의 후퇴

지금까지 이상덕 등에 의해 밝혀진 과도정부의 대일배상 구상은 제2차 세계 대전 처리에 대한 연합국의 대일배상 정책의 움직임을 예민하게 의식하면서 나름대로의 요구 논리와 내용을 정리한 것이었다. 그것은 적산으로서의 몰수나 응혈체론과 같이 국제사회의 역학 관계를 무시한 민족 내부의 정서적인 담론을 제치고, 주어진 조건하에서 일본과의 과거처리 문제를 보다 현실적이고 실리적으로 풀고자 한 실무자들의 고심의 산물이었다.

또한 이 '고심의 산물'은 이후 고찰해 나갈 한일과거처리 교섭의 내용과 비교할 때, 식민 통치 피해 자체의 책임을 추궁하려 했다는 점에서 일본에 대해 보다 적극적인 피해보상의 요구를 담은 것이었다. 패전국 일본에 대해 연합국이 아직 엄한 입장으로 전후 처리에 임하려고 하는 사고가 남았던 1948년 초, 과도정부 역시 연합국의 움직임과 연동하면서도 식민지 피해의 추궁이라는 원칙적인 과제가 실현 가능하다는 희망을 가질 수 있었던 것이다.

그러나 미국의 대일배상 정책은 그 후 크게 수정되었다. 일본의 생산 능력을 억제하고 동아시아 지역에 대한 일본의 지배력을 차단함으로써 전후 질서를 구축하려 한 미국의 대일배상 정책은 냉전의 격화에 따라 정반대의 방향으로 나가게 되었다.

먼저 냉전 격화에 따라 대일정책에서 수정의 필요성을 느낀 육군성은 1947년 2월 및 1948년 2월 두 번에 걸쳐 "스트라이크(Clifford S. Strike) 보고서"를 작성하고 일찍 대일배상 정책 전환의 기초를 마련하고 있었다. 폴리 보고서로부터 불과 1년 3개월 후에 작성된 1차 스트라이크 보고서는 대일정책에 필요한 기초 조건이 바뀌었다는 이유로 폴리 보고서를 따를 필요가 없음을 강조했다.[81]

또 1948년 4월 육군성에 제출된 소위 "존스턴(Percy H. Johnston) 보고서"도 "일본의 공업 생산물이 극동 지역 전체에 필요하다."는 인식에 기초해 "미국이 바야흐로 일본의 부흥을 도와야 한다."는 권고를 냈다.[82] 일본의 생산력 억제가 아니라 오히려 육성이야말로 동아시아 지역의 안정을 위해 불가결하다고 하는 인식 전환을 촉구한 것이었다. 그 조사를 위해 방일한 존스턴은 일본 측 관계자와의 회담 자리에서 자신들의 사명이 어떻게 하면 일본이 자립경제 위에 서게 할 것인가에 있다는 것, 이는 물론 단지 이타적인 정신으로부터 진행하는 것이 아니라 그것이 자신들의 이익에 부합하는 것이라는 견해를 피력하고 있다.[83] 이러한 미국의 대일정책에서 극적인 변화가 나타난 1948년 6월, 외무성은 "미국 초기의 정책과 조회한다면 바로 격세지감"이라고 표현했다.[84]

3장에서 상세히 후술하는 바와 같이 결국 미국은 1949년 5월 이른바 맥코

---

81 "Report on Japanese Reparations(First Strike Report)", 大蔵省財政室編, 앞의 책, 464쪽.

82 "Report on the Economic Position and Prospects of Japan and Korea : Measures Required to Improve Them", 위의 책, 483~484쪽.

83 「ドレーパー使節団と日本側関係者の会談について」, 『日本外交文書 サンフランシスコ平和条約準備対策』, 349쪽.

84 「対日平和問題の現段階と「事実上の平和」の可能性について」, 위의 책, 360쪽.

이 성명을 통해 중간배상계획을 중단하고 정식으로 무배상 정책으로 돌아선다. 미국은 기정사실로 되어 있었던 재외일본인 재산을 각국이 취득하는 것 이상의 추가 배상을 일본에게 요구하는 것을 차단하는 정책을 추진하게 된 것이었다.

이로써 과도정부가 꾸민 배상 구상의 기반이 무너졌다. 즉 한국이 대일배상 실현에 희망을 건 '민족 해방'이라는 전후 처리 원칙이 후퇴하고 소련, 중국 등에 대한 이른바 봉쇄정책이 그 자리를 메웠다.

물론 미국이 대일배상에 부정적인 자세를 취한 직접적인 원인은 미국이 부담해야 하는 현실적인 비용 문제였다. 미국이 일본의 경제 부흥을 정책 목표로 삼은 이상, 일본의 경제력 저하를 초래하는 배상 지출은 결국 미국의 경제 지원으로 채워 주어야만 했다. 미국이 특히 비용 부담의 관점에서 대일배상 정책의 방향을 바꾼 이상, 재한일본인 재산 이외의 추가 배상의 근거를 미국의 민족 해방 원칙에 둔 한국정부 역시 그 영향에서 자유로울 수 없었다.

바로 이러한 추세에 있던 1948년 9월 한미협정에 따라 재한일본인 재산이 정식으로 한국에 이양되었다. 따라서 재외일본인 재산의 몰수라는 세계적인 추세에 맞게 실현된 재한일본인 재산의 한국 이양은 동시에 미국의 대일배상 정책의 변화라고 하는 또 다른 조건의 변화를 맞이함에 따라 대일추가배상의 차단이라는 우려를 한국사회에 안겨 주었다.

다음 2장에서 자세히 해부할 『대일배상요구조서』의 내용과 1948년 초 이상덕에 의해 발표된 과도정부의 배상 구상과의 차이는 바로 이와 같은 미국의 대일배상 정책의 변화를 반영한 결과임에 틀림없다. 실제 1949년 3월 『대일배상요구조서』 1부로서 현물 관련 요구를 연합국군최고사령관(Supreme Commander for the Allied Powers: 이하 SCAP로 약기)에게 제출한 것을 보고한 임병직 외무장관은 "그는 배상이 아니다. …… 배상이라는 문구는 당초에 부당한 것"이라고 설명하고 있다. 즉 표면적으로 달린 '배상'이라는 개념과 달리 『대일배상요구조서』를 제출한 당사자가 그 내용에 관해 그것을 '배상'으로 형용하는 것에 회의적인 시각을 던지고 있었던 것이다.

임병직은 그 이유를 "소위 배상이란 정신적 손실이니, 이는 앞날의 강화회의 시에 요구할 것"이라고 말하고 있다.[85] 다시 말해 임병직은 '배상'이 '정신적 손실'에 대한 보상을 요구하는 것인 데 반해 한국이 제기한 대일요구는 그와 같은 성격을 지닌 것이 아님을 내비친 것이었다.

그러면 『대일배상요구조서』를 통해 청구하려 한 한국의 대일요구는 어떤 성격의 것이었는가? 이와 관련해 임병직은 미국정부의 방침이 일본에 대한 추가 배상을 부정하는 것임을 전한 외신보도에 대한 답변에서 다음과 같이 설명하고 있다.[86]

> 대일배상은 미군정 밑에서 받을 것이 아니다. 따라서 미국에서 운운한 것이 아니라 직접 우리가 일본에서 배상을 받을 것이며 민국정부가 일본정부에 대하여 배상을 요구하는 것은 과거 왜정 40년 동안 강도당한 국보 및 국가와 민족의 자원·재산의 현물의 반환을 요구하는 것이다. …… 미국의 대일배상 취득 반대에 구속을 받을 성질은 아니며……[밑줄은 저자].

즉 임병직은 『대일배상요구조서』를 미국에 제출하면서도 한국의 대일요구가 '반환'적인 성격의 것으로서 미국에 의한 대일배상의 취득 반대에 구속을 받아야 할 성질의 일이 아님을 강조한 것이었다. 다시 말해 그는 미국의 대일배상 정책의 변화 속에서도 『대일배상요구조서』에 담은 내용들이 '정신적 손

---

85 『資料 大韓民國史 11』, 1999, 298~299쪽.
86 『資料 大韓民國史 12』, 1999, 191쪽.

실'에 대한 보상을 요구하는 것이 아니라 단순히 '반환'적인 것만을 요구하는 것이라고 강조함으로써 그에 한국의 대일배상 요구 실현의 가능성을 찾은 것이다. 실제 한국정부는 『대일배상요구조서』를 GHQ에 제출함에 즈음하여 그것이 '반환(restitution)' 요구라고 명시하고 있다.[87]

물론 임병직의 발언이나 GHQ에 설명한 것은 현물을 대상으로 한 『대일배상요구조서』 1부의 제출에 맞춘 것인 만큼 논의의 직접적인 대상은 현물이었다. 그러나 2장에서 검증하는 바와 같이, 이와 같은 '반환'적인 성격은 1949년 9월에 작성된 2부 이하의 내용과 일치하고 있다고 평가해도 무방하다. 한국 정부는 미국 배상 정책의 변화를 맞이하면서 그 영향을 차단하기 위해 '정신적 손실'에 대한 보상 요구를 포기하고 '반환'적인 요구에 한정하는 판단을 내린 것으로 풀이된다.

동 발언 속에서 임병직은 '정신적 손실'이 무엇이고 '반환'이 무엇인가에 관해서는 구체적인 설명을 하지 않고 있다. 그러나 그 차이는 바로 그가 다른 글에서 밝힌 "우리가 요구하는 대일배상은 일본을 징벌하기 위한 보복의 부과가 아니고 우리가 그들로부터 받은 피해에서 회복하기 위한 이성적인 자산 청산 요구에 불과한 것"[88]이라는 말을 통해 알 수 있다.

즉 『대일배상요구조서』에서 결실을 맺은 한국의 대일요구는 일본으로부터 받은 '피해에서 회복하기 위한 이성적인 자산 청산'에 불과한 것이며 '정신적 손실'에 대한 보상이라 함은 당연히 그것을 넘는 일종의 '일본을 징벌하기 위

---

87 "RESTITUTION CLAIMS TO THE GOVERNMENT OF JAPAN : 1st part, Request for return of removed properties", 戰後補償問題研究会編集, 『戰後補償問題資料集 第8集 : GHQ関連文書集』, 戰後補償問題発行, 1993, 125~126쪽. 한국정부는 그 설명 속에서 대일배상(reparations)에 대한 한국 요구의 기본정신이 정서나 편견이라는 측면을 모두 억제하고 법적으로 엄격히 정당화되는 것에 기초한 것임을 강조하고 있다.

88 任炳稷, "對日賠償과 우리의 主張", 『民聲』 제5권 6호, 1949.6., 16쪽.

한 보복의 부과'에 가까워졌다. 그것이 예를 들어 제1차 세계대전 후의 독일에 대한 배상 처리 같은 것을 염두에 둔 것임은 상상하기 쉽다.

임병직이, 한국의 대일요구를 '배상'이라고 보는 것을 일부러 '부당한 것'이라고 역설한 것은 바로 한국의 대일요구가 마치 제1차 세계대전 후의 대독 처리와 같은 과잉한 '정신적 손실'에 대한 보상을 요구하는 것으로 이해하는 것을 부정하기 위한 것이었다.

주의해야 할 것은 한국의 대일요구가 '배상'적인 것이 아니라 '반환'적인 것임을 강조한 임병직의 말이 결코 개인의 즉흥적인 견해로 나왔다고 보기 어렵다는 점이다. 임병직은 1949년 1월, 35년 만에 한국에 귀국하고 더구나 그 도착 시에 처음으로 자신이 외무장관에 취임하게 될 것이라는 말을 들은 인물이었다.[89] 즉 그는 『대일배상요구조서』 작성 과정에서 그 인식이나 내용을 주도하는 입장에 있지 않았으며, 그의 발언이 귀국 후 대일배상 문제를 담당하던 주변 사람들로부터 전달받은 청구 근거를 외무장관으로서 대변한 것에 불과함은 확실하다.

이러한 의미에서 임병직이 대일요구와 관련해 드러낸 인식은 단지 개인 의견이 아니었다. 그것은 『대일배상요구조서』 작성에 임한 한국정부 관계자 사이에서 확립되어 있던 공통인식이었음에 틀림없다. 실제 대일요구와 관련해 임병직이 언급한 '보복', '이성적', '회복', '반환' 등의 표현은 다음 장에서 고찰하는 『대일배상요구조서』의 서문에 나타나는 기술과 매우 유사하다.

즉 1949년, 두 번에 나눠 완성된 『대일배상요구조서』는 그 의미에서 '배상이 아닌 배상 요구'를 담은 것이었으며, 그 후 한일회담에서 나타난 '청구권'

---

89 任炳稷, 『任炳稷回顧錄』, 女苑社, 1964, 323쪽.

개념과 근본적으로 차이가 있는 것이 아니었다.[90] 주지하는 바와 같이 한일회담에서 한국이 과거처리 문제를 '배상'이 아닌 '청구권'으로서 제기한 것은 평화조약 서명국 참가 좌절에 따라 배상 권리를 상실했기 때문이라고만 평가되어 왔다.

그러나 대일요구와 관련해 임병직이 드러낸 인식들은 『대일배상요구조서』를 작성하고 대일과거처리를 일단 '배상'으로서 실현하고자 했던 한국정부가 이미 실질적으로 '청구권' 개념과 지극히 유사한 인식을 가지고 있었음을 입증하고 있다.

물론 이상의 논의는 어디까지나 '배상', '청구권' 등, 말하자면 거시적인 개념에 대한 고찰에 불과하다. 『대일배상요구조서』에서 한국이 요구하려 한 내용이 과연 실제 '반환'에 속하는 것인지, 또는 '정신적 손실'에 속하는 것인지를 판단하기 위해서는 개념적인 구별만이 아니라 실제 제기된 내용에 대한 실증적인 분석이 실행되어야 함은 두말할 필요도 없다.

또 1948년 초 모습을 드러낸 한국정부 당초의 배상 구상이 그 후 연합국의 대일배상 정책의 변화에 따라 어떤 영향을 받게 되었는지, 또는 받지 않았는지 등을 구체적으로 가리기 위해서도 『대일배상요구조서』에 담긴 항목에 대한 세부적인 분석이 필수적이다.

더욱이 『대일배상요구조서』에 대한 세부적인 분석은 반대로 한일회담 개시

---

90 임병직은 훗날 한일교섭에서는 "대일배상 요구를 철폐하고 재산권을 청구하게 되었다는 사실에 독자는 주목하여야 할 것이다."라고 일부러 강조하고 있다. 그리고 그 차이를 배상 요구는 일본이 한국을 침략하고 한국민의 정신적·육체적 혹은 재산상의 피해를 입힌 사실에 대한 강경한 태도이며 재산권에 대한 청구 요구는 실질적인 피해에 대한 청구라고 설명하고 있다. 위의 책, 499쪽. 그러나 이 설명은 훗날 만들어진 것에 불과하며 대일배상 구상이 추진되고 있던 과정에서는 배상 역시 그 실현을 위해 사실상 재산상의 피해에 한정하고 있었음에 주의가 필요하다.

후에 '청구권' 교섭으로 이행된 한일과거처리 문제가 과연 '배상' 요구의 내용과 어떤 차이를 보이게 되었는지, 또는 보이지 않았는지 등의 물음을 검증하고, 그것을 통해 결국 '청구권' 요구의 성격이 배상 요구와 비교해 어떤 변화를 이루었다고 평가할 수 있는지를 구체적으로 고찰하는 데도 불가결한 작업이라고 하겠다.

다음 2장에서는 바로 이러한 물음을 풀기 위해, 한국정부가 1949년 3월과 9월에 작성한 『대일배상요구조서』의 내용을 해부하고 무엇이 청구 대상이 되고, 또 되지 않았는지, 그리고 그것이 어떻게 요구되었는지 등을 고찰해 나감으로써 개념만으로는 밝혀낼 수 없는 『대일배상요구조서』의 성격을 실증하고자 한다.

『대일배상요구조서』의 해부

2

1949년 3월 15일에『대일배상요구조서 1부 : 현물반환요구』로, 이어 9월 1일
에는 2부·3부·4부를 수록한『대일배상요구조서(속)』으로 작성된 이른바『대
일배상요구조서』(이하『배상조서』로 약기)[1]는 '배상' 개념으로서 한일과거처리
를 진행하려고 한국정부가 마련한 가장 체계화된 기초 자료였다. 비록 그것은
1949년 9월 1일 현재까지로 정리되며 훗날 추가 조사가 이루어지는 대로 보
충될 것이 예정된 조서였으나 그 후의 경위를 볼 때, 이『배상조서』가 결과적
으로 가장 상세한 대일배상 요구가 된 것은 틀림없다. 이 점에서『배상조서』
는 한일과거처리를 고찰하는 데 결정적인 의미를 가진 최상급의 자료임은 새
삼 강조할 필요가 없다.

　선행 연구에서도『배상조서』에 대한 언급은 많다. 그러나 팽대한 내용을 담
은 그 조서에 파고들어, 각 세부 내용을 검토해 나가면서『배상조서』의 성격
을 밝혀낸 연구는 아직 없다. 그러나 배상으로서 추진하려 한 한국정부의 진
정한 요구 내용을 밝히기 위해서는 단지 '배상'이라는 개념적인 차원에 머무
르지 않고 바로 그에 담긴 상세한 세목 내용을 분석할 필요가 있음은 의심의
여지가 없다.

　또 그 세부 내용의 검토는 한일회담 개시 후의 이른바 '청구권' 교섭의 의미
를 이해하는 데도 가장 기초적인 작업이 된다. 4장 이후 논하는 바와 같이 한
일회담 개시 후 청구권 문제로서 진행된 한일교섭의 구체적인 요구 내용은 실

1　『배상조서』는 그 후 1954년에 다시 1부와 2부, 3부, 4부를 합쳐 한 권의 책자『대일배
　상요구조서』로 정리되었다는 점도 있어, 이 책에서는 3월의 1권, 9월의 2권을 구별하지
　않고 모두 통일적으로『배상조서』라고 부른다. 국회도서관에 소장된 1949년 원본의 보
　존 상태는 매우 좋지 않아 정확한 판독이 어려우므로 이 책에서는『배상조서』의 검토에
　주로 1954년판을 이용하고, 각주에서의 쪽수 역시 별도 표기가 없는 한, 1954년판을 사
　용한다. 원본과 1954년판에는 표기 순서 및 표나 수치의 표현 방식 등에서 일부 차이가
　보이나 요구 항목 및 그 액수에 관해서는 차이가 없다고 풀이된다.

은『배상조서』의 내용과 밀접한 관계를 유지하고 있었다. 따라서 배상과 청구권과의 관련성을 밝히기 위해서도『배상조서』에 대한 구체적인 해부는 청구권 교섭의 의미를 이해하는 데 불가결한 전제 작업의 의미를 지닌다.

이 장에서는 바로 이러한 문제의식을 바탕으로『배상조서』의 구체적인 해부 작업을 진행하고자 한다.

1. 대일배상 요구의 근거와 의미

비록 직접적으로 1부 현물 요구에 대한 언급으로서 제기된 것이었으나 한국 정부가 '정신적 손실'에 대한 보상을 요구하는 것이 아니라 '반환'적인 것임을 강조한 『배상조서』의 성격이라는 것은 과연 무엇을 뜻하는 것이었는가?

1949년 가을에 완성된 『배상조서』는 전체 4부로, 1부 현물, 2부 확정채권, 3부 전쟁에 기인한 인적 물적 피해, 그리고 마지막 4부 저가 수탈에 의한 손해로 구성되었다. 한국정부는 각 부의 설명에 들어가기에 앞서, '대일배상 요구의 근거와 요강'이란 제목의 『배상조서』 서문[2]에서, 전 4부를 아우르는 대일배상 요구의 근거와 의미를 두 항으로 나누어 다음과 같은 요지로 정리하고 있다.[3]

---

2 앞서 언급한 바와 같이 1949년 원본은 당초 1부와 2, 3, 4부의 2권의 책자로 정리되는 바람에 각 권에 서문이 달려 있다. 그러나 1부의 서문에서 짤막하게 정리된 요구 근거는 9월에 작성된 속편의 서문에 그대로 반영되어 있으며(일부 인쇄 불명으로 인해 판독하기 어려운 부분은 있음) 속편의 서문은 그와 더불어 2부, 3부, 4부의 각 부에 관한 추가 설명이 보충되는 구성으로 작성되었다. 1954년에 다시 정리된 『배상조서』의 서문은 그 속편의 내용이 그대로 옮겨져 있다.

3 이하 서문의 내용은 大韓民國政府, 『對日賠償要求調書』, 1~4쪽에서 정리. 이하 서명만 약기.

(1) 1910년부터 1945년 8월 15일까지 일본의 한국 지배는 한국 국민의 자유의사에 반한 일본 단독의 강제적 행위이며 정의·공평·호혜의 원칙에 입각하지 않고 폭력과 탐욕의 지배였던 결과 한국 및 한국인은 최대의 피해자이다. 또한 카이로선언, 포츠담선언에 의하여 한국에 대한 일본인 지배의 비인도성과 비합법성은 전 세계에 선포되었다.

(2) 한국의 대일배상의 응당성(應當性)은 포츠담선언, 연합국의 일본관리 정책, 폴리배상사절단 보고에 명시되어 있다는 것을 명백히 하는 바이다. 그러나 한국의 대일배상 청구의 기본정신은 일본을 징벌하기 위한 보복의 부과가 아니라 희생과 회복을 위한 공정한 권리의 이성적 요구이다.

이상 한국정부가 두 항에 걸쳐서 밝힌 대일배상 요구의 근거는 특히 다음두 가지 점에서 매우 중요하다. 하나는 한국정부가 비록 표면적으로는 한일병합이 한국 국민의 자유의사에 반한 일본 단독의 강제적 행위라고 하면서 일본의 한국 지배의 '비합법성'에 대해 직접 언급했으나 그것이 단지 카이로선언등에서 확인되었다고만 규정하고 있을 뿐, 막상 『배상조서』에서 제기하는 대일요구 근거가 병합의 불법성에 기초한 것이라고 주장한 것은 아니라는 점이다. 이는 세부항목에 관한 설명 중, 3부에서 을사늑약의 불법성을 언급하면서도 그를 불문에 부친다고 직접 명시한 방침과 일맥상통하는 대목이다. 즉 한국정부는 배상의 중요한 근거가 될 수 있는 '비합법성'이라는 개념을 직접 언급하면서도 『배상조서』가 그에 근거를 둔다는 입장을 취하지 않았다.

그 이유는 알기 쉽다. 비합법성이 선포되었다고 하는 주장과 달리 카이로선언은 '한국인의 노예 상태'라고만 언급했지, 병합 자체가 비합법적이었다고 규정한 사실은 없다. 포츠담선언 8조 역시 카이로선언의 내용을 그대로 이행할 것을 요구했을 뿐 그 이외에 일본의 한국 지배의 법적 성격에 대해 언급한 사실은 없다. 그것뿐이 아니다. 미국이 신탁통치 실시에 대한 법적 권한 문제와 관련해 한반도에 대한 일본의 주권 정지가 어느 시점에서 이루어졌는가에 대해 토의를 진행했을 때도, 그들은 모두 '정지' 시점을 문제로 삼은 것에 불과했다. 즉 미국은 병합 조치에 따라 일본이 한반도에 대해 주권을 보유하게 되었다는 것 자체는 자명한 사실로 인정하고 있었던 것이다.[4]

이와 같은 조건하에서 한국정부가 병합의 비합법성 자체에 대일배상 요구의 근거를 직접 두는 것은 불가능했다. 그것은 다음에 언급하는 교전관계 문제와 더불어 연합국의 대일배상 정책과 어긋남으로써 오히려 한국의 대일배상 요구의 실현 가능성을 위태롭게 하는 행동이 아닐 수 없었다.

한국정부가 배상 요구 근거와 관련해 밝힌 것 중, 또 하나 주목되는 점은 대일배상 요구의 '응당성'이 포츠담선언, 연합국 일본관리 정책, 폴리배상사절단 보고 등에 명시되었다고 규정했을 뿐, 한국의 대일배상 근거가 일본과의 교전관계에 기초한 것이라고 밝힌 일도 없었다는 점이다.

3장에서 자세히 논하겠지만, 한국정부는 대일배상 처리에 즈음하여 일관되게 연합국에 참가할 것을 요구하고 있었다. 전후 처리와 관련해 배상 요구는 통상 국제사회에서 교전관계를 법적 근거로 두었다. 그럼에도 한국정부는 『배상조서』 제출에 즈음하여 그 요구의 '응당성'을 단지 미국의 초기 대일정책에서 확인되었다고만 주장했을 뿐, 실제로는 교전국으로서 요구한다는 입장을 취하지 않았다.

---

4 미국이 일본은 한반도에 대해 주권을 정당하게 보유하고 있었다고 인식하고 있었음은 오히려 전쟁에 따른 한반도의 독립 과정에서 보인 미국의 인식에 잘 나타나고 있다. 전후 계획의 일환으로서 진행된 미국의 한반도 독립 인식에 관해서는 장박진, "미국의 전후 처리와 한반도 독립 문제: '근거 없는 독립'과 전후 한일관계의 기원", 『아세아연구』 제56권 3호, 2013, 23~64쪽. 또 종전 직후 한반도에 대한 일본의 주권 문제에 대한 논의는 長澤裕子, 「戰後日本のポツダム宣言解釈と朝鮮の主権」, 李鍾元·木宮正史·浅野豊美編, 『歴史としての日韓国交正常化(II)脱植民地化編』, 法政大学出版局, 2011, 129~156쪽.

그 이유 역시 쉽게 상상할 수 있다. 1장에서 고찰한 바와 같이 폴리 보고서 등에서 밝혀진 미국의 초기 대일배상 정책은 한국을 피해국으로서 인정하고 일본 본토로부터의 추가 생산시설 이전 가능성 등을 인정했으나 교전국으로서의 지위나 그에 따른 한국의 직접적인 대일배상 권리를 인정하지는 않았다. 따라서 한국이 교전국으로서의 지위를 고집해서 대일배상 요구를 제기하는 것은 오히려 그 실현을 어렵게 하는 행위였다. 더구나 『배상조서』가 제출된 1949년은 이미 미국이 정식 연합국들도 포함해 대일추가배상을 봉쇄하는 입장으로 돌아선 시기였다.

한국정부가 1949년에 이르러 일부러 다시 미국의 초기 대일정책을 언급하고 대일배상의 '응당성'을 주장한 것은 바로 미국의 대일배상 정책이 무배상으로 옮겨가는 과정에서 과거 미국 자신이 공약한 정책으로 돌아갈 것을 당부할 수밖에 없는 사정을 반영한 것으로 봐도 무방할 것이다.

즉 『배상조서』 서문에서 한국정부가 일견 '적극적'으로 제기한 대일배상 요구의 근거는 불법적인 식민지 지배에 대한 책임 추궁이라는 의미도, 또한 대일교전관계에 따른 배상 권리라는 의미도 가지고 있지 않았다.

물론 이와 같은 귀결은 현실적인 역학 관계를 반영한 것이었다. 즉 독자적인 힘으로 식민지 지배의 불법성을 규정하거나 교전국으로서 대일배상을 실현할 수 없었던 한국정부는 결국 그 실현 여부를 미국정부에 기댈 수밖에 없었다. 그 냉철한 현실은 1장에서 언급했듯이 임병직 외무장관이 표면상 한국의 대일배상 요구는 미국의 배상 정책에 구속을 받아야 할 성격의 요구가 아니라고 하면서도 결국 『배상조서』를 미국에 직접 제출하고 있는 사실이 입증하고도 남는다.[5] 한국정부가 서문에서, 대일배상 요구 근거를 명시한 부분의 마지막에 한국의 대일배상 요구의 기본정신이 "일본을 징벌하기 위한 보복의 부과가 아니라 희생과 회복을 위한 공정한 권리의 이성적 요구"라고 강조한 것 역시 바로 그러한 사정을 반영한 것이었음은 틀림없다.

물론 연합국의 전후 처리의 조류에 맞추는 것이 필요하다고 인식했다는 점에서 『배상조서』는 이상덕 등에 의해 밝혀진 한국정부 초기의 배상 구상과 같다. 그러나 초기의 대일배상 구상이 의거하려 한 미국의 대일배상 정책은 이미 전환점을 맞이하고 있었다. 바로 미국이 무배상 정책으로 돌아서는 가운데 제출하게 된 『배상조서』는 그 결과, 배상 획득 실현을 위해 그 표면적인 개념과 달리 스스로 '배상'임을 부정해야만 했다.

즉 『배상조서』는 식민지 지배의 불법성이나 교전관계에 기초한 요구가 이미 일본을 '징벌하기 위한 보복의 부과'가 될 추세를 맞이하면서 그 요구 내용을 '회복을 위한 공정한 권리의 이성적 요구'로 탈바꿈해야 하는 상황을 반영해 만들어진 산물이었다.

실제 『배상조서』 서문은 위의 두 가지 항으로 언급한 총체적인 요구 근거의 기술에 이어, 4부로 나누어진 각 요구 항목들이 '회복을 위한 공정한 권리의 이성적 요구'라는 '기본정신에 입각'한 것임을 강조하고 있다. 한국정부가 '회복을 위한 공정한 권리의 이성적 요구'에 입각한 것으로 주장한 각 4부의 기본적인 성격은 다음과 같다.

먼저 지금·지은, 미술품, 골동품, 선박 등 특수 물품을 대상으로 한 1부 현물에 관해 한국정부는 이 요구가 반환 요구임을 직접 명시하고 있다. 즉 현물반환 요구는 원래 한반도에 있었으나 반출된 것들을 단지 물리적으로 다시 한

5　1부가 1949년 4월 7일 GHQ에 제출되었다는 것은 『배상조서』에서도 명시되어 있으나 속편이 언제쯤 실제 제출되었는지는 불명하다. 그러나 9월의 속편에서 2부 확정채권에 관한 설명에는 맥아더 사령부가 확정채권 문제를 일반 배상 요구에 포함하여 제출할 것을 요구해왔다는 기술이 있으므로(『對日賠償要求調書(續)』, 2쪽) 동 속편 역시 미국으로 제출하기 위해 작성된 것임은 확실하다.

국에 되돌릴 것을 요구한 것에 불과하며 반출 자체의 책임을 추궁하는 것은 아니라는 점을 내비치고 있다.

다음 2부 확정채권에 관해 한국정부는 그것이 "일본의 패전을 계기로 하여 생성된 어떤 요구 조건이 아니라 전쟁의 승부와는 하등의 관련이 없는 단순한 기성 채권 – 채무 관계이며 따라서 배상 문제와 본질적으로 아무 관련이 없는 것"이라고 설명했다. 이 설명은 동 요구가 식민지 통치의 불법성 여부나 전 승 – 패전이라는 정치적인 관계로부터 발생하는 성질의 요구가 아니라 통상의 경제 거래를 통해 발생한 단순한 재산청구권임을 강조한 것이다. 물론 이것이 1장에서 언급한 이상덕의 금전채권 요구에 해당하는 것임은 확실하다.

즉 1부는 원래 한반도에 소재한 현물을 다시 제자리에 되돌릴 것을 요구한 것이고 2부는 통상의 경제 거래를 통해 가지게 된 원래 한국인의 채권을 청산할 것을 요구한 것에 불과했다. 이러한 의미에서 그것이 임병직이 말한 '정신적 손실'에 대한 보상 요구가 아니라 단순히 '반환'적인 요구였음은 덧붙여 설명할 필요가 없을 것이다.

신중한 검토가 필요한 것은 다음 3부 〈중일전쟁 및 태평양전쟁에 기인한 인적 물적 피해〉 및 4부 〈일본정부 저가 수탈에 의한 손해〉에 대한 문제이다. 한국정부는 3부에 관해 다음과 같이 설명하고 있다.

을사조약의 무효성을 국제법적으로 천명할 수도 있고 「카이로」, 「포츠담」의 양 선언의 진의를 천명하여 한국에 대한 일본의 과거 36년간의 지배를 비합법적 통치로 낙인하는 동시에 그간에 피해 입은 방대하고도 무한한 손실에 대하여 배상을 요구할 수도 있다. 그러나 우리의 대일배상 요구의 기본정신에 비추어 차(此)는 자(慈)에 전연 불문에 부치는 바이다. 다만 중일전쟁 및 태평양전쟁 기간 중에 한하여 직접 전쟁으로 인하여 우리가 받은 인적·물적 피해만을 조사하여 자(慈)에 그 배상을 강력히 요구하는 바이다.

즉 한국정부는 3부 요구의 성격과 관련해 원래 한국정부의 요구가 불법적인 한국 지배에 따른 방대한 것이었다고 주장하면서도 '회복을 위한 공정한 권리의 이성적 요구'라는 '기본정신'에 비추어 중일전쟁 이후의 전쟁 피해에 실제의 요구를 한정한 것임을 강조하고 있다. 다시 말해 한국정부는 식민지 통치에 따른 피해 배상 요구를 그 '기본적 정신'에 부합하지 않는 것으로 제외한 것이었다.

중요한 물음은 그 '공정한 권리의 이성적 요구'가 왜 중일전쟁 이후에 발생한 피해에 대해서만 적용되는가 하는 문제였다. 물론 그 일차적인 이유가 현실적인 해법을 생각한 결과였음은 틀림없을 것이다. 즉 한국의 대일배상 문제가 연합국의 전후 처리의 일환으로서 이루어지는 이상, 식민지 피해와 같이 제2차 세계대전 후의 일반적인 전쟁 처리를 넘는 요구를 제기하면 그것은 오히려 대일배상의 정당성을 손상할 수 있었다. 그러나 문제는 그것만이 아니었다.

이하 3부에 대한 구체적인 요구 항목에 대한 분석을 통해 밝히는 바와 같이 한국정부가 전쟁 피해 항목으로 제기한 것은 같이 '일본'으로서 참전한 것에 따른 보상 요구였다. 다시 말해 한국정부가 요구하려 한 것은 전쟁에 동원됨에 따라 발생한 '비용의 회복'이었다. 물론 일반적으로 이루어지는 교전 피해에 대한 보상 요구도 그것을 '회복'이라는 의미로 제기할 수 있으며 그런 의미에서는 표면적으로 '비용의 회복'과 유사하다. 그러나 제1차 세계대전 후의 대독 처리처럼 교전 피해에 따른 '회복 요구'가 전승 - 패전이라는 역학 관계로 인해 추진되는 것인 만큼 그것은 '정신적 손실', 즉 보복적인 성격을 띠게 마련이다. 실제 그와 같은 성격은 영토 할양 요구처럼 실제 발생한 피해와는 그 형태가 다른 요구로서 그 모습을 드러낸다.

그러나 이하 세부 요구 항목들을 분석하면 드러나는 바와 같이, 한국이 제기한 전쟁에 동원됨에 따라 발생한 비용의 회복 요구에서 전승 - 패전 등의 정치적인 판단은 일절 등장하지 않고 있다. 그 요구는 전쟁 수행에 따라 실제 발생한 비용의 회수 또는 원상회복을 목적으로 하는 것이었다. 이러한 의미에서 특히 확정채권을 문제로 삼은 2부 등과 비교해 표면적으로는 정치적 요구로 보이기 쉬운 3부 역시 '반환'적인 성격을 강하게 띠고 있었음을 염두에 두어야 한다.

저가 수탈을 문제로 삼은 4부에 관해서도 주의가 필요하다. 한국정부는 4부에 관해 일단 표면적으로는 다음과 같이 설명하고 있다.

> 일본통치 중, 그들이 경제적으로 한국의 자원, 노동력, 생산물을 농단(壟斷) 착취한 바는 이루 측량키 불가능할 만치 막대한 것으로 자(慈)에 그중 일단을 조사하야 제출함으로써 우리의 배상 요구를 최소한도로 보강하는 동시에 한국인의 전(全) 민족적인 요구인 점을 밝혀 자(慈)에 충분한 배상을 요구하는 바이다.

설명에서는 '일본통치 중'이라고 말함으로써 요구가 반드시 전쟁 시기에 한정되는 것이 아니라는 인상을 주고 있다. 그러나 이하 내역을 살피면 알 수 있듯이 4부의 요구 항목 역시 1937년 중일전쟁 발발 이후의 시기에 한정되어 있다. 물론 이것은 3부와 같이 실현 가능성을 염두에 둔 것으로 사료된다.

또 시기와 더불어 요구 내용에도 주목할 필요가 있다. 후술하는 바와 같이 이 요구 내용은 전쟁 중, 그 수행을 위해 저가로 매입당함에 따라 발생한 시장가격 등과의 차액 보충을 요구하는 것이었다. 즉 그것은 권력을 배경으로 저가 매수했다는 것 자체의 책임을 추궁하는 것이 아니라 통상적인 거래일 경우 얻을 수 있었던 가격 등과의 격차만을 메울 것을 요구한 것에 불과했다.

따라서 전쟁이나 식민지 통치와 관련된 요구들을 포함한 3부 및 4부 역시, 일본의 전쟁 책임이나 식민지 통치 자체를 추궁하려는 것이 아니라 전쟁에 동원됨에 따라 실제 발생한 비용의 회수만을 요구하려 했다는 점에서 '반환'적인 것이었다. 적어도 한국정부의 입장에서는 이들 요구가 '일본을 징벌하기 위한 보복의 부과가 아니라 희생과 회복을 위한 공정한 권리의 이성적 요구'에 불과했던 것이다.

물론 이상 언급한 '반환'적이라고 하는 『배상조서』의 성격은 결국 거기에 담긴 각 구체적인 요구 항목들의 상세한 검증을 통해서 최종적으로 판단해야 한다. 이하에서는 바로 이것이 주된 분석 과제가 되나 그에 앞서 『배상조서』의 검토와 관련해 또 하나 주의해야 하는 것이 있다. 그것은 재한일본인 재산의 취득과의 관련성 문제이다.

『배상조서』의 전반적인 성격을 설명한 서문에는 재한일본인 재산의 취득에 관해 아무런 언급도 하지 않고 있다. 그에 따라 일본인 재산 취득과 『배상조서』의 요구 내용과의 관련성, 즉 재한일본인 재산의 취득이 『배상조서』 작성에 어떠한 영향을 주었는가, 또는 주지 않았는가 등의 물음을 객관적으로 입증하는 것은 어렵다.

그러나 재한일본인 재산이 정식으로 한국에 귀속된 것은 1948년 9월의 일이었으며 『배상조서』는 당연히 그 귀속이 확정된 후에 정리된 것이었다. 그리고 이상덕 등에 의해 발표된 그 이전의 대일배상 구상은 재한일본인 재산을 무상으로 취득할 것을 독립 항목으로 포함하고 있었으며 기타 배상 요구는 그와 관련이 없는 것으로 구상되어 있었다. 따라서 이상덕 배상 구상과 『배상조서』 간에 재한일본인 재산의 귀속이라는 매우 중요한 조건 변화가 있었다는 것은 의심의 여지가 없다.

주지하다시피 한일회담 개시 후, 한국정부는 제기하고 있는 대일청구권이 재한일본인 재산의 취득을 고려해서 산출한 것임을 강조했다. 그러나 그것이 언제쯤, 어떻게 관련되었는가 등의 구체적인 검증은 지금까지 진행된 바가 없다. 이로 인해 그 관련성은 한일회담 개시 후의 청구권 교섭에서 나온 것을 배경으로 하고, 배상 교섭으로부터 청구권 교섭으로의 이행에 따라 반영되었다는 막연한 이미지만이 자리 잡았다. 그러나 그 관련성이 배상으로부터 청구권으로의 이행에 따라 처음으로 반영되었다고 하는 근거 역시 없다.

따라서 재한일본인 재산의 이양이 완료되기 전에 부각된 이상덕 배상 구상과 그것이 완료되고 나서 작성된 『배상조서』 간의 관계를 분석하는 것은 지금까지 알려진 바가 없는 재한일본인 재산의 취득과 한국의 대일추가요구의 관련성 여부를 검증하는 데 매우 중요한 작업이라 하겠다. 이하에서는 바로 이 문제도 염두에 두면서 분석을 진행하고자 한다.

2. 『배상조서』의 세부 분석

1) 1부 현물

『배상조서』 1부 현물은 지금·지은, 서적, 미술품, 골동품, 지도원판, 선박, 그리고 부동산, 동산, 비품 등으로 구성되었다. 그중 서적, 미술품, 골동품, 그리고 지도원판은 한일회담 개시 후 이른바 문화재 문제로서 다루어지게 된 항목들이며, 선박 역시 선박 문제로서 따로 추진된 항목이다. 이것들은 그 자체가 하나의 독립 주제로서 오랜 교섭의 대상이었던 만큼 그 교섭의 세부 과정을 밝히기 위해서는 별도의 연구가 필요하다.

따라서 이하 『배상조서』의 세부 분석을 진행하는 데 있어서는 본 연구의 주제에 따라 한일회담 개시 후 이른바 일반청구권 문제로 다루어지게 된 요구 항목들에 초점을 맞추고 문화재 및 선박에 해당하는 세부항목 분석은 제외하기로 한다.[6]

---

6 세부적인 해부는 진행하지 않으나 이미 서문의 검토에서 언급한 바와 같이 문화재 및 선박 요구가 현물의 반환을 요구하는 것임은 따로 말할 필요도 없다. 다만 문화재 중 서적 요구에 임진왜란 시의 약탈 품목이 포함되어 있고, 또 선박 요구에는 개국 시기 일본에 의해 약탈된 한국 군함 두 척이 포함되어 있는 등, 문화재 및 선박 요구에는 제2차 세계

표2-1 지금·지은 관련 요구 내역

구분	요구 중량(g)		비고
지금	249,633,198		조선은행을 경유하고 저가로 매상하고 일본으로 반출한 것. 반출 대금으로서 받은 563,272,881엔을 일본에 반환하고 지금의 현물 반환을 요구함
지은	89,112,205	67,577,771	조선은행을 경유하고 저가로 매상하고 일본으로 반출한 것. 반출 대금으로서 받은 2,877,015엔을 일본에 반환하고 현물 반환을 요구함
		21,534,433	조선은행이 중국연합준비은행에 차관을 공여한 담보로서 현재 일본은행 오사카 지점이 보관하고 있는 지은 반환을 요구함

(1) 지금·지은

현물의 첫째는 지금·지은의 반환 요구였다. 먼저 한국정부가 제기한 이들 요구 중량과 그와 관련된 보충 설명을 정리하면 표2 – 1과 같다.[7]

표2 – 1에서 제시한 지금·지은에 대한 주된 요구는 한반도에서 산출된 전체 지금[406,926,079g], 지은[산출 중량 표기 없음] 중, 1909년부터 1945년까지 일본이 반출한 지금 249,633,198g과 지은 67,577,771g의 현물 반환을 요구하는 것이었다.

그러나 주의할 점은 한국정부가 반출된 지금·지은을 일방적으로 반환할 것을 요구한 것이 아니라는 점이다. 이 요구는 지금·지은의 반출 시, 일본이 조선은행에 그 대가로 지불한 지금 대금 563,272,881엔과 지은 대금 2,877,015엔을

대전 시기에 한정되지 않는 품목이 포함되어 있었음은 지적해둘 필요가 있다. 그러나 대상 시기가 달라도 그 요구가 한반도에서 반출된 것에 대한 반환을 요구한다는 점에서는 변함없다.

7 지금·지은에 관해서는 『對日賠償要求調書』, 11~14쪽에서 정리.

각각 일본에 반환할 것을 전제로 한 것이었다. 따라서 이 요구는 일단 이루어진 매매를 원천적으로 취소하는 의미를 지닌 것이었다.

조선은행은 한일병합의 다음 해, 1911년 3월 조선은행법 제정에 따라 한반도 내에서의 중앙은행으로 설립되었다. 아직 은행권 발행의 제도로서 현재와 같이 통화관리제도에 따른 비태환권의 발행이 정착되지 않았던 당시, 조선은행법은 그 22조에서 조선은행권 발행에 즈음하여 동액의 태환준비를 의무화했다.

그러나 식민지의 중앙은행으로서 통화를 발행하게 된 조선은행은 조선은행권 발행을 위한 태환준비로서 지금·지은과 함께 일본은행권, 일본국채 등을 보유할 수 있도록 규정되어 있었다. 아울러 조선은행법 17조는 조선은행의 업무로서 지금·지은의 매매, 화폐의 교환, 국채의 매입 등을 허가했다. 그에 따라 조선은행 보유의 지금·지은은 법적으로 일본은행권, 일본국채 등과의 매매 대상이 되었다.[8] 한국정부가 반출된 지금·지은의 반환 요구에 즈음하여 국채 등으로 받은 대금을 반납할 것을 조건으로 한 것은 바로 이와 같은 법제도를 인식한 것이었다.

물론 조선은행권의 발행과 관련해, 그 태환준비로서 지금·지은과 같은 국제적 가치저장 수단뿐만 아니라 하나의 지방 통화에 불과한 일본은행권 등의 보유를 허락한 것 자체는 식민지 지배의 성격을 짙게 반영한 것이었다. 그러한 의미에서 일본은행권, 국채 등을 대가로 한 지금·지은의 반출은 통상의 거래를 넘어 정치적인 의미를 지닌 측면이 있는 것은 의심의 여지가 없다.

따라서 한국정부가 적어도 조선은행법상에서는 합법적인 매매를 통해 반출

---

8   조선은행법은 朝鮮銀行史研究会編, 『朝鮮銀行史』, 東洋経済, 1987, 828~843쪽에 수록.

된 지금·지은의 반환을 요구한 것은 일본에 의한 한반도 지배의 부당성을 추궁하는 측면을 가진 것이 사실이다. 그러나 대가로 받은 대금은 반납하겠다고 하는 것에서 여실히 나타났듯이 이 요구는 매매 행위를 취소하고 그에 따라 반출된 지금·지은을 '반환'하는 것 이상의 의미를 지닌 것은 아니었다. 즉 그것은 조선은행법을 제정한 것이나 그것을 통해 매매를 사실상 강요했다는 것 자체를 추궁하고 그로 인해 반출된 지금·지은 중량 이상의 추가 요구를 '정신적 손실'에 대한 보상으로서 제기한 것이 아니었다.

또 표2-1에서 표시한 바와 같이 지은의 요구에는 또 하나의 종류가 있었다. 그것은 조선은행이 중국연합준비은행에 차관을 공여하는 대가로 일본정부가 조선은행의 자산으로서 일본은행 오사카 지점에 기탁한 지은을 요구하는 것이었다.[9]

『배상조서』가 기술한 중국연합준비은행은 일본의 중국 대륙 진출에 따라 1938년 2월에 들어서게 된 괴뢰 조직인 북지나(北支那) 지역의 연합정권, 화북(華北)정무위원회 밑에서 성립된 그 지역의 중앙은행이었다.[10] 따라서 이 요구는 일본의 대륙 침략에 대한 금융 기지의 역할을 맡았던 조선은행이 사실상 일본정부의 정책에 따라 성립된 중국연합준비은행에 차관을 공여하기 위한 정화(正貨) 준비로서 일본정부로부터 취득한 일본은행 오사카 지점 보관 중의

---

9   대장성은 중국연합준비은행 설립에 즈음하여 조선은행이 공여한 것은 350만 엔 상당의 지은이며 이에 대해 일본정부가 조선은행의 정화(正貨) 준비로서 오사카 지점에 기탁한 것은 은괴 약 13톤 및 원형은괴 34만 장, 시가로 합계 2억 2,800만 엔가량 중 일부 중국에 보내진 은괴 1,000장을 제외한 나머지라고 적고 있다. 『日韓請求權問題參考資料未定稿　第2分冊』, 105~106쪽. 그러나 자료의 한계로 인해 이들과 『배상조서』가 요구한 동 지은 요구 수량 등의 관련성은 일절 불명하다.

10 중국연합준비은행과 조선은행의 관련성에 대해서는 "日本降服前後의 華北通貨機構: 聯銀의 制度와 聯銀券의 歸趨", 『朝鮮銀行月報』 no.2, 1947. 6., 87~90쪽.

지은을 반납하도록 요구하는 것이었다. 즉 이 요구 역시 차관 공여를 강요했다는 등의 정치적인 추궁을 하려 한 것이 아니라 차관 공여의 담보로 일본에 보관되어 있던 조선은행의 지은을 단지 '이송'할 것을 요구하려 한 것에 불과했다. 따라서 이 요구 역시 한반도에서 직접 반출된 지은의 반납 요구와 그 성격면에서는 별 차이가 없다. 『배상조서』 1부에 규정된 지금·지은 요구는 결국 모두 '반환'적인 요구라고 판단해도 무방하다.

『배상조서』는 조선은행이 과연 한국 법인인가 아니면 일본 법인인가 하는, 한일회담 개시 후에 문제가 된 법적 논점을 일절 다루고 있지 않다. 이 시점에서 한국정부는 조선은행이 당연히 한국 법인이라는 입장에서 그 은행 자산을 한국정부 자산으로 귀속하려 한 것으로 봐도 틀림없을 것이다. 그 점에서 지금·지은 요구에 대한 한국정부의 이론적 준비는 미흡한 점을 남기고 있었음을 알 수 있다.

(2) 해외 부동산, 동산, 비품 등

지금·지은에 이어 『배상조서』 1부 현물에 포함된 이른바 일반청구권 항목들은 직접적으로는 〈기타〉로 정리되었다. 그 항목의 구체적인 내용은 한국 관련 금융기관, 회사 등의 해외 부동산, 동산 및 비품 등이었다. 자세한 내역은 표2-2와 같다.[11]

표2-2에서 제시한 바와 같이 『배상조서』 1부 현물에 포함된 〈기타〉 요구는 일본 본토 및 일본의 영향하에 있었던 지역에 소재한 한국 관련 법인의 해외 부동산, 동산 및 비품 등에 대한 것이었다.

『배상조서』는 그 요구에 대해 직접 명확한 근거를 대지 않았다. 그러나 대

11 『對日賠償要求調書』, 188~191쪽에서 정리.

표2-2 해외 부동산, 동산, 비품 관련 요구 내역

세부항목	금액(엔)	비고
조선 측 은행 해외 점포, 동산, 부동산 : 8,103,707엔(1945년 8월 8일 현재 장부 가격)	1,721,380	일본 소재의 토지(조선은행 1,552,380엔 및 조선식산은행 169,000엔)
	1,479,335	일본 소재의 건물(조선은행 1,461,335엔 및 조선식산은행 18,000엔)
	117,514	일본 소재의 금고(조선은행분)
	1,213,762	만주, 중국 및 관동주(關東州) 소재의 토지(조 선은행분)
	2,897,252	만주, 중국 및 관동주 소재의 건물(조선은행분)
	764,461	만주, 중국 및 관동주 소재의 금고(조선은행분)
조선전업회사 도쿄 지점 사택 관계	194,000	가옥 및 부속품
조선전업회사 섬진강 발 전소 제2호 발전기	－	일본에 발주, 대금을 지불했으나 제품은 발송을 위해 하조(荷造) 중에 있음(미 고문의 이야기)
경성전기회사 도쿄 지점 비품	2,269	전화 2개, 금고 2개, 도랑 1개, 등사(謄寫)판 1개, 인쇄기 1개, 서가(書棚) 2개, 책장(本箱) 2개, 전기난방기 1개, 의자 9개

주석 : －는 해당 기술이 없음을 뜻함.

상이 한국 관련 법인의 재외실물재산임을 감안하면 이 요구가 결국 한국 관련 법인이 소유한 재산을 한국정부가 대신해서 청구한다는 뜻으로 제기된 것임은 틀림없을 것이다.

일본 본토와 달리 만주 등 적어도 법적으로는 일본정부의 주권하에 있지 않았던 지역에 소재한 재산을 일본정부에 요구하려 한 까닭은 그 지역이 사실상 일본의 지배하에 있었기 때문으로 보인다. 즉 이것은 패전 후 그 지역의 혼란 속에서 한국 관련 법인의 재산이 침해당하거나 방치되어 있는 것을 일본정부에 청구하는 것이었다.

따라서 아무리 정치적으로 일본의 영향하에 있었다고 하더라도 형식적으로는 독립된 지역에 소재한 해외 재산들을 일본정부에 요구하는 것은 일정한 정도 정치적인 의미를 지녔다. 그러나 이 요구 항목 역시 한국 관련 법인이 이미 보유한 자산 가치의 보상이나 또는 이미 그 대금을 지불한 제품의 인도 등만을 요구한 것이었다는 점에서는 이 요구가 '반환'적인 것에 머물고 있음이 분명하다.

후술하는 바와 같이 한국 관련 법인의 재일자산 문제는 비록 그 상세 내역까지 분명히 밝혀지지는 않았으나 한일회담 청구권 교섭에서 주된 항목의 하나가 되었다. 그것을 감안할 때, 『배상조서』 작성 단계에서는 한국 관련 법인의 재외재산 요구의 범위가 지극히 제한된 것에 불과했음을 알 수 있다. 실제이 재외현물재산 관련 요구는 1949년 2월 25일자로 작성된 것이었으며 4장에서 논하듯이 특히 한국 관련 법인의 재일재산 문제는 한일회담 개시 무렵본격적으로 검토 대상이 되었다.

이러한 의미에서 『배상조서』에 담긴 한국 관련 법인의 재외현물재산 문제는 비록 지극히 제한된 것밖에 포함되지 않았으나 그 내용은 『배상조서』의 성격을 비추어내는 데 일정한 정도의 시사점을 주고 있다. 즉 『배상조서』는 이항목에 대해 지극히 미진한 준비 상황을 노출한 것이었으나 한편으로 일단 조사가 진행된 것에 관해서는 그 요구가 철저했다는 흔적도 보여주고 있다. 실제 이들 현물 요구에는 토지나 건물 이외에도 예컨대 전화, 금고, 의자 등 국가 간의 처리 문제로서 다루기에는 너무나 사소하다고 평가하지 않을 수 없는비품까지 일단 포함되었다. 이와 같은 미세한 비품까지 요구 범위에 넣었다는사실은 『배상조서』에 담긴 한국정부의 대일요구 자세가 단순히 관용만을 뜻한 것은 아님을 암시하고 있다고 해도 과언이 아닐 것이다.

다시 말해 '반환'적인 요구라고 함은 단순히 일본에 대한 유화적인 자세를 뜻한 것이 아니었다. 그것은 '반환'적인 성격의 문제로서 요구할 수 있는 것에 관해서는 철저하게 그 요구를 제기하려는 자세도 아울러 담고 있었다고 보인다.

2) 2부 확정채권

『배상조서』 2부는 확정채권이었다. 서문의 검토에서 이미 확인한 바와 같이 한국정부는 확정채권 문제를 전쟁의 승부와 아무런 관계가 없는 단순한 채권 - 채무 문제로 설명하고 있었다. 따라서 2부 확정채권 요구는 그 후 한일회담 개시 후에 진행된 이른바 청구권 문제와 지극히 유사한 성격을 지닌 것으로 추측된다. 물론 이들 성격의 엄격한 검증은 결국 세부항목들의 분석을 통해서 이루어져야 한다. 이하에서는 바로 이러한 과제에 들어가고자 한다.[12]

(1) 일본계통화

2부 확정채권 1항은 한반도 내에 보관되어 있던 일본계통화에 대한 요구였다. 이는 주로 조선은행이 보유하고 있던 통화를 대상으로 한 것이었다. 구체적인 항목 내역은 표2 - 3과 같다.[13]

표2 - 3을 보면 알 수 있는 바와 같이 이 요구가 '일본계'통화로서 정리된 것은 일본은행 및 일본정부가 발행한 일본은행권, 일본정부소액지폐, 군표와 함께 일본의 직접적인 지배하에 있었던 대만은행권, 그리고 비록 법적으로는 독립된 지역이었으나 실질적으로 일본의 정치적 영향하에 들어선 중국의 각 지역정권 발행의 통화를 포함하고 있었기 때문이다.

---

12 각 항의 분석에 즈음하여, 이 책에서는 분석의 편의상 반드시 『배상조서』의 항목 순서를 따르지는 않는다.

13 『對日賠償要求調書』, 200~201쪽에서 정리.

표2-3 일본계통화 관련 요구 내역

항목	금액(엔)	비고
일본은행권	1,491,932,177	• 법령 57호 및 59호에 의한 예입분: 531,843,139엔 • 조선은행 소유분 및 일본 귀환 동포에 대한 환금 및 금융조합연합 소유분: 960,089,038엔
만주중앙은행권	1,915,479	조선은행의 보유금 및 해방 직후(1945.8.15.) 총독부 재무국 이재과장 통첩에 의한 예입금
대만은행권	15,963	조선은행 보유금
중국연합준비은행권	64,289	조선은행 보유금
중앙저비은행권	43,506	조선은행 보유금(100대 18로 환산)
일본군표	23,225	조선은행 보유금
일본정부소액지폐	20,139,453	현재 유통 중의 소액지폐 중, 은행 보유분만 계정하고 시중 유통분은 포함하지 않음
몽강은행권	5	조선은행 보유금
합계	1,514,134,098	

만주중앙은행권은 만주국중앙은행의 발행통화, 중국연합준비은행권은 앞서 언급한 북지나 지역 연합정권의 중앙은행인 중국연합준비은행 발행통화, 또 중앙저비(儲備)은행권은 왕조명(汪兆銘) 정권하에 설립된 중화민국임시정부의 중앙은행인 중앙저비은행 발행통화, 그리고 몽강(蒙疆)은행권은 내몽골 지역에 들어선 몽고연합자치정부하에 설립된 몽강은행이 발행한 은행권이었다.

그러나 이들 통화는 법 형식상 일본과 무관한 당국이 발행한 통화들이었다. 실제 일본정부는 훗날 일본의 영향하에 들어선 각 지역정권이 발행한 통화는 일본정부와 별개의 독립 법인이 발행한 통화라는 입장에서 이들 청구를 거부하는 자세를 보이고 있다.[14] 그럼에도 한국정부가 일본은행이 발행한 일본은

---

14 이와 같은 일본의 입장은 예를 들어 1961년 4월 10일자로 대장성이 작성한 「韓国請求要綱参考資料(未定稿)」, 外務省日韓会談公開文書(문서번호 1348 내), 22쪽에서 엿볼 수 있다. 단 그 검토 문서에는 만주은행권, 중국연합준비은행권, 중앙저비은행권만이

행권과 함께 그들 통화를 요구 대상으로 삼은 것은 결국 그 발행통화를 사실상 일본의 군사적인 영향하에 들어선 정권들이 발행했기 때문일 것이다.

『배상조서』는 조선은행을 비롯해 한반도 내의 금융기관이 보유한 현금통화를 청구한다는 의미에 대해서는 직접적으로 아무런 설명도 하지 않고 있다. 그러나 광복 후 미군정은 1946년 2월 21일 군정령 57호를 발령하고 남한에 소재한 자연인, 법인에게 조선은행 등 관련 금융기관에 1엔권 이상의 일본은행권 및 대만은행권을 1946년 3월 2일부터 7일까지 예입할 것을 지시했다.[15] 이어 23일 은행지령 8호를 내고 각 금융기관에 훗날 별도의 지시가 나올 때까지 보관증을 발행하고 예입된 일본은행권이나 대만은행권을 보관할 것을 명했다. 각 금융기관에 예입된 일본은행권은 3월 21일의 은행지령 10호로 인해 본점으로 이송되었으며, 그 후 1946년 4월과 1947년 11월 두 번에 걸쳐, 일본은행원 입회하에 소각되었다.[16] 일부러 소각 조치를 취한 이유는 조선은행 내부에 통화 보관을 위한 공간이 부족하다는 것이었다.[17] 물론 소각 이전에 일본계통화를 조선은행에 모아놓은 일련의 조치를 취한 것은 전후 처리와 관련해 미군정이 한반도를 일본의 영향에서 단절하는 조치의 일환으로 남한에서 일본계통화의 유통을 금지하기 위해서였다.

따라서 현금통화에 대한 요구의 주된 의미는 미군정의 정책으로 인해 모인

거론되어 있으며 몽강은행권, 대만은행권에 대한 직접적인 언급은 없다.

15 또 그 후 군정령 59호로 인해 그 예입 시기에 관한 연장 조치가 취해졌다.

16 일본은행권의 조치에 관해서는 1961년 4월 10일자 대장성 작성의 「韓国請求要綱参考資料(未定稿)」, 外務省日韓会談公開文書(문서번호 1348 내), 10~11쪽. 단 이 문서에서 군정령 57호에 대한 언급은 없다.

17 이 점은 1947년의 소각과 관련해 일본 측 관계자가 그 소각을 감시할 것을 요청한 미군정의 공한에서 확인할 수 있다. 그 공한은 예를 들어 「第6次日韓全面会談の一般請求権小委員会第8回会合」, 外務省日韓会談公開文書(문서번호 1218), 28쪽에 수록.

현금이 공간 부족으로 인해 소각 처분됨에 따라 그 통화의 '가치 회복'을 요구하는 것이었다고 풀이된다. 후술하듯이 실제 이 내용은 한일회담 교섭에서 그 윤곽을 드러낸다. 그러나 동시에 이 요구에는 기타 지역정권이 발행한 통화들을 중심으로 소각되지 않았던 통화들도 포함되어 있었다. 한국정부는 『배상 조서』속에서도, 또한 한일회담 교섭에서도 그 소각되지 않은 관련 통화를 요구한다는 의미에 대해서는 분명히 설명하지 않았다. 그러나 사실상 일본의 괴뢰정권이었던 각 지역정권이 발행한 그 통화는 일본의 패전에 따른 그 지역정권의 몰락과 함께 통화로서의 가치를 상실했다. 따라서 이 요구 내용은 통화로서의 가치를 상실한 부분을 일본이 일본은행권 등의 지불로 메울 것을 요구하는 것이었다고 봐도 무방하다.[18]

물론 일단 법적으로 독립된 지역이었던 각 지역정권이 발행한 통화 가치의 상실 부분의 보충을 일본정부에 요구하는 것은 어느 정도 정치적인 의미를 가졌다. 그러나 그 직접적인 요구 내용은 어디까지나 상실된 통화 가치의 회복을 요구하는 것에 불과했다.

따라서 일본계통화에 대한 요구의 전체적인 성격은 일본의 식민지 통치나 침략 전쟁 자체에 대한 책임을 추궁하기 위한 것이 아니라 소각 처분이나 가치 상실로 인해 생긴 구매력 손실에 대한 보충을 요구하려는 것으로 평가할 수 있다. 이러한 의미에서 이 요구는 바로 '반환'적인 것이라고 하겠다.

---

18 한일회담 교섭의 분석 시에 다시 언급하나 기타 소각되지 않았던 일본은행권 요구도 있었다. 전후 일본에서는 1946년에 구 엔화를 신 엔화로 바꾸는 화폐 개혁이 단행되었으므로 그에 대한 요구의 의미는 동 개혁으로 인해 유통성을 상실한 구 엔화를 신 엔화로 바꾸는 것이었다고 판단된다.

(2) 일본계유가증권

2부의 2항은 일본계유가증권이었다. 이 요구는 한반도 소재의 금융기관들이 보유하고 있는 유가증권에 대한 환불을 요구하는 것이었다. 단 『배상조서』는 일반 민간 부분 및 기타 기관이 보유한 부분에 대해서는 현재 조사 중에 있음을 명시하고 있으므로 반드시 금융기관이 보유한 것에만 한정하려는 요구는 아니었다. 1장에서 언급했다시피 제도권에 있으며 조사하기 쉬웠던 조선은행 등의 금융기관의 대일금전채권 요구는 일찍 조사가 진행되어 있었다. 이러한 사정이 1949년에 작성된 『배상조서』의 내용에 반영된 것으로 풀이된다. 『배상조서』가 제기한 세부 내역들은 표2 - 4와 같다.[19]

통화 요구와 마찬가지로 유가증권 요구에 대해서도 일부러 '일본계'가 달린 이유는 일본정부 발행의 국채 등 일본 국내에서 발행된 각종 유가증권 이외에 중국, 만주 지역에서 발행된 것들도 포함한 데 따른 것으로 풀이된다.

『배상조서』는 1항의 통화 요구와 마찬가지로 유가증권을 요구하는 구체적인 의미에 대해서는 아무런 설명을 하지 않고 있다. 그러나 이 요구 대상이 일본 중앙정부, 지방정부, 기타 관계 기관들이 발행한 유가증권 중 한국 내의 금융기관이 보유하고 있는 것들임을 감안할 때, 이 요구가 그 금융기관들이 보유한 유가증권의 가치를 일본은행권 등으로 지불할 것을 요구하려는 것이었다고 봐도 무방할 것이다.

따라서 유가증권에 대한 요구 역시 한국 소재의 금융기관들이 일본계유가증권 등을 보유하게 된 정치적인 배경을 추궁하려는 것이 아니었다. 그것은 그 경위가 어떻든 일단 취득한 그 유가증권의 가치 실현만을 요구하는 것이었

---

19 『對日賠償要求調書』, 202~203쪽에서 정리. 일본계유가증권에 관해 동 193~194쪽에 나열된 확정채권조서에서는 〈기타 유통증권〉 2,909,337엔이라는 항목이 있으나 이것은 본론에서 정리한 일본계유가증권 단독의 일람표에는 없으므로 생략했다.

표2-4 일본계유가증권 관련 요구 내역

항목	금액(엔)	비고
일본정부 국채	5,836,250,485	일본정부 명의로 발행된 각종 국채 및 식량증권
일본 국내 지방채	1,631,737	각 부(府), 현, 시 및 정(町) 발행의 채권
일본정부 보증사채	937,695,010	각 회사 및 일본특별법으로써 설립된 정부기관에서 발행한 사채 및 특별채 중, 원리금이 일본정부에 의해 보증된다는 표시가 있는 채권
일본정부기관사채	110,353,042	일본특별법으로써 설립된 정부기관에서 발행한 사채 및 특별채
일본 일반 사채	216,476,523	본사가 일본에 소재한 회사 발행의 사채
일본군표	23,225	조선은행 보유금
일본 일반 주식	87,150,667	본사가 일본에 소재한 회사, 단체, 금고 등의 주식 및 출자증권
중국, 만주 국내의 공사채 및 주식[20]	242,637,140	구 만주 및 중국 내의 일본계공사채 및 주식
합계	7,435,103,942	

다. 이러한 의미에서 이 요구 역시 '반환'적인 것이었음은 따로 강조할 필요도 없다.

(3) 보험금

2부 확정채권 중의 3항 보험금은 생명보험 및 손해보험에 관한 요구였다. 그 세부 내역은 표2-5와 같다.[21] 보험 요구는 한국인 개인 및 한국 관련 법인이 가입한 보험 계약에 따른 채권 문제였다. 그러므로 이것이 식민지 지배나 침

---

20 위의 조서, 202~203쪽에서 정리된 일본계유가증권 단독의 일람표에는 4,000,000이라는 수치도 이 항목 속에 아울러 표기되어 있다. 거기에는 단위 표기가 없으나 그 값이 같은 조서 194쪽에서 정리된 확정채권조서 중의 일본계유가증권의 다음 독립 항 상해불화의 값과 완전히 일치하고 있는 점으로 미루어, 그것이 여기에 포함되었을 가능성이 크다. 그러나 그 사실 여부가 확인되지 않은 점, 그리고 이후 이 상해불 요구 부분이 한일교섭에서 일절 거론되지 않은 점을 고려해 이 책에서는 제외한다.

표2-5 보험금 관련 요구 내역

세부항목		금액(엔)	비고
생명보험 책임 준비금	책임 준비금	400,000,000	일본 측 19개 생명보험회사의 한국인 계약자에 대한 것. 이는 미국인 관계자가 각 일본 생명보험회사와 연락하고 계약자 30만 명으로 추산해 산출했음
	미경과 보험료	50,000,000	
	합계	450,000,000	
손해보험 미불 보험금	미불 보험금 지불금	7,305,468	일본 측 14개 손해보험회사의 한국인 개인 및 한국 법인 계약자에 대한 미불 보험금 지불금[22]
	재보험 회수금	10,030,690	조선화재해상보험회사의 일본 측 손해보험회사에 대한 재보험 회수금
	합계	17,336,159	
총합계		467,336,159	

략 전쟁 피해 등의 정치적인 배경과 전혀 관계없는 통상의 경제 거래를 통한 단순한 채권의 회수 요구임은 따로 말할 나위도 없다.

물론 한국 관련 주체들과 일본의 민간 보험회사 간에 맺어진 계약에 따라 발생한 채권 문제를 국가 간에 처리할 것을 요구하려 했다는 의미에서 이 요구는 일부 정치적 의미를 가진다. 그러나 이 정치성은 어디까지나 민간 차원의 채권-채무 문제를 국가 간에 처리할 것을 요구했다는 점에 한정되는 것이며 한국 관련 주체가 일본의 보험회사와 계약을 맺게 된 정치적인 배경을 문제로 삼아 그 책임을 추궁하려는 것과는 전혀 무관하다.

따라서 보험 관련 요구가 민간의 보험 계약에 따라 발생한 채권의 '반환'을 요구하는 것임은 틀림없다.

---

21 위의 조서, 204~209쪽에서 정리. 2부 3항의 제목에는 보험과 함께 상해불화도 표기되어 있으나 구체적인 세부항목으로서 그와 관련된 요구가 포함된 일은 없다.
22 일람표에서는 대상 회사가 14개로 기술되어 있으나 구체적으로 명시된 손해보험회사명은 13개 회사만 표기되어 있다.

(4) 은급

다음 2부 확정채권의 4항 은급은 해방 이전에 한반도에서도 적용되었던 일본의 은급 제도에 따른 요구였다. 은급은 1923년의 은급법 제정에 기초하고 공무원의 퇴직, 사망, 부상 등에 따른 생활부조를 위해 본인 및 가족이 일본정부한테서 받게 되는 금전채권을 뜻한다. 또 은급 제도에는 예를 들어, 지방 공무원의 경우 등에서 각 지방정부가 조례에 따라 지급하는 것도 포함되어 있었다.

따라서 한국정부의 은급 요구는 일제강점기 조선총독부에서 일한 경우를 비롯해 일본의 공무원으로서 근무한 한국인 관리의 일본정부에 대한 은급 채권을 한국정부가 대신해서 요구하는 성격을 지녔다. 다시 말해 이것은 일제 통치에 대한 해당 한국인들의 협력의 대가로서 일본정부로부터 '은(恩)'을 받아 지'급(給)'되는 그 과실을 한국정부가 대신 요구하는 것이었다.

한국정부가 『배상조서』에서 은급과 관련해 산출한 요구 내역은 표2-6과 같다.[23]

은급 채권은 공무원으로서 근무한 대가로 정부로부터 생활부조를 받는 권리를 뜻하는 것이므로 같은 채권이라고 하더라도 이미 지출한 가치의 환불 같은 것을 요구하는 것과는 약간 그 성격을 달리한다. 그러나 이것이 법에 기초해서 이미 지급받게 될 것이 확정된 채권의 지불 이행을 일본정부에 요구하는 것이라는 의미에서 결국 채권의 '반환'을 요구하는 것이라는 점은 다를 바가 없다.

표2-6에는 38선 이북 지역의 수치가 자세히 포함되어 있다. 그러나 『배상

---

[23] 은급에 관해서는 『對日賠償要求調書』, 211~212쪽에서 정리. 단 『배상조서』는 은급 요구 산출의 자세한 내역을 같은 문서, 212~234쪽에서 밝히고 있다.

표2-6 은급 관련 요구 내역

세부항목			대상 인원수(명)	금액(엔)
38선 이남	연금	기 재정분	11,541	69,281,700
		미 재정분	9,535	104,505,300
		합계	21,076	173,787,000
	일시금	기 재정분	95	78,020
		미 재정분	12,066	9,851,962
		합계	12,161	9,929,982
	연금, 일시금 합계		33,227	183,716,982
38선 이북	연금	기, 미 재정분	14,044	115,858,000
	일시금	기, 미 재정분	8,107	6,619,988
	연금, 일시금 합계		22,151	122,477,988
총합계			55,378	306,194,970

조서』는 38선이라는 장벽으로 인해 이남만을 조사하고 이북 지역의 수치는 비율로 산출했음을 밝히고 있으므로 실제 이북 지역에서 실태 조사가 이루어 진 것은 아니다.

『배상조서』에서는 은급 이외의 다른 요구 항목들에 관해서 이북 지역의 확정채권이 포함되어 있는지, 또 포함되어 있다면 어느 정도 포함되었는지 등이 명확하지 않은 경우가 많다. 그러나 은급 항목에 대해서만 이북 지역의 채권을 포함해야 하는 논리가 따로 있을 리 없으므로 그 차이는 조사 진행의 수월함 등에 기인한 기술적인 결과에 불과하다고 봐도 무방할 것이다.

다시 말해, 남북에 걸쳐 요구할 것을 천명한 은급 요구는 한국정부가 비록 다른 항목에 관해서는 조사 상황 등으로 인해 남북한 채권을 직접 명시하지 못하더라도 기본적으로 대일배상 요구에 즈음하여 전 한반도를 대상으로 할 입장을 내비친 것이었다고 봐도 무방할 것이다.

(5) 기타 미수금

은급에 이어 『배상조서』가 제기한 다음 5항은 〈기타 미수금〉으로서 많은 항목들을 모은 요구군(群)이었다.

① 일본인 관계에 대한 대부금

그 첫째는 〈일본인 관계에 대한 대부금〉으로서 한반도 소재의 각 금융기관이 일본인 및 일본 법인, 단체 등에 대출한 금액의 상환을 요구하는 것이었다. 구체적인 내역은 표2 – 7과 같다.[24]

표2 – 7에서 제시한 바와 같이 〈일본인 관계에 대한 대부금〉에는 만주흥업은행처럼 일본이 만주 개발을 위해 국책으로서 추진한 금융기관에 대한 차관 문제도 포함되었다. 즉 일단 법 형식상으로는 일본과 무관한 만주국에서 설립된 은행에 대한 융자의 환불 요구가 포함되었다. 이러한 점에서 이 요구가 일본인 또는 관계 기관에 대한 단순한 대부금의 환불을 넘어 정치적인 성격을 지녔다는 것은 사실이다.

그러나 이 요구 역시 조선은행이 만주흥업은행에 융자하게 된 정치적인 책임을 묻는 것이 아니라 그 대부금의 환불만을 요구하는 것이었다는 의미에서 그 이외의 대부금 회수 요구와 같은 성격의 요구였다. 따라서 〈일본인 관계에 대한 대부금〉 요구는 모두 '반환'적인 요구였다고 볼 수 있다.

② 가불금

『배상조서』가 〈기타 미수금〉의 둘째 항목으로 거론한 것은 1,165,626엔을 계정한 가불금 요구였다. 『배상조서』는 이것을 일본인에게 가불한 금액이라고만

---

24 위의 조서, 235~236쪽에서 정리.

표2-7 일본인 관계에 대한 대부금 관련 요구 내역

항목	금액(엔)	비고
일본인 개인	211,241,763	일본인 개인에 대한 대부
일본 내 등기 법인	386,718,967	일본 국내에서 등기한 법인에 대한 대부
사영리 산업 단체	74,012,939	한반도 소재 일본인 관계의 사영리 법인 및 단체에 대한 대부
기타 일본인 관계 법인	48,729,340	이상에 포함되지 않은 일본인 관계 법인에 대한 대부금
만주흥업은행	40,000,000	만주흥업은행 설립에 대하여 그 원조 자금으로서 조선은행이 차관을 대여한 대출금
전시금융금고	69,880,000	전시금융금고 대리 사무 취급에 수반하여 발생한 조선식산은행의 동 금고에 대한 대출금
산업설비영단	16,850,000	일본산업설비영단 대리 사무 취급에 수반하여 발생한 조선식산은행의 동 영단에 대한 대출금
합계	847,433,010	

기술하고 있을 뿐,[25] 그 구체적인 내역 등에 대한 설명은 전혀 없다. 따라서 누구에게, 왜 가불하게 된 것인지 등 구체적인 실태는 일절 불분명하다.

그러나 설명에 '대일본인'이라고 찍혀 있는 점으로 미루어, 이 요구가 한국 관련 주체가 물건 등의 구입과 관련해 거래 상대였던 일본인에게 '가불'한 것의 환불을 요구하려는 것이었음은 틀림없을 것이다. 이러한 의미에서 이 요구 역시 '반환'적인 것으로 판단해도 무방할 것이다.

③ 미납세금

〈기타 미수금〉의 셋째는 세금 관련 요구였다. 한국정부가 일본인 관계의 미납 세금으로서 제기한 요구 내역은 표2-8과 같다.[26]

---

25   위의 조서, 236쪽.
26   위의 조서, 236~237쪽.

표2-8 미납세금 관련 요구 내역

세부항목	금액(엔)
국세	146,775,640
지방세	15,434,575
합계	162,210,215

『배상조서』는 미납세금에 대해서도 자세하게 설명하지 않고 있다. 그러나 세금 역시 '대일본인 관계'로 짤막하게 설명되어 있는 점으로 미루어, 이 요구가 일제강점기 한반도에서 거주 및 영업 등을 한 일본인 개인 또는 관련 법인에게 그 미납세금을 지불할 것을 요구하려는 것으로 봐도 무방하다. 따라서 이 요구는 일본인이 한반도에서 거주 또는 영업 등을 함으로써 생긴 세금 납부의 의무 이행을 요구하는 것이지, 일본인이 한반도에 거주하게 된 식민지 관계 자체를 문제로 삼은 것은 아니었다.

그 점에서 이 요구는 경제 거래를 통해 발생한 통상의 채권 회수의 의미와 별 차이가 없다. 이 미납세금 요구 역시 '반환'적인 요구 이상의 의미는 없다.

④ 전매(專賣) 관계 미수금

다음 넷째 항목으로서 한국정부가 제기한 것은 전매 관계 요구들이었으며 그 세부 내역은 표2-9와 같다.[27]

『배상조서』는 〈전매 관계 미수금〉에 관해서도 아무런 설명을 하지 않고 있어, 그 근거 등 구체적인 요구 내용은 불분명하다. 그러나 제목에 '전매'라는 말이 달려 있는 점을 감안할 때, 이 요구가 담배, 염삼(塩蔘) 등 총독부가 전매 권한을 가진 물품을 판매한 대금을 회수하려는 것이었다고 봐도 과오는 없을

---

27 위의 조서, 237쪽.

표2-9 전매 관계 미수금 관련 요구 내역

세부항목	금액(엔)
담배 대금	3,200,801
염삼 대금	1,678,147
불용품 불하 대금	261,225
합계	5,140,174

것이다. 이와 마찬가지로 불용품 불하(拂下) 대금 역시 바로 전매 사업 관련에서 쓰지 않는 물품을 불하한 물건의 대금 중 아직 미불로 되어 있었던 것을 회수하려는 요구로 보인다.

전매권을 가진 총독부의 미수금 채권을 한국정부가 왜 요구하였는가 하는 문제는 정치적인 성격을 지닌다. 이 점에 관해서도 『배상조서』는 아무런 설명을 하지 않고 있다. 그러나 그 이유가 향후 한일회담 교섭에서 나타나듯이 일본의 패전에 따라 총독부 권한이 미 군정청으로, 그리고 그 후 건국에 따라 대한민국으로 계승되었다는 법적 입장에 기인한 것이었음은 틀림없다. 즉 총독부 채권이 대한민국으로 이양되었다는 입장에서 이 요구를 제기한 것으로 판단된다. 물론 군정령 33호로 인해 재한일본인 재산이 결국 한국정부로 이양되었다는 법적 논리도 그것을 보완했다.

따라서 〈전매 관계 미수금〉 요구는 통상적인 경제 거래를 통해 발생한 미수금의 회수 요구와 그 성격을 달리하는 측면이 있다. 이것은 패전에 따라 발생한 총독부 권한의 이양이나 군정령 33호 등 정치적인 조치가 배경에 깔려 있었다고 추측할 수 있다는 의미에서 정치적인 성격을 띤다.

그러나 요구의 범위는 전매 상품의 판매 및 물품의 불하에 따른 대금 회수에 머무르고 있다. 다시 말해 총독부가 전매권을 가지게 된 식민지 통치란 지배 관계 자체를 추궁하고 그에 따라 실제 판매한 대금 이상의 요구를 제기한 것이 아니다. 이러한 점에서 이 요구 역시 기본적으로 '반환'적인 것이라고 평가해도 무방하다. 실제 이와 같은 성격은 〈전매 관계 미수금〉 요구가 2부의 확정채권에 포함된 점, 또 총독부 권한의 한국정부 귀속이나 군정령 33호 관련 논리가 한일회담 청구권 교섭에서 그대로 유지되어 있는 점에서도 엿볼 수 있다. 다시 말해 총독부 권한이 한국정부에 계승되었다거나 군정령 33호의 법적 효력이라고 하는 '정치'적인 성격은 반드시 '반환'적인 성격을 넘은 '배상' 요구에만 적용되는 논리가 아니었다. 그러므로 〈전매 관계 미수금〉에 나타난 정치적인 성격은 '반환' 요구의 범위를 크게 벗어나는 것은 아니다.

⑤ 대일본 환전(換錢)

〈기타 미수금〉의 다섯째 항목은 〈대일본 환전〉 요구였다. 이것은 한국 관련 금융기관 및 일반 한국인이 일본의 금융기관과 환 거래를 통해 가지게 된 일본 금융기관에 대한 채권을 요구하는 것이었다. 그 요구 내역은 표2－10과 같다.[28]

　표2－10에서 제시한 요구 내역 중 〈재일본 지점 환전〉은 조선은행, 조선식산은행의 재일지점이 일본의 금융기관에 대해 가지게 된 환 거래 채권이며 다음 〈대일 환 대금〉은 그것이 미청구분이건, 미결제분이건 집중결제제도와 관련된 채권이라는 설명으로 미루어 한반도와 일본 소재의 다른 은행 간 환 거래를 통해 한국 관련 금융기관이 일본의 금융기관에 대해 가지게 된 환 채권의 회수를 뜻하는 것으로 풀이된다. 당시 한반도와 일본 소재의 다른 은행 간 환 거래 결제는 조선은행을 통해 집중적으로 결제하는 제도가 마련되어 있었

28　위의 조서, 237~238쪽에서 정리.

표2-10 대일본 환전 관련 요구 내역

세부항목	금액(엔)	비고
재일본 지점 환전	2,975,928,151	조선은행: 2,934,564,937엔 조선식산은행: 41,363,214엔
대일 환 대금 미청구분	5,640,620	환집중결제제도에 의하여 지불한 대일 은행 환 대금 중, 청구 미완료분
대일 환 대금 미결제분	527,166	환집중결제제도에 의하여 지불한 대일 환 대금 중, 청구 절차가 완료되었으나 결제 미완료로 인해 대금이 미수취된 분
해외 타점 계정 채권	37,767,131	대만, 중국, 만주 및 관동주에 소재한 다른 금융기관에 대한 채권
일반 개인분	796,859	일본 국내 은행 진출 송금 위체
합계	3,020,659,929	

다.[29] 또 〈해외 타(他)점 계정〉은 한반도와 일본 이외의 지역에 소재한 금융기관과의 환 거래 채권을 뜻하는 것이며, 마지막으로 〈일반 개인분〉은 개인 송금을 위해 일본 국내 소재의 은행이 진출(振出)한 위체(爲替) 지시에 따라 한국 관련 은행이 대신 지불한 결과 그 해당 은행에 대해 가지게 된 채권 요구를 가리키는 것으로 보인다.

이상의 요구 중 특히 〈해외 타점 계정〉과 관련해 법적으로 독립지역이었던 중국, 만주에 소재한 다른 은행에 대한 환 거래 채권을 일본에 요구하는 것은 정치적인 의미를 지닌다. 그 역시 사실상 일본이 지배한 지역에서 일본의 국책과 관련되어 영업한 은행들이었다는 점에서 그 요구 근거를 찾은 것으로 풀이된다.

그러나 일본 소재의 일본 관련 은행에 대한 요구와 마찬가지로 이 요구 범위 자체는 그 정치적인 지배 관계와 상관없이 통상의 환 거래 절차에 따라 한

---

29 "對日銀行爲替淸算試論", 『朝鮮銀行月報』 no.3, 1947.7., 106~107쪽.

국 관련 금융기관이 해당 은행들에 대해 가지게 된 환 채권의 환불을 요구하는 것에 불과했다. 그러한 의미에서 이 요구 역시 '반환'적인 것이라고 평가해도 무방하다.

⑥ 일본 측 은행 접수 계정

다음 여섯째 항목인 〈일본 측 은행 접수 계정〉은 해방 후 일본 관련 은행을 접수한 한국 관련 은행이 인수에 즈음하여 그 대상인 일본 관련 은행의 채무를 대신 지불하기 위해 지출한 대금의 환불을 요구하는 것이었다. 그 구체적인 내역은 표2 – 11과 같다.[30]

해방된 해 12월 8일 미 군정청은 예를 들어 삼화은행 경성 지점을 조선식산은행에, 제국은행 경성 지점을 조선상업은행에, 또 야스다은행 경성 지점을 조흥은행에, 그리고 제국은행 부산 지점과 야스다은행 부산 지점을 조선은행에 각각 접수시키는 등, 일본 관련 은행들을 한국에 본점을 둔 관련 금융기관들이 인계하게 했다.[31] 물론 이것은 적극 자산과 함께 부채도 접수하는 것을 뜻했다. 따라서 〈일본 측 은행 접수 계정〉 요구는 인수된 일본 측 은행들이 예금 등을 비롯해, 각각 지고 있던 채무를 해방 후 그것을 인수한 한국계 접수은행이 대신 지불한 것에 대한 대금의 회수를 의미했다.

『배상조서』는 요구액 산출 시, 현금 잔고는 제외했다고 설명하고 있다. 다시 말해 접수된 일본의 은행이 예금 등으로 금고에 보관하고 있던 현금에 관해서는 그것을 한국의 은행이 아울러 접수했다는 이유로 대신 지불한 대일채권 요구에서 공제한 것이었다. 그러나 접수된 재한일본 관련 은행이 현금 이

30　『對日賠償要求調書』, 238~239쪽.
31　森田芳夫, 『朝鮮終戰の記錄 – 米ソ兩軍の進駐と日本人の引揚 – 』, 巖南堂書店, 1964, 296쪽.

표2-11 일본 측 은행 접수 계정 관련 요구 내역

세부항목	금액(엔)	비고
조선인 개인 예금	4,516,246	접수 은행이 조선인 개인 예금을 대신 지불한 금액
조선 법인 예금	46,434,655	접수 은행이 조선 법인 예금을 대신 지불한 금액
일본인 예금	164,355,000	접수 은행이 일본인 예금을 대신 지불한 금액
환 퇴결(退結) 대불금	113,310,138	접수 은행이 환 퇴결금을 대신 지불한 금액
기타	2,886,941	접수 은행이 대신 지불한 기타 잡비
합계	227,638,722	단 채권 총액 331,502,982엔에서 현금 잔고 103,864,260엔을 공제한 것

외에 기타 적극 자산을 가지고 있었음은 쉽게 예상할 수 있다. 따라서 현금 잔고 이외에 일본 관련 은행이 가지고 있던 적극 재산을 한국의 접수 은행이 인수했다면 당연히 그 부분에 관해서도 상쇄 문제가 따로 제기되게 마련이었다.

그러나 『배상조서』는 이 점에 관해 전혀 언급하지 않고 있다. 그 점을 볼 때, 금고 보관분의 현금을 제외하고 기타 접수된 은행이 가지고 있던 재산은 일본에 대한 채권 요구에서 공제하지 않았을 가능성이 커 보인다. 『배상조서』는 그 논리를 밝히지 않고 있으나 혹시 실제 공제하지 않았다면 그 이유는 재한일본인 재산의 취득을 지시한 군정령 33호와 한미협정에 따른 한국 이양에 그 근거를 두었음이 틀림없을 것이다.[32]

즉 접수에 따라 인수한 일본 관련 은행의 자산은 결국 동 군정령 33호로 인해 미 군정청에 귀속된 것이므로 그 후 구 일본 관련 재산을 한국이 취득해도

---

32 물론 논리적으로는 금고에 있던 현금에도 몰수, 이양의 효과가 미친다고 해서 현금 부분 역시 공제하지 않는 것도 가능하다. 따라서 본론에서의 추측대로 기타 채권이 실제 공제되지 않았다면 그들은 구별된 것이 된다. 그 이유는 명확하지 않으나 직접 수령할 수 있었던 현금 부분까지 추가 요구하는 것은 정치적으로 부담을 느꼈을 것으로 생각해도 무방할 것이다.

그것은 이미 일본 관련 재산이 아닌 것을 소유했다는 입장에서 그것을 일본 관련 은행에 대한 채권에서 공제할 필요가 없다는 논리가 성립되었다.[33]

물론 군정령 33호로 인한 일본 관련 재산의 몰수 부분을 대일요구에서 제외하지 않았던 점은 정치적인 배경을 가진다. 그러나 이 요구가 한반도에서 일본 관련 은행이 영업 활동을 하게 된 식민지 통치의 책임을 추궁하고 접수 은행이 대신 지불한 부분 이상의 추가 요구를 제기한 것은 아니기에, 이것 역시 '반환'적인 성격에서 크게 벗어난 것은 아니라고 평가해도 과오는 없을 것이다.

⑦ 일본 측 은행 예치금

다음 일곱째 〈일본 측 은행 예치금〉에 대한 요구 내역은 표2 - 12와 같다.[34]

『배상조서』는 이 요구에 대해서도 아무런 설명을 하지 않고 있다. 그러나 개념상 이 요구의 의미는 매우 알기 쉽다. 비록 예치 대상인 일본 관련 금융기관이 어느 은행인지는 구체적으로 명시되어 있지 않으나 이것이 일본 관련 은행에 대해 조선신탁은행 및 한국인 개인이 예치한 예금의 환불을 요구하려는 것이었음은 틀림없다.

이 점에서 〈일본 측 은행 예치금〉 요구가 한국 관련 주체의 재산 '반환'을 단순히 요구하는 것이었음은 따로 설명할 필요가 없다.

---

33 예를 들어 삼화은행을 접수한 조선식산은행의 김남용은 그 접수가 군정령 2호와 33호에 따라 이루어진 것이므로 삼화은행의 자산, 부채에 관해서 조선식산은행은 모두 미 군정청의 대행 업무만을 맡고 있는 것에 불과하다고 설명하고 있다. 그러나 김남용의 그 해석에 의하면 조선식산은행이 대신 지불한 일본 관련 은행의 부채는 군정청에 요구해야 하는 것이 된다. 그럼에도 김남용이 조선식산은행이 가불한 것을 삼화은행에 청구할 것이라고 전망한 것은 당초 대행 업무에 불과했던 자산을 미 군정청으로부터 한국이 정식으로 이양받았다는 것을 전제로 해서 성립되는 논리였다. 김남용, 앞의 논문, 22~23쪽.

34 『對日賠償要求調書』, 239쪽.

표2-12 일본 측 은행 예치금 관련 요구 내역

세부항목	금액(엔)
조선신탁은행분	11,761
일반 개인분	6,236,638
합계	6,347,399

⑧ 일본권업(勸業)은행 대리점

〈기타 미수금〉의 여덟째 요구는 조선식산은행이 한반도 내에서 일본권업은행의 대리점 역할을 맡은 것에서 발생한 요구였으며 그 요구액은 21,924,486엔이었다.[35] 일제 통치하, 조선식산은행은 자금 조달을 위해 일본권업은행이 발행한 저축채권, 보국(報國)채권, 전시저축채권, 전시보국채권, 부흥저축권 및 특별보국채권 등을 한반도에서 대행, 취급하고 있었다.

일본권업은행은 원래 농공업의 발전을 위한 장기융자를 목적으로 설립된 특수은행이었다. 그에 따라 동 은행은 다른 상업은행들과 달리 각종 금융채의 발행이 허가되어 있었다. 조선식산은행 역시 한반도의 산업부흥을 위한 장기융자를 목적으로 설립된 금융기관이었다. 조선식산은행이 일본권업은행의 대리점으로서 한반도 내에서 일본권업은행 발행의 금융채를 다루게 된 것은 그 유사한 성격에 따른 것이었다.

따라서 이 요구는 일본권업은행 발행의 각종 금융채를 조선식산은행이 한반도 내에서 대리 취급하면서 가지게 된 채권의 환수를 요구하는 것이었다. 실제 이 점은 1장에서 본 조선식산은행의 김남용이 그 배상 구상에서 〈일본권업은행 대리점 관계 청구〉로서 "일본권업은행과의 대리점 계약에 기인한 미

35　위의 조서, 239~240쪽.

결제 청구. 그중에는 매수채권, 회수 저축권, 각종 수수료 및 경비 일체가 포함"될 것이라고 설명하고 있다.

물론 조선식산은행이 일본권업은행의 대리점으로 영업하게 된 것은 식민지 통치라는 정치적인 지배 구조를 배경으로 한 것이었다. 그러나 그 요구 내용 자체는 대리점 기능을 맡게 된 것에 대한 정치적인 책임을 추궁한 것이 아니었다. 그것은 단지 한반도에서 대리점으로서 기능한 통상의 거래에 기초한 미결제 채권에 대해 요구한 것에 불과하며 그러한 의미에서 '반환'적인 요구였음이 분명하다.

⑨ 일본외자금고 이자

〈기타 미수금〉의 아홉째 요구는 조선은행이 일본외자금고에 예입한 예금에 대한 1945년 3월 2일부터 8월 9일까지의 이자를 요구하는 것이었다. 요구액은 233,416,438엔이었다.

일본외자금고는 제2차 세계대전 말기인 1945년 3월, 확대일로로 치닫던 군사 관련 지출을 일본정부가 직접 재정에서 부담하는 방식을 지양하기 위해 만든 국책 기관이었다. 즉 이 기관은 표면적으로 동 금고에 군사 관련 지출을 담당하게 함으로써 전비 상환의 시기를 종전 후로 미루기 위해 설립한 위장 기관이었다. 실제 외자금고는 대장성 관료나 기타 관련 금융기관 관계자가 겸임으로 명의만을 제공한 것으로 실체가 없는 등기상의 금융기관에 불과했다.[36] 해방 후, 조선은행은 일본정부에 의한 그 기관의 설립 목적을 전비를 직접 정부 예산에 계정하지 않게 함으로써 대외적으로 군의 기밀을 보호할 수 있다는

---

36 외자금고 설립의 경위, 목적, 업무 내용 등은 朝鮮銀行史研究会編, 앞의 책, 700~715쪽.

것과 정부의 과도한 재정 지출을 줄이고 물가 상승을 억제하는 효과를 노린 것으로 설명하고 있다.[37]

구체적으로 외자금고는 군부에 대해 군사 지출로서 필요한 중국연합준비은행 발행의 중국연합준비은행권을 3월 1일부터 조선은행에서 인출하도록 했다. 조선은행에는 그 인출에 필요한 은행권을 상호예탁(相互預合)제도에 따라 중국연합준비은행에서 조달하게 하는 대신, 그 조달한 동일 금액을 같은 조건으로 외자금고에 예치하는 형식을 취했다. 즉 그로 인해 조선은행은 일본군에게 자금 공여한 지출분을 그대로 외자금고에 자산으로서 가지게 되었으며 장부상 건전성을 유지할 수 있었다. 일본정부 역시 군사 지출에 대한 비용을 외자금고에 전가함으로써 표면상으로는 추가적인 재정 지출을 막을 수 있었다. 일본정부는 바로 이와 같은 장부상의 위장 공작을 통해 군에 대해서는 전쟁 수행을 위한 자금을 조달하면서도 그 최종적인 결제를 뒤로 미룰 방안을 만들어 낸 것이었다.

『배상조서』에 의하면 그 제도에 따라 외자금고에 예치한 조선은행의 예금 총액은 1945년 8월 10일 현재 42,430,000,000엔이었다. 한편 조선은행은 중국연합준비은행권 조달을 위해 1945년 8월 10일까지 이미 이자 241,170,136엔을 중국연합준비은행에 지불하고 있었으나 외자금고는 조선은행이 예치한 예금에 대한 이자를 지불하지 않고 있었다. 따라서 이 요구는 그 미불 이자 중, 1945년 3월 2일부터 8월 9일까지분의 233,416,438엔을 요구하는 것이었다.[38]

---

37 "日本降服前後의 華北通貨機構: 聯銀의 制度와 聯銀券의 歸趨", 『朝鮮銀行月報』 no.2, 1947.6., 90쪽.

38 『對日賠償要求調書』, 240~242쪽. 『배상조서』에는 외자금고에 예입한 원금의 상환 문제가 거론되어 있지 않으나 그것은 일본의 패전에 따라 조선은행 역시 중국연합준비은

이 요구는 일본이 침략 전쟁 수행을 위한 자금 공여 기관으로 조선은행을 이용했다는 의미에서는 식민지 지배라는 정치적인 역학 관계를 배경으로 한 것이었다. 그러나 그 요구 내용 자체는 조선은행이 외자금고에 예치했던 예금에 대한 미불 이자만을 요구하는 것이었다. 다시 말해 이 요구는 자금 조달 기관으로서 조선은행을 위장 공작에 자의적으로 관련시킨 정치적인 책임을 추궁하려는 것이 아니었다. 이러한 점에서 이 항목 역시 '반환'적인 요구 수준에 그치고 있음은 틀림없다.

⑩ 일본국고금

다음 열째는 일본국고금 요구였다. 이것은 국고금 취급제도에 따라 한반도에서 모인 국고금의 흐름의 결과 발생한 대일채권의 환불을 요구하는 것이었다.

한일병합에 따라 한반도에서의 국고 세입, 세출은 모두 일본 본토의 국고금과 통일되었다. 조선은행은 바로 그 업무를 수행하는 한반도 내에서의 일종의 일본은행 대리점 기능을 맡았으며 그에 따라 한반도와 일본을 잇는 국고금의 흐름은 모두 조선은행 경성 본점 국고의 수불고(受拂高)로서 계정되었다.[39] 즉 한반도에서 이루어지는 세출을 웃도는 세입의 초과금(超過金)은 조선은행 경성 본점의 국고로부터 일본은행 본점에 설치된 일본정부의 국고로 송금되었으며 반대로 한반도에서의 초과 세출 시는 그에 필요한 자금을 일본은행 본점의 국고로부터 받아 지출하고 있었다. 국고금 요구는 이러한 제도에도 불구하고 8월 9일 이후 일본은행으로부터 자금 보충 없이 일본 관련 당국이 조선은

행에서 차입한 원금을 변제하지 않았으므로 그 부분을 애초 상쇄된 것으로 간주했기 때문이라고 판단된다.

39 이에 관해서는 朝鮮銀行史研究会篇, 앞의 책, 64~65쪽 ; 98쪽 참고.

표2-13 일본국고금 관련 요구 내역

세부항목	금액(엔)	비고
일본은행대리점	742,859,002	8월 9일 이후의 혼란기 일본은행에서 자금을 반환하여 지출하는 것이 아니라 무실(無實)예금으로서 일본육해군, 행정관 등의 지출 중 한국인에게 이해관계가 있는 관청 및 계좌분만을 산출한 것
일본은행대월금	158,889,841	종전 후(1945. 8. 9.부터 10. 25.까지) 일본 잔재 정권이 관리의 급여, 육해군의 종전 사무비 등의 지출에 따라 국고금 수불고가 일본은행에 대해 대월로 된 것. 이자는 별도 청구 예정
합계	901,748,844	

행 국고 관련 계좌에서 지출한 것에 대해 환불을 요구하는 것이었다. 그 구체적인 요구 내역은 표2-13과 같다.[40]

『배상조서』가 밝힌 국고금 관련 두 가지 세부항목은 그 구별에 관한 설명이 지극히 애매한 탓에 정확한 실태를 파악하는 것이 매우 어렵다. 실제 첫째 세부항목인 일본은행대리점에 '일본육해군', '행정관'이라는 개념이 등장하고 있으며 또한 둘째 세부항목인 일본은행대월(貸越)금에도 '일본 잔재 정권', '육해군' 등이 기술되어 있어, 두 가지 세부항목이 명확히 구별된 것인지 불분명하다.

5장에서 논하는 2차 한일회담에서 한국정부가 일본에 조회 요청으로서 제시한 세부항목[표5-3]에는 〈전쟁 종결 직후 조선은행이 대신 지불한 일본정부 일반회계 세출 국고금[742,859,002엔]〉 및 〈일본은행에 대한 대월금[158,889,842엔]〉이란 항목이 존재한다. 금액이 기본적으로 일치하고 있는 점으로 미루어, 그 〈전쟁 종결 직후 조선은행이 대신 지불한 일본정부 일반회계

---

40 『對日賠償要求調書』, 242~244쪽에서 정리.

세출 국고금〉이 일본은행대리점에 해당하는 것은 틀림없다. 그 제목에는 일본 정부의 일반회계 관련의 세출을 뜻하는 표현이 사용되어 있으나 당시 한반도 내에서의 군사비 관련 지불은 총독부 관계의 국고금과 별도로 일본 본국의 내지(內地)회계에서 지출되어 있었으므로[41] 『배상조서』에 표기된 일본은행대리점은 바로 일본 본국의 내지회계에서 자금 제공을 받아야 하는 군사 관련 지출을, 또한 일본은행대월금은 한반도의 국고금에 관한 총독부 관련 지출 등을 지칭했을 가능성도 있다.[42]

한편 7장에서 논하는 5차 한일회담 시, 일본에 직접 밝힌 관련 항목에 관한 구체적인 설명에서도 한국정부는 총독부 관련 지출과 일본군의 지출을 명확히 구별하지 않고 있으므로 그 두 가지 세부항목이 실제 내지회계 관련의 군사 지출과 총독부 관련 지출을 기준으로 나누어진 것인지, 여전히 불투명한 부분이 남는다.

이와 같이 관련 자료에 나오는 설명의 한계로 『배상조서』가 요구하려 한 일본국고금 관련 세부항목에 관한 정확한 구별은 매우 어렵다. 그러나 이 요구가 식민지 통치하, 한일 간의 국고금이 통합된 데 따른 조선은행의 일본은행에 대한 채권의 환불을 요구하려는 것이었음은 틀림없다. 즉 이것은 일제강점기 한반도에서 모이고, 일본으로 송금된 국고금을 한반도에 송금하지 않고 일

---

41 단 일본의 내부 문서에서 군 관련 지출은 일본의 일반회계에서가 아니라 임시군비회계에서 이루어지고 있기 때문에 한국이 사용한 '일반회계 세출 국고금'이라는 표현은 혼동으로 인한 것으로 추측하고 있다. 이에 관해서는 1961년 2월 11일 대장성 작성의 「韓国請求權檢討參考資料(未定稿)」, 外務省日韓会談公開文書(문서번호 1348), 27쪽. 단 비록 일반회계가 아니더라도 임시회계 역시 내지회계임은 같다.

42 실제 이 요구를 받은 일본은 한국의 요구 사항을 총독부 관계의 지출 및 재한일본군 지출의 두 가지 청구로 이해하고 있다. 『日韓請求權問題參考資料未定稿 第2分冊』, 214쪽.

본 관련 기관이 지출한 것을 청구하는 것이었다.

한일회담 교섭에서 나타나는 바와 같이 이 요구에는 해방 전후의 혼란기, 일본의 잔재 정권이 일본 관련 자산의 동결을 명한 군정령 2호를 위반해 부당하게 지출했다는 뜻도 담겨 있었다. 이러한 점에서 이 요구가 통상적인 경제거래를 통해 가지게 된 단순 채권의 환수 문제와 다른 정치적인 색채를 일부 띠고 있는 것은 사실이다.

그러나 그 요구 내용 자체는 부당하게 지출한 것에 대한 정치적인 책임을 추궁하고 실제 지출한 금액 이상의 요구를 제기한 것이 아니라 어디까지나 일본은행으로부터의 자금 보충 없이 지출한 부분만을 요구한 것이었다. 따라서 국고금 요구 역시 '반환'적인 범위에서 벗어나는 것은 아니라고 평가해도 무방할 것이다.

⑪ 무역보상금

〈기타 미수금〉의 열한째 요구인 무역보상금 요구는 한반도에서 실시한 가격 및 무역 정책에 따라 가지게 된 채권 문제였다.

종전 전, 한반도에서는 '저물가' 정책으로 인해 공정가격제가 실시되었으며 그로 인해 외지와의 가격 차이가 생겼다. 그 결과 전쟁에 필요한 물자를 외지에서 한반도에 수입할 경우, 일본정부는 위체교역조정법에 따라 한반도 내의 가격과 수입 가격의 차액을 교역 담당 기관에 보상하는 제도를 갖추고 있었다. 무역보상금 요구는 바로 이 보상액을 청구하는 것이었다. 그 내역은 표 2-14와 같다.[43]

표2-14에서 제시한 바와 같이 그 세부항목은 수입 실시에 따른 차액 보상

---

43 『對日賠償要求調書』, 245~246쪽.

표2-14 무역보상금 관련 요구 내역

세부항목	금액(엔)
일본 대장성에 보고분	97,095,125
일본 대장성에 미보고분	1,915,662
합계	99,010,786

을 대장성에 이미 보고했는지 여부를 기준으로 나누어졌을 뿐 요구 내용에 관해서는 질적인 차이가 전혀 없다.

물론 이 요구가 발생한 배경에는 일제 통치에 따른 한반도 내에서의 가격 및 무역 정책이 깔려 있으므로 이것 역시 일부 정치적인 색채를 띠었다. 그러나 그 요구 내용은 일본이 그와 같은 정책을 실시한 것에 대한 책임 추궁이 아니라 수입에 따라 이미 발생한 가격 차액에 대한 보상을 일본의 정책 그대로 이행할 것을 촉구하는 것에 불과했다. 따라서 무역보상금 요구가 '반환'적인 것임은 두말할 필요도 없다.

⑫ 무역보류금

다음 열두째 무역보류금 요구 역시 일본정부의 대한반도 무역 정책의 결과 발생한 채권 회수 요구였다. 그 금액은 54,698엔이었다.

앞서 언급한 위체교역조정법은 명령에 따라 수입하는 물품의 교역으로 인해 차익금의 발생이 예상될 경우에는 교역 실시 이전에 그 차익금을 대장성으로 납입할 것을 규정하고 있었다. 이 요구는 해방으로 인해 교역이 중지되었음에도 동 법률에 따라 대장성에게 사전에 차익금으로서 예치하고 있었던 것을 환불하도록 요구하는 것이었다.[44]

무역보류금 요구 역시 일본의 한반도 통치에 따른 정책 결과 발생한 것이므로 그 점에서는 정치적인 성격을 지니고 있다. 그러나 그 요구 내용은 정책 실시의 책임을 추궁하는 것이 아니라 한국의 무역 관계자가 미리 예치한 보류금의 상환만을 요구하는 것이므로 이 역시 '반환'적 요구임은 의심의 여지가 없다.

⑬ 연합국인 재산 매각 대금 중 조선은행이 일본에 송금한 분

〈기타 미수금〉의 열셋째 요구는 일제강점기, 일본정부가 연합국 국민의 재산을 매도한 대금 중 조선은행으로부터 요코하마정금(横浜正金)은행으로 이관한 것을 요구하는 것이며, 그 금액은 합계 1,500만 엔이었다.

『배상조서』는 매각 대상이 된 연합국의 재산 내용, 그 매각 배경 등에 관해 구체적인 설명을 첨부하지 않아 자세한 사실관계의 파악은 어렵다. 다만 요구 대상이 1943년 7월 7일, 11월 27일, 1944년 2월 16일, 8월 14일에 각각 송금된 분임을 기록하고 있다. 따라서 이 송금이 모두 전쟁 중에 이루어진 것임을 감안하면 바로 이 요구가 연합국 국민의 재산을 적국 재산으로서 매각하고 일본으로 송금한 그 대금을 환불하도록 제기된 것임은 틀림없을 것이다.[45]

전쟁 중 일본정부가 한반도에 있던 연합국 국민 재산을 매각해 일본으로 송금한 대금을 왜 전후 한국정부가 일본정부에 청구할 수 있는가 하는 논점에 관한 설명은 없다. 그것은 매각 당시부터 한국인 재산이 아니므로 반환 문제가 제기된다면 일본과 해당 연합국 간의 문제가 되게 마련이었다. 실제 평화조약에서는 연합국 국민 재산의 반환 및 보상 문제가 중요한 문제로 대두되었다.

추측컨대 한국정부가 자산 매각 대금을 제기한 것은 환불되는 대금을 최종적으로 한국정부의 자산으로 하기 위한 것이 아니라, 전후 처리로서 한반도

---

44   위의 조서, 246~247쪽.
45   위의 조서, 247~248쪽.

내에 있었던 연합국 국민 재산을 보상하기 위해 그 대금을 제기한 것으로 보인다.

이와 같이 이 요구는 다른 항목들과 달리 한국 자신의 채권 환수 요구로 보기는 어려운 항목이다. 그러나 그 요구 내용은 매각, 송금했다는 행위 자체의 책임을 추궁하려는 것이 아니다. 그것은 이미 송금된 대금의 환불만을 요구하는 것이며 원상복귀 이상의 가치를 추가 요구한 것은 아니다. 따라서 이 요구 역시 '반환' 요구의 범주를 벗어나는 것은 아니라고 판단해도 타당할 것이다.

⑭ 고(藁)공품 공급 대금 미수금

〈기타 미수금〉의 열넷째 요구는 조선총독부의 지령에 따른 조선은행의 대출 채권 문제였다. 조선흥농회사는 총독부 지시에 따른 대행기관으로서 조선은행으로부터 융자를 받아, 고공품을 일본 기업 및 일본인 개인에게 공급하고 있었다. 그러나 그 공급 대금이 지불되지 않은 채 해방을 맞이한 결과 조선은행은 조선흥농회사로부터 회수하지 못하는 융자 채권을 가지게 되었다. 이 요구는 바로 그 미상환 대출 채권을 요구하는 것이며 액수는 전 8건으로 3,563,321엔이었다.[46]

이 요구는 조선은행의 대출 채권을 직접적인 채무자인 조선흥농회사가 일본 기업 및 개인에 대해 가지고 있는 채권을 통해 회수하려고 한다는 점에서 약간 변칙적인 성격을 지니고 있다. 그러나 이 요구가 조선총독부의 지령 등을 문제로 삼은 것이 아니라 조선은행의 융자 대금을 고공품의 공급 대금 회수를 통해 반납하도록 요구하는 것에 그치고 있다는 의미에서 '반환'적인 요구임에 틀림없다.

---

46 위의 조서, 248~249쪽. 그에 의하면 대상자는 전 8건 중 회사가 6건, 개인이 2건이다.

⑮~⑱ 각종 대금 내불(內佛)금

『배상조서』가 다음으로 제기한 것은 한국의 관련 기업들이 상품 주문과 관련해 선불한 대금의 회수를 요구하는 것이었다. 그것은 해당 기업만 다를 뿐, 일본 기업들에 구입 대금을 미리 지불했는데도 종전 전후의 혼란에 따라 그 주문한 물품의 납품이 이루어지지 않은 것을 같은 근거로 삼아 선불 대금의 환불을 요구하고 있다는 점에서 공통적이었다.

그러나 『배상조서』는 해당 기업별로 일단 다른 항목으로서 취급하고 있다. 따라서 이 책에서 편의상 하나의 표로 정리한 각 요구 항목이 원래는 독립된 다른 항목으로 정리되어 있는 점에는 주의가 필요하다. 각 기업마다 ⑮, ⑯, ⑰, ⑱의 번호를 단 것도 그러한 이유이다. 구체적인 내역은 표2-15와 같다.[47]

일단 각 기업별로 독립 항목으로서 나누어진 이 요구가 결국 일본 기업에 선불한 대금의 환불만을 요구하는 것이라는 의미에서 모두 '반환'적인 것임은 덧붙여 언급할 필요가 없다.

표2-15 한국 관련 기업의 각종 대금 내불금 관련 요구 내역

각종 대금 내불금의 세부항목	금액(엔)
⑮ 조선전업(電業)회사 주문품 대금 내불금	6,187,067
⑯ 서선(西鮮)합동전기주식회사 주문품 대금 내불금	132,603
⑰ 경성전기주식회사 주문품 대금 내불금	2,207,088
⑱ 남선(南鮮)전기회사 주문품 대금 내불금	801,016

---

47 『배상조서』에는 구입 대상 상품, 구입 대상 기업, 가격, 구입 일시 등 상세한 목록이 정리되어 있으나 그 양이 방대하므로 여기서는 생략한다. 각 목록은 조선전업회사 관련이 위의 조서, 249~258쪽 ; 서선합동전기주식회사 관련이 같은 문서, 259~263쪽 ; 경성전기주식회사 관련이 같은 문서, 264~278쪽 ; 남선전기회사 관련이 같은 문서, 279~285쪽에 각각 수록되어 있다.

⑲ 법무부 관계 미수금

〈기타 미수금〉의 열아홉째 요구인 〈법무부 관계 미수금〉은 한국인이 일본군 부 및 기타 일본정부기관에 기탁한 현금, 군표, 그리고 선납한 물품의 대금을 해방으로 인해 회수하지 못하게 된 것을 요구하는 것이었다. 대상 안건은 전 5건이며 그 합계는 1,933,193엔이었다.[48]

이 요구에는 한국인이 일본정부기관에 기탁한 재산의 회수와 일본군 관련 에 납품한 상품 대금의 회수라는, 각기 성격이 다른 항목이 섞여 있다. 그러나 이들 모두 한국인의 재산 및 상품 판매에 따라 발생한 채권의 회수 문제임은 분명하며 그러한 점에서 단순히 '반환'적인 요구임은 틀림없다.

주목되는 것은 한일회담 개시 후, 주된 문제의 하나가 되는 기탁금 문제가 『배상조서』에서는 전 5건 중 군표, 현금 등 불과 3건만 단편적으로 정리되었 을 뿐, 사실상 기탁금 관련 요구가 거의 준비되어 있지 않았다는 사실이다. 후 술하는 바와 같이 기탁금 문제는 한일회담 개시 전후부터 거론되기 시작했으 며 결국 이 요구는 그것 자체로서 하나의 범주가 된다. 즉 기탁금 요구에 관한 준비는 사실상 『배상조서』 작성 이후에 본격화되었다고 봐도 무방하다.

⑳ 공보처(公報處) 관계 미수금

다음 스무째 요구는 공보처 관련의 미수금 요구였다. 이것은 공보처의 운영과 관련한 물품의 구입을 위해 그 대금을 일시불로 지불했으나 해당 물품이 완납 되지 않은 채 종전을 맞이하게 된 결과, 물품 미납 부분에 해당하는 잔여 대금 을 요구하는 것이었다. 그 합계액은 115,603엔이었다.[49]

---

48 위의 조서, 285~286쪽.
49 위의 조서, 286~288쪽.

이 요구의 내용은 위에서 거론한 ⑮~⑱까지의 한국 관련 회사의 선불 대금 회수 문제와 사실상 똑같다. 추측컨대 공보처와 관련해 발주한 것으로서 따로 정리한 것에 불과하다고 봐도 무방할 것이다. 그러한 점에서 이 요구 역시 '반환'적인 요구임에 틀림없다.

⑳ 마약 대금 미수금

다음 스물한 번째 〈마약 대금 미수금〉 요구는 한반도에 있었던 아편을 대만 전매국, 진해에 있었던 일본 해군, 그리고 일본 후생성에 공급한 미수 대금을 요구하는 것이었다. 대만 전매국에 대한 공급 대금을 일본에 요구하려 한 것은 물론 그 지역이 일본 영토였다는 데에 기인한 것이 틀림없을 것이다.

단 그 항목과 관련해 한국정부가 요구하려 한 총액 12,985,725엔에는 해방 후인 1948년 7월에 미 군정청 보건후생부가 일본으로 수출한 한국 소재의 마약 대금도 들어가 있으므로 일부 해방 후의 대금도 포함되었다.[50] 이는 미 군정청 통치 시기에 발생한 대일채권의 문제이나 한국이 그것을 요구에 담은 것은 건국에 따라 그 채권이 한국정부로 계승되었다는 입장에서 나온 것으로 판단된다.

따라서 이 요구는 일부 해방 후에 발생한 것까지 요구하려 했다는 점에서 특징적인 측면이 있으나, 결국 마약 판매 대금의 미수금 회수만을 요구하고 있다는 의미에서 '반환'적 요구임은 마찬가지다.

---

50 위의 조서, 288~290쪽.

표2-16 교통부 관계 미수금 관련 요구 내역

세부항목	금액(엔)	비고
전도 미청산금	16,879,249	원격지에 있는 일본인 관리에 전도된 각종 자금 중 종전으로 인해 미청산된 것
연대(連帶) 청산금 미수금	185,606	재일본 운수기관과의 연락 영업에 따라 발생한 채권 중 종전으로 인해 미청산된 것
동아교통공사 승차권	4,437,146	교통부의 대행기관이던 동아공사에서 승차권을 대리 판매한 금액 중 미회수금
후불 운임 미수금	10,328,385	일본군, 일본정부기관, 일본인 개인에 대해 후불 취급한 운임 중 미납금액
주문 물품 대금 미수금	50,000	인쇄기를 선불로 주문했으나 종전으로 인해 상품이 미납되었으므로 그 선불 대금의 회수 청구
전(前) 조선철도주식회사 대여금	100,000	동 회사가 일본목재주식회사에 대여한 금액이나 동 회사가 교통부에 흡수되었으므로 대여금을 교통부에 변제해야 하는 것
합계	31,980,386	

② 교통부 관계 미수금

다음 스물두 번째 〈교통부 관계 미수금〉에는 대일채권 발생의 배경이 약간 다른 항목들이 포함되어 있다. 그 내역은 표2-16과 같다.[51]

표2-16에 명시한 바와 같이 교통부 관계 미수금 요구에는 전도(前渡) 자금, 일본의 운수기관에 대한 영업상의 채권, 승차권 대금, 후불 운임의 미납, 상품 선불 대금, 대여 자금 등 채권 발생의 직접적인 원인이 각기 다른 항목들이 섞여 있다. 그러나 이들 모두 한국 관련 기관이 일본 관련 기관에 대해 가지고 있었던 경제적 거래상의 채권 회수를 요구하는 것이라는 점에서는 같았다. 따라서 이 요구들 역시 모두 '반환'적인 것이라는 점에서는 별 차이가 없다.

---

51 위의 조서, 291~292쪽.

㉓ 임산물 공출액 미수금

다음 스물세 번째 요구는 〈임산물 공출액 미수금〉이었다. 『배상조서』에는 그에 관해 공급 주체, 공급처 등의 표기가 없어 어떠한 거래였는지 알 수 없는 부분이 있다. 확인할 수 있는 설명에 의하면 제공 종류가 선박, 항공, 차량 등을 위한 용재(用材), 또 목탄 등으로 되어 있으므로 한반도 산출의 임산물 거래에 따라 발생한 대일채권으로 판단된다. 그 요구 총액은 합계 5,965,627엔이었다.[52]

　제목은 '공출'이라고 표기되어 있으나 이하 고찰하듯이 『배상조서』 4부에 저가 공출 문제가 별도로 묶여 있는 점으로 미루어, 이 요구 항목들은 기본적으로 판매 대금의 회수를 목적으로 한 것으로 보인다. 따라서 이 요구 역시 '반환'적인 것으로 판단해도 과오는 없을 것이다.

㉔ 대한식량공사 관계 미수금

다음 스물네 번째 〈대한식량공사 관계 미수금〉 요구에서 제기된 대한식량공사는 일제강점기 '조선식량관리령'에 의거해 당초 조선식량영단으로서 설치된 특수단체를 계승한 기관이었다. 조선식량영단은 식민지 통치하, 한반도의 농산물을 일본 관련 기관에 공급하는 기능을 가지고 있었던 특수기관이며 그 성격상 일본 농상(農商)성, 일본식량영단, 일본군 등에 후불 청산 방식으로 양곡 등의 물품을 수출, 납품하고 있었다.

　따라서 이들에 대한 미수금 요구는 종전으로 인해 그 후불 대금을 회수하지 못하게 된 것을 대한식량공사가 조선식량영단의 계승기관으로서 대리 요구하

52　위의 조서, 292~293쪽.

는 것이었다. 요구 총액은 53,995,432엔이었다.[53]

주의해야 하는 것은 이 요구가 1920년대부터 시작된 이른바 산미증식계획에 따라 한반도의 미곡을 일본으로 반출한 일제 식민지 통치의 책임을 추궁하려는 움직임과는 전혀 무관하다는 점이다. 실제 '조선식량관리령'에 따른 조선식량영단의 성립은 1943년 9월의 일이며 또 『배상조서』 목록에서 명시한 요구 내역들 역시 그 대부분은 한반도에 주재한 일본군에게 공급한 식량 대금의 미결제 부분을 요구하는 것이었다. 일본정부를 상대로 한 농상성 관련 요구도 정부 보조금 및 농민에 대한 장려금을 대신 지불한 것의 회수를 요구하는 것에 불과하다. 심지어 이 요구에는 일본인 개인에 대한 토지, 건물의 임대보증금 등도 포함되어 있다.[54]

따라서 이 요구는 산미증식계획에 따라 한반도를 일본의 식량 공급 기지로 개편하려 한 일제 통치의 정책 책임을 추궁하려는 정치적인 의도와는 전혀 무관하며 또 후술할 『배상조서』 4부가 다룬 전쟁기의 저가 공출로 인한 손실 회수 요구와도 다르다. 이것은 농산물의 판매 등을 통해 조선식량영단이 일본의 관련 기관이나 일본인에 대해 이미 가지고 있었던 채권의 회수만을 요구하는 것이며 그러한 점에서 이 역시 '반환'적인 요구에 불과하다.

㉕ 수리조합연합회 관계 미수금

〈기타 미수금〉 요구의 스물다섯 번째 요구인 〈수리조합연합회 관계 미수금〉은 바로 수리조합연합회가 1944년 1월 1일 일본군에 납품한 각종 발동기의 결제가 일본의 항복으로 인해 이루어지지 않았던 것에 따른 미불 대금을 요구

---

53 위의 조서, 293~294쪽.
54 그 상세 목록은 위의 조서, 294~304쪽에 정리되어 있다.

하는 것이었다. 요구 총액은 불과 88,910엔이었다.[55]

이 요구가 '반환'적인 것임은 두말할 필요도 없으나 국가 간의 요구로서 제기하기에는 너무나 작은 것까지 포함하고 있다는 사실은 『배상조서』의 성격을 나타내는 또 하나의 대목이라고 하겠다. 즉 앞서 1부 현물 중 두 번째 〈해외부동산, 동산, 비품 등〉에서 짚어본 바와 같이 한국정부는 전화나 금고 같은 국가 간 처리 문제로서는 너무 미세한 물품까지 그 요구에 포함하고 있었다.

『배상조서』는 비록 금액이 매우 작은 것이라도 근거가 확실한 것에 관해서는 일단 그것을 담아내려고 하는 성격을 지니고 있었던 것이다.

㉖ 농지개발영단 관계 미수금

다음 스물여섯 번째 〈농지개발영단 관계 미수금〉 요구는 농지개발영단이 공사(工事)용 물자를 구입하고 일본의 회사에 배급한 것에 대한 미납 대금, 선불한 공사 대금 중 공사 미완료에 따라 환불받아야 할 잔액, 그리고 선불로 발주한 상품 미납에 따른 대금 환불 등으로 구성되었다. 총액은 538,348엔이었다.[56]

이 요구에는 공사 대금, 물품 대금 등 그 성격이 약간 다른 항목이 섞여 있다. 그러나 이들 모두 농지개발영단 관련의 채권 회수만을 요구하고 있다는 의미에서 그 성격 역시 '반환'적인 것임은 따로 말할 필요가 없다.

㉗ 한국마사(馬事)회 관계 미수금

〈기타 미수금〉 요구의 마지막 스물일곱 번째 세부항목은 한국마사회가 일본

---

55 위의 조서, 304~306쪽.

56 위의 조서, 306~308쪽.

마사회에 선불했던 대금의 환불 요구였다.

한국마사회는 1944년도 이식 종마(種馬) 수입 대금으로 일본마사회에 세 번에 걸쳐 2,800,000엔을 지불했으나 그중 1,958,254엔에 해당하는 종마만이 수입되고 그 후 종전으로 인해 잔액 841,745엔에 해당하는 종마는 수입되지 못했다.[57] 이 요구는 바로 그 잔액의 환불을 요구하는 것이었다.

따라서 이 요구 역시 종마 구입을 위한 선불 대금의 잔액을 요구하는 것인 만큼 그것이 '반환'적인 요구임은 마찬가지다.

이상 스물일곱 가지에 이르는 〈기타 미수금〉 요구의 세부항목들을 해부했다. 『배상조서』가 정리한 〈기타 미수금〉 요구의 총액은 5,663,086,392엔이다.[58] 주의해야 하는 것은 이상 검토한 〈기타 미수금〉에는 오늘날까지 문제가 되고 있는 한국인 노무자 등의 임금 '미수금' 요구가 일절 포함되어 있지 않다는 점이다. 후술하는 바와 같이 임금 등의 미수금 문제는 『배상조서』에서 전쟁 관련 피해를 다룬 3부에 포함되었다.

(6) 체신부 관계 특별계정

5항 〈기타 미수금〉에 이어, 『배상조서』가 2부 〈확정채권〉의 6항으로서 제기한 것은 〈체신부 관계 특별계정〉이며 이는 한반도에서의 체신 업무와 관련해 발생한 대일채권 문제였다. 후술하는 바와 같이 이 요구 항목은 한일회담 개시 후의 청구권 교섭에서 한국정부가 마련한 대일8항목요구 중 2항의 중심 항

---

57 위의 조서, 308~309쪽. 단 『배상조서』는 한국마사회가 지불한 총액을 '2,800만 엔'으로 표기하고 있으나 그 경우 계산 결과에 너무나 큰 오차가 생기므로 저자의 판단으로 지불액을 '280만 엔'으로 고쳐 표기했다.
58 위의 조서, 194쪽.

목을 이루는 것이었으나 이하 보는 바와 같이 이들 항목에는 많은 세부항목이 포함되었다.[59]

① 위체, 저금 및 세입세출금 총산(總算)에 의한 한국 수취 감정(勘定)
〈체신부 관계 특별계정〉 중 첫 번째 항목은 〈위체, 저금 및 세입세출금 총산에 의한 한국 수취 감정〉이었다. 그 자세한 내역은 표2 - 17과 같다.[60]

『배상조서』는 표2 - 17에 제시한 각 세부항목에 관한 개별적인 내용을 밝히지 않고 있어, 각 개별 항목에 대한 정확한 내용은 알 수 없는 부분이 있다. 그러나 그들을 묶어, 체신 업무에 따라 한반도에서 발생한 초과금을 문제로 삼고 있는 점으로 미루어, 이 요구가 환, 저금, 기타 세입세출 등의 한반도 내 체신 업무를 통해 발생한 초과금에 대한 환불을 요구하려는 것이었음은 틀림없

표2 - 17 위체, 저금 및 세입세출금 총산에 의한 한국 수취 감정 관련 요구 내역

세부항목	금액(엔)	비고
a) 우편위체	74,843,664	체신 사업 관련 환금, 저금 및 세입세출 관련 사무는 1907년부터 개시되었다. 그 업무에 따라 한반도에서 발생한 초과금은 1945년 9월 7일 발령된 포고령 3호로 인해 한일 양국 간의 금융거래가 금지되었음에도 9월 15일부터 10월 25일까지 일본으로 송금되었으므로 그에 따라 가지게 된 한국 수취 감정을 요구함
b) 우편저금	1,243,995,199	
c) 가수금(假受金)	4,384,532	
d) 체신관서(官署) 세입금	21,990,045	
e) 잡부금	68,715	
f) 역 위체금	8,147,982	
g) 진체(振替)저금	122,536,940	
합계	1,475,967,080	

---

59 〈체신부 관계 특별계정〉 요구에 관해 『배상조서』 1954년판은 그것이 1954년 7월 31일 현재의 것임을 명시하고 있다. 그러나 항목, 금액 등의 내역은 1949년 9월에 작성된 원본과 똑같다. 따라서 1954년판이 명시한 '1954년 7월 31일 현재'라는 기술은 그날 다시 작성했다는 의미로 이해할 수 있다. 다시 말해 그것은 원본 작성 후, 추가 조사 등을 진행하고 1954년 7월 31일 현재로 다시 원본의 내용을 수정했다는 의미는 없다.
60 『對日賠償要求調書』, 309~310쪽 ; 316쪽에서 정리.

다. 초과금은 관련 업무를 통해 발생한 우체국의 수취, 지불 자금의 차액을 뜻하며 그것이 대일요구 대상이 된 것은 일본의 한반도 지배로 인해 도입된 체신 제도에 따른 결과였다.

실제 일본의 한국 지배가 강화되는 과정에서 한반도 내의 체신 행정은 일본 본토와 일체화되었으며 한반도 내의 체신 업무에 따라 발생한 수불고의 차액은 모두 대장성 예금부에 예입되었다.[61] 즉 이 요구는 우체국 업무와 관련된 지출을 초과하는 수취 자금을 초과금으로서 일본에 송금하는 제도에 따라 발생한 대일송금의 초과 잔고를 요구하는 것이었다.

표2-17에서 제시한 바와 같이 『배상조서』는 1945년 9월 7일 발령된 포고령 3호로 인해 한일 양국 간의 금융거래가 금지되었는데도 1907년부터 개시된 초과금 송금 제도에 따라 금융거래 금지 후에도 10월 25일까지 일본으로 송금되었다는 것을 근거로 삼고 있다. 미군의 한반도 진주 직후에 내려진 포고령 3호는 9월 7일, 38선 이남 지역과 그 이외의 지역 사이의 지폐, 채권 등의 수출입을 금지함으로써 대외 금융거래를 차단했다. 물론 그 조치는 향후 전후 처리를 진행하는 데 일본인 재산을 중심으로, 남한 지역 내의 재산 상황을 동결할 필요가 있었기 때문이었다.

『배상조서』는 그 요구 근거와 관련해 포고령 3호를 직접 들어, 초과금 송금이 해외 거래를 금지한 동 포고령 3호를 위반한 것이라는 점에서 그 요구 근거를 찾고 있는 것과 같은 표현을 사용하고 있다. 그러나 요구 내용은 포고령을 위반했다는 것 자체에 대한 정치적인 책임 추궁이 아니거니와 한반도 내의 체신 행정을 일본 본토와 일체화한 식민지 통치에 대한 책임 추궁은 더더욱 아니었다. 그 요구 대상은 어디까지나 한일 체신 회계의 일체화에 따라 일본

---

61   遞信部, 『韓國郵政 100年史』, 遞信部, 1984, 267쪽.

으로부터 들어온 체신부 관계 자금보다 더 많이 한반도에서 일본으로 빠져나
간 초과 금액 부분만이었다. 그러므로 이 요구가 '반환'적인 것임은 틀림없다.

『배상조서』는 송금된 초과금이 왜 한국정부의 대일채권이 되는지에 대한
논리를 밝히지 않고 있다. 그러나 그것을 정부의 대일채권으로서 요구하려고
하는 점으로 미루어, 한반도 내의 우체국이 관련 체신 업무를 통해 얻게 된 초
과 차액은 한국정부의 채권이라는 입장을 취하고 있었다고 봐도 무방하다. 즉
총독부 산하에서 운영된 체신 업무에 따른 채권은 총독부 권한을 계승한 한국
정부가 그 권리를 보유하고 있다는 논리였다.

그러나 비록 초과금으로서 송금된 것이라고 하더라도 이것은 체신 업무의
결과로 생긴 것인 만큼 예컨대 우편저금과 같이 그 많은 부분은 궁극적으로
개인재산이었다. 따라서 이것을 '초과금'으로서 국가가 요구할 수 있는가 하
는 논점이 생긴다. 또한 일제강점기 한반도에는 최대 70만 명가량의 일본인
이 거주하고 있었다. 따라서 환, 저금 등의 우체국 거래에는 당연히 재한일본
인의 지분이 섞여 있었다.

결국 이러한 논점은 한일회담 개시 후, 일본의 문제 제기에 따라 표면화된
다. 『배상조서』는 이와 같은 세부적인 논리를 전혀 검토하지 않은 채 작성된
것이었다.

② 대차(貸借) 결제 기준일 이후 태평양미국육군총사령부포고령 제3호에 의한 한
국 수취금 총계
〈체신부 관계 특별계정〉 요구 중 두 번째 항목은 〈대차 결제 기준일 이후 태평
양미국육군총사령부포고령 제3호에 의한 한국 수취금 총계〉로서 정리된 것이
었다.

이 요구는 대차에 관한 결제 기준 날[1945년 10월 31일] 이후 증거서류에 의

하여 결제할 것이 예정되어 있었음에도 포고령 3호에 따라 대외 금융거래가 금지된 결과 결제하지 못하게 된 대일채권을 요구하는 것이었다. 그 요구의 내역은 표2 – 18과 같다.[62]

표2 – 18에서 제시한 큰 유형의 의미는 다음과 같다. 먼저 〈a) 관구(管區) 교섭금〉은 남한 지역과 관구가 다른 우체국에서 이루어진 우편저금, 진체(振替) 저금, 우편위체 등의 거래 결과 그 후 남한 지역의 우체국에 대해 결제할 필요가 있었음에도 불구하고 결제 또는 결제를 위한 절차를 교섭하지 못하게 된 데 따른 대일채권을 뜻했다.

〈b) 사고금〉은 종전 전후의 혼란기, 예금 등의 과오 지불이나 도난 등으로 인해 1945년 10월 말까지 발생한 피해 중, 그에 따른 결손을 대신 보충했는데도 그 후 그 결제가 이루어지지 않았던 것을 요구하는 것이었다. 즉 한국의 입장에서는 일본의 한국 지배에 따라 한일 체신 업무가 10월 말까지 일체화되어 있었으므로 그 피해액은 일본이 보충해야 하는 것인데도 결제일 이후에 결국 그 지불이 이루어지지 않은 것을 요구하려 한 것이었다.

〈c) 저금 이자〉는 일본으로 송금한 우편저금, 진체저금에 대한 이자 중 기준일 이후 결제가 예정되어 있었으나 그것이 이루어지지 않았던 것을 요구하는 것이었다.

〈d) 채권류(類) 보상(報償)〉은 한반도 내 우체국이 일본국채, 일본권업은행 발행의 저축채권, 일본체신성 발행의 탄환(彈丸)우표[전시우편저금우표] 및 그 채권의 상금에 해당하는 할증금 등 전시채권의 매상 및 상환을 위해 지출한 것에 대한 결제가 그 후 이루어지지 않았던 것을 요구하는 것이었다.

〈e) 증권 보관액〉은 우편저금을 예입한 자가 국채 또는 사채의 보관을 우체

---

62   이하 『對日賠償要求調書』, 310~312쪽 ; 316~320쪽에서 정리.

표2-18 대차 결제 기준일 이후 포고령 3호에 의한 한국 수취금 총계 관련 요구 내역

세부항목		금액(엔)	비고
a) 관구 교섭금	가) 일본관리 우편국 불입 (払込) 진체저금 등기 미재고(未濟高)	530,230	38선 이남 지역 이외에서 불입한 진체저금을 취급 정지로 인해 계좌에 등기하지 못했던 것
	나) 일본관리 우편국 저금통장 사고금 보전(補塡)액	198,911	38선 이남 지역 이외의 우체국이 취급한 예불(預拂)증서를 관구 교섭하지 못한 관계로 원부와 통장 내용이 상이한 것에 대해 보전한 것
	다) 일본관할 기호 저금 불출(拂出)금	7,040,681	일본 기호 저금으로 38선 이남에서 불출되었으나 관구 교섭하지 못했던 것
	라) 일본관할 진체저금 불도(拂渡)금	76,189	일본관할 지역에서 계좌 송금되고 한반도에서 불도된 것
	마) 일본관할 우편위체 불도금	1,694,237	일본관할 지역에서 진출된 위체 지시에 따라 한반도에서 지불된 것
b) 사고금	우편저금·진체저금·우편위체 등의 과오 지불, 자금 초과금의 도난	7,797,432	1945. 10. 30. 이전에 각종 사고로 인해 발생한 결손을 보충했으나 그 결제가 이루어지지 않았던 것
c) 저금 이자	우편저금, 진체저금	23,148,593	일본으로 송금된 저금에 대한 지불 이자
d) 채권류 보상	가) 국채 매상 대금 지불액	9,328,717	한반도 내의 우체국이 국채, 저축채권 등의 판매 등을 취급한 결과 발생한 일본은행 및 일본권업은행의 채무
	나) 저축채권 매상 대금 지불액	4,733,326	
	다) 탄환우표 매팔(賣捌) 대금	47,856,500	
	라) 탄환우표 할증금 지불액	5,249,073	
e) 증권 보관액		157,405	38선 이남에 거주하는 자가 증권보관 증서로 신고한 분
f) 해외 환금 저금	가) 우편위체	5,375,299	38선 이남 지역 이외의 일본관할 지역에서 예입된 저금, 또는 진출된 위체로서 그 대금이 대장성으로 집중된 것
	나) 우편저금	59,185,773	
	다) 진체저금	1,474,155	
합계		173,846,432	

국에 의뢰한 것 중 그 보관증을 소유하고 있는 남한 거주자로부터 직접 신고, 접수받을 수 있었던 부분을 요구하는 것이었다. 즉 이는 포고령 3호로 인해 보관된 국채나 사채의 상환이 불가능하게 된 데 따라 그 상환 대금을 요구하는 것이었다.

〈f) 해외 환금(換金) 저금〉은 전시에 남한 지역 이외의 일본관할 지역의 우체국에서 한국인이 예입한 저금이나 또는 그 우체국에서 구입한 우편위체 대금이 일본 대장성으로 집중되었는데도 그 후 그에 대한 상환 자금이 송금되지 않아 결제가 이루어지지 않았던 것을 요구하는 것이었다. 이것 역시 본인들한테서 직접 신고 접수를 받을 수 있었던 것만을 대상으로 한 것이었다.

이들 큰 유형에 속하는 각 세부항목에 대해 확인할 수 있는 추가 설명은 표 2–18에서 제시했으나 이들 세부항목은 매우 다양했다. 그러나 이들 요구가 모두 우체국 거래와 관련해, 원래 10월 31일을 기준으로 그 이후 일본이 한국에 지불해야 하는 채무가 있었음에도 포고령 3호에 따라 결제에 필요한 송금 조치가 중단됨에 따라 결과적으로 그 채무에 대한 지불이 이루어지지 않았던 것을 요구한다는 의미에서 공통점을 가졌다. 따라서 이들 요구가 모두 '반환' 적인 요구임은 쉽게 확인할 수 있다.

③ 조선간이생명보험, 연금 관계 한국 수취 감정

〈체신부 관계 특별계정〉의 세 번째 항목은 〈조선간이생명보험, 연금 관계 한국 수취 감정〉이었다. 이 요구는 제목에 직접 나타나 있듯이 체신 행정의 일환으로 각 우체국이 취급한 간이생명보험 및 연금 관련 업무와 관련해 생긴 대일채권을 요구하는 것이었다.

한반도에서 간이생명보험 사업이 개시된 것은 일제 통치가 중후반기에 접어든 1929년 10월부터이며, 또한 우편연금 사업은 전쟁 말기인 1943년 10월부터 개시되었다. 이렇듯 간이생명보험이나 우편연금 사업은 우편물 배송이나 우편저금과 같이 일제강점 초기부터 개시된 사업들과 비교하면 늦게 개시된 것이었다. 그러나 특히 간이생명보험은 1929년 개시 후 1942년까지 13년 동안 약 46.7배 가입이 증가했고, 1942년 시점에는 인구의 약 21%가 가입하는 등 폭발적인 신장세를 기록했다.[63] 그만큼 간이생명보험이나 연금 관계 요구는 체신부 관련 요구로서 중요한 위치를 차지하게 된 셈이었다.

간이생명보험 및 우편연금과 관련해 『배상조서』가 정리한 대일채권의 내역은 표2 - 19와 같다.[64]

표2 - 19에서 제시한 각 세부항목들은 일견 다양해 보이나 그 주된 요구는 한반도에서의 간이생명보험 및 우편연금의 가입에 따른 채권을 요구하는 것이었다. 일제강점기 그 보험 및 연금 가입에 따라 한반도 소재의 우체국을 통해 모인 자금은 다른 저금 등과 마찬가지로 일단 대장성 예금부에 예입되는 제도가 있었다. 예입된 자금은 보험, 연금 관련의 지불을 위해서는 물론, 그 이외에도 한반도에서의 공공대부 및 기타 투자 등을 위해 발행된 국채, 지방채 등의 인수 목적으로 사용되었다. 따라서 이 요구는 간이생명보험 및 우편연금 사업 등을 통해 모인 자금으로서 적립금, 여유금 명목으로 대장성에 예입된 것 중, 한반도에서의 지불 및 기타 운영을 위해 환불된 것을 제외한 부분과 그 이자를 요구하는 것으로 이해할 수 있다.

또한 보험, 연금, 업무와 관련된 각 세입금은 우체국이 맡은 그들 업무에 따

---

63 한반도에서의 간이생명보험 및 연금 사업에 관해서는 遞信部, 앞의 책, 272~289쪽.
64 『對日賠償要求調書』, 312~314쪽에서 정리. 『배상조서』는 간이생명보험과 관련해서 '보험 적립금', '국민보험 여유금'이라는 표현을 사용해, 다른 '보험'과 같은 인상을 주고 있으나 한일회담 개시 후, 한국이 제기한 간이생명보험 여유금과 동 국민보험 여유금의 값이 일치하고 있으므로 단순히 표기의 차이에 불과하다. 따라서 표2 - 19에서는 간이생명보험 관련을 '보험 적립금', '보험 여유금'이라고만 표기한다.

표2-19 조선간이생명보험, 연금 관계 한국 수취 감정 관련 요구 내역

세부항목		금액(엔)	비고
a) 보험 적립금	가) 공공대부	42,423,318	대장성이 한반도에서 대부한 것
	나) 지방채 인수	75,138,590	-
	다) 채권 인수	30,487,900	-
	라) 국채 보유	17,440,085	일본 국채 매상 금액
	마) 예금부 예금	116,945,534	1945.8.31. 현재
b) 보험 적립금 이자		46,836,911	1945.4.1.~1949.1.31.까지분 합계
c) 연금 적립금	가) 공공대부	1,654,000	대장성이 한반도 내에 대부한 것
	나) 예금부 예금	10,164,709	1945.8.31. 현재
d) 연금 적립금 이자		1,888,134	1945.4.1.~1949.1.31.까지분 합계
e) 보험 여유금	예금부 예금	20,330,000	보험감정 세입, 세출 잉여금
f) 보험 여유금 이자		3,787,974	1945.4.1.~1949.1.31.까지분 합계
g) 연금 여유금		1,400,000	보험 여유금과 같음
h) 연금 여유금 이자		261,213	1945.4.1.~1949.1.31.까지분 합계
i) 보험 세입금		16,285,278	보험, 연금 특별회계에서는 보험, 연금, 업무의 3가지 수입금이 체신일반 회계와 같이 지불원수(元受)에 이관하여 수지를 결제하게 되어 있었으나 그중 결제가 동결된 부분
j) 연금 세입금		1,532,807	
k) 업무 세입금		254,786	
l) 해외보험연금	가) 보험	506,914	38선 이남 지역의 거주자로부터 일본 발행 보험, 연금 증서를 신고받은 것
	나) 연금	9,805	
합계		391,352,964	

주석 : -는 해당 기술이 없음을 뜻함.

라 발생한 세입금을 일본의 관계 계좌에 이관했으나 그것이 그 후 환불되지 않았던 것을 요구하는 것이었다. 그리고 해외보험연금은 일본 발행 증서의 신고를 받았다는 설명으로 미루어, 종전 전 한반도 이외의 지역에 거주한 한국인이 당해 지역의 우체국을 통해 가입한 보험 및 연금 관련의 채권을 그 신고 접수된 증서에 따라 요구하는 것으로 풀이된다.

따라서 이 요구 역시 한반도에서 일본의 제도인 간이생명보험이나 연금 제도 등을 도입해 모인 자금을 일본으로 송금했다고 하는 등의 정치적인 책임을 추궁하려는 것은 아니었다. 그것은 어디까지나 기정사실로서 자리 잡은 제도에 따라 일본으로 송금했음에도 그 후 지불이나 공공대부 자금을 위해 환불되지 않았거나 또한 투자를 위해 발행된 채권 인수에도 사용되지 않았던 부분만을 요구하는 것이었다. 그러한 의미에서 이 요구 역시 '반환'적인 것임은 분명하다.

이 〈조선간이생명보험, 연금 관계 한국 수취 감정〉에 관해 주의해야 하는 것은 『배상조서』가 정리한 총액 391,352,964엔이 결코 단순히 그 액수 그대로 요구하는 것은 아닌 것으로 보인다는 점이다. 예를 들어 〈a) 보험 적립금〉 중 〈가) 공공대부〉 등은 분명히 자금의 운영 대상을 가리키고 있으며 따라서 그 금액은 일본으로 송금한 상태에 있는 자금이 아니라, 일단 대장성으로 송금된 자금 중 반대로 한반도에서 대부된 부분을 뜻한다. 다시 말해 이것은 한반도로 이미 환불된 것인 만큼 대일채권에서 오히려 제외되어야 하는 부분이라고 풀이된다.

실제 『배상조서』는 공공대부와 관련해 대부 자금으로서 회수된 부분은 차후 대일배상 요구에서 공제할 계획임을 밝히고 있다.[65] 즉 『배상조서』가 산출한 총액은 한반도에서 사용된 자금 부분의 회수에 따른 공제 가능성을 열어 놓았던 금액이다.

또한 간이생명보험이나 연금 가입에 따라 생긴 자금은 그 원자가 개인이 지불한 것인 만큼 재한일본인들이 가입하고 지불한 자금이 섞여 있을 가능성이 컸다. 『배상조서』는 그 점에 관해 아무런 설명도 하지 않고 있으나 『배상조서』 작성 시점에서 한국인이 지불한 부분만을 계산해 그 수치를 산출했

---

65 위의 조서, 320~321쪽.

을 가능성은 희박해 보인다. 따라서 총액 391,352,964엔을 액수 그대로 지불을 요구할 수 있는 진정한 요구액으로 간주하는 것은 적절하지 않아 보인다.

④ 기타

〈체신부 관계 특별계정〉은 이상에서 해부한 세 가지 항목에 이어, 다섯 가지의 개별 항목을 거론하고 있다. 『배상조서』는 일단 그들을 각 독립 항목으로 취급하고 있으나 여기서는 편의상 하나로 묶어 〈기타〉로 정리한다. 그 내역은 표2 – 20과 같다.[66]

표2 – 20에서 제시한 바와 같이 다섯 가지 요구 중 우편수입, 전신수입, 전화수입 요구는 모두 각 체신 업무의 일환으로서 맡은 사업과 관련해, 그 요금을 징수하지 못했던 것을 요구하는 것이었다. 또 구체적인 사실관계는 불분명하나 잡수입은 지불의 독촉과 관련된 비용 및 변상금으로 받아야 할 채권의 미수 부분을 요구하는 것이었다. 따라서 그 상세한 내역까지는 알 수 없으나 이들은 기본적으로 모두 해당 개인 또는 법인 등에 대한 미수 채권의 이행 요구임이 틀림없을 것이다.

그에 따라 의문이 하나 생긴다. 즉 한반도 내의 체신 업무와 관련해 원래 각 해당 개인들에게 받아야 할 미수 채권을 왜 일본정부에 요구할 수 있는가 하는 문제이다. 즉 그 관련 채무의 미납 주체가 한국인인 경우 한국정부가 그것을 총독부 권한을 계승했다는 이유로 일본정부에 제기할 수 있는가 하는 문제가 제기된다. 『배상조서』는 이 점에 관해 전혀 언급하고 있지 않으며 애당초 그 미납 요금과 관련해 한국인과 일본인을 구별하고 있는지조차 밝히지 않고

---

66 위의 조서, 315쪽에서 정리.

표2-20 체신부 관계 특별계정 중 〈기타〉 항목 관련 요구 내역

세부항목	금액(엔)	비고
우편수입	650	후납 및 즉납 우편요금의 미납액(1945년도까지)
전신수입	53,478	전보요금 미수금(1945년도까지)
전화수입	1,020,904	전화 사용요금 등 미징수액(1945년도까지)
잡수입	22,074	각종 요금의 독촉 수수료, 변상금 등 미징수액 (1945년도)
만국우편연합총리국 유지경비	1,243,159	일본이 운영한 기간 1944년 1월부터 1945년 8월 15일까지의 경비
합계	2,340,266	

있다. 추측컨대 그 구별을 한 흔적이 없는 이상, 각종 미납, 미수금에는 한국인 및 한국 관련 법인의 미납 부분이 포함되었을 가능성이 크다. 따라서 혹시 일본인뿐만 아니라 한국인의 미납 요금까지 일본정부에 추가 요구하는 의도를 가진 것이라면 그것은 단순히 '반환'적인 요구를 넘는 의미를 지닌다.

그러나 『배상조서』의 다른 항목에서도 한국인과 일본인을 구별한 흔적이 없다는 점, 또 이 항목에서만 일본인이 한국에 거주하게 된 정치적 지배 관계를 추궁하고 '반환'적인 것 이상의 요구를 담아야 할 이유도 없다는 점 등을 감안하면 이는 별다른 무게를 두고 평가할 문제는 아니라고 판단된다. 그것은 이 항목들이 원래 지엽적인 요구였다는 점도 포함해, 단지 충분히 조사하거나 정리하지 않았다는 데에 기인한 혼동으로 봐도 과오는 없을 것이다. 그러므로 이 요구 역시 체신 서비스 사용에 따라 원래 납부해야 하는 미납 채권 부분만을 요구한 것으로, '반환적'인 것이라고 평가할 수 있다.

『배상조서』는 마지막으로 이상의 요구와 그 성격이 다른 만국우편연합총리국 유지경비 문제를 거론했다. 이것은 우편 행정의 세계적인 조정 기구로 1878년에 설립된 만국우편연합총리국으로서 그 운영을 위해 들어간 경비를 요구하는 것이었다. 상세한 설명은 없으나 이것이 〈체신부 관계 특별계정〉 문

제에 포함되어 있는 점으로 미루어, 일본이 만국우편연합총리국으로서 부담
하게 된 비용 중 한반도 체신부 관련 회계에서 그 비용을 부담한 부분을 요구
하려는 것으로 보인다. 따라서 이는 우편수입 등 개인 차원의 미납 채권의 문
제가 아닌 바로 국가 간 채권 - 채무의 청산 문제였다.

『배상조서』가 이것을 제기한 까닭은, 그 경비는 원래 일본정부가 지불해야
하는 것인데도 총독부가 부담하게 됨에 따라 그 권한을 계승한 한국정부가 그
비용에 대한 채권을 가지고 있다는 입장에 선 결과로 풀이된다. 물론 그 배경
에는 이 비용 부담이 일제 지배라는 권력 기반 위에서 이루어졌다는 판단이
깔려 있었음은 틀림없을 것이다. 그러한 의미에서는 정치적인 색채가 나타난
다. 그러나 요구 내용 자체는 일본이 맡은 총리국의 유지비용을 한반도에서
도 부담하게 한 정치적인 지배의 책임을 추궁한 것이 아니라 어디까지나 한반
도가 부담한 비용을 회수하려는 것이었다. 따라서 이 요구 역시 '반환'적인 것
이상의 성격을 가진 것은 아니다.

이상 네 가지 범주로 나누어 고찰한 『배상조서』 2부 〈확정채권〉 6항 〈체신
부 관계 특별계정〉의 요구 총액은 2,043,506,744엔이며 그것을 포함한 2부
〈확정채권〉 전체의 요구 총액은 17,429,362,305엔이었다.

3) 3부 중일전쟁 및 태평양전쟁에 기인한 인적 물적 피해

『배상조서』 3부 〈중일전쟁 및 태평양전쟁에 기인한 인적 물적 피해〉는 그 표
제에 직접적으로 나타났듯이 전쟁과 관련된 피해를 문제로 삼은 것이었다. 따
라서 이 요구는 앞서 고찰한 2부와 비교해 지극히 정치적인 의미를 지닌 것으

로 추측되며, 그만큼 한일 간의 과거처리 문제 중에서도 특히 피해보상의 핵심적인 항목이 될 것으로 예상된다.

그러나 지금까지 3부에 관해 한국정부가 과연 무엇을, 어떻게 제기하고 또한 제기하지 않았는가 하는 물음을 상세히 해부함으로써 그 성격을 심층적으로 밝혀낸 고찰은 없었다. 이와 같은 작업은 3부가 한일 간의 피해보상 문제의 핵심을 이룬다고 풀이되는 만큼 향후 한일교섭이 청구권 교섭으로 바뀜에 따라 어떤 영향을 받게 되었는지, 또는 받지 않았는지를 고찰하는 데도 필수적인 토대가 된다.

(1) 인적 피해

『배상조서』 3부의 첫째 항은 인적 피해에 대한 요구였다. 먼저 주목되는 것은 『배상조서』가 인적 피해에 해당하는 각 구체적인 세부항목들을 총칭하여 '피동원 한국인 제 미수금'이라는 개념으로 정리하고 있다는 점이다. 한국정부는 보다 구체적으로 이 요구를 "일본정부의 관계 법규와 각 사업장의 제 급여 규정에 의한 제 미수취(未受取) 금품과 동원으로 인하여 받은 당사자 및 그 유가족의 피해에 대한 배상 등을 요구하는 것"으로 설명하고 있다.[67]

다시 말해『배상조서』는 인적 피해에 관계 법규나 급여 규정에 따라 받을 수 있는 '미수취 금품' 부분과 동원 피해에 따른 배상 부분이 있음을 명시하면서도 그들을 '미수금'으로 총칭해 묶고 있다. 따라서 같은 '미수금'이면서도 '미수취 금품'과 '배상'으로 구별된 인적 피해에 대한 요구의 성격을 어떻게 이해할 것인가 하는 문제를 정확히 파악할 필요가 있다.

이 물음을 밝히기 위해서 한국정부가 제기한 인적 피해에 대한 요구의 세부

---

67 위의 조서, 329쪽.

표2-21 피동원 한국인의 인적 피해 관련 요구 내역

세부항목	금액(엔)	비고
① 사망자 조위금	63,015,000	보험금도 합쳐, 규정에 따라 사망자 12,603명에 대해 1인당 5,000엔(신고액 평균)으로 함
② 사망자 상제료	1,260,300	규정에 따라 사망자 12,603명에 대해 1인당 100엔(신고액 평균)으로 함
③ 유가족 위자료	126,030,000	사망자 12,603명에 대해 1인당 10,000엔(신고액 평균)
④ 부상자 및 일반 노무자 위자료	113,053,000	"전시재해수당", "기타 수당"을 "위자료"로 하여 이하로 함 • 부상자 1인당 5,000엔 • 일반 노무자 1인당 1,000엔(전체 노무자 수 105,151명)
⑤ 부상자 부상 수당	36,105,941	–
⑥ 퇴직 수당 총액	51,161,838	신고액
⑦ 상여금 총액	5,259,640	신고액
⑧ 현금 기타 보관금	4,539,702	신고액
⑨ 미수 임금	29,308,542	신고액
⑩ 가정 송금액	81,573,560	기본보조금, 특별보조금, 가족수당, 가정 송금을 일괄 '가정 송금'으로 하였으며 규정에 따라 1인당, 월평균 80엔(신고액 평균)을 한도로 함
⑪ 징용기간 연장 수당	12,960,400	규정에 의하여 1인당 월평균 400엔(신고액 평균)으로 함
합계	565,125,241	

주석 : –는 해당 기술이 없음을 뜻함.

항목들을 정리하면 표2-21과 같다.[68]

　『배상조서』는 표2-21에 제시한 각 세부항목에서 어느 것이 '미수취 금품'에 속하고, 또 어느 것이 '배상'에 해당하는지를 뚜렷이 구별하고 있지 않다. 개념적으로 보아 ⟨① 사망자 조위금⟩부터 ⟨④ 부상자 및 일반 노무자 위자료⟩

68 　위의 조서, 323~324쪽 ; 329~330쪽에서 정리.

또는 〈⑤ 부상자 부상 수당〉까지를 후자인 '배상'으로, 그리고 〈⑤ 부상자 부상 수당〉 또는 〈⑥ 퇴직 수당 총액〉부터 〈⑪ 징용기간 연장 수당〉까지를 전자인 '미수취 금품'으로 분류해도 과오는 없을 것이다.

먼저 같은 인적 피해에 포함되면서도 '수당', '상여', '보관금', '임금', '송금' 등으로 구성된 '미수취 금품'이 '반환'적인 것이라는 점은 알기 쉽다. 비록 전쟁에 동원된 사람들에 관한 것이라고 하더라도 이 요구가 결국 일본의 관계 법규나 급여 규정에 따른 수당 등 이미 노무 종사에 따라 받을 수 있는 한국인의 금전 채권을 요구하는 것이고, 또한 한국인이 보관 의뢰한 자기 재산의 회수를 요구하는 것인 만큼, 그것이 한국인이 동원된 것 자체에 대한 책임을 추궁하려 한 것이 아님은 분명하다. 그것은 전쟁과 관련된 작업을 위해 동원된 한국인에 관한 요구였다는 것 빼고는 2부에서 거론된 확정채권의 문제와 본질적으로 아무런 차이가 없는 바로 '미수금' 요구에 불과했다.

한편 주의가 필요한 것은 '당사자 및 그 유가족의 피해에 대한 배상'과 관련한 항목들이다. 이 '배상' 항목들은 기본적으로 조위금, 상제료, 위자료 등으로 구성되어 있다. 그러한 의미에서 수당 등 노동 대가에 대한 직접적인 미수금 요구와는 차이가 있는 것이 틀림없다.

그러나 『배상조서』는 조위금이나 상제료에 관해 '규정'에 의하여 사망자 1인당 각각 5,000엔, 100엔[69]으로 정하고, 또 '위자료'에 관해서도 '전시재해수당', '기타 수당'을 위자료로 간주하여 사망자 1인당 10,000엔, 부상자 5,000엔, 일반 노무자 1,000엔으로 각각 산출했음을 밝히고 있다.[70] 『배상조

69 『배상조서』에는 '사망자 상제료'를 '1,000엔'으로 표기한 경우도 있으나(위의 조서, 329쪽), 일람표에는 '100엔'으로 되어 있으며 합계액 역시 1인당 '100엔'으로 산출하고 있으므로 '100엔'으로 판단했다.

70 단 위자료에 관한 표현으로 '전시재해수당', '기타 수당'은 그것을 위자료로 한다는 것만

서』는 이 금액 산출과 관련해 전시재해수당을 제외하고 그에 적용한 '규정들'이 무엇인지를 구체적으로 밝히지 않고 있다. 그러나 일제강점기 한국이 독자적인 규정을 시행하지 못하던 조건하에서, 또 그것이 주로 일본으로 동원된 한국인 노무자 관련의 요구였음을 고려할 때 그 '규정들'이 일본정부 차원에서의 관계 법규나 일본의 각 사업소마다 마련된 관련 규정이었음은 틀림없다.

즉 『배상조서』가 제기한 '조위금', '상제료', '위자료' 등의 '배상'은 비록 임금, 상여 등의 직접적인 노동 보수 채권은 아니었으나 기본적으로 일본 국민에게도 같이 적용되는 일본의 관련 규정에 따른 사망, 부상에 대한 수취 채권의 회수 요구를 뜻하는 것이었다. 한국정부는 이것을 표면상 '배상'으로서 제기했으나 그것은 국가 간 처리의 방식으로 적용되는 '배상' 요구와는 애초 다른 성격의 요구였다. 실제 교전 피해에 대한 '배상' 요구 등 원래 국제사회에서 주권 국가 간에 적용되는 배상 요구는 지불국의 국내 규정에 구속되어야 할 문제가 아니었다.

그럼에도 한국정부가 일본의 관련 규정에 따른 요구를 제기한 것은 한국이 주권 국가로서 그것을 제기할 수 있는 입장에 있지 않음을 깊이 자각한 결과로 봐도 틀림없을 것이다. 다시 말해 이것은 한국인이 '일본 국민'으로서 전쟁에 관여한 것에 따라 생긴 일종의 '채권'의 환불만을 요구할 수밖에 없다는 인식을 반영한 것이었다. 따라서 『배상조서』 3부의 첫째 항목인 인적 피해 중의 '배상' 요구 역시 1장에서 인용한 임병직의 '정신적 손실'에 부합하는 요구가

을 기술하고 있으므로 '위자료'가 그것들로만 산출되었는지는 엄격히 말해 불투명하다. 따라서 다른 성격의 요구가 포함되었을 가능성을 논리적으로 완전히 배제하지는 못한다. 그러나 만약 그 위자료에 동원에 대한 책임 추궁 같은 정치적인 의미가 추가되어 있었다면 그것은 매우 중요한 의미를 지닌 것인 만큼 명시되는 것이 타당할 것이다. 다시 말해 아무런 언급이 없는 것을 보면 '위자료'의 산출에 관해서도 '수당' 규정만을 기초로 한 것 이상의 의미를 크게 뛰어넘는 요구가 들어갔을 가능성은 사실상 없다고 하겠다.

아니라 단지 '반환'적인 요구에 불과하다고 평가하는 것이 타당하다고 하겠다.

이와 같이 한국정부가 표면적으로 '미수취 금품'과 '배상' 두 가지로 나누어 마치 다른 성격의 요구처럼 제기한 인적 피해에 대한 요구는 실제 그 내용을 상세히 검토하면 지극히 유사했다. 그것은 다음 3장에서 논할 평화조약 14조, 15조가 교전관계에 따른 배상과 재산 반환 문제를 명확히 구별하는 처리를 지시한 것과 대조적이었다. 『배상조서』 3부에 담긴 인적 피해에 대한 요구는 바로 한국정부가 총칭했듯이 '미수금' 요구였던 것이다.

이상 전쟁과 관련된 인적 피해에 대한 요구가 일종의 채권 회수 요구에 불과했음을 밝혔으나 그와 관련해 향후 한일회담 개시 후에 진행된 전쟁 관련 피해보상 요구의 변화 과정을 파악하기 위해서 여기에 두 가지 점을 보충하고자 한다.

하나는 『배상조서』에서 요구의 토대가 된 신고 노무자 수 105,151명이 지극히 한정된 범위에서 산출된 것에 불과했다는 점이다.[71] 한국정부는 그 대상 인원수 산출과 관련된 조사가 1946년 3월 1일부터 9월 말까지 주한 미 군정청 보건후생부로의 등록에 의하여 이루어진 것임을 밝히면서 그 등록자가 실제 인원수와 비교해 극소수에 불과함을 명시하고 있다. 심지어 『배상조서』는 1946년 10월 이후 귀국한 자도 막대한 인원에 달한 것을 감안하여 한국정부 수립 후, 철저한 재조사를 실시할 것을 고려하고 있으나 예산 관계로 아직 실시하지 못하고 있음을 시인하고 있다.[72] 다시 말해 105,151명이라는 수치는

---

71 그 수치가 표시된 원문에서는 105,151명에 물음표 '?'가 달려 있다. 『對日賠償要求調書』, 323쪽. 물음표가 달린 경위는 불분명하나 본론에서 논한 바와 같이 조사된 인원수가 극소수에 불과하며 실태를 아직 충분히 파악하지 못하고 있다는 인식과 상통하는 표시로 봐도 큰 과오는 없을 것이다.

72 위의 조서, 330쪽.

적어도 1946년 10월 이후 귀국한 자의 존재를 일절 제외한 잠정적인 것에 불과했다.

물론 전쟁 동원 관련 피해자에 관한 미진한 조사 상황에 대처하려는 움직임은 그 후 한국사회에서 일어나고 있었다. 예를 들어 태평양전쟁 중의 강제동원 피해자 등으로 조직된 태평양동지회는 1948년 1월 대일배상 요구에 대한 자료 수집 등을 위해 대일채권자들의 자진 가입을 호소하고 있다.[73] 그 조직에는 고문으로서 오정수가 이름을 올리고 있으므로 과도정부하에서 진행된 공식적인 대일배상 조사의 움직임과 어느 정도 연동된 것으로 봐도 무방할 것이다.

그러나 이 호소가 공식적인 대일배상 요구를 만들 만한 성과를 거두지 못했던 것은 확실하다. 실제 태평양동지회의 활동에 대해서는 조사 인원의 부족과 경제적 어려움으로 아직 뚜렷한 성과를 내지 못하고 있다는 증언이 있다.[74] 이 증언은 1949년 2월 시점에서 나온 것인 만큼 1948년 무렵까지 이렇다 할 성과가 없었음을 나타내고 있다.

또한 1949년 5월 무렵 한국정부는 대일배상 요구에서 제기할 징용 미수금 등을 위해 각 도청 내에 있는 태평양동지회의 지부를 통해 서면 또는 구두로 접수 조사를 벌이고 있었다.[75] 그 시기는 바로 『배상조서』 2부 이후의 요구를 속편으로서 정리하고 있던 시기였다. 그러나 결과적으로 『배상조서』에 채용된 피동원 한국인의 인원수는 그 조사 결과가 반영되는 일 없이, 1946년 미군정청 조사의 집계를 따르는 데 그쳤다.

피동원 한국인 노무자들의 실태 파악을 위해 한국정부가 펼친 노력에 대해

---

73 『資料 大韓民國史6』, 167쪽.
74 張世義, "血汗의 代價를 찾자", 『民聲』 제5권 제2호, 1949. 2., 29쪽.
75 『資料 大韓民國史12』, 237쪽.

여기서 평가하는 것은 어렵다. 그러나 그 평가를 떠나, 『배상조서』에 담긴 전쟁 동원 관련 피해자 수의 파악이 결과적으로 지극히 부족한 것이었다는 점은 틀림없다. 무엇보다 그것은 『배상조서』 자체가 실제 인원수와 비교해 등록자를 극소수에 불과하다고 인식하고, 향후 철저한 조사를 진행할 필요성을 드러내고 있었다는 사실에서 잘 나타나고 있다.

『배상조서』가 제기한 인적 피해에 대한 요구에 관해 또 하나 짚고 넘어가야 하는 것은 산출된 피동원 한국인 피해가 이른바 '일반 노무자'에만 한정되어 있으며 군인·군속 문제가 포함되지 않았다고 판단되는 점이다. 『배상조서』는 단지 '피동원 한국인'이라고만 표현하고, 그 속에 군인·군속이 포함되었는지 여부는 직접 가리기 어려운 표현으로 되어 있다. 그러나 전체 인원수 105,151명에 대해 '노무자'로만 언급하고 있는 점, 또 후술하는 바와 같이 한일회담 개시 후, 피동원 한국인 피해 문제와 관련해 노무자와 따로 군인·군속을 추가하고 있는 점 등으로 미루어, 『배상조서』에서 군인·군속을 포함하지 않았던 것은 확실하다.

다시 말해 전쟁 관련 피해에 대한 보상을 요구하려는 당초의 배상 요구에는 전쟁터에 나가 사망, 부상한 군인·군속 문제가 포함되지 않았던 것이다. 물론 이는 군인·군속 문제가 그때까지 인식되지 않았거나 요구에서 제외하기로 되어 있었음을 뜻하는 것은 아니다. 실제 자료상으로도 주일대표부는 SCAP에게 1949년 5월 12일자로 징용 노무자와 더불어 한국인 군인·군속 관련 청구권의 조사 및 해결을 요청하는 서한을 보내고 있음을 확인할 수 있다.[76] 따라서 그 정확한 이유는 불명하나 『배상조서』에 단지 군인·군속 문제가 '아직'

---

76 "INVESTIGATION AND SETTLEMENT OF CLAIMS OF KOREA MILITARY PERSONNEL AND CONSCRIPTED LABOR", 戦後補償問題研究会編集, 앞의 책, 137쪽.

포함되지 않았던 것에 불과함은 의심의 여지가 없다.

또 이와 관련해 2005년 한일회담 공식 문서 공개에 즈음하여 한국정부가 정식으로 미해결 과제로 삼은 일본군'위안부'나 피폭 피해자들에 대한 문제도 배제되었다.[77] 이들은 '피동원 한국인'이면서도 일반 노무자의 미수금 피해와는 다른 성격의 피해를 입은, 바로 전쟁 관련 특수 피해자였다. 그러나 전쟁 피해에 대한 보상을 당초 공식적으로 요구하려 할 때부터 한국정부는 이들의 피해 문제를 애초에 제외하고 있었음을 기억할 필요가 있다.

물론 거기에는 '반환'적인 요구에만 한정해야 하는 사정이 작용했을 가능성도 있다. 그러나 1장에서 고찰한 바와 같이 창씨개명 등 비교적 원칙적인 대일요구를 구상한 이상덕 배상 구상에서도 이들과 관련한 요구가 포함된 일은 없었다. 따라서 당시의 상황에서는 이들 특수 피해가 대일청산 문제로 인식되지 않았을 가능성이 훨씬 크다고 해야 하겠다.

(2) 물적 피해

인적 피해에 이어, 『배상조서』 3부 〈중일전쟁 및 태평양전쟁에 기인한 인적 물적 피해〉의 둘째 항목은 전쟁의 수행과 관련해 발생한 물적 피해에 관한 요구 항목이었다. 이것은 기본적으로 세 가지 유형으로 나뉜다.

① 일본군 점유, 사용에 의한 피해

먼저 첫째 세부항목은 전쟁을 위해 일본군이 관련 시설을 점유, 사용함에 따

---

77 기타 주지하는 바와 같이 한국정부는 사할린 잔류 한국인에 대한 보상 문제도 미해결 과제로 자리매김하게 했다. 그러나 그 피해의 성격은 기본적으로 귀환하지 못한 채 장기 잔류하게 된 데 따른 것인 만큼 1949년 무렵 그 피해를 '피해'로 인식하고 대일청산 문제로 제기하기에는 이른 시기였다고 평가된다.

라 발생한 피해보상 요구였다. 상세 내용을 보면 알 수 있듯이 이 요구는 기본적으로 한반도 내의 각 학교 시설을 대상으로 한 것이었다. 그 내역은 표 2 - 22와 같다.[78]

한국정부는 이 〈일본군 점유, 사용에 의한 피해〉에 관해 그것이 일본군의 병력 확충으로 인하여 기존 병사(兵舍)만으로는 소기의 병력을 수용할 수 없게 되자 각 장소의 대건물[주로 학교]을 병사로 사용하거나 그 부근에 진지를 설정하고 주둔한 관계로 발생한 건물 피해 및 물품의 파손, 분실 등에 대한 보상을 요구하는 것임을 밝히고 있다.[79]

『배상조서』는 피해 금액의 산출이 대부분 1947년의 시가에 의해 집계된 것이라는 점 이외에 구체적인 설명을 하지 않고 있으나 요구 대상이 학교 건물의 파괴, 비품 등의 파손, 분실 등임을 감안할 때, 이 요구 내용이 상실 가치의 충당을 요구하는 것이었음은 틀림없다. 그 점은 무엇보다 『배상조서』 자체가 이 요구를 피해의 '원상복구비'를 요구하는 것으로 명시하고 있는 점에서 확인할 수 있다.

따라서 전쟁 피해로 제기된 이 요구가 일본군의 공격으로 인해 발생한 교전 피해에 대한 보상을 요구하려는 것이 아닌 것은 물론, 일본군이 한반도 소재의 학교 시설을 임의적으로 사용한 것 자체에 대한 정치적인 책임을 추궁하려는 것도 아니었다. 그것은 비록 일본군이 임의로 사용함에 따라 발생한 피해에 대한 보상을 요구한 것이었으나 그 요구 범위는 어디까지나 물적 손실에 대한 원상복구 비용만을 요구하는 것이었다. 따라서 이 요구가 '반환'적인 것임은 분명하다.

---

78 『對日賠償要求調書』, 330~359쪽에서 정리. 그중 구체적인 학교 목록은 332~359쪽에 게재되어 있다.
79 위의 조서, 330~331쪽.

표2-22 일본군의 점유, 사용에 의한 피해 관련 요구 내역

세부항목	금액(엔)	비고
문교본부 (각 대학, 전문)	16,067,714	서울대학, 이화여자대학, 경성신학, 동국대학, 연희(延禧)대학(1947년 조사 당시 시가에 의함)
서울시 학무국 관계	8,851,220	고등학교, 중학교, 초등학교 등 전 103개 학교의 건물 파손 및 일본인 교사의 비행으로 인해 부정 처분된 비품 등(1947년 10월 1일 현재)
경기도 학무국 관계	542,724	상업학교, 초등학교 등 전 6개 학교(1947년 조사 당시 시가에 의함)
강원도 학무국 관계	1,208,500	중학교 2개 학교(1947년 조사 당시 시가에 의함)
충청남도 학무국 관계	75,640,490	중학교, 초등학교 등 전 57개 학교(1947년 조사 당시 시가에 의함)
전라북도 학무국 관계	15,780,557	사범학교, 중학교 등 전 13개 학교(1947년 조사 당시 시가에 의함)
전라남도 학무국 관계	6,153,118	중학교, 초등학교 등 전 19개 학교[시기에 관한 기술이 없음]
경상북도 학무국 관계	332,546	중학교, 초등학교 등 전 19개 학교[시기에 관한 기술이 없음]
경상남도 학무국 관계	104,324,464	중학교, 초등학교 등 전 22개 학교(1947년 조사 당시 시가에 의함)
교통부 관계 (철도학교분)	3,000,000	철도학교 기숙사가 해방 직전·직후에 만주와 38선 이북에서 남하한 일본인 전재민의 수용소였던 관계로 파괴된 피해
제주도 학무국 관계	497,550	농업학교, 중학교 2개 학교(1947년 조사 당시 시가에 의함)
합계	232,398,883	

② 부정 파괴 또는 소모에 의한 피해

이어서 둘째 요구 항목은 〈부정 파괴 또는 소모에 의한 피해〉였다. 『배상조서』는 이 요구와 관련해 그 내용을 전쟁 중, 일본정부가 전쟁 목적 완수를 위하여 각종 군용 시설의 건설 및 기존 시설을 철거하여 군수품으로 전용한 것, 또 방공(防空) 목적을 위해 일반 주민의 가옥들을 소개(疏開)한 것, 그리고 각종 불필요한 방공 시설의 건설 등을 위하여 불필요한 공사, 기존 시설의 철거, 소개 등을 한 것에 따른 피해보상 요구라고 밝히고 있다.

그러나 상세한 내용을 보면 이 요구의 성격은 사실상 첫째 항목과 지극히 유사한 것임을 알 수 있다. 그 구체적인 요구 내역은 표2 – 23과 같다.[80]

표2 – 23에서 제시한 바와 같이 이들 세부항목 속에는 구왕궁과 관련해 동물의 독살, 모기 족출(簇出)에 따른 피해보상 요구 등 일반적인 시설 파괴와 약간 그 성격을 달리하는 것도 포함되어 있다. 그러나 각 도별로 정리된 이들 세부항목 요구의 실태가 사실상 전쟁 수행에 따라 공출된 자원의 가치 상실, 자재의 손실, 불필요한 공사에 들어간 비용, 철거에 따라 잃게 된 자산 가치 등의 원상복구 비용을 회수하려는 것이었음은 틀림없다. 즉 〈부정 파괴 또는 소모에 의한 피해〉 요구 역시 일본과의 교전에 따라 발생한 교전 피해나 일본군이 강요한 공출, 공사, 철거 등에 대한 정치적 책임을 추궁하는 것이 아니라, 같은 '일본'으로서 전쟁 수행을 위해 사용됨에 따라 실제 발생하게 된 비용의 회수만을 요구하는 것이었다. 그러므로 물적 피해에 관한 두 번째 요구 역시 첫째 항목과 같이 원상복구 비용의 '반환'을 요구하는 것이었다고 말할 수 있다.

---

80 위의 조서, 359~489쪽에서 정리. 단 360쪽의 일람에는 교통부 관계 및 총액의 수치가 잘못 표기되어 있으나 교통부 관계 요구가 산출된 367~377쪽의 내용에 따라 고쳐 표기했다.

표2-23 부정 파괴 또는 소모에 의한 피해 관련 요구 내역

세부항목	금액(엔)	비고
구왕궁 관계	956,460,000	수류(獸類) 독살, 조류 사료 무배급, 문류(蚊類) 족출, 열대 식물 처분
임야 피해 복구비	5,826,360,000	군용으로 송근(松根), 탄(炭), 기타 자재의 무질서한 채취로 인해 황폐화된 임야의 복구, 사방(砂防) 공사비 등
교통부 관계	4,062,288,242	• 강제사용 중의 한국선박 파손 • 강제사용 토지 피해 • 부정 소각 도부(圖簿) 복구비 • 전시 중의 공습, 폭발, 또한 종전 직후 일본인에 의한 불법 파괴, 방화 등으로 인한 시설(등대, 건물, 교량, 수도 (隧道), 부두 등) 복구비 • 철거 선로 복구비 • 불필요한 방공 시설 제거 비용 • 소개로 인하여 파괴 또는 이전된 시설 복구비 • 소개로 인하여 파괴 또는 분실된 물품 피해 • 해방 직후 미군정으로의 사무 인계 당시 장부와 대조하여 부족한 물품
서울시 관계	156,312,718	군기 제작 등을 위해 무상으로 회수한 철재(鐵材) 1504톤, 방공호 매설 공사비, 소개 건물 미불금
경기도 관계	4,220,805	교량난간(欄干), 시설물 철거로 인한 피해, 불필요한 방공 시설 및 기타 공사 피해, 소개 건물 대금 미불금
충청남도 관계	3,400,787	시설물 철거로 인한 피해, 불필요한 시설(부여신궁 참도) 및 공사 피해, 내선일체를 위해 신궁을 건설하고 부여시를 신도로 건설하기 위한 건물 강제 이전으로 인한 피해
충청북도 관계	1,203,190	교량 시설물 철거로 인한 피해, 방공 시설 철거 비용
전라북도 관계	2,919,290	교량난간 시설물 철거 피해
전라남도 관계	5,145,170	교량난간 철거 피해, 건물 철거 피해, 지방도로 개수(改修) 공사 궤지(潰地) 원상복구 비용, 기타(방공호, 신사 조성 공사)
경상남도 관계	23,397,442	군사 시설로 인한 피해 원상복구비, 신사 축지(築地) 원상복구비, 방공호 공사 및 방공진지 원상복구비, 소개 건물 보상비, 교량난간 및 기타 철재 회수로 인한 피해
제주도 관계	13,904,892	불필요한 도로 신설로 인한 피해
합계	11,055,612,536	

단, 표면상 『배상조서』는 이 요구와 관련해 "불필요한 공사, 기존시설의 철거, 또는 소개 등은 전부가 그들의 일방적 의사에 의한 불법"[81]이라고 규정하고 있다. 아울러 『배상조서』는 예를 들어, 충청남도 관련의 요구에서 내선일체를 위해 부여신궁을 건설하고 부여시를 신도(神都)로 건설하기 위해 건물을 강제로 이전한 것 등을 문제시하고 있다. 즉 한국정부는 이 요구와 관련해 불법성이나 식민지 통치의 성격을 부각하고 있다.

그러나 상술한 바와 같이 이 실질적인 요구 대상이 불필요한 공사, 기존시설의 철거, 또는 소개 등으로 인해 발생한 파괴의 원상복구 비용이었음을 감안하면 이 항목과 관련해 나온 '불법' 또는 '내선일체' 등의 기술이 다른 청구 의도를 드러내기 위한 것은 아니었음이 틀림없어 보인다. 즉 이것은 전쟁 수행을 위해 한반도에 대해서도 국가총동원법을 적용하여 일본이 자행한 행동을 합법화한 것에 대한 불법성을 추궁하거나, 더 나아가 그것을 가능케 한 식민지 통치 자체의 불법성에 대해 정치적 책임을 묻는 것이 아니었다. 그 점은 사실상 똑같은 성격의 요구인 첫째 항목 〈일본군 점유, 사용에 의한 피해〉에서 특별히 '불법'이라는 말을 사용하지 않고 있는 점에서도 엿볼 수 있다.

이와 같은 의미에서 이 요구 항목에 사용된 '불법'에 특별히 무게를 두는 것은 적절하지 않으며[82] 이 요구 역시 반환적인 것에 불과함은 변함이 없다.

③ 기타

다음 〈기타〉로 정리된 물적 피해의 세 번째 범주에 속한 구체적인 세부항목은

---

81 위의 조서, 360쪽.

82 『배상조서』에 표현된 '불법'은 예를 들어 교통부 관련에서 제기된 일본인에 의한 파괴, 방화 행위 등, 식민지 지배라는 국가적인 차원에서의 문제가 아니라 '불법'으로 간주되는 일부 범죄 행위에 대응한 개념이었을 가능성도 있다.

표2 - 24와 같다.[83] 이 요구는 〈기타〉로 정리되어 있는 만큼, 각 세부항목의 요구 근거에는 약간 차이가 있다.

첫째 〈수산 관계 공공단체 피해〉 요구는 폭격으로 인한 건물 및 비품 파괴 등에 대한 보상 요구였다. 위에서 고찰한 물적 피해의 둘째 요구인 〈부정 파괴 또는 소모에 의한 피해〉에도 교통부 관계로서 '공습'에 따른 피해가 포함되어 있는데 이 역시 사실상 같은 요구라고 봐도 무방하다.

『배상조서』는 폭격의 주체를 명시하지 않고 있으나 내선일체화 당시 일본이 한반도를 폭격, 공습할 리가 없으므로이 요구가 전시 중 한반도 남부에 있었던 미국의 폭격으로 인한 피해를 의미하는 것임은 의심의 여지가 없다. 미국의 폭격으로 인한 피해보상을 일본정부에 청구하려는 것은 정치적인 의미를 띤다. 물론 이것은 일본이 개시한 대미전쟁에 한반도를 휘말리게 한 일제강점의 책임을 부각하려는 것이 틀림없을 것이다.

그러나 그 요구 내용의 실태는 파괴된 건물, 비품의 비용을 회수하려는 것에 불과하며 폭격을 겪게 한 대미전쟁의 책임이나 더 나아가 같은 '일본 영토'로서 폭격을 맞게 한 한일병합의 책임 자체를 문제로 삼은 것이 아니었다. 따라서 이 요구 내용은 위에서 고찰한 기타 전쟁 관련 피해 항목들과 마찬가지며 실제 발생한 파괴에 대한 비용만을 요구하고 있다는 의미에서 '반환'적인 것임은 덧붙여 말할 나위도 없다.

다음 〈기업정비령에 의한 피해〉는 전쟁 수행을 위해 일본이 취한 자의적인 정책과 관련된 요구였다. '기업정비령'은 전쟁기인 1942년 5월, 경제통제 정책의 일환으로 같은 업종의 기업들을 통합, 재편함으로써 국가 관리를 강화하

---

83 위의 조서, 489~501쪽에서 정리.

표2-24 물적 피해 중 〈기타〉 항목 관련 요구 내역

세부항목	금액(엔)	비고
수산 관계 공공단체 피해	10,331,400	전쟁 중 폭격으로 인해 파괴된 수산 관계 공공단체, 회사 및 공장의 건물과 비품 피해(1944~1945)
기업정비령에 의한 피해	18,555,124	군수품 확충을 목적으로 한 '기업정비령'으로 인해 해체된 해당 기업의 시설이 염가(廉價)로 처분된 것에 대한 피해와 '정비' 이후 해방까지의 조업 불가능으로 인한 손해
단양 광산 '리삼운모' 광석 대금[84]	7,083,036	한국인이 소유한 동 광산을 총독부가 주요 광물 생산령을 악용하여 일본 기업인 '일본희유금속주식회사'에 채취사업을 시켰으나 한국인 소유자는 그 부당성을 이유로 그 대금 수령을 거절했다. 해방 후 그 광산은 귀속 재산이 되었으나 1941년 7월부터 1945년 8월까지 일본이 불법적으로 채취한 광석의 대금
부산수산대학	1,215,500	동 대학 건물 신축 공사 대금을 전액 일본 기업에 선불했으나 해방으로 인해 공사가 미완료되었으므로 그 미완성 공사에 대한 피해보상
교통부 관계[85]	825,631	일본군에 대여한 물품 회수, 일본인에게 지급한 가공 재료의 미납금(본사가 한국에 있는 기업은 제외)
합계	38,010,686	

기 위해 내려진 조치였다. 그 법령은 같은 해 6월 한반도에도 적용되었다. 이 요구는 임의적인 법령에 따라 한국의 관련 기업들이 입은 피해의 보상을 요구하려는 것이었다는 점에서 어느 정도 정치적인 의미를 지닌다. 그러나 실제 제기된 요구 내용은 통합 시, 시세보다 염가로 처분된 것에 따른 차액과 기업 정리 이후 영업하지 못했던 것에 따른 소득 상실의 충당을 요구하는 것이며, 그 법령의 시행 자체를 추궁하거나 더 나아가 그것을 가능케 한 식민지 통치

---

84 위의 조서, 326쪽의 일람표에는 해당 항목의 금액이 7,083,030엔으로 되어 있으나 여기서는 499쪽의 값을 따랐다.

85 마찬가지로 위의 조서, 326쪽의 일람표에는 해당 항목의 금액이 825,632엔으로 되어 있으나 여기서는 501쪽의 값을 따랐다.

의 책임 자체를 문제로 삼으려는 것은 아니었다.

또 〈기타〉의 셋째 이하 요구 항목 내용은 사실상 2부의 확정채권 요구와 전혀 다를 바 없는 것이었다. 〈단양 광산 '리삼운모' 광석 대금〉은 한국인 소유 광산의 광석을 일본이 채취한 것에 대한 대가 환불, 〈부산수산대학〉은 건물 공사가 중단되었음에 따라 이미 선불했던 공사비의 회수, 그리고 〈교통부 관계〉는 대여 물품의 반납 및 가공 재료의 미납금에 대한 회수 요구였다. 이들이 비교적 단순한 대일채권의 회수 요구였음은 분명하다.

이상 물적 피해의 세 번째 범주인 〈기타〉에 속한 세부항목들은 그 요구 내용 및 배경에서는 약간 차이가 있었으나 '반환'적인 요구라는 의미에서는 역시 공통적이었다고 말할 수 있다.

(3) 8·15 전후 일본인 관리 부정행위에 의한 피해

이상 고찰한 인적 물적 피해에 이어, 『배상조서』가 3부 전쟁 관련 피해로 제기한 셋째 항은 〈8·15 전후 일본인 관리 부정행위에 의한 피해〉였다. 이것은 해방 전후의 혼란기, 관련 기관의 일본인 책임자가 각종 명목으로 일본인 직원들에게 부정 지출한 공금이나, 관용 물품을 부정 매각하고 착복한 물품 대금 등을 요구하는 것이었다. 그 구체적인 세부항목은 표2-25와 같다.[86]

표2-25에서 명시한 바와 같이 각 부처 및 기관별로 정리된 그 세부항목들의 요구 내용은 기본적으로 똑같다고 간주해도 무방하다. 즉 대상 기관이 달라도 그 요구 내용은 모두 각 기관의 관리자 및 경영자들이 물품의 매각 대금을 착복하거나, 각 기관의 공금을 급여, 상여 등으로 지불한 것, 또 일본 귀환을 위한 여비, 하물 정리 비용, 심지어 '해방 기념품' 명목으로 지출한 것들의

---

86 위의 조서, 327~328쪽 ; 502~506쪽에서 정리.

표2-25 8·15 전후 일본인 관리 부정행위에 의한 피해 관련 요구 내역

세부항목	금액(엔)	비고
법무부 관계	1,190,395	부정 지출, 물품 매각
재무부 관계	74,073,137	부정 지출, 선불 급여 및 여비, 위영(慰榮)금, 기타
공보처 관계	551,856	부정 퇴직금 중 미회수금
교통부 관계	153,353,304	공사 대금, 물품 대금, 보조금 기타, 해방 후 영춘(榮春)선 부정 매수를 위한 지불액
남선합동전기 회사 관계	677,042	인양, 하물 정리 등의 가불금, 부정 지출금, 배급 쌀 대금, 여비 지출 등
수리조합연합 회 관계	123,463	한국 내 수리 사업을 위한 국영기관인 동 연합회 회장이 자신 및 부하 직원들에게 특별 상여 명목으로 지불한 것 중 회수하지 못했던 것
농지개발영단 관계	1,616,018	일본인 직원에게 귀향 여비, 해방 기념품, 퇴직 상여금 명목으로 부정 지출한 것
합계	231,585,215	

환불을 요구하는 것이었다.[87]

요구 제목에도 나타나 있듯이 『배상조서』는 이 요구 근거에 관해 그것이 '부정행위'와 관련된 것임을 부각하고 있다. 그러나 어떤 의미에서 부정인지, 또 가령 부정이라고 하더라도 그것이 왜 한국정부의 대일요구가 될 수 있는지 는 일절 설명하지 않고 있다. 즉 공금 횡령 같은 범죄 행위의 경우도 그에 대 한 반환 요구는 일차적으로 관련 기관이 횡령한 자에게 제기할 문제이지 한국

---

87 종전 직후 일본인의 지출이라는 성격은 『배상조서』 2부의 〈(5) 기타 미수금〉 중, 〈⑩ 국 고금〉으로서 제기된 요구 내용과 흡사하다. 『배상조서』는 국고금 관련 요구와 〈일본인 관리 부정행위에 의한 피해〉를 명확히 구별하고 있지 않아, 그 상세한 차이를 이해하는 것은 쉽지 않다. 실제 2부의 요구에도 지출의 '부당성'이라는 뜻이 담겨 있으며 따라서 겹치는 부분이 존재할 가능성도 배제하지 못한다. 그러나 기본적으로 2부의 국고금 관 련 요구는 국고 관련 계좌에서 지출된 것인 데 반해 〈일본인 관리 부정행위에 의한 피 해〉 요구는 그 이외의 지출을 요구하려는 것이었다고 봐도 큰 과오는 없을 것이다.

정부의 대일배상 요구와 직결될 문제는 아니었다.

그럼에도 『배상조서』가 공금 횡령 같은 범죄 행위뿐만 아니라 급여, 상여 등의 지급과 심지어 물품 구입 대금의 지출까지도 일괄 '부정' 행위로 규정하고 그에 대한 환불을 요구하려 한 것은 결국 그것이 전후 조치를 위반한 행동이라는 점에 그 근거를 둔 것으로 보인다.

즉 이것은 8월 9일의 포츠담선언 수락으로 총독부 권한이 정지되었다는 것과 군정령 33호로 인해 8월 9일자로 재한일본인 재산이 모두 주한 미 군정청에 귀속되고 그 후 그것이 한미협정으로 인해 한국정부에 귀속되었다는 것 등을 전제로 한 요구로 봐도 무방할 것이다. 다시 말해 8월 9일자로 일본의 통치 권한이 사라진 데다 이미 일본 자산도 아닌 것을 지출했다는 것이 그 지출의 명목을 막론하고 모두 '부정'이며, 또한 그것은 미 군정청을 거쳐 한국정부의 재산이 되었기 때문에 그 환불을 요구할 수 있는 권리는 한국정부에 있다는 것이 그 요구 근거였다고 풀이된다.

따라서 이 요구는 2부 확정채권처럼 통상적인 경제 거래 등을 통해 가지게 된 원래 한국인의 재산을 환불할 것을 요구하는 것과는 그 성격이 다르다. 그것은 전후 처리의 일환으로서 정치적으로 이루어진 재한일본인 재산의 귀속을 전제로 그 자산의 환불을 요구하는 성격을 띠고 있기 때문에 정치적인 의미를 지닌다.

그러나 동시에 이 요구 역시 유출된 공금, 물품 매각 대금 등의 환불만을 요구하고 있으며 자금을 지출하거나 매각 자체를 행했다는 등, '부정' 행위 자체에 대한 정치적인 책임을 추궁하려는 것은 아니었다. 후술하는 바와 같이 실제 한일회담 개시 후의 청구권 교섭에서도 군정령 33호로 인한 일본인 재산의 귀속과 그에 따른 '부정' 지출이라는 '정치적'인 논리는 대일청구권으로 제기되었다. 즉 군정령 33호 등에 의거한 '정치적'인 요구는 '배상' 요구와 한일회담 개시 후의 '청구권' 요구에 공통적으로 나타나는 것이었다. 따라서 '부정'을 강조한 이 요구 역시 '반환'적인 요구임에는 변함이 없다.

4) 4부 일본정부 저가 수탈에 의한 피해

전 4부로 구성된 『배상조서』가 마지막 4부로서 제기한 것은 〈일본정부 저가 수탈에 의한 피해〉였다. 『배상조서』는 이 4부에 적용되는 통일된 요구 근거를 따로 자세히 설명하고 있지 않으나 동시에 그것을 "강제공출에 의한 손해"로서 묶고 있으므로 이 요구가 한국인의 자발적인 의사와 상관없이 한반도 소재의 물품들을 강제로 공출시켰다는 입장에서 제기된 것임은 분명해 보인다. 그러나 『배상조서』의 성격을 정확히 이해하기 위해서도 그 '강제공출'이라는 표현에는 주의가 필요하다. 먼저 구체적인 요구 내역들을 정리하면 표2-26과 같다.[88]

표2-26에서 명시한 바와 같이 이들 세부항목 요구에는 판매 시가와의 차액이나 생산가격과의 차액, 그리고 철기처럼 공출에 대한 대금 지불이 애초 이루어지지 않았던 것들이 포함되어 있다. 그러한 의미에서 '저가 수탈'로 규정한 산출 기준이 각각 다른 측면이 있음은 사실이다. 그러나 피해액 산출의 기준이 시가이건 생산가격이건 아니면 아예 미불로 공출시킨 것이건 간에 이것이 통상적인 상태이면 보다 많은 가치를 보유할 수 있는 물품을 전쟁 수행을 위해 그 이하의 가치로 강제적으로 공출시킴에 따라 한국이 손해를 보게되었다는 데에 그 요구 근거를 둔 점은 공통적이었다. 이들 요구가 '저가 수탈'

---

88 『對日賠償要求調書』, 507~517쪽에서 정리.

표2-26 일본정부 저가 수탈에 의한 피해 관련 요구 내역

세부항목	금액(엔)	비고
축우(畜牛)	203,546,920	군수용, 지방 부대용, 만주·일본 수출분에 관한 당시 시가와의 차액(1941년~1945년까지의 실적)
우피(牛皮)	33,659,920	군수용에 한하며 당시 시가와의 차액(1939년~1945년)
군수용 건초(乾草)	39,150,185	군수용이며 생산비용과의 차액(1937년~1944년)
면화(棉花)	984,027,100	시가와의 차액(1939년~1945년)
임산물	498,811,677	군수용에 제공하기 위한 임산물, 송근(松根), 탄유(炭油) 등 자재의 생산가격과의 차액[기간표기 없음]
철기	89,684,635	조선인 가정에서 사용하던 철기를 전쟁 목적 수행에 사용하면서도 지불하지 않았던 대금이며 가격은 공출 당시의 공정가격(1940년~1945년)
합계	1,848,880,437	

로 묶인 이유가 바로 여기에 있다.

그러나 이 '저가 수탈'과 관련된 요구 내용이 그 공출의 강제성 자체를 추궁하기 위한 정치적인 피해보상 요구가 아니라 통상적인 시장가격이나 생산가격과의 결손, 또는 대가 없이 징수된 결과 발생한 가치 상실 등의 보충만을 요구하려고 하는 점에서 이 역시 '반환'적인 것이었다.

4부와 관련해 무엇보다 주의해야 하는 것은 이 항의 표제가 '저가 수탈'로 표현됨으로써 전쟁에 기인한 피해의 보상을 요구한 3부의 범위를 넘어 바로 전쟁기에 그치지 않는 식민지 지배 자체에 대한 피해보상 요구를 제기하는 항목들로 간주되기 쉽다는 점이다. 그러나 표2-26에서 제시한 세부항목들을 보면 결국 이 요구 역시 전쟁 수행에 따른 피해에만 그 요구 범위를 한정하고 있음을 쉽게 알 수 있다.

실제 여섯 개 항목으로 나누어진 각 세부항목의 요구 시기는 길어야 1937년의 중일전쟁 발발 이후로 되어 있다. 『배상조서』는 그 속에 담긴 임산물에 대해서는 직접 대상 시기를 명시하지 않고 있으나 '군수용에 제공하기 위한' 것임을 밝히고 있으므로 동 요구 역시 전쟁 중, 그 수행을 위한 공출 부분을 대상으로 한 것임은 틀림없다.

따라서 비록 직접적인 언급이 없어도 4부의 요구 역시 전쟁 관련 요구에 그 제기 내용을 한정한 것임을 알 수 있다. 다시 말해 『배상조서』는 본격적인 전쟁 동원 체제 이전부터 시작되어 식민지 통치의 상징으로 여겨져 온 미곡 등의 저가 공출 피해를 애초 제외하고 있었던 것이다.

'저가 수탈'을 문제로 삼으면서도 한국정부가 왜 전쟁 개시 이후만을 그 요구 대상으로 했는지에 대해, 『배상조서』는 일절 밝히지 않고 있다. 그러나 그 이유는 추측 가능하다. 미국의 대일정책이 무배상 정책으로 돌아서는 가운데 그 영향을 차단하고 대일'배상'을 실현하기 위해서는 그 요구는 '반환'적인 것이어야 했다. 바로 이 점은 1장에서 언급한 바와 같이 『배상조서』 제출에 즈음하여 그것이 '반환'적인 것임을 강조한 임병직의 발언에 잘 나타나 있다. 따라서 해당 요구 내용은 미국이 주역이 된 교전기, 일본이 임의적으로 공출시킴에 따라 발생한 가격 차이 등의 보충에만 그 요구를 한정할 필요를 느꼈을 것이다.

다시 말해 대미전쟁의 발발 이전에 한반도 통치의 행정적인 정책으로서 실시된 이른바 산미증식계획이나 그에 따른 미곡 등의 저가 수출을 추궁하는 것은 식민지 통치의 책임 자체를 추궁하는 의미를 지닐 수밖에 없었다. 그것은 결국 행정 책임을 추궁하는 것으로서 스스로 관여한 전쟁과 관련해서도 무배상으로 처리할 것을 구상하게 된 미국에게는 식민지 지배 자체의 책임을 건드리는, 즉 '반환'적인 성격을 근본적으로 벗어나는 요구로 비칠 수밖에 없었다. 실제 미국의 대일배상 정책이 본격적으로 전환되기 전, 전쟁 처리의 성격이 민족의 해방이라는 성격에 있다는 점에 근거하여 대일처리를 구상한 이상덕 배상론에서는 전쟁기에 한정되지 않는 '미곡'의 저가 반출과 관련된 요구가 포함되어 있었다.[표1 - 1]

적어도 한국의 입장에서는 식민지 통치 자체의 피해를 뜻할 수 있는 〈일본 정부 저가 수탈에 의한 피해〉를 일부러 거론하면서도 결국 전쟁 발발 이후에 시행된 공출정책과 관련한 가격 차액에만 그 요구 범위를 한정한 사실은 중요하다. 이것은 바로 미국이 대일무배상 정책으로 돌아서는 가운데서도 대일배상을 실현하기 위해 요구의 성격을 '반환'적인 것으로 해야만 했던 사정을 상징적으로 나타내고 있다고 하겠다.

3. 대일배상 요구의 변용

1) '반환'적 요구 이외의 항목 삭제

이상 연합국에 의한 대일배상 문제의 처리를 내다보면서 한국정부가 작성한 『배상조서』의 내용을 상세히 분해했다. 크게 나누어 4부로 구성된 『배상조서』 속에는 수많은 세부항목들이 포함되어 있으며 그에 따라 요구의 근거나 내용에 각각 차이가 있는 것은 사실이다. 즉 그 요구 내용에는 단순한 민간의 재산권을 뜻하는 것부터 전후 미국의 재산 처리 정책이나 전쟁 피해, 그리고 식민지 통치를 배경으로 하는 것 등 일정한 차이가 존재했다.

그러나 그들 요구가 전쟁 수행 자체나, 전쟁과 관련해 취해진 각 조치들, 그리고 식민지 통치 자체의 책임을 추궁하려는 것이 아니라 실제 생긴 재산상의 손실을 보충할 것만을 요구하고 있었다고 판단되는 점에서 그것들은 모두 '반환'적인 요구였다. 『배상조서』는 그러한 의미에서 교전 피해 등 실제 발생한 비용에 구속되지 않고 정치적으로 이루어지는 '배상' 요구가 아니라 후술하는 한일회담 개시 후의 '청구권' 요구에 훨씬 가까운 성격을 띠고 있었다. 즉 그것들은 1장에서 인용한 임병직이 말하는 '정신적 손실'에 대한 보상을 요구하는 것이 아니었다.

표2-27 이상덕 배상 구상과 『배상조서』의 대응 관계

	이상덕 배상 구상의 항목 내용	『배상조서』 해당 항목
(1) 약탈에 의한 손해	a) 문화재 반환 또는 보상	1부
	b) 군, 신사 건축 등에 헌납된 금전, 물건의 반환 또는 보상	3부 〈(2) 물적 피해〉
	c) 공출, 금속회수령으로 인한 귀금속 등의 반환 또는 보상	3부 〈(2) 물적 피해〉 및 4부
(2) 강제로 동원된 금차 전쟁의 결과 피한 손해	a) 군인·군속의 사망, 질병, 불구 등에 대한 수당, 은급 및 보상	3부 〈(1) 인적 피해〉[89]
	b) 직접적인 전투, 군사행위로 인한 사망, 상해 등의 손해	–
	c) 징용근로봉사 또는 보국대 명목으로 강제노동의 희생이 된 자 및 생존 피부양자의 손해	3부 〈(1) 인적 피해〉
	d) 군사 목적을 위한 물적 파괴, 몰수, 훼손	3부 〈(2) 물적 피해〉
(3) 학대강폭에 의한 손해	a) 민족 차별로 인한 대우 차별 손해	–
	b) 가문, 인권, 창씨개명 등 손해	–
	c) 종교, 신앙, 사상, 학문의 자유 억압 손해	–
	d) 언론, 출판, 집회, 결사 등 억압 손해	–
	e) 이민, 인구 정책에 따른 추방 손해	–
(4) 해방 직후의 시설·공장·부동산·재고품 등의 파괴, 소각, 매장, 훼손. 또 경비의 부정 지출, 급여 과불 손해		3부 〈(3) 8·15 전후 일본인 관리 부정행위에 의한 피해〉
(5) 전시 중 작전 목적으로 사용된 선박·차량·기타 수송기관의 상실, 파괴, 훼손에 대한 보상		3부 〈(2) 물적 피해〉
(6) 미곡 강제 반출의 보상		–
(7) 일군 100만 명의 양병비		–
(8) 전시 중, 전비 염출 목적으로 강제 징수된 과세, 부금, 벌금 등		–
(9) 반출 지금의 현물 반환		1부 〈(1) 지금·지은〉
(10) 전후 혼란으로 상실 또는 손실한 본방인의 해외 재산의 보상		1부 〈(2) 해외 부동산, 동산, 비품 등〉

주석 : –는 해당 기술이 없음을 뜻함.

실제 이와 같은『배상조서』의 성격은, 1948년 초쯤까지 한국정부 관계자 간에 공유되어 있었다고 여겨지는 이상덕 배상론과 비교할 때 보다 명확해진다. 그 점을 확인하기 위해 1장에서 고찰한 이상덕 배상 구상의 내용[표1 - 1]과『배상조서』의 내용을 대조하면 표2 - 27과 같이 정리할 수 있다.

이상덕이 밝힌 대일배상 구상은 그야말로 구상 단계에 머무르고 있으며 반드시 체계화된 것은 아니므로 자료상 세부항목까지 파고드는 정확한 대조는 불가능하다. 그러나 표2 - 27에서 제시한 바와 같이 이상덕 배상 구상에 포함된 요구 중, 개념적으로 판단해『배상조서』의 요구 범위에서 제외된 것은 (2) - b), (3)의 모든 항목, 그리고 (6), (7), (8)이라고 해도 과오는 없을 것이다.

일견 다양해 보이는 삭제 항목들을 신중히 고찰하면 거기에 일정한 공통점

---

89 앞서 전쟁 피해와 관련된『배상조서』3부의 첫째 항 인적 피해의 고찰 시에 언급한 바와 같이『배상조서』에는 군인·군속이 직접적으로 포함되지 않았다고 판단된다. 그 경우 이상덕 배상 구상에 있었던 군인·군속 피해에 대한 요구는『배상조서』에는 포함되지 않았다고 평가하는 것이 맞다. 그러나 앞서 논한 바와 같이『배상조서』작성 시기, 한국정부는 징용 노무자 문제와 더불어 군인·군속 관련 청구권 문제의 조사, 해결 등을 요청하고 있었다. 또 후술하는 바와 같이 군인·군속 관련 요구 중 군인은급이나 사망, 부상 등에 따른 보상 요구는 한일회담 청구권 교섭에 들어가서 확실히 포함되었다. 그러한 점을 고려해도『배상조서』가 '반환'적인 것이 됨으로써 그 군인·군속 관련 요구가 필연적으로 제외되어야 할 이유는 없다고 판단되기 때문에 개념적으로 충분히 포함된다고 판단해, 여기서 해당 항목으로서 분류했다.
   하나의 추측에 불과하나『배상조서』에서 군인·군속 관련의 은급, 보상 등이 제외된 것은 전후 군인·군속을 둘러싼 보상 조치의 흐름에 영향을 받았을 가능성이 있다. 즉 전투 참가에 따른 사망, 부상과 관련된 수당, 은급 등의 법적 근거가 되던 군인은급 제도는 1946년 1월, 연합국에 의해 일부 중증(重症) 부상자에 대한 상병(傷病)은급을 제외하고 일단 폐지되었다. 그것이 부활한 것은 일본의 주권 회복 후 1953년 8월의 일이다. 아울러 군인은급이 정식으로 부활되기 전에 군인·군속도 포함해 전쟁 동원 사망, 부상자에 대한 보상의 길을 연 전상병자전몰자유족등원호법이 제정된 것 역시 1952년 4월 28일의 일이다.
   다시 말해『배상조서』가 작성된 1949년 시점에는 사망, 부상한 군인·군속에 대한 보상 조치를 취하는 데 필요한 법적 근거가 일시적으로 존재하지 않았다. 그 성격을 '반환'적

이 있음을 발견할 수 있다. 즉 그것은 논리적으로 추측해, 『배상조서』가 '반환'적인 요구만을 모으게 된 데 따른 변용이라고 평가해도 큰 착오는 없을 것이다.

먼저, 제외된 (2)-b) 항목은 강제로 동원된 자 중, 전투 또는 군사행위로 인해 사망하거나 상해를 입은 경우에 대한 피해보상 요구였다. 그 의미를 이해하는 데 여기서 염두에 두어야 하는 것은 이와 지극히 유사한 세부항목인 (2)-a)가 '반환'적인 요구로서 작성된 『배상조서』이후 청구권 교섭으로 옮아가는 과정에서도 유지된 점이다. 즉 강제로 동원된 한국의 군인·군속의 사망, 부상에 따른 수당, 은급, 보상 등을 요구하는 (2)-a)가 '반환'적 요구가 된 후에도 존속된 데 반해 동 (2)-b) 항목은 『배상조서』에서 제외되었다. 이러한 차이는 왜 생겼는가?

(2)-b)는 단지 전투 또는 군사행위에 의한 사망, 상해 등의 피해에 대한 보상을 요구하는 것으로 규정되어 있을 뿐, 그 요구의 실태는 파악하기 어려운 부분이 있다. 그러나 문맥상 기본적으로 다음 두 가지 범주와 관련된 보상 요구였다고 해석해도 무방할 것이다. 첫째는 유사 항목인 (2)-a)가 그 요구의 대상을 군인·군속으로 명시하고 있는 점으로 미루어, (2)-b)는 그 이외의 신분에서 전투나 군사행위에 휘말려, 사망 또는 부상하게 된 한국인들을 대상으로 하는 보상 요구라는 점이다. 또 하나는 이것이 '강제로 동원'된 것을 강조하는 항목에 들어가 있는 점으로 미루어, 원래 외국인인 한국인을 군인·군속으로서 강제로 전투나 군사행위로 몰아가고 그 결과 사망 또는 부상에 이르게

인 것으로 함으로써 배상의 실현을 담보하려 한 한국정부로서는 그 법적 근거가 상실됨에 따라 일본인들에게 적용되지 않는 보상 요구를 제기하는 것은 어려웠다. 바로 그것이 군인·군속 문제가 『배상조서』에서 제외된 이유일 수 있다.

한 것 자체에 대한 보상 요구라는 점이다.[90]

이상덕 배상 구상에 같이 포함된 (2)-a)가 그 후에도 유지된 것과 대조적으로 (2)-b)는 사라지게 된 이유가 바로 여기에 있다고 생각할 수 있다. 즉 첫 번째 해석과 관련해 전후 군인·군속 같은 '제도권'에 속한 사람의 사망, 부상에 대한 은급, 수당, 기타 보상 등의 권리는 군인은급, 미복원자(未復員者)급여법, 그리고 그 후 전상병자전몰자유족등원호법(이하 원호법으로 약기) 등에 의해 법적으로 보장된 데 반해 그 이외의 지위에 있었던 사람들의 사망, 부상에 대해서 보상이 이루어지는 일은 일본인에게도 없었다.[91] 또한 두 번째 해석의 경우도 한국의 입장과 달리 한일병합을 합법으로 주장하는 일본에게 당시 '일본인'이었던 한국인들을 일본 군인·군속으로 동원하는 것은 합법이며 따라서 외국인인 한국인을 전쟁으로 몰아갔다고 하는 보상 요구는 애초 법적 근거를 결여한 것이었다.

다시 말해 같은 '배상'이라도 결과로서 발생한 군인·군속의 사망, 부상을 대상으로 한 (2)-a) 요구가 관련 법규에 따라 그 지불을 받을 수 있는 일종의 '채권'을 의미하는 데 비해 (2)-b)는 그 두 가지 가능성 중 어느 쪽 해석을 고려해도 그에 부합하는 국내법상의 법적 근거가 없었다. 이것은 국내법에 기초

---

90 여기에는 일제강점기 일본군을 상대로 전투한 일부 한국인의 사망, 부상 피해에 대한 배상, 즉 국제법상의 교전 피해에 대한 배상을 요구하는 것이 포함되었을 가능성도 상상할 수 있다. 그러나 이 요구가 '강제로 동원된 피해' 속에 들어가 있는 점으로 미루어, 기본적으로 그 가능성은 낮아 보인다.

91 군인·군속 등에 대한 처우의 일람은 「日韓会談における韓国の対日請求8項目に関する討議記録」, 外務省日韓会談公開文書(문서번호 1914), 132쪽 뒤의 주석(원문은 132쪽과 133쪽 사이에 들어가 있음). 그 속에는 군인·군속 이외의 일부 신분으로 전쟁에 말려들게 된 사람의 처우도 포함되어 있으나, 예컨대 만주개척청년단처럼 그것 역시 다른 정책에 따라 '제도권'의 자격을 가지고 전쟁에 관여하게 된 사람들을 대상으로 한 것이다.

해서 그 지불이 '이미' 보장되어 있는 '채권'의 문제라기보다 바로 교전국가 간에 처리되는 정치적인 '배상' 요구에 가까웠다. 『배상조서』가 '반환'적인 성격의 요구에만 그 범위를 한정해야 하는 조건하에서 (2)-b) 요구는 그것을 유지하는 것이 매우 어려운 성격의 요구가 된 것이다. 이 점은 관련 법규에 따라 일본인에게 적용되는 법적 근거를 가진 노무자 관련의 요구인 (2)-c)가 그 후에도 유지된 점에서도 엿볼 수 있다.

이와 같은 성격은 〈(6) 미곡 강제 반출의 보상〉 요구가 제외된 것과도 공통점을 가지고 있다. 이미 언급한 바와 같이 『배상조서』에는 이와 유사한 요구로서 4부 〈일본정부 저가 수탈에 의한 피해〉가 존재했다. 그러나 이것은 전쟁기의 공출에 따라 발생한 차액 피해에 대한 보상만을 요구하는 것이었으며 전쟁과 직접적으로는 무관한 식민지 통치의 피해에 대한 보상을 요구하는 것은 아니었다. 이상덕이 구상한 〈(6) 미곡 강제 반출의 보상〉 요구는 바로 1920년대에 개시됨에 따라 식민지 통치의 상징으로 여겨져 온 산미증식계획 등에 따른 미곡의 일본 수출을 문제로 삼은 것이었으며 이 점에서 『배상조서』는 바로 그 식민지 통치 피해의 상징을 배제한 셈이었다.

『배상조서』는 1920년대에 개시된 미곡 저가 수출을 제외한 이유를 직접 밝히지 않고 있으나 그 이유는 상술한 연합국의 대일전쟁 처리와 연동된 것으로 봐도 과언이 아닐 것이다. 즉 미국의 대일배상 정책이 무배상으로 선회하는 조건하에서 작성된 『배상조서』는 비록 일제강점기라고 하더라도 전쟁 발발 이전의 시기에 경제, 사회정책의 일환으로서 실행된 미곡 수출의 행정 책임을 추궁하는 것은 어려웠다. 그것은 일본에 의한 한반도 병합을 인정한 미국에게 '반환'적인 성격을 근본적으로 벗어나는 요구였다.

『배상조서』가 4부에서 그와 유사한 개념의 요구를 제기하면서도 결국 전쟁과 관련된 저가 공출로 인해 실제 발생한 실손 부분만을 포함한 것은 바로 요구의 성격을 '반환'적인 것에만 한정해야 하는 당시의 사정이 짙게 반영된 결과로 봐도 틀림없을 것이다.

이상덕이 "우리나라 국민경제와 생활자원에 속하는 막대한 물자의 강탈적 보급"[92]이라고 역설한 〈(7) 일군 100만 명의 양병비〉가 제외된 것 역시 같은 맥락에서 이해할 수 있다. 이상덕이 말한 '양병비'는 한반도에 주류한 일본군의 유지를 위해 들어간 비용의 회수를 요구하는 것이었다. 『배상조서』에도 그와 유사한 요구로, 전쟁 피해와 관련된 3부 중 물적 피해에 전쟁 중, 일본이 자의적으로 사용, 개조, 소개 등을 함에 따라 생긴 피해에 대한 보상 요구가 들어가 있었다. 따라서 이들 요구는 표면적으로 같은 '반환'적인 성격을 지니고 있다.

그러나 『배상조서』에도 남게 된 물적 피해에 대한 보상 요구가 전쟁 수행을 위해 일본군이 각종 조치를 통해 발생시킨 손실 재산의 원상복구 비용만을 제기하는 것이었던 데 반해 '양병비'는 한반도에 주류한 일본군 유지 비용의 회수를 뜻하는 것이었다. 그것은 반드시 전쟁기에 한정되는 것이 아닌 데다, 당시 '일본 영토'였던 한반도가 부담한 일본군의 유지 비용은 사실상 국민이 납부하는 세금과 같은 성격을 지녔다. 따라서 그 환불 요구는 의무로 지불한 세금의 반환을 요구하는 것과 사실상 같은 성격을 지녔다. 그것은 단순한 '반환'의 범주를 넘어, 바로 한반도에 대한 '합법적' 통치를 근본적으로 부정하는 지극히 정치적인 의미를 동반했다. 결국 『배상조서』가 그 요구를 제외한 것은 비록 그것이 표면적으로는 '반환'적이라고 하더라도 실제로는 일본에 의한 한반도 통치의 근간을 건드리는 정치적인 의미를 지니고 있었기 때문이라고 해석해도 큰 과오는 없을 것이다.

---

92 李相德, 앞의 논문, 34쪽.

실제 이러한 성격은 다음 〈(8) 전시 중, 전비 염출 목적으로 강제 징수된 과세, 부금(賦金), 벌금 등〉 요구가 『배상조서』에서 삭제된 점을 보더라도 알 수 있다. 이상덕은 그 요구와 관련해 "전시 중 일본이 전비 염출의 목적으로 강제 징수한 과세, 부금, 벌금, 기타 이에 유(類)하는 피해 일절"[93]이라고 설명하고 있으므로 문맥상 이 요구가 한국인이 징수당한 세금, 부금, 벌금 등을 요구하려 한 것이었음은 틀림없다.

표면상 『배상조서』에서도 세금 문제는 거론되어 있었다. 그러나 주의해야 하는 것은 『배상조서』 2부 확정채권 중 〈(5) 기타 미수금〉에 담긴 그 세금 문제는 이상덕이 제기한 세금 문제와는 정반대의 성격을 지닌 요구였다는 점이다. 즉 〈(5) 기타 미수금〉 중 셋째 항목으로서 제기된 미납세금 문제는 한국인이 징수당한 세금의 반환이 아니라 한반도에 거주한 일본인들의 미납세금을 회수하려는 것이었다. 다시 말해 이상덕이 구상한 요구가 전비 목적을 위해 일본이 한국인으로 하여금 납부하게 한 세금의 환불을 요구하려 한 것인 데 비해 『배상조서』는 일본인이 납부해야 했던 미납세금의 환수를 요구하는 것이었다. 같은 세금 문제인데도 그 요구의 방향이 정반대가 된 사실은 이상덕 배상 구상으로부터 『배상조서』로의 이행 과정의 성격 변화를 여실히 보여 주는 대목이라고 평가할 수 있을 것이다.

즉 이상덕 배상 구상이 밝힌 한국인이 징수당한 세금 등의 환불 요구는 정치적으로 매우 강력한 메시지를 발신하는 것이었다. 주지하다시피 세금 징수는 주권 국가가 가진 가장 기본적인 권한이며 따라서 그에 대한 환불 요구는 바로 국가가 가지는 핵심 권한을 부정하는 것으로서 사실상 일제 통치 자체의 합법성을 부정하는 것을 뜻했다. 반면에 당시 한반도에 거주한 재한일본인들

---

93 위의 논문, 34쪽.

이 그 납세 의무를 이행하지 않아 생긴 미납세금의 회수를 요구하는 『배상조서』의 사고는 사실상 일제 통치의 합법성을 전제로 하면서 그 납세 의무의 이행을 촉구하는 것에 불과했다.

바로 『배상조서』가 세금 문제를 2부 확정채권으로서 제기한 까닭도 역시 이와 같은 사정이 작용한 것으로 보인다. '양병비' 요구의 삭제와 더불어 『배상조서』가 세금 요구의 방향성을 근본적으로 전환한 것은 결국 일제 통치의 합법성 문제를 건드리지 않고 요구 항목들을 '반환'적인 것에만 한정해야 하는 공통점이 있었기에 나타난 결과라고 볼 수 있다.

무엇보다 이와 같은 『배상조서』의 성격은 이상덕 배상 구상에서 제기된 ⟨(3) 학대강폭에 의한 손해⟩에 포함된 세부항목들이 『배상조서』에서는 모두 제외되었다는 점에서 상징화되었다. 즉 표2 – 27에서 정리한 바와 같이 ⟨ⓐ 민족 차별로 인한 대우 차별 손해⟩, ⟨ⓑ 가문, 인권, 창씨개명 등 손해⟩, ⟨ⓒ 종교, 신앙, 사상, 학문의 자유 억압 손해⟩, ⟨ⓓ 언론, 출판, 집회, 결사 등 억압 손해⟩, ⟨ⓔ 이민, 인구 정책에 따른 추방 손해⟩를 포함한 ⟨(3) 학대강폭에 의한 손해⟩가 모두 제외되었다는 사실은 바로 '반환'적 요구만을 담아야 했던 『배상조서』의 성격을 잘 보여 주는 것이었다.

실제 ⟨ⓐ 민족 차별로 인한 대우 차별 손해⟩ 요구는 비록 그것이 직접적으로 급여상의 차액을 요구하는 것이며 그러한 점에서는 '반환'적인 측면을 가졌으나 그 차액의 원인은 '민족 차별'로 인한 것이었다. 즉 이 차액 요구는 일본 지배의 부당성을 근거로 삼은 것이었으며, 동원된 한국인의 미불 임금 등을 일본 국내의 관련 규정에 따라 회수하려 한 『배상조서』 3부의 인적 피해에 대한 요구들과는 그 성격을 근본적으로 달리하고 있었다.

창씨개명, 가문의 명예 훼손 등 민족의 존엄에 가해진 억압 피해를 고발한 ⟨ⓑ 가문, 인권, 창씨개명 등 손해⟩ 요구는 보다 직접적이었다. 이것은 민족문화의 고유성에 기인한 성씨를 약탈한 것에 대한 책임 추궁이었으며 그러한 의미에서 바로 식민지 정책의 근간을 직접 고발하는 것이었다. 또 〈종교, 신앙, 사상, 학문의 자유 억압 손해〉를 추궁하는 c)항목은 당시 신앙, 사상의 자유 등이 바로 일본의 식민지 지배에 대한 저항과 얽힌 문제였기에, 그것은 식민지 지배에 대한 추궁의 의미를 동반했으며 또한 그 점은 〈언론, 출판, 집회, 결사 등 억압 손해〉를 제기한 d)항목도 마찬가지였다. 이들 요구에는 원래 환불을 받아야 하는 재산상의 가치 손실이 없으며 따라서 애초부터 '반환'적인 요구가 될 수 있을 리가 없었다. 그리고 이 점은 〈e) 이민, 인구 정책에 따른 추방 손해〉 요구 역시 마찬가지였다.

즉 이상덕의 대일배상 구상이 상정한 〈(3) 학대강폭에 의한 손해〉 요구는 분명히 식민지 지배 자체를 문제로 삼은 것이었다. 『배상조서』는 바로 그것들을 모두 제외한 것이었다. 『배상조서』가 그것을 제외한 것은 바로 그 요구가 식민지 지배 자체의 책임을 추궁하는 성격을 짙게 지니고 있었기 때문이었으며 따라서 그 삭제는 '반환'적이어야만 했던 『배상조서』의 필연적인 귀결이었다. 실제 『배상조서』가 제외한 이 요구 항목들은 후술할 한일회담 개시 후의 '청구권' 요구에서도 일절 포함되지 않았다.

2) '반환'적 요구 항목의 유지

물론 『배상조서』가 '반환'적인 성격이라는 것을 입증하는 것은 '반환'적 요구 이외의 항목들이 제외되었다는 것을 확인하는 것만으로 이루어지는 것은 아니다. 그와 더불어 '반환'적 요구 항목들이 그대로 유지되어 있다는 것 역시 입증되어야 한다. 혹시 이상덕 배상 구상에서 밝혀진 항목 중 '반환'적인 것까지 삭제되었다면 그것은 『배상조서』가 '반환'적이어야 하는 성격으로 재편성되었다는 명제를 부정하는 하나의 근거가 될 수 있기 때문이다.

표2-27에서 대조한 바와 같이 이상덕 배상 구상에 포함된 항목 중, 『배상조서』에도 그대로 유지된 항목은 개념적으로 〈(1) 약탈에 의한 손해〉, 직접적인 전투, 군사행위로 인한 사망, 상해 등의 손해[〈(2)-b)〉]를 제외한 〈(2) 강제로 동원된 금차 전쟁의 결과 피한 손해〉, 〈(4) 해방 직후의 시설·공장·부동산·재고품 등의 파괴, 소각, 매장, 훼손. 또 경비의 부정 지출, 급여 과불 손해〉, 〈(5) 전시 중 작전 목적으로 사용된 선박·차량·기타 수송기관의 상실, 파괴, 훼손에 대한 보상〉, 〈(9) 반출 지금의 현물 반환〉, 그리고 〈(10) 전후 혼란으로 상실 또는 손실한 본방인(本邦人)의 해외 재산의 보상〉 등이었다.

먼저 〈(1) 약탈에 의한 손해〉는 비록 제목상 '약탈'이라고 하는 정치적인 표현이 사용되어 있으나 그 요구의 실태는 '약탈' 행위 자체의 정치적인 책임을 추궁하려는 것이 아니라 반출, 헌납, 공출된 문화재, 금전, 물건, 귀금속 등의 '반환', '보상' 요구였다. 즉 이것은 실제 발생한 비용 이상의 정치적인 요구를 제기한 것이 아니라 기본적으로 원상복구를 위해 해당 항목을 직접 '반환'할 것, 또는 그것을 못할 경우 그 상실 가치의 회복을 위해 보상할 것만을 요구하는 것이었다. 이와 같은 요구의 성격은 각 세부항목들에 대해 이상덕 자신이 직접 그 제목에 '반환 또는 보상'이라는 요구 내용을 밝히고 있는 데서 확인할 수 있다.

또 이 점은 '반환'이라는 표현이 직접 사용된 〈(9) 반출 지금의 현물 반환〉 요구는 물론[94], 비록 직접 '반환'이라는 표현은 없으나 전시 중에 사용된 차량

---

94 『배상조서』에는 이상덕 배상 구상에는 포함되지 않았던 '지은' 요구가 추가되었으나 이는 '반환'적 성격을 같이 띤 것을 추가한 것에 불과하므로 배상 요구의 성격 변화 여부를 고찰하는 데 특별히 무게를 두어야 할 문제는 아닐 것이다.

등의 상실, 또는 파괴에 대한 보상을 요구한 〈(5) 전시 중 작전 목적으로 사용된 선박·차량·기타 수송기관의 상실, 파괴, 훼손에 대한 보상〉 및 해외 재산중 상실 또는 손실 부분에 대한 보상을 요구한 〈(10) 전후 혼란으로 상실 또는 손실한 본방인의 해외 재산의 보상〉 요구도 마찬가지다. 이것은 이미 '상실', '파괴', '손실', '훼손'된 것인 만큼 그대로 반환은 할 수 없으며 남은 방법은 그것의 손실 가치를 보상하는 것뿐이다. 원상복구 비용의 회수라는 요구의 성격에는 별 차이가 없다.

또 〈(4) 해방 직후의 시설·공장·부동산·재고품 등의 파괴, 소각, 매장, 훼손. 또 경비의 부정 지출, 급여 과불 손해〉에는 비록 직접 '반환'이나 '보상'이라는 요구 내용이 명시되어 있지 않지만 이 역시 종전 전후의 혼란기, 일본인들이 관련 부동산, 동산을 처분함에 따라 생긴 실물 재산의 가치 손실, 또는 잔여 자금을 부정 지출한 것들에 대한 요구였다. 그만큼 이것은 행위 자체의 정치적 책임을 추궁하는 것이 아니라 결국 그 행위의 결과 발생한 물품, 또는 자금 등의 가치 상실에 대한 회복을 요구하는 것이었다고 평가해도 무방할 것이다.

마지막으로 전쟁에 강제로 동원된 것에 따른 요구를 제기한 〈(2) 강제로 동원된 금차 전쟁의 결과 피한 손해〉 중, 해당 항목이 『배상조서』에 유지되어 있는 것은 〈(2)–a)〉, 〈(2)–c)〉, 〈(2)–d)〉였다.

그중 군인·군속과 관련해 수당, 은급 및 보상 등을 요구한 〈(2)–a)〉는 제외된 〈(2)–b)〉와의 대조로서 이미 논한 바와 같이 한국인이 일본의 관련 법규에 따라 받을 수 있는 채권을 그대로 이행할 것을 요구하고 있다는 의미에서 '반환'적이었다. 또한 〈(2)–d)〉에는 '반환', '보상' 등의 요구 내용이 명시되지 않았으나 그것이 전시 중 군사 목적으로 인해 파괴, 몰수, 훼손된 물건 피해를 문제로 삼고 있다는 의미에서 비록 수송 수단 관련만을 모았지만

〈(5) 전시 중 작전 목적으로 사용된 선박·차량·기타 수송기관의 상실, 파괴, 훼손에 대한 보상〉과 사실상 같은 요구 내용을 제기한 것으로 봐도 무방할 것이다.

판단이 어려운 것은 이상덕이 '강제노동' 피해를 강조한 〈(2) - c)〉다. 즉 이 항목은 밝혀진 내용상, 그것이 노동을 강요한 것 자체에 대한 정치적인 책임을 추궁하려는 것이었는지, 아니면 『배상조서』 3부 〈(1) 인적 피해〉가 밝힌 "일본정부의 관계 법규와 각 사업장의 제 급여 규정에 의한 제 미수취 금품과 동원으로 인하여 받은 당사자 및 그 유가족의 피해에 대한 배상 등을 요구하는 것"이었는지는 자료상 가리기가 어렵다.

그러나 혹시 이상덕의 배상 구상이 '강제노동' 강요에 따른 정치적 배상을 요구하려는 것이었다면 이미 『배상조서』의 해부를 통해 밝힌 바와 같이 그 요구는 『배상조서』에서 삭제되어 있었다. 반대로 표면상 '강제노동'을 부각하면서 이상덕이 의도한 요구 내용이 "일본정부의 관계 법규와 각 사업장의 제 급여 규정에 의한 제 미수취 금품"의 지불을 요구하는 것이었다면 그것은 바로 『배상조서』에 인계되어 있었다.

즉 이상덕이 '강제노동'에 대한 정치적인 배상 요구를 제기하려 한 것이라면 그것은 삭제되었다는 사실, 또는 표면상 '강제노동'을 강조하면서 실질적으로는 일본의 관련 규정에 따라 받을 수 있는 '제 미수금품' 요구를 제기하려고 한 것이었다면 그것은 유지되었다는 사실은 모두 결과적으로 『배상조서』가 '반환'적인 성격의 항목만을 유지하려고 했음을 논리적으로 가리키는 증거가 된다.

바로 이 점은 원래 '반환'적인 성격을 띤 확정채권의 동향에서 보다 직접적으로 나타났다. 이상덕 자신은 그 배상 구상의 발표에 즈음하여 확정채권의 세부 요구에 관해서 자세한 증언을 남기지 않았다. 그러나 1장에서 이미 소개한 바와 같이 이상덕이 소속한 조선은행은 1947년 9월 30일자로 대일채권일람을 작성하고 조선은행 관련의 확정채권 항목들을 비교적 자세히 정리하고 있었다. 또한 이상덕 배상 구상이 발표된 비슷한 시기인 1948년 2월, 조선식산은행의 김남용 역시 동 은행의 대일금전채권 항목들을 소개하고 있었다.

물론 확정채권 문제는 조선은행, 조선식산은행 관련의 요구에만 그치는 것이 아니다. 또한 그 은행들이 밝힌 요구 항목들 역시 완성된 것이었다고 평가할 수 있는 것도 아니므로 그들과 『배상조서』 내용의 비교만으로 확정채권의 인계 여부를 모두 검증할 수 있는 것은 아니다. 그러나 그러한 자료상의 한계를 내포하면서도 1948년 초 무렵에 그 윤곽을 드러낸 대일확정채권 요구가 과연 『배상조서』에서 얼마나 유지되었는가를 검증하는 것은 이상덕 배상 구상과 『배상조서』의 관련성을 밝히는 데 어느 정도 분석적 의미를 가지는 게 틀림없다.

바로 이 점을 확인하기 위해 앞서 소개한 조선은행의 대일채권일람[표1 - 3] 및 조선식산은행의 대일금전채권 요구[표1 - 4]와 『배상조서』의 항목들의 대응 관계를 정리하면 표2 - 28과 같다.

표2 - 28에서 제시한 바와 같이 자료상 비교할 수 있는 세부항목들에 관해 1948년 초 무렵 조선은행 및 조선식산은행이 대일확정채권으로서 정리한 요구 항목들은 적어도 개념상, 하나도 빠짐없이 모두 『배상조서』에 그대로 채용되었다. 다시 말해 표면상 같이 '배상'이라는 개념이 사용되었는데도 직접 전투에 참가한 군인 등의 사망, 부상과 같은 전쟁 피해나 창씨개명 등 식민지 통치에 따른 피해의 책임을 추궁하려는 대일배상 요구 항목들은 제외된 반면, 애초부터 '반환'적인 요구였던 확정채권 관련 항목들은 그대로 『배상조서』에서도 유지된 것이었다.

표2-28 조선은행 및 조선식산은행이 정리한 대일확정채권과 『배상조서』의 대응

조선은행	조선식산은행	『배상조서』
(1) 일본계통화	(6) 만주중앙은행권	2부-(1) 일본계통화
(2) 대일본 환 전	(9) 일본 관계 환 전	2부-(5) 기타 미수금-⑤ 대일본 환 전
(3) 일본계유가증권	(2) 소유 일본계유가증권	2부-(2) 일본계유가증권
(4) 대출금	(1) 일본인 관계 대출금 (7) 전시금융금고, 산업설비영단	2부-(5) 기타 미수금-① 일본인 관계에 대한 대부금
(5) 해외 점포, 동산, 부동산	(8) 일본 소재 동산 부동산	1부-(2) 해외 부동산, 동산, 비품 등
(6) 외자금고 이자 미수분	–	2부-(5) 기타 미수금-⑨ 일본외자금고 이자
(7) 일본정부 국고금	–	2부-(5) 기타 미수금-⑩ 일본국고금
(8) 대일본인 가불금	(3) 일본 관계 가불금	2부-(5) 기타 미수금-② 가불금
(9) 일본인 부정 지출 경비	(4) 일본인 관계 부정 지출	3부-(3) 8·15 전후 일본인 관리 부정행위에 의한 피해
(10) 지금 및 (11) 지은	–	1부-(1) 지금·지은
(12) 부산 야스다은행 계정 (13) 부산 제국은행 계정	(10) 삼화은행 접수 계정	2부-(5) 기타 미수금-⑥ 일본 측 은행 접수 계정
–	(5) 일본권업은행 대리점 관계 청구	2부-(5) 기타 미수금-⑧ 일본권업은행 대리점

주석 : –는 해당 항목이 없음을 뜻함.

바로 이 결과는 '반환'적인 요구만을 제기하기 위해 작성된 『배상조서』에서 원래 '반환'적 요구였던 확정채권의 항목들을 배제해야 할 이유가 없었기 때문이었음은 쉽게 추론할 수 있다.

3) 『배상조서』의 의미와 재한일본인 재산 취득의 관련성 문제

이상의 분석 결과, 같은 배상을 구상하면서도 1948년 초에 밝혀진 한국의 대일배상 구상과 1949년에 체계화된 대일배상 요구에는 질적 변용이 일어나고 있었음을 알 수 있다. 다시 말해 1949년 연합국에 대한 요구로서 제출된 『배상조서』는 이미 한일회담 개시 후에 제기되는 '청구권' 요구로 접근하고 있었다고 하겠다.

『배상조서』가 한일회담 개시 후의 청구권 요구로 수렴되어 가고 있었다는 결론과 관련해 또 하나 밝혀 놓아야 하는 논점이 있다. 그것은 바로 이와 같은 변용이 왜 일어났는가 하는 배경 문제에 관해서다. 그 변용의 배경으로서 생각되는 이유는 주로 다음 두 가지가 거론될 수 있다.

하나는 그 변용이 미국의 대일배상 정책의 변화와 연동된 것으로 추측될 만큼 그것이 일본에 대한 유화적인 자세로 인해 생긴 변용이라고 이해되는 점이다. 실제 언급했다시피 『배상조서』 역시 서문에서 "한국의 대일배상 청구의 기본정신은 일본을 징벌하기 위한 보복의 부과가 아니라 희생과 회복을 위한 공정한 권리의 이성적 요구"라고 설명하고 있었다. 다시 말해 1948년 초에 나타난 이상덕 배상 구상과 『배상조서』의 차이를 바로 대일배상 요구의 '기본정신'이 '보복'으로부터 '유화'로 이행한 데 따른 귀결로 단순히 평가하기 쉽다. 그러나 그 평가가 결코 정확하지 않음은 이상의 분석 결과 쉽게 알 수 있다.

왜냐하면 창씨개명 등, 식민지 통치 자체를 추궁하려 한 이상덕 배상 구상 역시 그 요구가 보복의 부과가 아니라 피해 회복을 위한 요구임을 강조하고 있었다. 한편 예컨대 『배상조서』 1부 〈(2) 해외 부동산, 동산, 비품 등〉에는 '전화', '의자' 같이 국가 간 처리 문제로는 너무나 미세한 항목까지 요구 대상에 포함되어 있었다. 이와 같은 요구의 '철저함'은 『배상조서』에 담긴 대일배상 요구의 '기본정신'이 '보복'으로부터 단순히 '유화'적인 입장으로 전환된 것이 아님을 내비치고 있었다.

실제 『배상조서』가 단순히 유화정책으로의 전환에 따라 도출된 것이었다면 논리적으로는 식민지 통치 자체에 대한 피해의 일부를 제기하면서도 다른 '반환'적인 요구를 삭감한다는 조치도 가능했다. 그럼에도 『배상조서』가 결과적으로 식민지 통치의 본질적인 피해보상 요구를 일절 배제하는 한편 그것이 '반환'적인 것이라면 의자 같은 미세한 항목까지 요구에 삽입했다는 사실은 대일배상 요구가 단순히 '유화'로의 이행에 따라 결정된 것이 아님을 드러내고 있다. 다시 말해 그것은 바로 '반환'적인 성격 여부를 기준으로 도출된 결과임을 여실히 나타내고 있다.

물론 그 이유는 미국의 대일배상 정책의 큰 전환에 대응하기 위한 것이었다. 즉 미국이 무배상 원칙으로 돌아서는 가운데서도 결국 미국에게 그 실현 여부를 의거할 수밖에 없는 한국으로서는 그 정책 전환의 영향을 최소화하기 위해 '반환'적 요구로 일관해야 했던 것이다.

물론 『배상조서』는 그 서문에 달린 주석이 밝히고 있는 바와 같이 1949년 9월 1일 현재 조사한 것에 불과하며 향후 조사가 이루어지는 대로 추가할 예정에 있었다.[95] 그러나 중요한 것은 『배상조서』가 단지 '반환'적인 것이었다는 사실을 넘어, 바로 '반환'적이어야 했다는 속성을 가지고 있었다는 점이다. 따라서 추가 조사가 진전됨에 따라 보완이 이루어지는 일이 있어도 그 내용이 '반환'적인 범위에서 벗어나는 일은 없었다고 해야 하겠다.

『배상조서』가 한일회담 개시 후의 청구권 요구와 근사한 '반환'적인 것으로 변용된 배경으로서 또 하나 주의해야 하는 것은 재한일본인 재산의 취득과의

---

95 『對日賠償要求調書』, 4쪽.

관련성 문제이다. 상술한 바와 같이 식민지 통치의 책임을 추궁하는 요구를 포함한 이상덕 배상 구상이 재한일본인 재산의 한국 귀속 이전에 구상된 데 반해 『배상조서』는 바로 그것이 확정된 후에 작성된 것이었다. 따라서 '반환' 적인 것에만 한정한 『배상조서』 작성의 배경에는 재한일본인 재산의 취득이 라는 사실관계가 반영된 것으로 추측하는 시각도 있을 수 있다. 그러나 결론 적으로 그 가능성은 사실상 전무하다고 해도 과언이 아니다.

그 이유는 첫째 『배상조서』가 재한일본인 재산의 취득과 그 요구 내용의 관 련성에 관해 일절 언급하고 있지 않다는 것이다. 물론 그것은 관련성이 없다 고 직접 단정 지을 자료적인 근거가 되지 않으나 당시 남한에서 커다란 사회 적 관심사이자 또한 그 규모로 봐도 매우 중대한 존재가 아닐 수 없었던 재한 일본인 재산의 취득을 이미 고려해서 『배상조서』가 산출되었다면 미국에게 그 요구의 정당성을 호소하기 위해서라도 그 관련성을 명기하는 것이 타당했 을 것이다.

둘째는 후술하는 한일 직접 교섭에서 밝혀지나 한국정부가 재한일본인 재 산의 취득 규모를 중앙정부 차원에서 파악한 일이 없었다고 판단되는 점이다. 따라서 파악하지도 않은 재한일본인 재산 취득 규모를 고려해서 산출하는 것 은 논리적으로 불가능하다.

또 그와도 관련되는 셋째 이유는 『배상조서』 작성 이전에 구상으로서 나타 나고 있었던 당초의 배상 요구는 이상덕 등의 담론을 봐도 그 금액까지 구체 화되어 있었다고 보이지 않는다는 점이다. 따라서 가령 재한일본인 재산의 규 모를 상정해도 원래 대일배상 규모가 수치로서 산출되어 있지 않았던 이상, 그 취득 규모를 정확히 감안해서 당초의 요구액을 줄여 『배상조서』의 금액을 산출했을 가능성은 지극히 적다. 다시 말해 1947년 여름 무렵부터 개시되며 이상덕 등에 의해 밝혀진 최초의 대일배상 요구 구상으로부터 『배상조서』로의 '축소', 즉 '반환'적인 요구로의 한정이 재한일본인 재산의 취득과 직접적으로 아무런 상관이 없음은 틀림없다고 하겠다.

그러나 문제는 『배상조서』의 작성 단계만은 아니었다. 특히 7장에서 논하는 바와 같이 한일회담 개시 후, 한국은 청구권 요구를 정당화하기 위해 당초 한국의 대일배상 요구가 팽대한 것이었으나 재한일본인 재산의 취득을 고려해 청구권 요구로, 즉 반환적인 것에만 한정했다는 논리를 펼치게 되었다. 그로 인해 특별한 근거도 없이 재한일본인 재산의 취득과 한국의 대일요구의 관련성은 '배상'으로부터 '청구권'으로의 변화에 따라 생긴 것이라는 인상을 낳았다. 그러나 이하 4장과 5장을 통해 밝히는 바와 같이 한일회담 개시 후의 청구권 요구는 오히려 『배상조서』를 보완하는 성격으로서 확립되었으며 또 그 요구 내용 역시 밀접한 관계에 있었다. 다시 말해 『배상조서』와 청구권 요구 사이에서 상당한 규모에 이르는 재한일본인 재산 취득의 영향을 보는 것은 어렵다.

따라서 한일회담 개시 후의 청구권 요구까지, 재한일본인 재산과 한국의 대일요구의 변용에 현실적인 탕감 조치가 관련된 사실은 없다고 하겠다. 그러나 적어도 한국의 입장에서 볼 때, 그 양자 간에 '심정적'인 관련성이 '사후(事後)'에 생긴 것은 틀림없다.

즉 비록 미국의 정책에 대한 대응으로 이루어지게 된 변용이라고 하더라도 한국은 당초 마땅히 제기하려 한 창씨개명 등의 식민지 통치 피해나 전투에 동원됨으로써 사망, 부상하게 된 전쟁 피해 등을 『배상조서』 이후 제외하고 있었다. 이러한 상황에서, 한일회담 개시 후 최소한도의 요구라고 간주해 제기한 '반환'적 요구, 즉 청구권 요구마저 일본에 의해 재한일본인 재산의 취득 문제와 연결되었을 때, 한국으로서는 이미 '팽대한' 요구 항목들을 제외했다는 기억을 떠올릴 수밖에 없었다. 즉 실제로는 미국의 정책 전환에 대응하기 위해 이루어진 당초의 배상 구상으로부터의 '축소'가 일본의 한국에 대한 재산권 주장에 따라 '사후'에 '심정적'으로 연결된 것이었다.

이상 그 표면적인 '배상' 개념과 달리 『배상조서』가 이미 청구권 요구와 근사한 것이었음을 밝혔다. 그러나 독자적으로 일본과의 과거처리를 추진할 수 있는 입장에 있지 않았던 한국은 그 요구마저 결국 연합국의 전후 처리에 참가하여 그것을 바로 '배상'으로서 추진하려 했다.[96] 그러나 주지하는 바와 같이 한국은 결국 연합국으로부터 배제됨으로써 평화조약 14조에 기초한 배상(reparation) 요구로서 그것을 추진하는 것이 불가능해졌다. 결국 한일 간의 과거처리 문제는 동 4조에 기초한 '청구권' 문제가 되었다. 그에 따라 일본과의 과거처리의 내용에 큰 영향이 생겼다는 막연한 인상이 지배하고 있다.

그러나 14조에 기초한 배상 권리의 상실과 4조에 기초한 청구권 권리로의 '후퇴'에 따라 과연 한국이 대일요구와 관련해 구체적으로 어떠한 영향을 받았는가 또는 받지 않았는가 하는 논점은 충분히 검증된 바가 없다. 다시 말해 미국이 주도한 평화조약의 형성 과정은 '배상' 권리를 상실하고 '청구권' 처리라는 과제를 안게 된 한국에게 어떠한 영향을 가져다주었는가?

『배상조서』와 한일회담 개시 후의 청구권 요구의 관련성을 밝히기 위해서도 그 직접적인 분석에 앞서 대일요구 권리를 '배상'으로부터 '청구권'으로 변화시킨 평화조약의 논리와 영향을 상세히 분석해둘 필요가 있다.

---

96 유진오는 대일요구를 당초 국제법상의 '전쟁 배상'으로서 추진할 것을 고려하여 『배상조서』가 마련되었다는 취지의 회고를 남겼다. 俞鎭午, 『韓日會談: 第1次 會談을 回顧하면서』, 외무부 외교안보연구원, 1993, 8~9쪽. 그러나 이 회고는 이상에서 진행한 『배상조서』의 자세한 내용 분석을 고려할 때, 정확한 증언으로 평가하기 어렵다고 하겠다. 적어도 유진오 역시 '전쟁 배상'을 '교전 배상'으로 주도하는 입장에서 『배상조서』 작성에 직접 관여했다고 증언하고 있는 것은 아니다. 유진오의 증언은 평화조약에 한국이 연합국으로 참가해서 대일교섭을 진행하려 한 당시 한국정부의 구상을 회고한 것으로 보는 것이 보다 적절해 보인다.

3

대일평화조약 관련 조항의
형성 과정과 한국의 권리

1장, 2장을 통해 고찰한 바와 같이 한국의 대일배상 문제는 미국의 대일정책에 연동해서 움직였다. 식민지 피해에 대한 국민감정과 달리 한국의 대일배상의 실현이 연합국의 일본에 대한 전후 처리의 테두리 안에서 이루어질 수밖에 없었음은 동북아시아의 전후를 형성한 역학상의 현실이었다. 무엇보다 이점은 1장에서 고찰했듯이 표면적으로 미국의 대일배상 정책과 무관한 것으로 강조된 『배상조서』 역시 미국에 제출되었다는 사실에서 잘 나타났다. 따라서 한국의 대일배상 요구의 최종적인 실현 여부는 일본에 대한 전후 처리를 매듭 짓는 평화조약에서의 한국의 지위와 그에 따라 주어지는 권리의 내용에 결정적으로 좌우되었다.

지금까지 관련 선행연구에서도 이 점이 중요시되어 심도 있는 연구가 진행되어 왔다.[1] 그러나 이 연구들은 한국의 연합국 참가 여부가 그 후의 한일과거처리 교섭에 큰 영향을 주었다는 문제의식을 의심의 여지없는 전제로 하고 있다. 그 결과 그 논의의 초점은 한국의 연합국 참가 및 그 배제에만 모이고, 한국의 연합국 제외가 과연 한일 간의 과거처리 문제에 구체적으로 어떤 영향을 주었는가 하는 것에 대해서는 깊이 파고들지 않았다. 따라서 한국의 연합국 배제에 따른 한일 간의 과거처리 교섭에 대한 실질적인 영향을 정확히 평가하

---

[1] 鄭城和, "샌프란시스코 平和條約과 韓國·美國·日本의 外交政策의 考察", 『人文科學研究論叢』 제7호, 1990, 143~157쪽 ; 塚元孝, 「韓国の対日平和条約署名問題 : 日朝交渉、戦後補償問題に関連して」, 『レファレンス』 no.494, 1992. 3., 95~100쪽 ; 김태기, "1950년대 초 미국의 대한(對韓)외교정책 : 대일강화조약에서의 한국의 배제 및 1차 한일회담에 대한 미국의 정치적 입장을 중심으로", 『한국정치학회보』 vol.33 no.1, 1999, 357~377쪽 ; 金民樹, 「対日講和条約と韓国参加問題」, 日本国際政治学会編, 『国際政治』 第131号, 2002. 10., 133~147쪽 ; 박진희, "한국의 대일강화회담 참가와 대일강화조약 서명 자격 논쟁", 이창훈·이원덕 편, 『한국 근·현대정치와 일본II』, 선인, 2010, 121~155쪽 ; 남기정, "샌프란시스코 평화조약과 한일관계 : '관대한 평화'와 냉전의 상관성", 『東北亞歷史論叢』 22호, 2008, 37~69쪽.

기 위해서는 평화조약 관련 조항들의 형성 논리와 그 과정에서 실제 한국에 적용된 권리의 변천을 자세히 검증할 필요가 있다.

주지하는 바와 같이 한국은 평화조약과 관련해 최종적으로 연합국으로부터 배제됨에 따라 4조 할양지역[2]에 관한 규정을 받게 되었다. 즉 한국은 14조, 15조, 18조 등 연합국에 적용된 권리들을 상실함에 따라 그 후 일본과의 피해보상 교섭을 특히 14조에 따른 '배상' 요구로서가 아니라 '재산 및 청구권' 문제로서 진행하게 되었다. 그에 따라 한국은 일본과의 과거처리 교섭과 관련해 부정적인 영향을 받았다는 것이 자명한 일로 간주되어 왔다.

실제 평화조약 중, 과거처리 문제와 관련된 최종 조항들만 보면 그것은 한국에 부정적인 영향을 준 것으로 평가되기 쉽다. 그것을 보기 위해 관련 최종 조문들의 핵심 내용을 먼저 짚어 보면 표3 - 1과 같다.

즉 표3 - 1에 제시한 최종 조문만으로 판단한다면 한국은 4조 규정을 받게 됨으로써 비록 재한일본인 재산을 취득했으나 그것을 유의하면서 일본과의 사이에서 상호 간에 가진 재산 및 청구권 문제를 특별조정을 통해 결정하게 되었다. 반대로 연합국에 참가하고 배상 권리를 취득했다면 14조에서 나열된 예외 항목들을 빼고 재한일본인 재산을 취득할 수 있는 것에 더해 추가 배상을 요구할 수 있는 권리가 생겼다. 또한 15조에 따라 재일한국 관련 재산의 반환 및 일본 국내법에 따른 보상 권리가 보장되며, 이어 18조에 따라 전쟁 이전에 발생한 금전, 재산, 신체적 피해에 대한 청구 가능성까지 확보되었다. 마지막으로 19조는 일본에 대해 전쟁에서 생긴 일본의 한국에 대한 청구권을 일절

---

2   평화조약 관련 미국 문서 및 일본 문서에서는 한반도의 지위에 관해 '할양지역', '분리지역'이라는 개념이 사용된다. 이 글에서는 자료에 나오는 표기를 따르나 평화조약 교섭 중 '할양지역'과 '분리지역'에 따라 한국에 적용된 구체적인 권리에 차이가 생겼다는 사실은 없으므로 그 개념적인 차이에 무게를 둘 필요는 없다.

표3-1 평화조약 최종 조문 중 한일 간 과거처리 문제 관련의 주된 조항 요지

2조	(a) 한반도 독립 승인과 모든 권리 포기
3조	미국에 의한 오키나와, 오가사라 등의 신탁통치 수락
4조	(a) 다음 (b)항을 유보하면서 2조 할양지역에 규정된 지역에 대한 일본의 재산 및 청구권의 처분과 동 지역의 일본에 대한 재산 및 청구권의 처분은 일본과 시정당국(authorities)의 특별조정(special arrangement)의 주제로 함 (b) 일본은 2, 3조 지역에서 미국이 실시한 일본인 재산 처분의 효력을 승인
14조	(a) • 일본은 점령 및 손해를 받은 연합국이 원할 경우, 생산물 및 용역 등으로 배상을 실시하기 위해 교섭을 즉시 진행해야 함 • 연합국은 평화조약 발효 시, 그 시정하에 있는 일본인 재산을 몰수하는 권리를 보유함[3] • 단 이하는 몰수 예외로 함 - 전시 중 일본이 점령한 지역 이외의 연합국에 거주하는 것을 허가받은 일본 자연인 재산. 단 전시 제한 조치에 들어가고 또 평화조약 발효 날까지 그 조치가 해제되지 않은 것은 제외 - 외교 시설 관련 재산 - 종교, 자선 등 비정치 단체 재산 - 1945년 9월 2일 이후 무역, 금융 거래 등의 재개에 따라 생긴 재산 - 일본의 채무, 일본 내에 있는 유체(有體)재산에 대한 권리, 일본법에 따라 조직된 기업에 관한 이익 및 증서 (b) 조약상의 별도 규정을 제외하고 연합국은 전쟁에서 생긴 연합국의 대일 배상청구권(reparation claims) 및 연합국과 연합국 국민의 기타 청구권(other claims)을 포기[4]
15조	(a) 일본 국내 소재의 연합국 재산(1941. 12. 7.~1945. 9. 2.) 반환. 불가능한 경우, 1951. 7. 13.자로 내각이 결정한 연합국재산보상법안보다 불리하지 않은 조건으로 보상
18조	(a) 전쟁은 전쟁 개시 이전에 발생한 일본과 연합국 간의 상호 채무, 또는 재산의 침해 및 신체적 피해, 또는 사망에 관한 청구권을 서로 상대에게 제기하고 제공하는 것을 심의하는 것에 대해 영향을 주지 않음. 단 이들은 14조에 의해 주어지는 권리를 저해하지 않음
19조	(a) 일본은 전쟁 및 전쟁 때문에 연합국이 취한 조치에서 생긴 연합국에 대한 청구권을 포기

포기하게 했다.

특히 4조의 적용과 비교해 재한일본인 재산 몰수와 더불어 추가 배상 청구가 가능해진 점, 재일한국 관련 재산의 반환 및 보상 권리가 규정된 점, 그리고 전쟁 이전에 발생한 재산 및 신체적 피해에 대한 청구까지 가능해진 점 등으로 인해 연합국 참가의 좌절은 한국에 매우 불리했다는 결론을 내리기 쉽다.

그러나 한국이 연합국으로부터 배제됨에 따라 대일피해보상 문제 처리에 관해 실질적으로 어떤 영향을 받게 되었는가 하는 물음은 최종 조문만을 보고 평가할 수 있는 문제가 아니다. 왜냐하면 그 전제는 최종 조문 완성 이전에 한국의 지위 및 권리 내용이 이미 연합국들에 대한 것과 달라지고 있었다는 가능성을 애초 제외하고 있기 때문이다. 또한 최종 조문은 느닷없이 작성된 것이 아니며 그 진정한 의미는 그 이전에 작성된 초안들의 변화 과정이라는 맥락 속에서 고찰해야 비로소 드러난다.

따라서 평화조약 관련 조항의 형성에 따라 한국이 일본과의 과거처리 문제에 관해 실질적으로 어떤 영향을 받게 되었는가를 보다 치밀하게 규명하기 위해서는 평화조약의 형성 과정과 그 과정에서 한국에게 구체적으로 주어진 지위 및 권리의 내용을 보다 정확히 밝혀야 한다. 평화조약 조문의 각 형성 과정에서 과연 연합국에게는 구체적으로 어떤 권리가 주어졌으며 또 그 내용은 어떻게 변화되었는가? 한편 그와 관련해 한국에게는 언제, 어떤 지위가 부여되

---

3   조문에서는 일본인 재산을 'seize', 'retain', 'liquidate', 'dispose'(이하 본론에서 논할 초안에 따라 약간 사용되는 표현이 다름)한다고 표현되어 있으나 이 글에서는 이들 처분의 총칭으로서 '몰수'라고 간략하게 표현한다.

4   평화조약 최종 조문이나 기타 도중에 기초된 초안들에서는 연합국의 대일배상청구권 및 일본의 연합국에 대한 청구권 포기와 관련된 문제로서 점령 비용 및 점령에서 생긴 비용에 대한 청구권 문제도 언급된 경우가 많으나 이 주제는 본 연구의 문제의식과는 직접적인 상관이 없으므로 이하 점령 비용 문제에 관한 조항 등은 명시하지 않는다.

었으며 또 그 권리는 어떻게 변했는가? 그 결과 한국의 배상 권리 상실은 일본과의 과거처리에 관해 실제 어떤 영향을 주었는가? 3장에서는 바로 이러한 물음을 분석하고자 한다.

1. 전후 초기의 미국과 일본의 평화조약 구상

1) 평화조약 초기 초안과 미국의 한국에 대한 인식

구체적인 작성 주체는 명시되어 있지 않으나 1946년 10월 25일자로 미국정부의 일각에서는 "대일평화조약(Peace Treaty with Japan)"이라는 문서가 작성되어 있다.[5] 현 시점에서 저자가 직접 확인할 수 있었던 평화조약 관련 초안은

---

5   "Peace Treaty with Japan", *Drafts of Treaty(Ruth Bacon)*, YF – A10, Box no.1, Folder no.15, R.01, pp.466~496.('YF – A10' 기호를 단 자료는 일본국회도서관 헌정자료실에서 수집한 것이며 소장 기호는 동 도서관의 분류 방법에 따랐다. 페이지 수는 각 릴(reel) 중의 장수를 뜻한다.) 이 문서에 찍힌 날짜 표기는 애매하고 '1945'년일 가능성도 있다. 다만 미국의 다른 내부 문서에 따르면 1946년 8월 무렵부터 당시 번스(James F. Byrnes) 국무장관의 요청으로 평화조약 초안 작성을 위한 소위원회(small committee)가 약 3개월간 개최되었다고 하는 기술이 있다. "Drafting the Peace Treaty for Japan", *Background Papers of US Policy re Japanese Peace Treaty*, YF – A10, Box no.4, Folder no.2, R.11, p.181. 이 초안이 그 소위원회가 작성한 것이라는 직접적인 증거는 없으나 1946년 10월은 바로 8월부터 3개월간 개최되었다고 하는 회의 기간과 시간적으로 딱 일치한다. 또한 그 소위원회에는 'Hunsberger'가 멤버로 참가하고 있다는 기록이 보이나 이 초안 중, 제2장 '할양지역에 관련된 조항들'은 바로 그 후 1947년 1월 17일자로 'Mr. Hunsberger's Draft'로서도 수록되어 있다. "Outline", *Drafts of Treaty(Ruth Bacon)*, YF – A10, Box no.1, Folder no.15, R.01, pp.437~442. 따라서 이 초안이 동 소위원회의 개최 결과 작성되었을 가능성이 높다.

이것이 처음이다. 이 초안은 평화조약과 관련해 향후 처리해야 할 과제들을 일람으로서 정리하고 그 일부에 관해 조문을 작성한 것에 그치고 있으므로 반드시 완성된 것은 아니다.

일람으로서 나열된 과제 중, 1장 영토 조항에서 한반도(Korea)는 명확히 전 일본제국의 잔여(remainder)로서 규정되었다. 즉 이 문서는 한반도가 정식으로 일본 영토였음을 전제로 한 것이며 이 점에서 한반도가 대일교전국인 연합국들과 명확히 법적으로 다른 지위에 있음을 인식한 산물이었다.

실제 이 초안은 2장으로서 "할양지역(ceded Territories)에 관련된 조항들"을 설정하고 배상협정 등 연합국에 적용되는 7장 "전쟁으로부터 생긴 청구권" 및 재일연합국 국민 재산의 반환 및 보상 규정 등이 들어간 8장 "재산권 및 이익"들과 그 처리 내용을 구별하고 있다. 비록 이 문서에는 한반도를 직접 명시한 기술은 없으며 또한 한반도는 정확히 말해 타이완 등 할양 상대가 있는 지역도 아니었으나 바로 '전 일본제국의 잔여'로 인식되었던 한반도가 '할양지역에 관련된 조항들'의 적용을 받는 지역으로 분류되어 있었음은 틀림없다. 즉 평화조약 초안 작성 초기, 미국정부는 한국에 대해 그 법적 지위와 더불어 그에 따른 구체적인 권리 내용에 관해서도 연합국과 다른 처우에 부칠 구상을 가지고 대처하려 했음을 알 수 있다.

이 "대일평화조약"이 2장으로서 설정한 '할양지역에 관련된 조항들'에서 규정한 구체적인 조문 중, 연합국들에 대한 전후 처리와 비교하는 데 중요한 3조의 핵심적인 내용들을 정리하면 다음과 같다.

- 계승국가는 그 영역 내에 있는 일본의 국가 및 준 국가 재산(국유, 황실, 지방당국, 공적기관, 공기업 및 단체, 일본정부에 의해 지원받은 단체 및 기관의 재산)을 대가 없이 취득한다.

- 할양지역에 영주하는 일본 국민의 재산, 권리, 이익 등은 그것이 합법적으로 취득되었다는 조건하에서 계승국가는 자국 국민들에게 주는 권리들과의 평등성에 기초해 그것을 존중한다. 그 이외의 일본인 및 일본 법인의 재산, 권리, 이익은 그것이 합법적으로 취득되었다는 조건하에서 외국 국민 및 외국 법인에 적용되는 일반적인 입법(legislation)에만 따른다. 그들 재산은 계승국가에 의한 취득 및 청산의 대상이 되지 않으며 1945년 9월 2일부터 평화조약 발효 사이에 취해진 이전(transfer), 압류(sequestration) 등의 어떤 조치에서도 풀리고 소유자에게 반환된다.
- 일본으로 귀국하는 일본 국민은 그들 재산이 합법적으로 취득되었다는 조건하에서 할양지역에서의 부채, 납세 등을 처리한 후, 동산의 휴대 반출이나, 송금을 할 것이 허가된다. 또 그들은 계승국가 국민들과 같은 조건하에서 재산을 매각할 수 있다. 회사 자본의 50% 이상이 할양지역 이외에 거주하는 자에 의해 소유되고 또 회사의 보다 많은 활동이 동 지역 이외에서 이루어지는 회사의 경우도 이상과 같은 권리를 가진다.
- 일본에 거주하는 자의 할양지역에 거주하는 자에 대한 부채, 또 할양지역에 거주하는 자의 일본에 거주하는 자에 대한 부채는 영토의 할양에 따라 영향을 받지 않는다.

즉 평화조약 작성과 관련하여 당초 할양지역과의 재산 처리를 규정한 위 조항들은 일본국 및 준 국가 재산을 계승국가가 취득할 것은 인정했으나 그 이외는 사실상 일본인 재산을 모두 존중할 것을 명했다. 그것은 그 후에도 할양지에 거주하는 일본인 재산을 존중할 것, 귀국자의 재산 매각·반출·송금을 허가할 것, 그리고 종전 전에 이전이나 압류한 조치가 있었을 경우는 그것을 풀고 소유자에게 반환할 것까지 규정했다.

물론 이 규정이 한반도에 적용될 경우 사실상 한국에 있던 일본인 개인 및 일반 법인의 재산 권리가 그대로 보호된다는 것을 뜻했다. 그것은 미군정이 전후 재한일본인 재산에 대해 현실적으로 취한 자산 동결, 해외 송금 금지, 그리고 미 군정청으로의 귀속 등 일련의 조치를 스스로 부정하는 성격조차 지녔다.

평화조약 초기의 초안에서 일본 국민의 개인재산을 보호할 조치를 구상한 것은 헤이그육전법규 등 교전국 간에도 사유재산을 존중하도록 하는 국제법의 원칙을 따른 것이 틀림없을 것이다. 실제 그 조문이 적용되는 할양지역에는 사실상 중국으로 할양될 타이완, 소련에 귀속될 남사할린, 지시마가 포함되는 등, 연합국과의 처리 문제도 염두에 둔 것이었다. 더구나 미국은 임시정부의 대표성을 부정하는 등 한민족에게 대일교전의 지위를 부여하지 않았다.

즉 한일관계를 교전관계로 인정하지 않았던 미국의 입장에서는 교전국가의 권리로서 국제적으로 인정되는 범위를 넘어, 굳이 한국에게만 재한일본인 재산 전체를 소유하게 할 이유가 없었다. 더구나 재한일본인 자산의 동결, 해외 송금 금지, 귀속 등을 명한 일련의 현실적 조치 역시 원래는 평화조약으로 인해 대일전후 처리를 최종적으로 해결하기까지 일본인 재산을 잠정적으로 관리하는 의미를 지닌 것이었다.

따라서 평화조약 초기의 초안을 구상한 미국 관계자에게는 특히 조약 작성이라는 법적 검토에 즈음하여 그것이 자칫 미군정이 이미 취한 현실적인 조치들과 어긋날 가능성이 있어도 국제법의 원칙을 준수할 수밖에 없었음은 쉽게 상상할 수 있다.

1946년 10월에 일단 작성된 "할양지역에 관련된 조항들"의 초안 내용은 기본적으로 1947년에도 이어졌다. 평화조약 서문, 1장 영토 조항, 그리고 2장 할양지역에 관련된 조항들만 발췌한 1947년 3월 19일자의 평화조약 초안은 그 2장 3조 이하로서 "할양지역에 관련된 조항들"의 초안 내용을 그대로 채용하고 있다.[6] 또 이 초안은 서문에서 '연합국 및 관련국(the allied and associated

---

6   "PEACE TREATY WITH JAPAN", *Drafts of Treaty(Ruth Bacon)*, YF-A10, Box

powers)'에 들어갈 국가명을 명기함에 따라 한국을 연합국에서 제외하고 작성된 것임을 직접 확인할 수 있다.

마찬가지로 서문에서 '연합국 및 관련국'에 들어갈 국가명을 명기하고 한국을 연합국에서 제외한 1947년 11월 7일의 초안에서도 "할양지역에 관련된 조항들"은 비록 독립된 장으로서는 소멸되었으나 8장 "기타 경제 조항" 중의 51조로서 기본적으로 그대로 삽입되었다.

그러나 그 11월 7일자 초안 51조에서는 그 이전의 초안에서 '할양지역'으로 한정되어 있던 표기가 '할양 및 해방된 지역(territory ceded or liberated)'으로 확대되어 있다. 물론 이는 타이완 등 연합국에 '할양'되는 지역과 한반도처럼 할양 대상이 아니라 신생 국가가 탄생하는 지역의 차이를 의식한 결과로 볼 수 있다. 그러나 동 51조에서 규정된 구체적인 권리 내용은 '할양지역'에 주어지는 것으로 한정되어 있던 1946년 10월 초안의 수준에 머물러 있다.[7] 즉 한반도에 적용되는 일본과의 과거처리의 권리라는 맥락에서 볼 때, 그 초안에

---

no.1, Folder no.15, R.01, pp.94~98.

[7] 단 이 초안에서는 일본에 거주하는 자와 할양지역에 거주하는 자 간의 채권 – 채무 처리 문제를 규정한 6조에 관해 일부 수정이 이루어지고 있다. 그것은 할양지역 거주자의 일본인에 대한 채권 문제와 관련해, 대상 일본인이 할양지역에 재산을 가지고 있었으며 그 재산이 할양지역의 계승국가에 의해 취득(vest)되어 있는 경우 먼저 그 채권자는 그 재산에 대해 최우선적인 청구권(first priority claims)을 가지며, 그 채권이 취득 재산 범위에서 충족되지 않을 경우 그 부분에 대해 직접 동 일본 거주자에게 채권을 가진다는 것이었다. "DRAFT TREATY OF PEACE FOR JAPAN", *Drafts of Treaty(Ruth Bacon)*, YF – A10, Box no.1, Folder no.15, R.01, pp.298~299. 특히 계승국가에 의한 일본인 재산의 취득 관련 문제가 조항에 반영된 점은 한국에서의 군정령 33호 등의 조치를 염두에 둔 것으로 봐도 무방할 것이다. 즉 이 초안은 재한일본인 재산을 한국이 일방적으로 취득하는 대상이 아니라 한국의 대일채권 문제 처리를 위한 일본의 선불 부분으로 간주하고 있었던 것이다. 이러한 의미에서 '해방지역'이 된 한반도의 취급에는 별 차이가 없다.

나타난 '해방'에 특별한 의미는 없었다.

이와 같이 1947년 11월에 일단 추가된 '해방지역'이라는 개념에도 불구하고 그에 적용되는 현실적인 권리 내용은 할양지역과 똑같음에 따라 한반도가 '일본제국의 잔여'로 인식된 1946년 10월 초안의 범위를 벗어나는 일은 없었다.[8] 한반도는 전후 처리 문제에 있어, 여전히 배상 권리가 규정되는 연합국의 지위와 명확히 구별되어 있었던 것이다.

이상 고찰한 연합국과 할양지역들과의 구별과 더불어 1947년에 작성된 초안들에서는 배상 권리가 부여되는 연합국 대열의 국가들에 대해서도 개념상의 구별이 생기고 있다. 앞서 언급한 1947년 3월 19일 초안에서도 그 서문은 '연합국 및 관련국'으로 표기하고 평화조약 서명국 속에서도 그 지위에 일정한 차이가 생길 것을 예고하고 있었다. 연합국에 대한 배상 권리의 내용을 명확히 확인할 수 있는 11월 7일자의 초안에는 배상 조항 32조에서 '연합국 및 관련국'이라는 기술이 직접 나온다.

다만 다른 초안들과 마찬가지로 동 11월 7일 초안에는 연합국과 관련국을 구별하는 명확한 기준이 제시되어 있지 않다. 그러나 배상 권리를 규정한 32조에 부속되는 ANNEX D "연합국 및 관련국을 위한 배상"[9]은 그 2조에서 산업

8　그 권리 내용들은 저자가 확인할 수 있었던 범위에서는 1948년 무렵의 초안까지 반영되어 있다. 그 초안에는 명확한 날짜 표기가 없으나 1948년 1월부터 1949년 3월까지의 관련 문서를 모은 문서철에 재록되어 있다. "PROPERTY IN CEDED AND LIBERATED TERRITORIES", *Peace Treaty : Draft Peace Treaty with Japan*, YF‑A10, Box no.4, Folder no.2, R.04, pp.258~263.

9　'ANNEX D'는 1947년 11월 7일자의 초안이 수록된 "DRAFT TREATY OF PEACE FOR JAPAN", *Drafts of Treaty(Ruth Bacon)*, YF‑A10, Box no.1, Folder no.15, R.01, pp.226~307에는 직접 수록되어 있지 않으며 그 제목으로 미루어 *Drafts of Treaty(Ruth Bacon)*, YF‑A10, Box no.1, Folder no.15, R.01, pp.154~165에 수록된 것이 동 'ANNEX D'라고 추측된다.

시설로 지불할 국가를 호주, 캐나다, 중국, 프랑스, 인도, 네덜란드, 뉴질랜드, 필리핀, 소련, 영국, 미국이라는 사실상 극동위원회 참가국 11개국에 한정하고 있으며 기타 국가들에게는 동 5조로서 각 영역에 있는 재외일본인 재산을 취득하는 것을 배상으로 할 것을 규정하고 있다.[10] 대일배상을 취득할 국가들 중에서도 일본과의 교전 정도나 전시 중의 법적 지위 등에 따라 그 권리에 일정한 차이를 매기려고 한 발상이 존재하고 있었음은 틀림없어 보인다.[11]

이와 같이 초기의 평화조약 구상과 관련해 미국정부 내부에서는 연합국 대열 속에서의 구별 문제가 대두했다. 그러나 '연합국'과 구별됨에 따라 일본 소재의 산업 시설 등에 대한 권리가 주어지지 않았던 기타 관련국들에게도 그 취득 가능한 재산을 일본 자산(Japanese assets)으로 규정함으로써 국유재산 등의 귀속만이 주어진 할양지역과 비교해, 보다 광범위한 권리를 인정했다. 즉 적용되는 구체적인 권리 내용에 관해 미국은 분명히 연합국 대열의 국가들과 할양지역에 차등을 매기고 있었다.

또한 11월 7일 초안에서는 40조로서 일본과 교전관계에 있었던 연합국과

---

10 다만 일본으로부터 직접 산업 시설 등을 받는 11개국을 규정한 2조에서도, 또 각 영역에 있는 일본인 재산을 받을 것을 규정한 5조에서도 모두 '연합국 및 관련국'이라는 표현이 사용되어 있으므로 연합국이 시설 배상을 받고, 관련국이 재외일본인 재산만을 받는다는 단순한 차등이 매겨졌는지는 확인할 수 없다.

11 1949년 6월 20일자 문서이므로 시기는 다르나 미국정부는 평화조약 참가국 지정과 관련한 검토에서 '대일선전포고를 한 국가', '대일선전포고를 했으나 미국에 인정되지 않는 국가', '일본과의 교전 상태(belligerency)에 있음을 선언한 국가', '전시 중은 다른 국가의 내부 영역이었으나 그 후 독립하고 연합국이 된 국가' 등을 구별하고 있다. "The Japanese Peace Settlement and States at War with Japan", *Peace Treaty*, YF-A10, Box no.4, Folder no.1, R.04, pp.121~126. 물론 이러한 구별이 직접 '연합국'과 '관련국'을 구별하는 기준으로 적용된 사실은 없으나 미국정부 내부에서 대일 전쟁 중의 교전 정도 및 전시 중의 지위 등을 고려해 전후의 권리 내용에 차이를 매기려는 구상을 가지고 있었음은 틀림없다.

그 국민(united nations and their nationals) 및 적국 재산 취급을 받은 기타 사람들의 재일재산을 회복(restore)하는 의무, 또 42조로서 일본과 교전관계에 있었던 연합국(united nations)에게 재외일본인 재산의 몰수 권리가 규정되었다. 이들 표현은 서문에서 사용된 '관련국(associated)'이나 '연합국(Allied)'과 그 표현이 달라, 그 권리가 '관련국'에게도 적용되었는지의 여부는 불투명하다.[12] 그러나 가령 포함되지 않았다고 해도 '일본 자산'을 취득할 권리를 받은 '관련국'을 포함해 연합국 대열에 속하는 국가들의 지위와 동 초안에서도 여전히 기본적으로 1946년 10월 초안의 '할양지역'의 권리에 머무른 한국의 지위에는 명확한 차이가 존재했다.

이와 같이 평화조약 초기의 초안에서 할양지역이라는 법적 지위에 따라 국가 및 준 국가 재산을 제외하고 일본인 재산을 모두 존중할 것이 요구된 한국의 '권리'는 연합국 대열에 속한 국가들과 비교해 분명히 불리한 것이었다. 전후 초기의 초안은 일본과의 과거처리의 권리와 관련해 연합국의 지위를 받지 못했던 한국에게 보다 엄격한 제약을 가하도록 꾸며지고 있었던 것이다.

2) 전후 초기 일본의 평화조약에 대한 예상과 대응 방안

한편 패전국 일본에게 평화조약은 주권의 회복을 이룬다는 긍정적인 측면과 더불어 그 후의 제약조건을 설정한다는 의미에서 결정적인 무게를 가졌다. 그만큼 평화조약 문제는 전후 일본에게 최대의 관심 사항이 아닐 수 없었다. 그

---

12 이 초안 서문에서는 일본에 대해 '연합국 및 관련국'을 '일방(one part)'으로 할 것을 규정하고 있으므로 연합국(united nations) 표기에 관련국이 포함되었을 가능성이 보다 커 보인다.

가운데 배상 문제는 일본 국민의 재산권 보호와 더불어 향후의 경제력을 좌우하는 핵심 안건이었다. 미국이 재외일본인 재산의 몰수와 일본 소재의 생산 시설 철거를 축으로 배상 처리를 추진할 것을 구상하기 시작한 전후 초기, 일본정부는 바로 국운이 걸린 평화조약과 관련해 배상 문제를 어떻게 인식하고 대처하려고 했는가?

일본정부는 1945년 10월, 전후 처음으로 평화조약에 관한 전망을 정리하고 있었다. 22일자로 작성한 "평화조약 체결의 방식 및 시기에 관한 고찰" 가운데 외무성은 배상 문제와 관련해 평화조약에 규정될 중요한 문제를 "대동아 제국(諸國)에 대한 제국(帝國)의 채무액 결정 및 그 지불 문제, 또한 할양지역 내에 있는 제국(帝國)의 적극재산의 귀속"[13]으로 인식했다. 그것은 아직 지극히 추상적인 전망으로서 구체적인 내용을 일절 결여하고 있으나 적어도 그 규정이 배상 문제에 관해 '할양지역'을 따로 명시하고 있는 것을 감안하면 일본이 당초부터 연합국과 더불어 할양지역에 존재한 일본인 재산 역시 배상 문제의 범주에서 처리될 것을 인식하고 있었음을 암시하고 있다.

그 한 달 후, 외무성은 평화조약문제연구간사회를 조직하고 평화조약에 대한 보다 구체적인 준비에 들어갔다. 그 결과 1946년 5월에 나온 것이 "평화조약문제연구간사회에 의한 제1차 연구보고"였다.[14] 외무성은 그 연구 목적을 "평화조약 체결과 관련하여 생길 수 있는 여러 문제들의 소재를 규명하는 것과 더불어 각 문제에 대처하기 위한 우리 측 방침의 대강을 책정하는 데 있었

---

13 「平和条約締結の方式および時期に関する考察」, 『日本外交文書 サンフランシスコ平和条約準備対策』, 5쪽.

14 「平和条約問題研究幹事会による第一次研究報告」, 위의 책, 86~114쪽. 동 보고서는 원래 다섯 가지 문서로 구성된 것이나 연합국의 평화조약 상정안과 일본 측 상정의 비교 검토를 진행한 문서는 비공개 부분을 포함한다는 이유로 수록되어 있지 않다.

다."[15]고 설명하고 있다.

그 "1차 연구보고서" 중, 배상 문제에 대한 대처 방안을 담은 "대일평화조약에서 경제 조항의 상정 및 대처 방침(안)"에서 외무성은 배상 문제에 관해 이 문제 처리가 실질적으로는 평화조약 체결 이전에 이루어질 가능성에 주의를 환기하면서 보다 구체적으로 이하 세 가지 범주의 예상과 그에 대한 대처 방안을 정리하고 있다.[16]

첫째, 잉여 산업 시설 제거에 관해 그것이 평화조약 작성 이전에 실시될 것이 예상되므로 그 이전에 평화적 민수 산업에 관해서는 최소한도 확보할 것에 노력할 것.
둘째, 생산물 배상은 단순히 배상으로 하는 것이 아니라 필요 물자 수입 자금으로 활용할 수 있게 할 것.
셋째, 재외일본인 재산에 관해 평화조약 이전에 국유재산부터 개인재산까지 처분 대상이 될 것이 예상되나 평화조약에서는 그 사실만을 기재하는 데 그칠 가능성이 크므로 그 이전에 요구 사항을 연합국에게 전달할 것.

특히 외무성은 셋째 재외재산의 몰수 문제와 관련해 기업 재산의 몰수 문제까지 당부하는 것은 어렵다고 하더라도 최소한 개인재산에 관해서는 관대한 조치를 취할 것, 또 국유재산이라도 재외공관(公館)은 몰수 대상으로 하지 않을 것 등을 요청할 것을 정했다. 즉 국제법이 인정하는 사유재산 중, 적어도 개인재산에 대해서는 그것을 존중할 것을 당부하려고 한 것이었다.

그러나 주의해야 하는 것은 개인재산에 대해 관대한 조치를 요청하려 한 외무성의 방침의 무게가 그것을 현실적으로 막는 것보다 그에 따른 국내 보상 의무를 피하는 것에 실려 있었다고 보이는 점이다. 실제 외무성은 관대함을

---

15 위의 문서, 86쪽.
16 위의 문서, 101~102쪽.

요청하는 이유로서 제1차 세계대전 처리 시, 몰수된 사유재산에 대한 보상 의무를 전액 독일정부가 맡을 것을 규정했으나 일본정부에는 전액 보상할 능력이 없다는 점을 들고 있다. 즉 외무성은 연합국에서는 물론, 심지어 한반도에서도 사유재산의 처분이 배상 처리의 일환으로 이미 기정사실로 되어가고 있던 현실을 배경으로, 그것을 실제 방지하려 했다기보다 그에 따른 국내 보상 책임을 일본정부가 지지 않도록 할 것을 희망한 측면이 강했다.

물론 외무성이 거론한 재외재산의 몰수 문제에 관한 예측은 어디까지나 배상문제였다. 따라서 사유재산 몰수가 연합국과 구별되는 할양지역에서도 그대로 이루어질 전망을 명확히 지적한 것도 아니거니와, 더 나아가 한국 내 일본인 재산의 처분 문제를 직접 거론한 것도 아니었다. 그러나 1945년 10월, 이미 평화조약에서 다루어질 배상 문제에 '할양지역 내에 있는 제국의 적극재산의 귀속' 문제가 포함될 것을 예상하고 또 현실적으로도 군정령 33호까지 이미 겪은 일본정부가 사유재산의 몰수 문제를 한반도도 포함하는 문제로 인식할 수밖에 없었음은 틀림없을 것이다.

이와 같이 전후 초기, 일본정부는 연합국과 할양지역을 개념적으로 구별하면서도 그 처리가 기본적으로 '배상' 처리라는 범주에서 같이 다루어지게 될 것과 또한 연합국뿐만 아니라 한국과 같은 할양지역에 있는 재외일본인 재산이 그 사유재산까지 포함해 처분될 것을 예상했다. 그 예상 내용은 같은 시기 연합국과 할양지역의 처리 내용에 차등을 매겨, 특히 할양지역에 대해서는 사유재산을 존중할 것을 규정하던 미국정부 내부의 구상과 비교해 보다 비관적인 것이었다. 물론 이것은 미국의 초기 초안을 볼 수 없는 패전국으로서, 일본이 그 시기 진행 중이던 폴리 중간배상계획 등을 염두에 두면서 미국의 대일배상 정책이 향후에도 엄격할 것으로 예상했던 결과였음이 틀림없을 것이다.

2. 대일배상 정책의 전환과 미일의 평화조약 구상

1) 한국의 연합국 참가 수용과 그 의미

주지하다시피 미국의 대일배상 정책은 그 후 냉전의 격화에 따라 크게 변화되었다. 1장에서 언급한 바와 같이 두 번에 걸쳐 나온 스트라이크 보고서로 인한 폴리 배상 정책의 기각 권고, 또 일본 공업 능력의 중요성과 일본 부흥을 위한 미국의 협력의 중요성을 강조한 존스턴 보고서 등을 거쳐, 1949년 5월에는 맥코이 성명이 나와, 미국에 의한 중간배상의 중지가 공식화되었다.[17]

배상 문제를 포함해 전후 처리를 매듭짓는 평화조약에 대한 미국의 방침 역시 이 무렵, 패전국 일본의 전쟁 책임을 추궁하는 성격으로부터 정식으로 전환하게 된다. 예컨대 1949년 12월 애치슨(Dean Acheson) 국무장관은 영국대사에게 전달한 비공식 각서에서 미국정부로서는 평화조약과 관련되는 기본 문제(basic problem)가 안전보장 문제라는 점을 예의(acutely) 인식하고 있으며 공산주의의 침략으로부터 일본을 충분히 보호하지 못하는 조약은 조약이 없는 것보다 더 나쁘다는 입장을 전하고 있다.[18]

---

17 맥코이 성명의 구체적인 내용과 그에 대한 반응들은 岡野鑑記, 앞의 책, 179~193쪽.
18 "untitled", *Britain*, YF – A10, Box no.1, Folder no.2, R.01, p.746.

바로 평화조약의 성격이 전환된 이 시기의 초안부터는 배상 처리를 규정한 조문과 관련해 주목할 만한 수정이 이루어지고 있다. 1949년 11월 2일자로 작성된 평화조약 초안은 연합국 및 관련국의 대일배상 권리를 규정한 31조에서 연합국 각국이 시정권을 가진 영역에 존재한 일본인 재산을 취득하는 것과 점령하에서 일본으로부터 이미 받은 시설로 인해 배상 권리가 충족되었다고 규정했다.[19] 물론 이는 기정사실로 되어 있었던 재외일본인 재산의 압류와 맥코이 성명 등으로 인해 중간배상계획의 중지를 공식화한 미국의 방침에 따른 것이었다. 즉 1949년 늦가을, 미국은 평화조약 초안에서 재외일본인 재산의 정식 몰수와 함께 중간배상계획에 따라 이미 일부 실행한 일본의 시설 배상으로 대일배상 문제에 종지부를 찍는 방침을 굳힌 것이었다.

이 초안에 관해서 또 하나 주목할 만한 수정이 이루어졌다. 그것은 재외일본인 재산의 몰수 조치에 관해 미국이 연합국과 한국 등의 할양지역 사이에 사실상 차이를 두지 않게 되었다는 점이다. 이 초안은 각 영역에 있는 일본인 재산을 몰수하는 조항을 연합국 및 관련국에 대해서는 41조에서, 또한 할양지역에 관해서는 보다 확대 규정된 부속9 "할양, 해방, 또는 전 신탁통치 지역의 일본인 재산"에서 규정하는 등, 그 삽입 위치에는 차이가 있다. 그러나 그 내용은 연합국과 관련국, 그리고 할양 또는 해방된 지역의 당국이 각각 시정권을 가진 영역에 있는 일본인 재산을 몰수할 수 있도록 했다. 즉 1948년 무렵까지 특히 사유재산 문제에 관해 분명히 존재한 연합국과 할양지역에 적용된 권리의 차이가 사라지고 기본적으로 모두 같은 권리를 보장한 것이었다.

물론 이는 표면상 한국의 권리가 강화된 것으로 보인다. 그러나 그 수정은

---

19 이하 이 초안에 관한 내용은 "TREATY OF PEACE WITH JAPAN", *Treaty, Draft, 2 Nov 1949*, YF‒A10, Box no.6, Folder no.3, R.06, pp.434~493에서 정리.

결코 한국의 권리가 '추가적으로' 확대된 것이 아님을 뜻하고 있다.

그 이유 중 하나는 기정사실로 되어 있었던 재한일본인 재산의 귀속 문제였다. 사유재산을 포함한 모든 일본인 재산을 할양지역에 대해서도 몰수할 수 있게 규정한 초안의 수정이 재한일본인 재산의 처리로부터 얼마나 영향을 받았는지, 그것을 직접 가리키는 증거는 찾을 수 없다. 그러나 이 초안이 작성된 1949년에는 재한일본인 재산의 추세는 이미 되돌릴 수 없는 확정 사항이 되어 있었다. 즉 1945년 12월 군정령 33호에 의해 미군정에 잠정적으로 귀속되었던 재한일본인 재산은 그 후 대한민국의 건국에 따라 1948년 9월 한미협정으로 인해 국유, 사유를 막론하고 모두 한국정부에 이양되어 있었다.

즉 사유재산을 포함한 재한일본인 재산의 한국 취득은 실질적으로 평화조약 이전에 완결된 것이었다. 비록 법적으로는 평화조약으로 인해 최종 확정된다고 하더라도 그것은 사후 승인의 성격을 지닌 것에 불과하며 새롭게 '추가' 확대된 것이 아니었다. 그리고 할양지역 중 유일하게 연합국 이외의 국가인 한국까지 사유재산을 취득한 것이 이미 되돌릴 수 없는 기정사실이 된 상황에서 평화조약 초안 작성에 즈음하여 연합국과 할양지역을 구별하고 후자에게 사유재산을 존중하는 조항을 남겨두는 것은 오히려 사실과 맞지 않는 혼란을 일으킬 우려가 있었다.

또 하나의 이유는 몰수 제한 조치의 규정이었다. 1949년 11월 2일자 초안부터는 부속8에서 일본인 재산 몰수에 관한 예외 규정이 마련되었다. 그것은 연합국 및 할양지역 모두에게 전시 중, 특수한 제한 조치에 들어간 것을 제외하고 재산이 존재하는 지역에 거주 허가를 받은 일본인(자연인) 관련 재산, 외교 관련 시설, 종교 등의 비정치적 단체 재산, 전후 생긴 재산, 그리고 권리증서 등이 연합국 등에 있어도 그 재산 자체는 일본 국내에 있는 재산 등의 몰수를 금했다. 즉 이 초안은 재외일본인 재산의 몰수 권리라는 측면에서 한국을 기타 연합국들과 같이 다루도록 규정했으나 동시에 몰수 제한에 관해서도 같이 취급할 것을 구상한 것이었다. 더구나 후술하는 바와 같이 한일관계가 일체화되어 있었던 특수조건을 감안하면 이와 같은 몰수 범위의 제한은 무엇보다 한국에게 치명적인 의미를 지녔다.

즉 사유재산의 취득까지 그 권리를 '확대'한 그 초안의 수정은 결코 단순히 한국의 권리를 강화하기 위한 것이 아니라 오히려 기정사실로 되어 있었던 제약조건하에서 일본의 권리를 보장하기 위한 수정이었다고 평가하는 것이 보다 적절하다.

한편 동 11월 2일 초안에서도 재일재산 문제에 관해서는 그 이전에 존재한 연합국들과 할양지역의 권리에 차이가 있었다. 초안 39조는 비록 관련국을 직접 명기하지 않고 연합국 국민만을 대상으로 삼았으나 그들의 재일재산에 대한 반환 및 보상 권리를 규정했다. 반면 할양지역의 국민들에 대해서는 여전히 재일재산에 관한 권리 등을 일절 명시하지 않았다. 그러나 이것을 연합국과 한국의 권리에 차이를 매기기 위한 조치로 평가하는 것은 반드시 옳지만은 않다. 왜냐하면 교전 중, 일본 국내에 소재한 연합국 관련 재산이 적국 재산으로서 실제 동결, 처분, 파괴 등의 대상이 된 데 반해 한국 등 할양지역 주민의 재일재산은 적국 재산에 관한 조치를 받지 않았다. 즉 전시 중, 아무런 제한 조치의 대상이 되지 않았던 한국인들의 재일재산을 전후에 특별히 따로 '반환'하거나 '보상'해야 할 이유는 없었다. 따라서 여전히 남은 재일재산을 둘러싼 권리의 차이는 이와 같은 교전 중의 현실적인 조건 차이에 기인한 것이지, 법적 지위의 차이에 따른 권리의 차등으로 일방적으로 평가하는 것은 옳지 않다.[20]

---

20 다만 본론에서 후술하지만 그 이유가 어떻든 간에, 관련 권리 중 특히 보상 문제에 관해

이와 같이 11월 2일자 초안은 그 권리의 내용에서 몇 가지 주목할 만한 수정이 이루어짐으로써 연합국과 한국 등의 할양지역 간의 격차를 줄였다. 그럼에도 이 초안 서문은 여전히 한국을 연합국 및 관련국 대열에서 명확히 배제하고 있었다. 즉 법적으로는 아직 한국을 연합국으로 받아들이지 않았던 것이다. 그 이유는 예컨대 이하 1949년 6월 20일자의 문서 등에서 나타난 미국정부의 원칙적인 견해가 아직 평화조약 작성 관계자들을 지배하고 있었기 때문으로 보인다.

6월 20일자로 작성된 문서에서 미국정부는 몽골인민공화국과 더불어 한국을 자기 스스로는 일본에 대해 선전포고를 했다고 주장하고 있으나 미국에 의해 인정되지 않은 국가로 규정하고 있다. 이 문서는 그 이유에 관해 1941년 12월 10일 임시정부가 대일선전포고를 했다는 사실은 1945년 3월 1일자로 이승만이 국무장관에게 보낸 편지로 전해졌다는 보충 설명을 가하고 있다.[21] 미국정부가 그때까지만 해도 한국을 일관되게 연합국으로 받아들이지 않았던 것은 임시정부의 대일선전포고가 단지 '전해진 것뿐'이며 미국정부에 의해 승인된 것이 없다는 원칙적인 입장에 입각한 결과임은 틀림없을 것이다.[22]

그러나 한국을 아직 연합국으로서 받아들이지 않았던 11월 2일자의 초안 단계에서 미국이 이미 연합국과 더불어 한국에도 '법적으로' 사유재산의 몰수

서는 큰 영향을 받게 된 것은 사실이다. 즉 연합국에 대해서는 반환하지 못하는 재산에 관해 보상 권리가 주어짐에 따라 폭격 등으로 파괴된 재산에 대한 보상 권리가 주어진 데 반해 한국에는 그와 같은 권리가 보장되지 않게 되었다.

21 "The Japanese Peace Settlement and States at War with Japan", *Peace Treaty*, YF-A10, Box no.4, Folder no.1, R.04, p.126.

22 다만 이와 더불어 미국이 전시 중, 임시정부를 승인하지 않았던 이유는 독립 운동의 분열, 임시정부의 통치 능력에 대한 불신, 그리고 전후 중국 국민당의 한반도에 대한 영향력 증대의 경계라는 정치적인 판단도 작용했을 가능성이 있다. 이에 관해서는 장박진, 앞의 논문, 2013에서 논하고 있다.

권리를 주고 있었다는 사실은 기억할 만하다. 즉 평화조약 초안의 형성 과정은 한국의 사유재산 몰수 권리의 획득이 연합국으로의 전환 이전에 이루어졌음을 보여주고 있다. 다시 말해 미국은 한국의 법적 지위와 그 권리의 내용을 반드시 직선적으로 연결하려는 의도를 가지고 있지 않았으며 현실적인 '정치 판단'에 따라 평화조약의 내용을 유연하게 조정하기 시작한 것이었다.

미국의 정치적인 판단에 의해 연합국과 할양지역에 주어지는 권리의 '일체화'가 진행된 1949년 말, 바로 한국의 법적 지위에 큰 변화가 일어났다. 그것은 11월 2일자 초안까지 연합국 및 관련국에서 명확히 제외되어 있었던 '한국(Korea)'이 1949년 12월 29일자의 평화조약 초안에서 처음으로 그 대열에 올라간 것이었다.[23] 즉 평화조약 조문상에서 한국이 정식으로 연합국 취급을 받게 된 것이다. 그러나 물론 이것은 일본과의 과거처리에 관해 한국을 우대하기 위한 변화가 아니었다. 이 점은 초안 내용의 검토 이전에 한국이 연합국으로 들어가게 된 배경을 봐도 쉽사리 이해할 수 있다.

이미 선행연구들도 언급해 온 바와 같이 1949년 11월 23일 국무성은 무초(John J. Muccio) 주한 미국대사에게 한국의 평화조약 참가 여부와 그 참가를 위한 조항 작성에 관한 조언을 청하는 훈령을 보냈다.[24] 그에 대해 12월 3일 무초는 '한국부대가 중국군에 참가하고 있었다.', '한국인 게릴라(guerrillas)가 일본군과 교전하고 있었다.', 그리고 '임시정부가 존재하고 있었다.'는 점 등을 들어, 한국정부의 위상 상승을 위해서도 비록 자문적 지위(consultative

---

23 이하 12월 29일 초안의 내용은 "DRAFT TREATY OF PEACE WITH JAPAN", *Treaty, Draft, 29 Dec 1949*, YF-A10, Box no.6, Folder no.4, R.06, pp.511~556에서 정리.

24 740.0011 PW(Peace)/11-2349 "The Acting Secretary of State to the Embassy in Korea", *FRUS, 1949, vol. VII, The Far East and Australasia, Parts 2*, p.904.

capacity)였으나 한국을 평화조약에 참가시킬 것을 본국에 권고했다.[25]

주한 미국대사의 그 권고를 받아 국무성 내 극동연구반(Division of Research for Far East)은 12월 12일자로 한국의 평화조약 참가 문제를 검토한 결과를 내리고 있다.[26] 그 속에서 동 연구반은 향후 일본으로부터 받을 것이 '가능한 반환 및, 또는 배상(possible restitutions and /or reparations)' 문제와 관련해 한국 정부가 평화조약에 참가할 강한 희망을 가지고 있으나 미국은 한국에게는 직접적으로 배상을 받을 권리가 없으며 미국 또는 극동위원회 회원국이 받을 배상의 일부를 배분한다는 일관된 방침을 가지고 있었다고 먼저 규정하고 있다.

그 이유와 관련해 연구반이 한국에 대해 내린 평가는 상당히 부정적인 것이었다. 종전 후 한국에는 명확한 법적 지위가 부여되지 않았다. 한국은 대일교전 국가임을 주장하고 있으나 미국을 포함해 거의 모든 국가가 1910년의 한일병합을 인정했으며 1948년까지 한국정부에 대한 일반적인 승인은 없었다. 한반도 내에서 일본에 대한 저항은 일부에 국한되어 있었으며 일반적으로 한국인은 일본의 지배를 받아들이고 있었다. 한반도 밖에 있었던 민족주의자들은 국제적으로 아무런 공식 승인을 얻지 못했으며 또 국내에서도 거의 아무런 힘이 되지 않았다.

이와 같이 극동연구반은 원칙적으로는 한국이 연합국 대열에 들어가 평화조약에 참여할 요건을 충족하지 않는다는 평가를 내리고 있었다. 또한 동 연구반은 한국을 연합국으로서 평화회의에 참석하게 할 경우의 부작용에 대해

---

25 740.0011 PW(Peace)/12 – 349 "The Ambassador in Korea(Muccio) to the Secretary of State", ibid., p.911.

26 이하 이 문서의 내용은 "PARTICIPATION OF THE REPUBLIC OF KOREA IN THE JAPANESE PEACE SETTLEMENT", *Miscellaneous, Department of State Material*, YF – A10, Box no.4, Folder no.6, R.11, pp.305~313에서 정리.

서도 짚어 보고 있다. 연구반이 우려한 부정적인 영향은 다음과 같았다.

즉 한국의 참가는 한국의 대일요구가 이미 과잉이라고 인식되어 있는데도 배상 요구 등에 대해 한층 더 강한 주장을 촉진할 것, 국민감정 등으로 징벌적인 조약을 요구할 것, 또한 한국의 참가는 북한의 참가 요구를 유발하고 소련 등이 그것을 지지할 것, 만약에 북한을 배제하고 한국만을 참가시킬 경우 북한은 늘 그랬듯이 이승만 정부를 친일 정권으로 주장할 것이며 그에 따라 한국은 억제적이고 타협적인 주장을 하기 어려워질 것 등이었다. 즉 연구반은 한국의 평화회의 참가 요건과 더불어 그에 따른 영향에 관해서도 전체적으로 부정적인 견해를 나타내고 있었다.

그럼에도 연구반은 최종적으로 한국을 평화회의 참가국으로 받아들이는 방향으로 기울었다. 그 이유는 한국의 국민감정을 우려했기 때문이다. 연구반은 혹시 한국을 평화회의로부터 완전히 제외할 경우 일본, 평화회의, 그리고 특히 미국에 대해 한국 정부 및 한국 국민 차원의 거센 분노(resentment)를 야기할 것을 우려했다. 그 결과 연구반이 내린 타협안은 한국을 실제 교섭에 관여하는 역할(negotiating role)로서가 아니라 자문적인 역할(consultative role)로서 받아들이는 것이었다.

즉 한국의 비합리적인 요구를 억제하고 평화회의 참가에 대한 한국의 민감한 감정을 충족하는 방법으로서 연구반은 평화회의에서 실체(substance)를 가진 참가국으로서가 아니라 그 요구를 어느 정도 표현하는 것을 가능케 하는 합석(appearance)만을 허용하는 방침을 굳힌 것이다. 1949년 12월 29일자의 평화조약 초안에서 한국의 연합국 참가가 실현된 것은 바로 이상과 같은 내부 검토를 거친 것에 따른 결과였다.

한국을 연합국 및 관련국으로서 받아들인 12월 29일자 초안에 대해 국무성은 그 이유를 일단 다음과 같이 정리하고 있다. 즉 한국은 해방된 지역이며 대일전쟁에서 중국 국민당과 함께 일본에 대한 저항운동이나 투쟁활동을 오래 펼친 기록이 있다. 평화조약에 대해 중요한 이해관계를 보유하고 있다. 만약에 미국이 참가를 지지하지 않을 경우 한국은 불신감을 가진다(resentful). 주한 미국대사가 한국의 고관이 평화회의에 초대되며 참가할 것을 기대하고 있으며 한국이 교섭 회의(negotiating conference)의 멤버로서가 아니라 극동위원회에 참여하지 않는 다른 국가들과 함께 보다 늦은 단계에서 참여하는 자문적(consultative) 지위를 받아들일 것이라는 전망을 전해왔다.[27]

병합의 유효성을 지적하고 한국 국민이 일본의 지배를 받아들이고 있었음을 강조한 12일자의 국무성 내부 검토로부터 약 2주 후에 나온 이 설명은 미국이 한국을 기본적으로 대일교전국으로서 인정한다는 방침으로 돌아섰다는 점에서 일견 놀라운 변화로 보이기 쉽다. 국무성으로서도 비록 정치적 판단이라고 하더라도 한국을 연합국 대열에 참가시킬 것을 결정한 이상, 나름대로 그 이유를 댈 필요가 있었던 것으로 풀이된다.

그러나 12일의 내부 검토 문서에서도 이미 국무성은 한국을 교섭에 대해 사실상 아무런 영향을 주지 못하는 자문적인 지위로서 받아들이는 견해를 표시하고 있었다. 실제 12월 29일자 초안에 달린 서문에 관한 코멘트는 한국을 서명국으로 받아들였으나 평화조약의 내용에 영향을 줄 수 있는 교섭 회의에 참가하고 조약 교섭에 관여하는 국가들은 극동위원회 회원국과 인도네시아를 예정하고 있음을 명시하고 있다.[28]

이상을 감안할 때, 12월 29일자 초안에서 한국을 연합국 및 관련국 대열에

---

27 "DRAFT TREATY OF PEACE WITH JAPAN(December 29,1949) COMMENTARY DRAFT TREATY", *Treaty, Draft, 29 Dec 1949*, YF – A10, Box no.6 ; Folder no.4, R.06, p.505.

28 ibid.

참가시킨 것을 대일배상에 대한 한국정부의 입장을 강화하기 위한 미국의 정책 변화로 평가하는 것은 애초 어불성설임이 확실하다. 무엇보다 이 점은 한국을 연합국 및 관련국에 참가시킨 12월 29일자 초안에서 연합국 및 관련국에게 주어진 배상 조항(26조) 및 할양지역에 대한 규정(부속7) 등이 비록 그 위치에는 변동이 생겼으나 그 내용에 관해서는 한국이 연합국 및 관련국이 아니었던 11월 2일자 초안과 똑같다는 점이 입증하고 있다.

따라서 한국의 연합국 및 관련국으로의 참가는 일본과의 과거처리에 즈음하여 새로운 권리를 주기 위한 것이 아니라 오히려 이미 사실상 차이가 없는 상황을 반영한 결과라고 보는 것이 보다 적절한 해석일 것이다.

즉 국유재산, 사유재산을 막론하고 재한일본인 재산이 이미 한국정부에 이양된 현실과, 반대로 연합국 등에 대해서도 재외일본인 재산의 몰수로 인해 추가적인 대일배상을 봉쇄할 방침이 공식화된 1949년 후반기에 이르러 한국의 연합국 대열 참가는 할양지역으로서의 권리와 비교해 반드시 유리한 것을 뜻하지는 않았다. 오히려 1장, 2장에서 논한 바와 같이 재한일본인 재산의 취득 이외에 『배상조서』를 준비하고 추가적인 대일배상을 실현하고자 했던 한국의 입장에서 볼 때, 동 30조에서 전쟁과 관련된 모든 청구권이 충족(cover)된 것을 연합국이 선언할 것을 규정한 이 초안은 연합국 대열로의 참가가 오히려 한국이 희망한 추가 배상의 길을 차단할 것임을 뜻했다.[29]

실제 주한 미국대사로서 한국의 위상 상승을 위해 연합국 참가를 권고한 무초조차 재한일본인 재산 이상의 추가적인 배상을 청구하지 않는다는 것을 연

---

29 물론 할양지역에 머물 경우 추가적인 보상 요구가 가능하다는 것을 뜻하는 것도 아니기 때문에 연합국 참가가 꼭 불리해졌다는 의미는 아니다. 다만 적어도 조문상, 할양지역에 대해서는 재외일본인 재산의 취득으로 인해 모든 청구권이 충족되었다는 등의 규정은 없다.

합국 참가의 사실상의 조건으로 할 것을 권고하고 있었다.[30] 결국 후술하는 바와 같이 재외일본인 재산의 몰수로 인해 배상 문제가 해결된 것으로 하는 조항은 한국이 연합국 멤버로서 남게 된 마지막 초안인 1951년 3월 23일자의 평화조약 초안까지 유지된다.

그것뿐이 아니다. 그 초안 중, 연합국이 배상 권리로서 받는 재외일본인 재산에 대해 예외 규정을 둔 부속6은 연합국 및 관련국에 존재한 일본인 재산 몰수에 관해 한국이 연합국 대열에 참가하지 않았던 11월 2일자 초안과 같은 예외 규정을 유지했다. 즉 전시 중, 특수한 제한 조치에 들어간 것을 제외하고 연합국에 거주 허가를 받은 일본인(자연인) 관련 재산, 외교 관련 시설, 종교 등의 비정치적인 단체 재산, 전후 생긴 재산, 그리고 권리증서 등이 연합국에 있어도 그 재산 자체는 일본 국내에 있는 재산 등을 여전히 몰수 대상에서 제외함으로써 한국의 연합국 참가가 그 예외 규정에 관해서도 유리한 조건을 받지 못함을 의미했다.[31]

또한 한국의 연합국 참가가 반드시 유리한 것이 아님은 배상 문제만이 아니었다. 동 초안 32조는 재일재산의 반환 및 보상 문제에 관해 그 이전의 초안까지 남아 있던 연합국과 관련국을 구별하는 규정을 없애고 연합국 및 관련국 쌍방에게 적용되는 표현으로 수정되었다. 이로 인해 일단 한국은 연합국 대열에 참가함에 따라 가령 연합국이 아닌 관련국의 지위에 머물러도 재한일본인 재산의 몰수와 함께 재일한국 관련 재산의 반환 및 보상 권리를 법적으로 보

---

30 740.0011 PW(Peace)/12 - 349 "The Ambassador in Korea(Muccio) to the Secretary of State", *FRUS, 1949, vol. VII, The Far East and Australasia, Parts 2*, p.911.
31 단 예외 조항은 한국이 아직 연합국에 참가하지 않았던 1949년 11월 2일자 초안에서 이미 규정되었으므로 한국을 연합국에 참가시키는 데 새롭게 설정된 예외 규정으로 보는 것은 타당하지 않다.

장받게 되었다. 즉 한국은 비록 평화조약 내용에 직접 영향을 줄 수 있는 연합국은 아니었으나 1949년 말, 재한일본인 재산의 취득에 더해 새롭게 재일한국 관련 재산의 반환 및 보상 권리까지 보장받는 지위를 확보한 것으로 보인다. 그러나 표면상 권리가 확장된 것으로 보이는 연합국 대열로의 참가가 반드시 한국을 유리하게 하는 것은 아니었다.

재일연합국 관련 재산의 반환 및 보상의 내용을 규정한 동 초안 부속5는 반환 대상을 전시 중 일본정부의 관리하에서 압류, 강제보관, 또는 기타 방법으로 취득된 것(seized, sequestered, or otherwise taken under the control of the Japanese Government)으로 정했다. 그러나 전시 중, '내선일체화'에 따라 실제 일본정부가 한국 관련 재산을 적국 재산으로서 조치하는 일이 없었던 조건하에서 그 반환 규정은 한국의 권리를 새롭게 확대하는 것이 아니었다. 다시 말해 그것은 전시 중 압류도, 강제보관도 되지 않았던 재일한국 관련 재산의 회수 문제에 대해서는 중립적인 것에 불과했다.

다만 반환하지 못하는 재일재산에 대한 보상 문제에 관해서 그 부속5는 일본정부의 관리하에서 처리된 것과 함께 그 여부와 상관없이 전쟁의 결과 손실(lost), 파손(damage), 파괴(destroy)된 것을 보상 대상으로 할 것을 정했다.[32] 이 규정은 일본정부의 관리 여부와 상관없이 폭격 등, 전쟁의 결과로 손상된 재일한국인 부동산 등에 대한 보상 권리를 부여하는 성격을 가진다. 이 점에서 한국이 연합국이 아님에 따라 그와 같은 권리를 받지 못했던 11월 2일자 초안과 비교해 한국의 권리가 확장되었음은 틀림없다. 그러나 이와 같은 '확장'을 한국에게 유리한 조건을 주기 위한 의도적인 결과로 보는 것은 결코 타당하지

---

32 단 이 초안은 보상 한도의 설정에 관해 유사한 것을 구입하는 비용 및 태평양전쟁 개시
    날인 1941년 12월 7일 시점에서의 상황으로 복구하는 데 필요한 비용의 50%로 정하고
    있다.

않을 것이다. 말할 나위도 없이, 한국을 연합국으로 참가시키면서도 재외일본인 재산 몰수나 재일연합국 재산 반환에 대해 엄격한 예외 조치를 취한 미국이 보상 문제에서만 한국의 권리를 의도적으로 확장해야 할 이유는 없었기 때문이다.

실제 내선일체화에 따라 일본에 거주한 한국인은 다른 연합국 국민과 비교해 월등히 많았으며 폭격 등의 재산 파괴에 따른 보상을 한국에게 인정하는 것은 평화조약에서 일본의 국익을 보호할 것을 이미 구상하던 미국의 정책 목표에 비추어 합리성을 결여했다. 그것은 한국만을 대상으로 한 조항이 아닌 결과로서 그 조문 규정이 한국과의 문제 처리에 관해 생길 영향을 충분히 헤아리지 못했던 틈에 생긴 '우연한' 결과로 보는 것이 적절할 것이다.[33]

이와 같이 12월 29일자 초안은 적어도 결과적으로는 재일재산의 보상 문제에 관해 연합국 대열에 참가한 한국에게 일부 유리한 권리를 제공했다. 그러나 이 '우연한' 결과를 포함해 재외일본인 재산의 몰수 및 재일재산의 반환 권리 등에서 나타난 12월 29일자 초안의 내용은 한국을 연합국으로 참가시킨 미국의 의도가 일본과의 과거처리에 관해 한국의 권리를 강화하기 위한 것이 아니었음을 입증하고 있음은 틀림없다.

---

33 실제 한국이 연합국에 참가하지 않았던 11월 2일자 초안에서는 재일재산의 반환 및 보상 권리에 관해 양쪽 모두, '일본정부의 관리하에서 압류, 강제보관, 기타 방법으로 취득된 것'이라는 조건이 달리지 않았다. 즉 한국의 연합국 참가를 승인한 12월 29일자 초안에서 오히려 반환, 보상 권리에 관한 제약조건이 강화된 측면이 있는 것이다. 이와 같은 '강화'가 한국의 연합국 참가를 고려해 추가된 것인지는 불명하나 한국에게 불리한 제약조건을 달았다는 사실은 보상 문제에 대한 한국의 권리 확대가 의도적인 것이 아님을 내비치고 있다고 하겠다.

2) 덜레스의 국무장관 고문 취임과 한국의 연합국 참가 유지

이상과 같이 1949년 12월 한국은 일단 연합국 대열로 들어가게 되었다. 그에 따라 권리 내용 역시 다른 연합국들과 동일하게 되었으나 그것은 결코 미국정부의 확고한 방침으로 확정된 것이 아니었다.

1950년 4월 평화조약의 주역이 되는 덜레스(John F. Dulles)가 국무장관 고문으로 취임했다. 그 덜레스를 위해 1950년 6월 19일자로 작성된 국무성의 상황보고서는 그 시기 연합국과 비교한 할양지역의 권리 부여에 대해 국무성 내부의 방침이 반드시 확립된 것은 아님을 보여 주고 있다.[34]

동 상황보고서는 연합국에 대해서 일본에 남아 있는 자원들이 일본의 자립적인 경제 재건을 위해 필요하고 미국이 일본의 국제적인 지불을 위한 적자를 부담하고 있는 상황에서는 어떤 형태로든 향후 추가적인 배상을 일본으로부터 걷지 않아야 하며, 평화조약 조문에서는 일본과 교전관계에 있었던 국가에 존재한 일본인 자산을 제외하고 모든 배상청구권을 포기하게 할 방침을 밝히고 있다. 물론 이 방침은 맥코이 성명 등을 배경으로 1949년 가을 이후 작성된 초안에서 이미 나타나고 있던 방침을 이어받은 것이었다.

주목되는 것은 그 상황보고서에서는 배상 문제와 병행하고 과거 일본 영토였던 지역 문제를 분리(separation)에 따른 것으로 지적하면서 그 지역에 관한 청구권 문제를 연합국과 따로 기술하고 있는 점이다. 그 보고서 역시 구체적인 권리 부여에 관해 '분리'라는 개념과 '할양' 간에 특별히 다른 의미를 부여한 것은 아니다. 그러나 1947년 무렵의 초안에서 할양지역을 '해방' 지역이라

---

34 이하 이 상황보고서의 내용은 "Briefing Papers for Mr. Dulles", *Briefing Papers for Dulles*, YF – A10, Box no.1, Folder no.1, R.01, pp.644~654에서 정리.

는 개념과 함께 표현한 미국 내부의 인식을 상기할 때, 굳이 '분리'라고 표현한 그 보고서의 인식이 어느 정도 정치적인 의미를 지녔다고 봐도 무방하다. 즉 그것은 개념적으로 연합국과 분리지역을 구별하는 것과 더불어 그 지역의 문제를 일본의 책임 추궁이라는 맥락으로부터 떼서, 오히려 조약상 그것을 지우려는 시각이 국무성 내부의 일각에 남아 있었음을 가리키고 있다.

그 상황보고서는 일단 만주, 한반도, 타이완, 지시마 열도에 존재한 일본인 재산을 각 지역에서 주권을 행사하고 있는 정부가 계승했으나 그것은 일종의 배상으로 간주되며 평화조약에서는 일본이 그것을 포기한다는 조항을 설정할 것을 명기하고 있다. 물론 이것은 1949년의 초안들에서 볼 수 있듯이 이미 시기적으로 되돌릴 수 없는 기정사실을 인식한 재외일본인 재산의 몰수 방침을 답습한 것이었다.

그러나 동 보고서는 포괄적인 청구권을 SCAP에게 제기하고 있는 한국의 존재를 직접 부각하면서 분리지역의 정부가 요구하는 재일재산의 문제가 주된 문제로서 남았음을 지적하고 있다. 즉 위에서 본 바와 같이 1949년 12월 29일의 초안에서 한국이 연합국 대열에 참가함으로써 일단 재일재산의 반환 및 보상 권리가 주어졌으나 그것이 아직 확립된 것이 아니라 문제점으로서 남아 있었던 것이다. 보고서는 그들 분리지역의 정부가 그 영역에 존재한 상당한 규모의 일본인 재산을 취득했으므로 그 이상 일본에 존재하는 재산을 요구할 권리가 없다는 것이 미국의 입장임을 밝히고 있다.[35]

한편 동 상황보고서는 연합국 국민의 재일재산에 대해서는 그것을 반환 및 보상하게 하는 것이 미국의 입장이며 평화조약에도 이와 같은 규정을 둘 방침

---

35 특히 이 문서가 문제로 삼은 것은 본점 등이 분리지역에 있는 기업의 재일재산 문제 및 청산된 금융기관의 재일지점 재산 문제였다. 후술하는 바와 같이 이것은 한일회담에서 한국이 제기한 대일8항목요구 중 제4항을 구성하는 것이었다.

임을 명시하고 있다. 이 점에서 연합국과 분리지역에 대한 처리의 내용에 관해 명확히 차등을 매길 방침이 국무성 내부에는 아직 남아 있었던 것이다.

그러나 연합국과 한국 등을 구별하려는 이와 같은 생각은 결국 덜레스에 의해 받아들여지지 않았던 것으로 판단된다. 6월 19일자의 상황보고서를 받기 전인 6월 6일 덜레스는 국무장관에게 보낸 각서에서 평화조약 예비회의 소집 멤버에 한국(South Korea)을 참가시킬 방침을 이미 밝히고 있었다.[36] 무엇보다 그 후 덜레스 자신이 그 작성에 직접 관여한 것으로 추측되는 평화조약 초안들은 연합국과 분리지역을 구별하지 않았다. 또 후술하듯이 한국을 연합국에 참가시키는 방침은 1951년 5월 초 무렵까지 유지되었으므로 1949년 말에 실현된 한국의 연합국 대열 참가 구상이 그 시기까지, 덜레스에 의해 담보된 것은 틀림없어 보인다.

덜레스가 직접 관여한 것으로 추측되는 초안들은 1950년 8월에 적어도 세 차례 작성되었다.[37] 그 세 가지 초안은 모두 1949년 초안에서 직접 명시한 연합국 및 관련국의 구체적인 명칭을 공백으로 하고 단지 그들을 '연합국 및 관련국'으로 호칭한다고만 적고 있다. 서식으로 볼 때 연합국 등을 명

---

36 694.001/6 – 750 "Memorandum by the Consultant to the Secretary(Dulles) to the Secretary of State", *FRUS, 1950, vol. VI, East Asia and The pacific*, p.1211.

37 덜레스가 직접 관여한 것으로 추측하는 근거는 이들 초안이 소장된 폴더 명에 있다. 즉 이 세 가지 초안은 모두 제목 없이, *Japan Treaty Draft by Mr. Dulles*, YF – A10, Box no.1, Folder no.2, R.07, pp.416~440에 수록되어 있다. 또 세 가지 중, 8월 7일자 초안을 수록한 *FRUS*에는 동 초안이 앨리슨(John M. Allison)과 함께 덜레스 자신이 평화조약을 간결한 것으로 하는 것이 바람직하다는 판단으로 직접 작성한 것임을 명기한 8월 9일자 서한이 함께 첨부되어 있으므로 덜레스가 직접 관여한 초안임이 확실하다. 이 서한은 "Memorandum by the Consultant to the Secretary(Dulles) to the Assistant Secretary of State for Economic Affairs(Thorp)", ibid., p.1267에, 8월 7일자 초안은 동 서한에 이어 pp.1267~1296에 수록.

시하는 방식 자체를 기각한 것이 아니라, 그 이전에는 연합국이 아니었던 한국 등을 연합국으로 받아들이는 유동적인 상황 등을 맞이해 일단 서명국의 명확한 확정을 유보한 것으로 풀이된다. 그러나 그 초안들은 과거처리와 관련해, 과거 일본 영토였던 할양지역에 관한 조항을 따로 설정하지 않았다. 따라서 그들이 연합국과 할양지역을 구별하는 방침을 취하지 않았던 것은 확실하다.

실제 비록 연합국 및 관련국을 직접 명시하지 않았으나 그들과 할양지역을 구별하려 하지 않았던 흔적은 초안의 내용들을 봐도 추측 가능하다. 8월에 작성된 세 가지 초안 중, 8월 7일자 초안[38]은 배상 문제를 규정한 16조 "전쟁으로부터 생긴 청구권"에서 연합국 및 관련국이 각 영역에 있는 일본 재산을 몰수한다고 규정하고 그 이외는 15조에서 연합국 역시 일본과 함께 전쟁 관련 청구권을 상호 포기한다고만 규정했을 뿐, 직접 할양지역의 존재를 따로 언급하지는 않았다.

이어 17일 작성된 초안[39]에서는 배상 포기 조항인 16조에서 일본과 대조되는 주체와 관련해 일부 수정이 이루어지고 있다. 그러나 그 수정은 연합국 및 관련국과 함께 일본과 외교관계를 단절하고 연합국들과 협력해서 행동한 국가를 일방(on the one hand)으로 한다고 그 범위를 확대하고 있을 뿐이다. '일본과 외교관계를 단절하고 연합국들과 협력해서 행동한 국가'가 구체적으로 어느 국가를 가리키는지는 밝히지 않았으나 이 조항은 상호 포기의 주체를 연

---

38 *Japan Treaty Draft by Mr. Dulles*, YF-A10, Box no.1, Folder no.2, R.07, pp.433~440. 동 8월 7일 초안에서는 일단 타자된 8월 7일이 17일로, 손으로 직접 수정되어 있다. 그러나 그 내용은 *FRUS*에 수록된 8월 7일자 초안과 같으므로 8월 7일자 초안으로 생각해도 무방하다.

39 ibid., pp.425~432.

합국 이외로 확장한 것이므로 그 초안 역시 한국을 할양지역으로서 연합국과 구별하는 방침을 취한 의미와 전혀 무관하다.

또 인쇄 불명으로 정확한 작성 날짜가 불분명하나 세 가지 가운데 또 하나 확인되는 초안[40]에서도 비록 그 표현은 달라졌으나 문제의식은 같았다. 동 초안 17조[41]에서는 연합국 및 관련국과 일본이 상호에 청구권을 포기할 것을 먼저 명시한 후, 일본이 일본과 외교관계를 단절한 국가들과도 같은 상호적인 조치를 취한다고 규정했다.

즉 덜레스가 직접 그 작성에 관여한 초안들은 연합국과 관련국 부분에 관련되는 주체를 추가하는 등의 수정을 통해 연합국들에게 적용되는 조항을 기타 주체들에게도 넓히려고 한 것이었다. 따라서 이들 조문의 수정은 연합국 대열의 확대를 뜻하는 것으로, 연합국 대열을 엄격히 제한하고 그와 구별된 할양지역에 대해서는 다른 적용 조항을 설정하는 등의 구상과는 정반대의 움직임이었다.[42]

물론 덜레스가 직접 관여한 동 8월의 초안들에서는 재외일본인 재산의 취득 및 재일재산의 반환·보상 관련의 조항들 모두 직접적으로 '연합국 및 관련국'에 대한 권리임을 명시함으로써 애초부터 덜레스는 연합국 대열의 권리 규정과 할양지역의 조항들을 구별하고 있었다는 추론도 가능하다.

그러나 1949년 12월 29일 초안에서 이미 한국은 '연합국 및 관련국'에 들

---

40 ibid., pp.416~424.

41 이 초안에서는 당초 '17조'로 된 부분을 새로운 조항의 추가를 고려해 '18조'로, 손으로 변경했으나 그 새롭게 들어가는 조항이 명확하지 않으므로 당초 인쇄된 '17조'로 표현한다.

42 이와 같은 방침은 1950년 9월 11일자 초안 18조에도 유지되어 있다. 이 초안은 Tokyo Post Filles : 320.1 Peace Treaty "Draft of a Peace Treaty With Japan", *FRUS, 1950, vol. VI, East Asia and The pacific*, pp.1297~1303.

어가 있었다는 점, 또 후술할 1951년 3월 미국이 관계 각국에 처음으로 정식으로 제시한 초안에서도 한국을 연합국에 참가하게 하는 방침이 유지되어 있었다는 점, 그리고 그들 초안이 한국 등 일본과의 과거처리 과제를 안고 있는 기타 국가를 연합국 대열에서 제외했다면 그들 해당 국가에 적용되는 다른 조항들을 마땅히 마련했어야 했다는 점 등을 감안하면 1950년 8월의 초안들이 연합국과 과거 일본 영토였던 지역들을 구별하는 방침을 취했을 개연성은 지극히 낮다고 판단해도 무방할 것이다. 더구나 한국전쟁이 이미 터진 극한 동서대립 속에서 한국의 국제적 위상을 높일 것을 희망하던 덜레스가 그 시점에서 1949년 말 일단 연합국 대열에 참가한 한국을 일부러 제외할 필요도 없었다.[43]

이와 같이 평화조약의 주역이 되는 덜레스의 국무성 고문 취임 무렵, 미국 정부의 일각에 여전히 남아 있던 연합국과 할양지역들을 구별하려는 평화조약 방침은 덜레스에 의해 억제된 것으로 풀이된다. 그러나 이미 미국은 전체로서 연합국에 대해서도 대일추가요구를 일절 포기하게 하는 방침을 가지고

---

43 실제 한국의 지위 강화에 관한 자세는 한국 독립 조항에도 나타나 있다. 1950년 8월에 작성된 초안은 모두 일본에 대해 한반도 독립 승인과 더불어 향후의 한반도와의 관계를 유엔과 관련하여 설정할 것을 요구했다. 예를 들어, 7일자의 초안에서는 1948년 12월 유엔총회에서 채택된 결의에 기초해서 설정할 것을 규정했다. 물론 이는 1948년 12월 12일, 대한민국이 한반도에서 선거를 거쳐 들어선 유일한 합법정부임을 인정한 유엔결의195(III)호에 따라 관계를 설정할 것을 요구한 것이었다. 또 17일자의 초안에서는 유엔이 취하고 있는 행동(actions)에 기초하여 한반도와의 관계를 설정할 것을 규정했는데 이는 1950년 6월 27일 북한의 남한 공격을 침략으로 인정한 안전보장이사회의 결의와 그에 따라 참전하게 된 유엔군의 움직임을 따를 것을 요구한 것이었다. 그리고 작성 날짜가 불명한 초안에서는 이상의 두 가지 조건을 합쳐, 한반도에 관한 유엔총회와 안전보장이사회 결의에 따라 한반도와의 관계를 설정하도록 규정하고 있다. 즉 덜레스는 주권회복 후의 일본이 독립 후의 한반도와의 관계에서 북한을 배제하고 한국만을 상대로 할것을 명확히 요구한 것이었다.

있었다. 그것을 상기한다면 덜레스가 한국을 포함해 연합국 대열을 '확장'하려 한 것은 결코 단순히 그들의 권리를 확대하기 위한 것이 아니었다. 오히려 연합국의 '확대'는 일본에 대한 추가적인 배상을 포기하게 해 일본의 경제적 부담을 억제하는 데 효과적일 수도 있었다. 즉 한국을 연합국 대열에 남기는 것은 동서냉전과 한국전쟁이라는 극단적인 상황을 맞이해 한국의 지위를 상승시키면서도 일본의 경제적 부담은 억제하는 두 가지 정책 목표를 양립하게 하려는 의미를 지닌 것이었다.

다만 덜레스가 직접 관여한 1950년 8월의 초안에서는 재외일본인 재산의 몰수 예외 조항과 관련해 그 예외 항목들을 외교 관련 시설 및 종교 등의 비정치 단체 재산에만 한정하고 있다. 또한 재일재산의 반환 및 보상 권리에 관해서도 '일본정부의 관리하에서 압류, 강제보관, 또는 기타 방법으로 취득된 것'이라는 조건이 사라졌다. 물론 이러한 수정은 보다 강한 제한 조건이 달린 1949년 12월 29일자 초안과 비교해, 조문상 연합국 및 관련국 대열에 들어간 한국에게 유리한 수정이었다.

이러한 수정이 이루어진 직접적인 이유는 자료상 불분명하다. 그러나 이미 가능한 한 일본의 국익을 보호하는 평화조약을 구상하고 있던 미국정부가 일부러 일본의 경제적 부담을 늘리는 조치를 취했다고 보기는 어렵다. 실제 미국이 관련 국가들에게 제시함에 따라 미국정부의 공식적인 입장이 된 1951년 3월 초안부터는 그 예외 항목들이 부활하며,[44] 특히 한국 입장에서 그것들은

---

44 다만 8월의 세 가지 초안 중, 날짜가 불분명한 초안에서는 재외일본인 재산의 몰수 예외 항목이 기본적으로 1949년 12월 초안의 내용과 같으며 그 이외에 오히려 새롭게 일본의 상표(trade-marks)를 포함하고 있다. 따라서 1951년 3월에 이르러 다시 예외 항목이 확대된 것은 아니다. 반대로 말해 몰수 예외 항목을 제한하는 초안과 같은 시기에 작성된 초안에서 이미 그것을 부정하는 초안도 작성되어 있었던 것이다.

결정적이라고 할 수 있는 제한적인 조건이 되었다. 따라서 1950년 8월 무렵 델레스가 직접 관여한 초안에서 일어난 그 변화가 '연합국 한국' 등에 대해 그 권리를 의도적으로 확대하기 위해 가해진 적극적인 수정이었다고 해석하는 것은 과잉으로 보인다.

실무자들이 작성한 1949년 12월 29일자 초안과 비교해 상당히 짤막하게 작성된 그 초안들은 바로 정치적인 판단을 가하는 입장에 있던 델레스가 처음으로 그 작성에 직접 관여한 것이었다. 그만큼 동 초안들은 정치적인 요지만을 정리하는 등, 각 조항과 관련된 모든 세부 조건까지 다 세밀하게 규정해야 하는 단계의 초안이 아니었다. 한국에게 잠시 유리해진 그 몰수 예외 조항의 '축소'나 재일재산의 반환·보상 권리의 '확대' 역시, 그 초안들의 잠정적인 성격의 결과 일어난 일시적인 '요행수'였다고 보는 것이 타당할 것이다.

3) 일본정부의 평화조약 구상과 대응 방침

1949년 말부터 한국을 연합국으로 받아들이려 한 미국의 정책 전환과 대조적으로 일본은 같은 시기, 오히려 개념적으로 할양지역을 연합국과 보다 명확히 구별하면서 할양지역에 대한 대응 방침을 따로 구체화하고 있었다.

12월 3일 작성한 "할양지의 경제적 재정적 사항의 처리에 관한 진술"에서 외무성은 한반도를 비롯해 전쟁 결과로서 포기할 영역에 관한 문제가 평화조약에서는 "할양지에 관한 경제적 재정적 규정"으로서 규율될 것을 예상하면서 그에 관한 대응 논리를 구체적으로 정리하고 있다.[45]

---

45 이하 「割讓地の経済的財政的事項の処理に関する陳述」, 『日本外交文書 サンフラン

외무성은 할양지역에 대한 시정(施政)은 이른바 식민지에 대한 착취 정치가 아니며 오히려 일본으로부터 '초가 반출(持ち出し)'이 되어 있었으므로 일본에 의한 식민지 착취 운운의 견해는 정치적 선전에 불과하다는 것, 이들 지역에 있었던 재외일본인 재산은 공유(公有)뿐만 아니라 사유재산까지 사실상 박탈되어 있으며 그와 같은 조치는 국제 관례상 이례에 속하지만 평화조약에서 그것이 확인될 것으로 생각된다는 것, 그리고 이들 지역의 취득은 국제법상 당시 인정된 방식을 통해서 이루어진 것이며 세계 각국 모두 일본 영토로 인정하고 있었으므로 이들 지역의 보유를 범죄시하고 징벌적인 의도를 가지고 문제 해결의 원칙으로 삼는 것은 납득하기 어렵다는 것 등을 주장하고 있다.

주의해야 하는 점은 할양지역의 영유가 정당한 것인데도 그 지역 소재의 일본인 재산이 몰수되는 것에 대한 문제점을 지적한 일본정부의 참된 의도가 그 몰수 자체를 번복시키기 위한 것이 아니었다는 점이다. 그것은 결국 재외일본인 재산의 몰수로 인해 할양지역과의 경제 처리 문제가 일괄 최종(once and for all)적으로 해결되는 것을 실현하고자 하는 데에 있었다. 실제 외무성은 그 문서에서 할양지역 소재의 공유·사유재산을 전면적으로 포기하는 규정을 둔다면 그것이 할양지역의 대일청구를 넘을 것이라는 점을 지적하고 그 이상 공사(公私)의 채무[공채, 사채, 은급, 보험, 사인 간 채무, 통화 기타] 부담이 일본정부에게 추구되지 않도록 할 것을 구체적으로 당부하고 있다. 즉 이미 되돌릴 수 없는 기정사실로 되어 있던 그 지역 소재의 일본인 재산 몰수 자체를 문제로 삼은 것이 아니라, 그 사실을 이용해 각 지역 당국이 몰수 재산 이외에 일본에 대해 추가적으로 청구하려는 것을 막을 것을 요청한 것이었다.

이 문서에는 왜 이 시기에 할양지역과의 처리 문제를 따로 다루게 되었는가

シスコ平和条約準備対策』, 443~445쪽에서 정리.

에 관한 설명은 없다. 그러나 이 문서가 작성된 시기에는 이미 맥코이 성명 등으로 인해 연합국에 대한 추가 배상 중지의 방침이 공식화되어 있었다. 연합국과 할양지역을 구별하지 않으려는 미국정부 내부의 방침 변화를 몰랐던 일본이, 전망이 보이기 시작한 연합국에 대한 배상 처리와 달리 아직 불투명했던 할양지역과의 처리 문제를 남은 과제로서 인식하게 된 것은 자연스러운 흐름이었다.

다시 말해 이 시기, 연합국과 할양지역의 법적 구별을 없애버림으로써 같은 처리를 진행하고자 했던 미국에 대하여 일본은 연합국과 법적으로 구별되는 할양지역의 문제가 남은 것을 인식하면서 그 처리의 실질적인 내용에 관해서는 연합국과 할양지역을 사실상 같이 취급하도록 당부하려 한 것이었다.

실제 할양지역에 대한 이상과 같은 요청은 같은 시기 만들어진 연합국에 대한 배상 처리 요청과 사실상 같다. 외무성은 12월 8일, "경제 문제에 관한 특별 진술"을 작성, 그 가운데 전쟁 결과 일본은 외국의 원조가 없으면 생활을 유지하는 것조차 어려워지게 되었으며 그러한 상황에서 이미 실현된 기존 철거 이상의 시설 배상이나 생산물, 현금 등의 추가 배상을 실시하는 것은 일본 경제를 한층 더 어렵게 할 것, 또한 팽대한 재외재산이 처분될 것 등을 지적하고 이미 철거된 시설 이상의 배상 추구를 하지 않을 것을 희망하고 있다.[46]

즉 일본은 할양지역과의 재산권 문제와 연합국에 대한 배상 문제를 개념적으로 구별하면서도 결국 이미 철거된 시설과 재외일본인 재산의 몰수로 인해 최종적으로 문제를 일괄 종결하려 했다는 점에서 할양지역과 연합국을 동일하게 다룰 것을 받아들이고 있었다. 이와 같은 일본정부의 방침은 기본적으로 그 후에도 변함이 없다. 1950년 5월 31일 작성된 "대일평화조약의 경제

---

46 「経済問題に関する特別陳述」, 위의 책, 447~450쪽.

적 의의(意義)에 대하여"에서도 외무성은 재외일본인 재산의 몰수 문제를 들어, 일본정부로서 기존 철거 이상의 추가적인 배상을 피할 것을 거듭 요청하고 있다.[47]

1950년 9월 7일, 미국의 국무·국방 양 성은 한국전쟁이라는 시급한 안전보장 문제를 염두에 두면서 평화조약에 관한 교섭에 즈음해서는 한반도에서의 미국의 군사적인 상황이 호전될 때까지 발효하지 않을 것, 일본의 산업 능력 등이 소련에게 사용되지 않도록 할 것, 기타 미군의 지령하에서 미국이 접근할 수 있는 부대가 일본에 주둔할 것 등, 안전보장과 관련된 사항들이 사활적(vital)임을 인정한다는 양해하에 트루먼 대통령에 대해 평화조약 체결 추진을 촉구하는 각서에 합의했다.[48] 이에 따라 트루먼은 9월 14일, 대일강화에 관해 극동위원회 참가국들과 향후 진행 방법에 대해 비공식적인 토의를 개시할

---

47 「対日平和条約の経済的意義について」, 위의 책, 493~497쪽에서 정리. 또 이 문서에 관해서는 외무성이 이미 공개된 연합국의 공문서 등을 들어, 공유·사유를 막론하고 그것이 해당 지역의 정부에 의해 처분될 것(또는 이미 처분되어 있다)을 보다 분명히 인식하고 자신들의 관심이 처분 자체보다 그에 따른 선후(善後) 조치에 있음을 밝히고 있는 점에 주목할 필요가 있다. 그 선후 조치라는 것은 국내 보상 문제의 차단이었다. 외무성은 거액에 이르는 재외재산의 보상 능력의 문제와 함께 원래 일본정부가 그 책임을 질 수 있는 것은 배상을 위해 재외재산이 처분되어도 그것이 일본정부의 계정(戡定)에 포함될 때이나 특히 아시아 및 할양지역에서의 재외재산이 일본인 강제 인양과 그 지역의 특수한 정치 사정으로 인해 유기된 것과 마찬가지의 상황이 되어 있으며 이들 지역의 일본인 재산의 어느 부분이 청구권 충족에 할당되었는지 알 길이 없다는 이유를 들어, 보상 문제에 난색을 표시했다. 동 문서에는 할양지에 관한 조항도 설정되어 있으며 연합국과의 문제와 일단 구별되어 있다. 그러나 그 내용은 본론에서 거론한 1949년 12월 3일자 "할양지의 경제적 재정적 사항의 처리에 관한 진술"과 같다. 즉 결국 외무성은 국내 보상 문제를 포함해 재외재산의 몰수로 인해 연합국에 대한 배상 및 할양지역에 대한 경제 처리 문제가 한꺼번에 종결될 것을 거듭 요청하려 한 것이었다.

48 "MEMORANDUM FOR THE PRESIDENT", *Top Secret within U.S. Government*, YF – A10, Box no.5, Folder no.10, R.05, pp.771~773.

것을 발표하여[49] 평화조약 기초가 현실적으로 가시화되었다.

그 무렵, 외무성은 "대일평화조약 상정 대강"을 작성하여 연합국이 제출해 올 것으로 예상되는 평화조약의 내용을 정리하고 있다. 그 가운데 외무성은 할양지역의 문제를 배상 부분과 달리 설정하면서도 국유 및 공유재산은 무상으로 그 지역 당국에 상속되며 사유재산은 '배상'이라는 명의로 처분될 것, 또 처분된 사유재산 소유자에 대해서는 일본정부가 보상할 의무를 지게 될 것을 예상했다.[50] 즉 연합국이 아닌 할양지역에 관해서도 사유재산이 연합국과 같이 처리될 것을 예상한 셈이다. 그 문서에서 외무성은 "한국이 대일평화조약의 서명국이 될 것을 주장할지도 모르나 이것은 실현되지 않을 것"[51]이라는 인식을 드러내고 있다. 따라서 이 시기 일본정부는 한국이 연합국이 아닌데도 재한일본인의 사유재산 역시 '배상'으로서 최종 처리되며 그에 대한 보상 의무를 일본정부가 질 것을 예상했던 것이다.

또한 외무성은 연합국에 대한 배상 문제에 관해 재외재산이 배상으로 몰수되었다는 1949년 6월 10일자 미국정부 성명을 들면서 시설 배상 및 생산물 추가 배상은 면할 가능성이 크지만 일본은 전쟁에 기인하는 연합국에 대한 청구권을 모두 포기하게 될 것, 그와 관련해서 사인(私人)의 손해는 일본정부가 보상 의무를 맡게 될 것 등을 예상했다.[52]

즉 트루먼 성명으로 인해 평화조약의 기초가 현실성을 띠기 시작한 1950년 가을, 외무성은 '상속', '배상' 등 비록 그 표현에 차이가 존재해도 재외일

---

49 「対日講和問題に関する情勢判断」, 『日本外交文書 サンフランシスコ平和条約対米交渉』, 2007, 3쪽.

50 「対日平和条約想定大綱」, 『日本外交文書 サンフランシスコ平和条約準備対策』, 522쪽.

51 위의 문서, 523쪽.

52 위의 문서, 525~527쪽.

본인 재산이 평화조약에서 모두 할양지역 시정당국의 소유물이 될 것, 그럼에도 사유재산에 대한 보상은 일본정부가 지게 될 것, 한편 시설, 생산물 등으로 인한 추가 배상의 가능성이 희박해짐에 따라 연합국에 대해서도 추가적으로 배상을 지불할 일은 없다는 것 등을 예상하고 있었다. 이 점에서 결국 연합국, 할양지역을 막론하고 모두 기본적으로 같은 처리 내용을 예상하고 있었던 셈이다.[53]

외무성은 이상의 예상에 따라 이른바 'A 작업'을 진행하고 "일미교섭을 기다리지 않고 미국이 구상하는 대일강화에 대하여 일본정부의 요망을 미국에게 보낼 의도"[54]로 10월 4일 "미국의 대일평화조약안의 구상에 대응하는 우리 측 요망방침(안)" 및 "대미진술서(안)"을 작성했다. 그 두 가지 문서에 담은 대미요망에 기본적으로 차이는 없다. 그 내용은 몰수된 사유재산의 보상 의무를 규정하지 않을 것, 그리고 할양지역이 공사의 채권에 관해 일본의 부담을 추구하지 않을 것, 또 그 가능성이 낮다고 판단하면서도 연합국에 대해서도 이미 철거된 이상의 추가적 배상을 요구하지 않을 것 등이었다.[55] 물론 이 요망은 상술해 온 바와 같이 일본정부의 일관된 입장이었다.

53　다만 연합국에 대해서는 교전에 따른 일본의 청구권 포기를 예상한 것과 달리 할양지역에 관해서는 이와 같은 언급이 없다. 그러나 적어도 일본정부의 입장에서는 할양지역과 교전관계가 없었으므로 할양지역에 대해서는 교전에 따른 청구권 포기를 예상해야 할 이유가 없었다. 따라서 이에 연합국과의 차이를 찾는 것은 타당하지 않을 것이다.

54　「平和条約の締結に関する調書III 昭和25年9月~昭和26年1月」, 『日本外交文書 平和条約の締結に関する調書』第一冊(I~III), 2002, 564쪽.

55　「米国の対日平和条約案の構想に対応するわが方要望方針(案)」, 위의 책, 648~649쪽 ; 「対米陳述書(案)」, 658~660쪽. 단 외무성이 작성한 이 문서들은 요시다(吉田茂) 수상의 평가가 좋지 않았다는 기록이 있어, 실제로 미국에 보내지는 않은 것으로 보인다. 그러나 요시다가 배상 문제에 이의를 제기했다는 기록도 없거니와 이 방침은 이후에도 변화가 없으므로 일본정부의 변함없는 방침이었음은 틀림없다.

이상, 1951년 초부터 본격화되는 평화조약 기초 교섭을 앞두고 미국 및 일본정부는 그 방침을 굳혔다. 즉 미국은 한국을 연합국으로 받아들이되 재한 일본인 재산의 몰수로 인해 일본에 대한 추가 배상을 차단할 것, 한편 일본은 연합국과 할양지역의 법적 구별이 남을 것을 상정하고, 그 범주 속에서 한국은 할양지역으로 처리될 것을 예상하면서도 그 실제 내용에 관해서는 다른 연합국들과 같이 재외일본인 재산의 몰수로 인해 일괄 문제를 종결할 것을 주된 방침으로 세웠던 것이다.

3. 평화조약 조문 교섭

1) 평화조약 작성 방침에 관한 가각서의 조인

1951년 1월 11일 미 국무성은 대일강화 실현을 위한 일본정부와의 협의를 위해 덜레스가 방일할 것을 발표했고, 그는 25일 일본에 도착했다. 그 전까지만 해도 미국정부 내부의 구상에 불과했던 평화조약 조문이 드디어 관계국들과의 교섭을 통해 현실적으로 작성되는 단계에 접어든 것이었다. 이런 의미에서 덜레스 방일 이후의 초안 내용은 그 이전의 초안들과 비교해 한층 더 현실적으로 중요한 의미를 지녔다.

　1월의 덜레스 방일에 따른 1차 미일교섭에 즈음하여 미국은 26일, 동 미일교섭에서 다룰 의제(Suggested Agenda)를 제시하고 있다.[56] 그 가운데 보상 문제에 관해서는 "배상 및 전쟁에 기초한 청구권"이라는 항목만이 규정되었을 뿐, 연합국과 할양지역을 구별하는 자세를 연상케 하는 규정은 일절 없었다. 이는 1950년 8월의 초안 등에서 보이듯이 한국 등의 할양지역과 연합국을 같이 다루는 방향으로 움직이고 있었던 미국정부의 방침을 그대로 반영한 것이

56　「平和条約の締結に関する調書Ⅳ 1951年1〜2月の第1次交渉」, 『日本外交文書 平和条約の締結に関する調書』第二冊(Ⅳ · Ⅴ), 2002, 11〜12쪽.

틀림없다. 실제 후술하는 바와 같이 연합국과 구별되는 할양지역과의 처리 문제를 규정한 평화조약 4조는 한국의 법적 지위의 변화와 밀접하게 연동되면서 도출되었다. 그것을 감안하면 1차 미일교섭에서 할양지역의 문제가 의제로 제출되지 않았던 것은 그 무렵, 한국이 축(軸)이 되는 할양지역과 연합국을 구별하지 않고 같이 처리하려는 미국의 방침과 깊은 관련이 있었다고 봐도 무방할 것이다.

실제 이와 같은 미국의 방침은 같은 시기 개최된 한미교섭을 통해서도 직접 확인할 수 있다. 1951년 1월 26일 도쿄에서 열린 장면 대사와 덜레스와의 회담 자리에서 장면이 한국의 평화조약 참가가 권리의 문제이며 탄원이 아니라는 이승만 대통령의 말을 전하면서 평화조약 참가를 거듭 요청하자, 덜레스는 한국의 참가는 미국의 변함없는(always) 입장이라고 답하고 있다.[57] 그리고 그 말은 미국정부의 내부 문서가 어느 정도 입증하고 있는 것이기도 했다. 앞서 본 바와 같이 1949년 12월 29일 초안 단계에서 이미 한국은 명확히 연합국 대열에 들어가 있었다. 또 덜레스가 작성에 관여한 1950년 초안들에서도 비록 연합국에 참가할 국가가 명시되지 않았으나 한국 역시 연합국의 틀 안에서 다루어질 방침이 유지되어 있었음은 확실했다. 또 연합국과 할양지역을 구별하지 않은 조문 구성은 미국이 공식 초안으로서 관련국들에게 처음으로 제시한 다음 1951년 3월 23일자 초안에서도 유지되었다. 무엇보다 장면에게 밝힌 한국의 연합국 참가 방침은 후술하는 바와 같이 4월 미일교섭에서 직접 일본에 전달되었다.

따라서 이하 고찰할 3월 23일자 초안이 한국의 연합국 참가를 전제로 작성,

---

57 Lot 54D423 "Memorandum of Conversations, by Mr. Robert A. Fearey of the Office of Northeast Asian Affairs", *FRUS, 1951, vol. VI, Asia and the Pacific, Part 1*, p.817.

제시된 것은 틀림없다. 그러나 한국의 연합국 참가를 전제로 작성한 그 초안의 의미와 그 후 한국의 법적 지위가 변해가는 과정의 의미를 이해하는 데는 그 시기 미국에 전달된 한국정부의 주장의 내용에 주목해 둘 필요가 있다.

위에서 언급한 26일의 도쿄 회담에 앞서, 장면은 1월 17일 워싱턴에서도 러스크와 회담을 했는데 그 회담 자리에서 장면은 추가 배상에 관한 입장을 천명했다.[58] 장면은 한국의 평화조약 참가 요청에 관해 4일에 이미 제출한 구두 각서와 관련해 한국이 평화조약 교섭에서 발언할 권리를 가지고 있음을 표명하고 그것이 인정되지 않는다면 일본과 다른 조약을 체결할 것을 희망하는 취지를 전달했다.

주목해야 하는 것은 통상의 우호통상조약 같은 것을 원할 것인가를 물은 미국 측의 질문에 대해 장면이 임시정부의 존재를 들어, 한국이 원하는 조약 형식은 평화조약이며 한국은 일본의 한국 점령에 따른 정당한 배상 잔여 청구권(legitimate residual claims for reparations)을 보유하고 있음을 밝히고 있는 점이다. 즉 한국은 재한일본인 재산의 취득 이외에 일본에 대해 추가적인 배상을 요구할 방침을 천명하고 있었던 것이다. 동 석상에서 한국이 말한 '배상을 위한 잔여 청구권'이라는 것이 구체적으로 무슨 내용인지는 불명하다. 그러나 2장에서 분석한 『배상조서』에 나타나듯이 그것이 재한일본인 재산의 취득 이외에 다른 추가적 배상을 요구하려는 것이었음은 틀림없을 것이다.

한국의 주장에 대해 미국은 자신이 일본에 대한 경제적 지원을 하고 있다는 것, 또 한국이 받을 배상은 결국 미국의 납세자가 지불하게 될 것 등의 이유를 들어, 한국정부의 희망에 난색을 표시했다. 즉 관계국들과의 본격적인 초안

---

58 795.00/1 – 1751 "Memorandum of Conversation, by the Officer in charge of Korean Affairs(Emmons)", *FRUS, 1951, vol. VII, Korea and China, part 1*, p.97.

작성 교섭에 즈음하여 미국은 한국의 연합국 참가에 대한 방침을 유지하면서도 한국이 연합국이 될 경우 일본에 대한 추가 배상 요구를 제기할 것임을 확인하고 있었던 셈이다.

미국이 제시한 의제에 따라 1차 미일교섭이 개시되었다. 그러나 그 과정에서 일본 역시 한국 등 할양지역에 관한 처리 문제를 따로 제기한 일은 없다. 1월 30일 일본은 요시다(吉田茂) 총리의 서명(initial)이 들어간 "우리 측 견해"를 제출하여 미국이 제기한 전쟁에 기초한 청구권에 관해 재외재산 중, 연합국이라도 직접 전투 행위를 하지 않았던 국가 소재의 재산은 반환할 것, 교전국이라고 해도 사유재산에 대해서는 특별히 고려할 것, 혹시 전쟁 배상에 사유재산이 적용될 때는 그에 대한 보상 문제를 일본정부에 일임할 것 등을 요청하고 있다.[59]

상술한 바와 같이 일본정부는 사유재산도 포함해 재외재산 모두가 몰수될 것을 예상하고 있었다. 그러므로 동 요청에 담긴 사유재산에 대한 특별한 배려 운운은 미일 직접 교섭에 즈음하여 그것이 실제 실현 가능하다고 상정해 제기한 요청이라기보다 결국 국내 보상 문제를 일본정부에 일임하게 하는 교섭 재료로서 제기한 것으로 보는 것이 타당할 것이다. 아무튼 일본은 1차 미일교섭에서는 연합국에 대한 문제만을 거론했다.

그 1차 교섭의 결과 미일 양국은 금후 이해관계를 가진 다른 국가들과의 협의의 내용에 따를 것을 조건으로 2월 9일 평화조약 작성 방침에 관한 가(假)각서에 조인했다. 향후 기초할 평화조약의 내용에 관한 원칙이 정해진 것이었다. 원칙이 정해진 그 각서에서 배상청구권의 문제는 "전쟁에서 생긴 청구권"

---

59 「平和条約の締結に関する調書IV 1951年 1～2月の第1次交渉」, 『日本外交文書 平和条約の締結に関する調書』第二冊(IV・V), 148~149쪽(영문) ; 153쪽(일문).

으로서 규정되었다. 그 규정은 패전국 일본에 대해 연합국에 대한 청구권을 일절 포기할 것을 규정한 데 비하여 연합국에 대해서는 대일배상청구권을 포기하되 예외 항목들을 제외하고 자국 내에 있는 일본인 재산을 몰수할 권리를 인정했다. 또한 연합국의 권리로서는 자유의사로 처분한 것을 빼고 일본 국내에 있는 연합국 재산을 원상대로 반환할 것, 그리고 그것이 불가능할 경우는 일본정부의 지배하에서 처리된 것인가의 여부와 상관없이 그 손실을 엔화로 지불할 것 등을 규정했다.[60]

따라서 연합국 참가가 예정되어 있던 한국에 그 가각서의 내용이 그대로 적용된다면 한국은 추가 배상을 포기해야 했으나 재한일본인 재산을 몰수할 수 있으며, 또 일본 소재 한국인 재산이 반환되며 그것이 불가능할 경우는 엔화로 보상을 받을 권리가 법적으로 보장되었다. 그러한 의미에서 이 권리들의 획득은 표면적으로 한일회담 개시 후의 이른바 청구권 교섭과 비교해 한국에게 유리하다는 평가가 나오기 쉽다.

그러나 주의해야 하는 것은 그 가각서에 첨부된 부속문서 "전쟁 청구권의 일반적 포기에 대한 예외의 상해(詳解)"에는 몰수할 수 있는 재외일본인 재산과 반환 및 보상해야 하는 재일연합국 국민의 재산에 대해서 자세한 예외 규정이 공식화되었다는 점이다.

먼저 재외일본인 재산의 몰수 예외 항목으로서 그 규정이 정한 것은 1945년 9월 2일 이전에 특별 조치가 적용된 재산을 빼고 연합국에 거주하는 것을 허가받은 일본인 재산, 외교 시설 관련 재산, 종교 등 비정치 단체 재산, 증빙서류가 해외에 있어도 일본 국내에 있는 재산, 그리고 상표였다. 또 재일재산의 보상에 관해서도 그 규정은 연합국 국민 일반에 적용되는 일본의 특별 전시 제

---

60 위의 문서, 255~256쪽(영문) ; 269쪽(일문).

한을 그 활동 및 재산에 적용하지 않았던 자에 대해서는 보상하지 않음을 규정하고 있었다.[61]

이 규정은 미국정부가 그 내부에서 한국을 아직 연합국에서 제외하고 있던 1949년 11월 2일자 초안, 또 한국을 처음으로 연합국에 참가시킨 동년 12월 29일자 초안의 내용을 기본적으로 답습한 것이었다. 다시 말해 1950년 여름 덜레스에 의해 작성된 초안들에서 일시적으로 빠졌던 제약조건들이 다시 들어간 것이었다. 더욱이 동 가각서의 내용은 재외일본인 재산의 몰수 예외 대상에 상표를 추가하거나 무엇보다 재일연합국 관련 재산의 보상 문제에 관해서도 그 대상을 일본정부에 의한 전시 특별 제한 조치하에 있었던 것에만 한정했다. 그 제한은 한국이 이미 연합국에 참가한 12월 29일자 초안 등에서 일본정부의 관리하에서 압류, 강제보관, 또는 기타 방법으로 취득된 것 이외에도 그와 상관없이 전쟁의 결과 발생한 손실 등을 보상 대상으로 규정한 것과 비교해 보다 그 보상 제약조건이 강화된 것이었다. 물론 이 제약조건은 전시 중, 한일관계가 적국이 아니므로 한반도에서 '특별 조치'가 취해지지 않았으며 또한 일본에서도 연합국 국민 일반에 적용된 특별 전시 제한을 받지 않았던 한국을 사실상 몰수 및 보상 권리의 적용 밖으로 내미는 것을 뜻했다.[62]

즉 미국은 1차 미일교섭을 통해 일본과의 과거처리에 관한 한국의 권리를

---

61 위의 문서, 257쪽(영문) ; 271쪽(일문). 특별 조치의 기일에 관해 일문 문서는 '9월 1일'로 하고 있으나 항복문서 조인 날이 9월 2일이며 이하 관련 조문 모두 '9월 2일'로 하고 있으므로 '2일'이 맞다.

62 일본정부는 연합국의 재일재산 보상 권리의 문제와 관련해, 그 권리 적용의 기준이 되는 '전시 특별 조치' 및 적국재산관리법에 의한 적국의 지정에 관한 대장성 고시에 관한 문서를 7월 6일 미국에 제시하고 있다. 「平和条約の締結に関する調書Ⅰ」, 『日本外交文書 平和条約の締結に関する調書』第一冊(Ⅰ~Ⅲ), 230~231쪽. 물론 거기에 한반도가 포함된 사실은 없다.

지극히 제약하는 방침을 일본에 일찍 공약한 것이나 마찬가지였다. 이 사실은 평화조약 조문 작성의 원칙만을 정한 가각서 단계부터 한국의 연합국 참가가 재한일본인 재산의 몰수 및 재일재산 보상에 관해 지극히 제약적인 상황에 놓이게 될 것을 예고하고 있었다.

2) 3월 23일 초안과 '연합국' 한국의 권리

다만 1차 미일교섭에서는 한국에 대한 직접적인 언급이 없었다. 한국을 연합국으로 참가시킬 미국의 방침을 몰랐던 일본이 한국과의 처리 문제를 처음으로 제기한 것은 동 가각서에 대한 미일 양국의 의견 교환 과정에서의 일이었다. 3월 16일 미국에 제출한 "가조인된 문서에 대한 의견 및 요청" 가운데 외무성은 일본으로부터 분리될 영역 조항과 관련해 한반도[및 대만]의 재산 상속 문제를 미국에 제기하고 있다. 그 내용은 "재산의 상속에 관하여서는 기성사실이 생겨버린 오늘날 종래의 국제 관행에 비추어 재조정을 하는 것은 사실상 불가능할 것이므로 적어도 재산(적극, 소극)의 상속은 현지에서만 종결되며 어떠한 경우도 일본에 대해 추구가 이루어지지 않도록 기대한다."는 것이었다.[63] 물론 이 주장은 상술해온 바와 같이 조문에 관한 직접 교섭 이전에 일본이 줄곧 유지해왔던 방침이었다.

일본이 한국과의 처리 문제를 미국에 정식으로 제기한 3월, 미국은 23일자로 작성한 초안을 27일 일본에 제시했다.[64] 그것은 다른 관계 각국들과의 교

---

63 「平和条約の締結に関する調書V 昭和26年2月～4月」, 『日本外交文書 平和条約の締結に関する調書』第二册(Ⅳ·Ⅴ), 500쪽(영문) ; 505쪽(일문).

64 위의 문서, 386쪽.

섭에 따라 향후 수정할 가능성을 전제로 한 초안이었으나 일본을 포함한 관계 각국에 미국정부가 처음으로 공식 안으로서 제시한 것이었다는 점에서 매우 중요한 의미를 지녔다.

이 초안과 같이 제시되며 'SECRET'가 찍힌 "각서"[65]에서는 동 초안이 시사적인 것이며 이것이 각 연합국들과 더불어 한국과의 의견 교환 후 작성된 것임을 밝히고 있다. 즉 이 초안은 미국이 다른 관계 각국의 의견을 확인한 후 작성된 초안이었다. "각서"에는 관련 국가들과의 의견 교환에 관해 구체적으로 어느 회담을 가리키는지에 대한 언급이 없다. 그러나 1950년 9월부터 1951년 1월 사이에 적어도 한 번, 대부분의 경우 몇 번의 의견 교환을 포함했다고 기술하고 있으므로 한국의 경우 시기적으로 봐도 위에서 살핀 두 번의 한미교섭이 포함된 것은 틀림없다. 다시 말해 3월 23일 초안은 한국으로부터 평화조약 서명국 참가와 배상을 위한 잔여 청구권 추구의 의사를 확인한 후 작성된 것이었다.

이 초안은 연합국에 참가하는 국가명을 직접 명시하는 형식을 취하지 않으므로 초안을 통해 한국의 연합국 참가 여부를 직접 확인할 수는 없다. 그러나 동 초안에는 최종안 4조에 해당하는 할양지역과의 청구권 문제 처리에 관한 조항이 일절 존재하지 않는다.[66] 위에서 언급한 바와 같이 이 시기 미국은 한

---

65 위의 문서, 516~517쪽(영문) ; 523~524쪽(일문).

66 한일회담에 직접 관여한 김동조는 1951년 3월 20일쯤 미국에서 받은 초안에서는 그 4조(a)항으로서 재한일본인 재산과 한국의 재산 문제가 '특별협정'을 통해 결정하도록 규정되어 있었다고 회고하고 있다. 金東祚, 『回想30 韓日會談』, 중앙일보사, 1986, 11쪽. 시기적으로 보면 김동조가 언급한 초안은 바로 이 3월 23일자 초안으로 보이나 한국을 연합국으로 참가시킬 입장에서 작성된 그 초안에는 그와 같은 4조(a)항은 존재하지 않는다. 실제 같은 초안을 회고한 유진오는 동 초안에 "대경실색(大驚失色)"한 이유로서 그 초안에 재한일본인 재산의 귀속 문제에 관한 조문이 전혀 없었다는 점을 들고 있다. 俞鎭午, 앞의 책, 16~17쪽. 또 김동조 본인 역시 그 구체적인 내용에 관해서는

국을 연합국으로 참가시킬 예정이었으므로 그것이 최종안 4조에 해당하는 규정이 빠진 이유라고 봐도 무방하다.[67]

따라서 비록 향후의 교섭에 따라 수정될 것이 예정된 것이었으나 3월 23일 초안은 미국이 한국을 정식 연합국으로 받아들이는 것을 전제로 작성된 것이며 한국이 실제 연합국으로서 부여받을 권리를 규정하고 있다는 의미에서 한일 간의 과거처리 문제를 생각하는 데 결정적으로 중요하다. 특히 후술하는 바와 같이 동 초안 이후 작성, 제시된 초안들은 모두 한국의 법적 지위가 수정된 후에 적용되는 권리들을 담은 것이었다. 따라서 이 초안은 미국이 관련 국가들에게 제시한 초안 중, 한국이 정식 연합국으로서의 권리를 획득했을 경우 한일 간의 과거처리가 어떻게 이루어지는가를 규정한 맨 처음이자 마지막 초안이었다.

미국이 처음으로 각국에 제시한 3월 23일 초안에서 연합국 및 한국과 일본의 배상 처리와 관련되는 핵심 조항은 14조, 15조, 16조 등이었다. 각 핵심 내

7월 7일에 발표된 초안을 대상으로 하고 있으므로(金東祚, 같은 책, 13쪽) 후술할 6월 14일 초안 이후의 내용과 헷갈린 결과임이 틀림없을 것이다. 또 선행연구 중, 박진희는 3월 23일자 초안 4조에서 재한일본인 재산이 군정령 33호로 인해 미 군정청에 '귀속되며 그 후 한미협정으로 한국정부에 이양되었기 때문에 청구권 문제의 대상이 되지 않는다는 규정이 들어갔다는 설명을 하고 있다. 박진희, 『한일회담 : 제1공화국의 對日 정책과 한일회담 전개과정』, 선인, 2008, 66쪽. 이 조항은 최종조문 4조(b)항에 해당하는 내용이나 이와 같은 규정 역시 일절 존재하지 않는다.

67 이 초안에서는 3조, 4조, 5조에서 할양지역의 주권 포기 및 이양 문제가 규정되었으나 거기서 규정된 한반도 이외의 지역들은 대만 및 펑후, 일본의 위임통치 영역, 오키나와, 오가사와라, 또 남사할린 및 지시마 등이며 이와 관련된 시정당국 역시 중국, 미국, 소련 등 모두 주요 연합국이었다. 3조에는 다른 지역과 그 성격을 달리하는 남극에 대한 권리 포기가 규정되었으나 이 역시 재한일본인 재산 처리의 문제와 상관없다. 평화조약에서의 남극 처리의 문제에 관해서는 原貴美惠, 『サンフランシスコ平和条約の盲点 : アジア太平洋地域の冷戦と「戦後未解決の諸問題」』, 渓水社, 2005, 제5장 참고.

표3-2 3월 23일 초안 중, 한일 간 과거처리 문제 관련 주된 조항 요지

14조	• 연합국은 일본이 배상 지불 능력(지금, 화폐, 재산, 역무)을 결여하고 있음을 인정 • 이하를 제외하고 연합국에게는 자국 내, 일본이 포기하는 영역, 유엔 신탁 통치하에 들어가는 지역에 있는 일본인 재산(1941. 12. 7.~1945. 9. 2.)을 몰수하는 권한 부여 　- 연합국 거주 허가를 받은 일본 국민의 재산 중, 1945. 9. 2. 이전에 특별 조치가 적용되지 않았던 것 　- 외교 시설 관련 재산 　- 종교, 자선, 문화, 교육 등 비정치 단체 재산 　- 증빙서류가 해외에 있어도 일본 국내에 있는 재산 　- 상표 등 • 재외일본인 재산 몰수와 점령 중 일본 본토로부터 받은 자산으로 연합국의 대일배상청구권이 충족되었음을 인정
15조	• 일본 국내 소재의 연합국 국민 재산은 반환 • 전쟁으로 인해 상실, 훼손되고 반환하지 못할 경우 일본 국내법에 따라 엔화로 보상
16조	일본은 전쟁 중, 연합국이 취한 조치에 따른 연합국에 대한 청구권을 포기

용을 정리하면 표3 - 2와 같다.[68]

　3월 23일 초안은 14조에서 일본이 추가적인 지불 능력을 결여하고 있음을 인정하고 배상 범위를 재외일본인 재산의 몰수에 한정했다. 그 결과 연합국에 대한 전시 배상 문제 역시 이미 존재한 재산의 취득 문제에 집약되었다. 그로 인해 원래 그것 자체는 직접적으로 전시 배상의 성격과 상관없는 15조 연합국의 재일재산 문제와 실질적으로 같은 재산 처리의 문제가 되었다.

　이 점을 염두에 두면서 연합국에 대해 적용된 각 조항에 따라 한국이 연합국으로서 그 조항들의 적용을 받을 경우, 과연 어떤 권리를 가지게 되는가를

68　694.001/3 - 1751 "Provisional United States Draft of a Japanese peace Treaty", *FRUS, 1951, vol. VI, Asia and the Pacific, Part 1*, pp.944~950에서 정리.

해석하면 다음과 같이 정리할 수 있다. 즉 14조에서 규정된 예외 항목들을 빼고 광복 시 한국에 존재한 일본 관련 재산은 사유재산도 포함해 한국이 몰수할 수 있는[69] 한편, 일본에 대한 추가 배상은 포기해야 한다. 또 15조에서 일본 국내에 있는 한국 관련 재산은 반환되며 혹시 그것이 불가능할 경우는 보상을 받을 수 있다.[70] 또 비록 '전쟁 중의 조치'라는 조건이 달림에 따라 해석의 여지가 생길 수 있으나 16조가 일본의 연합국에 대한 청구권 포기를 규정한 조항임을 최대한 고려할 때, 그 조항에 따라 일본은 재한일본인 재산을 포함해 한국에 대한 청구권을 기본적으로 포기해야 한다. 바로 이것이 한국이 연합국으로서 받게 될 권리였다고 해석할 수 있다. 그러나 여기에는 다음 두 가지 주의점이 있다.

하나는 이미 2월의 가각서 단계에서 미일 간에 합의되었듯이 이 초안 14조는 재한일본인 재산 몰수 규정에 적용될 예외 항목을 두고 있었다. 여기서 규정된 몰수 예외 항목은 2월 가각서의 항목과 같다. 무엇보다 첫째 항인 "연합국 거주 허가를 받은 일본인 재산 중 1945년 9월 2일 이전에 특별 조치가 적

---

69 한국의 연합국 배제 확정 후 개최된 한일회담에서 일본은 재한일본인 재산 처분을 지시한 군정령 33호와 관련해 8월 9일 시점에서 일본인 재산이었던 것들 중, 12월 6일까지 한국에 남은 것이 9월 25일에 소급해서 미 군정청에 귀속되었다고 주장하며 8월 9일자로 모두 미 군정청에 귀속되었다고 하는 한국의 주장과 대립했다. 따라서 한국이 연합국에 참가하고 동 14조가 적용되면 전후 직후부터 실질적으로 진행되고 있었던 재한일본인 재산의 몰수가 결과적으로 모두 인정될 가능성이 크므로 그 점에서는 연합국 참가가 한국에게 유리하다. 다만 그 권리 역시 본론에서 논하는 바와 같이 예외 규정에 따라 사실상 의미가 없어지는 것임은 염두에 두어야 한다.
70 기타 19조에 따라 표면적으로는 교전에 따른 일본의 한국에 대한 청구권 포기가 보장된다. 그러나 이는 전쟁에 따른 조치로 인한 것이므로 본격적인 교전관계가 없었던 한일 간에는 사실상 중요한 의미가 없다. 또한 반대로 한국이 연합국에서 배제되고 법적으로 교전국이 아니게 되면 교전관계에 따른 대한청구권 문제는 발생하지 않으므로 그러한 면에서도 이 권리는 중요한 의미를 가지지 않는다.

용되지 않았던 것"은 다른 연합국들과 달리 전전 일본과 일체화되어 있었던 한국에게는 중대한 영향을 주지 않을 수 없었다.

왜냐하면 한반도에 존재한 일본 관련 재산이 적국 재산으로서 특별 조치의 대상이 되지 않았던 현실적 조건하에서 이 몰수 예외 조항을 엄격히 적용할 경우, 재한일본인 재산은 사실상 모두 몰수 예외 대상이 될 수밖에 없었다. 가령 이 조항을 빼도 한일 간의 관계를 고려할 때, 종교, 교육 등 비정치적인 단체 재산이 상당한 규모가 될 것으로 예상되었다. 또한 '증빙서류가 해외에 있어도 일본 국내에 있는 재산'도 몰수 예외 대상이 됨에 따라 한국에서의 몰수 효과로 일본에 있는 관련 재산을 청구하는 것 역시 어려워졌다.[71] 실제 미국은 일본이 3월 16일 제출한 "가조인된 문서에 대한 의견 및 요청"을 통해 한국과의 처리에 관한 규정을 요구한 데 대해 3월 23일 한반도[및 대만]의 국유, 사유 재산 계승은 일본 국내 소재의 재산 상속에 대한 권리를 준다고 생각하지 않는다고 답변했다.[72] 바로 이 답변이 "증빙서류가 해외에 있어도 일본 국내에 있는 재산"은 몰수 예외 대상으로 할 것을 규정한 3월 23일 초안 14조 중의 예외 규정에 해당하는 것은 틀림없다.

또 하나 15조에도 주의가 필요하다. 15조에는 표면상 2월의 미일 가각서 부속문서에 있었던 전시 특별 제한 조치 등을 조건으로 단 구절이 없어, 한국

---

71 구체적으로 말하자면 동 예외 항목은 한일회담 개시 후 한국이 청구권으로 일본에 요구한 대일8항목요구 중, 4항 "본사 및 주된 사무소가 한국에 있는 법인의 재일재산" 등에 해당한다. 구체적인 검토는 한일회담 교섭의 고찰 시 언급하나 한국은 그 재산 청구에 관련된 하나의 논리로서 군정령 33호에 따라 본사 등이 한국에 귀속되었으므로 일본에 있는 지점 재산도 한국에 귀속된다는 법적 논리를 전개했다.

72 「平和条約の締結に関する調書V 昭和26年2月~4月」, 『日本外交文書 平和条約の締結に関する調書』第二冊(IV・V), 513쪽(영문) ; 514쪽(일문). 단 미국의 답신에는 발생할 각 사항에 관해서는 각각 그에 적용되는 국제법 및 국내법에 따라 처리될 것이라는 애매한 내용도 포함되어 있어, 추상적인 부분이 남는다.

의 재일재산에 대한 일방적인 반환 및 보상 권리가 보장된 것으로 보인다. 그러나 그 15조에는 보상에 관해 '일본 국내법'이라는 새로운 구절이 들어갔다. 미국은 동 초안 작성에 앞서, 14일자의 각서를 통해 연합국 국민의 재일재산 보상 문제와 관련해 평화조약 초안에서는 자세히 그 내용을 규정하지 않고 보상을 위한 상세 규정은 일본의 입법에 따를 것, 평화조약에서는 그 법에 따라 조치할 방침만을 언급할 것 등을 전달했다.[73] 15조에 제시된 '일본 국내법'이라는 규정은 바로 이 방침을 반영한 것이었다.

그 시점에서 일본은 아직 구체적으로 보상 관련법을 입법하지 않았다. 그러나 이미 보상 대상을 전시 특별 제한 조치의 적용을 받은 연합국 국민의 재산에 한정할 것에 합의한 미일 가각서의 원칙은 그 후에도 변함이 없었다. 실제 일본이 입법을 위해 5월 21일 미국에 제출한 요강안, 6월 26일자 제출 법안, 7월 6일자 제출 법안, 그리고 11월 26일 정식으로 공포된 "연합국재산보상법"에서는 전시 특별 제한 조치의 적용 여부가 보상 대상 결정의 기준이 되었다.[74]

따라서 표면적인 조문 해석과 달리 3월 23일 초안은 한국이 연합국으로 참가해도 재일한국 관련 재산이 보상 대상이 되는 일은 없었음을 나타내고 있다고 평가해야 한다.[75]

---

73 위의 문서, 492쪽(영문) ; 493쪽(일문).
74 5월 21일자의 일본 제출 요강(「平和条約の締結に関する調書I」, 『日本外交文書 平和条約の締結に関する調書』第一冊(I~III), 155~160쪽), 6월 26일자 초안(같은 책, 168~185쪽), 7월 6일자 초안(같은 책, 210~230쪽), 최종안(같은 책, 251~262쪽). 단 7월 6일 미국에 제시한 법률안 이후부터는 일본에 거주하지 않았던 연합국 국민 및 업무를 하지 않았던 법인의 일본 국내 소재의 재산도 교전 및 점령 중의 사용에 따른 피해에 대해서는 보상 대상이 되었다.
75 실제 1951년 8월 10일자의 이른바 '러스크 각서'는 최종안 15조(a)항의 혜택 적용을 희망한 한국에 대하여 전시 중 한국인들이 일본 국민이었다는 이유로 보상 권리가 없음을,

물론 동 15조는 보상 문제 이전에 한국인의 재일재산의 일방적인 반환 의무를 명시하고 있었다. 이 점에서 한일 간 재산 처리를 단지 한일 간의 특별조정에 부친 최종안 4조(a)항 규정과 비교해 3월 23일 초안이 한국에게 보다 유리한 점이 있는 것은 사실이다.

그러나 강조한 바와 같이 14조에서 몰수 예외 조항을 둔 그 초안은 특히 '일본 영토'가 되어 있었음으로 인해 바로 그 몰수 예외 규정이 압도적인 의미를 가지게 되는 한반도의 경우 한국에게 심각한 문제를 제기해야만 했다.[76]

따라서 14조 규정을 생각할 때 비록 15조 규정 적용에 따라 한국의 재일재산의 반환 문제가 특별조정의 대상이 아니라 일방적 권리로서 인정되었다고 하더라도 14조 몰수 예외 조항에 따른 일본인 재산의 반환 문제가 생길 수밖에 없었다. 물론 이 연구에서는 그에 따른 금액의 많고 적음을 구체적으로 고

또 전시 제한 조치의 미적용을 이유로 일본에게는 한국에 재산을 반환해야 하는 의무가 없음을 통고하고 있다. 이 각서는 한국의 연합국 제외가 결정된 후 나온 방침이었으나 미국은 15조(a)항 적용 제외 이유를 한국의 연합국 자격 상실과 상관없는 문제로 설명하고 있었다. 다시 말해 이는 전시 중 '일본 국민'이었으며 전시 특별 제한 조치가 미적용되었던 한국이 연합국에 참가해도 15조(a)항 혜택을 받지 못했음을 가리키고 있다. '러스크 각서'는 2011년 6월 16일 현재 일본 외무성 홈페이지(http : //www.mofa.go.jp/mofaj/area/takeshima/g_sfjoyaku.html)에서 pdf 파일로 열람했다.

76　당시 이 문제에 관여하던 유진오도 이 예외 규정이 한국에 줄 악영향을 우려하고 있었음을 회고하고 있다. 비록 유진오 회고는 7월 7일 발표된, 즉 후술하는 6월 14일 미영공동 초안 이후의 초안을 대상으로 하고 있으며 따라서 정확히 말해, 그 시점에서 한국은 연합국에서 이미 제외됨으로써 14조가 지시하는 몰수 예외 규정을 직접 적용받는 입장에 있지 않았으나 유진오는 종교나 자선 단체 재산 등을 예로 들면서 그 예외 규정이 한국에 적용될 수 없는 이유를 군정령 33호로 인해 한국이 이미 그것들을 몰수했기 때문이라고 지적하고 있다. 俞鎭午, 앞의 책, 23쪽. 다시 말해 이 지적은 동 3월 23일자 초안처럼 한국이 연합국이 되고 동 몰수 예외 조항의 적용을 받게 된다면 군정령 33호로 인한 재산 취득과 한미협정에 따른 한국 이양의 효력이 부정되며, 적어도 예외 항목에 해당하는 재한일본인 재산 부분을 반환해야 하는 의무가 생길 것을 충분히 인식하고 있었음을 드러내고 있다.

찰하는 것은 불가능하다. 그러나 1장에서 언급한 바와 같이 일본 측 하나의 시산에 의하면 재한일본인 재산의 규모는 약 22.7억 달러란 상당한 규모에 이르고 있었다. 그것을 감안하면 비록 한국에 실제 이양된 재산 규모는 알 수 없으나 그 몰수 예외 규정의 존재가 결국 재한일본인 재산의 반환과 한국의 재일재산 반환 문제 간에 최소한 일종의 '상쇄'론을 낳은 것은 틀림없어 보인다. 다시 말해 한국이 연합국의 지위를 확보하고 14조, 15조 규정에 따라 처리하는 대일배상 교섭과 한일회담 개시 후 일본이 제기한 이른바 '역청구권'에 따라 한일 간에 상쇄 문제가 대두된 청구권 교섭 간에 본질적인 차이를 찾는 것은 어렵다.

3월 23일 초안에 대해 일본은 4월 4일, 배상 지불 능력 결여 부분에 "생산물"을 포함할 것을 요구하는 의견서를 제출하는 등 섬세한 대응을 보이고 있다.[77] 그러나 동 초안을 둘러싼 추가 교섭에서도 한국을 포함한 할양지역과의 과거처리 문제를 조항으로서 다루는 것에 관한 직접적인 토의가 진행되는 일은 없었다. 결국 이 문제가 표면화된 것은 덜레스의 재방일에 따른 이른바 2차 미일교섭에서의 일이었다.

3) 한국의 지위 후퇴와 5월 3일자 미영 실무자 공동초안

1차 미일교섭 후 필리핀, 호주 등 관련 연합국들과의 교섭을 마친 덜레스는 4월 다시 방일했다. 13일 덜레스의 방일 소식을 접한 외무성은 연합국과 일본

---

77 「平和条約の締結に関する調書V 昭和26年2月~4月」, 『日本外交文書 平和条約の締結に関する調書』第二冊(IV · V), 539쪽(일문) ; 540쪽(영문).

간에 의의(疑義)나 분쟁을 야기할 수 있는 점들을 검출하는 목적으로 14일 "평화조약 안에 관하여"를 작성하고, 2차 미일교섭에 대한 준비를 마쳤다.[78] 일본은 그 '의의나 분쟁'을 야기할 수 있는 문제점의 하나로 바로 할양지역에 관한 처리 문제를 조항으로서 규정할 것을 정식으로 요구했다.

할양지역과의 처리 문제에 관해 일본이 제기한 요청 사항들은 다음과 같았다. 첫째, 이탈리아평화조약과 같이 일본과의 평화조약에서도 무용의 분쟁을 피하는 의미에서 할양지역에 관한 규정을 설정하는 것이 필요하다. 둘째, 그에 즈음하여 몰수된 재외일본 공사 재산이 방대하므로 어떤 명목이든 그 이상 일본에 대해 추가 청구가 이루어지지 않도록 할양지역 내부에서 문제가 종결되는 규정을 두고 싶다. 셋째, 3월 23일 초안 14조의 몰수 예외 항목에는 "증빙서류가 해외에 있어도 일본 국내에 있는 재산"이 포함되었으나 이 규정만으로는 할양지역에 대한 문제를 모두 처리하는 데 충분하지 않으므로 보다 적극적인 규정이 필요하다.

이 요청에서 직접 한국을 거론한 것은 아니었다. 그러나 한국을 연합국에 참가시키려는 미국의 내부 방침을 아직 몰랐던 일본으로서는 할양지역의 문제에 대한 이 요청에 한국과의 처리를 포함할 생각을 가지고 있었음은 확실하다. 즉 2차 미일교섭을 앞두고 일본이 제기한 요청은 결국 재한일본인 재산의 한국 취득에 따라 한국과의 문제가 모두 종결된 것으로 하고 싶다는 이전부터 유지되어온 방침이었다. 그러나 일본정부의 상정과 달리 4월 21일 영국 초안에 대한 토의 과정에서 일본은 미국으로부터 한국을 서명국으로 참가시킬 방침을 전달받았다.[79]

---

78   이하 이 문서의 내용은 위의 문서, 591쪽 ; 596쪽에서 정리.
79   위의 문서, 457쪽.

한국의 연합국 참가 방침을 전달받은 일본정부의 대응은 이미 선행연구들을 통해 널리 알려져 있다. 4월 23일 덜레스 - 요시다 오전 회담에서 일본은 짧은 문서를 제출하여 한국이 평화조약에서 독립되는 국가이며 한일 간에는 교전관계가 없었다는 것, 종전 시 150만에 이르는 재일한국인들이 연합국 지위를 확보할 경우 그들에 대한 재산 회복, 보상 등으로 막대한 재정 부담이 발생할 것, 또 그들의 많은 부분이 공산주의자라는 것 등의 이유를 들어 한국의 연합국 참가에 반대했다.[80]

그러나 재일한국인들이 연합국 국민의 지위를 받는 것에 관해서는 고려한다고 하면서도 세계의 양상(the world picture)에 비추어, 한국정부의 위상(prestige) 확립(build up)이 미국의 희망이므로 한국의 연합국 참가에 대해서 이해할 것을 청한 덜레스의 발언을 맞아[81] 같은 날 오후 일본정부는 재일한국인들이 연합국 국민의 지위를 부여받지 않는다는 조건부로 한국이 서명국이 되는 것에 반대하지 않음을 각서를 통해 밝혔다.[82]

이미 알려져 있는 이 교섭 과정에서 지금까지 주목되지 않았던 것이 두 가지 있다. 첫째, 일본이 한국의 서명국 참가에 반대했을 때, 한국과의 과거처리 문제를 한일 간에 별도 협정을 체결함으로써 해결하도록 할 것을 요구했다는 사실이다. 즉 확인해온 바와 같이 일본은 패전 이후 한국과의 과거처리 문제에 관해 재한일본인 재산의 한국 취득으로 문제가 모두 해결되도록 하는 것을 줄곧 희망하고 있었다. 그러나 미국으로부터 한국의 서명국 참가를 듣자,

---

80 일본이 제출한 문서는 위의 문서, 660~661쪽(영문 및 일문).

81 Lot54 D 423 "Memorandum of Conversation, by Mr. Robert A. Fearey of the Office of Northeast Asian Affairs", *FRUS, 1951, vol. VI, Asia and the Pacific, Part 1*, p.1007.

82 「平和条約の締結に関する調書V 昭和26年2月~4月」,『日本外交文書 平和条約の締結に関する調書』第二册(IV·V), 690~691쪽(영문 및 일문).

일본은 그것을 막기 위해 잠시 입장을 수정하고 별도의 협정을 통해 해결하는 방안을 제안한 것이었다. 그리고 주지하는 바와 같이 최종안 4조(a)항은 바로 한일 간의 특별조정을 지시했다. 그 점에서 최종안 4조(a)항은 한국의 서명국 제외를 실현하기 위해 일본이 내놓은 타협안이 적어도 결과적으로 채용된 것이었다. 그러나 이것은 일본이 원래 미국에 요청한 내용이 아니었다는 점에서 반드시 일본정부의 입장을 받아들인 것만은 아니라는 점에 주의가 필요하다.

둘째, 일본이 한국의 서명국 참가를 용인했을 때도 일본은 재일한국인들이 연합국 국민의 지위를 확보하는 것에 대해서만큼은 반대했으며 미국 역시 그것을 수용할 입장을 취했다는 것의 의미다. 4월 23일의 덜레스 - 요시다 오전 회담에서 덜레스는 재일한국인의 연합국 자격 획득에 반대한 일본정부의 견해에 대해 호소력(force)을 인정하고 만약에 일본이 반대하는 실질적인 (practical) 이유가 그것뿐이면 그것을 고려할 것이며, 혹시 다른 실질적인 반대 이유가 있으면 그에 관해서도 기꺼이 연구할 생각을 전달하고 있다.[83] 즉 미국에게 중요한 것은 한일 간이 교전관계가 아니었다는 등의 형식적인 문제가 아니라 한국의 연합국 참가가 일본에 안겨주는 실질적인 부담 증가를 억제하는 것이었다. 또 최종적으로 재일한국인의 법적 지위만을 문제로 삼은 일본의 자세 역시 비록 한국이 연합국이 되어도 재일한국인이 연합국 국민의 지위를 보장받지 않는 한, 추가 부담이 크지 않음을 상정하고 있었음을 뜻한다.

이와 같은 판단을 내린 직접적인 이유를 밝힌 자료는 발견하지 못한다. 그

---

83 동 석상에서 요시다는 그 실질적인 반대 이유와 관련해 재일한국인을 강제 송환할 희망을 전달했으나 그에 대해서는 합석한 맥아더가 재일한국인의 대부분이 북한을 지지하고 있으므로 강제 송환할 경우 한국정부에 의해 사형당할 우려가 있다는 이유로 거절했다. Lot54 D 423 "Memorandum of Conversation, by Mr. Robert A. Fearey of the Office of Northeast Asian Affairs", *FRUS, 1951, vol. VI, Asia and the Pacific, Part 1*, pp.1007~1008.

러나 그 시점에서 존재한 구체적인 초안은 3월 23일 초안뿐이었다. 따라서 이 판단에는 결국 3월 23일 초안의 내용이 작용한 것이 틀림없을 것이다.

상술한 바와 같이 한국의 연합국 참가를 전제로 한 3월 23일 초안은 그 14조에 몰수 예외 항목을 두고 있었다. 또 15조는 연합국의 재일재산에 대한 보상 권리를 규정하고 있었다. 그러나 동시에 2월 8일 가각서의 연장선상에서 일본의 국내법에 따라 보상이 이루어지도록 규정함으로써 일본에 있는 한국 관련 재산은 사실상 보상 대상 이외의 존재가 되었다. 남은 것은 재일재산의 반환 의무였다. 그러나 이는 결국 14조의 몰수 예외 규정으로 인해 일본이 반환받을 수 있는 재한일본인 재산과의 상쇄로 처리할 수 있었다. 위에서 언급한 바와 같이 일본정부가 한일 간 재산권의 수지를 자신들의 '초가 반출'로 평가하고 있었음을 감안하면 이들 초안 규정은 실질적으로 일본이 원했던 재한일본인 재산의 취득으로 한국과의 문제를 최종적으로 종결하는 것이 가능한 조약 내용들이었다.

물론 재일한국인의 재산 처리 문제도 본국 국민과 같이 적용한다면 논리적으로 차이는 없다. 즉 일본에 계속 거주하고 전쟁 중 적산관리 등의 적용을 받지 않았던 재일한국인에 대해서는 재산의 '반환' 문제가 애초부터 존재하지 않았다. 또 보상 문제 역시 연합국 국민에게 적용되는 전시 제한 조치의 적용을 받은 것에만 한정된다면 본국 국민과 달리 재일한국인에게만 보상 의무가 생길 여지 역시 논리적으로는 없다. 정식으로 공포된 "연합국재산보상법"에서도 보상 원칙은 적산관리법 및 기타 전시 특별 조치로 인해 구속당한 자들에게만 한정되어 있으며 전쟁 중 같이 '일본인'이었던 한국인은 동 보상법에서 사실상 적용 이외의 존재였다.[84]

---

84 공포된 보상법에서는 기타 전시 중에 일본에 거주하지 않았던 개인 및 업무를 하지 않았

따라서 연합국에 대한 보상 입법의 과정을 생각할 때, 재일한국인이 연합국 국민의 권리를 확보하는 것에 반대한 미일 양국의 판단은 적어도 재산 처리 문제에 관해서는 사실상 특별한 의미를 가지지 않는다. 그러나 그 시기는 아직 보상에 관해 구체적인 입법 조치가 이루어지지 않았으며 또 평화조약 조항조차도 유동적이었다. 또 법적으로 연합국 국민의 지위를 보장하면서도 재일한국인에게만 재산 보상 권리를 부여하지 않는 것은 그들이 실제 일본에 거주하고 있는 현실을 감안해도 정치적으로 부담이 될 것은 충분히 이해할 수 있다.

이와 같이 연합국 참가에 따른 일본의 추가 부담 차단이라는 의미에서는 원래 재일한국인과 본국 거주자 간에 논리적인 차이는 없다. 그럼에도 미일 양 정부는 재일한국인에게 연합국 국민의 자격을 주는 것에 대해서는 자칫 그것이 일본 경제에 부담을 가중할 것이라는 예민한 반응을 보였다. 바로 그러한 미일 두 정부가 한국의 연합국 참가에 대해서는 합의할 수 있었던 것이다. 이 사실은 반대로 미일 두 정부가 한국정부의 법적 지위가 한일 간의 과거처리 문제에 큰 영향을 주지는 않을 것이라고 인식하고 있었음을 간접적으로 드러내고 있다.

한편 영국은 한국의 법적 지위가 극동위원회에 들어간 국가들과 다르다는 이유로 한국을 연합국으로서 취급하는 것에 이의를 제기했다.[85] 그러나 이 시점까지 아직은 한국을 연합국으로 받아들이려 한 미국의 방침에 따라 3월 23일 초안은 영국의 반대를 무릅쓰고 한국에도 제시되었다. 한국정부는 5월

던 법인의 재일재산에 대한 보상 의무도 규정되었으나 이는 물론 재일한국인들과 관련된 권리는 아니었다.

85 694.001/3 – 2851 "Memorandum of Conversation, by the Second Secretary of the Embassy in the United Kingdom(Marvin)", *FRUS, 1951, vol. VI, Asia and the Pacific, Part 1*, p.941. 또한 영국의 반대에 관한 고찰은 金民樹, 앞의 논문, 133~147쪽 참고.

초, 그 초안에 대한 견해를 담은 문서를 미국에 전달했다.[86] 추카모토(塚元孝)가 소개한 한국 제출 문서에 의하면 한국이 미국에 요구한 내용 중 배상 관련 문제는 재일한국인이 연합국 국민의 지위를 부여받을 것, 재한일본인 재산에 관해서는 초안에 열거된 몰수 예외 규정을 적용하는 일 없이 모두 접수할 것을 허락할 것, 또 재일한국 관련 재산의 회복에 관해서는 연합국과 동일한 권리를 가질 것, 그리고 한국은 연합국의 일원이 될 것 등이었다.[87]

한국정부의 이와 같은 요구는 바로 문제의 핵심을 찌른 것이었다. 그것은 3월 23일 초안 14조 몰수 예외 규정이 한국에 미칠 악영향을 차단할 것, 재일한국 관련 재산을 완전히 인정받아 반환, 보상 권리를 인정받을 것, 또 재일한국인에 대해서도 폭격 등으로 인해 상실한 재산에 대해 보상을 가능케 할 것 등의 의미를 담고 있었다. 그러나 한국에 미칠 악영향을 최대한 억제하기 위해 제기해야만 했던 이 요구는 전후 처리에 즈음하여 한국의 지위가 다른 연합국과 다르며, 그에 따라 연합국 관련 조항들을 적용할 경우 일본의 경제적 부담을 억제하려 한 미국의 의도와 한국의 이해관계가 근본적으로 양립할 수 없다는 것을 각인시키는 의미를 지녔다.

한국이 이와 같은 요구를 미국에 전달하려 했을 무렵, 바로 미국은 영국과

---

86 유진오는 회고록에서 동 3월 23일자 초안에 대한 한국의 대응이 미흡했으며 그에 따라 7월 7일자 2차 시안까지 한국정부가 아무런 대응을 하지 않았다는 증언을 남기고 있다. 俞鎮午, 앞의 책, 20쪽. 그리고 이 증언은 그 후 한국의 대응이 너무 늦었다고 주장하는 관련 연구의 근거가 되었다. 그러나 5월 초에 한국 측 견해가 전달된 것을 보면 유진오의 회고는 정확하지 않은 증언이었을 가능성이 크다. 왜냐하면 앞서 언급한 4월 23일 덜레스－요시다 회담에서 덜레스는 각국에 제시한 3월 23일 초안의 답신이 4월 말쯤에는 들어올 것으로 전망하고 있으므로 그 전망에 비춰볼 때, 5월 초 문서를 보낸 한국의 대응이 정말 늦은 것이었는지는 의문스럽다.

87 塚元孝, 앞의 논문, 97~98쪽. 추카모토에 의하면 그 문서에는 난외(欄外)에 손으로 적은 5월 9일이라는 날짜 표기가 있다고 한다.

의 협상 과정에서 다시 한국을 연합국에서 제외하는 방향으로 돌아서기 시작했다. 4월 말부터 워싱턴에서 개최된 실무자 회의에 임한 미국과 영국은 5월 3일자로 실무자 공동초안을 작성했다. 이 공동초안은 관련 국가들에 대해 정식으로 제출된 것이 아니라 미영 간의 견해를 그대로 합친 형식으로 작성된 시험적인 초안이었다. 그러나 이것은 최종조문 4조의 내용으로 이어지는 흥미로운 인식 변화를 보였다.[88]

먼저 공동초안은 그 23조에서 규정한 서명국 참가 예정 국가 중, 한국에 대해서만 '[Korea]'라고 '[ ]'를 달아서 한국의 지위가 향후 달라질 수 있음을 예고했다. 그리고 이와 관련해 이 공동초안은 미묘한 법적 지위에 놓이게 된 한국의 일본과의 과거처리와 관련된 조항을 새롭게 규정했다. 먼저 연합국 관련의 조항과 더불어 그 새롭게 추가된 조항의 핵심 내용들을 정리하면 표3 – 3과 같다.[89]

표3 – 3에서 정리한 5월 3일 미영 실무자 공동초안에는 한국의 서명국 참가를 전제로 한 3월 23일 초안에는 일절 없었던 내용이 추가되었다. 그것이 바로 5조였다. 5조는 내용적으로 보아 사실상 15조, 16조 등에서 규정된 연합국의 일본인 재산 몰수 및 일본에 있는 재산의 보호에 해당하는 새로운 조항이며 이 5조가 이 시기 신설된 것은 바로 '[Korea]'로서 한국의 법적 지위가 '연합

---

88 이하 이 초안의 내용은 Tokyo Post Files : 320.1 Peace Treaty, "Joint United States – United Kingdom Draft Peace Treaty", *FRUS, 1951, vol. VI, Asia and the Pacific, Part 1*, pp.1024~1036에서 정리.

89 이 공동초안에서는 재산청구권 포기 이전에 일본이 2조, 4조 지역과 관련해 모든 권리 (rights), 권한(titles), 이익(interests)을 포기하도록 규정하고 있으나 이는 최종조문 2조에 있는 한반도 독립 조항에서 사용되는 관례적인 표현과 지극히 유사하므로(다만 국가로서의 권리 등만이 아니라 일본 국민의 권리 등도 명시되어 있는 점은 특징적임) 기본적으로 주권 포기와 관련된 규정이지, 경제적 처리와 관련된 청구권 등의 권리 문제와는 다르다고 생각해도 무방할 것이다.

표3-3 5월 3일 미영 실무자 공동초안 중, 한일 간 과거처리 문제 관련 주된 조항 요지

2조	한반도(제주도, 거문도 , 울릉도 포함)에 대한 모든 권리 포기
4조	소련에 지시마 및 남사할린을 양도(cede)
5조	(a) 일본은 2, 4조에서 규정된 지역에 있는 일본인 재산과 관련된 모든 청구권을 관련연합국(Allied Power concerned)과 일본 간에 그러지 않아도 된다는 합의가 있을 경우를 제외하고 포기 (b) 2, 4조 지역 주민의 일본에 대한 청구권은 (a)항에 따라 일본이 포기할 영역에 있는 일본인 재산을 인식하면서(taking cognizance of) 관련연합국과 일본 간에 특별조정(special arrangement)의 주제로 함 주석 : 포기 및 할양지역에서의 일본의 부채는 고려되어야 하는 문제로 남았음
15조	(a) 연합국은 일본이 추가적으로 배상을 할 능력이 없음을 인정함. 단 그 시정 하에 있는 일본인 재산(단 1941. 12. 7.~평화조약 발효 날까지 존재한 것)을 몰수하는 권한을 가진다. 단 다음은 제외 ·전시 중 연합국에 거주하는 것을 허가받은 일본 국민의 재산. 단 전시 중 그 지역에 거주한 일본 국민의 재산에 일반적으로 적용하지 않았던 조치의 적용을 받은 것은 제외 ·외교 시설 관련 재산 ·종교, 자선 등 비정치 단체 재산 ·평화조약 발효 이전에 무역, 금융 거래 재개에 따라 생긴 재산
16조	일본 국내 소재의 연합국 재산(1941. 12. 7.~1945. 9. 2.)의 반환. 불가능할 경우 외환 사정을 고려해 일본 국내 입법에 따라 엔화로 보상
18조	(a) 전쟁은 전쟁 개시 이전에 발생한 일본의 채무, 계약 준수 의무, 또는 재산의 침해, 신체적 피해 및 사망에 대한 청구권에 영향을 주지 않음
19조	(a) 일본은 전쟁에서 생긴 연합국에 대한 청구권을 포기

국'과 달라질 가능성을 염두에 둔 것이었다.

그러나 주의해야 하는 것은 이 5조에서는 일본과의 특별조정의 주체를 최종안 4조에서 규정한 시정당국(authorities)이 아니라 '관련연합국(Allied Power concerned)'으로 하고 있다는 점이다. 위에서 논한 바와 같이 평화조약 초안에서는 일찍이 '연합국'과 더불어 '관련국(Associated Powers)'이라는 지위가 규정되어 있었다. 초기의 초안들에서도 연합국과 관련국을 구별하는 명확한 규정이 없어, 1949년 12월 29일 초안에서 연합국 및 관련국 대열에 들어간 한국이 어느 범주에 속했는지를 직접 가리키는 증거는 없다. 그러나 이 초안이 마련된 시점에서도 연합국과 관련국에 주어지는 구체적인 권리 내용에는 이미 차이가 없었으며 그것은 1950년 8월의 초안에서도 계속되었다. 심지어 1951년 3월 23일 초안에서는 개념적으로도 연합국과 관련국을 구별하는 표기 방식은 사라지며 모두 연합국(Allied Powers)으로 통일되었다.[90]

5월 3일 미영 실무자 공동초안은 바로 이와 같은 흐름을 깨고 다시 연합국과 관련연합국을 구별하는 방향으로 돌아선 것이었다. 다만 비록 정식 연합국에서는 제외되었으나 아직 그 지위가 '관련연합국'임에 따라 일본이 사실상 그 지역과 관련된 모든 재산청구권을 포기해야 하는 데 반해 관련연합국의 대일청구권은 특별조정의 대상에 부치고 있다는 점에서 아직 비대칭적인 관계가 유지되어 있는 점에는 유의할 필요가 있다. 무엇보다 주목되는 것은 이 초안에서 다시 부활한 이 '관련연합국'이 명확히 한국에 대한 대우를 감안해 만들어진 지위였다는 점이다.

실제 5월 3일 초안을 내부에서 재검토한 6월 1일 국무성의 "작업초안 및 코멘트"는 연합국으로서 평화조약에 서명하는 국가를 열기한 5월 3일 초안 23조로부터 '[Korea]'를 정식으로 삭제할 것을 권고하는 한편, 한국이 서명국이 되는 것을 반대한 영국 등의 의견에 미국이 동의할 것을 고려해 10조를 신설하고 그 조항에 5조에 관해서는 한국을 '연합국'으로서 간주한다는 규정을

---

90 여기에는 일본 측 지적이 작용했다. 일본은 3월 16일, 앞서 본론에서 언급한 2월 9일의 가각서에 나오는 'Allies', 'Allied powers', 'Allied and Associated Powers' 등의 표현이 오해를 일으킬 우려가 있음을 미국에 전달했다. 「平和条約の締結に関する調書V 昭和26年2月～4月」, 『日本外交文書 平和条約の締結に関する調書』第二冊(IV・V), 500쪽(영문) ; 504~505쪽(일문). 그에 대해 미국은 3월 23일 연합국에 대한 용어를 'Allied powers'로 통일할 것을 전달하고 있다. 같은 문서, 513쪽(영문) ; 514쪽(일문).

둘 것을 권고하고 있었다.[91]

다시 말해 동 5조는 대일교전국으로서 15조, 16조, 18조, 19조 등이 적용되는 정식 '연합국'과 한국을 구별해서 '관련연합국'으로 그 권리를 따로 규정하기 위해 신설된 조항이었다.[92] 이 점은 통상 평화조약 초안들에서 연합국 관련 호칭이 'Allies', 'Allied Powers' 등 복수 표현인 경우가 지배적인 데 반해 동 5조에서는 'Allied Power'와 같이 단수 표현으로 되어 있는 점에서도 엿볼 수 있다.[93] 이렇듯 5월 3일 미영 실무자 공동초안은 한국을 연합국으로 받아들이려 한 미국과 그에 반대한 영국의 입장이 절충되어 만들어진 것이었다.

사실상 한국을 염두에 둔 이 5조는 먼저 (a)항으로서 표면적으로 한국이 동의할 경우 일본이 재한일본인 재산을 포기하지 않아도 될 가능성을 남기는 표현을 쓰고 있다. 그러나 당시 한국의 일본에 대한 자세를 충분히 알고 있었던 미국과 영국에게 이 조항은 사실상 일본으로 하여금 재한일본인 재산을 포기할 것을 요구한 것이나 마찬가지였다. 그럼에도 직접 그것을 명시하지 않았던 것은 사유재산도 포함해 재한일본인 재산을 처분한 미국의 책임을 면하려는 의미가 있었던 것으로 보인다. 즉 적어도 5조로 인해, 넓은 의미에서 연합국으

---

91 694.001/6-151, "Japanese Peace Treaty : Working Draft and Commentary Prepared in the Department of State", *FRUS, 1951, vol.Ⅵ, Asia and the Pacific, Part 1*, p.1098(23조에 대한 권고) ; p.1068(10조에 관한 권고). 단 연합국으로서 간주한다는 규정은 5조와 함께 10조 어업, 13조 통상 관련 조항에도 적용되어 있다.

92 이 지위의 차등과의 대응 관계는 분명하지 않으나 이와 같은 구상은 앞서 말한 4월 23일 덜레스-요시다 회담에서 덜레스가 비록 재일한국인의 권리 문제에 한정했으나 일본 항복 시에 연합국의 지위에 있었는가를 기준으로 그 권리의 내용에 차등을 매기려고 한 발상과 맥을 같이할 가능성도 있다.

93 물론 5조는 4조에 규정한 소련과의 과제도 포함했으나 소련은 영락없는 연합국이므로 '관련연합국'에는 포함되지 않았던 것으로 판단된다. 또한 이미 동서냉전이 격화되어 있던 이 시기, 소련의 평화조약 서명의 가능성을 사실상 예상하지 않았던 것도 5조에서 단수 표현을 쓴 요인일 수 있다.

로 남은 한국 자신이 동의하지 않음에 따라 일본이 그것을 포기하게 되었다고 함으로써 미국은 자신이 추진한 재한일본인 재산 처분에 관한 책임으로부터 벗어날 수가 있었다. 그러나 미국과 영국은 일본의 이익도 잊지 않았다. 다음 (b)항에서 한국의 대일청구권의 결정에 즈음하여서는 (a)항에 따라 한국이 스스로 동의하지 않음에 따라 일본이 재한일본인 재산을 포기한 것을 감안해, 한일 간의 특별조정으로 결정할 것을 규정한 것은 바로 일본에 대한 배려였다.

이상의 조문 내용을 감안하면 5월 3일 공동초안은 북한의 존재를 감안해 한국의 지위를 강화하고 싶었던 미국의 입장과 재한일본인 재산에 대해 미국이 이미 취한 기정사실에 대한 대응, 연합국 참가를 희망한 한국의 입장, 연합국 참가에 반대한 영국의 입장, 그리고 재한일본인 재산의 한국 취득으로 인해 한국과의 과거처리 문제가 최종적으로 종결될 것을 원했던 일본의 희망 등을 조화하기 위해 만들어진 고심의 산물이었다고 평가할 수 있다.

보다 구체적으로 동 5조는 다음과 같은 정책적 의미를 지녔다. 첫째, 비록 '관련연합국'이었으나 '연합국'의 성격을 남김으로써 한국의 지위를 강화하면서 연합국 참가를 희망한 한국의 요구를 어느 정도 충족할 수 있다. 둘째, 그러면서도 교전국가인 연합국과 그 지위를 구별함으로써 한국의 참가에 반대하는 영국의 입장을 반영할 수 있다. 셋째, 3월 23일 초안 등 연합국에게 주어지는 배상 및 재산권 처리 규정을 역사적인 배경이 다른 한국에게 적용하는 데서 발생하는 이해관계의 충돌을 회피할 수 있다. 넷째, 한국을 배상 획득 자격을 갖는 정식 연합국에서 제외함에 따라 자칫하면 국제법상 문제가 될 수 있는 재한일본인 재산의 한국 이양의 책임을 회피할 수 있다. 즉 일본의 재산 포기를 한일 간의 합의 성립 여부의 문제로 돌림으로써 미국의 책임이 아닌 것으로 탈바꿈할 수 있다. 마지막으로 다섯째, 한국의 대일청구권과 재한일본인 재산의 한국 취득을 관련시킴으로써 한국의 추가적 대일요구를 봉쇄하고 일본의 경제적 부담을 억제할 수 있다.

이와 같이 5조는 여러 대립하는 조건들을 신중하게 고려해 만들어진 섬세한 절충안이었다고 평가할 수 있다. 그러나 모순된 조건들에 대응하기 위해 도출된 동 5조는 그 결과 기본적으로 최종안 4조(a, b)항과 같은 처리 내용을 나타내게 되었다.[94] 즉 그것은 최종조문에서 한국의 지위를 완전히 연합국에서 제외한 것 빼고는 재한일본인 재산의 한국 귀속을 법적으로 확정함으로써 남은 한국의 대일청구권 문제를 양국 간의 조정에 맡기는 조치를 취한 점에서 똑같았다.

따라서 이와 같은 조약 형성 과정은 재한일본인 재산의 취득과 한국의 대일청구권 문제의 관련성 규정이 한국의 연합국 배제가 완전히 결정된 후 생긴 일이 아니라 대일교전국과 구별되는 관련연합국으로서의 지위와 함께 이미 설정되어 있었음을 가리키고 있다. 다시 말해 이 과정은 재한일본인 재산의 취득과 한국의 대일청구권 문제의 관련성 규정이 후술할 '시정당국'이라는 법적 지위로의 '후퇴'에 따라 불가피하게 도출된 귀결이 아니라 각국의 이해관계와 이미 벌어지고 있었던 기정사실에 대한 현실적인 대응의 필요성에서 도출된 것임을 보여 주고 있다.

다음으로 고찰해야 하는 것은 대일교전국과 구별되는 '관련연합국'으로의 '후퇴'가 한일 간 과거처리 문제에 실제 어떤 영향을 주었는가 하는 문제이다.

동 15조에서 볼 수 있듯이 5월 3일 공동초안은 정식 연합국에 대해서도 연

---

94 최종안 4조(a, b)항에서는 5월 3일 초안 5조의 주석으로 밝혀진 한국 국내의 일본 관련 부채의 문제를 일절 언급하고 있지 않다. 그 점에서 차이는 있다. 그러나 5월 3일 초안도 한국 국내의 일본 관련 부채의 문제에 대한 처리 원칙을 명확히 정한 것이 아니라 단지 과제로서만 남긴 것에 불과하다. 한편 최종안 4조(a, b)항은 이 문제에 관해 아무런 언급을 하지 않음에 따라 사실상 동 문제 역시 특별조정에 포함했다고 보이므로 사실상 그 차이에 무게를 둘 필요는 없다.

합국이 일본의 추가 배상 지불 능력 결여를 인정한다고 규정하여 사실상 재외 일본인 재산을 몰수함으로써 추가 배상을 요구하는 권리를 차단했다.[95] 한편 16조는 재일연합국 재산의 반환 및 반환하지 못할 경우의 보상 의무를 규정했다. 그러나 그 보상 조건은 3월 23일 초안이 이미 규정한 일본 국내법에 따라 처리한다는 것이므로 결국 연합국에 대한 처리 내용은 3월 23일 초안과 기본적으로 차이가 없었다. 따라서 5월 3일 공동초안 16조에 따라 가령 한국이 정식 연합국에 들어가도 재일재산의 반환 이외에 따로 보상 권리를 받을 수 있는 길이 열리는 등의 새로운 가능성은 계속 차단되었다.

물론 정식 연합국에 대해 재일재산 반환 권리를 정한 16조 규정은 거기서 제외된 한국의 입장을 불리하게 한 측면이 있다. 즉 관련연합국이 됨에 따라 정식 연합국에게 주어진 재일한국 관련 재산의 직접적인 반환 권리를 상실하게 되었으며 한국은 결국 재한일본인 재산의 취득이라는 사실을 감안해, 일본과의 특별조정을 통해 대일청구권 문제를 해결해야 하는 입장으로 '후퇴'하게 되었다. 그러나 이 초안에서도 3월 23일 초안과 마찬가지로 연합국으로 적용되는 15조에서는 몰수 예외 규정이 그대로 유지되었다. 그것을 감안하면 한국이 연합국의 지위를 부여받아도 결국 권리로서 부여된 재일한국인 재산의 반환 부분과 재한일본인 재산 중 몰수 예외 부분의 반환 문제가 사실상 특별 조정의 대상이 될 수밖에 없었다. 즉 5월 3일 공동초안에서 관련연합국으로서 한국에게 주어진 권리 내용은 3월 23일 초안에 따라 한국이 정식 연합국으

---

95 15조에서 연합국이 대일추가배상 권리를 포기한다는 표현은 직접 사용되지 않고 있다. 그러나 변화된 미국의 대일배상 방침을 고려할 때, 이것을 두고 미국이 연합국의 대일추가배상 권리를 남기기 위한 조치로 보는 것은 무리다. 추가 배상 포기의 뜻은 15조 벽두에 나오는 연합국이 일본이 추가 배상을 지불할 능력을 결여하고 있음을 인정한다는 구절에 집약된 것으로 볼 수 있다.

로서 부여받은 권리 내용과 사실상 별 차이가 없었다.

이와 같은 성격은 5월 3일 공동초안과 3월 23일자 초안에서의 권리 내용만의 문제가 아니었다. 비록 한국은 5월 3일 공동초안에서 정식 연합국의 지위를 상실했으나 그 5월 3일 초안 규정에 따라 한국이 정식 연합국의 대우를 받을 경우의 권리 내용과 실제 관련연합국으로서 5조 규정을 받을 경우의 권리 내용에 질적 차이가 생겼다고 평가하는 것은 타당하지 않다. 실제 조문상 그 차이는 정식 연합국 규정의 경우, 몰수된 일본인 재산의 예외 항목과 한국의 재일재산 반환 문제가 특별조정의 대상이 되는 데 반해 5조 적용의 경우, 재한일본인 재산이 예외 없이 한국에 귀속되나 그것을 고려하면서 한국의 청구권 문제를 결정하게 된다는 것이었다. 즉 어느 경우든 결국 한국이 획득한 재한일본인 재산과 한국의 대일청구권이 특별조정의 대상이 된다는 의미에서 다를 바가 없다.

이 연구에서는 그 차이에 따른 많고 적음을 산출하는 것 역시 불가능하다. 그러나 이미 강조한 바와 같이 전쟁 중, 재한일본인 재산이 적국 재산의 조치를 받지 않았던 현실적 조건하에서는 15조로 인한 몰수 예외 규정은 적어도 사유재산에 관해 사실상 한반도에 있었던 모든 일본인 재산을 반환 대상으로 삼았다. 일제강점기의 한일 양국 국민의 재산 규모를 생각할 때, 한국이 정식 연합국의 지위를 상실하고 5조 규정에 따라 대일처리를 하게 된 것이 한국을 불리하게 했을 가능성은 현실적으로 지극히 낮았다고 생각해도 과오는 없을 것이다.

5월 3일 초안에서는 또 하나 주목할 만한 차이가 생겼다. 그것은 3월 23일 초안에는 그에 해당하는 내용이 없었던 18조 조항이 신설된 것이었다. 전전의 일본의 대연합국 채무가 전쟁의 영향을 받지 않음을 규정한 동 조항의 전반 규정은 사실상 재산청구권의 문제이며 5조에 따라 한국이 제기할 수 있는 범위에 포함되는 문제라고 생각해도 별 문제는 없다. 그러나 18조(a)항의 후반에서는 전쟁 이전에 연합국 국민이 겪은 재산 침해 및 신체적 피해에 대한 청구 권리가 주어졌다.

이 조항은 원래 영국 안에 포함되어 있었던 것이다. 미국으로부터 영국 안을 제시받은 일본은 영국인 신문기자의 사례를 염두에 두면서 그 조항의 설정을 전전 일본의 외국인 압박 시대에 피해를 입은 연합국 국민을 위한 것으로 이해하고 있다.[96] 또 평화조약 발효 후, 이 18조(a)항에 따라 실제 제기된 재산권 등의 피해보상 요구는 중일전쟁 당시 중국에 재류한 영국, 미국, 캐나다, 인도, 파키스탄 국민 등의 재산권 피해에 관한 것이었다.[97]

따라서 한일 간에는 교전 개시 날을 언제로 정할 것인가 하는 논란이 생길 수 있으나 한국이 정식 연합국이 되고 동 5월 3일 공동초안 18조 규정을 받게 될 경우, 적어도 조문상 전쟁 이전의 식민지 지배에 따른 재산 침해 및 신체적 피해에 대한 보상을 청구할 길이 열릴 가능성이 생겼다. 이 점에서는 표면적으로 5조 규정만을 받게 된 한국의 권리와 큰 차이가 존재한다.

그러나 이 해석에는 다음 두 가지를 주의해야 한다. 하나는 조문의 형성 과정이 보여 주듯이 한국이 정식 연합국이었던 3월 23일 초안에는 5월 3일 초안에 규정된 18조에 해당하는 조항이 없다. 다시 말해 5월 3일 초안은 한국을 이미 정식 연합국에서 제외하는 것을 전제로 작성된 것이므로 애초 한국은 동 18조 권리를 직접 부여받는 입장에 있지 않았다. 따라서 정확히 말해, 18조의 수혜 권리 상실은 한국의 연합국 배제에 따른 것이 아니므로 한국이 연합국이

---

96 「英国の平和条約案について」, 『日本外交文書 サンフランシスコ平和条約対米交渉』, 379쪽.

97 「懸案対日請求権の経緯及び解決方針に関する参考資料」, 外務省日韓会談公開文書 (문서번호 1600), 27~38쪽 참고.

되고 18조 적용을 받게 될 경우의 권리와 직접 비교하는 것은 사실관계에 비추어 옳지 않다.

또 하나는 한국에 실제 적용된 5조(b)항에서는 한국의 대일요구 권리를 단지 '청구권(claims)'으로만 일반적으로 규정하고 있는 점이다. 즉 한국의 일본에 대한 권리는 재산권에만 한정된 것이 아니었다. 따라서 한국은 5조 적용 국가임에도 불구하고 재산청구권 이외에 연합국에 대한 18조 규정처럼 개전 이전의 식민지 지배하에서 발생한 각종 신체적 피해에 대한 보상까지 요구할 수 있는 여지가 생겼다.[98] 즉 5월 3일 초안에서 한국은 정식 연합국에서 제외되고 5조 적용 국가가 되었으나, 정식 연합국에게 적용된 18조(a)항 권리로부터 단순히 후퇴하게 되었다고 평가하는 것 역시 정확하지 않다.

이상 5월 3일 초안에서 한국은 그 법적 지위와 관련해서는 확실히 정식 연합국에서 '관련연합국'으로 '후퇴'하게 되었다. 그러나 한국이 정식 연합국이었던 3월 23일 초안에서 주어진 권리와 비교해도, 또 5월 3일 미영 실무자 공동초안에서 주어진 정식 연합국들과 비교해도 한국의 권리에 질적 차이가 생겼다고 평가하는 것은 적절하지 않다.

---

98 물론 재산 권리에만 한정하지 않고 '청구권'으로 보다 일반화했다고 해도 그로 인해 현실적으로 식민지 지배하에서 발생한 각종 재산 및 신체적 피해에 대한 보상 요구가 추가적으로 얼마나 가능해졌는가 하는 미묘한 문제는 남는다. 왜냐하면 평화조약 초안들이 단 한 번도 일본의 한국 지배의 불법성을 규정하지 않았기에 예컨대 독립운동에 대한 '탄압'도 사회 질서를 문란케 하는 비합법적인 활동에 대한 합법적인 단속이며 그에 대한 보상 의무 등은 애초 발생하지 않는다고 주장할 수도 있기 때문이다. 즉 식민지 지배의 합법성을 전제로 한 평화조약의 틀 안에서는 한국인들이 겪은 재산 및 신체적 피해에 대한 보상 권리가 많은 부분 제한될 가능성이 있었다.

4) 연합국 대열로부터의 완전한 배제와 6월 14일 미영 합의초안

6월 덜레스가 영국을 방문하여 미영 간에 "완전한 합의(in full agreement)"를[99] 본 평화조약 초안이 14일자로 작성되었다. 그 조약 초안은 한국을 교전국으로서는 물론 그와 구별되는 '관련연합국'으로서도 받아들이지 않는 방침 아래 작성된 것이었다.

5월 3일의 실무자 공동초안을 거쳐, 적어도 5월 11일까지[100] 미영 간의 대립 사항으로 남았던 한국의 연합국 참가 문제는 그 후 미국 내부에서도 완전한 배제로 돌아서게 되었다. 5월 16일 앨리슨(John M. Allison)은 덜레스에게 미국이 한국을 서명국으로부터 배제할 것을 주장하는 영국의 방침을 수락하는 방향으로 기울고 있음을 밝히고 한국에는 조약상의 특정 권리들(certain rights)을 부여하는 초안을 작성하고 있음을 전달했다.[101]

그 후 국무성은 5월 3일 공동초안에 대한 재검토 작업을 진행하고 그 초안에는 아직 '[Korea]'로 남아 있던 한국을 정식으로 연합국에서 제외할 것을 6월 1일자로 미국의 입장으로 정했다.[102] 즉 덜레스의 영국 방문 당시에 한국의 연합국 배제는 이미 미국의 공식 입장이었다고 풀이된다.

---

99 「平和条約の締結に関する調書VI 昭和26年5月～8月」, 『日本外交文書 平和条約の締結に関する調書』第三冊(VI), 2002, 344쪽.

100 호소야(細谷千博)는 한국의 연합국 참가 문제가 대립 상태로 남아 있음을 영국 측 실무자가 5월 11일자로 정리하고 있음을 소개하고 있다. 細谷千博, 『サンフランシスコ講和への道』, 中央公論社, 1984, 229～230쪽.

101 Lot54 D 423 "Memorandum by the Deputy to the Consultant(Allison) to the Consultant to the Secretary(Dulles)", *FRUS, 1951, vol. VI, Asia and the Pacific, Part 1*, p.1043.

102 694.001/6-151 "Japanese Peace Treaty : Working Draft and Commentary Prepared in the Department of State", ibid., p.1098.

미국은 한국에 연합국으로부터의 배제를 직접 정식으로 전한 1951년 7월 9일의 회담 이후[103] 적어도 확인되는 한, 7월 19일, 8월 16일, 그리고 8월 27일 세 번에 걸쳐, 한국의 연합국 배제 이유를 밝히고 있다. 7월 19일의 회담 석상에서 덜레스는 양유찬 대사에게 1942년의 연합국선언에 서명한 국가만을 평화조약 서명국으로 정한다는 방침을 전달하고 1948년에 건국된 한국을 서명국으로 받아들일 경우 반발(disagreement)이 일어나 조약 통과를 복잡하게 할 것, 또한 한국과 같이 서명국이 될 것을 요구하는 몇몇 국가들을 그림(picture) 속에 끌어들이게 될 것이 예상된다는 것 등이 한국을 배제하는 이유임을 밝히고 있다.[104]

이어 8월 16일 양유찬 – 러스크 회담에서 러스크는 평화회의에 대한 주된 고려(primary consideration)가 목적의 통일(a unity of purpose)을 유지하는 데 있으며 한국의 참가는 그러한 통일을 도모할 주요점(point)이 아니라는 것, 또한 한국은 1948년에 겨우 합법정부임을 승인받았으므로 한국의 참가는 분열을 도모하려 하는 소련과 싸우는 데 의미 있는 공헌을 하지 않는다고 설명했다.[105] 그리고 8월 27일 덜레스는 양유찬에게 보낸 서한에서 전쟁 전에 한반도의 독립은 상실되어 있었으며 연합국의 전승 후 독립을 다시 획득했다(regain)는 것, 현재 대일교전국이 아닌 국가들이 평화조약 서명을 희망하고

---

103 694.001/7 – 951 "Memorandum of Conversation, by the Officer in charge of Korean Affairs in the Office of Northeast Asian Affairs(Emmons)", ibid., p.1182.

104 694.001/7 – 1951, "Memorandum of Conversation, by the Officer in charge of Korean Affairs in the Office of Northeast Asian Affairs(Emmons)", ibid., p.1205.

105 795B.56/8 – 1651, "Memorandum of Conversation, by H.O.H Frelinghuysen of the Office of Northeast Asian Affairs", *FRUS, 1951, volumeVII, Korea and China, part 1*, p.823.

있으므로 실제 일본과 교전한 국가에 한정할 필요가 있다고 전하면서[106] 한국이 대일교전국의 지위에 있지 않은 것이 배제의 이유임을 강조했다.

즉 세 번에 걸쳐 미국이 밝힌 배제 이유는 결국 한국정부가 연합국의 지위를 부여받을 만한 대일교전국으로서의 요건을 갖고 있지 않으며, 그런 한국을 참가시키는 것은 평화회의에서 미국을 중심으로 하는 자유진영을 통일해 조약 조인을 원활하게 이루어내는 데 걸림돌이 될 수 있다는 것이었다.

한국의 연합국으로부터의 최종적인 배제 결정과 관련해 덜레스나 러스크가 설명한 한국의 요건 문제나 평화조약을 둘러싼 정치적 역학 관계를 미국정부가 의식한 것 자체는 거짓이 아닐 것이다. 그러나 연합국 참가에 대한 한국의 요건 부족은 1951년 중반에 이르러 새롭게 생긴 일이 아니라 그 이전부터 자명한 일이었다. 또 남북 분단하에서 한국만의 연합국 참가가 공산주의 진영을 비롯한 관련 국가들에게 가져다줄 정치적 파장 역시 충분히 전망할 수 있는 일이었다. 실제 앞서 본 1949년 12월 12일자의 국무성의 내부 검토는 한국의 평화조약 참가가 북한의 참가 요구와 소련의 지지를 유발할 것임을 지적하고 있었다. 그럼에도 미국은 오히려 한반도를 비롯한 동북아시아의 역학 관계를 인식한 결과로서 한국의 연합국 참가를 적극 추진하려 했던 것이다.

이러한 점들을 고려할 때, 평화조약 기초의 막판에 이르러 한국을 연합국으로부터 배제하기로 한 이유를 미국이 직접 한국에게 설명한 그 내용만으로 이해하는 것은 충분하지 않을 것이다. 보다 근본적인 배제 이유를 추론하기 위해서는 막판 단계에 이르러 미국이 다시 한국의 요건 문제나 다른 국가에 대한 영향을 중요시하게 된 사정을 고찰할 필요가 있을 것이다. 평화조약 조문

---

106 "Korea request to sign Japanese peace Treaty, Letter to Yang", OJP-3, 2-B-103, ('OJP' 기호를 단 자료는 일본국회도서관 헌정자료실에서 수집한 것이며 소장 기호는 동 도서관의 분류 방법에 따랐다. 이 문서가 포함된 릴에는 장수 표시가 없다).

의 형성 과정이라는 관점에서 볼 때, 그 사정은 한국의 연합국 배제가 5월 3일 초안 작성 이후에 이루어졌다는 점에 숨어 있다.

고찰한 바와 같이 1951년 3월 23일 초안에서 개념적으로 통일된 'Allied Powers'에 한국을 포함하려 한 미국은 그 후 한국의 지위를 일정한 정도 후퇴시키는 방향으로 돌아섰다. 거기에는 영국 등의 반대나 또 3월 23일자 초안의 관련 조항을 그대로 적용하는 것에 따른 한국의 이해관계와의 충돌이 있었다. 그 결과 5월 3일 미영 실무자 공동초안은 사실상 한국을 염두에 두면서 '관련연합국'의 지위를 신설하고 그에 맞게 5조를 설정했다. 그것은 미국, 한국, 일본, 영국 등의 이해관계를 반영하기 위한 절충안이었다.

그러나 이와 같은 고심의 산물 역시 풀 수 없는 한계를 내포하고 있었다. 실제, 도출된 '관련연합국'이라는 지위는 과연 국제법적으로 어떤 근거에 기초하는 것인지, 또 왜 한국만이 이와 같은 지위에 해당하는 것인지, 그것은 한국을 대일교전국으로 인정한 것인지, 그리고 대일교전국 여부도 애매한 한국에게 왜 재한일본인 재산을 취득하는 권리를 사실상 줄 수 있는지, 바로 5월 3일자 초안 5조는 그 처리를 뒷받침하는 데 필요한 근본적인 논리를 일절 피하고 있었다. 아니 피해야만 했다.

이와 같은 원칙적인 근거를 결여한 채 추진하려 한 한국의 관련연합국 참가는 당연히 북한을 지지하는 공산주의 진영은 물론, 반드시 그에 협조하는 입장이 아닌 다른 국가들과도 불필요한 불협화음을 자초할 수밖에 없었다. 또 명확한 근거 없이 관련연합국으로 참가하는 한국의 존재는 당연히 비록 정식 연합국을 넘보지 못하더라도 최소한 한국과 유사한 지위를 부여받을 것을 희망하는 기타 대일 비교전국들의 목소리를 높일 수 있었다. 그것은 당연히 평화조약의 원활한 체결에 걸림돌이 되는 데다가 체결 후 일본의 부담을 가중할 것을 의미했다.

결국 평화조약 기초의 막바지에 이르러, 미국은 한국의 지위 강화, 재한일본인 재산의 한국 취득 확정, 연합국 참가를 희망한 한국과 그에 반대하는 국가들의 존재, 그리고 일본의 경제적 부담 증가의 차단이라는 과제를 양립시키기 위해 구상한 관련연합국이라는 지위의 추진이 평화조약의 원활한 체결에 있어 득보다는 실이 클 것이라고 판단하게 된 것이었다.

따라서 미국은 한국을 최종적으로 '연합국' 관련의 범주에서 완전히 제외하고 국제적인 선례에 따라 단순한 영토 분리지역으로 취급할 것을 결정했다. 6월 14일 미영 합의초안은 바로 이와 같은 미국의 방침 변화를 반영한 최초의 초안이었다. 그에 규정된 연합국에 대한 배상 처리 등과 연합국 대열에서 완전히 제외된 한국과의 과거처리에 관한 핵심 조항들을 정리하면 표3 – 4와 같다.[107]

한일 간의 과거처리에 관해 6월 14일 미영 합의초안에 나타난 주목되는 변화로 다음 네 가지를 들 수 있다.[108] 첫째, 최종안에서도 그대로 4조(a)항으로 남게 되는 할양지역과 일본과의 경제적 처리 문제에 관한 것이 4조로서 규정되었다. 물론 연합국에서 완전히 제외된 한국은 2조(a)항 해당 지역으로서 동

---

107 694,001/6 – 1451, "Revised United States – United Kingdom Draft of a Japanese Peace Treaty", *FRUS, 1951, vol.Ⅵ, Asia and the Pacific, Part 1*, pp.1119~1131에서 정리.

108 본론에서 논하는 네 가지 이외에도 또 하나 동 초안에서는 18조도 수정되었다. 즉 5월 3일 초안에서 그 18조는 연합국의 일방적 권리로서 규정했으나 6월 14일 초안에서는 조문상 상호주의로 변했다. 그러나 외무성이 설명하고 있듯이(「日本国との平和条約草案の解説」, 『日本外交文書 サンフランシスコ平和条約対米交渉』, 693쪽) 표면상 상호주의가 된 그 조문 역시 연합국의 몰수 권리를 우선시하는 14조 규정을 둔 결과 사실상 일방성을 지닌 조항이었다는 점에서 큰 차이는 없다. 무엇보다 18조는 5월 3일 초안 단계에서 이미 한국을 대상으로 하는 조항이 아니었으므로 이 변화의 영향 역시 받지 않는다. 따라서 이 책의 문제의식에서 볼 때, 그 수정의 영향을 고려할 필요는 없다.

표3-4 6월 14일 미영 합의초안 중, 연합국 및 한국과 일본 간의 배상, 청구권 등의 처리 관련 조항의 주된 요지

2조	(a) 한반도(제주도, 거문도, 울릉도 포함)에 대한 독립 승인 및 모든 권리 포기
3조	미국에 의한 오키나와, 오가사라 등의 신탁통치 수락
4조	2, 3조에 규정된 지역에 있는 일본의 재산(property) 및 그 지역에 대한 일본의 청구권(claims)과 일본에 있는 그 지역의 재산(property) 및 일본에 대한 그 지역의 청구권(claims)은 일본과 그 지역의 시정당국들 (authorities) 간의 특별조정(special arrangement)의 주제로 함[109]
14조	(a) • 일본은 점령 및 손해를 받은 연합국이 원할 경우, 생산물 및 용역 등으로 배상을 실시하기 위해 교섭을 즉시 진행해야 함 • 연합국이 그 시정하에 있는 일본인 재산(1941. 12. 7.~평화조약 발효 날까지 존재한 것)을 몰수하는 것을 인정 • 단 다음은 예외 －전시 중 일본이 점령한 지역 이외의 연합국에 거주하는 것을 허가받은 일본국민의 재산. 단 전시 중 그 재산이 소재한 영역의 정부로 인해 그 지역에 거주한 기타 일본 국민의 재산에 일반적으로 적용하지 않았던 조치의 적용을 받게 된 것은 제외 －외교 시설 관련 재산 －종교, 자선 등 비정치 단체 재산 －평화조약 발효 이전에 무역, 금융 거래 재개에 따라 생긴 재산 －일본의 채무, 일본 내에 있는 유체재산에 대한 권리, 일본법에 따라 조직된 기업에 관한 이익 및 증서 (b) 조약상의 별도 규정을 제외하고 연합국은 전쟁에서 생긴 연합국의 대일배상청구권 및 연합국과 연합국 국민의 기타 청구권을 포기
15조	(a) 일본 국내 소재의 연합국 재산(1941. 12. 7.~1945. 9. 2.) 반환. 불가능한 경우 일본 국내 입법에 따라 보상
18조	(a) 전쟁은 전쟁 개시 이전에 발생한 일본과 연합국 간의 상호 채무, 또는 재산의 침해 및 신체적 피해 또는 사망에 관한 청구권을 서로 상대에게 제기하고 제공하는 것을 심의하는 것에 대해 영향을 주지 않음. 단 이들은 14조에 의해 주어지는 권리를 저해하지 않음
19조	(a) 일본은 전쟁 및 전쟁 때문에 연합국이 취한 조치에서 생긴 연합국에 대한 청구권을 포기

4조 규정을 받게 되었다.

둘째, 5월 3일 초안에서 '관련연합국'으로 표현되던 교섭 주체가 '시정당국'으로 수정되었다. 이는 연합국과 완전히 그 법적 지위를 달리하는 주체로서 한국을 자리매김하게 하려는 방침에 따른 변화임이 확실했다.

셋째, 5조(a)항으로서 일본의 재산청구권 포기를 규정하고, (b)항에서 한국의 대일청구권 문제를 한일 간에 특별조정을 통해 진행하는 데 동 (a)항을 고려하는 것을 규정한 5월 3일 초안의 내용을 변경하고 단지 모든 문제를 한일 간의 특별조정으로만 규정했다. 다시 말해 5월 3일 초안 5조는 비록 한국의 대일청구권 처리에 즈음하여 일본인 재산을 취득한 것을 고려할 것을 규정하면서도 일단 재한일본인 재산에 대한 일본의 청구권 포기가 명기되어 있었다는 점에서 한일 간의 권리는 비대칭적인 관계에 있었다. 그러나 6월 14일 합의초안은 단지 모든 문제를 양국 간의 특별조정 과제에 포함함으로써 한일 간의 청구권 처리 문제가 평등하고 대칭적인 관계임을 지시했다. 이 역시, 5월 3일 초안은 한국이 아직 '관련연합국'의 지위를 부여받은 것에 맞게 작성된 것인 데 반해 6월 14일 초안은 한국을 연합국에서 완전히 배제한 후 작성된 초안이었다는 데에 기인한 변화임은 틀림없을 것이다. 즉 이 수정은 교전관계가 아닌 국가가 적국 재산을 직접 취득할 수 없는 국제적 관례를 감안하고 비록 '관련연합국'이었으나 한국이 유지하던 연합국 관련의 지위를 완전히 상실함으로 인해 재한일본인 재산 몰수 권리를 상기할 구절을 피할 필요가 생긴 결

---

109 6월 14일 초안에서 원래 이 규정은 4조(a)항이며 기타 (b)항으로서 해저전선 분할 문제가 규정되어 있다. 그러나 그 분류를 여기서 사용할 경우, 이하 고찰할 재한일본인 재산에 관해 미국이 취한 조치에 대해 일본의 승인을 요구한 최종안 (b)항이 들어간 조문과 혼란이 일어나기 때문에 여기서는 내용상 전혀 무관한 해저전선 분할 규정의 (b)항을 무시하고 단지 4조 내용으로만 규정한다.

과로 보인다. 이와 같은 사정은 최종안 4조(b)항이 한국이 일본인 재산을 취득할 것을 승인하도록 직접 규정하지 않고 미국이 취한 조치에 대한 승인을 요구하는 규정으로 된 데서도 엿볼 수 있다.

넷째, 위와 관련하여 한일 간의 특별조정 대상이 한일 양국이 상호에 대해 가진 재산(property) 및 청구권(claims)으로 규정되었음에 따라 조정 대상도 대칭적으로 되었다. 5월 3일 초안에서는 비록 포기하는 권리이기도 했으나 일본에 대해서는 '재산과 관련된 모든 청구권'이라는 표현이 사용된 데 반해 한국의 권리에 대해서는 단지 '청구권'이라는 보다 광범위한 표현만이 쓰였다. 이 수정 역시 한국이 '관련연합국'의 지위에서 물러서게 됨에 따라 한일관계가 법적으로도 완전히 대칭적인 관계가 되었다는 데서 연유한 결과였음은 틀림없다.

5) 6월 14일 미영 합의초안 4조 설정과 미국의 의도

이와 같이 5월 3일 미영 실무자 공동초안과 비교해 연합국에서 완전히 배제된 한국은 결국 동 6월 14일 미영 합의초안 4조로 인해 조문상, 상호의 재산 및 청구권 문제를 완전히 동등한 관계가 된 일본과의 특별조정을 통해 해결해야 하는 상황에 놓이게 되었다. 이에 따라 5월 3일 초안까지 존재한 일본의 재한 일본인 재산의 포기 규정이 사라졌으며 한국은 일본에 대해 일방적인 청구만이 가능하다고 하는 유리한 조건들까지 상실했다.

바로 이러한 의미에서 4조는 한국에 매우 불리한 규정으로 보인다. 다시 말해 한국의 입장을 어렵게 한 6월 14일자 초안 4조 중 특별조정이라는 규정은 일본정부의 일방적인 이익을 반영한 결과라고 평가하기 쉽다.[110] 그러나 4조의 의미를 이와 같이 이해하는 것은 결코 정확한 것이 아니다. 그것은 특히 이하 두 가지 점을 통해 알 수 있다.

하나는 미국의 일관된 움직임이다. 아직 최종안 4조(b)항이 규정되지 않았던 7월 19일의 양유찬 - 덜레스 회담에서 덜레스는 재한일본인 재산의 문제와 관련해 한국을 보호하는 것이 미국의 입장임을 밝히면서 재한일본인 재산의 한국 취득을 인정할 것을 요구한 한국의 입장에 아무런 어려움이 없다는 전망을 내놓고 있다.[111] 기록에서는 바로 그 부분에 각주가 달리고 4조에 대한 한국의 시각을 수용하기 위해 수정했음을, 즉 최종안 4조(b)항이 그 요구를 반영하기 위해 추가되었음을 보충하고 있다.

다시 말해 6월 14일 초안에서 재한일본인 재산의 한국 취득을 일본이 인정

---

110 예컨대 선행연구 가운데 이 4조의 의미를 추구한 김태기는 본론에서 말한 6월 1일자 국무성 '작업초안 및 코멘트'에 나타난 구절을 "일본정부가 이들 지역에 투자한 모든 자산을 포기해야 하는 것은 일본의 입장에서 보면 부당하다."고 해석하고 일본 측 입장을 받아들이는 의미에서 4조가 만들어졌다. 따라서 4조는 "일본정부의 입장을 대변한 것"이라고 해석하고 있다. 아울러 김태기는 한국이 아직 '관련연합국'의 지위에 있었던 5월 3일 미영 실무자 공동초안 5조가 한국의 대일청구권을 규정하고 있었던 데 반해 6월 14일 초안 4조는 대칭적인 관계를 명기하게 된 점에서 동 5조와 크게 다르다고 주장하고 있다. 김태기, 앞의 논문, 368쪽. 그러나 이러한 평가는 정확하지 않아 보인다. 우선 6월 1일자 국무성 '작업초안 및 코멘트'에 나타난 구절은 일본이 빚을 내고 건설한 재산을 할양지역이 취득한다면 그 빚도 인계할 것을 요구한 것에 불과하며 모든 재산권의 일방적 포기 문제의 부당성을 직접 짚어본 것은 아니다. 또 본론에서도 논하는 바와 같이 4조 작성에도 불구하고 미국이 재한일본인 재산의 한국 취득을 보호하는 입장에 변경이 있었다고 보기는 어려운 점을 감안하면 4조는 일본정부의 일방적인 입장을 대변하기 위해 만들어졌다기보다 한국의 지위 변경에 따라 작성된 것에 불과한 것으로 보인다. 실제 한국이 아직 넓은 의미에서의 연합국 지위를 유지한 5월 3일 공동초안 5조도 일본재산의 몰수를 감안해서 특별협정의 주제로 할 것을 규정하고 있으므로 반드시 일방적으로 한국의 대일청구권만을 인정한 것은 아니다.

111 694.001/7 - 1951 "Memorandum of Conversation, by the Officer in charge of Korean Affairs in the Office of Northeast Asian Affairs(Emmons)", *FRUS, 1951, vol.VI, Asia and the Pacific, Part 1*, p.1203.

하도록 직접 규정하지 않았던 것을 일본의 이익을 대변하기 위한 미국의 전략적인 결과라고 해석하는 것은 지나친 것으로 보인다. 이것은 한국과 일본의 지위를 완전히 평등한 것으로 수정하기 위해 설정한 4조가 야기할 문제를 미영이 충분히 헤아리지 못했던 것에 기인한 일시적인 '사고(事故)'였을 가능성이 크다. 그렇지 않고서는 왜 4조(b)항과 같이 일본의 국익에 심각한 영향을 줄 수 있는 중대한 규정을 8월 13일 일본과의 협의도 없이 일방적으로 삽입할 수 있었는지 설명하기 어렵다.[112] 즉 비록 4조에서 직접적으로는 재한일본인 재산 포기를 규정하지 않았으나 그럼에도 이미 되돌릴 수 없는 기정사실로 되어 있었던 재한일본인 재산의 처분 문제에 관해서만큼은 미국의 의도 역시 일관된 것이었다고 보는 것이 논리적으로 이치에 맞다.

또 하나는 일본의 움직임도 고려해서 종합적으로 판단해야 한다는 점이다. 앞서 고찰한 바와 같이 1951년 4월 23일 한국의 서명국 참가 예정을 들은 일본은 미국에게 한국의 연합국 참가에 반대하면서 한일 간 별도 협정을 통해 문제를 해결할 방안을 당부하는 타협안을 내놓았다. 따라서 6월 14일 초안 4조로서 규정된 한일 간 특별조정이라는 규정은 적어도 결과적으로 일본의 주장이 채용된 측면이 있는 것은 사실이다. 그러나 상세히 논한 바와 같이 일본은 단 한 번 내놓은 이 타협안 이외에는 한국과의 과거처리에 관해서 재한일본인 재산의 한국 취득으로 인해 모든 문제가 평화조약으로 최종적으로 해결된 것으로 할 것을 일관되게 주장하고 있었다.

6월 14일 초안은 이와 같이 일관된 일본정부의 주장을 받아들이지 않았다는 측면을 동시에 가지고 있다. 이에 대한 실망은 미영 합의초안에 대한 일본

---

112 미국이 일본과의 협의도 없이 일방적으로 삽입했다는 사실은 니시무라(西村熊雄) 당시 외무성 조약국장의 답변으로 확인 가능하다. 国会会議録, 第12回国会, 「参議院 平和条約及び日米安全保障条約特別委員会」第10号, 1951. 11. 5., 18쪽.

측 검토에 잘 나타나고 있다. 일본은 6월 28일 미국으로부터 전달받은 동 4조에 대해 "할양지역에서의 재산 상속에 대해서는 현지에서만 가급적 종결해야 한다(사실상의 어려움으로 오는 필요)는 주장을 물리치고 직접 교섭에 의하려고 하는 것이다. 사실상의 어려움은 상상하고도 남을 것이다. 따라서 현지에서만 종결하는 방식이 최선이나 ⋯⋯."라고 실망감을 감추지 않았다.[113] 6월 14일 초안 4조 규정은 일본정부에게도 결코 만족할 만한 것이 아니었던 것이다.

실제 일본정부는 특별조정에 부칠 것을 전달한 미국의 방침에 저항하는 자세를 보이고 있다. 외무성은 전달받은 6월 14일 초안을 검토한 "평화조약 안에 대한 견해(observation)"를 7월 2일 미국에 제출했다. 그 가운데 외무성은 특히 한반도 문제를 직접 거론하면서 4조의 실시는 사실상 불가능하며 일본이 종래부터 제시한 바와 같이 각 해당 지역에서 문제를 종결하는 방식이 실행 가능한 유일한 방식임을 역설하면서 혹시 동 초안을 유지할 경우 미국의 절대적인 지원이 필요하게 될 것임을 강조하고 있다.[114] 즉 특별조정 등의 방식을 남길 경우 결과적으로 향후 미국에게 부담이 돌아갈 것을 지적하면서 미국정부를 압박한 셈이었다. 일본정부의 그 주장은 같은 날 7월 2일, 시볼드(William J. Sebald)에 의해 틀림없이 국무성에 전문으로 전달되었다.[115]

그럼에도 한일 간 특별조정이라는 미국의 방침은 움직이지 않았다. 평화조약 초안에 관해서는 일본이 제출한 7월 2일자의 "평화조약 안에 대한 견해"를

---

113 「平和条約の締結に関する調書VI 昭和26年5月~8月」, 『日本外交文書 平和条約の締結に関する調書』第三册(VI), 86쪽.

114 위의 문서, 371~372쪽(영문) ; 374쪽(일문). 또 일본은 그러한 요청과 함께 4조 규정에 나오는 '청구권'에는 '전시배상'을 포함하지 않는다는 것을 명확히 할 것을 요구했다.

115 694,001/7–251 : Telegram "The United States Political Adviser to SCAP(Sebald) to the Secretary of State", *FRUS, 1951, vol.VI, Asia and the Pacific, Part 1*, p.1171.

받아, 미국은 7월 3일자로 작성한 평화조약 수정 초안을 7일 일본에 제시했다. 또 12일 일본은 그 초안에 대한 "평화조약 초안에 대한 견해"를 다시 제출했으며, 이어 7월 20일 미국은 재차 일본에 수정 초안을 제시하는 등 조문 교섭이 거듭되었다.[116] 그 과정에서 4조 조문에 관해서도 문장 표현에 약간 수정이 이루어졌다. 특히 2, 3조 지역에 있으면서 아직 처리되지 않은 연합국 국민의 재산은 그 지역의 시정당국이 반환해야 한다는 일본 측 요구가 받아들여졌다.[117] 그러나 일본이 강력히 요구했던 재외일본인 재산의 취득으로 인해 모든 문제를 최종적으로 종결한다는 요구는 받아들여지지 않았다. 즉 시정당국과 일본 정부 간의 특별조정을 통해 문제를 해결한다는 규정은 그대로 유지된 것이다.

일본은 그 후에도 집요하게 이 문제에 대해 물고 늘어졌다. 7월 24일 외무성은 4조에 관해 다시 장문의 의견서를 미국에 제출했다. 그 가운데 특히 한반도의 상황을 다시 직접 거론하면서 일본인의 본토 귀환에 따라 그 재산이 무책임하게 처리되었다는 것, 그 후 내란이 발생했다는 사정 등으로 인해 일본인 재산이 파괴된 상황에서 재산이나 청구권 관계의 처리는 너무나 복잡하다는 것, 또한 종전 후 6년간 재산이 완전히 파괴됨으로 인해 사실관계 파악이 불가능하다는 것, 또 할양지역의 대일청구권은 일본의 재외재산과 비교해 작다는 것, 그럼에도 불구하고 그 지역은 상호 교전관계가 없었는데도 이유도 없이 배상을 요구할 것이라는 것 등을 지적하고 할양지역과 일본의 청구권 문제를 각 지역에서 일도양단 방식(cutting-the-Cordian-knot way)으로 종결해

---

116 「平和条約の締結に関する調書VI 昭和26年5月~8月」, 『日本外交文書 平和条約の締結に関する調書』第三冊(VI), 576~607쪽(7월 3일 초안) ; 608~618쪽(7월 12일 제출된 견해). 또 7월 20일 초안은 일부만이 「平和条約7月3日付案と7月20日受領案の比較」, 『日本外交文書 サンフランシスコ平和条約対米交渉』, 564~570쪽.

117 이 요구는 7월 2일 "평화조약 안에 대한 견해"에서 제기된 것이나 7월 20일 수정 초안 4조에서 반영되었다.

상호 일절 청구하지 않기로 하는 것 이외에 현실적인 해결 방법이 없다고 주장했다. 일본정부는 이와 같은 처리가 불가피한 이유를 "종전 후 일본인의 강제 본토 인양 및 할양지역에서의 종전 후 치안의 혼란에서 오는 할 수 없는 불행한 결론"으로 단정 지었다.[118]

더 주의해야 하는 것은 이 24일자 외무성의 4조에 관한 의견서가 7월 2일자로 일본이 제출한 "평화조약 안에 대한 견해"에서 언급했던 4조에 관한 일본 측 입장의 의미를 미국이 밝힐 것을 요구한 것에 대한 추가 답신이었다는 점이다.[119] 즉 미국은 스스로 일본정부의 4조에 대한 입장 설명을 촉구하고 그것을 확인하면서도 일본정부의 요구를 물리치고 한일 간 특별조정 규정을 그대로 남긴 것이었다. 심지어 8월 13일에는 일본에 아무런 설명도 없이 재한일본인 재산의 처분을 승인하는 4조(b)항을 일방적으로 추가했다. 물론 그 처분의 승인이라고 함은 한일회담 개시 후에 일본이 이른바 '역청구권'을 정당화하기 위해 내세운 재산 관리 권한 등의 승인이 아니라 미군정의 지시로 인해 처분된 한국(Korea)에 있는 자산에 대한 일본의 청구권을 소멸(eliminate)시키는 것에 대한 승인을 의미했다.[120]

미국이 한일 간 특별조정 규정을 끝까지 고수하고, 막판에 4조(b)항을 추가해 재한일본인 재산을 일본으로 하여금 명확히 포기하게 한 이유는 미국정부

---

118 「平和条約の締結に関する調書VI 昭和26年5月~8月」, 『日本外交文書 平和条約の締結に関する調書』第三冊(VI), 741~742쪽(영문) ; 743~744쪽(일문).

119 위의 문서, 199쪽.

120 "Implications for US of Trusteeship for Ryukyu Islands", *Treaty : Territories*, YF-A10, Box no.7, Folder no.2, R.07, p.35. 이 문서에는 작성 날짜나 작성 주체 등의 표기가 없어, 어떤 성격의 문서인지 정확히 파악하는 것이 어려운 부분이 있으나 미국은 오키나와 등에서의 재산 처분 문제와 비교하면서 한국에서의 재산 처분에 대해 이와 같은 입장을 명시하고 있다.

의 다음 내부문서가 가리키고 있다고 봐도 무방하다.

7월 27일자로 작성된 것으로 보이는 그 내부문서는 평화조약 4조 규정을 둘러싼 문제점을 지적하고 그 수정 내용들을 건의하기 위해 검토된 내용들을 담은 문서로 판단된다.[121] 이 내부문서는 6월 14일 초안 4조에 이어 일본과 할양지역 간의 특별조정만을 유지한 7월 20일자 초안 동 4조가 한일 양국 정부의 강한 비판을 받고 있음을 지적하고 그것을 수정할 필요성을 지적하고 있다. 그 내용은 할양지역 내의 일본인 재산 처분의 문제와 일본에 있는 동 지역의 재산 처분 문제를 하나로 표현한 현행 4조 구성을 문제로 삼아, 할양지역의 일본인 재산 처분과 일본에 있는 할양지역의 재산 처분 문제를 각각 두 조항(paragraph)으로 나눌 것, 그리고 나눈 그 첫째 항에서는 할양지역 내에 있는 일본인 재산의 처분 문제를 규정하고 동 재산 문제에 대해서는 연합국에 적용되는 평화조약 14조 중의 일부 예외 항목들을 제외하고[122] 일본정부가 모두 그 청구권을 포기하도록 명확한 조항을 규정할 것으로 하고 있다. 한편 할

---

121 이하 이 문서의 내용에 관해서는 "Proposals for Revision of Article 4 of Draft Peace Treaty", *Treaty, Draft(British Mission)*, YF – A10, Box no.6, Folder no.10, R.06, pp.801~806에서 정리. 동 문서에서는 'Allison' 및 'Hemmendinger'라는 인물 표기를 확인할 수 있다.

122 연합국에 적용된 몰수 예외 항목은 다섯 가지였으나 분리지역에 적용하려 한 구체적 예외 항목은 넷째 항인 "평화조약 발효 이전에 무역, 금융 거래 재개에 따라 생긴 재산" 및 마지막 다섯째 항인 "일본의 채무, 일본 내에 있는 유체재산에 대한 권리, 일본법에 따라 조직된 기업에 관한 이익 및 증서"였다. 넷째 항에 관해서 그 문서는 따로 설명하지 않고 있으나 그것이 전후 생긴 재산인 만큼 그것을 몰수하는 것은 애초 부당하다는 것으로 판단된다. 다섯째 항에 관해서 동 문서는 그것을 예외 항목으로 두는 것은 그로 인해 분리지역 당국이 재일재산에 그 요구를 확장하는 것을 막는 중요한 의미가 있음을 지적하고 있다. 한편 예외 항목으로 하지 않은 첫째 항은 그것이 연합국 거주 일본인의 문제인 만큼 분리지역 문제와 관계가 없다는 것, 또 둘째 항인 외교 관련 시설 역시 분리지역은 일본 영토였으므로 관계가 없다는 것, 그리고 셋째 항인 종교 등의 시설은 분리지역에 대한 일본의 영향을 막는 의미에서 몰수 대상으로 할 것을 지적하고 있다.

양지역의 재일재산 문제를 규정하는 둘째 항에서는 그 취급에 관한 명확한 규칙(rule)을 두지 않고 일본정부와 할양지역의 시정당국 간의 특별조정에 맡길 것만을 규정하도록 건의하고 있다. 즉 비록 일본에 남겨질 예외 항목의 권리나 조문 구성이 반드시 그대로 반영된 것은 아니었으나 그 7월 27일자의 건의 내용은 기본적으로 최종조문 4조(a, b)항으로서 실현된 셈이었다.

7월 27일자의 이 내부문서는 할양지역에 있던 일본인 재산 처분의 문제에 관해 일본이 그것을 포기할 것을 명기해야 하는 이유를 설명하는 데 직접 한국에서의 문제를 짚어보고 있다. 그 내용은 다음과 같다. 즉 재한일본인 재산에 대한 미군정 당국의 조치를 명확히 정당화해야 한다. 한국정부가 일본인 재산 취득을 확정할 필요가 있다고 주장하고 있다. 현행 7월 20일자 4조대로라면 일본이 동 재산의 처분 문제를 한일 간에 고려되어야 할 문제라고 주장할 수 있다. 즉 미국정부는 할양지역 당국과 일본정부 간의 특별조정으로만 규정할 경우 일본정부가 한국정부와의 교섭에서 미군정이 재한일본인 재산을 취득하고 그것을 한국정부에 이양한 조치를 건드릴 수 있음을 염려한 것이었다. 최종조문 4조(b)항은 바로 이와 같은 판단의 연장선상에서 막판에 삽입하게 된 것이다.

한편 할양지역의 재일재산 문제에 관해서 그 내부 검토가 할양지역 당국과 일본정부 간의 특별조정에 그대로 맡기도록 건의한 이유는 한일 양국 정부의 '완전한 대립(complete contradiction)'을 고려한 것이었다.[123] 즉 이 문서는 일

---

[123] 이 문서는 단지 특별조정으로만 규정해야 하는 기타 이유로서 일본정부와 각 할양지역 간의 관계가 상당히 달라서 그들 지역의 재일재산 문제 처리에 관해서 각각 다른 룰을 정하게 될 것이고, 또 국가 계승의 원칙에 따르면 할양지역의 일본인 재산을 승계한 각 당국은 일본정부의 채무를 어느 정도 인정해야 하나 그 규칙을 정하는 것이 복잡하다고 설명하고 있다.

본정부의 입장으로서 할양지역에 있는 일본인 재산과 비교해 그 지역의 재일 재산이 훨씬 작다는 것, 기록 등의 상실로 인해 재산 처리를 현실적으로 진행하는 것이 어렵다는 것, 그리고 할양지역은 대일교전관계에 있지 않았으므로 일본인 재산의 취득을 배상으로 간주할 수는 없으며 일본 내에 있는 할양지역의 재산은 상실(forfeit)된 것으로 취급할 것이라고 정리했다. 반대로 그 검토는 동시에 할양지역 중에서도 가장 요구가 많은(the most vocal) 한국정부가 연합국과 같이 대우를 받아야 한다는 입장에서 재한일본인 재산의 취득과 더불어 재일한국 관련 재산의 권리를 인정할 것을 요구하고 있다고 짚고 있다.

특별조정은 미국정부가 이와 같은 한일 양국의 '완전한 대립'을 고려한 결과였다. 즉 그것은 어느 한쪽의 편을 일방적으로 들지 않고 문제에 대처하기 위해 미국에 남겨진 마지막 방안이었다. 특별조정은 직접적이고 명확한 답을 주지 않으면서 문제를 풀기 위한 유일한 선택이었던 것이다.

그러나 미군정의 조치를 정당화하기 위해 할양지역에 있는 일본인 재산을 포기시키는 한편 할양지역의 대일청구권 문제는 특별조정에 맡기도록 한 방안은 미국에게 반드시 바람직한 것만은 아니었다. 그것은 한국 등 할양지역 당국이 재외일본인 재산을 취득하면서도 그 이외에 지나친 추가 요구를 제기할 가능성을 열어놓은 방안이기도 했기 때문이다.

실제 미국정부는 구체적으로 한국 등 할양지역 당국이 일본에 대해 추가 요구하는 것에 제약을 가하는 방안을 건의하고 있었다. 그 내용은 각 지역 당국이 일본인 재산을 취득하는 것을 일본이 인정할 것을 규정할 때 예외 규정을 두는 것이었다. 동 문서는 그 이유로 연합국도 그 영역에 있는 일본인 재산을 몰수하는 데 예외 항목을 두고 있으며 또 중립국에 있는 일본인 재산의 청산을 지시한 16조에서도 예외 규정을 둘 전망이라는 점을 들었다. 즉 미국은 대일교전국인 연합국이 일본인 재산을 취득하는 데 예외 규정이란 제약을 받듯이 한국에도 예외 규정을 둠으로써 한국의 대일추가요구를 억제하는 방안을 구상하고 있었던 것이다.

그것뿐이 아니다. 이 문서는 평화조약 관련 기타 문제에 관해 한국정부가 전쟁 중 징용 한국인의 노동이나 전쟁 행위 중 사망한 자의 존재, 기타 사실상의 '배상' 청구권을 제기하고 있음을 지적하고 이들 요구에 관해서는 직접 그것을 포기시키는 규정을 둘 필요성마저 언급하고 있다. 그 이유 역시 한국의 요구가 연합국 등과 비교해 지나치다는 것이었다. 동 문서는 할양지역을 연합국과 같이 다룰 것인가 하는 풀 수 없는 문제가 있으나 적어도 연합국 이상의 대우를 해줄 수는 없다는 것이 분명하고, 연합국은 일본인 재산의 몰수 이외에 전쟁에 따른 모든 배상청구권을 포기하고 있으며 할양지역 역시 그 영역에 있는 일본인 재산을 계승했음을 지적하고 있다.

즉 미국은 일본으로 하여금 재한일본인 재산을 포기하게 하는 한편 한국의 대일청구권 문제를 특별조정에 맡기는 규정만으로는 오히려 한국이 향유하는 권리가 연합국 이상이 된다는 인식을 가지고 있었던 것이다. 동 문서는 할양지역이 그 영역에 있는 일본인 재산을 취득하지 못하더라도 전쟁 중의 일본의 행위로 인해 생긴 청구권을 요구할 권리는 원래 없다고까지 지적했다. 다시 말해 원래 없는 권리임에도 사실상 다른 연합국들과 같이 일본인 재산을 받은 이상, 한국의 대일추가요구는 그 자체가 적어도 미국의 입장에서는 연합국의 권리 이상을 넘보는 과잉 요구였던 것이다.

결국 일본인 재산 몰수에 관해 연합국에게 적용된 예외 규정을 두는 것이나 또 일본에 대한 추가적 청구권을 명확히 포기시키는 규정을 두는 것 등의 건의는 최종조문에서 반영되지 않았다. 그러나 이것은 한국의 입장을 강화하기 위한 것은 아니었다. 특별조정과 관련하여 최종조문 4조(a)항의 벽두에 들어간 "다음 (b)항을 유보하면서"라는 구절이 바로 미국의 의도를 잘 나타내고 있다.

한국의 대일청구권 해결을 위한 특별조정에 즈음하여 재한일본인 재산을 취득한 것을 고려하도록 규정한 이 구절은 한국의 대일청구권을 억제하는 직접적인 규정을 두는 것을 대신하는 효과를 노린 것이 틀림없다. 미국이 한국의 대일추가청구 권리를 직접 억제하는 표현 방식을 피한 것은 한국정부의 반발을 예상한 것과 동시에 실제 연합국에서 배제함에 따라 법적으로 그 지위가 달라진 한국의 대일청구권에 대해 직접 그 제한을 두는 것이 부담스러웠다는 사정도 작용한 것으로 보인다. 다시 말해 미국은 한국의 대일추가요구가 기본적으로 과잉이라는 점을 고려하면서 그 억제와 한국의 법적 지위를 효과적으로 양립시킬 수 있는 표현을 구사한 것이었다.

6월 14일 미영 합의초안 4조 이후 규정된 특별조정과 그 후 최종조문으로 이어지는 과정에서 규정된 4조(b)항은 이상과 같은 검토를 거쳐 만들어진 것이었다. 그것은 이미 실행한 재한일본인 재산의 몰수 및 그 이양 조치가 다시 논란거리가 되는 것을 막아야 한다는 과제, 그리고 연합국에 참가함으로써 재한일본인 재산 몰수 이외에 추가적인 대일청구권을 얻고자 했던 한국과 연합국으로부터 한국을 배제하고 재한일본인 재산의 취득으로 인해 모든 문제를 종결하고 싶었던 일본정부의 입장을 각각 억제, 절충해야 하는 과제 등을 양립시키기 위해 도출한 바로 마지막 방안이었다고 평가할 수 있다.

6) 대일과거처리에 끼친 4조의 영향

한편 조문 형성 과정과 더불어 4조의 의미를 보다 정확히 이해하기 위해서는 6월 14일 미영 합의초안 이후 한국이 4조 규정을 받게 됨으로써 연합국으로 참가해서 배상 규정을 받는 것과 비교해 일본과의 과거처리를 진행하는 데 실질적으로 어떤 영향을 받게 되었는가를 세밀하게 검증하는 것이 중요하다.

6월 14일 초안에서는 표면상 한국이 그 지위를 상실한 연합국의 배상 권리 규정에 관해 두 가지 주목할 만한 변화가 일어났다. 하나는 추가 배상 권리의 규정이었다. 앞서 정리한 바와 같이 5월 3일 미영 실무자 공동초안까지 해당 지역 소재의 일본인 재산의 몰수로 인해 각 연합국은 일본에 대한 배상청구권을 포기할 것만이 규정되어 있었다. 그러나 6월 14일 미영 합의초안 14조는 재외재산 몰수 이외에도 비록 그 지불 형식은 생산물, 용역 등에 한정되었으나 연합국이 희망할 경우 따로 배상 협상을 진행하는 권한이 추가되었다. 즉 사실상 연합국은 일본에 대해 추가 배상을 요구할 권리가 생긴 것이었다. 이 점에서 한국에 적용된 4조 권리와 질적인 차이가 생겼다. 일본은 그 수정에 대해 "배상 종료(打ち切り)라는 미국의 주장이 철회되며 …… 배상 능력이 없음을 믿는 일본정부로서 고통"이라고 표현했다.[124] 이와 같은 수정에는 당시 일본에 대해 강경한 입장을 펼치던 일부 연합국에 대한 배려가 깔려 있었다.

6월 25일 미국은 6월 14일 초안 제시를 앞두고 미영교섭의 결과를 일본에 설명했다. 그 자리에서 배상 문제에 관해 영국, 호주, 필리핀 등의 요망이 강하고 특히 필리핀, 미얀마를 염두에 두면서 침선(沈船) 인양, 기타 원료 가공 방식 등으로 인한 추가 배상을 고려할 것 등을 전하고 있다.[125] 그에 대해 일본은 앞서 언급한 7월 2일자 "평화조약 안에 대한 견해"를 통해 미국이 보충한 추가 배상에 관한 교섭 의무에 대해 그것을 수락할 의사를 전했다.[126] 이후

124 「平和条約の締結に関する調書VI 昭和26年5月〜8月」, 『日本外交文書 平和条約の締結に関する調書』 第三册(VI), 91쪽.
125 위의 문서, 348쪽 ; 350쪽에서 정리.
126 위의 문서, 372쪽(영문) ; 374〜375쪽(일문).

일부 문안의 변화가 있었으나 연합국에 대한 배상 방침에서 그 이상의 질적인 변경은 없었다.

또 하나 주목할 만한 변화는 몰수 예외 규정 첫째 항에서 몰수 예외 대상을 기본적으로 '전시 중 일본이 점령한 지역 이외의 연합국에 거주하는 것을 허가받은 일본 국민의 재산'으로 규정함으로써 반대로 일본이 점령한 지역에 거주한 일본인 재산은 모두 몰수 대상이 된 점이다.

3월 23일 및 5월 3일 공동초안에서는 몰수 대상을 연합국 내에서 전시 특별제한 조치의 대상이 된 일본인 재산으로 한정함으로써 반대로 적국 관계가 아니었던 한국의 수혜 권리가 지극히 제한되어 있었다. 그러나 6월 14일 초안 이후 몰수 예외 대상이 일본이 점령하지 않았던 지역의 재산으로 됨으로써 재한일본인 재산 몰수 권리의 여지가 생겼다. 물론 전시 중, 한일관계가 점령 관계였다고 평가할 수 있는가 하는 어려운 문제가 남는다. 그러나 몰수 예외 대상을 일본이 점령하지 않았던 지역으로 한정한 결과, 만약 한국이 점령당한 지역으로 인정될 경우에는 그 이외의 일부 몰수 예외 항목들을 제외하고 재한일본인 재산의 완전한 취득 권리가 인정되는 셈이었다. 따라서 6월 14일 이후의 초안에서 한국은 몰수 예외 규정에 따른 재한일본인 재산의 반환 의무에서 크게 벗어날 수 있었다.

그 결과 6월 14일 초안 이후 자리 잡게 된 연합국에 대한 배상 규정을 전제로, 한국이 연합국에서 배제됨으로써 잃게 된 것은 결국 재한일본인 재산의 한국 취득과 상관없이 원료 가공 및 용역 방식 등으로 인한 추가 배상을 받을 권리였다고 정리할 수 있다.[127] 이 점에서 평등한 입장에서 한일 간의 특별

---

127 기타 15조에 따른 재일재산의 반환 권리는 4조 규정에 포함된 권리이며, 시정당국이 됨으로써 상실한 권리가 아니다. 또한 동 15조에 따른 보상 권리 역시, 원래 그것이 적산 관리 등 일본에서의 전시 동결 조치 등이 가해진 재산에 한정되어 있었으므로 연합국 참

조정을 통해 문제를 해결해야 하는 규정을 둔 4조와 큰 차이가 난다는 평가가 나오게 마련이다. 그러나 이와 같은 평가 역시 다음 세 가지 사실관계를 고려할 때 결코 충분하지 않다.

첫째, 조문 형성 과정에서 적용된 한국의 권리에 관한 사실이다. 즉 조약 초안의 형성 과정을 보면 연합국에 대해 추가 배상의 길이 열리게 된 6월 14일 미영 합의초안은 한국의 연합국 배제를 결정한 후에 작성된 것이었다. 이 초안에서 두 가지 수정을 가한 것이 한국을 배제했기 때문이라고 직접 밝힌 증거는 찾을 수 없다. 그러나 한국이 연합국 참가를 통해 대일추가배상을 요구하고 있었던 점을 감안하면 대일추가배상 교섭권 및 일본의 점령지를 몰수 가능한 지역으로 정한 수정안이 한국의 연합국 배제를 전제로 한 결과였을 가능성은 부정하지 못한다. 적어도 조약의 형성 과정에서 연합국에 들어간 한국에 대해 일본인 재산의 예외 없는 몰수와 추가 배상 요구 권리가 동시에 허락된 사실은 없었다.

둘째, 한국이 정식 연합국으로서 받게 될 권리를 규정하고 있었던 마지막 초안인 1951년 3월 23일 초안과 최종안 4조(a, b)항 적용을 받게 된 데 따른 권리 내용의 실질적인 차이가 무엇인가 하는 점이다. 상술한 바와 같이 연합국으로서 3월 23일 초안 규정에 따를 경우 한국은 일단 재한일본인 재산을 몰수할 수 있으나 예외 항목 규정에 따라 반환해야 하는 일본인 재산이 생

가 여부와 상관없이 한국이 애초 취득할 수 있는 권리가 아니었다는 의미에서 추가적으로 상실한 권리가 아니다. 또 18조로 보장된 전전의 행위에 따른 재산적, 신체적 피해에 대한 보상 권리 역시 그것이 처음으로 규정된 5월 3일 미영 실무자 공동초안 단계에서 한국은 이미 그 적용 외의 국가였다는 점, 반대로 한국의 대일요구에는 '재산'과 더불어 '청구권'이 규정됨에 따라 조문상 반드시 그 요구가 불가능해졌다고도 말할 수 없다는 점 등에서 시정당국 취급을 받게 됨으로써 새롭게 그리고 분명히 상실한 권리라고는 볼 수 없다.

긴다. 그에 따라 결국 그것이 특별조정의 대상이 된다. 한편 시정당국으로서 최종안 4조 적용을 받음에 따라 한국은 재한일본인 재산을 예외 없이 취득한 것을 고려해서 대일청구권을 특별조정으로 결정하게 된다. 따라서 유일한 차이는 특별조정의 직접적인 대상이 3월 23일 초안 적용의 경우에는 한일 양국이 상호 반환해야 하는 재산이 되는 반면, 최종안 4조 적용의 경우에는 재한일본인 재산 전체와 일본으로부터 돌려받는 한국의 청구권이 된다는 점이다.

그러나 한국의 경우 비록 연합국이 되어도 조문상으로는 몰수 예외 규정에 따른 예외 항목이 적어도 재한일본인 사유재산 전체가 될 수 있는 상황인 데다가 그 재산 규모가 한국의 대일청구권을 웃돌 가능성도 있는 상황에서 3월 23일 초안은 오히려 한국의 대일채무 발생을 의미할 수도 있었다. 이 점에서 비록 재한일본인 재산을 취득한 것을 고려한다는 제약조건이 달려 있어도 한국의 대일청구권 요구에 즈음하여 일단 재한일본인 재산의 한국 취득을 인정한 4조 규정이 한국에게 일방적으로 불리하다고 평가하는 것은 결코 옳지 않다. 비록 직접적인 특별조정 대상의 차이에 따른 액수의 많고 적음을 엄격히 비교하는 것은 불가능하나 적어도 문제가 이미 취득한 일본인 재산과 한국의 대일청구권을 청산하는 것이었다는 점을 감안하면 연합국 적용과 4조 규정에서 질적 차이를 찾는 것은 적절하지 않음은 틀림없다.

셋째, '관련연합국'으로서 남을 가능성이 있었던 마지막 5월 3일 초안에서도 한국은 비록 재한일본인 재산을 몰수할 수 있었으나 그 이외의 대일청구권은 재한일본인 재산의 취득을 고려하면서 일본과 특별조정을 통해 결정할 것이 정해져 있었다는 사실이다. 이와 비교해 비록 연합국에서 완전히 배제되었으나 시정당국으로서 4조(a, b)항을 통해 한국이 얻은 권리는 예외 없는 재한일본인 재산의 취득과 그것을 고려한 대일청구권에 대한 특별조정의 권리였다. 이는 실질적으로 5월 3일 초안 규정의 내용과 똑같다고 볼 수 있다. 즉 '관련연합국'으로서 5월 3일 초안 5조의 적용을 받든, 6월 14일 초안 이후 자리 매김하게 된 '시정당국'으로서 최종조문 4조(a, b)항 규정을 받든, 일본과의 과거처리에 대한 수혜 권리에 실질적인 차이는 없다.

다시 말해 평화조약 최종안만으로 도출되는 결론과 달리, 초안 형성 과정과 그 과정에서 실제 한국에 적용된 권리 내용들을 섬세히 살펴본다면 한국은 비록 법적으로 연합국에서 완전히 배제되었으나 일본과의 과거처리와 관련된 실질적인 권리 내용에서 질적인 후퇴를 겪었다고 판단되는 사실은 없다. 다시 말해 4조는 미국이 한국의 법적 지위와 상관없이 재한일본인 재산의 몰수를 확정하는 것과 일본의 추가 부담을 가능한 한 억제해야 한다는 절대적인 조건을 충족하도록 꾸민 의도적인 결과물이었다고 평가할 수 있다.

이상 종전 후 미국이 주도한 평화조약 관련 초안의 내용과 그 과정에서 한국에 실제 적용된 권리 내용들을 자세히 고찰했다. 복잡해진 분석을 정리하기 위해 평화조약 조문 형성의 흐름과 한국에 적용된 핵심 내용들을 다시 짚어보고, 그들이 한일 간의 과거처리 문제에 관해 구체적으로 어떤 차이를 보여 왔는가를 정리한 것이 표3 – 5이다.

재외일본인 재산의 몰수와 일부 시설 이전을 한국에도 적용하려 한 폴리 등의 현실적인 배상 정책과 달리 평화조약의 초안 작성의 원칙적인 측면에서 당초 한국은 할양지역이라는 법적 지위로 분류되어 있었다. 그에 따라 적어도 1947년 무렵까지 한국은 대일배상 권리에 관해서는 물론, 재한일본인 재산 문제에 대해서도 지극히 제약을 받는 입장에서 출발했다. 즉 당초 한국은 국제적 선례에 따라 국유재산 등만을 계승하고 재한일본인 사유재산은 그것을 존중해야 하는 입장에서 출발했다. 같은 시기 연합국에 대해서는 국유, 사유

표3-5 평화조약 관련 초안과 한국이 받을 권리 및 제약 내용들

초안	한국의 지위	한국이 받을 권리 및 제약 내용
1947년 11월 무렵까지	할양지역	재한일본 국유 및 준 국유재산의 계승. 한편 일본인 사유재산은 반출, 송금 등도 포함해 존중. 연합국에는 일본인 재산의 전체 몰수 및 시설 배상 권리 등 부여
1949년 11월 2일	할양지역	사유재산을 포함해 재한일본인 재산의 몰수 권리 및 몰수 예외 규정에 관해 연합국과 같이 취급. 단 연합국에게 주어진 재일재산의 반환, 보상 권리 등에 관한 규정은 한국에게는 없음
1949년 12월 29일	연합국 및 관련국	재한일본인 재산의 몰수 권리 획득과 그로 인한 대일배상권의 충족 인정. 단 몰수 예외 항목 규정으로 인해 몰수 범위가 지극히 제약. 또 재일재산의 반환, 보상 권리를 새롭게 획득. 단 반환 권리는 사실상 권리 확대가 아니었음. 한편 보상 권리는 전쟁 결과의 손실 권리가 주어짐에 따라 확대되었음
1950년 8월 무렵	연합국 및 관련국	재한일본인 재산의 몰수 권리 및 재일재산의 반환, 보상 권리 유지. 또 몰수 예외 항목 축소 및 보상 권리 완화. 단 이들 권리 '확대'를 의도적인 것으로 보는 것은 적절해 보이지 않음
1951년 3월 23일	연합국	미국이 정식으로 관련국에게 제시한 초안. 재외일본인 재산의 몰수 및 재일연합국 관련 재산의 반환, 보상에 관한 권리 제한이 다시 강화. 그 결과 조문상, 몰수 예외 조항으로 인해 한국이 반환해야 하는 재한일본인 재산과 한국의 재일재산 반환 부분이 특별조정의 대상이 됨
1951년 5월 3일	관련연합	한국은 재한일본인 재산을 예외 없이 취득할 권리를 획득. 그러나 대일청구권은 그것을 고려해서 특별조정으로 결정
1951년 6월 14일 이후	시정당국	6월 14일 초안에서는 직접 규정되지 않았으나 최종적으로 4조(b)항의 삽입에 따라 한국의 재한일본인 재산의 취득은 미국의 조치에 대한 승인 방식으로 보장. 그 결과 5월 3일 초안과 기본적으로 같은 권리 부여

를 구별하지 않고 재외일본인 재산 몰수 및 일본 본토로부터의 시설 배상 등의 이전 권리가 규정되어 있었으므로 적어도 조약 규정상 당초 한국은 연합국들과 비교해 분명히 제약된 권리로 만족해야만 했다.

그러나 1945년 12월의 군정령 33호, 그리고 1948년 9월의 한미협정으로 인해 재한일본인 재산은 국유, 사유를 막론하고 실제로는 한국에 귀속되었다. 그러한 현실을 맞이해 작성된 1949년 11월 2일 초안에서는 한국의 지위는 여전히 할양지역이었으나 그 내용은 연합국이 가진 권리에 근접하게 되었다. 이는 대일배상 정책의 변화에 따라 미국이 연합국에 대해서도 재외일본인 재산의 취득으로 인해 배상 문제를 종결하는 방침으로 돌아선 것, 또 연합국이 아닌 한국에 대해서도 이미 현실적으로 일본인 재산이 이양되었다는 조건을 반영한 데 따른 변화로 봐도 무방할 것이다. 미국은 조약상으로도 법적 지위와 권리의 내용을 직선적으로 잇는 방침을 고수하지 않았던 것이다.

이와 같은 미국의 방침은 비록 법적 지위 자체는 반대가 되었으나 다음 1949년 12월 29일 초안에서도 나타났다. 즉 이 초안은 처음으로 한국을 연합국으로서 받아들였다. 그러나 그 내용은 연합국이 되기 전에 주어진 11월 2일자 초안의 내용과 기본적으로 같다. 따라서 한국은 연합국 대열에 정식으로 참가해도 재한일본인 재산의 몰수나 재일재산의 반환 권리에 관해 할양지역으로서 적용받은 11월 2일자 초안의 권리 내용과 실질적으로 다를 바가 없었다. 다시 말해 한국의 연합국 참가는 대일과거처리 문제에 관해 결코 유리한 권리를 부여하기 위한 것이 아니었다.

다만 동 초안에서 한국이 연합국 대열에 참가함에 따라 새롭게 발생한 보상 권리에 관해서는 차이가 생겼다. 즉 이 초안은 보상 권리에 관해 전시 중 일본 정부의 조치 여부와 상관없이 전쟁의 결과 발생한 손실에 대한 보상 권리를 부여했다. 한국은 연합국으로서의 자격을 받음에 따라 그에 관한 권리는 추가

된 셈이었다. 그러나 한때 한국에게 유리해진 연합국에 대한 이 같은 권리는 1951년 이후 정식으로 제시된 조문 교섭 과정에서 유지되지 않았다. 즉 한국이 그대로 연합국에 남았어도 결국 그 권리가 실현되는 일은 없었을 것이다.

평화조약의 주역인 덜레스의 국무성 고문 취임 후 그가 직접 작성에 관여한 1950년 8월 무렵의 초안에서도 큰 변화는 없었다. 그 초안들은 애초 할양지역에 관한 규정이 없어, 연합국과 그들 지역을 구별하는 방침이 없었던 것으로 판단되므로 비록 직접적인 명기는 없었으나 한국 역시 연합국 대열에 들어가고 있었다고 추측해도 과오는 없다. 그 초안들에서는 몰수 예외 항목이 축소되거나 보상 권리에 대한 제약조건이 완화되는 등, 적어도 조문상으로는 한국의 권리 내용에 관해 일부 유리한 변화가 일어났다. 그러나 이들 역시 그 후 다시 강화되었으므로, 그러한 수정에 무게를 두고 평가하는 것은 적절하지 않아 보인다.

1951년 3월 23일 초안은 미국이 정식으로 관계국들에게 제시하고 그로 인해 조문 교섭의 토대가 본격적으로 마련되었다는 점에서 그 이전의 것들과 질적인 차이가 있는 초안이었다. 동시에 이 초안은 한국이 정식으로 연합국으로서의 지위를 받은 마지막 초안이었다는 점에서 한국이 연합국에 참가할 경우에 획득할 권리 및 제한을 파악하는 데 매우 중요한 위치를 차지했다. 동 3월 23일 초안에서는 몰수 예외 항목이 연합국에 거주 허가를 받은 일본인 재산 중, 1945년 9월 2일 이전에 특별제한 조치가 적용되지 않았던 일본인 재산으로 규정되는 등 일부 표현이나 기타 항목에서 차이가 생겼다. 그러나 그 핵심 내용은 한국이 연합국에 참가한 직후에 작성된 1949년 12월 29일 초안과 기본적으로 같다고 봐도 큰 과오는 없다.

한국은 그 초안 14조로 인해 재한일본인 재산의 취득 이상의 배상청구권의 제기가 금지되었다. 이에 따라 『배상조서』 등에서 준비한 추가 요구를 적어도

'배상'이라는 형식으로 제기하는 것은 불가능해졌다. 물론 2장에서 본 바와 같이 『배상조서』는 '반환'적인 성격의 요구로서 재편성된 측면이 강하며 따라서 그 속에는 15조 규정에 따라 연합국의 재일재산 반환 문제로서 제기할 수는 있는 항목들이 존재했다. 그러나 14조에 따른 몰수 예외 규정에 따라 사실상 한국이 몰수할 수 있는 일본인 재산은 국유재산 등의 일부에 한정되며 오히려 군정령 33호 및 1948년의 한미협정으로 인해 이양받았던 많은 일본인 재산을 반환해야 하는 상황에 놓이게 되었다. 따라서 3월 23일 초안의 내용에 따라 한국이 연합국으로 참가할 경우 재일재산의 반환 권리와 재한일본인 재산의 반환 부분이 사실상 특별조정의 대상이 될 수밖에 없었다. 물론 이와 같은 상황은 한국에게 중대한 부작용을 안겨줄 수밖에 없었다.

대일교전관계의 승인 등의 원칙적인 문제를 무릅쓰고 한때 한국을 연합국으로 받아들이려고 한 미국이 결국 다시 한국을 연합국으로부터 제외하게 된 적어도 조문상의 이유는 바로 여기에 깃들어 있었다고 판단된다. 즉 일본의 경제적 부담을 억제하는 정책 목표를 위해 연합국들에게 몰수 제한을 가하려 한 관련 규정을 역사적인 배경이 다른 한국에게 적용하는 것은 매우 어려웠다. 그것은 미국 자신이 이미 현실적으로 취한 재한일본인 재산의 한국 이양 조치를 근본적으로 뒤집어 한국에 대해 그 반환을 지시하는 의미를 지녔다. 물론 그것은 미국의 입장에서도 이미 실행 불가능한 일이었다.

남은 선택은 평화조약 조문상 한국의 지위를 변경하는 것뿐이었다. 5월 3일 미영 실무자 공동초안을 통해 한국을 '관련연합국'의 지위로 일단 '후퇴'시킨 것은 바로 이와 같은 사정을 반영한 것으로 풀이된다. 실제 이 초안에서 한국은 오히려 몰수 예외 규정이 가해진 기타 정식 연합국들과 달리 재한일본인 재산을 예외 없이 취득할 수 있게 되었다. 또 비록 한국의 대일청구권 문제는 일본인 재산을 취득했다는 사실을 고려하면서 특별조정으로 결정하게 되었으나 동 초안이 한국의 대일청구권의 추가 제기를 허용함에 따라 『배상조서』 등에서 준비한 추가 청구가 가능해졌다.

즉 3월 23일 초안에서는 한일 양국이 상호 반환해야 할 재산이 특별조정의 대상이 되는 데 반해 5월 3일 초안에서는 재한일본인 재산의 취득을 감안해, 한국이 일본에 대해 일방적으로 제기하는 청구권 중의 차감 내용이 특별조정의 대상이 된 것이다. 물론 한국의 대일청구권을 특별조정으로 결정하는 데 재한일본인 재산의 취득을 고려하도록 규정한 것은 일본의 추가적인 경제 부담을 최대한 억제하기 위한 조치였다. 그러나 적어도 조문상으로는 한국의 추가 요구의 길이 남은 것이었으며 실제 한일회담 개시 후의 청구권 교섭은 그 추가 청구권 제기의 법적 근거에 따라 이루어지게 되었다.

그러나 일시적으로 구상된 한국의 '관련연합국'이라는 지위는 원래 국제적 선례나 법적 근거에 기초한 것도 아니거니와, 또 한국만이 왜 그와 같은 특수한 지위를 확보할 수 있는지를 설득력 있게 밝히는 논리는 미국에게도 없었다. 그 한계는 결국 북한을 지지하는 공산주의 국가들은 물론, 기타 국가들조차 납득하기 어려운 것이었다. 즉 평화조약의 원활한 진행을 최우선의 과제로 삼아야 했던 미국에게 굳이 한국을 연합국 대열에 참가시키는 것은 이미 이익보다 부작용이 많았다. 또 미국이 최소한 유지해야 하는 재한일본인 재산의 한국 취득 확정과 일본의 경제적 부담 증가의 억제라는 과제는 반드시 한국을 연합국 대열에 참가시켜야만 가능한 것도 아니었다.

6월 14일 이후의 초안에서 다시 한국을 완전히 연합국 대열로부터 제외하고 '시정당국'으로 자리매김하게 한 이유에는 바로 이와 같은 판단이 작용한 것으로 봐도 무방할 것이다.

한국이 시정당국이 된 6월 14일 미영 합의초안에서는 그 지위의 변화에 따라 재한일본인 재산의 한국 취득 권리를 보장하는 구절이 사라졌다. 물론 이것은 한국이 연합국 대열에서 완전히 이탈됨에 따라 재한일본인 재산을 직접 받는 권리를 규정하는 것이 어려워진 사정을 반영한 것이었다. 그러나 이것은 시정당국이 된 한국의 권리를 그 법적 지위에 맞게 미국이 제약하려 했다는 뜻은 아니었다.

실제 법적으로는 같은 시정당국인 한국에 대해 결국 미국은 최종 단계에서 4조(b)항을 삽입했다. 물론 4조(b)항은 한국을 시정당국으로 취급하는 입장에서 재한일본인 재산의 한국 취득을 직접 규정하지 않고 미국이 취한 조치에 대한 승인을 요구하는 형식을 취했다. 이 점에서 5월 3일 초안의 표현과는 차이가 있다. 그러나 동 (b)항의 추가로 인해 결국 4조는 전체적으로 재한일본인 재산의 예외 없는 취득을 확정하면서 그것을 고려해 한국의 대일청구권을 특별조정으로 해결할 것을 지시하는 내용이 되었다. 그러한 의미에서 이것은 5월 3일 초안의 권리 내용과 사실상 똑같은 것이었다. 다시 말해 비록 관련연합국이었으나 연합국 관련의 지위로부터 시정당국으로의 후퇴에 따라 과거처리에 관한 한국의 권리 내용에 대해 실질적으로 제약이 강화되었다는 등의 사실은 없었다.

이상 평화조약 최종조문만을 보고 내리는 평가와 달리 정식 연합국의 지위로부터 관련연합국, 그리고 시정당국까지 후퇴한 한국이 적어도 조약 조문상, 그 법적 지위의 변화에 따라 대일과거처리의 권리에 관해 실질적인 불이익을 받게 되었다고 평가할 만한 사실은 없음을 논증했다.[128] 다시 말해 미국은 정치적인 판단에 따라 한국의 법적 지위의 변화를 허용했으나 재한일본인 재산의 처분, 대일부흥 정책, 한국의 이해관계 등을 고려해, 한국에게 주는 대일과

---

128 이 점에서 앞서 발표한 장박진, 『식민지 관계 청산은 왜 이루어질 수 없었는가 : 한일회담이라는 역설』, 논형, 2009에서 저자 역시 한국의 연합국 배제에 따라 대일교섭이 불리해졌다는 단순한 인식을 드러내고 있었던 점은 수정되어야 한다.

거처리의 실제적인 권리 내용에 관해서는 질적 변동이 생기지 않도록 세심한 조정을 도모했다.

그러나 과거처리의 실질적인 권리에 대한 영향이 어떻든 간에 평화조약 서명국에서 제외됨에 따라 한국이 명목상 '배상'으로서 대일과거처리를 진행하는 권리를 상실한 것은 사실이었다. 물론 그로 인해 적지 않은 정치적인 영향이 생겨, 현실적으로 한국의 대일과거처리의 내용에 큰 변모가 일어났을 가능성 역시 배제하지 못한다. 과연 한국은 배상 권리의 상실에 따라 실제 어떤 영향을 받게 되었는가? 결국 이 물음은 조약상의 권리에 대한 분석뿐만 아니라 바로 '배상'으로부터 '청구권' 교섭으로 탈바꿈하게 된 초기 한일교섭에서 한국정부가 구체적으로 어떤 대응들을 취했는가 또는 취하지 않았는가 등을 분석해서 풀 수 있는 과제임은 덧붙여 말할 필요도 없다. 다음 4장의 기본적인 목적은 바로 이 과제를 푸는 데에 있다.

4

대일청구권 요구의 확립과
일본의 대항

이상 선행연구가 자명하게 여겨 온 막연한 인상과 달리, 평화조약에서 배상 획득 권리를 상실하고 4조 청구권 교섭의 권리 적용을 받게 된 한국에게 일본과의 과거처리와 관련된 권리 내용에 관해, 적어도 조약상 실질적인 제약이 가해진 일은 없었음을 논증했다.

그러나 최종적으로 연합국 자격을 상실함으로써 한국이 일본과의 과거처리에 즈음하여 '배상'이라는 명목으로 교섭을 추진할 수 없게 된 것은 사실이다. 그로 인한 영향인지, 한국은 준비하던 『배상조서』를 대일교섭에서 직접 활용하는 일은 없었다. 주지하는 바와 같이 한국은 평화조약 4조에 기초한 청구권 교섭에서 대일요구를 8항목으로 집약하여 제기했다. 이는 표면적으로 2장에서 해부한 『배상조서』의 자세한 구성과 비교한다면 상당한 변화로 보인다. 그러나 지금까지 『배상조서』로부터 청구권 교섭으로의 변용의 의미를 그 구성이나 준비 과정 등을 통해서 충분히 검증한 연구는 없다.

이 과제를 풀기 위해서는 특히 평화조약 체결 전후부터 예비, 1차, 2차로 이어지는 초기 한일회담이 매우 중요한 위치를 차지한다. 당초 '배상'으로 추진하려 한 과거처리가 청구권 요구로 탈바꿈하고 확립되는 것이 바로 이 시기이기 때문이다. 다시 말해 '배상'과 '청구권'의 관계를 정확히 밝혀내는 과제는 바로 초기 한일회담에서 청구권 요구가 확립되어 간 실태를 검증해야만 분석 가능하다.

이 장은 바로 이러한 문제의식에 입각하여 『배상조서』 작성 후 한국정부가 배상 획득 권리 상실과 연동하면서 대일청구권 요구를 확립해 나간 1차 한일회담까지의 움직임을 고찰한다. 과연 이 시기 한국정부는 대일청구권 요구의 확립과 관련해 구체적으로 어떤 인식에 기초하고 대응했는지, 그리고 그것은 『배상조서』 요구와 어떤 관계에 있었는지, 이 장은 바로 이런 물음을 풀어나감으로써 『배상조서』와 청구권 요구와의 관련성을 자세히 검증하고자 한다.

아울러 이 장에서는 한일 청구권 교섭의 내용과 흐름을 결정짓는 데 커다란 영향을 주게 된 일본정부의 교섭 준비와 논리를 고찰한다. '배상', '청구권'이라는 권리 문제와 더불어 일본과의 과거처리가 전승국과 패전국 같은 비대칭적인 관계에서 진행되는 것이 아닌 이상, 과거처리의 내용과 실현 여부를 결정하는 데 교섭 상대인 일본 측의 인식과 대응이 큰 영향을 주게 됨은 피할 수 없는 귀결이었다. 실제 청구권 교섭은 일본정부의 대항 논리로 인해 장기 교섭으로 돌입했으며, 그 타결 내용도 크게 변모하게 된다. 이 장은 바로 초기 한일회담에 임한 일본정부의 청구권 교섭에 대한 인식과 대응을 고찰함으로써 그 후 한일 직접 교섭이 걷게 된 흐름과 내용의 출발점을 닦아두고자 한다.

1. 한국정부의 청구권 준비와 그 성격

1) 『배상조서』 작성 후의 움직임

한일 직접 교섭을 위한 한국정부 내부의 준비 작업은 평화조약이 막판 타결을 향하는 과정에서 본격적으로 개시되었다. 한일 직접 교섭 시작부터 "사령장 없는 외무부 직원이나 된 것처럼"[1] 깊이 관여한 유진오는 1951년 6월부터 7월 사이에 한일회담에 대한 준비에 들어갔다고 증언하고 있다.[2]

그러나 중요한 것은 당시 시작되었다고 하는 대일교섭의 준비가 반드시 배상 권리를 상실하고 청구권 교섭이 됨으로 인해 불가피하게 요구된 상황에 대응하기 위한 별도 준비였다고 평가하는 것은 적절하지 않다는 점이다.

3장에서 논한 바와 같이, 1951년 6월은 그달 14일 미영 공동초안에서 보이듯이 미국이 한국을 연합국으로부터 배제할 것을 정식으로 결정한 매우 중요한 시기였다. 그러나 한국이 미국으로부터 정식으로 연합국 배제를 통보받은 것은 7월 9일의 일이었으며, 더구나 그 후에도 한국은 연합국 참가를 계속 요

1　俞鎭午, 앞의 책, 40쪽.
2　위의 책, 41쪽.

구했다. 즉 6~7월은 아직 한국이 정식으로 연합국 참가를 포기, 즉 배상 권리를 단념한 시기가 아니었다. 또 가령 배상 권리 상실이 이미 불가피하다고 인식하고 있었다고 하더라도, 그것이 요구 항목 등을 수정하는 별도의 준비를 필연적으로 요구하는 것인가 하는 문제가 남는다. 실제 1장, 2장에 걸쳐 자세히 분석한 바와 같이, 한국정부의 '배상' 요구는 『배상조서』 작성 시에 이미 '반환'적인 요구로 재편성됨으로써 청구권 요구로 수렴되어 있었다.

따라서 유진오가 증언한 6~7월 무렵부터의 준비는 배상 요구로부터 청구권 교섭으로의 변화에 대응하기 위한 새로운 움직임이 아니라 가령 배상 권리를 그대로 획득해도 그 실현을 위해서는 "어차피 한일회담은 조만간 열어야 할 판"[3]이라는 인식을 반영한 것이라고 보는 것이 타당하다. 즉 평화조약 14조에 규정된 연합국에 대한 배상 권리를 한국이 획득했을 경우에도 필리핀 등 동남아시아 국가들이 실제 그랬듯이 그 실현을 위해서는 결국 양국의 직접 교섭이 필요했다. 사실 유진오는 "어차피 한일회담은 조만간 열어야 할 판"이라는 인식이 있었음을 회고한 직후, 그 준비 상황과 관련해 "정부 수립 직후에 작성하던 엉성한 『대일배상요구조서』 2권밖에 이렇다 할 자료를 갖고 있지 않았다."고 증언하고 있다.

즉 유진오가 증언한 준비라고 함은 배상, 청구권 등의 권리 문제와 상관없이 평화조약 체결이 임박해짐에 따라 조만간 개최가 예상된 한일 직접 교섭을 위해 '엉성한' 『배상조서』를 보완하기 위한 준비 작업이었다. 실제 1949년에 정리된 『배상조서』에 대한 보완 작업은 아직 한국이 연합국이 될 것을 전제로 하던 1950년에 이미 확인된다. 공식 기록이 전하는 이 시기의 보완 작업은 다음 두 가지 한국 관련 법인의 재일부동산 문제였다.

---

3   위의 책, 41쪽.

그 첫째는 구 조선총독부 도쿄 출장소 건물에 관한 것이었다. 1950년 11월 주일대표부 김용주 공사는 외무장관 임병직에게 그 건물에 대한 반환 교섭에 관한 보고를 송부하고 있다.[4] 요구 내용은 도쿄 출장소 건물을 조선총독부 철도국공제조합의 건물로 청구하는 것이었다.

한일병합에 따라 조선총독부 철도국이 직영하게 된 한반도 내의 철도 사업은 1917년부터 1925년까지 남만주철도주식회사(南滿洲鐵道株式會社)에 위탁 경영되는 시기를 거쳐 다시 총독부 산하 철도국[1943년에 조선총독부 교통국으로 개칭]에 의해 경영되었다. 철도국공제조합은 철도 업무에 종사하는 직원들의 복리후생을 위해 1910년에 조직된 철도국직원구제조합을 모체로 1941년에 발전, 개칭된 조합원들의 후생조직[1944년에 교통국공제조합으로 개칭]이었다. 동 조합은 조합원들의 저축, 융자, 생활품 염가 판매, 자녀에 대한 직업 알선, 주택 대여 등의 후생 업무를 주로 담당했다. 물론 이에 필요한 자금은 조합원들의 출자로 운영되었으며, 한국인의 가입은 1915년부터 시작되었다. 반환 요구 대상이 된 조선총독부 도쿄 출장소는 동 조합이 소유한 일본 도쿄 미나토구(港区)에 자리한 4층 건물이었다.[5]

그 건물 청구와 관련해 주일대표부가 세운 반환 논리는 다음과 같았다. 즉 일본 패전 후 총독부 권한이 주한 미 군정청으로 옮겨짐에 따라 그 조합도 주한 미 군정청 교통부 공제회로 이관되었으며, 대한민국 건국 후에는 대한민국 교통부 공제회로 운영되고 있으므로 조합 재산은 대한민국이 소유권을 가진다. 동 조합의 규칙에 따라 각 조합원들은 후생적인 혜택을 받는 권리를 가지고 있어도 조합 재산에 대한 분할 청구권은 없다. 또 조합 중 18%를 차지한

---

4   "한일대 제1500호, 구 조선총독부 도쿄 출장소 건물에 대한 반환 요구에 관한 건",『제1차 한일회담(1952.2.15 - 4.21) 청구권 관계자료, 1952』, 463쪽.
5   財団法人鮮交会,『朝鮮交通史』, 鮮交会, 1986, 11쪽 ; 223～225쪽 ; 1116쪽에서 정리.

일본인 조합원의 퇴직금은 군정령 33호에 따라 한국에 귀속되었으므로 그에 대한 일본 측 권리 역시 소멸되었다. 주일대표부는 이상의 논리와 함께 일본에 의한 한국 지배라는 역사적인 사정과 한국인의 이익 보호라는 관점에서 그 재산을 한국에 반환시키도록 SCAP에게 요구한 것이다.[6]

　주일대표부가 이와 관련된 교섭이 1949년부터 개시된 것을 보고하고 있는 점[7]을 감안하면 그 건물에 대한 반환 요구가 바로 이 시기에 나타난 것은 구 일본 점령지역에 본점을 둔 이른바 재외회사의 재일재산 처분을 둘러싼 일본 국내에서의 움직임과 연관된 것으로 보인다. 1949년 1월 SCAP는 연합국군 최고사령부훈령(Supreme Commander for the Allied Powers Instruction Note: 이하 SCAPIN으로 약기) 1965호를 발령하고 일본이 과거 점령한 지역에 본점을 둔 회사 중 일본인의 권익이 10% 이상인 회사의 일본 국내 재산을 청산할 것을 지시했다. 그 지령을 받아 일본정부는 같은 해 8월, 정령 291호를 제정하고 재외회사의 재일재산 정리에 관한 법적 기반을 마련했다.

　SCAPIN 1965호의 취지는, 전쟁 중 직접 또는 간접적으로 일본의 전쟁 수행에 협력하거나 점령이라는 물리적 지배하에서 사업을 추진한 법인들과 구 점령지역과의 관계를 절단하기 위한 정책의 일환이었다. 그러나 이 정책은 대상 법인의 해외 채무가 해외 채권을 초과함으로 인해 일본 국내 재산에서 그 채무를 충당할 경우를 제외하고 구 점령지역 내의 재산과 일본 국내 재산을 분리하여 처리할 것을 지시했다. 주일대표부는 이와 같은 SCAP의 방침을 배경으로 철도국공제조합이 SCAPIN 1965호가 말하는 재외회사와 같이 취급될

6　보다 자세한 반환 논리는 "구 조선총독부 철도국공제조합 건물에 대한 소유권 확인과 반환과의 재신(再申)에 관한 건 기안", 『제1차 한일회담(1952.2.15 - 4.21) 청구권 관계 자료, 1952』, 465~474쪽.

7　위의 문서, 476쪽.

경우, 조합 소유의 재일재산 역시 일본 국내에서 청산됨으로써 한국정부에 반환되지 않을 것을 우려한 것으로 보인다. 『배상조서』에 포함되지도 않았던 이 조합 재산에 대한 반환 교섭이 일찍 개시된 것은 바로 이러한 우려를 반영한 것으로 봐도 무방할 것이다.

그러나 SCAP는 1951년 1월 SCAPIN 2135호를 발령하고, 그 공제조합의 일본 외 재산이 외국의 채권자에 대한 지불 채무를 충족하고 있다는 것을 조건으로 일본에 소재한 해당 건물을 조합원들의 이권을 충당하기 위해 일본 국내에서 정리할 것을 지시했다.[8] 이 지령을 받아 일본정부는 동년 3월, 정령 40호를 제정하고 공제조합의 일본 국내 자산을 정리했다.[9] 주일대표부는 이 조치가 재외회사의 재일재산 청산에 관한 미 본국정부의 정책에 따른 것으로 이해했다. 따라서 주일대표부는 동 조치가 본국 워싱턴의 지시에 따른 것인 만큼 점령 당국의 판단으로 변경할 사항이 아님을 지적하면서 주미 대사관을 통해 직접 미국정부와 교섭할 필요성을 본국에 건의했다.[10] 문서는 그와 같은 움직임이 1951년 6월까지 계속되었음을 기록하고 있다.[11]

한국이 아직 연합국으로서 대일배상 요구를 생각하고 있었던 시기에 보인

---

8   이 지시가 내려진 배경에는 일본 측 관계자의 움직임이 작용했을 가능성이 있다. 전후 인양한 일본인 조합원들은 동 건물을 처분하여 조합원들의 구제를 위해 충당할 것을 일찍 점령국에게 탄원했으나 당초 점령 당국은 한국과의 관계를 이유로 허락하지 않았다. 그러나 일본의 기록은 그 후에도 동 건물 처분에 대한 허가를 끊임없이 탄원했다고 기술하고 있다. 財団法人鮮交会, 앞의 책, 1116쪽.

9   정리 내용은 『日韓請求権問題参考資料未定稿 第2分冊』, 222~224쪽.

10   "구 조선총독부 철도국공제조합 건물에 대한 소유권 확인과 반환과의 재신(再申)에 관한 건 기안", 『제1차 한일회담(1952.2.15 – 4.21) 청구권 관계자료, 1952』, 476~477쪽.

11   "외정 제492호, 구 조선총독부 철도국공제조합 반환 교섭에 관한 건", 위의 문서, 542~543쪽.

두 번째 대응은 구 조선어업조합중앙회 소유의 재일재산과 관련된 것이었다. 1951년 2월 한국은 GHQ에 조선어업조합중앙회의 재일재산을 반환해달라는 서류를 제출했다. 그 요구 대상은 시모노세키(下関)에 있는 부동산, 동산[예금, 금고, 전화, 기타], 그리고 도쿄 및 오사카 출장소와 관련된 동산[예금, 전화, 비품 등]이었다.[12]

1912년 이후 한반도 연안에서는 각 지역 어업 발전을 위해 어업조합이 조직되었고, 이후 금융 사업을 중심으로 각 어업조합 간의 협력을 도모하는 어업조합연합회가 출범했다. 조선어업조합중앙회는 어업조합연합회의 업무를 한반도 전체에 확장하고 이를 일원적으로 관리하기 위해 1937년에 사단법인으로 설립된 통괄조직[1944년에 조선수산업계로 개칭]이었다.[13]

해당 재산을 요구하는 구체적인 반환 근거에 대해서는 명확한 기록이 남아 있지 않다. 그러나 이 요구도 한반도와 관련된 법인의 재일재산 반환 요구였음은 틀림없다. 실제 주일대표부는 동 중앙회의 재산이 일본인의 권익이 차지하는 비율 10% 이하에 해당하므로 일본정부가 제정한 정령 291호에 따른 청산 대상이 아니며 이것은 재일외국인 재산으로 인정되어야 한다고 설명했다.[14] 청산 기준으로서 일본인 소유 비율을 10%로 삼고 있는 점, 그리고 정령 291호가 SCAPIN 1965호에 기초한 것임을 감안하면 이 요구가 첫째로 언급한 철도국공제조합 재산과 같이 재외회사의 일본 국내 재산 처분의 흐름과 관

---

12 "한국수산업회(구 조선어업조합중앙회) 재일재산 반환에 관한 건", 위의 문서, 478~480쪽.

13 大蔵省管理局編, 『日本人の海外活動に関する歴史的調査』 通巻 第6冊, 朝鮮篇 第5分冊, 高麗書林, 1985, 63~66쪽.

14 "한국수산업회(구 조선어업조합중앙회) 재일재산 반환에 관한 건", 『제1차 한일회담(1952.2.15 – 4.21) 청구권 관계자료, 1952』, 480~481쪽.

련하여 일찍 나온 것은 틀림없다.[15]

『배상조서』 작성 후 일본과의 과거처리와 관련해 연합국 참가를 전제로 한 한국정부가 추가적으로 보인 대응은 이상 한국 관련 법인의 재일재산 문제에 관한 두 건만 공식 기록으로 확인할 수 있다. 이 재일재산에 대한 소유권 확보의 노력이 1949년부터 1951년 6월 무렵까지 이미 진행되었던 움직임이었음을 감안할 때, 이 대응이 바로 대일'배상' 요구의 일환으로 진행된 것은 틀림없다. 실제『배상조서』는 재외재산 문제에 관해 지극히 일부만을 거론했을 뿐, 철도국공제조합 및 조선어업조합중앙회 관련 재산은 들어가지 않았다. 또한 이 요구들은 일본과의 직접 교섭을 통해서가 아니라 점령 당국에게 직접 제기한 점도『배상조서』의 속성과 마찬가지였다.

이상을 고려하면, 이 시기 나타난 재일재산에 대한 대응이 한일회담 개시 후 그것을 '청구권' 요구로 재편하기 위한 준비와 전혀 상관없는 것이었음이 분명하다. 이는『배상조서』에 포함되지 않았던 요구 항목을 보완하기 위한 바로 '배상' 준비 작업의 일환이었다. 그럼에도 후술하듯이 추가 '배상' 요구로 제기된 이 항목들은 한일회담 개시 후의 '청구권' 항목에도 포함되었다. 즉 '배상' 요구의 일환으로 진행된 이 준비는 결과적으로 '청구권' 요구 확립을 위한 준비 작업의 의미도 가졌다.[16] 다시 말해 이 사실은 청구권 요구가 배상 권

---

15 결국 이 요구는 SCAPIN 1965호가 지시한 청산 기준인 일본인의 소유 비율 10%를 밑돌고 있는 요구인 만큼 정리의 대상이 되지 않음으로 인해 한국 법인의 재일재산으로 한국에 반환된 것으로 풀이된다. 실제 1951년 6월 5일 GHQ가 해당 재산의 귀속을 한국으로 할 것을 결정하고 반환할 것을 통보하고 있다. 위의 문서, 478쪽. 그러나 실제 반환은 한국정부에 대해 직접 이루어진 것이 아니라 1952년에 그 조직을 계승한 대한수산업회 명의로 변경하는 형식으로 이루어졌다. 그 경위는『日韓請求權問題參考資料未定稿 第2分冊』, 229~231쪽.

16 또 한국정부가 이 재일재산에 관한 교섭 기록을 1차 한일회담 청구권 관련 자료로 정리하고 있는 점도 주목할 만하다.

리 상실에 따른 『배상조서』로부터의 단순한 '후퇴'를 뜻하는 것이 아니라 오히려 그 보완의 연장선상에 있는 것임을 암시하고 있다.

2) 유진오 출장보고서

물론 『배상조서』 작성 후 일본과의 과거처리와 관련된 대응은 연합국 참가를 전제로 한 두 가지 보완 뿐만이 아니었다. 앞서 인용한 유진오의 증언에 있듯이 한일 직접 교섭을 향한 움직임은 평화조약에서 한국이 연합국 자격을 상실하고 청구권 교섭이 될 것이 확정된 전후부터 본격화되었다. 이는 평화조약의 조문이 확정되어 가는 가운데 한국정부가 청구권 교섭을 위한 대응의 필요성을 인식한 결과임에 틀림없다. 1951년 7월 유진오와 당시 조선식산은행 총재였던 임송본이 일본 현지조사에 나선 것도 그것을 위한 준비 작업의 일환이었음은 쉽게 상상할 수 있다.

실제 7월 일본을 방문한 유진오는 일본 출장의 결과를 9월 10일로 외무장관에게 보고했다.[17] 유진오가 작성한 보고서는 재일한국인의 국적 문제와 일본과의 과거처리 문제에 집약되었으나, 유진오는 과거처리 문제를 "일본 및 일본인에 대한 한국 및 한국인의 자산 및 채권을 포함하는 청구권의 문제"로서 정리하고 있다. 또한 유진오는 평화조약 4조(b)항으로 인해 재한일본인 재산이 몰수된 결과 청구권 교섭이 동 (a)항에 기초한 것임을 명확히 지적하고 있다. 즉 유진오가 제출한 출장보고서는 과거처리 문제가 이미 배상으로서가

---

17 "한일대 제( )호, 일본출장보고서", 『한일회담 예비회담(1951.10.20 - 12.4), 본회의회의록, 제1차 - 10차, 1951』, 84~110쪽. 이하 본론에서 논하는 청구권 교섭에 관한 보고 내용은 같은 보고서 98~110쪽에서 저자가 정리.

아니라 청구권 교섭으로 진행될 것을 전제로 작성된 것이었다.

배상과 청구권 요구의 관계를 정확히 이해하는 데 중요한 것은 유진오의 출장보고서 이후 본격화된 한국정부의 청구권 준비 작업이 과연 어떤 성격인지, 다시 말해 그 대응이 『배상조서』와 어떠한 관계에 있었는가 하는 문제를 분석하는 것이다. 바로 그 단서를 일본을 방문한 유진오의 출장보고서 속에서 엿볼 수 있다. 유진오가 한일회담 청구권 교섭을 위해 거론한 구체적인 요구 항목과 그 내용은 다음과 같다.

첫째는 약탈재산 문제였다. 그러나 이와 관련해 한국에 적용되는 문제로 유진오가 직접 대상으로 삼은 것은 문화재 반환 문제였다. 유진오는 한국이 제2차 세계대전 중 일본의 지배하에 있었다는 관계상, 일본과 교전관계에 있었던 기타 연합국이 요구한 약탈재산에 대한 즉시 반환 정책을 그대로 적용하는 것이 어렵다는 인식을 나타냈다. 그러나 이는 한국이 연합국에서 배제되어 문화재 반환 요구가 어려워졌다는 등의 인식을 드러낸 것이 아니었다. 오히려 그것은 한일관계가 애초 연합국과 일본의 관계와 다르다는 현실적인 인식에 기초하여 별도의 대응의 필요성을 강조한 것이었다. 실제 전후 연합국에 대한 약탈재산 반환 문제는 평화조약 이전에 거의 이루어졌다는 일본 측 주장도 작용해, 특별한 요구 조항이 평화조약에서 직접 규정되는 일은 없었다.[18] 따라서 한국의 평화조약 서명국 참가 좌절이 약탈 문화재의 반환 문제에 직접 지장을 주는 등의 사실관계는 애초 없다.[19]

---

18 약탈재산에 관한 미일교섭에 관해서는 「平和条約の締結に関する調書 I」, 『日本外交文書 平和条約の締結に関する調書』第一分冊(Ⅰ~Ⅲ), 2002, 13~24쪽.

19 연합국에 대한 약탈재산 문제는 결과적으로 애매하게나마 평화조약 15조 연합국 재산 반환 또는 보상 문제에 포함되어 권리가 계속되었으나, 연합국의 15조 권리는 4조에 기초한 한국의 대일재산 요구에 해당하는 문제이다.

오히려 유진오는 청구권 문제가 된 한일 간의 과거처리 문제는 제2차 세계대전 기간에 한정되어야 할 하등의 근거가 없다고 지적하면서 타이완에 관한 할양 조치에서 보이듯이 청일전쟁까지 거슬러 올라가 처리된 사례를 들면서 문화재 문제 역시 청일전쟁까지 소급하고 처리할 것을 건의했다. 즉 유진오는 한국이 연합국에서 제외됨에 따라 오히려 대일교전 중의 문제에 한정되는 연합국보다 광범위한 기간을 대상으로 삼을 것을 건의한 셈이었다.

그것뿐이 아니다. 유진오는 비록 시간이 너무 오래되어서 이상한 감이 있다고 지적하면서도 임진왜란 때 약탈된 문화재에 대한 반환 가능성까지 언급했다. 즉 청일전쟁 훨씬 이전에 일어난 한반도 반출 문화재에 대한 반환 요구도 검토할 것을 지적한 셈이었다. 주제가 벗어나 2장에서 문화재 요구에 포함된 자세한 항목들을 분석하지 않았으나, 『배상조서』에도 임진왜란 때 약탈된 서적 등의 반환 요구가 제기되어 있다.[20]

즉 유진오는 한일 간의 문제가 일본과 연합국과의 문제와 현실적으로 다르다는 상황 인식에서 오히려 근세에 일어난 약탈 문화재의 반환 가능성을 찾은 것이었다. 이러한 사실들은 배상이나 청구권 권리와 문화재 반환 문제가 직접 연결되는 문제가 아니었음을 가리키고 있다. 물론 유진오는 그 시기에 일어난 약탈 문화재의 반환에 관해서는 한일 양국 문화에 대한 존중이라는 정신 하에서 상호 반환하는 협약을 통해 실현할 것을 건의하고 있다. 즉 이 요구를 권리 – 의무라는 비대칭적인 관계로서 진행할 수 있다고 생각한 것은 아니다. 그러나 청구권 교섭으로 전환되는 가운데서도 『배상조서』에 포함되어 있었던 임진왜란 시의 약탈 문화재에 대한 반환 요구를 답습한 것은, 유진오가 문화재 반환 문제와 관련해 한국이 연합국에서 제외되고 배상 권리를 상실함에

---

20 『對日賠償要求調書』, 21~22쪽.

따라 그 반환에 제약이 가해졌다는 등의 부정적인 인식을 갖고 있지 않았음을 뜻한다.

유진오가 보고한 두 번째 청구권 요구는 1945년 8월 9일 이후 특별한 조치를 받은 재일재산의 반환 문제였다. 유진오가 한국 관련 법인의 재일재산 반환 요구에 관한 기준을 오히려 전후가 시작한 8월 9일 이후에 특별 조치를 받은 것에서 찾은 것은 한국과 연합국의 지위 및 재산에 적용된 역사적 경위의 차이에 주목한 결과였다.

유진오는 전쟁 발발에 따라 연합국 국민의 재산이 일본의 적산관리법[1941년 12월 22일]이란 특별 조치하에 들어간 데 반해 한국 관련 재산이 하등의 조치에 들어가지 않았음을 지적하고 한국인 재산의 처리 문제가 연합국 재산의 문제와 다르다는 것을 마땅히 짚어보고 있다. 3장에서 자세히 논한 바와 같이, 평화조약 15조는 일본에 있었던 연합국 관련 재산의 반환 및 보상 의무를 규정했으나 그 범위는 기본적으로 전시 중 일본정부의 적산관리 정책하에 들어간 것을 대상으로 하고 있었다. 전시 중 적국이 아님으로 인해 그 관리하에 들어가지 않았던 한국 관련 재산은 당연히 그 대상 밖에 있었다. 유진오는 바로 이 점을 인식한 것이었다.

보고서 속에서 구체적으로 유진오가 요구 대상으로 거론한 것은, 조선은행, 조선식산은행, 조선신탁은행, 조선금융조합연합회 등 1945년 9월 30일 SCAPIN 74호로 인해 이른바 폐쇄기관으로 지정된 한국 관련 법인의 재일재산이었다. 유진오는 그 폐쇄 조치와 한국의 청구권 요구와의 관계를 직접 설명하지 않았으나, 그 취지가 한국 법인의 재일재산이 폐쇄 조치로 인해 동결되어 있다는 것에 있음은 틀림없을 것이다. 다시 말해 평화조약 15조가 전시 중 일본정부에 의하여 동결된 것을 풀고 연합국에 반환 또는 보상할 것을 지시한 데 비해 한국에 관해서는 전후 연합국에 의해 동결된 한국의 재일재산을 풀고 반환할 것을 요구하도록 건의한 것이었다.

이 점에서 연합국에 적용된 권리와 유진오가 건의한 한국의 입장에 차이가 있음은 분명하다. 그러나 그 차이는 배상 권리를 상실한 한국의 법적 지위의 변화에 따른 것이 아니라 사실관계에서 유래하는 현실 조건의 차이를 반영한 것에 불과했다. 즉 그것은『배상조서』등에서는 전시 중 일본에 의해 동결된 재산 반환을 요구했는데도 연합국 자격 상실로 인해 그것을 수정해야만 했다는 등의 대응과는 애초 상관없는 것이었다.[21] 실제 2장에서 해부한『배상조서』에서 한국 관련 법인의 재일재산 문제는 1부 〈(2) 해외 부동산, 동산, 비품 등〉에서 짤막하게 정리되었을 뿐, 사실로서 존재하지 않은 전시 중 일본에 의해 동결된 한국 재산이 요구 대상에 포함된 일은 없었다. 또한『배상조서』는 폐쇄기관 등 전후 동결된 재일재산을 포함하지 않았다.

이런 의미에서 유진오가 폐쇄기관 문제를 거론한 것은 한국정부 내부에서 아직 공백으로 되어 있었던 요구 항목의 추가를 도모한 것으로 풀이된다. 그것은 축소 등 배상 요구에 대한 '수정'이 아니라 오히려 보완을 건의한 것이다.

유진오가 거론한 세 번째 요구는 한국에 본사를 둔 기업의 재일재산이었다. 유진오는 앞서 언급한 1949년 1월의 SCAPIN 1965호와 같은 해 8월 제정된 정령 291호에 따라 구 일본 점령지역에 본점을 둔 기업 중 일본인의 이익이 10% 이상 되는 기업을 제2회사로서 재탄생시키기 위한 조치가 일본 국내에서 이루어지고 있음을 지적하면서 그들 중에는 한국 관련 기업들의 재일재산도 상당히 포함되어 있다고 주의를 환기하고 있다. 물론 이 지적은, 한국이 아

---

21 유진오는 폐쇄기관의 재일재산 문제와 더불어 일본의 회사, 법인 등에 대한 한국인의 배당금에 관해서도 언급하고 있다. 그러나 그 요구에 관해 유진오는 1946년 5월 6일 연합국 국민의 재일재산 반환에 관한 각서를 예시하고 있으므로 이 요구 역시 연합국에서 배제된 것에 따른 수정이라기보다 연합국의 대응에 맞출 것을 건의한 것에 불과하다.

직 연합국 참가를 전제로 사실상『배상조서』를 보완하는 움직임으로 나타난 철도국공제조합 및 어업조합연합회중앙회의 재일재산 요구와 같은 성격을 지닌 것이었다.

유진오는 한국에 본사를 둔 재외회사의 재일재산이 지점 재산이 아니라 한국 본사의 재산이라는 것, 본사의 재산은 군정령 33호에 의하여 한국정부의 소유가 되었으므로 본사에 귀속되는 재일재산은 한국이 반환 권리를 가진다는 논리를 짜고 있다.[22] 즉 유진오는 SCAPIN에 의해 일본 법인 여부를 결정하는 잣대를 일본인 출자 10%를 기준으로 하고 그것을 웃도는 법인에 관해서는 일본 법인으로서 한국의 소유권과 상관없이 그 재일재산을 처리하는 것을 막는 대항 논리를 나름대로 꾸민 것이었다.

중요한 것은 재외회사의 재일재산 문제는『배상조서』에서는 일절 포함되지 않았으며 그 후 연합국 참가를 전제로 하는 움직임 속에서 겨우 철도국공제조합 및 어업조합연합회중앙회란 두 가지 한국 관련 법인의 재일재산만이 논의되었다는 점이다. 즉 유진오는 한국이 연합국에서 제외되고 청구권 교섭이 된 후에 오히려『배상조서』등에 규정되지 않았던 항목에 대한 반환 논리를 꾸민 것이다. 다시 말해 재외회사의 재일재산에 대한 유진오의 건의는 배상 권리 상실과 그에 따른 청구권 교섭에 대응하기 위한 것이 아니라 분명히 배상 요구를 보완하는 역할을 수행하는 것이었다.

유진오가 다룬 네 번째 대상은 선박 문제였다. 유진오는 선박 문제가 이미 실현된 1945년 8월 9일로 한국에 적을 둔 선박 38척의 반환[23] 이외에 군정령

---

22 다만 유진오는 동시에 일본이 갖은 이유를 대고 반환하지 않을 가능성도 언급하고 신중한 준비가 필요하다고 지적하고 있으므로 이러한 논리만으로 반환 근거가 충분하다고 생각한 것이 아닌 점에는 주의가 필요하다.

23 유진오는 이미 반환된 38척의 선박에 관해 그것이 한국에 적을 둔 선박과 한국 수역에

33호에 의해 같은 날 한국 수역에 있었던 일본 선박을 모두 한국에 귀속해야 하는 문제라고 강조했다. 주목되는 것은 유진오가 이 요구를 1950년 5월에 한국정부가 이미 SCAP에 제기한 것임을 지적하고 있는 점이다.

즉 유진오가 출장보고서에서 짚은 선박 요구는, SCAP에 배상 처리를 요구하고 있었던 것을 그대로 답습한 것이었다. 이것은 평화조약을 계기로 청구권 교섭으로 선회된 것에 따른 새로운 수정을 위한 건의 등과 전혀 상관없었다.[24]

유진오가 다섯 번째로 거론한 것은 확정채권 문제였다. 유진오는 이 문제가 『배상조서』에서 상당히 조사가 이루어졌다는 이유로 보고서에서는 자세한 언급을 하지 않는다고 하면서도 두 가지 주의해야 할 점을 지적했다. 하나는 동 요구가 '배상'이 아니라는 것을 분명히 할 것, 또 하나는 『배상조서』는 조잡하므로 항목을 정리하고 법적 근거를 명시할 필요가 있다는 것이었다.

유진오가 특히 확정채권 문제를 배상 문제와 다른 것임을 분명히 할 것을 강조한 점은 주목할 필요가 있다. 2장에서 논한 바와 같이, 『배상조서』에서도 2부로 체계화된 확정채권 문제는 원래 전쟁과 하등의 관련이 없는 단순 채권 – 채무 문제로 인식되어 있으면서도 배상이라는 틀 안에서 같이 제기된 것이었다. 그것은 일본과의 과거처리 문제가 연합국에 의한 대일배상 처리와 연동되면서 움직이는 현실적 조건하에서 도출된 합리적인 선택이었다. 그러나

있었던 선박임을 지적하고 있으나 이 지적은 정확하지 않으며 반환된 38척은 모두 한국에 적을 둔 선박이었다. 38척의 명부는 「日韓会談重要資料集(続)」, 外務省日韓会談公開文書(문서번호 526), 資料 7로 수록되어 있다. 이 자료는 삽입 자료로서 따로 쪽수가 배정되어 있지 않다.

24 다만 『배상조서』 1부에서 제기된 선박 반환 요구에는 한국에 적을 둔 선박 이외에도 전시 중 일본에 징용되거나 작업 중에 격파된 것, 해난사고 선박, 심지어 주권침탈기에 약탈당한 한국 군함까지 포함되어 있었다. 『對日賠償要求調書』, 161~180쪽. 유진오는 그 선박들에 대해서는 아무런 언급을 하지 않아, 그에 대해 어떻게 인식하고 있었는지는 분명하지 않다.

대일배상 처리가 평화조약에서 확정되며 한국이 그에 따라 청구권으로서 문제를 처리하게 됨으로써 확정채권 문제를 배상으로 요구할 경우, 오히려 한국이 그 권리를 상실할 가능성이 생겼다. 유진오가 확정채권 문제를 배상과 분명히 구별할 것을 건의한 것은 바로 이 점을 인식한 결과였다. 즉 이 건의는 한국이 연합국 참가에 실패하고 배상 요구를 제기하지 못하게 된 것을 인식한 결과였으나, 그 진정한 의도는 오히려 확정채권에 대한 권리 상실을 막아『배상조서』2부에서 이미 확립되어 있었던 요구들을 그대로 관철하기 위한 적극적인 대응이었던 것이다.

이와 같은 유진오의 의도는 바로 그가 확정채권 문제에 관해서는 이미 상당히 조사가 이루어지고 있다는 인식을 드러내고 있었던 점, 그러면서도 그에 그치지 않고 오히려『배상조서』를 '조잡'하다고 인식하고 있었던 점에서 엿볼 수 있다. 이 '조잡'하다는 의미와 관련해 유진오는 항목 정리와 법적 근거의 명시 등을 건의하고 있다. 이 점으로 미루어, '조잡'하다는 의미가 각 요구 항목 간의 중복 정리나 누락 항목의 보완, 그리고 채용한 각 요구 항목에 맞는 법적 근거 등을 보다 확실히 정리할 필요성을 지적한 것으로 판단할 수 있다.

즉 유진오가 확정채권 문제와 관련해『배상조서』를 '조잡'하다고 평가한 것은 한국이 배상 권리를 상실함에 따라 요구 내용을 수정하는 데 도움이 되지 않는다는 등의 의미와 전혀 상관없는 것이었다. 오히려 그 지적은 요구를 보다 적극적으로 관철하기 위해『배상조서』를 보완할 필요성을 강조한 것이었다. 무엇보다 이 점은, 유진오 자신이 한일 직접 교섭을 내다보면서 "엉성한 『대일배상요구조서』2권밖에 이렇다 할 자료를 갖고 있지 않았다."는 인식을 가지고 있었던 점에 잘 나타나 있다.

유진오가 출장보고서에서 마지막으로 거론한 항목은 조선장학회 관련 문제였다. 조선장학회는 조선총독부의 결정으로 1941년 1월 일본 내지에서 공부하는 한국인 유학생을 "충량유위(忠良有爲)인 황국청년학도"[25]로 육성하기 위해 조선총독부가 도쿄에 사무소를 두고 운영한 일종의 국책기관이었다. 1943년에는 일본민법에 따라 정식으로 일본에서 재단법인으로 등록되었다. 조선장학회는 도쿄 신주쿠구(新宿区)에 소재한 건물의 임대료 등을 장학자금의 출처로 이용하고 있었다.[26] 그러나 유진오가 출장보고서에서 그 장학회 문제를 거론한 것은 조선장학회 관련 부동산을 반환하는 것 자체를 요구하기 위한 것이 아니었다. 이는 유진오가 동 장학회가 재단법인으로서 주소를 일본에 둔 바람에 일본 법인이 되어 버렸다는 지적을 하고 있는 점에서 알 수 있다. 즉 조선장학회 관련 부동산은 일본 법인의 재일재산 문제이며 한국 관련 법인의 재일재산으로 제기할 수 있는 문제가 아니라고 인식했던 것으로 풀이된다.

유진오가 조선장학회를 문제로 삼은 것은 정치적인 의도였다. 유진오는 동 재단 이사진을 재일조선인연맹 중의 좌익계 인물들이 독차지했으므로, 일본과 교섭해서 이사진의 교체를 요구할 필요가 있다고 지적했다. 즉 유진오가 동 문제를 거론한 것은 한국인에게 장학금을 주고 있는 공익단체가 대한민국의 대표성을 부정하는 좌파에 의해 좌우되고 있다는 국가 정당성 훼손의 문제를 바로잡기 위한 지적이었다. 그것은 배상 요구 권리의 상실과 그에 따른 청구권 교섭으로의 변화에 따라 장학회 관련 부동산에 대한 대응의 수정을 요구하는 움직임과는 전혀 상관없었다. 실제 『배상조서』 등을 비롯해 그 시점까지 조선장학회 관련 부동산의 반환 문제는 배상 요구로서도 거론되어 있지 않았다.

---

25 朝鮮総督府, 「朝鮮奨学会設立趣意書」(1941年 1月), 『日本植民地教育政策史料集成 朝鮮編』第51巻, 龍渓書舎, 1989, ⑮-3쪽. 또 조선장학회에 대한 연구는 적으나 그 활동 등에 관한 내용은 漆畑充, 「植民地期における朝鮮奨学会に関する一考察」, 『日本の教育史学』第48集, 2005, 94~103쪽 참고.

26 『日韓請求権問題参考資料未定稿 第2分冊』, 225~228쪽. 대장성의 내부조사에서 조선장학회는 기타 주식, 예금, 시부야구(渋谷区)에 있는 부동산 등도 보유하고 있었다.

일본 출장을 마친 유진오가 1951년 9월에 정부에 보고한 건의가 한국의 연합국 참가 좌절과 청구권 교섭으로의 전환을 맞이해 작성된 것은 틀림없었다. 그러나 출장 결과 정리된 건의 내용은 배상 획득 권리 상실과 청구권 교섭으로의 전환에 대응하기 위한 것이 아니었다. 즉 유진오는 『배상조서』 등에서 제기된 대일요구의 실현이 연합국 참가 좌절에 따라 불가능해진 것을 인식해서 청구권으로서 가능한 범위에 재편성해야 한다는 등의 문제의식에 기초해 보고서를 작성한 것이 아니었다. 오히려 그것은 한일 직접 교섭을 맞이해 '엉성'하고 '조잡'한 『배상조서』를 보완해야 한다는 상황 인식에 기초한 건의였다고 보는 것이 훨씬 정확하다.

물론 유진오가 그 보고서 속에서 거론한 것은 지극히 일부 항목에 불과하며 체계화된 『배상조서』에 담긴 기타 많은 항목들과의 관련성을 하나하나씩 검토할 수 있는 것은 아니다. 그로 인해 유진오가 다루지 않았던 항목들의 '삭감'이 바로 그가 한국의 배상 권리 상실을 강하게 인식한 결과라고 보이기 쉽다. 그러나 후술하는 바와 같이 예비회담부터 2차 한일회담에 걸쳐 확립된 청구권 요구는 그와 같은 '삭감'이 배상 권리의 상실로 일어났다고 해석할 수 없음을 가리킨다고 하겠다.

3) 임송본의 청구권 문제 건의서

유진오 보고서가 나온 9월, 일본과 과거처리 문제를 추진하는 한국의 법적 지위가 정식으로 바뀌었다. 9월 8일 샌프란시스코에서 체결된 평화조약에 따라 한국은 최종적으로 연합국에서 제외되며 동 4조에 따른 청구권 교섭 규정을 받게 되었다. 이로 인해 한일 양국은 1951년 10월 20일부터 예비회담이라는 형식으로 직접 교섭에 나서게 되었다.

이 무렵, 임송본은 "대일(對日)회담 재산권 및 청구권 문제"라는 건의서를 작성했다.[27] 임송본은 『배상조서』 작성에 깊이 관여했던 조선식산은행 총재의 지위에 있었으며, 유진오와 함께 일본 출장에 나서서 한일회담을 준비한 인물 이었다. 또 그는 2차 한일회담까지 청구권 관련 한국 측 대표를 맡았던 인물 이기도 했다. 이런 의미에서 그는 한일회담 초기 청구권 문제에 관여한 매우 주요한 위치에 있었다.

그 건의서에는 작성 날짜가 직접 명기되지 않아, 정확한 작성 시기는 특정 할 수 없다. 그러나 문서에 1951년 8월 중순에 규정된 평화조약 4조(b)항이 이미 언급되어 있는 점, '한일회담 대표 임송본'으로 집필되어 있는 점, 표제 로 '재산권 및 청구권'이라는 개념을 명시하고 있는 점 등으로 미루어, 이미 한일교섭이 청구권 교섭으로 바뀐 것을 인식하면서 작성한 것은 확실하다. 또 '한일회담 대표'로서 작성되어 있는 점으로 미루어, 그 문서는 단순히 개인적 인 생각을 피력한 건의서가 아니라 한일회담에 임하는 정부 입장, 교섭 전략 및 향후 과제 등을 수립하는 데 필요한 논점을 정리한 공적 문서의 성격을 지 닌 것으로 판단된다.

임송본은 건의서 벽두에서, 한일회담에 즈음하여 『배상조서』를 재검토할 것과 함께 조서에 정리된 2부 〈확정채권〉 및 3부 〈중일전쟁 및 태평양전쟁에 기인한 인적 물적 피해〉를 우선 제출할 성질의 요구라고 지적했다. 즉 전쟁 관 련 피해 문제가 확정채권의 문제와 함께 우선적으로 제기되어야 하는 문제로 인식되었던 것이다. 이와 관련해 주목할 필요가 있는 것은, 임송본이 일본에

---

27 任松本, "對日會談 財産權 및 請求權 問題", 『제1차 한일회담(1952.2.15 - 4.21) 청구 권 관계자료, 1952』, 716~742쪽. 이하 본론에서 논할 임송본의 건의서 내용은 이 글에 서 정리.

대한 과거처리 문제의 제목으로 단 "대일재산 및 청구권 또는 확정채권 관계"
첫머리에서 '게재(揭題)에 관한 조사청구'가 『배상조서』의 전 4부로 작성되었
다는 인식을 드러내고 있는 점이다.

즉 정부 대표로서 대일교섭에 임하는 임송본은 배상 요구로서 대일처리를
추진하기 위해 작성된 『배상조서』와 연합국 참가 좌절 후 추진한 청구권 요구
를 특별히 다른 성격의 문제로 인식하고 있지 않았다. 그렇기 때문에 그는 한
국의 배상 권리 상실이라는 조건 변화에도 불구하고 『배상조서』 2부와 함께
3부를 '우선적으로 제출할 성질의 요구'로 간주할 수 있었던 것이다.

배상에서 청구권으로 이행하기 시작한 교섭 초기에 교섭 당사자로부터 나
온 이와 같은 인식은 한일회담에 임한 한국정부의 배상과 청구권 문제에 관한
인식을 이해하는 데 매우 중요하다고 하겠다. 이 인식을 고려할 때, 임송본이
지적한 『배상조서』의 '재검토'가 배상 권리 상실에 따라 청구권 교섭으로 전
환하는 데 필요한 수정 작업을 의미한 것이 아님은 확실하다. 그것은 오히려
『배상조서』 요구를 현실적으로 한일교섭에서 실현하기 위해 필요한 작업을
뜻한다고 이해하는 편이 훨씬 진실에 가깝다.

'재검토'의 필요성을 강조한 임송본이 동 건의서 속에서 가장 무게를 둔 것
은 한국에 본사를 둔 법인의 재일재산 반환과 관련된 법적 논리를 구축하는
것이었다. 상술한 바와 같이 『배상조서』 작성 후, 한국은 철도국공제조합 및
어업조합연합회중앙회의 재일재산 문제를 거론하고 있었으며, 유진오 역시
폐쇄기관 및 재외회사의 재일재산 문제를 크게 다루고 있었다. 한일회담 대
표 명의로 작성된 임송본의 건의에서도 이 문제가 크게 다루어지게 된 것은
1949년 1월의 SCAP 지시에 따라 재외회사의 재일재산 처리가 일본 국내에
서 현실적으로 가동하고 있는데도 『배상조서』 등을 비롯해 한국 측 준비가 제
대로 이루어지고 있지 않다는 초조함이 작용한 것으로 보인다. 즉 한국 관련

법인의 재일재산 취득을 위해 임송본이 강조한 '재검토' 역시 한국 측의 배상 요구 준비의 미흡함을 메우기 위한 보완 작업을 뜻한 것으로 봐도 무방하다.

한국 관련 법인의 재일재산 취득을 위해 임송본이 정리한 논리는 평화조약 4조(b)항에 따라 미 군정청에 귀속된 재한일본인 재산이 한미협정에 따라 한국으로 이양되었다는 것, 그에 따라 한일 간 청구권 문제는 한국의 일본에 대한 일방적 문제가 된다는 것, 그리고 그것을 전제로 군정령 33호는 미 군정부가 관련 법인의 본점 주식을 미 군정청에 귀속하는 것을 뜻하고 있으며 귀속된 본점 주식은 한국정부에 최종적으로 이양되었다는 것, 따라서 한일 간의 국교 관계가 차단되었다고 하더라도 지점 자산은 그대로 본사에 계승된다는 것이 근대주식회사의 이론인 만큼 재일지점 재산 역시 본점 소유자인 한국정부에 귀속된다는 것이었다. 이 법적 논리는 한일회담 개시 후 한국정부가 대일8항목요구 4항으로 제기한 한국 관련 법인의 재일재산 반환 요구의 기본논리를 구성하는 것이었다. 즉 유진오나 임송본 등에 의해 이루어진 재검토 작업은 『배상조서』에서 공백으로 남았던 한국 관련 법인의 재일재산 취득 논리를 보완하는 것이었다.

한국 법인의 재일재산 문제 등을 살핀 임송본은 이어 향후 '재산 및 청구권'으로 제기할 항목을 다음과 같이 예시하고 있다.

(1) SCAP 서한에 의한 구 동원자 공탁금 관계
(2) 태평양전쟁 중 전몰자의 위자료 청구
(3) 태평양전쟁 중의 위안부 보관금 관계
(4) 구 이 왕궁 재일재산 관계
(5) 폐쇄기관령에 의한 특수 법인 관계 서류
(6) 한국에 본사를 둔 법인(311개 사)의 재일재산 관계
  • 구 공제조합 소유 재일재산 반환 요구

- 구 조선장학회 재일재산 관계
- 한국수산업회 재일재산 반환 요구
- 구 조선총독부 철도국 강생(康生)회 재일재산 관계
- SCAPIN 각서 1965호 해당 307개 법인 재일재산 관계

(7) 확정채권 일부 관계서류
(8) 기타 청구권 설정 및 반환 요구 관계

이 항목에는 예컨대 '구 공제조합 소유 재일재산 반환 요구'와 같이 직접적으로 청구하려는 것과 함께 '관계서류'나 '재산 관계' 등 청구권 요구를 확립하는 데 필요한 서류 등을 요구하는 기술도 섞여 있어, 단순히 일본에게 직접 제기할 요구 항목을 나열한 것은 아니다. 또 여덟 번째 항목에서는 '기타 청구권 설정'이라고 되어 있으므로 이들 항목만을 제기할 요구 내용으로 확정한 것도 아니다.

이를 전제로 내용을 본다면, (5)항, (6)항과 함께 〈(4) 구 이 왕궁 재일재산 관계〉 문제는 『배상조서』에서 사실상 전혀 다루어지지 않았으며, 기타 공탁금, 보관금도 『배상조서』 2부 〈(5)미수금 ⑲ 법무부 관계 미수금〉으로 지극히 일부만 거론되었을 뿐, 사실상 거의 거론되지 않은 항목이었다. 또 비교적 자세히 조사된 확정채권 문제도 현실적인 반환을 위해서는 상세한 입증 자료가 요구되었다. 임송본이 〈(7) 확정채권 일부 관계서류〉로 적은 까닭은 바로 이에 관한 준비 상황이 미흡하다고 판단한 결과로 보인다.

즉 임송본이 명시한 이상의 항목들은, 한일 직접 교섭에서 『배상조서』의 2부 〈확정채권〉 및 3부 〈중일전쟁 및 태평양전쟁에 기인한 인적 물적 피해〉를 먼저 제기할 것을 염두에 두고 『배상조서』에서 다루어지지 않았거나 다루어지고 있어도 충분히 준비되지 않은 과제들을 짚어보고 우선 보완해야 하는 사항을 지적한 것으로 이해된다. 즉 향후 제기할 것을 건의한 항목들 역시 배상

권리 상실에 기인한 수정이 아니라 배상 요구 보완의 성격을 지닌 것이었다.

아울러 임송본이 향후 제기할 사항들로 지적한 항목 가운데 다음 두 가지 는 특히 주목할 필요가 있다.

하나는 전쟁 피해와 관련해 임송본이 〈(2) 태평양전쟁 중 전몰자의 위자료 청구〉를 제기할 것을 명시한 점이다. '청구권' 교섭에 접어들면서도 전쟁 관련 피해를 제기하려 한 임송본의 구상은 '배상'과 '청구권'을 구별하지 않고 2부와 3부를 '우선적으로 제출할 성질의 요구'로 간주한 방침에 부합하는 것이었다.

그러나 상세히 고찰하면 임송본은 전쟁 관련 피해에 관해 '전몰자의 위자료 청구'만을 명시하고 『배상조서』에서 인적 피해와 더불어 같은 전쟁 피해로서 다루어지고 있었던 물적 피해에 관해서는 아무런 언급을 하지 않고 있다. 물 론 건의서에서 향후 제기할 항목에 포함되지 않았다는 것은 임송본이 그 시점 에서 물적 피해를 이미 대일청구권으로부터 제외할 것을 명확히 인식하고 있 었음을 직접 입증하는 것이 아니다. 그러나 전쟁 관련 피해는 중요한 요구 항 목이 아닐 수 없다는 점, 그리고 무엇보다 후술할 2차 한일회담에서 한국이 대일청구권 관련 항목의 조회 요청을 제시했을 때, 물적 피해에 대한 요구가 명확히 제기 유보 항목에 부쳐지고 있다는 사실을 고려할 때, 한일회담 개시 에 즈음하여 한국정부 내부에서는 이미 물적 피해 요구의 유지에 대한 회의적 인 인식이 대두하고 있었을 가능성이 크다.

같은 전쟁 피해 중, 인적 피해에 대해서는 그대로 제기하려 하면서도 물적 피해에 대해서는 유보한 이유는 2차 한일회담 분석 시에 고찰한다. 그러나 그 구별이 단순히 '배상'과 '청구권'이라는 법적 권리의 변화에 따라 생긴 차이, 즉 전쟁 피해와 확정채권의 차이로 인해 생긴 것으로 인식할 문제가 아닌 점 은 여기서 먼저 지적할 필요가 있다. 말할 나위도 없으나 혹시 한일교섭이 배 상이 아니라 청구권 교섭으로 진행됨에 따라 확정채권의 문제만 다루어져야 하며, 그에 따라 전쟁 피해가 제외되었다고 판단할 경우에는 당연히 인적 피해 요구 역시 제외되어야 마땅하다.

임송본이 향후 제기할 항목들로 지적한 가운데 또 하나 주목되는 것은 공탁금 등의 문제와 유사한 과제로 〈(3) 태평양전쟁 중의 위안부 보관금 관계〉가 명기된 점이다.[28] 즉 오늘날 일제 통치하 비인도적 행위의 상징으로 여겨지는 일본군'위안부' 여성의 존재가 한일회담 초기부터 한국정부 내부에서 이미 명확히 인식되어 있었다.

그럼에도 그 제기 내용은 일본군'위안부' 여성이 맡긴 '보관금'의 반환 요구에 불과했다. 다시 말해 한일회담 초기부터 확실히 그 존재가 감지되었던 일본군'위안부' 문제는 여성의 존엄 침해에 대한 책임 추궁의 문제가 아니었다. 이러한 인식은 한일 직접 교섭에 임하는 한국정부의 법적 지위가 배상 권리가 가능한 연합국이 아니라 청구권에 한정해야 하는 평화조약 4조 규정국이었다는 데서 도출된 불가피한 결과였다고 평가하기 쉽다.

그러나 한일 간의 처리 문제를 '재산권 및 청구권 또는 확정채권 관계'로서 이해한 임송본도 청구권 교섭으로의 전환에 따라 전쟁 피해와 확정채권 문제를 구별해야 하는 과제로 인식한 사실은 없었다. 실제 그는 한일 청구권 교섭에서도 전쟁 관련 피해를 다룬 『배상조서』 3부를 우선적으로 제기할 성질의 과제로 지적하고 있었으며, 구체적인 항목으로서도 〈(2) 태평양전쟁 중 전몰자의 위자료 청구〉와 같은 전쟁 피해를 제기할 것을 거론했다. 또한 일본군'위안부' 관련 인권 유린 피해 요구는 『배상조서』 등에서도 애초 포함되어 있지 않

---

28 저자는 이전에 발표한 글 속에서 임송본의 건의서가 4차 한일회담 관련 자료에 수록되어 있는 것을 근거로 일본군'위안부' 관련의 기술이 4차 한일회담 재개를 위한 준비 과정에서 이루어진 것으로 추측했으나(장박진, 앞의 책, 2009, 342~343쪽), 이 추측은 수정되어야 한다.

앉으며, 따라서 연합국 참가 좌절에 따라 요구 내용이 삭제된 사실도 없다. 그것은 여성의 존엄에 대한 피해를 '피해'로 인식하지 못하는 당시 사회적인 상황과 한국정부의 자국민 보호에 대한 인식 부족에 기인한 간극으로 평가하는 것이 보다 정확할 것이다.

한국 관련 법인이 소유한 재일재산 귀속에 대한 법적 논리의 보완과 향후 제기할 사항들의 제시에 이어 임송본은 일본계통화나 일본계유가증권 보유 내역, 그리고 폐쇄기관의 결산표 등을 검토하면서 〈재산권 및 청구권의 종합(綜合)표〉를 작성했다. 먼저 그 내용을 소개하면 표4 - 1과 같다.

임송본이 '종합표'라고 붙임에 따라 자칫 이 요구는 한일회담에서 제기하려한 모든 청구권 항목을 포함한 것으로 보인다. 그에 따라 2장에서 해부한『배상조서』의 많은 요구 항목이 '삭감'되었다고 평가하기 쉽다. 그러나 임송본이 『배상조서』와 청구권 요구를 구별하지 않고 있었다는 점, 그리고 2차 한일회담에서 한국이 일본에 대해 직접 조회 요청 대상으로 삼은 내역이 이보다 훨씬 많다는 점으로 미루어, 임송본이 제시한 '종합표'에 그와 같은 의미가 담긴 것이 아닌 점은 확실하다.

이 종합표는 임송본 자신이 3부의 전쟁 피해와 더불어 우선적으로 제기하는 성질의 문제로 지적한 2부 〈확정채권〉과 관련된 과제를 정리한 것으로 볼 수 있다. 실제 임송본이 제시한 〈(1) 한국 내 보관 일본계통화〉, 〈(3) 일본계유가증권〉, 〈(4) 일본정부 국고금 입체(立替)금〉, 〈(6) 생명보험 적립금〉, 〈(7) 체신부 관계 채권〉은『배상조서』 2부 〈확정채권〉에서 정리되었던 항목이며, 또 실태가 분명하지 않으나 〈(8) 잡 청구권〉도 그 직접적인 표기로 보아 확정채권에 속하는 기타 청구권을 합한 것으로 봐도 틀리지 않을 것이다. 즉 그것은 그다지 큰 항목이 아니어서『배상조서』에서 누락되거나『배상조서』에 포함된 기타 작은 요구 항목을 합친 항목으로 추측된다. 마지막 〈(9) 폐쇄기관 재산과

표4-1 임송본이 작성한 재산권 및 청구권의 종합표

항목	금액(엔)
(1) 한국 내 보관 일본계통화	(소각) 1,517,051,030
	~~1,540,783,700~~
	(外) 3,541,318
(2) 폐쇄기관 관리 재산	8,025,575,160
(3) 일본계유가증권	7,432,194,605
(4) ~~일본정부 국고금 입체(立替)금~~	~~901,748,844~~
(5) SCAPIN 1965호 정리 회사	(추정) 200,000,000
(6) 생명보험 적립금	467,336,159
(7) 체신부 관계 채권	2,043,506,744
(8) 잡 청구권	689,849,456
(9) 폐쇄기관 재산과 일본계유가증권의 2중 계산 보정(補正)	(−) 4,793,272,385
합계	16,407,722,285
외	
(10) 선박	
(11) 구 총독부 건물, 조선장학회 건물	
(12) 대징용자 미불금 사망 위자료[29]	

일본계유가증권의 2중 계산 보정(補正)〉은 한국이 요구하는 폐쇄기관의 재산
에 일본계유가증권도 포함되어 있다는 인식에서 2중 청구 부분을 조정한 항
목이었다.[30] 즉 종합표는 우선적으로 제기하려 한 『배상조서』 2부의 요구를
참고하면서 일본과의 교섭에서 현실적인 해결을 위해 임송본이 나름대로 필
요한 손질을 가한 것으로 보인다.

---

29 '외' 부분에는 (10), (11), (12) 이외에 직접 손으로 표기한 기타 두 가지 항목이 들어가
   있으나 판독이 어려운 데다 중요성도 없다고 판단되어 여기에서는 표기하지 않았다.
30 보다 구체적으로 말하면, 〈(9) 폐쇄기관 재산과 일본계유가증권의 2중 계산 보정〉에 해
   당하는 '(−) 4,793,272,385엔'은 1945년 8월 25일로 조선은행 본점 명의로 등록된 국채
   를 도쿄 지점으로 옮긴 일본국채의 금액이었다. 즉 이 금액은 〈(2) 폐쇄기관 관리 재산〉
   이자 〈(3) 일본계유가증권〉이었다.

이와 같이 유진오와 함께 일본과의 과거처리 문제가 청구권 교섭으로 진행된 한일회담 초기에 매우 중요한 위치를 차지한 임송본이 수행한 역할 역시 『배상조서』에 대한 보완 작업이었다고 보인다. 그것은 한국의 연합국 참가 좌절에 따른 배상 권리의 상실과 그에 따른 청구권 교섭으로의 대응을 위한 근본적인 수정 작업 등의 성격을 띤 것이 아니었다. 무엇보다 이 점은 임송본이 『배상조서』 자체가 한국의 '청구권' 요구를 구현한 것으로 보고 있었던 점에 잘 나타나 있다. 임송본은 『배상조서』를 바탕으로 일본과의 교섭에서 무엇을 우선적으로 제기하는가를 검토하고, 그와 관련해 특히 『배상조서』 2부의 〈확정채권〉 관련 문제에 관한 법적 근거, 향후 필요한 준비, 일부 항목에 대한 집계, 수정 등을 가한 것이었다. 유진오와 함께 임송본 역시 '엉성'하고 '조잡'한 『배상조서』의 보완 역할을 맡은 것으로 평가하는 것이 타당하다.

4) 한국정부의 기타 대응

배상 권리 상실로부터 청구권 교섭으로의 전환에 따라 한국정부가 보인 움직임은 유진오나 임송본의 검토 작업만이 아니었다. 한국정부는 청구권 요구의 확립 과정에서 기타 추가적인 준비 작업을 진행하고 있었다.

첫 번째 준비 작업은 구 이 왕실이 보유한 재일재산 문제였다. 1951년 10월 24일 구 왕궁 임시재산관리위원장이 외무장관에게 부친 조사 보고는 이미 재무부에 제출한 부동산 및 증권 이외에는 동 위원회에 조사 자료가 전무하며 조사가 불가능하다는 것이었다.[31] 이 보고는 이미 재무부에 제출했다는 시기

---

31 "구 왕궁발 제( )호, 재일 구 왕궁재산 조사 회보의 건", 『한일회담 예비회담(1951.

나 이 왕실이 보유한 재일부동산 및 증권의 내역 등을 밝히지 않아, 상세한 내용은 분명하지 않다. 그러나 이 왕실 재산이 『배상조서』 작성 단계에서는 전혀 거론되지 않았다는 점, 그러면서도 임송본이 향후 제기할 항목으로 포함시키고 있는 점 등을 감안하면, '이미 제출했다.'고 하는 보고가 한일 청구권 교섭을 내다보면서 이 왕실의 재일재산 문제에 대한 내부조사가 진행되어 있었음을 가리키는 흔적임은 틀림없다. 즉 이 왕실 보유 재산에 대한 대응 역시 청구권 교섭 진행을 위해 『배상조서』를 보완하는 작업으로 진행된 것이었다.

임시재산관리위원회가 재무부에 제출한 이 왕실 재산 내역과의 직접적인 관련성은 분명하지 않으나 기타 관련 자료를 보면, 그 후 한국정부가 정리한 이 왕실 관련 재산에 대한 요구 내용은 어느 정도 파악이 가능하다. 1953년 10월 8일 주일대표부는 해당 재산이 일본에 산재되어 있다는 사정 등으로 인해 아직 조사가 완료되지 않았다고 밝히면서도 가나가와현(神奈川県) 오이소(大磯)에 있는 택지, 건물 그리고 도치기현(栃木県) 나수(那須)에 있는 산림 등을 해당 재산으로 보고했다.[32]

10.20 – 12.4) 청구권 관계 자료집 : 일본에 있는 구 왕실 재산목록, 1951』, 401~402쪽. 단 동 보고는 일제강점기, 창덕궁에 있던 4억 엔가량의 구 한국내장원전환국주전(內藏院錢換局鑄錢) 재료 한 건이 탈거되었을 가능성을 보고하고 있으나, 이 항목이 그 후 한국의 대일청구권 요구 항목에 들어간 일은 없다. 이 보고에는 보고자가 구 왕궁 임시 재산관리위원장이라는 기록은 없으나, 다음 11월 5일로 동 내용을 주일대사에게 전달한 외무장관의 공문에 명기되어 있다. 그 공문은 "외정 1197호, 재일 구 왕궁재산 조사 회보의 건", 같은 문서, 403~404쪽.

32 "한일대 제5545호, 재일 구 황실 재산 조사에 관한 건", 위의 문서, 543~545쪽. 동 보고에는 시즈오카현(静岡県) 소재의 부동산에 관한 기술이 없으나 1962년 1월 31일로 문교부 문화재관리국이 작성한 "재일본재산현황"에는 1953년 10월 8일 주일대표부 조서에 의한 기왕 조사분(같은 문서, 535쪽)에는 시즈오카현 소재의 부동산도 포함되어 있으므로, 주일대표부 보고서가 그 시점에서 포착한 모든 재산을 밝힌 것이 아닐 가능성도 있다.

또 1962년 1월 31일 문교부 문화재관리국이 작성한 "재일본국유재산목록"에서 한국정부가 이 왕실 재산 관련으로 정리한 내역은 대한제국 최후의 황태자 이은(李垠)이 일본정부에게 하사받은 도쿄도(東京都) 기오이초(紀尾井町)의 부동산[2011년까지 아카사카(赤坂) 프린스호텔] 및 해방 후 '일본인 모모야마 켄이치(桃山虔一)'로 사는 것을 택한 이은의 조카 이건(李鍵)과 전쟁 말기 일본군인으로 히로시마(広島)에서의 피폭으로 사망한 이우(李鍝) 형제가 하사받은 시부야구(渋谷区)의 부동산 등을 비롯해 도쿄, 도치기, 시즈오카현(静岡県)에 있었던 택지, 산림, 논밭 등의 부동산, 그리고 오사카상선(大阪商船), 일본배전(日本配電), 일본강철(日本鋼鉄), 도쿄전력(東京電力) 등이 발행한 합계 13,650주의 보유 주식이었다.[33]

이와 같이 『배상조서』에 대한 보완 작업으로 시작된 이 왕실 재산의 정리 작업은 청구권 교섭의 진전에 따라 상당히 진척된 것으로 평가할 수 있다. 한국정부는 그 재산이 한국정부에 귀속되는 근거를 직접 밝히지 않았으나, 1962년 1월 문교부 문화재관리국 작성 목록이 이를 '재일본국유재산'으로 정리하고 있는 점으로 미루어, 그 입장은 명확하다. 즉 대한제국 황제 일가가 보유한 재산은 일제강점기에 가지게 된 것이라 하더라도 대한민국의 국유재산이라는 입장에서 일단 요구 대상으로 삼으려 한 것이었다.

그러나 청구권 토의가 본격화된 5차 한일회담 이후의 본격적인 청구권 교

---

33 "재일본국유재산목록", 위의 문서, 515~533쪽. 그러나 보유 주식에 관해서는 1963년 9월 6일 문교부가 외무부에 보낸 공한에는 일본전력(日本電力)의 주식이 추가되어 합계 13,750주라고 되어 있다. 또 그 내역에 관해서도 일본전력의 주식 1,943주가 1962년 1월 31일자 문서에서는 원래 오사카상선의 주식 수에 해당하며 1963년의 공한에서는 오사카상선의 주식 수가 100주로 되어 있는 등 산출이 정확하지 않았을 가능성이 크다. 1963년 문서는 "문화재서 1084.11 - 3845, 재일재산(주식) 확인 의뢰", 같은 문서, 564~565쪽에 수록.

섭에서는 이 왕실 재산이 직접 일본에 대해 제기되는 일은 없었다. 그 이유를 명시한 공식 기록 역시 찾을 수 없다. 그러나 그 근본적인 원인이 병합에 따른 구 대한제국 황실의 지위에 기인한 것임은 틀림없을 것이다.

즉 주지하는 바와 같이 병합에 따라 대한제국 황실에게는 '왕족(王族)' 및 '공족(公族)'이라는 일본 황실에 준하는 지위가 부여되었다. 이 왕실 재산은 기본적으로 일본 황실에 준하는 지위에 따라 일본정부로부터 받은 '일본 왕족 및 공족' 재산이었다. 일본의 왕·공족으로 일본정부로부터 받아 그 지위에 기초해 축적한 재일재산을 과연 한국정부가 국유재산으로 요구할 수 있는가? 청구권 교섭을 위해 한국정부가 일단 그 재산을 조사해 나가면서도 결국 정식으로 제기하지 않았던 원인이 바로 이러한 고민에서 기인한 것으로 추측해도 틀리지 않을 것이다.[34] 이와 같이 이 왕실 재산 문제가 공식적인 대일청구권 요구로 승격되는 일은 없었으나 당초의 배상 요구에 대한 보완으로 움직이기 시작한 것은 틀림없다.[35]

---

34 이와 관련해 외무부는 1963년 9월 자신의 소관 문제로서 대일배상 문제와 이 왕실 재산 중 주식과의 관련성을 문의한 문교부에 대해("문화재서 1084.11 - 3845, 재일재산 (주식) 확인 의뢰", 위의 문서, 564쪽) 1962년 12월 양국 정부 간에 성립된 청구권 문제를 전체적으로 해결한다는 원칙 합의에 따라 그 권리를 개별적으로 행사하지 못하게 되었음을 통보하고 있다. "외정복 722, 재일재산(주식 확인)", 같은 문서, 567~568쪽. 물론 양국 간 합의는 1962년 11월 김종필 - 오히라(大平正芳) 합의에 따른 총액 처리 방식에 대한 정부 승인을 뜻하는 것은 틀림없다. 그러나 그 합의 이전에 한국이 그 요구를 위원회 등을 통해 정식으로 제기한 사실은 없다.

35 학술연구는 아니지만 주일대표부의 움직임을 기록한 자료에는 주일대표부가 창설 이래 재일재산 문제와 관련해 본문에 나온 구 조선총독부 도쿄 출장소 건물, 구 조선장학회 건물, 구 왕실 재산 등 이외에 구 조선은행 도쿄 지점 건물도 반환 요구 대상이었다는 기술이 있다. 강노향, 『논픽션 駐日代表部』, 東亞PR研究所, 1966, 73쪽. 공식 문서에는 조선은행 도쿄 지점 건물을 반환하도록 따로 교섭을 벌인 기록은 없으나, 유진오의 출장보고서, 임송본의 건의서 등에서 크게 다루어지고 있었던 한국 관련 법인의 재일 재산 문제인 만큼 조선은행 도쿄 지점 건물 역시 일찍 반환 교섭의 대상으로 인식되었

한일 직접 교섭을 맞이해 한국정부가 청구권 요구를 위해 대응한 두 번째 준비 작업은 기탁재산과 관련된 것이었다. 기탁재산 문제는 종전 후 주로 일본에 체류한 한국인들이 한반도 귀환 시에 임시적으로 맡겨놓았던 재산의 환수 문제를 뜻했다. 종전 직후 약 200만 명가량에 이른 한국인이 일본에 체류하고 있었으나, 그들 중 140만 명가량이 해방 후 귀환했다. 그 과정에서 1946년 5월 SCAPIN 927호 등으로 인해 1인당 1,000엔 이상의 일본 엔화 및 중량 250파운드(pound) 이상의 동산 반출 등이 금지되었다.[36] 이에 따라 종전의 혼란기에 한반도에 귀환하는 한국인들은 훗날의 환불을 기하면서 반출하지 못한 재산을 기탁하게 된 것이었다.[37]

2장에서 해부한 『배상조서』에서 기탁재산 관련 요구는 2부 〈확정채권〉 중 〈(5) 기타 미수금 ⑲ 법무부 관계 미수금〉으로서 전 5건만이 포함된 상태였다. 기탁재산 문제가 다수의 인양자와 관련된 문제였던 만큼 사실상 『배상조서』는 이 문제를 전혀 다루지 않았다고 말해도 무방하다. 이런 의미에서 한일 직

을 것이다.

36 外務省政務局特別資料課, 『在日朝鮮人管理重要文書集 : 1945~1950年』, 湖北社, 1978, 57쪽. 다만 원본 발행은 1950년. 외무성은 당초 한국인의 인양 준비가 이루어지지 않았던 관계로 동 SCAP 지시 이전에는 재산 반출 등에 관한 규제가 없으며 제한 조치 실시 이후의 귀국자가 8만 명가량이라고 지적했다. 「終戦直後の引揚朝鮮人に対する取扱について」, 外務省日韓会談公開文書(문서번호 876), 1~2쪽. 그러나 SCAP 지시 이전인 1945년 9월 무렵부터 반출 재산에 대한 제한 조치가 가동하기 시작한 것으로 추측된다. 그에 관해서는 法務研修所編, 「在日朝鮮人処遇の推移と現状」, 『現代日本・朝鮮関係史資料集1』 第3輯, 高麗書林, 1990, 70~71쪽. 이는 호북사(湖北社)에서 1978년에 출판된 것을 재수록한 것이다.

37 단 일본 외무성 기록에는 140만 명의 귀환은 1946년 3월까지 이루어졌으며(「終戦直後の引揚朝鮮人に対する取扱について」, 外務省日韓会談公開文書(문서번호 876), 1쪽), 동 SCAP 지시에 따른 재산 반출 제한 조치 이후의 귀국자는 약 8만 명이므로 반출 제한 조치의 영향은 그다지 크지 않았을 가능성도 있다.

접 교섭을 맞이해 한국정부 내부에서 기탁금 문제에 대한 대응이 일어난 것 역시 『배상조서』에 대한 보완의 필요성에서 유래된 것이었다.

한일 예비회담 개시 후인 1951년 11월 28일, 주일대표부 신성모 대사는 일본에게 기탁재산을 한국으로 이관할 것을 요구하는 데 필요한 입증 자료의 수집을 외무부에 의뢰했다. 신 대사가 외무부에 의뢰한 수집 대상은 다음 세 가지였다.[38]

- 구 재일조선인연맹 및 그 산하 단체에 기탁한 증명서
- 재일한교 개인(손달원)에 기탁한 증명서
- 일본정부 기관(세관)에 기탁한 증명서

기탁재산과 관련해 신성모 대사가 첫 번째로 든 재일조선인연맹은 해방 후 재일한국인 권리 보호를 위해 조직된 재일단체였다. 동 연맹은 다양한 활동의 일환으로 귀환하는 한국인들의 재산을 기탁받았다. 그 후 좌경화한 재일조선인연맹은 폭력 노선의 결과 1949년에 해산명령에 따라 해체되었다. 그에 따라 연맹 재산은 일단 일본정부에 귀속되었다. 한국정부는 일본정부로 귀속된 동 연맹 재산에는 귀환한 한국인이 연맹에 기탁해 놓았던 재산이 포함되어 있으므로, 그 부분은 한국에 반환되어야 한다는 입장을 취했다. 이 문제와 관련해 주일대표부는 GHQ에 1950년 6월 5일 원래 소유자에게 반환하기 위해 재일조선인연맹 재산을 일본정부로부터 대표부에 이관하도록 요구하는 서한을 정식으로 보냈다. 또 같은 해 9월 13일에도 주일대표부는 GHQ에 참고 목적

---

38 이하 신성모의 의뢰 내용에 관해서는 "한일대 제2623호, 기탁재산 이관 요청에 필요한 입증자료 수집에 관한 건", 『제1차 한일회담(1952.2.15 - 4.21) 청구권 관계자료, 1952』, 565~569쪽에서 정리.

을 이유로 동 연맹 재산과 관련된 기록, 서류 등을 요구했다.[39] 신성모 대사가 이때 다시 본국정부에 관련 증빙자료 수집을 의뢰한 것은 손달원에 대한 기탁재산 문제도 포함해, GHQ에 요청 중인 재일조선인연맹 재산의 기록, 서류 등의 인도가 여의치 않아, 결국 연맹에 직접 재산을 기탁한 귀환 한국인 본인에 대한 조사가 필요하다고 판단했기 때문이다.

기탁재산 관련으로 두 번째에 거론된 손달원은 일본명을 야마구치(山口久吉)로 칭한 재일한국 상공인이었다. 그는 스스로 영위한 '야마구치 코르크(山口コルク)'를 모체로 1939년 오사카코르크(大阪コルク)주식회사를 창업, 전시 중에는 육군소장을 사장으로 받아들이는 등 군부와의 밀접한 거래를 통해 회사를 발전시켰다. 전후 1953년부터는 회사를 현 다이와세이칸(大和製罐)주식회사로 바꾸고 경영의 제일선에서 활약한 창업가이자 경영자였다.[40] 아울러 그는 종전 후 1946년에 재일조선인연맹 산하에 조직된 오사카조선인상공회의 상임이사로 취임했으며 민족 활동에도 참가했다. 그 후 동 연맹이 좌경화되자 한국을 지지하는 재일한국 상공인으로서 한국과의 유대를 가지게 되었다. 그는 1959년에는 재일한국인경제연합회 고문, 1962년부터는 롯데그룹 회장 신격호 등과 함께 재일한국인상공회연합회 고문에 취임했다.[41] 손달원은 이러한 경력 때문에 한일 청구권 교섭에도 일부 관여한 것으로 추측되는 인물이었다.[42]

---

39 이상 6월 5일 서한은 戦後補償問題研究会編集, 앞의 책, 218~219쪽. 9월 13일 서한은 같은 책, 224쪽.

40 大和製罐株式会社編, 『30年の歩み』, ダイヤモンド社(非売品), 1969, 63~68쪽 참고.

41 徐龍達, 「戦後における在日韓国人経済経営の動向」, 永野慎一郎編, 『韓国の経済発展と在日韓国企業人の役割』, 岩波書店, 2010, 24쪽 ; 永野慎一郎, 「経済開発の資金とノウハウ提供」, 같은 책, 46~47쪽에서 정리.

42 청구권 문제 타결의 전환점이 된 김종필 – 오히라 합의가 성립한 1962년 가을, 그의 이

주일대표부는 그 보고에서 손달원에게 기탁된 총액 약 6,000여만 엔이 오사카코르크의 기금으로 운영되다가 동 회사가 세법 및 긴급물자조정법 등을 위반하자 피해를 입게 되었다고 하면서, 1951년 6월부터는 손달원의 개인재산과 분리하여 보호할 것을 SCAP에 요청했다고 적고 있다. 손달원에게 기탁된 경위는 확실하지 않으나, 손달원이 종전 후 재일조선인연맹 산하의 상공기관 상임이사의 지위에 있었음을 감안하면 그 연맹에 재산을 기탁하는 움직임과 관련해[43] 손달원 개인에게도 일부 기탁 행위가 이루어지게 되었을 가능성이 점쳐진다. 한국정부는 기탁 자금이 손달원이 경영하는 회사 자금과 일체화된 상황하에서는 그 회사가 법률을 위반한 책임으로 일본정부에게 징수당한 자금에는 귀환 한국인이 기탁한 재산이 포함되어 있다는 가능성을 염두에 두

름은 이 주역들의 입에서 직접 나왔다. 먼저 10월 20일의 김종필 – 오히라 제1회 회담의 내용을 외무성과 확인하는 가운데 오히라는 한국의 대일무역 채무 처리 방안에 관해 비록 손달원이 제안한 방안을 언급한 사실이 없다는 부정적인 답변이었으나 직접 손달원의 이름을 거론하고 있다. 「大平大臣·金部長会談(十月二十日)に関する韓国側記録に対する大平大臣のコメント」, 外務省日韓会談公開文書(문서번호 1824내), 5쪽. 또 10월 22일 이케다 수상과 면담을 가진 김종필은 그 자리에서 같은 한국의 대일무역 처리 방안과 관련해 비록 '야마구치'라는 일본명으로 거론했으나 손달원의 방안에 대한 이케다의 생각을 문의하고 있다. 「池田総理、金鍾泌韓国中央情報部長会談要旨」, 外務省日韓会談公開文書(문서번호 1825내), 17쪽(필기 원고가 아니라 타자 원고의 쪽수). 청구권 문제의 고비가 된 교섭에서 한일 양국의 주역이 직접 손달원의 이름을 거론한 사실은 한일 국교정상화 교섭 당시에 손달원이 한일의 고위급 관계자와 일정한 관계를 가지고 있었음을 여실히 입증한다.

43 종전 당시 연맹이 재일한국인들의 재산을 위탁, 관리하는 기능을 수행하고 있었음은 다른 경로를 통해서도 엿볼 수 있다. 일본정부가 내부적으로 정리하고 있었던 공탁 관련 자료에서는 종전 후 한국인에게 미불로 되었던 임금 등은 정식으로 공탁된 것 및 미공탁 부분으로서 각 기업에 남은 것과 함께 '제3자에 대한 인도분'으로서 분류, 집계되어 있으나 이와 관련된 주된 '제3자'는 동 연맹이었다. 「帰国朝鮮人労務者に対する未払賃金債務等に関する調査集計」, 大蔵省国際金融局, 『経済協力 韓国·105 労働省調査 朝鮮人に対する賃金未払債務調』, 작성 연도 불명, 38~44쪽.

면서 그 회수를 추진하려 한 것으로 풀이된다. 재일조선인연맹 관련과 같이 『배상조서』는 손달원 개인에게 기탁된 재산 문제를 전혀 다루지 않고 있다. 즉 손달원 관련의 기탁재산 문제 역시 『배상조서』를 보완하기 위한 추가 대응 이었던 것이다.

신성모가 마지막으로 거론한 일본정부 기관에 기탁한 재산 문제는 귀환 한 국인이 재산 반출 제한 등으로 인해 직접 세관에 맡겨 놓았던 재산의 회수 문 제였다. 설명할 필요도 없이 이것은 한국인이 직접 세관에 기탁한 것인 만큼 일본정부에 대한 한국인의 채권 문제였다. 그 회수를 위해 신성모 대사는 필 요한 증명 서류를 마련할 것을 요청한 것이었다.

신 대사의 의뢰를 접수한 외무부는 12월 11일로 기탁재산에 관한 입증 자 료를 수집하도록 각 도지사에게 지시할 것을 결정, 실제 13일에 그 지시를 내렸다.[44] 또한 같은 날 공보처에 대해서도 증빙 자료를 수집할 수 있도록 신 문, 보도 등을 통해 국민에게 주지시키는 데 협력을 요청하는 추가 조치를 취 했다.[45]

그러나 제주도[2월 2일], 경기도[2월 25일], 전라북도[3월 22일], 경상북도[3월 28일], 전라남도[4월 15일], 충청북도[5월 25일], 경상남도[7월 15일]에서 돌아온 답신은 모두 해당 증명 서류가 없다는 것이었다.[46] 4월 29일에 답신을 보내온

---

44 "기탁재산에 필요한 입증자료 수집에 관한 건", 『제1차 한일회담(1952.2.15 - 4.21) 청 구권 관계자료, 1952』, 579~582쪽. 단 원문에는 "582쪽" 표기가 누락되어 있으므로 저 자가 보충했다.

45 "외정 1425호, 기탁재산에 필요한 입증자료 수집에 관한 건", 위의 문서, 578쪽.

46 각 도 답신의 위치는 위의 문서 중, 제주도 583쪽 ; 경기도 584쪽 ; 전라북도 588쪽, 경 상북도 589쪽 ; 전라남도 596쪽 ; 충청북도 599쪽 ; 경상남도 603쪽. 단 원문에는 재조 사 결과를 보낸 일부 도의 답신도 포함되어 있으나 해당 사항이 없다는 것이므로 그에 관한 소장 쪽수는 생략했다.

충청남도만 그나마 김명균[일본 이름 金光隆吉]이라는 개인이 보유하던 5,049엔의 우체국통장을 보내오는 상황이었다.[47] 이와 같은 부진한 조사 결과가 나오자 외무부는 하는 수 없이 7월 주일대표부에게 해당 사항이 전무함을 최종적으로 알렸다.[48] 세관 기탁재산 문제 역시 『배상조서』에서는 전혀 거론되지 않았다. 이 조사는 한일 직접 교섭을 위해 '배상' 요구를 보완하는 의미로서 진행된 것이었다.

이와 같이 기탁재산 환수 요구와 관련해 신성모 대사가 요청한 세 가지 관련 자료의 수집 노력은 모두 『배상조서』에서 다루지 않았던 공백을 메우기 위한 보완 작업이었다고 판단할 수 있다. 그것은 배상으로부터 청구권 요구로의 전환에 따라 필요해진 요구 내용의 삭감 등과 정반대로 오히려 요구 범위를 추가하려는 것이었다.

기탁재산 문제에 관해서는 이 시기에 또 하나 미세한 움직임이 존재했다. 그것은 기본적으로 기탁재산 문제가 해외에서 이루어진 것에 대한 회수 요구

47　위의 문서, 597~598쪽. 통장의 사본은 같은 문서, 609~610쪽.

48　"외정 제543호, 기탁재산에 필요한 입증자료 수집에 관한 건", 위의 문서, 605~606쪽. 이와 같이 이 시기 구체적으로 움직인 것이 확인되는 세관 기탁재산 문제에 대한 조사는 아무런 성과를 거두지 못했으나 기탁금 문제에 관한 한국정부의 견해는 주목할 만한 것이 있다. 외무부는 주일대표부에게 국내 조사 결과가 전무함을 통보했을 때, 동시에 우체국통장 등 유사한 재산 소유자가 다수 있을 것을 예상하고 향후 그 문제에 대응해 나가기 위해 같은 통장을 소유한 일본인에 대한 일본정부의 대응을 조사할 것과 향후 그 통장 소유 한국인이 직접 대표부에 해당 금액의 청산을 위탁하는 방법이나 한일회담 청구권 문제로서 통합적으로 다룰 방법, 두 가지를 검토할 것을 지시했다. "외정 제1394호. 우편국저금의 반상(返償)요청에 관한 건", 같은 문서, 607~608쪽. 즉 이 단계에서는 비록 기탁재산이라는 한정된 범위였으나 재산청구권 문제에 관해 각 재산 보유자가 개별적으로 신고함으로써 직접 돌려받는 방법에 대한 구상이 한국정부 내부에 존재하고 있었음을 알 수 있다. 그 후 이 문제 역시 한일회담 청구권 문제로서 통합된 결과 각 재산 소유자가 개별적으로 재산을 돌려받는 길이 막히게 된 점을 감안할 때, 청구권 문제 초기의 특징으로서 주목된다.

인 데 반해 한국 내에서 이루어진 통화 관련 기탁재산을 회수하기 위한 움직임이었다. 1951년 11월 12일 국회는 제93차 본회의에서 1946년 2월 21일자 군정령 57호에 따라 예탁한 일본은행권, 대만은행권에 대한 정당한 이익 보호에 관해 한일회담에서 교섭하도록 결의했다.[49] 2장에서 언급한 바와 같이, 군정령 57호는 일본은행권 및 대만은행권의 예입을 통해 그 유통을 금지하기 위한 조치였다. 그 조치와 관련된 국회결의가 이 시기에 나온 것은 바로 향후 정식회담에서 토의할 의제 등을 설정하기 위한 예비회담이 진행되어 있었다는 배경이 작용한 것으로 풀이된다. 즉 청구권과 관련된 토의 주제가 설정되는 그 시기에 동 문제를 한일 직접 교섭의 의제로 삼을 것을 촉구하는 의미가 있었던 것이다.

그러나 그 결의 역시 배상 교섭권 상실과 청구권 교섭으로의 전환에 대비하기 위한 대응 등과 전혀 상관없는 움직임이었다. 실제 결의가 나오자 외무부는 병영태 장관 이름으로 "외정 1268호"를 작성하여 그 문제가 『배상조서』 2부 〈확정채권〉 중의 일본계통화에 들어가 있는 주제임을 지적하고, 한일회담에서 청구권 문제가 구체적으로 상정되기까지는 특별히 새롭게 대응해야 할 문제가 아님을 신익희 국회의장에게 답신했다.[50] 한국정부는 국회결의가 『배상조서』의 내용에 대한 이해 부족으로 인해 생긴 움직임에 불과하며, 오히려 『배상조서』에 그 문제가 포함됨에 따라 청구권 교섭을 위해 특별히 따로 대응해야 할 필요성이 없다고 인식하고 있었던 셈이었다.[51]

---

49 "과도정부기 외화 예탁금 변제에 관하 결의안", 국회회의록, 제2대 국회, 제11회, "제93차 본회의 회의록", 1951. 11. 12., 9~12쪽.

50 "외정 1268호, 과도정부 외화예탁금 변제에 관한 건의 이송의 건", 『제1차 한일회담 (1952.2.15 - 4.21) 청구권 관계자료, 1952』, 558~560쪽.

51 물론 『배상조서』에는 일본은행권, 대만은행권 이외에도 일본 지배하에서 발행된 은행권, 기타 일본정부 발행의 통화 등이 포함되어 있으므로 표면적으로는 국회결의가 문제

왕실 재산 및 기탁재산에 이어, 한일 직접 교섭을 맞이한 한국정부가 청구권 문제에 관해 이 시기에 추가적으로 벌인 세 번째 대응은 체신부 관계의 확정채권 문제였다.

1951년 11월 28일 신성모 대사는 외무장관에게 체신부 관계 확정채권의 반환 문제에 관해 과거 과도정부 시절 체신부에서 일본으로 송부한 중요 입증서류를 SCAP를 통해 다시 확보했기 때문에 그것을 본국으로 송부하니 면밀히 검토할 것을 건의했다. 그 공한에 첨부한 것으로 보이는 입증서류인 "대일배상요구일람표"는 『배상조서』의 마지막 부분에서 정리한 표와 같으므로 면밀히 검토할 것을 요청한 그 입증서류는 결국 『배상조서』 및 그와 관련된 자료였던 것으로 볼 수 있다.[52]

물론 요청된 『배상조서』 등에 대한 검토 작업은 배상 권리 상실에 따른 권리 내용의 변동에 대응하기 위한 것이 아니었다. 원래 확정채권 요구는 전쟁

로 삼은 통화의 종류와 차이가 있다. 그러나 『배상조서』에서도 일본계통화는 확정채권 속에 분류되어 있어, 원래 배상 개념과 상관없다는 것, 또 앞서 확인한 바와 같이 한일 직접 교섭을 맞이해 청구권 문제로서 준비된 임송본의 건의서에서도 일본계통화는 일본은행권 및 대만은행권에 한정된 사실이 없으므로 국회결의는 군정령 57호가 일본은행권, 대만은행권의 예입만을 직접 지시한 것에 대한 대응에 불과하다. 다시 말해 한국 내에서 이루어진 기탁 통화의 반환 요구 범위 '축소'는 청구권 교섭으로의 변화와 아무런 상관이 없는 문제임이 확실하다.

52 "한일대 제2627호, 체신부 관계 확정 채권 반환 요구에 필요한 입증자료 송부 건", 『제1차 한일회담(1952.2.15 - 4.21) 청구권 관계자료, 1952』, 617~618쪽. 첨부된 자료는 같은 문서 619~624쪽. 단 그 이유는 모르겠으나 625쪽에는 이 표가 1954년에 작성되었다는 발행 기록이 있다. 물론 1951년에 송부된 자료가 1954년에 작성된 자료일 수가 없으므로 왜 이와 같은 자료 정리가 되었는지는 잘 모른다. 추측컨대 당초 송부된 자료는 1949년에 작성된 『배상조서』였으나 자료 보존 상태 등 실무적 이유로 그 후 재차 작성된 1954년판을 나중에 갈아 끼운 것으로 보인다. 아무튼 첨부된 자료가 『배상조서』의 내용과 일치하고 있는 점으로 미루어, 검토 대상으로 송부된 것이 『배상조서』 관련 자료였음은 틀림없다.

수행과 전혀 상관없는, 즉 배상 권리 획득 여부와 직접 관련이 없는 문제였다. 무엇보다 그 요구의 주관 부서인 체신부가 "대일배상요구자료조서는 당시 조사불비(不備) 및 계수(計數)에 상이한 점이 유함으로"[53]라고 증언하고 있는 점에서 재검토 작업의 필요성을 짐작할 수 있다. 즉 신성모가 다시 '면밀히' 검토할 것을 요청한 배경은 실제 일본과의 교섭에 임하는 데『배상조서』에 담긴 내용으로는 현실적으로 그 요구를 실현하기 어렵다는 판단이 작용한 것으로 보인다.

실제 이와 관련해 김용식 주일대표부 공사는 체신부 관계의 채권 반환 교섭을 구체적으로 진전시키기 위해서는 시간적인 요구 범위를 결정하는 데 한일 간의 결제 기준 날짜를 결정할 문제, 지리적 청구 범위와 관련해 남북한의 분단 현실을 어떻게 감안해야 하는지의 문제, 청구 금액 결정과 관련해 과거의 금액을 현재의 가치에 환산하는 비율 결정의 문제, 그리고 각 항목 요구의 획득을 위해 필요한 자료 수집의 진행 상황 전달, 입증 가능한 확실한 근거에 기초한 총액 결정의 필요성 등을 본국에 건의했다.[54] 물론 시간적·지리적 범위 및 가치 환산 기준 등의 설정은 일본과의 교섭에서 현실적으로 문제를 풀기 위해 반드시 준비해야 했던 과제였다.

즉 이 시기에 체신부 관계 확정채권의 반환 문제와 관련해 한국정부가 추가적으로 벌인 재검토 작업은 일본과의 직접 교섭을 통해 그 반환을 실현하는 데 필요한『배상조서』의 '현실화' 작업이었다. 실제 유진오는『배상조서』작성과 관련해 "구체적으로 그것을 어떻게 하겠다는 계획은 없었지만"이라는

---

53 "체부 제47호, 대일배상요구 자료 서류 송부에 관한 건", 위의 문서, 644쪽.
54 "한일대 제2599호, 체신부 관계 특별계정(확정채권)에 관한 문의 건", 위의 문서, 631~637쪽.

증언을 남기고 있다.[55] 그 재검토 작업은 바로 '어떻게 하겠다'는 현실적인 요구에 응하기 위한 보완이었다.

외무부는 1952년 2월 15일부터 본회담으로 가동하기 시작한 1차 한일회담 개최에 맞추고, 그 재검토 작업의 결과를 주일대표부에게 답신했다. 2월 20일, 외무부는 김용식 공사에게 1월 10일로 체신부가 『배상조서』의 미비를 고친 수정판을 제시했다고 알리는 한편, 문제의 특수성과 입증 관계를 고려하여 청구권 문제의 자료로 활용하도록 훈령하면서 수정 내용을 전달했다.[56] 체신부가 수정한 체신부 관련 확정채권의 내역은 표4-2와 같다.

체신부가 1월 10일에 내놓은 체신부 관련 확정채권의 요구 내용은 2장에서 해부한 『배상조서』 중의 체신부 관련 요구의 구성 자체를 바꾸어 버릴 큰 수정으로 보이기 쉽다. 그러나 체신부가 가한 각 항목 설명과 『배상조서』 중의 해당 부분의 설명이 일치하는 것을 감안하면[57] 개념상 그 수정안 중 〈우편국 관계〉가 『배상조서』 2부 〈(6) 체신부 관계 특별계정〉의 〈① 위체, 저금 및 세입세출금 총산에 의한 한국 수취 감정〉[표2-17]에, 또 〈동결액〉이 동 〈② 대차 결제 기준일 이후 태평양미국육군총사령부포고령 제3호에 의한 한국 수취금 총계〉[표2-18]에, 그리고 〈보험국 관계〉가 〈③ 조선간이생명보험, 연금 관계 한국 수취 감정〉[표2-19]에 해당하는 것은 틀림없다. 체신부 관계 확정채권의 핵심 요구인 3부 구성은 그대로 유지되어 있는 것이다.

물론 수정에 따라 변화가 있었다. 변화가 일어난 상세한 이유는 정확하게

55 俞鎭午, 앞의 책, 9쪽.

56 "외정 제320호, 체신부 관계 대일 확정채권에 관한 건", 『제1차 한일회담(1952.2.15-4.21) 청구권 관계자료, 1952』, 642~643쪽. 1월 10일 체신부 수정안은 "체부 제47호, 대일배상요구자료 서류 송부에 관한 건", 같은 문서, 644~652쪽.

57 "체부 제47호, 대일배상요구자료 서류 송부에 관한 건", 위의 문서, 646~649쪽.

표4-2 1952년 1월 10일 체신부 수정안과 『배상조서』 2부와의 관계

항목		금액(엔)	『배상조서』와의 관계
우편국 관계	1945년 9월 20일 현재 요구액	1,112,569,453	(6)-①. 금액 감소
	1945년 10월 중 지출액	228,002,944	
	합계(1945년 10월 31일 현재)	1,340,572,398	
동결액		220,468,049	(6)-②. 금액 증가
보험국 관계	조선간이생명보험 적립금 예금부예금	116,945,534	(6)-③-a)-마). 금액 일치
	조선간이생명보험 여유금 예금부예금	20,330,000	(6)-③-e). 금액 일치
	조선우편연금 적립금 예금부예금	10,164,709	(6)-③-c)-나). 금액 일치
	조선우편연금 여유금 예금부예금	1,400,000	(6)-③-g). 금액 일치
	대장성 예금부 등록 국채	17,440,085	(6)-③-a)-라). 금액 일치
	합계	166,280,328	금액 감소
총계		1,506,852,727	금액 감소

알 수 없으나 결과적으로 표2-17과 비교해, 표4-2의 〈우편국 관계〉는 세부 항목 구성에 관해 『배상조서』에서 종류별로 정리된 항목을 묶어 시간별로 재정리했으며 금액도 1.3억 엔가량 줄어들었다. 또 〈동결액〉에는 세부항목이 기재되어 있지 않으나 『배상조서』와 비교해 4,700만 엔가량의 금액이 늘어났다. 또 〈보험국 관계〉 역시 『배상조서』의 해당 부분과 비교해 세부항목이 줄어들었으며, 그에 따라 금액도 2.25억 엔가량 줄었다.

따라서 체신부 수정 작업의 결과 체신부 관련 확정채권의 총 요구액은 『배상조서』 작성 시의 요구액 20억 엔가량과 비교해 15억 엔 정도까지, 또 〈동결액〉을 포함해도 17억 엔가량으로 각각 5억, 3억 엔 정도 줄어든 것이었다.[58]

---

58 주의할 필요가 있는 것은 표4-2의 합계치 1,506,852,727엔은 〈동결액〉을 제외하고 〈우편국 관계〉 및 〈보험국 관계〉만을 합친 수치라는 점이다.

자료의 한계로 인해 이러한 수정 작업의 상세는 알 수 없다. 그러나 이 시기 대일교섭을 현실적으로 진행하는 데 '조사불비 및 계수에 상이한 점'을 극복하기 위한 보완 작업으로 진행된 체신부 수정 작업은 쓸모 있는 조사 결과를 마련한 것이 아니라고 풀이된다. 실제 후술하는 바와 같이 2차 한일회담 당시 한국이 직접 일본에 대해 조회를 요청한 체신부 관련 확정채권의 금액은 체신부 수정 수치가 아닌 원래 수정 대상이었던 『배상조서』의 값이었다. 또 이후 교섭 과정에서도 1월에 나온 체신부 수정 수치가 체신부 관련 확정채권 요구의 토대가 된 흔적 역시 없다. 1차 한일회담을 앞두고 체신부가 내놓은 수정안은 그 후 한국정부가 근거 있는 결과로 활용하는 일조차 없었던 것이다.

한일 직접 교섭을 맞이해 한국정부가 펼친 마지막 대응은 북한 지역에 있는 확정채권 문제였다. 외무부는 1951년 11월 3일에 개최 예정이었던 국무회의의 의결을 상정하면서 "북한지대의 확정채권 처리에 관한 건"을 작성했다. 이 문서에서 외무부는 『배상조서』에 의거해 확정채권의 변상 문제를 촉진할 것을 밝히면서도 조서가 38도선 이남에 한정되어 정리된 것을 감안해서 그때 포함하지 않았던 한국전쟁 중의 월남 이북주민의 확정채권을 추가할 것을 입안했다. 이를 위해 월남 주민들이 휴대해 온 관련 증거 서류를 신고 등을 통해 추가 조사할 필요성을 지적했다.[59]

그 후에 첨부된 관련 문서는 "공개 불가"라는 표시와 함께 완전히 삭제되어 있으므로 그 내용은 확인할 수 없다. 그러나 "북한지대의 확정채권 처리에 관한 건"을 원안대로 의결한다는 국무회의 문서를 확인할 수 있으므로[60] 한일회담에 즈음하여 외무부가 추가 건의한 월남 이북주민의 대일채권 문제가 추가

59 "외정 제1210호, 북한지대의 확정 채권 처리에 관한 건", 『제1차 한일회담(1952.2.15－4.21) 청구권 관계자료, 1952』, 545~549쪽.
60 "총의 제259호, 외무부 관계", 위의 문서, 552쪽.

조사의 대상이 된 것은 틀림없다. 이런 의미에서 한일회담 개시 무렵에『배상조서』에 대한 새로운 대응이 생긴 것은 틀림없다. 그러나 이와 같은 한국정부의 대응도『배상조서』작성 시, 남한에 존재하지 않았던 이북주민의 확정채권을 추가하기 위한 것에 불과함은 따로 강조할 필요도 없다. 즉 그것 역시『배상조서』의 보완에 불과했다.

평화조약의 결과 한국이 배상 권리를 상실하고 한일교섭을 청구권 문제로 제기할 것이 확실시된 시기에 공식 기록이 전하는 한국정부의 움직임은 이들 뿐이다. 검토한 바와 같이, 이러한 대응은 모두 배상 권리의 상실에 따라 당초 예정한 대일요구를 청구권의 성격에 맞추어 재편성하기 위한 작업이 아니었다. 실제 유진오 출장보고서, 임송본 건의서, 그리고 한국정부가 내부적으로 벌인 기타 추가 대응은 모두『배상조서』에서 거론되지 않았던 항목의 추가, 논리 구성의 준비, 미비한 금액의 재정리 등의 움직임이었으며, 이는『배상조서』에 대한 '보완' 작업의 성격을 띠었다.

다시 말해 배상과 청구권 요구의 차이를 검증하는 데 매우 중요한 한일 직접 교섭의 개시 시기, 한국정부가 보인 인식과 대응은 청구권 요구가 바로 『배상조서』의 연장선상에 있음을 나타내는 것이다.

2. 초기 한일교섭을 위한 일본정부의 대응과 전략

1) '역청구권'의 배경과 기원

평화조약의 결과 배상 권리를 상실한 한국정부가 대일청구권 요구 확립을 위해 '엉성한' 『배상조서』의 보완에 나서고 있었던 시기에 일본정부는 한일 청구권 교섭을 어떻게 인식하고 대응하려고 했을까?[61] 3장에서 밝힌 바와 같이, 원래 일본정부는 세계적인 전후 처리의 일환으로 기정사실이 되어 있었던 재한일본인 재산의 한국 취득을 가지고 한일 간의 청구권 문제를 모두 종결하도록 도모하고 있었다. 그러나 미국은 일본의 요구를 억제하고 평화조약 4조(a)항으로 인해 직접 교섭의 길을 열어 놓았다. 더구나 미국은 재한일본인 재산에 관한 처분의 승인을 요구하는 4조(b)항을 막판에 추가함으로써 일본으로 하여금 한국이 재한일본인 재산을 취득한 것 자체를 부정하는 것을 어렵게 했다.

따라서 한일 직접 교섭을 피할 수 없게 된 일본에게는 한국의 대일청구권 요구에 대비하는 것과, 특히 그를 위해서도, 평화조약 4조(b)항이 가져다줄

---

61 한국과의 청구권 교섭에 임하는 일본정부 내부의 준비 과정에 관한 연구로는 金恩貞, 「日韓国交正常化交渉における日本政府の政策論理の原点 : 「対韓請求権論理」の形成を中心に」, 日本国際政治学会編, 『国際政治』第172号, 2013. 2., 28~43쪽이 있다.

악영향을 차단하는 문제가 초미의 과제가 되었다. 그러나 그 조항으로 인해 재한일본인 재산 처분을 부정하지 못하게 된 일본에게 남은 선택은 미국이 취한 재한일본인 재산 처분의 의미를 자신들에게 유리하게 꾸미는 것밖에 없었다.

실제 일본정부는 한일 예비회담을 맞이할 무렵, 평화조약 4조(b)항에 대한 법적 해석을 자신들에게 유리하게 꾸미는 작업에 착수했다. 그 결과 재한일본인 재산의 처분에도 불구하고 사유재산에 대한 최종적인 재산 소유권은 일본에게 남는다는 이른바 '역청구권' 논리가 만들어졌다. 이 논리 형성에 직접적인 영향을 준 것은 바로 국제법학자 야마시타(山下康雄)의 4조(b)항에 대한 해석이었다.

야마시타는 1958년 영문 학술지에 논문을 게재함으로써[62] 일본정부에 의한 한일회담 공식 문서 공개 이전부터 평화조약 4조(b)항으로 인한 재한일본인 재산의 처분에 관한 입장이 이미 알려져 있는 인물이었다. 그는 그 조항이 '최종적인 몰수'가 아니라 '관리 책임의 이전(移轉)' 규정에 불과하므로, 재한일본인 재산에 대한 미국의 조치를 인정했다고 하더라도 최종적인 재산권은 일본에 남는다는 주장을 전개함으로써 일본정부의 역청구권 주장을 지지하고 있었다. 그러나 공개된 일본의 한일회담 공식 문서가 가리키는 것은 그 논리가 일본정부의 '역청구권' 주장을 사후에 지지하기 위해 전개된 것이 아니라 한일회담 개시 무렵에 외무성의 의뢰로 향후 일본정부가 취할 이론적인 기반을

---

62 "TITLE CLAIM TO JAPANESE PROPERTY IN KOREA", *THE JAPANESE ANNUAL OF INTERNATIONAL LAW* no.2, 1958, pp.38~54. 동 논문은 1958년 1월 저자 사망 후에 게재된 것이어서 저자의 투고에 따른 것인지 확실치 않다. 단 논문 끝 부분에 1957년 12월 31일 일본정부가 대한청구권을 포기했다는 편집자로 인한 주석이 달려 있으므로 그 움직임과 관련된 의도로 게재된 것으로 풀이된다.

제공하기 위해 만들어지고 있었다는 사실이다.

1951년 9월 조약국법규과 명의와 함께 작성한 조서 "평화조약 제4조에 대하여"[63]에서 야마시타는 역청구권이 성립되는 논리를 다음과 같이 꾸몄다. 즉 재한일본인 재산이 평화조약 4조(b)항으로 인해 몰수된 후 한미협정에 따라 한국정부에 최종적으로 귀속되었다는 해석은 틀리며, 헤이그육전법규에 따라 점령군은 사유재산을 몰수할 수 없다. 미국 역시 그 국제법을 어길 수 없다. 그에 따라 평화조약 4조(b)항이 사실상 그 승인을 요구한 군정령 33호는 적산관리 기능의 승인만을 요구하는 것에 불과하다. 실제 그와 같은 성격은 동 33호에 사용된 일본인 재산의 '귀속(vest)', '소유(own)'라는 표현이 영미법에서 재산의 신탁관리 시에 사용하는 개념이라는 점에 잘 나타나 있다. 따라서 4조(b)항의 승인에 따라 일본은 미군정이 실시한 재한일본인 재산의 처분 자체에는 이의를 제기할 수 없으나, 재산의 매각대금, 임대료 등 처분에서 발생한 과실(果實)에 대해 청구할 수 있다. 야마시타는 이상과 같은 논리를 전개한 후 "한국이 이 규정[평화조약 4조(b)항]으로 안심하고 있다고 한다면 이것 역시 바보 같은 착각(馬鹿げた思い過ごし)"이라고 거칠게 반론했다.[64] 한일 직접 교섭에 들어가면서 일본이 전개한 논리는 바로 그가 전개한 내용과 완전히 일치하므로 일본정부의 이른바 역청구권 주장은 전면적으로 야마시타 학설에 의거한 것으로 봐도 된다.[65]

---

63 이는 「平和条約第四条について(上)(未定稿)(平和條約研究 第三号)」；「平和条約第四条について(下)(未定稿)(平和條約研究 第四号)」로서 같이 外務省日韓会談公開文書(문서번호 1562)에 수록되어 있다.

64 「平和条約第四条について(下)(未定稿)(平和條約研究 第四号)」, 外務省日韓会談公開文書(문서번호 1562내), 24쪽.

65 실제 외무성은 초기의 교섭 요령을 정한 방침 문서와 관련해 향후 교섭을 위해 준비할 관련 문서를 정리했으나 그 속에서 군정령 33호에 따른 재한일본인 재산 취득(vest)의

일본정부가 한국의 일방적 청구를 차단하려 한 배경에는 물론 "팽대한 재선(在鮮)일본인 자산을 수중에 두고 있으면서도 더 일본에 대해 여러 종류의 청구권을 제기하는 것은 불공정함이 짝이 없다."[66]는 반발이 깔려 있었다. 이에 따라 일본은 예비회담 개최 후 일찍, 예외적인 사정으로 인해 인정해야 할 일부 청구권의 지불에 대한 교섭 가능성을 남기면서도 "우리 측이 보유한 재선재산의 팽대함을 감안하고 한국 측 대일청구는 원칙으로서 일절 포기시킬 것"[67]을 교섭 방침으로 삼았다.

일본이 예비회담에 즈음하여 재한일본인 재산에 대한 청구권을 활용하려 한 또 다른 배경에는 한국이 제기할 금액의 불투명함과 금액의 크기에 대한 우려도 작용한 것으로 보인다. 이 시기 일본정부는 한국정부도 인정하고 있다면서, 한국의 대일청구 액수를 480억 엔[68]가량으로 예상하고 있다.

일단 일본정부가 예상한 이 금액은 현물로 반환할 것을 요구한 1부를 제

효력 문제에 관해서 야마시타 조서를 준비할 것을 내부적으로 정했다. 「請求權、財産問題につき準備すべき資料(案)」, 外務省日韓会談公開文書(문서번호 537내) 1쪽. 외무성 문서가 야마시타 이론에 의거한 것으로 추측되는 또 하나의 중요한 논점으로는 한국의 대일8항목요구 중 4항에 해당하는 문제가 있었다. 야마시타는 분리지역과의 금전채무 문제와 관련해 분리지역에 본점을 둔 법인은 일본 법인이므로 조선은행 등 과거 한국에 본점을 둔 한국 관련 은행들의 일본 국민에 대한 대부는 일본 법인의 일본 국민에 대한 채권 문제지, 한국이 일본에 대해 가진 채권이 아니라는 논리를 짜고 있었다. 「平和条約第四条について(上)(未定稿)(平和條約研究 第三号)」, 外務省日韓会談公開文書(문서번호 1562), 21쪽. 후술하지만 4항 요구와 관련해 한국이 한국 법인이라고 주장한 조선은행 등을 일본 법인이라고 반론한 일본정부의 견해는 일찍부터 야마시타가 전개한 논리와 일치하고 있다.

66 「財産請求権処理に関する件」, 外務省日韓会談公開文書(문서번호 536), 3쪽.
67 「日韓両国間の基本関係調整に関する方針(案)」, 外務省日韓会談公開文書(문서번호 1835), 3~4쪽.
68 「日韓特別取極の対象となる日本資産及び請求権について」, 外務省日韓会談公開文書(문서번호 1563), 2쪽.

외하고 한국정부가 『배상조서』를 통해 정리한 총액 31,400,975,303엔보다 170억 엔가량 많은 액수였다. 그러나 『배상조서』에서 정리된 이 금액 역시 유진오 등의 증언에서 보이듯이 엉성한 것에 불과했으며, 그에 따라 한국정부는 한일 직접 교섭을 맞이해 그것을 현실화하는 보완 작업을 진행하고 있었다. 그 과정에서 『배상조서』에서 포함되지 않았던 항목의 추가도 이루어졌다. 그러나 이러한 추가 작업이 명확한 액수 산출로까지 이어진 흔적도 없으며, 결국 초기 한일교섭에 임한 한국정부가 대일청구권 액수를 정확히 산출하지 않았음은 틀림없다. 따라서 일본이 예상한 480억 엔가량의 수치는 근거 없는 추측에 불과했다. 그러나 이러한 불투명함이 일본으로 하여금 한일교섭에 대한 경계심을 높이게 한 것은 피할 수 없는 일이었다.

이런 다음 일본은 향후 정식회담에서의 토의 의제를 정하는 성격을 지닌 한일 예비회담 단계에서 일찍 역청구권을 행사할 의향을 내비치게 된다. 실제 일본은 한일 예비회담 제5회 본회의[1951년 10월 30일]에서 "재산 및 청구권 처리에 관한 협정의 기본요강"과 그 설명 요지를 제출했다. 그 속에서 일본은 다음과 같이 주장했다. 평화조약 4조(b)항을 승인한 데 따른 효력은 국제법상 적법으로 행해진 재산 처분에만 한정된다. 연합국에 대한 일본인 재산의 처분은 합의하였으나 재한일본인 재산의 처분에 관해서는 합의하지 않았다. 교전국도 점령국도 아닌 한국에 미국이 동 재산을 이양한 것은 국제법을 어긴 것이다. 일본은 이 같은 견해를 직접 밝히면서 한국에 대일청구권 차단의 의사를 일찍 예고했다. 그뿐이 아니었다. 일본은 아울러 한국전쟁으로 피해를 입은 재한일본인 재산 손실에 관해서도 보상을 요구할 의사를 내비치고 한국에 대한 압박 수위를 높였다.[69]

---

69 일본이 관련 문서를 제출하고 이와 같은 견해를 피력했다는 사실은 5차 본회의 기록에

즉 재한일본인 재산의 일방적 취득에 대한 반발과 대일청구 내용에 대한 불투명함을 배경으로 일본은 역청구권을 초기 대한교섭에서의 핵심 무기로 활용할 의사를 굳혀 나간 것이었다.

2) 역청구권 활용 방안의 모색과 초기 교섭 전략의 확립

그러나 한일 예비회담에서 역청구권을 활용할 의도를 천명한 일본정부 역시, 그 시점에서는 아직 향후 대한교섭에서 그것을 구체적으로 어떻게 활용하는지에 대한 명확한 전략을 세우고 있지 않았다. 1952년 2월에 개최될 것이 예상된 한일 간 정식회담을 내다보면서 일본정부가 구체적인 전략 입안에 나서게 된 것은 1951년 말쯤부터의 일이었다.

12월 3일 외무성은 대한교섭의 걸림돌이 되는 평화조약 4조(b)항을 극복하기 위해 야마시타 이론을 교섭에서 어떻게 활용할 것인가를 결정할 필요성을 지적하면서 다음 두 가지 안을 구상했다. 하나는 4조(b)항이 적산관리에 대한 권한 이전의 승인만을 규정한 것에 불과하며 그에 따라 일본은 매각 대금 등의 최종적인 소유권을 포기한 것이 아니라는 입장이며, 또 하나는 대한청구권을 보유하고 있다고 하지 않고 교섭에서는 재한일본인 재산을 한국이 취득

서는 확인되지 않고 다음 6차 본회의에서 진행된 일본 측 견해에 대한 한국 측 반론 요지에서만 확인 가능하다. "제6회 회담에서 임대표가 개진(開陳)한 의견요지", 『한일회담 예비회담(1951.10.20 - 12.4), 본회의회의록, 1차 - 10차, 1951』, 189~194쪽. 또 그 이유는 불분명하나 일본 측 예비회담 본회의 기록에서는 일본이 문서를 제출하고 이와 같은 견해를 제기한 것이나 그에 대해 한국이 반론을 제기했다는 등의 기록은 일절 찾을 수 없다.

했다는 사실을 한국의 대일청구권의 결정에 이용하는 입장이었다.[70] 즉 일본 정부는 역청구권의 활용 방안으로서 매각 대금 등 한국에 남은 일본인 재산을 직접 반환할 것을 요구하는 전략을 취할 것인지, 아니면 이미 상실한 대한청구권을 한국의 대일청구권 상쇄의 수단으로 활용할 것인지, 일단 두 가지 교섭 방안을 염두에 둔 것이었다. 그러나 현실적인 선택에는 피할 수 없는 조건이 작용하지 않을 수 없었다.

12월 10일 외무성은 사실상 후자를 택할 것을 정했다. 즉 향후 한국의 대일청구권 문제에 즈음하여서는 재한일본인 재산을 취득했다는 것을 고려할 것을 주장하고 결국 상호에 청구권을 일괄 포기할 원칙으로 교섭을 진행할 방침을 굳혔다. 그 배경에는 재한일본인 재산의 대부분이 이미 청산되어 있으며 또 한국전쟁으로 인해 파괴되어 있다는 현실, 그리고 미국정부의 해석이 일본에게 불리하다는 전문(傳聞)이 존재하는 것 등이 작용했다. 일본정부로서는 이와 같은 조건하에서 재한일본인 재산 자체의 반환이나 청산 대금 등의 청구권을 주장해도 그것은 현실적이지 않았으며 결국 평화조약 4조로 인해 재한일본인 재산을 한국이 취득했다는 사실이 한일 청구권 교섭에서 특별조정의 대상이 될 것이 인정되어 있다는 조건을 활용할 수밖에 없었다.[71] 즉 일본정부는 재한일본인들의 재산을 이미 한국이 취득하고 있으며 또 한국전쟁으로 인해 많이 파괴되었다는 현실을 고려해, 실현 불가능한 재한일본인 재산의 직접 반환을 요구하는 것이 아니라 그것을 이용하면서 한국에 대해 대일청구권을 포기시키는 방향으로 교섭을 진행하는 전략을 그린 것이었다.

한국에 대한 청구권을 상호 포기를 위해 활용한다는 방침에 관해서는 또 하

---

70 「日韓特別取極の対象となる日本資産及び請求権について」, 外務省日韓会談公開文書(문서번호 1563), 7~12쪽.
71 「財産請求権処理に関する件」, 外務省日韓会談公開文書(문서번호 536).

나 주목할 만한 것이 있었다. 그것은 외무성이 동 구상 속에서 북한에 있는 일본인 재산이 군정령 33호의 범위 외에 있으므로 그에 대해서는 평화조약이 있어도 완전한 청구권을 보유하고 있다는 사실을 강조하고 있는 점이다. 그 문서에서는 그것이 무엇을 뜻하는가에 관한 직접적인 기술은 없다. 그러나 이하 논하는 전략을 감안할 때, 그것이 한국의 대일청구권 차단을 위해서는 경우에 따라 북한에 남은 일본인 재산을 활용할 전략을 뜻하고 있었음은 틀림없다. 결과적으로 일본정부는 한국과의 청구권 문제 해결에서 북한과의 문제를 제외하는 입장을 취하게 되었다. 그러나 한일 직접 교섭에 나서려는 초기에는 오히려 남북한의 청구권 문제를 한국과의 교섭에서 같이 다룰 것을 구상하고 있었던 것이다.

물론 그 이유로는 일본이 아직 경제적으로 많은 어려움을 겪고 있는 시기인데도 한국의 대일요구액이 막대한 것으로 예상되는 데다 금액 역시 얼마가 될지 불투명하다는 것에 대한 위기감이 작용한 것은 쉽게 상상할 수 있다. 그러나 그와 더불어 그 판단에는 한국전쟁 중이라는 특수 사정이 작용했다.

외무성은 이북 지역 소재의 일본인 재산에 대한 교섭 상대를 북한 당국으로 정할 경우, 한국전쟁을 국제법상의 전쟁으로 간주하고 전시중립국의 의무를 지게 되는 것을 뜻하며, 유엔의 결정에 따라 한국을 지원하고 있는 실정과 어긋난다는 것, 또 평화조약 발효 후에는 유엔에 협력할 것을 의무로 하는 5조 조항을 어기는 것으로, 이치에 맞지 않는다고 지적했다. 이 해석에 따라 외무성은 북한 당국을 대한민국이라는 정당한 정부에 대해 반란을 일으키고 있는 '지방적 사실상의 정부'에 불과하며, 교전 단체 이전의 존재로 다룰 수밖에 없다는 입장을 정리했다.[72] 즉 한국전쟁이라는 특수 사정은 이북 지역에 있는 일

72 「北鮮地域関係の問題をどう取扱うか」, 外務省日韓会談公開文書(문서번호 1835내),

본인 재산 문제를 한국과 교섭해야 하는 상황으로 만든 것이었다. 실제 외무성은 12월 23일, 국교정상화 조약으로서 당초 구상한 '일한화친조약요강'에서 평화조약 4조에 기인하는 재산 및 청구권 처리 원칙을 정한 3조에 이북 지역의 문제를 한국에 포함할 것을 조문화하고 있다.[73]

아무튼 한일 정식회담을 전망하면서 역청구권 활용 방안을 결정한 일본정부는, 1952년 2월 20일부터 예정된 1차 한일회담 청구권 교섭을 앞두고 1월 말부터 2월 초에 걸쳐 보다 구체적인 교섭 요령을 세 번 정리했다.

외무성은 최초에 작성된 1월 23일 교섭 요령에서 교섭을 바라보는 현실적인 판단과 더불어 그에 맞는 큰 방침을 정했다. 외무성은 벽두에서 한국의 대일청구권보다 재한일본인 재산이 훨씬 많다는 인식을 드러내면서도 북한 소재 재산은 물론 남한 소재 재산도 청산, 파괴 등으로 손실되어 있는 데다 한국 경제의 악화로 사실상 반환, 보상의 전망이 없는 이상, 교섭 자체가 일본에게 불리하다는 것, 더구나 한국이 일방적인 입장에서 억지 주장을 해올 것이 예상되므로 애초 장기 교섭이 될 것을 명심하고 한국을 충분히 압박한 후에 대승적으로 해결할 방침을 세웠다. 이와 같은 큰 방침에 따라 외무성이 보다 구체적으로 정한 초기 교섭 요령의 내용은 다음과 같았다.[74]

- 교섭에서는 수동적인 입장을 취하고, 우선 한국 측으로부터 청구권의 제출을 요구할 것.
- 향후 전반적인 해결을 위한 전망을 세우는 의미와 한국의 잇따른 청구권의 제기를 방지하는 의미에서 청구권의 총 건수, 총액 등을 밝힐 것을 요구할 것.

2~3쪽.

73 「日韓和親条約要綱(第一案)」, 外務省日韓会談公開文書(문서번호 1835내), 2쪽.

74 「請求権問題会談の初期段階における交渉要領」, 外務省日韓会談公開文書(문서번호 537), 1~5쪽에서 정리.

- 확실한 증거의 첨부를 요구할 것. 이는 방대한 청구를 견제하고 또 한국전쟁으로 인해 한국이 자료를 결여하고 있으므로 일본에 유리함.
- 국제적 선례에 따라 영토 분리에 따른 청구권 교섭에서는 사유재산이 존중될 것이 배경이 되는 것이므로 한국의 대일요구를 위해서는 한국이 재한일본인 재산을 존중할 의사가 있음을 밝힐 필요가 있다는 것을 인식시킬 것.
- 한국이 재한일본인 재산을 존중할 의사가 있음을 밝히기까지는 각종 개별적 교섭에 들어갈 것을 거절할 것.
- 한국이 군정령 33호로 인한 몰수를 주장할 경우에는 북한에 있는 일본인 재산이 그 조치와 무관하므로 청구할 수 있음을 인식시켜, 또 동 33호로 인한 몰수 조치에 대해서도 법적 성격을 검토할 것을 요구할 것. 그 경우 재한일본인 재산에 관해 적어도 매각 대금은 청구할 수 있다는 입장을 취하고 국제사법재판소에 소송을 제기하더라도 싸울 마음가짐을 가질 것.
- 재한일본인 재산은 일본이 한국을 수탈한 것임을 주장할 경우에는 일본의 식민통치의 실적 및 국제법의 원칙 등으로 반박할 것. 한국이 국유재산의 무상 몰수 등을 주장할 경우에도 그와 어긋나는 선례가 있음을 들어, 당초부터 양보하지 않을 것.
- 이상의 문제가 해결되고 개별적인 사항의 검토에 들어가게 되더라도 평가 방법(환산율, 원가, 시가, 청산가 등) 등에 대한 원칙을 협정할 것을 제기할 것.

이상 외무성은 한국과의 교섭이 처음부터 장기전으로 될 것을 예상하며, 결국 상호 포기로 이끌어가기 위해서 한국을 충분히 '압박'하는 전략으로 한국의 대일청구권 내용을 천명시키고, 아울러 그것을 증명하는 서류 등을 첨부시킬 것, 한국의 대일청구권 행사를 위해서는 최소한 재한일본인 사유재산을 존중할 것을 약속시킬 것, 군정령 33호를 주장할 경우에는 북한에 있는 일본인 재산에 대한 청구권을 제기할 것 등을 구상했다.

특히 이 시기에 외무성이 한국이 식민지 지배의 수탈성을 주장할 경우에 식민지 통치의 실적을 내세워 대항할 방침을 내부적으로 세우고 있었음은 주목할 만하다. 즉 3차 한일회담 때 식민지 통치의 실적을 언급함으로써 한일교섭

에 커다란 파장을 일으킨 이른바 '구보타 발언'[75]은 결코 개인의 역사관에서
나온 우연한 일이 아니라 적어도 회담 초기 외무성 내부의 교섭 요령으로 정
해지고 있었던 것이다.

외무성은 이와 같이 정한 교섭 요령에 대해 2월 1일에 2안, 2월 6일에 3안
을 구비하여 1안을 보완했다. 이런 가운데 2안에서 교섭에 들어가기 전에 청
구권 문제가 남북을 일체화하여 다뤄야 할 문제임을 한국에 승인시키는 방침
을 추가하고 있는 점은 주목할 만하다.[76] 이는 군정령 33호에 대한 대항 요령
으로서 북한에 있는 일본인 재산을 청구할 수 있음을 내비친 1안을 보다 강화
해, 북한에 남은 일본인 재산에 대한 청구권을 직접 한국에 요구할 수 있는 토
대를 마련하는 의미가 있었다. 다시 말해 그것은 한국이 군정령 33호를 근거
로 재한일본인 재산에 대한 일본의 청구권을 강력히 부정함으로써 일본정부
의 역청구권이 무너질 경우에 대한 보다 강화된 사전 대비책의 의미를 가진
것이었다.

그러나 결과적으로 2안에서 보완된 남북한을 일체화하여 처리하는 방침은
1차 한일회담에서 공식화되지 않았다. 그것은 막판 검토를 통해 외무성이 야
마시타 이론에 의거해 남한 지역에 소재한 일본인 재산에 대한 역청구권만으
로 교섭을 진행하는 것이 가능하다고 판단했기 때문이다. 그러나 그에 이르는
막판의 경위는 약간 우여곡절을 거쳤다.

---

75 구보타 발언이 터진 토의 과정 및 그 내용 등에 관해서는 장박진, 앞의 책, 2009,
    287~298쪽.
76 「請求権問題会談の初期段階における交渉要領(第二案)」, 外務省日韓会談公開文書
    (문서번호 537내), 2쪽. 기타 3안에서는 한국전쟁으로 생긴 일본인 재산의 손해에 대한
    한국 측 국가 책임의 문제를 거론할 전략도 보완되었다. 「請求権問題に関する初期の交
    渉要領案(第三次案)」, 外務省日韓会談公開文書(문서번호 537내), 3쪽. 이는 본론
    에서 언급한 바와 같이 예비회담에서 이미 한국에 시사한 문제이다.

외무성은 1차 한일회담 개최를 코앞에 둔 12일에, 앞서 정했던 교섭 요령을 재검토했다. 그 재검토에는 같은 날인 12일에 잠정적으로 밝힌 다카야나기(高柳真三)의 소견이 소개되어 있는 것으로 보아[77] 그에 영향을 받아 진행된 것이 틀림없다. 재검토 작업이 중요하게 된 이유는 외무성으로부터 군정령 33호에 관한 해석 평가를 의뢰받은 다카야나기가 12일, 외무성 해석에 대해 안이하고 낙관적이라는 잠정적인 견해를 전달했기 때문이다.

다카야나기는 외무성으로부터 의뢰를 받은 12일, 최종적인 소견은 1주 정도 후에 답한다고 하면서 군정령 33호와 관련한 잠정적인 의견을 전달했다. 즉 법령에서 사용된 'vest'가 유연하게 사용되었으며 최종적인 소유권의 이전을 뜻하는 경우도 있다, 가령 동 33호를 적산관리령으로 간주해도 제2차 세계대전 후 연합국의 전후 처리에서는 적산관리령에 몰수 효과를 기하는 조항도 있으므로 그 효력이 관리처분 이상의 의미가 없다고 추론하는 것은 조급할 수 있다, 평화조약 4조(b)항을 승인한 이상 그 규정에 복종해야 하므로 승소할 가능성은 없다는 등 외무성이 준비해 온 교섭 전략의 근간을 흔드는 의견을 제시했다.[78]

바로 외무성은 12일 잠정적으로 전해진 다카야나기의 견해를 받아 역청구권이 무너질 경우의 대비에 들어간 것이었다. 재검토 결과 외무성은 한국의 대일청구액을 타당한 수준까지 삭감하기 위해 국제법적 선례나 병합의 합법성 및 한국의 독립이 분리에 불과하다는 것을 주장하는 동시에 북한 카드를 보다 강력히 이용하는 방안을 모색했다. 그것은 정치적인 고려도 포함해 남북

---

77 「請求權問題に關する交涉要領案(第三次案)の再檢討」, 外務省日韓會談公開文書(문서번호 537내), 4쪽.

78 「ヴェスティングデグリーに關する高柳教授の所見について」, 外務省日韓會談公開文書(문서번호 1565내), 1~6쪽.

한 문제를 하나로 묶어 북한에 있는 사유재산에 대해 일본에 청구권이 있음을 승인시켜 그것만으로도 한국의 대일청구권보다 많다는 것을 밝힐 것, 또 한국이 북한에도 한국의 주권이 미치고 있다는 전제로 교섭을 진행하는 이상, 주권 행사의 실효성을 보충하도록 압박함으로써 결국 그것을 못하는 한국이 일본에 대한 청구권 요구에 큰 기대를 가질 수 없도록 깨닫게 할 것, 구체적으로는 청산을 상호주의로 함으로써 일본의 한국에 대한 지불을 북한에 있는 일본인 재산의 반환 실행과 동시에 진행할 것을 조건으로 함으로써 실질적으로 청구권 처리를 지연시킬 것 등을 대안으로 제시했다.[79] 즉 잠정적으로 나온 다카야나기의 소견을 받아 역청구권 성립에 불안을 느낀 외무성은 2월 1일에 작성한 교섭 요령 2안에서 제시한 북한 카드를 보다 구체적으로 활용하는 방향으로 교섭을 밀고 나가려 한 것이었다.

그러나 외무성에 대해 추가적인 대비를 촉구한 다카야나기의 소견은 결국 2월 18일 본인에 의해 야마시타 이론에 대한 승인으로 최종 변경되었다.[80] 이러한 결론이 나오자, 외무성은 야마시타 이론에 기초한 역청구권 해석을 초기 한일회담에서 활용할 핵심 교섭 카드로 결정했다. 그에 따라 한때 현실성을 띤 북한 소재의 일본인 재산의 활용 방안은 교섭 전략에서 후퇴했다. 한국의 대일청구권보다 많다고 판단되는 재한일본인 재산에 대한 역청구권이 성립되는 이상, 한국과 처리함으로 인해 오히려 향후 여러 문제가 발생할 수 있는 이북 지역의 청구권 문제를 서둘러 처리해야 하는 이유는 사라졌다.

---

79 「請求權問題に關する交渉要領案(第三次案)の再檢討」, 外務省日韓会談公開文書(문서번호 537내), 5~12쪽에서 정리. 또 이 경우는 상쇄 조치가 아니므로 북한 소재의 일본인 재산의 일부는 남게 되며 상쇄보다 유리해질 수 있다는 인식도 있었다.

80 「高柳教授の「朝鮮に於ける日本資産に就いての意見」要旨」, 外務省日韓会談公開文書(문서번호 1565내).

실제 2월 6일에 작성된 문서에서 일본정부는 앞서 언급한 한국전쟁 등의 특수 사정을 배경으로 원칙(建前)으로서 전 한반도에 걸친 청구권 문제를 한국과 다뤄야 한다고 하면서도 그에 따른 현실적인 문제를 우려하고 있었다. 그것은 북한 소재의 일본인 재산을 실제 환수하는 것이 불가능하다는 것, 한국이 증거도 없는 이북 지역의 대일청구권을 제기할 가능성이 있다는 것, 또 통일 등 장래의 정세가 변화될 경우 추가 청구가 제기될 가능성이 있다는 것 등이었다. 그 결과 일본정부는 향후 다른 정권이 청구권 문제를 다시 제기해올 경우에도 법 이론적·기술적으로 적절한 교섭을 할 수 있도록 현재로서는 한국의 실력에 상응한 협정, 즉 한국이 실제 통치하고 있는 지역에 관한 청구권 문제만을 협정하는 것이 최선이라고 판단하고 있었다.[81]

결국 이 판단이 그 후 한일교섭에서 이북 문제를 제외한다는 일본 측 최종 방침을 형성한다. 청구권 교섭 개시 전날인 19일, 일본 측 교섭 대표단은 최종적인 교섭 전략과 관련해 한일교섭에서 북한을 포함할 것인가의 문제에 관해서는 장래 어떤 태도도 취할 수 있도록 할 것을 확인했다.[82] 만약 다카야나기의 소견이 수정되지 않음으로 인해 외무성이 역청구권 논리를 취약하다고 판단하고 초기 한일교섭에서 일찍 남북한을 하나로 다룰 방침을 공식화했더라면 이후 한일회담의 양상은 크게 달라지고, 오늘날까지 남은 북일교섭의 토대 역시 무너질 가능성도 있었다. 한일 직접 교섭에서 북한 문제를 어떻게 다룰 것인가 하는 매우 중요한 과제는 이렇게 1차 한일회담을 불과 며칠 앞둔 시점에서 급하게 변경되었던 것이다.

---

81 「請求權問題を全鮮について採上げる場合の問題について」, 外務省日韓会談公開文書(문서번호 1566).

82 「第一回請求權分科会に関する打ち合わせ会」, 外務省日韓会談公開文書(문서번호 539), 3쪽.

이상의 과정을 거쳐 외무성은 2월 28일 일본정부로서의 총합적인 법적 입장을 다음과 같이 굳혔다. 즉 한국에 들어간 군정 당국은 점령군이며 따라서 군정령 33호는 점령군에 관한 법령으로서 점령지역에서의 사유재산 몰수를 금한 헤이그육전법규를 어길 수 없다. 따라서 군정령 33호는 점령 기간에 한해 점령군이 소유권을 가진다는 것을 지시한 것에 불과하며, 그것이 최종적인 몰수 효력이 없는 이상, 원(原)소유자인 일본은 당연히 그에 대한 반환 청구권을 가진다. 또 미 점령군이 소유한 재한일본인 재산을 한국으로 이양한 한미협정 5조는 단지 미군정에 귀속된 재산을 한국정부에 이전한 것뿐이며 국제법상 점령군의 권한을 가지지 않는 한국정부는 그 처분권조차 보유하지 않는다. 즉 한국정부는 이전된 재산을 단지 '수령'하고 '관리'만 하는 권한을 가지는 것에 불과하며 일본과 교전관계에 있었던 것도 아닌 한국에게 일본인 재산을 적국재산으로 관리하는 권한은 없다. 다시 말해 한국이 일본인 재산을 관리하는 유일한 법적 근거는 한미협정 5조뿐이며 이에 따라 한국정부는 선량한 관리자의 입장으로 허용되는 어느 정도의 처분을 제외하고는 일본인 재산을 현상대로 관리하는 권한만을 가지는 것에 그친다. 결과적으로 한국의 관리하에 들어간 현재 일본인 재산은 물론 그것에서 발생하는 장래의 청구권에 대해서도 한국은 책임을 져야 한다.[83]

이와 같이 일본정부는 대한역청구권을 보유하고 있다는 입장에서 교섭에 임할 것을 최종적으로 정했다. 물론 그것은 현실적으로 반환을 실현하기 위한

---

83 「在韓日本私有財産の法的性格」, 外務省日韓会談公開文書(문서번호 1570). 외무성은 동 법적 검토 속에서 한미협정 5조에 있는 '한국 국민을 위한'이라는 조문에 주의를 환기하고 있으나, 그에 대해서도 평화조약 4조에 기초해 한국의 대일청구권이 인정될 경우, 한국이 관리하는 일본인 재산이 한국의 대일청구권을 충족하는 유력한 담보가 될 수 있다는 의미로만 해석하는 입장을 취했다.

것이 아니라 한국의 대일청구권을 봉쇄하기 위한 핵심 전략이었다.

즉 일본정부는 먼저 가급적으로 듣는 입장을 취하고 한국으로부터 대일청구권에 관한 상세한 정보를 수집함으로써 요구의 애매함을 해소할 것, 그 후 한국이 일방적인 대일청구권 요구를 주장할 경우에는 역청구권을 내세워 한국을 압박할 것, 그리고 그것을 통해 교섭을 장기화해 나가면서 대승적인 판단으로 서로 청구권을 포기하는 형식으로 문제를 처리할 것 등을 1차 한일회담에 임하는 주된 교섭 전략으로 삼았던 것이다.

3. 1차 한일회담과 대일청구권 요구의 구체화

1) 청구권 요구의 의도와 대일8항목요구의 제시

한일 양국의 청구권 교섭에 대한 준비가 갖춰져 가는 가운데 1952년 2월 15일에 개최된 1차 한일회담 본회담을 효시로 직접 교섭이 가동하기 시작했다. 이 한일회담에서는 배상 권리를 상실한 한국의 일본에 대한 '청구권' 요구의 인식, 내용 등 그 윤곽이 드러나기 시작했다. 그달 20일에 열린 1차 한일회담 1회 청구권분과위원회(이하 청구권위원회는 위원회로 약기)에서 임송본 대표는 한국정부의 청구권 요구 의도를 다음과 같이 밝히고 있다.[84]

> 대한민국은 36년간의 일본의 점령(occupation)에서 발생한 불쾌한 과거의 기억에 의하여 촉구되는 모든 청구권의 충족을 일본에 대해서 요구하는 의도는 없으며 단지 한국에 합법적으로 속하며 그리고 장래의 한국의 생존(existence)을 위해 충

---

84 "ADDRESS DELIVERED BY THE CHIEF REPRESENTATIVE OF THE REPUBLIC OF KOREA AT THE FIRST SESSION OF THE PROPERTY CLAIMS SUB-COMMITTEE OF THE KOREA-JAPAN CONFERENCE", 『제1차 한일회담(1952.2. 15-4.21), 청구권분과위원회 회의록, 제1차-8차, 1952.2.20-4.1』, 288쪽 ; 「日韓会談第一回財産請求権問題委員会」, 外務省日韓会談公開文書(문서번호 1174), 25쪽.

족되어야 할 재산에 대해서만 그 청구권을 요구하는 것이다.

이어 홍진기 대표 역시 2회 위원회에서 한국정부의 의도를 다음과 같이 보다 구체적으로 언급했다.[85]

일본의 [한반도] 영유를 적극적으로 무효로 하는 데에 청구의 근거를 둔 것도 아니며 또 일본의 영유를 적극적으로 유효로 하려고 하는 것도 아니다. 가령 그것이 유효라고 하더라도 그간에 각종 학살사건 등, 예컨대 수원학살사건에서 한국인이 입은 피해에 대해서 손해배상의 청구는 할 수 있다고 생각한다. 그러나 우리는 그와 같은 과거의 불쾌한 기억에서 유래되는 것을 요구하려고 하고 있는 것이 아니다. 이번 요구는 평화조약 4조에 기초한 것이다.

이상 한국 측 위원회 대표 두 사람의 발언을 집약하면, 한국정부의 대일청구권에 대한 정신은 다음과 같이 요약할 수 있다. 즉 그것은 비록 한일병합을 합법이라고 명확히 인정하는 입장에서 제기하는 것이 아니었으나, 사실상 병합을 유효로 하는 틀 안에서 '합법적'으로 한국에 귀속되는 항목만을 평화조약 4조에 기초해서 요구한다는 것이었다. 한국이 청구권 요구에 즈음하여 일제지배의 불쾌한 기억에서 유래되는 피해를 직접 요구한 것이 아니라 '합법적'으로 한국에 귀속되며 평화조약 4조에 기초한 것임을 강조한 이유는 결국 한일교섭이 평화조약에서 직접적으로 영향을 받을 수밖에 없다는 인식에서였다.

평화조약에는 한일병합의 유효성 여부에 관해서 직접 언급이 없었으나, 2조(a)항에 한반도 독립에 관해 일본의 승인을 요구하는 조항이 들어 있었다. 그 결과 평화조약은 일본의 한반도 지배가 합법적이었다는 해석을 간접적으

---

85 「日韓会談第二回請求権委員会議事録」, 外務省日韓会談公開文書(문서번호 1176), 11~12쪽. 단 이 발언은 한국 측 기록에서는 명확한 형태로 확인되지 않는다.

로 강화했다. 교섭 벽두에 한국이 스스로 제기하는 청구권 문제가 병합이 유효하다는 틀 안에서도 '합법적'으로 한국에 귀속되며 동 4조에 기초해 요구할 것을 천명한 것은 그 요구의 타당성을 부각하기 위해서도 평화조약이라는 제약조건을 오히려 적극 받아들이는 의사를 표시할 필요가 있다고 판단한 결과로 풀이된다.

이런 의미에서 "일본의 한국지배는 한국 국민의 자유의사에 반한 일본 단독의 강제적 행위로서 …… 한국에 대한 일본인의 지배의 비인도성, 비법성은 전 세계에 선포된 사실"이라고 규정한『배상조서』의 요구 근거와 큰 차이가 있어 보인다. 그러나 이러한 차이로 인해 실제 대일요구의 구체적인 내용이 과연 얼마만큼 영향을 받게 되었는가 하는 문제는 따로 검증해야 하는 과제이다. 실제 일본에 대해 강경한 어구를 늘어놓은『배상조서』역시 한편으로는 대일요구에 대한 기본정신이 "일본을 징벌하기 위한 보복의 부과가 아니고 회생과 회복을 위한 공정한 권리의 이성적 요구"임을 부각하고 있다. 무엇보다 그 요구 내용은 2장에서 자세히 해부한 것처럼 기본적으로 '반환'적인 것이었다.

따라서 한일병합이 사실상 합법이며 평화조약 4조에 기초해서 요구한다고 하는 대일청구권 요구가 과연『배상조서』와 비교해 구체적으로 어떤 변용을 보이게 되었는지, 또 그것을 통해 배상 요구와 비교되는 청구권의 의미란 무엇인가 하는 과제를 풀기 위해서는 각 세부항목에 주목한 보다 섬세한 분석이 필요하다.

한국은 1회 위원회에서 '한국의 대일청구 요강안'을 제출하며 대일청구권을 '대일8항목요구'로 공식화하고 있다.[86] 주목되는 점은 일본 측 요구에 따라

---

86 『제1차 한일회담(1952.2.15 - 4.21) 청구권 관계자료, 1952』, 713~714쪽 ;「日韓会談 第一回財産請求権問題委員会」, 外務省日韓会談公開文書(문서번호 1174), 27~28 쪽. 위원회는 20일에 개최되었으나 한일 양국의 공식 문서에서 확인되는 바에 의하면

한국이 3회 위원회[2월 27일]에서 "한일 간 청구권 협정 요강 한국 측 제안의
세목"을 제출하고, 대일8항목요구에 속한 보다 상세한 세부항목을 제시한 점
이다.[87] 앞서 고찰한 바와 같이, 일본은 한일교섭 초기에 기본적으로 듣는 자
세를 취하고 가능한 한 한국의 구체적인 대일요구 내역을 파악하는 것에 주력
할 것을 방침으로 정하고 있었다. 한국정부가 그에 쉽사리 응한 것은 바로 한
국의 요구 내역을 파악한 후, 역청구권을 내세움으로써 한국의 대일청구권을
봉쇄하려는 일본 측 전략을 몰랐던 결과였다.

한국이 1회 위원회에서 제기한 대일8항목요구와 3회 위원회에서 추가 제출
한 세목을 정리하면 표4 – 3과 같다.

표4 – 3의 검토에 들어가기 전에 먼저 확인해야 할 것은 3회 위원회에서
한국이 세목을 제출했을 때, 그것이 정식으로 제기하는 것이 아니라 참고로
제출하는 것임을 밝히고 있는 점이다.[88] 한국은 '참고'의 의미를 직접 천명하
고 있지 않으나, 2차 한일회담에서 보다 광범위한 내역 조회를 요청하고 있
는 점으로 미루어, '참고'는 최종적인 공식 요구가 아니라는 점을 넘어, 부분
적으로 제기한 것에 불과하다는 의미도 포함된 것으로 보인다. 실제 한국의
1차 한일회담 준비 과정은 한국정부가 아직 최종적인 대일청구권 내용을 완
결할 만큼 진척을 보인 것이 아님을 가리키고 있었다. 따라서 1차 회담에서

요강 자체에는 '21일 제공'이라는 기술이 찍혀 있으므로 정리된 요강 자체는 21일에 제
출된 것으로 풀이된다.

87 「日韓会談第三回請求権委員会議事要録」, 外務省日韓会談公開文書(문서번호
1177), 5~10쪽. 한국 측 공식 문서에는 세목을 제출했다는 기록만 있을 뿐 세목 자체는
수록되어 있지 않다.

88 "제3차 청구권위원회 경과보고", 『제1차 한일회담(1952.2.15 – 4.21), 청구권분과위원
회 회의록, 제1차 – 8차, 1952.2.20 – 4.1』, 315쪽 ; 「日韓会談第三回請求権委員会議
事録」, 外務省日韓会談公開文書(문서번호 1178), 3쪽.

표4-3 1차 한일회담에서 한국이 제시한 대일8항목요구와 그 세목

구분	1회 위원회에서 제시한 대일8항목 요구	3회 위원회에서 제출한 세목
1항	한국에서 가져간 고서적, 미술품, 골동품, 기타 국보, 지도원판 및 지금과 지은을 반환할 것	1) 고서적(국립도서관 등 국내 12군데 소장분) 2) 미술품, 공예품(도쿄 제실박물관 등 국내 4개 소장분 및 개인 소유분) 3) 지도원판(17종류) 4) 지금 : 1909년부터 1945년까지 조선은행 보유의 지금을 이관한 것 5) 지은 : 지금과 같음
2항	1945년 8월 9일 현재 일본정부의 대 조선총독부 채무를 변제할 것	1) 조선총독부저금관리국의 일본 대장성 예금부에 대한 감정 2) 간이생명보험 적립금 예금부 예금 3) 간이생명보험 여유금 예금부 예금 4) 우편연금 적립금 예금부 예금 5) 우편연금 여유금 예금부 예금 6) 대장성 예금부 등록공채
3항	1945년 8월 9일 이후 한국에서 이체 또는 송금한 금원(金員)을 반환할 것	—
4항	1945년 8월 9일 현재 한국에 본사(점) 또는 주된 사무소가 있는 법인의 재일재산을 반환할 것	해당 회사 명부 제출 1) 조선은행, 조선식산은행, 조선신탁은행, 조선금융조합연합회, 조선총독부 철도국공제조합, 조선장학회유지재단 2) [문서 비공개]
5항	한국 법인 또는 한국 자연인의 일본국 또는 일본 국민에 대한 일본 국채·공채, 일본은행권, 피징용 한인 미수금, 기타 청구권을 변제할 것	1) 일본국채, 일본지방채, 일본정부보증사채, 일본정부기관 사채 2) 일본은행권, 일본정부소액지폐 3) 조선은행의 일본은행에 대한 대월금 및 입체금 4) 태평양전쟁 중의 한인 전몰자 조위금 및 유족 위자료 5) 태평양전쟁 중의 한인 상병자 위자료 및 원호금 6) 태평양전쟁 중의 한인 피징용자 미수금 7) 태평양전쟁 중의 한인 피징용자 위자료 8) 일본정부 및 조선총독부 한인 공무원은급 9) 재일한국인의 본국 귀환 시의 예탁금 10) 생명보험계약자에 대한 책임 준비금 및 미경과 보험료 11) 재한금융기관의 대일위체수지 차익(爲替尻)의 (집중결제) 미청산분 12) 조선식량영단의 수출 미곡 대금의 미수 기타 미청산금

구분	1회 위원회에서 제시한 대일8항목 요구	3회 위원회에서 제출한 세목
6항	한국 법인 또는 한국 자연인 소유의 일본 법인의 주식 또는 기타 증권을 법적으로 인정할 것	–
7항	전기 제 재산 또는 청구권에서 생(生)한 제 과실을 반환할 것	–
8항	전기 반환 및 결제는 협정 성립 후 즉시 개시하여 늦어도 6개월 이내에 종료할 것	–

주석 : –는 해당 세목이 없음을 뜻함.

밝혀진 대일8항목요구는 부분적으로 제시된 잠정적인 요구였음을 염두에 두어야 한다.

2) 청구권 요구의 세부항목과 『배상조서』의 관계

대일8항목요구 및 그에 속하는 관련 세부항목이 제출됨에 따라 2차 위원회[2월 23일]부터 4차 위원회[3월 6일]에서는 한국이 일람으로 제시한 각 항목의 청구 취지, 근거, 개념 등에 대한 질의응답이 진행되었다. 이를 통해 한국이 제기한 청구권 요구의 보다 상세한 내용이 부각되었다. 그러면 한국정부는 어떤 항목을 어떻게 제기했으며, 그것은 배상 요구와 어떤 관계에 있었다고 평가할 수 있는가?

먼저 한국이 1항으로서 제기한 〈한국에서 가져간 고서적, 미술품, 골동품, 기타 국보, 지도원판 및 지금과 지은을 반환할 것〉에는 고서적, 미술품 등 문화재와 지금·지은만이 포함되었다. 『배상조서』 1부 〈현물〉에서 정리된 관련 항목에는 그 이외에도 선박 및 한국 관련 법인의 해외 부동산, 동산, 비품 등이 포함되어 있었다. 그러나 선박은 1차 한일회담에서 이미 다른 독립 의제가되어 있었다는 점, 해외 부동산 관련 항목 역시 대일8항목요구 중 4항으로 사실상 확장되었다는 점 등을 고려할 때, 그것이 청구권 요구로 제기됨에 따라 『배상조서』1부의 내용을 삭감한 결과 등과 전혀 무관한 것임은 분명하다.

또 이 연구에서는 직접 다루지 않은 문화재 관련 항목에 관해서도 배상에서 청구권 요구로 전환됨에 따라 요구 범위가 삭감되었다는 등의 흔적은 없다. 위원회에서는 그에 속하는 세목이 제시되지 않아 정확한 대조는 불가능하다. 그러나 청구권으로 제기된 문화재 관련 범주는 고서적, 미술품, 지도원판 세 가지로, 이는 비록 『배상조서』에서는 문화재로서 하나로 묶이지는 않았지만 서적, 미술품 및 골동품, 지도원판으로 정리된 범주와 기본적으로 같다고 판단해도 된다.

선박이나 문화재 요구가 다른 의제로 됨으로써 그 후 단독으로 일반청구권 요구 1항이 되는 지금·지은도 마찬가지였다. 한국은 1차 한일회담에서 지금·지은의 요구 중량을 직접 제시하지 않았으나 3회 위원회에서 제출한 세목에 '1909년부터 1945년까지'라는 시기가 명시된 점으로 미루어, 지금·지은의 요구 중량이 『배상조서』와 똑같았음은 틀림없다. 이 점은 이후 청구권 교섭에서 나타난 요구 중량이 『배상조서』의 중량과 완전히 일치하고 있는 점에서도 확인이 가능하다. 즉 1차 한일회담에서 청구권 요구로 제기된 1항목 구성은 『배상조서』의 내용을 그대로 유지한 것으로 판단된다.

또 1항과 관련해 주목되는 것은 표면상 한국은 청구권으로서 요구를 제기하면서도 반드시 법적 근거가 있는 것만을 제기한 것이 아니었다는 점이다. 실제 한국은 2회 위원회에서 1항의 전체적인 요구 근거에 관해 법적인 요구라기보다 '정치적'으로 해결할 것을 요구하는 것임을 밝히고 있다.[89] 예컨대 한국은 3회 위원회에서 문화재 요구와 관련해 한국의 국민감정에 주는 '지대한 영향'[90]을 고려해 '친선을 위해'[91] 정치적으로 반환할 것을 요구하는 문제임을 밝히고 있다. 또 지금·지은의 반환 요구 근거에 관해서도 한국은 그것이 한국의 경제적 기반을 닦는 데 도움이 된다는 의미에서 친선을 위해 정치적으로 반환할 것을 요구하는 것임을 드러내고 있다.[92]

즉 한국정부가 제기한 청구권 요구는 반드시 법적 권리에만 입각하려고 한 것이 아니었다. 물론 한국이 일본에게 정치적으로 요청하는 형식으로 제기한 것은 그 요구의 법적 근거가 취약함을 인식한 결과임은 확실하다. 한일 양국의 일체화라는 조건하에서 각각 개별적으로 이루어지며, 심지어 임진왜란 시 반출된 것까지 포함한 문화재 반환 요구가 과연 제2차 세계대전 후의 국가 간 처리 문제로서 그 반환에 대한 법적 근거를 얼마나 가지는 것인가 하는 문제는 피할 수 없었다. 또 지금·지은의 반출 역시 일본은행권 등과 교환하는 거래의 결과 이루어진 것이었다. 즉 이 문제는 이미 그 시점에서 일단 결제가 끝난 문제였으며, 그에 대해 법적으로 다시 반환을 요구하는 것은 어려웠다. 실제 한국도 이 요구에 대해서는 반출 시 일본이 지불한 대가를 반환하고 사들이는 형식을 취할 의향을 밝혔다.[93]

---

89 "제2차 청구권위원회 경과보고", 위의 한국문서, 297쪽 ; 「日韓会談第二回請求権委員会議事録」, 外務省日韓会談公開文書(문서번호 1176), 12쪽.
90 "제3차 청구권위원회 경과보고", 위의 한국문서, 317쪽.
91 「日韓会談第三回請求権委員会議事録」, 外務省日韓会談公開文書(문서번호 1178), 27쪽.
92 "제3차 청구권위원회 경과보고", 『제1차 한일회담(1952.2.15 - 4.21), 청구권분과위원회 회의록, 제1차 - 8차, 1952.2.20 - 4.1』, 321~322쪽 ; 위의 문서, 30~32쪽.
93 위의 한국문서, 321쪽. 더욱이 일본 측 문서는 동 토의와 관련해 한국이 보다 구체적으로 지금·지은의 반출이 일본은행권과 교환된 것, 수입초과를 위해 사용된 것, 당시로서는 적정가격으로 교환된 것 등을 인정하고 있었음을 전하고 있다. 위의 일본문서, 30쪽.

이와 같이 한국은 비록 표면적으로는 청구권 요구로 제기하면서도 적어도 1항은 청구권 권리를 가지는 것으로 제기한 것이 아니라[94] 국민감정에 '지대한 영향'을 주는 정치적인 문제로 해결할 것을 제기했던 것이다. 이런 의미에서 동 1항 요구는 일반적으로 법적 구속력을 덜 받고 정치적으로 제기할 수 있는 배상 요구와 비슷한 성격을 지녔다. 실제 배상 요구로 준비된 『배상조서』의 단계에서도 지금·지은의 반환과 관련해서는 반출의 결제를 위해 일본이 지불한 국채 등을 반환할 의향을 이미 밝히고 있었다.

다시 말해 배상 권리를 상실한 후에도 한국이 『배상조서』와 같은 요구를 제기할 수 있었던 것은 1항이 원래 교전관계에 따른 배상 권리 등과 상관없는 문제였기 때문이다. 구체적인 요구 내역과 함께 『배상조서』와 같은 반환 방법을 유지하고 있었다는 사실은 한일회담 개시 후의 청구권 요구와 『배상조서』의 직접적인 연속성을 여실히 보여 주는 대목이라고 하겠다.

이어 2항은 〈1945년 8월 9일 현재 일본정부의 대조선총독부 채무를 변제할 것〉이었다. 한국은 총독부가 미군정으로, 그리고 건국 후 미군정이 한국정부로 계승되었다고 밝히면서 따라서 일본정부가 한국에 대해 변제해야 한다고 주장했다.[95] 이는 국가 계승 논리에 의거한 것이었다. 보다 구체적으로는 전후

---

94 단 지도원판에 대해서 한국은 그것이 총독부 예산을 들여 제작된 것임을 밝히고 있으므로 그 근거는 대일8항목요구 중 2항과 같이 총독부의 권한이 미 군정청을 거쳐 대한민국에 귀속되었다는 논리에 따른 요구와 유사하다. 그러나 한국은 일본이 타국의 지도원판을 소유하고 있어도 의미가 없고 한국군이 그것을 필요로 하고 있다는 등의 이유를 추가해 결국 1항 전체가 '친선을 위한 것'임을 강조하고 있으므로, 1항을 다른 항목들과 구별해 '청구권'으로 부각한 것은 아니다. 지도원판 토의에 관해서는 위의 일본문서, 25~27쪽. 한국 측 기록에서는 지도원판에 관해서 소재지만 토의되어 있으며 구체적인 토의 내용은 확인할 수 없다. 위의 한국문서, 321쪽.

95 "제2차 청구권위원회 경과보고", 위의 한국문서, 298~299쪽 ; 「日韓会談第二回請求権委員会議事録」, 外務省日韓会談公開文書(문서번호 1176), 16쪽.

총독부가 일본정부에 대해 가진 채권이 군정령 33호에 따라 미 군정청으로 귀속되었으며 그것이 한미협정에 따라 한국정부로 이양되었으므로 결국 총독부의 채권이 그 권한을 이양받은 한국정부의 대일채권이 된다는 논리였다. 2항이 말하는 '일본정부의 대조선총독부 채무'라는 추상적인 표현의 의미는 바로 이것이었다.

그러나 이 총독부 채권과 관련해 2회 위원회에서 한국이 밝힌 실질적인 요구 대상은 체신부 관계 채권이었다. 실제 3회 위원회에서 한국이 제시한 세목에는 체신부 관련 항목만 포함되어 있다. 즉 비록 '총독부'라고 일반화했으나 적어도 그 시점에서 한국정부의 대일요구는 총독부 행정의 하나에 불과한 체신 업무를 통해 생긴 대일채권을 요구하는 문제였다.

『배상조서』에서 체신부 관계 채권은 2부 〈확정채권〉 중 〈(6) 체신부 관계 특별계정〉으로 다른 수많은 채권 문제와 나란히 정리되어 있을 뿐이었다. 한국정부가 1차 한일회담 즈음에 왜 이것을 독립 항목으로 재구성했는지를 명확히 나타내는 증거는 찾을 수 없다. 그러나 체신부 관계 요구가 많은 세부항목을 포함한 큰 요구 항목이었다는 점, 같은 확정채권이더라도 요구 근거가 기타 항목과 다르다는 점 등을 고려한 결과로 판단해도 될 것이다.

2장에서 해부한 바와 같이 『배상조서』에서 체신부 관계 요구는 크게 나누어 〈① 위체, 저금 및 세입세출금 총산에 의한 한국 수취 감정〉[표2 – 17], 〈② 대차 결제 기준일 이후 태평양미국육군총사령부포고령 제3호에 의한 한국 수취금 총계〉[표2 – 18], 〈③ 조선간이생명보험, 연금 관계 한국 수취 감정〉[표 2 – 19], 〈④ 기타〉[표2 – 20]의 네 가지 범주가 존재하고, 그 아래 각각 다양한 세부항목이 들어가 있었다.

따라서 3회 위원회에서 한국이 제시한 세부항목은 겉으로 보기에 『배상조서』에서 제기한 체신부 관계 요구 항목 중 일부에만 한정하고 제기한 것으로 보이며, 그에 따라 그 '삭감'이 청구권 교섭으로의 변화에 따라 생긴 수정으로 이해하기 쉽다. 그러나 원래 체신부 관계 요구는 『배상조서』에서도 전쟁과 관련 없는 확정채권의 문제로 제기되어 있었다는 점, 또 3회 위원회에서 제시된 세목이 바로 '참고'에 불과했다는 점, 그리고 무엇보다 2차 한일회담에서 한국이 청구권 요구로서 조회 요청한 관련 항목이 『배상조서』의 내역과 일치하고 있는 점 등을 고려하면 1차 한일회담에서 한국이 제시한 항목에 일어난 변화를 청구권 요구로의 수렴에 따른 불가피한 '삭감'으로 봐야 하는 이유는 없다.

즉 1차 한일회담에서 새롭게 모습을 드러낸 대일8항목요구 중 2항 요구는 대총독부 채무로 재구성된 것 외에 각별한 의미는 없으며 체신부 관계 요구가 배상으로부터 청구권 요구로 이행됨으로써 영향을 받았다고 하는 근거는 없다.

1차 한일회담에서 한국이 제기한 다음 3항은 〈1945년 8월 9일 이후 한국에서 이체 또는 송금한 금원(金員)을 반환할 것〉이었다. 이는 기본적으로 군정령 33호에 의거한 청구 항목이었다. 3회 위원회에서 한국이 제출한 세목에서는 이 3항에 들어간 항목은 없다. 그러나 3항 요구는 그 후 〈8월 9일 이후 조선은행 본점에서 재일본 도쿄 지점으로 이체 또는 송금된 금원〉, 〈8월 9일 이후 재한금융기관을 통하여 일본으로 송금된 금원〉의 두 가지로 나누어졌다.

한국이 3항 요구와 관련해 전개한 논리는 다음과 같았다.[96] 즉 재한일본인 재산은 1945년 9월 25일에 발령된 군정령 2호로 인해 동결되었다. 이어 군정령 33호에 따라 8월 9일에 거슬러 올라가 그 동결 재산이 정식으로 군정청에 귀속되었다. 사유재산을 포함해 한반도에서 취해진 이와 같은 조치는 다른 연합국, 중립국의 일본인 재산에 대해서도 취해졌으며 이는 세계적인 질서의 한

---

96 위의 한국문서, 299~302쪽 ; 위의 일본문서, 17~19쪽에서 정리.

형태였다. 따라서 일본인이 비록 자신의 재산이더라도 8월 9일 이후 처분한 것은 군정청에 귀속되어야 하는 재산을 반출한 것이며, 이는 미국이 취한 조치에 대한 승인을 규정한 평화조약 4조(b)항을 위반한 것이다.

한국은 이상과 같이 바로 재한일본인이 미국이 발령한 군정령을 어기고 재산을 처분했다는 것에서 3항 요구의 근거를 찾았던 것이다.[97] 다만 처분된 일본인 재산 중, 한국이 실제 제기할 의도를 보인 것은 재한금융기관을 통해 일본으로 송금된 부분만이었다. 그 이유는 그것이 확인 가능했기 때문이었다.[98]

『배상조서』에는 동 3항에 해당하는 요구가 아직 명확한 항목으로 제기되어 있지 않다. 또 앞서 검토한 한일회담을 앞둔 한국정부 내부의 추가적인 대응에서도 3항 요구와 관련된 구체적인 움직임은 포착되지 않는다. 따라서 이 같은 요구가 언제쯤 명확한 요구 항목으로 정리되었는지는 규명할 수 없다. 그러나 특히 사유재산을 비롯해 원래 일본인 재산이었던 것을 해외로 이체 또는 송금했다는 것에 근거를 두고 한국정부가 반환을 요구할 수 있는 것은 결국 미군정이 취한 일련의 조치를 일본이 승인하는 것에 따를 수밖에 없었다. 즉 그것은 평화조약 4조(b)항이 확정된 후에야 정식으로 가능한 요구였다. 따라서 가령 『배상조서』 작성 시 이 문제가 바로 인식되어 있어도, 이를 『배상조서』에 담는 것은 문제의 성격상 시기상조였다. 즉 3항 요구는 『배상조서』 작성 시기에는 불가능한 요구를 보충하는 의미를 지닌 항목이었던 것이다.

1차 한일회담에서 한국이 제기한 4항 〈1945년 8월 9일 현재 한국에 본사

---

97 회의록에는 없으나 한국정부가 미군정에 귀속된 일본인 재산을 주장할 수 있는 배경에는 한미협정에 따라 그것이 한국정부에 최종적으로 이양되었다는 것이 전제되어 있었음은 설명할 필요도 없을 것이다.

98 "제2차 청구권위원회 경과보고", 『제1차 한일회담(1952.2.15 - 4.21), 청구권분과위원회 회의록, 제1차 - 8차, 1952.2.20 - 4.1』, 302쪽 ; 「日韓会談第二回請求権委員会議事録」, 外務省日韓会談公開文書(문서번호 1176), 23쪽.

(점) 또는 주된 사무소가 있는 법인의 재일재산을 반환할 것〉은 본점 또는 주된 사무소를 한반도에 두었다는 것을 근거로 그것을 한국 법인의 재일재산으로서 요구하는 문제였다.

표4 - 3에서 제시한 바와 같이 3회 위원회에서 한국이 제시한 세부항목은 크게 두 가지 범주로 구성되었다. 하나는 조선은행, 조선식산은행, 조선신탁은행, 조선금융조합연합회, 조선총독부 철도국공제조합, 조선장학회유지재단이었다. 그중 조선은행, 조선식산은행, 조선신탁은행, 조선금융조합연합회는 1945년 9월 30일 발령된 SCAPIN 74호로 인해 폐쇄기관으로 지정되어 청산 대상이 되었던 기업들이었다.

전후 연합국은 일본의 비군사화 정책의 일환으로 동 SCAPIN 74호를 발령하고 일본의 대륙 침략과 밀접한 관련이 있었던 금융기관, 개발회사 등의 폐쇄를 명령하고 그 자산 등을 동결했다. 그 후 일본정부는 SCAP 지시에 따른 조치로 1947년 3월 10일 이른바 폐쇄기관령을 칙령 74호로 내려 폐쇄기관으로 정해진 기관들의 청산에 착수했다.[99] 그러나 이 폐쇄기관령은 일본 내외에 걸쳐 영업을 하고 있던 폐쇄 대상 기관의 재산 청산 문제와 관련해서는 일본 국내에 존재한 채권 - 채무 문제를 기본적으로 해외와 절단하고 일본 국내에서 단독 청산하도록 지시했다. 한국정부가 이를 요구한 것은, 조선은행을 비롯한 네 금융기관이 한국에 본점을 두었다는 것을 근거로 그들은 한국 법인의 재일재산이며 따라서 당시 청산 진행 중이던 일본 국내 재산은 한국의 재산으로서 반환되어야 한다는 입장에 입각한 것이었다.

첫째 범주 속에 같이 포함된 철도국공제조합 및 조선장학회는 폐쇄기관 조

---

99 동 폐쇄에 관한 관련 법령과 흐름은 閉鎖機關整理委員会編, 『占領期　閉鎖機關とその特殊清算』, 大空社, 1995, 17~24쪽. 이는 원래 1954년에 『閉鎖機關とその特殊清算』으로 출간한 것을 재발행한 것이다.

치와 직접 관련 있는 법인이 아니었다. 그럼에도 이들이 폐쇄기관과 같이 제기된 것은 결국 한국 관련 법인의 재일재산 문제라는 의미에서 똑같다는 인식에 기초한 것이 틀림없다. 실제 앞서 고찰한 바와 같이, 철도국공제조합과 관련해서는 한국정부가 일찍 일본에 소재한 부동산의 반환을 위해 움직이고 있었다. 또 비록 유진오가 일본 법인이라고 간주한 조선장학회에 관해서도 한국정부는 재단의 경우 창립 시 기부한 사람의 국적과 상관없이 주된 사무소가 한국에 있는 것은 한국 법인이라고 하면서 조선장학회가 그에 해당한다는 입장을 밝히고 있다.[100]

한편 해당 문서가 비공개 조치가 되어 있는 관계상, 4항의 또 하나의 범주에 관해 3회 위원회에서 한국이 구체적으로 제시한 대상 법인들은 직접 확인할 수 없다.[101] 그러나 그 후의 교섭 경위를 감안할 때, 한국이 제시한 두 번째

---

100 "제4차 청구권위원회 경과보고", 『제1차 한일회담(1952.2.15 - 4.21), 청구권분과위원회 회의록, 제1차-8차, 1952.2.20 - 4.1』, 335쪽 ; 「日韓会談第四回請求権委員会議事録」, 外務省日韓会談公開文書(문서번호 1180), 23쪽. 유진오가 일본 법인이라고 했음에도 한국정부가 한국 법인으로 규정한 차이는 조선장학회 조직의 복잡한 변천에 기인했다. 조선장학회는 1943년에 이미 일본민법에 따라 일본에서 등록된 재단법인이었으며 그 점에서는 일본 법인이었다. 그러나 동 법인이 장학금 자금의 출처로 이용하고 있었던 도쿄 신주쿠구의 건물 소유권자는 1926년 당시 조선민사령에 따라 한반도에서 등록된 조선교육재단이었다. 그 후 동 건물은 조선장학회를 지원하기 위해 1941년에 조선민사령에 따라 따로 한반도에 등록된 조선장학회유지재단에 무상으로 대여되었다. 조선장학회는 그 후 이 조선장학회유지재단으로부터 필요한 자금을 공급받게 되었다. 『日韓請求権問題参考資料未定稿 第2分冊』, 225~226쪽. 즉 유진오가 일본 법인으로 간주한 조선장학회 재산을 한국 정부가 한국 법인의 재일재산으로 제기한 것은 그 부동산 자체는 조선장학회의 소유물이 아니라 전전 한국에 등록된 한국 법인의 소유물이라는 점에 주목한 것으로 풀이된다.

101 현재 일본이 그것을 비공개로 하고 있는 까닭은 민간 기업들의 명부가 첨부되어 있기 때문에, 그 기업명을 보호하기 위한 것임은 틀림없을 것이다. 다만 한국이 대상으로서 구상하고 있었던 해당 재외회사는 예컨대 "폐쇄기관의 명부", 『제1차 한일회담(1952.2.15 - 4.21) 청구권 관계자료, 1952』, 744~770쪽(도중 쪽수가 빠져 있으므로 서세 표기

범주가 SCAPIN 1965호 관련의 이른바 재외회사였음은 틀림없다.

SCAPIN 74호로 인한 전쟁 관련 기관의 폐쇄조치에 이어 연합국은 1949년 1월 SCAPIN 1965호를 발령하고 일본이 과거 점령한 지역에 본점을 둔 회사 중 일본인의 권익이 10% 이상인 회사의 일본 국내 재산을 청산할 것을 지시했다. 한국정부는 그 회사들 중 한반도에 본점을 둔 회사는 한국 법인이라는 입장에서 일본 국내에서 청산되는 해당 기업의 재일재산을 한국으로 반환할 것을 요구한 것이었다.[102] 그 점에서는 폐쇄기관과 별 차이가 없다.

한국은 2회 위원회에서 재외회사의 재일재산에 대한 청구 근거에 대해 다음과 같이 주장하고 있다.[103] 군정령 33호에 따라 한반도에 있는 법인의 일본인 주식 및 주주권이 미 군정청에 귀속되었다. 그 후 그 권리는 한미협정에 따라 한국정부에 귀속되었다. 또 재단이나 조합의 경우와 마찬가지로 법인 재산은 기부자, 조합원으로부터 독립된 법인 자체의 재산이다. 따라서 자연인의 경우처럼 법인의 재외재산에 대한 소유권은 소재 위치와 상관없이 모두 법적으로 독립 인격인 법인에 속한다. 그러므로 한국 법인으로 된 한반도 내 구 일본 관련 법인의 재일재산은 한국에 귀속되어야 한다.

즉 한국정부는 해당 법인이 당초 일본 자금으로 창업된 것 등의 여부와 상관없이 미군정의 조치로 인해 모두 한국 법인이 된 것이며, 법인 재산은 소재

했음)에 명시된 기업들 중에 있다고 보인다.

102 흥미롭게도 당초 일본 측은 SCAPIN 1965호 지시가 가져다주는 재외회사의 처리 문제에 대한 영향 등을 분석한 1949년 3월 10일 검토에서 조선은행이 일본의 재외회사로서 일본 국내에서 정리될 국내 자산을 한국이 요구하는 일은 없다고 판단하고 있었다. 「在外財産並に渉外負債の処理に関する原則」, 外務省日韓会談公開文書(문서번호 1560 내), 2쪽.

103 "제2차 청구권위원회 경과보고", 『제1차 한일회담(1952.2.15 - 4.21), 청구권분과위원회 회의록, 제1차 - 8차, 1952.2.20 - 4.1』, 302~305쪽 ; 「日韓会談第二回請求権委員会議事録」, 外務省日韓会談公開文書(문서번호 1176), 27~31쪽에서 정리.

지와 상관없이 본점에 귀속된다는 논리를 바탕으로 재일재산은 한국 법인의 재산이며 따라서 한국정부에게 반환하는 것이 마땅하다고 주장했던 것이다.

1차 한일회담에서 확립된 이와 같은 4항 요구는『배상조서』에 뚜렷한 요구 항목으로 정리되어 있지 않았다. 이와 관련된 요구는『배상조서』1부〈(2) 해외 부동산, 동산, 비품 등〉[표2 - 2]으로서 조선은행의 부동산, 동산, 기타 제한된 몇 가지 항목만 거론되었을 뿐 지극히 미흡한 상태였다.

이 항목이『배상조서』에서 다뤄지지 않았던 이유 역시 3항과 유사하다고 생각해도 될 것이다. 즉 4항의 요구 근거 역시 미군정이 취한 조치에 대한 일본정부의 승인을 전제로 하는 것이니 만큼 이를 제기하기 위해서는 평화조약 4조(b)항의 확정이 필요했다. 따라서 3항처럼 4항 요구도『배상조서』단계에서는 정식으로 포함하지 못하는 항목을 보충하는 성격을 지닌 것이었다.

이어 1차 회담에서 한국이 제기한 5항〈한국 법인 또는 한국 자연인의 일본국 또는 일본 국민에 대한 일본국채·공채, 일본은행권, 피징용 한인 미수금, 기타 청구권을 변제할 것〉은 성격이 다른 다양한 요구를 묶은 항목이었다. 실제 한국은 2회 위원회에서 동 5항이 1945년 8월 9일 현재 한국에 본점을 둔 한국 법인 및 자연인의 대일본 및 일본인에 대한 청구권을 뜻한다고만 밝혔을 뿐,[104] 반환 근거에 관한 통일 기준을 밝히지 않았다. 또 세부항목이 제시된 후 개최된 4회 위원회에서도 5항에 관해서는 그에 포함된 몇 가지 세부항목의 개념이나 경위 등의 질의응답만 이루어졌을 뿐, 통일된 반환 근거를 제시하지 않았다.[105] 다시 말해 5항은 채권의 통일된 발생 근거에 기초해서 정리

---

104 위의 한국문서, 305쪽. 일본 측 문서는 제시한 항목 외에 한국에 본점을 둔 한국 법인도 포함하고 있다는 설명만 하고 있다. 위의 일본문서, 31쪽.

105 "제4차 청구권위원회 경과보고", 위의 한국문서, 337~339쪽 ;「日韓会談第四回請求権委員会議事録」, 外務省日韓会談公開文書(문서번호 1180), 43~54쪽.

된 항목이 아니라 4항까지의 항목에 해당하지 않는 한국 법인 및 한국 자연인의 일본에 대한 채권을 모은 항목이었다고 평가할 수 있다.

표4-3에서 제시한 바와 같이 한국이 5항에 포함한 세부항목의 내역은 〈일본계유가증권〉, 〈일본계통화〉, 〈조선은행의 일본은행 채권〉, 〈전쟁 관련 인적 피해〉, 〈은급〉, 〈한국인의 예탁금〉, 〈생명보험 관련 채권〉, 〈금융기관의 환 거래 채권〉, 〈조선식량영단의 채권〉 등이었다.

한국이 제시한 세목은 금액을 제시하지 않아 수치를 통한 정확한 검증은 하지 못하나, 개념상 〈전쟁 관련 인적 피해〉 이외는 모두 『배상조서』 2부 〈확정채권〉에 포함된 것을 그대로 제기한 것으로 봐도 틀리지 않을 것이다. 또 〈재일한국인의 본국 귀환 시의 예탁금〉은 『배상조서』에 직접 규정되지 않았으나 2부 〈(5) 미수금 ⑲ 법무부 관계 미수금〉에 일부 거론되어 있었다. 비록 세목에는 '예탁금'으로 되어 있으나 한국정부는 한일회담 준비 과정에서 귀환 한국인이 기탁한 재산에 관한 준비 작업을 진행하고 있었다. 1차 회담에서 그것이 제기된 것은 그 준비 작업의 연장선상에 있었을 것이다. 즉 이 요구 역시 『배상조서』의 미흡함을 보완하는 성격의 추가 요구였다.

즉 5항은 『배상조서』 2부의 〈확정채권〉 중, 국가 계승 논리에 의거해 일본 정부에 대한 구 총독부 채권으로 제기하게 된 체신부 관계 요구와 같이 따로 통일된 청구 근거를 명시할 필요가 있다고 판단한 요구들을 제외하고 묶인 요구들이었다고 사료된다. 이런 의미에서 이들은 애초 배상 권리 상실에 따른 재수정을 거쳐 재편성된 항목이라는 의미는 전혀 없다고 볼 수 있다.

그러나 한편 5항에 관해서는 주목할 만한 변화가 일어난 것도 사실이다. 표4-3을 보면 알 수 있듯이, 5항에는 『배상조서』 3부 〈중일전쟁 및 태평양전쟁에 기인한 인적 물적 피해〉와 관련된 항목이 들어가 있다. 그 해당 세부항목은 〈(4) 태평양전쟁 중의 한인 전몰자 조위금 및 유족 위자료〉, 〈(5) 태평양전쟁 중의 한인 상병자 위자료 및 원호금〉, 〈(6) 태평양전쟁 중의 한인 피징용자 미수금〉, 〈(7) 태평양전쟁 중의 한인 피징용자 위자료〉였다.

개념으로 미루어, 이 세부항목들은 5항의 표제 중 '피징용 한인 미수금'에 속하는 요구로 들어간 것이 틀림없다. 이는 물론 그 요구를 청구권으로서 제기하는 것에 맞춘 결과로 풀이된다. 이 점에서 표면상 '중일전쟁 및 태평양전쟁에 기인한 피해'임을 강조한 『배상조서』와 크게 달라 보인다.

그러나 2장에서 고찰한 바와 같이 『배상조서』 역시 실질적인 요구의 내용은 교전관계에 따른 인적 피해에 대한 보상 요구가 아니라 일본인으로서 동원됨에 따라 일본의 관련 법규에 의거해 받을 수 있게 된 각종 미수금을 요구하는 것이었다. 실제 위자료, 상제료, 각종 수당, 미수임금 등으로 구성된 『배상조서』 3부의 〈인적 피해〉에 대한 요구[표2 - 21]는 1차 회담에서 5항으로 제기된 해당 항목과 기본적으로 같다고 볼 수 있다.[106] 즉 배상으로부터 청구권으로의 변화에 따라 인적 피해에 대한 실질적인 요구 내용이 바뀐 일은 없었다.

보다 중요한 차이점은 『배상조서』 3부와 관련해 한국이 〈인적 피해〉만 제기하고 있는 점이며 같이 3부에 있었던 〈물적 피해〉 및 〈8·15 전후 일본인 관리 부정행위에 의한 피해〉, 또 4부 〈일본정부 저가 수탈에 의한 피해〉가 제기되지 않았다는 점이다. 물론 3회 위원회에서 제기한 세부항목은 부분적으로 제시된 것에 불과하며 요구 항목을 모두 제시한 것은 아니었다. 그러나 앞서 임송본의 건의서에서도 향후 제기할 항목에 〈물적 피해〉 등이 포함되지 않았다

---

106 단 한국은 4회 위원회에서 전몰자에 대한 위자료 등은 일본인과 같은 수준을 요구할 것인지를 질문한 일본에 대해 "일본인과 같을 수 없다."고 답해, 다소 그 입장 차이를 부각하고 있다. 위의 한국문서, 338쪽 ; 위의 일본문서, 52쪽. 그러나 물론 이는 배상 권리 상실에 따라 일본인보다 많은 액수를 요구한다는 뜻을 적어도 표면상 내비친 것이다. 오히려 이러한 발언이 청구권 교섭 속에서 나왔다는 사실은 인적 피해에 대한 요구의 내용이 배상, 청구권 권리와 무관한 것이었음을 가리키는 하나의 근거로 볼 수 있을 것이다.

는 점, 그리고 무엇보다 후술하는 2차 한일회담에서의 체계적인 청구권 조회 요청 시, 〈인적 피해〉 이외의 요구들이 분명히 제기 유보 대상으로 분류된 점 으로 미루어, 『배상조서』 3부 중 〈인적 피해〉 요구 이외의 항목들이 한일 '청 구권' 교섭으로 전환됨에 따라 요구 대상에서 제외되기 시작한 것은 확실해 보인다.

즉 대일교섭이 청구권 교섭으로 전환됨에 따라 한국이 대일요구를 제기하 는 데 실질적인 제약을 받았다고 추측되는 변화가 5항 요구와 관련해 처음 일 어난 것이었다. 그러나 이 변화를 배상 권리의 상실에 따라 전쟁 관련 피해 요 구가 불가능해졌기 때문이라고 단순히 평가하는 것은 적절하지 않다. 실제 같 은 전쟁 관련 피해 요구인 〈인적 피해〉는 비록 표면상 '미수금'이라는 명칭으 로 바뀌었으나 그 요구의 실태는 청구권 요구로의 전환에도 불구하고 유지되 었다.

다음 5장에서 자세히 후술하나, 청구권 교섭으로의 전환에 따라 〈인적 피 해〉가 유지된 반면 〈물적 피해〉 등이 제외되게 된 이유는 『배상조서』 작성 시 부터 법적 근거를 보유하고 있었는가의 여부에 기인한 것으로 추측된다. 다시 말해 청구권 교섭으로의 전환에 따라 〈물적 피해〉 등이 제외된 그 '제약'은 전 쟁 피해에 대한 요구가 가능한 배상 권리 상실의 결과로서 필연적으로 도출된 것이 아니라 원래 일본에 대해 요구할 수 있는 법적 기반의 유무에 크게 달려 있는 문제였다. 그런 의미에서는 배상 권리의 상실과 전쟁 관련 피해보상 요 구에 대한 제약을 지나치게 직선적으로 연결하는 것은 결코 정확하지 않아 보 인다.

이어 1차 회담에서 한국이 밝힌 대일8항목요구 중의 6항 〈한국 법인 또는 한국 자연인 소유의 일본 법인의 주식 또는 기타 증권을 법적으로 인정할 것〉 은 일본계유가증권 문제와 유사한 것이었다. 구체적으로 이것은 1945년 8월

9일 현재 일본 법인이 발행한 주식, 사채 등으로서 한국 법인 및 한국 자연인이 소유한 것에 따른 이익 배당금 등을 지불할 것, 전후 그것이 무효화된 경우 한국인 소유 지분에 관해서는 그 가치를 법적으로 인정할 것, 그리고 해당 기업이 해산된 경우 그 지분에 따른 법인 재산의 반환을 요구하는 것이었다.[107]

전후 일본에서는 기업재건정비법 등을 중심으로 정부가 약속한 전시 보상 의무의 정지, 폭격으로 인한 파괴, 재외자산의 상실 등으로 인해 막대한 피해를 입게 된 기업의 재건, 재편, 정리가 진행되었다. 그런 가운데 주식의 감가(減價), 사채 채권의 무효화, 그리고 신 주식 발행에 따른 제2회사 설립 등의 움직임이 일어났다. 그에 따라 당연히 해당 주식, 사채 등을 보유한 한국인의 권리 역시 영향을 받게 되었다. 바로 6항 요구는 감가 또는 무효화된 것에 대해서는 그 가치의 유지를, 신 주식 발행의 경우 그 주식의 배정을, 또 주식, 사채 등의 보유에 따른 이익 배당 등을 요구하는 것이었다.

이와 같은 요구는 『배상조서』에서는 직접적으로 제기되지 않아, 1차 회담에서 처음으로 부각된 것이었다. 물론 조선은행, 조선식산은행 등 금융기관들이 보유한 일본계유가증권을 제기한 『배상조서』 2부의 일본계유가증권 요구는 이와 유사한 측면을 가지고 있다. 그러나 대일8항목요구로 탈바꿈한 청구권 요구에서도 5항에 일본계유가증권 요구가 남아 있는 점으로 미루어, 6항 요구는 한국 관련 법인의 자산으로서 제기한 5항 일본계유가증권 요구를 넘는 의미를 지녔다. 그것은 주식, 사채 등 비록 일본계유가증권을 대상으로 한다는 의미에서는 같으나 전후 기업 정리, 재건 문제와 관련해 취해진 기존 주식, 사채 등에 대한 법적 조치 및 신 주식 발행 등 새로운 사태에 대응하기 위

---

107 "제2차 청구권위원회 경과보고", 위의 한국문서, 305~306쪽 ; 「日韓会談第二回請求権委員会議事録」, 外務省日韓会談公開文書(문서번호 1176), 31~32쪽에서 정리.

한 요구였으며, 또 한국인 개인이 소유한 것까지 확장했다는 의미에서도 새로운 요구 항목이었다. 이런 의미에서 6항 요구는 이미『배상조서』2부에 포함되어 있었던 일본계유가증권 요구를 보다 현실에 맞게 보완하는 성격을 지닌 항목이었다.[108]

다음으로 한국정부가 제시한 7항 〈전기 제 재산 또는 청구권에서 생(生)한 제 과실을 반환할 것〉은 6항까지의 채권 보유에 따라 생긴 이익 및 이자의 반환을 요구하는 것이었다.[109] 물론 이 요구는 새로운 항목을 추가하기 위한 것이 아니었다. 이 요구의 취지는 6항까지 요구 항목들의 소유권을 한국이 보유하고 있으므로 시간의 경과나 해당 자산 등의 운영에 따른 이자 및 추가적인 이익 등은 당연히 한국에 귀속된다는 것으로, 6항 요구까지의 연장선상에 위치한 것이다.

많은 요구 항목을 포함한『배상조서』에서 이자 등의 요구는 각 개별 항목에 추가하는 형식으로 제기되어 있었다. 한국정부는 한일교섭의 현실적인 진행에 즈음하여『배상조서』와 같이 이자 등을 각 항목마다 개별적으로 요구하는 방식이 아니라 통일적으로 모든 항목에 적용하는 독립 항목으로서 설정한 것이었다. 이런 의미에서 동 7항 요구는 일본에 대한 요구를 보다 현실적으로 제기하는 데 효과적인 방식을 취한 것이며『배상조서』의 청구 형식을 개선하는 의미를 지녔다.

한국이 대일8항목으로 제시한 마지막 8항은 〈전기 반환 및 결제는 협정 성

---

108 후술하겠지만, 이 요구는 4항의 재일재산 및 5항의 일본계유가증권과의 중복 문제도 있어, 그 후 독립 항목으로서는 소멸하게 된다.

109 "제2차 청구권위원회 경과보고",『제1차 한일회담(1952.2.15 – 4.21), 청구권분과위원회 회의록, 제1차 – 8차, 1952.2.20 – 4.1』, 306쪽 ;「日韓会談第二回請求権委員会議事録」, 外務省日韓会談公開文書(문서번호 1176), 32쪽.

립 후 즉시 개시하여 늦어도 6개월 이내에 종료할 것〉이었다. 이는 한일 청구권 문제의 처리를 연합국으로 적용한 평화조약 15조에 준하여 실시할 것을 요구하는 것이었다.[110]

3장에서 거론한 바와 같이 평화조약 15조는 연합국의 재일재산의 반환, 보상에 관한 규정이었다. 그 조항은 조약 발효 후 6개월 이내에 연합국에 대한 반환, 보상 의무가 완료되도록 규정하고 있었다. 한국이 제기한 6개월 이내의 실행 요구가 바로 동 15조에 있는 기한을 그대로 이용한 것은 틀림없다. 이 점에서 이 요구는 한국의 지위를 연합국에게 접근시키는 정치적인 의미도 있었다.

문제를 현실적으로 실현하는 데 처리 기한을 명시하는 것은 중요한 조건이었다. 그럼에도 『배상조서』에서는 처리 기한에 관한 요구가 명시되지 않았다. 그 이유는 『배상조서』가 작성된 1949년 당시 평화조약 조문이 아직 유동적인 상태에 있었으며 조문에서 선례를 찾을 수 있는 상황이 아니었다는 점, 그리고 『배상조서』가 대일직접교섭을 통해 해결하기 위한 요구로 작성된 것이 아니라 연합국에 대한 설명 자료로 작성되었다는 점 등에서 찾을 수 있을 것이다. 다시 말해 문제를 한일 직접 교섭에서 해결하는 데는 처리 기한을 따로 명시하는 현실적인 필요성이 생겼다.

기한을 명시한 8항 요구는 배상으로부터 청구권 요구로 전환됨에 따라 영향을 받거나 하는 사항이 아니라 평화조약 조문의 완성과 일본과의 현실적인 교섭에 대한 대비였다. 그런 의미에서 이 요구 역시 현실적인 관점에서 『배상조서』를 보완하는 의미를 지니고 있었다.

이와 같이 한일 직접 교섭이 본격적으로 개시된 1차 한일회담에서는 4회 위

---

110 위의 한국문서, 306쪽 ; 위의 일본문서, 32~33쪽.

원회까지의 토의로 인해 한국이 청구권으로 제기한 대일8항목요구의 윤곽이 드러났다. 즉 『배상조서』 1부가 8항목 요구의 1항으로, 2부가 2항·5항으로, 그리고 3부 중 〈인적 피해〉가 5항에 들어가는 한편, 3부 중 〈물적 피해〉 및 〈8·15 전후 일본인 관리 부정행위에 의한 피해〉, 그리고 4부 〈일본정부 저가 수탈에 의한 피해〉가 사실상 제외되었다. 반대로 『배상조서』에서 뚜렷이 규정되지 않았던 요구들이 대일8항목요구 3항, 4항, 6항, 7항, 8항으로 각각 보충, 보완되었다.

이렇게 대일8항목요구는 기본적으로 『배상조서』를 보다 현실화하기 위한 보완 작업을 거쳐 재편성된 것이었다. 다시 말해 대일8항목요구와 『배상조서』라는 표면상의 큰 변화와 달리, 청구권 요구가 배상 권리의 상실이라는 법적 권리의 변화에 따라 '질적 단절'을 거쳤다고 평가해야 하는 실태는 없었다.

물론 누차 언급한 바와 같이 1차 한일회담에서 한국이 제시한 대일8항목요구 중의 각 세부항목은 청구권으로서의 최종 요구를 제시한 것이 아니었다. 따라서 1차 한일회담에서 윤곽을 드러낸 항목만을 가지고 청구권 요구의 성격과 『배상조서』와의 관계를 최종 평가하는 것은 적절하지 않다. 그러나 다음 5장에서 논하는 바와 같이 2차 한일회담에서 한국정부가 보인 보다 광범위한 청구권 요구 구상은 청구권 요구와 『배상조서』가 지극히 밀접한 연속적인 관계에 있음을 보여 주고 있다.

4. 청구권 교섭의 교착과 1차 한일회담의 결렬

1) 일본정부의 역청구권 제기와 대한교섭 전략

이상과 같이 당초 1차 한일회담은 한국이 대일청구권 요구의 윤곽을 드러내는 형식으로 진행되었다. 이는 청구권 문제를 일방적인 대일요구의 문제로 인식한 한국정부의 사고방식에 기인한 것도 있었으나 동시에 일본의 교섭 전략에 따른 것이기도 했다.

회담 개시 전, 일본정부는 초기 교섭에 임하는 요령으로서 기본적으로 듣는 입장을 취하고 한국 측으로부터 가능한 한 대일청구권에 관한 상세한 정보를 수집할 방침을 세우고 있었다. 일본이 다음 5회 위원회에서 공세에 나선 것은 4회 위원회까지의 토의로 인해 일단 한국의 청구권 구성, 근거, 항목 내용 등을 파악할 수 있었다는 판단에 따른 것이었다.

1952년 3월 6일 열린 5회 위원회에서 일본은, 평화조약 4조(b)항으로 인해 미국이 재한일본인 재산을 처분한 것을 승인한 것은 최종적인 소유권의 이전을 승인한 것을 뜻하지 않으며 그것은 관리 책임의 이양을 승인한 것에 불과하고, 또 동 재산의 처리 문제 역시 4조(a)항에 따른 한일 간의 특별조정 문제에 포함된다는 입장을 천명했다.[111] 즉 일본은 회담 개시 전의 교섭 전략에 따라 재한일본인 재산의 한국 취득을 가지고 한국의 대일청구권을 봉쇄하기 위해 4조(b)항에도 불구하고 아직 일본이 한국에 대한 청구권을 보유하고 있다는 입장을 공식화한 것이었다.

일본정부는 그 교섭 전략을 구체화하기 위해 향후 청구권 문제를 해결하는 데 일본이 입각하는 원칙을 "일한 양국 간에 결정되어야 할 재산 및 청구권의 처리에 관한 협정의 기본요강"으로 제기하고 있다. 그 내용은 청구권 문제를 한국의 대일요구 문제로만 생각했었던 한국의 인식을 정면 봉쇄하고 상호주의로 인해 해결할 문제임을 각인시키는 것이었다. 네 가지 항으로 구성된 기본요강의 요점을 정리하면 표4-4와 같다.[112]

일본이 제시한 요강의 핵심은 다음과 같이 정리할 수 있다. 먼저 일본은 1항에서 한일 양국이 서로 상대에 대해 재산청구권을 정당하게 가지고 있음을 인정할 것을 요구했다. 즉 평화조약 4조에 기초한 청구권 문제는 한국이 일본에 대해 일방적으로 요구만 할 수 있는 문제가 아니며 동 4조(b)항에도 불구하고 일본은 한국에 대해 정당하게 요구할 수 있는 청구권이 남았음을 강조했다. 더구나 그 요구는 '한국전쟁'이라고 명시하지 않았으나, 1항 ②로서 청구권 권리가 침해당하고 있을 경우에는 보상을 요구할 수 있는 길을 설정함으로써 사실상 한국전쟁으로 인한 일본인 재산의 피해에 대한 청구 가능성마저 간접적으로 시사했다. 일본은 한국의 대일요구에 맞서기 위해 대한교섭 카드를 한층 더 강화했던 것이다.

---

111 "제5차 청구권위원회 경과보고", 위의 한국문서, 350~359쪽 ;「日韓会談第五回請求権委員会議事要録」, 外務省日韓会談公開文書(문서번호 1181), 5~11쪽. 동 위원회에서 일본이 전개한 보다 상세한 주장은 장박진, 앞의 책, 2009, 273~274쪽에서 고찰했다.

112 위의 일본문서, 2~4쪽.

표4-4 1차 한일회담에서 일본이 제출한 "일한 양국 간에 결정되어야 할 재산 및 청구권의 처리에 관한 협정의 기본요강"

1항	① 일한 양국은 양국 국민의 상대에 대한 정당한 권리를 상호 확인하고 그 권리가 제한되어 있을 경우 그것을 회복하는 조치를 취한다. ② 전 ①의 권리가 침해당하고 있을 경우에는 원상회복 또는 손해배상의 책임을 진다. ③ ①의 회복 및 ②의 원상회복 및 손해 보상의 방법은 별도 협의한다.
2항	① 일한 양국은 연합국최고사령관 및 재한 미 군정부에 의해 행해진 상대국 및 그 국민의 재산 처리의 효력을 승인한다. ② 전 ①의 승인하는 범위에 관해서는 별도 협의한다.
3항	① 일본국은 대한민국에서 공공의 목적을 위해 제공하고 있었던 국유재산을 별도 정하는 바에 따라 대한민국에 양도한다. ② 일본국은 대한민국에서 기업의 편의를 위해 제공하고 있었던 국유재산은 조선사업공채법에 기초하여 발행된 공채 등 당해 영역의 이익을 위해 발행된 것 중 미상환잔고 등에 해당하는 자금이 일본에 인도될 경우에만 대한민국에 양도한다. ③ ①, ②의 국유재산의 범위 및 양도 방법은 별도 협의한다. ④ 일본국이 대한민국에서 유하는 재산으로 위 ①, ②에 든 재산을 제외한 모든 것 및 일본국의 공공단체가 보유한 모든 재산은 1항에서 규정된 일본 국민의 재산의 취급에 준하여 다룬다.
4항	일한 양국은 1항, 3항을 하나로 다루도록 하고 별도 협의에 즈음하여서는 구체적인 실시가 형평성 있게 및 실효적으로 진행되도록 조치한다.

이어 2항에서 일본은 재산을 둘러싼 미국의 조치에 영향을 받는 것은 일본의 대한청구권만의 문제가 아님을 밝혔다. 즉 군정령 33호에 상징되는 미국의 조치에 대한 승인은 한국에게 유리한 것만 아니라 불리한 것도 있음을 각인시킨 것이다. 실제 한일 양국의 재산권에 관한 미국의 조치는 한국에 있는 일본인 재산에 관한 것만이 아니었다. 전후 일본에서 SCAP는 폐쇄기관, 재외회사 등의 청산을 지시함으로써 일본 국내에 소재한 한국 관련 법인의 재산처분을 진행하고 있었다. 그리고 바로 그것은 대일8항목요구 중, 특히 4항에 영향을 주는 조항이었다. 즉 일본은 군정령 33호 등 한국이 전개하는 미국의

조치에 대한 승인 요구를 역으로 이용하면서 한국 관련 법인의 재일재산과 관련이 있는 미국의 조치를 인정할 것을 한국에 요구함으로써 재일재산에 대한 요구 근거를 허물어 버리는 대항 논리를 꾸몄던 것이다.

다음 3항에서 일본은 영토 분리에 따른 국유재산 처분에 관한 국제적 선례에 따라 ①에서 재한일본 국유재산을 기본적으로 무상으로 한국에 인도하는 데는 동의했다. 그러나 그것에는 조건이 달렸다. 일본은 ②에 일본 본토에서의 공채 발행으로 모은 자금으로 건설된 재산에 관해서는 그것을 위해 발행된 공채의 미상환 부분을 한국이 일본에 지불한다는 조건을 넣었다. 즉 한국에 이양할 국유재산에 관해서도 그 건설에 들어간 비용의 상환을 일부 분담할 것을 교환 조건으로 삼았던 것이다.

또 동 3항 ④에는 ①, ②에 들어가지 않는 재산에 관해서는 1항의 원칙과 같이 다룰 것을 규정했다. 일본은 ①, ②에 해당하는 국유재산을 구체적으로 명시하지 않았으나, 그것을 '공공의 목적' 및 '기업의 편의'를 위해 제공된 국유재산으로 애매하게 규정함으로써 기본적으로 인도할 것을 인정한 국유재산에 관해서도 해석에 따라 그 범위를 줄일 가능성을 남겼다. 다시 말해 이 요구는 사유재산과 더불어 인도하지 않는 국유재산에 대한 일본의 재산 소유권을 담보함으로써 한국정부의 대일청구에 대항하는 재산 범위를 넓히려 한 것이었다.

마지막 4항에서 일본은 1항과 3항의 구체적인 조치에 즈음하여 '형평성' 있게 진행할 것을 요구했다. 이 조항은 청구권 문제가 한국의 일본에 대한 일방적 요구 교섭이 아니라는 점을 재차 강조하려 한 의도를 가진 것이었다.

이와 같이 5회 위원회에서 일본은 재한일본인 재산에 대한 역청구권의 존재, 한국전쟁 등으로 인한 재산 피해에 대한 보상 요구의 가능성, 재일한국 관련 재산의 청산 조치 승인, 국유재산 인도에 관한 조건 설정, 그리고 인도할 국유재산의 범위 축소 등 광범위한 대항 논리를 내세움으로써 한국이 당연시한 일방적 대일요구에 대해 전면적으로 맞서는 입장을 천명했던 것이다.

그러나 일본은 위원회 토의를 통해 이상과 같은 원칙적인 입장을 과시하면서도 내부적으로는 청구권 문제 처리에 관한 보다 현실적인 처리 방안을 모색하고 있었다. 2월 25일 일본은 사전협의를 통해 대한교섭 전략으로서 한국의 요구 내용을 파악하는 1단계, 일본의 법적 견해를 전개하고 한국의 대일요구를 봉쇄하는 2단계에 이어, 3단계로서 교섭 진전에 따라서 일본이 대안을 제출하는 가능성을 열어놓고 있다. 이는 일본의 의도를 제기하지 않고 토의만 거듭할 경우 지연 책임을 추궁당하는 데다 결국 협정도 체결하지 못하는 상황은 막아야 한다는 인식에 기초한 것이었다.[113] 즉 일본은 1차 한일회담 단계에서 한국의 일방적 대일청구를 봉쇄하는 2단계가 종료되면 보다 현실적인 대안을 통해 해결의 실마리를 찾는 방안을 구상하고 있었던 것이다.

그 현실적인 해결 방안은 각 구체적인 항목에 대한 책임을 분담해서 처리하는 것이었다. 한국이 일본에 요구한 대일8항목요구에 따라 정리된 것이 아니었으나, 대장성[2월 28일] 및 외무성[3월 3일]에 의해 정리된 책임 분담안의 내역을 정리하면 표4 - 5와 같다.[114]

표4 - 5를 보면 알 수 있듯이, 일본정부가 한국정부의 부담으로 처리하거나 일본정부에게 인도할 것, 또한 한국정부에게 권리를 인정할 것을 요구하려 한

---

113 「請求権問題交渉に関する打合せ会」, 外務省日韓会談公開文書(문서번호 539내), 2~8쪽.

114 대장성안 「日韓両国間の財産及び請求権の例示的処理要領(案)」, 또 외무성안 「日韓間請求権処理案(第一回案)」은 外務省日韓会談公開文書(문서번호 539내)에 각각 수록. 정리에 즈음해서는 대장성안과 외무성안의 내용이 기본적으로 대부분 일치하고 있는 점을 감안해, 뒤에 작성한 외무성안의 구성을 기본으로 하면서 정리를 위해 유익하다고 판단된 일부에 관해 대장성안을 이용했다. 또 구체적인 세부항목 이외의 원칙 및 한국이 일본에 구체적으로 요구하지 않았던 세부항목은 제외했다.

표4-5 일본정부가 구상한 청구권 문제 해결을 위한 한일 책임 분담 내역

항목			책임 분담
자금운영부 (구 예금부)		1945년 8월 15일 이전 조선총독부 체신관서에 예입된 우편저금, 진체저금, 우편송금위체	일본
자금특별회계 (우편저금, 진체저금, 우편 송금위체)		1945년 8월 16일 이후 조선총독부 체신관서에 예입된 우편저금, 진체저금, 우편송금위체	한국
		1945년 8월 16일 이전 한일 양국 어느 쪽 일방이 이미 지불한 우편저금, 진체저금, 우편송금위체	별도 협의
일본정부 대장성 예금부의 대한민국 지방공공단체 및 한국 국민 (법인 포함)에 대한 대부금			해당 채무자
사유 재산	공채	일본국이 발행한 것. 단 연합국최고사령관 지령으로 무효로 된 것은 제외	일본
		위 규정에도 불구하고 한국 영역의 이익이 되는 공공사업 및 민정사업을 위해 발행된 공채 중, 한국 영역에 거주하는 자 또는 동 영역에 본점 또는 주된 사무소를 둔 법인이 소유한 것	한국
		한국 영역의 지방공공단체가 발행한 공채 및 한국에 본점을 둔 회사가 발행한 사채	발행자
	한국 국민의 징용에서 생긴 청구권		일본
	재외본사 주식 관계	한국 영역에 본점 또는 주된 사무소를 둔 일본 법인의 주식 중, 미군정에 의해 처분된 주식의 매각 대금(단 일본은 주식에 따른 주주권의 소멸을 인정)	한국이 일본에 지불
		전기 처분이 되지 않았던 주식에 대한 일본국 또는 일본 국민의 주주권	한국이 인정
		한국 영역에 본점 또는 주된 사무소를 둔 일본 법인을 한국의 법령에 기초한 법인으로 하는 것	일본이 인정
국유 재산	한국 영역에 있는 일본국 국유(준국유) 및 공유의 재산 및 이들 재산의 관계 기록 및 문서		일본이 한국에 무상 이양
	한국 문화재 중, 일본국 지배하에 있었던 동안 위법적으로 반출되어 현재 일본이 소유하고 있는 것		일본이 한국에 인도
	일본은행권		일본은행
	조선은행권		한국은행
	조선사업공채법, 미곡생산 재원확보에 관한 법률 등에 기초해 발행된 공채 미상환 잔고		한국이 일본에 인도

항목은 다음과 같았다.

첫째, 체신부 관계 채권(우편저금, 진체저금, 우편송금위체)에 관해 8월 15일을 기준으로 전후 한반도의 우체국을 통해 예입된 저금 등의 채무이다. 그 이유는 전후 예입된 것은 이미 일본의 체신 행정 밖에 있다는 것으로 판단된다.

둘째, 간이생명보험 및 연금 중 일본에 회수되지 않았던 자금이다. 그 이유는 일본으로 송금되지 않았다는 것으로 판단된다.

셋째, 일본이 발행한 공채라도 한국의 이익을 위해 발행한 것 중 한국에 거주하고 있는 자 또는 한국에 본사를 둔 법인이 소유한 채권의 상환이다. 그 이유는 한반도의 이익을 위해 발행한 것이며 미상환 채권을 한반도 거주자가 가지고 있다는 것으로 풀이된다.

넷째, 한국에 본사 등을 둔 일본 법인의 주식을 미군정이 매각한 대금이다. 그 이유는 재한재산이라고 하더라도 일본 법인의 주식 매각 대금의 최종 소유자는 일본에 있다는 것으로 보인다.

다섯째, 미군정의 처분 대상이 되지 않았던 일본인 주식 보유자의 주주권 인정이다. 그 이유는 처분되지 않는 일본인 보유의 주식은 법적 권한이 그대로 계속된다는 것으로 판단된다.

그리고 마지막 여섯째, 한반도 내에서의 사업 및 미곡 생산 확대를 위해 건설한 국유재산의 공채 미상환 채무이다. 그 이유는 한반도에 있는 국유재산을 한국정부가 계승하는 이상 공채 발행에 따른 남은 미상환 채무는 한국정부가 처리해야 한다는 것으로 판단된다.

이상과 같이 일본정부는 한국이 일방적 대일청구를 실현하는 것을 사실상 포기하는 2단계를 거치고 나서는 각 세부항목마다 책임 분담을 정해 해결한다는 일본 나름의 해결 방안을 고려하고 있었던 것이다.

그러나 3단계로 구상된 이와 같은 '현실적' 대안이 한국에 대해 현실화되는 일은 없었다. 한국이 일본의 대한역청구권을 시인하고 일본에 대한 일방적 청구권을 포기하는 자세를 취하지 않았기 때문이다. 그로 인해 일본은 청구권 문제에 관한 일본정부의 법적 견해를 전개하고 한국의 대일요구를 봉쇄하는 2단계를 계속하는 전략을 유지했다. 실제 5회 위원회로부터 2단계에 들어선 일본정부는 이후 그 입장을 한층 더 강화하는 방향으로 나섰다.

3월 10일에 작성한 "청구권 문제 교섭의 중간 단계에서의 대처 요령안"에서 일본정부는 당초 한국의 방침을 예상하는 것이 어려웠으므로 한국이 먼저 제안하도록 유도하고 일본의 생각 및 대책을 한국이 파악하지 못하도록 주의했으나 그것이 오히려 낙관적으로 생각하는 한국정부의 오해를 낳았다고 말해, 향후 재한일본인 재산의 청구권을 주장하는 일본 측 입장을 보다 강화할 필요성을 지적하고 있다. 그 입장의 강화라고 함은 한국 대표단에게 일본의 법 이론이 국제적으로 충분히 승인되는 정론이라는 인상을 심어 주고 한국정부가 반성할 때까지 계속 주장하는 것이었다.

그뿐만이 아니다. 일본정부는 동 방침에서 한국이 미국에게 중개를 요청할 경우, 일본 역시 대미교섭을 통해 미국의 극동 정책에서 이승만이 차지하는 무게가 어느 정도인지 깨닫게 할 것, 또 안이한 타협은 한국이 기어오르는 것을 조장할(増長させる) 뿐이며 장래의 한일관계에 하등의 이익이 되지 않으므로 당당히 반박한다는 강경한 방침을 정하면서 향후 대한교섭에서 한국의 일방적인 대일청구권을 보다 적극적으로 봉쇄할 것을 다짐했다.[115]

결국 대한교섭에서 일본정부가 이와 같은 강경노선을 취할 것을 결정한 이상, 일본정부가 구상한 현실적인 대안을 제시하는 3단계에 교섭이 들어갈 여

---

115 「請求権問題交渉の中間段階における対処要領案」, 外務省日韓会談公開文書(문서번호 542), 1~14쪽에서 정리.

지는 없었다. 이로 인해 1차 한일회담 청구권 교섭은 사실상 멈추게 된다. 실제 청구권 교섭은 다음 6회 위원회에서 일본이 제기한 역청구권 주장에 대한 한국 측의 포괄적인 반론을 끝으로 사실상 새로운 진전은 없다.[116] 결국 위원회는 한국으로부터 계속하는 것이 무의미하다는 의견이 나옴으로써 4월 1일에 개최된 8회 위원회를 끝으로 문제를 본회의로 미룬 채 종료되었다.[117] 1차 한일회담은 사실상 결렬의 위기를 맞이하게 된 셈이었다.

이러한 사태를 맞이해 일본정부는 약간 타협적인 자세를 고려했다. 4월 8일 외무성은 "일한회담에서의 청구권 문제 대책에 관한 건"을 작성하고 1안으로 회담을 완전히 그대로 결렬시킬 방안, 2안으로 상설공동위원회를 조직하여 계속 심의하는 방안, 그리고 3안으로 상호 청구권을 포기하는 방안 등을 검토하면서 비록 최종적으로는 3안으로 인한 해결밖에 없다고 내다보면서도 거기에 이르기까지는 2안으로 회담을 진행할 것을 택했다.[118] 일본에게도 역청구권 주장으로 인한 회담 결렬은 내외에 대해 정치적인 부담을 느끼지 않을 수가 없었다. 무엇보다 결렬은 결국 문제의 원만한 해결을 가져다주는 상책도 아니었다. 남은 선택은 최소한 대화의 통로만은 유지하면서 한국 측의 타협 자세를 이끌어내는 것밖에 없었다.

그러나 일본의 역청구권 주장으로 인해 분노한 한국을 상설공동위원회로

---

116 "제6차 청구권위원회 경과보고", 『제1차 한일회담(1952.2.15 - 4.21), 청구권분과위원회 회의록, 제1차 - 8차, 1952.2.20 - 4.1』, 364~378쪽 ; 「日韓会談第六回請求権委員会議事録」, 外務省日韓会談公開文書(문서번호 1184), 18~24쪽. 5회 위원회 이후의 보다 자세한 한일교섭의 내용에 관해서는 장박진, 앞의 책, 2009, 273~280쪽에서 밝히고 있다.
117 "제8차 청구권위원회 경과보고", 위의 한국문서, 427~433쪽 ; 「日韓会談第八回請求権委員会議事録」, 外務省日韓会談公開文書(문서번호 1188), 2~41쪽.
118 「日韓会談における請求権問題対策に関する件」, 外務省日韓会談公開文書(문서번호 547), 8~10쪽.

표4-6 상설공동위원회 설정을 위해 외무성이 마련한 타협안

1	유체재산 중, 한국전쟁으로 인한 불가피한 원인으로 파괴된 것으로 인정되는 것에 대해서는 책임을 묻지 않음
2	기업 재산에 관해 기초 산업 국유화 등의 의미에서 그 재산에 대한 권리를 한국 국민에게 양도할 교섭의 가능성을 인정함
3	농지 등 농지개혁 목적으로 법령에 의해 수용된 것은 매상(買上)금만을 청구 대상으로 함
4	광업권에 대해서는 국제적 관례에 따라 당해 권리를 한국 국민에게 양도할 교섭의 가능성을 인정함
5	기타 개인 주택, 점포 등은 장래 당사자 간 협의에 따라 해결하는 것으로 함
6	미군정 정부에 의해 처분된 것은 매각 이익금만을 문제로 함
7	전기 중의 방법에 따른 매각 이익금의 청산에 대해서는 한국 측의 재일재산 및 청구권과 맞먹는 분은 그 이전을 편의상 생략할 것을 고려함

이끌기 위해서는 일정한 타협이 불가피했다. 외무성은 상설위원회를 통한 대화의 지속에 한국 측 합의를 얻기 위해 재한일본인 재산의 모든 것을 반환시킬 의사가 없음을 구체적으로 밝힐 필요성을 지적하면서 그에 관한 구체안으로 표4-6과 같은 타협안을 준비했다.[119]

또한 4월 15일에는 한국에 대해 원칙적인 입장을 취하기 일쑤였던 대장성 역시 교섭 결렬을 막기 위해 한국이 재한일본인 재산에 대한 존중을 확인한다는 조건으로 표4-7과 같은 타협안을 준비했다.[120]

즉 표4-6, 표4-7에서 볼 수 있는 바와 같이 외무성과 대장성은 한국전쟁으로 인한 일본인 재산의 피해에 대한 보상을 요구하지 않을 것, 사유재산에 속하는 기업 재산에 관해서도 기초 산업일 경우 국유화나 민족자본 육성을 위해 한국 측에게 양도할 가능성, 그리고 농지, 광업, 어업권 등에 관해서도 그

---

119 위의 문서, 11~12쪽.

120 「日韓両国間に取極められるべき財産及び請求権の処理に関する協定の基本要綱(日本側案)に関する若干の注解」, 外務省日韓会談公開文書(문서번호 545).

표4-7 한일교섭 결렬을 막기 위해 대장성이 마련한 타협안

1	가옥, 공장 등의 부동산과 관련해 한국의 책임으로 돌릴 수 없는 한국전쟁 등의 사유로 인해 파괴되어 있을 경우 보상 요구는 안 함
2	종전에 따른 특수한 사정을 감안해, 미군정이 취한 조치에 관해서도 한국의 경제 질서를 유지하기 위해 그 효과를 뒤집는 것은 가급적으로 피함
3	한국정부가 농민 보호를 위해 농지에 대해 취한 조치에 관해서는 존중하도록 하고 일본 측 지주의 권리로서는 농지의 수용 대가에만 한정함
4	광업권, 어업권에 관해서도 농지 문제와 같이 한국 국민의 이익 보호라는 입법을 추진함
5	재외회사의 주식에 관해서는 그들 기업이 기본 산업일 경우는 민족자본 육성을 위해 과반수의 주식을 한국 국민에게 양도할 교섭에 응함
6	일본인들의 예금 등의 금전채권은 인플레이션의 결과 채무자 부담은 크지 않음
7	청구권 결제에 관해서는 그 능력을 고려해 호의적으로 협의에 응함

요구 범위를 한정할 것 등의 일부 '타협'안을 마련함으로써 역청구권 주장으로 인한 한일교섭의 전면적인 결렬만큼은 피하려고 했다.

일본정부는 이와 같은 타협안을 염두에 두면서 한일교섭을 유지하기 위한 상설공동위원회 개최를 위한 제안을 비공식회담에서 전달했다. 1차 한일회담에서는 3월 초부터 4월 하순까지 위원회 토의와 더불어 한일 간에 비공식 교섭도 병행되었으나, 4월 16일의 양유찬─마츠모토(松本俊一) 한일 수석대표 간 비공식회담에서 일본은 상설공동위원회 같은 것을 조직하고 문제를 구체적으로 해결할 것을 주장했다.[121]

---

121 「松本·梁非公式会談 四月十六日」, 外務省日韓会談公開文書(문서번호 282내), 2쪽. 비공식회담에 관해서 덧붙여 말한다면, 일본 측 회담 기록에서는 4월 1일, 16일의 양유찬─마츠모토 양국 수석대표 간 회담에서 양유찬 대표가 오히려 상호 청구권 포기를 분명히 제안한 데 대하여 흥미롭게도 일본이 재한일본인 재산에 대한 청구권의 포기를 강하게 거절하고 사실상 상호 포기를 부정하고 있다. 4월 1일 회담 해당 부분은 「松本·梁非公式会談 四月一日」, 外務省日韓会談公開文書(문서번호 282내), 4쪽. 4월 16일 회담은 「松本·梁非公式会談 四月十六日」, 外務省日韓会談公開文書(문서번호 282내),

그러나 대일피해국의 입장과 평화조약 4조(b)항으로 인해 청구권의 일방적인 취득이 당연하다고 생각하여 역청구권의 전면적인 철회를 요구하는 한국 정부의 입장에서 볼 때, 상설공동위원회 창설을 통한 협의의 지속이라는 제안은 아무런 의미도 없었다. 일본의 역청구권 주장으로 인한 난관에 봉착한 한국정부에게 남은 선택은 재한일본인 재산을 실제 처분하고 그에 관한 승인을 요구하는 평화조약 4조(b)항을 설정한 당사자 미국을 통해 일본의 역청구권 주장을 철회시키는 것뿐이었다.

2) 역청구권 문제에 대한 미국의 대응과 참뜻

3월 25일 한국은 마지막 보루인 미국에게 서한으로 한일 간에 문제가 된 평화조약 4조(b)항에 대한 해석을 요청했다.[122] 그 결과 미국정부로부터 4월 29일 국무장관 애치슨의 답신(이하 1952년 미각서로 표기)이 나왔다.[123] 한일회담사에서는 주지의 그 내용은 재한일본인 재산에 대해 미군정부가 취한 관련 조치와

2~3쪽. (한국 측 기록에는 회의록이 없으며 단지 일본이 현실적으로 재한일본인 재산의 반환이 불가능함을 인정했다는 기술만 있다.) 본론에서도 본 바와 같이 일본 역시 최종적으로는 상호 포기를 염두에 두고 있었으나 이 단계에서는 거절했던 것이다. 비공식 회담 기록에는 일본이 왜 상호 포기를 주장한 한국 측 제안을 거절했는지에 대한 설명은 없으나 북한에 있는 일본인 재산권 처리의 취급 문제, 상호 포기로 인한 국내 보상 문제 등도 남아 있어, 아직 일본의 최종적인 방침을 밝힐 단계가 아니라는 판단이 작용한 것으로 보인다.

122 이는 주미대사의 외무장관에 대한 보고에서 확인 가능하다. "주미대 제200호, 구 일본 및 일본인 재산 처분에 관한 군정법령 및 대일강화조약 중 의의(疑義) 선명(鮮明)에 관한 건", 『제1차 한일회담(1952.2.15 ~ 4.21) 청구권 관계자료, 1952』, 706쪽.
123 동 서한은 한일 양국 문서의 여러 군데에 수록되어 있으나 예컨대 「日韓会談重要資料集」, 外務省日韓会談公開文書(문서번호 525), 47쪽.

평화조약 4조(b)항으로 인해 한국 내 일본인 재산은 몰수(divest)된 것이며 따라서 일본은 그 재산에 대해서 아무런 권한도 요구도 할 수 없으나 그러한 처분은 평화조약 4조(a)항이 규정한 양국 간의 특별조정에 즈음해서는 관련이 있다(relevant)는 것이었다. 즉 미국은 1952년 미각서의 전반에서 일본의 직접적인 역청구권을 부정했으나 반대로 후반에서는 재한일본인 재산의 취득과 한국의 대일청구권이 사실상 상쇄 관계가 될 것을 표명했다.

미각서가 나오자 양유찬 주미대사는 당초 동 각서의 의미를 일본에게는 재한일인 재산에 대한 아무런 청구권이 없음을 명시한 것으로만 보고했다. 양유찬이 본국정부에 그와 같은 보고를 한 것은 4월 29일 미 국무성과의 직접 회담 시, 이 건에 관해 한국이 하등의 우려를 가질 필요가 없다고 설명한 애치슨 장관 등의 발언 부분에만 무게를 둔 결과였을 가능성이 크다.[124]

그러나 이 양유찬 보고는 미국정부의 정확한 의도를 전달한 것이 아니었다. 4월 29일의 양유찬과의 회담에 관한 미국 측 회의 기록은 애치슨 장관이 양유찬에게 평화조약 조문의 관점에서 볼 때, 일본은 한국에 대해 청구권을 유지하지 못하지만 일본의 청구권은 한일 간 재산 처리에 관한 특별조정에 즈음하여 관련이 있는 문제로 적절히 고려되어야 한다는 것이 국무성의 견해라고 발언했음을 밝히고 있다.[125] 즉 애치슨은 1952년 미각서의 내용을 구두로 직접

124 "주미대 제200호, 구 일본 및 일본인 재산 처분에 관한 군정법령 및 대일강화조약 중의 의의(疑義) 선명에 관한 건", 『제1차 한일회담(1952.2.15 - 4.21) 청구권 관계자료, 1952』, 706~707쪽.

125 "Korean - Japanese Negotiations for a Treaty of Friendship", 국사편찬위원회 편, 『한일회담 관계 미 국무부 문서 1(1952~1955) - 주한·주일 미국대사관 문서철 - 』, 국사편찬위원회, 2007, 568쪽. 동 문서에서는 발언 주체가 'I'로만 표현되어 있어 반드시 국무장관을 명시한 것은 아니나, 기타 참석자의 발언 시는 인명이나 지위로 구별하고 있으므로 'I'의 주체가 국무장관임은 틀림없다.

양유찬에게 그대로 설명했음에도 양유찬은 그 전반 부분만을 과장하여 일본의 역청구권만 부정된 것과 같은 인식을 심어준 것이었다.

이와 같은 한국정부의 자의적인 이해에 대해 5월 9일 애치슨은 주일미대사관에게 한국이 1952년 미각서를 정치적으로 이용하고 미국정부의 입장이 재한일본인 재산에 대한 일본의 역청구권만을 부정하고 있다는 선전을 하고 있는 데 대하여 일본 측에 실제 그것을 제시할 것을 지시했다.[126] 즉 한국이 1952년 미각서의 전반 부분만을 부각해 대일공세에 나설 것을 차단하기 위하여 그 각서를 일본정부에게도 주지시킴으로써 미국의 입장이 다른 데에 있음을 밝힐 조치를 취하기로 한 것이었다.

그러나 '관련이 있다.'고 정한 미국정부의 진정한 의도는 단지 한국의 재한일본인 재산의 취득과 한국의 대일청구권 간의 관련성만을 지적한 것이 아니라 보다 강력한 메시지를 담은 것이었다. 예컨대 미국은 5월 16일 일본 외무성 간부와의 대화에서 일본 측에 대해 국무성 해석이 재한일본인 재산이 4조 (a)항에 기초한 청구권 문제 해결을 위해 고려된다는 것이며 한국에 특별히 유리한 것이 아니라는 견해를 전달하면서 법적 문제와 상관없이 청구권의 상호 포기로 청구권 문제를 빨리 해결할 것을 전달했다. 또 미국은 기회를 잡아 한국에게 1952년 미각서가 한국의 편을 들기 위한 것이 아니라 약탈 문화재를 제외하고 상호 대립하는 청구권을 철회하는 것이 유일한 현실적인 해결 방법임을 뜻한 것이라고 밝힐 필요성을 지적했다.[127] 즉 미국이 한국에 대해 제시한 '관련이 있다.'는 언설의 참된 뜻은 청구권 문제를 상호 포기로 인해 해결하게 하는 근거를 마련하는 메시지였던 것이다.

---

126 "untitled", 위의 책, 587쪽.
127 "untitled", 위의 책, 2~3쪽에서 정리.

흥미롭게도 이 시기, 상호 포기로 인한 해결에 제동을 건 것은 오히려 일본 정부였다. 실제 5월 17일 외무성은 일본정부의 강한 희망으로서 1952년 미 각서에 관해 미국이 공적인 성명을 내는 것을 자제하도록 요청했다. 외무성 은 그러한 성명을 미국이 발표하는 것은 일본 국내에 미국의 한일교섭에 대 한 관여를 여실히 보이는 것으로 바람직하지 않으며 한일 간의 최종적인 해 결을 위해 악영향(prejudice)을 줄 수 있다고 지적했다. 또 만약 국무성의 판 단으로 성명을 낼 경우에도 평화조약 4조에 기초한 한일 간 교섭이 상호적인 성격(bilateral nature)의 문제이며 미국은 양국 간 현안의 최종 해결에 대해 편드는(prejudice) 행위는 피해 왔다는 정도의 성명에 그치도록 요청했다.[128] 즉 한국에게 가장 우려되는 1952년 미각서의 참된 뜻이 한일 상호 포기로 인 한 해결에 있다는 것을 공식화하는 사태를 막은 것은 오히려 일본정부였던 것 이다.

최종적으로 상호 포기로 인한 해결 방법밖에 없음을 전망하고 있었던 일본 정부가 청구권 문제 해결을 위해 가장 강력한 영향력을 가진 미국에게 일부 러 그 공식화를 삼갈 것을 요청한 이유는 국내 보상 문제를 우려하는 목소리 를 의식한 결과로 추측된다. 즉 일본정부가 1차 회담에서 이미 재한일본인 재 산에 대한 법적 소유권을 가지고 있음을 내외에 밝히고 있는 조건하에서 상호 포기로 인한 해결을 부각할 경우 국내 보상 문제를 유발할 수 있었다. 실제 일 본정부 내부에서도 대장성을 중심으로 보상 문제를 유발할 수 있는 해결 방법 에 반대하고 가급적 해결을 장래에 미룰 것을 요구하는 목소리가 거셌다.[129]

---

128 "untitled", 위의 책, 598~599쪽에서 정리.

129 국내 보상 문제를 우려하는 대장성 등의 반대 의견은 일본 기록에 많이 나온다. 여기서 는 예컨대 「日韓請求権問題対策について」, 外務省日韓会談公開文書(문서번호 655 내), 6쪽.

한마디로 말해, 일본정부에게는 청구권 문제 해결을 위한 국내 준비가 아직 마련되어 있지 않았던 것이다.

아무튼 한국이 기대를 건 미국의 입장은 한국의 입장을 지지하기는커녕 오히려 단순히 '관련이 있다.'는 차원을 넘어 사실상 대일청구권을 포기시키는 의도를 가지고 있었다. 이와 같은 미국의 부정적인 자세를 한국정부 역시 기록상 적어도 5월 하순에는 이미 감지하고 있었다. 5월 23일 한국정부는 대통령의 재가를 받은 지령으로 양유찬 주미대사에게 일본이 재한일본인 재산에 관해 항의하는 것은 미 국무성의 양해를 얻고 있을 가능성이 있다는 것, 최근 주한미국 대사관 관계자가 외무차관에게 동 재산 문제에 관해 한일 양국이 충돌한다면 미국은 한국의 입장을 지지하지 않겠다고 언급한 것, 또 국무성의 일부가 일본인과 연락하면서 애치슨의 약속을 무효로 하려 할지도 모른다는 우려 등을 전달하면서 적절한 조치를 취할 것을 지시했다.[130] 그러나 이러한 조치로 인해 미국이 입장을 바꾸는 일은 이후에도 없었다.[131]

---

130 "대비시(大秘指) 제( )호, 일인의 재한재산권 주장에 관한 건", 『제1차 한일회담 (1952.2.15－4.21) 청구권 관계자료. 1952』, 709~711쪽.

131 이 시기 미국의 냉담한 반응은 재한일본인 재산의 문제만이 아니었다. 1952년 3월 20일 한국은 국무성과 접촉하고 대일8항목요구 4항에 해당하는 한국 관련 법인의 재일지점 재산의 문제에 관해서도 협력을 요청했다. 그 자리에서 한국은 일본이 한국 관련 법인의 재일재산 반환 문제를 거절하는 근거를 주로 SCAPIN에 의거하고 있으므로 한국 관련 법인의 재일자산이 한국의 재산임을 밝히도록 SCAPIN을 수정하든지 아니면, 군정령 33호로 인해 재일지점 자산을 한국으로 반환해야 한다는 것이 미국의 입장임을 일본정부한테 지시하든지 할 것을 미국에게 요청했다. 그러나 이에 대해 미국은 적국 재산의 몰수는 각 몰수 국가의 시정 영역에서만 한정되어야 하며, 일본 국내의 재산은 일본을 위해 존중되어야 한다는 것이 미국의 입장임을 밝혀, 국무성으로서는 군정령 33호가 한국 관련 법인의 재일재산을 한국을 위해 몰수한 것이라는 한국의 입장을 지지하지 않음을 밝혔다. 심지어 미국은 지점 재산이 본점 소유자인 한국정부에 귀속한다는 한국의 논리가 통상의 회사법에서는 존중되어야 하는 법적 원리라고 하면서도 그것이 한반도에서의 일본의 경제적 침투를 제거하기 위해 취해진 군정령 33호에 적용되는지 의문스러

결국 일본의 역청구권 공식 제기로 인해 결렬을 맞이한 1차 한일회담은 청구권 문제 해결에 대한 열쇠를 가진 미국 역시 사실상 상호 포기를 지지하는 입장을 취함으로써 아무런 실마리도 찾지 못한 채 끝났다. 따라서 그 결렬을 봉합하는 것이 우선적인 과제가 된 2차 한일회담 청구권 교섭은 실무적인 진행 방식을 취하게 된다. 그 결과 2차 한일회담은 한국의 대일청구권 요구가 보다 체계적으로 드러나는 매우 중요한 무대가 되었다.

우며, 몰수 조항은 한국에 대한 보상(compensation)을 위한 것이 아니라고 차갑게 대했다. 국무성은 비록 직접적으로는 이 문제 역시 한일 간의 직접적인 교섭에서 결정되어야 하는 문제이며 따라서 이 문제의 성격에 대해 아무런 의견 표명을 하지 않는다고 하면서도 실질적으로는 한국의 요청을 물리치는 입장을 취했다. 한국 관련 법인의 재일재산을 둘러싼 회담 기록은 外務部, 『韓日會談說明書 韓日會談關係文書』, 작성 연도 불명, 184~191쪽에 수록.

5

대일청구권 요구의 최대화와
배상 요구와의 간극

한국전쟁 말기인 1953년 4월 15일부터 재개된 2차 한일회담은 유동적인 한 반도 정세를 배경으로 세 차례에 걸쳐 위원회 토의가 개최되었으나 회담의 진 전이라는 의미에서는 그다지 큰 성과를 거두지 못했다. 그러나 일본의 역청구 권 주장을 둘러싼 심각한 대립으로 인해 결렬된 1차 한일회담에 이어 재개된 2차 회담은 교섭의 진척을 위해 일단 원칙적인 토의를 피하고 대일청구권 요 구의 사실관계 파악을 위한 실무 교섭을 진행한다는 합의하에 이루어지게 되 었다. 그에 따라 2차 회담에서는 사실관계 파악을 위해 한국의 대일청구권 내 용이 보다 구체화되었다.

실제 먼저 공개된 한국 측의 한일회담 공식 문서에서는 충분히 알 수 없었 으나 한국정부는 2차 한일회담 교섭 기간 중, 세 번에 걸쳐 비망록을 제출해, 1차 회담에서 제기했던 대일청구권의 세부항목들을 넘는 보다 상세한 목록을 밝혔다. 그 비망록 제출은 사실관계 파악을 위한 조회 요청이라는 형식을 취 한 것일 뿐 반드시 청구권으로서의 공식 요구는 아니었다. 그러나 비록 그것 이 사실관계 파악을 위한 조회 요청으로서 제기된 것이었다고 해도 한국정부 가 그 시점에서 청구권 요구로서 어떤 항목들을 구상하고 있었는가를 보여 준 다는 의미에서 그것은 매우 중요한 고찰 재료가 된다. 무엇보다 그 내역은 한 국정부가 그 후의 한일교섭에서 비록 일부를 추가하긴 했으나 가장 많은 수의 항목을 제시했다는 의미에서 결과적으로 청구권 요구의 최대 범위를 기록하 게 된다.

즉 2차 한일회담은 결과적으로 한국정부가 대일청구권 세부항목을 최대화 한 회담이었다. 그러므로 2차 회담은 청구권과 배상 요구의 관계를 파악하면 서 청구권 요구의 의미를 분석하는 데 결정적인 분석 대상이 된다.

이 장에서는 바로 그 최대화된 세부항목 구성의 분석과 그것을 통해 파악할 수 있는 청구권 요구의 의미를 고찰한다. 또, 한국이 그 세부항목을 제출했음에도 이후 왜 실무적 교섭이 진전되지 않았는가에 대해 주로 일본정부의 교섭 전략을 중심으로 고찰한다.

1. 청구권 문제와 2차 한일회담의 성격

1) 2차 한일회담을 앞둔 한국정부의 움직임

1차 한일회담 결렬의 여파로 2차 한일회담 개최까지 약 1년의 세월이 흘렀다. 한국전쟁의 계속이라는 특수 상황을 고려해 그 1년이라는 기간이 청구권 교섭의 준비를 위해 얼마만큼 충분한 것이었는가를 평가하는 것은 어렵다. 그러나 4장에서 고찰한 바와 같이 평화조약에 따른 한일 직접 교섭을 위해 한국정부가 취한 준비 상황은 결코 충분한 것이 아니었으며 또 일부 진행된 조사 등도 거의 성과를 얻지 못했다. 그것은 한일 청구권 교섭에 즈음하여 '엉성한' 『배상조서』를 보완하는 작업의 필요성을 인식한 것이었으나 결코 그 '엉성한' 상황을 벗어나는 데 성공한 것으로 평가할 수 있는 상황은 아니었다.

따라서 비록 국가 비상사태가 계속되는 조건하에서였으나 그간 경과한 1년 이라는 기간은 한일 간의 과거처리를 이루어내기 위해 아직 미완의 준비 상황을 개선하는 데 중요한 시간이었음은 틀림없다. 다시 말해 1차 회담 결렬 전후부터 2차 회담 개최에 이르는 그 기간은 한일 직접 교섭 개시 무렵의 준비 과정과 더불어 『배상조서』로부터 청구권 요구로의 변용의 의미를 이해하는 데 여전히 중요한 시기였다고 평가할 수 있다. 그러나 이 시기 청구권 문제에 관해 확인할 수 있는 한국정부의 대응은 다음 두 가지뿐이었다.

첫째는 외채처리에 관한 대응이었다. 당시 일본은 평화조약 18조에 기초한 문제로서 전전에 발행한 외채의 상환 문제를 미국, 영국, 그리고 프랑스와의 사이에서 안고 있었다. 한국정부는 그와 관련된 일본 측 일부 보도에 주목하고 그 외채처리 문제가 한국의 부담으로 전가될 위험성을 알아챘다. 한국정부가 주목한 그 보도 내용은 1952년 7월 미국 뉴욕에서 열리는 일본 외채 회의에서 다루어질 동양척식회사 관련의 문제였다.

한국정부가 파악한 그 보도 내용은 한국이 일본으로부터 분리됨에 따라 그 투자 이익이 한국에 귀속된 동양척식회사 발행의 사채 상환 의무에 관해서는 일본이 면제받도록 주장하고 있다는 것이었다.[1] 즉 일본정부가 사실상 동양척식회사 발행의 사채 상환 채무를 한국정부에 떠넘기려고 한다는 점에 한국정부가 위기의식을 느끼고 그와 같은 일본정부의 주장을 차단하는 것이 중요한 과제가 된 것이었다.

실제 일본은 동양척식회사가 발행한 사채 관련 상환 문제로서 1953년 3월에 상환 예정인 이자 6%의 미화 사채, 1958년 11월에 상환 예정인 이자 5.5%의 미화 사채의 두 가지 외채 상환 의무를 미국에 대해 지고 있었다. 동양척식회사 발행의 채무가 일본정부의 대미채무가 된 것은 전쟁 중인 1943년에 제정된 외화채처리법에 따라 동양척식회사 발행의 외화채 중, 적국인 연합국 국민들이 주로 소유한 부분에 관해서는 그 채무 인계에 대한 정당한 대가를 동양척식회사가 일본정부에 지불하는 대신, 일본정부가 그 채무를 승계하도록 조치되었기 때문이다.[2] 일본정부는 바로 그 채무를 계승하게 된 사채 발행으

---

1 "외정 1392, 일본국의 외채처리에 관한 건", 『제1차 한일회담(1952.2.15 – 4.21) 청구권 관계자료, 1952』, 674~675쪽.

2 저자 불명, 「外債処理の問題點」, 『東洋経済新報』 第2394号, 1949. 10. 15., 22~23

로 인해 모은 자금이 한반도 개발을 위해 도입되었다는 이유로 그 상환 의무를 한국정부에 넘기도록 주장했던 것이다.

한국정부가 염려한 동양척식회사 발행의 사채 상환 문제는 실은 평화조약 기초 과정에서 이미 일본정부가 미국에 호소했던 문제였다. 3장에서 언급한 1951년 5월 3일 미영 실무자 공동초안은 그 5조의 주석으로서 "포기 또는 양도(renounced or ceded) 지역에 있는 재산 관련의 일본의 부채 의무는 고려되어야 하는 문제로 남아 있다."[3]고 적어, 일본정부의 주장을 검토하는 자세를 보이고 있었다. 그와 관련해 그 5월 3일자 공동초안을 내부적으로 검토한 6월 1일자 미 국무성의 "작업초안 및 코멘트"에서도 국무성은 동 5조의 주석에 달린 일본의 부채 상환 의무 문제의 주체가 동양척식회사임을 직접 명시하고 일본정부는 사채 발행을 통해 모은 자금을 포기 지역의 발전을 위해 사용했으며 따라서 그 상환 의무에 관해서는 해당 지역을 계승한 정부가 질 것을 강력히 요구하고 있다고 적고 있다. 그 "작업초안 및 코멘트"는 해당 정부가 채무를 계승하는 것에 대해 합의할 것이라고 믿을 만하고 또 타당한 이유가 있다면 그것이 적절한 해결 방법이 될 수 있음을 지적했으나[4] 미영 정부가 합의를 본 6월 14일자 평화조약 초안 이후, 결국 그 채무 계승 문제가 조약 조문으로 명확히 결정되는 일은 없었다.

상술한 바와 같이 일본정부는 1차 한일회담에 대비하는 일련의 대응 속에서 공채 관련 문제와 관련해, 한국에 이익이 되는 공공사업 및 민정사업을 위

쪽 ; 上田克郎(大蔵省理財局外債課長), 「外債処理協定の成立とその実施 : 政策と資料」, 『時の法令』 84号, 1953, 46쪽에서 정리.

3   Tokyo Post Files : 3210.1 Peace Treaty, "Joint United States – United Kingdom Draft Peace Treaty", *FRUS, 1951, vol. VI, Asia and the Pacific, Part 1*, p.1026.

4   694.001/6–151, "Japanese Peace Treaty : Working Draft and Commentary Prepared in the Department of State", ibid., pp.1063~1064.

해 발행한 공채 중, 한국의 영역에 거주하는 자의 채권은 한국정부가 맡을 것을 요구하는 내부 방침을 정하고 있었다. 이와 같은 교섭 방침은 평화조약 기초 과정에서 일본정부의 채무 계승 요구가 직접적으로 받아들여지지 않았던 것에서 유래한 것으로 풀이된다. 비록 그 내부 방침이 동양척식회사가 발행한 채무 문제라고 명시한 것은 아니었으나 이상과 같은 일본 측 움직임을 고려할 때, 주권 회복 후의 일본이 동양척식회사 발행의 사채 상환 의무를 한국에 떠넘기려는 방침을 계속 유지하고 있었음은 의심의 여지가 없다.

이러한 상황을 맞이해 1952년 7월 외무장관은 주미대사에게 동양척식회사는 본사를 일본에 둔 회사이며 한일회담에서 청구 대상으로 삼고 있는 본사를 한국에 둔 회사와 엄격히 구별되는 회사임을 지적하는 것과 더불어 다음과 같은 논리를 추가해 동 회사 발행의 사채 상환 의무는 그대로 일본정부가 계승하도록 미국 측과 교섭할 것을 훈령했다. 외무부가 추가한 논리는 한일회담에서 동양척식회사의 재산은 청구 대상에서 제외되어 있다는 점, 그 회사가 한국에 지점을 두고 발행한 사채는 한국의 이익을 위한 것이 아니라 착취를 위한 것이었다는 점, 동 회사의 한국 내 자산은 이미 한국에 귀속되어 있으며 그 이익을 한국이 향유하고 있다고 해도 발행 채무를 본점에서 분리하여 한국에 떠넘길 법적 근거는 없다는 점 등이었다.[5]

결국 1952년 9월 성립된 미영과의 합의에서 채무 지불 의무 계승 문제에 관해 국채는 물론, 지방채 및 동양척식회사를 비롯한 기업들이 발행한 외화채 상환 의무도 모두 일본정부가 계승하도록 결정되었다.[6] 이에 따라 10월 2일 김용식 주일대표부 공사는 동양척식회사가 발행한 사채의 지불 의무도 일본

5   "외정 1392, 일본국의 외채처리에 관한 건", 『제1차 한일회담(1952.2.15 - 4.21) 청구권 관계자료, 1952』, 676~679쪽에서 정리.
6   上田克郎, 앞의 논문, 46쪽.

정부가 그대로 지게 되었다는 전망을 본국에 보고했다.[7] 그리하여 동양척식회사 발행의 사채 계승 문제는 한국정부의 요구대로 해결되었으며 이후 이 문제가 한일 간 교섭에서 직접적으로 대두되는 일은 없었다.

동양척식회사가 발행한 사채 요구는 한일 직접 교섭 개시 무렵, 임송본이 작성한 건의서에서 정리한 일본계유가증권 중 일본정부 기관사채 항목에 들어가 있다.[8] 그러나 그 요구는 동양척식회사가 발행한 사채 중, 조선은행이 직접 보유한 것에 따른 채권 요구의 문제이며 위에서 고찰한 채무 계승을 둘러싼 한국정부의 대응 문제와는 다르다. 그것은 어디까지나 외채 발행을 통해 외국에서 모은 자금으로 동양척식회사가 투자한 성과물이 한국에 귀속되었다는 이유로 그 사채 상환 채무를 한국정부가 지게 되는 것을 회피하기 위한 추가 대응이었다. 그러한 의미에서 상환 의무를 둘러싼 한국정부의 대응은 1차 회담 이후에 나타난 새로운 움직임이었다고 평가할 수 있다.

그러나 1차 한일회담 이후 한국정부가 보인 이 대응은 일본의 외채처리 문제와 관련해 한국이 지게 될지도 모르는 채무 회피를 위한 방어적 대응에 불과했다. 이것은 1차 회담에서 제기한 대일8항목요구의 구성에 새로운 항목을 추가하기 위한 보완 작업도 아니거니와 기존 요구 항목의 근거 등을 변경하려는 논리 수정 작업도 아니었다. 따라서 이 외채처리 문제에 대한 대응은 1차 한일회담에서 공식화된 대일8항목요구에 변화를 가져다주기 위한 움직임과는 전혀 상관없는 것으로 평가하는 것이 마땅하다.

1차 회담 결렬 후 한국이 보인 또 하나의 대응은 재일재산에 관한 움직임이

---

7   "한일대 제3682호, 일본의 외채처리 협정과 구 동척의 사채 문제에 관한 보고의 건", 『제1차 한일회담(1952.2.15~4.21) 청구권 관계자료, 1952』, 691~692쪽.

8   任松本, 「對日會談 財産權 및 請求權 問題」, 위의 문서, 733쪽(자료에는 쪽수 표기가 빠져 있으므로 저자가 세고 표기했음).

었다. 외무부는 장관 명의로 1952년 9월 초순 주일대표부에 재단법인 교통강생회(康生會) 이사장이 제기한 탄원의 검토 결과, 그 재단법인 강생회의 재일재산을 대일청구에 포함할 것을 지시했다. 그 이유는 동 법인이 일제강점기인 1936년 7월, 재단법인으로서 한반도에 법적 근거를 둔 법인이었으며 그 사업의 일부로서 도쿄에 소유한 건물은 군정령 33호 및 한미협정에 따라 한국정부에 귀속되었다는 것이었다.[9] 그 설명으로 미루어, 한국정부가 동 강생회의 재일재산 문제를 대일8항목요구 4항 중 SCAPIN 1965호 관련으로서 제기한 재외회사의 문제에 해당하는 요구로 인식하고 있었음은 틀림없다. 실제 강생회는 일본에서도 1949년 8월에 발령된 정령 291호에 따라 재외회사로 지정되었다.[10]

4장에서 고찰한 바와 같이 한일 직접 교섭 개시를 앞두고 조선총독부 산하철도국 관련 재일재산 문제와 관련해서는 공제조합의 재일재산에 대한 대응이 있었다. 강생회 역시 철도국 관련 조직이었으나 공제조합과는 다른 조직이었다. 공제조합이 현행 근로자의 보호, 복지 증진을 위해 조직된 조합인 데 반해 강생회는 철도 업무에 따른 병상(病傷), 정년 등에 따라 퇴직한 자 및 그 가족들을 보호하기 위해 설립된 재단법인이었다. 그것은 주로 퇴직자나 그 가족에 대해 역사(驛舍) 내에서의 매점 운영이나 차내 판매 권리 등의 혜택을 주고생활을 지원하는 것이 주된 목적이었다. 그 일환으로서 강생회는 도쿄에 체류하는 자녀들을 위한 기숙사 등, 재일재산을 도쿄 나카노구(中野区) 등에 소유하고 있었다.[11]

강생회의 재일재산 요구는『배상조서』에는 직접 포함되지 않았다. 그러나

---

9   "외정 1617, 재일재산의 청구권 추가에 관한 건", 위의 문서, 612~615쪽에서 정리.

10   財団法人鮮交会, 앞의 책, 1118쪽.

11   위의 책, 238쪽 ; 1118쪽.

앞서 언급한 임송본의 건의서에서 이 항목은 이미 향후 제기할 문제 중 '구 조선총독부 철도국 강생회 재일재산 관계'로 거론되어 있었다. 즉 한국은 한일회담 개시 무렵부터 이미 이것을 청구 대상으로 삼을 것을 구상하고 있었던 것이다. 그것이 1차 한일회담 종료 이후 움직이기 시작한 것은 우연한 계기로 인한 것이었다. 즉 그것은 1953년 7월 27일 나카노세무소에서 납세통지서가 송부되어 온 것을 계기로 교통강생회 이사장이 탄원한 데에 따른 것이었다. 따라서 이 움직임은 같은 시기, 한국정부 내부에서 청구권 준비를 위해 특별히 추가적인 대응을 하려 했다는 것 등과는 전혀 무관하다. 그것은 이미 한국정부 내부에서 인식하고 있었던 항목을 실제 청구권 요구로 삼기 위해 지시한 것에 불과하며 청구권 요구에 대한 새로운 움직임으로 평가하는 것은 타당하지 않다.

이상 1차 한일회담 결렬 후, 청구권 문제에 관해 확인되는 한국정부의 대응은 이 두 가지뿐이다. 따라서 결렬 후, 1년의 세월을 거쳐 재개된 2차 한일회담에서 그 이전과 비교해 한국정부가 보다 진전된 청구권 준비 태세를 갖추었을 가능성은 없다고 하겠다. 물론 논리적으로는 기록의 이면에서 중요한 준비 작업이 진행되고 있었을 가능성은 배제하지 못한다. 그러나 이하 살피듯이 2차 한일회담에서 한국정부가 조회 요청한 청구권 세부항목들의 구성과 내용 등을 고려할 때, 한국정부가 청구권 문제에 대해 새로운 태세를 갖추고 있었다고 판단되는 근거는 없다.

2) 일본정부의 교섭 전략 수정과 2차 한일회담의 성격

한편 1차 한일회담 결렬을 맞이한 일본정부는 한일회담 재개를 전망하면서 "회담 중절 이후의 새로운 사태의 발전에 대응하기 위하여 종래의 일본안을 재검토할 필요"[12]를 인식하게 되었다. 일본정부가 지적한 그 '새로운 사태'의 핵심이 바로 4월 29일 전달된 1952년 미각서의 발표와 그 내용이었음은 틀림 없다. 그 각서는 비록 재한일본인 재산의 취득을 한국의 대일청구권과 관련시 켰으나 1차 회담에서 이미 직접 대한청구권이 남았다는 논리를 교섭의 핵심 전략으로 삼았던 일본에게 사태를 어렵게 하는 측면이 있었다.

1952년 7월 16일 외무성은 전번 회담 후의 중대한 사정 변경으로 1952년 미각서의 공식 발표를 들어, 그 내용을 분석하면서 "청구권 문제에 관한 일한 양국의 주장을 겸허히 읽으면 아무래도 한국 측 주장이 유리하다(步のある)는 점은 인정하지 않을 수 없다."[13]고 실토하고 있다. 즉 비록 미국정부의 진정한 뜻이 한일 양국의 청구권 상호 포기에 있었다고 하더라도 1952년 미각서는 적어도 직접적으로는 일본의 대한청구권이 없음을 명시한 데 반해 한국의 대 일청구권의 소멸을 명시한 것은 아니었다. 다시 말해 그것은 재한일본인 재산 의 취득으로 인해 대일청구권이 일부 삭감될 근거가 될지라도 대일청구권 자 체는 존속할 여지를 남기는 것이었다. 한국에 대해 직접적인 청구권을 보유하 고 있다는 전략으로 한국의 대일청구권을 전면 봉쇄하려 한 일본의 전략이 근 본적으로 재검토될 수밖에 없게 된 것이다.

한편 비록 재한일본인 재산의 취득으로 대일요구가 삭감될 가능성이 있어

---

12 「第二段階における請求権問題」, 外務省日韓会談公開文書(문서번호 655내), 2쪽.
13 「日韓請求権問題対策について」, 外務省日韓会談公開文書(문서번호 655내), 2쪽.

도, 일단 한일교섭 결렬의 직접적인 원인이 된 일본의 대한청구권이 부정된 이상, 한국에게 조기 교섭 재개는 불리한 것이 아니었다. 실제 7월 2일 유태하 참사관은 와지마(倭島英二) 아시아국장을 방문하여 장택상 국무총리의 의향으로서 회담 재개에 대한 희망을 전달했다.[14] 한국의 요청을 받아 회담 재개를 마냥 무시할 수만은 없게 된 외무성은 "하등의 실제적 해결 방법을 탐구"[15]할 필요성을 인식하고 대응 방법을 구체적으로 찾기 시작했다.

7월 18일 외무성은 1952년 미각서로 인해 한국 역시 비록 일방적으로 대일청구권을 주장하지는 못하지만 한국정부의 법 이론이 강화되었다는 것, 따라서 1차 한일회담에서 고수하기로 한 군정령 33호의 해석에 대해서는 그것을 명확히 포기하지 않더라도 계속 거듭하는 것은 피할 필요가 있다는 것, 그 결과 가급적으로 법 이론은 피하고 실제적인 해결 방법을 발견한다는 제안을 한국에게 밝힐 것, 또 한국이 원하는 최대한도의 항목 및 금액을 구체적으로 제출하게 할 것 등, 다음 회담에 대비하는 전략을 구상했다.[16] 외무성은 그 방침에 기초하면서 교섭 재개와 관련해 한국에 대해 법 이론은 일단 유보(shelve)하고 실제적 해결을 도모할 용의가 있다는 것, 한국이 방대한 것을 요구할 것이 전해지고 있었으므로 국민 경제 자위의 입장에서 그에 대응하는 법 이론을 취할 수밖에 없었다는 것, 한국이 청구할 구체적인 금액을 공식화할 경우는 실제적인 해결 방법을 토의할 용의가 있다는 것 등의 일본 측 생각을 한국에게 솔직하게 전달하는 진술서까지 준비하고 있었다.[17] 즉 외무성은 역청구권

---

14 「第二段階における請求権問題」, 外務省日韓会談公開文書(문서번호 655내), 1쪽.

15 위의 문서, 4쪽.

16 「請求権財産問題折衝要領に関する件(第二段階における)」, 外務省日韓会談公開文書(문서번호 655내), 2~6쪽에서 정리.

17 「請求権問題に関する陳述書」, 外務省日韓会談公開文書(문서번호 655내), 1~5쪽에서 정리.

주장이 한국의 방대한 대일요구에 대응하기 위한 전략에 불과하며 한국이 대일요구 액수를 밝힌다면 그것을 해결하는 입장으로서 교섭을 진행할 의사를 직접 전달하는 방안까지 구상하고 있었던 것이다.

그러나 청구권 문제 교섭의 추진을 위해서는 대장성과의 절충이 절대 요건이었다. 7월 22일에 예정된 대장성과의 사전 협의를 앞두고 외무성은 18일 내부 검토 회의를 열어 국유재산은 포기하고 사유재산의 일부를 한국에 양도하되 일부는 살리는 방안, 국유재산을 무상으로 한국에 양도하고 기타는 상호 포기하는 방안, 상황별(case by case)로 심의하고 약간의 청구권만을 인정하고 다른 것은 없애는 방안 등, 구체적인 해결 방안을 토의했다.[18]

그러한 토의를 거쳐 외무성은 대장성과의 절충을 앞둔 21일 포괄적인 대한 교섭안을 정리했다. 그 안의 작성에 즈음하여 외무성은 미국의 여론 동향과 미각서 등으로 인해 군정령 33호에 대한 일본정부의 해석을 거듭하는 것이 이미 유리하지 않다고 지적하면서 7개 교섭안을 내놓았다. 외무성이 대장성과의 절충에 나서기 위해 작성한 교섭안의 요점과 그 득실 관계를 정리하면 표 5-1과 같다.[19]

즉 외무성은 대장성과의 절충에 즈음하여 그 내용에 차이가 있어도 기본적으로 청구권 문제의 해결을 실질적으로 지연하는 방안[1안~3안], 일부만 지불하고 대부분은 상호 포기함으로써 해결하는 방안[4안~5안], 그리고 일부 지불하면서도 최종적인 타결을 미루는 방안[6안~7안] 등을 마련했다.

22일 외무성과의 사전 협의 석상에서 대장성은 1차 회담에서 평화조약 4조

---

18 「日韓請求権問題省内打合会」, 外務省日韓会談公開文書(문서번호 656), 3~12쪽에서 정리.

19 「請求権財産問題に関する折衝要領に関する件」, 外務省日韓会談公開文書(문서번호 655내), 3~6쪽.

표5-1 1953년 7월 외무성이 대장성과의 절충을 위해 구상한 청구권 문제의 대처안과 그 성립 전망 및 득실

구분	대처안	성립 전망 및 득실
1안	기본관계, 재일한국인의 법적 지위, 선박 문제가 해결되기까지는 청구권 문제 전체를 연기함	한국 측 태도를 볼 때 청구권 문제를 놔두고 다른 문제의 교섭에 들어가는 것은 허락하지 않을 것임
2안	원칙론은 놔두고 각 항목의 실정 심사를 함. 단 해결은 하지 않고 전 항목의 심사 후 다시 해결 방법을 교섭함	일본이 대한청구권 포기를 표명하지 않는 한, 한국은 응하지 않을 것임
3안	남북 분단을 고려하여 통일까지 교섭을 연기할 것을 주장하면서도 군정령 33호에 대한 일본 측 해석은 이후 주장하지 않을 것을 천명함. 단 재일본인 재산 포기라는 사실은 장래 청구권 교섭에 즈음하여 고려할 것을 약속하게 함	미국에 대해 일본의 입장을 분명히 하는 장점이 있으나 장래 상호 포기를 이룰 방식이면서도 향후 교섭에서 수동적으로 되게 되며 또 국내적으로 반대가 예상됨
4안	국유재산은 양도하고 기타는 상호 포기함. 단 한국의 청구권으로서 예외적으로 인정되는 항목을 엄격히 한정해서 제시하도록 함. 북한 관계 재산은 언급하지 않도록 함	상호 포기 및 일부 추가 인정으로 인해 한국이 응할 수도 있으나 북한 문제를 미결로 할 것에 대해 반대할 것이며 또 국내적으로도 보상 문제를 야기하고 반대도 많을 것임
5안	4안에 북한 재산도 포함해 상호 포기함	특히 북한 재산은 4조(b)항과 관계가 없어 더욱더 국내에서 반대가 나올 것이 예상됨
6안	예외적인 경우로서 지불해야 할 것을 먼저 교섭, 타결하고 기타는 장래 남북통일까지 연기함	실질적으로 상호 포기가 되나 당분간은 국내를 자극하지 않는 효과가 있음. 다만 문제를 장래에 남김
7안	예외적인 경우로서 지불해야 할 것을 먼저 교섭, 타결하고 기타 항목은 각 경우마다 관계자 간의 사적인 교섭과 양국 간의 입법, 사법적 조치에 맡김	실질적으로 상호 포기로 이끌 수 있는 방식이나 군정령 해석 및 상호 포기를 명시하지 않음으로써 국내를 자극하지 않음. 그러나 실제 일본의 청구권은 인정되지 않을 것이며 또 회수도 불가능하므로 일방적으로 지불만 하게 됨

표5-2 2차 한일회담 당시 대장성이 시산한 대한청구권

항목	금액(엔)
재한(기업 및 개인)재산 추정액 : 전 한반도 해당 일본 자산 약 710억 엔 중 남한분을 40%로, 그리고 한 국전쟁으로 인한 손실을 65%로 간주하고 산출	9,983,819,000
예금부 관계	946,177,000
우정성 관계	574,239,000
사업공채 미상환액	2,500,000,000
조선은행권	2,174,000
합계	13,806,409,000

(b)항에 관한 해석으로 사유재산 존중의 원칙을 강조한 것은 방어적인 의미와 더불어 정부 스스로 그것을 포기함으로 인해 생길 국내 보상 문제를 막는 의미가 있었다고 언급하고, 2차 한일회담에서도 국내 보상 문제가 생길 수 있는 교섭 방안을 선택하는 것은 피하도록 요구했다.[20] 즉 대장성은 국내 보상 문제를 야기할 수 있는 상호 포기 방안을 그 시점에서 제기하는 것은 시기상조이며 한국에 대한 청구권을 이용하면서 한국의 대일청구권 요구에 대항할 것을 요구한 것이었다.

실제 2차 회담 시, 대장성은 한국에 대해 제기하는 청구권을 표5-2와 같이 시산했다.[21] 표5-2에서 제시한 요구들은 실제 한국에 제시된 일도 없으며 따라서 일본정부의 공식 요구로 간주하는 것은 적절하지 않다. 그러나 미각서의 제시에 따라 그 관철이 어렵다는 것을 인식하면서도 대장성은 대한청구권을 유지하기 위한 구체적인 준비를 진행하고 있었던 것이다. 대장성이 사실상 한국과의 타결을 미루는 입장을 취한 것은 국내 보상 문제를 국내적으로 해결할

---

20 「請求権問題外務大蔵打合せ会」, 外務省日韓会談公開文書(문서번호 657), 9쪽.
21 「日韓会談議題の問題点」, 外務省日韓会談公開文書(문서번호 68), 20쪽.

대책이 마련되기 이전에 상호 포기를 공식화하는 것은 재정 부담이 될 것이 명백한 보상 의무를 유발할 것이라고 우려한 결과임이 틀림없을 것이다.

이어 26일에 개최된 외무성과의 절충 회의에서도 그 입장은 거듭되었다. 대장성은 한국과 급히 타결해야 할 필요가 임박했다고 볼 수 없으며 혹시 타결할 필요가 있을 경우라도 기본관계, 선박, 재일한국인의 법적 지위 문제를 먼저 해결할 것, 또 정치적 차원에서 결정이 없는 한, 실무 담당자로서는 청구권 문제를 항목별로 구체적으로 검토해 나갈 필요가 있으며 보상 문제가 생길 결과는 놔둘 것을 주장했다.[22] 즉 대장성은 겉치레를 위해 청구권 문제의 토의는 진행하되 문제의 해결 자체는 지연할 것을 거듭 주장한 것이었다.

국내 보상 문제 등과 관련해 대장성이 문제의 실질적인 지연을 주장한 이상, 다음 2차 한일회담이 기본적으로 외무성이 준비한 2안의 선에서 진행된 것은 불가피한 귀결이었다. 일부를 지불하기까지 해서 타결로 이끄는 4안, 5안은 애초 고려 대상이 되지 않았다. 또한 최종적인 해결은 지연하면서 일부 지불할 것을 먼저 타결하는 6안, 7안 역시 합리적이지 않았다. 1안부터 3안까지는 해결을 지연하는 방안이었다. 그러나 청구권 문제만을 지연하려 한 1안은 청구권 문제를 핵심으로 삼은 한국과의 관계에서 성사되는 방안이 아니었다. 또한 남북통일까지 지연하려는 3안은 일본으로서는 애초부터 한일 간 교섭을 조기에 성사할 의사가 없음을 공언하는 것과 마찬가지며 이 방안 역시 한국, 미국과의 관계를 고려할 때 부담을 느끼지 않을 수 없었다.

그와 대조적으로 2안은 일단 청구권 토의를 진행하면서도 그 내용은 구체적인 항목의 실정 파악에 한정하는 방안으로서, 한국정부의 대일청구권에 관

---

22 「外務大蔵第二回請求権問題打合せ会」, 外務省日韓会談公開文書(문서번호 657내), 3~5쪽에서 정리.

한 보다 구체적인 요구 내용을 도출할 것을 희망하던 일본정부에게 효과적이었다.

실제 2차 한일회담은 한국과의 합의에 따라 잠시 법 이론을 피하고 실무적인 방식으로 진행되었다. 일본에게 2안은 한국이 그에 응할 것인지 아닌지가 불안한 안이었다. 그러나 한국 역시 1952년 미각서의 전달에 따라 일본의 대한청구권이 봉쇄되었다고 판단했다. 회담의 결렬을 초래한 근본 원인이 제거되었다고 판단한 이상, 현실적으로 문제를 해결하기 위한 실무적 교섭을 피할 이유가 없었다.

그리하여 2차 한일회담은 일본이 준비한 2안의 선에서 진행되었다. '항목의 실정 심사'를 진행하는 2안은 표면적으로 교섭에 임하는 자세를 보이면서도 한국의 대일요구 내용을 보다 구체적으로 파악한 후 해결을 지연하기 위한 일본의 전략이었다. 그럼에도 한국은 비록 조회 요청이라는 형식이었으나 보다 구체적인 청구권 내역을 밝혔다. 2차 회담은 이후 한국전쟁의 휴전에 따른 사태의 유동성 등을 핑계로 한 일본 측 요청으로 인해 휴회에 들어갔다. 이처럼 2차 한일회담은 표면적인 교섭의 진행, 한국 측의 보다 상세한 청구 내역의 파악, 그리고 해결의 지연을 양립시키려 한 일본정부의 그림 속에서 진행된 회담이었다.

2. 대일청구권 세부항목의 최대화

1) 2차 한일회담 위원회 토의 내용과 청구권 요구의 성격

2차 한일회담은 1953년 4월 15일 개시되었다. 그러나 청구권 토의는 교섭을 조기에 진전시킬 생각이 없었던 일본 측이 대장성의 준비가 부족하다거나 총선거의 실시 등 정치적인 일정을 기다리고 싶다는 소극적인 자세를 취한 결과 약 한 달가량 후인 5월 11일부터 개시되었다.[23]

그날 개최된 1회 위원회에서 일본 측 구보타(久保田貫一郎) 대표는 1차 회담의 실패를 교훈으로 삼아 현실적인 각도에서 문제에 임할 것을 제안했다. 그에 대해 장기영 대표 역시 이번 회담에서는 한국의 주장을 사무적으로 표시할 방침을 밝혔다.[24]

---

23 "한일회담 제2차 본회의 경과보고서", 『제2차 한일회담(1953.4.15 – 7.23), 본회의회의록, 1953.4.15 – 30』, 872~873쪽.

24 구보타 대표의 발언은 "한일회담 제1차 「재산 및 청구권」분과위원회 경과보고서", 『제2차 한일회담(1953.4.15 – 7.23), 청구권위원회회의록, 제1차 – 3차, 1953.5.11 – 6.15』, 1138쪽 ; 「財産請求権関係部会第一会会議における久保田代表挨拶」, 外務省日韓会談公開文書(문서번호 693내), 1쪽. 장기영 대표의 발언은 같은 한국문서, 1136쪽 ; 「第一回請求権関係部会における張基栄代表の挨拶(訳文)」, 外務省日韓会談公開文書

그러나 주의해야 하는 것은 1차 회담의 실패를 교훈 삼아, 구체적으로 토의를 진행한다는 양국의 입장에는 메울 수 없는 간극이 존재하고 있었다는 점이다. 일본이 실무적으로 토의를 진행하려 한 것은 회담을 앞둔 방침에 나타나 있듯이 일단 교섭을 진행하고 한국의 구체적인 대일청구 내용을 파악하기 위한 전략적인 의미를 가진 것이었다. 그러나 한국의 견해는 "청구권 주장에 관한 원칙과 법 이론의 단계는 끝났다."[25]는 인식에 기초한 것이었다. 즉 한국은 청구권 요구의 근거에 관한 원칙적인 문제는 이미 존재하지 않는다는 것을 전제로 삼은 것이었다. 그를 위해 한국은 그 자리에서 1952년 미 각서를 일본에 제시했다.[26] 한국은 일본의 대한청구권이 성립되지 않는다는 각서를 제시함으로써 교섭 결렬의 원인이었던 역청구권을 차단하고 남은 과제인 한국의 대일청구권 문제만을 구체적으로 진전시킬 것을 요구한 것이었다.

그 토의의 진전을 위해 한국은 5월 19일 2회 위원회 이후 요구 항목에 관한 구체적인 내역을 밝히게 되었다. 먼저 한국이 2회 위원회에서 제기한 항목은 태평양전쟁에 따른 군인·군속 문제였다. 한국은 위원회 석상에서 전사자가 4,800명, 행방불명자가 약 7만 명에 이른다는 구체적인 수치를 제시하면서 동시에 그와 관련해 일본이 원호법을 제정했을 때 한국인 군인·군속의 존재를 고려한 것인지 질문을 던졌다.[27] 이미 언급한 바와 같이 『배상조서』 3부에

<hr />

(문서번호 693내), 3쪽.

25 "한일회담 제1차 「재산 및 청구권」분과위원회 경과보고서", 위의 한국문서, 1134쪽 ; 「第一回請求権関係部会における張基栄代表の挨拶(訳文)」, 外務省日韓会談公開文書(문서번호 693내), 1쪽.

26 위의 한국문서, 1137쪽 ; 위의 일본문서, 3쪽.

27 「日韓交渉会議議事要録(12) 第二回請求権関係部会」, 外務省日韓会談公開文書(문서번호 693내), 5쪽. 한국정부의 공식 문서에서 2차 회담 위원회 토의의 내용은 개략적

서 규정된 전쟁에 따른 인적 피해는 전쟁에 동원된 노무자 문제였으며 군인·군속은 그 수치상 아직 포함되어 있지 않았다. 또 1차 한일회담 시, 한국이 세목으로 제시한 5항 중의 해당 항목[표4-3] 역시 『배상조서』에서 거론된 인적 피해 항목들[표2-21]과 유사하므로 적어도 개념적으로 군인·군속 문제가 명확히 추가된 흔적은 없다.

따라서 군인·군속 문제는 2차 한일회담에 이르러 추가된 것으로 판단해도 무방하다. 징용 노무자 문제와 달리 군인·군속 문제가 왜 2차 회담 개시 후에 정식으로 거론되기 시작했는지를 뚜렷이 밝히는 자료는 없으나 그것을 푸는 적어도 하나의 열쇠는 바로 그 자리에서 한국이 던진 질문에 숨어 있었다고 봐도 무방할 것이다.

즉 2장에서 고찰한 바와 같이 군인·군속 문제와 관련해 한국이 언급한 원호법은 전쟁 직후 금지된 일본인 군인·군속에 대한 지원 사업 재개를 위해 일본정부가 평화조약 발효 후에 제정한 것이었다. 바로 그 법률은 전후 본격적인 군인·군속 지원을 위해 주권을 회복한 일본정부가 스스로 마련한 법적 출발점이라는 의미를 지녔다.

한국이 2차 회담에 이르러 군인·군속 문제를 대일요구에 포함한 것은 바로 그와 직결되는 일본 국내의 움직임을 배경으로 한 것으로 보인다. 즉 일본인 군인·군속 지원의 법적 근거가 된 원호법은 1차 회담이 사실상 결렬된 시기에 성립된 법이었으며 그 이전에는 일본인에 대해서도 군인·군속에 대한 보상을 가능케 하는 법적 기반이 마련되어 있지 않았다. 회의 석상에서 한국이 일부러 원호법을 언급한 사실을 감안할 때, 2차 회담에 이르러 『배상조서』

인 기술에만 그치고 있어, 구체적인 내용을 파악할 수 없는 점이 많으므로 이하 위원회 토의의 내용은 일본 측 공식 문서에 의거한다.

에서 규정되지 않았던 군인·군속에 대한 보상 요구를 한국정부가 명확히 제기하게 된 것은 한국인 군인·군속에 대한 보상 요구 근거가 동 법률의 제정에 따라 마련되었다고 판단했기 때문이라고 추론해도 큰 과오는 없을 것이다.

원래 군인·군속의 존재는 전쟁 피해의 하나의 상징인 만큼 동 피해보상 요구가 그 시기에 이르러 처음으로 인식되었다고 생각하는 것은 불가능하다. 실제 2장에서 언급한 바와 같이 『배상조서』가 정리되던 1949년 5월 무렵 한국은 SCAP에 피징용 노무자와 함께 한국인 군인 등의 청구권 문제를 해결할 것을 요청하는 서한을 보냈었다. 또, 그 조사 시기와 내용 등은 자세히 알 수 없으나 위원회에서 군인·군속 피해자와 관련해 전사자가 4,800명, 행방불명자가 약 7만 명임을 밝힌 한국은 그 수치가 오래된 통계에 의거한 것이라고도 하고 있다. 조사에 필요한 시간 등을 고려할 때 이들 피해에 대한 보상 요구 의사 자체가 한일회담 개시 훨씬 이전부터 인식되어 있었음은 틀림없다. 따라서 2차 회담에서 처음으로 제기된 군인·군속 보상 요구는 그것이 인식되어 있었음에도 법적 근거 등과 관련해서는 아직 충분이 정리되지 않았던 미흡한 준비 상황을 보완하는 의미를 지닌 것이었다.

2회 위원회에서 한국이 거론한 두 번째 문제는 피징용 노무자에 관한 것이었다. 한국은 미군정하에서 진행된 전국적인 신고 조사의 결과 자세한 통계가 있다면서, 1946년 9월 30일 현재 징용된 자가 약 105,000명이고 그중 사망자가 약 16,000명, 부상자가 약 7,000명이라고 밝히며 그에 대한 일본 측 처리 방침을 물었다.[28]

이미 확인한 바와 같이 『배상조서』 3부 중 인적 피해는 사실상 피징용 노무자 문제를 대상으로 한 것이었다. 실제 『배상조서』에도 1946년 9월 말까지의

---

28 위의 문서, 5~6쪽.

조사로 인해 전체 대상 노무자 수가 105,151명으로 되어 있으므로 위원회에서 한국이 밝힌 약 105,000명이라는 수치는『배상조서』의 수치를 그대로 이용한 것이 틀림없을 것이다.[29]

군인·군속 문제가 아직 명확히 포함되지 않았던 데 반해 노무자 문제가 『배상조서』에서 일찍 규정된 것은 바로 한국의 설명이 밝히고 있듯이 그에 관한 구체적인 조사가 1946년 시점에서 어느 정도 이루어지고 있었다는 것과 함께 노무자 보상 요구와 관련된 법적 기반이 어느 정도 성립되어 있다는 판단에 기인한 것으로 봐도 무방할 것이다. 2장에서 해부했듯이 실제 노무자 문제를 다룬『배상조서』는 '일본 정부의 관계 법규와 각 사업장의 제 급여 규정' 등에 따라 요구하는 것임을 일찍이 밝히고 있다.

다만 바꾸어 말해,『배상조서』에서 이미 규정되어 있던 인원수를 그대로 제기했다는 사실은 1946년 9월 현재로 진행된 조사 이후 적어도 동 위원회가 개최된 1953년 5월까지 한국정부 내부에서는 일반 노무자 수에 관한 신빙성 있는 추가 보완 작업이 이루어지지 않았음을 입증하고 있다.[30] 그러한 의미에서 한국이 거론한 노무자 문제는 새로운 내용을 추가하기 위한 것이 아니라 1차

---

29 단『배상조서』에 12,603명으로 되어 있던 사망자 수가 위원회에서는 약 16,000명으로 나와 있으므로 차이가 있다. 또 동 위원회에서 한국이 밝힌 부상자 7,000명은『배상조서』에서는 확인되지 않는 수치이다. 그러나 조사 시기 및 전체 신고 대상자 수가 같은 것을 생각하면 그 차이가『배상조서』작성의 기반이 된 조사 이외의 다른 것에 기인한 것으로 볼 필요는 없을 것이다.

30 2013년에 새롭게 발견된 1953년 1월 작성의 명부에 따라 한국정부 내부에서 징용 노무자 수 약 22.9만 명이라는 추가 보완 조사가 이루어졌음을 알 수 있게 되었다. 그러나 이 역시, 이후 한일교섭에서 실제 한 번도 활용되지 않았다는 점, 무엇보다 그 명부의 존재가 2013년에 이르러서야 다시 발견되었다는 점 등으로 미루어, 한국정부 내부에서도 이를 신빙성을 가진 추가 보완 자료로 생각하고 있지 않았음을 알 수 있다. 아울러 같이 발견된 3·1운동 및 관동대지진 때의 희생자 명부도 결국 한일회담에서는 정식으로 제기되지 않았다.

회담에서 이미 개념적으로 제기한 동 요구의 실현을 위해 문제를 보다 구체화한 것이었다.

다음으로 위원회에서 한국이 제기한 세 번째 항목은 일본은행권의 문제였다. 한국은 그 요구와 관련해 전후 조선은행이 명령에 따라 조선은행권과 교환하거나 또는 일본으로부터의 귀환자가 보유한 일본은행권과의 환금 결과 소유하게 된 일본은행권이 그 후 소각 처리되었으므로 그 부분은 당연히 일본은행이 조선은행에게 지게 된 채무라고 설명했다.[31] 아울러 금액에 관해 한국은 그것이 약 15억 엔가량이 될 것이라고 밝혔다.[32] 명령 및 귀환 한국인에 대한 환금으로 인해 보유하게 된 일본은행권이라는 설명, 그리고 그 금액의 유사성 등으로 판단해 이 요구가『배상조서』2부 확정채권에 속한 일본계통화 중의 일본은행권[표2-3]을 그대로 제기한 것임은 틀림없다. 또 한국은 1차 회담에서 일본은행권 요구를 세목으로서도 제출하고 있었다.[표4-3]

즉 2차 회담에서 한국은『배상조서』에 이미 마련되어 있던 요구 내용에 따라 1차 회담에서 목록으로만 제출했던 일본은행권 요구의 실현을 위해 요구 근거, 금액 등을 구체화한 것이었다.

이어 한국이 네 번째로 거론한 것은 기탁금 문제였다. 한국은 2회 위원회에서 전후 일본 본토 및 일본의 점령지에서 귀국하게 된 귀환 한국인들이 재산 반출 제한에 따라 예탁한 것을 요구하는 것이라고 설명하면서 본인으로부터의 신고를 통해 그 요구액이 1억 엔을 웃돌고 있음을 밝혔다.[33]

앞서 언급한 바와 같이『배상조서』에서 기탁금 문제는 그 2부 확정채권 중

---

31 「日韓交渉会議議事要録(12) 第二回請求権関係部会」, 外務省日韓会談公開文書(문서번호 693내), 6쪽.
32 위의 문서, 9쪽.
33 위의 문서, 6~7쪽.

〈법무부 관계 미수금〉으로서 5건, 금액으로는 약 193만 엔가량이 규정되었을 뿐이었다. 4장에서 논한 바와 같이 그러한 미흡한 상황에 대처하기 위해 한국 정부는 한일 직접 교섭을 내다보면서 본인 신고를 활성화하는 조치를 취하는 등 보완의 움직임을 보였다. 그것을 기록한 자료들은 그 보완 작업이 충분한 성과를 얻지 못했음을 나타내고 있으나 상식적으로 판단해, 동 위원회에서 한국이 밝힌 본인 신고, 1억 엔 이상 등의 내용이 그와 관련된 보완 작업의 진행 과정에서 나타난 것임은 틀림없을 것이다. 실제 기탁금 문제는 비록 '예탁금'으로 제출되었으나 1차 회담에서 세목에 이미 들어가 있었다.[표4 - 3] 따라서 2차 한일회담에서 제기된 기탁금 문제 역시 새로운 추가 항목이 아니라 『배상조서』 작성 이후에도 미흡한 상황에 머물러 있던 내용을 보완하여 구체화한 것으로 봐도 무방하다.

그런데 기탁금 관련 논의에서 매우 주목할 만한 토의가 하나 이루어졌다. 바로 일본군'위안부'의 존재와 관련된 문제를 일본에 대해 직접 거론한 것이었다.[34] 그 내용은 "한국 여자로 전시 중에 해군이 관할했던 싱가포르 등 남방으로 위안부로서 가고 돈이나 재산을 남기고 귀국한 자가 있다."는 것이었다. 즉 일본군'위안부'와 관련해 2회 위원회에서 한국이 언급한 내용은 기탁금 반환 문제의 일환이었다. 한국은 그 문제가 대두된 배경으로서 본인들이 "군 발행의 수령서를 제시하고 어떻게든 해달라고 말해오고 있다."[35]고 말하고 있으

---

34 위의 문서, 7쪽. 저자는 앞서 발표한 연구에서 한국 측 문서의 분석 결과 임송본 대표 작성의 내부 문서에만 일본군'위안부' 관련의 기술이 있을 뿐, 일본에 직접 제기한 일은 없다고 썼다. 장박진, 앞의 책, 2009, 342~342쪽. 실제 한국 측의 2회 위원회 기록에는 일본군'위안부' 관련 토의 기록은 없다. 일본 측 기록의 공개로 인해 처음으로 그 사실이 있었음을 확인할 수 있었다.

35 단 인쇄된 최초의 원문에는 수령서를 발행한 주체가 '연합국군정부(連合国軍政部)'로 되어 있었으나 그것이 '군'으로 수정되었다. 이 표기만으로는 최종적으로 남은 그 '군'이

므로, 당시 여성들 본인이 일본군'위안부'라는 특수한 입장에 있었음을 직접 밝히면서 한국정부와 접촉하고 있었음을 알 수 있다. 그럼에도 한국정부는 그것을 인권 유린의 문제로서 인식하지는 않았다.

일본군'위안부' 관련의 기탁금 요구는 『배상조서』에는 없으며 또한 1차 회담 시의 세목에서도 적어도 직접적인 언급은 없다. 그러나 4장에서 언급한 한일 청구권 교섭을 위해 임송본이 작성한 건의서에서 향후 제기할 항목에 들어가 있었다. 2차 한일회담에서 그것이 제기된 것은 바로 그 구상에 따른 것으로 추측된다. 따라서 일본군'위안부' 관련 요구 역시 한국정부 내부에서 이미 인식하고 있던 것을 구체화하는 흐름 속에서 나온 것은 틀림없다. 그것은 인권 유린에 대한 보상 요구라는 새로운 범주를 여는 것이 아니라 이미 설정되어 있던 '기탁금' 문제의 자그마한 한 항목에 불과했던 것이다.

한국은 2회 위원회에서 기타 일부 문화재, 일본계유가증권, 구 조선총독부 도쿄 출장소 및 조선장학회의 건물 등에 대한 일본 측의 취급에 관해 질문했다. 문화재, 일본계유가증권의 문제는 『배상조서』 작성 이후 이미 한국정부 내부에서 명확히 요구 대상이 되어 있던 항목들이며, 공제조합 및 조선장학회 재산 역시 한일회담 개시에 즈음하여 추가적으로 보완되어 있었다. 이 역시 비록 질문 형식을 취했으나 한국이 그것에 대한 요구를 보다 구체화한 것이었다.

이어 6월 11일 개최된 3회 위원회에서도 한일 양국은 군인·군속의 사망, 부상자 문제, 피징용 노무자의 미불 임금, 한국 법인의 재일재산, 문화재 등에 관해 질의응답을 거듭했다.[36] 물론 이 역시 『배상조서』 및 1차 한일회담 전후

'일본군'인지, '연합국군'인지 판단할 수 없으나 일부러 '연합국' 및 '정부' 부분을 지우고 있는 점, 그리고 혹시 연합국군에 기탁한 것이라면 논리적으로 일본에 청구하는 것이 이상하므로 수정된 그 '군'은 일본군일 가능성이 보다 커 보인다.
36 「日韓交渉会議議事要録 第三回請求権関係部会」, 外務省日韓会談公開文書(문서번

에 이미 나타났던 항목들이었다.

2차 한일회담에서는 청구권 문제의 토의와 관련해 이상 세 차례 열린 위원회 이외에도 6월 18일에 청구권관계전문가협의회가 한 차례 열렸다. 그러나 그 협의회에서 논의된 일본은행권, 국채, 국고금, 조선장학회, 철도국공제조합의 재일재산 등의 항목 역시 『배상조서』에 이미 규정되어 있거나 아니면 그 후 한국이 이미 제기했던 문제였다.[37]

단 동 협의회에서는 그 이전에 볼 수 없던 문제가 하나 다루어졌다. 그것은 스가모(巢鴨) 구치소에 수감되어 있었던 한국인 전범 문제였다. 그 토의 내용은 일본인 수감자 가족들에 대한 지원의 진행 상황 등을 둘러싼 질의응답이었다. 그 짧은 기록에는 한국이 왜 2차 회담에서 한국인 전범 문제를 거론하게 되었는지에 관한 기술은 없다. 그러나 전후 전범으로 스가모 구치소에 수감된 한국인은 자신들이 평화조약 11조에 기초한 일본인 전범의 구속 의무에서 벗어나는 존재라고 주장하면서 1952년 6월부터 인신보호법에 의거한 즉시 석방을 제소하고 있었다.[38] 그 제소는 같은 해 7월에 기각되었으나, 한국정부는 이와 같은 한국인 전범의 움직임에 촉발되어 앞으로 이들 한국인이 석방될 경우의 생활 보호 등을 어느 정도 고려하고 있었던 것으로 보인다.

한국인 전범 문제는 『배상조서』에서도 또 그 후의 한국정부의 보완 작업에서도 일절 볼 수 없는 문제였다. 그러한 점과 더불어 무엇보다 한국인 전범으로 구속, 처벌받게 된 자라는 특수 사정은 단순히 전쟁에 동원된 한국인 군인·군속의 피해보상 요구를 넘어 새롭게 제기된 내용이라는 측면이 있었다.

호 693내), 3~8쪽.

37 「請求權關係專門家協議会議事要錄」, 外務省日韓会談公開文書(문서번호 693내), 2~5쪽.

38 "경위의 개요", 『한일회담 청구권 관계자료, 1965 - 66』, 374쪽.

그러나 그에 대한 한국 측의 언급 내용이 일본인 전범에 대한 지원 내용을 문의하는 것이었음을 감안할 때, 혹시 그 후 전범 문제가 정식으로 대일요구에 포함되었다고 하더라도 그것은 석방 후의 일본인 전범들과 같은 보호를 요청하는 것에 그쳤을 것이라고 여겨진다. 그러한 의미에서 한국인 전범에 대한 언급 역시 『배상조서』 이후 한국정부의 보완 작업의 흐름 속에 있던 움직임이었음은 틀림없어 보인다.

그러나 결국 한국인 전범 문제는 본인에 대한 보상은 물론, 그 가족들에 대한 지원 요구로서도 대일청구권 항목에 포함되지 않았다. 공식 문서에는 그 이유를 밝히는 기록이 없다. 한국인 전범들은 스스로 1955년에 동진회(同進會)를 결성하고 독자적으로 일본정부에 보상을 요구하는 활동을 벌이게 되었다.[39] 한국정부는 이러한 움직임도 감안하면서, '일본 군인·군속'으로 참전하고 연합국으로부터 전쟁 범죄자로 처벌받게 된 전범들에 대한 보상 요구라는 정치적으로 부담스러운 조치를 피했다고 해석해도 큰 과오는 없을 것이다.[40]

---

39 위의 『한일회담 청구권 관계자료, 1965-66』는 바로 한국인 전범들에 관한 이 기록들을 수록한 것이다.

40 그러나 이것이 단순히 한국정부가 전범 문제에 대한 피해 처리 과제를 완전히 포기했다는 것을 뜻하는 것은 아니다. 실제 한일회담 타결 직후인 1965년 7월쯤 외무부는 한일회담에서 해결된 범위에 동 전범 문제가 포함되는지 여부를 물은 동진회의 문의와 관련해 징용 한국인 등의 문제는 포함되었으나 전범이라는 특수 지위에 관한 처리 문제는 당초부터 대일청구 대상이 아니었다는 인식을 드러내면서 일본에 거주하는 해당자에 관해서는 적절한 시기에 일본에 대해 조치를 촉구할 방침임을 주일대표부에게 전했다. "WJA-09378". 위의 문서, 105쪽(단 이 외무부 답신에는 날짜 표기가 없으며 7월 무렵이라는 시기는 이 외무부 답신이 보내지게 된 동진회의 문의를 본국에 조회한 주일대표부의 공한이 7월 5일자임을 고려한 추측이다. 이 주일대표부 공한은 "주일정 722-226 한국 출신 전범자 보상", 같은 문서, 66쪽). 그러나 이후 한국정부가 전범 문제에 관한 피해 처리 문제를 적어도 겉으로 나타난 문제로서 공식으로 제기한 사실은 없다. 즉 한국정부는 한국인 전범 문제의 존재를 충분히 인식하고 그 문제가 한일회담에서 제기한 징용 한국인 문제와 다르다는 인식을 드러내면서도 과거처리를 위한 장이었던 한일회담

2차 한일회담은 한국전쟁 휴전에 따른 유동적인 정세를 이유로 일본이 휴회를 요청함에 따라 청구권 관련 토의 역시 그 이상 개최되지 않았다. 그로 인해 일부 거론된 항목들을 제외하고 한국정부가 위원회 등을 통해 직접 구두로 기타 항목들을 제기할 기회 역시 없었다. 그러나 비록 직접 구두로 제기한 항목들은 일부에 그쳤으나 그 내용은 2차 회담이 기본적으로 『배상조서』와 그 후 한국정부 내부에서 보완한 내용들의 범주에서 그 요구를 보다 구체화하는 장이었음을 가리키고 있다. 다시 말해 2차 회담 청구권 토의의 내용은 배상 요구 자격의 상실에 대응하기 위한 교섭이 아니라 『배상조서』 작성 이후의 연장선상에서 진행된 것임을 내비치고 있다.

이와 같은 청구권 요구의 성격은 위원회 토의와 병행하면서 사실관계 파악을 위한 조회 요청으로 한국이 제출한 비망록(aide memoire)의 내용을 통해 보다 명확히 드러난다.

2) 비망록 제출과 청구권 세부항목 요구

이상 말한 바와 같이 그다지 많은 내용이 다루어진 것도 아닌 위원회 토의와 달리 2차 한일회담에서 한국정부는 대일청구권 요구를 실현하는 실무 교섭 진전을 위해 비망록을 제출하고 청구권과 관련된 보다 상세한 항목을 밝혔다.[41] 그것은 아직 그 실태 등을 충분히 파악하지 못한 상황에서 향후 구체적

___

에서 동 문제를 제기하지 않았을 뿐더러, 한일회담 타결 후 일본정부에 이 문제에 대한 적절한 조치를 촉구하겠다고 약속하면서도 결국 그대로 방치하는 일관성 없는 태도를 취했다.

41 2차 회담 청구권 교섭에 관한 한국정부의 기록에는 일부 항목을 제기한 기술만이 있으며

으로 그 내용을 확인해 나가기 위한 조회 요청으로 제출된 것에 불과했다. 따라서 그 비망록을 한국정부의 정식 대일청구권 요구로 간주하는 것은 적절하지 않다.

그러나 비록 사실관계 파악을 위한 조회 요청이라고 하더라도 한국이 제시한 내용들은 한일교섭이 배상으로부터 청구권 교섭으로 전환되는 가운데 한국정부가 '청구권'이라는 테두리 안에서 제기할 수 있다고 구상한 범위를 간접적으로 드러낸 것이라는 의미에서 매우 중요하다. 더구나 한일회담의 교섭 경위가 작용해, 그 후 한국정부가 항목 수로 보았을 때 그 비망록에 담은 것 이상의 요구를 제기한 일은 없었다. 그로 인해 2차 한일회담에서 한국정부가 밝힌 청구권 요구 구상은 대일청구권 요구의 최대 범위를 기록하게 되었다.

5월 14일, 23일, 28일 세 번에 걸쳐 한국이 일본에 전달한 비망록에 담긴 그 세부항목을 1차 회담에서 제출한 대일8항목요구에 따라 분류하고 또 그들과『배상조서』및 그 이후의 준비 상황과의 관련성을 짚어보면 표5 - 3과 같이 정리할 수 있다.[42]

("제2차「재산 및 청구권」분과회의 경과보고서", 『제2차 한일회담(1953.4.15 - 7.23), 청구권위원회회의록, 제1차 - 3차, 1953.5.11 - 6.15』, 1146~1147쪽 ; 1149~1150쪽) 비망록 자체는 수록되어 있지 않다. 후술하는 5차 한일회담 시, 일본의 지적으로 한국이 비망록 제출의 사실을 인식하게 된 것을 감안할 때, 한국 측 문서에 그 비망록이 수록되어 있지 않은 이유는 비공개 조치 등의 판단으로 인한 것이 아니라 자료 분실 등 문서 보관상의 단순한 착오에 기인한 것이었음이 틀림없다.

42 각 비망록은 "AID - MEMOIRE on talking of the 14th may, 1953", "AID - MEMOIRE on talking of the 23th may, 1953", "AID - MEMOIRE on talking of the 28th may, 1953"으로서「日韓交渉会議議事要録(12) 第二回請求権関係部会」, 外務省日韓会談公開文書(문서번호 693내) 뒤에 수록되어 있다. 다만 비망록 자체는 대일8항목요구에 따른 각 항마다 제기한 것이 아니었다. 따라서 표5 - 3의 작성에 즈음해서는 1958년 7월에 일본정부가 각 항에 대응하는 것으로 정리한 분류(「別紙二 韓国が主張している対日請求権と金額」, 外務省日韓会談公開文書(문서번호 1538내))를 주로 참

표5－3에서 제시한 바와 같이 한국정부는 세 번에 걸쳐 제출한 비망록을 통해 1차 한일회담에서 제시한 각 세부항목들[표4－3]을 능가하는 보다 세분화된 항목들을 제시했다. 또 비록 일부 항목에 한정되었으나 해당 금액 역시 밝혔다. 물론 한국정부가 포괄적인 세부항목들을 제시한 것은 구체적으로 문제를 풀기 위해서는 결국 어떤 세부항목들을, 얼마나 요구하는가를 일본 측과 실제 대조할 필요가 있었기 때문이었다.

한국정부가 제시한 세부항목들은 기본적으로 모두 『배상조서』 및 그 이후에 한일 직접 교섭을 맞이한 한국정부가 그것을 보완하는 과정에서 그 윤곽을 드러낸 것들이었다. 실제 표5－3의 가장 오른쪽 칸에 제시한 바와 같이 이것은 모두 직접 『배상조서』 중에 해당 항목을 가지는 것 및 그 이후에 보완된 2항 〈5〉 구 조선총독부 도쿄 출장소 자산〉, 4항 〈1〉 폐쇄기관 4사〉, 〈2〉 재한회사 349사〉, 〈3〉 조선어업조합연합회 중앙회 재일자산〉, 〈4〉 조선장학회유지재단〉, 〈5〉 구 이 왕실 재산〉, 그리고 5항 〈6〉 기탁금〉으로 구성되어 있다. 1차 한일회담까지의 공식 문서에서 유일하게 그 구체적인 대응이 직접 보이지 않는 5항 〈2〉 한국인 피징용 노무자에 대한 제 미불금 공탁분에 관한 자료 조회〉 역시 이미 그와 관련된 요구가 1차 한일회담에서 5항 〈6〉 태평양전쟁 중의 한인 피징용자 미수금〉[표4－3]으로서 제기되어 있었던 점, 무엇보다 그 요구가 후술하는 1950년 10월 21일자의 SCAP서한으로 통보받은 공탁금과 관련된 조회 요청으로 보이는 점 등으로 미루어, 그것이 『배상조서』 작성 무렵부터 1차 회담까지의 흐름 속에서 이미 보완되었던 것이었음은 틀림없다. 실제 『배상조서』가 작성되어 간 시기인 1949년 5월 무렵부터 한국이 GHQ에 한국인

고하면서도 일부에 관해서는 5차 한일회담 이후 명확히 나타나는 한국 측 요구 내역을 고려해, 그 항목 위치를 조정했다. 또 표현상 8항목에 따른 분류라고 했으나 실제로 구체적인 세부항목 요구를 가지지 않은 6, 7, 8항은 제외했다.

표5-3 2차 한일회담에서 한국이 조회 요청한 청구권 세부항목과 그 이전의 준비 상황과의 대조

대일 8항목 요구	조회 내용	요구 금액(엔)	『배상조서』 및 그 후 준비 상황과의 관계
1항	1) 한국 국보, 역사적 기념물(미술공예품, 고서적, 기타) 반환 청구에 관한 목록 제시, 조회	–	1부 현물
	2) 한국지도원판, 실측지도 및 해도 반환 청구에 관한 목록 제시, 조회	–	1부 현물
	3) 조선은행권 발행 준비 재일분의 환원 방법 및 시기에 대한 일본 측 의견	–	1부 현물
2항	1) 우편위체, 저금 한국 측 수취 감정	1,475,967,080	2부 (6) - ①
	2) 대차 결제 기준 날 이후의 한국 측 수취 감정	173,846,433	2부 (6) - ②
	3) 간이생명보험 관계 수취금	391,352,964	2부 (6) - ③
	이상 체신 관계 합계	2,041,166,477	
	4) 전쟁 종결 직후 조선은행이 대신 지불한 일본정부 일반회계 세출국고금(742,859,002엔) 및 일본은행에 대한 대월금(158,889,842엔)의 청산 방법 및 시기에 대한 일본 측 전문적 의견	합계 : 901,748,844	2부 (5) - ⑩
	5) 구 조선총독부 도쿄 출장소 자산(조선총독부 철도국 국원 공제조합재산) 관리 상황 조회	–	보완
3항		–	–
4항	1) SCAPIN 74호에 의한 특정 재한활동 폐쇄기관(조선은행, 조선식산은행, 조선신탁주식회사, 조선금융조합연합회)의 재일재산의 실체 및 그 관리 상황 조회	–	보완
	2) SCAPIN 45호 및 SCAPIN 1965호에 관련된 재한회사 349사의 재일재산 관리, 청산 상황 및 동 소유 유가증권 재발행 상황의 조회	–	보완
	3) 조선어업조합연합회 중앙회 재일자산(재시모노세키(下関)) 반환 방법에 관한 일본 측 의견 조회	–	보완
	4) 조선장학회유지재단 재일재산 현황에 관한 조회	–	보완
	5) 구 이 왕실 재산 한국 국유화에 관한 건 통지	–	보완

대일 8항목 요구	조회 내용	요구 금액(엔)	『배상조서』 및 그 후 준비 상황과의 관계
5항	1) 한국인(법인도 포함) 소유의 일본계유가증권(공채, 사채, 주식, 기타 증권) 상환, 기타 취급에 관한 일본 측 의견 조회	–	2부 (2)
	2) 한국인 피징용 노무자에 대한 제 미불금 공탁분에 관한 자료 조회	–	– [단, 이는 공탁금 2억 3,700만 엔을 알린 1950년 10월 21일자 SCAP서한 의 건]
	3) 한국 내에서 교환, 회수하고 SCAP요원 및 일본은행 원 입회하에 소각된 일본은행권 및 일본정부소액지폐 의 대금 청산 방법 및 시기에 대한 일본 측 의견	–	2부 (1) [단, 일본은행권 및 일본정부소액 지폐에 한정]
	4) 태평양전쟁 중 한국인 전상병자, 전몰자 74,800명(미 확정 수, 추후 명부 제출 가능)에 대한 조위금 등 조치 에 관한 일본 측 대책 및 의견	–	–
	5) 태평양전쟁 중 한국인 피징용 노무자(1946. 9. 30. 신고자 수 105,151명 중 징용 중의 사망자 12,603명, 동 부상자 약 7,000명. 단 이상은 미확정 수치이며 추 후 명부 제출 가능)에 대한 제 미불금 및 조위금 등 조 치에 관한 일본 측 대책 및 의견	–	3부 (1)
	6) 한국인이 일본 및 일본 점령지역에서 귀국 시, 당해 지역 일본관헌이 강제적으로 보관 기탁시킨 일본은행 권, 일본군표, 일본정부소액지폐 등의 보관 상황 및 동 대금 청산 방법 및 시기에 대한 일본 측 전문적 의견	–	보완
	7) 한국인 가입자에 대한 일본 19개 생명보험회사 • 생명보험책임준비금 • 동 미경과 보험료 개산(槪算)	400,000,000 50,000,000	2부 (3)
	8) 13개 손해보험회사 • 미불 보험금 • 동 13개 회사에 대한 조선화재해상보험회사의 재보 험회수금	7,305,468 10,030,690	2부 (3)

대일 8항목 요구	조회 내용	요구 금액(엔)	『배상조서』 및 그 후 준비 상황과의 관계
5항	9) 일본 측 재한지점은행의 예금 및 위체 상환, 기타 잡비 대불(代拂)금	227,638,722	2부 (5) - ⑥
	10) 일본 내 은행에 대한 개인 예금	6,236,638	2부 (5) - ⑦ [단, '일반개인분'만]
	11) 일본 내 은행이 발행한 송금위체 중, 받지 못했던 분	796,859	2부 (5) - ⑤ [단, '일반개인분'만]
	12) 제 미수금 항목별 개산 금액 제시 및 일본 측 자료와의 조회 의뢰		
	• 조선전업주식회사 주문품 대금 전도금	6,187,067	2부 (5) - ⑮
	• 경성전기주식회사 주문품 대금 전도금	2,207,088	2부 (5) - ⑰
	• 남선전기주식회사 주문품 대금 전도금	801,016	2부 (5) - ⑱
	• 서선합동전기주식회사 주문품 대금 전도금	132,603	2부 (5) - ⑯
	• 농지개발영단 주문품 대금	282,806	2부 (5) - ㉖
	• 농지개발영단 공사 전도금	255,542	2부 (5) - ㉖
	• 마사회종마(種馬)대금 전도금	841,745	2부 (5) - ㉗
	• 재외 일본군부 기관의 공탁금 등	1,933,193	2부 (5) - ⑲
	• 마약 대금 미수금(일본후생성 외)	12,985,725	2부 (5) - ㉑
	• 교통부운임승차권 대금 기타 미수금	31,980,386	2부 (5) - ㉒
	• 임산물 공출 대금 미수금	5,965,627	2부 (5) - ㉓
	• 조선식량영단 미수금	53,995,432	2부 (5) - ㉔
	• 수리조합연합회 관계 미수금	88,910	2부 (5) - ㉕
	• 고(藁)공품 대금 미수금	3,563,321	2부 (5) - ⑭
	• 방송국 주문품 대금 전도금	115,604	2부 (5) - ⑳
	• 전매국 관계 미수금	5,140,174	2부 (5) - ④

주석 : 표에서 '-'는 해당 항목이 없음을, 또 '보완'은 『배상조서』 작성 이후에 한국정부가 추가 대응한 것을 공식 문서를 통해 확인할 수 있는 항목임을 뜻함. 각 항목의 제목은 반드시 『배상조서』 중의 해당 제목과 일치하지 않으므로 저자가 추려서 정했음. 가장 오른쪽 칸에 나오는 각 번호는 2장에서 『배상조서』를 해부했을 때 사용한 번호임. 제시된 금액은 모두 『배상조서』의 수치와 일치하나 5항 12)항목 중 '농지개발영단 공사 전도금' 255,542엔은 『배상조서』 항목 중 '저장품 대금 미납액' 782엔과 '공사비 전도금' 254,760엔을 더한 합계로 보임.

노무자의 미불 임금 문제에 관한 조사, 해결을 요청하고 있었음은 다른 자료를 통해 확인할 수 있다.[43]

따라서 한국정부가 2차 한일회담에서 조회 요청한 세부항목들은 『배상조서』 및 그 후 그것을 보완하는 작업 결과로서 파악하게 된 요구 항목들을 체계적으로 정리해 제기한 것으로 판단된다. 다시 말해 한국정부의 청구권 인식은 대일과거처리를 배상으로 추진하려 한 『배상조서』의 연장선상에 위치하고 있었음을 가리키고 있다.

무엇보다 이 점은 배상 권리를 상실했음에도 한국이 『배상조서』 3부에 담은 전쟁 관련 인적 피해인 노무자 관련 요구를 그대로 유지한 것 이외에 『배상조서』에 직접 포함되지 않았던 한국인 군인·군속 관련의 보상 요구를 청구권 교섭에 들어서면서 처음으로 명확히 규정한 점에서 잘 드러난다. 바로 이러한 사실은 한국정부가 청구권 교섭으로의 변화에도 불구하고 통상 '배상' 권리로 인정되는 전쟁 관련 피해보상 요구를 포기해야 한다는 등의 인식을 갖지 않았음을 나타내고 있다.

그러면 한국정부는 어떻게 전쟁 관련 인적 피해를 '배상'이 아니라 '청구권'으로서도 제기할 수 있었는가? 그 답은 바로 원래 『배상조서』가 정리한 전쟁 관련 인적 피해의 요구 내용에 이미 숨어 있었다. 즉 『배상조서』에 나타난 전쟁 관련 인적 피해에 대한 요구는 애초부터 국제법상 교전국가 간에 인정되는 '배상' 요구가 아니라 결국 '일본인'으로서 같이 동원된 노무자에 대한 보상

---

43 이 요청과 관련된 자료는 戰後補償問題硏究会編集, 앞의 책, 137~144쪽. 또 1950년
    10월 21일자의 SCAP서한이 나오기 전날인 20일에는 당시 김용주 주일대표부 공사가
    직접 GHQ 측과 회담을 가지고 있다. 같은 책, 170~171쪽. 7장에서 후술하듯이 21일
    자의 공한으로 한국에 밝혀진 금액은 1949년 12월 21일자의 대장성 보고에 의해 이미
    GHQ에 전달되어 있었다. 따라서 금액을 밝힌 공한이 21일에 나온 것은 바로 20일의
    직접 교섭이 계기가 되었을 가능성이 점쳐진다.

요구였다. 실제 2장에서 해부한 바와 같이 『배상조서』 3부가 규정한 인적 피해에 대한 요구는 '일본정부의 관계 법규와 각 사업장의 제 급여 규정'에 따라 일본 국민들 역시 그 권리를 같이 가지는 '청구권' 요구였다. 또 『배상조서』에서 직접 규정되지 않았던 군인·군속에 대한 보상 문제 역시 주권 회복 후에 제정된 원호법 등에 따라 해당 일본 국민 모두 그 청구 권리를 가지는 것이었다. 이러한 성격과 관련하여 한국정부 역시 3차 한일회담 석상에서 "우리 측 주장은 같은 정치, 경제적 기구 아래 있었던 국가가 분리한 것에 따른 최소한의 청산적인 의미의 청구권을 정리한 위에서 제기한 것이며 예를 들어 징용자, 군인에 대해서는 일본 국내에서 실시하고 있는 것과 같은 것을 한국에게도 해달라는 것이다."[44]라고 언급하고 있다.

바로 이것이 한일교섭이 '청구권' 교섭으로 전환되는 조건하에서도 전쟁 관련 인적 피해에 대한 요구가 계속 유지된 이유였다고 볼 수 있다. 실제 1950년 10월 『배상조서』를 토대로 대일배상 문제를 고찰하던 주일대표부는 "일본이 침략을 목적으로 하야 독립운동자, 애국자에 가한 일절의 손해의 변상 요구는 배상적 성격을 가졌다 생각한다."[45]고 적었으나 이와 같은 요구가 『배상조서』에 규정된 일은 아예 없었다. 다시 말해 『배상조서』에 규정된 전쟁 관련 인적 피해에 대한 요구가 청구권으로 전환되는 가운데서도 유지된 것은 주일대표부가 말하는 '배상적 성격', 즉 독립운동가에 대한 탄압처럼 일본 국내에서 일본

---

44 「再開日韓交渉議事要録 請求権部会 第一回」, 外務省日韓会談公開文書(문서번호 173내), 13쪽. 한국문서에는 정치적인 주장이 아니라 청산적 청구권이라는 범주만 청구하는 것이라는 기록만 있고, '일본 국내에서 실시하고 있는 것과 같은 것'이라는 직접적인 기록은 없다. 『제3차 한일회담(1953.10.6 – 21), 청구권위원회 회의록, 제1 – 2차, 1953.10.9 – 15』, 1382쪽.

45 『한일회담 예비회담(1951.10.20 – 12.4), 자료집 : 대일강화조약에 관한 기본태도와 그 법적근거, 1950』, 36쪽.

인들에게도 적용되는 법적 청구권을 초월하는 피해보상 요구가 애초 제외되었기 때문이었다. 바로 이러한 추측은 다음에 살펴보듯이 같은 전쟁 관련의 물적 피해에 대한 요구 등이 제외된 점과도 상통한다.

한국정부의 청구권 인식과 『배상조서』와의 연속성 문제와 얽히는 대목으로서 다음으로 짚고 넘어가야 하는 것은 2차 한일회담에 이르러서도 한국정부가 『배상조서』의 내용을 교정한 보다 체계적이고도 정확한 정보를 가지고 있지 않았다고 추측되는 점이다.

실제 2차 회담에서 한국정부가 조회 요청한 금액들은 모두 『배상조서』에서의 액수를 그대로 제기한 것이었다. 기타 수치로서 확인할 수 있는 태평양전쟁 중의 한국인 피징용 노무자 신고자 수 105,151명, 동 사망자 수 12,603명 등도 『배상조서』의 값 그대로였다. 즉 1953년에 제기된 조회 항목 중, 원래 『배상조서』에 해당 항목이 있는 것에 관해서는 사실상 그것을 그대로 들고 나온 것이 분명했다.

검토해온 바와 같이 『배상조서』 작성 이후 한국정부가 벌인 청구권 문제에 대한 보완 작업은 단편적이었으며 또 그것을 통해 거둔 성과 역시 지극히 미진한 것으로 판단되었다. 그것이 2차 한일회담의 조회 요청에 즈음하여 『배상조서』의 내용에 크게 의존하게 된 이유였다고 봐도 틀림없을 것이다. 물론 조사가 진전되지 않았다고 판단되는 배경에는 한국전쟁이라는 국가적 비상사태가 계속되고 있었다는 것과, 또 조사하려고 해도 문제의 성격상 필요한 자료가 오히려 일본 측에 있었다는 현실적인 조건이 작용한 것은 의심의 여지가 없다. 그 항목들을 정식 요구로서가 아니라 먼저 조회 요청으로서 일본에 제기한 것이 무엇보다 그와 같은 사정을 대변하고 있다. 다만 이유가 어떻건 한국정부는 문제가 청구권 요구로 전환됨에 따라 실무적으로 문제를 풀어나가는 데 한층 더 중요해진 정확하고 근거 있는 정보를 수집하지 않은 채, 2차 회담에 임했던 것이다.

3) 제기 유보 및 제외 항목들

이와 같이 2차 한일회담에서 비망록을 통해 한국정부가 제기한 청구권 조회 내용들은 『배상조서』와의 강한 연속성을 지니고 있었다. 그러나 이는 물론, 『배상조서』에서 규정되었음에도 2차 회담에서 조회 대상이 되지 않았던 항목 들이 없음을 뜻하는 것은 아니다. 실제 한국은 5월 28일 제시한 비망록을 통 해 정식 제기를 유보하는 청구권 항목들을 아울러 제시했다. 그리고 2차 한일 회담에서 체계화된 청구권 요구의 성격을 정확히 파악하기 위해서는 일본에 직접 제기한 항목들과 더불어 제기되지 않았던 항목들의 성격을 검토하는 것 역시 중요하다. 한국정부가 정식 제기의 유보를 표명한 항목들은 표5-4와 같다.[46]

한국이 정식 제기 유보 대상에 부친 것에 대한 분석에 앞서 먼저 유념해야 하는 것은 제기를 유보했다는 사실이 반드시 그 항목을 최종적으로 요구 대상 에서 제외한 것을 의미하지는 않는다는 점이다.

실제 이 점은 유보 대상의 첫 항목인 은급 관련 항목에서 확인할 수 있다. 은급 관련 청구는 『배상조서』에도 규정되어 있었으며 1차 회담 때 제출된 세 목에도 포함되어 있었다. 그럼에도 2차 회담에서는 유보 대상으로 명시된 것 이다. 그러나 후술하는 바와 같이 이 은급 관련 요구는 그 후 5항에 속하는 세

---

46 "AID-MEMOIRE on talking of the 28th may, 1953", 「日韓交涉会議議事要録(12) 第二回請求権関係部会」, 外務省日韓会談公開文書(문서번호 693내), 4~5쪽.

표5-4 한국정부가 정식 제기의 유보를 표명한 항목들

보류 항목	금액(엔)	『배상조서』와의 관계
1) 한국인 관리에 대한 은급 등 제 미불금	약 500,000,000	2부 (4) : 약 200,000,000엔 추가
2) 제3국 소재 한국인(법인도 포함) 재산 회수 또는 보상 방법에 관한 건	-	1부 (2) 중, 일본 이외에 존재한 실물 재산
3) 일본 법인에 대한 한국 내 금융기관의 체류(滯留)임금	509,461,246	2부 (5)-① 중, 일본 내 등기법인, 사영리산업단체, 기타 일본인 관계 법인의 합계
4) 일본인에 대한 한국 내 금융기관의 체류임금	211,241,763	2부 (5)-① 중, 일본인 개인
5) 일본 법인 및 일본인에 대한 가불금	1,165,626	2부 (5)-②
6) 일본 법인 및 일본인 미납세금	162,210,215	2부 (5)-③
7) 무역 보상금	117,617,200	2부 (5)-⑪ : 약 18,600,000엔 증가
8) 무역 보류금	102,577,550	2부 (5)-⑫ : 약 102,500,000엔 증가
9) 군사행동으로 인한 피해	232,398,883	3부 (2)-①
10) 강제철거 및 소개(疏開)로 인한 피해	11,055,612,536	3부 (2)-②
11) 1945. 8. 9. 이후 일본 관리의 월권행위로 인한 피해	231,585,225	3부 (3)
12) 강제공출로 인한 피해	1,848,880,437	4부
13) 공공단체 파괴 및 기업 정비로 인한 피해	38,010,686	3부 (2)-③

주석 : -는 해당 금액이 없음을 뜻함. 가장 오른쪽 칸에 나오는 각 번호는 2장에서 『배상조서』를 해부했을 때 사용한 번호임. 금액 제시가 있는 항목 중, 가장 오른쪽 칸에서 금액에 관한 보충이 없는 항목은 모두 『배상조서』의 값과 일치함을 뜻함(단, 11)의 금액에는 10엔의 오차가 있으나 이는 실질적인 금액의 변화로 볼 필요는 없다고 판단됨).

부항목으로서 일본에 대해 정식 청구권 요구 대상으로 제기되었다. 이것을 고려하면 2차 회담에서 제기 유보 대상에 부쳐진 항목들이 반드시 제외 대상이 되는 것으로 정식 결정되어 있었던 것은 아니다.

그러나 이후의 교섭 과정을 볼 때, 첫 항목인 은급 관련을 제외한 다른 항목들이 그 후 대일청구권 요구 항목에 들어가지 않았던 것도 사실이다. 따라서 유보 대상이 된 항목들의 대부분이 사실상 2차 한일회담 단계에서 이미 청구 대상에서 제외하는 항목으로 인식되었을 개연성이 높다. 유보 항목을 제시함에 즈음하여 한국은 그 이유를 직접 밝히지 않았으나 내용을 보면 그 의미는 어느 정도 추측할 수 있다.

2차 한일회담에서 유보 대상이 되었고 그 후 청구 대상이 되지 않았던 항목의 첫 번째는 〈제3국 소재 한국인(법인도 포함) 재산 회수 또는 보상〉 문제였다. 이 요구는 『배상조서』에서는 1부 〈(2) 해외 부동산, 동산, 비품 등〉[표2 - 2]에 포함된 조선은행의 만주, 중국, 관동주 등에 있었던 부동산에 해당하는 것으로 보인다. 이 요구는 『배상조서』에서는 〈현물〉 요구로서 1부에 포함되었으나 그 실질적인 요구 내용은 재산의 회수이며 그러한 의미에서 『배상조서』 2부 〈확정채권〉과 같다. 따라서 그것은 청구권 교섭으로 전환됨에 따라 제외되어야 하는 요구 항목이 아니었다.

실제 같이 1부 〈(2) 해외 부동산, 동산, 비품 등〉에 포함된 일본 소재 재산은 오히려 청구권 교섭으로의 전환 후 4항 한국 법인의 재일재산 문제로 보다 확대되었다. 따라서 추측컨대 동 〈제3국 소재 한국인(법인도 포함) 재산〉이 유보 대상이 된 것은 같은 재외재산의 문제라고 하더라도 그것이 일본 소재 재산이 아니라 제3국에 소재하고 있다는 것이 작용한 것으로 추측된다. 즉 전시 중, 아무리 그 지역이 일본의 영향하에 있었다고 하더라도 형식적으로 독립해 있던 지역에 소재한 재산을 일본정부에 청구할 수 있는가 하는 문제를 고려했을

가능성이 있다.[47]

다음으로 유보 대상이 된 〈(3) 일본 법인에 대한 한국 내 금융기관의 체류임금〉부터 〈(8) 무역 보류금〉까지의 항목들은 모두 『배상조서』 2부 〈확정채권〉 중의 〈(5) 기타 미수금〉에 포함된 항목들이었다. 이미 몇 차례 강조한 바와 같이 동 2부 〈확정채권〉은 전쟁의 승패와는 상관없는 순수 민사적인 채권 – 채무 관계를 요구하는 항목이었다. 그것은 애초에 청구권 교섭으로 전환됨에 따라 제외되어야 하는 성격의 항목들이 아니었다. 실제 표5 – 3에서 정리했듯이 한국정부는 2부 확정채권에 포함된 다양한 항목들을 그대로 조회 요청으로 삼고 있었다.

따라서 같은 2부에 속하는 항목들 중의 일부가 유보 대상이 되었다는 사실을 한일회담에 임한 한국의 법적 지위가 변화된 데에 따른 결과로 볼 수는 없다. 추측에 불과하지만 항목의 중요성, 일본과 대조할 수 있는 준비 상황 등을 고려한 실무적 조정의 결과로 보는 것이 타당하고 적어도 청구권 교섭으로의 전환과 관련시켜야 하는 중요한 문제가 아님은 확실하다.

이상의 항목들과 달리 한국이 〈(9) 군사행동으로 인한 피해〉부터 〈(13) 공공단체 파괴 및 기업 정비로 인한 피해〉 등을 유보 대상에 부친 점은 주목할 필요가 있다. 이 항목들은 『배상조서』 3부 〈중일전쟁 및 태평양전쟁에 기인한 인적 물적 피해〉 중, 인적 피해를 제외한 나머지 항목들 및 4부 〈일본정부 저가 수탈로 인한 피해〉에 속한 전쟁 관련 피해 항목들이었다.

---

47 이 추측이 맞다면 제3국 소재 재산의 요구가 유보된 것은 배상과 청구권 요구 간의 차이에 기인한 것이라는 평가가 나오기 쉽다. 그러나 제2차 세계대전 처리에서는 각 지역에 있던 재산은 그 지역 당국과 재산 보유자 간에 처리하는 것이 통례이므로 가령 한국이 배상 자격을 가졌다고 하더라도 『배상조서』에 담긴 제3국 소재 한국 관련 재산을 대일 배상 요구로서 제기할 수 있는가 하는 논점이 남는다.

이 항목들은 전쟁 수행과 밀접한 관련이 있는 항목이라고 평가할 수 있는 만큼, 청구권 요구 항목이 체계화된 2차 한일회담에서 명확히 유보 대상에 부쳐졌다는 사실은 배상 권리 상실과 중요한 관련이 있을 가능성을 암시하고 있다. 실제 이 항목들은 단지 2차 회담 때만 유보 대상에 부쳐진 것이 아니었다. 4장에서 언급한 바와 같이 그것은 한일회담 개시 무렵 작성된 임송본의 건의서에서도 향후 제기할 항목에서 제외되어 있었으며 또한 1차 한일회담에서 제출된 세부항목 요구에도 없었다. 무엇보다 그 후의 한일회담 청구권 교섭에서도 이 항목들이 청구 대상이 되는 일은 없었다. 이러한 점들에서 이들 전쟁 관련 항목이 명시적으로 유보 대상에 부쳐진 것은 청구권 교섭으로의 전환에 따른 결과임이 틀림없어 보인다. 그러나 이미 간략하게 언급했듯이 제외 결과에 관한 이유를 단순히 배상 자격 상실에서만 직선적으로 찾는 것은 옳지 않다. 같은 전쟁 관련 인적 피해에 대한 요구는 그대로 유지되었기 때문이다.

그럼 같은 전쟁 피해임에도 불구하고 인적 피해가 계속 청구 대상으로 유지된 데 반해 3부의 물적 피해와 4부의 요구들은 제외되었다는 것의 차이는 무엇에 기인하는 것인가? 또 그것은 배상과 청구권의 관계에 대해 어떤 메시지를 던지고 있는가?

그 물음을 푸는 열쇠는 한국이 『배상조서』에 담은 전쟁 관련 피해에 대한 요구의 실태가 애초부터 교전관계 피해에 대한 요구가 아니었다는 데에 있다고 풀이된다. 일반적으로 교전 배상은 전투 행위에 따라 발생한 인적, 물적 피해를 가리지 않고 일괄 '배상' 요구로서 처리되게 마련이다.

그러나 『배상조서』에 담긴 한국의 대일배상 요구는 모두 같은 '일본'으로서 전쟁에 동원된 데 따른 보상 요구였다. 바로 그것이 청구권 요구로 전환되는 가운데서도 인적 피해에 대한 요구가 유지된 데 반해 물적 피해에 대한 요구 등은 제외된 직접적인 이유라고 볼 수 있다.

즉 앞서 설명했듯이 한국이 유지한 인적 피해에 대한 요구의 실태는 '제 미수금'으로서 일본인에게도 적용되는 '일본정부의 관계 법규와 각 사업장의 제급여 규정'에 따라 획득한 '청구권' 요구에 불과했다. 또한 『배상조서』에서 직접 규정되지 않았던 군인·군속에 대한 보상 요구 역시 주권 회복 후의 원호법 제정에 따라 해당 일본 국민 모두가 그 법적 근거를 가진 청구권 요구였다.

그에 반해 유보 대상이 된 물적 피해는 전시 중, 이른바 국가총동원체제하의 법적 근거에 따라 일본 국민에게 모두 적용된 '합법적인 조치'에 따른 결과였으며 그 후 그에 따라 발생한 물적 피해에 대해 보상이 이루어지는 일은 일본 국민에게도 없었다. 따라서 일본인에게도 인정되지 않았던 보상 요구를 유독 한국인에게만 '합법적'으로 귀속되는 청구권으로서 제기하는 것은 지극히 어려웠을 것이라고 쉽게 상상할 수 있다. 인적 피해를 유지했듯이 혹시 전후 일본인에게도 전쟁 동원에 따른 물적 피해에 대한 법적 보상 근거가 마련되었다면 한국 역시 그 청구를 마다할 이유는 없었을 것이다.

즉 같은 전쟁 관련 피해임에도 인적 피해와 물적 피해 등으로 갈린 것은 배상 자격 상실의 직선적인 결과가 아니라 배상 요구 시부터 그 내용이 사실상 일본 국민들에게도 적용되는 법적 근거에 기초한 '청구권' 요구였는가의 문제였다.[48]

이렇듯 청구권 교섭으로의 전환에 따라 생긴 『배상조서』와의 간극은 바로 전쟁 관련 피해 항목 중, 인적 피해 관련 이외의 요구 항목들이 삭제된 점에서

---

48 물론 반대로 이에 '청구권'이 아닌 물적 피해 등에 대한 요구 권리를 상실한 원인을 찾아, 한국의 배상 권리 상실에 따른 큰 영향을 찾는 시각도 있을 수 있다. 그러나 3장에서 분석했듯이 한국이 연합국 자격을 받았을 때의 배상 권리는 재한일본인 재산의 취득에 따라 추가적인 배상을 일절 포기하는 '권리'였음을 상기했을 때, 한국이 연합국에 참가해서 표면상 배상 권리를 취득해도 전쟁 동원 물적 피해 배상을 요구할 수 있었을지는 지극히 의문스럽다.

상징적으로 나타났다. 그러나 그 간극을 배상 권리의 상실에 따라 전쟁 관련 피해보상 요구가 불가능해졌기 때문이라고 단순히 평가하는 것은 적절하지 않다.

명시적으로 유보 대상임이 밝혀진 항목과 더불어 또 하나 주의해야 하는 것은 이상의 조회 요청 및 유보 항목으로서의 제시와 달리 아무런 언급도 없이 제외된 항목들도 존재한다는 점이다. 즉『배상조서』에서 일단 요구 항목으로 규정되었으나 결국 2차 회담에서는 조회 요청 대상도 아니고, 또한 유보 대상으로서도 거론되지 않았던 기타 항목들이 존재했다. 그리고 이 항목들 역시 청구권 요구의 성격을 이해하는 데 검증되어야 하는 항목임은 마찬가지다. 먼저 이 항목들을 정리하면 표5 - 5와 같다.

표5 - 5에 표시한 항목들은 제외 대상으로 명시된 것이 아닌 만큼 이 항목들 역시 결코 그 시점에서 한국정부가 최종적으로 제외할 것을 결정하고 있었다고 단정 지을 수 있는 것은 아니다.

실제 일단 제외된 항목 중, 예컨대 2부 〈(1) 일본계통화〉에 속하는 일본군표, 일본정부소액지폐, 중앙저비은행권 등은 그 후 청구 대상에 포함되었다. 그러나 그 이외의 항목들이 그 후 청구권 요구에 들어가는 일은 없었다. 그 사실 역시 표5 - 5에서 제시한 항목들의 대부분이 이미 대일청구 범위에서 제외되고 있었음을 내비치고 있다고 봐도 큰 과오는 없다.

표5 - 5에서 볼 수 있듯이 제외 항목들은『배상조서』1부, 2부에 속하는 항목들이었다. 앞서 언급한 바와 같이『배상조서』1부 〈(2) 해외부동산, 동산, 비품 등〉에 속한 해당 세부항목들은 〈현물〉 요구로서 1부에 포함되었으나 그 실질적인 요구 내용은 재산의 회수이며 동 2부 〈확정채권〉과 같았다. 따라서 제외된 항목들은 결국 모두 확정채권의 성격을 띤 항목들이었다고 평가할 수 있다.

표5-5 2차 회담에서 아무런 언급 없이 청구권 요구에서 제외된 항목들

『배상조서』	『배상조서』 중 제외된 항목	일부만이 제외되었을 경우의 그 제외 세부항목
1부	(2) 해외부동산, 동산, 비품 등	조선전업회사 도쿄 지점 사택 관계, 섬진강 발전소 제2호 발전기, 경성전기회사 도쿄 지점 비품
2부	(1) 일본계통화	만주중앙은행권, 대만은행권, 중국연합준비은행권, 중앙저비은행권, 일본군표, 일본정부소액지폐, 몽강은행권
	(2) 일본계유가증권	상해 불
	(5)-① 일본인 관계 대부금	만주흥업은행, 전시금융금고, 산업설비영단
	(5)-⑤ 대일본 환전	재일본 지점, 대일 환 대금 미청구분, 대일 환 미결제분, 해외 타점 계정 채권
	(5)-⑦ 일본 측 은행 예치금	조선신탁은행분
	(5)-⑧ 일본권업은행 대리점	-
	(5)-⑨ 일본외자금고 이자	-
	(5)-⑬ 연합국인 재산매각 대금 중 조선은행이 일본에 송금한 분	-
	(6)-④ 기타	우편수입, 전신수입, 전화수입, 잡수입, 만국우편연합 총리국 유지경비

주석 : 〈『배상조서』 중 제외된 항목〉 칸의 각 번호는 2장에서 『배상조서』를 해부했을 때 사용한 번호임.
 -는 일부만이 아니라 해당 항목 전체가 제외된 것을 뜻함.

따라서 이 항목들은 기본적으로 전쟁과 관련이 없는 채권-채무 관계의 청산 문제로서 그 제외 항목을 청구권 요구로의 변화에 영향을 받은 결과로 보는 것은 애초 타당하지 않다. 그 제외 이유를 직접적으로 명시한 자료는 없으나 이것은 항목의 지엽적인 성격, 증빙자료의 준비 상황, 요구 내역의 재정리[49] 등, 실무적인 판단에 따른 결과에 불과하다고 봐도 무방하다. 다시 말해

---

49 실제 이와 같은 사례로는 〈(5)-⑤ 대일본 환전〉 요구 중 〈재일본 지점〉을 제외한 것이

2차 한일회담에서 제기 유보 대상조차 되지 않고 청구 범위에서 제외된 항목들은 한국의 배상 권리 상실과 전혀 무관한 것이라고 판단할 수 있다.

이상 제기 유보에 부쳐진 항목들도 포함해 2차 한일회담에서 드러난 '최대'의 청구권 요구는 『배상조서』에서 규정된 항목들과 그 후 그것을 보완하는 과정에서 마련된 일부 항목들로 구성되었다. 유보 및 제외 대상이 된 항목들 역시 그것이 배상 권리 상실에 따른 결과와 기본적으로 무관한 것임을 가리키고 있었다. 따라서 2차 회담에서 그 범위가 분명해진 청구권 요구는 그 성격이 『배상조서』의 연장선상에 위치한 것임을 나타내고 있었다고 결론을 내려도 무방하다.

비록 조회 요청으로서 제기된 것에 불과했으나 결과적으로 2차 회담에서 나타난 이들 청구권 요구의 최대 범위는 같은 청구권 요구라는 틀 안에서 그 후 일어나게 되는 변화를 살피는 기초적인 잣대가 된다.

해당한다. 그것은 2중 청구를 막기 위한 재정리였다. 예컨대 임송본은 앞서 언급한 한일회담 개시와 관련해 작성한 건의서에서 조선은행, 조선식산은행, 조선금융연합회, 조선신탁은행 등의 재일재산은 한국으로 반환되어야 한다는 의견을 굳히는 한편 그 당연한 귀결로 〈대일본 위체(환) 채권〉의 청구는 제외해야 한다고 적고 있다. (任松本,「對日會談 財産權 및 請求權 問題」,『제1차 한일회담(1952.2.15 - 4.21) 청구권 관계자료,1952』, 721쪽.) 이 의미는 한국에 본사를 둔 한국 관련 금융기관들의 재일지점 재산을 요구하는 이상, 그 지점에 대한 환 채권을 따로 요구하는 것은 2중 청구가 된다는 것으로 해석할 수 있다. 다시 말해 『배상조서』에서는 대일8항목요구 4항으로서 한국에 본사를 둔 금융기관의 재일재산 문제가 독립 항목으로서 포함되지 않았다. 그 결과 재일지점에 대한 위체 채권을 따로 요구하려 했으나 한일회담 개시 후 재일지점 재산을 일괄 요구하게 됨에 따라 환 채권 역시 제외되어야 하는 항목이 된 것으로 추측된다. 이러한 사정은 〈(5) - ⑦ 일본 측 은행 예치금〉 중 〈개인분〉은 그대로 조회 대상이지만 조선신탁은행의 채권은 제외된 점에서도 잘 드러난다.

3. 일본의 대항 조치와 2차 한일회담의 휴회

1952년 미각서의 전달로 인한 일본의 역청구권 부정 및 교섭의 실무적 진행이라는 양국 합의에 따라 한일교섭은 한국이 광범위한 조회 요청을 제기하는 등, 당초 순조롭게 진행될 듯했다. 그러나 한국으로부터 비망록이 제출되었음에도 청구권 교섭은 그 조회 항목의 사실관계 파악을 위해 적극적으로 교섭을 진행하는 일도 없이 오히려 위에서 언급한 6월 11일의 3회 위원회 및 6월 18일의 전문가회의를 끝으로 종료되었다.

그 이유는 물론 일본정부의 방침에 따른 것이었다. 앞서 고찰한 바와 같이 2차 한일회담에 임하는 일본정부는 내부 검토를 거쳐, 회담에 임하는 기본 방침으로서 일단 원칙론은 놔두고 각 항목의 실정 심사를 하되, 해결은 하지 않고 전 항목의 심사 후 다시 해결 방법을 교섭한다는 방침을 세우고 있었다. 한국으로부터 자세한 청구 항목 및 금액 등을 구체적으로 제출하게 한 이상, 일본정부로서는 교섭을 길게 끌고 가야 할 이유가 없었다. 일본에게 중요한 것은 타결을 위한 교섭의 진전이 아니라 큰 탈 없이 진전을 막는 것이었다.

그를 위해 일본정부는 한국으로부터 마지막 비망록이 제출된 날인 5월 28일, 대한청구권의 유지를 암시하는 대항적인 조회 요청을 제기했다.[50] 그 내역은 표5 - 6과 같다.

표5-6 일본이 제출한 재한일본인 재산에 관한 조회 요청 내용

미 점령군 진주 후의 일본 관련 재산의 상황	일본인이 지배하던 기업 또는 사업 관리 상황	한국에 본점 또는 주된 사무소를 둔 것에 대한 관리 방법(주식, 출자, 지분), 그들 법인의 계속 또는 신 법인으로의 개편 여부, 임원들의 미불 급여 및 퇴직금 처리
		본점이 일본에 있는 기업 등의 관리 상황
		미 점령지역에 소재한 기업들의 정리 상황
	일본인이 소유하던 다음 재산들의 관리 상황	토지, 건물, 기타 공작물 ; 선박 ; 주식, 출자, 지분, 사채 등 ; 일본은행권, 조선은행권, 대만은행권 ; 예금, 대부금 등 채권 ; 광업권, 어업권 등의 권리 ; 특허, 저작권, 상표권, 실용신안(新案)권 등 무체 재산권 ; 차입금 등의 채무
	조선총독부 대부금, 출자금 채권의 상황	
	국유재산 중 철도, 항만, 통신시설 등의 기업용 재산의 관리 상황	
기타	위에서 제기한 각 재산 등이 미국에서 한국정부에게 인계된 방법 등	
	한국이 그 후 그들 재산에 대해 취한 조치들의 내용	
	그들 재산이 한국전쟁으로부터 받은 영향	
	그들 재산의 현재 상황	
	그들 재산에 관한 관계 법령 및 관계 계수(係數)	

즉 일본정부는 미군정 개시 이후의 재한일본인 재산의 관리 상황, 기타 한국전쟁으로 인한 피해 상황 등에 대한 조회 요청을 제기함으로써 한국의 일방적인 조회 요청을 봉쇄하는 대항적인 조치를 취한 것이었다.

앞서 분석한 바와 같이 2차 한일회담을 앞두고 일본정부는 1952년 미각서의 전달이라는 '새로운 사태'로 인해 재한일본인 재산에 대한 직접적인 청구권을 계속 주장하는 것은 어렵다는 인식을 가지고 있었다. 그럼에도 재한일본인 재산에 대한 조회 요청을 일부러 제기한 것은 한국이 그 요청을 거절할 것을 전망하면서 회담의 교착에 대한 책임을 가능한 한, 한국 측으로 돌리려는

---

50 「照会事項(日本側)」, 外務省日韓会談公開文書(문서번호 693내).

전략적인 의미가 있었다고 판단된다.

다만 같은 시기, 일본정부의 일각에서는 타협을 모색하는 움직임도 있었던 것이 사실이다. 6월 11일 일본정부 관계 각료 양해안에서는 청구권 문제 해결에 관해 원칙적으로 상호 포기로 하되 전후 거래의 안전 및 양국 국민 간의 유화라는 시각에서 일부 예외 항목을 두고 타결하는 구상이 세워지고 있었다.[51] 즉 1952년 미각서로 인해 직접적으로 청구권을 주장하지 못하는 상황에 놓인 일본으로서는 현실적인 해결 방안으로서 이미 회수 불가능한 재한일본인 재산의 한국 취득을 이용해, 한국의 일방적인 대일청구를 봉쇄하면서도 한국과의 타결을 위해 일부를 제공하는 '상호 포기 +α' 방식을 구상하는 수밖에 없었다.

그러나 그 성사 여부를 떠나 관계 각료 간에 양해된 이와 같은 구상이 현실적으로 한국에게 제시되는 일은 없었다. 그 이유는 2차 한일회담의 일본 측 수석대표이자 다음 3차 한일회담 결렬의 주인공인 구보타 대표 등, 회담 추진에 부정적인 견해를 가진 인사들의 목소리가 일본정부 내에서 힘을 얻게 되었기 때문으로 보인다.

6월 13일 구보타 수석대표는 일본 외교의 기조가 유엔 협력에 있으며 이승

---

51 「日韓交渉処理方針について(関係閣僚了解案)」, 外務省日韓会談公開文書(문서번호 1053), 1쪽 ; 6~8쪽. 일부 예외 항목에 관한 방침은 종전 전부터 계속 상대국에 거주하는 한국인 및 일본인이 합법적으로 소유한 재산청구권, 전후 무역 기타의 거래를 통해 합법적으로 취득한 재산청구권, 한국 관련 문화재 중 일부 국유문화재의 반환 이외는 비공개로 하고 있어, 현재 그 상세 내용은 확인할 수 없다. 그러나 바로 비공개로 하고 있다는 점에서, 그 부분에 일본이 타협안으로서 한국에게 인정하는 대일청구권 관련 항목들이 열기되어 있음은 확실해 보인다. 이와 관련해, 본론에서 이하 논할 구보타 대표의 2차 회담 무기휴회 제안 속에서 구보타는 그 무렵 일본정부 내부에서는 약간의 문화재 이외에 군인, 피징용자의 미불금 약 2억 엔, 선박 10억 엔 등이 타협안으로서 구상되어 있었음을 내비치고 있다. 「日韓会談無期休会案(私案)」, 外務省日韓会談公開文書(문서번호 1054내), 8쪽.

만이 유엔 휴전안 반대의 자세를 취하고 있는 상황을 고려할 때, 한일회담은 휴회해야 한다고 건의했다. 구보타는 한국전쟁 휴전의 결과 통일정부가 성립될 것인지 또는 남북이 계속 대립하게 될 것인지 정세가 불투명하고, 시급히 타결해야 할 필요가 없다, 그간 이승만의 반일적인 태도를 볼 때 보복하는 것도 무의미하지 않다, 강경 태도를 보이는 것도 향후 교섭 재개에 즈음하여 유리하다, 한일회담이 전쟁 확대를 위한 음모라고 하는 북한의 항의를 정당화하고 싶지 않다, 세계에서 버려지고 있는(見放される) 이승만을 교섭 타결을 통해 일본이 지지하는 것은 국제적인 만화풍경(漫画風景)이며 국회에서 비상한 반대에 봉착할 것이라는 등의 이유를 들어 조기 타결에 제동을 걸었다.[52]

더욱이 21일 구보타는 "일한회담 무기휴회안"이라는 사안(私案)을 작성하여 다음 이유를 보충함으로써 회담을 휴회할 필요성을 거듭 역설했다. 구보타가 보충한 그 이유는 청구권의 상호 포기는 재외사유재산에 대한 국내 보상 문제 야기와 관련해서 대장성이 난색을 표시하고 있다, 이승만은 그 대담하고 경솔한 행동으로 인해 세계로부터 지탄을 초래함으로써 머지않아 은퇴할 수밖에 없다고 예상된다, 이승만 이후 누가 나와도 이승만 이상으로 반일적일 수는 없으며 경우에 따라서는 지일(知日)파가 대두할 가능성도 있다는 것 등이었다. 구보타는 이들 이유의 결과로서 휴전에 따라 예상되는 일본 어선 나포의 계속, 재일한국인의 강제송환 인수 거부, 한국에서의 일본 대사관의 설치 불발, 한국의 부흥 특수에 대한 이익 상실 등의 악영향을 고려해도 회담을 휴회하는 것에 따른 이익이 보다 크다고 강조했다.[53]

수석대표인 구보타로부터 이와 같은 의견이 나오자 22일 외무성은 회담의

52　「無題」, 外務省日韓会談公開文書(문서번호 1054), 1~4쪽.

53　「日韓会談無期休会案(私案)」, 外務省日韓会談公開文書(문서번호 1054내), 9~16쪽에서 정리.

계속 가부를 결정하는 데 이승만의 지위, 휴회 이유의 확보, 한국의 부흥 특수 참가로의 영향 및 기타 한일회담 관련 의제에 주는 영향들을 고려하면서 타결을 도모할 경우와 휴회할 경우의 득실을 신중히 검토했다.[54]

23일 시모다(下田武三) 조약국장은 지위가 저하하고 있는 이승만을 상대로 청구권 문제 등 상당한 양보를 무리하게 해서까지 일본에게 유리하지 않은 조약을 적극적으로 체결해도 국회 통과를 전망할 수 없으며 교섭의 계속은 의미가 없다, 머지않아 휴전협정 성립이라는 신 사태는 휴회를 제기하는 이유로 삼는 데 절호의 기회이다, 한국에 대해서는 한일교섭의 전(全) 의제에 관해 새로운 안을 제시하고 싶으나 그를 위해서는 시간이 필요하다고 핑계를 대면 문제가 되지 않는다는 등의 의견을 내고 휴회 조치에 찬성하는 의견을 제출했다.[55]

이와 같은 견해를 배경으로 일본정부 내부에서는 한일회담 휴회 방침이 득세한 것으로 판단된다. 7월 9일 외무성은 회담 계속 여부의 최종적인 태도로서 '갑', '을'의 두 안을 작성하고 아직은 '갑'안으로 교섭할 것을 기본 방침으로 하면서도 한국이 상호 양보하는 정신으로 임하지 않을 경우에는 교섭 중단(不調)을 각오해서 '을'안에 가까운 선을 한국에 제시, 회담을 종료하도록 결정했다. 청구권 문제에 관해 그 두 안의 차이는 타협적인 '갑'안이 상호 포기와 더불어 예외 항목을 두고 일부를 한국에게 주는 방안인 데 반해, '을'안은 상

---

54 「日韓会談継続の可否について(案)」, 外務省日韓会談公開文書(문서번호 1055), 2~7쪽.
55 「無期休会案に賛成の理由」(문서번호 1054내), 1~3쪽에서 정리. 단 이 문서에서는 작성자가 '시모다'로만 기입되어 있어 '下田武三'로 한 것은 저자의 추측이다. 시모다의 제안에서 또 하나 주목되는 것은 이승만 정부가 휴전협정 이후에도 오래 계속되며 교섭 재개 후, 휴회 중에 준비한 신 제안을 한국이 수락하지 않을 경우에는 교섭을 본격적으로 결렬시킬 것도 주저하지 않도록 건의하고 있는 점이다. 같은 문서, 3~4쪽. 즉 본격적으로 결렬을 맞이하게 된 3차 한일회담 개시 이전에 이승만 정부가 계속될 경우에는 회담을 본격적으로 결렬시킬 구상이 외무성 내부에 존재하고 있었던 것이다.

호 포기만을 천명하는 방안이었다.[56]

결국 2차 한일회담은 시모다가 건의한 구실대로 일본이 한국전쟁 휴전 전후의 유동적인 정세를 이유로 들어 휴회에 들어간 결과, 결국 그 '을'안 제기에 따른 한국과의 마찰을 빚을 일조차 없이 7월 23일에 멈추게 되었다.[57] 2차 회담에 즈음하여 한국으로부터 가급적 청구권에 관한 상세한 내용을 도출할 목적을 가지고 있었던 일본정부로서는 그에 어느 정도 성공한 이상, 애초 필요 이상의 양보 없이는 타결할 수 없는 교섭을 진행할 이유가 없었다. 또한 선부른 타결은 재한일본인 재산 포기에 따른 국내 보상 문제를 야기할 우려도 컸다. 2차 한일회담은 이렇게 하여 회담 전부터 일본정부가 그린 도식에 따라 진행, 종료된 것이다.

---

56 「日韓交渉處理方針に関する件」, 外務省日韓会談公開文書(문서번호 1056), 1~5쪽에서 정리. '갑'안 중 청구권 방침은 「日韓交渉處理方針(甲案)」, 外務省日韓会談公開文書(문서번호 1056내), 1~3쪽. 또 '을'안 중 청구권 방침은 「日韓交渉處理方針(乙案)」, 外務省日韓会談公開文書(문서번호 1056내), 2쪽. 단 '갑'안이 한국에 양보할 일부 예외 항목을 인정하는 것이었다고 판단되는 부분은 먹칠로 되어 있어, 직접 확인할 수 없으므로 문맥상 추리한 것이다. 또 '을'안에는 교섭의 분위기로 인해 상호 포기를 제안하는 것이 어려울 경우 한일 양국 정부에 권고하는 공동위원회를 설치할 것을 제안하는 방침도 포함되어 있다.

57 外務部政務局, 『韓日會談略記』, 1960, 142쪽 ; 外務省, 「日韓関係に横たわるもの」, 『世界週報』 第34巻 第32号, 1953, 24쪽.

일방적 대일청구권의
확정과 그 실태

6

한국전쟁 휴전을 이유로 휴회에 들어갔던 한일교섭은 1953년 7월의 휴전협정 성립 등을 거쳐 같은 해 10월 6일부터 3차 한일회담으로서 재개되었다. 그러나 재개된 그 회담이 식민 통치를 정당화하는 이른바 구보타 발언을 계기로 2주 남짓한 짧은 기간으로 결렬된 것은 한일회담사에서 주지의 사실이다. 그후 한일교섭은 약 4년 반의 기간 동안, 정식 회담 재개를 위한 물밑 교섭에 들어가게 된다.

그 물밑 교섭 결과 일본은 역청구권을 철회하게 되었다. 다시 말해 재개된 4차 한일회담 이후는 한일 청구권 문제가 한국이 줄곧 주장해온 일방적인 대일요구의 문제로서 확립된 것이다. 그러나 물론 그것은 정치적인 계산과 타협의 산물이었다.

이 6장의 주제는 바로 표면상 일방적 대일요구가 된 청구권 문제의 실태를 밝히는 것이다. 과연 교섭 과정에서 한일 양국은 일본의 대한청구권 문제에 대해 어떻게 대응하고 타협하기에 이르렀는가? 그 과정에 밀접하게 개입하게 된 미국은 일본의 역청구권 포기에 어떻게 관여하고 그 후의 청구권 교섭의 새로운 틀을 마련해나갔는가? 이 장에서는 바로 대한청구권 포기로 귀결된 일본정부의 세부 움직임과 미국의 대응 등을 분석함으로써 표면적으로 일방적 대일요구로 이어진 한일회담 재개 과정이 실은 이후 한국이 그것을 청구권 요구로서 밀고 나가는 것을 어렵게 하는 과정이기도 했음을 밝히고자 한다.

또한 일방적인 대일청구권 교섭이 됨으로써 현실적인 타결을 전망하기 시작한 이승만 정권은 과연 4차 한일회담 청구권 교섭을 위해 새롭게 어떤 대응을 했으며 그것은 과거의 요구와 비교해 어떤 진척을 보인 것이었는가? 또 오랜 단절 끝에 재개됨으로써 당초 그 진전이 기대된 4차 한일회담에서 청구권 교섭은 왜 파행만을 거듭하게 되었는가? 이 장은 일본 측 움직임을 중심으로 이 문제도 아울러 고찰한다.

1. 일본의 대한청구권 포기의 과정과 논리

1) 3차 한일회담 결렬의 배경

10월 6일 개최된 3차 한일회담 1회 본회의 벽두의 인사에서 양유찬은 회담의 성공을 위해서는 일본이 대한청구권을 포기해야 한다고 천명했다.[1] 이어 9일 개최된 1회 위원회에서도 한국 측 홍진기 대표는 회의 벽두부터 청구권 문제에 관해 일본에 대한청구권은 전혀 없으며 존재하는 주제는 한국의 대일청구권뿐이라는 '반환 원칙'을 확정해서 토의를 진행할 것을 촉구했다.[2]

즉 법 이론 등의 원칙적인 토의를 피하고 사실관계 등의 확인을 우선시한 2차 한일회담과 달리 한국은 일본의 대한청구권을 다시 정면에서 문제로 삼는 자세를 천명한 것이었다. 한국이 원칙적인 교섭으로 되돌아갈 것을 요구한 까닭은 문제의 근본적인 해결을 위해서는 결국 일본의 대한역청구권의 철회

---

1   "한일회담 제1차 본회의 경과보고", 『제3차 한일회담, 본회의회의록 및 1 - 3차 한일회담 결렬경위, 1953.10 - 12』, 1252쪽 ; 「別紙(四)梁韓国駐米大使挨拶要旨」, 外務省日韓会談公開文書(문서번호 168내), 2쪽.

2   "한일회담 「재산 및 청구권」 분과위원회 제1차 회의보고서", 『제3차 한일회담, 청구권위원회회의록, 제1 - 2차, 1953.10.9 - 15』, 1376쪽 ; 「再開日韓交渉議事要録 請求権部会第一回」, 外務省日韓会談公開文書(문서번호 173내), 3~4쪽.

가 피할 수 없는 조건이라고 판단했기 때문임이 틀림없다.

고찰한 바와 같이 2차 한일회담에서 일본은 1952년 미각서의 발표로 인해 내부적으로는 한국에 대한 역청구권 주장의 유지가 어렵다는 판단을 내리고 있었다. 그러면서도 한편으로 일본은 타결 시기를 미루는 방침에 부합하는 데다 일방적 대일청구권 조회에 대항하는 의미에서 재한일본인 재산의 관리 상황 등을 제기했다. 즉 1952년 미각서의 전달에도 불구하고 일본은 적어도 표면적으로는 재한일본인 재산에 대한 역청구권을 고집하는 입장을 내비친 것이었다.

그 재산 규모로 보아 한국의 대일청구액을 훨씬 웃돌 것이 예상된 재한일본인 재산에 대한 역청구권이 철회되지 않는 것은 한국에게는 실질적으로 대일청구권의 획득이 불가능함을 뜻했다. 2차 한일회담에서 비록 조회 요청이라는 형식이었으나 최대 항목 수의 대일청구권 내역을 피력한 한국에게는 그 요구의 구체적인 진전을 위해서도 결국 일본의 대한역청구권 철회가 먼저 확정되어야 했다. 3차 한일회담은 이렇듯 청구권 문제에 대한 원칙적인 문제로 돌아갈 수밖에 없는 조건하에서 개시되었다.

그러나 바로 그러한 3차 회담의 성격은 결국 조기 결렬을 불가피하게 했다. 특히 그 이유는 청구권 문제에 대비하기 위해 사전에 일본이 준비한 방침에 숨어 있었다.

일본정부는 3차 한일회담 개최를 앞둔 10월 2일, 한일교섭 재개를 위한 사전협의회를 열어 회담 진행에 관한 관계 각성의 내부 의견 조율에 나섰다. 그 가운데 2차 회담에 이어 일본 측 수석대표직을 맡은 구보타는 교섭 방침으로서 밝힌 생각에서 이미 3차 회담의 결말을 예고하고 있었다.

그는 한국이 상호 양보의 성의를 가지고 회담에 임하려 하는지 의심스럽다고 전망하며, 올 회담에서도 한국의 의향을 더 타진할 필요가 있다, 혹시 회

담 기간 중 어선 나포 등 한국이 압력을 가한다면 현재의 한일관계를 한층 더 악화시킬 결과가 되어도 회담의 자진 단절(打ち切り)을 고려해야 한다. 위원회 진행에 관해서도 이번에는 일본이 공세에 나서 전번 회의에서 제기한 재한일본인 재산의 관리 상황 등에 대한 회답을 요구하는 것이 좋다는 등의 강경한 의견을 내놓았다.[3] 카이로선언에서 규정된 한국인의 '노예 상태'라는 표현을 전시 중 흥분의 결과라고 평가절하고 오히려 일본의 식민지 통치가 한국인들에게 은혜를 베풀었다고 주장함으로써 한일회담을 장기 중단 상태로 몰아간 구보타 발언이 터져 나온 것은 바로 이로부터 약 2주 후인 15일의 일이었다.[4]

물론 사전협의회에서 나온 구보타의 견해가 직접적으로 구보타 발언의 계획을 뜻한 것은 아니다. 그러나 한국이 타협적인 자세로 나서지 않을 경우에는 회담의 '자진 단절도 불사한다.'고 예고한 동 수석대표의 강경한 자세가 결국 대한역청구권의 철회를 요구하는 한국 측의 원칙적인 입장과 맞물림으로써 구보타 발언을 유발한 것은 틀림없다.

한편 구보타 수석대표와 같은 강경한 의견만이 일본정부를 지배하고 있었던 것은 아니었다. 구보타 발언이 터지기 이틀 전인 13일, 외무성 아시아국 제2과는 한일 간의 교섭 처리 방침에 대한 고재(高裁) 요청안을 작성하고 있었다. 그 처리 안에서 동 제2과는 2차 회담까지의 토의로 인해 한일 양국의 주장은 이미 분명해졌음을 감안하고, 차제에 양보의 정신을 가지고 대표단으로 하여금 최종적인 타결을 도모하도록 지시할 것을 정했다.

그 고재 요청안이 정한 청구권 문제에 관한 일본정부의 타결 방침은 2차 한

---

3 「再開日韓会談第一回各省打合会議事録」, 外務省日韓会談公開文書(문서번호 1059), 7~9쪽.
4 위원회에서 나온 구보타 발언의 경위, 내용 등은 장박진, 앞의 책, 2009, 287~298쪽.

일회담 무렵부터 이미 몇 차례 나왔던 것이다. 즉 그것은 한일 양국이 상호에 대한 청구권을 포기하고 문화재 및 기타 일부의 예외 항목을 한국에게 줌으로써 해결하는 '상호 포기 +α' 방식이었다.[5] 그리고 이 고재 요청안은 17일 재가되었다.

동 고재 요청안은 17일에 재가된 것만이 명시되었을 뿐, 어느 수준에서 이루어진 것인지는 알 수 없다. 그러나 3차 한일회담에 즈음하여 일본정부 역시 적어도 그 일각에서는 그간의 토의 실적을 배경으로 '상호 포기 +α' 방식을 공식적으로 제기하고 그에 한국이 합의할 경우 청구권 문제를 조기에 매듭지을 생각이 있었음이 확실하다. 그러나 그 안이 17일 재가되어 일본정부의 유력한 방침으로서 자리 잡기 전인 15일, 구보타 발언이 이미 터져 있었다. 그에 따라 일본정부의 일각에 확실히 존재한 한국과의 타협적인 구상은 허사가 되고 그 후 한일회담은 4년 이상 중단되었던 것이다.

2) 일본의 대한청구권 포기로의 움직임과 미국의 관여

일본정부로서도 수석대표의 부적절한 발언을 계기로 외교 교섭이 결렬된다는 것 자체는 정치적으로 부담을 느끼지 않을 수 없었다. 10월 21일 한일회담이 결렬되자, 일본정부는 발 빠르게 미국에 알선을 요청했다. 그 절충의 결과

---

5 「高裁案 : 日韓交渉処理方針に関する件」, 外務省日韓会談公開文書(문서번호 1060), 1쪽 ; 8~9쪽에서 정리. 단 문화재 항목 이외의 청구권 처리안에 관해서는 먹칠을 하여 비공개 조치를 취하고 있으므로 직접 그 '+α' 부분에 포함된 구체적인 기술 내용은 확인할 수 없다. 그러나 전후의 문맥으로 보아 그 먹칠 부분에 '+α' 부분의 내용이 기술되어 있는 것은 틀림없다.

11월 초에 성명을 내는 방향으로 사태를 수습한다는 조정이 미일 간에 이루어졌다. 그 성명 내용은 상호 포기를 기본으로 하면서도 은급, 미불급여 등의 지불과 일부 국유문화재를 증여한다는 '상호 포기 +α' 방식을 제안하고 그와 더불어 구보타 발언으로 인한 한국 측 감정을 완화하는 조치를 재개회담 벽두의 인사에서 밝힌다는 것이었다.[6]

그러나 그러한 성명이 실제 나오는 일은 없었다. 비록 '+α' 부분이 있다고 해도 일방적인 청구권의 포기를 공식화할 것을 요구하는 한국정부가 그 성명안의 내용에 합의하지 않았던 것이 그 직접적인 이유였다.[7] 그러나 이와 함께 동 성명안은 대장성 등의 반대에 봉착하는 등, 일본의 국내 사정을 충분히 수용한 안도 아니었다.

미국과의 조정을 통해, 외무성이 일단 마련한 상호 포기의 성명 구상에 대해 대장성은 11월 9일, 사유재산을 정부가 대신해서 포기할 수 없다, 포기할 경우 헌법과 관련해 보상 조치가 필요하게 된다, 대장성으로서는 위로금(見舞金)을 낼 것은 생각하고 있으나 포기를 대외적으로 발표한다면 보상 형식이 될 것이 우려된다는 등의 이유를 대고, 그러한 성명을 낼 것을 반대했다. 그에 대해 외무성은 평화조약 19조와 관련해, 일본정부가 국민을 대신해 포기한 사실이 있다, 포기해도 재외재산에 대해 헌법이 적용되는지 의문스럽다, 평화조약 14조, 16조와 관련해 연합국, 중립국 소재의 일본인 사유재산에 대한 처분을 인정했으나 보상 조치는 취하지 않았다, 청구권 협정에 관해 결국 국회 승인이 필요하며 그 승인이 나오면 정부가 대신해서 포기한다는 문제는 해소된다는 등의 답신을 보내고, 동 성명안으로 사태를 수습하는 것에 대해 대장

---

6 「日韓会談の経緯」, 外務省日韓会談公開文書(문서번호 481), 25~26쪽.
7 위의 문서, 26~27쪽.

성의 이해를 구했다. 그러나 대장성은 평화조약이 전승국과의 조약이라는 등의 반론을 제기하며 끝내 그 성명안을 승인하지 않았다.[8]

한국과 일본 국내의 반대에 부딪히자, 외무성이 미국과의 조정을 거쳐 구상한 조기 수습안은 그 빛을 발하지 못했다. 이로 인해 공식적인 한일교섭은 단절되고 그 후의 교섭은 물밑으로 들어가게 되었다. 물론 그 물밑 교섭의 핵심은 일본의 대한청구권 포기를 어떻게 공식적으로 이끌어내는가 하는 것이었다. 그 과정에서 양국을 잇는 가교 역할을 맡은 것 역시 원래 한일회담 청구권 교섭의 틀을 설정한 미국 이외에는 있을 수 없었다.

먼저 미국은 1954년 1월 한국과의 회담 재개를 위해 일본이 대외적으로 낼 성명안을 다시 작성하고 일본과의 조정에 나섰다. 그러나 미국이 작성한 일본의 성명안에는 구보타 발언이 동 대표의 개인적인 견해에 불과하며 일본정부의 공식 견해가 아님을 명시한 구절만 있으며 한국이 가장 중요시한 대한청구권 포기에 관한 규정은 없었다.[9] 미국으로서는 한일회담이 직접적으로 구보타 발언을 계기로 결렬된 이상, 먼저 그 발언 문제에 대한 처리가 선행되어야 한다고 인식한 것으로 보인다. 그러나 애초 역청구권 문제가 결여되어 있는 데다 구보타 발언 철회 문제에 관해서도 한층 더 까다로운 조건을 내놓기 시작한 한국이 그 미국의 안을 받아들이는 일은 없었다. 그 무렵 한국은 구보타 발언 철회와 관련해 동 성명에 일본의 한반도 통치가 나쁜 것뿐이었으며 하등의 이익도 준 일이 없다는 것, 또 카이로선언이 말하는 대로 일본은 한반도를 노

---

8 「日韓の請求権相互放棄について」, 外務省日韓会談公開文書(문서번호 658), 1~5쪽에서 정리.

9 「久保田発言に関する件(1954年1月21日)」, 外務省日韓会談公開文書(문서번호 1675 내), 1~2쪽. 성명안은 같은 문서, 6~7쪽.

예화한 것이 사실이라는 등의 구절을 추가할 것을 요구하고 있었다.[10]

1954년 5월 앨리슨 주일대사는 한국 측과의 조정을 거친 안으로서 일본이 발표할 안을 다시 제시했다. 그 안은 청구권 문제에 관해 일본이 평화조약 조문을 지지(abide by)할 것을 선언한다고 규정했다.[11] 추상적이지만 그것이 한국과의 조정을 거친 안임을 고려한다면 그 안이 평화조약 조문을 지지한다고 표현함으로써 일본이 평화조약 4조(b)항을 따를 것을 확정하는 의미를 담은 것은 틀림없다. 즉 그것은 대장성 등 일본 국내에서 나오는 반대의 목소리를 배려하면서도 일본정부가 간접적으로 대한청구권을 포기할 의사를 내비침으로써 한일교섭이 공식적으로 재개되도록 꾸민 안으로 판단된다.

그러나 외무성은 그 안의 수락과 관련해 미불급여, 은급 등은 지불하고 또 일부 국유문화재는 증여하나 그 이상에 관해서는 "한일 양국 정부가 상호 양보의 정신에 따라 청구권에 관한 종래의 법률적인 견해를 서로 고집하지 않는다."는 양해를 달 것을 요구했다.[12] 물론 외무성으로서도 일방적인 포기 선언은 수락하지 못하는 일이었다. 그것 자체는 불가피한 대한청구권 포기에 즈음하여 외무성으로서도 '상호 양보'를 명백히 함으로써 재한일본인 재산의 한국 취득으로 인해 대일청구권의 대부분이 상쇄된다는 조건을 마련해 놓을 필요가 있었다. 그러나 일방적인 철회가 조건인 한국이 그 '상호 양보'의 명시에 응할 리가 없었다.

1955년 2월, 김용식 공사와 다니(谷正之) 외무성 고문 간에 비공식 접촉이

---

10 「久保田発言等に関する件(1954年2月1日)」, 外務省日韓会談公開文書(문서번호 1675
   내), 2~3쪽.
11 「日韓会談の経緯」, 外務省日韓会談公開文書(문서번호 481), 28쪽. 성명안은 「日韓会
   談の経緯付属」, 外務省日韓会談公開文書(문서번호 481내), 부속 25호에 수록.
12 「日韓会談の経緯」, 外務省日韓会談公開文書(문서번호 481), 28~29쪽.

이루어졌다. 이 접촉에서는 다른 각도의 교섭이 추가되었다. 김용식은 회담 재개에 대한 영향력을 고려해 과거보다도 일본에 의한 장래의 재침략을 경계하는 한국 국민의 우려를 불식할 필요가 있음을 지적하면서 미국의 보증을 단 불가침조약을 체결하는 구상을 제기했다.[13] 물론 불가침조약 등은 한일교섭의 직접적인 의제는 아니었다. 따라서 이와 같은 요구는 회담 재개를 위한 분위기를 마련하기 위한 일환으로서 제기된 것으로 봐도 무방할 것이다. 미국 역시 비록 조약이 아니라 선언 형식으로 할 것을 요구했으나 한국이 밝힌 한미일 3국 공동선언에 의한 불가침선언 구상에 대해서는 승인했다.[14]

그러나 이와 같은 제안은 어디까지나 정지작업의 문제에 불과하며 한국이 회담 재개의 절대 조건으로서 요구한 일본에 의한 대한청구권의 일방적 포기를 약속하는 의미 등과는 전혀 무관했다.[15] 실제 동 김 – 다니 비공식 접촉에서 김용식은 구보타 발언 철회와 대한청구권 포기를 성명으로 밝힐 것을 요구했다. 그러나 구보타 발언에 대해서는 즉시 가능하다고 반응한 다니 역시 청구권 문제에 관해서는 한일 간에 '실질적인 양해'가 성립되고 나서 생각할 수 있는 문제라고 말해 확답을 피했다.[16] 그 자리에서 언급한 '실질적인 양해'가 무엇인지에 대해 다니가 직접 설명한 기록은 없다. 그러나 교섭의 흐름을 볼 때,

---

13 「谷大使金公使会談の件(第一回)」, 外務省日韓会談公開文書(문서번호 1671내), 2~4쪽.

14 「日韓問題に関し谷アリソン会談の件」, 外務省日韓会談公開文書(문서번호 1676내), 1쪽.

15 3국공동선언 초안은 「日韓交渉に関し谷大使とアリソン米大使と会談の件」, 外務省日韓会談公開文書(문서번호 1676), 5~6쪽. 이 공동선언안은 그 후 문장 수정이 이루어졌으나 청구권 문제와 상관이 없다는 점에서는 변함이 없다. 수정 교섭의 내용은 「谷大使金公使会談(第五回)」, 外務省日韓会談公開文書(문서번호 1671내) 및 「谷大使金公使会談(第六回)」, 外務省日韓会談公開文書(문서번호 1671내)에서 확인 가능하다.

16 「谷大使金公使会談の件(第一回)」, 外務省日韓会談公開文書(문서번호 1671내), 12~13쪽.

표6-1 1955년 초 무렵, '상호 포기 +α' 방식과 관련해 외무성이 대장성에 제시한 절충안

일본이 지불할 용의가 있는 항목	재한일본인 재산과 상쇄하는 한국의 대일청구권
• 인양 한국인의 세관 기탁금 • 군인·군속 및 정부 관계 징용 노무자에 대한 미불급여 • 전상병전몰 군인·군속에 대한 조위금, 연금 • 일반 징용 노무자 중 부상자, 사망자에 대한 조위금 • 미불은급 • 폐쇄기관 및 재외회사의 정리 재산 중 한국인 명의로 공탁된 것 또는 앞으로 공탁될 것	• 우편저금, 진체저금, 간이생명보험 및 연금 • 재한일본지점은행 예금 • 민간보험 책임준비금 • 재한일본상사(商社), 공단 기타의 대일채권

그 말이 청구권 문제와 관련해 상호 포기와 일부 예외 항목의 양도, 즉 '상호 포기 +α' 방식에 대한 한일 양국의 양해를 뜻했음은 틀림없을 것이다.

실제 외무성은 동 김-다니 교섭에 맞추어 '상호 포기 +α' 방식에 대한 양해를 구체화하기 위한 대응을 내부적으로 취하고 있었다. 외무성은 한국에 제시할 '+α' 부분과 상쇄 항목에 관한 구상을 대장성에 밝히고 그 절충에 나섰다. 외무성이 대장성에 절충안으로서 밝힌 한국에게 지불할 항목 및 재한일본인 재산과 상쇄하는 한국의 대일청구권 항목들은 표6-1과 같다.[17]

그러나 외무성이 마련한 이와 같은 구상이 실제 다니의 입을 통해 김용식에게 전달되는 등의 구체적인 움직임은 일어나지 않았다. 그 이유는 분명하지 않다. 그러나 대장성과의 절충이 진전되지 않았거나 국내적인 추진 태세가 아직 갖추어지지 않았다는 등의 사정이 작용한 것으로 봐도 큰 과오는 없을 것이다. 물론 그것이 제시되었어도 재한일본인 재산의 일방적인 포기를 요구하고 있었던 한국과의 사이에서 외무성의 절충안이 그 시점에서 받아들여지

---

17 「日韓会談議題の問題点」, 外務省日韓会談公開文書(문서번호 68), 23~25쪽.

지는 않았을 것이다. 그러나 한국에게 지불할 그 '+α' 부분조차 제시하지 않은 채, 재한일본인 재산의 포기를 명확히 하는 것을 거절한 다니의 답변은 한국과의 타협점을 찾는 데 아무런 힘이 되지 않았다. 그리하여 불가침선언 등의 새로운 안건을 포함함으로써 한일회담 재개로 이어지는 길을 찾으려 한 동김－다니의 물밑 교섭 역시 그 목적을 달성하지는 못했다.

한일회담 재개를 위한 일련의 조정이 불발로 끝나는 가운데 동북아시아에서는 새로운 지각 변동이 일어나고 있었다. 1953년 3월 스탈린(Joseph Stalin)의 사망과 한국전쟁 휴전, 그리고 흐루시초프(Nikita Khrushchev)에 의한 이른바 평화공존 노선으로의 선회는 일본과 공산주의 국가 간의 관계 개선에 필요한 물꼬를 텄다. 1954년 12월에 탄생한 하토야마(鳩山一郎) 정권은 그 흐름을 타고 당시 일본의 긴요한 외교 과제였던 유엔 가맹을 위해서라도 대소, 대공산권 국가들과의 관계 개선에 나섰다. 물론 그 움직임은 냉전 질서하에서 반공 강경 노선을 추구할 수밖에 없었던 한국과의 관계를 한층 더 이간질하는 힘으로 작용했다. 바로 그 틈을 노린 북한은 1955년 2월, 남일 외상의 성명을 통해 정식으로 대일관계 개선의 의사를 밝혔다. 한국정부는 구보타 발언이나 역청구권이라는 악재에 더해 이번에는 한일관계를 근본적으로 위기에 빠뜨리는 북일 접근이라는 새로운 사태에 직면하게 된 것이다. 이로 인해 1955년 8월 이승만 정권은 대일무역 관계 정지를 발표하고, 11월에는 평화선을 침범하는 일본 어선에 대해서는 필요에 따라 포격을 가해 격침하겠다는 '최후통첩'을 늘어놓게 된다. 이처럼 한일관계는 그야말로 '개전전야'를 상기시키는 양상을 띠었다.

한일관계가 일촉즉발의 상황을 맞이하게 되자, 미국은 한일교섭 단절의 핵심인 재한일본인 재산 문제 자체에 대한 대응에 나설 수밖에 없었다. 1955년 11월 5일 미국은 비공식적인 메모로 외무성에 재산청구권 문제와 관련된 평화조약 4조에 대한 해석을 제시했다.[18] 그 메모는 훗날 '미국정부'가 될 부분을 아직 '국무성'으로 표현하는 등, 국무성의 초안에 불과했다. 그러나 그것은 후술할 4차 한일회담 재개를 위한 합의의사록 도출의 기반이 된 1957년 12월 31일자의 '한일 청구권 해결과 관련된 대일평화조약 4조의 해석에 관한 미합중국의 입장 표명(이하 1957년 미각서로 약기)'과 사실상 동일한 문서였다. 즉 그 후 한일 간 청구권 교섭에 지대한 영향을 주게 된 1957년 미각서는 실질적으로 1955년 11월에 이미 일본에 제시되었음을 확인할 수 있다.[19]

상술한 바와 같이 1952년 4월 29일 미국은 한국정부의 요청에 따라 평화조약 4조에 대한 해석을 제시했다. 그 내용은 동 4조(b)항으로 인해 일본이 대한청구권을 주장하는 것을 부정했으나 재한일본인 재산을 한국이 취득했다는 사실은 한국이 대일청구권을 주장하는 데 관련이 있다는 것이었다. 비록 비공식이었으나 1955년 11월에 일본에 먼저 제시된 평화조약 4조에 대한 미국의 해석은 그 1952년 미각서의 내용을 보다 상세히 설명한 것이었다.

---

18 「日韓会談の経緯(その三)」, 外務省日韓会談公開文書(문서번호 484), 37쪽. 메모는 같은 문서, 103~104쪽. 미국 측 자료에 의하면 그때 제시된 메모는 'CA-2478'로서 9월 27일자로 이미 도쿄 대사관에 송부되어 있던 문서를 이용한 것으로 풀이된다. 즉 실제 전달된 11월보다 적어도 약 한 달 반 이전에는 그 미국 문서가 이미 작성되어 있었음을 알 수 있다. 먼저 제시된 메모가 'CA-2478'을 이용했다는 사실은 'untitled', 국사편찬위원회 편, 『한일회담 관계 미 국무부 문서 2(1952~1955) – 주한·주일 미국대사관 문서철 –』, 국사편찬위원회, 2007, 623쪽. 또 그 'CA-2478' 문서가 1955년 9월 27일자로 도쿄에 전달되어 있었다는 사실은 예컨대 "Japanese-ROK Relations", 국사편찬위원회 편, 『한일회담 관계 미 국무부 문서 3(1956~1958) – 주한미국대사관 문서철 –』, 국사편찬위원회, 2008, 56쪽.

19 이동준은 1957년 미각서가 일본에 제시된 것은 1956년 1월 18일이라고 밝히고 있다. 李東俊, 「日韓請求権交渉と「米国解釈」会談 : 「空白期」を中心にして」, 李鍾元·木宮正史·浅野豊美編, 『歴史としての日韓国交正常化(Ⅰ)東アジア冷戦編』, 法政大学出版局, 2011, 64쪽. 그러나 그 각서는 적어도 초안의 형태로 사실상 1955년 11월에 이미 전달되었던 것이다.

동 메모에서 국무성은 재한일본인 재산 문제와 관련해 다음과 같은 입장을 다시 천명했다. 즉 재한일본인 재산을 취득(vest)하고 한국에 이양(transfer)한 것은 한국의 독립을 위해서 일본과의 관계를 단절할 필요가 있다고 판단했기 때문이다. 따라서 한국에 재한일본인 재산의 완전한 지배(control) 권한을 부여한 것이 취득 조항(vesting decree)과 이양 협정(transfer agreement)의 취지이다. 그러나 재한일본인 재산의 취득으로 인해 한국의 대일청구권은 어느 정도 (to some degree) 충족되었으며 따라서 평화조약 작성자는 그와 같은 문제를 당사자 간의 조정에 맡기도록 했다. 평화조약 4조(a)항에서 규정된 '특별조정 (special arrangement)'은 재한일본인 재산이 취득되었다는 것이 고려된다는 것을 생각한 것이며 한일 간의 특별조정은 한국의 대일청구권이 재한일본인 재산의 인도(take-over)로 어느 정도 소멸(extinguish) 또는 충족(satisfy)되었는가를 결정하는 과제를 동반한다. 다만 그 특별조정에서 양국이 재한일본인 재산의 처분을 어떻게 고려해야 할지에 관한 의견을 미국이 표현하는 것은 적절하지 않다고 생각한다.[20]

비공식으로 일본에 제시된 이 국무성 메모는 기본적으로 일본의 대한청구권 주장을 다시 명확히 부정했으나 한편 한국의 대일청구권 문제에 관해서는 그 '소멸' 또는 '충족'을 결정하는 과제라고 하는 애매한 여지를 남겼다.

일본은 11월 14일 대한청구권이 존재하지 않음을 다시 천명한 그 국무성 메모에 대해 상호 포기의 함의를 담고 있다는 근거로 본질적으로는 자기 측에 유리하다고 하면서도 일본의 대한청구권이 없다는 한국정부의 주장에 힘을 실어줄 가능성이 있다며 경계를 늦추지 않았다. 그 결과 일본은 미국에 대

---

20 그 각서의 보다 상세한 내용은 최종적인 각서를 이용하면서 이미 장박진, 앞의 책, 2009, 317~318쪽에서 정리하고 있다.

해 국내 보상 문제를 해결하고 상호 포기를 천명할 수 있는 시기까지는 그것을 정식 각서로서 받지 않는 입장을 드러내며 아울러 교섭을 위해 한국에게 그 해석을 언급할 때는 사전에 연락할 것을 당부했다.[21] 상호 포기를 기본으로 문제를 해결할 것을 원했던 일본에게 그 메모는 한국의 대일청구권 요구의 가능성을 애매하게나마 남긴 점에서 반드시 반가운 것만은 아니었다. 그러나 두 번에 걸쳐 일본의 대한청구권을 부정한 미국의 해석과 무엇보다 최악으로 치닫고 있던 한일관계의 타개를 위해서는 일본 역시 대한청구권 포기의 문제를 언제까지나 피해갈 수만은 없었다.

1956년 1월 11일 시게미츠(重光葵) 외상은 앨리슨 주일 미 대사에게 대한청구권의 포기 문제를 한국과의 교섭에서 한국의 대일청구권과 관련시켜, 현실적인 해법(practical way)을 통해 해결할 것을 약속하는 문서를 전달했다.[22] 그 문서는 직접 대한청구권을 포기할 것을 명시한 것은 아니었으나 사실상 그것을 암시한 것이었다. 실제 그 일본 측 문서가 제출되자, 18일 앨리슨은 다니 고문에게 1955년 11월에 제시했던 메모를 정식 공문으로 전달하고 일본과의 상의를 통해 적절한 시기에 발표하고 싶다는 의사를 밝혔다.[23] 무엇보다 그와 동시에 일본이 발표하는 내용으로서 앨리슨이 대신 집필한 초고에는 일본 정부가 1955년 11월에 비공식으로 제시된 미국의 메모에 유의하며 그 해석이 '건전(sound)'하고 '정당한(just)' 것임을 인정하고 그것을 문제 해결의 기초로

---

21 「日韓会談の経緯(その三)」, 外務省日韓会談公開文書(문서번호 484), 37~38쪽.
22 "Oral Statement", 外務省日韓会談公開文書(문서번호 1464내).
23 「谷アリソン会談」, 外務省日韓会談公開文書(문서번호 1465), 1쪽. 또 앨리슨이 제출한 정식 공문은 "Draft Statement of U.S. Position on Interpretation of Article 4 of the Japanese Peace Treaty with Respect to Korean–Japanese claims Settlement", 外務省日韓会談公開文書(문서번호 1465내).

삼을 것을 약속한다고 규정되어 있었다.[24]

그 자리에서 다니는 일본정부로서는 교섭 재개 전에 공식적으로 모든 청구권을 포기하는 것은 어려우나 한국의 대일청구권이 합리적인 것이라면 비공식적으로(private) 청구권 문제의 해결이 가능하다는 것을 한국에 전달하는 것은 문제가 없다고 언급했다.[25] 즉 한국의 태도에 따라 미국의 견해에 기초해 대한청구권을 포기할 의사를 전달하는 것을 승인한 것이었다. 그러나 어디까지나 그것은 한국의 태도가 '합리적'이라는 조건이 달려 있었다. 그리고 그 '합리적'이라는 것이 재한일본인 재산의 취득으로 인해 한국정부 역시 일부 예외 항목을 제외하고 사실상 대일청구권을 포기하는 것에 근사한 태도를 취할 것을 요구하는 것이었음은 분명했다.

이와 같은 일본정부의 방침은 1월 25일 나카가와(中川融) 아시아국장을 통해서도 밝혀지고 있다. 나카가와는 비록 앨리슨 안에 있던 '건전하고 정당한 것'이라는 강한 표현에 대해서는 그 수정을 희망하는 의사를 전달했으나 평화조약 4조에 대한 미국의 해석이 문제 해결을 위한 기초를 제공할 것이라는 점은 승인했다. 그 석상에서 나카가와는 국내 보상 문제 등을 이유로 그 안의 공

---

24 "DRAFT JAPANESE STATEMENT", 外務省日韓会談公開文書(문서번호 1465내). 또 동 초고를 전달한 앨리슨의 국무장관에 대한 보고에 따르면 그 초고가 1954년 2월 시점에서 이미 정리되어 있었던 내용에 따른 것임을 알 수 있다. "untitled", 국사편찬위원회 편, 『한일회담 관계 미 국무부 문서 4(1956~1958) – 주일미국대사관 문서철 –』, 국사편찬위원회, 2008, 1쪽. 국무성 메모가 1955년 11월에 제시되었다는 것을 고려하면 1954년 2월에 이미 그러한 처리 원칙을 정하고 있었다는 것은 시기적으로 맞지 않다. 다만 1952년 미각서와 1957년 미각서의 취지는 똑같기 때문에 1954년 2월에 정리되어 있었다는 내용은 바로 1952년 미각서에서 이미 밝혔던 입장을 반영한 것으로 봐도 무방할 것이다.

25 "untitled", 국사편찬위원회 편, 『한일회담 관계 미 국무부 문서 4(1956~1958) – 주일미국대사관 문서철 –』, 국사편찬위원회, 2008, 3쪽.

표는 아직 피하고 싶으나 한국이 대일청구권에 대해 합리적인 입장을 취한다면 미국을 통해 비밀리에 일본정부의 의향을 한국에 전달하고 그로 인해 재개될 한일회담에서 현실적인 해법을 모색하는 과정에서 대한청구권의 포기를 천명할 방안을 제시했다.[26]

이상의 대미교섭을 거쳐 1956년 2월 15일 시게미츠 외상은 앨리슨과의 회담에서 1955년에 제시된 미국의 견해가 공평한 해결을 위한 기초를 제공할 것으로 간주한다(consider)는 일본정부의 정식 방침 문서를 미국에 제출했다.[27] 이리하여 1956년 초, 일본정부는 1952년 미각서와 그에 이어 제시된 미국의 새로운 메모에 기초하면서 청구권 문제를 해결할 것을 대외공약으로 삼은 것이었다.

그러나 비록 국내 보상 문제를 우려해 한국에는 비밀리에 전달하기로 했던 것이었으나, 일본정부가 밝힌 그 방침 문서는 주한 미 대사관의 반대로 인해 그대로 한국에 전달되는 일은 없었다. 주한 미 대사관은 5월에 예정된 한국의 대통령 선거를 앞두고 그 일본정부 문서를 한국에 제출하는 것은 오히려 조정을 실패로 돌아가게 할 우려가 있다며 그 전달을 선거 후로 미룰 것을 제안했다.[28] 결국 시게미츠가 앨리슨에게 전달한 일본정부 문서가 언제 한국에 전달되었는지, 더 나아가 실제 전달되었는지도 자료상 불명하다. 그러나 8월 24일 나카가와 국장은 김용식에게 비록 국내 보상 문제를 고려해서 공표는 할 수

---

26 「中川局長と米大使館書記官との会談」, 外務省日韓会談公開文書(문서번호 1467), 6~9쪽 ; "untitled", 국사편찬위원회 편, 『한일회담 관계 미 국무부 문서 4(1956~1958) – 주일 미국대사관 문서철 –』, 국사편찬위원회, 2008, 6~7쪽에서 정리.

27 "Views of Japanese Government on the Adjustment of Japanese Korean Relations", 外務省日韓会談公開文書(문서번호 1466내).

28 「日韓問題に関し米大使館員と会談の件」, 外務省日韓会談公開文書(문서번호 1467내), 1~3쪽.

없으나 일본정부는 재한일본인 재산을 청구할 생각이 없으며 미국정부의 견해를 기초로 한국과 토의하는 것에 대해서는 이의(異議)가 없다는 생각을 전했다.[29]

일본이 직접 한국에 미국 각서를 교섭의 기초로 삼는다는 입장을 밝힌 것을 맞이해, 미국은 1955년 11월에 비공식적으로, 또 1956년 1월에 정식으로 일본에 제시했던 평화조약 4조에 관한 미국정부의 해석을 1956년 9월 20일자로 직접 한국정부에 전달했다.[30] 미국이 직접 미국정부의 메모를 한국에 제시한 것은 이승만의 대일불신을 감안해, 그 약속의 이행을 담보하고 회담 재개를 실현하기 위해서는 미국 자신이 적극적으로 관여할 필요가 있다고 판단한 결과임이 틀림없다. 실제 7월 이승만은 직접 미국에게 국무성이 일본에 대해 대한청구권 요구를 철회하라고 한마디 말하고, 일본의 대한청구권을 부정하는 공적인 성명(public statement)을 내면 문제는 금방 해결된다고 역설했었다.[31]

미국 메모가 전달되자 9월 24일 이승만은 김용식에게 일본이 청구권 문제에 대한 미국 해석과 구보타 발언의 철회를 공식화(publicize)한다면 한일 직접 교섭을 재개할 것을 지시했다.[32] 이 방침은 같은 날 24일 김용식으로부터 더

---

29 「金公使と会談の件」, 外務省日韓会談公開文書(문서번호 1431내), 4쪽. 단 그 자리에서 나카가와가 말한 미국의 견해는 1952년 미각서이며 본론에서 말한 1955년 11월 및 1956년 1월에 제시된 미국의 각서는 아니라고 보인다. 이는 그 발언에 이어 나카가와 국장이 미국 각서의 내용에 대해 재한일본인 재산의 포기가 한국의 청구권 토의 시 고려되어야 한다고만 설명하고 있는 점에서 엿볼 수 있다.

30 "untitled", 국사편찬위원회 편, 『한일회담 관계 미 국무부 문서 3(1956~1958) - 주한 미국대사관 문서철 - 』, 국사편찬위원회, 2008, 55쪽.

31 "untitled", 위의 책, 41쪽.

32 "MEMORANDUM SUMMARIZING INSTRUCTIONS FROM THE PRESIDENT", 『제4차 한일회담 예비교섭, 1956 - 58, (V.1 경무대와 주일대표부 간의 교환공문, 1956 - 57)』, 1562쪽. 주목되는 것은 그 석상에서 이승만이 김용식에게 앨리슨 주일 미 대사 등과 협력해 동 미국 해석을 일본이 수락하도록 압력을 가할 것을 지시하고 있는 점이다.

울링(Walter C. Dowling) 주한 미 대사를 거쳐 국무성에 전달되었다.[33] 상술한 바와 같이 미국정부의 해석은 일본의 청구권만을 부정하는 것이 아니라 재한 일본인 재산의 한국 취득이 한국의 대일청구권에 영향을 줄 것을 규정한 것이었으나 그 한편으로 일단 직접적으로는 일본의 대한청구권 주장을 물리치고 있었다. 이승만이 그 해석으로 인해 한일교섭의 재개를 승인한 것은 위에서 말한 7월의 미국 측과의 회담에서 나왔던 바와 같이 국무성이 일단 일본에 대해 대한청구권의 철회를 확약시켰다고 판단했기 때문으로 보인다. 그 후 한국의 대일청구권 실현 문제는 바로 한일 직접 교섭에서 풀어야 하는 과제였다.

그러나 대한역청구권을 철회시켜 회담 재개의 기초를 닦은 그 미국 해석은 동시에 향후 재개될 한일교섭에서 처리될 청구권 문제가 재한일본인 재산의 한국 취득으로 인해 대일청구권이 얼마만큼 소멸 또는 충족되었는가를 결정하는 것임을 명시하고 있었다. 결국 그 중요한 부분에 대해서는 눈을 감은 채, 회담 재개를 수락한 이승만의 결정은 그 후 대일청구권 문제 처리에 강한 영향을 줄 수밖에 없었다.

3) 회담 재개 합의와 청구권 교섭의 성격

1956년 12월 23일 일소국교정상화에 따른 정치적인 혼란으로 인해 정권에서 물러난 하토야마 내각에 이어 이시바시(石橋湛山) 정권이 출범하였다. 이시바

즉 당시 한국정부는 그 미국 각서가 일찍 일본에 제시되었으며 또 일본정부와의 조정을 통해 한국에 제시된 사실을 몰랐던 것이다.

33 "untitled", 국사편찬위원회 편, 『한일회담 관계 미 국무부 문서 3(1956~1958) – 주한 미국대사관 문서철 – 』, 국사편찬위원회, 2008, 57쪽.

시 내각에서 외무대신에 취임한 기시(岸信介)는 이른바 반공매파로서 한국과의 관계 개선에 적극적인 입장을 취하고 있었다. 기시는 신병을 이유로 조기 퇴진한 이시바시에 이어, 1957년 2월에는 내각총리대신에 올랐다.

대한교섭에 적극적이었던 기시가 일본의 외교 라인을 장악한 이 시기, 대한청구권 철회의 장애가 되었던 재외재산 소유자에 대한 국내 보상 문제에 일정한 진전이 이루어졌다. '상호 포기 +α' 방식으로 인한 조기 해결의 의향을 가지고 있었던 외무성 역시 대장성 등의 강력한 반대도 작용해, 한일교섭을 교착시키고 있는 최대의 원인이 재한일본인 재산에 대한 청구권 처리에 있음을 인정하면서도 국내 보상 문제에 대한 파급 효과를 고려해서 실제 해결에 나서지 못했다.[34] 그 결과 외무성은 "대한청구권의 포기 시기는 재외재산 문제 전반에 대해 어느 정도 해결 방침이 결정된 시기라고 생각된다."[35]라고 판단하고 있었다. 바로 외무성이 대한청구권 포기의 최대 장애물로 인식한 재외재산 소유자에 대한 국내 보상 문제가 일정 정도 움직인 것이었다. 이 문제를 심의하던 2차 재외재산문제심의회는 12월 10일 재외재산 보유자에 대해 정부의 법적 보상 의무는 없으나 그들의 특별한 사정을 고려하여 정책적 조치를 취할 것을 권고했다. 이 방침은 1957년 3월, 내각 결정으로 이어졌다.[36]

이와 같은 추세를 맞이해, 일본정부는 구보타 발언이 결코 일본정부의 공식 견해를 표현한 것이 아니라는 것과 평화조약 4조와 관련해 일본정부는 미국 정부의 해석에 따르겠다는 취지의 구상서를 1957년 초 한국에게 수교했다.[37]

---

34 「対韓請求権問題の処理について」, 外務省日韓会談公開文書(문서번호 660내), 1쪽 ; 3~5쪽에서 정리.
35 「日韓会談議題の問題点」, 外務省日韓会談公開文書(문서번호 1287), 23쪽.
36 『在外財産問題の処理の記録 – 引揚者特別交付金の支給 –』, 内閣総理大臣官房管理室, 1973, 13~14쪽.
37 「口上書」, 外務省日韓会談公開文書(문서번호 680내). 문안은 1957년 1월과 2월에 걸

사실상 일본정부가 직접 재한일본인 재산에 대한 청구권을 철회할 의사를 표시함에 따라 한일교섭은 3월쯤부터 한일회담 재개를 위해 관련 현안들에 대한 양국 합의 내용을 문서로서 확인하는 조문 작성 교섭에 들어갔다.[38] 그 결과 성립된 것이 1957년 12월 31일자 양국 합의 문서들이었다. 그 가운데 청구권 문제와 관련되는 것은 일본정부가 대한청구권 포기를 확약한 구상서(Note Verbale)와 재개될 한일회담에서 청구권 문제를 어떻게 다룰 것인가를 정한 합의의사록(Agreed Minutes) 4조였다. 그 내용은 다음과 같다.[39]

일본정부 구상서 중의 관련 부분

"일본국 정부는 이로써 1957년 12월 31일자 '한일 청구권 해결과 관련된 대일 평화조약 4조의 해석에 관한 미합중국의 입장 표명'에 기초하고 1952년 3월 6일 한일회담에서 일본 대표단에 의해 제기된 한국에 있는 재산에 대한 청구권을 철회한다(The Government of Japanese hereby withdraws the claim to property in Korea made by the Japanese Delegation at the Japan – Korea talks on March 6, 1952, on the basis of the 'Statement of U.S. position on Interpretation of Article 4 of the Japanese Peace Treaty with Respect to the Korea – Japanese Claims Settlement' dated December 31, 1957)."

합의의사록 4조

• 주일대표부 대사(Chief of the Korean Mission in Japan) :

"한국의 청구권과 관련해 한국 측은 재개될 전면회담에서 토의 및 해결을 위해 과거의 회담에서 제출했던 같은 제안을 제출할 것을 희망한다(In Connection with the Korean claims, the Korean side would like to submit for

---

처, 한일 간 직접 교섭을 통해 몇 차례 수정되었으나 그 취지에는 차이가 없다.

38   자세한 조문 작성 교섭에 관해서는 장박진, 앞의 책, 2009, 311~339쪽.

39   동 구상서 및 합의의사록은 몇 군데에 수록되어 있으나 예컨대 「日韓会談重要資料集」, 外務省日韓会談公開文書(문서번호 525) 중의 資料 20(4, 5)로서 수록되어 있다.

discussion and settlement at the overall talks to be resumed, the same proposal that it had submitted at the previous talks)."

- 일본국 외무대신(Minister for Foreign Affairs of Japan) :

"그 경우에 일본 측은 그러한 한국의 청구권을 해결하기 위해 성의를 가지고 토의하는 것에 이의가 없다(In such case the Japanese side has no objection to discussing for settlement such Korean claims with sincerity)."

- 일본국 외무대신(Minister for Foreign Affairs of Japan) :

"나는 1957년 12월 31일자 '한일 청구권 해결과 관련된 대일평화조약 4조의 해석에 관한 미합중국의 입장 표명'과 관련해 대한민국 정부도 그 이른바 '표명'과 같은 의견이라고 이해한다. 더 나아가 나는 이른바 '미합중국 표명'이 재산청구권의 상호 포기를 뜻하지 않는다고 이해한다(I understand that with respect to the 'Statement of U.S. position on Interpretation of Article 4 of the Japanese Peace Treaty with Respect to the Korean-Japanese Claims Settlement' dated December 31, 1957, the Government of the Republic of Korea is also of the same opinion with the said Statement. I further understand that the said US Statement does not signify reciprocal renunciation of the property claims)."

- 주일대표부 대사(Chief of the Korean Mission in Japan) :

"그것 역시 나의 이해이기도 하다(It is also my understanding)."

즉 먼저 구상서 중의 관련 부분은 일본의 대한청구권 포기가 미국이 제시한 각서에 기초하는 것임을 명시했다. 물론 그것은 향후 한국의 대일청구권 요구가 일본의 대한청구권 포기로 인해 소멸 또는 얼마나 충족되었는가를 결정하는 문제가 될 것임을 담보하는 근거가 되었다.

또 합의의사록 4조에 따라 재개될 한일회담에서는 과거 한국이 제기한 의제, 즉 대일8항목요구가 다시 다루어질 것이 승인되었다. 그러나 동 4조는 그 3항 및 4항을 통해서 비록 미국 해석이 상호 포기를 가리키는 것이 아님을 규정하면서도 동시에 청구권 토의와 관련해 한국정부 역시 미국 해석과 동일한 의견을 가지고 있음을 명시했다. 말할 나위도 없이 이 구절의 함의 역시 미국 해석에 따라 향후 청구권 교섭이 재한일본인 재산의 취득으로 인해 한국의 대일청구권이 소멸 또는 얼마만큼 충족되었는가를 결정하는 문제가 될 것임을 한국정부 역시 승인한 것을 뜻했다.

따라서 이상의 구상서 및 합의의사록은 표면적으로 가능해진 일방적 대일 청구권 요구의 실태가 오히려 일본이 노리던 '상호 포기 +α'로 인한 해결 방식에 훨씬 가까운 것임을 나타낸 것이었다. 실제 이와 같은 사정은 반대로 한국정부가 그 구상서 관련 부분의 말미에 "이것[일본의 재한일본인 재산 포기] 은 전혀 다른 문제인 일본국 및 일본 국민에 대한 한국의 청구권과 결코 관계가 없다(This in no way relates to Korean Claims against Japan and Japanese nationals which are entirely separate matter)."라는 문장을 추가할 것을 지시하거나 또한 합의의사록 4조 3항에 대해서도 그 말미에 "그리고 결코 한국의 청구권에 전혀 영향을 주지 않는다(and does not affect Korean claims in any way)."라는 표현을 추가하려고 한 사실에 잘 나타났다.

쉽게 알 수 있듯이 한국정부가 추가하려 한 이들 구절은 모두 재한일본인 재산의 한국 취득이 한국의 대일청구권에 대해 전혀 영향을 주지 않음을 확인하려 한 것이었다. 그러나 한국정부가 제기한 이들 추가 규정 요구가 받아들여지는 일은 물론 없었다. 그로 인해 재한일본인 재산을 한국이 취득한 사실은 재개될 한일회담 청구권 교섭에서 한국의 대일청구권 문제를 해결하는 데 영향을 줄 것임이 확정되었다.

물론 일본이 미국 해석을 받아들이고 재한일본인 재산에 대한 직접적인 청구권을 포기한 것은 그 1957년 미각서가 재한일본인 재산의 한국 취득으로 인해 한국의 대일청구를 적어도 상당히 억제할 수 있는 토대가 마련되고 있었기 때문이었다. 예컨대 일본은 한국으로부터 재한일본인 재산 취득과 대일청구권의 관련성을 차단하는 구절을 추가할 요구가 나와 있었던 6월 21일, 미국 해석이 일본에게 지극히(extremely) 중요하며 이 점에 관해서는 어떠한 양보도 하지 않음을 미국에게 다시 강조하고 있었다.[40] 또 한국정부의 추가 요구의 내용을 들은 미국 역시 그것은 미국의 입장과 일치하지 않으며 수락하지 않는다고 밝히고 있었다.[41]

결국 약 4년 반 동안 중단된 한일회담은 재한일본인 재산의 취득과 한국의 대일청구권 간의 관련성을 유지한 채, 1958년 4월 15일부터 재개되었다. 표면상 일본의 재한일본인 재산 포기에 따라 이후 청구권 문제는 한국의 일방적인 대일요구의 문제로서 진행되게 된다. 그러나 그 실태는 재한일본인 재산의 취득으로 인해 한국의 대일청구권이 봉쇄되어 가는 교섭이었던 것이다.

---

40 "untitled", 국사편찬위원회 편, 『한일회담 관계 미 국무부 문서 3(1956~1958) – 주한 미국대사관 문서철 – 』, 국사편찬위원회, 2008, 162쪽.

41 "untitled", 국사편찬위원회 편, 『한일회담 관계 미 국무부 문서 4(1956~1958) – 주일 미국대사관 문서철 – 』, 국사편찬위원회, 2008, 192쪽.

2. 4차 한일회담과 한국정부의 청구권 요구 대응

비록 재한일본인 재산의 취득으로 인해 대일청구권에 대한 상당한 축소가 우려되는 상황이었으나 청구권 교섭의 진전을 오래 가로막았던 일본의 대한청구권이 일단 철회됨에 따라 한국정부에게 당초 4차 회담은 청구권 요구의 현실적인 타결이 기대되는 장이었다. 이처럼 타결에 대한 기대가 고조되기 시작한 4차 한일회담 개시 전후, 한국정부는 대일청구권 요구에 관해 구체적으로 어떤 대응을 취했는가?

4차 한일회담 개시 전후, 대일청구권 요구 항목에 관한 한국정부의 최초의 움직임이 감지되는 것은 1957년 초의 일이다. 물론 위에서 살펴본 바와 같이 이 시기는 아직 회담 재개에 대한 합의는 물론, 그를 위한 교섭조차 본격적으로 이루어지지 않았던 시기였다. 그런 만큼 이 움직임들을 일방적 대일요구에 대비한 새로운 대응으로서 보는 것은 적절하지 않다. 그러나 거기에는 2차 한일회담까지 확인되는 한국정부의 대일8항목요구와 비교해 몇 가지 주목할 만한 변화가 일어나고 있었다.

1957년 초 무렵, 재개될 한일회담을 내다보면서 한국정부가 보상(restitution)으로서 정리한 대일8항목요구 관련 내용을 먼저 정리하면 표6 - 2와 같다.[42]

---

[42] "무제", 『제4차 한일회담 예비교섭, 1956 - 58, (V.1 경무대와 주일대표부 간의 교환공

표6-2 1957년 초 무렵 한국의 대일청구권 요구 내역

1항	한국에서 가져간 이하 물건들의 반환 : 지금(249,633,198g) : 지은(89,076,205g)
2항	1945년 8월 9일 현재 조선총독부에 대한 일본정부의 채무 지불 : 5,634,722,252엔(추계)
3항	1945년 8월 9일 이후 한국으로부터 이체 또는 송금된 금원의 반환 : 5,719,421,602엔(추계)
4항	1945년 8월 9일 현재 한국에 본점을 둔 법인의 재일본 재산의 반환 : 4,783,165,878엔 : 2,983,165,878엔(추계)
5항	한국인 또는 한국 법인이 소유한 일본 기관 발행의 국·공채, 일본은행권, 피징용 한국인 노동자에 대한 일본정부의 채무(군속으로서의 피해에 대한 보상을 포함), 기타 한국인 또는 한국 법인의 대일본정부 또는 일본인에 대한 청구권의 지불 : 22,726,046,404엔 : 14,618,820,025엔 이상(추계)
6항	한국인 또는 한국 법인이 소유한 일본 법인이 발행한 주식 또는 유가증권의 법적 권리 인정 : 25,757,730엔 이상(추계)
7항	1945년 8월 9일 현재 한국치적선 중 이후 일본 영해에 위치한 선박 및 1945년 8월 9일 현재 한국 영해에 위치한 선박 중 이후 일본 영해에서 발견된 선박 반환 : 177척
8항	위 재산 및 청구권 부분에서 생긴 것 및 앞으로 생길 모든 이자분

　　표6-2에서 제기한 대일8항목요구는 1차 한일회담 당시 한국이 제시한 대일8항목요구와 비교해 7항에 선박 반환 조항을 삽입한 점에서 차이가 있어 보인다. 그러나 7항, 8항은 원래 구체적인 요구 항목을 담은 것이 아니었다는 점, 그리고 선박 요구는 이미 회담 의제로 되어 있었던 점 등을 고려하면

문, 1956-57)』, 1627~1628쪽. 이 기록에는 직접 작성 날짜가 명시되어 있지 않아, 정확한 작성 시기는 불명하나 자료 수록의 위치에 따라 추측한다면 1957년 2월 중순부터 3월 초 사이에 작성된 것으로 풀이된다.

그 변화에 별 무게를 둘 필요는 없어 보인다. 실제 5차 한일회담 이후 다시 분명해지는 대일청구권 교섭에서 대일8항목요구가 표6-2와 같이 수정되어 제기되는 일도 없었다. 그것은 구체적인 요구 항목인 선박 요구를 7항에 담고 그 이전에 7항에 있었던 관련 이자 청구 부분을 8항으로 옮긴 것에 불과하다. 8항 요구가 원래 청구권 지불의 개시 시기를 규정한 것이며 또한 한일회담 자체가 중단되었던 그 무렵, 개시 시기의 문제를 별로 건드릴 필요가 없음을 감안하면, 그것은 사실상 공백이 된 8항에 이자 등을 규정한 7항을 잠정적으로 옮긴 정도의 조정이라고 평가할 수 있다. 즉 대일8항목요구의 구성 자체는 그대로 유지되어 있었다고 평가해도 무방하다.

그러나 1957년 초, 한국정부가 검토한 대일8항목요구에 관해서는 몇 가지 주목되는 기타 변화가 있다.

첫째, 1항에서 문화재 관련 요구가 제외되었다. 4차 한일회담 이후 문화재 문제는 이른바 일반청구권 문제에서 떼서 다루어지게 되었다. 그것을 감안하면 1957년 초 정리된 대일요구에서 문화재 문제를 거론하지 않았던 것은 바로 이 시기, 이미 한국정부 내부에서 문화재 문제를 기타 청구권 문제에서 떼서 다룰 방침이 정해지고 있었음을 내비치고 있다.

둘째, 1항 지금·지은에 관한 요구 중량이 『배상조서』와 같은 데 비해 2항의 요구액은 크게 늘어났다. 앞서 언급했듯이 2차 한일회담 시, 한국이 최대의 항목 수를 제시한 대일요구 내역[표5-3]에서는 〈체신부 관계 요구〉가 합계 2,041,166,477엔, 〈전쟁 종결 직후 조선은행이 대신 지불한 일본정부 일반회계 세출국고금 및 일본은행에 대한 대월금〉이 901,748,844엔이었다. 그리고 비록 2차 회담 시의 내역에서는 금액 표시가 없었으나 후술할 5차 한일회담과 관련해 한국정부가 내부적으로 산출했던 〈구 조선총독부 도쿄 출장소 자산〉의 요구 금액은 10,428,250엔이었다.

출장소 건물 자산이 크게 변동할 가능성이 낮다는 점을 감안해 그 수치를 그대로 2차 회담 당시의 수치로 간주하고 2항의 합계를 계산하면 그 값은 약 29.5억 엔가량이 된다. 다시 말해 1957년 초 무렵, 2항 요구액이 약 26.8억 엔가량 늘어난 셈이다. 1957년 초 제시된 2항의 금액과 관련해 한국정부는 세부항목을 기술하고 있지 않아, 그 정확한 대조는 할 수 없으나 동 2항의 합계 5,634,722,252엔은 5차 한일회담 전에 한국정부가 정리한 해당 수치 약 5,670,000,000엔과 거의 일치하고 있다. 그 5차 회담 관련의 수치 산출에 즈음하여 한국정부는 『배상조서』로부터 한 번도 요구 항목으로 표면화되지 않았던 〈8월 9일 이후 일본인이 한국 내 각 은행에서 인출한 예금액〉 2,669,443,332엔을 2항에 삽입하고 있다. 따라서 그 수치가 거의 일치하고 있는 점으로 미루어, 5차 한일회담 전후에 그 모습을 명확히 드러낸 〈8월 9일 이후 일본인이 한국 내 각 은행에서 인출한 예금액〉이 1957년 초 무렵 2항에 이미 포함되어 있었던 것으로 생각해도 무방할 것이다. 다시 말해 이 시기, 한국정부는 2항과 관련해 그 이전에 포함하지 않았던 항목을 추가하는 등의 보완 작업을 진행하고 있었음을 알 수 있다.

셋째, 그 이전에는 금액이 제시되지 않았던 3항, 4항, 5항, 6항에 관해서도 일단 각 항으로서의 금액이 명시되었다. 물론 그 이전에도 그들 항목과 관련된 일부 세부항목의 금액이 정리된 경우는 있었다. 그러나 각 항의 전체 금액이 명시된 것은 이 시기가 처음이었다.[43] 물론 이 수치에는 해당 세부항목이 명시되어 있지 않은 데다 향후 본격화되는 청구권 교섭에서 나타난 금액들과

---

43 4항에 관해서는 1952년 3월 20일 국무성 측과의 회담에서 한국이 그 액수를 약 10억 엔이라고 언급한 사실이 있다. 『韓日會談說明書 韓日會談關係文書』, 189쪽. 그러나 이 수치 역시 그 후에 나타나는 관련 수치들과 비교할 때 그 관련성이 있는 것으로 판단하기 어려우므로 사실상 의미 있는 수치로 평가하는 것은 적절해 보이지 않는다.

도 격차가 크므로 이들 수치를 신빙성 있는 값으로 평가하는 것은 과잉 해석일 것이다. 그러나 일본의 대한청구권 철회가 서서히 전망되어 가고, 그로 인해 재개 회담에서는 청구권 교섭이 현실적으로 해결될 것으로 기대된 1957년 초에 정리된 이들 각 항의 합계액 산출이 현실적인 문제 해결에 대비하기 위한 준비의 일환으로서 이루어진 것은 틀림없을 것이다. 자료의 한계로 그 상세한 내용은 알 수 없으나 한국은 일본의 역청구권 철회를 위한 물밑 교섭과 함께 특히 그 철회가 전망되기 시작한 무렵에는 금액 집계 등, 대일청구권 요구 실현을 위한 보완 작업에 나서고 있었음을 엿볼 수 있다.

1957년 12월 31일 한일회담 재개가 정식으로 합의됨에 따라 외무부는 1958년 1월 14일 재무부에 4차 한일회담에서는 양국 합의에 따라 1차 회담 때 일본에 제출한 '한일 간 재산 및 청구권 협정요강안'에 기초해 교섭을 진행할 것이라고 밝혔다. 물론 이것은 회담 재개에 즈음하여 작성된 합의의사록 4조에서 과거의 회담에서 한국이 제출한 제안에 따라 교섭을 진행한다는 합의에 따른 것이었다.

재개 한일회담에서도 대일8항목요구를 기반으로 교섭을 진행하게 됨에 따라 외무부는 그 준비로서 『배상조서』에 기초하여 작성한 동 요강 중의 소관 사항을 재검토하고 수정할 사항이 있을 경우에는 그것을 통지하도록 재무부에 요청했다.[44] 즉 외무부는 양국 합의에 따라 다시 교섭하게 된 대일8항목요구의 내용이 아직 충분히 확립된 것이 아니라는 인식을 분명히 가지고 있었던 것이다.

그러나 2월 17일 재무부에서 돌아온 답신은 『배상조서』의 내용을 그대로

---

44 "외정 제192호, 대일청구권 문제에 관한 건", 『제4차 한일회담(1958.4.15 - 60.4.19), 청구권 관계자료, 1958』, 594~595쪽.

승인하고 향후 외무부가 준비위원회 같은 것을 구성하고 검토할 경우 거기에 는 참가한다는 의향만을 전달하는 것이었다.[45] 청구권 문제의 축이 되어야 하 는 재무부가 1949년에 작성된『배상조서』의 내용을 그대로 승인한다는 자세 를 보인 것은 동 조서 작성 후 이미 8년 가까운 시간이 경과되었음에도 한국 정부가 관련 사항들에 대해 별다른 진전을 보지 못했음을 가리키고 있다고 해 야 하겠다.[46]

한편 이 시기 비교적 활발한 움직임을 보인 것은 체신부 관계 채권 문제였 다. 한국정부는 1958년 1월 25일, 체신부 관계 대일채권에 관한 필요한 자료 를 수집, 조사하고 그를 통해 조속한 회수를 실현하기 위해 훈령 402호를 내 려 '체신관계대일확정채권상환대책위원회'를 설치, 대응에 나섰다.[47] 같은 날 짜로 그 위원회는 "체신관계대일확정채권상환자료"를 정리했다.

그러나 그 책자는『배상조서』의 서문 및 2부에서 정리된 "확정채권조서", 『배상조서』작성의 토대가 된 것으로 풀이되는 1949년 7월 31일자의 "체신관 계대일확정채권상환요구자료조서"[48], 그리고 1948년 1월 7일자로 당시 남한

---

45 "재비 제60호, 대일청구권 문제에 관한 건", 위의 문서, 596쪽.
46 다만 재무부는 그 후 9월 30일에 재무부 소관의 청구권 문제에 관한 조사 결과를 외무부 에 보냈다. "재비 제70호, 대일청구권 문제에 관한 건", 위의 문서, 826쪽. 그러나 그 결 과는 수록되어 있지 않아 내용을 확인할 수 없다.
47 위원회 규정 및 위원 명단은 위의 문서, 708~711쪽.
48 실제 1949년 7월 31일자 "체신관계대일확정채권상환요구자료조서"에 당초 인쇄된 구 성 및 값들은『배상조서』중의 〈체신부 관계 특별계정〉과 일치하고 있다. 단 동 표 중, 〈위체, 저금 및 세입세출금 총산에 의한 한국 수취 감정(1945년 10월 말)〉의 합계 수치 가『배상조서』에서는 1,475,967,080엔이라고 되어 있는 데 반해 1949년의 "체신관계 대일확정채권상환요구자료조서"에서는 1,515,422,485엔으로 되어 있어 그 값에는 차 이가 있다. 다만 그 차이는 요구 내용에 차이가 생겼다는 것을 뜻하는 것은 아니다. 실 제 해당되는 세부항목들의 구성이나 수치들이 완전히 일치하고 있으며 또한 그들을 포 함한 체신부 관계 채권의 총합계 역시 완전히 일치하고 있다. 따라서 〈위체, 저금 및 세

과도정부 체신부가 SCAP에 제출한 "일본정부에 대한 체신부의 청구" 등으로 구성된 것이었다.[49] 즉 4차 한일회담 재개를 앞두고 체신부 관계 문제의 재검토에 사용된 기초 자료 역시 『배상조서』 및 그 작성과 관련된 자료들이었다.

이 사실 역시 한국정부가 체신부 관계 채권 문제에 대해서도 『배상조서』 이상의 보다 발전된 근거들을 보유하고 있지 않았음을 나타내고 있다. 실제 2차 한일회담에서 한국정부가 일본에 조회 요청을 제기했을 때도 체신부 관계 요구는 『배상조서』의 내용이 그대로 활용되어 있었다. 결국 한국정부는 그 후 약 4년 반의 기간에도 아무런 축적도 하지 않은 채, 회담 재개 합의가 이루어지자 부랴부랴 재검토에 들어갔던 것이다.

그 재검토 결과, 체신부 관계 채권 문제에 관한 한국정부의 방침으로 정리된 것이 1958년 2월 27일자 "체신관계대일확정채권상환요구자료조서(이하 "58년조서"로 약기)"로 판단된다.[50] 왜냐하면 검토 작업의 기초 자료로 이용된 1949년 7월 31일자 "체신관계대일확정채권상환요구자료조서"에는 당초 인쇄된 항목이나 액수에 대해 직접 손으로 삭제, 수정 등이 이루어져 있는데

입세출금 총산에 의한 한국 수취 감정(1945년 10월 말)〉의 수치 역시 원래와 똑같다고 봐야 한다. 왜 해당 항목의 합계에 차이가 났는지는 알 수 없으나 단순 계산 실수 등에 따른 것일 뿐, 그에 무게를 둘 이유는 전혀 없어 보인다. 또 "체신관계대일확정채권상환요구자료조서" 일람표의 앞부분에는 "1947년 7월 31일 현재"라는 표기가 있으나 그 앞쪽의 표제에서는 '1949년 7월 31일'로 되어 있는 점, 그 수치가 1949년 9월 30일자의 수치와 일치하고 있는 점, 또 1장에서 논한 바와 같이 『배상조서』 작성을 위한 한국정부의 준비가 1947년 여름쯤부터 시작된 점 등을 고려하면 그 조서의 작성은 '1949년' 시점이 옳다고 판단된다.

49 "체신관계대일확정채권상환자료"는 『제4차 한일회담(1958.4.15 - 60.4.19), 청구권 관계자료, 1958』, 597~711쪽에 수록. 그 자료는 기타 청구권 문제 관련의 법령, 위원회 명부 등을 포함하고 있다.

50 위의 문서, 786~821쪽 수록. 기타 체신부는 체신부 관련의 문화재 반환 요구 품목도 작성하고 있다. 같은 문서, 712~716쪽.

그 수정 내용들이 동 "58년조서"에 반영되어 있기 때문이다.[51] 그 점에서 이 "58년조서"는 비록 대일8항목요구 2항 중의 체신부 관계 요구와 관련된 부분에 한정된 것이었으나 이승만 정권이 2차 한일회담에서 조회 요청한 이후 처음으로 그 세부항목까지 포함해 정리한 자료로서 의미가 있다.

"58년조서"의 서문에서 체신부는 그 요구의 취지를 다음과 같이 적고 있다. 즉 일본의 한국 지배의 비인도성, 비합법성은 카이로선언, 포츠담선언 등에 의해 세계에 선포된 사실이다. 1907년부터 강요된 한반도에서의 일본의 체신 사업은 대장성과 직결되는 결제 방식을 취하는 등 극단적으로 본국 위주로 진행된 경제 수탈의 성격을 지니고 있었다. 그러면서도 일본에 대한 체신부 관계 확정채권 요구는 "전쟁의 승부와는 하등 관련이 없는 단순한 기성 채권 – 채무 관계이며 배상 문제와는 본질적으로 관련 없이 우리가 절대로 관철하여야 할 요구이며 또한 권리"이다.[52] 말할 필요도 없이 이러한 주장은 2장에서 고찰한 『배상조서』의 서문을 그대로 답습한 것으로 보인다. 즉 4차 한일회담에 임하게 된 한국정부의 체신부 관련 요구의 기본 방침은 『배상조서』 2부를 그대로 이어받은 것으로 생각해도 무방하다.

『배상조서』와 유사한 것은 요구의 취지만이 아니었다. 실제 재검토 결과 한국정부가 마련한 체신부 관련 세부항목 요구의 내용은 『배상조서』의 관련 내역들을 토대로 그 지엽적인 항목들을 삭제, 통합한 부분적인 수정판이었다. 그것을 확인하기 위해 "58년조서"의 내용과 『배상조서』와의 관계를 정리하면

---

51 예컨대 2항 중의 〈채권류 보상〉에 관해 1949년 7월 31일자 자료 중의 〈국채 매상대금 지불액〉, 〈저축권 매상대금 지불액〉 항목의 수정치 합계가 "58년조서" 중의 〈국채 및 저축채권 매상 또는 상환대금〉의 액수와 일치하고 있는 점(각각 위의 문서, 620쪽 및 804쪽)이나 우편수입 이하의 항목들이 삭제되어 있는 점 등에서 볼 수 있다.

52 위의 문서, 787~790쪽에서 정리.

표6 - 3과 같다.[53]

표6 - 3에서 제시한 바와 같이 "58년조서"는 『배상조서』 2부 〈(6) 체신부 관계 특별계정〉 중의 〈④ 기타〉에 포함된 〈우편수입〉, 〈전신수입〉, 〈전화수입〉, 〈잡수입〉, 〈만국우편연합 총리국 유지경비〉[표2 - 20] 등의 세부항목들을 제외했다. 물론 포함되지 않았다는 사실만으로 이들 요구가 정식으로 제외되었다고 결론지을 수 있는 것은 아니다. 그러나 5장에서 고찰한 바와 같이 2차 한일회담 시의 조회 요청에서도 이들 항목은 조회 대상으로서는 물론, 보류 항목에도 포함되지 않았다는 점, 그리고 후술할 5차 회담 이후의 청구권 교섭에서도 이들 요구가 제기되는 일이 없었음을 감안하면 정식 토의가 기대된 4차 한일회담을 앞두고 이들 항목이 사실상 요구 대상에서 제외되고 있었음은 틀림없어 보인다.

또한 『배상조서』에는 포함되었던 기타 〈② - d) - 다) 탄환우표 매팔 대금〉, 〈② - e) 증권 보관액〉[이상 표2 - 18], 〈③ - i) 보험 세입금〉, 〈③ - j) 연금 세입금〉, 〈③ - k) 업무 세입금〉[이상 표2 - 19] 등도 삭제되었다. 이들 세부항목이 삭제된 이유를 직접 밝히는 자료는 없다. 그러나 이들 항목 역시 원래 확정채권의 성격을 띠고 있었음을 생각하면 법적 요구 근거 등의 검토에 따라 제외되었을 가능성은 거의 없을 것이다. 향후의 본격적인 토의를 기대하면서 신속한 해결을 위해 지엽적인 항목은 논의 대상에서 제외한다는 등의 교섭의 편의를 고려한 움직임의 일환으로 봐도 큰 과오는 없을 것이다.[54]

---

53 위의 문서, 793~821쪽에서 정리.

54 반대로 『배상조서』에는 존재하지 않았으나 "58년조서"에 등장하게 된 항목으로서 〈2 - 1) - (6) 연금은급 급여금〉, 〈2 - 5) - (4) 국채〉 등도 있으므로 반드시 삭감된 것만은 아니다.

표6-3 "58년조서" 중 체신부 관련 세부항목의 내역과 『배상조서』와의 관계

항목			금액(엔)	『배상조서』 2부 (6)과의 관계
1.위체, 저금 및 세입세출금 총산에 의한 한국 수취 감정(1945년 10월 말)	우편위체, 우편저금, 가수금, 체신관서 세입금, 역 위체금, 진체저금, 잡부금, 보험연금 회계 입체금		합계 1,515,422,485	①-a)~g). 금액 차이
2. 대차 결제 기준일 이후 태평양미국육군총사령부 포고령 제3호에 의하여 동결된 한국 수취금	1) 관구 교섭금	(1) 해외일본관할 우편국 불입 진체저금 미등기 고	530,230	②-a)-가)
		(2) 해외일본관할 우편국 진출 우편위체 미지불 고	2,905,622	②-a)-마)의 일부에 해당?
		(3) 해외일본관할기호 우편저금 불출 고	*31,241,262	②-a)-다). 금액 차이
		(4) 해외일본관할(계좌가입자) 진체저금 불출 고	76,189	②-a)-라)
		(5) 해외일본관할기호 우편위체 불출 고	13,731,612	②-a)-마). 금액 차이
		(6) 연금은급 급여금	467,820	–
	2) 채권류 보상	(1) 국채 및 저축채권 매상 또는 상환대금	11,049,416	②-d)-가)~나). 금액 차이
		(2) 탄환우표 할증금 지불 고	157,052	②-d)-라). 금액 차이
	3) 저금 이자(1944. 4.~1945. 9.까지 합계분)		11,828,433	②-c). 금액 차이
	4) 사고금	우편위체, 우편저금, 우편진체저금 자금 과초금	7,996,343	②-a)-나)와 ②-b)의 합계
	5) 해외 위체금 및 채권	(1) 우편위체	5,375,299	②-f)-가)
		(2) 우편저금	59,185,773	②-f)-나)
		(3) 진체저금	1,474,155	②-f)-다)
		(4) 국채	231,065	–
	합계		146,250,277	금액 차이

항목		금액(엔)	『배상조서』 2부 (6)과의 관계
3. 조선간이 생명보험 연금 관계 한국 수취 계정	1) 보험 적립금 (1) 공공 대부	*152,049,808	③-a-가). 금액 차이
	(2) 지방채 인수	79,138,590	③-a-나). 금액 차이
	(3) 채권 인수	30,487,900	③-a-다)
	(4) 국채 보유	17,440,085	③-a-라)
	(5) 예금부 예금	116,945,540	③-a-마)
	2) 보험적립금 이자 (1945. 4. 1.[55]~1945. 8. 31.까지분)	4,494,063	③-b). 시기, 금액 차이
	3) 우편 연금 적립금 (1) 공공대부	1,654,000	③-c)-가)
	(2) 예금부 예금	10,164,709	③-c)-나)
	4) 우편연금 적립금 이자 (1945. 4. 1.[56]~1945. 8. 31.까지 합계분)	195,144	③-d). 시기, 금액 차이
	5) 보험 여유금 예금부 예금	20,330,000	③-e)
	6) 보험 여유금 이자 (1945. 4. 1.~1945. 8. 31.까지 합계분)	*787,654	③-f). 시기, 금액 차이
	7) 우편연금 여유금	1,400,000	③-g)
	8) 우편연금 여유금 이자 (1945. 4. 1.~1949. 8. 31.까지 합계분)	261,407	③-h). 금액 차이
	9) 해외 보험연금 1) 보험	506,914	③-l)-가)
	2) 연금	9,805	③-l)-나)
	합계	435,865,223	금액 차이
총계		2,097,537,985	금액 차이

주석 : *는 인쇄 불명으로 인해 수치가 정확하지 않을 수 있음을, -는 직접적인 해당 항목이 없음을 뜻함.

---

55 원문 표(『제4차 한일회담(1958.4.15 - 60.4.19), 청구권 관계자료, 1958』, 815쪽)에는 '1942'로 되어 있으나 직접 손으로 '1945?'라고 지적되어 있듯이 전후의 문맥을 생각하면 '1945'가 옳다고 보이므로 고쳐 표기했다.
56 이것 역시 원문 표(위의 문서, 817쪽)에는 '1941'로 되어 있으나 '1945'로 고쳐 표기했다.

지엽적인 항목들을 삭제하는 움직임과 더불어 『배상조서』에서는 〈②-a)-나) 일본관리 우편국 저금통장 사고금 보충액〉, 〈②-b) 사고금〉[이상 표2-18]으로 나뉘어 있던 항목이 "58년조서"에서는 〈2-4) 사고금〉으로 합쳐지는 등, 구성 정리도 일부 이루어지고 있다.

또한 표6-3에서 직접 제시한 바와 같이 요구액이 『배상조서』의 액수와 차이가 생긴 세부항목들도 일정한 정도 존재한다. 물론 그 수정이 '체신관계대일확정채권상환대책위원회' 등에 의한 검증 작업의 결과 이루어진 것은 틀림없을 것이다.

이상 『배상조서』에 대한 수정 작업의 결과 한국정부는 체신부 관련 채권의 합계액을 2,097,537,985엔으로 산출하고 있다.[57] 이 값은 4차 한일회담을 앞두고 제외된 항목들을 포함한 『배상조서』의 수치 2,043,506,744엔보다 약 54,000,000엔가량 늘어난 수치다.

그러나 확인된 지엽적인 항목들의 삭제, 통합, 그리고 요구액의 수정 등에도 불구하고 『배상조서』와 이들 요구의 구성, 기타 요구액들의 유사성 등을 고려할 때, 4차 한일회담을 맞이해 한국정부가 1958년 초에 재정리한 체신부 관계 요구의 내용들은 『배상조서』의 틀을 기본적으로 그대로 유지하고 있었다고 평가할 수 있을 것이다.

4차 한일회담을 맞이한 한국정부가 청구권 관련 항목에 대해 과거의 틀을 거의 유지했다고 생각되는 흔적은 체신부 관련 요구 항목만이 아니었다. 한국정부는 '한일회담 자료'로서 1958년 2월 15일 "재산청구권 문제에 관한 임송본 대표의 의견서"[58]라는 문서를 정리했다. 그러나 이것은 4장에서 언급한 당

---

57 단 이 금액은 제1방침에 따른 안이며 제2방침으로서는 1,922,687,898엔이라는 구상도 있었다. 위의 문서, 792쪽.

58 위의 문서, 717~785쪽 수록.

시 조선식산은행 총재인 임송본 대표가 한일 청구권 교섭의 대비를 위해 작성한 "대일회담 재산권 및 청구권 문제"에 기타 청구권 문제 검토에 필요한 관련 SCAPIN 문서를 첨부한 것이었다.[59] 평화조약 체결 전후에 한일 직접 교섭을 내다보면서 작성된 자료만이 다시 4차 한일회담 관련 자료로서 활용된 사실은 1958년에 재개된 4차 회담을 앞두고도 한국정부는 한일 직접 교섭 당시 작성된 내용 이상의 진전된 성과를 가지고 있지 않았음을 내비치고 있다.

그런 가운데 당초 임송본이 작성한 건의서에 정리되어 있었던 〈재산권 및 청구권의 종합표〉는 4차 회담을 앞두고 다시 활용된 "재산청구권 문제에 관한 임송본 대표의 의견서"에도 수록되었다. 그러나 그 내용에는 일부 차이가 생겼다. 1958년 2월에 재검토된 '재산권 및 청구권의 종합표'와 한일 직접 교섭 개시 전후에 임송본이 작성한 원본의 내용을 비교하면 표6 – 4와 같다.

표6 – 4에서 제시한 바와 같이 1958년 2월에 다시 정리된 '재산권 및 청구권의 종합표'에서는 임송본이 원래 작성한 원본의 내용과 비교해 과거 일단 기각된 것으로 보이는 〈(1) 한국 내 보관 일본계통화〉 및 〈(4) 일본정부 국고금 입체금〉의 요구액이 복원되거나, 또 〈(5) SCAPIN 1965호 정리 회사〉 항목의 요구액이 변경되고, 그 보충 내용도 '추정'에서 '추진'으로 수정되는 등 일부 변화가 일어나고 있다.

그러나 이러한 일부 변화에도 불구하고 4차 한일회담을 맞이해 임송본 대표의 건의서에 다시 검토를 가한 한국정부의 결과가 기본적으로 큰 변경 없이 과거의 내용을 그대로 답습하는 것이었음은 틀림없어 보인다.[60]

---

59 다만 동 "재산청구권 문제에 관한 임송본 대표의 의견서"에 재수록된 임송본 작성의 "대일회담 재산권 및 청구권 문제"와 1차 회담 청구권 관계 문서에 수록된 원본은 글자 크기 및 일부 글자에 차이가 있다.

60 동 〈재산권 및 청구권의 종합표〉에서 정리된 체신부 관계 채권액 2,043,506,744엔은

표6 - 4 한일회담 개시 때 및 4차 한일회담 때 검토된 〈재산권 및 청구권의 종합표〉의 대조

항목	4차 한일회담 때	한일회담 개시 때
(1) 한국 내 보관 일본계통화	1,540,783,700	(소각)1,517,051,030 ~~1,540,783,700~~ (外) 3,541,318
(2) 폐쇄기관 관리 재산	8,025,575,160	8,025,575,160
(3) 일본계유가증권	7,432,194,605	7,432,194,605
(4) 일본정부 국고금 입체금	901,748,844	~~901,748,844~~
(5) SCAPIN 1965호 정리 회사	(추진)100,000,000	(추정)200,000,000
(6) 생명보험 적립금	467,336,159	467,336,159
(7) 체신부 관계 채권	2,043,506,744	2,043,506,744
(8) 잡 청구권	689,849,456	689,849,456
(9) 폐쇄기관 재산과 일본계유가증권의 2중 계산 보정	(−) 4,793,272,385	(−) 4,793,272,385
합계	16,407,722,285	16,407,722,285
외 (10) 선박 (11) 구 총독부 건물, 조선장학회 건물 (12) 대징용자 미불금 사망위자료 등		

한편 이 시기 2항 이외에서는 주목할 만한 변화가 하나 일어났다. 그것은 대일8항목요구 중 5항에 속하는 피징용자 보상 문제에 관한 것이었다. 1958년 4월 17일 보건사회부는 강제징용자로부터 배상에 대한 요망이 많다는 이유로

『배상조서』의 수치이며, 본론에서 논한 바와 같이 4차 한일회담을 앞두고 한국정부는 동 금액을 일단 2,097,537,985엔으로 산출했다. 왜 이 수치가 반영되지 않았는지는 불명하나 그다지 무게를 두어야 하는 일이 아님은 틀림없을 것이다.

1958년 3월 31일 현재로 일제 조사한 결과를 외무부에 보냈다. 보건사회부는 그 일제 조사의 규모, 방식, 기간 등에 대한 설명을 가하지 않았으나 그 조사 결과의 수치는 총수 287,934명, 그중 귀환자 수 266,587명, 미귀환자 수 13,360명, 그리고 징용 중의 사망자 수가 7,987명이었다.[61]

『배상조서』에서 명시된 대상이 일반 노무자 105,151명, 그리고 2차 회담 시 추가된 군인·군속 관련 인원수가 약 74,800명이었음을 고려하면, 피징용자 관련 총수가 약 288,000명까지 늘어난 것은 한국정부 내부에서 이 시기, 비교적 큰 규모의 추가 파악이 이루어졌음을 암시하고 있다. 그러나 후술하는 바와 같이 이 약 288,000명가량이라는 피징용자 수는 그 후 일본 측 관련 자료 등을 이용해, 다시 크게 늘어나게 된다. 그러한 의미에서 1958년 무렵, 한국정부가 자체적으로 파악한 이 수치 역시, 충분한 검증을 거쳐 산출된 것이 아닌 점에는 유의할 필요가 있다.

이와 같이 한국정부는 일방적인 대일요구의 장이 될 재개 교섭에 임하기 위해 과거의 관련 자료를 재검토하는 등 준비 태세에 들어가고 있었다. 물론 이것은 일본의 역청구권 제기로 인해 좀처럼 움직이지 않던 청구권 교섭이 실질적으로 가동하게 될 것을 기대한 결과였다. 그러나 이러한 준비에 따른 결과는 한일교섭에서 실제 구체화되지는 않았다.

이하 고찰하는 바와 같이 한국 측의 당초 기대와 달리, 재개된 4차 한일회담에서 청구권 요구에 관한 구체적인 토의는 사실상 이루어지지 않았다. 이로 인해 4차 한일회담에서도 한국의 정식 요구가 일본에 직접 제기되는 일은 없었다. 그 결과 이승만 정권하에서는 결국 큰 틀로서 대일8항목요구를 제기한

---

61 "왜정시 피징용자에 대한 배상요구 자료 제공의 건", 『제4차 한일회담(1958.4.15 –
     60.4.19), 청구권 관계자료, 1958』, 822~825쪽.

것 외에는 일본에 대해 어느 항목을, 왜, 그리고 얼마나 요구하는가 등의 상세한 내역이 공식 요구로서 확정되는 일은 없었다. 결국 일본에 대해 그 정식 청구권 내역이 밝혀지는 것은 이승만 정권 붕괴 후 개최된 장면 및 박정희 정권 하의 교섭에서의 일이다.

3. 일본정부의 교섭 방침과 4차 한일회담의 파행

교섭의 진전을 기대해 한국정부가 『배상조서』 등을 토대로 청구권 요구의 내용을 다시 가다듬고 있었던 것과 반대로 적어도 직접적으로는 대한청구권을 제기하지 못하게 된 일본은 어떤 대응을 취하게 되었는가?

4차 한일회담 재개에 즈음하여 외무성은 1958년 2월 14일 교섭에 대한 처리 방침을 정했다. 그 가운데 외무성은 재개될 교섭이 미국 각서를 기초로 재한일본인 재산의 한국 취득으로 인해 한국의 대일청구권이 소멸 또는 어느 정도 충족되었는가를 결정하기 위한 것이라는 원칙을 확인했다. 그러나 기득권 존중과 한일 국민감정의 유화라는 시각에서 대일청구권 중 특정한 것에 관해서는 일본 측이 자진해서 지불한다는 방침 역시 세웠다.[62]

북송 문제 등, 4차 회담을 둘러싼 그 후의 우여곡절을 고려할 때, 회담 재개에 즈음하여 일본정부 역시 적어도 당초에는 대한교섭에 대해 비교적 유연한 자세를 취할 의향을 가지고 있었음을 알 수 있다. 물론 이는 오랜 단절 끝에 겨우 회담 재개로 이어진 상황에서 일본정부 역시 미국을 중심으로 한 국제사회의 시선 등을 의식해서라도 회담의 진전을 어느 정도 도모해야 한다는 판단

---

62 「第四次日韓会談処理方針案」, 外務省日韓会談公開文書(문서번호 1533), 2~3쪽.

에 따른 것으로 풀이된다. 또한 회담 재개에 즈음하여 대한청구권을 정식으로 포기할 것을 약속한 이상, 일본정부로서도 한국과의 타협을 위해서는 결국 일부를 지불하는 것 외에는 타결 방법이 없다는 현실적인 판단도 작용했을 것이다. 무엇보다 청구권 문제의 타결 없이는 평화선에 따른 일본 어선의 나포 문제 등, 어업의 안전 조업이 보장될 가능성이 없었다.

일부 타협으로 인한 교섭 촉진의 의사를 보인 이 시기, 주목되는 것은 일본정부가 청구권 처리 문제와 관련해 그 이전과는 정반대의 처리 방침을 세우기 시작했다는 점이다. 그것은 남북 분단이라는 현실을 감안해 한일 간 교섭의 타결 효력을 어느 범위까지로 정할 것인가의 문제였다.

4장에서 고찰한 바와 같이 1차 한일회담 개시 무렵, 일본은 한국의 대일청구권 요구를 봉쇄하기 위해 군정령 33호로 인한 몰수 조치가 적용되지 않았던 북한 소재의 일본인 재산을 활용할 것을 구상하고 있었다. 즉 일본정부는 한국이 주장하는 한반도 대표정부라는 주장을 역으로 이용하여 이북 지역의 일본인 재산을 한국정부에 요구함으로써 한국의 대일청구권을 차단하는 전략을 가지고 있었다. 그를 위해서도 일본정부는 남북한과의 청구권 문제를 한꺼번에 종결할 가능성을 열어 놓고 있었다.

그러나 4차 한일회담 재개가 다가온 1958년 3월 31일, 외무성은 한국이 유일한 합법정부이나 그 권력이 이북 지역으로 미치지 못한다는 상황을 고려해, 비록 교섭 중에는 한국에 대해 직접 그 점을 명시하지 않으나 재산청구권 문제에 관해서 한국을 전 한반도를 대표하는 국가로 다루지 않는다는 방침을 세웠다.[63] 즉 일본정부는 사실상 청구권 문제에 관해 한국과의 타결에 따른 처리의 효력을 남한 지역에 한정할 방침으로 돌아섰던 것이다.

---

63 「財産權問題に関する基本方針案」, 外務省日韓会談公開文書(문서번호 1598내), 1쪽.

물론 그 이유의 하나로서는 조약국이 가리킨 국제법상의 원칙적인 문제가 깔려 있었다. 3월 25일 조약국은 유사한 사례로서 베트남과의 관련을 지적하면서 평화조약 2조로 인해 한반도 독립을 하나의 국가로서 승인했으나 국가를 대표하는 정부 승인 문제에 관해서는 그 대표성의 승인이 그 정부가 지배하고 있는 실효성에 달려 있는 경우가 많다는 점, 따라서 실질적으로 이북 지역을 실효 지배하고 있지 않은 한국정부를 한반도 전체에 대한 정통정부로 인정하는 것은 국제법상 어렵다는 견해를 내고 있다. 조약국은 이러한 입장에서 재산청구권 문제에 관해서도 실효적인 지배력을 행사하지 못하고 있는 지역에 관해 한국정부가 일본정부와 교섭할 권한은 없다, 또 평화조약 4조(a)항 역시 일본의 교섭 상대에 관해 '시정(施政)을 진행하고 있는 당국'으로만 표현함으로써 한국정부는 실제 시정을 하고 있는 남한 지역에 관한 청구권 문제만을 교섭할 수 있다는 등의 입장을 정리했다.[64] 조약국은 이상의 법적 해석을 토대로 올 회담에서는 한국과의 청구권 교섭을 남한 지역에만 한정하는 것이 타당하다는 판단으로 기운 것이었다.

그러나 그러한 국제법상의 원칙적인 문제가 존재하는 것은 한일회담 개시 당초도 마찬가지였다. 그럼에도 일본정부는 당초 이북 지역의 재산청구권 문제를 오히려 한일 간 협정에서 동시에 해결하는 방침을 구상하고 있었다. 따

---

64 다만 조약국은 이상과 같은 법적 해석을 펴면서도 그 시점에서는 실제적인 방침으로서 이와 같은 법률적인 논점을 제기하지 않고 한반도 전체의 청구권 문제를 해결할 가능성도 열어 놓고 있었다. 실제 조약국은 이북 지역의 대일청구권 액수를 먼저 계산해서 그것이 그다지 크지 않을 경우에는 남북 전체의 청구권 문제를 해결하는 방안을 언급하고 있다. 특히 조약국은 그 이유와 관련해 이북 지역에 있는 일본인 재산이 몰수되지 않는 조건을 감안하면 그 방안이 실질적인 손해가 없는 방안이라고 정리하고 있다. 「賠償及び請求権問題に関する交渉と対立政権の存在について」, 外務省日韓会談公開文書(문서번호 1598내), 1~7쪽.

라서 4차 한일회담을 앞두고 한일회담 개시 당초의 구상과 정반대의 입장을 취하게 된 것을 조약국이 제시한 원칙적인 입장만을 고려한 결과로 보는 것은 충분하지 않을 것이다. 일본정부의 방침 변화를 이해하기 위해서는 그러한 원칙적인 문제와 더불어 한일회담 개시 무렵과 4차 한일회담을 맞이한 시기에 생긴 청구권 교섭을 둘러싼 현실적인 조건의 차이에 주목할 필요가 있을 것이다.

한일회담 개시 당초 한국정부는 재한일본인 재산의 몰수 조치로 인해 일본의 대한청구권이 애초 존재하지 않는다고 주장하고 있었으나, 그 시기에는 재한일본인 재산의 한국 취득과 한국의 대일청구권의 관련성을 인정한 1952년 및 1957년 미각서는 아직 나오지 않은 상태였다. 즉 일본정부에게는 불투명하고 또 막대한 것으로 예상된 한국의 대일청구권을 봉쇄하는 현실적인 담보가 없었던 것이다.

그러나 4차 한일회담을 맞이할 무렵에는 2차 회담까지의 교섭을 통해 이미 한국의 대일청구권의 내역이 상당히 밝혀지고 있었다.[65] 무엇보다 그간의 교섭 중, 미국은 각서를 두 번 제출하여 재한일본인 재산의 한국 취득과 한국의 대일청구권의 관련성을 명확히 인정하고 있었다. 그 결과 일본정부는 한국의 대일청구권을 완전히 소멸시킬 수는 없어도 많은 부분을 억제할 수 있는 담보를 충분히 확보하고 있었다. 더구나 한일회담 재개는 한국정부가 그것을 인정하는 조건하에서 이루어졌다.

이와 같은 조건들이 이미 확보되어 있는 가운데 한국과의 사이에서 남북한 전역의 청구권 문제를 무리하게 타결하는 것은 반드시 일본에게 유리한 것은

---

65 일본정부는 그 시기 개략적임을 지적하면서도 2차 한일회담 시의 한국 측 조회 내용을 근거로 요구액이 약 180억 엔, 보류액이 150억 엔 정도라고 추산하고 있다. 이 수치는 몇 군데에서 볼 수 있으나 여기서는 「日韓交渉の経緯とその問題点」, 外務省日韓会談公開文書(문서번호 1543), 10쪽.

아니었다. 향후 상황 변화에 따라 북한정부와 정식 외교 관계를 고려해야 될 경우, 일단 성립된 한국과의 타결을 북한정부가 인정할 가능성은 낮았다. 실제 조약국은 북한 지역에 관한 문제 처리를 한국과 협정해도 이북 지역에 북한 당국이 독립 국가를 만들 경우 그 협정을 북한 당국이 인정하지 않을 것이 예상된다고 지적하고 있다.[66] 일본정부가 4차 한일회담을 맞이해 한국과의 청구권 문제의 타결 효력을 남한 지역에 한정하도록 방침을 전환한 것은 바로 이상과 같은 불투명한 장래에 대한 대비가 필요하다는 판단이 작용한 것으로 보인다.

결국 일본정부는 4차 한일회담 수석대표 사와다(澤田廉三)에게 교섭에 즈음하여서는 한국정부의 지배가 북한에 미치지 않고 있다는 사태를 감안하고, 한국정부와 조약을 맺을 때는 전 한반도에 걸쳐 규정하지 못하는 것이 있거나 또 규정해도 적용 불가능한 사항들이 있다는 것을 고려하도록 훈령했다.[67]

그 훈령 중, 재산청구권 문제에 관한 직접적인 지시는 앞서 본 1958년 2월 14일자로 정해졌던 외무성 방침이었다. 즉 그것은 기득권 존중과 한일 국민 감정 유화라는 시각에서 대일청구권과 관련해 특정한 것을 일본이 자진해서 지불한다는 것이었다. 따라서 그 훈령은 청구권 문제의 해결 효력을 남한 지역에만 한정할 것을 직접 명령한 것은 아니다. 그러나 벽두에 명시된 전체적인 방침으로서 전 한반도에 걸쳐 규정되지 못하는 사항이 있다는 것에 주의를 환기한 그 훈령이 사실상 재산청구권 문제를 남한에 한정해야 할 문제로 다루

---

66 「賠償及び請求權問題に関する交渉と対立政權の存在について」, 外務省日韓会談公開文書(문서번호 1598내), 9쪽. '북한 당국이 독립 국가를 만들 경우'라는 표현은 어색한 점이 있으나 그것이 향후 일본이 외교적으로 이북 정권을 정식으로 국가로서 승인해야 될 상황을 염두에 둔 표현으로 생각해도 틀림없을 것이다.

67 「訓令( )号 日本国と大韓民国との全面会談における日本政府首席代表 澤田廉三」, 外務省日韓会談公開文書(문서번호 1536), 1~2쪽.

도록 지시한 것은 틀림없다.

이와 같은 방침은 4차 한일회담 개시 후의 방침에서도 유지되었다. 예컨대 1958년 7월 2일 외무성은 한일 간 교섭의 핵심인 군정령 33호와 재한일본인 재산을 한국정부로 이양한 한미협정의 효과는 현실적으로 남한에만 미치는 것이며 또 그 처리가 실제 완료된 것에만 한정된다는 입장에서 교섭에 임할 것을 정하고 있다.[68] 이 방침 역시 직접 이북 지역의 청구권 처리 문제를 거론한 것은 아니었으나 군정령 33호나 한미협정의 법적 효력이 남한에만 한정될 것을 강조함으로써 그 효력이 미치지 않는 이북 지역의 청구권 문제를 그대로 놓아둘 것을 지시한 것은 분명했다. 한일회담 개시 당초의 방침과 반대로 일본정부는 4차 한일회담에 이르러 한국과의 청구권 문제 해결의 효력을 남한 지역에 한정하는 입장으로 그 방침을 굳혔다고 판단해도 무방하다.

약 4년 반 단절을 겪은 한일 정식회담은 1958년 4월 15일부터 재개되었다. 그러나 청구권 교섭은 당초의 예상과 달리 진전되기는커녕 실질적인 토의에 들어가는 일조차 없이 끝나게 되었다. 그 이유는 양국 간의 이해관계 충돌과 그로부터 연유한 심각한 상호 불신에 있었다.

당초 3월 1일로 예정된 4차 한일회담은 회담 재개의 다른 조건이었던 일본인 어민의 석방 문제 등을 둘러싼 갈등으로 인해 출발부터 꼬였다. 4월 15일의 회담 재개 후에도 "금차 교섭의 우리 측 목적이 '이 라인[평화선]'의 해소로 인한 일한어업 문제의 공정한 해결"[69]에 있다고 하는 일본정부와 오히려 그 평화선을 교섭 재료로 활용함으로써 선박, 문화재를 포함한 청구권 문제의 우선적인 해결을 도모하려는 한국정부의 입장 차이는 컸다.

---

68 「日韓会談交渉方針」, 外務省日韓会談公開文書(문서번호 1538), 3쪽.
69 「対韓交渉方針の決定に関する件」, 外務省日韓会談公開文書(문서번호 1542), 2쪽. 인용한 문장은 당초 인쇄된 문장에 직접 손으로 추가 기입된 내용이다.

그러던 와중, 북한 송환을 요구해 단식투쟁에 들어간 오무라(大村) 수용소의 일부 수감자들에 대한 국내 석방 문제가 7월 무렵부터 불거졌다. 또 9월 김일성은 재일한국인들의 북한 집단 귀국을 수용할 의사를 밝혔다. 그로 인해 그전까지만 하더라도 오무라 수용소 수감자 중의 일부에 한정되던 북한 송환 문제가 전체 재일한국인의 문제로 비화되었다. 이른바 '북송사업'이 본격적으로 가동하기 시작한 것이었다. 주지하다시피 한국정부의 대표성에 심각한 타격을 주는 이 문제는 이후 4차 한일회담을 파행으로 이끄는 최대의 현안이 되었다.

청구권 문제 이외의 대립에 따라 교섭이 파행을 맞이하게 되자 4차 한일회담 재개 당초에는 청구권 문제에 관해 비교적 유화적인 방침을 세웠던 일본정부 역시 회담에 임하는 대응을 전환하기 시작했다. 10월 외무성은 한국이 어업 문제에 대한 일본정부의 입장에 합의한다면 선박, 문화재, 청구권 문제 등에 대해 정치적인 배려를 할 방침이었으나 평화선 철폐에 대한 한국의 태도를 볼 때, 타결을 위한 그림을 조급하게 제시하는 것은 위험하다, 가령 평화선 철폐 등에 합의하더라도 합리적인 근거로 한국에 지불할 수 있는 금액이 적어, 그것으로 한국의 납득을 얻는 것은 어렵다, 무엇보다 재일한국인의 '북송' 및 불법입국자의 북한 송환 문제로 인해 교섭의 타결이 어렵다는 등의 비관적인 전망을 내놓기 시작했다.[70]

이어 11월, 일본정부는 어업 문제 교섭에 응하려 하지 않는 것이 한국정부의 전략이라고 판단하면서 한국에 대해 차제에 어업 문제의 선결이 자신의 방

---

70 「日韓会談の問題点」, 外務省日韓会談公開文書(문서번호 72), 12~13쪽. 다만 동 방침에 관해 또 하나 주목되는 점은 지불할 청구권 액수가 적어짐으로써 해결을 위해서는 경제협력이라는 등의 명목으로 정치적인 고려를 가미해 추가 지불할 필요성을 이미 지적하고 있는 점이다.

침이라는 것을 명확히 밝힐 것, 그럼에도 한국이 평화선 철폐 문제를 토의 대상으로 하지 않을 경우 회담 중단도 마다하지 않을 것 등 강경 방침으로 돌아섰다.[71] 원래 이승만 정권의 대일강경 자세에다 일본정부까지 회담 중단도 불사하겠다는 방침으로 돌아선 이상, 청구권 문제가 진척될 리가 없었다.

청구권 문제에 관한 위원회 토의는 일단 5월에 세 번 열렸다. 그러나 이 위원회 토의의 내용은 위원회 운영의 방식이나 문화재 문제를 청구권 위원회에 포함할 것인가의 여부 등, 모두 교섭 절차에 관한 것에 불과했다.[72] 이어 12월에 문화재 문제를 제외한 일반청구권 문제에 관해 다시 세 번 위원회가 개최되었다. 그러나 그 내용 역시 2회까지는 다시 위원회의 운영 등에 관한 절차 문제가 거론되었고, 마지막 3회 위원회에 이르러 겨우 토의 의제의 범위에 대한 약간의 언급만이 이루어졌을 뿐이다.[73]

그뿐이 아니다. 좀처럼 교섭이 진전되지 않던 12월 3일 외무성은 어업 문제를 중심으로 일본의 제안을 한국이 수락하지 않을 것이 명백하며 또 여론 등 국내 정치의 동향을 고려한다면 선박, 문화재 등을 '선물'하지 못한다는 것,

---

71 「対韓交渉方針の決定に関する件」, 外務省日韓会談公開文書(문서번호 1542), 1~3쪽.
72 5월에 열린 세 번의 위원회 회의록은 『제4차 한일회담, 청구권위원회회의록, 제1차 - 3차, 1958.5.20 - 12.17』, 548~570쪽 ;「第四次日韓全面会談における韓国請求権委員会第一回会合」, 外務省日韓会談公開文書(문서번호 444), 「第四次日韓全面会談における韓国請求権委員会第二回会合」, 外務省日韓会談公開文書(문서번호 444내), 「第四次日韓全面会談における韓国請求権委員会第三回会合」, 外務省日韓会談公開文書(문서번호 444내)에 각각 수록.
73 12월에 열린 세 번의 회의록은 위의 한국문서, 571~590쪽 ;「第四次日韓全面会談における請求権小委員会(一般請求権)の第一回会合」, 外務省日韓会談公開文書(문서번호 446), 「第四次日韓全面会談における請求権小委員会(一般請求権)の第二回会合」, 外務省日韓会談公開文書(문서번호 446내), 「第四次日韓全面会談における請求権小委員会(一般請求権)の第三回会合」, 外務省日韓会談公開文書(문서번호 446내)에 각각 수록.

그 결과 회담 진전의 전망이 어두운 이상, 그 계속은 의미가 없으며 회담 휴회를 제기하는 것이 타당하다는 판단으로 기울고 있었다.[74] 즉 토의의 부진만이 아니라 회담 자체의 계속에 의문이 생기기 시작한 셈이었다.

평화선이나 북송사업을 둘러싼 양국의 날카로운 대립을 배경으로 회담 자체의 계속에 어두운 그림자가 드리우기 시작한 이상, 일본정부와의 협조가 있어야 가능한 청구권 교섭의 진전은 완전히 그 가능성을 잃었다. 결국 4차 한일회담에서는 그 이후에도 청구권 문제에 관한 실질적인 토의가 진행되는 일은 없었다.

이듬해 1959년 2월 13일, 기시 내각은 정식으로 북송사업 단행을 승인했다. 이후 이승만 정권 붕괴까지 거듭되는 한일교섭은 실질적으로 북송 문제 저지를 위한 교섭으로 집약된다. 구보타 발언을 계기로 오랜 단절 기간을 거친 청구권 교섭은 겨우 재개된 4차 한일회담에 이르러서도 결국 아무런 성과도 없이 오직 허송세월만을 거듭했던 것이다.

---

74 「対韓交渉方針に関する件」, 外務省日韓会談公開文書(문서번호 1544), 2~3쪽.

대일청구권 요구의
정식 제기와 그 차단

7

이승만 정권 붕괴 후 개시된 5차 한일회담은 한국의 정권이 교체되었다는 점과 그에 따라 청구권 교섭이 구체적으로 가동하기 시작했다는 두 가지 면에서 매우 주목할 만한 회담이었다.

바로 이 장의 첫 번째 분석 과제는 이승만으로부터 장면으로의 정권 교체에 따라 한국의 신 정권이 청구권 문제와 관련해 과연 어떤 구체적인 대응을 취했으며 그것은 이승만 정권하의 청구권 요구와 어떤 관계에 있었다고 평가되는가, 또한 일본정부는 한국의 정권 교체에 따라 교섭을 어떻게 인식하고 이끌어 가려고 했는가 등을 상세히 밝히는 것이다.

또 장면 정권하에서 개최된 5차 한일회담은 위원회 토의를 통해 한국정부가 대일청구권 요구의 내역을 공식으로 제시한 회담이었다. 따라서 이 장의 두 번째 분석 과제는 5차 회담에 즈음하여 한국정부는 공식적인 성격을 지닌 청구권 요구로서 구체적으로 어떤 항목을, 어떤 근거에 기초해 요구했는가 등을 고찰하면서 5차 회담에서의 한국정부의 대일청구권 요구의 내용과 범위를 정확히 파악하는 것이다. 아울러 한국이 제기한 그들 청구권 요구에 대해 일본은 그것을 어떻게 이해하고 또 어떤 대항 논리를 준비했는가 등의 물음 역시 중요한 고찰 과제가 된다.

이 장은 바로 이상과 같은 한일 양 정부의 구체적인 움직임을 고찰하면서 현실적으로 가동하기 시작한 청구권 교섭이 한편으로는 청구권 요구로서의 관철을 차단하는 과정이기도 했음을 밝히고자 한다.

1. 5차 한일회담 개시 무렵 장면 정권이 정리한 청구권 요구의 준비 내역

4·19혁명을 거쳐 1960년 8월, 윤보선 대통령 및 장면 총리가 선출됨에 따라 제2공화국이 정식으로 출범했다. 신 정권 수립에 발을 맞추어, 처음으로 일본 정부 고관으로서 고사카(小坂善太郎) 외무대신이 방한했다. 이 외상 방한을 계기로 한일 양국은 10월부터 도쿄에서 예비회담이라는 명칭으로 5차 한일회담을 개최하기로 합의했다.[1]

바로 이 시기 외무부 정무국은 한일회담 재개를 내다보면서 한일회담 관련 의제에 관한 상세한 책자를 작성했다. 『한일회담의 제문제』(이하 『제문제』로 약기)라는 제목으로 작성된 이 책자에는 '1960년'이라는 연도 표기만 나와 있을 뿐, 정확한 작성 날짜는 알 수 없다. 그러나 아울러 "한일예비회담의 개최를 앞두고"라는 기술이 보이므로 이 『제문제』가 장면 신 정권의 출범을 맞이해 그 개최가 가시화된 5차 한일회담을 전망하면서 작성된 것은 틀림없다.

이 『제문제』는 "각 현안 문제에서 논의의 대상이 되었던 제문제점을 하나하나 설명하여 회담 대표제위의 참고에 공하고저 함이 본 책자의 목적"이라고 규정하고, "따라서 본 책자에는 우리 정부의 앞으로의 방침이나 입장이 제시

---

1   「アジア局重要懸案処理月報」, 外務省日韓会談公開文書(문서번호 513), 9쪽.

되어 있지는 않습니다."라고 적고 있다.[2] 그러므로 이 책자에 담긴 청구권 관련 세부항목과 그 금액들을 장면 정권하에서 정해진 정식 방침으로 평가하는 것은 지나친 해석이다.[3]

그러나『제문제』가 정한 관련 항목이나 금액들이 비록 신 정권하의 정식 방침은 아니더라도 5차 한일회담 개최를 앞두고 정리된 내역들이었다는 점에서는 회담에 임하게 된 장면 신 정권의 청구권 항목에 대한 인식을 살피는 데 매우 유익한 자료임은 틀림없다. 즉 그것은 이승만 정권하에서 나타났던 관련 항목과 그 금액들과의 비교 및 5차 회담 개시 이후의 그들의 변화와의 대조를 도모하는 데 꼭 자세히 검토해야 하는 자료라고 평가할 수 있다.

『제문제』는 대일8항목요구 중 구체적인 요구 항목을 담은 5항까지를 취급했다. 외무부가 그 책자에 담은 동 5항까지의 세부항목 및 그 금액들과 그 이전에 이미 확인 가능한 내역들의 관련을 정리하면 표7 – 1 – 1부터 표7 – 1 – 5와 같다.

1) 1항

먼저 1항과 관련해 장면 정권이 정리한 내역과『배상조서』의 관계를 정리한 것이 표7 – 1 – 1이다.[4]

---

2 外務部政務局,『韓日會談의 諸問題』, 1960, 1쪽. 이하 이 문헌은 서명만 표기한다.
3 선구적으로『제문제』의 내용을 소개한 오타는 이 책자에 표시된 금액들을 한국정부 내부에서 토의되어 대강으로 결정된 것이라고 평가하고 있다. 太田修, 앞의 책, 160쪽. 그러나 이것은 좀 지나친 지적이며 어디까지나 과거의 자료 등을 통해 일단 다시 산출한 것으로서 참고 수치로 보는 것이 타당하다.
4 『韓日會談의 諸問題』, 59~61쪽.

표7-1-1 장면 정권이 정리한 1항 요구와 이승만 정권의 관계

구분	『제문제』에서의 중량(g)		『배상조서』에서의 중량(g)	
지금	249,633,198		249,633,198	
지은	89,076,145	67,541,771(반출분)	89,112,205	67,577,771(반출분)
		21,534,433(담보분)		21,534,433(담보분)

　지금·지은에 관한 직접적인 대조가 가능한 『배상조서』의 내역과 비교해 5차 회담을 앞두고 장면 정권하에서 다시 정리된 지금·지은의 반환 요구의 내역은 『배상조서』에서 이미 준비되었던 내역[표2-1]과 비교해 지은에 일부 변화가 일어났음을 확인할 수 있다.

　즉 『배상조서』에서는 그 반환 요구 수치가 67,577,771g이었던 한반도 반출의 지은 부분이 『제문제』에서는 67,541,771g로 수정되어 약 30,000g가량의 차이가 났다. 그러나 『배상조서』에 첨부된 연도별 반출 수치와 후술할 5차 회담 위원회 토의에서 한국이 제출한 연도별 반출 수치를 비교하면 일부 연도[예컨대 1913년 등]의 반출 수치에 차이가 있으므로 결과로서 나타난 합계의 차이는 『배상조서』 작성 후, 한국정부 내부에서 이루어진 지은의 연도별 반출 수치의 조정에 따른 것으로 판단해도 무방하다. 즉 이것은 방침 변경 등에 따른 본격적인 수정이 아니었음은 확실하다.

　지금·지은 요구에 관해서는 1차 회담이나 2차 회담에서도 그에 대한 반환 및 조회 요청이 이어졌다. 그러나 반환 요구 수치가 직접 밝혀지는 일은 없었다. 또 3차, 4차 회담에서도 구체적인 청구권 요구 항목에 관한 토의가 이루어지지 않았기 때문에 구체적인 요구 수치가 밝혀지는 일은 없었다. 또 4차 한일회담을 맞이해 이승만 정권하에서 준비된 청구권 자료에서도 지금·지은 요구에 관한 구체적인 내역은 없다. 따라서 『배상조서』 작성 이후, 이승만 정권하의 지금·지은 요구의 내역에 대한 직접적인 검증은 불가능하다. 그 결과

지은 반환 요구 수치의 일부에서 일어난 그 수정이 이승만 정권하에서 이미 일어났던 것인지 아니면 장면 정권하에서 이루어진 것인지 정확히 가리는 것은 어렵다.

그러나 5차 회담을 앞두고 정리된 요구 내역이 기본적으로 『배상조서』의 내용을 답습하고 있는 점으로 미루어, 『배상조서』 작성 후, 이승만 정권하에서 그 요구 내용이 크게 변화된 일이 없었음은 틀림없을 것이다. 다시 말해 장면 정권이 가령 한반도 반출분의 지은 요구 수치를 일부 수정하는 등의 대응을 취했다고 해도 그것은 이승만 정권하에서 이미 책정된 요구 내역을 기본적으로 받아들인 전제하에서의 '조정' 수준에 불과함은 확실하다.

2) 2항

이어 장면 정권하에서 정리된 대일8항목요구 2항 〈1945년 8월 9일 현재 일본 정부의 대조선총독부 채무 변제〉의 세부항목의 내역과 이승만 정권하의 마지막 작업으로서 확인 가능한 "58년조서"[표6-3] 등의 관계를 정리한 것이 표 7-1-2이다.[5]

표7-1-2에 제시한 바와 같이 장면 정권이 정리한 2항 중 첫째 항목인 〈1. 체신부 채무〉는 비록 그 구성에는 변화가 일어났으나 기본적으로 이승만 정권하에서 정리된 내역들을 그대로 이어받고 있다. 실제 "58년조서" 1항목이 그대로 1-1)에, 또 2항목의 각 세부항목이 각각 1-2), 1-3), 1-4), 1-6), 1-7)에 나뉘어 수록되었고, 또한 "58년조서" 3항목이 1-5)로서 채용되었다.

---

5   위의 문서, 62~76쪽에서 정리. 총계는 저자가 산출했다.

표7-1-2 장면 정권이 정리한 2항 요구와 이승만 정권의 관계

『제문제』에서의 항목			금액(엔)	"58년조서" 등과의 관계
	1) 위체, 저금 및 세입세출에 관한 현금 수불(受拂)상의 한국수취계정		1,515,422,485	1
	2) 저금 이자		11,828,433	2-3)
	3) 국채 및 저축채권 매상 또는 상환대금		11,049,416	2-2)-(1)
	4) 사고금		7,996,343	2-4)
1. 체신부 채무 2,097,480,923	5) 조선간 이생명 보험,연금 관계 한국수취계정	(1) 보험 적립금	396,061,523	
		• 대장성 예치금	• 약 110,000,000	3-1)-(5)
		• 한국 내 공공단체 및 계약자 대부금	• 약 150,000,000	3-1)-(1)
		• 지방채권 인수 및 국채 보유 지출분	• 약 120,000,000	3-1)-(2),(3), (4)
		(2) 보험 적립금 이자	4,494,063	3-2)
		(3) 우편연금 적립금	11,818,709	3-3)-(1), (2)
		(4) 우편연금 적립금 이자	195,144	3-4)
		(5) 보험 여유금	20,330,000	3-5)
		(6) 보험 여유금 이자	787,654	3-6)
		(7) 우편연금 여유금	1,400,000	3-7)
		(8) 우편연금 여유금 이자	261,407	3-8)
		합계	435,348,503	
	6) 해외 위체, 저금 및 채권	(1) 우편위체	5,375,299	2-5)-(1)
		(2) 우편저금	59,185,773	2-5)-(2)
		(3) 우편진체 저금	1,474,155	2-5)-(3)
		(4) 국채	231,065	2-5)-(4)
		(5) 해외보험연금	506,914	3-9)-(1)
		(6) 우편연금	9,805	3-9)-(2)
		합계	66,783,014	

『제문제』에서의 항목			금액(엔)	"58년조서" 등과의 관계
1. 체신부 채무 2,097,480,923	7) 포고령 제3호에 의하여 동결된 한국 수취금	(1) 해외 일본관할 우체국 불입 진체저금 미등기 고	530,230	2 - 1) - (1)
		(2) 해외 일본관할 우체국 진출 우편위체 미지불 고	2,905,622	2 - 1) - (2)
		(3) 해외 일본관할 기호 우편저금 불출 고	31,341,262	2 - 1) - (3)
		(4) 해외 일본관할(계좌가 입자) 진체저금 불출 고	76,189	2 - 1) - (4)
		(5) 해외 일본관할 기호 우편위체 불출 고	13,731,612	2 - 1) - (5)
		(6) 연금, 은급 급여금	467,820	2 - 1) - (6)
		합계	49,052,737	
2. 8월 9일 이후 일본인이 한국 내 각 은행에서 인출한 예금액			2,669,443,332 (추산)	[분명하지 않음]
3. 일본국고금	1) 무실(無實) 세출 중 한국인에게 직접 이익관계가 되는 관청 및 개인 계정분		742,859,002	『배상조서』 2부 - (5) - ⑩
	2) 1945. 8. 9. 이후 10. 25.까지 관리 급여, 육해군 종전사무비, 채무 상환을 위한 국고 지출		158,889,841	
	합계		901,748,844[6]	
4. 조선총독부 도쿄사무소 재산 반환			10,428,250	1차 회담 시의 준비에서 포착. 단 금액은 없음
총계			5,679,101,351	

주석 : 오른쪽 칸에서 기호만 표시되어 있는 부분은 "58년조서"의 기호를 뜻함.

---

6 동 책자에서는 값이 900,748,844로 되어 있으나 해당 세부항목의 수치가 『배상조서』의 수치와 완전히 일치하고 있으므로 그와의 관련성을 고려해 이 항목에 관해서는 원래 옳

무엇보다 각 해당 금액이 "58년조서"의 값들과 기본적으로 동일하다.

물론 세부적으로는 "58년조서"에 2 - 2) - (2)로서 존재한 〈탄환우표 할증금 지불 고〉가 『제문제』에서는 사라진 점, 또 동 『제문제』 중, 1 - 5) - (1)의 보험 적립금의 세부항목들이 통합되고 그에 따라 금액이 약수(約數)로 표기된 점 등 약간의 차이는 존재한다. 그러나 지극히 일부분에 생긴 이와 같은 미세한 변화를 가지고 이승만 정권하의 내역들과 장면 정권하의 내역들의 '질적' 차이를 찾는 것은 적절하지 않다. 그것은 "58년조서"의 총액 2,097,537,985엔이 『제문제』의 〈1. 체신부 채무〉의 요구 금액 2,097,480,923엔과 사실상 일치하고 있는 점을 감안해도 틀림없다.

또한 〈1. 체신부 채무〉 관련 이외의 항목인 〈2. 8월 9일 이후 일본인이 한국 내 각 은행에서 인출한 예금액〉, 〈3. 일본국고금〉, 〈4. 조선총독부 도쿄사무소 재산 반환〉 역시 비록 "58년조서"에서는 직접 대일8항목요구 2항으로서 명확히 포함되지 않았으나, 그것이 장면 정권하에서 새롭게 규정된 것을 뜻하지는 않는다. 먼저 〈3. 일본국고금〉은 『배상조서』 2부 〈(5) 기타 미수금〉 중의 ⑩항목으로서 포함되어 있었다. 또 그것은 2차 한일회담 시, 한국이 일본에 조회 요청한 대상 항목 속에도 들어가 있었으며 그 금액 역시 일치한다.

또 〈4. 조선총독부 도쿄사무소 재산 반환〉은 『배상조서』에서는 아직 규정되지 않았으나 4장에서 밝힌 바와 같이 1차 한일회담을 앞두고 이미 그에 대한 요구의 움직임은 포착되어 있었기 때문에 구체적인 요구 금액이 명시된 것을 제외하고 그 요구 자체는 새로운 것이 아니다.

주의가 필요한 것은 〈2. 8월 9일 이후 일본인이 한국 내 각 은행에서 인출한 예금액〉이다. 이 요구는 『배상조서』 이후 이승만 정권하에서 마련된

은 합계인 『배상조서』의 수치를 따랐다.

청구권 요구 관련 자료에서는 직접 확인되지 않는 항목이다. 또 그 요구액 2,669,443,332엔은 대일8항목요구 2항의 중심인 체신부 관련 요구액보다 오히려 많다. 상당한 규모가 되는 이 항목이 왜 그 이전의 한국정부 내부의 준비 과정에서 직접적으로 나타나지 않았는지는 불명하다. 그로 인해 이 요구는 장면 정권하에서 처음으로 추가된 새로운 요구로서 평가되기 쉽다. 그러나 그 가능성은 기본적으로 낮아 보인다. 실제 6장에서 언급한 이승만 정권하에서 작성된 1957년 초 무렵의 대일8항목요구에서는 2항의 총 요구액수가 5,634,722,252엔(추계)으로 산출되어 있었다. 이 합계액에는 그에 포함된 세부항목에 관한 직접적인 기술이 없어, 정확한 대조는 할 수 없다. 그러나 〈2. 8월 9일 이후 일본인이 한국 내 각 은행에서 인출한 예금액〉 2,669,443,332엔이 상당히 큰 액수라는 점, 그리고 그것을 포함한 『제문제』 2부의 합계액인 5,679,101,351엔이 1957년 초 이승만 정권이 산출한 금액과 사실상 일치하고 있는 점으로 미루어, 이 요구 항목 역시 적어도 이승만 정권하의 1957년 무렵에는 이미 2항 요구 속에 포함되어 있었음이 틀림없어 보인다.

다시 말해 비록 정식 방침으로서 작성된 것이 아니었으나 5차 한일회담 개최를 맞이해 당초 장면 정권이 정리한 대일8항목요구 2항 역시 이승만 정권하에서 이미 산출되었던 요구 내역들을 기본적으로 그대로 인계한 것으로 평가할 수 있다.

3) 3항

다음으로 장면 신 정권이 정리한 대일8항목요구 3항 〈1945년 8월 9일 이후 한국으로부터 이체 또는 송금된 금원을 반환할 것〉의 요구 내역과 이승만 정

표7-1-3 장면 정권이 정리한 3항 요구와 이승만 정권의 관계

『제문제』에서의 항목	금액(엔)	이승만 정권 시
1) 8월 9일 이후 조선은행 본점에서 재일본 도쿄 지점으로 이체 또는 송금된 금원	231,892,094	[금액은 확인되지 않음]
2) 8월 9일 이후 재한일본계 은행으로부터 일본으로 송금된 금원	661,428,722	[금액은 확인되지 않음]
합계	893,320,797	-

권의 관계를 정리한 것이 표7-1-3이다.[7]

장면 정권이 정리한 3항의 내역은 『배상조서』에는 애초 전혀 포함되지 않았다. 따라서 3항 요구가 명확히 나타난 것은 1차 한일회담에서 대일8항목요구가 제출되었을 때다. 그러나 이 3항에 관해서는 그 후에도 그에 속하는 세부항목 및 그에 해당하는 요구액들이 밝혀지지 않았다. 2차 한일회담 시에 최대 항목 수가 조회 청청으로서 제기되었을 때도 이 3항 요구에 해당하는 것은 직접 거론되지 않았다. 기록상 3항 요구액이 나타난 것은 1957년 초 무렵에 정리된 대일8항목요구 관련 자료[표6-2]에서 규정된 5,719,421,602엔(추계)이 처음이다. 그러나 장면 정권이 산출한 약 8.9억 엔과 이승만 정권하의 수치 약 57억 엔에는 너무나 큰 차이가 존재한다.

이와 같은 큰 차이가 발생한 이유를 직접 밝히는 자료는 없다. 그러나 후술하는 교섭 내용들을 감안할 때, 큰 차액이 생긴 이유는 1945년 8월 25일자로 조선은행 본점으로부터 도쿄 지점으로 이체된 국채 약 4,793,272,385엔을 3항에 포함할 것인가의 여부에서 연유한 것으로 생각해도 과오는 없어 보인다.

실제 장면 정권이 작성한 『제문제』에서는 이체된 국채의 존재를 3항에서

---

7 『韓日會談의 諸問題』76~79쪽에서 정리.

언급하면서도 그 문제가 5항 중의 일본계유가증권의 문제와 겹치므로 동 5항
에서 다룰 것을 명시하고 있다.[8] 그 수치인 약 47.9억 엔에 약 8.9억 엔을 더
하면 바로 1957년 초 이승만 정권이 산출한 금액 약 57억 엔과 사실상 일치
하므로 표면상 나타난 금액 차이는 이승만 정권이 3항 요구에 포함한 동 이체
국채를 장면 정권이 5항에서 다루기 위해 제외한 결과임이 틀림없다. 다시 말
해 그 금액 차이는 정권 교체에 따라 요구 항목 자체를 줄이는 등의 방침 변경
으로서 생긴 '질적 변화'가 아니라 포함시키는 위치의 변화에 따른 '조정'에 불
과했다.

1957년 초 무렵 이전의 자료에서는 동 3항의 요구액을 가리키는 자료가 없
다. 따라서 3항에 대한 요구액이 언제쯤 정리된 것인지를 정확히 밝혀내는 것
은 어렵다. 그러나 이체 국채를 포함시키는 위치 변경이라는 추측이 옳을 경
우 장면 정권하에서 정리된 그 값은 적어도 이승만 정권하의 1957년 초 무렵
에는 이미 산출되어 있었던 게 틀림없다. 즉 대일8항목요구 3항에 관해서도
장면 정권은 조선은행 본점으로부터 이체된 국채 항목의 취급 위치에 관한 수
정을 제외하고 이승만 정권하의 요구 내역을 답습한 것으로 판단된다.

4) 4항

이어 대일8항목요구 4항 〈1945년 8월 9일 현재 한국에 본사 또는 주 사무소
가 있는 법인의 재산 반환〉에 관해 장면 정권이 정리한 요구 내역과 이승만 정
권의 관계를 정리한 것이 표7 - 1 - 4이다.[9]

---

8   위의 문서, 78쪽.

표7-1-4 장면 정권이 정리한 4항 요구와 이승만 정권의 관계

『제문제』에서의 항목	금액(엔)	이승만 정권 시(엔)
연합국최고사령부 폐쇄기관령에 의하여 폐쇄 청산된 한국 내 금융기관의 재일지점 재산(조선은행, 조선식산은행, 조선금융조합연합회, 조선신탁회사)	6,473,883,489	3,232,302,775 (8,025,575,160 - 4,793,272,385)
전기 폐쇄기관 이외에 한국 국내에 본점을 보유한 법인의 재일재산(SCAPIN 1965호에 따른 일본 외에 본사를 둔 312사)	청구액 조사 미진(1951년 12월 15일 현재 약 10사에 대한 한국인 지분 25,757,730)	100,000,000 (추진)
합계	6,673,883,489	3,332,302,775

　4항은 『배상조서』에는 직접 포함되지 않았던 요구 항목이었다. 4장에서 논한 바와 같이 이 요구가 크게 다루어지기 시작한 것은 평화조약 체결 후, 한일회담 개최를 전망하면서 한국정부 내부에서 청구권 문제와 관련된 준비가 진행되는 과정에서의 일이었다. 그 결과 이 요구는 1차 한일회담에서 한국정부가 대일8항목요구를 제기했을 때 처음으로 4항 요구로서 그 모습을 드러냈다.

　2차 회담 시, 한국정부는 폐쇄기관 관련으로서 요구하는 대상 법인이 '조선은행', '조선식산은행', '조선금융조합연합회', '조선신탁회사'의 네 개 법인임을, 또 SCAPIN 1965호 관련이 349사임을 밝히고 있었다. 이 점에서 장면 정권은 전자에 관해서는 그것을 그대로 이어받은 반면 후자에 관해서는 대상 법인 수를 37사 줄인 것을 의미했다. 그러나 그것은 SCAPIN 1965호에 따라 실제 청산 대상이 된 법인이 312사였다는 데에 기인한 것이므로[10] 장면 정권이 요구하는 대상이나 근거를 바꾸는 등의 큰 수정을 도모한 것은 아니었다. 다

9　위의 문서, 79~98쪽에서 정리.

10　위의 문서, 97쪽.

시 말해 4항 요구 역시 이승만 정권의 요구 방침을 기본적으로 계승한 것으로 평가해도 무방하다.

그러나 요구액에 관해서는 표면상 큰 변화가 일어나고 있다. 상술한 바와 같이 1차 한일회담 개시 무렵, 동 4항 요구 관련의 검토를 가한 임송본의 건의서는 4차 한일회담 재개를 앞두고 다시 검토 대상이 되었다. 그에 의하면[표6-4] 4항 요구 첫째 항인 〈폐쇄기관 관리 재산〉에 대한 요구액은 3,232,302,775엔[이는 임송본이 직접 명시한 8,025,575,160엔으로부터 일본계 유가증권의 2중 계산 보정 4,793,272,385엔을 뺀 수치]이며 또 후자인 〈SCAPIN 1965호 정리 회사〉에 대한 요구액이 '추진' 액수로서 100,000,000엔, 총액 3,332,302,775엔이었다. 또 1957년 초, 이승만 정권이 동 4항에 대해 책정한 요구 총액은 합계 2,983,165,878엔(추계)[표6-2]이었다.

이와 비교해 장면 정권이 『제문제』에서 정리한 총액 6,673,883,489엔, 첫째 항목 6,473,883,489엔, 그리고 비록 '미정'으로 되어 있으나 일부 산출된 둘째 항목 관련 요구 25,757,730엔 모두 격차가 크다.[11] 이를 감안할 때, 비록 요구 항목에는 차이가 없을지언정, 요구액에 관해서는 시간의 경과에 따라 장면 정권이 보다 정확한 상황 파악의 결과로서 보다 신빙성 있는 수치를 내놓은 것으로 보기 쉽다.

그러나 일단 산출된 첫째 항목인 폐쇄기관의 네 개 법인의 요구액 6,473,883,489엔에 관해 장면 정권은 한국인 채권의 파악을 위한 조사가 아직 미진하다고 기술하고 있다.[12] 또 둘째 항목인 SCAPIN 1965호 관련의 요구액

---

11 또 하나 표6-2에서 명시한 바와 같이 1957년 초 이승만 정권하에서 작성된 수치에는 2,983,165,878엔과 더불어 가로선으로 지워진 '4,783,165,878엔'이라는 수치도 나와 있으나 이와 비교해도 격차는 크다.

12 『韓日會談의 諸問題』, 96쪽.

역시 공백으로 남기고 있다. 공백으로 된 이유는 바로 장면 정권이 『제문제』에서 1952년 1월 3일자로 한국에 전달된 1951년 12월 15일 현재 정리된 약 10사에 대한 한국인 지분 25,757,730엔만을 언급하고 있는 것에 잘 나타나 있다고 봐도 과오는 없을 것이다. 즉 SCAPIN 1965호 관련의 청산 대상 법인이 312사임에도 불구하고 한국은 1960년의 5차 회담을 앞두고도 1952년 1월 3일자로 한국에 전달된 약 10사 이상에 대한 신빙성 있는 금액을 파악하고 있지 않았다고 풀이된다.

따라서 본격적인 청구권 교섭 재개를 내다보면서 1960년 시점에서 장면 정권이 일단 산출한 각 요구 항목에 대한 액수 역시 교섭에서 제기할 수 있을 만큼 신빙성 있는 값들이었다고 보기는 어렵다. 실제 이 점은 후술하는 한일 직접 교섭에서도 동 4항에 대한 정식 요구액이 결국 한 번도 일본에 명확히 제기되지 않았던 사실에서 엿볼 수 있다.

5) 5항

1960년 시점에서 장면 정권이 정리한 마지막 5항〈한국 법인 또는 한국 자연인의 일본국 또는 일본 국민에 대한 국채, 공채, 일본은행권과 피징용 한인 미수금, 기타 청구권의 변제〉의 내역과 이승만 정권의 관계를 정리한 것이 표 7 – 1 – 5이다.[13]

장면 정권하에서 산출된 5항의 내역과 이승만 정권하에서 산출된 내역 중 확인 가능한 것을 비교하면 다음과 같이 정리할 수 있다.

---

13   위의 문서, 99~103쪽에서 정리.

표7-1-5 장면 정권이 정리한 5항 요구와 이승만 정권의 관계

『제문제』에서의 항목	금액, 대상자 수	이승만 정권 시
1) 일본계유가증권 (1945. 8. 9. 이후 조선은행 도쿄 지점으로 불법 이송된 국채도 포함)	7,455,998,887엔	4차 회담 시[표6-4] 7,432,194,605엔
2) 일본계통화	1,605,718,274엔	4차 회담 시[표6-4] 1,540,783,700엔
3) 피징용 한국인 미수금 (1950. 10. 21. SCAP 서한)	(추산)237,000,000엔	2차 회담 시 조회 항목 [표5-3] 5항-2)
4) 전쟁으로 인한 인적 피해에 대한 보상(배상 요구가 아니라 전후 일본이 자국민에 대해 보상한 정도의 요구)	• 대상자 10만 명 • 전몰자 1인당 5만 엔 • 가족부양료 1인당 10만 엔 • 부상자 1인당 10만 엔	『배상조서』 • 대상자 105,151명 • 전몰자 1인당 5천 엔 • 유가족 위자료 1인당 1만 엔 • 부상자 1인당 5천 엔
5) 한국인의 대일본정부 청구	306,194,910엔 연금 : 289,645,000엔(35,120명) 일시금 : 16,549,910엔(20,268명)	『배상조서』와 완전히 일치[표2-6]
6) 한국인의 대일본인(법인) 청구(33개 회사 중 생명보험 책임준비금 및 손해보험 미불보험금, 계약자 30만 명으로 추정)	473,336,159엔	4차 회담 시[표6-4] 생명보험 적립금 467,336,159엔

먼저 사실상 은급을 요구 대상으로 한 〈5〉 한국인의 대일본정부 청구〉는 『배상조서』의 내역과 완전히 일치하고 있다. 이 항목에 관해 이후 확인되는 새로운 움직임도 없었으므로 동 요구에 관해서는 『배상조서』 이후 사실상 어떠한 변화도 없었다고 봐도 무방하다. 한편 〈1〉 일본계유가증권〉, 〈2〉 일본계통화〉, 〈6〉 한국인의 대일본인(법인) 청구〉는 한일회담 개시 무렵 『배상조서』를 기반으로 임송본 대표가 정리한 건의서, 또 그것이 재수록된 4차 한일회담 관련 조서의 내용과 비교해 금액에 약간 차이가 난다. 그러나 그 차액은 크지

않으므로 자료의 재정리 등을 통한 작은 조정으로 보는 것이 타당하다.

한편 비록『배상조서』에서는 명확히 규정되지 않았으나 '237,000,000엔'이 계정된 ⟨③ 피징용 한국인 미수금⟩ 역시 이승만 정권하에서 이미 확인 가능한 항목이다. 5장에서 정리한 바와 같이 비록 그 명칭은 다르나 2차 한일회담의 조회 요청 5항의 두 번째 항목에는 ⟨한국인 피징용 노무자에 대한 제 미불금 공탁분에 관한 자료 조회⟩[표5 - 3]가 있다. '피징용 한국인 미수금'이라는 제목에는 '미불금 공탁분'이라는 직접적인 표현은 없으나『제문제』에서 직접 규정된 '1950. 10. 21. SCAP서한'이 후술할 위원회 토의에서 직접 언급되는 바로 일본에서 이루어졌던 한국인의 미불임금에 대한 공탁 상황을 통지한 것이었다는 점을 고려하면 그 양자가 같은 요구 항목을 뜻하는 것임은 틀림없다. 또한 2차 회담 시의 조회 요청에서는 비록 금액이 직접 제시되지 않았으나 장면 정권이 명시한 '237,000,000엔'이 바로 그 1950년 10월 21일자 SCAP서한에서 통지된 수치임을 생각하면 장면 정권이 명시한 요구액은 이승만 정권하에서 전달받았던 값을 그대로 유지한 것이었음이 틀림없다.

장면 정권하에서 정리된 요구 중, 주목되는 것은 ⟨④ 전쟁으로 인한 인적 피해에 대한 보상⟩ 문제였다. 이 산출과 관련해『제문제』는 대상자를 10만 명으로 하고 전몰자에 대해 1인당 5만 엔, 가족부양료로서 1인당 10만 엔, 그리고 부상자에 대해서는 1인당 10만 엔을 요구한다는 내역을 정리하고 있다. 대상자를 약 '10만 명'으로 한 것을 생각하면 그 수치는『배상조서』에서 거론되어 있었던 105,151명이 그대로 채용된 것으로 봐도 무방할 것이다.

그러나 요구 금액에 관해 장면 정권은 전몰자에 대해 5만 엔, 가족부양료로서 10만 엔, 그리고 부상자에 대해서도 10만 엔을 요구하는 등,『배상조서』에서의 해당 수치와 비교해 약 10배, 20배가량 늘어난 요구를 규정했다.『제문제』는 그 요구액 산출과 관련해 이 요구가 전승국이 요구하는 배상이 아니라 당시 일본 국민과 동일하게 징용된 점을 감안해 최소한 일본인과 같은 보상 정도를 요구하는 것이며 또 2차 회담, 3차 회담 시, 일본 역시 계산 기준을 일본인과 같이 취급할 것이라고 말했다고 지적하고 있다.[14] 장면 정권이 언급한 그 '일본인과 같은 보상 정도'가 직접 무엇을 가리키는지에 대한 설명은 없다. 그러나 5차 회담을 앞두고 요구액이 대폭 증가한 것은 전후 일본 국민들이 받게 된 보상 제도에 영향을 받은 결과임은 틀림없을 것이다.

실제 『배상조서』가 작성된 1949년에는 존재하지 않거나 또는 폐지되었던 군인·군속 등에 대한 보상이 앞서 언급한 원호법 및 1953년 8월에 부활된 군인은급 제도 등에 따라 이미 확대되어 있었다. 물론 이 보상 제도의 확립은 이승만 정권 때의 일이었다. 따라서 이러한 보상 제도 확립에 따른 영향이 반드시 장면 정권에 이르러 처음으로 미치게 되었다고 섣불리 판단하는 것은 적절하지 않을 수 있다. 현재 이들 보상 제도의 확립에 따라 『배상조서』 작성 후의 이승만 정권이 보상액을 얼마로 변경했는가, 또는 그 변경 사실 자체가 있었는가 등을 구체적으로 보여 주는 자료는 찾을 수 없다.

그러한 의미에서 혹시 대립을 거듭한 이승만 정권하에서는 이들 보상에 관한 구체적인 요구액 변경이 없었다면 이 피징용 한국인 피해자에 대한 보상 요구에 관해서는 장면 정권이 중요한 변경을 가했다고 평가할 수 있다. 그러나 『제문제』는 그 요구에 관해 "재검토를 요한다."[15]고 명확히 적고 있어, 이 요구 내역들 역시 충분한 검토를 거쳐 최종적으로 확정된 것이 아니었음을 내비치고 있다.

실제 확인 가능한 인원수 문제를 봐도 이 점은 짐작할 수 있다. 6장에서 언

14　위의 문서, 101쪽.
15　위의 문서, 102쪽.

급한 바와 같이 이승만 정권하의 1958년 4월 17일, 보건사회부는 외무부에 강제징용자로부터 배상에 대한 요망이 많다는 이유로 1958년 3월 31일 현재로 조사한 결과를 보냈었으나 그 대상 총수는 287,934명이었다. 즉 장면 정권은 『배상조서』 작성 후 한국정부 내부에서 추가적으로 이루어진 보상 대상 인원수의 수정 등을 충분히 반영하지 않고 『배상조서』의 수치로 되돌아가고 있는 상황이었다. 보상 문제에 관한 금액과 더불어 대상 인원수에 관해서도 『제문제』는 지극히 유동적인 단계에 머물러 있었음을 알 수 있다.

이상 5차 한일회담 재개를 앞두고 장면 정권이 재정리한 요구 내역들은 이승만 정권하의 요구에서 그 금액이 산출된 적이 없는 항목들에 대해 처음으로 구체적으로 요구액을 책정하거나, 또 일부 항목에 관해 금액 조정을 다시 하는 등 일정한 정도의 진전 또는 변화를 보이고 있다. 그러나 장면 정권 수립 후 처음으로 정리된 내역들은 『배상조서』 작성 이후 이승만 정권하에서 책정된 내역을 기본적으로 큰 방침 변경 없이 답습했다고 평가하는 것이 타당할 것이다. 물론 여기에는 아무리 정권 교체가 이루어져도 그간의 교섭을 통해 대일청구권 요구의 틀이 결정되어 있었으며 또 외교 교섭이라는 성격에 비추어 요구의 연속성이 필요하다는 사정이 작용했음은 충분히 상상할 수 있다.

그러나 언급해온 바와 같이 '엉성한' 『배상조서』 작성 후, 충분한 증빙이나 추가 검증 작업이 이루어졌다고 평가하기 어려운 이승만 정권하의 대일요구의 내역들을 기본적으로 답습했다는 사실은 5차 한일회담을 맞이한 장면 정권 역시 대일교섭에 있어서 설득력이 있는 구체적인 교섭 재료를 갖춘 것이 아니었음을 나타내고 있다. 실제 이와 같은 한국정부의 미진한 태세는 다음 장에서 논할 박정희 정권하의 교섭까지 포함해, 대일교섭 곳곳에서 드러나게 된다. 결국 한국은 충분한 준비도 없이 본격적인 청구권 교섭에 임한 것이었다.

2. 청구권 요구의 공식화와 그 차단 논리의 대두

1) 청구권 요구 항목의 정식 제시

1960년 11월 10일 시작된 5차 한일회담 1회 위원회에서 한국은 1957년 12월 31일자의 합의의사록에 따라 다시 대일8항목요구를 제출했다. 그러나 한국정부가 재차 제출한 대일8항목요구에는 표면상 일부 표현에 변화가 생겼다. 그에 따라 요구 내용에 일부 변화가 일어난 것으로 보이기 쉽다. 그 여부를 정확히 확인하기 위해 5차 회담에서 제출한 요구 내용과 1차 회담에서 이미 제기했던 내용을 정리하면 표7 - 2와 같다.[16]

표7 - 2를 보면 알 수 있듯이 표면상 요구 내용과 관련이 있는 것으로 보이는 수정이 1항과 5항에서 가해졌다. 먼저 1차 한일회담 시, '한국으로부터 가져간'이라고 표현되었던 1항은 '조선은행을 통하여'라고 수정되었다. 즉 '한국'이 '조선은행'으로 대폭 축소된 것이다. 그러나 이 수정은 의제의 구별에 따른 표현상의 조정에 불과했다. 실제 3회 위원회 석상에서 유창순 대표는 제

---

16 "제5차 한일예비회담 제1차 일반청구권 소위원회 회의록", 『제5차 한일예비회담 일반청구권 소위원회 회의록, 1 - 13차, 1960 - 61』, 11~12쪽 ; 「第5次日韓全面会談予備会談の一般請求権小委員会第1回会合」, 外務省日韓会談公開文書(문서번호 83), 7~8쪽.

표7-2 5차 한일회담에서 한국이 제기한 대일8항목요구와 1차 회담에서 제시한 동 요구 내용

구분	5차 한일회담에서 제시된 8항목	1차 한일회담에서 제시된 8항목
1항	조선은행을 통하여 반출된 지금과 지은의 반환을 청구함	한국으로부터 가져간 고서적, 미술품, 골동품, 기타 국보, 지도원판 및 지금과 지은을 반환할 것
2항	1945년 8월 9일 현재 일본정부의 대조선총독부 채무의 변제를 청구함	1945년 8월 9일 현재 일본정부의 대조선총독부 채무를 변제할 것
3항	1945년 8월 9일 이후 한국으로부터 이체 또는 송금된 금원의 반환을 청구함	1945년 8월 9일 이후 한국으로부터 이체 또는 송금된 금원을 반환할 것
4항	1945년 8월 9일 현재 한국에 본사(점) 또는 주 사무소가 있는 법인의 재일재산의 반환을 청구함	1945년 8월 9일 현재 한국에 본사(점) 또는 주된 사무소가 있는 법인의 재일재산을 반환할 것
5항	한국 법인 또는 한국 자연인의 일본국 또는 일본 국민에 대한 일본국채, 공채, 일본은행권, 피징용 한인의 미수금, 보상금 또는 기타 청구권의 변제를 청구함	한국 법인 또는 한국 자연인의 일본국 또는 일본 국민에 대한 일본국채·공채, 일본은행권, 피징용 한인 미수금 기타 청구권을 변제할 것
6항	한국 법인 또는 한국 자연인 소유의 일본 법인의 주식 또는 기타 증권을 법적으로 인정할 것을 청구함	한국 법인 또는 한국 자연인 소유의 일본 법인의 주식 또는 기타 증권을 법적으로 인정할 것
7항	전기 제 재산 또는 청구권에서 생한 제 과실의 반환을 청구함	전기 제 재산 또는 청구권에서 생한 제 과실을 반환할 것
8항	전기 반환 및 결제는 협정 성립 후 즉시 개시하여 늦어도 6개월 이내에 종료할 것	전기 반환 및 결제는 협정 성립 후 즉시 개시하여 늦어도 6개월 이내에 종료할 것

목 변경의 이유와 관련해 그것이 1차 회담에서 청구권 문제를 제기했을 때, 1항에 문화재 반환 요구 등을 같이 포함하고 있었으나 이제 그 의제가 별도의 주제로서 다른 위원회에서 다루어지게 된 데 따른 수정이라고 언급했다.[17] 즉 '한국'에서 '조선은행'으로의 '축소'는 1항의 청구 대상이 사실상 지금·지은으

---

17 "제5차 한일예비회담 일반청구권 소위원회 제3차 회의 회의록", 위의 한국문서, 29쪽 ; 「第5次日韓全面会談予備会談の一般請求権小委員会第3回会合」, 外務省日韓会談公開文書(문서번호 85), 6쪽.

로 한정됨에 따라 그 반출의 출처를 명확히 하기 위한 수정에 불과했다.

또 하나, 5항 중의 피징용 한국인 관련의 표현 속에 '미수금'과 더불어 '보상금'이 추가되었다. 그러나 이 '추가' 역시 새롭게 보상 항목을 늘리기 위한 수정으로 보는 것은 적절하지 않다. 실제 1차 한일회담에서도 동 5항에는 '미수금' 개념과 거리가 있는 〈태평양전쟁 중의 한인 전몰자 조위금 및 유족 위자료〉, 〈태평양전쟁 중의 한인 상병자 위자료 및 원호금〉 등이 이미 제기되어 있었다. 또 이하 보듯이 '보상' 개념의 추가에 따라 한국이 그 이전에 제기하지 않았던 새로운 항목을 5차 회담에서 추가한 사실도 없다. 다시 말해 '보상금'의 추가는 1차 한일회담에서 '미수금' 이외의 '보상' 요구가 이미 포함되어 있었던 실태에 맞추기 위한 제목상의 수정으로 보는 것이 타당하다.

장면 정권은 이상과 같이 본격적인 대일교섭의 개시에 즈음하여 요구의 실태에 맞추어 표현을 수정하는 등의 섬세한 대응을 취했다. 그러나 결국 이승만 정권하의 대일청구 구성을 바꾸는 등의 큰 수정을 도모하는 일은 없었다고 판단된다.

5차 한일회담이 무엇보다 중요한 것은 한일회담 교섭에서 처음으로 대일 8항목요구에 속하는 구체적인 세부항목들이 정식 요구 항목으로서 제기된 점이었다. 이미 언급한 바와 같이 1차 한일회담 시, 한국은 일부 세부항목을 제시했었다. 그러나 그것은 잠정적으로 제시된 것에 불과했으며 확정된 정식 요구 항목이 아니었다. 또 한국은 2차 회담 당시 세 번에 걸친 비망록을 통해 청구권 세부항목들을 보다 확대했었다. 그러나 그 역시 한국정부의 공식 요구로서 제기된 것이 아니라 어디까지나 실무적인 토의 진행을 위한 조회 요청이었다. 즉 비록 각 항목에 해당하는 금액들까지 구체적으로 제기된 것은 아니었으나 세부항목까지 포함한 한국정부의 공식적 대일청구는 5차 회담에 이르러 처음으로 그 윤곽을 정식으로 드러낸 것이었다.

한국은 11월 18일 열린 2차 위원회 석상에서 향후 토의할 각 세부항목들을 제시했다. 그럼 장면 정권이 정식으로 제기한 그 요구 내용들은 회담 개시 전에 동 신 정권 자신이 참고를 위해 내부적으로 정리했던『제문제』의 내용에서 어떤 변경을 거치게 되었는가? 다시 말해 "본 책자에는 우리 정부의 앞으로의 방침이나 입장이 제시되어 있지는 않습니다."라고 하면서 정리한 요구 항목 중, 장면 정권은 실제 어느 항목들을 정식 요구 '방침'으로 정했는가? 그것을 확인하기 위해 위원회에서 한국이 실제 제시한 항목들과『제문제』내용의 대조를 정리한 것이 표7 - 3이다.[18]

표7 - 3을 보면 알 수 있듯이 한국정부가 일본에 직접 제기한 세부항목들은 『제문제』에서 정리된 요구 내역을 거의 그대로 실제 요구 대상으로 삼았음을 확인할 수 있다. 그러나 대일8항목요구 2항에 관해 일부 삭제가 이루어졌다. 그 대상은 체신부 관계 중의 〈1 - 2) 저금 이자〉, 〈1 - 4) 사고금〉[표7 - 1 - 2]이 었다. 그들이 제외된 직접적인 이유를 밝히는 자료는 없으나 이자는 대일8항목요구 7항으로서 일괄 청구하는 요구 방식을 취하고 있었음에 따른 조치로 봐도 무방할 것이다. 또 사고금은 실제로 타결을 위해 진행하고자 하는 위원회 토의를 맞이해 지엽적인 항목들을 빼는 판단 등이 작용한 것으로 봐도 큰 과오는 없을 것이다.[19] 한편『제문제』에서 6항은 직접 거론되지 않았으나 그 항이 1차 회담 시부터 명확히 규정되어 있었던 점을 상기하면 그것이 위원회 토의에 즈음하여 새롭게 추가된 것이 아님은 분명하다.

---

18 "한국의 대일청구 요강(개략 설명)", 위의 한국문서, 21~23쪽 ;「第5次日韓全面会談 予備会談の一般請求権小委員会第2回会合」, 外務省日韓会談公開文書(문서번호 84), 5~8쪽에서 정리. 단 구체적인 내용을 담지 않은 7항, 8항은 제외했다.
19 요구 항목에는 '기타'가 있으나 그 '기타'에 〈1 - 2) 저금 이자〉, 〈1 - 4) 사고금〉이 포함된 사실도 없다.

표7-3 2회 위원회에서 한국이 제시한 대일8항목요구의 각 세부항목과 『제문제』의 관계

구분		세부항목	『제문제』
1	지금·지은	1909년부터 1945년까지의 기간 중 일본이 조선은행을 통해 반출하여 간 것임	1항
2	1) 체신부 관계	a) 우편저금, 진체저금, 우편위체 등	2항, 1-1)
		b) 국채 및 저축채권 등	2항, 1-3)
		c) 조선간이생명보험 및 우편연금 관계	2항, 1-5)
		d) 해외 위체저금 및 채권	2항, 1-6)
		e) 태평양미국육군총사령부포고령 제3호[20]로 인해 동결된 한국 수취금	2항, 1-7)
		f) 기타	-
	2) 1945년 8월 9일 이후 일본인이 한국 내 각 은행에서 인출한 예금액		2항, 2
	3) 한국에서 수입된 국고금 중, 무실세출로 인한 한국 수취금 관계		2항, 3
	4) 조선총독부 도쿄사무소 재산		2항, 4
	5) 기타		-
3	1) 8월 9일 이후 조선은행 본점에서 재일본 도쿄 지점으로 이체 또는 송금된 금원		3항
	2) 8월 9일 이후 재한 금융기관을 통하여 일본으로 송금된 금원		3항
	3) 기타		-
4	1) 연합국최고사령부 폐쇄기관령에 의하여 폐쇄 청산된 한국 내 금융기관의 재일지점 재산		4항
	2) SCAPIN 1965호에 의하여 폐쇄된 한국 내 본점 보유 법인의 재일 재산		4항
	3) 기타		-

---

20 2차 위원회에서 한국은 당초 '군정법령 3호'라고 제시했으나 그 후 '포고령 3호'로 수정했다. 「韓国の対日請求要綱(概略説明)の訂正に関する件」, 外務省日韓会談公開文書 (문서번호 84내), 1쪽.

구분	세부항목	『제문제』
5	1) 일본계유가증권	5항-1)
	2) 일본계통화	5항-2)
	3) 피징용자 미수금	5항-3)
	4) 전쟁으로 인한 피징용자의 피해에 대한 보상	5항-4)
	5) 한국인의 대일본정부 청구 은급 관계 및 기타	5항-5)
	6) 한국인의 대일본인 또는 법인 청구	5항-6)
	7) 기타	-
6	1945년 8월 9일 현재 한국 법인 또는 한국 자연인이 소유하고 있었던 일본 법인의 주식 또는 증권은 앞으로도 계속 유효한 것으로 법적으로 인정할 것	-

주석 : -는 『제문제』에서 해당 기술이 없음을 뜻함.

2차 위원회에서 한국이 세부항목을 정식으로 제시함에 따라 3차 위원회 [1960년 12월 10일]부터는 일단 각 세부 사항에 대한 구체적인 토의가 시작되었다.

먼저 3차 위원회에서는 1항 지금·지은에 대한 토의가 일부 진행되었다.[21] 한국은 지금·지은의 반환 요구에 대해서 그것이 통화 발행 준비금으로서 보존되었어야 하는 것임에도 불구하고 일본에 의해 처분되었다는 것, 다시 말해 일본이 통화 제도의 원칙을 어긴 점에 그 반환 근거를 찾은 것임을 밝혔다. 즉 통화 발행 준비로서의 성격을 지닌 지금·지은은 그대로 조선은행에 보관해 두었어야 했다는 것이 한국의 반환 요구 논리였다.

---

21 이하 3회 위원회에서의 지금·지은에 관한 토의는 "제5차 한일예비회담 일반청구권 소위원회 제3차 회의 회의록", 『제5차 한일예비회담 일반청구권 소위원회 회의록, 1-13차, 1960-61』, 29~30쪽 ; 「第5次日韓全面会談予備会談の一般請求権小委員会第3回会合」, 外務省日韓会談公開文書(문서번호 85), 7~8쪽에서 정리.

그러나 주의해야 하는 것은 이 요구가 일방적인 반환을 요구하려는 것이 아니었다는 점이다. 한국정부의 주장에 대해 일본은 그 자리에서 지금·지은의 반출에 즈음하여서는 정당한 대가를 지불했다고 반론했다. 그에 대해 한국은 일본이 지불한 가격에 대해서는 그것을 엔화로 지불할 용의가 있음을 밝혔다. 즉 지금·지은의 요구는 현재 남아 있는 문화재 반환 문제 등과 같이 일방적인 반환을 촉구한 것이 아니라 사실상 재매매를 통한 원상복귀를 요구한 것이었다. 물론 이는 『배상조서』에서 이미 명확히 제시되어 있었던 방침이었다. 즉 한국은 청구권 요구의 정식 제시에 즈음하여 지금·지은의 반출이 약탈로 인한 것이 아니라 일단 매매 형식을 통한 합법적인 행위의 결과임을 인정하고 지금·지은을 다시 사들이는 형식으로 문제를 해결할 방침을 유지한 것이었다.

그러나 이와 같이 일단 시작된 청구권 세부항목에 관한 토의는 그 후 좀처럼 진전되지 않았다. 한국은 다음 4회 위원회에서 청구권 토의가 진전되지 않는 데 대하여 유감을 표시하고 조속한 항목별 토의에 들어갈 것을 촉구했다.[22] 그러나 일본은 그 후에도 한동안 구체적인 반응을 보이지 않았다. 그 결과 청구권 토의는 3회 위원회 후 약 3개월간 사실상 아무런 진전이 없었다. 그간 열린 4차 위원회[1961년 2월 3일], 5차 위원회[1961년 3월 8일]에서는 향후 진행할 토의의 방식 등에 대한 간단한 의견 교환만이 이루어졌을 뿐, 교섭 진전을 위한 세부항목들에 대한 실질적인 토의는 일절 없었다.[23]

---

22 "제5차 한일예비회담 한국청구권 위원회 일반청구권 소위원회 제4차 회의 회의록", 위의 한국문서, 102쪽 ; 「第5次日韓全面会談予備会談の一般請求権小委員会第4回会合」, 外務省日韓会談公開文書(문서번호 86), 2~3쪽.

23 4차 위원회 회의록은 위의 한국문서, 100~103쪽 ; 위의 일본문서. 또 5차 위원회 회의록 "제5차 한일회담 예비회담 일반청구권 소위원회", 위의 한국문서, 119~126쪽 ; 「第5次日韓全面会談予備会談の一般請求権小委員会第5回会合」, 外務省日韓会談公開文書(문서번호 87).

2) 일본의 교섭 전략

일본이 청구권 토의의 진전을 서두르지 않았던 이유는 5차 한일회담에 임하는 일본정부의 교섭 전략과 준비 태세에 관한 내부 사정에 따른 것이었다.

제2공화국 출범을 맞이해 외무성은 1960년 8월 25일 5차 한일회담에 임하는 기본 방침을 세웠다. 그 방침에서는 한국의 신 정권 성립에 따라 한일 간의 공기가 호전되고 있으며 또 과거의 경위를 고려할 때, 일본이 기본적인 다짐을 하고(肚を決める) 그것을 한국에 제시하지 않는 한 이 이상 회담의 진전은 어렵다고 전망하고 있었다. 그에 따라 이승만 정권 말기에 어업 문제에 대해 한국이 타협하지 않는 한 교섭을 진전시키지 않겠다고 한 종래의 방침을 수정하고 각 문제마다 해결해 나간다는 방침까지 구상했다.

그러나 청구권 문제에 관해서는 동 교섭이 지극히 어렵고 장기화될 것, 한국과의 해결로 인해 북한과의 문제가 발생할 것, 그리고 국내적으로도 한국에 재산을 보유한 자에 대한 국내 보상 문제를 야기할 수 있다는 것 등의 이유로 국교정상화 이후로 타결을 미루도록 노력할 것이 정해졌다.[24] 즉 5차 회담을

---

24 「第5次日韓全面会談に関する基本方針(案)(閣議了解案)」, 外務省日韓会談公開文書 (문서번호 1407), 1~2쪽 ; 4쪽에서 정리. 다만 주의해야 하는 것은 이 안은 이승만 집권 말기에 이미 세워졌던 방침이라는 점이다. 외무성은 4월 11일부터 한일회담에 대한 방침으로 본론에서 말한 교섭 방침을 세우기 시작했으며 일단 그 방침안은 4월 16일자로 정식으로 작성되어 있었다. (그 검토 작업의 흐름은 「日韓全面会談に関する基本方針 (案)(閣議了解案)」, 外務省日韓会談公開文書(문서번호 1403)로 정리되어 있다.) 제2공화국 출범 후 8월 25일자로 작성된 이 방침은 실은 동 4월 16일자 방침안과 기본적으로 같다. 따라서 8월 25일에 정해진 방침을 한국의 신 정권 성립에 따른 방침 변화로 보는 것은 적절하지 않다. 이 방침을 입안한 이유에 관해서 4월 13일 이세키(伊関佑二郎) 아시아국장은 대장성 등 관계 각 성에 대해 한일회담을 타결시키기 위해서는 과거의 회담 경위를 감안해 이 방침안 이외는 생각할 수 없으며 이 안은 한일 간의 공기가 호전되었기 때문이라기보다 오랫동안의 회담 경위를 고려한 결과라고 설명하고 있다. 「日韓全面

앞두고 일본은 이승만 정권 붕괴에 따른 교섭 환경의 개선을 이용해서 조속한 타결을 도모할 생각을 가지면서도 오히려 그를 위해 청구권 문제에는 깊이 들어가지 않는 방안을 염두에 두고 있었던 것이었다.

그것뿐이 아니다. 일본정부는 이 무렵부터 청구권 문제의 해결을 위해 경제원조로 인한 해결 방안을 본격적으로 모색하기 시작했다. 일본정부는 다가오는 회담 재개에 대비하기 위해 9월 중순부터 10월에 걸쳐, 보다 구체적인 교섭 방침을 검토했다. 9월 12일 이세키(伊関佑二郎) 아시아국장은 관계 각 성과의 사전 협의에서 한국과의 타협을 위해 문화재나 선박 등 일부를 증여하거나 기타 경제원조를 함으로써, 청구권 문제는 직접 언급하지 않는(触れない) 해결 방안을 내비치고 있다. 보다 정확히 그 방안은 협정에서는 청구권 문제를 장래의 특별조정 대상에 부치면서도 사실상 장래에 다루지 않는 타이완과의 해결 방식을 뜻하는 것이었다.[25] 즉 협정상, 청구권 문제 해결을 국교정상화 후의 숙제로 남기면서도 문화재나 선박에서 일부 양보하고 또 경제원조를 실시함으로써 향후 '청구권' 교섭은 진행하지 않고 문제를 실질적으로 소멸시키는 방안을 구상한 것이었다.

또한 외무성은 이상의 타이완 방식과 더불어 보다 직접적인 방안도 구상했다. 10월 6일 외무성은 청구권 문제를 상호 포기로 이끌기 위한 유인책으로서 경제원조 방안을 활용할 것을 밝혔다.[26] 즉 청구권 문제를 국교정상화 후의 숙

会談の基本方針に関し関係各省と打合せの件」, 外務省日韓会談公開文書(문서번호 1404), 5쪽. 즉 외무성은 이 안을 과거의 교섭 경위를 고려한 선택의 여지없는 필연적인 귀결이라고 생각하고 있었던 것이다.

25 「第5次日韓会談に対する日本側基本方針決定のための第一回各省代表打合会議概要」, 外務省日韓会談公開文書(문서번호 1408), 6~7쪽.

26 「日韓会談準備のための省内打合会に関する件」, 外務省日韓会談公開文書(문서번호 1408내), 5쪽.

제로 남기는 일 없이 협정상으로도 경제원조로 인해 청구권 문제 자체를 해결하는 방안을 구상한 것이었다.

5차 회담을 앞두고 일본은 그 해결 방안과 더불어 당초의 교섭 진행 방식에 관한 구상도 굳혔다. 10월 14일의 사전 협의에서 대장성이 정치적인 의미가 없으며 따라서 순수 청구권으로서 인정하기 쉬운 미불급여 등도 화폐가치의 변동을 고려하면 현실적으로 처리하기 어려우며 또 위로금 같은 방식으로 지출하는 것 역시 타이완이나 중국과의 처리에 영향을 미친다고 우려하자, 외무성은 위원회 토의에서는 결국 "숫자로 이야기를 결정하는 것은 불가능하다."는 것을 한국에게 납득시킬 필요가 있음을 밝히고 있다.[27] 즉 외무성은 현실적인 타결을 전망한 5차 회담에 이르러, 위원회 토의를 청구권으로서 문제를 해결하기 위해 진행하는 것이 아니라 반대로 그 명칭으로서는 해결하는 것이 어렵다는 것을 각인시키기 위한 장으로 활용할 것을 구상하고 있었던 것이다.

이와 같이 5차 한일회담 개최를 앞두고 일본정부는 청구권 문제를 국교정상화 이후로 남기거나 또는 경제원조를 통해 일괄 해결하는 방안 등을 내다보면서 위원회 토의를 청구권으로서의 문제 처리가 사실상 불가능하다는 것을 한국에게 주지시키는 장으로 할 것을 다짐하고 있었다. 그를 위해서도 일본은 한국이 원하는 신속한 토의에 응할 필요가 없었다.

그러나 재개된 5차 회담이 당초 가동하지 않았던 이유는 그것만이 아니었다. 회담 개최에 즈음하여 일본정부는 청구권 문제와 관련해 또 하나 중요한 문제에 대한 입장을 정리하고 있었다. 그것은 현실적인 타결을 전망하면서 이북 지역과 관계되는 청구권 문제를 한국과의 협정에서 제외할 것인가를 최종

---

27 「第5次日韓会談に臨む日本側態度決定のための第3回各省代表打合会議概要」, 外務省日韓会談公開文書(문서번호 1408내), 10~11쪽.

적으로 결정하는 작업이었다.

4장에서 확인한 바와 같이 1차 한일회담 개최에 즈음하여 당초 일본은 이북 지역의 청구권 문제를 한국과의 처리에 포함할 구상을 가지고 있었다. 그것은 한국전쟁 중, 한국을 지원하는 유엔 입장과의 정합성을 고려해야 한다는 사정과 한국이 일본에 요구할 청구권 액수의 크기에 대비한 예방책이었다. 그러나 회담 직전 남한에 소재한 일본인 재산에 대한 청구권을 요구하는 논리로 회담에 임할 방침을 정한 일본은 이북과의 청구권 문제 처리에 관한 입장을 숙제로 남겼다. 그것이 구체화되기 시작한 것은 4차 한일회담 개시 무렵의 일이었다. 오랜 단절 끝에 겨우 재개에 이른 회담이었기에 당초 회담의 진전을 고려한 일본정부는 현실적인 문제 해결의 가능성을 염두에 두면서 이북 지역의 청구권 문제를 한국과의 교섭에서 제외할 방침을 굳히기 시작했다. 그 배경에는 한국의 대일청구권에 대한 일정한 파악, 그리고 무엇보다 1952년 및 1957년 미각서의 전달로 인해 이제 한국의 일방적인 대일청구권을 봉쇄할 수 있다는 조건이 작용했다. 그러나 북송사업 등에 봉착한 4차 한일회담은 상호의 불신감으로 인해 전혀 움직이지 않았다. 그에 따라 이북 지역의 청구권 문제가 수면 위에 오르는 일 역시 없었다.

그러나 이승만 정권 붕괴로 인한 극적인 조건 변화에 따라 일본정부 역시 교섭의 현실적인 타결을 의식하는 상황에 이르게 되자 이북 지역의 청구권 처리 문제를 한국정부와의 교섭에서 공식화해야 하는 과제에 직면하게 되었다. 이 시기, 일본정부가 이북 지역의 청구권 문제에 관한 입장을 본격적으로 정리한 것은 바로 이러한 상황을 반영한 것이 틀림없다.

1960년 10월 10일, 외무성은 한반도에서 한국정부의 법적 취급의 문제에 관해 선택할 수 있는 가능성을 다음 네 가지로 분류하고 있다. 그 네 가지는 대한민국만을 한반도 전역에 걸친 영역을 보유하는 유일한 국가로서 지역 전체에 대한 관할권을 가진 것으로 인정하는 입장, 대한민국만을 한반도 전역에 걸친 영역을 보유하는 유일한 국가로 승인하면서도 현실적으로는 38도선 이남에만 그 관할권이 미친다고 간주하는 입장, 대한민국만을 한반도에 성립된 유일한 국가로 승인하면서도 그 영토는 전 한반도로 간주하지 않고 법률적으로 관할권은 이남 지역에만 한정된다는 입장을 취하고 이북 지역의 문제는 미결정으로 남기는 입장, 그리고 대한민국 및 북한을 두 개의 국가로서 승인하고 당연히 한국의 관할권은 38도선 이남에 한정된다는 입장이었다.[28]

그러나 한국과의 교섭에서 북한을 정식 국가로 인정하는 마지막 네 번째 안은 애초 현실적으로 불가능했다. 실제 20일, 외무성은 이상의 네 가지 안 중, 한국과 북한을 두 개의 국가로 인정하는 마지막 선택을 사실상 배제하고 남은 세 가지 안과 관련된 논점들만을 검토하고 있다.[29]

또 그 다음 날 21일, 외무성은 한국의 법적 지위와 청구권 문제 처리를 규정한 평화조약 4조(a)항의 관계를 고찰했다. 평화조약 4조(a)항은 청구권 문제를 각 시정당국과 처리할 것을 규정하고 있으며 따라서 이북 지역의 문제에 관해서는 실질적으로 그 지역에 지배권을 행사하고 있는 북한 당국과 교섭해야 할 것, 그것을 무시하고 한국과 이북 지역의 문제를 협정하는 것은 평화조약 4조(a)항에 어긋난다는 견해가 성립될 것, 따라서 교섭에서는 대한민국의 관할권이 법률적으로도 사실적으로도 38도선 이남에 한정된다는 입장을 취할 필요성이 있다는 것 등을 지적했다. 물론 이러한 지적은 이북 지역의 문제를 한국과의 처리에서 제외할 것을 밝힌 것이었다. 그러나 외무성이 그 검토 단계에

---

28 「大韓民国管轄権の限界(討議用問題点)未定稿」, 外務省日韓会談公開文書(문서번호 1839), 2~3쪽.

29 「大韓民国管轄権の限界(討議用問題点)」, 外務省日韓会談公開文書(문서번호 1839 내), 2~7쪽.

서는 아직 평화조약 4조(a)항에 있는 시정당국을 '법률적으로 한반도에 관할권을 보유하고 있는 당국'으로 해석한다면 한국의 관할권이 38도선 이북에도 미친다는 것을 인정하고 협정할 수 있다는 대안도 남기고 있는 점에는 주의가 필요하다.[30] 즉 일본정부는 동 4조에 나온 '시정당국'을 법적으로 정식 승인을 받은 합법정부에만 한정하고 북한은 그에 해당하지 않는다는 입장을 취함으로써 이북 지역의 청구권 문제를 한국과 협정할 수 있는 여지를 남기고 있었던 것이다. 한국과의 교섭을 현실적으로 진행하는 데는 타협점을 찾아야 한다는 점도 무시할 수 없었다.

그러나 청구권 교섭이 진행 중인 1960년 12월, 외무성은 이북 문제에 대한 방침을 최종적으로 정했다. 12월 1일 토의용으로 정리된 초고에서 외무성은 한국의 법적 지위에 관해서는 조약으로서 명시하지 않고 1948년 유엔결의 195(Ⅲ)호의 취지에 따라 북한 당국의 존재를 완전히 부정하는 일이 없도록 하고, 한국정부가 실효적 지배권을 행사하고 있는 지역은 남한에 한정된다는 해석을 관련 조약에서 도출할 수 있도록 하는 것이 적절하다는 결론을 내렸다.[31] 보다 구체적으로 외무성은 두 가지 가능성을 고려하고 있었다. 즉 그것은 한반도에서 유일한 합법정부임을 인정한 유엔결의 195(Ⅲ)호가 한국정부의 관할권을 법적으로도 실효적으로도 남한에 한정하고 있다고 해석하는 입장과 또 하나 법적 관할권은 이북까지 미치면서도 실효적 관할권은 남한에 한정된다는 두 가지 해석이었다. 그중 일본정부는 비록 한국이나 국회에 대한 설명으로서는 그것을 분명히 하지 않음을 다짐하면서도 후자의 입장을 취할 것을

---

30 「大韓民国と請求権を処理する場合の問題点(未定稿)」, 外務省日韓会談公開文書(문서번호 1602), 1~2쪽.

31 이하 검토의 내용에 관해서는 「日韓交渉における日本政府の立場に関する法律上の問題点(討議用資料)」, 外務省日韓会談公開文書(문서번호 1410), 1~2쪽에서 정리.

정리했다. 즉 일본정부는 한국정부만을 합법정부로 승인하는 입장에서 법적
으로는 한국의 관할권이 이북에 미치나 현실적인 조치를 강구하는 데는 그 관
할권이 이남 지역에만 한정된다는 현실주의적인 입장을 취할 것을 정식으로
정한 것이었다. 물론 이것은 유엔결의 195(Ⅲ)호의 취지, 평화조약 4조의 규정
내용, 한국과의 타협 가능성, 그리고 장래의 한반도 정세의 불투명함에 대한
대비 등을 종합적으로 고려한 판단이었다.

외무성은 한반도에 대한 한국정부의 법적 지위를 이상과 같이 정리한 후,
그에 따라 귀결되는 청구권 문제 처리의 원칙을 다음과 같이 논리적으로 도출
했다. 즉 그것은 평화조약 4조-(a)항이 청구권 처리를 각 시정당국과의 특별취
급의 주제로 지시하고 있으므로 한국정부가 이북 지역에 대해 현실적으로 시
정을 행하고 있다고 간주하는 것이 불가능한 이상, 조약의 취지에 따라 한국
과 처리할 청구권 문제는 남한에 한정해야 한다는 것이었다.[32]

---

32 위의 문서, 9쪽. 단 동 12월 1일의 검토에서 한국과의 청구권 문제를 남한에 한정하는
　　방침을 정하면서도 한국과의 교섭에서는 한국의 시정하에 있지 않은 지역의 청구권 문
　　제는 그 지역이 향후 한국의 시정하에 들어갔을 때에 처리하는 취지를 따로 협정하는 방
　　법도 구상하고 있었음은 주목할 만하다.
　　또 동 검토에서 외무성은 이북 지역의 청구권 문제에 관해서는 일단 북한 당국과 교섭할
　　가능성을 내비쳤으나 그 입장은 결코 이북 지역의 청구권 문제에 관해 그 지역에 시정권
　　을 행사하고 있는 북한 당국이 그 교섭 권리를 보유하고 있음을 자동적으로 인정하는 것
　　은 아니었다. 주지하는 바와 같이 평화조약 4조 규정은 동 21조로 인한 수혜국으로서 그
　　권리가 부여되었으나 일본정부는 그 21조로 인한 조약 수혜국은 유엔에서 인정한 합법
　　정부에만 적용된다는 입장으로 북한이 실제 이북 지역에 시정권을 행사하고 있다고 해
　　도 일본정부는 평화조약 규정에 따라 자동적으로 북한 당국과 교섭할 의무를 진 것이 아
　　니라는 입장을 취하고 있다. 그러나 동시에 의무가 없다는 것은 교섭을 진행하지 못하는
　　것을 뜻하지 않는다는 입장을 동시에 취함으로써 일본정부가 독자적인 판단에 따라 자
　　진해서 교섭할 경우는 그것이 가능하다는 입장도 취하고 있다. 외무성은 장래의 유동적
　　인 정세를 고려하면서 어떤 상황에도 대응할 수 있는 유연한 법적 입장을 준비하고 있었
　　던 것이다.

12월 1일자로 토의용으로서 정리된 이 검토 내용은 결국 12월 6일 "한일교섭에서의 일본정부의 입장에 관한 법률상의 문제점"으로서 채용되었다.[33] 그리고 12월 6일자의 이 문서가 그 후 한일교섭 관련의 중요한 문서들을 모은 자료집에 그대로 수록되어 있는 점[34], 무엇보다 이 문서에서 정해진 방침이 이후 한일교섭에서 실제 일본정부가 일관되게 취한 입장이었다는 점 등을 고려하면 1960년 12월 초 무렵에 정해진 이 입장이 일본정부의 최종적인 방침이 된 것은 틀림없다.

바로 현실적인 타결을 전망한 일본이 5차 회담 당초 청구권 교섭에 적극 나서지 않았던 또 하나의 배경에는 오히려 타결을 실현하기 위해서 꼭 필요한 이북 지역과의 청구권 문제에 관한 최종적인 입장 정리가 필요했다는 사정이 있었던 것이다.

그러나 이북 지역의 문제를 한국과의 교섭에서 제외할 것을 정식 입장으로 삼은 일본정부에게는 염려스러운 과제가 하나 생겼다. 그것은 한국의 대일청구권 요구에 대해 그것을 봉쇄하는 수단이 약해진다는 부작용이었다. 이북 지역의 청구권을 한국과의 교섭에서 제외할 것을 결정한 일본정부에게는 반대로 몰수 조치가 이루어지지 않는 이북 지역의 일본인 재산을 활용해, 한국의 대일청구권을 봉쇄한다는 선택이 원천적으로 불가능해졌다. 따라서 청구권 문제를 남한에 한정할 것을 결정한 일본정부로서는 현실적인 교섭을 진행하기에 앞서 한국의 일방적인 대일청구를 봉쇄하는 적절한 조치를 먼저 취할 필요가 있었다. 바로 그것은 재한일본인 재산 포기를 약속하는 데 핵심적인 담

---

33 「日韓交渉における日本政府の立場に関する法律上の問題点」, 外務省日韓会談公開文書(문서번호 1410내).

34 이는 1962년 7월의 「日韓交渉関係法律問題調書集」, 外務省日韓会談公開文書(문서번호 1881), 1~5쪽에 수록.

보가 되었던 1957년 미각서를 적극 활용하는 방안이었다. 일단 개최된 5차 회담 위원회가 좀처럼 진전되지 않았던 이유의 핵심에는 동 각서 공표 문제가 깔려 있었다. 실제 한국이 주장한 구체적인 항목 토의에 일본이 응한 것은 결국 1957년 미각서의 공표 후의 일이었다.

6장에서 언급한 바와 같이 4차 한일회담 재개에 즈음하여 한일 간에는 청구권 문제에 대한 합의의사록이 교환되었다. 그러나 그 합의의 토대가 된 1957년 미각서는 당분간 공표하지 않을 것이 약속됨에 따라 5차 회담 당초까지는 비밀에 부쳐졌다. 그 각서는 재개될 한일교섭을 재한일본인 재산을 한국이 취득함으로 인해 한국의 대일청구권이 얼마만큼 소멸 또는 충족되었는가를 결정하는 교섭으로서 진행할 것을 지시하고 있었다. 따라서 한일 간의 본격적인 교섭에 즈음하여 이북 지역의 일본인 재산을 활용하지 못하게 된 일본정부에게는 그 각서의 공표를 통해 재개될 한일 청구권 교섭의 성격을 백일하에 드러내는 것이 교섭의 중요한 포석이 되었다.

실제 일본은 본격적인 세부항목 토의에 들어가기 전인 2월 6일 한국에 대해 국회의 요구임을 이유로 1957년 미각서의 공개 방침을 정식으로 전달했다. 한국은 청구권 토의가 좀처럼 진전되지 않고 있다는 이유로 그 방침에 반대했으나 일본은 공표는 '통보'하면 되는 문제라고 일축했다.[35] 18일, 각서 공표 문제에 대해 미국 역시 한일 간에 동의가 성립된다면 반대하지 않는다는 답신을 일본에 전달했다.[36]

결국 동 미각서는 1957년 12월 31일에 교환된 합의의사록 중 청구권 부분

---

35 「日韓請求権に関する「米国の見解の表明」公表方につき韓国代表部に申し入れの件」, 外務省日韓会談公開文書(문서번호 1352내), 1~6쪽에서 정리.

36 「日韓請求権問題に関する「米国の見解の表明」公表の件」, 外務省日韓会談公開文書 (문서번호 1352내), 1~2쪽.

의 내용을 동시에 공개할 것을 요구한 한국정부의 동의를 얻어, 3월 9일 공표되었다. 한국이 합의의사록 중의 관련 부분을 동시에 공표할 것을 요구한 것은 그 합의의사록에서는 일본의 외무대신이 1957년 미각서가 한일 양국의 청구권 상호 포기를 뜻하지 않는다고 이해한다고 명시되어 있었기 때문이었다. 즉 한국은 상호 포기가 아니라는 구절을 동시에 공표함으로써 한일교섭이 한국의 일방적인 대일요구 실현을 위한 것이라는 표면적인 성격을 겨우 유지하려 한 것이었다.

그러나 일본 역시 이와 같은 한국의 '꼼수'를 허사로 만들기 위해 1957년 미각서의 공표와 관련해 그 각서가 천명한 재한일본인 재산의 한국 취득과 한국의 대일청구권의 '관련성'을 부각하는 압박 작업에 일찍 나서고 있었다. 예컨대 3월 9일의 각서 공표에 앞서 일본은 6일, 한일 청구권 관계 실무자 간 비공식 회의 석상에서, 국회에서 나온 질문을[37] 이유로 동양척식회사 재산의 현황 등을 거론하고 구체적인 토의 진전을 위해서는 재한일본인 재산의 한국 취득 상황의 파악 작업이 쌍방의 문제로서 진행되어야 한다고 미리 못을 박아놓고 있었다.[38] 즉 현실적으로 한국의 대일청구권을 가동하기 위해서는 재한일본인 재산의 한국 취득 내용을 밝히고 그것을 대일청구권과 관련시키는 것을 전제조건으로 삼겠다는 입장을 드러낸 것이었다.

---

37 공식 문서에는 명시되어 있지 않으나 그 국회 토의는 1961년 3월 1일 열린 중의원 외무위원회에서 나온 가와카미(川上貫一)의 질문을 뜻한다고 사료된다. 国会会議録, 第38回 国会,「衆議院外務委員会議録」第6号, 1961. 3. 1., 13쪽. 가와카미는 재한일본인 재산의 한국 취득으로 한국의 대일청구권을 상쇄하는 데 구체적으로 이양된 재한일본인 재산의 규모를 질문하는 과정에서 동양척식회사 관련 재산의 사례를 들고 있다.

38 "JW-0325, 한국 청구권위원회 일반청구권 소위원회 비공식 회의에 관한 건",『제5차 한일예비회담 일반청구권 소위원회 회의록, 1-13차, 1960-61』, 108~109쪽 ;「一般請求権委員会打合せ(非公式)」, 外務省日韓会談公開文書(문서번호 96내). 단 동양척식회사에 대한 언급 사실은 한국 측 문서에서만 확인 가능하다.

국회에서 나온 동양척식회사의 재산 문제는 4장에서 언급한 동양척식회사 발행의 사채 처리 문제와 관련된 것이었다. 상술한 바와 같이 일제강점기, 동양척식회사는 사채 발행을 통해 모은 자금으로 투자한 결과 한반도에 재산을 가지고 있었다. 해방 후, 그 재산 역시 한국이 취득했음에도 불구하고 사채 상환 의무는 그대로 일본이 졌다. 그런 일본에게는 적어도 한국이 취득한 그 재산 부분은 마땅히 대일청구권에서 탕감되어야 하는 문제로 여겨졌다.

다시 말해 일본은 1957년 미각서 공개에 즈음하여 청구권 문제가 일본에 대한 일방적인 요구의 문제임을 부각하려 한 한국의 입장을 봉쇄하기 위해 줄곧 유지되어 온 이른바 '역청구권'을 대체하는 논리를 짠 것이었다. 즉 과거 직접적인 대한역청구권을 내세움으로써 한국의 대일청구권을 견제하려 한 일본은 5차 한일회담에 이르러 이번에는 이미 '포기'한 대한청구권을 활용함으로써 일본에 대한 일방적인 요구를 봉쇄하는 논리를 내세우기 시작한 것이었다.

3. 위원회 토의와 대일청구권 봉쇄 논리의 구체화

1) 1957년 미각서를 둘러싼 논쟁

재한일본인 재산의 한국 취득과 한국의 대일청구권의 관련성을 인정한 1957년 미각서의 공표와 미국으로부터 한국에 이양된 재한일본인 재산의 사실 확인을 요구한 일본 측 자세는 당연히 일방적인 요구로서 대일8항목요구를 그대로 밀고 나가려고 생각했던 한국에게 위기의식을 심어주었다. 한국은 이와 같은 흐름을 차단하는 의미에서도 제기한 대일8항목요구와 재한일본인 재산 취득의 '관련성'을 부정하는 구체적인 대응에 나설 수밖에 없었다.

9일의 미각서 공개 이후 최초로 열린 6회 위원회[1961년 3월 15일]에서 한국은 유창순 대표의 회의 벽두 발언을 통해 일찍 그 '관련성'을 차단하는 입장을 천명했다. 그 논리는 다음과 같다.[39]

원래 한국이 준비한 청구권의 원안은 일본의 점령하에서 한국인들이 겪은

---

39 "Gist of a remark made by Mr. Chang Soon Yoo", 위의 한국문서, 141~143쪽 ; 「第5次日韓全面会談予備会談の一般請求権小委員会の第6回会合」, 外務省日韓会談公開文書(문서번호 88), 31~32쪽(별첨 2), 또 일본어 역은 같은 문서, 27~30쪽(별첨1).

큰 손해의 결과로서 팽대한 것이었으며 그것은 장기간에 걸친 일본 점령하에서 한국인이 겪은 큰 피해와 고통의 당연한 결과였다. 그러나 평화조약 4조의 결과 일본이 재한일본인 재산에 대한 청구권 포기를 인정한 것을 감안해서 원안 중 대부분의 요구를 주장하지 않기로 한 것이며, 1차 한일회담 시 제기한 대일8항목요구는 한국 측 원안의 최소한에 불과하다. 따라서 한국의 대일청구권은 미각서로 인해 그 어떤 영향도 받아서는 안 되는 요구이다.

즉 1957년 미각서가 명시한 '관련성'은 당초 요구하려 한 한국인이 겪은 큰 손해에 대한 팽대한 요구에서 대일8항목요구로 줄이는 과정에서 이미 반영되어 있다는 논리를 내세움으로써 대일8항목요구로부터의 추가 탕감을 요구하는 일본정부의 논리를 차단하려 한 것이었다.

그 미각서에 따른 한일 청구권 문제의 '관련성'을 둘러싼 논쟁을 고찰하기에 앞서 먼저 짚어보고 싶은 것은 동 위원회에서 밝혀진 한국정부의 위와 같은 주장을 본 연구가 진행되어 온 고찰에 비추어 어떻게 이해할 수 있는가 하는 문제이다.

6회 위원회에서 한국이 밝힌, 평화조약 4조의 결과 일본이 재한일본인 재산에 대한 청구권 포기를 인정한 것을 감안해서 대일8항목요구에 한정했다는 논리는 그에 앞서 1961년 1월의 내부 문서에 정리되어 있다. 1월 13일자로 작성된 "한국의 대일청구권에 관한 한국 측 견해"에서 한국정부는 재한일본인 재산의 한국 귀속은 공유, 사유를 막론하고 평화조약으로 무조건 완전히 한국에 귀속되었으며 그것은 한국에 대한 일본의 영향력을 완전히 제거하려 한 연합국의 비일본화(非日本化) 정책의 표현이었다. 원래 한국의 일본에 대한 일차적인 청구권은 '무효한 병합조약에 입각한 행위에 대한 한국 국민의 청구권'을 의미한 것이었으나 한국의 대일청구권 항목에 그와 같은 청구를 포함하지 않았던 것은 일본의 대한청구권 해소라는 사정을 고려한 결과였다는 등의 공식적인 입장을 정리하고 있다.[40] 물론 이 주장은 위원회에서 일본에 제시한 한국정부의 입장과 부합하는 것이었다.

주의해야 하는 것은 재한일본인 재산의 귀속을 고려해 산출했다는 대일8항목요구의 시초가 되는 '무효한 병합조약에 입각한 행위에 대한 한국 국민의 청구권'이 과연 무엇을 뜻하는가 하는 문제이다.

통상 대일8항목요구가 평화조약 4조의 결과 일본이 재한일본인 재산에 대한 청구권 포기를 인정한 것을 감안해서 작성되었다고 하는 이상, 그 삭감 시기는 1951년 후반기쯤이라고 평가되기 쉽다.[41] 말할 나위도 없이 재한일본인 재산의 한국 귀속을 인정하는 근거가 된 4조(b)항이 삽입된 것이 1951년 8월의 일이었으며 또 그것을 포함한 평화조약 조인은 동 9월의 일이었다. 대일8항목요구가 평화조약의 확정으로 인해 재한일본인 재산의 포기 및 한국의 연합국 참가 좌절이 확정된 후에 작성된 것을 감안하면 한국이 주장한 삭감 시기는 논리적으로 그 시기 이후가 될 수밖에 없다.

그러나 2장 및 4장을 통해 이미 상세히 논한 바와 같이 『배상조서』에서 청구권 교섭으로의 전환 과정에서 한국정부가 보인 대응들은 『배상조서』의 보완 작업으로 평가하는 것이 타당한 것들이었다. 또 2차 한일회담 시 한국정부가 조회 요청한 내역 역시 아직 청구권으로서 완전히 포기할 것을 뜻하지 않

---

40 "한국의 대일청구권에 관한 한국 측의 견해", 위의 한국문서, 33~38쪽에서 정리. 단 본문에는 '38'이라는 수치는 없으므로 순서에 따라 보충 표기했다.

41 이와 같은 평가는 최근에도, 예를 들어 평화조약의 결과로 재한일본인 재산의 취득과의 상쇄로서 『배상조서』 3부 〈중일전쟁 및 태평양전쟁에 기인한 인적 물적 피해〉(신고가 있었던 사망자 조위금, 군대 점유에 의한 피해, 관리 부정행위 등)와 4부 〈일본정부 저가 수탈에 의한 피해〉(미곡 등)가 제외되고 대일8항목요구가 구성되었다는 아사노의 해석으로 이어지고 있다. 浅野豊美, 「サンフランシスコ講和条約と帝国清算過程としての日韓交渉」, 李鍾元 · 木宮正史 · 浅野豊美編, 앞의 책(Ⅱ), 73쪽.

앉던 보류 부분도 포함해『배상조서』와의 밀접한 연속성을 지니고 있었다. 물론 일부 지엽적인 항목이 제외됨으로써『배상조서』의 내역과 청구권 조회 요청 항목 사이에 차이는 생겼으나 그 부분의 삭감이 상당한 규모로 평가되는 재한일본인 재산의 취득을 반영한 결과라고 평가하는 것은 불가능하다. 무엇보다 2장에서 확인한 바와 같이『배상조서』가 그 전문에서 밝힌 요구 내용의 성격은 불법적인 식민지 지배에 기초한 요구가 아니었으며 또 적어도 한국 측 입장에서 볼 때 이미 사실상 청구권 요구로 수렴된 '반환'적인 요구만을 모은 것이었다.

따라서 요구의 성격에 비추어, 또 요구 내역의 연속성이라는 사실관계로 보더라도 평화조약 4조(b)항에서 확정된 재한일본인 재산의 한국 취득으로 인해 대일8항목요구가 당초『배상조서』의 요구 내용으로부터 삭감되고 작성되었다고 보는 것은 적절하지 않다.

그러나 1장에서 고찰한 배상론의 흔적을 고려할 때, 그 삭감 주장이 완전히 근거 없는 것도 아니었다. 바로 1장에서 분석한 바와 같이 해방 후 한국사회에서는 배상 요구의 내용에 변용이 생기고 있었다. 그 가운데서도 한국정부의 공식적인 성격이 강한 1948년 1월의 이상덕 배상론은 그 후 같은 '배상' 요구로서 작성된『배상조서』에는 없는 식민지 피해에 대한 요구가 포함되어 있었다. 즉 그 요구에는 사실상 '무효한 병합조약에 입각한 행위에 대한 한국 국민의 청구권'이 규정되어 있었던 것이다.

따라서 삭감은 미국의 대일배상 정책의 변화에 따라 그 모습을 이미 청구권으로 변용시킨『배상조서』로부터가 아니라 그 이전의 배상 구상의 내용에 비추어 이루어졌다고 보는 것이 타당하다. 실제 시기적으로도 1948년 9월에 실현된 한미협정에 따른 재한일본인 재산의 한국 귀속은 '무효한 병합조약에 입각한 행위에 대한 한국 국민의 청구권'을 포함한 이상덕 배상 구상 이후에 이루어진 것이었다.

그러나 2장에서 논한 바와 같이 『배상조서』 역시 그 이전의 배상 구상으로부터 재한일본인 재산의 취득을 반영해 작성된 것으로 판단하지 못하는 이상, 동 삭감은 어디까지나 '정서적'인 것에 불과하며, 구체적인 계산에 의하여 이루어진 것이 아니었음은 확실하다. 원래 이상덕 배상론은 향후의 전망을 구상한 추상적인 단계에 머무르고 있었으며 그 시점에서 총 요구 금액이 구체적으로 산출된 흔적은 없었다. 또 삭감이 객관적으로 이루어진 것이 아닌 점은 본격적인 청구권 교섭을 앞둔 이 무렵, 한국정부 내부에서 일어난 움직임을 봐도 짐작할 수 있다.

위에서 언급한 1961년 3월 6일 한일 청구권 관계자 간 비공식 회의 등에서 한국이 취득한 재한일본인 재산의 사실 확인을 요구하는 일본 측 요구가 나오자, 유진오 수석대표는 3월 14일 외무부에 대일8항목요구와 관련된 조회를 요청했다. 그것은 대일8항목요구를 관철하기 위해서는 원래 재한일본인 재산의 수배(數倍)에 달하는 대일청구권으로부터 일본인 재산을 상쇄했다는 것을 밝힐 필요가 있으나 그를 위해서도 미군정으로부터 한국이 인수한 사유재산의 총금액을 알 필요가 있다는 것이었다.[42]

유진오로부터 조회 요청을 받자, 외무부는 같은 날 '지급(urgent)'으로 재무부에 한국으로 이양된 사유재산의 총액이 얼마가 될지 조속히 조사할 것을 요청하는 공문을 보냈다.[43] 그 요청을 받은 재무부가 어떤 답신을 보냈는지, 더 나아가 답신 자체를 보냈는지 등을 알려 주는 자료는 없다. 그러나 적어도 대일8항목요구가 산출된 지 10년이 경과한 5차 한일회담에 이르러서도 주일대

---

42 "JW-0381", 『제5차 한일예비회담 일반청구권 소위원회 회의록, 1-13차, 1960-61』, 133쪽.
43 "외정(아) 제( )호, 구 일본인의 재한재산에 관한 건", 위의 문서, 134쪽.

표부는 물론, 외무부조차 인수한 재한일본인 재산의 규모를 몰랐다는 사실에는 주목할 수밖에 없다. 즉 그 사실은 대일8항목요구의 산출이 애초 재한일본인 재산의 취득을 객관적으로 반영해 이루어진 것이 아님을 입증하는 충분한 증거라고 해야 하겠다.[44]

따라서 한국정부가 5차 한일회담에 이르러 내세우게 된 그 삭감 논리는 사실관계에 기초해 객관적으로 도출된 것이 아님은 틀림없다. 그것은 미각서가 규정한 '관련성'을 바탕으로 일본이 그 상쇄 논리를 고집하려 하자, 한국이 그에 대항하기 위해 급하게 만든 임시방편이었다. 즉 그것은 원래 '무효한 병합

---

[44] 단 그 후 한국정부 내부에서는 이 탕감 문제와 관련해 귀속된 재한일본인 재산에 대한 조사가 일부 진척되어 있었음을 알 수 있다. 재무부는 1964년 5월 8일 '귀속재산처분현황표'를 외무부에 제시하고 자신이 소관하는 재산 문제와 관련해 기업체, 부동산, 동산 등의 재산 합계가 1963년 12월 31일 현재로 11,656백만 원임을 밝히고 있다. 또 교통부 역시 5월 20일자로 '전재한 일본재산(사철관계) 현황'을 외무부에 제시하면서 귀속된 민간철도회사의 재산 규모의 내역을 보고하고 있다. 그러나 이들 조사는 본론에서 말한 한국의 대일요구액 산출을 위한 일본재산의 탕감 문제로서 진행된 것이 아니라 그 후 김종필 – 오히라 합의로 인해 들어오게 된 금액에 대한 국내 비판을 회피하기 위한 대책의 일환이었다. 외무부는 5월 1일 각 관련 부처에 귀속 재산 규모에 관한 조사를 의뢰함에 즈음하여 무상 3억 달러, 정부차관 2억 달러, 상업차관 1억 달러 이상이라는 금액이 과거의 한일관계에 비추어 너무 적다는 국내 비판이 일어나고 있음을 지적하면서 이 비판이 재한일본인 재산의 취득을 고려해 액수를 결정해야 했던 청구권 교섭에 대한 무식함의 결과이기 때문에 액수가 적지 않다는 것을 설명하기 위해서도 귀속된 재한일본인 재산의 규모를 파악할 필요가 있다고 전하고 있다. 그러나 1962년 11월의 김종필 – 오히라 합의에 의해 정해진 금액이 한국의 대일요구액으로부터 귀속된 재한일본인 재산을 탕감해서 산출된 사실은 없다. 실제 1964년에 다시 귀속된 재한일본인 재산의 규모에 대한 조사에 나선 한국정부가 1962년의 금액 결정 시 일본인 재산 부분을 구체적으로 탕감할 수 있을 리도 없었다. 이러한 의미에서 한국정부는 한국의 대일청구액을 실제 결정하기 위해서가 아니라 오히려 금액이 결정되고 나서 그 액수가 합당하다는 것을 합리화하기 위해 재한일본인 재산의 탕감 문제를 활용할 것을 구상하게 된 셈이었다. 5월 1일 외무부 의뢰문서는 '외아북 722', 5월 8일 재무부 답신은 '재국관 351 – 2158', 5월 20일 교통부 답신은 '교통총 722 – 23'으로서 각각 『속개 제6차 한일회담, 청구권위원회회의록 및 경제협력문제, 1964』, 135~136쪽 ; 143~144쪽 ; 145~149쪽.

조약에 입각한 행위에 대한 한국 국민의 '청구권'을 제기하는 것이 당연한데
도, 미국이 주도한 전후 처리 과정에서 그것이 불가능해짐에 따라 고작 8항목
으로 줄였다고 생각하는 막연한 국민감정으로부터 도출된 지극히 정서적인
대항 논리였음은 부정하지 못한다.

그러나 한국의 입장에서 보면 타당한 이와 같은 '국민감정'은 바로 그 '국민'
을 달리하는 일본에게 그대로 통할 리가 없었다. 6회 위원회에서 한국이 대일
8항목요구를 이미 삭감한 후에 산출한 것이라고 주장하자 일본은 그 주장을
봉쇄하기 위해 재한일본인 재산을 실제 한국으로 이양하고 또 청구권의 '관련
성'을 내세움으로써 사실상 동 문제에 대한 유권 해석의 권한을 가진 미국에
대한 공작을 벌였다.

3월 18일 일본정부는 주미대사에게 동 삭감 여부를 둘러싼 한일의 입장 차
이에 대해 미국이 신중한 태도를 취할 것을 요청하는 훈령을 내렸다. 그 지시
는 한국이 재한일본인 재산의 취득을 고려해 배상 요구에서 청구권 요구로 바
꾼 것이라는 이유로 재한일본인 재산의 취득과 한국의 대일청구권의 관련성
을 지적한 미각서로부터 아무런 영향도 받지 않는다고 주장하고 있는 것에 대
해 만약에 미국이 그 한국의 주장을 뒷받침하는 해석을 낼 경우[45] 일본으로서

---

45 이와 같은 우려에는 그 공작 이전에 미국으로부터 돌아온 재한일본인 재산의 처분에 관
한 미국의 중간 답신의 내용이 작용했다. 미국은 일본이 문의한 재한일본인 재산의 처분
의 법률론 및 실태론의 조회에 대해 중간 답신으로서 군정령 33호는 배상을 일본이 보
유하는 영역 이외에 있는 재산의 이전을 통해서 이루도록 한다는 방침에 따른 것, 재산
처분은 적대적 행위의 정지 후, 배상 목적을 위해 허용된다(permissible)는 것 등을 전
달했었다. 이 답신은 3월 10일자 전문 제645호「軍令第33号に法的性格に関し米政府
公式見解照会の件」, 外務省日韓会談公開文書(문서번호 1352내)에서 먼저 간략하게
전달되었으며 그 자세한 내용은 다시 3월 16일 주일 미 대사관 관계자로부터 확인되었
다.「在韓日本財産の処分に関する照会に対し在京米大使館より回答越しの件」, 外務
省日韓会談公開文書(문서번호 1352내). 또 3월 16일 미 대사관 관계자로부터의 전달

불리해지므로 그와 같은 대응을 취하지 말 것을 요청하는 것이었다. 일본정부는 그 요청을 제기하면서 한국이 분리지역에 불과하며 한일관계가 교전관계가 아닌 이상 배상 요구 권리가 애초 없다는 점, 만약에 일본인 재산을 배상으로 몰수했다고 할 경우에는 재한일본인 재산의 한국 취득으로 인해 한국의 대일청구권이 상당수 충족되었다고 하는 미국 자신의 생각과 모순이 생긴다는 점, 그리고 재한일본인 재산의 취득이 연합국에 대한 배상이라고 해석할 경우에도 이번에는 연합국이 배상으로 취득한 재산을 어떤 이유로 한국에 인도할 수 있었는가 하는 문제가 야기된다는 점 등을 부각하고 있다.[46]

일본정부의 요청을 받자, 미국은 4월 25일 비록 청구권 문제는 한일 간에 해결할 문제이며 개입하지 않는다는 입장을 전제로 하면서도 다음과 같은 답신을 보내왔다. 즉 배상 목적을 위한 재산 몰수가 허용된다고 하는 것은 점령군의 일반 원칙을 말한 것일 뿐이며 군정령 33호에 따른 몰수가 배상 목적에 있다고 하는 해석은 타당하지 않다. 재한일본인 재산의 한국 취득으로 인해 한국의 대일청구권이 상당수 충족되었다는 미국의 해석은 반드시 한국의 배상청구권의 승인을 전제로 한 것은 아니다. 또 몰수한 재한일본인 재산을 한국에 이양한 것은 한반도 독립을 위해서 일본과의 관계를 단절하고 한국의 경제적 부흥에 공헌하기 위한 것이었다.[47] 즉 미국은 동 답신을 통해 사실상 한

에서는 몰수한 재한일본인 재산을 한국으로 이양한 1948년 9월의 한미협정의 효력이 모든 일본인 재산에 미칠 것, 또 일본정부가 일부는 이양되지 않았다고 간주(assume)하는 것은 좋으나 이양되지 않은 일본인 재산의 정확한 상황을 결정하는 것은 어렵다는 견해도 포함되어 있었다.

46 「軍令第33号の法的性格に関し米政府公式見解照会の件(3月 18日)」, 外務省日韓会談公開文書(문서번호 1352내), 1~3쪽에서 정리. 일본은 이 요청과 함께 재한일본인 재산 처분에 관해 한반도 독립에 즈음하여 일본의 경제력을 일소하고 한반도 독립을 실효적으로 하기 위한 것이라는 해석을 취하도록 전달하고 있다.

47 「軍令第33号の法的性格に関し米政府公式見解照会の件(4月 25日)」, 外務省日韓会

국의 배상 수취 권리를 부정함으로써 일본의 요청을 거의 수용한 셈이었다.

이상과 같은 대미공작과 함께 일본은 위원회 토의를 통해서도 한국의 국민 감정에 기초한 '정서적'인 논리에 대해 직접적으로 반격에 나섰다. 3월 22일 개최된 다음 7회 위원회에서 미각서와 한국의 대일8항목요구가 무관하다고 주장한 한국에 대해 일본이 펼친 반박의 요지는 다음과 같다.

1957년 미각서는 평화조약 4조(b)항으로 인해 일본이 재한일본인 재산 처분을 승인한 사실은 동 4조(a)항에서 정해진 한일 간 특별조정과 관련이 있다는 것, 또 평화조약 기초자는 재한일본인 재산의 처분으로 인해 한국의 대일청구권이 어느 정도 충족된 것은 분명하지만 충분한 사실관계 및 법 이론을 갖지 못했으므로 당사자 간 교섭에 맡겼다는 것, 그리고 한일 간 특별조정은 재한일본인 재산의 한국 취득으로 인해 한국의 대일청구권이 어느 정도 소멸되었는가를 결정하기 위한 절차라는 것 등을 명기하고 있다. 그것은 미국정부가 한국의 대일청구가 일방적으로 요구할 수 있는 문제가 아니라 한일 간 교섭을 통해서 결정되는 문제임을 뜻하는 것이다. 한국정부 역시 1957년 12월 31일 양국 합의의사록 4조를 통해 미각서와 같은 의견임을 확인하고 있다. 일본정부는 바로 이상을 기초로 하여 재한일본인 재산에 대한 청구권을 포기했다. 또 전번 회의에서 한국은 당초 대일청구는 재한일본인 재산을 훨씬 웃도는 팽대한 것이었으나 일본이 대한청구권을 포기한 것을 고려하여 1차 한일회담 때 8항목요구로서 제출했다고 주장했으나, 일본은 한국이 그 회담에서 제출한 8항목요구만이 유일한 정식 대일청구라고 간주하고 있다. 따라서 그 8항목만이 당초부터의 교섭의 기초이므로 미각서로 인해 동 8항목요구가 재한일본인 재산 취득의 영향을 받게 되는 것은 분명하다.[48]

談公開文書(문서번호 1352내).

즉 일본정부는 한국의 대일청구권과 재한일본인 재산의 취득이 관련이 있다고 규정한 미각서를 거듭 각인시키는 것과 함께 한일회담 개시 후 제출된 대일8항목요구만이 유일하게 유효한 요구라고 보고 있으며, 마치 그 이전의 요구가 법적으로 의미 있는 청구인 것처럼 내세운 한국의 주장은 어불성설이라고 원천적으로 부정한 것이었다.

7차 위원회 종료 후, 주일대표부는 3월 23일자의 공한을 통해 본국에 이상과 같은 일본 측 주장을 보고하면서 특히 대일청구권이 일방적으로 결정할 문제가 아니라 한일 간 교섭을 통해 결정될 문제라고 하는 부분을 부각하고 있다.[49] 그 보고를 받아 외무부는 장관 명의로 24일 반박 내용을 담은 훈령을 내렸다.[50] 그 훈령은 29일의 8회 위원회에서 제기되었다. 그 훈령에 담긴 한국의 반박 내용은 다음과 같다.[51]

일본의 대한청구권이 없음은 1952년 4월 28일 평화조약 4조로 인해 확인된 것이며 미각서는 단지 그것을 다시 확인한 것에 불과하므로 그날에 새로운 권리 - 의무가 발생한 것이 아니다. 한국은 평화조약 4조가 재한일본인 재산을 일본이 포기했다는 사실을 최종 확인함에 따라 그것을 고려해서 방대한 청

---

48 「3月22日請求權小委員會第7回会合における吉田主査代理の発言要旨」, 『제5차 한일 예비회담 일반청구권 소위원회 회의록, 1 - 13차, 1960 - 61』, 177~182쪽；「第5次日韓全面会談予備会談の一般請求権小委員会の第7回会合」, 外務省日韓会談公開文書 (문서번호 89), 24~31쪽에서 정리.

49 "JW - 03133, 일반청구권 소위원회에 관한 건", 위의 한국문서, 162쪽.

50 "외정(아) 제( )호, 재산청구권 문제에 관한 미 국무성 각서에 대한 정부의 입장 훈령의 건". 그 이유는 분명하지 않으나 훈령의 표지는 위의 문서, 185쪽에 있으면서도 훈령 내용은 같은 문서, 201~203쪽에 따로 수록되어 있다.

51 "3월 29일 제8차 일반청구권 소위원회에서 행한 한국 측의 발언요지", 위의 문서, 221~222쪽；「第5次日韓全面会談予備会談の一般請求権小委員会の第8回会合」 (90), 34~37쪽에서 정리.

구권 중 중요한 것, 사법상의 채무 변제에 해당하는 것만을 8항목으로서 요구했다. 따라서 재한일본인 재산의 포기와 8항목을 연결하는 것은 어불성설이며 일본이 끝까지 그 관련성을 고집한다면 한국은 당초 생각했던 방대한 청구액을 제출할 수밖에 없다. 또 한국의 요구가 일본의 대한청구권 포기를 고려했다는 사실은 동 8항목요구가 '변제(restitution)'의 성격을 가지는 것에 불과하며 '배상(reparation)'의 성격에 속하는 것이 포함되어 있지 않다는 것을 봐도 분명하다.[52]

즉 한국정부는 미각서에서 한국의 대일청구권이 일본의 재산 포기와 '관련'이 있다고 규정한 논리를 반박하기 위해 일본의 재한일본인 재산의 포기는 평화조약에서 확정된 것이며 그 후 제출한 8항목요구는 그 사실을 이미 '관련'시킨 것이므로 1957년 미각서에 따라 다시 '관련'시켜야 하는 문제가 아니라는 대항 논리를 폈던 것이다. 그리고 한국은 이미 관련시켰다는 것을 합리화하기 위해 대일8항목요구의 성격이 'restitution'에 불과하며 'reparation'이 아니라는 논리를 활용했다.

위원회에서 나온 'restitution'과 'reparation'에 관해 한국은 그 차이가 무엇인지 명확히 설명하지 않았다. 그러나 관련성을 부정하기 위해 '변제'의 뜻을 가지는 'restitution'과 '배상'을 뜻하는 'reparation' 개념을 구별한 것은 이하 살펴보는 바와 같이 일본의 재반론 내용과 맞물려 식민지 피해 처리 문제에 관해 중요한 의미를 가지게 된다.

---

52 이와 같은 논리는 미국 측의 양해에 기초한 것이었다. 한국정부는 본론에서 말한 일본 측 주장에 대한 3월 24일자의 반박 훈령의 끝에 1956년 8월 서울에서 열린 한국정부와 더불링 전 주한 미 대사와의 회담에서 'restitution'의 성격을 가진 8항목요구는 아무런 제한을 받지 않는다는 양해가 성립되었다고 주일대표부에 전하고 있다. 한국정부는 미국 측과의 이와 같은 양해에 기대를 걸어, 대일8항목요구를 'restitution' 요구로서 관철하려는 전략을 취한 것으로 풀이된다.

8차 위원회에서 밝혀진 한국의 반론에 대해 4월 6일 열린 9차 위원회에서 일본은 재반론에 나섰다. 일본이 밝힌 재반론의 요지는 다음과 같다. 1957년 미각서가 새로운 권리 – 의무 관계를 발생하게 하는 것이 아니라 평화조약의 내용을 확인하는 것이라고 한 한국 측 주장에는 전적으로 동의한다. 그러나 오히려 그로 인해 한일 양국이 그 각서를 승인함에 따라 재한일본인 재산의 한국 취득과 한국의 대일청구권이 관련이 있다는 해석이 평화조약 4조의 해석으로서 확인된 것이 된다. 그것은 대일청구액을 한국이 일방적으로 결정할 수 있는 것이 아니라 한일 양국의 교섭에서 결정해야 하는 문제임을 승인한 것을 뜻한다. 그리고 한국은 대일8항목요구가 'restitution'의 성격이며 'reparation'의 성격을 포함하지 않는다고 해서 동 8항목요구는 영향을 받지 않는다고 주장하고 있으나 원래 한국은 평화조약 서명국이 아니므로 14조 권리를 가질 수 없으며, 따라서 애초 없는 권리를 가정해서 그것을 8항목요구의 정당성과 연결할 수는 없다.[53]

3장에서 분석한 바와 같이 평화조약 14조는 대일전승국인 연합국의 대일배상 권리를 규정한 조항이었다. 즉 일본은 한국이 주장한 'reparation'을 국제법상의 교전관계에 기인하는 배상청구권으로 간주한 것이었다. 실제 대일8항목요구를 정당화하기 위해 'reparation'이 아님을 강조한 한국정부의 논리를 허물기 위해서는 한국이 평화조약에서 연합국으로부터 제외된 사실을 든 것은 지극히 타당한 반론이었다.

한국정부 역시 4월 13일 개최된 10회 위원회에서 원래 한국은 전쟁 배상

---

53 「4月6日請求権小委員会第9回会合における吉田主査代理の発言要旨(その1)」, 『제5차 한일예비회담 일반청구권 소위원회 회의록, 1 – 13차, 1960 – 61』, 261~263쪽 ; 「第5次日韓全面会談予備会談の一般請求権小委員会の第9回会合」, 外務省日韓会談公開文書(문서번호 91), 21~23쪽(별첨1)에서 정리.

을 청구하지 않고 있음을 시인했다. 그 대신 동 10회 위원회에서 한국정부는 'reparation'을 다른 문맥에서 사용했다. 그러나 8항목요구를 정당화하기 위해 'reparation'을 교전관계에 따른 배상이 아니라 사실상 식민지 피해에 대한 보상의 의미로 사용한 한국정부의 논리는 오늘날까지 계속되어 온 식민지 피해 처리 문제에 대해 중요한 의미를 가져다주는 부작용을 내포하는 것이었다.

본국 승인을 거쳐[54] 동 10회 위원회에서 한국이 제기한 그 반론은 다음과 같다. 즉 한국이 원래 전쟁 배상을 청구하지 않고 있음은 분명하다. 평화조약 4조로 인해 사유재산도 포함해 일본인 재산을 한국이 취득한 것은 카이로, 포츠담 양 선언, 그리고 포고령 1호 등에서 나타났듯이 한국 국민의 노예화된 사실에 대한 정신적 고통과 경제적 착취의 대가의 의미에서 이루어졌다. 따라서 그것이 국제법상의 용어로 배상이건 보상이건, 실질적인 의미에서 일본의 한국 지배에 대한 대가임은 분명하다. 따라서 한국은 당초 팽대한 대일청구를 준비했으나 재한일본인 재산의 취득을 고려하여 엄격히 반환(restitution)적인 것 및 중요한 채무 변제만을 들어 8항목으로서 청구하게 되었다.[55]

이상과 같이 한국정부는 대일8항목요구가 재한일본인 재산의 취득으로 인해 영향을 받지 않는다는 논리를 지키기 위해 그 재산을 교전관계에 따른 배

---

54 "WJ-0488", 위의 한국문서, 249쪽.

55 한국 측의 동 위원회 회의록에는 그 반론 내용은 직접 수록되지 않고, 단지 "JW-463 낭독"으로만 표기되어 있다. "제5차 한일회담 예비회담 제10차 일반청구권 소위원회", 위의 한국문서, 274쪽. 그 'JW-463'은 본국 청훈을 위해 주일대표부가 작성한 반론이므로 결과적으로 그것이 위원회에서 그대로 제기된 것을 뜻한다. 주일대표부가 작성한 반론은 같은 한국문서, 244~247쪽에 수록. 일본문서에서는 「第5次日韓全面会談予備会談の一般請求権小委員会の第10回会合」, 外務省日韓会談公開文書(문서번호 92), 18~23쪽에 수록.

상으로서가 아니라 식민지 피해에 따른 'reparation'으로서 받았다는 해석을 천명했다. 문제는 연합국에서 배제되며 따라서 교전국가 간에 이루어지는 배상임을 부정하기 위해 재한일본인 재산 취득을 식민지 피해에 대한 대가라고 해석한 한국의 논리가 식민지 피해보상 문제에 대해 중요한 함의를 빚어낼 수밖에 없었다는 점이다. 즉 그 논리는 한국정부 자신이 아직 청산되지 않은 과제로 남았다고 한 일본군'위안부', 사할린 잔류자, 그리고 원폭 피해자 문제 등을 포함해 식민지 지배에서 연유하는 모든 피해가 재한일본인 재산의 취득으로 인해 모두 청산되었다는 결론을 도출할 가능성을 열었다.

물론 논리적으로는 식민지 피해가 재한일본인 재산의 규모를 능가하기 때문에 그 재산을 취득해도 일본군'위안부' 문제 등 일부 식민지 피해에 대한 보상 문제는 아직 남았다고 주장할 수는 있다. 그러나 재한일본인 재산의 취득으로 인해 구체적으로 어느 부분이 얼마만큼 상쇄되었는가, 또 왜 그 부분이 먼저 상쇄되었다고 말할 수 있는가 하는 물음에 대한 명확한 근거 제시가 없는 이상, 한국이 제기한 'reparation' 해석은 'restitution' 이외의 식민지 피해 부분의 보상 문제가 이미 종료되었음을 뜻하기 마련이었다. 다시 말해 한국정부는 대일8항목요구를 정당화하기 위해 재한일본인 재산의 취득을 가지고 자기 스스로 식민지 피해에 대한 보상 문제가 이미 끝난 문제라고 인정한 셈이었다.

그러나 일본은 비록 간접적으로나마 식민지 피해보상을 이미 취득한 것으로 인정한 한국 측 방어 논리조차 인정하지 않았다. 일본은 4월 21일 열린 11회 위원회에서 한국이 자신에게는 양국의 역사에 기인한 배상에 유사한 청구권이 있으나 대일8항목요구는 그것을 청구하는 것이 아니라고 발언한 데 대하여 평화조약의 내용상 한국이 배상에 유사한 청구 권리를 보유하고 있다고는 인정하지 못하며, 따라서 원래 존재하지 않는 권리를 내세워 8항목요구

를 정당화하는 것은 인정하지 못한다고 답했다.[56]

즉 일본은 대일교전국으로서 평화조약 14조에 기초한 대일배상 요구는 물론, 평화조약에서 식민지 지배의 불법성이나 그에 따른 배상 규정이 없는 것을 배경으로 식민지 피해에 대한 배상에 유사한 청구권도 애초 없음을 공식화한 것이었다.

한국은 이와 같은 일본의 반론에 대해 4월 28일 열린 12회 위원회에서 다시 반론을 시도하기는 했다. 그것은 당초 한국의 대일요구가 카이로선언 이후의 미국의 대일처리에서 밝혀진 노예화된 한국인의 정신적 고통과 경제적 착취 등에 기초한 것이었으며 그와 같은 성격은 평화조약 4조(b)항이 설정된 것을 봐도 분명하다는 것이었다.[57] 그러나 이것은 물론 이미 새로운 논점이 아니었다.

재한일본인 재산의 취득과 대일청구권의 관련성을 규정한 1957년 미각서를 둘러싼 논쟁은 이 이상 진전을 보이지는 않았다. 그러나 청구권의 지불이 강제에 의해서가 아니라 합의를 통해서만 가능한 문제인 이상, 그 문제에 관한 토의의 부진은 필연적으로 한국의 일방적인 대일청구권의 실현을 어렵게 했다.

그러나 한국의 일방적인 청구를 봉쇄하려는 일본의 대항 논리는 1957년 미

---

56 「4月21日請求権小委員会第11回会合における吉田主査代理の発言要旨(その一)」, 위의 한국문서, 313~315쪽 ;「第5次日韓全面会談予備会談の一般請求権小委員会の第11回会合」, 外務省日韓会談公開文書(문서번호 93), 21~23쪽.

57 한국 측 동 위원회 회의록에는 "JW - 04210 낭독"으로만 표기되어 있다. "제5차 한일회담 예비회담 일반청구권 소위원회 제12차 회의", 위의 한국문서, 341쪽. 그러나 그 'JW - 04210' 역시 본국 청훈을 위해 주일대표부가 작성한 반론이다. 주일대표부가 작성한 반론은 같은 한국문서, 320~323쪽에 수록. 일본문서에서는「第5次日韓全面会談予備会談の一般請求権小委員会の第12回会合」, 外務省日韓会談公開文書(문서번호 94), 19~22쪽에 수록.

각서를 둘러싼 해석에만 그치는 것이 아니었다. 그것은 한국의 대일청구권의 핵심 논리였던 군정령 33호도 겨냥하고 있었다.

2) 군정령 33호를 둘러싼 논쟁

일본정부는 1957년 미각서의 공개 등을 획책하면서 구체적인 토의 진전을 피하고 있었던 1961년 2월 무렵부터 향후 예상되는 한국의 대일청구권에 대비하여 군정령 33호 해석에 대한 입장을 정리하는 작업에 착수했다.

2월 6일 청구권 문제에 대해 검토하면서 외무성은 한국의 대일청구권의 법적 근거를 네 가지 범주로 구별했다. 그것은 첫째, 한일병합조약의 무효에 기초한 청구권[문화재 등], 둘째, 병합 자체는 법적으로 유효하나 그 가운데 합법적으로 성립된 채권[국채·공채, 일본은행권, 미불임금 등][58], 셋째, 군정령 33호에 기초한 청구권[선박], 그리고 넷째, 국가의 분리에 즈음하여 양도되는 청구권[총독부 재산]이었다. 외무성은 네 가지로 나눈 각 청구권에 대해 그 인정 여부를 검토하면서 첫째는 인정하지 못하고, 둘째는 구체적인 경우에 따라 대응할것, 그리고 넷째는 검토할 수 있다는 등의 견해를 간략하게 밝히는 한편 셋째 군정령 33호에 기초한 청구권 요구에 대해서는 그에 대비하기 위해 바로 군정령 33호 자체와 관련된 향후의 검토 과제를 부각하고 있다. 그 내용은 군정령 33호의 법적 효력이 현실적으로 처리되지 않은 재산까지 미칠 것인가, 또한 그 효력이 8월 9일까지 소급해서 발생하는 것인가 등의 논점이었다.[59]

---

58 단 둘째인 병합 자체를 유효하다고 생각하는 범주에서도 지금 반환 요구 등에 대해서는 불법 행위 또는 부당한 이득으로서 청구하는 것으로 간주하고 있다.

59 이상 「請求権に関する一般的問題点(第1稿)」, 外務省日韓会談公開文書(문서번호

한국과의 교섭을 염두에 두면서 군정령 33호 해석에 대한 과제를 안고 있었던 외무성은 2월 몇 차례에 걸쳐 대장성과의 조정에 나섰다.[60] 외무성은 그 결과 3월 1일자로 군정령 33호에 대한 입장을 정리했다. 실제 한국과의 위원회 토의에서 밝힌 내용들을 고려할 때, 그날 정해진 방침이 그 후 일본정부의 이 문제에 대한 공식 입장이 된 것은 틀림없다. 그 내용은 다음과 같다.[61]

- 군정령 33호에 따른 재한일본인 재산의 처분은 현실적으로 처분된 것에만 그 효력이 미치는 것이며 따라서 처리 대상이 된 재산이라도 현실적으로 집행되지 못하는 상황에 있는 재산에는 그 효력이 미치지 않는다.
- 군정령 33호를 발령한 주한미군사령관(commanding General USAF in Korea)은 연합국최고사령관의 하부기관이며 그 권한은 연합국최고사령관 총사령부지령 제2호로 인해 지역적으로 명시적으로 한정되고 있으며 따라서 그 권한 아래 내려진 군정법령 등은 미군정의 관할지역에서만 그 효력을 발휘한다. 따라서 동 법령은 일본 본토에는 그 효력이 미치지 않는다.
- 군정령 33호는 1945년 8월 9일 현재 일본국 및 국민이 소유하는 재산에 대하여 9월 25일자로 미군정에 귀속하기 위하여 12월 6일 공포되었으나 그 대상이 되는 재산의 소재에 관해서는 "미군정의 관할 내에 위치한 것(located within the jurisdiction of this command)"이라는 조건을 달고 있다. 따라서 소재의 기준이 되는 시점이 중요하나 그 기준은 동 33호가 발령된 12월 6일로 됨은 틀림없다. 따라서 12월 6일 이후 관할지역에서 반출된 재산에는 몰수 효과가 미치나 8월 9일은 그것이 몰수 대상이 되는지를 결정하는 '일본성' 여부를 가리는 기준에 불과하며 귀속 자체를 법적으로 정한 날이 아니다. 따라서 8월 9월 이후 9월 25일까지 관할지역에서 반출된 재산에는 효력이 발생하지 않는다.

1349), 4~6쪽 ; 7~8쪽 ; 12~13쪽에서 정리.
60   대장성과의 조정을 위한 일련의 회의록은 「請求權問題に関する大蔵省との打合会」, 外務省日韓会談公開文書(문서번호 1350)에 수록.
61   「日韓一般請求権問題に関する若干の法律的問題点」, 外務省日韓会談公開文書(문서번호 1351), 1~22쪽에서 정리.

한국이 8월 9일 이후의 재산 반출을 금지한 군정령 2호 등을 근거로 8월 9일 이후 남한에서 반출된 재산에까지 몰수 효력이 미친다고 주장하더라도 재산의 소유자인 일본인이 재산을 반출한 것은 군정령 2호에 대한 위반이 되어도 법률상의 유효, 무효 문제를 낳지 않는 사실 행위에 불과하다. 또 평화조약 4조(b)항에서 그 처분을 인정했다고 하더라도 결과적으로 반출된 재산에 대한 원상복귀 의무까지 일본정부가 지니게 되었다고 볼 수 없다.

- 미군정으로의 귀속 날인 9월 25일까지 관할지역에 있었던 재산에 관해서도 12월 6일까지 해당 지역에 있지 않았던 것에 대해서는 동 33호가 12월 6일자로 관할지역에 있었던 재산이라는 조건을 달고 있으므로 동 법령의 적용 대상이 되지 않는다. 무릇 법령의 효과는 그 법령의 적용 범위 내에 존재하지 않는 것에 적용되지 않는 것이 당연한 일반 원칙이다. 따라서 동 법령 역시 12월 6일 현재 관할지역에 존재한 재산만을 9월 25일로 소급해 미군정에 귀속한 것에 불과하다.

- 가령 입법자의 의도가 12월 6일 현재까지 관할지역에 존재하지 않았던 재산에 대해서도 그 몰수 효력을 소급하는 것에 있었다고 하더라도 해당 재산이 동 법령 발령 당시 관할지역에 있지 않으므로 입법자의 의도가 법률적으로 실현되지 않았다는 결과가 되며 따라서 법적인 효과는 생기지 않는다고 보아야 한다. 따라서 일본정부가 평화조약 4조(b)항에서 재산 처분을 인정했다고 하더라도 현실적으로 처리되지 않은 재산까지 법률적으로 그 처분을 승인해야 하는 의무는 없다.

- 1957년 미각서는 "대한민국의 관할권 내에 있는 재산(property within the jurisdiction of the Republic of Korea)"의 처분을 명시했으나 그 이상 재산 범위를 정하지 않고 있으므로 12월 6일까지 반출된 재산에는 그 처분의 효력이 미치지 않는다고 하는 일본정부의 입장과 모순되지 않는다.

즉 3월 초, 일본정부는 머지않아 개시될 한국과의 본격적인 청구권 교섭을 전망하면서 군정령 33호의 법적인 효력을 12월 6일자로 미군정하의 관할지역에 존재한 것에만 엄격히 제한하는 해석을 굳혔다. 그것을 통해 8월 9일 시점에서 재한일본인 재산이 모두 미 군정청에 귀속되었다는 것을 근거로 대일청구권을 준비하던 한국정부의 주장을 차단하는 기반을 마련한 것이다.

실제 일본정부는 1957년 미각서 공개 후 본격화된 위원회 토의에서 이상과 같은 군정령 33호에 대한 법적 해석을 한국에 직접 밝힘으로써 한국의 일방적인 대일청구권 요구에 제동을 걸었다. 1961년 4월 6일 열린 9차 위원회에서 일본이 먼저 거론한 논점은 군정령 33호 해석의 핵심인 지리적, 시간적 범위의 제한을 천명하는 것이었다. 동 석상에서 일본이 밝힌 입장은 다음과 같다.

군정령 33호를 내린 재한미군사령관은 SCAP의 하부기관이며 그 권한은 지역적으로 한정되고 있으므로 그 권한 아래 내려진 동 33호는 미군정의 관할지역에서만 그 효력을 발휘한다. 또 33호는 동 법령 공포 날인 12월 6일 현재 미군정의 관할지역에 존재하지 않았던 재산에 대해서는 그 효력이 미치지 않는다. 12월 6일 현재 미군정 관할지역에 존재한 일본인 재산이 미군정에 귀속되었다고 하더라도 그 귀속은 미군정으로의 귀속에 그치며 한국으로의 귀속은 1948년 9월의 한미협정에 따라 처음으로 유효해진다. 따라서 동 33호에 따라 처리된 일본인 재산에 관해 한국이 그 소유권을 주장하고 일본에 그 인도 등을 요구한다면 동 33호에 따라 미군정에 귀속되며 그 후 한미협정에 따라 실제 한국으로 이전되었다는 것을 입증할 필요가 있다.[62]

이와 같이 일본은 내부적으로 준비한 군정령 33호에 대한 법적 해석과 더불어 비록 미군정에 귀속된 재산이라도 그 후 한미협정에 따라 실제 한국으로 인도된 것임을 입증한 것에만 그 청구권을 인정하는 자세를 천명함으로써 한국의 대일청구 범위에 엄격한 제한을 두려고 했다.

---

62 「4月6日請求權小委員会第9回会合における吉田主査代理の発言要旨(その2)」, 『제5차 한일예비회담 일반청구권 소위원회 회의록, 1-13차, 1960-61』, 264~268쪽 ; 「第5次日韓全面会談予備会談の一般請求權小委員会の第9回会合」, 外務省日韓会談公開文書(문서번호 91), 24~28쪽(별첨2).

비록 한미협정으로 인해 한국으로 이양되기 전에 이미 미군정이 따로 처분한 것은 제외되었으나, 8월 9일 시점에서 미국이 취득한 모든 일본인 재산이 한국의 소유물이며 또 그날 이후 일본으로 반출된 것 역시 한국에 반환할 것을 요구하려 한 한국정부의 청구권 요구는 이상과 같은 일본 측 입장 표명으로 인해 또 하나의 장벽에 부딪히게 되었다. 한국은 일본의 주장에 맞서기 위해 다음 10회 위원회에서 바로 군정령 33호 해석에 대한 한국정부의 대항 논리를 천명했다. 한국이 밝힌 동 33호 해석의 논리적인 핵심은 다음과 같다.[63]

1945년 9월 7일 공포된 포고령 1호는 재산의 원상 보존을 명령하고 또 같은 날 공포된 포고령 3호는 일본 재산의 해외 이동을 금지했다. 그 후 9월 25일에 나온 군정령 2호는 일본 재산을 모두 동결해, 8월 9일부터 9월 25일까지 이루어진 거래는 특별히 허가를 받은 경우를 제외하고 일절 무효로 했다. 군정령 33호는 바로 그 후에 나온 것이며 동 33호는 8월 9일 현재의 일본 재산을 군정청에 귀속한 후, 동 군정청이 처분한 것을 제외하고 모두 한국으로 이양했다.

즉 한국은 8월 9일자로 일본인 재산이 모두 미군정에 귀속된 것이며 또 그날 이후 미군정 관할지역으로부터 반출된 것도 미군정에 귀속되었다는 것을 정당화하기 위해 군정령 33호와 밀접한 관계에 있는 선행 법령을 들어, 그 문맥 속에서 33호를 해석하도록 요구한 것이었다.

또 한국은 법문의 의미가 분명할 때는 해석이 필요 없다는 것이 원칙이며 일본정부의 해석은 명문(明文)에 위반하고 있다고 비판했다. 그러나 바로 문제는 군정령 33호의 조문이 반드시 한국의 입장을 지지하는 것이 아니라는 데에

---

63 앞서 언급했으나 동 위원회에서 나온 한국 측 반론은 "JW - 463", 위의 한국문서, 244~247쪽. 일본 측 문서에는 동 발언 부분은 수록되지 않은 것으로 보인다.

있었다. 일본은 다음 11회 위원회에서 바로 그 점을 추궁하고 한국정부가 대항으로서 펴낸 논리를 오히려 자신들의 법 해석 정당화를 위해 활용했다.

11회 위원회 석상에서 일본은 직접 그 조문을 거론하면서 9월 25일자로 재한일본인 재산을 미군정이 취득(vest), 소유(own)했음을 지시한 동 군정령 33호 2조의 의미를 부각했다. 그에 의하면 미군정이 취득한 날짜에 관해 동 2조는 "1945년 8월 9일 이후 일본정부, 그 기관 또는 일본 국민, 회사, 단체, 조합 등이 직접, 간접적으로 전부 또는 일부를 소유 또는 관리하는 재산(property owned or controlled, directly or indirectly, in whole or part, on or since 9 August 1945 by the government of Japan, or any agency thereof, or by any of its nationals, corporations, societies, associations)"이라고 명시하고 있으며, 또 지리적인 범위에 관해서도 동 2조는 "12월 6일 현재에 있어서 미군정부의 관할지역 내에 소재한 일본 재산(property located within the jurisdiction of this command)"이라고 한정하고 있다.[64] 따라서 9월 25일 미군정에 귀속된 재산은 8월 9일 현재 일본인이 소유한 재산 중, 12월 6일 현재 미군정 관할지역 내에 있는 것에 한정된다는 일본정부의 해석이 동 법령의 명문에 부합하는 것이며 일본 측 견해가 명문에 위반한다는 한국 측 주장이야말로 타당하지 않다. 또 한국이 포고령 1호, 3호 및 군정령 2호 등, 군정령 33호와 관련되는 선행 법령의 문맥 속에서 이해할 것을 요구한 데 대해서도 일본 재산의 소속 변경은 군정령 33호로 인해 처음으로 이루어진 것이며 그 이전의 법령은 재산

---

64 그러나 적어도 지리적 한계에 관한 일본 측 주장은 정확하지 않다. 본론에서 말한 바와 같이 일본 측 발언 기록에는 "12월 6일 현재에 있어서 미군정부의 관할지역 내에 소재한 일본 재산"이라고 나와 있으나 실제 법령문에서 '12월 6일'이라는 날짜는 단지 법령의 공포 날짜로서 표시되어 있을 뿐, 재산의 소재 위치에 관한 구절이 나오는 2조에 직접 '12월 6일'로 한정한 표현은 없다.

이양에 관해서 아무런 법적 효과도 미치지 않는다고 부정했다.

더 나아가 일본은 동 석상에서 군정령 33호 관련의 청구권으로서 인정할 수 있는 것은 그 33호로 인해 처분된 이후, 한미협정에 따라 실제 한국으로 인도된 것을 입증한 것에만 한정된다는 입장에서 청구권 토의를 위해 동 협정으로 한국에 이양된 사실 여하를 입증하는 재산 목록 및 기타 증거 서류 등을 제출할 것을 요구했다.[65]

즉 일본은 조문의 직접적인 규정을 부각하고, 또 선행 법령과 군정령 33호와의 관련성을 부정하는 것에 더해 청구권의 인정 요건으로서 한미협정을 통해 실제 한국으로 이양된 것이 입증되는 것에만 한정하는 조건을 달았다. 청구권 실현을 위한 문턱을 한층 더 높이는 전략을 취한 셈이었다.

동 석상에서 한국은 이와 같은 일본 측 요구에 대해 한미협정에 따른 일본인 재산의 한국 이양은 목록에 따라 이루어진 것이 아니라 포괄적으로 이루어진 것임을 주장하면서 사실상 목록 같은 증빙 자료를 제출할 것을 거절했다.[66] 그러나 재한일본인 재산의 취득을 감안해서 대일8항목요구를 제출했다는 입

65　이상의 일본 측 발언은 「4月21日請求權小委員会第11回会合における吉田主査代理の発言要旨(その二)」, 『제5차 한일예비회담 일반청구권 소위원회 회의록, 1 - 13차, 1960 - 61』, 316~319쪽 ; 「第5次日韓全面会談予備会談の一般請求權小委員会の第11回会合」, 外務省日韓会談公開文書(문서번호 93), 24~27쪽.

66　"제5차 한일회담 예비회담 제11차 일반청구권 소위원회 회의록", 위의 한국문서, 295~296쪽 ; 위의 일본문서 7쪽. 위에서 언급한 바와 같이 한국정부 내부에서는 1957년 미각서 공개 문제와 관련해 3월 중순 유진오 수석대표가 본국정부에 대해 한미협정으로 이양된 일본인 재산의 금액을 조회하고 있었다. 이어 외무부가 재무부에 조회를 의뢰한 후, 그 조회 결과가 어떻게 되었는가를 보여 주는 문서는 없다. 따라서 본론에서 말한 재산 목록의 존재를 부정한 한국 측 발언이 동 조회 요청에 대한 본국정부의 결과를 받아 이루어진 것인지는 불명하다. 다만 한일회담 관련 문서뿐만 아니라 적어도 현재까지, 이양된 총액이나 목록 같은 설득력 있는 증거가 발견되지 않은 현실을 감안할 때, 팽대한 규모에 이른 이양 재산의 자세한 내역 등이 파악되었을 가능성은 크지 않아 보인다.

장을 취한 한국의 논리를 설득력 있게 유지하기 위해서는 동 요구가 당초의 요구액으로부터 이미 얼마 탕감해서 작성되었는지를 구체적으로 밝히는 것이 필요했다. 바로 이와 같은 사정은 앞서 말한 유진오 수석대표 자신이 총액 파악의 필요성을 밝히고 있었던 점에서 잘 나타나 있다.

결국 11회 위원회에서 일본이 군정령 33호 해석과 더불어 이양된 재산에 관한 증빙 자료의 제출까지 요구함에 따라 한국은 당초의 요구액에서 탕감한 결과라고 주장해 정당화하려 한 대일8항목요구의 관철에 어려움을 겪을 수밖에 없었다.

물론 본국 승인을 거쳐[67] 한국은 다음 12회 위원회에서 일본 측의 주장에 대해 다시 반론을 시도했다. 그것은 재산의 보존, 동결, 해외 이동 금지, 그리고 허가된 이외의 거래 금지 등을 시행한 선행 법령들이 재산의 귀속을 명한 군정령 33호의 준비 입법으로서 관련이 있으며 따라서 12월 6일 시점에서 한국에 있었던 재산만 그 소유권이 이전되었다거나, 8월 9일은 귀속 요건인 '일본성' 여부를 결정하는 날에 불과하다고 하는 일본 측 해석은 법령을 위배하는 것이라는 주장이었다.[68]

물론 이와 같은 해석은 8월 9일자로 모든 재한일본인 재산이 미군정에 귀속되었다는 한국정부의 입장에서 볼 때 타당한 추론이었다. 그러나 이러한 한국정부의 재반론은 원래 일방적인 대일청구권을 봉쇄하기 위해 의도적으로 꾸

---

67 "WJ-04248", 위의 한국문서, 334쪽.
68 동 위원회 회의록에서는 "JW-04210 낭독"으로만 표기되어 있다. "제5차 한일회담 예비회담 일반청구권 소위원회 제12차 회의 회의록", 위의 문서, 341쪽. 그 낭독된 'JW-04210'은 "한일회담 일반청구권 소위원회 관계 청훈에 관한 건", 같은 문서, 320~323쪽 ; 「第5次日韓全面会談予備会談の一般請求権小委員会の第12回会合」, 外務省日韓会談公開文書(문서번호 94), 23~25쪽.

며진 군정령 33호에 대한 일본정부의 법 해석[69] 자체를 뒤집기에는 역부족이었다. 실제 군정령 33호는 한국이 그 관련성을 주장한 선행 법령과의 관계를 명시하지 않았으며, 또 군정령 33호 조문은 8월 9일이라는 날짜를 일본인이 소유하고 한국에 존재한 모든 일본인 재산이 9월 25일자로 귀속되는 기준 날이라고 명확히 규정한 것도 아니었다. "법문의 의미가 명료할 경우 통상적인 의미로 이해"할 것을 요구한 한국 측 주장과 달리 법문에 존재한 미묘한 애매함을 찌른 일본 측 논리는 바로 애초 그 '명료하지 않은 틈'을 노린 전략이었다.

또 지난 회의 때, 입증 책임을 거론한 일본에 대해 한국은 한미협정으로 인해 한국으로 이양된 재산은 그 시점에서 미군정이 이미 처분했던 것을 제외한 모든 것임을 주장하고 만약에 일본이 제외된 것이 있다고 한다면 그것에 대한 거증 책임이 법리상 오히려 일본에게 있다고 맞섰다. 그러나 원래 재한일본인 재산의 한국 취득과 한국의 대일8항목요구의 '관련성'을 활용해서 한국의 일방적 대일요구를 봉쇄하려 한 일본에게 사실 중요한 것은 몰수 재산의 내역이 아니라 금액이었다. 비록 제외된 것에 대한 입증 책임을 일본에 넘긴다고 해도 한국이 대일8항목요구를 일본인 재산의 취득을 고려해서 산출했다고 방어하는 이상, 그 고려한 금액이 얼마였는지를 입증할 책임에서 벗어날 수는 없었다. 그리고 근거 있는 탕감 금액의 제시를 위해 결국 객관적인 증빙 절차가

---

69 예컨대 외무성은 본론에서 앞서 언급한 군정령 33호 등에 대한 2월 9일의 검토 단계에서 동 33호의 효력이 8월 9일까지 소급되는 것이라는 인식을 드러내고 있으며 또 그것이 점령군의 권한을 넘은 국제법상의 위반 조치라고 하더라도 평화조약 4조(b)항에서 그 효력을 승인한 이상, 소급 규정만을 인정하지 않는다는 입장을 취하는 것은 어려운 것이 아닌가 하는 전망을 내놓고 있었다. 「請求権に関する一般の問題点(第1稿)」, 外務省日韓会談公開文書(문서번호 1349), 11~12쪽. 즉 외무성은 군정령 33호가 8월 9일까지 소급되는 법령임을 인식하면서도 미국이 취한 조치를 건드리지 않고 소급 효과를 부정하는 방법으로서 법문에 존재한 애매함을 의도적으로 이용한 것이다.

필요하다는 것은 한국이 내세운 입론으로부터의 논리적인 귀결이었다.

더욱이 일본은 5차 한일회담 청구권 토의의 마지막 장이 된 13회 위원회에서 군정령 33호 해석에 대한 요구 수위를 한층 더 높였다. 그 석상에서 일본은 "법령 제33호는 그 명문의 규정상, 소속 변경의 효과를 8월 9일 현재 미군정부의 관할하에 소재한 모든 일본 재산에 끼치는 의도를 유(有)하지 않고 있었음이 명료한 것뿐만 아니라 가령 그 효과를 이들 재산 모두에 끼치고 8월 9일 이후의 소재 여하를 막론하고 소속 변경의 대상으로 하려는 의도를 유하고 있었다고 해도 동 법령의 본질적 제약으로부터 생길 법률적 효과의 한계를 감안하며 12월 6일 현재 미군정부 관할하에 소재하지 않았던 일본 재산에 대해서는 그와 같은 의도가 법리상 실현되지 못했음"을 강조했다.[70] 물론 이 발언 내용은 3월 1일자로 외무성이 정리한 군정령 33호 해석에 포함되어 있던 것이었다.

즉 일본은 법령의 해석으로서 군정령 33호의 효력이 지리적으로도 시간적으로도 12월 6일 미군정 관할지역에 머무른 것에 한정된다는 입장을 넘어, 가령 미국이 8월 9일 현재 남한에 존재한 모든 일본인 재산을 귀속시키는 의도를 가지고 있었다고 하더라도 실제 작성된 법문의 내용에서 생긴 '본질적 제약'으로 인해 그와 같은 정책적인 의도가 실현되지 않았다고 주장함으로써 법령의 공포 주체인 미국의 의도에도 구속되지 않는다는 강한 입장을 제시한 것이었다.

결국 5차 한일회담 청구권 토의는 5·16 쿠데타가 터진 바람에 13회 위원회

---

70 「5月10日請求権小委員会第13回会合における吉田主査代理の発言要旨」, 『제5차 한일예비회담 일반청구권 소위원회 회의록, 1－13차, 1960－61』, 361~363쪽 ; 「第5次日韓全面会談予備会談の一般請求権小委員会の第13回会合」, 外務省日韓会談公開文書(문서번호 95), 39~41쪽.

를 끝으로 중단되었다. 그로 인해 1957년 미각서 및 군정령 33호를 둘러싼 토의 역시 이 이상 계속되지 않았다.[71] 그 결과 이하 고찰하는 바와 같이 5차 한일회담에서는 그들 논쟁과 같이 병행해서 진행되던 세부항목 토의에 그들 법적 해석을 둘러싼 양국의 대립이 직접적으로 영향을 주는 일은 없었다. 그러나 5차 한일회담에서 한국의 주장에 대한 대항 논리로서 확실히 그 모습을 드러낸 1957년 미각서 및 군정령 33호에 대한 일본정부의 법 해석은 '역청구권'을 내세워, 일본에 대한 일방적인 청구권을 봉쇄하려 한 이전의 교섭 전략을 대체하는 무기로서 청구권 토의의 마지막 무대인 6차 한일회담에서 매우 강력한 힘을 발휘하게 된다.

---

71 다만 한국은 당초 17일 개최 예정이던 14회 위원회에서 재반론을 하기 위한 준비를 하고 있었다. 그 발언문은 "JW - 05108", 위의 한국문서, 388~390쪽에 수록.

4. 세부항목 토의

이상과 같이 5차 한일회담에서는 청구권 항목에 대한 본격적인 토의 개시에 맞추어, 일본 측 주도로 1957년 미각서가 공개되었으며 그에 따라 그 미각서와 군정령 33호에 대한 일본정부의 공식적인 입장이 밝혀졌다. 그로 인해 표면적으로 한국의 일본에 대한 일방적인 요구가 되어 있었던 청구권 교섭의 실질은 재한일본인 재산 취득과의 관련성이라는 제약조건하에서 진행되어야 하는 문제가 되었다.

또한 일본이 각 구체적인 항목 토의에 응한 것은 통과의례를 차리기 위한 절차에 불과했다. 예컨대 외무성은 2월 8일 열린 대표자 간 사전 협의에서 "어차피 정치적인 해결에 들어가기 전에 사무적으로 할 수 있는 것은 다 했다고 할 필요가 있다."[72]는 견해를 피력하고 있었다. 적어도 일본정부로서는 그간에 쌓아온 교섭의 경위에 따라 이미 주지의 사실이 된 양국의 입장 차이를 고려할 때, 실무적인 위원회 토의를 통해 문제가 해결될 수 있다고 전망할 수 있는 상황이 아니었다.

---

72 「日韓会談日本側代表の打合わせ会議要旨」, 外務省日韓会談公開文書(문서번호 1411내), 3~4쪽.

따라서 일단 세부항목 토의가 개시된 5차 한일회담은 문제를 실제 해결하기 위한 장이 아니라 문제를 해결하기 전에 필요한 통과의례의 성격을 짙게 띠었다. 실제 이와 같은 인식에 따라 본격적인 토의 재개에 앞서 개최된 3월 3일의 한일 수석대표 간 비공식 회담에서는, 위원회에서는 사실관계 파악 및 법률 해석의 논의만을 진행하고 지불할 것인가의 여부는 토의하지 않는다는 양해가 성립되어 있었다.[73] 일본 측의 의도를 잘 아는 한국으로서도 실무적인 교섭을 통해 최종적인 결론을 얻을 수 있다고 낙관할 수 있는 시기는 이미 지나간 지 오래되었다.

그러나 위원회 토의가 비록 최종적인 문제의 해결을 실현할 수 있는 장이 아님을 전제로 한 것이었다고 하더라도 5차 한일회담 위원회 토의에서는 일단 한국의 대일청구 내역이 공식으로 제기되었다. 그에 따라 대일8항목요구로서만 제기되었던 대일청구권 요구의 세부적인 범위가 처음으로 확정되었다. 또 그 제기에 따라 각 구체적인 항목에 대한 토의가 일정한 정도 이루어짐으로써 그것에 대한 양국의 입장이 어느 정도 밝혀지게 되었다. 이러한 점에서 5차 회담이 청구권 문제의 보다 세밀한 성격을 밝히는 데 중요한 의미를 가진 교섭이 되었다는 것은 부정할 수 없다.

또 5차 회담 교섭의 내용을 정확히 파악하는 것은 이어 청구권 문제가 토의된 박정희 정권하의 6차 한일회담 교섭과의 관계를 밝히는 데도 불가결한 전제 작업이 된다. 다음 장에서 고찰하는 바와 같이 이른바 김종필 - 오히라(大

---

73 「日韓会談首席代表非公式会談記錄」, 外務省日韓会談公開文書(문서번호 353내), 2~3쪽. 3월 3일의 회담 기록에서는 최종적인 지불 여부를 언급하지 않는다는 일본 측 주장에 대해 한국이 아무런 의견을 내지 않음으로 인해 일본이 이의가 없다고 판단한 것만이 기술되어 있으나 그 3일 후인 6일에 열린 실무자 조정 회의에서는 한국 역시, 최종적인 지불 여부에 관해서는 언급하지 않는다는 일본 측 생각을 양해한다고 밝히고 있다. 「文参事官との打合せ」, 外務省日韓会談公開文書(문서번호 96내), 1쪽.

平正芳) 합의가 도출됨에 따라 청구권 문제가 실질적으로 처리된 6차 한일회담에서도 그 초기에는 청구권 문제에 대한 실무적인 토의가 진행되었다. 그러나 그 내용은 5차 회담의 내용과 몇 가지 중요한 차별성을 보였다. 따라서 장면 정권이 제기한 요구 내용과 박정희 정권하의 내용에 어떤 차이가 생겼는가를 고찰하기 위해서는 먼저 5차 한일회담 당시 제기된 내용들을 정확히 파악할 필요가 있다.

과연 장면 정권은 5차 회담에서 어떤 항목을, 어떤 성격의 문제로서, 또 어떤 논리에 기초해, 어떻게 구체화했는가? 또 그에 대해 일본은 5차 회담 단계에서 어떻게 반응했는가? 바로 이하에서는 이러한 문제를 자세히 고찰하고자한다.

1) 대일8항목요구 1항

앞서 언급한 바와 같이 한국은 2회 위원회에서 제출한 대일8항목요구의 내용에 따라 3회 위원회[1960년 12월 10일]에서는 1항을 조선은행으로부터 반출된 지금·지은의 반환 요구에 한정할 것을 밝히면서 그에 대한 간략한 요구 내용을 제기하고 있었다.

한국은 그 3회 위원회에서 지금·지은에 대해 제기한 요구의 근거를 통화 발행 준비로서 금고에 보존되어야 하는 지금·지은이 사라졌다는 (disappeared) 점에서 찾았다. 그러나 한편 그 요구는 지금·지은의 반출 시, 그 대가로서 일본이 지불한 일본은행권 등은 반납한다는 것이었다. 이 점에서 적어도 요구 형식은 일방적인 반환을 요구한 것이 아니라 사실상 '재매매'를 요구하는 것이었다.

그러나 교섭은 그 후 1957년 미각서 공개 등, 항목별 본격적인 토의 진행을 위한 정지작업으로 이행됨에 따라 결국 동 1항 지금·지은에 대한 본격적인 토의가 재개된 것은 3월 9일의 미각서 공개 후 처음으로 개최된 6회 위원회에서의 일이었다.[74]

그 석상에서 한국은 3회 위원회에서 개략적으로 제기했던 요구 근거에 보다 구체적인 설명을 추가했다. 한국이 그 반환을 요구하는 이유로서 보충한 것은 지금·지은의 반출 시, 일본이 지불한 일본은행권의 가치가 그 후 상실되어 종잇조각(piece of papers)이 되었으므로 그 가치 상실 부분을 지금·지은의 반환이라는 형식으로 되찾고 싶다는 것이었다.

한국은 가치의 상실이라는 의미가 무엇인지 직접 설명하지 않았으나 해방 후 한국에서의 일본은행권 유통의 금지, 그리고 무엇보다 전후 일본에서의 물가 상승 등으로 인해 지금·지은의 반출 대가로서 받게 된 일본은행권의 구매력이 사실상 바닥에 떨어졌다는 것을 뜻한다고 해석해도 과오는 없을 것이다. 즉 지금·지은의 가치가 국제적인 유통성을 가진 귀금속으로서 비교적 안정되어 있었던 데 반해 일본은행권의 가치는 떨어졌다는 가치의 비대칭성에서 반환 요구의 근거를 찾은 것이었다. 따라서 한국은 표면상 지금·지은의 반환을 일본은행권 등과의 교환 형식으로 진행할 것을 요구했으나[75] 그 실태는 가치

---

74 이하 6회 위원회에서의 지금·지은 토의의 내용은 "제6차 일반청구권 소위원회(한일회담 예비회담) 회의록", 『제5차 한일예비회담 일반청구권 소위원회 회의록, 1–13차, 1960–61』, 149~155쪽 ;「第5次日韓全面会談予備会談の一般請求権小委員会の第6回会合」, 外務省日韓会談公開文書(문서번호 88), 6~21쪽에서 정리.

75 주의해야 하는 것은 한국은 후술할 대일8항목요구 5항 중 둘째 항으로서 일본계통화를 제기했으나 그 속에는 일본은행권 요구가 포함되어 있다는 점이다. 따라서 만약에 지금·지은의 반환 요구가 받아들여짐에 따라 보유 일본은행권을 일본에 반납하게 되면 그만큼 5항 중 일본계통화에 포함된 일본은행권에 대한 청구권 요구는 삭감되게 된다. 다시 말해 지금·지은 요구는 5항 중 일본계통화 요구와 상쇄되는 관계에 있었다고 판단된다.

가 떨어진 일본은행권을 가지고 가치를 유지한 귀금속을 되찾으려 한 것이었다는 의미에서 반드시 등가를 전제로 한 재교환은 아니었다.

그러나 일본은 해방 후에 발생한 그와 같은 가치의 비대칭적인 격차에서 그 반환 근거를 찾은 한국 측 요구를 법적 근거가 없는 것이라고 일축했다. 그를 위해 일본이 의거한 것은 양국의 권력 기반의 차이를 배경으로 일본 스스로가 만든 조선은행법이었다.

동 위원회 석상에서 일본은 조선은행법 22조가 조선은행권 발행에 즈음하여 지금·지은과 함께 일본은행권의 보유를 인정하고 있었으며 또 지금·지은의 보유 비율 역시 지불 준비 총액의 1/4을 초과할 수 없다고만 규정하고 있었다고 했다. 다시 말해 만약에 22조가 발행 준비를 전액 지금·지은으로 보유하는 것을 규정하고 있었다면 반환 요구에 대한 법적 근거가 생길 수 있으나 그렇지 않은 이상 반환해야 할 법적 책임은 없다고 반론한 것이었다.

아울러 조선은행법 17조는 조선은행 업무의 하나로서 지금·지은의 매매 및 화폐의 교환을 규정하고 있었다. 일본은 바로 그 조항을 배경으로 지금·지은이 발행 준비로서만 기능하는 것이 아니라 동 17조 규정에 따른 업무의 하나로 매매 대상이 될 수 있었으며 따라서 발행 준비로서의 지금·지은을 반출했다는 한국 측 주장은 타당하지 않다고 반격했다. 더욱이 한국이 언급한 종 잇조각이라는 비판에 대해서도 당시 일본이 지불한 일본은행권은 일본 국내에서와 같은 경제적 가치를 가지고 있었으므로 종잇조각처럼 가치를 상실했다는 비판은 일반적인 상황과 다르다고 덧붙였다.

일본은 이상과 같은 대항 논리를 내세우면서 지금·지은의 반환 문제에 관해 일본을 구속하는 법률적인 근거가 제시되지 않았다고 생각한다고 잘라 말했다. 즉 5차 한일회담 단계에서 이미 한국의 1항 요구에 응하지 않는 자세를 천명한 것이었다.

한국은 그에 대해 다른 보통 상품과 달리 지금·지은을 일본으로 가져간 것은 식민지 정책의 표본이라고 생각하고 있으며 법률을 만들어 합법성 여부를 문제로 하는 것이 아니라 식민지 정책의 표현이라는 각도에서 법률보다 형평성이라는 관점에 서서 반환을 요구한다고 반론했다. 즉 한국은 일본이 법률론을 내세워 한국의 요구를 차단하려고 하자, 식민지 지배의 부당성을 추궁하는 정치적 논리로 대응하려 했다. 그러나 사실상 국민감정에 기초한 이와 같은 '하소연'은 식민지 지배의 합법성에 입각한 일본 측과의 교섭에서 한국 스스로가 오히려 동 반환 요구에 법적 근거가 없음을 자인한 것과 마찬가지였다.

실제 일본은 한국이 그와 같은 언급을 하자, 한국의 주장에는 법적 근거가 없으나 역사적 사실과 지금 등의 특수한 성격을 감안해서 돌려달라고 하는 요구라고 이해한다고 말했다. 적어도 냉철한 법적 논리에 기초하는 한, 논리의 승패는 이미 자명한 것이었다.

한국은 일본 측이 그러한 반응을 보이자, 서둘러 법적 근거가 조선은행법 22조에 있다고 반론했다. 즉 식민지 통치의 일환으로 일본이 만든 조선은행법이 통화 준비로서 지금·지은의 보관을 의무화하고 있다는 점에서 법적 근거를 찾으려는 것이었다. 그러나 위에서 언급한 바와 같이 그 22조는 발행 준비로서 지금·지은과 함께 일본은행권이나 일본국채의 소유를 허가하고 있었으며 일본은 오히려 그 조항을 가지고 법적인 반환 근거를 부정했다. 한국은 그 22조가 왜 반환을 위한 법적 근거가 되는지에 대한 설명도 없이, 아니 아예 근거가 될 수도 없는 조문을 아무런 대책도 없이 그냥 들고 나옴으로써 오히려 자신의 입지를 더욱더 어렵게 했던 것이다.

5차 한일회담에서의 지금·지은 토의는 동 6회 위원회에서 끝났다. 한국은 비록 위원회 토의에서는 직접 구체적인 요구 수치를 밝히지 않았으나 회의 종료 후, 3월 17일에 일제 통치하에 반출된 지금·지은의 연도별 중량 및 합계치를 제출했다.[76] 즉 5차 회담에서 다른 항목들에 대한 요구 수치가 제시되지 않았던 것과 달리 1항에 대해서는 사실상 반환 요구 수치를 밝힌 셈이었다. 그 값은 지금 249,633,198g, 지은 67,541,771g였다. 이 수치는 5차 한일회담을 앞두고 한국정부가 『제문제』에서 내부적으로 정리한 수치[표7 - 1 - 1] 중, 지은에 관해서는 조선은행에서 반출된 부분에 한정한 것이었다. 특히 2장에서 논한 바와 같이 원래 지은 요구에는 중국연합준비은행 성립과 관련해 조선은행이 제공한 차관 공여의 담보로서 일본은행 오사카 지점에 보관된 것이 포함되어 있었다. 그것은 5차 회담을 앞두고 정리된 『제문제』에서도 일단 유지되어 있었다. 따라서 한국이 일부러 그 부분의 중량을 제외하고 제출한 사실은 5차 회담 위원회 토의 개시 후에 1항 지은 요구 중 담보 부분을 따로 취급하려는 의도를 암시하는 것이었다.

그러나 이는 적어도 장면 정권하에서는 그것을 대일청구권 요구에서 완전히 제외할 것을 뜻하는 것은 아니었다. 오히려 그것은 본격적인 한일교섭을 맞이해 같은 지은 반환 요구이지만 그 성격이 다르다는 판단으로 보다 적절한 요구 위치에서 제기하려는 의도였다. 실제 5차 회담 개시 전, 장면 정권은 그 지은 담보 부분과 관련해 비록 일본에 있는 그 지은이 군정령 33호가 몰수 대상으로 지정한 한국 국내에 소재하는 재산이 아님으로 인해 그 귀속 여부에 향후 논란이 일어날 것을 우려하면서도 일단 군정령 33호로 인해 미군정

---

76 "한일예회 제53호, 일반청구권 관계문서 송부의 건", 『제5차 한일예비회담 일반청구권 소위원회 회의록, 1 - 13차, 1960 - 61』, 157~160쪽 ; 「第5次日韓全面会談予備会談の一般請求権小委員会の第6回会合」, 外務省日韓会談公開文書(문서번호 88), 35~40쪽(별첨3). 단 3월 17일에 제출되었음은 일본 측 기록에서만 확인 가능하다. 같은 문서, 22쪽.

에 귀속되었다가 그 후 한국정부에 이양된 조선은행의 재일재산 문제로서, 즉 대일8항목요구 4항에서 취급하려는 구상을 이미 세우고 있었다.[77] 즉 같은 지은 요구이지만 차관 담보로서 오사카 지점에 보관되어 있는 지은은 조선은행에서 반출된 것이 아니므로 1항 요구로서가 아니라 4항에 해당하는 한국 관련 법인의 재일재산 문제로서 다루는 것이 보다 바람직하다고 판단한 것으로 풀이된다.

그러나 후술하는 바와 같이 결과적으로 중국연합준비은행에 대한 조선은행 차관 공여의 담보와 관련된 지은 요구는 대일8항목요구 4항에서도 명시적으로 제기되지 않았다. 이 요구는 결국 5차 회담 중의 비공식 토의에서 그에 대한 일본 측 견해를 타진하는 정도로 그치고 있다.[78] 또 그 담보 부분은 후술할 박정희 정권하의 6차 한일회담에서도 제기되지 않았다. 즉 결과적으로 이 지은 담보 부분이 대일청구권 요구로서 공식화되는 일은 사실상 한 번도 없었던 것이다.

---

77 『韓日會談의 諸問題』, 61~62쪽. 그러나 이 지은의 반환 근거와 관련해 장면 정권이 제시한 조선은행이 군정령 33호에 의해 한국에 귀속되었다는 논리는 조선은행이 원래 일본 법인이었다는 입장을 취하는 것을 뜻하며, 본론에서 후술할 조선은행이 한반도에 적용된 법에 의해 성립된 원래 한국 법인이라는 해석을 취하는 한국정부의 입장과는 모순된다. 그 혼란의 이유는 분명하지 않으나 한국정부 내부에서도 충분히 논리가 정리되어 있지 않았음을 보여 주는 흔적이라고 봐도 무방할 것이다.

78 『日韓請求権問題参考資料未定稿 第2分冊』, 105쪽. 단 그 기록에 나오는 비공식 회의가 구체적으로 어느 회의를 가리키는지는 불명하며 저자가 열람한 5차 회담 관련의 비공식 회의 기록에서는 동 지은 문제가 직접 제기된 사실을 확인할 수 없다.

2) 대일8항목요구 2항

2항 〈1945년 8월 9일 현재 일본정부의 대조선총독부 채무의 변제를 청구함〉
은 7회 위원회부터 토의되었다. 한국은 위원회 석상에서 이 요구가 총독부가
관여한 포괄적인 것을 요구하는 것이 아니라 체신 사업을 통한 대일채권이 중
심이 되어 있다는 것, 또 군정령 33호를 위반해서 1945년 8월 9일 이후 일본
인이 재산을 이동한 것에 대한 반환을 요구하는 것임을 천명했다.[79]

비록 요구 제목에는 '총독부 채무'라고 표현되었으나 이하에서 고찰하는 요
구 근거로 미루어, 특히 전자인 체신부 관련 요구는 '채무'라기보다 총독부가
일본정부에 대해 가진 '채권'의 환불을 요구하는 것이었다. 그것은 구체적으
로 총독부 산하에서 영업하던 체신 사업을 통해 총독부가 일본정부에 대해 가
지게 된 채권을 미군정을 거쳐 한국정부가 계승했다는 입장에서 그 채권을 대
일청구권으로서 요구하는 것이었다. 따라서 5차 한일회담에서 한국이 제기한
체신부 관계 요구는 한일 간의 영역 분리에 따른 국가 계승이라는 입장에서
국가 간 청구권 문제로 제기된 점에 주의가 필요하다.

(1) 체신부 관계

a) 우편저금, 진체저금, 우편위체 등
체신부 관계 청구 항목 중, 한국이 공식으로 제기한 첫째 항목은 〈우편저금,
진체저금, 우편위체 등〉이었다.[80] 한국이 직접 제시한 그 청구 항목은 오늘날

---

79 "제5차 한일회담 예비회담 일반청구권 소위원회 제7차 회의 회의록", 『제5차 한일예비
회담 일반청구권 소위원회 회의록, 1 - 13차, 1960 - 61』, 190쪽 ; 「第5次日韓全面会談
予備会談の一般請求権小委員会の第7回会合」, 外務省日韓会談公開文書(문서번호
89), 6쪽.

에도 물론 우체국이 담당하는 기초적인 금융 거래에 따라 발행한 채권 회수 문제였다.[81]

7회 위원회에서 한국은 직접적으로는 위 세 항목만을 거론했다. 이는 5차 회담 개시 전에 장면 정권이 정리한 『제문제』 중, 체신부 채무의 첫째 항인 〈위체, 저금 및 세입세출에 관한 현금 수불상의 한국수취계정〉[표7 - 1 - 2]에 해당하는 것이었다.

2장 『배상조서』의 해부 이후 관련된 고찰에서 밝힌 바와 같이 원래 이 항목은 기타 많은 세부항목들을 포함하고 있었다. 또 비록 그 직접적인 표현은 다르나 『제문제』에서도 그 첫째 항목의 액수가 1,515,422,485엔으로 『배상조서』의 수치와 지극히 근사하므로 기본적으로 많은 항목들을 그대로 유지하고 있었다고 판단된다.

그럼에도 위원회에서 이상의 세 항목만이 제기된 것을 고려하면 일본에 대한 공식 제기에 즈음하여 장면 정권이 당초 요구에 포함되었던 기타 많은 세부항목들을 삭감한 것으로 보기 쉽다. 그러나 위원회에서 제기된 요구 제목에는 '등'이 달려 있어, 반드시 '우편저금', '진체저금', '우편위체'의 세 가지 항목에만 요구를 한정했다고 판단할 수 없고, 또 이하 언급하는 바와 같이 이에 관한 요구 근거가 집합적인 개념인 만큼 그 속에는 다양한 항목들이 포함될

---

80 한국이 2회 위원회에서 먼저 제시한 동 항목은 '우편저금', '진체저금', '위체저금'이라고 되어 있으나 8회 위원회에서 셋째 세부항목은 '우편위체'라고 수정되어 있으므로("제5차 한일회담 예비회담 일반청구권 소위원회 제8차 회의 회의록", 위의 한국문서, 226쪽) 그에 따라 표기했다. 체신 사업에서 원래 '위체저금'이라는 금융상품이 없다는 것은 「韓国請求権検討資料(未定稿)」, 外務省日韓会談公開文書(문서번호 1348), 9쪽.
81 이하 7회 위원회에서의 첫째 세부항목에 대한 토의는 "제5차 한일회담 예비회담 일반청구권 소위원회 제7차 회의 회의록", 위의 한국문서, 191~193쪽 ; 「第5次日韓全面会談予備会談の一般請求権小委員会の第7回会合」, 外務省日韓会談公開文書(문서번호 89), 8~14쪽에서 정리.

수 있으며, 무엇보다 동 위원회에서 한국은 이 항목과 관련해 체신 관청 세입금, 체신 사업의 수입금이 포함되고 있음을 직접 언급하고 있으므로 5차 회담 단계에서 한국정부가 정식으로 요구 항목을 줄였다고 판단하는 것은 적절하지 않아 보인다. 따라서 후술하는 바와 같이 이 항목과 관련해 그 요구 범위를 세 가지 항목에만 명확히 한정한 것은 결국 박정희 정권하의 6차 한일회담에서 이루어진 것으로 판단하는 것이 정확하다.

반환 요구 근거와 관련해 한국은 동 7회 위원회에서 이 요구가 초과금을 요구하는 것임을 밝히고 있다. 당시에는 한반도에서 영업하던 체신 사업을 통해 생긴 수입, 지출의 차액은 일단 일본 대장성으로 집중하는 제도가 마련되어 있었다. 초과금은 바로 그 체신 사업을 통해 일본으로 송금된 초과 차액을 뜻했다. 이것은 집합적인 개념이며 따라서 그 속에는 위 세 항목 이외에도 기타 체신부 관련 사업과 관련된 다양한 수입과 지출의 차액이 포함될 수 있었다.

또한 초과금이 집합적인 개념인 만큼 한반도에서 초과 송금된 금액 속에는 한반도에 거주하는 일본인 및 일본 관련 기업들도 포함되어 있었을 것이다. 그러나 5차 회담에서 한국은 이 요구의 제기와 관련해 초과금에 포함되는 주체별 금액을 구별할 필요성을 인식하지 않고 일괄적으로 대일채권으로 회수하는 입장을 취했다.

이것은 이른바 국가 계승 논리에 의거한 입장에서 도출된 귀결이었다. 즉 체신 사업을 산하에 둔 총독부의 대일채권을 한국정부가 계승했다는 입장에서 제기하는 이상, 초과금에 포함되는 개별적 주체의 채권 내역을 일일이 구별할 필요는 없었다. 즉 이 요구는 채권 – 채무 발생의 단위를 행정 구역으로 나누어 청구하는 것이었다. 해방 후 한반도가 가진 채권은 총독부로부터 미 군정청을 거쳐, 최종적으로 한국정부가 정식으로 이양받았다고 요구하는 이상, 그 속에 일본 관련의 지분이 포함되어 있어도 한국이 그것을 따로 처리해야 할 이유는 없었다.

위원회에서 이와 같은 설명을 들은 일본은 이 요구가 총독부 채권과 같은 성격의 문제가 아니라 개인의 청구권 문제가 아닌가 하는 견해를 표시했다. 그에 대해 한국은 즉시 개인의 문제가 될 수 없다고 부정적으로 답했다. 그러나 제도에 따라 비록 초과금으로서 일본에 송금되었다고 해도 원래 그 채권에 포함되는 대부분의 자금이 한반도 소재의 우체국에서 각 개인 차원에서 이루어진 금융 거래를 통해 생긴 개인 채권이었음은 틀림없다. 그러한 의미에서 동 요구의 많은 부분이 일본이 말한 개인 채권의 문제였음은 틀림없다. 그럼에도 5차 한일회담에서 한국은 개인의 청구권 문제로서 처리할 것을 부정한 것이었다.

위원회에서 직접 밝혀지지는 않았으나 그 이유가 국가 간의 차원에서 문제를 처리하고, 받은 자금을 국가 경제 재건에 충당하려는 한국정부의 방침에 따른 것으로 봐도 큰 과오는 없을 것이다.[82] 즉 한국정부는 채권 발생의 기원인 개인 자금이라는 성격을 부각할 경우 그 지불이 결국 해당 개인에 대한 환불이 되는 것을 염려할 수밖에 없었다. 그러나 다음 6차 한일회담에서 한국정부는 초과금으로서의 채권의 성격을 부정한 일본정부의 논리에 대응하기 위해 결국 이 요구를 개인청구권의 문제로 제기하게 된다.

또 이 요구 항목 토의와 직접적인 상관은 없으나 이 항목 관련의 토의 과정에서 청구권 문제에 임했던 한국정부의 자세가 얼마나 허술했는가를 여실히 드러내는 우스꽝스러운 일이 벌어졌다.

7회 위원회에서 일본은 이 첫째 항목과 관련해 2차 회담 시, '우편위체, 저

---

82 5차 한일회담에 임한 장면 정권의 목적이 '경제제일주의'에 있었으며 따라서 청구권 문제를 해당 개인에 대한 지불로서가 아니라 국가 차원에서 처리하는 방침을 가지고 있었음은 이미 논했다. 장박진, 앞의 책, 2009, 제7장.

금 한국 측 수취감정'으로서 14억 엔가량이 제기된 사실을 지적하면서 현재 시점에서도 그 요구액에 변동이 없는지 질문을 던졌다. 일본이 지적한 그 약 14억 엔이라는 수치를 고려하면 그것이 바로 2차 회담 시, 한국이 세 번에 걸쳐 조회 요청한 비망록을 가리킨 것은 확실하다. 실제 한국은 1953년 5월 비망록을 통해 '우편위체, 저금 한국 측 수취감정'으로서 1,475,967,080엔이라는 조회 요청을 제기하고 있었다.[표5 - 3]

그러나 그 일본 측 질문에 대해 한국은 "우리 측에서 제시한 것인가?"라고 반대로 문의하고 "확인하여 보겠다."고 답했다.[83] 그 답은 토의 과정에서 우연히 생긴 단순한 착각 등이 아니었다. 실제 주일대표부는 위원회 종료 후, 일본으로부터 지적받은 비망록에 관해 그 사실 여부를 조사하고 있다. 그 결과, 대표부는 본국에 대해 2차 회담 시, 세 차례에 걸쳐 비망록으로서 제출했다는 기록만이 있을 뿐, 원문 자체는 찾지 못했다고 보고하면서 과거 자신이 제출한 것을 일본에 요청하고, 입수한 일본어 번역의 원문 사본을 3월 30일 본국에 송부하고 있다.[84]

즉 한국은 국가적인 이해관계가 얽힌 청구권 문제에 관해 과거 스스로가 작성, 제출한 청구권 조회 내역에 관한 자료를 제대로 보관하지도 않았거니와[85]

---

83 "제5차 한일회담 예비회담 일반청구권 소위원회 제7차 회의 회의록", 『제5차 한일예비회담 일반청구권 소위원회 회의록, 1 - 13차, 1960 - 61』, 192쪽. 또 일본 측 기록에서도 한국이 "자신으로서는 그러한 수치를 낸 기억은 없으나 조사해보겠다."고 답한 기록이 나온다. 「第5次日韓全面会談子備会談の一般請求権小委員会の第7回会合」, 外務省 日韓会談公開文書(문서번호 89), 12쪽.

84 "한일예회 제62호, 일반청구권 관계 문서 송부의 건", 위의 한국문서, 204쪽. 공한에 이어 비망록 자체가 11쪽에 걸쳐 첨부되어 있다.(그 이유는 불확실하지만 표기가 엉망이므로 쪽수 자체는 표기하지 않음)

85 비망록이 제출된 1953년 5월은 한국전쟁 말기라는 혼란의 시기였다. 그러나 동시에 교섭은 일본에서 진행되고 있었으며 도쿄에 있는 주일대표부가 보관할 수 있는 문제였다.

더 나아가 그간에 벌어진 교섭의 실적이나 내용에 대한 업무 인계도 제대로 하지 않은 채, 그 후의 교섭에 임하고 있었던 것이다. 한일회담 개최 중에서 도 최대의 관심사라고 인식되던 청구권 문제에 나선 한국정부의 준비 상황이 어떤 수준에 있었는지, 바로 이 사실이 여실히 보여 주고 있다고 해야 할 것 이다.

b) 국채 및 저축채권 등
한국이 체신부 관계 항목으로서 두 번째로 제기한 것은 〈국채 및 저축채권 등〉이었다. 그러나 이 항목에 관해서는 간단한 질의응답만이 진행되었을 뿐이 었다.[86]

7회 위원회 석상에서 한국은 일본의 질문에 응답하면서 이 요구 항목에 들 어가 있는 국채가 체신부 관계에서 보유한 등록국채임을 밝히고 있다. 그러 나 우체국 자체가 등록국채를 보유하고 있었다는 사실은 없었다. 실제 이 요 구 항목에 관해서는 다음 6차 한일회담에서 등록국채의 보유 주체가 조선은 행 등 다른 기관들로 수정되었다.

한편 또 하나 '저축채권'이라고 함은 전전 일본권업은행이 발행한 채권(債 券) 문제였다. 이 항목이 언급 대상이 된 것은 다음 8회 위원회에서였다.[87]

주일대표부가 바로 동 자료를 조사했다는 보고를 올리고 있는 점으로 미루어, 도쿄에서 이루어진 한일교섭의 자료는 적어도 주일대표부에서도 보관할 수 있는 상황임을 가리키 고 있다.

86 이하 7회 위원회에서의 〈국채 및 저축채권 등〉에 관한 토의 기록은 "제5차 한일회담 예 비회담 일반청구권 소위원회 제7차 회의 회의록", 『제5차 한일예비회담 일반청구권 소 위원회 회의록, 1 - 13차, 1960 - 61』, 193쪽 ; 「第5次日韓全面会談子備会談の一般請 求権小委員会の第7回会合」, 外務省日韓会談公開文書(문서번호 89), 14쪽에서 정리.

87 이하 8회 위원회에서의 둘째 항목에 관한 토의 내용은 "제5차 한일회담 예비회담 일반 청구권 소위원회 제8차 회의 회의록", 위의 한국문서, 226쪽 ; 「第5次日韓全面会談子

8회 위원회에서 한국은 이 요구 근거와 관련해 당시 발행된 동 채권의 회수를 위해서는 일본은행이나 일본권업은행이 결제 자금을 제공하고 있었으나 채권 상환을 위한 자금 제공을 받기 전에 한국이 이 채권 회수를 위해 대신 지불한 대불금을 청구하는 것이라고 설명하고 있다. 즉 일본의 금융기관이 한반도에서 발행한 채권의 환불을 위해서는 일본의 자금 제공으로 결제해야 했으나 당시 한반도 우체국이 대신 지불한 부분은 우체국의 대일채권(債權)이 되며 또 그것이 국가 계승에 따라 한국정부의 대일채권이 되었다는 것이 한국정부의 청구 논리였다. 따라서 체신부 관계 첫째 항인 〈우편저금, 진체저금, 우편위체 등〉이 결국 개인청구권의 성격을 강하게 띤 것인 데 반해 둘째 항목은 국가 간 채권의 성격을 지니고 있었다.

5차 한일회담에서는 이 항목에 관한 토의가 이 이상 진행되는 일은 없었다. 또 후술하는 바와 같이 이 항목은 다음 6차 한일회담에서 대일8항목요구 2항의 세부항목으로서가 아니라 4항에서 같이 합쳐져 다루어지는 문제가 되었으므로 결국 독립된 항목으로서 토의되는 일 역시 없었다. 즉 이 항목에 대해 한국이 보인 대응은 한국의 대일요구가 그간 오랜 시간이 경과되었음에도 충분히 정리되어 제기된 것이 아님을 내비쳤다.

c) 조선간이생명보험 및 우편연금 관계

한국이 제기한 체신부 관계 셋째 항목은 〈조선간이생명보험 및 우편연금 관계〉였다. 이 항목은 7회 위원회부터 8회 위원회에 걸쳐 토의되었다.[88] 간이생

備会談の一般請求権小委員会の第8回会合」, 外務省日韓会談公開文書(문서번호 90), 6~7쪽에서 정리.

88 셋째 항목에 관한 7회 위원회에서의 토의 기록은 "제5차 한일회담 예비회담 일반청구권 소위원회 제7차 회의 회의록", 위의 한국문서, 193~194쪽 ; 「第5次日韓全面会談予備会

명보험 및 연금은 체신 사업의 일환으로서 우체국을 통해 이루어지고 있었다. 그것이 이 항목을 총독부 관련 채권으로서 다루어지게 한 원인으로 풀이된다.

이 요구와 관련해 한국은 7회 위원회에서 간이생명보험 등으로 우체국이 모은 자금 중, 대장성 예금부에 예입된 것을 청구한다고 설명하고 있다. 즉 이 요구는 간이생명보험 및 연금 가입을 통해 한반도에서 모인 자금 중, 대장성으로 위탁되는 제도에 따라 한반도 내에서 운영되는 부분을 제외하고 예입된 부분을 채권으로서 회수하는 것이었다. 5차 회담에서 구체적인 토의는 없었으나 보험, 연금의 가입이 기본적으로 개인 단위에서 이루어진 것을 생각하면 이 채권은 원래 개인재산의 문제였다. 즉 이 청구는 기본적으로 개인청구권의 환불 요구였다.

그러나 문제가 개인청구권의 문제인 만큼 이들 채권의 산출에는 일제강점기, 한반도에 거주한 일본인 가입자의 지분 문제가 얽힐 수밖에 없었다. 또 일단 한반도로부터 대장성 예금부로 모인 자금은 다시 한반도 내에서 계약자 대부를 위한 자금으로서나 기타 각종 공공사업을 위한 융자로 환원되어 사용되었다. 즉 일본인의 지분 및 가입 자금의 환원에 따른 대한청구권이 발생하며 그로 인해 한국의 대일청구권과의 '상쇄' 문제가 생길 수 있었다.

실제 일본은 이 항목이 토의된 7회 및 8회의 두 위원회에서 환원 융자 등의 존재를 거론했다. 그에 대해 한국은 군정령 33호는 재산을 귀속시켰으나 채무는 계승시키지 않았다고 답했다. 즉 군정령 33호에 따라 일본인 가입자의 지분 및 환원 융자로 인해 구축된 한반도 내 재산 등은 한국으로 완전히 귀속

談の一般請求権小委員会の第7回会合」, 外務省日韓会談公開文書(문서번호 89), 15~17쪽. 또 8회 위원회에서의 토의 기록은 "제5차 한일회담 예비회담 일반청구권 소위원회 제8차 회의 회의록", 같은 한국문서, 226~227쪽 ; 「第5次日韓全面会談予備会談の一般請求権小委員会の第8回会合」, 外務省日韓会談公開文書(문서번호 90), 6~8쪽.

되었으므로 그에 대한 일본정부의 대한청구권은 애초 존재하지 않는다는 입장을 취한 것이었다.

그에 대해 일본은 채권과 채무는 일체화되는 것이 원칙이라고 하면서 채권만을 계승하고 채무는 인수하지 않는다고 하는 한국의 주장에 대해 부정적인 반응을 보였다. 그러나 자세한 입장은 나중에 밝힌다고 함에 따라 결국 5차 회담에서는 이 문제에 관해 그 이상의 토의가 전개되는 일은 없었다. 이 문제에 대한 일본의 입장이 구체화된 것은 다음 6차 한일회담에서의 일이다.

d) 해외 위체, 저금 및 채권

한국이 체신부 관계 요구의 넷째 항목으로서 제기한 것은 〈해외 위체, 저금 및 채권〉이었다. 이 항목은 8회 위원회에서 토의되었다.[89]

한국은 이 요구 내용과 관련해, 일본 본토를 포함한 한반도 이외의 일본 체신성 관할지역에 거주한 한국인이 귀국 시에 지참한 우편저금, 진체저금, 우편위체, 국채, 기타 채권 등에 기초해서 청구할 것이라고 밝히고 있다. 한국이 언급한 우편저금, 진체저금, 우편위체, 국채, 채권 등은 기본적으로 이미 같은 체신부 관계 요구로서 제기되었던 항목들이었다. 같은 항목들임에도 불구하고 그것을 다른 세부항목으로서 제기한 이유는 바로 그것이 한반도 이외의 지역에 소재한 우체국 거래를 통해 가지게 된 채권이었다는 점에 있음은 틀림없다. 즉 이 요구는 해외에서 발생한 대일채권들을 전후 한국으로 귀국한 한국인이 직접 보유하고 있었던 관련 증명 서류를 통해 집계한 것이었다.

---

89 이하 8회 위원회에서의 〈해외 위체, 저금 및 채권〉 토의 내용은 "제5차 한일회담 예비회담 일반청구권소위원회 제8차 회의 회의록", 위의 한국문서, 227~230쪽 ;「第5次日韓全面会談予備会談の一般請求権小委員会の第8回会合」, 外務省日韓会談公開文書(문서번호 90), 9~14쪽.

전후의 혼란기, 인양 한국인들에 대해서는 예컨대 1946년 5월 7일자 "일본인 및 비 일본인의 인양에 관한 총사령부각서" 등을 통해 반출 재산에 일정한 제한이 가해졌다. 그러나 그 경우도 엔화로 인한 현금 휴대가 1인당 1,000엔으로 제한되는 것 이외에는 우체국통장, 생명보험증, 기타 일본 국내 금융기관들이 발행한 채권 등은 제한 없이 휴대하는 것이 허가되어 있었다.[90] 전후 귀환하게 된 한국인들이 향후의 청산을 기대하면서 그 채권 보유의 증명을 위해 통장, 기타 관련 채권들을 직접 국내로 가지고 들어온 것은 충분히 상상할 수 있다.

실제 이 항목과 관련해서는 『배상조서』에서도 1949년 4월 15일까지 신고 접수한 것이라는 기록이 있다.[91] 통장 등 귀환 한국인들이 반입한 관련 증명서류에 기초한 대일청구권의 준비는 일찍 시작되고 있었던 것이다. 5차 회담에서는 각 항목에 대한 구체적인 금액들을 밝히지 않았기에 이 항목에 대해서도 그 금액이 제시되는 일은 없었다. 그러나 위원회에서 한국은 일본의 질문에 대한 답으로서 청구의 종류나 금액 등을 파악하고 있음을 내비치고 있다. 정식 제기에 즈음하여 한국정부가 준비한 구체적인 요구 내역 자체는 확인할 수 없으나[92] 이 요구가 귀환 한국인이 직접 휴대해서 가지고 온 통장 등의 현물에 기초해서 조사한 것을 염두에 둔 것은 틀림없을 것이다.

---

90 「終戰直後の引揚朝鮮人に対する取扱について」, 外務省日韓会談公開文書(문서번호 876), 2~3쪽.

91 『對日賠償要求調書』, 312쪽.

92 단 다음 6차 한일회담 위원회 회의록에서는 이 항목의 요구 근거에 관해 한국은 종전 후 귀환한 자에게 두 번에 걸쳐서 신고하게 했다는 발언을 하고 있다. "일반청구권 소위원회 제4차 회의 회의록", 『제6차 한일회담 청구권위원회 회의록, 1-11차, 1960.10.27-62.3.6』, 63쪽 ; 「第6次日韓全面会談の一般請求権小委員会第4回会合」, 外務省日韓会談公開文書(문서번호 1214), 13쪽. 따라서 『배상조서』 작성 시, 이미 이루어져 있었던 조사에 의거한 내역을 그대로 유지하고 있었을 가능성이 크다.

귀환 한국인들이 직접 가지고 들어온 통장 등에 기초한 대일청구권이 왜 총독부의 대일채권이 되는지는 의문스럽다. 이에 관해 한국은 위원회 석상에서 이 요구의 취지를 총독부가 일종의 일본 우체국 지점의 입장에 있었다고만 답하고 있다. 즉 그 취지는 총독부가 관할한 한반도에서의 체신 사업이 결국 일본 본토의 체신 사업에 속하는 입장에 있었기 때문에 일본 본토 등 한반도 이외의 지역에 소재한 우체국을 통해 가지게 된 귀환 한국인 개인의 채권에 대한 청산 의무는 결국 총독부 권한을 인계한 한국정부가 맡게 되므로 그 지불 대금을 일본정부에 요구한다는 뜻으로 풀이된다. 실제 한국은 이 요구가 채권 보유자 본인들에게 이미 대신 지불한 것을 요구하는 것이 아니라 향후 지불할 자금을 요구하는 것임을 밝히고 있다.

따라서 표면상 총독부 문제로서 제기된 이 요구 역시, 결국 동 채권 소유자 개인에 대해 한국정부가 대신 지불할 자금을 요구하는 것으로서 그 실태는 개인청구권의 문제였다. 일본 역시 위원회 석상에서 이 요구가 총독부의 문제라기보다 오히려 개인청구권의 문제라는 감이 든다는 발언을 남기고 있다. 그럼에도 한국은 다른 개인청구권의 문제들과 마찬가지로 해당 개인에게 일본정부가 직접 지불할 것을 요구하지 않고 한국정부에 청산 자금을 지불할 것을 요구한 것이었다.

물론 논리적으로는 일본정부한테서 받은 자금을 가지고 한국인 개인에 대해 한국정부가 대신 청산한다는 것은 가능하다. 그러나 모든 문제를 국가 차원에서 처리하고 그 대금을 경제 재건으로 배정할 것을 고려하고 있었던 당시, 한국정부가 다른 유사한 항목들과 달리 이 항목에 대해서만 각 해당 채권자에게 즉시 지불했다고 상상하는 것은 현실적이지 않다. 무엇보다 그 점은 실태가 개인청구권이면서도 문제를 '총독부'의 채권으로서 처리할 것을 요구한 사실이 가리키고 있다.

e) 태평양미국육군총사령부포고령 제3호로 인해 동결된 한국 수취금

체신부 관계 중, 한국이 다섯째 요구 항목으로서 제기한 것은 〈태평양미국육군총사령부포고령 제3호로 인해 동결된 한국 수취금〉이었다. 이 항목이 토의된 8회 위원회에서 한국은 그 요구 내용을 1945년 8월 9일 이후에도 체신부 관계의 거래가 계속되었으나 포고령 3호로 인해 해외 금융 거래가 금지된 결과 지불 자금이 한국으로 도착하지 않아, 지불하지 못했던 것 및 장부에 기장(記帳)되지 않았던 것들을 청구하는 것이라고 설명하고 있다.[93]

이미 언급한 바와 같이 포고령 3호가 한반도 내의 자산 동결의 일환으로서 대외 금융 거래를 금지함에 따라 결제에 필요한 현금 및 위체 등의 흐름이 정지되었다. 한국의 요구는 바로 이로 인해 원래 일본으로부터 결제에 필요한 자금을 받아 지불해야 할 채무 및 일본 본토 등 일본의 관할지역에서 송금 위탁을 취했으나 위체 등이 도착하지 않아 그 사실관계를 등기하지 못했던 탓에 결제가 아직 이루어지지 않았던 것들을 미리 청구권으로서 요구한다는 뜻으로 해석된다. 따라서 5차 회담 단계에서는 이 요구 역시 일본 본토 등 해외에서 위체 송금 등을 한 개인에 대해 아직 결제하지 못하고 있는 대금을 청구한다는 의미에서 개인청구권의 문제였다.

이 요구는 해외에서의 거래와 관련된 것 및 향후 지불할 자금을 청구한다는 것이라는 점에서 위에서 거론한 넷째 항목인 〈해외 위체, 저금 및 채권〉과 지극히 유사한 청구 항목이었다. 실제 한국도 넷째 항목인 〈해외 위체, 저금 및 채권〉 요구와의 관련성을 인정하고 있다. 그러면서도 한국은 그 차이에 대해

---

93 8회 위원회에서의 다섯째 항목 요구의 토의 내용은 "제5차 한일회담 예비회담 일반청구권 소위원회 제8차 회의 회의록", 『제5차 한일예비회담 일반청구권 소위원회 회의록, 1 - 13차, 1960 - 61』, 230~231쪽 ; 「第5次日韓全面会談子備会談の一般請求権小委員会の第8回会合」, 外務省日韓会談公開文書(문서번호 90), 14~16쪽에서 정리.

넷째 항목인 〈해외 위체, 저금 및 채권〉 요구가 통장 잔고가 있는 것인 데 반해 이 〈태평양미국육군총사령부포고령 제3호로 인해 동결된 한국 수취금〉 요구는 한국인이 송금 절차를 밟았으나 자금이 없어, 실제 지불이 이루어지지 않은 것이라는 추가 설명을 하고 있다.[94]

그러나 확인한 바와 같이 넷째 항목도 향후 지불할 자금을 미리 요구하는 것이었으며 또 포고령 3호로 인해 결제 자금 자체가 도착하지 않는 한, 넷째 항목 요구에 따른 지불도 사실상 불가능하므로 위 설명이 넷째 항목과 다섯째 항목을 명확히 구별할 수 있는 기준이 된다고 보기는 어렵다.[95]

추측컨대, 충분히 정리되지 않은 한국 내부에서의 이와 같은 혼란이 후술할 6차 한일회담에서의 변경으로 이어진 것으로 판단된다. 실제 놀랍게도 한국은 다음 6차 회담에서 같은 〈태평양미국육군총사령부포고령 제3호로 인해 동결된 한국 수취금〉 요구에 대해 그것을 향후 지불할 대금 청구가 아니라 이미 지불한 것에 대한 자금 보충의 요구로서 제기하고 있다.

실제 5차 회담을 앞두고 장면 정권이 정리한 『제문제』에서도 같은 항목으로 풀이되는 〈포고령 제3호에 의하여 동결된 한국 수취금〉에 포함된 6개 세부 항목들[표7 - 1 - 2]에는 '미등기 고'나, '미지불 고'로서 정리된 것처럼 향후 지불해야 할 항목 요구도 포함되어 있었으나 동시에 '불출 고'로서 이미 지불한 것을 뜻한다고 생각되는 기타 항목들도 포함되어 있었다.

한국정부는 적어도 5차 회담에서는 스스로 제기하고 있는 이들 요구 내용

94　단 이 설명은 일본 측 기록에서만 확인 가능하다.

95　위원회 회의록에서는 동 다섯째 항목이 위체 송금에만 한정되는 것임을 암시하는 대화도 오갔으나 그것 역시 무리가 있다. 실제 넷째 항목에도 위체가 포함되어 있는 점, 그리고 후술하는 6차 한일회담에서 동 넷째 항목 및 다섯째 항목 양쪽 모두에 위체 및 위체 이외의 항목들이 들어가고 있으므로 위체 송금을 기준으로 구별하는 것 역시 타당해 보이지 않는다.

을 충분히 파악하지 않은 바람에 이들과 넷째 항목인 〈해외 위체, 저금 및 채권〉과의 일치 여부를 구별하지 않은 채, 제기한다는 혼란을 일으킨 것으로 풀이된다. 아무튼 이 항목 요구는 6차 회담에서는 미군정 등이 대신 지불한 것에 대한 자금 회수 요구가 됨에 따라 결과적으로 개인청구권의 문제가 아니라 국가 간의 청구권 문제가 된다.

체신부 관계 관련 요구에는 이상 고찰한 다섯 개 항목 이외에도 '기타'가 존재했다. 그러나 그것이 언급된 8회 위원회에서도 이 '기타'에는 특별히 해당 사항이 없다는 것이 확인되었다.[96]

따라서 대일8항목요구 2항 총독부 관련의 핵심 요구이던 체신부 관계 요구는 그 표면상의 '총독부' 명칭과 달리 그 속에 포함된 둘째 세부항목 〈국채 및 저축채권 등〉이 결국 6차 회담에서 그 요구 위치가 달라짐에 따라 그 성격이 국가 간 청구권의 문제가 되는 〈태평양미국육군총사령부포고령 제3호로 인해 동결된 한국 수취금〉을 제외하고 사실상 모두 개인청구권의 회수 요구였던 것이다.

(2) 1945년 8월 9일 이후 일본인이 한국 내 각 은행에서 인출한 예금액

체신부 관계 요구에 이어, 한국은 8회 위원회에서 〈1945년 8월 9일 이후 일본인이 한국 내 각 은행에서 인출한 예금액〉을 대일8항목요구 2항의 다음 항목으로서 제기했다.[97]

---

96 「第5次日韓全面会談予備会談の一般請求権小委員会の第8回会合」, 外務省日韓会談公開文書(문서번호 90), 16쪽. 단 한국 측의 회의록에는 '기타'에 관한 토의 기록이 없다.

97 이하 8회 위원회에서 진행된 동 항목의 토의 내용은 위의 "제5차 한일회담 예비회담 일반청구권 소위원회 제8차 회의 회의록", 『제5차 한일회담 예비회담 일반청구권 소위원회 회의록, 1 - 13차, 1960 - 61』, 231~235쪽 ; 위의 문서 17~32쪽에서 정리.

동 위원회 석상에서 한국은 이 항목에 관한 기본적인 청구 근거로서 일본인의 예금 인출은 8월 9일 이후의 자산 동결, 금융 거래 금지 등을 명한 군정령 2호 및 8월 9일자로 일본인 재산의 취득을 명한 군정령 33호를 위반한 것이므로 인출 행위 자체가 무효이며 따라서 그것을 원상복귀 시킨 후 그 재산을 한국에 귀속한다고 설명하고 있다. 따라서 이 요구는 원래 재한일본인 재산이었던 것을 한국정부에 귀속하는 것인 만큼 한국정부의 직접적인 대일채권 요구였다.

 재한일본인에 의한 예금 인출에 대한 환불 요구를 총독부 관련의 청구로서 제기한 것은 총독부의 행정 책임을 묻는 의미가 있었다. 한국은 일본에게 비록 이 요구를 총독부 관련 청구에 포함한 것은 편의적인 것이라고 말했으나 8월 9일의 포츠담선언 수락 후에도 총독부가 일본인의 예금 인출을 무제한 허가하는 바람에 통화량이 많아지고 그 결과 물가 상승 등의 경제적 혼란이 일어났기 때문에 한국으로서는 그에 대한 행정 책임을 묻는다는 견해를 피력하고 있다. 즉 이 요구를 총독부와 연결한 것은 총독부가 법령을 어기는 바람에 한국 경제에 혼란이 일어나게 되었다는 비판의 뜻을 담은 것이었다. 이러한 의미에서 이 요구는 일부 정치적인 색채를 띤 요구였다.

 문제는 이것이 정치적인 성격을 띤 요구인 만큼 반대로 이 요구가 얼마만큼 법적으로 설득력을 가지게 되는가 하는 것이었다. 실제 5차 한일회담에서 지불할 것인가의 여부를 밝히는 것은 피하고 기본적으로 한국으로부터 설명을 듣는 입장을 취하려고 했던 일본 측 역시 한국이 제기한 이 주장에 대해서는 그 자리에서 즉각 반론에 나섰다. 일본이 밝힌 반론의 요지는 다음과 같다.

 재한일본인들이 행한 인출은 개인의 예금 범위 내에서 이루어진 것이므로 당연히 예금자의 권리이다. 따라서 그것을 허락한 것에 대해 행정 책임을 운운하는 것은 법적 근거를 결여하고 있다. 또 군정령 2호는 그 3조 6항에서 생활비의 인출을 허가하고 있으므로 인출 행위 자체는 법령 위반도 아니다. 또 군정령 33호를 들어 8월 9일 이후 일본인 재산이 미군정에 귀속되며 그것이 한국정부에 이양되었다고 한국이 주장해도 일본인 재산은 33호로 인해 즉시 한국으로 이양된 것이 아니며 실제 당시 시정권을 가진 미군정 역시 1946년 2월의 은행지령 6호에서 일본인의 인출을 허가하고 있다. 그 행위는 생활에 필요한 자금을 인출하는 것으로서 생존을 위해서도 인정된 것이다.[98] 일본은 이상과 같은 법적인 반론을 내세우고 인출 예금을 한국정부의 청구권으로서 요구하는 주장에 대해 분명히 거절 의사를 표시했다.

그에 대해 한국은 이 요구가 인출한 개인의 행위를 문제로 삼는 것이 아니라 인출을 허가한 국가 차원의 문제로서 다루고 있다는 것, 또 재한일본인 재산을 미군정에 귀속한 군정령 33호에는 생활비 등을 제외하는 예외 규정이 없다는 것 등을 들어 반론을 시도했다.

그러나 한국을 점령한 미국 자신이 8월 9일의 일본항복에 따라 일본의 한반도에 대한 주권이 즉시 상실되는 것이 아니라는 입장을 가지고 있었던 상황에서[99], 종전 직후 총독부가 재한일본인에게 자신의 예금을 인출하는 것을 허가한 사실을 법적으로 무효화하는 것은 어려웠다. 또 앞서 고찰한 바와 같이 군정령 33호의 효력이 12월 6일자로 미군정 관할지역에 존재한 것에 한정된다는 입장을 취했던 일본에 대해 종전 직후의 인출 부분을 몰수 대상으로 인정하도록 요구하는 것 역시 어려웠다.[100]

---

98 은행지령 6호에서는 정식 허가를 받은 귀국자에게는 한 세대당 1,000엔, 또 재류하는 일본인에게는 성인 한 명당 매주 생활비용 500엔의 인출이 허가되어 있었다. 은행지령 에 관해서는 『日韓請求権問題参考資料未定稿 第2分冊』, 208~209쪽.

99 항복에 따라 한반도에 대한 일본의 주권이 즉시 소멸되는 것이 아니라는 인식을 미국이 가지고 있었던 것에 관해서는 長澤裕子, 앞의 논문, 134~144쪽.

100 대장성 내부에서는 12월 6일 이후의 인출도 미군정하에서 진행된 것임을 주장하고 그

그 토의 과정에서 한국은 8월 9일 이후 한 달간에 통화 유통량이 두 배가 되고 그에 따라 경제적인 혼란이 일어났다는 등, 공평(equity)이라는 각도에서 문제를 인식할 것을 요구했다.[101] 그러나 사실상 정치적인 고려를 요구한 그 추상적인 반론은 그 시점에서 이미 한국의 요구가 법적으로 실현하기 어려운 요구임을 인정한 것이나 마찬가지였다. 실제 일본은 동 석상에서 사실관계 및 법적 관계를 토의하는 것이 위원회의 목적이며 '공평'은 위원회의 과제가 아니라고 잘라 말했다.

후술하는 바와 같이 이 요구는 결국 다음 6차 한일회담에서는 아예 제기되지 않았다. 5차 한일회담에서의 토의 내용을 감안해 한국정부로서 이 요구를 제기하는 데는 그 법적 근거가 지극히 약하다고 판단한 결과로 보인다. 총독부의 행정 책임을 추궁하고 따라서 일부 식민지 통치에 대한 책임을 묻는 의미를 지닌 이 요구는 반대로 그 정치적인 성격으로 인해 오히려 청구권 요구로부터 제외되어야 하는 결과가 된 것이었다.

부분의 청구권 요구도 거부할 구상이나 교섭 과정에서 동 33호의 효력 발생 날을 12월 6일로 하는 해석을 취한 결과로서 그 후의 인출분에 대해서만 청구권을 인정하는 구상 등이 존재하고 있었다. 『日韓請求權問題參考資料未定稿 第2分冊』, 203쪽. 아무튼 대장성의 이러한 방침은 전후 직후의 혼란기에 이루어진 일본인들의 인출을 부정하는 것이 어려웠음을 뜻한다. 그러나 이 자료는 1963년, 즉 김종필 - 오히라 합의 후에 정리된 것이므로 이는 향후의 교섭 전략으로서 세운 것이 아니라 대장성 내부에 존재한 이전의 구상을 정리한 정도로 보는 것이 타당해 보인다.

101 단, 대장성은 통화 발행 증가에 따른 물가 상승 등의 경제적 혼란의 책임 문제와 관련해 1945년 8월 15일부터 9월 28일까지 통화 발행이 약 80% 증가한 것을 인정하면서도 그 정도는 전후의 혼란 상황을 고려하면 어쩔 수 없다는 것, 그리고 실제 한국전쟁 발발 후의 통화 발행의 증가세와 비교하면서 오히려 일본 당국은 발행 증가를 가능한 한 억제하고 있었다는 것 등을 들어 그 책임을 부정하고 있다. 위의 자료, 211~213쪽.

(3) 한국에서 수입된 국고금 중의 뒷받침 자금이 없는 세출에 의한 한국 수취금 관계

체신부 관계 요구 및 재한일본인의 인출 예금 문제에 이어, 한국이 대일8항목 요구 2항으로서 제기한 다음 요구는 〈한국에서 수입된 국고금 중의 뒷받침 자금이 없는 세출에 의한 한국 수취금 관계〉였다. 이 항목은 다음 9회 위원회에서 토의되었다.[102]

한국은 이 요구에 관해 그것이 8월 9일 이후 미군정령에 따라 자산이 동결되었는데도 일본은행으로부터의 자금 제공 없이 국고와 관련해 조선은행이 대신 지불한 것을 요구하는 것이라고 밝히고 있다. 한국은 이 요구의 제기에 즈음하여 당시 한반도 내의 국고 수입이 일본은행으로 송금되며 또 지출이 일본은행으로부터 자금 공급을 받아 집행되고 있었음을 추가 언급하고 있다. '대신 지불한 것'이라고 함은 바로 일본은행으로부터의 자금 제공 없이 조선은행이 지불한 것을 뜻하는 것으로 봐도 무방하다.

한국은 이 요구와 관련된 내역까지는 밝히지 않아서 정확한 대조는 할 수 없으나 위원회에서 한국이 제기한 설명을 감안할 때, 이 요구가 2장에서 고찰한 『배상조서』 2부 확정채권 〈(5) 기타 미수금〉 중의 〈⑩ 일본국고금〉에 해당하는 것임은 틀림없다. 실제 2장에서 언급한 바와 같이 이것은 한일병합에 따라 한반도에서의 국고 세입, 세출이 모두 일본 본토의 국고금과 통일된 결제제도에 기인한 요구였다.

또 『배상조서』에서 정리된 그 〈⑩ 일본국고금〉 중의 일본은행대리점 [742,859,002엔], 일본은행대월금[158,889,841엔], 합계 901,748,844엔[표

---

102 이하 9회 위원회에서의 동 항목 토의의 내용은 "제5차 한일회담 예비회담 일반청구권 소위원회 제9차 회의 회의록", 『제5차 한일회담 예비회담 일반청구권 소위원회 회의록, 1-13차, 1960-61』, 253~256쪽 ; 「第5次日韓全面会談予備会談の一般請求権小委員会の第9回会合」, 外務省日韓会談公開文書(문서번호 91), 5~12쪽에서 정리.

2-13]이라는 내역은 5차 한일회담을 앞두고 장면 정권이 정리한『제문제』에서의 수치[표7-1-2]와 일치하고 있다.[103] 따라서 이 요구 내역은『배상조서』이후 5차 회담 개시 무렵까지 기본적으로 변함이 없었던 것으로 보이므로 위원회 토의 시에 한국이 염두에 두고 있었던 내역 역시 두 가지 세부항목으로 구성되어 있었음은 틀림없을 것이다.

실제 금액은 불명하나 위원회 석상에서 일본 측 질문에 대한 응답으로서 한국은 이 요구에는 총독부 지출 및 일본정부 지출의 두 가지 종류가 있다거나 일본육해군이 종전의 정리 비용으로 지출한 것과 수입을 초과한 총독부 지출의 두 가지가 있다는 등의 설명을 하고 있다. 그러나 자료적인 한계로 그 두 가지 세부항목의 구별이 총독부 지출과 일본정부 지출로 나누어진 것인지, 또는 일본육해군의 지출과 수입을 초과한 총독부 지출을 기준으로 구별한 것인지 등은 분명하지 않다.[104]

따라서 세부적인 구별은 어려우나 한국이 이 항목에 대한 통일된 요구 근거로서 일본은행으로부터 자금이 오고 지출한 것은 포함하지 않았다고 언급하고 있는 점으로 미루어, 이 요구가 포고령 3호 등으로 인해 일본으로부터의 송금이 중단됨에 따라 생긴 국고 관련의 미결제 자금의 환불을 요구하려는 것이었음은 틀림없을 것이다. 즉 이것은 포고령 3호 등으로 인해 추가 지출을 하는 데 필요한 자금이 실제 도착하지 않았는데도 일본 관련 주체가 먼저 한

---

103 앞서 언급한 바와 같이『제문제』에서는 총액이 900,748,844엔으로 산출되어 있으나 이는 단순한 계산 실수로 보인다.

104 일본 역시 이 요구를 총독부 지출과 재한일본군 관계 지출의 두 가지 요구로 간주하고 있다.『日韓請求權問題參考資料未定稿 第2分冊』, 214쪽. 그러나 이 항목은 6차 회담에서도 토의되지 않음에 따라 그 이상의 설명이 이루어지지 않아, '일본은행 대리점'과 '일본은행 대월금'의 두 가지 범주가 일본이 정리한 것과 같은 군 관계와 총독부 관계 지출로 명확히 구별되어 있었는지 최종적으로 단정 짓기 어렵다.

반도에 있었던 다른 국고로부터 자의적으로 지출한 것을 환불하도록 요구하는 것이었다.

또 이 요구와 관련해 한국이 8월 9일 이후의 지출 부분을 요구 대상으로 삼고 있다는 것을 밝히고 있는 점을 고려할 때, 이 요구 근거에는 군정령 2호가 동 8월 9일자로 일본 관련 자산을 동결했으며 그 후 군정령 33호로 인해 모든 일본 관련 재산을 미군정에 귀속했음에도 불구하고 일본이 그것을 위반해서 지출했다는 함의도 포함되어 있었다고 판단된다. 실제 일본정부 역시 본격적인 토의에 앞서 한국이 제기한 이 항목의 요구 근거를 검토하면서 8월 9일 이후 한국은 총독부 권한이 소멸되었다고 생각하고 있을 것이므로 같은 날 이후 일본인이 행한 국고 지출이 일절 권한이 없는 행위이며 불법이라고 주장할 것이라고 예상하고 있다.[105] 그러한 의미에서 이 요구는 앞에서 고찰한 〈1945년 8월 9일 이후 일본인이 한국 내 각 은행에서 인출한 예금액〉 요구와 같이 일정한 정도 정치적인 색깔을 띤 정부 차원에서의 청구권 요구였다.

한편 일본은 이 항목에 대해서도 5차 한일회담 단계에서 이미 구체적인 반론을 제기했다. 위원회 석상에서 일본은 종전 당시 군정령 21호 등으로 인해 특별히 폐지된 것을 제외하고 8월 9일 현재 그 효력을 유지한 법령은 존속시키기로 되어 있었으므로 같은 날 이후 총독부가 행한 지출은 법적으로 유효하다, 또 패전 후에도 종전 처리를 포함해 총독부의 존재는 미군정으로 인해 인정받고 있었다, 수입을 초과해서 지출이 이루어졌다고 해도 특히 종전 같은 혼란기에는 행정적으로 있을 수 있는 일이며 따라서 그에 따라 특별히 책임이 발생하는 문제가 아니라는 등의 주장을 했다.[106] 일본은 이와 같은 논리들

---

105 「韓国請求権検討参考資料(未定稿)」, 外務省日韓会談公開文書(문서번호 1348), 26~27쪽.

106 다만 대장성은 한반도에서의 세입을 초과한 세출 부분에 관한 지불 의무에 대해서는

을 내세워, 총독부를 비롯해 일본 관련 기관이 지출한 것을 미군정이 군정령 33호로 취득하고 그 권리를 한국으로 이양하고 있었다고는 볼 수 없다는 입장을 천명했다.

다시 말해 일본은 종전 후에도 총독부가 행정 권한을 가지고 있었으며 미군정 역시 그것을 승인하고 있었다는 점 등을 근거로 한국정부가 제기한 이 요구를 이미 5차 회담 단계에서 명확히 부정하는 입장을 드러낸 것이었다.[107] 그에 대해 한국은 해당 지출들이 상당히 부당한 지출임을 강조했으나, 반론을 위해 '부당하다'는 도덕적인 비판을 내세워야 했던 점에서 이미 그 이상의 법적인 근거가 없음이 여실히 드러났다.

후술하는 바와 같이 결국 이 요구 역시 위에서 논한 〈1945년 8월 9일 이후

"한국 측에 대해 지불할 필요가 없다고 주장할 만한 각별한 이유는 찾을 수 없다."고 그 것을 인정하는 인식을 드러내고 있다. 이는 물론 관련 법령 위반이라는 한국정부의 주장을 받아들인 것이 아니라 내선일체화로 인한 국고 통일에 따라 마땅히 실무적으로 송금했어야 하는 부분을 인정한 것을 뜻한다. 다만 대장성이 인정한 일본은행의 대조선은행 채무 126,465,485엔은 1956년 9월자로 폐쇄 조치가 취해졌던 조선은행 도쿄 지점에 이미 지불되었다. 즉 대장성이 인정한 결제 의무는 이미 끝난 문제였던 것이다. 그러나 이는 한국이 해당 금액을 받았다는 것을 뜻하지 않는다. 대장성 자신이 인정하고 있듯이 결제액이 조선은행 지점에 지불됨에 따라 동 문제는 2항의 문제로서는 끝났으나 이번에는 후술할 4항 조선은행의 본점·지점 간의 재산 처리 문제가 되었다. 이상 『日韓請求權問題參考資料未定稿 第2分冊』, 216~217쪽. 그러나 이하 논하는 바와 같이 4항에 따른 한국 측 요구를 일본은 전면적으로 부정하는 입장을 취하고 있었으므로 일본은행이 조선은행 도쿄 지점에 지불한 금액은 일본 법인의 재일재산으로서 처리됨에 따라 조선은행의 구 주주, 채권자 등에게 배당으로서 그 일부가 지불되는 일은 있어도 한국정부에 대한 추가 지불은 불가능해졌다.

107 단 일본 측 회의록에는 일본은 총독부 관련 지출에 대해서는 부정적인 입장을 천명하는 한편 군 관련 지출에 관해서는 검토 중이라고 발언한 기록이 있다. 「第5次日韓全面会談予備会談の一般請求権小委員会の第9回会合」, 外務省日韓会談公開文書(문서번호 91), 12쪽. 그러나 결국 그 후의 관련 기록에서도 일본이 군 관련 지출의 반환을 인정한 사실은 없다.

일본인이 한국 내 각 은행에서 인출한 예금액〉과 함께 최종 토의의 장이 된 6차 한일회담에서는 청구 대상으로부터 제외되었다. 한국은 그 이유를 직접 밝히지 않았으나 결국 5차 회담에서 나타난 일본 측의 법적 반론을 감안해, 그것을 다시 제기해도 성사될 가능성이 희박하다고 판단했기 때문으로 보인다.

(4) 조선총독부 도쿄사무소 재산

이어 한국은 9회 위원회에서 사실상 대일8항목요구 2항의 마지막 항목인 〈조선총독부 도쿄사무소 재산〉을 제기했다.[108]

위원회에서 한국은 이 재산이 구체적으로 무엇을 대상으로 삼은 것인가에 대해 직접 밝히지 않았으나 그것이 부동산임을 밝히고 있는 점, 그리고 오히려 일본이 그 재산 문제와 관련해 교통국공제조합에 대해서만 언급하고 있는 점 등으로 미루어, 그 직접적인 요구 대상이 도쿄에 소재한 교통국공제조합의 건물이었음은 틀림없어 보인다.

4장에서 고찰한 바와 같이 1950년 11월 무렵부터 한국정부는 1944년에 교통국공제조합으로 개칭된 조선총독부 철도국공제조합이 도쿄 미나토구(港区)에 소유한 4층짜리 건물의 소유권 문제에 관심을 기울이고 있었다.

그러나 동 9회 위원회에서 일본이 총독부 도쿄사무소의 재산이라는 것은 없으며 교통국공제조합의 건물을 빌리고 있었던 것에 불과하다고 밝히자 한국은 제대로 반론도 하지 않은 채, 조사한다는 생각만을 전달하고 그 이상의 토의는 진행되지 않았다. 이어, 6차 한일회담에서도 이 요구가 직접 제기되는 일이 없었으므로 결국 이 요구는 5차 회담에서 일단 형식상 제기되었을 뿐,

---

108 동 항목의 토의 기록은 "제5차 한일회담 예비회담 일반청구권 소위원회 제9차 회의 회의록", 『제5차 한일회담 예비회담 일반청구권 소위원회 회의록, 1–13차, 1960–61』, 256쪽 ; 위의 문서, 13쪽.

실질적인 토의도 없이 즉시 철회된 항목으로 평가해도 무방하다.

그러나 4장에서 고찰한 바와 같이 원래 한국은 이 재산을 총독부 산하에 있는 교통국공제조합의 재산으로 분명히 인식하고 있었다. 그리고 해당 건물은 총독부의 권한이 주한 미 군정청으로 옮겨짐에 따라 동 조합 역시 주한 미 군정청 교통부공제회(共濟會)로 이관되었으며 또 대한민국 건국 후에는 대한민국 교통부공제회로서 운영되었으므로 그 조합 재산은 대한민국에 귀속된다는 논리를 세우고 있었다.

물론 한국이 짜고 있었던 그 논리와 달리 공제조합 소유의 건물을 총독부의 재산으로 간주할 수 있는가 하는 법적인 벽이 있었던 것은 사실이다. 또한 전후 처리의 과정에서 SCAP 역시 동 공제조합 재산을 기본적으로 한반도와 구별해서 분리, 처리할 것을 지시하고 있었다.

그러나 결과가 어떻게 되든, 한국은 일단 정식으로 동 공제조합 재산의 문제를 제기하면서도 그 처리 형식의 문제점을 지적하고 한국으로 반환할 것을 요구하지도 않은 채, 오히려 일본으로부터 총독부가 교통국공제조합의 건물을 빌리고 있었다고 듣자, 아무런 반론도 하지 못했던 것이다. 그 이유는 교섭에 임한 한국 측 대표가 그 건물의 소재 위치 등조차 충분히 파악하지 않고 있었다고 기록하고 있는 일본 측의 공식 문서에 여실히 나타나고 있다고 봐도 과오는 없을 것이다. 즉 한국은 요구를 제기하면서도 그 대상이 무엇인지조차 거의 모르는 채, 교섭에 임하고 있었던 것이다.

문제는 그것만이 아니다. 교통국공제조합의 건물과 유사한 재일재산 문제로서 한국은 과거 조선어업조합연합회중앙회의 재일자산, 조선장학회유지재단의 재일재산 등을 거론했었다. 그러나 정식 요구를 제기하는 5차 회담에서는 그것이 거론되는 일조차 없었다. 물론 심사숙고 끝에 그것을 요구 항목에서 제외했다는 해석도 가능하다.

그러나 상술한 바와 같이 과거 스스로가 조회 요청을 하기 위해 작성한 비망록의 존재도 모르고, 또 유일하게 거론된 교통국공제조합의 건물에 대해서조차 사실상 그 내용을 파악하지 않았던 한국 대표단이 그 재일재산을 둘러싼 법적인 논리를 충분히 토의해서 교통국공제조합의 건물만을 남겼을 가능성은 사실상 없다고 보는 것이 타당할 것이다. 실제 한국정부의 기록에는 이 시기, 이들 선별과 관련된 고찰이 이루어지고 있었다는 흔적은 전무하며, 무엇보다 '심사숙고' 끝에 교통국공제조합의 건물만을 남기는 적극적인 선택이었다면 그 해당 건물이 어디에 소재하고 있는지조차 모르는 일은 없었을 것이다. 이들 재일재산에 대한 일관성 없는 한국정부의 대응 역시 청구권 교섭에 임한 한국정부의 준비 상황이 나변에 있었는가를 엿볼 수 있는 하나의 대목이라고 해야 하겠다.

이어, 대일8항목요구 2항에는 마지막 항목으로서 일단 〈기타〉가 포함되어 있었다. 그러나 9회 위원회에서 한국은 그 〈기타〉에서 예정한 구체적인 요구 항목이 없음을 밝혔다.[109] 그것은 6차 한일회담에 이르러서도 마찬가지였다.

3) 대일8항목요구 3항

이상 2항의 제기를 마친 한국은 같은 9회 위원회에서 대일8항목요구 3항 〈1945년 8월 9일 이후 한국으로부터 이체 또는 송금된 금원을 반환할 것〉을 제기했다.[110] 이 항에는 두 가지 세부항목이 포함되어 있었다. 그 첫째는 〈8월

---

109 위의 한국문서, 256쪽 ; 위의 일본문서, 13쪽.
110 이하 9회 위원회에서의 3항에 관한 토의 내용은 위의 한국문서, 256~258쪽 ; 위의 일본문서, 15~17쪽에서 정리.

9일 이후 조선은행 본점으로부터 재일본 도쿄 지점으로 이체 또는 송금된 금원〉이며, 둘째는 〈8월 9일 이후 재한 금융기관을 통해 일본으로 송금된 금원〉이었다.

위원회 석상에서 한국은 첫째 항목의 구체적인 요구 내용이 일본은행에 등록되어 있었던 조선은행 본점 소유의 국채를 1945년 8월 25일자로 조선은행 도쿄 지점 재산으로 등록 변경한 약 47억 엔 상당의 국채를 회수하려는 요구임을, 또 둘째 항목의 요구 내용이 전후 재한일본인들이 한국 소재 금융기관을 통해 일본으로 송금한 것의 반환을 요구하는 것임을 밝히고 있다. 그러나 5차 한일회담 위원회 토의 단계에서는 이 두 가지 요구가 왜 한국정부의 대일 청구권이 되는지 등에 대한 그 이상의 상세한 토의가 직접 진행되는 일은 없었다.

그러나 그 요구 근거를 추측하는 것은 어렵지 않다. 먼저 첫째인 조선은행 본점 소유의 등록국채 문제는 결국 조선은행의 재일재산 문제였다. 앞서 4장에서 논한 바와 같이 한일회담 개시 무렵, 유진오와 임송본은 출장보고서, 건의서 등을 각각 작성하고 한국 관련 법인의 재일재산 회수 문제를 제기했었다. 조선은행 본점 소유의 등록국채 역시, 이와 관련된 요구로서 제기된 것은 틀림없다.

또 둘째인 재한일본인들이 송금한 금원의 회수 요구가 8월 9일을 요구 기준 날로 정하고 있는 점으로 미루어, 그 반환 요구 근거 역시 다른 유사한 항목들과 같은 것이었다고 풀이된다. 즉 그들 송금 행위는 재한일본인 자산의 동결, 해외 거래 등을 금지한 군정령 2호 및 포고령 3호 등을 위반한 것이며 아울러 군정령 33호에 따라 8월 9일자로 미군정에 귀속된 재산을 일본인들이 미군정 관할지역 밖으로 송금했다는 것은 미군정 재산을 유출한 것을 뜻했다. 그러므로 그들 송금 행위는 법적으로 원천 무효이며 따라서 원상복귀 시켜야 한다는 것이 그 반환 논리였다고 보인다. 다시 말해 한국은 8월 9일 이후 재한일본인들이 송금한 금원은 같은 날로 미군정의 재산이므로 결국 그것을 최종적으로 인수한 한국정부에게 그 재산 소유권이 있다는 점에서 그 청구 근거를 찾은 것이었다.

따라서 대일8항목요구 3항 요구 중의 첫째 항목은 조선은행이라는 특수 법인의 자산 회수 문제, 그리고 둘째는 원래 재한일본인들의 재산이었으나 한국정부에 귀속된 재산의 회수 문제가 된다. 이 점에서 이 3항은 한국인 개인의 청구권 문제가 아니라 정부 차원에서의 대일청구의 성격을 짙게 지닌 것이었다.

같은 위원회 석상에서 일본은 첫째 항목에 관해 그 이체한 날짜 및 국채의 소재지 문제 등을, 또 둘째에 관해서도 송금 날짜의 문제 등을 거론하면서 향후 이 요구에 대한 일본정부의 입장이 부정적임을 예고했다. 그러나 5차 회담 단계에서는 3항의 청구 근거를 둘러싼 본격적인 토의 자체가 진행되지 않았으므로 그 이상 일본정부의 직접적인 반론이 밝혀지는 일은 없었다.

그러나 첫째 항목에 관해 일본이 언급한 국채의 소재지 및 날짜 문제는 5차 회담에서 일본이 이미 총론적으로 밝힌 군정령 33호의 시간적, 지리적 제한 문제와 얽히는 논점이었다. 즉 군정령 33호의 효력이 12월 6일자로 미군정의 관할지역 내에 소재한 재산에만 한정된다는 법적 해석을 내세우기 시작한 일본에게 이 3항 요구는 법적 근거를 결여한 문제가 아닐 수 없었다.

그러나 당초 한국정부는 이 3항에 관한 요구 근거가 충분한 것으로 인식하고 있었다. 실제 후술하는 바와 같이 5차 한일회담에서의 본격적인 토의를 앞둔 1961년 1월 무렵, 한국정부는 내부 검토 결과로서 3항 요구에 대해 그 법적 근거를 '강'으로 분류하고 있었다.[표7 - 8] 아직 군정령 33호 등에 대한 일본정부의 정식 해석을 접하지 않았던 한국정부는 자신의 논리만으로 그 요구 근거에 대한 낙관적인 전망을 가지고 있었음을 알 수 있다. 다시 말해 군정령 33호에 대한 법적 효력의 제한 논리 등, 위원회에서 일본정부가 내세우게 된 대항 논리를 미처 상상하지 못했던 것이다.

그러나 이 요구는 다음 6차 한일회담에서 첫째 항목에 관해 조선은행의 법인으로서의 성격 문제, 법인 재산을 한국정부가 국가로서 청구할 수 있는가의 문제, 등록국채의 법적인 소재지에 관한 해석 문제 등 보다 본격적인 법적 논점을 내세운 일본정부의 반론에 부딪히게 된다. 심지어 둘째 항목은 아예 제기 유보 대상이 되었다. 당초 법적 근거를 '강'으로 인식한 한국정부의 논리는 그것을 봉쇄하기 위해 짜인 일본 측의 냉철한 논리 앞에서 쉽게 좌절될 수밖에 없는 수준이었던 것이다.

대일8항목요구 3항에도 일단 형식상 셋째 요구 항목으로서 〈기타〉가 규정되었다. 그러나 이것 역시, 특별히 다른 구체적인 요구 항목을 염두에 둔 것은 아니었다.[111]

4) 대일8항목요구 4항

다음 대일8항목요구 4항은 〈1945년 8월 9일 현재 한국에 본사(점) 또는 주 사무소가 있는 법인의 재일재산의 반환〉을 요구하는 것이었다. 5차 한일회담에서 이 주제는 10회 위원회부터 11회 위원회에 걸쳐 토의되었다. 동 4항에는 〈연합국최고사령부 폐쇄기관령에 의하여 폐쇄 청산된 한국 내 금융기관의 재일지점 재산〉과 〈SCAPIN 1965호에 의하여 폐쇄된 한국 내 본점 보유 법인의

---

111 위의 한국문서, 258쪽 ; 위의 일본문서, 18쪽.

재일재산〉이라는 두 가지 세부항목이 포함되었다.

한국은 10회 위원회에서 그 첫째 항목에 관해 대상 금융기관이 조선은행, 조선식산은행, 조선신탁주식회사, 조선금융조합연합회의 4사임을 밝히고 있다.[112] 그러나 한국은 이 요구가 위의 네 개 기관의 재일재산임을 언급한 것 이외에는 그에 대해 별다른 지식이 없다는 것만을 노출했을 뿐이었다. 그 자리에서 일본이 GHQ의 지시에 따라 일본정부의 정령으로 폐쇄했다고 그 조치의 정당성을 주장하자, 한국은 그 폐쇄 조치에 대해서는 잘 모른다고 하면서 그 폐쇄 조치의 근거가 된 SCAPIN이 몇 호인가를 물어, 그것이 74호임을 오히려 일본으로부터 듣게 된 상황이었다.[113]

앞서 4장에서 고찰한 바와 같이 한국 관련 법인의 재일재산 문제는 유진오, 임송본 등이 이미 거론 대상으로 삼고 있는 항목들이었다. 또 폐쇄기관 조치는 1945년 9월의 SCAPIN 74호를 효시로 1947년 3월의 칙령 74호 등으로 그 청산 조치에 구체적으로 들어가고 있었다. 그럼에도 한국은 그 후 약 10년 이상의 시간이 경과한 5차 한일회담에서 이 요구를 공식으로 제기하면서도 그 요구 법인들에 대한 폐쇄 조치의 법적 내용조차 충분히 파악하지 않은 채, 교섭에 임하고 있었던 것이다.

이와 같은 미흡함은 동 4항 둘째 항목인 〈SCAPIN 1965호에 의하여 폐쇄된 한국 내 본점 보유 법인의 재일재산〉에서도 엿볼 수 있다. 10회 위원회에서 한국은 SCAPIN 1965호에 의해 폐쇄된 대상 법인의 요구 범위를 밝히지 않았

---

112 이하 10회 위원회에서의 대일8항목요구 4항의 토의 내용은 "제5차 한일회담 예비회담 제10차 일반청구권 소위원회 회의록", 위의 한국문서, 276~279쪽 ; 「第5次日韓全面会談予備会談の一般請求権小委員会の第10回会合」, 外務省日韓会談公開文書(문서번호 92), 10~16쪽.

113 단, 동 SCAPIN에 대한 질의응답 기록은 일본 측 회의록에서만 나온다. 위의 일본문서, 10~11쪽.

으나 이는 토의 진행 상황에 따른 절차상의 문제가 아니었다.

실제 주일대표부는 10회 위원회 토의 종료 후인 4월 19일, 본국정부에 동〈SCAPIN 1965호에 의하여 폐쇄된 한국 내 본점 보유 법인의 재일재산〉에 관해 당초 준비한 법인 수가 312사에 달하고 있으나 이들 회사의 재일재산의 유무를 파악하는 자료도 없다는 이유로 GHQ에서 한국으로 통보된 1951년 12월 15일 현재 청산된 법인 10사 이외에 다른 50~60사 정도로 그 요구 대상을 줄일 것을 건의하고 있다.[114] 5차 회담을 앞두고 한국정부가 참고 자료로서 정리한 『제문제』에서도 비록 그 금액은 미정이었으나 그 대상 법인이 312사임을 밝히고 있으므로[115] 주일대표부가 당초 준비한 법인 수로서 지적한 312사는 바로 그 수치를 염두에 둔 것임은 틀림없다. 즉 참고 자료로서 정리된 『제문제』에서의 312사는 그 재일재산의 유무 등을 조사해 준비된 것도 아니거니와 더 나아가 실제 교섭이 시작된 후 한국은 다시 그 요구 범위를 특별한 근거도 없이 50~60사 정도로 줄일 것을 검토한 것이었다.

재외회사의 폐쇄, 정리를 실시한 일본 측의 기록에 의하면 동 SCAPIN 1965호에 따라 일단 정리 대상 기관으로 지정된 한반도 관련 회사 수는 349사였다. 그러나 그중 일본 국내에 재산이 없으므로 정리 대상에서 해제된 회사 수가 162사, 그 결과 실제 정리 대상이 된 회사는 최대 187사였다.[116] 즉 한국

---

114 "JW - 04158, 일반청구권 관계 청훈의 건", 『제5차 한일예비회담 일반청구권 소위원회 회의록, 1 - 13차, 1960 - 61』, 286쪽. 단 동 청훈에서는 당초의 대상 법인 수를 '30'으로 표기하고 있으나 그 밑에 '312'라는 수치가 손으로 적혀 있다는 점, 본론에서 언급한 바와 같이 『제문제』에서도 '312사'로 명시되어 있는 점, 그리고 대상 법인 수를 줄일 것을 건의한 그 청훈이 그 대상 수를 50~60사 정도로 할 것을 건의하고 있는 점 등으로 보아 당초 '30'사가 대상이었을 가능성은 전혀 없는 게 틀림없다.

115 『韓日會談의 諸問題』, 98쪽.

116 「韓国請求権検討参考資料(未定稿)」, 外務省日韓会談公開文書(문서번호 1348), 52~53쪽. 이 문서는 1961년 2월 11일자로 작성되었으나 그 시점에서 181사의 정리

정부가 5차 한일회담에 이르러 당초 대상으로 하려던 312사는 실제 정리 대상이 된 회사 수를 훨씬 웃도는 근거 없는 수치인 데다 반대로 187사가 실제 정리 대상이 되었는데도 GHQ에서 1951년 시점에서 통보된 법인 10개 회사 이외에 약 50~60사 정도까지 요구 범위를 줄일 것을 검토한 것이었다.

그 50~60사 정도까지 범위를 줄일 것을 건의한 주일대표부의 청훈에 대해 본국정부는 일단 검토가 끝난 후 지시할 것을 전달했다.[117] 그러나 후술할 6차 한일회담을 포함해 그 후 대상 법인 수가 정확히 정해진 기록은 없다. 확증은 없으나 결국 마지막까지 이 요구에 따른 대상 법인 수가 공식으로 정해진 일은 없었을 가능성이 크다. 이 추측이 맞다면 한국은 정식 제기하는 데 필요한 구체적인 대상 기업의 지정도 없이 그냥 문제를 제기만 하고 있었던 것이 된다.

이어 개최된 11회 위원회에서는 이 4항에 대한 법적 청구 근거가 토의되었다.[118] 요구 근거에 관해 한국이 밝힌 논리의 취지는 다음과 같다. 즉 대상 법인의 일본인 소유 주식은 그 주주 및 주식의 물리적인 소재지와 상관없이 군정령 33호로 인해 미군정이 취득했으며 그것을 한국정부가 모두 이양받았다.[119]

가 이미 완료된 상황이었다. 단 1963년 6월 시점에서 작성된 대장성 자료에서는 동 SCAPIN 1965호 관련의 재외회사는 폐쇄기관으로 지정된 조선금융조합연합회의 단위조합(單位組合)인 금융조합 및 산업조합을 제외하고 348개 법인이었으며 그중 161개 회사가 일본 국내에 재산이 없으므로 지정에서 해제되었고, 또 184사의 정리가 완료되었다고 기술하고 있어, 수치에 약간 차이가 있다. 『日韓請求権問題参考資料未定稿 第2分冊』, 270~271쪽.

117 "WJ-04214", 『제5차 한일예비회담 일반청구권 소위원회 회의록, 1-13차, 1960-61』, 311쪽.

118 이하 11회 위원회에서의 대일8항목요구 4항의 토의 내용은 "제5차 한일회담 예비회담 제11차 일반청구권 소위원회 회의록", 위의 문서, 297~300쪽 ; 「第5次日韓全面会談 予備会談の一般請求権小委員会の第11回会合」, 外務省日韓会談公開文書(문서번호 93), 12~19쪽에서 정리.

119 단, 민간 매각분은 민간인이 소유하고 있다는 언급도 하고 있으므로 정확히 말해 모두가

그 결과 현재 한국정부가 해당 법인에 대한 주주권을 행사하고 있다. 또 일반 사법상, 지점 재산은 본점에 속한다는 원칙을 감안한다면 그 주식이 한국정부로 이양된 결과 본점이 한국정부에 귀속된 이상, 그 대상 법인의 재일재산 역시 한국정부가 그 소유권을 가진다.

즉 한국은 한반도에 소재한 해당 법인들의 본점 재산이 주식의 몰수, 이양으로 인해 한국정부에 귀속되었다는 고유의 사정과 지점 재산은 원래 본점에 속한다는 일반적인 법 해석에 따라 해당 재일재산이 한국정부에 귀속되었다는 논리를 꾸몄다. 그리고 이 논리는 4장에서 고찰한 한일회담 개시 무렵 임송본 등이 이미 정리하고 있었던 법 이론을 그대로 활용한 것임이 틀림없다. 또 한국은 동 11회 위원회 석상에서 군정령 33호는 채무를 계승시키지 않는다는 입장에서 그 4항에 관해서도 해당 법인의 채무를 계승하지 않는다는 입장을 덧붙였다.

따라서 폐쇄기관 및 재외회사의 재일재산을 대상으로 한 4항 요구는 한국정부가 직접 그 소유권을 가진다는 입장에서 관련 법인의 재일재산의 회수를 요구하는 것이므로 개인청구권 문제와는 다른 바로 국가 차원의 청구권 요구였다.

11회 위원회에서 밝혀진 한국정부의 요구 근거들에 대해 일본은 군정령 33호가 그 몰수 효력을 한국 내에 소재하고 있었던 것에 한정하고 있으므로 주식 역시 한국에 귀속되는 것은 한국 내에 있었던 일본인 주식에 한정된다, 또 동 33호로 인해 법인의 소유권을 한국정부가 이양받았다고 하면서도 채무에 관해서는 인계하지 않는다고 하는 것은 이해하기 어렵다는 등의 일부 단편적인 견해만을 피력했다. 그러나 5차 한일회담에서는 일본 역시 그 이상의 본

한국정부에 귀속된 것은 아니다.

격적인 반론에 나서는 일은 없었다. 그러나 이는 일본이 이 요구에 타협적인 자세를 가지고 있었음을 뜻하지는 않는다. 결국 이 요구에 대한 본격적인 반격은 다음 6차 한일회담에서 밝혀진다.

표면상 4항에도 일단 셋째 세부항목으로서 〈기타〉가 포함되어 있었다. 그러나 위원회 토의 기록에는 그 존재가 직접 언급된 흔적조차 없다. 결국 다음 6차 한일회담에서도 이 〈기타〉에 구체적인 요구 항목이 추가되는 일은 없었다.

5) 대일8항목요구 5항

(1) 한국정부의 일부 방침 변경

5차 한일회담에서 한국이 정식으로 제기한 대일8항목요구 5항에는 〈일본계 유가증권〉, 〈일본계통화〉, 〈피징용자 미수금〉, 〈전쟁으로 인한 피징용자의 피해에 대한 보상〉, 〈한국인의 대일본정부 청구 은급 관계 및 기타〉, 〈한국인의 대일본인 또는 법인 청구〉, 〈기타〉의 일곱 개 항목이 포함되었다.

이 요구는 12회 위원회에서 토의가 시작되었으나 그에 앞서 한국정부 내부에서는 동 5항 토의의 개시를 내다보면서 일부 주목할 만한 움직임이 일어나고 있었다. 그것은 5항에 포함된 세부항목의 내용에 관해 당초의 방침을 일부 변경한 것이었다. 10회 위원회 종료 후, 주일대표부는 본국정부에 4월 17일자로 동 5항에 관해 두 가지 청훈을 보내, 방침 변경에 관한 본국 승인을 구했다.

첫째 청훈은 두 가지 사항으로 구성되었다. 그것은 다섯째 항목 〈한국인의 대일본정부 청구 은급 관계 및 기타〉 속에 일본의 점령지에서의 귀국 시, 귀환 한국인들이 일본 관헌한테 강제로 압수당한 기탁금 요구를 넣을 것, 또 여섯째 항목인 〈한국인의 대일본인 또는 법인 청구〉에서 당초 제기하려 한 생명보험 및 손해보험[120]으로부터 손해보험을 철회하고 그 대신 물품 전도금 및 미수금[전업, 경전, 남전, 식량공사]을 추가 청구하도록 할 것이었다.[121]

고찰했다시피 기탁금 문제는 비록 『배상조서』에서는 뚜렷이 나타나지 않았으나 한일예비회담이 진행 중인 1951년 11월에 접어들면서는 일본에게 기탁한 재산을 한국으로 이관하기 위한 대응이 시작되고 있었다. 그것은 구 재일조선인연맹 및 그 산하 단체, 재일한국인 개인[손달원], 그리고 일본정부기관[세관]들에 기탁한 것들과 관련된 움직임이었다. 또 청구권 요구의 최대 항목 수가 제시된 2차 한일회담 시의 조회 요청 속에서도 기탁금 문제는 〈한국인이 일본 및 일본 점령지역에서 귀국 시, 당해 지역 일본 관헌이 강제적으로 보관 기탁시킨 일본은행권, 일본군표, 일본정부소액지폐 등 보관 상황 및 동 대금 청산 방법 및 시기에 대한 일본 측 전문적 의견〉으로 제시되어 있었다.

그럼에도 주일대표부가 5차 한일회담 청구권 교섭 진행 과정에서 기탁금 문제를 그것을 요구하는 항목 위치의 변경으로서가 아니라 〈한국인의 대일본정부 청구 은급 관계 및 기타〉에 포함하는 문제로서 청훈한 사실은 반대로 한국정부 내부에서 일찍 인식되었던 이 기탁금 문제가 5차 한일회담 당초에는, 아직 정식 요구 항목에 포함되지 않았음을 가리키고 있다. 실제 5차 회담 개최에 앞서 장면 정권이 정리한 『제문제』에서도 해당하는 부분에는 "기타 관계"라는 제목만 제시되었을 뿐, 기탁금 요구는 명시되지는 않았다.[122] 이 사실을 보면

---

120 이 무렵부터의 한국정부 문서에서는 '화재보험'으로 표기되나 원래 민간보험 관련의 요구 대상은 『배상조서』 이래 '생명보험'과 더불어 '손해보험'이었다. 그 후 한국정부가 '손해보험' 대상을 줄여 '화재보험'으로 한정했다는 사실도 전혀 없으므로 통일을 위해 원문에서 '화재보험'이라고 나올 경우에도 '손해보험'으로 고쳐 표기한다.

121 "JW-04142", 『제5차 한일예비회담 일반청구권 소위원회 회의록, 1-13차, 1960-61』, 280쪽.

122 『韓日會談의 諸問題』, 103쪽.

일찍 인식되었던 기탁금 문제의 제기 및 요구 위치가 결정된 것은 5차 한일회담 진행 도중, 주일대표부의 건의에 따른 것이었음을 알 수 있다.[123]

5차 한일회담은 5·16 쿠데타로 인해 갑자기 중단되는 바람에 결국 〈한국인의 대일본정부 청구 은급 관계 및 기타〉에서 제기할 것으로 결정된 기탁금 문제가 직접 토의 대상이 되는 일은 없었다. 후술하는 바와 같이 이 기탁금 문제는 결국 6차 한일회담에서 5차 회담 도중 제기된 주일대표부의 청훈대로 대일 8항목요구 5항 중의 〈한국인의 대일본정부 청구 은급 관계 및 기타〉에서 제기되었다.

또 주일대표부가 〈한국인의 대일본인 또는 법인 청구〉와 관련해 이 요구에 넣을 것을 청훈한 '전업', '경전', '남전', '식량공사'의 물품 전도금, 미수금 등은 『배상조서』에서 이미 명확히 규정된 요구였다. 그 후 이것들은 2차 회담에서의 조회 요청 시에도 주일대표부가 직접 거론한 이외의 법인들과 같이 뚜렷이 청구 대상의 범위에 들어가고 있었다. 그 이유는 알 수 없으나 주일대표부가 다시 요구에 포함할 것을 청훈한 사실을 보면 물품 전도금, 미수금 관련의 항목들이 요구 대상에서 제외되어 있었음을 알 수 있다. 그것을 다시 5차 한일회담 진행 과정에서 갑자기 제기하는 방침으로 돌아선 것이었다.

주일대표부의 청훈을 받은 본국정부는 그 방침 변경의 배경을 설명하도록 훈령했다.[124] 주일대표부가 밝힌 그 변경 사유는 손해보험은 이재 사실이 있어야 청구가 가능하나 이재 사실을 확인할 수 있는 자료가 없다는 것, 한편 물

---

123 5장에서 저자는 2차 한일회담 시, 한국정부가 제기한 조회 요청의 내역과 관련해 기탁금 관련 항목을 임의로 5항에 이미 넣었으나[표5-3] 이것은 이후의 분석의 편의상 정리한 것이며 막상 그 조회 요청 시에는 대일8항목요구의 5항으로서 분류되어 조회된 것이 아님을 여기서 다시 밝히는 바이다.

124 "WJ-14157", 『제5차 한일예비회담 일반청구권 소위원회 회의록, 1-13차, 1960-61』, 287쪽.

품 전도금, 미수금은 그 채권이 확실하고 그에 관한 자료가 존재한다는 것, 또 금액 측면에서도 손해보험은 700여만 엔인 데 비해 전도금 및 미수금은 '경전', '남전', '식량영단'을 합쳐 6,300여만 엔에 이른다는 것 등이었다.[125]

주일대표부의 설명을 받은 본국정부는 손해보험에 대해서는 일단 보류로 할 것을 지시하면서도 물품 전도금, 미수금 등을 포함할 것을 건의한 주일대표부의 청훈에 대해서는 그대로 그것을 승인했다.[126] 그러나 기탁금 문제와 마찬가지로 쿠데타로 인한 갑작스러운 회담 중단으로 결국 이 방침 변경이 그대로 5차 회담에서 실현되는 일은 없었다. 그러나 후술하는 바와 같이 이들 문제가 실제 토의된 6차 한일회담에서는 일단 보류되었던 손해보험은 한일 간 협정 체결 후에 남은 개인청구권 문제를 개별적으로 제기할 수 있도록 하는 6항 요구의 변경에 따라 그에 포함하는 구상 아래서 결국 직접 제기되지 않았다. 한편 그와의 교환 항목으로 거론된 물품 전도금, 미수금 등 역시 제기되지 않았다. 즉 채권이 확실하고 또 자료도 존재한다고 하는 전도금 및 미수금 등도 결국 제기되지 않았던 것이다.

이와 같이 한국정부는 일찍부터 인식하고 있었던 기탁금이나 관련 기업들의 전도금, 미수금 요구 등을 토의 개시 직전에 급히 청구 대상에 포함하는 것을 결정하는가 하면 반대로 일단 포함하는 것을 결정한 전도금, 미수금 등을 다시 제외하는 등 일관성 없는 혼란을 빚었다. 5항 중의 이들 세부항목에 대한 한국정부의 대응 역시 교섭에 임한 한국정부의 허술한 준비 상황을 여실히 드러내고 있다.

이어 주일대표부가 본국정부에 두 번째 청훈으로서 건의한 것은 5항 중의 넷

---

125 "JW-04167, 일반청구권 소위원회 청훈에 관한 건", 위의 문서, 288쪽.
126 "WJ-04214", 위의 문서, 311쪽.

표7-4 5차 한일회담에서 피징용 한국인의 보상 문제와 관련해 주일대표부가 산출한 대상
인원수

구분	생존자(명)	사망자, 행방불명자, 부상자(명)	합계(명)
피징용 노무자	802,508	19,603	822,111
군인·군속	282,000	83,000	365,000
합계	1,084,508	102,603	1,187,111

째 세부항목 〈전쟁으로 인한 피징용자의 피해에 대한 보상〉과 관련된 방침 변
경이었다. 그 청훈 내용은『제문제』에 의하여 예정되었던 피징용자 중의 사망
자, 부상자에 더해 생존자[군속도 포함]의 정신적 고통에 대해서도 그 보상을 청
구하도록 하는 것이었다. 아울러 눈길을 끄는 것은 주일대표부가『배상조서』
에서 준비했던 대상 인원수에 관해 새로운 수치 변경을 요청하고 있는 점이다.
주일대표부가 보낸 새로운 대상 인원수를 먼저 정리하면 표7-4와 같다.[127]

청훈에 즈음하여 주일대표부는 해당 인원수의 산출이 1946년에 신고 조
사한 피징용자 총수가 105,151명, 그중 사망자 12,603명, 부상자 7,000명
으로 되어 있는 점, 또 1953년 비망록에서 군인·군속의 전사자, 부상자가
74,800명으로 되어 있는 점 등을 고려해, 그들과 다른 제반 기록들을 종합
감안한 결과라고 보고하고 있다. 물론 1946년의 신고 조사 결과의 수치는
『배상조서』에 수록된 것이며 1953년 비망록은 2차 회담 시의 조회 요청의
수치를 뜻한다. 즉 주일대표부는 5차 회담 시의 인원수 변경과 관련해, 그 이
전에 산출했던 수치들과 '제반 기록들을 종합 감안한 결과'라는 애매한 근거
를 가지고 본국정부에 먼저 인원수 변경에 관한 청훈을 한 것이었다.

그럼에도 4월 24일, 본국정부는 생존자를 요구 대상에 포함할 것과 비록
그 인원수 추정의 내역에 관해서는 추후 보고하도록 지시했으나 총수를 각각

---

127 "JW-04144, 한일회담 일반청구권 소위원회 관계 청훈의 건", 위의 문서, 282쪽.

822,111명, 365,000명으로 하는 것에 대해서는 승인했다.[128] 즉 한국정부는 위원회에서 제기할 전쟁 동원 관련 피해자의 인원수에 관해서 그 추정 내역조차 모르는 상황에서, 그 인원수를 한국정부의 방침으로 삼을 것을 먼저 허가한 것이었다.

인원수 추정에 관한 내역을 보고하도록 지시한 본국정부의 훈령에 따라 주일대표부는 4월 27일자로 그 인원수 추정의 근거와 산출 방법에 대해 보고했다. 그 내용은 다음과 같다.[129]

먼저 피징용 노무자에 관해 일본후생성 노동국이 발표한 통계에 따르면 1939~1944년까지 동원된 한국인 노무자 수가 661,684명, 또 1945년에는 약 6,000명이다. 그러나 1945년이 전쟁 말기로 무자비하게 한국인을 징용하던 시기임을 감안하면 6,000명은 적다고 추측되므로 박재일 저, "재일조선인에 관한 종합 조사연구"에 따라 1945년의 징용자 수를 160,427명으로 추정했다. 그 수치와 전기 1939~1944년까지 동원된 한국인 노무자 수 661,684명을 더한 것이 노무자 총수인 합계 822,111명이다. 또 노무자 중 사망자, 행방불명자, 부상자, 생존자를 구별할 만한 자료가 없기 때문에 『배상조서』 및 1953년 5월 23일자의 비망록에 나오는 사망자, 부상자 19,603명을 그대로 사망자, 행방불명자, 부상자로 추정하고 위의 총수에서 그 19,603명을 제외한 802,508명을 생존자의 값으로 했다.

또 하나 군인·군속에 관해 일본외무성의 조사에 따르면 종전 당시 일본 본

---

128 "WJ-04214", 위의 문서, 311쪽. 단, 그 훈령에는 날짜 표기가 없으며 훈령 날짜가 4월 24일임은 그에 대한 주일대표부의 답신에서 확인 가능하다. "한일회예 제74호, 일반청구권 소위원회 관계 자료 송부의 건", 같은 문서, 301쪽.
129 이하 주일대표부의 인원수 산출 설명은 "한일회예 제74호, 일반청구권 소위원회 관계 자료 송부의 건", 위의 문서, 301~303쪽에서 정리.

토에 있었던 한국인 군인·군속이 약 110,000명, 그리고 일본인양청의 기록에서는 외지에서 한국으로 귀환한 군인·군속으로 보이는 한국인이 105,343명이므로 합계 215,343명이 된다. 그러나 그 수치에는 상당수에 이를 것으로 예상되는 자력 귀환자 및 전시 중의 사망자, 행방불명자가 포함되어 있지 않기 때문에 그것을 정식 합계로 채용할 수 없다. 따라서 조선문제연구소의 연구 결과에 나오는 군인·군속 징용자 수 365,000명, 또 주일대표부가 별도로 입수한 정보에 의해서도 군인·군속 수가 371,000명으로 되어 있으므로 총수를 조선문제연구소의 추정 365,000명으로 잡았다. 따라서 이와 확인된 귀환자 215,343명과의 차감, 약 150,000명을 일단 자력 귀환자 및 전시 중의 사망자, 행방불명자로 추정했다.

그러나 추정한 총수 365,000명 중 사망자, 행방불명자, 부상자, 생존자를 구분할 만한 자료 역시 없으므로 일본경제안정본부에서 발표한 보고서에 따라 전쟁 중 일본육해군의 사망자 및 부상자 수가 당시 육군 재적수의 23%에 해당한다는 기록을 감안해 그 비율을 한국인 군인·군속의 총수에 적용해 산출하면 한국인 군인·군속의 사망자, 행방불명자, 부상자가 약 83,000명, 생존자는 282,000명이 된다.

즉 주일대표부는 일본정부의 관련 기관, 개인 및 연구소 조사에 의한 자료를 통해 전쟁 동원 한국인의 피해자 인원수를 산출한 것이었다. 5차 한일회담 진행 중 주일대표부가 다시 산출한 전쟁 동원 관련 피해자 수의 내역 역시 5·16 쿠데타로 인한 회담 중단에 따라 직접 제기되는 일은 없었다. 그러나 후술하는 바와 같이 6차 한일회담에서는 5차 회담 시 주일대표부가 산출한 인원수 중 생존 노무자 수를 제외하고 그대로 제시되었다. 이러한 의미에서 동 산출 인원수는 그 대부분이 한국정부의 최종적인 공식 인원수가 된 것이었다.

즉 한일 간의 과거처리 문제에서도 가장 상징적인 의미를 지닌 피징용 한국인의 피해보상 문제의 기본이 되는 피동원자 수는 5차 한일회담 진행 중, 그 토의 개시의 직전에 주일대표부가 관련 문헌을 통해 탁상에서 급히 계산한 수치에 불과했다. 바꾸어 말해, 한국정부는 본국정부의 책임으로서 진행한 공식적인 조사 등과 무관하게 주일대표부가 토의 직전에 몇 가지 관련 문헌을 통해 임의적으로 산출한 수치를 그대로 국가로서의 정식 요구로 삼은 것이었다.

한편 보상 금액에 관해, 주일대표부는 위원회에서는 인원수만을 밝히고 금액에 관해서는 언급하지 않는 방침을 전하면서도 주일대표부로서의 구상으로서 노무자 및 군인·군속 중, 생존자에 대해서는 1인당 300달러, 또 사망자 및 부상자에 대해서는 1인당 1,000달러 내지 1,500달러를 요구할 것을 본국정부에 청훈하고 있다.[130]

대표부가 전한 그 생존자 300달러에 대한 근거는 1956년의 네덜란드에 대한 보상 실시를 염두에 둔 것이었다. 주일대표부는 네덜란드가 평화조약 시, 국가로서의 대일배상청구권을 포기했으나 민간인 약 11만 명을 인도네시아에 억류한 것에 대해서는 그 억류자가 받은 고통에 대한 보상 요구로서 1인당 250달러를 청구하고 그 결과 일본정부와 1인당 약 100달러로 타결한 사례에 따라 생존자 300달러로 정했음을 보고하고 있다.[131] 쉽게 말해 주일대표부가 정한 300달러는 별다른 근거도 없이 네덜란드가 제기한 1인당 250달러에 50달러를 더 얹은 수치였다.

---

130 "JW-04144, 한일회담 일반청구권 소위원회 관계 청훈의 건", 위의 문서, 282~283쪽.
131 주일대표부는 개인 보상과 관련된 일본의 네덜란드에 대한 보상 실시가 '1953년'이라고 표기하고 있으나 일본과 네덜란드 간에 개인 보상과 관련된 1,000만 달러의 보상이 실시된 것은 1956년의 일이다. 또 주일대표부가 언급한 약 '11만 명'에 대해 '1인당 100달러'라는 수치로 보면 비록 약간 오차가 생기나 금액 측면에서도 그 1956년의 보상 협정을 뜻한다고 봐도 무방할 것이다.

대상 인원수에 대한 본국 승인과 달리 1인당 보상액에 관해서는 문서상 한국정부가 그에 대해 승인한 기록은 없다. 한국정부 역시 인원수만 확정하고 1인당 금액에 관해서는 그것을 밝히지 않도록 지시하고 있으므로[132] 5차 회담 단계에서 금액에 관한 정식 방침이 이미 정해지고 있었을 가능성은 적어 보인다. 실제 후술하는 바와 같이 6차 한일회담에 이르러 한국정부는 사망자 1,650달러, 부상자 2,000달러, 그리고 생존자에 대해 200달러를 각각 요구했으며 이것은 모두 5차 한일회담 시, 주일대표부가 건의한 값과 다르다.

비록 1인당 요구액에는 변동이 일어났으나 엔화로 산출된 다른 항목들과 달리 이 항목에 관해서는 당초부터 미불로 금액을 산출하고 있었던 점은 5차, 6차 회담 모두 같았다. 이것은 이 요구가 원래 엔화로 거래된 통상의 경제적인 채권 문제들과 다른 피해보상이라는 정치적인 요구의 성격을 띠고 있었음을 반영한 결과임은 틀림없다. 경제개발을 위해 청구권 자금을 투입할 것을 구상하던 한국정부에게 국제적 유동성이 보장된 미불로서의 획득은 무엇보다 절실한 상황이었다.

(2) 일본계유가증권

이상과 같이 한국은 내부적으로 일부 세부항목에 관한 방침 변경을 마련하면서 5항 토의에 임했다. 이 대일8항목요구 5항 〈한국 법인 또는 한국 자연인의 일본국 또는 일본 국민에 대한 일본국채, 공채, 일본은행권, 피징용 한인의 미수금, 보상금 또는 기타 청구권을 변제할 것〉이 토의되기 시작한 것은 4월 28일 열린 12회 위원회부터의 일이었다.

---

132 "WJ-04214", 『제5차 한일예비회담 일반청구권 소위원회 회의록, 1-13차, 1960-61』, 311쪽.

5항에 포함된 각 세부항목 토의에 들어가기 전에 한일 양국은 먼저 12회 위원회 석상에서 동 5항 전반(全般)에 관련된 질의응답을 진행했다.[133] 한국은 일본의 질문에 대한 답으로서 이 항에 포함된 한국 법인 및 자연인에 관해, 법인은 한국 내에 본점을 둔 회사를 뜻하는 것, 또 자연인은 소재지와 상관없이 모두 청구 대상에 포함할 방침임을 밝혔다. 즉 적어도 5항 관련의 자연인에 관해서는 북한 등에 거주하는 사람들의 청구권도 모두 처리할 것을 요구한 셈이었다.

한편 법인의 정의와 관련해 한국이 밝힌 그 설명에는 다른 항목과 관련해 문제가 존재했다. 상술한 바와 같이 대일8항목요구 4항 등도 한국 관련 법인을 요구 대상으로 삼고 있었다. 그 점에서 5항의 법인 재산 문제와 겹칠 가능성이 있었다. 실제 한국은 5항에서 요구하는 법인이 한국에 본점을 둔 회사인 만큼 4항의 법인 요구와 일부 겹칠 가능성을 시인했다.

한국은 4항이 대상으로 하는 법인이 일본에 지점, 또는 영업소를 둔 법인인데 비해 5항에는 그와 더불어 한국만을 영업 지역으로 한 회사도 포함된다고 설명했다. 따라서 거꾸로 5항의 법인 요구가 지점 등을 일본에 둔 회사를 대상으로 할 경우 5항 요구와 4항 요구 간에 겹치는 부분이 생기는 셈이었다.

대일8항목요구는 그 세부적인 분류에 파고들어 고찰할 때, 그 상쇄 관계 등을 충분히 정리하고 작성된 것이 아니었으며 애초 2중 요구 부분에 관한 상쇄 과제가 불가피하게 제기된다는 문제를 안고 있었던 것이다.

또 동 12회 위원회에서는 그 총론적인 토의가 진행되는 가운데 문제의 해결

---

133 이하 12회 위원회에서의 5항의 전반적인 토의 내용은 "제5차 한일회담 예비회담 일반청구권 소위원회 제12차 회의 회의록", 위의 문서, 342~347쪽 ; 「第5次日韓全面会談予備会談の一般請求権小委員会の第12回会合」, 外務省日韓会談公開文書(문서번호 94), 5~14쪽에서 정리.

방안에 관한 논의가 오갔다. 일본은 5항에 들어가는 각종 세부항목들의 내용을 볼 때, 개인청구권이 많은 것을 지적하고 수교 후 일본의 법률에 따라 해결하는 것이 가능하다고 말했다. 그 의미는 연합국들과의 종전 처리의 선례에서도 일본은 전전의 채무 문제를 비록 정부 간 교섭을 계기로 하면서도 사적인 청구권을 움직일 수 있게 함으로써 해결한 것이 많으므로 한국과의 해결 방법에서도 그 방안을 답습할 수 있다는 것이었다. 즉 일본은 한국과의 처리에서도 직접 채권자 본인에게 개별적으로 지불하는 방법을 강구할 가능성을 일단 언급하고 있었던 것이다.

그러나 한국은 2항 토의 시와 마찬가지로 국교정상화 이전에 해결해야 한다는 것을 이유로 사실상 국가 간에 문제를 처리할 것을 고집했다. 후술하는 바와 같이 6차 한일회담에서는 한일교섭에서 다루지 않고 있는 기타 요구에 관해서는 수교 후, 개별적으로 청구권을 따로 요구할 수 있도록 하는 입장 변경이 일어났다. 그러나 5항을 비롯해 한일회담에서 직접 제기된 문제에 관해서는 국가 간에 처리한다는 방침에 변경은 없었다. 대부분의 개인청구권은 이렇게 하여 본인의 의사와 상관없이 한국정부에 의해 자의적으로 '해결'되는 길이 선택된 것이었다.

이상 5항 전체와 관련된 총론적인 토의에 이어, 동 12회 위원회에서는 대일 8항목요구 5항 중의 첫째 항목인 일본계유가증권 문제가 토의되었다.[134]

한국은 이 항목에 국채, 지방채, 일본정부 보증채, 정부 보증이 없는 사채, 주식 등이 들어가 있음을 밝혔다. 위원회에서는 구체적인 항목을 애매하게 제시하고 있는 점, 그리고 후술하는 바와 같이 6차 한일회담에서는 보다 구체적

---

134 이하 12회 위원회에서의 일본계유가증권 토의 내용은 위의 한국문서, 347~350쪽 ; 위의 일본문서, 15~19쪽에서 정리.

인 내역이 제출된 점을 감안하면 5차 회담에서 언급된 그들 세부항목이 그 단계에서 정확한 공식 요구의 범위를 구성하고 있었다고 보는 것은 적절해 보이지 않는다.

주목되는 것은 그 유가증권 보유 주체에 관한 것이었다. 한국은 위원회 석상에서 개인 소유에 관해서는 추정은 할 수 있으나 실제 조사는 하지 않고 있으며 필요할 때는 신고 조치를 취한다고만 답했다. 다시 말해 한국은 일본계유가증권 요구에 관해 개인 소유에 관해서는 신고 조사 등도 실시하지 않은 채 임하고 있었음을 알 수 있다.

그 이유는 제기한 유가증권 보유 비중의 문제에 있는 것으로 추측된다. 한국은 보유 주체와 관련해 대일8항목요구 4항 첫째 항목으로 제기한 네 개 폐쇄기관 법인이 소유하고 있는 것이 많으며 그중에서도 조선은행이 발행 준비로서 가지고 있었던 국채가 주된 요구임을 밝혔다. 즉 한국은 보유 비중을 감안해, 조사 시간도 걸리고 또 그 비중이 작은 개인 소유분에 관해서는 사실상 크게 문제로 삼을 생각이 없었던 것이다.

동 위원회에서 한국이 밝힌 발행 준비로서 가지고 있었던 국채 문제라는 것은 대일8항목요구 3항 중의 첫째 세부항목 〈8월 9일 이후 조선은행 본점으로부터 재일본 도쿄 지점으로 이체 또는 송금된 금원〉과 얽히는 문제였다. 또 그것은 대일8항목요구 4항의 첫째 항인 〈연합국최고사령부 폐쇄기관령에 의하여 폐쇄 청산된 한국 내 금융기관의 재일지점 재산〉과도 관련이 있었다.

그것만이 아니다. 동 5항 중의 일본계유가증권 요구는 대일8항목요구 중, 다음 6항 요구 〈1945년 8월 9일 현재 한국 법인 또는 한국 자연인이 소유하고 있었던 일본 법인의 주식 또는 증권은 앞으로도 계속 유효한 것으로 법적으로 인정할 것〉과도 밀접한 관계에 있었다. 실제 한국은 토의 석상에서 5항이 반환을 요구하는 것인 데 반해 6항은 법적 유효성을 인정할 것을 요구하는 것임을 주장하면서도[135] 동시에 동 유가증권 요구가 5항 또는 6항으로서 해결할 수 있는 문제임을 밝히고 있다.[136]

즉 일본계유가증권 요구는 반환, 보상을 통해서 해결할 수도, 또는 동 보유 유가증권의 재산 가치를 법적으로 보장함에 따라 해결할 수도 있는 문제였다. 후술하는 바와 같이 6차 한일회담에서 6항은 크게 변경되었으며 그에 따라 사실상 보유 일본계유가증권의 재산 가치를 법적으로 보장함으로써 해결할 요구는 철회되었다. 그 변경의 한 이유가 6항과 동 일본계유가증권 요구가 겹치는 점을 감안한 결과임은 확실하다. 한국정부가 내세운 대일8항목요구가 충분히 정리된 것이 아니라는 것은 이 사례를 통해서도 노출되었다.

토의 석상에서 한국은 일본계유가증권에 대한 요구 근거를 따로 설명하지 않았으며 일본 역시 질문하지 않았다. 그 이유는 요구 근거가 '자명'하다는 데에 있는 것으로 판단해도 무방할 것이다. 즉, 이것은 그 보유 주체가 누구든, 일단 한국 관련 주체가 소유한 유가증권에 상응하는 재산 가치를 회수하는 문제였다. 따라서 이것은 한국인 개인 및 관련 사법인이 보유한 것에 관해서는 당연히 개인청구권의 문제였다.

한국은 같은 위원회에서 개인 소유 부분을 제외하고 종류, 금액 등은 확실히 파악하고 있음을 밝혔다. 5차 한일회담에서 그 금액 등이 밝혀지는 일은 없었으므로 그 값을 직접 확인할 수는 없다. 그러나 금액이 명시된 『제문제』 이후, 그 요구액이 변경되었다고 생각할 수 있는 근거도 없으므로 5차 회담에서는 그 책자에서 규정된 요구액 7,455,998,887엔가량이 그대로 요구액으로서 유지되어 있었다고 봐도 무방할 것이다.

---

135 단 동 주장은 한국 측 기록에서만 확인 가능하다. 위의 한국문서, 347쪽.
136 이 부분의 주장은 일본 측 기록에서만 확인 가능하다. 「第5次日韓全面会談予備会談の一般請求権小委員会の第12回会合」, 外務省日韓会談公開文書(문서번호 94), 15쪽.

(3) 일본계통화

5항 두 번째 항목인 일본계통화에 관해 한국은 같은 12회 위원회에서 그 요구 대상의 통화가 현물 보유분 이외에 1946년 4월 및 1947년 11월의 두 번, 일본은행원 입회하에 소각된 것임을 밝혔다.[137] 그러나 그 위원회에서는 그 이상의 토의가 진행되지 않았으며 그에 관한 추가적인 토의가 진행된 것은 5차 한일회담 중, 마지막 위원회가 된 다음 13회 위원회에서의 일이었다.[138]

그 13회 위원회에서 한국은 이 요구에 들어가는 해당 통화에 관해 일본은행권이 대부분이라고 하면서도 그 이외에 일본정부소액지폐, 군표, 상해의 중앙저비은행권 등이 포함되어 있음을 밝히고 있다. 그러나 동시에 종류가 많다고도 언급하고 있으므로 동 위원회에서 직접 명시된 통화 종류들만이 5차 한일회담의 정식 요구 범위였다고 보는 것은 적절하지 않다.[139] 실제 『제문제』에도 일본계통화에 들어가는 구체적인 해당 통화로서 일본은행권이나 군표, 그리고 일본정부소액지폐 등과 함께 만주중앙은행권, 대만은행권, 중국연합준비은행권 등도 포함되어 있었다.[140]

---

137 12회 위원회에서의 일본계통화 토의 내용은 "제5차 한일회담 예비회담 일반청구권 소위원회 제12차 회의 회의록", 『제5차 한일예비회담 일반청구권 소위원회 회의록, 1 - 13차, 1960 - 61』, 345쪽 ; 위의 문서, 9~10쪽.

138 이하 13회 위원회에서의 일본계통화 토의 내용은 "한일 예회 제79호, 일반청구권 소위원회 제13차 회의 회의록 송부의 건", 위의 한국문서, 367~372쪽 ; 「第5次日韓全面会談子備会談の一般請求権小委員会の第13回会合」, 外務省日韓会談公開文書(문서번호 95), 5~16쪽에서 정리.

139 그러나 우연의 일치인지도 모르나 후술할 6차 한일회담에서 한국정부가 최종적으로 제기한 통화 요구 내역은 일본은행권, 일본정부소액지폐, 군표, 그리고 중앙저비은행권뿐이었으며 그 구성은 동 13회 위원회 석상에서 한국이 구두로 직접 밝힌 종류와 일치한다. 이는 비록 5차 회담 단계에서는 정식으로 제외된 것이 아니었으나 이미 일본계통화에 관한 요구 범위가 실질적으로 좁아지고 있었음을 짐작하게 한다.

140 『韓日會談의 諸問題』, 100쪽.

요구 내용과 관련해 한국은 이와 동등한 엔화를 달라는 것인가라고 질문한 일본에 그렇다고 답했다. 따라서 일본계통화에 대한 요구 중, 먼저 소각된 지폐에 대한 요구 내용은 전후 그 소각에 따라 상실된 지폐의 구매력과 동등한 가치를 엔화로 보충할 것을 요구한 것임이 틀림없을 것이다.

소각 통화에는 두 가지 배경을 가진 것이 있었다. 그 하나는 2장에서 언급한 전후 미군정의 지시에 따른 종류였다. 미군정은 1946년 2월 은행지령 8호 등으로 인해 관련 금융기관들에 대해 일본은행권의 예입 수리(受理) 및 보관을 명하고, 그 후 각 금융기관에 예입된 일본은행권을 본점으로 이송한 후, 1946년 4월 및 1947년 11월의 두 번, 일본은행원 입회하에 소각하는 조치를 취했다. 그러나 그와 더불어 한국은 동 석상에서 소각 지폐와 관련된 추가 항목으로서 한국전쟁 중의 긴급조치로서 일본은행원 입회 없이 소각한 약 200만 엔을 제기했다. 그 200만 엔의 소각 경위는 불명하나 요구의 의미가 똑같음은 틀림없다.

소각된 지폐에 대한 요구 내용이 알기 쉬운 데 반해 한국이 또 하나 요구 대상으로 삼은 현물 부분 약 600만 엔가량[141]에 대한 요구 내용은 이해하기 어려운 부분이 있다. 위원회 토의에서도 한국은 직접 그에 대한 요구 내용을 밝히지 않고 있다. 그러나 이 요구가 실제 현물로 보유하고 있는 통화에 대한 요구임을 감안하면 그 내용은 전후 일본에서 이루어진 신 엔화 발행 조치에 기인한 것으로 보는 게 타당해 보인다. 전후 일본에서는 1946년에 구 엔화를 신 엔화로 전환하는 조치가 취해졌다. 조선은행으로 예입된 엔화는 시기적으로 생각해 당연히 구 엔화가 대부분이었다고 판단된다. 이 요구가 현물로 남은

---

141 동 현금 보유분 약 600만 엔에 대한 언급은 한국 측 회의록에는 없으며 일본 측 기록에서만 확인 가능하다.

현금을 대상으로 삼고 있는 점으로 미루어, 그것이 신 엔화로의 전환에 따라 유통성을 상실한 구 엔화의 가치 부분을 신 엔화로 교환할 것을 요구하는 것이었다고 봐도 과오는 없을 것이다.

따라서 위원회에서 직접적인 설명은 없었으나 소각되든 현물로 남든, 전후 조선은행이 보유하고 있던 일본계통화는 한국 관련 법인의 재산으로서 그 가치는 당연히 한국으로 반환되어야 한다는 것이 한국의 요구 내용이었음이 틀림없을 것이다.

한국이 제기한 요구들에 대해 일본은 가치를 보유한 통화를 소각한 것은 그에 대한 재산 권리를 포기한다는 것을 뜻하는 것이 아닌가, 소각했음에도 그대로 일본에 채무가 남는다는 것에 대한 확인 서류가 있는가, 또 일본은행원이 입회했다는 것만으로 채무가 발생한다고 말하지 못하며 입회의 의미가 불명하다는 등의 의문을 던졌다.

한국은 이와 같은 일본 측의 회의적인 반응에 대해 일본은행원의 입회하에서 이루어진 소각은 개인이 자진해서 행한 것이 아니라 공적인 입장에서 정부가 진행한 것이므로 그것은 일본에 대해 청구권이 남는다는 것을 뜻하고, 또 소각하면 청구권이 남지 않는다는 논리는 성립되지 않으며 근본 문제는 청구권의 유무에 있다는 등의 반론을 제기했다. 그러나 5차 한일회담에서 일본계통화 요구 근거에 대한 토의 역시 그 이상 새로운 논점을 가지고 진전되는 일은 없었다.

결국 한국이 제기한 일본계통화에 대한 일본정부의 입장이 밝혀지는 것은 후술하는 6차 한일회담에서의 일이다.

(4) 피징용 한국인 미수금

5차 한일회담에서 다음으로 한국이 제기한 5항 중의 셋째 세부항목은 〈피징용 한국인 미수금〉 요구였다. 이 요구가 맨 처음에 제기된 12회 위원회에서 한국이 제기한 요구 내용은 국민징용령 및 관(官) 알선 등으로 인해 징용된 한국인이 귀국 시에 급여, 수당 등 당시의 규정에서 마땅히 받아야 할 것을 받지 못했던 것을 요구하는 것임을 밝히고 있다.[142]

따라서 이 요구의 성격은 알기 쉽다. 그것은 고용 계약에 따라 받을 수 있는 급여 등의 미수금을 청구하는 것이므로 한국인 개인의 청구권 문제였다.

당초 이 미수금 요구는 『배상조서』에서 3부 〈중일전쟁 및 태평양전쟁에 기인한 인적, 물적 피해〉 중의 첫째 항인 〈인적 피해〉 속에 예컨대 각종 수당, 상여금, 미수임금 등으로 포함되는 등[표2 - 21], 조위금, 위자료 등과 같이 보다 '보상'적인 측면이 강한 요구 항목들과 명확히 구별되지는 않았다. 그러나 한일회담 개시 후, 한국정부는 이 미수금 요구를 1차 한일회담에서 〈6) 태평양전쟁 중의 한인 피징용자 미수금〉[표4 - 3]으로서, 또 2차 회담 시의 조회 요청에서도 〈2) 한국인 피징용 노무자에 대한 제 미불금 공탁분에 관한 자료 조회〉[표5 - 3]로서 제기하는 등, 징용 한국인과 관련된 '보상' 문제와 구별하게 되었다.

이 문제가 토의된 13회 위원회에서 한국은 비록 한국인 노무자에 관한 자세한 자료가 없다고 밝히면서도 사실관계에 관해서는 1950년 10월 21일자의

---

142 "제5차 한일회담 예비회담 일반청구권 소위원회 제12차 회의 회의록", 『제5차 한일예비회담 일반청구권 소위원회 회의록, 1 - 13차, 1960 - 61』, 345~346쪽 ; 「第5次日韓全面会談予備会談の一般請求権小委員会の第12回会合」, 外務省日韓会談公開文書(문서 번호 94), 10~11쪽. 단 징용 형태에 관한 '국민징용령', '관 알선'이라는 언급은 한국 측 기록에서만 확인 가능하다. 또 당시 일본에 건너간 한국인 노무자 형태로는 또 하나 일단 '자유 모집'이라는 유형이 존재했으나 회의록에서 이 종류에 대한 언급은 없다. 그것이 국가가 관여하지 않는 형식으로 일본에 간 한국인 노무자에 관해서는 가령 미수금 문제가 존재할 경우에도 국가 간 교섭의 대상에서 제외한다는 것을 뜻하는지는 불명하다.

SCAP 공문[143]에서 전달받은 것이 있음을 밝히고 있다.[144] 5차 한일회담에서는 직접 그 요구 액수를 밝히는 일이 없었으나 동 SCAP 문서에서 전달받은 액수는 2억 3,700만 엔이므로 그 금액을 염두에 두고 있었음은 틀림없다. 실제 이 요구액은 다음 6차 한일회담에서 그대로 제기되었다. 다시 말해 한국은 동 요구를 1950년 10월에 SCAP로부터 받은 공문 하나에 의거해 정한 것이었다.

위원회 석상에서 피징용 한국인 관련의 미수금 요구에 관해 일본은 1946년에 한국 내에서 신고 조사가 이루어졌다고 들었다고 언급하고 있다. 그 정보의 출처는 불명하나 『배상조서』 3부의 〈인적 피해〉 관련의 설명에는 피동원 한국인의 미수금이 1946년 3월 1일부터 9월 말까지 조사한 것이라고 기술되어 있다. 일본이 언급한 1946년의 조사는 바로 이것을 가리킨 것으로 추측된다. 그러나 한국은 위원회 석상에서 나온 그 일본 측 질문에 대해 그러한 사실이 없다고만 답했을 뿐이었다. 이 발언이 『배상조서』에서도 확인 가능한 과거에 실시된 조사 자체를 몰라서 나온 것인지, 아니면 1946년 9월 시점에서 이루어진 그 조사 기록을 청구권 토의에서 활용하는 것은 적절하지 않다고 전략적으로 판단한 결과인지 명확히 가늠하는 것은 어렵다.

물론 일제강점기, 일본으로 동원된 자의 미수금 등에 관한 관련 자료가 일본에 있는 것은 의심의 여지도 없는 일이었다. 따라서 이 문제에 대한 보다 정확한 요구 내용은 일본과의 조정을 거쳐 정할 필요가 있는 것도 사실이었다. 그러나 『배상조서』 작성 시에 참고가 된 1946년 조사 이후 이미 15년이라는

---

143 동 서한은 예컨대 위의 한국문서, 384쪽에 수록되어 있다.
144 이하 미수금 문제에 관한 13회 위원회 토의 내용은 "한일 예회 제79호, 일반청구권 소위원회 제13차 회의 회의록 송부의 건", 위의 문서, 372~373쪽 및 375쪽 ; 「第5次日韓全面会談予備会談の一般請求権小委員会の第13回会合」, 外務省日韓会談公開文書(문서번호 95), 17~18쪽 및 23~24쪽에서 정리.

세월이 경과해 있었다. 비록 한계가 있었다고 해도 이 문제는 당사자인 피징용 한국인 본인의 신고 등을 통해 한국으로서도 어느 정도 실태를 파악할 수 있는 문제였으며 또 해당 개인에 대한 지불을 생각해서라도 진행했어야 하는 과제였다.

실제 6장에서 언급한 바와 같이 한국정부 내부에서도 1958년 4월 17일, 보건사회부가 강제징용자로부터 배상에 대한 요망이 많다는 이유로 1958년 3월 31일 현재로 일제 조사한 결과를 외무부에 보냈었다. 이 조사 결과가 어느 정도 신빙성을 갖춘 것이었는지는 알 수 없다. 그러나 결국 한국은 이와 같은 독자적인 조사 결과를 활용하는 일도, 또 그 후 그것을 더 보완하는 일도 없이 1950년에 받았던 SCAP 공문이라는 '통지' 하나에만 의거해 일본과의 교섭에 임한 것이었다.

한편 한국으로부터 자세한 자료가 없음을 전달받은 일본은 피징용자 관련 미수금과 관련해 공탁 조치로서 남긴 자료 등을 통해 그에 해당되는 회사, 금액 등에 대한 조사가 어느 정도 이루어져 있음을 내비쳤다.

실제 전후 일본정부는 1946년 10월 12일자 572호 후생성 노정(勞政) 국장 명의로 발령된 "조선인 노무자 등에 대한 미불금 기타에 관한 건" 등에서 미불임금이나 퇴직금, 그리고 보관 상태에 있으면서도 반환하지 못하고 있는 적립금, 저금, 유가증권 등을 공탁으로 부치도록 지시를 내리고 있었다.[145] 이들 공탁 조치로 인해 모인 수치들은 예컨대 1950년 10월 6일자 "귀국 조선인 노무자에 대한 미불임금 채무 등에 관한 조사 집계"에서 각 해당 기업별로,[146]

---

145 「朝鮮人労務者等に対する未払金その他に関する件」, 大蔵省国際金融局, 『経済協力 韓国・105 労働省調査 朝鮮人に対する賃金未払債務調』, 222~227쪽.
146 「帰国朝鮮人労務者に対する未払賃金債務等に関する調査集計」, 위의 자료, 2~44쪽. 단, 동 자료에는 같은 문서이면서도 집계치가 수정되어 있는 문서들도 수록되어 있어,

표7-5 "귀국 조선인 노무자에 대한 미불임금 채무 등에 관한 조사 집계"의 사례

어느 것이 정확한 것인지는 불명하다.

표7-6 "귀국 조선인에 대한 미불임금 채무 등에 관한 조사(총괄표)"

또한 1953년 7월 20일자 "귀국 조선인에 대한 미불임금 채무 등에 관한 조사 (총괄표)"[147]에서 각 도도부현(都道府県)별로 집계되어 있다.

이와 같이 전후 일본정부는 공탁 지시에 따른 조사를 토대로 한국인에게 반환해야 할 미수금 상황을 한일회담 개시 전후에는 이미 비교적 자세히 파악하고 있었던 것이다.[148] 대장성은 이와 같은 조사를 토대로 공탁금 문제와 관련해 1949년 12월 21일자로 SCAP 민간재산관리국(Civil Property Custodian)에 "Report of the Investigation of Claims from Korea"라는 보고서를 제출했다. 실은 한국이 정식 청구 근거로 삼은 1950년 10월 21일자의 SCAP 공문은 바로 이 대장성 보고의 내용에 의거한 것이었다.[149] 대장성이 GHQ에 보고한 미수금 관련 내역을 정리하면 표7 – 7과 같다.[150]

후술하는 바와 같이 한국이 제기한 미수금 합계 약 2억 3,700만 엔은 6차

---

147 「帰国朝鮮人に対する未払賃金債務等に関する調査(総括表)」, 위의 자료, 135쪽.

148 그럼에도 일본이 직접 해당 한국인에 대해 지불을 일찍 진행하려 하지 않았던 것은 군정령 33호에 따른 재한일본인 재산 몰수에 대한 대항 조치였다는 해석이 있다. 古庄正, 「政府と企業の戦後処理」, 山田昭次 古庄正 樋口雄一, 『朝鮮人戦時労働動員』, 岩波書店, 2005, 253쪽.

149 SCAP 문서에 의거한 액수 '2억 3,700만 엔'이 대장성의 보고서에 의한 것임은 「司令部への報告に対する外務省への報告と吾が方調査との相違点調」, 大蔵省国際金融局, 『経済協力 韓国・105 労働省調査 朝鮮人に対する賃金未払債務調』, 159쪽에서 확인 가능하다. 또 대장성의 GHQ에 대한 보고 자체는 같은 자료, 168~173쪽에 수록. 흥미로운 것은 대장성이 그 보고서에서 전후 한국인에게 직접 지불하지 못했던 이유와 관련해 한국인들이 본국으로 귀환했다는 사정 등과 함께 전후의 경제적 혼란과 암시장 (black market)의 확산을 이용해서 한국인들이 자신의 임금을 포기하고 자주 주소를 바꾸어가면서 암시장 장사를 했다고 기술하고 있는 점이다. 즉 대장성은 미불임금 발생 등의 원인을 한국인 자신이 그것을 포기하고 암시장 등에 끼어든 결과라고 오히려 한국인에게 그 책임을 떠넘기고 있었던 것이다.

150 위의 자료, 158~159쪽에서 정리. 이 내역의 개요는 고바야시 히사토모, "조선인 강제동원 피해자의 미불금에 대해", 민족문제연구소·포럼 진실과정의 편, 『역사와 책임』 창간호, 2011. 5., 195~196쪽에서 이미 소개되어 있다.

표7-7 일본정부가 GHQ에 보고한 미수금 관련 내역

조사 대상 부서	세부 내역	금액(엔)
국가, 지방 경찰 본부	은급, 2건	1,708
중앙기상대	은급, 1건	2,400
우정성	봉급, 수당 공제조합 탈퇴일시금 등, 17건	1,222
농림성(임야청)	봉급, 우편저금 등, 2건	590
궁내청	은급, 수당 등, 51건	7,903
운수성 선원국	봉급, 수당 등, 311건	417,500
법무부	현금 공탁, 유가증권 공탁 등, 129,236건	60,988,142
구 육군	봉급 등 (군 77,000건, 군속 38,000건)	9,000,000
구 해군	봉급 등 55,825건	56,301,431
노동성	봉급 및 수당, 우편저금, 은행예금, 유가증권, 미불금	110,843,254
총계		237,564,153

한일회담에서 그 중복 부분의 존재를 이유로 다시 수정되었다. 한국이 청구 금액으로서 유일하게 의거한 SCAP 문서의 토대가 된 보고서의 수치 자체가 반드시 정확한 것은 아니었던 것이다.

일본은 전후의 공탁 조치 및 그에 대한 조사 등을 바탕으로 13회 위원회 석상에서 미수금 문제가 일본의 채무 문제로서 지불할 수 있는 조치가 이미 취해지고 있다고 천명하면서 시급히 처리하는 것이 바람직하다는 적극적인 견해를 나타냈다. 또 그 방법으로서 직접 본인의 손에 들어가지 않으면 의미가 없다는 견해도 피력했다. 즉 일본은 이 문제가 개인청구권 문제임을 인식하고 직접 본인에게 지불하는 방안을 제시하고 있었던 것이다.

그러나 한국은 다음에 논할 보상 문제와 더불어 본인에 대한 지불은 국내에서 조치할 것을 주장하면서 국가 간에 처리할 것을 요구했다. 오늘날까지 남아 있는 한국인 개인에 대한 미불임금 등의 문제는 실은 한국정부가 그 이행을 약속한 국내 조치가 그 후 충분히 이루어지지 않았던 점에 기인한 바가 큰 것이었다.

(5) 전쟁으로 인한 피징용자의 피해에 대한 보상

한국이 대일8항목요구 5항 중의 넷째 세부항목으로서 제기한 것은 〈전쟁으로 인한 피징용자의 피해에 대한 보상〉 요구였다. 앞서 말한 바와 같이 당초 『배상조서』에서는 징용된 한국인 관련 문제에 관해 '미수금'과 '보상' 요구가 같이 다루어지고 있었다. 한일회담 개시 후에 미수금이 분리됨에 따라 징용 한국인의 보상 문제 역시 저절로 그와 구별된 문제로서 제기되게 된 것이었다.

한국은 12회 위원회에서 이 요구가 군인·군속을 포함해 징용된 한국인 중의 부상자, 사망자 및 생존자에 대한 보상을 요구하는 것임을 밝혔다.[151] 앞서 본 바와 같이 위원회 진행 과정에서 주일대표부는 본국에 생존자를 포함할 것을 건의하고 그 승인을 얻었다. 한국이 위원회 토의를 통해 사망자, 부상자와 더불어 생존자에 대해서도 보상할 것을 정식으로 요구한 것은 바로 그 본국정부 승인에 따른 것이었음은 의심의 여지가 없다. 다시 말해 일본 국민에 대해서는 적용되지 않는 생존자에 대한 보상이 정식 요구에 포함된 것은 위원회 토의 개시 직전에 이루어진 일이었다.

한편 5차 회담 위원회 토의에서는 직접 수치를 밝히지 않는 방침이 정해진 금액에 관해서는 물론, 그것을 제기하는 방침이 정해진 해당 인원수 역시 결국 밝혀지지 않았다. 그러나 한국은 다음 13회 위원회에서 이 보상 요구 근거

---

151 "제5차 한일회담 예비회담 일반청구권 소위원회 제12차 회의 회의록", 『제5차 한일예비회담 일반청구권 소위원회 회의록, 1－13차, 1960－61』, 346쪽 ; 「第5次日韓全面会談予備会談の一般請求権小委員会の第12回会合」, 外務省日韓会談公開文書(문서번호 94), 11~12쪽.

에 대해서 주목할 만한 인식을 드러내고 있다.[152] 위원회 석상에서 한국 측 요구가 국민징용령, 공장법 등에 있는 유족부조, 매장료 같은 것을 요구하는 것인가를 물은 일본에 대해 한국은 그것과 달리 새로운 기초 위에 서서 요구하는 것임을 천명하고 있다.

그 '새로운 기초'라는 것은 강제적으로 동원되고 정신적, 육체적 고통을 받게 한 것에 대한 보상 요구라는 것이었다. 이와 관련해 당시 한국인도 '일본인'으로서 징용된 점을 들어, 일본인과 같은 원호 조치를 취할 것을 요구하는 것인가를 재차 확인한 일본에 대해 한국은 주목할 만한 견해를 덧붙였다. 그 견해는 일본 국민이 전쟁을 위해 징용당하는 것은 당연한 것이나 당시 한국에서는 그냥 길을 걷던 사람들을 강제적으로 끌고 가고 마치 소나 말처럼 격한 노동에 종사하게 한 것이며 그것이 카이로선언 등에 반영되었다는 것이었다. 즉 한국은 일본인과 한국인들에 대한 동원의 의미 자체가 애초 다름을 강조하면서 원래 '외국인'인 한국인을 강제로 동원했다는 것 자체에서 청구 근거를 찾은 것이었다.

또 보상액에 관해서도 일본 국내에 거주하는 한국인 관계자들에 대해서는 원호법 등에 기초하면서 보상을 실시하고 있음을 내비친 일본에 대해 한국은 강제성을 근거로 '상당한 보상'을 해야 할 것을 강조했다. 즉 한국인에 대한 보상은 일본 국내에서의 보상과 다른 기준을 적용해야 한다는 입장을 표명한 것이었다.[153]

---

152 이하 13회 위원회에서의 동 보상 문제의 토의 내용은 "한일 예회 제79호, 일반청구권 소위원회 제13차 회의 회의록 송부의 건", 위의 한국문서, 373~379쪽 ;「第5次日韓全面会談予備会談の一般請求権小委員会の第13回会合」, 外務省日韓会談公開文書(문서번호 95), 18~32쪽에서 정리.

153 이와 같은 주장은 앞의 장들을 통해 고찰한 바와 같이 『배상조서』 이후 전쟁 동원 관련의 인적 피해에 대한 보상 요구가 일본 국내에서의 법적 근거 여부에 따른 '반환적'인 것

물론 위원회 토의에서 밝혀진 이와 같은 주장은 평화조약 4조에 기초한 다른 청구권 요구들과 비교해 대일피해 청산이라는 한국 국민의 정서에 부합하는 보다 '적극적' 대응이었다. 그러나 그에 따라 이 요구는 바로 강제적으로 동원됨으로써 겪게 된 정신적, 신체적 고통에 대한 보상 요구라는 의미에서 당연히 징용된 한국인 개인의 보상 권리였다. 즉 그 자리에서 한국정부가 밝힌 보상 요구의 취지는 한국의 동 요구가 원래 한국인 개인이 받아야 할 피해보상의 실현을 위한 대리 요구여야 함을 자인한 것이나 마찬가지였다. 그러나 보상 요구 자체에 대해서는 적극적인 모습을 보인 한국정부는 피해자 개인에 대한 보상 실시에 관해서는 그 실현을 애초 생각한 적도 없는 태도를 취했다.

토의 석상에서 일본은 이 요구가 개인청구권의 문제이며 더 나아가 한국 국민의 감정 유화와 그것을 통한 양국 국민의 친선을 위해서도 직접 개인에게 지불하는 방법을 강구한다는 입장에서 한국에 필요한 명부 등의 제출을 요구했다. 그러자 한국은 신고에 기초한 수치는 있으나 개인 명의의 명부는 충분하지 않고 그 후 조사도 하지 않았다고 답했다. 신고에 기초한 수치가 구체적으로 어느 시기의 신고였는지 불명하나 확인 가능한 자료 내용을 볼 때, 미수금 관련에서 언급된 1946년 당시의 징용자 신고를 뜻한 것으로 봐도 타당할 것이다. 바꾸어 말해 한국은 그간 약 15년의 세월이 경과했음에도 현실적인

으로 수정된 점을 상기하면 그것을 넘은 요구 근거를 제기했다는 인상을 준다. 실제 생존자를 요구 범위에 포함한 것은 일본의 국내법에도 근거가 없다. 그러나 다음 8장에서 후술하는 바와 같이 6차 회담에서 최종적으로 보상액을 제기한 한국정부는 그 액수 산출을 결국 일본의 국내 조치에 의거하고 있다. 따라서 사망, 부상자 이외에 생존자에 대한 요구를 포함한 것을 제외하고, 5차 회담에서 나온 이와 같은 표면적인 주장에 특별한 무게를 두는 것은 적절하지 않다. 그것은 피해보상에 관한 요구를 일본에 처음으로 제시함에 즈음하여 감정적인 요소도 포함해 대일교섭 압력을 높여 조금이라도 많은 액수를 따기 위한 전술적인 의미로 이해하는 것이 적절해 보인다.

보상 실시를 위해 반드시 필요한 각 개인의 피해 상황을 충분히 파악하지 않고 있었거니와 더 나아가 그를 위해 필요한 보완 조사 등도 진행하지 않았음을 서슴없이 밝힌 셈이었다.

그것뿐이 아니다. 한국은 지불 여부의 결정과 관련해 구체적인 명부의 제출이 절차상 필요한가라고 문의하고 있다.[154] 즉 보상 실시와 각 개인 차원에서의 피해 상황의 구체적인 파악이 반드시 연결되어야 하는 문제가 아니라는 인식을 드러내고 있었던 것이다. 더 나아가 개인 피해자의 파악을 위해 추가 조사를 실시할 가능성 여부를 물었던 일본에게 한국은 일본이 먼저 얼마 주는가를 말하면 조사가 가능하다고 하는 엉뚱한 답변까지 내놓았다.[155]

즉 한국정부는 일견 보상 요구에 적극적이었지만 그것은 실제 징용을 당하고 고통을 겪었던 국민 개인에 대한 보상을 추진하기 위한 것이 아니었다. 그 이유는 물론 분명하다. 경제 재건을 위한 자금 투입을 구상하던 한국정부에게 중요한 것은 국가 간에 지불을 받는 것이었다. 그러기 위해서는 해당 인원수나 1인당 금액을 결정하는 문제만이 중요하고 구체적인 개인 명부의 파악은 중요하지 않았다. 위에서 고찰한 바와 같이 5차 한일회담 진행 중, 한국정부가 관련 자료만을 조사하고 해당 인원수나 1인당 금액만을 정한 것도 이와 맥락을 같이하는 일이었다. 아니 개인 보상을 생각해 그 실현을 도모하려는 의도가 있었다면 그 방법으로서 몇 가지 관련 자료를 통해 전체 인원수만을 파악하려는 그러한 대응은 애초 취할 리가 없었다.

물론 전 항목인 미수금 문제와 마찬가지로 이 보상 요구 역시 문제의 성격상 구체적으로 징용된 한국인의 명부 등은 일본 측이 가지고 있을 가능성이

---

154 이 질의응답은 일본 측 문서에서만 확인 가능하다. 「第5次日韓全面会談予備会談の一般請求権小委員会の第13回会合」, 外務省日韓会談公開文書(문서번호 95), 31쪽.
155 이 발언 역시 일본 측 문서에서만 확인 가능하다. 위의 문서, 32쪽.

보다 컸다. 이에 따라 한국정부가 단독으로 개인 명부나 그에 기초한 피해 상황 등을 정확히 파악하는 것은 애초에 한계가 있었다. 그러나 결과가 어떻게 나오든 피해보상을 위해서는 본인 및 가족 신고 등을 통한 추적 조사가 필수적이었으며 또 어느 정도 그것은 가능했다. 또 그 한계 부분의 극복을 위해서도 무엇보다 일본에 구체적인 명부 등, 관련된 자료 발굴을 위한 협력을 의뢰하는 것이 마땅했다.

그럼에도 한국정부는 5차 한일회담에 이르러서도 피해자 개인 차원에서의 제대로 된 조사를 실시하지 않았거니와, 또 위원회를 통해서도 개인 보상 실시에 필요한 관련 자료의 발굴 요청 등에 신경을 쓸 기미도 없었다. 국가로서 자금을 받을 근거만을 마련할 필요가 있었던 한국정부에게 중요한 것은 "군인·군속 또는 노무자가 다수 징용된 것만은 사실"[156]이라는 것이었다.

물론 미수금이나 보상 문제와 관련해 5차 한일회담 위원회 토의에서 해당 개인에게 직접 지불할 것을 내비친 일본이 진심으로 그 방안을 강구하려는 생각을 가지고 있었는지는 불투명하다. 앞서 고찰한 바와 같이 일본은 5차 한일회담 개시 전의 대한교섭 전략으로서 이미 위원회 토의의 성격을 "숫자로 이야기를 결정하는 것은 불가능하다."는 것을 한국에게 주지시키는 장으로 여기고 있었다.

그러나 '마치 소나 말처럼 격한 노동에 종사'함에 따라 생긴 정신적, 육체적 고통에 대해 '상당한 보상'을 받아야 마땅한 한국인 개인에 대한 보상 문제가 오늘날까지 남게 된 주된 이유가 그와 같은 일본 측 태도와 더불어 보상 요구에 나선 한국정부의 대응에 이미 깃들어 있었음은 부정할 수 없다. 실제 개인

---

156 "한일 예회 제79호, 일반청구권 소위원회 제13차 회의 회의록 송부의 건", 『제5차 한일 예비회담 일반청구권 소위원회 회의록, 1 - 13차, 1960 - 61』, 378쪽.

차원에서의 명부도 갖추지 않은 상태에서 가령 국가 간에 지불 자금을 받아도 그 후 해당 개인에 대한 지불이 이루어질 가능성은 낮아질 수밖에 없었다.

청구권 문제에 관한 위원회 토의는 다음 5월 17일에도 예정되어 있었다. 실제 5항에 관해서도 아직 다섯째 항목 〈한국인의 대일본정부 청구 은급 관계 및 기타〉 및 여섯째 항목 〈한국인의 대일본인 또는 법인 청구〉가 남았으며[157] 또 대일8항목요구로서 제기하던 6항, 7항, 8항의 존재를 고려하면 위원회는 더욱더 계속되어야 했다. 그럼에도 결국 5한 한일회담 청구권 토의는 동 13회 위원회가 마지막 장이 되었다. 물론 그것은 5·16 쿠데타로 인해 한국의 정국이 새로운 국면을 맞이하게 되었기 때문이었다.

---

157 동 5항에는 일곱 번째 항목으로서 〈기타〉가 포함되어 있었으나 그에 관해서는 12회 위원회에서 이미 구체적인 해당 사항이 없음이 확인되어 있었다. "제5차 한일회담 예비회담 일반청구권 소위원회 제12차 회의 회의록", 위의 문서, 346쪽 ; 「第5次日韓全面会談予備会談の一般請求権小委員会の第12回会合」, 外務省日韓会談公開文書(문서번호 94), 12쪽.

5. 각 세부항목 요구 실현에 대한 한국정부의 현실적인 인식

이상 5·16 쿠데타로 인한 중단으로 인해 세부항목 모두가 직접 토의 대상이 된 것은 아니었으나 5차 한일회담에서는 한국이 정식 요구를 제출함에 따라 그에 포함된 세부항목들의 토의가 진행되었다. 그 토의 과정에서 한국은 식민지 지배의 부당성, 영역 분리에 따른 국가 계승 논리, 군정령 33호를 비롯한 관련 법령의 법적 효력, 그리고 전쟁 동원 피해와 관련해서는 원래 외국이라는 근거들을 활용하면서 나름대로 그 청구에 대한 타당성을 내세웠다.

그러나 위원회 토의에서 나타난 그와 같은 교섭 담당자의 주장과 달리 한국정부 내부에서는 위원회 토의가 본격화되기 전부터 이미 각 항목 요구의 관철 여부에 관한 현실적인 전망이 정리되어 있었다. 1957년 미각서의 공표 문제 등을 둘러싸고 세부항목들에 대한 본격적인 토의가 멈춘 상태였던 1961년 1월, 한국정부는 각 요구 항목에 대한 법적 근거나 증거 자료의 마련 상황 등을 정리했다. 그 검토 내역과 실제 위원회에서 제기된 청구 내용들에 대한 요구 논리를 정리하면 표7 - 8과 같다.[158]

---

158 "한국의 대일청구권 내역(개략)", 위의 한국문서, 89~96쪽. 세부항목에 관한 한국정부의 내부 인식은 1월 13일자로 작성된 "한국의 대일청구권에 관한 한국 측의 견해 및 한국 측 관계자 회의 요록"(같은 문서, 32쪽~96쪽)에 수록되어 있으며 동 내역 자체가 정

표7 – 8에서 제시했듯이 각 세부항목에 가해진 검토는 5차 한일회담 개최에 즈음하여 회담 대표들에 대한 참고 목적으로 작성된 『제문제』를 기본으로 하면서 실제 교섭을 진행하는 데 미흡한 부분을 보완하는 성격을 지닌 것으로 판단할 수 있다.

실제 그러한 성격은 표7 – 8에서 제시된 세부항목 구성이 바로 『제문제』에서 정리한 세부항목과 기본적으로 일치하고 있는 점,[159] 비록 각 금액들은 개략적인 표기가 되어 있으나 예를 들어 『제문제』에서 2,097,480,923엔이었던 대일8항목요구 2항의 첫째 항목인 〈체신부 채무〉가 동 1월의 검토에서는 약 21억 엔으로 되어 있듯이 금액이 기본적으로 모두 일치하고 있는 점, 그러면서도 그 검토에서는 『제문제』에서 미정으로 되어 있었던 4항 둘째 항목 〈기타 법인의 재일재산〉 및 5항 넷째 항목 〈전쟁으로 인한 인적 피해보상〉, 그리고 『제문제』에서 제외된 대일8항목요구 6항 〈한국인 소유 일본 법인의 주식 또는 기타 증권〉에 각각 약 2억 엔, 132억 엔[160], 그리고 약 2천만 엔이라는 요구액이 추가된 점 등에서 나타나고 있다.

확히 언제 작성된 것인지는 불명하나 거의 같은 시기 작성된 것으로 판단해도 큰 과오는 없을 것이다. 〈위원회에서 주장한 요구 근거〉는 분석에 따라 저자가 정리했다.

159 단 『제문제』에서 6항은 직접 거론하지 않고 있다.

160 '132억 엔'이라는 큰 액수가 어디에서 나왔는지는 주목할 만하다. 〈전쟁으로 인한 인적 피해보상〉에 해당하는 요구액은 당초 『배상조서』에서는 565,125,241엔이었으므로 이와 비교하면 약 23배나 늘었다. 동 검토는 1월쯤에 이루어지고 있었다고 판단되므로 시기적으로 그 가능성이 낮아 보이나 본론에서 언급한 4월 중순 주일대표부가 본국에 청훈한 피해보상 산출 수치와 비교해도 차이는 여전히 크다. 즉 그 청훈의 수치는 생존자 1,084,508명, 1인당 300달러, 합계 325,352,400달러, 또 사망자·부상자 등의 인원수 합계 102,603명, 1인당 1,500달러로 계산해 합계 153,904,500달러, 전 합계 479,256,900달러가 된다. 한일회담 시에 한국이 주장한 1달러=15엔 환율로 환산한다면 그 미불 합계의 엔화 값은 7,188,853,500엔이다. 즉 이와 비교해도 아직 60억 엔 이상의 차이가 난다.

표7-8 1961년 1월쯤 한국정부의 대일청구권 각 세부항목에 대한 인식과 위원회에서의 주장

구분	세부항목	요구액	반환 요구 근거	증거 자료	위원회에서 주장한 요구 근거

1항	지금·지은	• 지금
		  : 약 2억 5천만 그램
		• 지은
		  : 약 9천만 그램
			약	충분	통화 발행 준비로서 금고에 보존되어야 하는 것을 부당하게 반출

2항	1) 체신부 관계 채권	약 21억 엔	강	대부분 완전	예금 등의 초과금, 저축채권 대리 지불, 간이생명보험 등의 초과 예입분, 귀환한국인의 우체국 채권에 대한 지불 대금, 우체국 거래를 위한 결제 자금이 도착하지 않아 미불로 된 자금 등
	2) 1945. 8. 9. 이후 일본이 한국 내 각 은행에서 인출한 금원	약 26억 7천만 엔	약	미약	재한일본인 재산 조치에 대한 법령 위반
	3) 일본국고금 계정 채권	약 9억 엔	강	충분	일본의 자금 송금 없이 미군정이 대신 지불한 것
	4) 조선총독부의 재일재산	약 1천만 엔	요(要) 검토	충분	총독부의 재일부동산
3항	1) 조선은행 본점으로부터 재일지점에 송금된 금원	약 2억 3천만 엔	강	충분	재한일본인 재산 조치에 대한 법령 위반 및 조선은행의 재일재산
	2) 재한일본계 은행 지점으로부터 재일본점에 송금된 금원	약 6억 6천만 엔	강	충분	재한일본인 재산 조치에 대한 법령 위반
4항	1) 특수금융기관의 재일재산	약 64억 7천만 엔	약	충분	한국정부의 재일재산
	2) 기타 법인의 재일재산	약 2억 엔 추산 (전부 미조사 상태에 있음)	약	미조사 상태	한국정부의 재일재산

구분	세부항목	요구액	반환 요구 근거	증거 자료	위원회에서 주장한 요구 근거
5항	1) 일본계유가증권	약 74억 5천만 엔	증권의 내용에 따라 상이	대부분 완전	직접 설명하지 않았으나 한국 관련 주체가 보유한 재산
	2) 일본계통화	약 16억 엔	강	충분	직접 설명하지 않았으나 한국 관련 주체가 보유한 통화의 소각 손실 및 신 엔화 발행에 따른 유동성 상실
	3) 피징용 한국인 미수금	약 2억 4천만 엔 (추산)	확실	불확실	피징용 한국인이 급여, 수당 등으로 당시의 규정에서 마땅히 받아야 할 것을 받지 못했던 것
	4) 전쟁으로 인한 인적 피해보상	약 132억 엔 (요 재검토)	강	약	군인·군속을 포함해 징용된 한국인 부상자, 사망자 및 생존자에 대한 보상. 강제적으로 동원되고 정신적, 육체적 고통을 받게 한 것에 대한 보상
	5) 한국인의 대일본 정부 청구(은급)	약 3억 엔 (남한분만)	요 검토	충분	토의되지 않았음
	6) 한국인의 대일본 법인 청구(보험액)	약 4억 7천만 엔 (추산)	강	요 조사	토의되지 않았음
6항	한국인 소유 일본 법인의 주식 또는 기타 증권의 법적 효력을 인정하는 것	총 약 2천만 엔	–	–	토의되지 않았음

주석 : -는 해당 기술이 없음을 뜻함.

본격적인 교섭에 대비하기 위해 『제문제』에 보완을 가한 그 검토에서 한국 정부는 위원회에서 실제 제기한 각 항목들에 대한 요구의 자세와 달리 이미 1항, 2항-2), 그리고 4항의 법적 요구 근거가 약하다고 자인하고 있었다. 또 2항-4), 및 비록 5·16 쿠데타로 인해 5차 회담에서는 실제 제기되지 않았으나 5항-5)의 법적 근거에 대해서도 다시 검토해야 한다고 인식하고 있었다. 또 증빙 자료에 관해서도 2항-2), 4항-2), 5항-3), 5항-4), 5항-6)에 문제가 남았음을 자인하고 있었다.

더구나 청구권 요구의 실현 가능성에 관한 검토는 이에 그치는 것이 아니었다. 같은 해 3월 초, 한국정부는 청구권 문제가 한국 경제 재건을 위한 것이라는 목적의식으로부터 "우리가 실질적으로 일본으로부터 획득할 수 있는 변제 액수는 어느 정도 되는가?"라고 자문하면서 청구권 문제에 대한 현황을 표 7-9와 같이 다시 정리하고 있다.[161]

즉 한국정부는 3월에 이르러, 동 1월의 검토에서는 요구 근거를 '강'으로 인식하고 있었던 2항의 〈체신부 관계 채권〉 중에도 법적 근거가 약한 것이 있다는 점, 비록 5차 회담에서는 직접 위원회 토의의 대상이 되지 않았으나 증빙 자료가 '충분'으로 되어 있었던 〈한국인의 대일본정부 청구(은급)〉에도 충분하지 않은 것이 있다는 점, 또 증빙 관계로 인해 일본 측이 제기한 수치에 따라 금액을 삭감해야 할 점, 그리고 1월의 검토에는 들어가지 않았던 미국의 처리 방침과의 정합성 등을 가미하면서 실현 가능하다고 예상할 수 있는 범위를 한층 더 엄격히 전망하고 있었다.

---

161 "재산청구권 문제", 『제5차 한일회담 예비회담, 일반청구권 소위원회 회의록, 1-13차, 1960-61』, 127~131쪽에서 정리. 본문 인용은 같은 문서, 127쪽. 이 문서에는 정확한 날짜 표기가 없으나 3월 8일자 5차 위원회 관련 문서와 더불어 수록되어 있으므로 그 무렵에 작성된 것으로 풀이된다.

표7-9 1961년 3월쯤 한국정부가 정리한 대일청구권 각 세부항목 요구의 실현 여부 전망

법적 및 자료적 근거 상황	해당 세부항목	실현 전망
법적 근거가 불확실한 것	• 지금·지은(1항) • 체신부 관계 채권 중 일부(2항) • 총독부 대일채권 중, 8. 9. 이후 일본인이 인출한 금원(2항) • 일본계유가증권의 일부, 일본계통화 일부, 한국인의 대일본 법인 청구 중 일부(5항) 등	획득 어려움
전후 문제 처리의 책임을 가졌던 미국의 견해와 상반되는 것	• 총독부의 재일재산(2항) • 재한일본계 본사 법인의 재일재산(4항)	획득 어려움
증빙 자료가 충분하지 않은 것	• 전술한 8. 9. 이후 일본인이 인출한 금원 (2항) • 전쟁으로 인한 인적 피해보상 및 은급 청구 (5항) 등	일본 측 수치에 따라 삭감 가능성 있음
법적 근거 및 자료적 증빙 자료가 확실한 것	[구체적인 항목 명시는 없음]	1957년 미각서로 청구권 소멸을 요 구하는 일본에 양 보할 필요가 있음

　그것뿐이 아니다. 한국정부는 법적 근거 및 자료적 증빙 자료가 확실한 것에 대해서도 그 감액의 가능성을 염두에 두고 있었다. 즉 한일 청구권 문제를 재한일본인 재산의 취득으로 인해 한국의 대일청구권이 얼마 충족되었는가를 결정하는 문제로 규정한 1957년 미각서의 공표를 염두에 두면서 확실한 대일청구권으로부터의 삭감 역시 불가피하다고 시인하고 있었던 것이다. 이와 같이 한국은 5차 한일회담 위원회 토의에서 표면적으로 마땅히 획득해야 할 권리가 있다고 하면서 제기한 대일8항목요구의 상당한 부분이 감액될 것임을 충분히 각오하고 있었던 것이다.

　이상과 같은 엄격한 검토의 결과 결국 장면 정권이 대일청구액을 얼마로 예상하고 있었는가를 가리키는 명확한 수치는 알 수 없다. 이미 밝힌 바와 같이

한국정부는 위에서 말한 1961년 1월 무렵의 검토 결과를 엔화로 약 366엔, 미불로 약 24억 달러로 산출하면서도 대필리핀 배상액 8억 달러보다 적어서는 안 된다는 입장에서 그중 청구권으로 받을 금액을 5억 달러가량으로 삼고 있었다.[162]

그러나 이 5억 달러는 정치적인 성격을 지닌 것이었으며 따라서 이상의 분석 결과로서 그 5억 달러가 법적 근거나 증빙 자료의 준비 상황, 그리고 1957년 미각서의 영향 등을 고려해, 객관적인 계산을 통해 산출된 수치였을 가능성은 없다. 그러나 약 19억 달러가량의 '삭감'이 이상과 같은 내부적인 상황 인식을 분위기로서 반영한 결과였음은 충분히 상상할 수 있다.

이상과 같이 5차 한일회담은 정식으로 대일청구권 요구가 제기됨에 따라 본격적인 토의가 진행된 회담이었다. 그러나 동시에 동 회담은 그로 인해 일본 측 견해와의 대립, 일본을 납득시킬 수 있는 증빙 상황의 부족 등이 드러났으며, 또한 1957년 미각서의 공표에 따라 상쇄 논리가 부각되는 등 대일청구권 요구가 그대로 실현되기 어려운 것임이 드러난 회담이기도 했다. 그러한 의미에서 5차 회담은 결국 경제협력이라는 총액 방식으로 문제를 해결하기 위한 통과의례의 직접적인 출발점이 되었다.

5·16 쿠데타 후 재개되는 6차 한일회담은 바로 이러한 성격을 이어받아, 문제를 경제협력으로서 종결한 통과의례의 종착점이 된다. 다음 8장에서는 바로 그 종착점으로의 과정을 고찰하고자 한다.

---

162 장박진, 앞의 책, 2009, 366~367쪽.

8

대일청구권 요구의
최종 제기와 그 소멸

7장에서 논한 바와 같이 이승만 정권 붕괴로 인한 한일 양국의 접근으로 인해 5차 한일회담에서는 1차 회담에서 제시되었던 대일8항목요구가 그에 속한 각 세부항목들까지 포함해 실질적으로 토의되게 되었다. 다시 말해 2차 한일회담에서 조회 요청이라는 애매한 형식으로 제시되었던 대일청구권 요구의 범위가 처음으로 그 세부항목까지 포함해 정식으로 밝혀진 것이었다.

그러나 군사 쿠데타로 인한 한국 정세의 급변은 한일교섭을 잠시 중단시켰다. 청구권 토의는 결국 대일8항목요구 5항 중의 넷째 항목 〈전쟁으로 인한 피징용자의 피해에 대한 보상〉까지로 끝났으며 또 금액 역시 일절 제시되지 않았다.

정권을 장악한 박정희 신 정권은 신속한 문제 해결을 위해서 당초부터 정치적인 해결을 추구했다. 그러나 정치적인 결단으로 인한 총액 타결 방식으로 문제를 신속하게 처리하려 한 박정희 정권에 대해 일본정부는 국내 대책도 감안해 실무적인 토의를 정치적 해결의 전제 조건으로 삼았다.

그 결과 6차 한일회담 청구권 토의는 비록 그것을 통해 최종적인 합의가 도출되는 현실적인 해법으로서 진행된 것은 아니었으나 한국이 원하는 청구권 액수를 산출하기 위한 근거를 마련하는 데 중요한 무대가 되었다. 실제 박정희 정권은 6차 회담 초기인 1961년 가을부터 개최된 위원회 토의를 통해 다시 한 번 신 정부로서의 요구 항목들을 밝히는 것과 더불어 그 요구액 역시 정식으로 밝혔다.

한편 이들 청구권 토의를 바탕으로 개최된 1962년 3월의 최덕신 – 고사카 (小坂善太郎) 외상 간 정치회담 이후 청구권 교섭은 이른바 정치적 해결 노선에 따른 총액 해결 방식으로 이행되었다. 그에 따라 법적 근거와 사실관계에 기초해 각 세부항목마다 문제를 해결한다는 의미에서의 '청구권' 교섭은 그 자취를 완전히 감추게 되었다. 즉 결과적으로 6차 회담 초기에 개최된 위원회 토의에서 밝혀진 청구권 내역이 적어도 '청구권' 요구로서는 한국정부의 최종적인 공식 요구가 된 것이었다. 그러한 의미에서 특히 6차 회담 개최 전후의 초기 교섭의 움직임과 1962년 3월까지 이어진 위원회 토의의 내용들은 '청구권' 교섭의 종착점으로서 동 교섭의 역사적인 성격을 규명하는 데 매우 중요한 위치를 차지하고 있다고 하겠다.

바로 이 8장은 이상의 문제의식을 토대로 박정희 정권 출범 이후 한국정부가 과연 청구권 문제를 어떻게 이끌어가려 했으며 또 이와 같은 박정희 정권의 움직임에 대해 일본정부는 어떻게 대응하려 했는가 하는 문제들을 고찰하고 6차 회담의 성격을 부각한다.

이어 실제 진행된 위원회 토의를 통해 한국정부는 최종적으로 대일청구권으로서 무엇을, 왜, 그리고 어떻게 제기했으며 그것은 5차 회담에서 제기된 내용에서 어떠한 변용을 이루었는가, 한편 일본은 그들 요구의 수락 여부에 대해 최종적으로 어떠한 법적 입장을 취했는가 등을 고찰하면서 한국의 최종적인 대일요구의 내용과 그 청구권 요구의 실현 가능성을 검증한다.

마지막으로 교섭이 주지의 김종필 – 오히라 합의로 인한 경제협력 방식으로 해결됨에 따라 바로 청구권 요구가 '소멸'하게 된 그 과정과 논리를 밝히고 이 연구를 완결하고자 한다.

1. 6차 한일회담으로 향한 한일 양국의 대응

1) 박정희 신 정권의 한일회담 인식과 청구권 교섭의 준비

반공 안보와 경제 재건을 혁명 공약으로 내세운 박정희 신 정권이 한일회담의 목적을 한일 간의 식민지 관계 청산이라는 과제보다 시급한 정치적인 목적 달성을 위해 이끌어가려고 했음은 이미 밝혔다.[1]

사실 7월 친선 사절단으로 최덕신 신 외무장관을 일본에 보낸 박정희 정부가 밝힌 한일회담의 목적 역시 반공 안보를 위한 한일 양국 간의 협력의 중요성이었다. 5일 이케다(池田勇人) 수상과 접견한 최덕신은 한일 양국이 지리적으로 가장 가까운 관계에 있으며 한국이 공산주의에 의해 침략당할 경우 다음 목표가 일본이 될 것은 지극히 분명하다고 말하면서 신 정권으로서 한일 양국

---

1 장박진, 앞의 책, 2009, 392~396쪽. 또 이 장이 고찰 대상으로 삼는 박정희 정권 수립 후부터 김종필 - 오히라 합의에 이르는 한국, 일본, 미국 간의 정치 절충에 관해서는 李鍾元, 「日韓の新公開外交文書に見る日韓会談とアメリカ : 朴正熙軍事政権の成立から「大平・金メモ」まで(一)(二)(三)」, 각각 『立教法学』 第76号, 2009, 1~33쪽 ; 第77号, 2009, 109~140쪽 ; 第78号, 2010, 155~205쪽 수록. 또 李鍾元 「日韓会談の政治決着と米国 : 「大平・金メモ」への道のり」 李鍾元・木宮正史・浅野豊美編, 앞의 책(I), 83~114쪽에서 논하고 있다.

의 국교정상화가 신속하게 이루어질 것을 당부했다.[2] 바로 외무장관의 방일이 이루어진 동 7월, 북한은 소련, 중국과 잇달아 군사동맹 체결에 성공했다.

극동 정세에 민감해질 수밖에 없었음은 일본 역시 마찬가지였다. 쿠데타 당초 일본정부는 형식적으로 대통령이 유임했다고 하더라도 실질적으로 정권을 장악한 국가재건최고회의가 헌법의 틀을 넘은 존재로서, 헌법상 합법적인 절차로 성립된 형식을 취하든지, 아니면 적어도 한국 국민의 자유로운 의사로 지지를 받고 있는 형식을 취하든지 하지 않는 한, 종래의 유엔 결의가 말하는 합법정부로 간주하는 것에 대해 의문을 던지고 있었다. 그리고 그 입장에서 사실상 신 정부 승인을 뜻하는 한일회담을 계속하는 것에 대해 신중함을 보이고 있었다.[3] 그러나 6월 17일 이케다 총리의 방미를 위한 사전 협의차 러스크 장관과 면담한 아사카이(朝海浩一郎) 주미대사는 한국의 군사정권과의 관계 설정에 대해 일본정부로서의 고민을 드러냈다.

회담 석상에서 아사카이는 일본으로서는 사태가 진정되기까지(塵がおさまるまで) 군사정권과의 국교정상화는 억제하고 싶다는 생각을 실토하는 한편, 때를 놓칠(too late) 것을 걱정하고 있다고 밝히면서 이케다 방미 시, 정치 문제를 떠나 한국의 경제 재건을 위한 미일의 협력에 관해 양국 정상 간에 협의할 것을 희망하는 의사를 전달했다.[4]

20일 케네디(John F. Kennedy) 대통령을 만난 이케다 수상은 실제로 한국 문제를 언급했다. 이케다는 한국의 사태가 긴급한 처리를 필요로 하는 상황이

---

2 「韓国親善使節団の池田総理礼訪の件」, 外務省日韓会談公開文書(문서번호 714내), 4~5쪽.

3 「韓国の革命に関する若干の法律的問題点(未定稿)」, 外務省日韓会談公開文書(문서 번호 1843), 2~3쪽 ; 6쪽 ; 9쪽에서 정리.

4 「池田総理訪米に関する件」, 外務省日韓会談公開文書(문서번호 1793내), 5쪽.

며 미국의 대한지원과 관련해 일본으로서도 응분의 협력을 할 생각이 있다는 것, 쿠데타는 바람직한 방법이 아니나 일본의 역사가 가리키듯이 천 년 전부터 일본에게 한반도는 일본 자신과 같은 존재이며 혹시 한반도가 공산화될 경우 일본에게는 치명적이라는 인식을 드러냈다.[5] 이어 22일 개최된 러스크-고사카 외상 회담에서도 미국의 관심이 긴밀한 한일관계의 수립에 있음을 나타낸 러스크에게 고사카는 일본 국민이 본능적으로 군인 정권을 싫어하는 경향이 있으나 한미일의 관계의 중요성을 감안해 국교정상화를 위한 한국정부의 요청에는 응할 용의가 있음을 천명했다.[6] 군사정권 수립에 따른 정치적인 부담감을 안으면서도 일본정부로서는 일본의 안전보장을 위한 전초기지로서 한국의 안정화는 간과할 수 없는 지상명제였다.

그러나 일본정부의 전향적인 대응에 따라 밝아진 한일관계 수립으로의 전망은 당초 박정희 신 정권에게도 전적으로 환영할 일만은 아니었다. 박정희 정권에게 일본과의 관계 수립은 동시에 미국의 대한관여의 후퇴를 초래할 우려를 동반하는 것이었다. 국가재건최고회의 의장 이름으로 작성된 문서 속에서 박정희 정권은 이승만 정권이 취한 대일강경 정책이 미국의 한국에 대한 관여를 유지하기 위한 전략적인 정책이었다는 인식을 드러내면서 그에 대한 일정한 평가를 하고 있다. 즉 박정희는 이승만 정권이 취한 대일강경책이 미국이 극동의 경제적 및 방위적 부담을 점차 일본으로 이전하여, 정작 미국 자신은 극동 지역에서 발을 뺌으로써 향후 극동 각국이 다시 일본의 지배하에 들어가는 것을 막기 위한 정책이었다고 이해하면서 그 논리 역시 완전히 부정

---

5 「総理訪米(韓国問題)の件」, 外務省日韓会談公開文書(문서번호 1793내).
6 「総理訪米(小坂・ラスク会談)に関する件」, 外務省日韓会談公開文書(문서번호 1793 내), 4쪽.

할 수 없음을 지적하고 있었다.[7]

그러나 결국 박정희는 한일관계에 대한 미국의 의도가 극동을 일본의 주도권에 넘겨주고 자신이 물러서기 위한 것이 아니라 비록 일본에 중간 책임자적인 지위를 부여하면서도 배후에서 '종합적인 컨트롤'을 하는 데 있다는 것, 대미 일변도의 의존관계에서 벗어나는 데 대일관계 개선이 도움이 될 것, 미국의 대한원조 감소가 필연적인 이상, 소극적으로 한일회담을 지연하는 것보다 미국의 일정한 경제, 군사적인 관여에 대한 합의를 이끌어내면서 일본의 원조를 받는 것이 효과적이라는 판단을 내렸다.

즉 당시 한국의 대외관계가 사실상 미국과 일본으로 한정되는 조건하에서, 박정희 신 정권은 한일관계의 타개와 미국의 한국에 대한 관여가 양립할 수 있는 과제라고 판단했다. 그리고 그 판단에 의거하는 한, 미국으로부터는 향후에도 일정한 경제 지원과 특히 군사원조에 대해서 전적으로 책임을 질 것에 대한 합의를 이끌어내면서, 대일관계 수립을 추진하는 것이 합당한 선택이었다.

박정희 정권에게 대일관계 수립을 추진해야만 했던 핵심적인 사유는 물론,

---

[7] "한일회담에 관한 건", 『제5차 한일예비회담 일반청구권 소위원회 회의록, 1–13차, 1960–61』, 392~395쪽. 이 문서는 5차 회담 관련 자료에 수록되어 있으며 또한 날짜 표기가 없으나 동 문서가 "예비회담 이후 청구권 관계 진척 사항 1961. 11~12"이라는 문서철에 수록되어 있는 점, 그리고 무엇보다 동 문서가 국가재건최고회의 의장 이름으로 작성되어 있는 점으로 미루어, 박정희 정권하에서 작성된 것임은 확실하다. 또한 이 문서가 수록된 "예비회담 이후 청구권 관계 진척 사항"이라는 문서철에는 시기에 관해 '1961. 11~12'이라고 표기되어 있으나 동 문서의 내용은 한일회담 재개를 염두에 두면서 작성된 것으로 추측되므로 6차 한일회담이 개시된 1961년 10월 이전에 작성되었을 가능성이 크다. 또 이 문서에는 393쪽에 다시 같은 제목인 "한일회담의 건"이라는 기술이 달려 있어, 국가재건최고회의 의장 명의로 작성된 392쪽 문서와 다른 문서일 가능성도 배제하지 못한다. 그러나 393쪽 이후의 문서의 내용이나 취지는 392쪽의 문서와 같다고 판단할 수 있으므로 비록 작성 주체는 확인할 수 없으나 그 시기의 박정희 정권의 인식을 나타낸 것은 틀림없다.

청구권 문제의 타개에 있었다. 7월 최덕신을 방일시켜, 군사정권의 성격과 목적을 설득하면서 반공을 위한 협력의 필요성을 강조하던 그 무렵, 박정희 신정권은 청구권 문제에 대해 매우 중요한 방침을 세우고 있다. 신 정권이 입안한 청구권 문제에 대한 처리 방침과 구체적인 세목들은 표8－1과 같다.[8]

쿠데타로 정권을 장악한 지 얼마 안 되는 7월에 신 정권이 정리한 세 가지안의 의미는 다음과 같이 이해해도 과오는 없다.

먼저 표8－1에 제시한 바와 같이 1안은 한일회담 개시 후 배상적인 요소를 제외하고 대일8항목요구로서 제기한 각 항목들을 최대한 포함한 것이었다. 실제 세부항목들을 보면 알 수 있듯이, 예컨대 5항 중의 일본계유가증권의 74억 엔이 72억 엔이 되는 등, 일부 금액 차이가 생겼으나 그 구성과 금액의 유사성을 볼 때 박정희 정권이 세운 1안은 5차 한일회담 진행 도중, 장면 정권이 『제문제』를 토대로 1961년 1월 무렵 산출한 요구 내역[표7－8]을 기본적으로 답습한 것은 틀림없다.

그 1안과 관련해 주목되는 것은 전쟁 피해 관련의 요구 수치가 크게 변화되었다는 점이다. 실제 5항 중의 〈전쟁으로 인한 피해보상〉 부분은 크게 수정되었으며 그 총요구액은 4억 달러[피징용자 3억 달러 + 군인 및 군속 1억 달러]로 산출되어 있다. 동 1안이 계승한 장면 정권하의 요구액은 엔화 표기로 약 132억 엔가량이었다. 그 이전에 장면 정권이 정리한 『제문제』[표7－1－5]에서는 관련 수치가 대상자 10만 명, 전몰자 1인당 5만 엔, 가족부양료 1인당 10만 엔, 부상자 1인당 10만 엔처럼 애매하게 기술되어 있을 뿐, 특히 전몰자 등의 해당 인원수가 규정되지 않은 결과 자세한 총액은 불분명했다. 따라서 비교를 위해

---

8 "한일회담에 대한 정부의 기본방침", 『제6차 한일회담 예비교섭, 1961, 전2권, (V.1 7－8월)』, 52~61쪽에서 정리.

표8-1 박정희 정권에 의한 청구권 방침과 그 세목(1961년 7월 12일)

방침

1안	우리의 대일청구권은 군정법령 2호, 33호, 한미 간 재산 및 재정에 관한 최초협 정, 대일평화조약 4조(b)항 등의 근거하에 청구할 것이다. 따라서 배상적 성격 의 것은 포함되어 있지 않고 주로 사법상의 채무 변제적인 성격을 가진 청구권 으로 되어 있다.
2안	미 국무성은 1957년 12월 31일 한국의 대일청구가 일본의 재한재산의 귀속으 로 말미암아 어느 정도 소멸되어 있는가를 양국의 특별협의에서 토의해야 할 것 이라는 각서를 내놓고, 동 각서는 양측에 의하여 수락되었는 바, 이 점을 고려하 여 2안에서는 법률적인 근거 및 숫자상의 증빙 자료가 미약한 것은 청구안 중에 서 삭제하기로 한다.
3안	최종적인 단계에 있어서는 객관적인 타당성 있는 청구권을 총합하고 정치적인 고려를 가미하여 일정한 절대청구액수를 획정하여 끝까지 고수한다.

세목[9]

구분		1안	2안	3안
1항 지금과 지은				
(가) 지금		2억 5천만 그램	양보	포기
(나) 지은		9천만 그램	2천만 그램	포기
ㄱ) 한반도 지출(持出)분		7천만 그램	양보	–
ㄴ) 중국연합준비은행 담보분		2천만 그램	2천만 그램	–
소계	지금	2억 5천만 그램	0그램	0그램
	지은	9천만 그램	2천만 그램	0그램
2항 조선총독부의 대일채권				
(가) 체신부 관계 채권		20억 8천만 엔	18억 4천만 엔	
ㄱ) 초과금		15억 엔	15억 엔	
ㄴ) 국채 및 저축채권		1억 4천만 엔	6천만 엔	
ㄷ) 생명보험 및 우편연금		3억 1천만 엔	1억 6천만 엔	7억 엔
ㄹ) 해외 위체, 저금, 채무		7천만 엔	7천만 엔	
ㅁ) 포고령 3호에 의한 수취계정		5천만 엔	5천만 엔	
ㅂ) 저축이자		1천만 엔	포기	

---

9 세목 중, 4항 (나)와 6항의 제목은 정확히 판독할 수 없으나 그 이전의 요구 내역을 고려 해 고쳐 표기했다. 또 세목에 표시한 6항 〈한국인 보유의 주식 및 기타 증권의 법적 효 력 인정〉은 원문에서는 5항 중의 일곱 번째 항목으로서 삽입되어 있으나 원래 이 항목은

구분	1안	2안	3안
(나) 8. 9. 이후 일본인 인출 금원	26억 7천만 엔	포기	포기
(다) 일본국고 계정상 채권	9억 엔	포기	포기
(라) 조선총독부의 재일재산	1천만 엔	포기	포기
소계	56억 6천만 엔	18억 4천만 엔	7억 엔
3항 8. 9. 이후 이체 송금된 금원			
(가) 한반도 지출(持出) 금원	2억 3천만 엔	양보	양보
(나) 재한일본계은행 송금 금원	6억 6천만 엔	6억 6천만 엔	3억 엔
소계	8억 9천만 엔	6억 6천만 엔	3억 엔
4항 한국 내 본사 법인의 재일재산			
(가) 폐쇄기관의 재일재산	64억 7천만 엔	30억 엔	양보
(나) 재외법인의 재일재산	2억 엔		
소계	66억 7천만 엔	30억 엔	0엔
5항 기타 각종 청구권			
(가) 일본계유가증권	72억 엔	70억 엔	50억 엔 및 1억 달러
(나) 일본계통화	15억 엔	15억 엔	
(다) 피징용 한인 미수금	2억 3천만 엔	1억 5천만 엔	
(라) 전쟁으로 인한 피해보상	4억 달러	2억 5천만 달러	
ㄱ) 피징용자	3억 달러	[표기 없음]	
ㄴ) 군인 및 군속	1억 달러	[표기 없음]	
(마) 은급 청구	3억 엔	3억 엔	
(바) 한국인의 대일본 법인 청구	4억 7천만 엔	포기	
6항			
한국인 보유의 주식 및 기타 증권의 법적 효력 인정	2천만 엔	2천만 엔	
소계(5항 +6항)	97억 2천만 엔 및 4억 달러	89억 7천만 엔 및 2억 5천만 달러	
총계	229억 4천만 엔	144억 7천만 엔	60억 엔
	4억 달러	2억 5천만 달러	1억 달러
	지금 2억 5천만 그램	0그램	0그램
	지은 9천만 그램	지은 2천만 그램	0그램
미불 환산 (1달러 : 15엔으로 계산)	19억 3천만 달러	12억 1천만 달러	5억 달러

대일8항목요구 6항이므로 고쳐 표기했다.

1961년 1월 무렵, 장면 정권이 산출한 요구액 132억 엔을 기준으로 그것을 한국정부가 한일회담 기간 중, 정식 요구 환율로 삼았던 1달러 =15엔으로 미불 환산한다면 그 값은 약 8.8억 달러가 된다. 즉 박정희 신 정권은 장면 정권 하에서 세워진 1961년 1월 무렵의 요구액보다 약 4.8억 달러가량 줄인 셈이었다.

또 7장에서 봤다시피 5차 회담 진행 중, 장면 정권은 교섭 진전에 따라 동 항목 관련의 해당 인원수 등을 다시 수정해, 피징용자 822,111명[생존자 802,508 ; 부상·행방불명·사망자 19,603], 또 군인·군속 365,000명[생존자 282,000 ; 부상·행방불명·사망자 83,000]으로 산출하고 생존자에 대해 1인당 300달러, 부상·행방불명·사망자에 대해서는 1,000달러 또는 1,500달러를 청구할 방침을 구상하고 있었다. 이번에 이들 수치를 기준으로 또 부상자 등에 대한 요구 액수를 적은 금액인 1,000달러로 가정해서 계산해도 노무자는 약 2.6억 달러, 군인·군속은 약 1.67억 달러, 합계 약 4.27억 달러가 되므로 박정희 정권하의 수치 역시 그로부터 약 0.27억 달러가량 축소된 것을 뜻한다.

따라서 장면 정권하의 금액들을 기본적으로 계승한 것으로 보이는 동 1안도 〈전쟁으로 인한 피해보상〉 부분에 관해서는 박정희가 정권 장악 후 얼마 안 되는 기간에 독자적으로 다시 수정, 산출했을 가능성이 크다. 실제 다시 자세히 후술하는 바와 같이 박정희 정권은 해당 인원수를 다시 수정해 노무자 667,684명[생존자 648,081 ; 사망자 및 부상자 19,603], 군인·군속 365,000명 [생존자 282,000 ; 사망자 및 부상자 83,000]으로 정하고 1인당 보상 요구액을 당초 생존자 200달러, 사망 및 부상자 2,000달러로 할 구상을 가지고 있었다.[10]

---

10 단 이 산출은 1961년 10월자로 정리된 문서에 수록되어 있을 뿐, 정확히 언제쯤 진행된 것인지는 불명하다. 『제6차 한일회담 재산청구권 관계 종합자료집, 1961』, 93쪽.

1달러＝15엔으로 계산해 그 합계는 약 3.91억 달러가 되므로 1안으로서 산출한 약 4억 달러는 이 계산 결과를 채용했을 가능성이 있다.[11]

　이어 박정희 신 정권이 세운 2안은 표8-1의 방침에 있듯이 대일8항목요구 중, 한국의 대일청구권 문제를 재한일본인 재산의 취득과 관련시킬 것을 규정한 미각서의 제약을 감안한 안이었다. 즉 이것은 법적 근거 및 증거 제기가 어려운 것들을 '관련' 항목으로 취급하고, 그것을 요구 항목에서 제외하거나 감액을 통해 꾸민 안이었다. 합계 12.1억 달러가량의 총요구액은 1안의 약 19억 달러 및 3안의 5억 달러가량의 금액이 이승만, 장면 정권하에서 나왔던 것과 달리[12] 전 정권들하에서는 확인되지 않는 값이다. 따라서 이 2안은 박정희 정권 출범 후 처음으로 세워진 안이 틀림없어 보인다. 후술하는 위원회 토의에서 밝혀진 한국의 대일청구권 요구의 내역은 동 2안과는 큰 차이가 나, 그 안에 따라 꼭 요구가 제시되었다고 평가하는 것은 적절하지 않으나 적어도 총액약 12.1억 달러가량은 수량으로 직접 제시된 지금·지은을 빼고 실제 제기된 요구액과 일치한다. 따라서 2안은 실무 교섭을 전망하면서 사실상의 최종 목표인 3안의 5억 달러 획득을 위해 협상 카드로서 준비된 교섭안의 성격을 지닌 것으로 봐도 큰 과오는 없어 보인다.

　마지막 3안은 경제계획과 연동해서 박정희 정권이 최종적으로 반드시 '끝

11　단 이 수치를 기초로 노무자, 군인·군속을 따로 계산할 경우 노무자는 합계 약 1.69억 달러, 군인·군속 합계 약 2.22억 달러가 되고 합계 약 4억 달러는 대충 일치하나 세목의 내역인 피징용자 3억 달러 및 군인·군속 1억 달러라는 수치와는 차이가 난다.

12　한일회담을 추진한 이승만, 장면, 박정희 세 정권 간의 청구권 액수의 관련성에 관해서는 장박진, 「한일회담에서의 피해보상 교섭의 변화과정 분석 : 식민지관계 청산에 대한 '배상', '청구권', '경제협력'방식의 '연속성'을 중심으로」, 『정신문화연구』제31권 제1호, 2008. 3., 209~241쪽에서 이미 논했다.

까지 고수'해야 할 마지노선을 명시한 것이었다.[13] 그 안에 대해서 박정희 정권은 동 5억 달러를 쟁취하는 데 '객관적인 타당성 있는 청구권을 총합하고 정치적인 고려를 가미'한다는 애매한 설명만을 남기고 있는 결과, 보다 구체적인 실현 방법에 관해서는 짐작하기 어려운 부분이 있다. 그러나 7장 마지막에서 언급한 바와 같이 이 5억 달러는 장면 정권하에서도 이미 총액 8억 달러 요구 구상 중, '청구권'에 해당하는 부분으로 나와 있었다는 점, 또 그 방침안과 비슷한 시기인 7월 31일 박정희 정권 역시 대일청구권이 전부 사법상의 성격을 지니고 있으므로 원칙적으로 정치적인 흥정으로 해결하면 안 되며 한국이 제출한 대일8항목요구에 기초해 해결해야 한다는 훈령을 내리고 있는 점[14], 그러면서도 표8-1의 세목에서 제시한 바와 같이 동 3안은 대일8항목요구 2항, 5항을 중심으로 각 세부항목마다 금액을 산출한 것이 아니라 바로 금액을 '총합'하고 산출하고 있는 점, 다시 말해 동 안은 각 항목마다 반드시 객관적인 근거에 기초해 산출된 것이 아니라는 점 등을 감안하면 5억 달러 획득에 달린 '청구권'과 '정치적인 고려를 가미'라는 의미는 다음과 같이 이해해도 과오는 없을 것이다.

즉 그것은 기본적으로 객관적인 타당성 있는 바로 '청구권'에 기초해서 요구하는 것이지만 실제 그것을 산출하는 데는 법적 해석의 대립 및 증빙 작업 등의 실무적 어려움이 존재하므로 그 부분에 관해서는 일본에 '정치적 고려'를 요구해 타결한다는 방안이었다.

이상과 같이 1961년 7월 무렵, 박정희 신 정권은 대일청구권 교섭 개시를

---

13 이 마지노선이 결국 경제개발5개년계획과 연동된 정치적인 액수였음은 장박진, 앞의 책, 2009, 419~420쪽에서 이미 밝혔다.

14 "신임 주일 공사에게 당면 문제에 대한 정부 기본정책 훈령의 건", 『제6차 한일회담 예비교섭, 1961, 전2권, (V.1 7-8월)』, 83쪽.

전망하면서 청구권 액수로서 5억 달러를 최종 목표로 삼았다. 그러나 후술하는 바와 같이 한국정부는 그 후 현실적인 문제 해결을 위한 정치 교섭 과정에서 청구권 부분을 '순청구권 + 무상'으로, 또 그 후 '무상 + 유상'으로 나누는 타협을 거듭한 끝에 주지의 김종필 - 오히라 합의를 도출했다.[15] 그 합의로 인해 당초의 청구권 요구 5억 달러는 '무상 3억 달러 + 정부차관 2억 달러'로 나누어 받게 되었다. 그러나 이 '무상 3억 달러 + 정부차관 2억 달러'라는 구성은 반드시 자의적으로 도출된 것은 아니었을 가능성이 있다. 즉 같은 청구권 요구 목표 5억 달러 중에서도 보다 객관적으로 타당성이 강한 부분을 '무상 3억 달러'로 획득한다는 의미가 있었다고 풀이된다.

실제 박정희 정부는 김종필 - 오히라 회담이 전망되는 훨씬 이전인 이하 고찰할 실무자 간 청구권 위원회 토의 개시 무렵, 이미 '최소한도'의 요구라는 개념과 함께 '3억 달러'라는 수치를 거론하고 있다. '1961년 11월~12월'이라는 시기가 명시된 "예비회담 이후 청구권 관계 진척 사항"에 수록된 문서에서 박정희 정권은 대일청구권 요구 중에서도 '최중요 항목'을 지정하면서 그 총액이 3억 달러임을 산출하고 있다. 박정희 정권이 산출한 '최중요 항목'과 그 금액들의 내역은 표8 - 2와 같다.[16]

즉 박정희는 대일청구권 요구 가운데, 2항의 체신부 관계 요구 중 〈조선간이생명보험 및 우편연금〉, 〈해외 위체 및 저금채권〉, 4항 중 〈SCAPIN 1965호로 인한 재외회사의 재일재산〉, 5항 일본계유가증권 중 〈국·공채〉, 일본계통화 중 〈일본은행권 소각분〉, 〈피징용자 미수금〉, 〈피징용자 보상금〉, 〈연금, 귀

---

15 또 이와 같은 교섭의 흐름은 한국 측 문서를 이용해 이미 장박진, 앞의 책, 2009, 432~449쪽에서 논했다.

16 "대일청구 중 최중요 항목 및 설명서", 『제5차 한일예비회담 일반청구권 소위원회 회의록, 1 - 13차, 1960 - 61』, 397쪽.

표8-2 박정희 정권이 제시한 '대일청구 중 최중요 항목 및 설명서'의 내역

구분	최중요 항목	금액
2항 체신부 관계	조선간이생명보험 및 우편연금	148백만 엔
	해외 위체 및 저금채권	70백만 엔
4항	SCAPIN 1965호로 인한 재외회사의 재일재산	2,600만 달러
5항	국·공채	8,590백만 엔인데 최소한 5천만 달러 가능
	일본은행권 소각분(소각증 첨부)	1,500백만 엔(1억 달러)
	피징용자 미수금(1950. 10. 21. SCAP 서한에 명시)	237백만 엔(2천만 달러)
	피징용자 보상금 사망자 부상자	*
	연금, 귀환자 기탁금 및 생명보험금	*
합계		* (최소한 3억 달러)

주석 : *는 문서의 인쇄 상태가 좋지 않아 판독이 불가능함을 뜻함.

환자 기탁금 및 생명보험금〉 등을 최중요 항목으로 간주하고 그들에 기초한 부분으로서 최소한 3억 달러 이상을 받을 것을 상정하고 있었다.

비록 김종필 - 오히라 합의는 총액 방식으로 금액을 결정한 결과 그들 액수를 구체적인 항목 요구와 직접 연결해 산출한 사실은 없다. 그러나 적어도 개념상, 한국정부는 실무자 토의가 진행되는 와중에 이미 3억 달러라는 수치가 충분히 근거 있는 최중요 항목에 해당하는 금액으로서 반드시 '반환' 받아야 하는 부분으로 인식하고 있었던 것이다.

2) 일본정부의 대응과 준비

1961년 7월 무렵, 구체적인 청구권 방침을 세운 박정희 정권은 일본 측과 회담 재개 교섭에 나서게 되었다. 그 결과 8월 24일 이세키 아시아국장과 이동환 신임 공사 간에 9월 20일 무렵부터 도쿄에서 6차 한일회담을 재개하는 것으로 일단 합의가 이루어졌다.[17]

한일회담 개최가 가시화되는 가운데 한국정부는 일본 측 고위층과 미리 접촉함으로써 재개될 회담에서 합의에 도달할 수 있는 기준을 사전에 마련한다는 목적으로 김유택 경제기획원장을 방일시켰다.[18] 9월 1일 고사카 외상과 1회 회담에 임한 김유택 원장은 이대로 회담이 개최되어도 이전과 같이 어려운 문제들로 인해 회담이 지연될 것이 우려되므로 그 이전에 어려운 문제에 대한 사전 양해를 이루고 싶다는 것이 방일의 목적임을 밝혔다.[19] 물론 그 자리에서 김유택이 언급한 그 어려운 문제의 핵심이 청구권 문제였음은 명약관화의 일이었다. 김유택은 한국정부로서는 이미 얼마 받는가 하는 문제를 분명히 할 단계에 도달하고 있다는 인식을 가지고 있으며 차제에 적어도 합계(lump sum) 8억 달러를 받아야 한다는 것이 한국정부의 방침임을 직접 천명했다.[20] 물론 이 8억 달러는 장면 정권하의 구상으로서 이미 나와 있었던 액수였

---

17 「日韓会談再開問題に関する伊関局長・李公使会談要旨」, 外務省日韓会談公開文書(문서번호 359내), 2쪽.

18 "WJ-08241, 한일 문제 해결을 위한 사전교섭에 관한 건", 『제6차 한일회담 예비교섭, 1961, 전2권, (V.2 9 - 10월)』, 5쪽.

19 김유택 - 고사카 1회 회담 내용은 「小坂大臣・金裕沢院長会談記録」, 外務省日韓会談公開文書(문서번호 360)에서 정리.

20 당초 김유택 원장은 일본의 질문에 대한 답으로서 이 8억 달러를 청구권으로서 요구한다는 취지를 밝히고 있으나 본론에서 논한 바와 같이 한국정부의 최종적인 청구권 요구액이 5억 달러였음을 감안할 때, 그 발언은 어디까지나 청구권 문제의 해결을 위한 것이

으며 그것은 앞서 본 1961년 7월에 세운 세 가지 방안 중의 3안, 청구권 5억 달러 요구에 경제원조 3억 달러를 가한 총액이었다.

다시 말해 박정희 신 정권은 아직 회담이 재개되기도 전에 이미 청구권 문제를 각 개별 항목별 토의에 기초한 실무 교섭으로서가 아니라 총액 방식으로 타결할 것, 더 나아가 한국정부의 최종적인 목표 금액을 그대로 전달한 것이었다.

그러나 일본정부의 내부 사정을 무시한 이와 같은 조급한 움직임에 일본이 적극적으로 응할 리가 없었다. 김유택 방일을 앞둔 8월 29일 일본정부는 관계 각 성 대표자 회의를 가졌으나 그 가운데 이세키 국장은 회담 재개를 받아들인 이유를 오히려 회담의 조기 타결이 어렵다는 전망에서 찾고 있었다. 회의 석상에서 이세키는 일본이 돕지 않으면 장기적으로 한국이 적화될 위험성이 있으며 따라서 신 정권의 안정성 등에 대한 염려가 있으나 차제에 회담 개최 요구 자체는 응해야 할 것임을 밝혔다. 그러면서도 회담을 재개해도 급속히 문제가 해결될 일은 없으며 그간에 한국의 국내 정세의 방향성을 지켜볼 수가 있으므로 당분간 경계하면서도 회담 자체는 진행할 필요가 있음을 드러내고 있었다.[21]

즉 7월의 미일 정상회담에서 나타났듯이 반공 안보라는 지상명제와 관련해 한국의 경제 재건을 위해서 한국의 신 정부와 접촉하는 것 자체의 필요성은 인식하면서도 군사정권 수립에 따른 정세의 불안정을 감안해 당분간은 한국의 국내 정세를 지켜볼 수밖에 없다는 것이 일본정부의 입장이었다. 민주적인

라는 뜻으로 이해해야 할 것이다. 즉 '청구권' 부분만으로 8억 달러를 요구한 것으로 이해하는 것은 적절하지 않아 보인다.

21 「第6次日韓会談再開に関する日本側打合せ」, 外務省日韓会談公開文書(문서번호 1418), 3쪽 ; 6~7쪽.

통제를 받는 일본정부로서는 남북 분단하에서 한국과의 단독 교섭을 계속하고 있는 데 따른 계속적인 비판에다가, 교섭 상대인 한국정부가 이번에 쿠데타 정권으로 바뀐 상황에서 그 정당성을 의심받는 불안정한 군사정권과 접촉하는 것은 새로운 정치적인 부담으로 느끼지 않을 수 없었다. 국내 비판 여론에 민감해질 수밖에 없었던 일본정부로서는 한국 정세의 불투명성과 함께 대한교섭 재개에 대한 추가적인 비판에 더욱더 신경을 써야만 했다. 박정희 신정권은 이와 같은 일본정부의 입장을 헤아리는 여유조차 없이 한국정부의 최종 라인을 직접 거론한 것이었다.

결국 8억 달러를 요구한 김유택에게 고사카 외상은 청구권 문제의 해결이 국회에서 심의되는 이상, 사회당이나 공산당이 한일회담을 정면으로 반대하고 있는 상황을 감안해, 국회에서 충분히 설명할 수 있는 것으로 해야 한다고 말하면서 정치적인 해결에 쉽게 나서는 것에 대해 신중한 자세를 보였다.

또 김유택 방일 중인 9월 4일에 수면 하에서 개최된 이세키 국장과 이동환 공사 회담에서도 이동환 공사가 회담 개시 전에 타협에 대한 전망이 서는 것이 중요하다고 말하면서 일본정부의 제공 액수를 재차 문의한 데 대하여 이세키는 최종적으로 정치적인 해결을 도모한다고 하더라도 그 전에는 사무적인 검토를 거쳐 수치를 산출할 필요가 있다고 답해 한국정부의 조급한 기대에 제동을 걸었다.[22]

이와 같이 일본정부의 신중한 태도로 인해 김유택 방일을 통한 사전 조율의 결과로서 한일 양국 간에 제공 금액에 대한 합의가 도출되는 일은 없었다. 그러나 제공 방식에 관해서는 주목할 만한 움직임이 있었다. 9월 1일의 김유

---

22 「伊関局長・李公使 非公式会談要旨」, 外務省日韓会談公開文書(문서번호 359내), 2쪽.

택 – 고사카 1회 회담에 합석한 이세키 국장은 법적 근거가 있는 청구권을 지불한다고 할 경우에는 액수가 지극히 적어질 것으로 생각되며 경우에 따라 일본정부로서는 그 이외에 따로 지불할 것을 구상하고 있음을 언급했다. 사실상 경제협력으로 인한 금액 보충을 내비친 것이었다.

이 구상은 다음 9월 7일 열린 2회 김유택 – 고사카 회담에서 직접적으로 나타났다. 동 석상에서 고사카는 8억 달러를 요구한 한국 측에 대해 아직 정확하지 않음을 밝히면서도 일본정부가 청구권으로서 인정할 것이 5,000만 달러 가량에 불과하며 그에 한국이 응하지 않을 것이라고 알고 있으므로 청구권과 한국의 경제개발5개년계획에 협력한다는 관점에서 경제협력[무상과 통상의 경제협력을 포함]으로서 응답할 의향을 전달했다.[23] 즉 이 시점에서 일본정부는 일단 청구권 + 무상 + 유상이라는 세 가지 명칭에 따른 해결 방식을 제안한 셈이었다.

이와 같이 정치적인 관점에 서서, 일본으로부터 청구권으로서 적극적인 제공 금액이 제시될 것을 기대한 한국정부의 전략은 완전히 실패로 끝났다.

그러나 김유택 방일로 인한 사전 조율에 실패한 박정희 정권은 새로운 방침을 신속히 세웠다. 그 안은 김유택 방일 시에 일본으로부터 제시받은 청구권으로서 지불할 것 이외에 부족한 금액을 무상, 유상 등을 통해 메운다는 의향에 부응하는 것이었다. 박정희 정권이 수립한 그 신 대응안은 금액이 적어질 청구권 부분을 보강하기 위해 끈(string)이 전혀 붙지 않는 무상원조를 허용하고 또 청구권 및 무상의 개별적인 금액을 매기지 않고 단일 액수로 할 것, 그리고 과

---

23 "JW – 0986, '고사카' 외상과의 회담 보고", 『제6차 한일회담 예비교섭, 1961, 전2권, (V.2 9 – 10월)』, 130쪽 ; 「小坂大臣·金裕沢経済企画院院長第2回会談要旨」, 外務省 日韓会談公開文書(문서번호 360내), 1~2쪽에서 정리. 단 한국 측 기록에서 고사카 외상은 청구권 금액 5,000만 달러와 그 이외는 무상원조 형식으로 지불하고 싶다고만 발언하고 있어, 유상경제원조에 대한 언급은 없다. 한편 일본 측 기록에는 고사카 외상이 청구권 부분으로서 5,000만 달러를 지불한다고 발언한 기록은 없다.

거의 재한일본인 재산의 귀속 및 향후 일본정부의 차관 제공 등을 고려하고 청구권[무상] 지불로서 최저 요구액을 3.5억 달러 이상으로 할 것이었다.[24]

비록 이 방침에서는 청구권과 무상을 합친 명목을 어떻게 할 것인가에 대한 명확한 안은 없다. 그러나 7월에 일단 청구권이란 단독 명목으로서 5억 달러를 최저 라인으로 삼은 박정희 정권은 김유택에 의한 사전 조율에 실패하자 9월에는 지불 명목 및 액수의 양 측면에서 일찍 일본에 대해 타협할 방침을 굳힌 것이었다.

한편 9월 7일에 김유택에게 청구권 + 무상 + 유상 형식으로 문제 해결에 임할 의향을 전달한 외무성은 그 다음 날 8일, 대장성과의 의견 조정에 나섰다.[25] 그 가운데 우라베(卜部敏男) 참사관은 개인적인 시안이라고 하면서도 외무성으로서는 개인청구권 부분은 청구권으로서 반환하고 그 이외는 응하지 않을 방침으로 교섭에 임할 구상임을 밝혔다. 비록 금액이 적어진다고 하면서도 일단 외무성으로서는 6차 회담을 전망하면서 '청구권'이라는 명목을 남길 것을 상정하고 있었음을 알 수 있다.

7장에서도 고찰했듯이 5차 회담 전후 일본정부는 한국에 대해 '청구권'이라는 개념을 사용하지 않고 경제협력이라는 형식으로 문제 해결을 도모할 구상을 내비치고 있었다. 그럼에도 불구하고 6차 회담 개시를 내다보면서 외무성이 일본정부의 내부 조정에서 여전히 '청구권'이라는 개념으로 지불할 의향을 내비치고 있었다는 사실은 그 시점에서 아직 일본정부가 경제협력이라는 형식으로 모든 지불을 끝낼 것을 최종 방침으로 정하고 있었던 것은 아님을 가리키고 있다.

---

24 "한일 각 현안문제 해결을 위한 우리의 최종양보선", 위의 한국문서, 159~162쪽.
25 이하 외무성과 대장성 간의 사전 협의 내용은 「日韓請求権問題に関する外務省, 大蔵省打合せ会要録」, 外務省日韓会談公開文書(문서번호 1359), 11~18쪽에서 정리.

6차 회담 개시를 내다보면서 외무성이 비록 일부라고 하더라도 청구권으로서 지불할 것을 상정한 것은 그간의 한국과의 교섭을 통해서 한국이 청구권 개념을 쉽사리 포기하지는 않을 것이며 그에 따라 교섭의 타결을 위해서는 한국 측 요구를 일부 수락하는 것이 불가피하다고 인식한 결과로 봐도 무방할 것이다. 실제 김유택의 방일 시에도 한국은 금액을 중요시하는 입장에서 'lump sum' 방식을 수락하는 의사는 표시했으나 '청구권'이라는 명목을 포기할 것을 표명한 것은 아니었다.

그러나 대장성은 이와 같은 외무성의 구상에 대해 의문을 제기했다. 대장성은 개인적인 채권을 인정한다는 것이라면 국회 대책을 위해 상당히 튼튼한(がっちりとした) 자료가 필요하고 그로 인해 각 개인에 관한 자료 제출을 요구할 수밖에 없으나 현재까지의 한국 측 태도를 볼 때 그러한 자료가 제출될 가능성이 낮으며 따라서 한국이 요구하는 청구권 중, 타당하다고 인정할 수 있는 금액을 모두 경제협력으로서 지불할 것을 고려하도록 제안했다. 외무성은 국회에 대해서는 한국전쟁 등으로 인한 자료 상실 등을 이유로 들어 양해를 구할 것, 또 청구권을 경제협력으로서 국회에 제출하는 것이 반드시 유리하다고만 말할 수 없다고 주장하면서 일단 그 대장성과의 조정에서는 청구권 명목으로 지불할 여지를 남겼다. 그러나 결국 그 자리에서 나타난 대장성의 견해가 그 후 일본정부의 정식 방침으로 승격되었다.

9월 20일경 개시할 것으로 일단 합의된 6차 한일회담은 김유택 방일로 인한 사전 조율의 실패로 인해 그 시기가 약간 지연되었다. 9월 25일 이동환 공사와 이세키 국장 회담에서 동 6차 회담을 10월 10일에 개최할 것으로 합의했다.[26] 그러나 그 일정 역시 수석대표 인선을 둘러싼 한일 간의 마찰로 인해

---

26 「伊関・李東煥会談要旨」, 外務省日韓会談公開文書(문서번호 359내), 1쪽.

재차 수정되었다. 신속한 해결을 위해서는 정치적인 결단이 필요하다는 생각으로 한일회담 수석대표에 기시 등 거물 정치인을 선출할 것을 희망한 한국에 대해 국내 정치를 의식한 이케다 정권은 그것을 수락하지 않았다. 결국 6차 한일회담이 개시된 것은 10월 20일부터의 일이었다.

20일부터 개시될 6차 회담을 앞두고 일본정부는 한국과의 청구권 교섭을 남한 지역의 문제로 한정할 방침을 재확인했다. 회담 개시 3일 전인 17일, 회담에 임하는 관계자 간 사전 협의를 진행하는 가운데 이세키 국장은 기본관계 문제와 관련해 한국정부를 유일한 정통정부로서 취급하지 않을 방침을 밝히고 있다.[27] 비록 그 발언은 기본관계 문제와 연관시킨 것이며 또 구두로 이루어진 그 표현 역시 애매한 부분이 있으나 그 자리에서 언급된 외무성의 방침이 5차 한일회담 진행 중인 1961년 12월, 일본정부가 정식으로 정한 청구권 처리 방침을 답습한 것이었음은 틀림없다. 앞의 장들을 통해 고찰해온 바와 같이 일본정부는 한일회담 당초의 방침을 수정하고 이북 지역의 청구권 문제를 한국과의 협상에서 제외할 것을 정식으로 정하고 있었다. 17일의 사전 협의에서 이세키 국장이 한국을 유일한 정통정부로서 다루지 않는다고 한 발언은 바로 이 방침을 재확인한 것이 틀림없다.

이 흐름에 따라 외무성은 1961년 12월 18일자로 청구권 문제가 평화조약 4조(a)항에 기초한 것으로서 그 조항이 관할권을 행사하고 있는 시정당국과의 협정을 지시하고 있는 이상, 일본정부로서는 한국과의 청구권 처리의 대상을 남한에만 한정할 필요가 있다는 입장을 정리했다.[28] 후술하는 바와 같이 일본

---

27 「第6次日韓会談に臨む日本側代表打合せ会議概要」, 外務省日韓会談公開文書(문서번호 1418내), 4쪽.
28 「請求権処理における南北鮮の問題日本側発言要旨(案)」, 外務省日韓会談公開文書(문서번호 1372). 이 안에서는 직접 밝혀지지 않았으나 5차 회담에 이어 이와 같은 입장

정부의 이 입장은 결국 6차 한일회담 11회 위원회에서 한국에 정식으로 밝혀지게 된다.

5차 회담에 이어 6차 회담에서도 외무성이 청구권 문제를 결국 남한에만 한정할 것을 결정한 이유는 이북 지역의 청구권 문제를 한국과 처리할 경우에 예상될 국제적 및 국내적인 반발, 한반도 통일 정세의 불확실성, 그리고 무엇보다 청구권 금액이 이미 구체화되어 있었다는 판단 등에 따른 것으로 봐도 무방할 것이다.

아무튼 정치적인 결단으로 인해 총액 방식으로 문제를 신속하게 처리할 것을 희망한 박정희 정권에 대해 일본정부는 청구권으로서 지불할 경우, 액수가 적어질 것을 각인시키는 전략적인 의미도 포함해 타당한 지불 액수의 결정을 위해서는 법적 근거와 증빙 자료에 기초한 실무적인 토의가 필요하다는 입장을 유지했다.

이에 따라 6차 회담 위원회 토의는 비록 당초부터 그것을 통해 문제를 해결할 수 있는 현실적인 해법으로서 진행된 것이 아니었으나 최종 액수 결정을 위한 근거 마련의 장이라는 중요한 성격을 지니게 되었다. 이러한 의미에서 6차 한일회담 위원회 토의에서 한국이 제기한 각 요구 내역은 청구권 요구의 내용과 범위를 최종적으로 결정짓는 것과 더불어 금액을 결정하는 데도 매우 중요한 장이 되었다.

을 취한 일본정부가 그럼에도 이북 지역의 청구권 문제에 관해 그 시정권을 행사하고 있는 북한 당국을 교섭 권리를 보유하는 주체로서 자동적으로 인정하는 것이 아니라는 입장을 취한 점 역시 5차 회담과 같다. 그 주된 이유는 평화조약 4조의 적용을 받을 수 있는 것은 유엔에서 합법성을 인정받은 한국에만 한정된다는 것이었다. 이와 같은 일본 측 논리는 예를 들어, 1961년 11월 6일자 「日韓請求権問題に関するメモ」, 外務省日韓会談公開文書(문서번호 1365), 3~4쪽에서 확인할 수 있다.

2. 6차 한일회담 청구권 위원회 토의

위원회 토의가 최종적인 문제 해결을 위한 해법이 아니라 비록 총액 결정을 위한 '요식행위'에 불과했다고 해도 일본에 세부항목과 각 금액을 최종적으로 제시한 6차 한일회담 위원회 토의가 한일 간의 과거처리 문제에서 매우 중요한 의미를 가지게 된 것은 틀림없다. 말할 필요도 없이 청구권으로서의 요구 총액을 결정하기 위해 한국정부가 제기한 각 청구 내역들은 식민지 지배와 얽힌 과거처리 문제와 관련해 한국정부가 최종적으로 확정한 공식 요구의 범위와 금액의 성격을 지니기 때문이었다.

또 6차 회담 위원회 토의는 총액 결정을 위한 구체적인 토의의 성격을 지녔기 때문에 한국정부가 제기한 각 항목, 요구 근거, 그리고 금액 등에 대해 일본정부 역시 일정한 정도 그 구체적인 요구에 대한 수락 여부를 밝혔다. 따라서 6차 회담 위원회 토의는 한일 간 교섭이 '청구권' 명목으로서 관철될 경우, 그 결과가 어떠한 내용으로 끝나게 되었는가를 대략 가늠할 수 있는 장이기도 했다.

이하에서는 이상의 문제의식을 염두에 두면서 대일8항목요구 중, 구체적인 요구 대상을 가지고 실제 6차 회담에서 토의된 6항까지에 대한 한국정부의 제기 내용과 그에 대한 일본정부의 입장을 상세히 검토하고자 한다.[29]

1) 1항 〈조선은행을 통해 반출된 지금과 지은의 반환을 청구함〉

6차 한일회담 위원회는 10월 27일부터 개시되었다. 7장에서 언급한 바와 같이 5차 한일회담에서도 대일8항목요구 5항의 넷째 항목인 〈전쟁으로 인한 피징용자의 피해에 대한 보상〉까지의 토의가 일단 진행되었다. 그러나 재개된 6차 회담 1회 위원회에서 한국은 5차 회담에서는 요구의 대강을 설명한 것에 불과하며 일본의 이해를 촉진시켜 6차 회담에서 결실을 맺기 위해서는 다시 대일8항목요구 1항부터 토의하는 것이 필요하다는 견해를 표명했다.

5차 회담에서는 토의되지 않았던 일부 항목과 더불어 토의된 항목에 관해서도 금액이 밝혀지지 않았다. 따라서 5차 회담에서 토의된 내용만을 가지고 구체적인 지불 액수를 결정하는 것은 불가능했다. 그러나 한국정부가 1항부터 다시 토의할 것을 요구한 배경은 그것만이 아닌 것으로 풀이된다. 이하 보는 바와 같이 한국정부는 5차 회담에서 설명한 항목들에 관해서도 그 요구 내용 등을 제법 많이 수정했다. 한국이 1항부터의 재토의를 요구한 것은 5차 회담 토의 과정에서 이미 나타나고 있었던 일본 측 태도 등을 살피면서 한국정부로서 부족한 부분을 보완해, 청구권 교섭을 보다 유리하게 이끌려는 의도가 있었던 것으로 보인다.

한편 일본 역시 한국의 그 제안을 수락했다. 한국 측의 국내 정세를 지켜보기 위해서라도 시간을 끌고 또 위원회 토의를 통해 청구권 액수가 적어질 것을 각인시키려고 생각하던 일본에게도 토의가 다시 원점부터 개시되는 것은

---

29 대일8항목요구 중, 7항은 "전기 제 재산 또는 청구권으로부터 생긴 제 과실의 반환을 청구한다", 또 8항은 "전기 반환 및 결제는 협정 성립 후 즉시 개시하며 늦어도 6개월 이내에 종료할 것"이며 따라서 구체적인 요구 항목은 없다. 그에 따라 6차 회담 청구권 교섭에서도 이들에 대한 본격적인 토의가 진행되지 않았으므로 이하에서는 다루지 않는다.

나쁜 것만은 아니었다. 결국 양국 합의에 따라 6차 회담에서는 다시 1항부터 토의가 재개되었다.[30]

구체적인 항목 토의에 들어간 11월 2일의 2회 위원회에서 한국은 대일8항목요구 중의 1항 지금·지은의 반환 문제를 제기했다. 한국은 그 요구 내용이 1909년부터 1945년까지 일본이 조선은행을 통해 반출해 간 지금·지은의 반환을 요구하는 것이며 그 중량이 지금 약 249톤, 지은 약 67톤가량임을 밝혔다.[31]

언급한 바와 같이 5차 회담에서 한국은 지금·지은의 요구 중량을 직접 밝히지 않고 연도별 반출표를 제출함으로써 간접적으로 그것을 내비치고 있었다. 그 수치는 정확히 지금 249,633,198g, 지은 67,541,771g이었다. 그것을 감안하면 6차 회담에서 한국이 대략적인 수치로서 밝힌 최종 요구 중량이 5차 회담에서 전달한 반출표의 값을 그대로 제기한 것임은 틀림없다. 또한 이들 수치는 『배상조서』부터 유지되어온 것이었다. 따라서 한국은 조선은행을 통해 반출된 지금·지은에 관해서는 끝까지 일관된 중량을 요구한 것이었다.

한편 요구 근거와 관련해 한국은 지금 등이 대외 지불 수단, 가치 저장 수단이라는 특수한 기능을 가지고 있었음에도 그것을 일본으로 반출한 것은 일본의 이익만을 생각하고 한국 경제를 일본에 예속시키기 위한 부당한 조치였으며, 따라서 법률을 만들어, 그것을 합법화해도 그것은 합법을 위장한 것에 불

---

30 "일반청구권 소위원회 제1차 회의 회의록", 『제6차 한일회담 청구권위원회회의록, 1-11차, 1961.10.27-62.3.6』, 11쪽 ;「第6次日韓全面会談の一般請求権小委員会第1回会合」, 外務省日韓会談公開文書(문서번호 1211), 6쪽에서 정리.

31 1항에 관한 토의 중, 2회 위원회의 토의 내용은 "일반청구권 소위원회 제2차 회의 회의록", 위의 한국문서, 23~24쪽 ;「第6次日韓全面会談の一般請求権小委員会第2回会合」, 外務省日韓会談公開文書(문서번호 1212), 3~4쪽에서 정리.

과하다고 주장했다.

2회 위원회에서 '법률을 만들어', '합법'을 '위장'한 것 등의 표현을 한국이 추가한 것은 5차 회담에서 일본이 조선은행법을 들어 그 매매나 반출을 합법이라고 주장한 것에 대항하는 의미가 있었음은 틀림없다. 그러나 동시에 그 대항 논리는 매매나 반출 행위 자체를 실정법적으로 위법 행위로 규정하고 그에 따라 반환을 요구하는 것이 어렵다는 것을 시인한 것이기도 했다.

그에 대응하기 위한 것인지, 한국은 다음 3회 위원회[1961년 11월 16일]에서 청구 근거를 '확장'했다.[32] 동 석상에서 한국은 지금·지은의 반환 근거가 그것의 매매 가격이 불균등이었다는 점, 또 그 매매가 자유의사로 인한 것이 아니었다는 점에 있다는 논리를 추가했다. 지금·지은의 매매 자체가 자유의사로 인한 것이 아니었다는 주장 자체는 5차 회담에서도 나온 '식민지 정책의 표본'이라는 주장 등과 맥락을 같이하는 것이었다.

따라서 매매가 자유의사로 이루어진 것이 아니었다는 주장은 이미 5차 회담에서 일본이 명확히 반박했던 논리에 불과했기 때문에 사실상 새로운 힘을 발휘하는 것은 아니었다. 실제 일본은 3회 위원회에서 다시 조선은행법을 들어, 동 17조에서 지금·지은의 매매 업무가 규정되어 있었던 점, 또 22조에 따라 지금·지은 이외에 통화 발행 준비를 가질 것이 허가되어 있었던 점 등을 들어, 그럼에도 매매가 비합법이었다고 한다면 한일병합 이후의 질서를 전부 뒤집는 것이 되며 이야기가 곤란해진다고 지적했다. 일본으로부터 다시 그 반박 논리가 나오자, 결국 한국은 법적 요구 근거가 병합 자체의 합법성 여부를 추궁하는 것이 아니라 정당한 가격으로 매매가 이루어지지 않았다는 데에 있

---

32 3회 위원회 토의 내용은 "일반청구권 소위원회 제3차 회의 회의록", 위의 한국문서, 40~50쪽 ; 「第6次日韓全面会談の一般請求権小委員会第3回会合」, 外務省日韓会談 公開文書(문서번호 1213), 4~21쪽에서 정리.

음을 강조하게 되었다. 이에 따라 6차 회담에 이르러 지금·지은의 반환 근거에 관한 핵심적인 논점은 매매 가격이 불균등이었다는 점에 집약되었다고 봐도 무방하다.[33]

6차 회담에서 한국이 언급한 매매 가격이 불균등이었다는 논리의 핵심은 지금·지은 반출의 대가로 일본이 지불한 일본은행권의 가치가 1930년대 이후 하락한 반면, 지금·지은의 가치는 안정되어 있었다는 데에 있었다. 즉 결과적으로 가치가 하락한 일본은행권과 그 후에도 가치가 안정된 지금·지은이 교환되었다는 것이 가치 불균등이라는 논리의 핵심이었던 것이다.

한국이 추가 제기한 이 주장에 대해 일본은 즉각 전면적으로 반박했다. 당시 지금·지은의 가격은 법에 의해 공정 가격이 정해지고 있었으며 반출 시에는 그에 따라 정당한 대가를 지불했다. 또 한국의 비판이 전쟁의 본격화에 따른 1930년대 후반의 통제 가격 시대에, 지금·지은의 매매 가격이 국제 가격과 비교해 낮았다고 하는 데에 있다고 하더라도 당시 다른 물가들도 동시에 통제되어 있었으므로 싼 가격으로 물건들을 살 수가 있었다. 따라서 일본은행권은 결코 종잇조각이 아니었다. 또 그 가격도 일본 본토 및 한반도 모두에서 차이가 없었으므로 그 점에서도 불균등은 없었다. 지금 등의 가치가 그 후에도 안정되었음에 따라 한국에 남아 있었으면 상당한 가치를 보유했을 것이라고 하는 한국정부의 기분은 알 수 있으나 당시로서는 합법적이었다. 지금 등의 반출 시, 공정 가격보다 싸게 사들였다고 하면 몰라도 한일병합 후의 동일 경제 단위에서 대가를 지불해서 거래된 이상, 법적으로 반환해야 하는 의무는 없다. 이상이 3회 위원회에서 일본이 전개한 핵심적인 반박 논리였다.

---

33 5차 회담에서도 한국은 지금·지은에 대한 반환 요구에 관해 그 토의 과정에서 일본이 지불했다고 하는 일본은행권이 종잇조각이 되었다거나 가치를 상실했다는 등의 유사한 의견을 내고 있었으나 그 주장에는 그 이상의 구체적인 내용은 없었다.

표면상 일본은 이상과 같은 반박을 가하면서도 동시에 동 위원회 마지막에서는 최종적인 결론을 훗날로 미루고 싶다는 견해를 피력했다. 그러나 물론 그 주장은 지금·지은의 반환 요구를 한국 측 근거에 따라 수락할 가능성을 담보한 것은 아니었다. 실제 예컨대 대장성은 그 내부에서 지금·지은의 반환을 요구하는 한국정부의 진의를 "과거의 이출(移出)에서의 이출 형태의 책임을 묻는다기보다 현재 한국의 폐제(幣制)의 기초를 구축하기 위한 또는 대외 지불 준비를 확보"[34]하기 위한 정치적 요구로 간주하고 있었다.

즉 대장성은 한국 자신이 애초 법적인 요구 근거가 없음을 알면서도 장래의 통화 발행 및 대외 지불 수단의 확충을 위한 경제적 이익을 위해 정치적으로 억지 주장을 꺼내고 있다는 정도로 그 요구를 평가절하하고 있었던 것이다. 또 대외 창구로서 비교적 한국에 대해 타협적인 자세를 보이던 외무성 역시 그 내부에서는 한국정부의 주장에는 어떠한 법률적 근거도 인정하지 못함을 결론으로서 내리고 있다.[35] 위원회 석상에서 일본이 잠시 결론을 보류하는 견해를 나타낸 것은 기타 항목들의 토의를 진행할 필요성, 그리고 정치적인 해결 노선이 가시화되는 가운데 한국과의 의미 없는 대립을 피하고 향후 선택될 해결 방법에 따라 일어날 처리 내용의 변동성 등에 대비하기 위한 고려였음은 틀림없다.

또 지은 문제와 관련해 간과할 수 없는 문제가 하나 남았다. 이미 고찰한 바와 같이 한국정부는 『배상조서』 작성 시부터 당초 지은 요구에는 한반도로부터 반출된 지은 67,577,791g 이외에 다른 종류의 요구를 포함하고 있었다. 그것은 조선은행이 중국연합준비은행에 차관을 공여하는 담보로서 일본정부

---

34 『日韓請求權問題參考資料未定稿 第2分册』, 90쪽.
35 「日韓会談における韓国の対日請求8項目に関する討議記録」, 外務省日韓会談公開文書(문서번호 1914), 16~17쪽.

가 조선은행의 재산으로 일본은행 오사카 지점에 보관한 지은 21,534,433g 이었다. 그러나 6차 회담에서 한국정부가 지은 약 67톤만을 제기했다는 사실은 결국 최종적인 지은 요구에 차관 공여의 담보 부분을 포함하지 않았음을 뜻한다. 실제 위원회에서는 중량뿐만 아니라 내용면에서도 지은의 동 담보 부분에 관한 반환 문제가 토의된 흔적 역시 없다. 그러나 표8-1에서 제시한 바와 같이 집권 당초의 7월, 박정희 정권은 오히려 한반도로부터 반출한 지금·지은의 요구를 양보할 것을 정한 2안에서조차 동 담보 부분은 그대로 청구하는 방침을 가지고 있었다.

7장에서 고찰한 바와 같이 장면 정권은 지은 담보 요구를 한국 법인의 재일재산이라는 각도에서 대일8항목요구 1항으로서가 아니라 동 4항으로서 제기할 구상도 나타내고 있었다. 그러나 결론적으로 박정희 정권은 그 4항 요구도 포함해 지은 담보 부분을 적어도 명시적으로는 제기하지 않았다. 물론 그것은 묵시적으로 4항에 포함되어 있었다는 것까지 배제하는 것은 아니다. 그러나 장면 정권에 이어, 박정희 정권 역시 적어도 기록상 위원회를 통해 그 지은 담보 부분의 요구를 공식화하지는 않았다.

집권 당초의 7월의 구상에서는 오히려 적극적으로 제기할 것을 고려하던 박정희 정권이 왜 그 지은 담보 부분을 대일청구권 요구로서 공식화하지 않았는지를 직접 가리키는 자료적 증거는 찾을 수 없다. 그러나 가령 그것을 제기해도 받아들여지는 일은 없었을 것임이 분명해 보인다. 실제 일본은 한반도로부터 반출된 부분과 같이 담보 부분에 대해서도 한국의 요구에 응할 가능성을 차단하고 있었다. 대장성은 그 담보 부분에 관해 조선은행이 그 소유권을 가지는 재산임을 인정하면서도 그것이 일본 내에 소재하는 재산이라는 것, 또 그 채권은 조선은행 청산 후에 그것을 계승한 일본부동산은행으로 인계되었으므로 한국정부가 그에 대해 청구권을 가지는 것이 아니라는 결론을 내리고

있다.[36]

『배상조서』작성 시부터 줄곧 유지되어 온 지금·지은 반환 교섭은 이렇게 최종적으로 끝났다. 한국정부가 일찍부터 그 반환을 준비한 이 요구는 실은 일본정부의 입장과 대항 논리 앞에서 실현하기 어려운 항목이었음은 틀림없어 보인다.

2) 2항 〈1945년 8월 9일 현재 일본정부의 대조선총독부 채무의 변제를 청구함〉

7장에서 논한 바와 같이 한국정부는 5차 한일회담에서 대일8항목요구 2항의 요구 내역에 관해 체신부 관계를 포함한 전체 5개 항목을 제기했다. 그러나 11월 22일 열린 4회 위원회에서 한국은 비록 향후의 상황을 보고 그 토의 여부를 결정한다고 하면서 표면상 제기 '유보'의 형식을 취했으나[37] 사실상 많은 부분의 요구를 철회했다. 정리를 위해 5차 한일회담에서 한국이 제기한 2항의 세부항목들과 6차 회담에서의 최종적인 제기 여부를 비교한 것이 표 8-3이다.

---

36 『日韓請求権問題参考資料未定稿 第2分册』, 106~107쪽. 일본에 소재한 지은에 대해 한국정부의 청구권이 미치지 않는다고 하는 전제에는 조선은행이 일본 법인이며 따라서 그 지은은 일본 법인의 재일재산이므로 한국정부에게는 그것을 청구할 권리가 없다는 것, 또 가령 한국이 그 지은의 반환 논리로서 군정령 33호에 따른 몰수 효력을 내세워도 그 법령의 효력은 남한에만 미치는 것이므로 일본에 있는 재산까지 미치지 않는다는 논리가 깔려 있는 것으로 볼 수 있다.

37 "일반청구권 소위원회 제4차 회의 회의록", 『제6차 한일회담 청구권위원회회의록, 1-11차, 1961.10.27-62.3.6』, 56쪽 ; 「第6次日韓全面会談の一般請求権小委員会第4回会合」, 外務省日韓会談公開文書(문서번호 1214), 3쪽.

표8 - 3 대일8항목요구 2항의 항목 구성과 최종 제기 여부

5차 한일회담에서 제기된 2항의 요구 항목		6차 한일회담에서의 제기 여부
1) 체신부 관계	a) 우편저금, 진체저금, 우편위체 등 b) 국채 및 저축채권 등 c) 조선간이생명보험 및 우편연금 관계 d) 해외 위체, 저금 및 채권 e) 태평양미국육군총사령부포고령 제3호로 인해 동결된 한국 수취금 f) 기타	제기. 단 b)는 5항 일본계유가증권 요구에 이동 또 f)는 유보
2) 1945년 8월 9일 이후 일본인이 한국 내 각 은행에서 인출한 예금액		유보
3) 한국에서 수입된 국고금 중 뒷받침 자금이 없는 세출에 의한 한국 수취금 관계		유보
4) 조선총독부 도쿄사무소 재산		유보
5) 기타		유보

즉 표8 - 3에서 제시한 바와 같이 2항에 관해 결국 6차 회담에서 최종적으로 제기된 것은 사실상 체신부 관계 요구 항목뿐이었다. 이는 박정희 정권 수립 직후의 7월에 이미 입안된 청구권 교섭안 2안에 따라[표8 - 1] 제기된 것을 뜻한다. 5차 회담 시, 체신부 관계 이외의 항목들에 대해 이미 일본정부의 부정적인 견해를 접했던 한국정부로서 그 항목들을 다시 정식으로 제기하는 것은 조속한 해결을 위해 유리하지는 않다는 판단 등을 내린 결과로 봐도 큰 과오는 없을 것이다.

(1) 체신부 관계

a) 우편저금, 진체저금, 우편위체

5차 회담에 이어 6차 회담에서 한국이 제기한 체신부 관계 항목 중의 첫째는 우편저금, 진체저금, 우편위체였다. 한국은 이 문제가 토의된 4회 위원회에

서 동 요구가 1945년 9월 15일 현재 같은 명목으로 대장성 예금부에 남았던 14억 엔 중 한국인이 소유한 부분만을 요구하는 것임을 밝혔다.[38]

일제강점기, 한반도 내에 소재한 우체국을 통해 이루어진 예금 등은 대장성으로 예입되는 제도가 마련되어 있었기 때문에 동 명목들로 이루어진 한국인 개인의 예금들이 일본정부에 대한 채권으로 남게 된 것이었다. 이 요구는 바로 그 자금들에 대한 회수를 뜻한다. 9월 15일을 기한으로 삼은 것은 바로 그 날까지 한반도로부터 일본으로 송금이 계속되었다는 한국 측 발언이 나와 있는 점으로 미루어[39] 광복 후에도 한반도와 일본의 체신부 관계 회계가 그날까지는 일체화되어 있었다는 점에 의거한 것으로 판단된다.

먼저 주의해야 하는 점은 6차 회담에서 박정희 정권이 체신부 관계 항목 중의 첫째 항목에 관해 결국 우편저금, 진체저금, 우편위체라는 세 가지 세부항목에만 요구를 한정한 점이다. 이미 언급한 바와 같이 5차 회담 위원회 토의에서도 직접 거론된 것은 이 세 가지 세부항목뿐이었으나 제기된 제목에는 〈우편저금, 진체저금, 우편위체 등〉과 같이 일단 '등'이 들어가 있었다. 또 5차 회담을 앞두고 장면 정권이 내부적으로 준비하던 체신부 관계 1항의 금액인 1,515,422,485엔[표7 - 1 - 2]은 비록 약간의 오차는 있으나 보다 많은 청구 항목들을 포함한 『배상조서』 등의 값들과 지극히 유사한 금액이었다. 따라서 장면 정권하의 5차 한일회담까지는 한국정부가 체신부 관계 요구를 세 가지 세부항목에만 한정하는 것을 정식으로 결정하고 있었다고 보기는 어렵다. 다시

---

38 이 세부항목에 관한 4회 위원회 토의 내용은 위의 한국문서, 56~60쪽 ; 위의 일본문서, 3~9쪽에서 정리.

39 이 발언은 보다 자세한 사실관계 파악 등을 위해 4회 위원회에서 따로 개최할 것이 합의된 체신부 관계 전문위원회 2회 위원회에서 한국으로부터 나온 발언이나 일본 측 기록에서만 확인할 수 있다. 「一般請求權小委員會臨時小委員會第2回会合」, 外務省日韓会談公開文書(문서번호 1223내), 8쪽.

말해 박정희 정권하의 6차 회담에 이르러 최종적으로 그 세 가지 세부항목으로만 요구 범위를 줄인 것으로 판단해도 무방하다.

더 자세하게 짚어본다면 박정희 정권은 위원회 토의를 앞둔 1961년 10월 시점까지 이들 세부항목과 관련해 5차 회담에서 준비된 1,515,422,485엔을 일단 그대로 유지하고 있었다.[40] 따라서 결과적으로 박정희 정권은 위원회 토의의 단계에 이르러 최종적으로 동 세 가지 세부항목에만 요구를 한정하는 결정을 내린 것으로 판단할 수 있다. 물론 그 이유에서 특별한 정치적인 의미를 찾는 것은 적절하지 않을 것이다. 이들 세부항목은 명목만이 다를 뿐, 모두 체신 사업을 통해 발생한 초과 부분을 일본으로 송금한 것에 따른 대일청구권이라는 의미에서 사실상 같은 성격을 지닌 요구였다. 따라서 대상 항목을 줄인 것은 신속한 교섭 진행 등을 위해 지엽적인 항목들을 제외하고 필요한 총액을 도출하는 데 유익한 주된 항목에만 토의를 집중하기로 한 전략적인 사고로 인한 것으로 보면 될 것이다.

5차 회담에 이어 제기된 요구 내용에 관해 무엇보다 주목되는 것은 6차 회담에서 한국은 그것이 한국인 개인의 청구권임을 밝히면서 사실상 이에 대한 요구 근거를 바꾸었다고 판단되는 점이다. 5차 회담에서 한국은 이들 요구에 관해 한반도에서 이루어진 체신 사업을 통해 생긴 수입, 지출의 차액을 일본 대장성으로 집중하는 제도가 마련되어 있었다는 점을 근거로 이 요구를 '초과금'으로서 제기했다. 심지어 한국은 이 요구 제기에 즈음하여 문제의 성격이 '초과금'이라기보다 개인청구권의 문제라고 지적한 일본에 대해 일부러 그것을 부정했었다. 박정희 정권 역시 6차 회담 청구권 토의에 앞서 당초 작성한 1961년 10월 무렵의 자료에서는 동 항목에 해당하는 〈우편위체, 우편저

---

40   『제6차 한일회담 재산청구권 관계 종합자료집, 1961』, 7쪽.

금, 진체저금, 기타〉를 '초과금'으로 총칭했었다.[41]

다시 말해 한국정부는 6차 회담 위원회 토의에 들어가면서 그 요구 근거를 바꾼 것으로 보인다. 물론 그 이유로는 5차 회담 시, 비록 일본은 그것에 대한 지불 여부의 승인에 대해 직접적인 의사 표시는 하지 않았으나 개인청구권이라는 성격에 기초한 반환에 대해서는 긍정적인 반응을 보이고 있었다.[42] 바로 한국이 요구 근거를 수정한 것은 그에 영향을 받은 것으로 봐도 과오는 없을 것이다. 실제 한국의 요구에 엄격한 잣대를 들이대기 일쑤였던 대장성조차 이 요구에 관해서는 그것을 '초과금'으로 청구하는 것이나 군정령 33호로 인한 몰수 효과에 따라 청구하는 것에 대해서는 부정적인 입장을 보이고 있었으나 한국인 개인의 청구권에 기초한 지불이라면 고려의 여지가 있음을 드러내고 있다.[43] 박정희 정권은 바로 위원회 진행에 즈음하여 일본이 승인할 가능성이 큰 요구 근거를 채택한 것으로 사료된다.

그러나 청구를 '초과금'으로서가 아니라 한국인 개인의 재산청구권으로서 제기하게 됨에 따라 대일청구에 즈음하여 새로운 과제가 생겼다. 그것은 각 개인의 지분으로 청구하게 됨에 따라 바로 한국인 개인의 지분을 따로 산출해

---

41 위의 문서, 7쪽. 단 원문에는 '과초금'으로 표기되어 있다.
42 단 외무성은 6차 회담 개시 전에 이 항목의 지불과 관련해 내부적으로 개인청구권 문제로 하지 않고 총독부 기능에 대한 한국정부의 국가 계승을 인정하고 대장성 예금부에 예입된 부분을 반환함으로써 문제를 일절 한국 측에 이전하는 방안도 실제적인 해결 방안으로서는 검토할 만하다는 인식을 드러내고 있었다. 「日韓請求權問題試案」, 外務省日韓会談公開文書(문서번호 1361), 4~5쪽. 이 검토에는 한국으로 이전하려고 하는 '문제'의 구체적인 내용이 없으나 이 문제가 결국 예금자 개인의 대일재산청구권임을 감안하면 예금자 개인에게 지불하는 데 필요한 번거로운 절차 등을 뜻하는 것이 틀림없다. 즉 외무성이 검토하고 있었던 대장성 예금부 자금의 국가 간 반환 방식 역시 그 지불 인정의 기초가 개인의 재산청구권이라는 점에 있음은 변함이 없다.
43 『日韓請求權問題參考資料未定稿 第2分册』, 140~141쪽.

야 한다는 과제였다. '초과금'에는 당시 한반도에 거주한 일본인 재산도 당연히 포함되어 있었다. 다시 말해『배상조서』이후 5차 회담까지 한국정부가 준비한 관련 해당 요구 항목들은 모두 한일 양국 국민의 지분을 구별하지 않은 수치였던 것이다.

이 문제에 관해서는 4회 위원회 토의 과정에서 자료나 수치상의 조정 등을 위해 따로 체신부 관계 전문위원회를 가지는 것으로 합의하고[44], 보다 구체적인 내용은 그 전문가위원회에서 토의하기로 했다.

1961년 12월 7일 열린 전문가위원회 3회 위원회에서 1945년 9월 15일 현재 동 명목들로 대장성 예금부에 남았던 14억 엔 중, 한국정부가 밝힌 한국인의 지분은 88%이며 총요구액은 1,197,725,743엔이었다.[45] 그 비율 및 액수는 한국인과 일본인의 인구 비율, 계좌 수, 한 계좌당의 저금 잔고 등을 참고로 산출된 것이었다.[46]

한국정부가 밝힌 한국인 지분의 최종 요구 총액 중의 세부 내역과 동 산출의 기초가 된 한일 양국 국민의 지분을 합친 해당 내역들을 정리하면 표8 - 4와 같다.[47]

---

44 일본 측 문서에서는 동 위원회를 '임시위원회'로 표현하고 있다.
45 단 한국 측 회의록에서는 이들 구체적인 수치에 관한 기술이 없으며 3회 체신부 관계 전문위원회에서 한국이 지분 88%, 요구 총액 1,197,725,743엔을 밝히려고 한 사실은 주일대표부의 본국 보고를 통해 확인할 수 있다. "JW - 1207",『제6차 한일회담 청구권위원회회의록, 1 - 11차, 1961.10.27 - 62.3.6』, 100쪽 ;「一般請求權小委員會臨時小委員會第3回会合」, 外務省日韓会談公開文書(문서번호 1223내), 9쪽 ; 13쪽.
46 한국 측 기록에서는 그 상세한 산출 근거를 직접 정확히 파악하는 것이 어려우나 일본 측의 회담 관련 자료에는 한국이 제출한 관련 자료를 통해 그것이 정리되어 있다.「日韓会談における韓国の対日請求8項目に関する討議記録」, 外務省日韓会談公開文書(문서번호 1914), 19~20쪽.
47 한국은 이 산출의 기초가 된 전체 액수를 "위체, 저금 및 세입세출금 잔고표(1945년 9월 말 현재)" 및 그것을 9월 15일자로 환산하는 계산표 등으로 제출하고 있으나 막상 한국

표8 - 4 우편저금, 진체저금, 우편위체에 대한 한국인의 지분액(엔)

구분	한국이 산출한 한국인의 지분	1945년 9월 15일 현재 추정액
우편저금	1,019,633,809	1,158,674,783
진체저금	111,054,064	126,197,800
우편위체	67,037,869	76,179,397
총액	1,197,725,743	1,361,051,980

한국인의 지분 1,197,725,743엔은 물론 총액 1,361,051,980엔에 대한 88%의 비율로 산출된 것이었다. 상술한 바와 같이 당초 박정희 정권도 1961년 10월 시점에서는 이 항목에 대해 장면 정권하의 값인 1,515,422,485엔을 그대로 요구액으로 확인하고 있으므로[48] 결국 한국정부는 위원회 토의에 접어들면서 최종적으로 약 3.18억 엔가량을 줄인 셈이었다.

4회 위원회에서 한국은 한국인 개인의 지분 산출 시에 활용한 자료가 통장이 아니라 원부의 집계에 따른 것임을 밝히고 있다.[49] 해당 예금 관계자의 직접 신고가 아니라 원부에 의거해 산출한 수치인 만큼 한국정부의 요구액은 어느 정도 정확성을 담보한 것으로 보이나 실제 일본정부가 산출한 해당 금액과는 차이가 컸다.

한국정부가 산출한 그 세부항목들에 대해 대장성이 계산한 금액들을 대조한 것이 바로 표8 - 5이다.

주의해야 하는 것은 대장성이 산출한 동 액수는 한반도 전체를 대상으로 한

측 공식 문서에는 첨부되어 있지 않다. 따라서 이는 일본 측 문서, 「一般請求權小委員會臨時小委員會第2回会合」, 外務省日韓会談公開文書(문서번호 1223내), 13~15쪽, 「日韓会談における韓国の対日請求8項目に関する討議記録」, 外務省日韓会談公開文書(문서번호 1914), 18~19쪽 등을 통해 정리했다.
48 『제6차 한일회담 재산청구권 관계 종합자료집, 1961』, 7쪽.
49 위의 문서, 9~10쪽에 게재되어 있는 자료가 그 원부 집계로 보인다.

표8-5 '우편저금, 진체저금, 우편위체'에 관한 한일 양국의 견적액(엔)

구분	한국이 제기한 최종 요구액	대장성이 산출한 한반도 출신자 채권액
우편저금	1,019,633,809	220,221,414
진체저금	111,054,064	148,487,268
우편위체	67,037,869	계수 미비로 산출하지 않았음
총액	1,197,725,743	368,708,682

것이었다는 점이다. 대장성은 구체적으로 산출한 우편저금, 진체저금을 합계한 368,708,682엔에서 남한분만을 산출하기 위해 인구 비율을 근거로 남한 지역의 주민들의 지분을 70%로 간주하고, 약 2억 5,800만 엔[우편저금 약 1억 5,400만 엔 + 진체저금 약 1억 390만 엔]으로 산출, 그에 1961년 8월까지의 이자분 약 1억 9,600만 엔[연 3.96% 반년 복리]을 더한 약 4억 5,400만 엔을 남한 지분으로 견적하고 있다.[50]

즉 대장성이 한국인 지분으로 인정한 총액은 한국정부의 요구의 약 37.9% 가량에 불과했던 것이다. 물론 이 대장성의 견적에는 우편위체 부분이 포함되어 있지 않아, 그 수치만으로 단순히 비교하는 것은 옳지 않다. 또 그것이 산출되지 않았던 것은 자료 부족으로 인한 실무적 어려움에 기인한 것이므로 청구 근거 자체를 부정한 것도 아니었다. 따라서 그것이 한국인 개인의 재산권이라는 같은 성격의 요구인 만큼 동 부분에 관해서도 일본정부가 추가 지불을 인정할 가능성은 컸다.

그러나 대장성이 한국인, 일본인 등의 지분을 합친 1945년 9월 15일자의 추정 잔고로서 이용한 우정국 조사 기록에 의해서도 우편위체 액수는 약 1,671,000엔가량에 불과했다.[51] 그 값은 한국이 요구한 67,037,869엔과 비

---

50 이상 대장성의 산출 과정은 『日韓請求権問題参考資料未定稿 第2分冊』, 141~145쪽.
51 위의 자료, 147쪽.

교해 약 2.5% 정도밖에 되지 않는 터무니없이 작은 액수였다. 따라서 한국 정부가 제기한 약 12억 엔가량의 청구에 대해 일본이 인정한 것은 일본인의 지분도 포함한 우편위체의 추정 잔고를 그대로 다 포함해도 약 4억 5,567만 엔가량으로서 비율로 환산할 경우 여전히 전체 요구액의 약 38.0% 정도에 머무른다. 즉 우편위체를 제외하고 산출한 한일 간의 격차와 사실상 차이가 없다.

이상, 5차 회담 토의의 경험을 바탕으로 한국정부가 개인 재산의 회수라는 논리로 제기한 결과 6차 회담에서는 일단 이 요구가 일본정부에 의해 그 지불을 인정받는 요구 항목이 되었다. 일본정부가 지불 의무를 인정한 것은 이 것이 1항 지금·지은 요구와 같이 식민지 지배의 성격을 문제로 삼거나 또 후술할 항목들처럼 군정령 33호로 인한 법적 효력에 기초한 것이 아니라 단순한 개인 재산의 청구권으로서 제기함에 따른 것이었다. 그러나 그 결과 한국인의 지분 산출 문제가 새롭게 생기고 또 금액 역시 많은 차이가 있었다. 그러한 의미에서 체신부 관계의 첫째 항목은 '청구권'으로서 실현 가능한 항목이면서도 한국이 원하는 액수와는 너무나 거리가 먼 항목이 될 수밖에 없었음은 확실하다.

b) 국채 및 저축채권 등

체신부 관계의 둘째 항목은 〈국채 및 저축채권〉이었다. 5차 회담에서 한국은 이 요구가 우체국에서 보유한 등록국채 및 일본은행이나 일본권업은행의 자금 제공 없이 일본권업은행 발행의 저축채권 회수를 위해 대신 지불한 대불금을 요구하는 것임을 밝혔다.

박정희 정권은 위원회 토의에 앞서 이 항목에 대해 일단 그 요구 액수를 내부적으로 28,809,416엔 = 17,760,000엔[보험적립금으로 인한 보유국채] +

11,049,416엔[저축채권 매입분]으로 정하고 있었다.[52] 그 이유는 분명하지 않으나 수치만을 보고 판단한다면 이 총액은 장면 정권이 작성한 『제문제』에서 규정된 〈1 – 3〉 국채 및 저축채권 매상 또는 상환대금〉[표7 – 1 – 2] 항목 부분을 수정한 것이 확실하다. 즉 『제문제』에서도 그 제목에는 일단 '국채'가 들어가 있었으나 실제로는 수치상, 저축채권 매입 부분에 해당되는 11,049,416엔만이 계정되어 있었다. 박정희 정권은 바로 제목에 따라 저축채권 매입분에 국채 부분을 추가한 것으로 추측된다.

한국정부는 실제 토의가 개시된 6차 회담 4회 위원회에서 동 b)항목 〈국채 및 저축채권〉을 대일8항목요구 5항 중의 일본계유가증권의 문제를 제기할 때 설명한다고 주장하고[53] 결국 2항으로서 제기하는 일은 없었다. 한국이 그 이유를 직접 밝힌 기록은 없으나 그 이유가 결국 이 요구가 5항 일본계유가증권의 문제와 겹치는 데 있었음은 분명하다. 즉 우체국이 보유한 등록국채 및 저축채권은 체신 사업의 일환으로 이루어졌기 때문에 일단 체신부 관계 요구로서 정리되었으나 동시에 이 요구는 소유 유가증권의 상환 문제인 만큼 후술할 5항 일본계유가증권의 문제이기도 했다. 박정희 정권은 신속한 교섭의 진행 등을 위해서도 그것을 따로 구별해 논의할 필요가 없다는 등의 판단에 따라 제기 위치를 변경한 것으로 보인다.

---

52 『제6차 한일회담 재산청구권 관계 종합자료집, 1961』, 7쪽. 단 이 자료에서는 "일본은행 및 일본권업은행의 매입분" 수치는 인쇄가 좋지 않기 때문에 "체신관계대일확정채권상환요구자료조서", 『제4차 한일회담(1958.4.15 – 60.4.19), 청구권 관계자료, 1958』, 804쪽을 참고했다. 또 우체국이 보유한 등록국채의 종류 일람은 『제6차 한일회담 재산청구권 관계 종합자료집, 1961』, 11쪽.

53 "일반청구권 소위원회 제4차 회의 회의록", 『제6차 한일회담 청구권위원회회의록, 1 – 11차, 1961.10.27 – 62.3.6』, 61쪽 ; 「第6次日韓全面会談の一般請求権小委員会第4回会合」, 外務省日韓会談公開文書(문서번호 1214), 10쪽.

대일8항목요구는 그 세부항목에 들어가서 고찰할 경우 원래 항목 간의 구성이 충분히 정리된 것이 아니었다. 그 결과 막판 교섭에 이르기까지 제기 위치 등의 수정이 필요하게 된 것이었다.

c) 조선간이생명보험 및 우편연금 관계

체신부 관계의 셋째 항목인 〈조선간이생명보험 및 우편연금 관계〉는 11월 30일 개최된 5회 위원회에서 주로 토의되었다.[54] 그 석상에서 한국이 최종적으로 제기한 요구 내용은 한반도에 소재한 우체국을 통해 한국인이 간이생명보험 및 연금 가입에 따라 불입한 자금 중 '적립금', '여유금'이라는 두 가지 명목으로 대장성 예금부에 예입된 것을 청구한다는 것이었다.[55] 일제강점기 한반도 소재의 우체국이 다룬 간이생명보험 및 연금 가입에 따라 모인 자금은 다른 우편저금들과 같이 일단 대장성으로 예입되는 제도가 있었다. 따라서 이 요구 역시 보험, 연금 가입에 따라 한국인 개인이 일본정부에 지불한 자금의 환불을 실현하고자 하는 문제였다.

5차 회담에서 한국은 이 요구에 관해 간이생명보험 등, 우체국을 통해 모인 자금 중, 대장성 예금부에 예입된 것을 청구한다고만 설명하고 이 요구를

---

54 이 항목에 관해서는 4회 위원회에서도 약간 언급되었으나 중요한 토의는 5회 위원회에서 논의가 이루어졌다. 5회 위원회 토의의 내용은 "일반청구권 소위원회 제5차 회의 회의록", 위의 한국문서, 89~90쪽 ;「第6次日韓全面会談の一般請求権小委員会第5回会合」, 外務省日韓会談公開文書(문서번호 1215), 3~5쪽에서 정리.

55 당초 한국은 4회 위원회에서 이 항목 요구에 관해 개인이 불입한 보험료 및 연금을 청구한다고만 말하고 적립금, 여유금에 한정하는 방침을 밝히지 않았다. "일반청구권 소위원회 제4차 회의 회의록", 위의 한국문서, 61쪽 ;「第6次日韓全面会談の一般請求権小委員会第4回会合」, 外務省日韓会談公開文書(문서번호 1214), 10쪽. 그러나 요구 범위의 그 한정이 4회 위원회부터 5회 위원회 사이에 이루어졌다고 보는 자료적인 근거도 없으므로 그 발언의 차이에 무게를 두는 것은 타당해 보이지 않는다.

개인청구권의 문제로서 직접 제기하지 않았다. 그러나 6차 회담에서는 한국인이 지불한 것을 요구한다고 말함으로써 그것이 개인이 지불한 것에 따른 한국인 개인의 대일본정부 채권의 요구임을 보다 분명하게 천명했다. 실제 먼저 간략한 요구 내용이 밝혀진 4회 위원회에서 이 요구가 개인의 것임을 언급함에 따라 한국 측 요구 근거가 달라진 것인가를 질문한 일본에 대해 한국은 그것을 긍정하고 있다.[56] 위의 a)항목과 마찬가지로 6차 회담에 이르러 이 요구 근거를 사실상 수정한 까닭 역시 결국 원래 이 요구의 원자가 보험, 연금 제도에 따라 개인이 지불한 재산인 만큼 그것을 직접 개인청구권으로서 제기하는 것이 일본에 대해 호소력이 있다는 판단에 따른 것이었음은 틀림없을 것이다.

그러나 요구를 개인청구권의 문제로 제기함에 따라 이 문제에 관해서도 한국인과 일본인의 지분 구별의 문제가 생기지 않을 수 없었다. 실제 5차 회담 시, 일본은 한국이 제기한 이 항목 요구에 대해 대장성으로 예입된 자금이 반대로 융자 등으로 인해 한반도에 환원되었으며 더욱이 그 속에 포함된 일본인의 지불 자금은 오히려 대한청구권이 될 것임을 암시하고 있었다. 한국은 그에 대해 군정령 33호로 인해 채권만이 귀속되고 채무는 계승되지 않는다는 입장을 피력했으나 일본은 채권과 채무는 일체이며 채권만을 계승하고 채무는 인계하지 않는다는 한국의 주장을 부정할 것을 예고하고 있었다. 이하 보듯이 6차 회담에서 한국정부가 한국인과 일본인의 구별을 도모한 것은 바로 5차 회담에서 본 그와 같은 일본정부의 부정적인 주장에 대비하기 위한 것이었다고 볼 수 있다.

6차 회담에서 한국이 밝힌 총요구액 및 간이생명보험, 우편연금에 관한 적

---

56   위의 한국문서, 61쪽 ; 위의 일본문서, 10쪽.

표8-6 조선간이생명보험 및 우편연금 예금부의 일람표(엔)

구분	간이생명보험	우편연금	합계
적립금	116,945,340	10,164,709	127,110,050
여유금	20,330,000	1,400,000	21,730,000
합계	137,275,340	11,564,709	148,840,050

립금, 여유금의 내역[1945년 9월 15일 현재]들은 표8-6과 같다.[57]

표8-6에서 제시한 수치들은 당시 한반도에 거주한 한국인, 일본인의 보험, 연금 불입금을 모두 합한 것이었다. 따라서 요구를 한국인 개인의 대일청구권으로 제기한 한국정부로서는 산출된 총액에서 한국인의 지분만을 따로 산출해야만 했다. 그를 위해 한국정부는 가입자 수, 월당 보험료, 보험금 등을 감안해 한국인 지분을 91%로 산출했다.[58] 그 결과 합계 148,840,050엔 중, 한국인 지분에 해당하는 135,444,445엔이 한국정부의 최종 요구 액수가 되었다.[59]

박정희 정권이 최종적으로 요구하게 된 이 총액수는 비록 정식 요구 액수는 아니었으나 장면 정권하에서 내부적으로 정리되어 있었던 435,348,503엔[표7-1-2]과 비교해 약 2/3 이상이 감소한 것이었다. 물론 이 감소에는 일본인 지분 부분을 제외해야 한다는 사정이 작용한 것은 자명하다. 그러나 동시에 5차 회담까지 보험적립금 속에 포함되었던 〈한국 내 공공단체 및 계약자 대부

---

57 「一般請求權小委員會臨時小委員會第3回会合」, 外務省日韓会談公開文書(문서번호 1223내), 14쪽. 한국 측 문서에는 수록되어 있지 않다.

58 위의 문서, 15쪽.

59 위원회 토의에서 한국은 직접적으로는 이 항목 요구가 3.22억 엔이라고 언급하고 있다. "일반청구권 소위원회 제4차 회의 회의록", 『제6차 한일회담 청구권위원회회의록, 1-11차, 1961.10.27~62.3.6』, 61쪽 ; 「第6次日韓全面会談の一般請求権小委員会第4回会合」, 外務省日韓会談公開文書(문서번호 1214), 10쪽. 그러나 이 수치는 일본인 지분도 포함한 값이라고 발언하고 있는 점, 또 본문에 표시한 일람표의 수치들과도 격차가 너무 크므로 신빙성 있는 요구액으로 볼 수는 없다.

금〉, 〈지방채권 인수 및 국채보유 지출분〉을 제외한 것이 크게 작용했다. 바로
이들은 한반도에서 모인 자금 중 다시 한반도로 환원된 부분에 해당한다.[60] 즉
박정희 정권은 이 항목 요구와 관련해서도 일본이 이미 그 지불에 대해 부정
적인 견해를 드러낸 부분에 대해서는 미리 그것을 제외하고 제기한 것으로 판
단된다.

한편 일본은 4회 위원회 토의에서 a)항목으로서 제기된 우편저금들과 달리
간이생명보험, 연금 등은 조선특별회계로 처리되어 있었음에 따라 내선일체
가 아니므로 a)항목과는 법적으로 다르다는 인식을 드러냈다. 그러나 한국이
이 요구를 개인청구권으로 제기함에 따라 그 지불에는 원칙적으로 동의하고
있었음은 틀림없다. 실제 대장성은 "한국인 개인 계약자의 청구를 만족시킬
취지로 회계로부터 예금부에 흡수한 금액 중, 한국인에 대응하는 부분을 합리
적으로 산출해서 그 부분의 반환을 고려한다."[61]고 적었다. 비록 조선특별회
계로서 일본 본토의 회계와 일체화되어 있지 않아도, 예금부에 들어간 이상,
이 요구가 a)항목과 같이 결국 개인이 불입한 재산의 환불 문제의 성격을 띤
것은 의심의 여지가 없다. 일본정부가 한국정부의 요구를 받아들이려는 입장
을 보인 것은 바로 이 점을 인정한 결과였음이 틀림없다.[62]

그러나 최종적인 산출 금액에 관해서는 양국 간의 입장 차이가 컸다. 한국
이 요구한 한국인 지분 135,444,445엔에 대해 일본이 한국인, 일본인의 지

---

60 〈조선간이생명보험 및 우편연금 관계〉 중에는 유사한 항목으로서 "우편연금 적립금"이
　　있으며 그 자금 역시 이미 한반도에 환원된 부분들이 포함되어 있었음이 예상되나 자료
　　의 관계상 그 구체적인 수치는 파악하지 못한다.
61 『日韓請求權問題參考資料未定稿 第2分冊』, 172쪽.
62 단, 외무성은 개인청구권 해결 방식 이외에도 기타 군정령 33호로 인한 몰수 효과, 한국
　　정부에 의한 총독부 권한 계승 논리 등에 의거하면서 이 항목에 대한 지불을 인정하고
　　있었다. 「日韓請求權問題試案」, 外務省日韓会談公開文書(문서번호 1361), 7~8쪽.

분을 모두 합한 액수로서 제시한 금액은 1945년 11월 30일 현재 조선간이생명보험 및 연금의 적립금 111,017,343엔과 동 여유금 13,522,033엔, 합계 124,539,377엔이었다.[63] 금액 산출에 대해 외무성은 그 산출 방법이 한국정부의 방법과 같으며, 또 11월 30일자로 한 것에 따른 한국 측 자료와의 시차도 보고 관련의 시간 경과로 생긴 것으로서, 한국이 제시한 9월쯤의 수치로 추정될 것임을 밝히고 있다. 또 한국정부가 제시한 135,444,445엔과의 금액 차이도 대장성으로 도착하지 않고 한국에 남은 것에 따른 것임을 밝히고 이 요구액 자체에 관해서는 한일 간에 그 사실관계에 대한 인식이 같음을 시인하고 있다.[64]

그러나 일단 일본이 제시한 총액 124,539,377엔은 한국인, 일본인 지분을 모두 합한 것이었으며 따라서 최종적으로 일본이 그 지불을 인정한 수치가 아니었다. 일본은 간이생명보험에 대한 한국인의 지분을 82%로, 우체국연금에 대해서는 30%로 견적하여, 91%로 계산한 한국정부의 지분 비율과 큰 차이를 보였다. 더욱이 그 수치는 남북한을 다 포함한 것이었다. 대장성은 남한의 비율을 70%로 보았고, 결국 이 요구 항목에 대해 대장성이 내부적으로 산출한 최종적인 지불 인정 액수는 69,481,000엔과 이자 11,991,000엔[1945년 9월~1961년 8월까지, 이자율은 예금부 보통예금 금리 1% 복리], 합계 약 81,472,000엔이었다.[65]

다만 위원회 토의가 진행되던 1962년 2월, 대장성은 당초 간이생명보험에

---

63 "일반청구권 소위원회 체신부 관계 전문위원회 제4차 회의 회의록", 『제6차 한일회담 청구권위원회회의록, 1 - 11차, 1961.10.27 - 62.3.6』, 133쪽 ; 「一般請求權小委員會臨時小委員會第4回会合」, 外務省日韓会談公開文書(문서번호 1223내), 16쪽.

64 위의 일본문서, 10~11쪽. 한국 문서에서는 이와 같은 일본 측의 상세한 언급은 확인할 수 없다.

65 『日韓請求權問題參考資料未定稿 第2分冊』, 173~175쪽.

8장 대일청구권 요구의 최종 제기와 그 소멸   695

대한 한국인의 지분 비율을 80%로 잡아, 이자 부분을 제외한 원금 부분을 약 6,700만 엔으로 산출하고 있었으므로[66] 그 수치는 그나마 적용 비율을 2% 늘려 다시 산출한 것이었다.

그러나 비록 증가된 수치를 기준으로 생각해도 일본정부 내부에서 거론된 한국인의 지분 및 액수는 한국정부의 요구와 큰 차이를 보였음을 알 수 있다. 다시 말해 이 요구 역시 한국에 대한 지불 자체는 인정되었으나 금액에 관해서는 이자를 포함해도 한국이 요구한 값의 약 60%가량밖에 인정되지 않는 항목이었던 것이다.

d) 해외 위체, 저금 및 채권

체신부 관계의 넷째 항목은 〈해외 위체, 저금 및 채권〉이었다. 이 요구는 한반도 이외의 일본 관할지역에 거주한 한국인의 우편저금, 진체저금, 우편위체, 간이생명보험, 우편연금 및 기타 채권(債券)의 환불을 요구하는 것이었다.[67] 우체국을 통한 저금, 우편위체, 간이보험, 연금 등을 청구한다는 의미에서 그것은 동 a), c)항목과 그 성격이 같았다. 그럼에도 이 항목을 따로 설정한 것은 한반도와 그 이외의 지역을 구별한 결과였다. 다시 말해 항목으로서의 구별은 분류 방법이 지역적인 범위에 기초해서 이루어졌다는 것에 기인한 것이며 요구 근거가 개인재산권이라는 점에서는 국내외를 막론하고 똑같았다.

6차 한일회담에 이르러 한국정부는 당초 이 항목에도 포함되어 있었던 채

---

66 「日韓関係想定問答(未定稿)」, 外務省日韓会談公開文書(문서번호 376), 45쪽.

67 4회 위원회에서의 이 항목에 대한 토의 내용은 "일반청구권 소위원회 체신부 관계 전문위원회 제4차 회의 회의록", 『제6차 한일회담 청구권위원회의록, 1 - 11차, 1961.10.27 - 62.3.6』, 63쪽 ; 「第6次日韓全面会談の一般請求権小委員会第4回会合」, 外務省日韓会談公開文書(문서번호 1214), 13쪽에서 정리.

표8-7 한국이 제기한 해외 위체, 저금 및 채권 세부 내역

세부항목	금액(엔)
우편위체	8,280,921
우편저금	59,185,773
진체저금	2,004,385
간이생명보험	506,914
우편연금	9,805
총요구액	69,987,800

권 문제를 대일8항목요구 5항 중의 일본계유가증권과 같이 토의할 것이라고 밝히고 5차 회담까지 포함되어 있었던 요구 내용을 일부 수정했다. 국채 등 당초 이 항목에 포함되어 있었던 채권들을 제외한 이유는 비록 그것이 해외에서 가지고 들어온 것이라고 하더라도 결국 한국인 개인이 소유하는 유가증권에 대한 상환 요구라는 의미에서 5항의 일본계유가증권 요구와 겹치는 문제였기 때문이었음은 틀림없다. 대일8항목요구는 이 항목에 관해서도 잘 정리된 것이 아님을 노출한 것이었다.

채권들을 제외한 요구로서 한국이 2차 체신부 관계 전문위원회에서 제출한 이 요구의 최종 요구액 및 내역을 정리하면 표8-7과 같다.[68]

6차 회담을 앞두고 박정희 정권은 이 항목의 총액을 70,218,866엔으로 책정했다. 그러나 동 수치는 이 항목으로부터 제외하기로 한 국채 약 231,000엔을 포함한 것이었으며[69] 따라서 실제 제기한 금액과의 차이는 동 국채 부분을 제외한 결과로 생각해도 무방하다.

---

68 「一般請求権小委員会臨時小委員会第2回会合」, 外務省日韓会談公開文書(문서번호 1223내), 16쪽. 표의 수치들은 한국 측 문서에서는 확인되지 않는다.

69 『제6차 한일회담 재산청구권 관계 종합자료집, 1961』, 8쪽. 단 인쇄 불명으로 인해 국채의 액수는 정확히 파악하지 못하고 약 231,000엔으로만 표기했다.

또한 6차 회담에서 한국이 밝힌 액수 중, 우편위체 및 진체저금에도 수정이 이루어졌다. 앞 장들을 통해 확인해온 바와 같이 『배상조서』 이후 5차 회담 시기까지 우편위체는 5,375,299엔, 진체저금은 1,474,155엔이었다. 따라서 이 두 가지 항목에 대해 박정희 정권은 각각 약 290만 엔, 약 53만 엔가량 증액한 것이 확인된다.

이러한 수정이 일어난 이유는 분명하지 않다. 그러나 청구 내역을 제시했을 때, 한국은 이 금액들이 1947년 3월 25일부터 5월 13일까지와 1948년 4월 26일부터 5월 25일까지 두 번에 걸쳐, 신고 접수한 결과를 집계한 것이라고 설명하고 있다.[70] 이 설명은 『배상조서』에 있는 '1949년 4월 15일까지 신고 접수한 것'이라는 기술과는 직접적인 표기 방법이 달라, 똑같은 조사를 뜻하는 것인지는 불명하다. 그러나 같은 조사이건 아니건, 요구액을 산출하는 기초가 된 조사는 대한민국 건국 전후에 이루어진 것이었다. 그럼에도 6차 회담에 이르러 다시 금액이 수정된 것이었다. 『배상조서』 작성 후, 족히 10년 이상의 시간이 흘렀음에도 이와 같은 수정이 다시 이루어졌다는 사실은 그간 산출된 수치들 역시 충분히 검증된 것이 아니었음을 내비치고 있다.

5차 회담 토의 시에 나타난 바와 같이 이 요구는 귀국한 한국인들 중 해당 예금자, 보험가입자들에 대해 한국정부가 향후 지불할 자금을 청구하는 것이었다. 위원회 토의에서는 한국의 이 요구에 대해 일본이 직접 그 지불 의사를 밝히는 등의 기록은 없다.

그러나 일본정부가 이 요구를 수락하는 입장을 취하고 있었음은 틀림없을 것이다. 비록 한국이 직접적으로 국가 간에 처리할 것을 요구해도 그 근거가

---

70 "일반청구권 소위원회 체신부 관계 전문위원회 제3차 회의 회의록", 『제6차 한일회담 청구권위원회회의록, 1-11차, 1961.10.27-62.3.6』, 107쪽 ; 「一般請求權小委員會臨時小委員會第3回会合」, 外務省日韓会談公開文書(문서번호 1223내), 6쪽.

해당 개인에게 지불하는 자금을 청구하는 것이었던 이상, 이 요구는 결국 개인재산에 대한 환불 요구였다는 점에서 일본이 직접 그 지불을 인정한 위의 a), c)항목과 똑같았다. 또한 그것이 일본이 관할한 지역에서 발생한 개인재산에 대한 환불 요구인 이상, 그 청구권의 발생이 한반도 내인지 외인지를 따지는 문제도 아니었다. 사실 대장성도 보유 자료의 한계로 인해 이론적으로도 수치적으로도 자신의 입장을 정리하지 못하고 있다고 적으면서도 "우편저금에 준하고 고려해야 하는 문제"임을 시인하고 있다.[71] 외무성 역시 "일반 일본인의 동종(同種) 청구에 대해서와 동일한 조치를 취해도 된다고 생각한다."고 밝히고 있다.[72]

그러나 현실적인 지불을 위해 반드시 필요한 예금 상황 등의 사실관계 및 금액 파악에 대해서는 어려움이 예상되었다. 청구액과 내역을 제시한 한국에 비해 일본은 군인·군속, 탄광 노무자 등이 맡긴 우편저금에 관한 수치를 제시한 흔적만 있을 뿐,[73] 이 항목에 관한 정확한 자료를 보유하지 않고 있었다. 실제 우체국 행정의 직접적인 관할 부서인 우정성조차 이 항목 관련으로서는 기타 한국인 탄광 노무자 관련의 우편저금 계좌 수, 금액 등만을 파악하고 있는 상태였으며 더구나 그 수치 역시 남북한의 구별도 하지 않은 것이었다.[74] 더구나 위원회 토의에서 일본이 밝힌 바와 같이 창씨개명 등으로 인해 한국인 지분만을 추출하는 작업 역시 어려운 상황이었다.[75]

---

71 『日韓請求権問題参考資料未定稿 第2分冊』, 197쪽.
72 「日韓請求権問題試案」, 外務省日韓会談公開文書(문서번호 1361), 8쪽.
73 이러한 제출의 사실은 한일 양국의 회의록에서는 직접 확인하지 못하고 일본의 청구권 교섭 전체에 대한 상세한 설명 문서에서만 확인할 수 있다. 「日韓会談における韓国の対日請求8項目に関する討議記録」, 外務省日韓会談公開文書(문서번호 1914), 47쪽.
74 위의 문서, 48~49쪽.
75 이 일본 측 발언은 일본 문서에서만 확인 가능하다. 「一般請求權小委員會臨時小委員

즉 동 d)항목에 대해 일본은 그 지불 의무 자체는 인정했다고 풀이된다. 그
러나 청구권으로서 실현하기 위해 반드시 필요한 양국 간의 금액 합의라는 측
면에서는 일본이 인정 금액을 산출하지 못함에 따라 상당한 어려움이 예상되
는 항목이었음을 알 수 있다.

e) 태평양미국육군총사령부포고령 제3호로 인해 동결된 한국 수취금
체신부 관계 중의 마지막 다섯째 항목은 〈태평양미국육군총사령부포고령 제
3호로 인해 동결된 한국 수취금〉이었다. 이 항목에 관해 한국정부는 6차 회담
에서 한국을 제외한 구 일본 관할지역에서 이루어진 우편저금, 진체저금, 우
편위체 및 은급과 관련해 1945년 9월 16일 이후 한국 국내에서 미군정이 대
신 지불한 것을 청구하는 것임을 밝혔다.[76] 이미 언급한 바와 같이 해방 후 한
국에 진주한 미군정은 포고령 3호를 내려, 9월 15일 이후 해외와의 자금 거래
를 금지했다. 그로 인해 9월 16일 이후에는 남한에서 결제를 진행하는 데 필
요한 일본 국내로부터의 송금이나 위체증서 등의 흐름이 단절되었다. 그 결과
9월 16일 이후에는 해외 거래에 기초한 결제가 어렵게 된 것이었다.

7장에서 본 바와 같이 5차 회담에서 한국은 이 포고령 3호에 따른 요구 항
목의 내용과 관련해서 특히 위체 채권을 들어, 지불하지 못하고 있거나 등기
자체가 이루어지지 않고 있는 것을 청구한다고 설명하고, 이 요구가 향후 지
불할 자금을 청구하는 것임을 밝히고 있었다.

會第3回会合」, 外務省日韓会談公開文書(문서번호 1223내), 6쪽.

76 이 항목에 대한 위원회 토의 내용은 "일반청구권 소위원회 체신부 관계 전문위원회
제4차 회의 회의록", 『제6차 한일회담 청구권위원회회의록, 1 – 11차, 1961.10.27 –
62.3.6』, 63~65쪽 ; 「第6次日韓全面会談の一般請求権小委員会第4回会合」, 外務省
日韓会談公開文書(문서번호 1214), 13~16쪽에서 정리.

그러나 6차 회담에 이르러 한국은 어찌 보면 그 요구 내용을 180도 바꾸었다. 즉 한국은 이 요구와 관련해 포고령 3호 발령의 결과 9월 16일 이후 미군정이 이미 대신 지불한 것에 대한 자금 결제가 그 후 이루어지지 않았다고 주장함으로써 동 요구 내용을 각 해당 채권자들에게 이미 지불한 자금의 반환을 요구하는 것으로 제기했다. 쉽게 말해 한국은 요구 내용의 방향성을 향후 지불할 자금의 청구에서 이미 지불한 것에 대한 환불 문제로 탈바꿈한 것이었다.[77] 6차 회담에 이르러 일어난 이와 같은 방향성의 변화 역시 체신부 관계 요구 항목들에 대한 한국정부의 준비 상황이 충분한 것이 아님을 가리키고 있다.

위원회 토의에서는 분명하지 않지만 이 요구의 성립 배경에는 군정령 33호에 따른 일본 재산의 몰수 효력이 그 전제로 깔려 있었다고 판단된다. 즉 적어도 일본정부의 입장에서는 미군정이 대신해서 지불한 자금 자체의 많은 부분은 일본 자산이었다. 그럼에도 한국정부가 이미 지불한 것에 대한 결제가 이루어지지 않았다고 주장한 것에는 미군정이 대신 지불한 자금이 군정령 33호에 따라 8월 9일자로 이미 미군정에 귀속되었으며 따라서 그 자금은 그 시점에서 일본 재산이 아니게 되었다는 논리가 숨어 있었다고 추측된다. 말할 필요도 없이 이 전제 조건이 성립되어야, 8월 9일의 일본 자산 몰수 후에 이루어진 지불에는 그에 맞는 추가적인 자금이 새롭게 제공되어야 한다는 논리가 의미를 갖기 때문이다.

요컨대 한국의 요구는 군정령 33호에 따라 일본인 재산이 몰수로 인해 없어졌으며 따라서 결제를 위해서는 새로운 자금의 제공이 필요했으나 해외 송금

---

77 의문스러운 것은 이러한 수정에도 불구하고 위원회 토의에서는 요구 내용이 바뀐 점에 관한 한일 양국의 의견 교환이 전혀 이루어지지 않고 있는 사실이다. 그러나 회의록을 통해 확인되는 한국정부의 요구 내용은 분명히 수정된 것으로 판단된다.

이 중단됨에 따라 결과적으로 일본정부로부터의 추가 자금 제공 없이 미군정이 대신 지불한 것에 대한 미결제 부분을 청구한다는 것이었다. 실제 한국은 위원회 토의에서 같은 해외 저금 등임에도 불구하고 d)항목과 e)항목을 구별한 이유와 관련해 지불되지 않고 통장을 가지고 있는 것은 d)항목에 속한다고 설명하고 있다.[78]

중요한 것은 한국정부가 6차 회담에서 이 요구를 미군정이 이미 지불한 것에 대한 자금 반환을 요구한다는 것으로 함에 따라 동 요구는 그에 앞서 고찰한 기타 체신부 관계 요구 항목들과 달리 개인청구권의 문제가 아니게 된 점이다. 이것은 미군정이 이미 지불함에 따라 가지게 된 대일채권이며 한국정부가 그것을 이양받았다는 입장에서 제기한 것인 만큼 그것은 한국정부가 직접 일본정부에 대해 가진 청구권 요구였다.

한국정부가 이 항목과 관련해 실제 제기한 총액 및 세부항목들의 내역은 표 8-8과 같다.[79]

한국이 제시한 이 내역은 5차 회담을 앞두고 장면 정권이 준비한 『제문제』 중의 6개 세부항목[표7-1-2] 중, 〈해외 일본관할 우체국 불입 진체저금 미등기 고〉, 〈해외 일본관할 우체국 진출 우편위체 미지불 고〉의 두 항목을 제외한 것이었다.[80] 그들을 뺀 이유는 추측할 수 있다. 그 두 가지 항목은 각각 '미등기 고', '미지불 고'라는 제목으로 미루어, 아직 지불이 이루어지지 않은 부분

---

78 이 발언은 일본정부 문서에서만 확인 가능하다. 「第6次日韓全面会談の一般請求権小委員会第4回会合」, 外務省日韓会談公開文書(문서번호 1214), 14쪽.

79 「一般請求権小委員会臨時小委員会第2回会合」, 外務省日韓会談公開文書(문서번호 1223내), 17쪽. 한국 문서에서는 각 세부항목의 액수는 나오지 않는다.

80 『제문제』에서 우편저금은 31,341,262엔으로 되어 있으며, 6차 회담에서의 요구액 31,241,262엔과 차이가 있다. 그러나 기타 수치가 완전히 일치하고 있는 점으로 미루어, 어느 쪽인가가 잘못 표기된 것에 불과하며 기본적으로 똑같은 금액임이 틀림없다.

표8-8 태평양미국육군총사령부포고 제3호로 인해 동결된 한국 수취금 중의 세부 내역

세부항목	금액(엔)
우편위체	13,731,612
우편저금	31,241,262
진체저금	76,189
연금은급	467,820
합계	45,516,884

에 해당하는 요구 항목으로 보인다. 따라서 6차 회담에서 한국정부가 이 요구를 미군정이 이미 지불한 것을 요구하는 것으로 제기한 이상, 그 세부항목은 원래 이 범주와 맞지 않는 것이었다. 또 한국이 위원회를 통해 실제 제시한 표 8-8의 총액 및 내역은 박정희 정부가 6차 회담 개시 전에 작성한 것으로 보이는 자료에서 정리된 것과 일치하고 있으므로 그 수정은 박정희 정권 출범과 함께 이루어진 것이 틀림없어 보인다.[81]

한국이 제기한 이 요구에 대해 일본은 위원회에서는 그 지불 인정 여부 등에 대한 명확한 입장을 밝히지 않았다. 그러나 내부적으로는 이 요구에 대한 법적인 근거를 인정하지 않음을 밝히고 있었다.[82] 한국의 요구를 인정하지 않는 기초에는 군정령 33호에 대한 일본정부의 입장이 깔려 있었다. 7장에서 상세히 언급한 바와 같이 일본정부는 5차 회담 위원회 토의에서 한일 간의 재산 처리 문제의 핵심인 군정령 33호에 대한 입장을 천명하고 있었다.

---

81 『제6차 한일회담 재산청구권 관계 종합자료집, 1961』, 8쪽. 단 자료 보존 상태가 좋지 않아 일부 수치는 확인이 어렵다.

82 「日韓会談における韓国の対日請求8項目に関する討議記録」, 外務省日韓会談公開文書(문서번호 1914), 50쪽. 단 1961년 가을 시점에는 외무성의 일각에서 이 요구를 인정하는 구상도 존재했음을 엿볼 수 있다. 「日韓請求権問題試案」, 外務省日韓会談公開文書(문서번호 1361), 9쪽.

즉 일본정부는 군정령 33호에서 지정된 '8월 9일'이라는 날짜가 일본인 재산을 미군정에 귀속한 날이 아니라 단지 몰수 대상이 될 수 있는 일본인 재산인지 여부를 결정하는 기준에 불과하다는 것, 따라서 9월 25일에 미군정에 귀속된 일본인 재산은 8월 9일자로 일본인이 소유권을 가지고 있었던 재산 중, 군정령 33호가 실제 발령된 12월 6일까지 한국에 남은 것에 한정된다는 법적 해석을 취하고 있었다.

대장성은 6차 회담에 즈음하여 군정령 33호에 대한 일본정부의 그 공식 해석에 기초해 1945년 12월 6일 이전에 우체국에 있었던 자금은 일본의 자산이며 따라서 12월 6일 이전에 미군정이 지불한 행위는 미군정이 단지 일본정부의 사무 대행을 수행한 것뿐이라는 것, 따라서 미군정이 대신해서 지불했음에 따라 일본정부에게 새롭게 청구권이 생긴다는 한국정부의 해석은 애초 성립되지 않는다는 반론을 준비하고 있었다.[83]

일본정부의 반론은 지불 행위의 성격 문제만이 아니었다. 주목되는 것으로, 이 항목 요구와 관련된 조사를 진행한 우정성은 종전 당시 한반도에 남았던 우체국 자금을 표8 - 9와 같이 집계했다.[84]

우정성의 집계에 따르면 종전 무렵, 한반도에는 약 3억 엔가량의 우체국 관련 자금이 남아 있었으며, 이 총액은 미군정이 대신 지불했다고 해서 한국이 그 반환을 요구한 약 4,550만 엔가량보다 약 7배 가까이 많음을 알 수 있다. 따라서 한국이 요구한 금액은 포고령 3호에 따라 일본으로부터 추가적인 송금이 중단되어도 한반도에 남아 있었던 자금만으로 충분히 지불할 수 있었던 것이다. 따라서 일본이 주장하는 바와 같이 한반도에 남아 있었던 약 3억 엔

---

83 『日韓請求權問題參考資料未定稿 第2分冊』, 199~200쪽.
84 위의 자료, 200쪽.

표8-9 종전 시 한반도에 남았던 우체국 자금의 내역(일본 우정성 조사)

종류	금액(엔)
종전 시 한반도 소재 우체국의 보관 현금	58,739,294
종전 시 한반도 소재 우체국 상호 간의 운송금	244,512,019
합계	303,251,313

가량의 자금이 12월 6일까지 '일본 자금'이었다면 결제가 이루어지지 않았다는 한국정부의 논리는 애초 무너질 수밖에 없었다. 즉 일본정부의 입장에서는 한국이 대신 지불했다고 하는 약 4,550만 엔은 '일본 자금'에서 지불한 대금을 다시 청구하려는 일종의 2중 청구를 뜻하는 것이며 법적으로 일본이 그것을 수락해야 하는 이유는 어디에도 없었다. 따라서 비록 위원회에서는 즉답하지 않았으나 일본정부가 이 세부항목 요구를 거절하는 입장에 서 있었음은 틀림없다.

다시 말해 체신부 관계 요구 중 유일하게 국가 간 채권의 문제였던 이 항목을 일본이 거절함에 따라, 체신부 관계 중 일본이 그 지불을 인정한 것은 모두 개인청구권의 성격을 띤 것이 되었다.

원래 대일8항목요구 2항에는 이상의 체신부 관계 관련 항목 이외에도 〈1945년 8월 9일 이후 일본인이 한국 내 각 은행에서 인출한 예금액〉, 〈한국에서 수입된 국고금 중의 뒷받침 자금이 없는 세출에 의한 한국 수취금 관계〉, 〈조선총독부 도쿄사무소 재산〉 요구 등이 포함되어 있었다. 그러나 6차 회담에서는 결국 이들 요구는 모두 그 제기가 보류되었다. 세부항목에 관해서는 6차 회담 위원회 토의를 끝으로 그 후 교섭이 이루어지는 일도 없었으므로 6차 회담에서 유보된 이들 항목은 최종적으로 한국정부의 정식 요구에서 철회되었다고 평가해도 과언이 아니다.

위원회에서 이들 항목의 제기 보류를 밝힌 한국 역시 그 이유에 관해서는 직접 밝히지 않았다. 그러나 그 이유는 쉽게 상상할 수 있다. 7장에서 고찰한 바와 같이 5차 한일회담에서 이미 일본은 이들 요구에 대해 부정적인 견해를 피력하고 있었다. 즉 이 항목들은 법적으로 그 요구를 관철하기 어려운 항목들이었다. 한국정부가 6차 회담에 이르러 최종적으로 이들을 제기 유보 대상에 부친 것은 신속한 회담 진행을 위해서도 바로 일본정부의 부정적인 견해를 염두에 두어야 하는 사정을 반영한 결과로 보인다.

바로 이와 같은 맥락에서 이해할 수 있을 것으로 보이나 동 2항의 토의가 진행되고 있었던 1961년 11월 말쯤, 한국정부 내부에서는 비록 미세한 움직임이었으나 새로운 요구 항목에 대한 건의가 이루어지고 있었다. 1961년 11월 25일 당시 중앙정보부는 김종필 부장 명의로 외무장관에게 전전 조선총독부가 일본의 제작회사에 발주하고 그 대금을 지불한 국철용 광궤(廣軌)차량 1,000량이 종전으로 인해 그대로 납품되지 않았다는 정보를 수집하면서 이 문제를 한일회담에서의 요구 항목에 집어넣을 것을 제기하고 있다.[85]

총독부 채권을 인계했다고 하는 해석에 서는 한국정부에게 이 요구는 바로 총독부의 대일채권의 일종이라고 볼 수 있으며 그만큼 동 2항 〈1945년 8월 9일 현재 일본정부의 대조선총독부 채무의 변제를 청구함〉에 포함하기에 마땅한 항목이었다. 그러나 중앙정보부가 제기한 그 건의가 실제 한일회담에서 거론된 일은 없었다. 자료상 그 이유 역시 분명하지 않다. 그러나 가령 중앙정보부가 수집한 정보가 사실이라고 하더라도 이미 조기 타결을 지상명제로 삼고 있었던 박정희 정권에게 그 이전에 없었던 새로운 항목을 추가하는 것은 오히려 실무 교섭을 지연하는 일이 아닐 수 없었다.

---

85 "중정시 590, 한일회담 재산 청구권 자료", 『제5차 한일예비회담 일반청구권 소위원회 회의록, 1 - 13차, 1960 - 61』, 403쪽.

2항 중 제기 유보 대상이 된 항목들과 함께 그 시기 한국정부 내부에서 제기된 새로운 항목의 추가 건의가 결국 받아들여지지 않았던 것은 실무 교섭의 신속한 진행이라는 정치적인 요구가 우선시된 결과로 추측해도 큰 과오는 없을 것이다.

3) 3항〈1945년 8월 9일 이후 한국으로부터 이체 또는 송금된 금원의 반환을 청구함〉

7장에서 논한 바와 같이 5차 한일회담에서 한국정부가 제기한 대일8항목요구 3항에는 일단 세 가지 항목이 존재했다. 5차 회담에서 한국이 제기한 그 항목들에 대해 6차 한일회담에서 한국정부가 최종적으로 취한 입장을 정리하면 표8 - 10과 같다.

결론적으로 이 3항은 그 첫째 항목이 5항의 일본계유가증권으로 옮겨지고 또 둘째 및 셋째 항목이 제기 유보 대상이 되었다. 그에 따라 동 3항은 그 표면적인 모습과 달리 실질적으로는 독립된 항으로서의 의미를 상실하게 되었다.

표8 - 10 대일8항목요구 중 3항의 항목 구성과 최종 제기 여부

5차 한일회담에서 제기된 3항의 요구 항목	6차 한일회담에서의 입장
1) 8월 9일 이후 조선은행 본점으로부터 재일본 도쿄 지점으로 이체 또는 송금된 금원	5항 일본계유가증권에서 제기
2) 8월 9일 이후 재한금융기관을 통해 일본으로 송금된 금원	제기 유보
3) 기타[구체적인 요구 내용은 없음]	제기 유보

(1) 8월 9일 이후 조선은행 본점으로부터 재일본 도쿄 지점으로 이체 또는 송금된 금원

5차 한일회담에서 이미 한국정부가 밝혔듯이 이 항목 요구의 실질적인 대상은 1945년 8월 25일자로 조선은행 본점에서 조선은행 도쿄 지점으로 이관된 일본국채의 상환 문제였다.

그러나 5차 회담에서 일단 제기된 이 〈8월 9일 이후 조선은행 본점으로부터 재일본 도쿄 지점으로 이체 또는 송금된 금원〉 요구에 대해 한국정부는 12월 15일 열린 7회 위원회에서 대일8항목요구 5항 중의 첫째 항목인 일본계 유가증권의 토의에서 같이 다룰 것을 밝힘으로써[86] 이 항목이 3항으로서 따로 논의되는 일은 없었다. 물론 그 이유가 이 요구 역시 5항 중의 일본계유가증권으로서 제기되는 기타 증권들과 기본적으로 같은 논리를 가진 요구였다는 점에 있음은 덧붙여 말할 필요도 없다.[87]

(2) 8월 9일 이후 재한금융기관을 통해 일본으로 송금된 금원

이어 동 3항 요구에 포함된 둘째 항목인 〈8월 9일 이후 재한금융기관을 통해 일본으로 송금된 금원〉은 한국에 있었던 금융기관을 통해 재한일본인들이 일본으로 송금한 금원의 반환을 요구하는 것이었다.

그러나 6차 회담에서 한국은 이 요구의 제기를 이유도 없이 유보했다.[88] 5차

---

86 "일반청구권 소위원회 제7차 회의 회의록", 『제6차 한일회담 청구권위원회회의록, 1~11차, 1961.10.27~62.3.6』, 144쪽 ; 「第6次日韓全面会談の一般請求権小委員会 第7回会合」, 外務省日韓会談公開文書(문서번호 1217), 8쪽.

87 장면 정권 당초까지는 조선은행 본점으로부터 도쿄 지점으로 이관된 금원 중에는 기타 송금 231,892,094엔이 계정되어 있었다. 『韓日會談의 諸問題』, 78~79쪽. 그러나 결국 이것 역시 제기되지 않았다.

88 "일반청구권 소위원회 제7차 회의 회의록", 『제6차 한일회담 청구권위원회회의록,

회담에서도 한국이 이 요구 근거를 정확히 설명한 기록은 없다. 결국 이 항목은 한일교섭에서 한 번도 제대로 토의되는 일 없이 사라진 항목이 되었다.

6차 회담 위원회 토의에서도 한국은 이 항목을 제기 유보로 하는 이유를 직접 설명하지 않았다. 그러나 그 이유 역시 상상하기 쉽다. 즉 이 요구는 재한 일본인 자산의 동결, 해외 거래 금지 및 그 자산을 미군정이 취득하는 것을 명령한 미군정의 일련의 법령들을 일본인들이 위반했다는 것에 기반을 둔 것이었다.

그러나 그 논리의 기초에 깔려 있던 미군정 발령의 법령들에 대해 일본정부는 이미 5차 회담 위원회 토의에서 그 효력을 엄격히 제한하는 입장을 천명하고 있었다. 대장성은 그것을 기초로 이 항목에 대한 한국정부의 요구를 거절하는 이유를 다음과 같이 정리하고 있다.

즉 한국이 제기한 이 요구에 대해 군정령 33호의 발효가 12월 6일 이후이므로 재한일본인들이 그 이전에 송금한 것을 반환해야 할 의무는 없다. 9월 25일자의 군정령 2호가 송금을 금지했다고 하더라도 12월 6일까지 이루어진 송금은 미군정하에서 진행된 행위이며 일본정부가 그 책임을 져야 하는 문제가 아니다. 또 일본으로의 송금은 현실적으로 진체 형식으로 이루어진 것인 만큼 현금 이동이 없었으며 따라서 실질적으로는 환 거래상, 오히려 일본 내의 금융기관들이 한국 소재의 금융기관들에 대해 채권을 가진다. 그럼에도 그 채권을 소멸한 것으로 간주하면서 그 한편으로 송금 행위만을 문제로 삼는 것은 일방적이며 납득하지 못한다.[89]

6차 회담에서는 한국이 이 항목 요구를 제기 유보한 결과 대장성이 정리한

1-11차, 1961.10.27-62.3.6』, 144쪽 ;「第6次日韓全面会談の一般請求権小委員会 第7回会合」, 外務省日韓会談公開文書(문서번호 1217), 8쪽.

89 『日韓請求権問題参考資料未定稿 第2分冊』, 254~255쪽.

이 거절 이유가 직접 위원회에서 밝혀지는 일은 없었다. 그러나 한국이 정식으로 이 항목을 제기했더라도 그 결과는 불 보듯 뻔했다.

다시 말해 6차 회담을 맞이해 한국정부가 이 항목을 유보한 것은 5차 회담에서 이미 일본이 보인 미군정 관련의 일련의 법령에 대한 입장을 고려한 결과로 풀이된다. 경제개발을 위해 신속한 교섭 타결을 우선시해야만 했던 박정희 정권에게 그들 법령에 대한 양국의 입장 차이를 좁힐 시간적 여유는 없었다.

이어 6차 회담에서도 일단 표면적으로 제기되었던 셋째 세부항목 〈기타〉와 관련해 구체적인 요구 항목이 제기되는 등의 일은 없었다. 이로 인해 대일8항목요구 중 하나의 독립 항으로서 크게 제기되었던 이 3항은 결국 한일교섭에서 실질적으로 단 한 번도 그 존재 이유를 발휘하지 못하고 사라졌다. 다시 말해 결국 대일8항목요구는 최종적으로 '8항' 요구가 아니었던 것이다.

4) 4항 〈1945년 8월 9일 현재 한국에 본사, 본점, 또는 주된 사무소가 있었던 법인의 재일재산의 반환을 청구함〉

5차 한일회담에서 한국정부가 제기한 대일8항목요구 4항 〈1945년 8월 9일 현재 한국에 본사, 본점, 또는 주된 사무소가 있었던 법인의 재일재산의 반환을 청구함〉은 사실상 두 가지 주된 항목으로 구성되어 있었다. 즉 그것은 첫째 항목 〈연합국최고사령부 폐쇄기관령에 의하여 폐쇄 청산된 한국 내 금융기관의 재일지점 재산〉과 둘째 항목 〈SCAPIN 1965호에 의하여 폐쇄된 한국 내 본점 보유 법인의 재일재산〉이었다. 그러나 이 구성은 편의상 구별된 것에 불과하며 그 요구 근거 자체에 별 차이가 있는 것은 아니었다.

즉 이 통일된 요구 근거는 일제강점기에 본사 등의 주된 사무소를 한반도에

표8-11 대일8항목요구 중 4항의 항목 구성과 최종 제기 여부

5차 한일회담에서 제기된 4항의 요구 항목	6차 한일회담에서의 입장
1) 연합국최고사령부 폐쇄기관령에 의하여 폐쇄 청산된 한국 내 금융기관의 재일지점 재산	그대로 제기. 단 요구 근거의 무게에 약간 차이가 생겼음
2) SCAPIN 1965호에 의하여 폐쇄된 한국 내 본점 보유 법인의 재일재산	
3) 기타[구체적인 요구 내용은 없음]	유보

둔 법인의 재일재산을 청구하려는 것이었다. 같은 성격의 요구인데도 두 가지 범주로 나누어진 이유는 SCAPIN 74호 등으로 인해 폐쇄, 청산이 진행된 법인과 SCAPIN 1965호 등의 적용에 따라 재외활동이 금지된 재외회사라는 두 가지 종류가 있었기 때문이다.

이하 고찰하는 바와 같이 약간의 역점 차이가 생겼다고 해석되지만 5차 회담 시, 한국이 제기한 요구 내역 및 근거는 기본적으로 6차 한일회담에서도 그대로 유지되었다고 판단할 수 있다.

또 표면적으로 포함된 셋째 항목 〈기타〉에 대해서는 5차 회담에 이어 결국 6차 회담에서도 구체적인 논의가 이루어지지 않았다. 이상 5차 회담에서 한국정부가 제출한 4항의 요구 항목과 그에 대해 한국정부가 6차 회담에서 취한 입장을 먼저 정리하면 표8-11과 같다.

6차 회담에서 4항은 11월 30일 개최된 5회 위원회부터 12월 15일의 7회 위원회까지 세 차례에 걸쳐 토의되는 등, 청구권 토의의 마지막 무대가 된 6차 회담에서도 크게 다루어졌다.

한국은 5차 회담에서 이 4항의 요구 근거에 관해 다음과 같이 설명했다. 즉, 그 현물 및 주주가 어디에 존재하든, 대상 법인의 일본인 소유 주식은 그 물리적인 소재지와 상관없이 군정령 33호로 인해 모두 미군정이 취득했다. 그 후 동 주식은 모두 한국정부가 이양받았으며 그 결과 현재 한국정부가 해

당 법인에 대한 주주권을 행사하고 있다. 그리고 주식이 귀속된 결과 한국정부가 본점의 소유권을 행사하게 되었으며 그에 따라 지점 재산 역시 한국정부에 귀속되었다.

즉 한국은 폐쇄기관 및 재외회사의 본점 또는 주된 사무소의 소유자가 한국정부라는 입장을 전제로 하면서 그 위에 지점 재산은 본점에 속한다는 일반사법상의 원칙을 가미하고 본점이 한국정부의 소유물이 된 이상, 그 해당 법인의 재일재산 역시 한국정부에 귀속된다는 논리를 내세운 것이었다.

그러나 한국정부는 6차 회담에서 이와 같은 요구 근거의 역점을 약간 수정했다. 5회 위원회에서 한국은 폐쇄기관 및 재외회사의 재일재산 청구 근거와 관련해 그것을 군정령에 따른 주식의 귀속 결과라기보다 원래 그 해당 법인이 한국 법인이라는 점을 강조하게 되었다. 한국이 새롭게 역점을 둔 논리는 다음과 같았다. 즉 한반도에 있었던 일본 관련 법인들은 일본 본토와 법역을 달리하고 한국에서만 적용되는 법률에 기초해서 한국에 본사 등을 두었으므로 한국 법인이다. 또 지점 재산은 본사에 귀속되는 것이 통례이므로 일본에 있는 재일재산은 한국 법인의 재산이다. 법인의 국적은 주주 등의 국적과 상관없으며 따라서 해당 법인의 주주들의 국적과 상관없이 재일재산은 한국 법인의 재산이다.[90]

즉 군정령 33호로 인해 일본인 지분의 주식 모두가 한국정부로 이양되며 해당 법인들의 본점들이 한국정부에 귀속된 결과 그 재일지점 재산 역시 한국정

---

90 이와 같은 한국의 견해는 5회 및 6회 위원회에서 전개되었다. "일반청구권 소위원회 제5차 회의 회의록", "일반청구권 소위원회 제6차 회의 회의록", 『제6차 한일회담 청구권 위원회회의록, 1 - 11차, 1961.10.27 - 62.3.6』, 각각 92~94쪽, 113~114쪽 ; 「第6次日韓全面会談の一般請求権小委員会第5回会合」, 外務省日韓会談公開文書(문서번호 1215), 8~11쪽, 「第6次日韓全面会談の一般請求権小委員会第6回会合」, 外務省日韓会談公開文書(문서번호 1216), 3~4쪽에서 정리.

부에 귀속된다는 논리에 역점을 둔 5차 회담 시와 달리, 한국정부는 6차 회담에 들어가서, 33호에 따른 귀속 여부와 상관없이 해당 법인이 원래 한국 법인이라는 점에 동 재일지점 재산 요구 근거의 핵심을 둔 것이었다.

위원회 석상에서 이 요구 근거를 들은 일본은 5차 회담에서 한국이 군정령 33호에 따라 청구한다고 하던 입장을 바꾼 것이냐고 따졌다. 그에 대해 한국은 5차 회담에서도 군정령 33호에 따라 요구한다고는 하지 않았다고 말하면서 요구 논리를 수정했다는 것 자체는 부정했다. 실제 5차 회담 위원회 토의에서도 한국은 폐쇄기관 및 재외회사가 8월 9일 이전부터 원래 한국 법인이었다는 견해를 이미 밝히고 있었다.[91] 따라서 6차 회담에서 요구 근거 자체를 수정했는지 여부를 물은 일본 측 질문에 대해 그것을 부정한 한국의 말 자체는 완전히 거짓은 아니었다.

그러나 5차 회담에서 한국은 재일지점 재산을 요구하는 데 필수적인 논리로서 한반도에 소재한 본점의 한국 귀속 근거에 관해서는 군정령 33호로 인해 일본인 보유의 주식들이 한국정부로 이양된 것이라고 강조하고 있었다. 그 점을 상기한다면 6차 회담에 이르러 재일재산의 귀속 근거와 관련해 해당 법인이 원래 한국 법인이며 그에 따라 군정령 33호의 효력과 상관없이 그 재일재산이 한국에 귀속된다는 논리를 보다 부각한 점은 그 요구 근거의 역점에 변화를 주기 위한 것이라고 생각해도 무방할 것이다.

추측컨대 6차 회담에서 한국정부가 그 역점을 바꾼 이유는 군정령 33호에 따른 효과를 강조하는 입장을 상대적으로 희석할 필요가 있다고 판단했기 때문으로 보인다. 즉 그 변화에는 5차 회담에서 이미 일본이 내세웠던 군정령

---

91 이와 같은 견해는 일본 문서에서만 확인할 수 있다. 「第5次日韓全面会談子備会談の一般請求權小委員会の第11回会合」, 外務省日韓会談公開文書(문서번호 93), 18~19쪽.

33호에 대한 해석 문제가 깔려 있었다.

일본은 5차 회담에서 이미 군정령 33호에 의한 몰수 효과가 미군정 당국의 관할지역, 즉 남한에 소재한 것에만 한정된다는 법적 해석을 천명하고 있었다. 그에 따라 일본에 소재한 재일재산의 귀속 근거를 군정령 33호에서 찾는 것은 어렵다는 것이 이미 분명해지고 있었다. 한국이 군정령 33호의 효력과 무관하고 해당 법인이 원래 한국 법인이었다는 논리를 보다 분명히 한 것은 5차 회담 시에 나타난 이와 같은 일본정부의 논리를 회피할 필요가 있다고 판단한 결과로 보인다.

그러나 6차 회담에서 나타난 이 역점 변화 역시 일본에 별로 주효하지는 않았다. 일본은 12월 7일 개최된 6회 위원회 벽두에서 진행한 연설을 통해 동 4항에 대한 한국정부의 역점 변화를 봉쇄하는 조치를 취했다.[92] 그 핵심은 사유재산 존중의 원칙이었다. 일본은 그 연설에서 다음과 같이 밝혔다. 국제법 적으로 사유재산 존중은 확립된 원칙이며 영역의 분리 전후에도 해당 지역에 존재한 사유재산은 아무런 영향을 받지 않는다. 신 영유국은 사유재산을 존중해야 한다. 따라서 독립을 이유로 해당 법인의 재산 소유권이 한국정부로 이관되었다는 주장은 애초 성립되지 않는다. 또 해당 법인의 국적이 어느 국가에 있건, 법인의 재산은 법인 자체로, 또 궁극적으로는 해당 법인의 구성원인

---

92 일본정부의 입장을 밝힌 연설문은 「第6次日韓全面会談の一般請求権小委員会第6回会合」, 外務省日韓会談公開文書(문서번호 1216), 15~19쪽에 수록. 한국문서에는 별 첨했다는 기록만 있다. "일반청구권 소위원회 제6차 회의 회의록", 『제6차 한일회담 청구권위원회회의록, 1-11차, 1961.10.27-62.3.6』, 113쪽. 7일 밝혀진 일본정부의 입장에 관한 보다 자세한 논리는 외무성 조약국 법규과 및 대장성 이재국 외채과 작성의 문서를 통해 확인할 수 있다. 외무성 조약국 법규과 작성 문서 및 대장성 이재국 외채과 작성 문서는 각각 『日韓請求権問題参考資料未定稿 第2分冊』, 274~287쪽 ; 288~291 쪽에 수록.

주주들에게 귀속되는 것이므로 국적 변경을 이유로 한국정부가 그 재산을 요구할 수 있는 근거는 존재하지 않는다.

즉 일본정부는 해당 법인이 한국 법인이라는 것에 반환 근거의 역점을 둔 한국의 논리에 대하여 사유재산 존중의 원칙을 내세워, 법인의 국적 여하와 재산 귀속의 관련성을 절단함으로써 한국정부의 취득 권리를 원천적으로 봉쇄한 것이었다.

또한 일본은 같은 연설에서 한국이 다시 군정령 33호의 효력을 강조하는 방향으로 회귀하는 길 역시 미리 차단하기 위해 다음과 같이 말했다. 한국정부가 해당 법인의 주식을 보유하고 그 주주권에 기초해서 재일재산의 반환을 요구한다고 하더라도 군정령 33호는 국제법상 정당한 보상도 없이 이루어진 외국인 소유의 사유재산 몰수(confiscation)에 해당하는 것이며 그와 같은 법령의 효과는 한 나라의 관할권이 미치는 영역에만 한정된다. 따라서 그 밖에 있는 재산에까지 그 효과가 미치는 일은 없다는 것이 확립된 원칙이다. 실제 33호 역시 "미 군정청의 관할 내에 있는 재산(property located within the jurisdiction of this command)"이라고 규정하고 있으며 미군정이 그 관할 밖에 있는 재산까지 취득했다고 생각하는 것은 불가능하다. 실제 일본정부에 그 청산을 명한 SCAP 지시는 종래의 주주관계를 전제로 하고, 그 주식이 한국정부의 소유가 되었다는 것을 인정하지 않은 채, 재외재산과 일본 국내 소재의 재산을 분리해, 일본 국내 소재의 재산에 대해서만 그 청산을 지시했다. 다시 말해 재일재산의 청산은 그것을 한국의 재산으로 간주하는 입장에서 처리되지 않았으며 그 사실로 인해 이들 법인의 재일재산은 미 군정청이 취한 조치와 전혀 상관없다는 것이 분명하다. 따라서 미군정의 관할 범위 밖에 소재한 재일재산에 대해 한국이 그 소유 권리를 획득했다고 주장할 수 있는 근거는 없다.

즉 일본은 5차 회담에서 한국이 밝힌 군정령 33호로 인한 몰수 효과를 동반환 요구의 기초로 재활용하려는 가능성에 대해 그 효력이 지역적으로 한정된다는 것을 부각함으로써 한국이 그 논리로 다시 회귀하는 것까지 미리 봉쇄한 것이었다.

이에 따라 한국정부의 논리는 진퇴양난에 빠졌다. 즉 해당 법인이 원래 한국 법인이라는 논리로 밀고 나가는 것도, 또 군정령 33호의 효력에 회귀하는 것도 차단된 것이었다. 한국은 12월 15일 열린 다음 7회 위원회에서 다시 해당 법인이 한반도에서만 적용되는 법으로 성립된 것이므로 한국 법인이며, 특히 조선은행은 구 한국은행을 계승한 법인이라는 점을 강조했다. 아울러 군정령 33호 해석에 관해서도 일본정부의 해석에 따르면 그 지령으로 인해 오히려 해당 법인이 소유권을 상실하게 되는 결과가 되며 그것은 명문상으로도 근거가 없는 데다 일본적 요소를 한반도에서 불식하려고 한 군정령의 목적과도 상반된다는 것, 또 폐쇄, 청산 등의 SCAP 조치는 해당 기관이 전쟁 협력 기관이었다는 등의 이유로 내려진 것이며 일본의 이득을 보장하려는 의도로 이루어진 것이 아니었다는 등의 보완 논리를 마련해 재반론을 시도했다.[93]

그러나 한국이 제기한 반론은 사유재산의 귀속과 국가의 취득 권리를 분리하는 논리나, 군정령 33호의 효력이 재일재산에까지 미칠 수 없다는 일본정부의 논리의 핵심 부분을 정면으로 반박한 것이 아니었다. 따라서 한국이 시도한 그 반론은 일본정부의 거절 논리를 뒤집어, 일본으로 하여금 한국정부의 요구를 승인하게 만드는 효과를 거두지 못했다.

한편 한국은 최종적인 교섭의 장이 된 6차 회담에서도 결국 이 항목에 관한

---

93 "한일회담에서의 한국 청구 제4항에 관한 한국 측의 주장", 『제6차 한일회담 청구권위원회회의록, 1-11차, 1961.10.27-62.3.6』, 163~164쪽 ; 「第6次日韓全面会談の一般請求権小委員会第7回会合」(1217), 별첨1, 1~4쪽.

정식 요구액을 밝히지 않았다. 기타 항목들과 비교해도 요구 근거에 관해서는 심층적인 토의가 전개된 동 4항에 관해 정식 요구액을 밝히지 않았던 원인은 한국정부 내부의 준비 상황에 따른 것으로 봐도 과오는 없을 것이다. 즉 한국정부 자신이 6차 회담까지 동 항에 관한 정확한 요구 수치를 견적하지 못했던 데에 기인한 것으로 풀이된다.

실제 6차 회담 위원회 토의에 들어가기 전에 박정희 정권은 일단 첫째 항목인 폐쇄기관의 재산과 관련해 1945년 9월 30일자로 합계 약 468,000,000엔 가량을 책정하고 있었다.[94] 또 둘째 항목인 재외회사와 관련해서도 1952년 1월 3일자로 GHQ로부터 받은 통보의 수치인 1951년 12월 15일 현재로 청산된 15개 회사에 대한 한국인 채권액 25,757,730엔을 계정하고 있었다.[95] 그러나 이들 액수는 조사 시기만을 보더라도 지극히 한정된 것에 불과함을 쉽게 알 수 있다.

6차 회담을 앞두고도 이와 같은 잠정적인 수치만이 거론되고 있었다는 사실은 막판 교섭에 이르러서도 한국정부 내부에서는 일본에 제기할 만한 신빙성 있는 요구액을 산출하지 못했음을 암시하고 있다. 다시 말해 4항 요구는 그 반환 근거와 더불어 금액에 관해서도 일본을 납득시킬 만한 준비를 거쳐 제기된 것이 아님을 알 수 있다.

그러나 이러한 사실은 4항과 관련된 재산이 전혀 반환될 가능성이 없었음

---

94 『제6차 한일회담 재산청구권 관계 종합자료집, 1961』, 18~19쪽. 단 이 자료의 인쇄 상태가 좋지 않아 정확한 수치 확인은 어렵다. 또 박정희 정권하에서는 한국정부 요구의 주요 항목의 하나였던 '1945년 8월 9일 이후 조선은행 분점에서 도쿄 지점으로 이체된 유가증권' 등, 조선은행 보유의 유가증권 문제가 조선은행의 재일재산으로서가 아니라 대일8항목요구 5항의 일본계유가증권 문제로서 다루어지게 되었으므로 동 수치에는 이들 요구가 포함되지 않았음이 명시되어 있다.

95 위의 문서, 31쪽.

을 뜻하는 것은 아니었다. 일본은 위원회에서 밝힌 입장, 즉 법인 재산은 궁극적으로 주주들에게 귀속된다는 논리에 따라 폐쇄기관 및 재외회사의 청산에 따른 잔여 재산 중, 한국인 주주들에게 돌아가는 분배금 약 29,478,000엔과 이자 8,834,000엔[공탁 시기가 다양하므로 일단 1955년 이후 6년간을 대상으로 연 5%(민사 법정)로 계산], 합계 38,312,000엔을 보관하고 있었다.[96]

따라서 한일교섭이 '청구권'으로서 타결되었다면 4항과 관련된 요구는 일본이 준비한 이 금액이 반환되는 것으로 끝났을 가능성이 컸다고 판단해도 큰 과오는 없을 것이다.

5) 5항 〈한국 법인 또는 한국 자연인의 일본국 또는 일본 국민에 대한 일본국채 · 공채, 일본은행권, 피징용 한인의 미수금, 보상금 및 기타 청구권의 변제를 청구함〉

대일8항목요구 5항 토의는 1961년 12월 15일 개최된 7회 위원회부터 시작되었다. 위원회에서 한국은 다시 5항의 요구 내역을 밝혔다. 거기에는 일부 표기에 차이가 났으나 그 구성 자체는 기본적으로 5차 한일회담에서 한국정부가 제출한 동 5항과 같은 것이었다. 그러나 세부적인 차원에서는 변화가 일어났다.

먼저 5항의 항목 구성과 5차 회담에서의 토의 상황, 그리고 그에 대해 6차 한일회담에서 한국정부가 최종적으로 제기한 내용을 정리하면 표8 - 12와 같다.

---

96 『日韓請求權問題參考資料未定稿 第2分册』, 263쪽.

표8-12 5항의 항목 구성과 최종 제기 여부

5차 한일회담에서 제기된 5항의 요구 항목	5차 한일회담 시 토의 진행 상황	6차 한일회담에서의 제기 내용
1) 일본계유가증권	토의	제기. 요구 액수 증가. 단 일반주식은 6항에 이동했음
2) 일본계통화	토의	제기. 단 통화의 요구 범위를 한정
3) 피징용 한국인 미수금	토의	그대로 똑같이 제기
4) 전쟁으로 인한 피징용자 피해에 대한 보상	토의	제기. 단 대상 인원수, 금액 등에 차이
5) 한국인의 대일본정부 청구 은급 관계 기타	토의되지 않음	은급과 기탁금 요구로서 제기
6) 한국인의 대일본인 또는 법인 청구	토의되지 않음	생명보험회사에 대한 요구만 제기
7) 기타[97]	토의되지 않음	제기되지 않았음

(1) 일본계유가증권

5항의 첫째 항목은 일본계유가증권이었다.[98] 7회 위원회에서 한국이 구체적으로 제기한 요구 내용은 조선은행, 조선식산은행 등의 한국 관련 법인이나

---

97 이 위원회에 관한 한일 양국의 회의 기록에서는 마지막 일곱 번째 세부항목 〈기타〉에 대한 직접적인 기술이 없으므로 위원회에서는 직접 언급되지 않았을 가능성이 크다. 다만 다음 8회 위원회에서 한국은 이 〈기타〉는 현 시점에서 예정하고 있지 않다고 발언하고 있으므로 6차 회담에서도 일단 5차 회담과 같이 〈기타〉가 표면적으로 요구 항목으로서 포함되어 있었다고 판단된다. 이 발언은 일본문서에서만 확인할 수 있다. 「第6次日韓全面会談の一般請求権小委員会第8回会合」, 外務省日韓会談公開文書(문서번호 1218), 12쪽.

98 이하 일본계유가증권에 관한 7회 위원회 토의 기록은 "일반청구권 소위원회 제7차 회의 회의록", 『제6차 한일회담 청구권위원회회의록, 1-11차, 1961.10.27-62.3.6』, 145~150쪽 ; 「第6次日韓全面会談の一般請求権小委員会第7回会合」, 外務省日韓会談公開文書(문서번호 1217), 8~15쪽에서 정리.

표8-13 6차 한일회담에서 한국이 제출한 일본계유가증권의 세부 내역

세부항목	금액(엔)
일본국채	7,371,189,111
조선식량증권 및 식량증권	152,006,330
일본저축권	18,673,950
일본정부보증사채	833,246,100
일본지방채	1,327,500
일본사채	261,941,514
저축 및 보국(報國)채권	4,380,027
기타 증권	92,417,791
일반주식	29,848,250
합계	8,765,032,574

체신부, 그리고 한국 자연인이 소유한 국채, 식량증권 등 아홉 개 세부항목, 합계 8,765,032,574엔이었다. 그 내역은 표8-13과 같다.

5차 회담에서 한국은 개인 소유분을 제외하고 기타 종류, 금액 등은 확실히 파악하고 있음을 밝혔다. 그러나 막상 그 파악 내용을 직접 밝히지는 않음에 따라 6차 회담에서 제기된 그 요구 내용과의 변화를 정확히 평가하는 것은 불가능하다. 그러나 장면 정권이 5차 회담을 앞두고 작성한 『제문제』에서 정리된 요구액이 7,455,998,887엔가량[표7-1-5]임을 고려할 때, 요구 총액에 제법 큰 차이가 났음을 알 수 있다. 따라서 6차 회담에서 요구 내용이 증가한 것으로 추측된다.

적어도 증가한 그 이유의 하나가 개인 소유 부분이 추가적으로 포함된 데 따른 것임은 확실하다. 5차 회담에서 한국은 일본계유가증권 중의 개인 소유분에 관해서는 추정만이 가능하고 실제 조사는 하지 않았음을 밝혔으나 6차 회담에서 한국이 제출한 "일본유가증권조서"에는 증권의 종류, 금액과 더불어 보유 주체로서 법인, 체신부과 함께 개인 소유분이 들어가 있다.[99] 그러므

로 개인이 소유한 일본계유가증권이 청구권 요구로서 최종적으로 포함된 것이 확인된다.

한편 6차 회담에서 일단 제시된 아홉 개 세부항목 중, 한국은 다음 12월 21일 개최된 8회 위원회에서 마지막 세부항목인 일반주식을 대일8항목요구 6항에 포함할 것을 밝힘으로써[100] 실질적으로 5항 요구는 여덟 개 항목, 합계 873,518,4324엔이 되었다. 후술하는 바와 같이 8회 위원회에서 한국은 동 6항 요구를 전면적으로 변경하고 그것을 한일 간 교섭에서 다루어지지 않았던 개인청구권을 협정 타결 후에도 행사할 권리를 인정하는 항으로 제기하게 된다. 따라서 일반주식 문제를 변경한 6항에 포함한다는 요구는 각 개인이 보유하고 있었던 일반주식의 처리 문제를 한일회담에서 해결하는 데 시간적으로도 어렵다는 판단에 따라 사후에 개별적으로 해결하도록 조치를 취하려 한 결과로 풀이된다.

그러나 이유야 어쨌든, 후술하듯이 한국이 변경하려 한 그 6항 요구는 일본 정부의 반대에 부딪히고, 또 그 후 교섭 자체가 총액 결정 방식으로 이행됨에 따라 6항 요구 역시 남게 되는 일은 없었다. 그에 따라 각 개인이 보유한 일반주식에 대한 사후 행사의 권리가 확보되는 일 역시 없었다. 따라서 한국의 요구에 따라 이 일본계유가증권 요구에서 제외된 각 개인 보유의 일반주식은 이

---

99 "일본유가증권조서"는 8회 위원회 종료 후 제출되었다. 「第6次日韓全面会談の一般請求権小委員会第8回会合」, 外務省日韓会談公開文書(문서번호 1218), 22쪽. 기타 일본계유가증권 관련 자료로서 각 증권에 대한 보유자별의 조서가 「日韓会談における韓国の対日請求8項目に関する討議記録」, 外務省日韓会談公開文書(문서번호 1914), 88쪽에, 또 대상 법인별 소유의 유가증권조서가 같은 문서, 89쪽과 90쪽 사이에(원문에는 쪽수 표기가 없음) 수록되어 있다. 한국문서에는 이들 자료가 수록되어 있지 않다.

100 "일반청구권 소위원회 제8차 회의 회의록", 『제6차 한일회담 청구권위원회회의록, 1~11차, 1961.10.27~62.3.6』, 183쪽 ; 「第6次日韓全面会談の一般請求権小委員会第8回会合」, 外務省日韓会談公開文書(문서번호 1218), 14쪽.

번에 6항으로서도 그 권리가 보장되지 못함에 따라 실질적으로 교섭 대상에서 제외된 것이 되었다. 즉 한국정부의 임의적인 교섭 방법 변경에 따라 일반 주식에 대한 각 개인의 청구권만이 소멸된 셈이었다.

5차 회담에 이어 6차 회담 위원회 토의에서도 한국은 일본계유가증권 일반에 대한 구체적인 요구 근거를 제기하지 않았다. 그 이유는 동 요구가 법인, 체신부, 그리고 개인 등의 종류와 상관없이 한국 관련 주체가 재산으로서 보유한 유가증권의 가치에 상응하는 환불을 요구하는 것이므로 굳이 그 근거를 일부러 설명할 필요가 없다는 것에 기인하는 것이 틀림없을 것이다. 실제 일본 역시 그에 대한 요구 근거 자체를 따지지는 않았으며, 무엇보다 이하 보듯이 원래 한국인이 소유한 유가증권에 대한 환불은 인정했다.

그러나 일본계유가증권 중, 한국이 가장 중요시한 요구에 관해서는 한일 간 격차가 컸다. 동 유가증권 문제와 관련해 7회 위원회에서 핵심적인 토의 과제가 된 것은 당초 대일8항목요구 3항의 첫째 항으로서 포함되었다가 결국 일본계유가증권에서 토의하기로 한 〈8월 9일 이후 조선은행 본점으로부터 재일본 도쿄 지점으로 이체 또는 송금된 금원〉의 문제였다. 물론 이 반환 문제가 집중적으로 토의된 배경은 그것이 전체 액수에서 차지하는 비율이 높은 데다 한국 관련의 주체가 단순히 매매 등을 통해 소유하게 된 다른 유가증권 문제와 다른 요구 근거를 가진 것이었기 때문이라고 판단된다. 즉 그것은 전후의 혼란기, 일본 당국이 자의적으로 일본 지점으로 이체한 국채의 상환 문제였다.

한국은 동 7회 위원회에서 1945년 8월 25일자로 조선은행 본점으로부터 도쿄 지점으로 이관한 약 45억 엔가량[101]의 일본국채 문제에 대해 그 요구 근

101 5차 회담 시는 이 요구액을 약 47억 엔가량으로 밝히고 있었으나 이는 액면 총액이며 6차 회담에서 밝힌 약 45억 엔은 실제 장부상의 이체액이라는 설명이 있으므로 요구 액수 자체에 변화가 생긴 것은 아닌 것으로 판단된다. "일반청구권 소위원회 제7차 회의

거를 다음과 같이 설명하고 있다.

즉 국채의 이관은 자산 동결을 명한 군정령 2호와 해외 거래를 금한 포고령 3호를 어기는 행위이며, 또 그것이 위반이 아니더라도 본점 – 지점 간에 채권 – 채무 관계가 남는다. 물론 그들은 군정령 33호에 따라서도 모두 미군정에 귀속되었다. 또 국채는 조선은행의 통화 발행 준비를 위한 역할을 지니고 있었으며 따라서 국채가 한국정부의 재산이 아니게 되면 통화 준비를 결여하게 된다. 또 대일8항목요구 1항에서 토의한 바와 같이 지금·지은의 반출 시는 국채로 인한 지불도 있었으므로 이관된 국채가 한국의 재산이 아니면 일본은 공짜로 지금·지은을 반출한 것이 되며 그것은 부당 이익을 얻은 것을 뜻한다.

한국은 이상과 같이 미군정의 법령과의 위반 관계뿐만 아니라 통화제도 및 지금·지은의 반출 대금이었다는 2중, 3중의 논점을 들어, 그것이 조선은행 본점의 정당한 재산이라는 것을 전제로 한국정부가 그 소유권을 가지고 있다는 근거로 그 반환을 요구한 것이었다.

동 석상에서 일본은 한국인 개인이 합법적으로 취득한 것을 청구하는 것은 잘 이해가 된다고 하면서도 한국이 역점을 둔 이관된 조선은행 보유의 국채 반환 요구에 대해서는 나중에 그 견해를 밝힌다며, 그에는 이견이 있음을 예고했다.[102] 결국 그 문제를 포함한 5항에 대한 일본정부의 입장이 밝혀진 것은

회의록", 위의 한국문서, 147쪽 ; 「第6次日韓全面会談の一般請求権小委員会第7回会合」, 外務省日韓会談公開文書(문서번호 1217), 10쪽.

102 결국 위원회에서 일본이 이 요구에 관해 집중적으로 반박한 기록은 없으나 이 국채 문제와 관련해 일본은 일찍부터 한국과의 교섭에 대비하면서 그 청산 대금을 국고로 납부하는 등 한국의 권리에 대해 부정적으로 대응하고 있었다. 이 조선은행 일본 지점으로 이체된 국채 문제의 일본 측 처리 과정 및 그 인식 등에 관해서는 李東俊, 「朝鮮銀行在日資産の「特殊清算」と韓日請求権問題」, 『日本研究論叢』 제31호, 2010, 105~140쪽.

1962년 2월 8일에 개최된 10회 위원회에서의 일이었다. 일본계유가증권에 대해 일본정부가 밝힌 입장은 결국 부분 승인이었다.[103]

먼저 그 10회 위원회에서 일본이 밝힌 지불 승인 여부를 가리는 근거의 핵심은 증권 보유 주체의 성격, 등록지 및 군정령 33호의 효력 등의 문제였다. 위원회 석상에서 일본이 밝힌 입장은 다음과 같다. 즉 한국이 제기한 폐쇄기관 및 재외회사 등의 법인은 한국 법인이 아니라 일본의 영역이었던 구 한반도 지역에 본거를 둔 일본 법인이었다. 또 그들이 보유하고 있는 증권 중, 등록채는 모두 일본에서 등록되어 있었으므로 그것은 일본 법인의 재일재산이다. 따라서 한국정부에 반환해야 할 법적 근거는 없다. 또 가령 군정령 33호에 의한 몰수 논리를 내세워도 등록채는 법적으로 일본에 소재하고 있으므로 몰수 효력 역시 미치지 않는다.[104]

이어 체신부 소유 부분에 관한 한국정부의 청구 근거는 불투명하나 혹시 그요구가 국가 권한 계승의 논리에 서서 체신부의 대일채권을 그대로 한국이 요구한다고 하는 것이라면 일본으로서 그 주장은 국제적 관례로 보아 동의하지 못한다. 또 군정령 33호로 인한 몰수에 반환 요구 근거를 둔다고 하더라도 그효력은 일본에 소재한 재산에는 미치지 않기 때문에 체신부 관련 증권 역시 반환의 의무는 없다.

---

103 이하 10회 위원회에서 일본이 밝힌 입장은 "일반청구권 소위원회 제10차 회의 회의록", 『제6차 한일회담 청구권위원회회의록, 1–11차, 1961.10.27–62.3.6』, 234~235쪽 ; 「第6次日韓全面会談の一般請求権小委員会第10回会合」, 外務省日韓会談公開文書 (문서번호 1220), 11~14쪽에서 정리.

104 다만 동 10회 위원회 후인 2월 15일 시점에서 외무성 내부에서는 (B)안으로서 현물과 더불어 조선은행 보유의 등록채의 70%를 그것이 중앙은행의 지불 준비였다는 성격을 고려해 지불하는 안도 존재하고 있었음을 확인할 수 있다. 「韓国側対日請求額に対する大蔵、外務両省による査定の相違について」, 外務省日韓会談公開文書(문서번호 1749), 4~5쪽.

체신부 문제와 관련해 일본이 언급한 '국제적 관례'가 무엇을 뜻한 것인지는 위원회에서도 명확히 설명되어 있지 않아, 그 진의는 알기 어려운 부분이 있다. 그러나 외무성은 내부적으로 국가 계승이라는 논리 자체를 부정하지는 않았다고 풀이되므로[105] 체신부 소유의 유가증권 지불을 거절한 것에 관해서도 그 계승 논리 자체를 부정한 결과로 보기는 어렵다. 따라서 위원회에서 언급한 '국제적 관례'라고 함은 영역 분리에 따른 권한의 계승 시, 신 국가는 채권과 함께 채무도 계승하는 것이 '국제적 관례'이나 한국은 그것을 수락하지 않고 있다는 것을 내비친 것일 가능성이 가장 커 보인다.[106]

이상과 같이 일본은 한국정부의 요구 중, 법인의 성격, 등록지, 군정령 33호 효력의 범위, 그리고 채권 – 채무 계승의 원칙 등을 내세움으로써 이와 관련된 요구 항목들을 거절하는 뜻을 천명했다. 그러나 동시에 일본은 유가증권 요구를 전면적으로 부정한 것도 아니었다.

동 10회 위원회에서 일본이 그 지불을 인정한 것은 폐쇄기관 및 재외회사 이외의 기타 법인과 개인이 군정령과 관계없이 원래 소유하고 있었던 것 및 보유 주체와 상관없이 현물로서 남아 있는 유가증권이었다. 현물로서 남은 증권에 관해 일본이 그 보유 주체 및 경위 등을 따지는 자세를 취하지 않았던 것

---

105 앞서 언급했으나 외무성은 예컨대 체신부 관계 항목 중, 일부 항목의 해결 방식으로서 한국정부로 인한 국가 계승을 인정하고 그에 따라 해당 채무를 한국정부에 반환함으로써 문제의 처리를 일절 한국으로 이전하는 안도 구상하고 있었다. 「日韓請求権問題試案」, 外務省日韓会談公開文書(문서번호 1361), 4~5쪽 ; 7~8쪽.

106 또 이와 같은 '국제적 관례'에는 재한일본인 사유재산의 몰수 문제도 깔려 있었을 가능성이 있다. 위원회에서는 나타나지 않았으나 대장성은 이 요구와 관련해, 한국이 부당한 이익이라고 말하면서 경제적 손실을 문제로 삼은 것에 대해 재한일본인 재산의 취득 등, 한일 간에 생긴 다른 사태들을 종합적으로 고려한다면 일방적으로 부당하다고 비난하는 것은 타당하지 않다는 견해를 드러내고 있다. 『日韓請求権問題参考資料未定稿 第2分冊』, 234쪽.

표8-14 1962년 2월 무렵 대장성과 외무성이 산출한 일본계유가증권 지불 시산액(엔)

대장성 시산액	외무성 시산액
등록국채 : 14,000,000 기타 국채 : 109,000,000 기타 증권 : 105,000,000 이자 : 146,000,000 **합계 : 374,000,000**	일본국채 : 340,000,000 식량증권 : 152,000,000 일본저축권 : 19,000,000 정부보증사채 : 1,000,000 저축, 보국채권 : 4,000,000 기타 증권 : 92,000,000 이자 : 389,000,000 **합계 : 997,000,000**

은 그 시점까지 한국에 남아 있는 이상, 비록 그것이 원래 일본인이 소유한 유가증권이라고 할지라도 결국 군정령 33호에 의한 몰수 효력을 인정할 수밖에 없다는 판단에 따른 것이었음은 틀림없을 것이다.

따라서 일본계유가증권 문제에 관해 일본이 인정한 것 속에는 개인청구권 이외에도 한국정부의 청구권이 일부 섞여 있었다. 즉 등록채건 현물이건 기타 법인 및 개인이 원래 가진 증권은 개인청구권인 데 반해 현물로서 남은 유가증권 중, 원래 일본이 소유한 유가증권은 군정령 33호에 따라 한국정부의 몰수 재산이 된 만큼 그것은 국가청구권이었다.

이상과 같이 일본은 동 유가증권 요구와 관련해 인정할 수 있는 범위를 밝혔으나 그 한편으로 금액에 관해서는 직접 언급하지 않았다. 그러나 일본정부 내부에서는 이 시기, 한국이 제기한 유가증권에 대해 일단 일본으로서 인정할 수 있는 시산액을 산출하고 있었다. 바로 10회 위원회가 진행된 같은 2월, 대장성과 외무성이 각각 그 지불 인정 액수로서 산출했던 동 유가증권 금액을 정리하면 표8-14와 같다.[107]

---

107 「日韓関係想定問答(未定稿)」, 外務省日韓会談公開文書(문서번호 376), 54~55쪽.

표8-14를 보면 알 수 있듯이 대장성과 외무성이 각각 산출한 시산액에는 약 6.2억 엔가량이라는 큰 차이가 나고 있었다. 즉 일본계유가증권 문제에 대해서는 일본정부로서도 사실상 통일된 액수를 산출하지 못하고 있었음을 확인할 수 있다.

이를 배경으로 결국 일본계유가증권에 관한 실무자 토의에서는 일본이 그 금액을 제시하지 않음에 따라 현실적인 지불액에 관한 논의가 진행되는 일은 없었다. 그로 인해 청구권으로서 문제가 타결되었을 때, 실제 지불 액수가 얼마가 되었을지 정확히 예상하는 것은 어렵다. 그러나 대장성과 비교해 보다 많은 부분을 인정하려 한 외무성조차 한국이 제기한 약 87억 엔가량의 요구와 비교할 때 턱없이 적은 액수를 견적하고 있었다. 또 8회 위원회 종료 후 한국이 제출한 "일본유가증권조서"를 봐도 일본이 인정한 현물 부분은 약 6.17억 엔, 또 남은 등록채 약 81.1억 엔 중 일본이 그 지불을 부정한 8월 25일자로 도쿄 지점으로 이관된 조선은행 보유의 등록국채 약 45억 엔, 그리고 기타 남은 약 36억 엔가량의 등록채도 그 많은 부분을 소유한 주체가 일본이 그와 관련된 지불을 부정한 폐쇄기관 및 재외회사였을 가능성이 큰 이상,[108] 외무성이 시산한 약 10억 엔가량 이상의 액수가 실현되는 일은 없었을 것이라고 평가할 수 있을 것이다.

즉 그 후 한일교섭이 청구권 교섭으로서 타결되어도 이 일본계유가증권 요

---

108 실제 일본 측 요청에 따라 피징용자 관계 전문위원회 4회 위원회에서 한국이 추가 제출한 "한국법인소유유가증권조서"에서 명시된 법인은 조선은행 등의 폐쇄기관 및 재외회사뿐이었다. 「一般請求權徵用者関係等專門委員会第4回会合」, 外務省日韓会談公開文書(문서번호 1224내), 26~28쪽. (도중 비공개 10쪽이 존재하고 있으므로 쪽수는 추측) 이 조서는 한국문서에는 수록되어 있지 않다. 또 그 명시된 법인이 폐쇄기관 및 재외회사라는 사실은 「一般請求權徵用者関係等專門委員会の討議について」, 外務省日韓会談公開文書(문서번호 1752), 5~6쪽.

구는 액수 면에서 한일 간의 입장 차이가 매우 클 수밖에 없는 항목이었던 것이다.

(2) 일본계통화

이어서 6차 한일회담에서 한국이 대일8항목요구 5항 중의 둘째 항목으로서 제기한 것은 일본계통화였다. 6차 회담 7회 위원회에서 한국이 최종적으로 제시한 일본계통화의 내역과 그 현황은 표8 - 15와 같다.[109]

일본계유가증권 문제와 마찬가지로 한국은 5차 회담에서는 일본계통화에 관한 요구 범위를 명확히 제시하지 않았다. 그에 따라 일본계통화의 세부 내역에 관해 5차 회담과 6차 회담 사이에 어떠한 변화가 일어났는지에 대한 정확한 파악은 어렵다. 그러나 5차 회담에서 한국은 표8 - 15에 명시한 일본은행권, 일본정부소액지폐, 군표, 중앙저비은행권 이외에도 종류가 많다고 언급하고 있었다. 따라서 7장에서 언급한 바와 같이 5차 회담까지는 『배상조서』 이후 유지되어온 만주중앙은행권, 대만은행권, 중국연합준비은행권 등을 명확히 요구 대상에서 제외하고 있었다고 보는 것은 적절하지 않다. 다시 말해 통화의 요구를 표8 - 15에서 제시한 범위에 명확히 한정한 것은 최종적인 토의의 장이 된 6차 회담에서의 일이었다고 볼 수 있다.

한국이 대일청구권으로서 최종적으로 한정한 통화의 범위는 이들 통화 요구의 내용에 따라 기본적으로 결정된 것으로 판단된다. 한국은 5차 회담에 이어 6차 회담에서도 통화를 청구한다는 것에 대한 명확한 근거를 대지 않았다.

---

109 이하 일본계통화에 대한 7회 위원회의 토의 내용은 "일반청구권 소위원회 제7차 회의 회의록", 『제6차 한일회담 청구권위원회회의록, 1 - 11차, 1961.10.27 - 62.3.6』, 150~154쪽 ; 「第6次日韓全面会談の一般請求権小委員会第7回会合」, 外務省日韓会談公開文書(문서번호 1217), 16~19쪽에서 정리.

표8-15 6차 한일회담에서 한국이 제출한 일본계통화의 내역과 현황

세부항목	현황	금액(엔)
일본은행권	일본은행원 입회하의 소각	1,491,616,748
	현물 보유	6,442,831
일본정부소액지폐	일본은행원 입회하의 소각	23,800,042
	한국전쟁 중의 소각	1,781,538
일본군표	일본은행원 입회하의 소각	216,183
일본은행소액지폐	한국전쟁 중의 소각	218,301
중앙저비은행권	일본은행원 입회하의 소각	1,418,056
합계		1,525,493,702

그러나 통화의 요구 대상이 기본적으로 1946년 4월 및 1947년 11월의 두 번에 걸쳐 일본은행원 입회하에 소각된 것과 한국전쟁 중에 소각된 것임을 밝히고 있으므로[110] 그 요구 내용이 소각에 따라 소멸된 통화를 현행 일본은행권으로 보충하는 것이었음은 틀림없다. 따라서 요구 대상은 당연히 소각된 통화에 한정하는 수밖에 없었다. 실제 미국이 한국에 통보한 1946년 및 1947년의 통화 소각 증명서에 찍힌 소각 통화의 종류는 한국이 요구한 일본은행권, 일본정부소액지폐, 중앙저비은행권, 그리고 일본군표였다.[111]

그러나 일본은행권에 관해서는 소각되지 않고 현물로서 남은 보유분도 일부 요구 대상이 되었다. 현물로서 보유하고 있는 통화에 대한 청구권을 주장한다는 의미는 7장에서 언급했듯이 전후 일본이 실시한 엔화의 전환 조치에

---

110 통화의 소각 및 보유 명세는 『제6차 한일회담 재산청구권 관계 종합자료집, 1961』, 69~74쪽. 그 명세에 의하면 중앙저비은행권의 값은 엔화와 100 : 18의 비율로 환산된 금액으로 보인다.

111 이 증명서는 예컨대 「第6次日韓全面会談の一般請求権小委員会第8回会合」, 外務省 日韓会談公開文書(문서번호 1218), 24~27쪽에 수록. 이 증명서에서 확인할 수 있는 1946년 및 1947년의 두 번에 걸쳐 소각된 각 통화의 합계 액수는 표8-15에서 제시한 각 통화의 소각 액수와 완전히 일치한다.

따른 것으로 풀이된다. 조선은행 보유의 엔화는 시기적으로 보아 구 엔화로 구성되어 있었다고 판단되므로 신 엔화로의 전환에 따라 조선은행이 보유한 구 엔화의 유동성이 상실되었다. 한국정부가 6차 회담에서도 조선은행이 보유한 현물 통화를 최종 요구 범위에 존속시킨 것은 신 엔화로의 전환 조치가 일본 국내에서 이루어진 일방적인 조치이며 따라서 그에 따라 생긴 구 엔화의 구매력 차단은 부당한 것이라는 점, 따라서 차단된 구 엔화의 가치를 신 엔화로 보충하는 것은 당연하다는 뜻을 담은 것으로 판단된다.

또 5차 회담에 이어, 6차 회담에서도 한국은 조선은행 보유의 통화에 대한 청구권을 왜 한국정부가 요구할 수 있는가 하는 논점에 대해서는 명확한 설명을 하지 않았다. 그러나 조선은행이 한국에 속하는 한국 법인이라는 입장을 취한 한국정부가 그것을 대리 청구하려 한 취지였다고 평가해도 과오는 없을 것이다.

한편 5차 회담에서 일본은 소각 행위 자체를 문제로 삼아, 소각 행위는 자신의 재산을 포기하는 뜻으로 이해할 수 있다는 의문을 던지고 한국의 요구에 대해 부정적인 견해를 보이기도 했다. 그러나 6차 회담에서는 그 소각 행위가 보관을 위한 조선은행 내부의 공간 부족으로 인한 것임을 밝히면서 소각을 감시하는 일본은행원을 파견할 것을 요청한 1947년 9월의 미군정 문서 등을 한국이 제출함에 따라[112] 실질적으로 소각 행위 자체를 문제로 삼는 일은 없어졌다.

결국 한국이 제기한 일본계통화에 대한 일본정부의 종합적인 승인 여부가 밝혀진 것 역시 10회 위원회에서의 일이었다.[113] 위원회에서 일본은 지불 인

---

112 한국은 이 미군정 문서를 8회 위원회 종료 후, 기타 관련 서류들과 같이 제출했다. 이 문서는 예컨대 위의 일본문서, 28쪽에 수록.

113 이하 10회 위원회에서의 일본계통화에 대한 일본정부의 입장은 "일반청구권 소위원회 10차 회의 회의록", 『제6차 한일회담 청구권위원회회의록, 1 - 11차, 1961.10.27 -

정 대상을 직접 밝히는 것이 아니라 인정하지 않는 부분을 언급하는 형식을 취했으나 그로 인해 우회적으로 일본이 그 지불을 인정한 범위를 추측하는 것이 가능하다. 동 10회 위원회에서 일본이 그 지불 의무를 부정한 것은 유통과 정에 없었던 미발행 일본은행권, 군표, 중앙저비은행권, 그리고 통화 소각에 관한 미국 문서에 명시된 조선은행에 대한 기탁통화,[114] 마지막으로 한국전쟁 중의 소각 통화였다.

따라서 논리적으로 추측해, 한국이 제기한 통화 가운데 일본이 그 지불을 승인한 것은 유통과정에 있었던 일본은행권 및 일본정부소액지폐 중 일본은 행원의 입회하에 소각된 것, 그리고 조선은행이 현물로서 보유한 일본은행권 중 일본은행이 단지 조선은행에 기탁하고 있었던 것을 제외한 발행권 등으로 추리된다.

일본계유가증권 등의 토의에서 보유 주체인 조선은행이 일본 법인임을 강조한 일본정부가 통화에 관해서는 그 지불을 일부 인정한 것은 유가증권 중의 등록채와 달리 통화는 소각된 부분도 포함해 모두 현물로서 한국에 존재하고 있었고, 또 소각된 시기 역시 1946년 이후이므로 일본정부의 해석에서도 군 정령 33호로 인한 몰수 효력이 이미 발생했음을 인정해야 하는 데서 도출된 결과로 추측된다. 즉 가령 조선은행이 일본 법인이라고 주장하더라도 일본이 인정한 통화는 모두 한국 국내에 존재한 것으로서 결국 한국정부에 귀속되었 음을 받아들일 수밖에 없었다.

62.3.6』, 235~236쪽 ;「第6次日韓全面会談の一般請求権小委員会第10回会合」, 外 務省日韓会談公開文書(문서번호 1220), 15~16쪽에서 정리.

114 미국의 소각 증서에 의하면 1946년 4월 22일자의 증서에서는 일본정부소액지폐 중 4,000,000엔, 중앙저비은행권 및 일본군표는 전액, 또 1947년 11월 14일자의 증서에서 는 군표의 580엔이 일본정부의 기탁통화였다.

그러나 일본은 군정령 33호에 따른 몰수 효력이라는 불리한 조건하에서도 그 지불을 승인하는 범위를 엄격히 제한했다. 10회 위원회에서 일본이 그 지불을 거절한 대상 통화의 이유는 다음과 같이 풀이된다. 즉 미발행권은 바로 그것이 발행권이 아니므로 원래 그것에는 아직 재산 가치가 없다는 것, 군표는 일본 자신이 위원회에서 이유를 간략하게 밝혔듯이 그것이 발행되어 유통된 지역 당국과 해결해야 하는 문제라는 것[115], 중앙저비은행권은 적어도 법적으로는 독립 정부의 중앙은행이 발행한 통화로서 그 가치에 대한 책임은 일본정부가 져야 할 문제가 아니라는 것, 일본은행이 조선은행에 기탁한 통화는 원래 조선은행의 재산이 아니라는 것,[116] 마지막으로 한국전쟁 중의 소각 부

---

115 위원회 회의록을 통해 확인할 수 있는 일본의 군표에 대한 거부 이유는 짤막하고 이해하기 어려우나 그 논리는 대장성의 내부 자료를 통해 어느 정도 추론할 수 있다. 대장성은 전후 군표 처리 문제와 관련해 다음과 같은 논리를 이미 1956년 9월 단계에서 정리하고 있었다. 군표는 통화의 하나이며 관련 통화이론에 의하면 통화는 당해 지역을 통치하는 법적 주체의 권위에 의해 뒷받침되는 것이므로 통치 주체의 권위에 의하여 그 유통이 부인되기까지 유통성을 가진다. 그 권위는 점령군 같은 주체에도 적용된다. 종전 후 과거 일본이 점령한 해당 지역에서 발행한 각종 군표의 유통성은 일본의 패전 후 각 지역을 통치하게 된 연합국들에 의해 금지된 것이며 따라서 그 유통 금지에 따른 가치 상실의 일차적인 책임은 일본에는 없다. 종전 전까지 각 군표는 현지 통화나 일본 엔화와 교환되어 있었으나 이는 군표 가치의 유지나 각 군표 유통 지역 이외에 나가는 소유자의 편의 등을 고려한 정책적 조치에 불과하며 법적 의무에 의한 것이 아니다. 더구나 종전 후 각 지역을 통치한 연합국이 각 군표의 유통을 직접 금지하고 그에 따라 일본 엔화 등과의 통일성이 상실된 이상, 종전 전까지 이루어진 일본 엔화 등과의 교환 의무는 더욱더 없다. 따라서 군표 소유에 따른 손해 문제는 각 소유자와 전후 각 지역을 통치한 지역 당국과의 문제이다. 가령 전후 그 지역 당국이 그 소유자에 대해 보상하거나 해서 생긴 대일채권의 문제가 있어도 그 문제 처리는 일본과 각 지역 당국 간의 문제이다. 『日韓請求權問題參考資料未定稿 第3分冊』, 1963년, 94~112쪽에서 정리.
즉 한국 측 군표 요구와 관련해 위원회에서 일본이 밝힌 유통된 지역 당국과 해결해야 하는 문제라는 짤막한 반론은 이상과 같은 논리에 의거한 것으로 풀이된다.
116 그러나 기탁통화가 원래 일본이 맡긴 것에 불과하고 조선은행의 자산이 아니더라도 법적으로 한반도에 남은 일본 재산은 군정령 33호에 따른 몰수 대상이므로 그러한 의미에

분은 일본은행원의 입회가 없었기에 사실관계의 파악이 어려우며 또 일본의 승인 밖에서 이루어진 것인 만큼 그 통화 가치의 상실에 대한 책임을 져야 할 이유가 없다는 것 등이었다.

이와 같이 일본정부는 일본계유가증권과 같이 일본계통화에 관해서도 결국 부분 승인의 입장을 취한 것이었다. 일본계유가증권과 마찬가지로 일본은 그 지불을 일부 인정한 통화 액수를 직접 한국에게 밝히지 않았다. 그러나 대장 성 및 외무성은 각각 자신이 인정하는 통화 액수를 산출하고 있었다. 그것을 정리한 것이 표8 – 16이다.[117]

표8 – 16을 보면 알 수 있듯이 일본계유가증권에서 나타난 금액 차이와 달 리 일본계통화에 대한 시산액에서는 대장성, 외무성 간의 차이가 사실상 없었 다. 또 그 액수는 한국이 요구한 1,525,493,702엔과도 사실상 일치한다고 평 가할 수 있다.

즉, 비록 지불 인정 대상에는 차이가 났으나 금액이 거의 일치하고 있는 점 으로 미루어, 일본계통화는 한일 간에 '청구권'으로 타결하는 것이 가능한 항

표8 – 16 1962년 2월 무렵 대장성과 외무성이 산출한 일본계통화 지불 시산액(엔)

대장성 시산액	외무성 시산액
일본은행권 및 정부지폐 : 1,511,000,000	소각일본은행권 : 1,491,000,000
현물(한국 측 제기액) : 6,000,000	기타 현물 : 30,000,000
합계 : 1,517,000,000	**합계 : 1,521,000,000**[118]

서는 법적으로 청구 대상에 포함될 수 있음은 마찬가지였다고 판단된다. 일본정부로서 는 법 이론에 기초한 거절이라기보다 원래 일본 재산을 다시 청구한다는 것은 일방적이 며 부당하다는 입장을 피력했다고 보는 것이 타당하다.

117 「日韓関係想定問答(未定稿)」, 外務省日韓会談公開文書(문서번호 376), 56~57쪽.
118 원문에서는 이 액수가 '1,522,000,000'로 적혀 있으나 이는 단순 계산 실수로 판단되므 로 고쳐 표기했다.

목이었던 것이다.

(3) 피징용 한국인 미수금

대일8항목요구 5항 중의 셋째 항목은 군인·군속을 포함한 한국인 피징용자의 봉급, 급여, 연금, 수당 등 〈피징용 한국인 미수금〉요구였다. 7회 위원회에서 한국이 밝힌 총요구액은 약 2억 3,700만 엔이었다.[119] 이 요구는 해방 후, 해당 한국인이 한반도로 귀환할 때, 봉급 등을 받지 못한 채 귀국한 결과 생긴 대일청구권이었으며 그러한 의미에서 한국인 개인의 단순한 재산 환불 요구였다.

한국은 이 요구 제기에 즈음하여 1950년에 SCAP로부터 전달받은 문서에 의거해 요구하는 것임을 밝혔다. 한국이 요구한 총요구액을 감안할 때, 동 석상에서 한국이 언급한 SCAP 문서가 5차 한일회담 시, 이미 언급되었던 1950년 10월 21일자의 SCAP 공문임은 틀림없다. 따라서 비록 5차 회담에서는 요구액이 직접 밝혀지지 않았으나 이 미수금 요구에 관해서는 금액도 포함해 5차 회담과 6차 회담 사이에 아무런 변함이 없었음이 확실하다.

한국의 요구에 대해 일본은 10회 위원회에서 "납득할 수 있는 숫자를 밝히고 지불하겠다는 생각"이라고 언급하고 있으므로[120] 5차 회담에 이어, 지불

---

119 이하 7회 위원회에서의 미수금 관련 토의 내용은 "일반청구권 소위원회 제7차 회의 회의록", 『제6차 한일회담 청구권위원회회의록, 1‒11차, 1961.10.27‒62.3.6』, 154~156쪽；「第6次日韓全面会談の一般請求権小委員会第7回会合」, 外務省日韓会談公開文書(문서번호 1217), 20~21쪽. 단 제기된 금액에 관해 한국문서에는 요구 총액이 '약 2억 5천만 원'으로 표기되어 있다.

120 "일반청구권 소위원회 제10차 회의 회의록", 위의 한국문서, 236쪽；「第6次日韓全面会談の一般請求権小委員会第10回会合」, 外務省日韓会談公開文書(문서번호 1220), 15쪽. 단 일본문서에서는 "쌍방이 납득하는 금액을 기초로 검토를 계속할 것"이라고 언급되어 있다.

책임 자체에 대해서는 그것을 그대로 이행하는 입장에 변함이 없었다고 풀이된다. 물론 그 이유는 이 요구가 미수금으로 남게 된 단순한 개인청구권의 문제라는 성격에 기인한 것임은 틀림없다. 그러나 6차 회담에 접어들면서 일본이 언급한 그 '납득할 수 있는 금액'을 산출하는 데 문제가 일어났다.

일본은 동 10회 위원회 개최 이틀 전인 2월 6일의 비공식 회의에서, 미수금 문제에 관해 한국이 요구 근거로 삼은 1950년 SCAP 문서의 총액에는 노동성, 법무성 및 해군과 관련한 부분에서 그 집계에 착오가 있어 중복이 생겼음을 전달했었다.[121] 즉 한국이 제기한 SCAP 문서의 총액은 수정되어야 하는 값이었던 것이다.

그 수정 수치와 관련해 일본은 징용자 관계의 문제 토의를 위해 따로 조직된 징용자 관계 전문가위원회 4회 위원회[1962년 2월 27일]에서 아직 조사 중임을 언급하면서도 약 2억 3,700만 엔이란 집계에는 법무성 관계에서 중복 약 6,000만 엔, 또 노동성 관계에서 약 1억 엔가량의 착오가 존재하고 있음을 밝혔다.[122]

이 수치는 대장성이 따로 작성한 내부 문서에서 확인할 수 있는 수치와 기본적으로 일치하고 있다. 정확한 작성 시기는 불명하나 대장성이 징용 관계 미수금 관련으로서 정리한 "군인·군속 징용자의 미불금 급여 등 및 공탁액 조사"는 SCAP 문서에서 명시된 총액 약 237,000,000엔 중, 노동성 관계 약 99,286,000엔 및 법무성 약 60,883,000엔가량의 조사 착오가 있음을 지적하

---

121 「第6次日韓会談の一般請求権問題非公式会談(第1回)記録」, 外務省日韓会談公開文書(문서번호 1222), 2~3쪽.

122 "일반청구권위원회 제4차 전문위원회의 회의록", 『제6차 한일회담 청구권위원회회의록, 1 - 11차, 1961.10.27 - 62.3.6』, 291쪽 ; 「一般請求権徴用者関係等専門委員会第4回会合」, 外務省日韓会談公開文書(문서번호 1224내), 8쪽.

면서 결국 피징용 한국인의 최종적인 미불액이 약 77,393,000엔가량에 머물러 있음을 밝히고 있다.[123] 더구나 그 수치는 남북한 출신자를 모두 합한 것이었다. 따라서 일본정부의 입장을 고려하면 실제 한국과의 처리에 즈음하여서는 그 약 77,393,000엔가량에서 남한 부분을 산출하는 작업이 남았다. 이 미수금 산출에 관한 남북 비율은 대장성이 7 : 3, 그리고 외무성이 95 : 5이므로[124] 가령 남한의 지분을 보다 많이 잡은 외무성 안을 가지고서도 지불 액수는 약 73,500,000엔가량이 된다.

그러나 그 수치가 일본정부로서의 최종 집계인지는 불명하다. 같은 시기 대장성은 다른 내부 문서에서 미수금 문제와 관련해, 중복 부분을 제외한 순 미수금이 1억 4,300만 엔, 그중 재일조선인연맹에 지불한 300만 엔을 제외하고 또 남북 비율을 7 : 3으로 환산한 약 9,800만 엔과 이자 3,800만 엔 [1961년 9월까지, 연 2.4%], 합계 약 1억 3,600만 엔이 실제 한국에 지불해야 할 금액이라고도 산출하고 있다.[125] 또 대장성의 그 내부 문서는 재일조선인연

---

123 「軍人・軍属 徴用者の未払給料等,及び供託額調」, 大蔵省国際金融局, 『経済協力 韓国・105 労働省調査 朝鮮人に対する賃金未払債務調』, 166쪽. 단 이 조사 문서에서는 미불금과 관련해 1953년 4월 20일 현재로 관련 기관에서 공탁된 합계액이 약 87,904,000엔에 이르고 있다. 따라서 미불금보다 오히려 많은 공탁금이 모인 결과가 되며 불투명한 부분이 남는다.

124 대장성의 70%는 남북 인구 비율을 채용한 것이었으나 외무성이 95%로 견적한 것은 징용자의 대부분이 남한 출신자임을 고려한 결과였다. 「韓国側対日請求額に対する大蔵、外務両省による査定の相違について」, 外務省日韓会談公開文書(문서번호 1749), 5쪽.

125 「日韓関係想定問答(未定稿)」, 外務省日韓会談公開文書(문서번호 376), 57~58쪽. 또 7회 위원회 토의에서는 일본이 수정액이 약 1억 엔 정도라고 답한 기록이 있다. "일반 청구권 소위원회 제7차 회의 회의록", 『제6차 한일회담 청구권위원회회의록, 1 - 11차, 1961.10.27 - 62.3.6』, 156쪽 ; 「第6次日韓全面会談の一般請求権小委員会第7回会合」, 外務省日韓会談公開文書(문서번호 1217), 21쪽. 이 '1억 엔'은 이자 부분을 합하기 전인 미수금 원금 9,800만 엔 부분을 뜻한다고 생각해도 무방할 것이다. 또 한국 측

맹에 지불한 300만 엔을 뺀 순미수금 1억 4,000만 엔에 95 : 5의 비율을 적용한 외무성 시산이 원금 약 1억 3,300만 엔, 이자 약 5,200만 엔, 합계 1억 8,500만 엔임을 전하고 있다.[126]

현재 확인 가능한 이상의 금액들 가운데 한일교섭이 그 후 청구권으로서 타결되었을 경우 결과적으로 어느 수치가 일본의 최종 승인액이 되었을지는 불명하다.[127] 그러나 이 금액 중 가장 큰 약 1억 8,700만 엔을 들어도 일본이 인정한 금액이 한국이 제기한 약 2억 3,700만 엔의 약 79% 정도였음을 알 수 있다.

이 〈피징용 한국인 미수금〉의 요구 액수 제기에 즈음하여 한국이 의거한 SCAP 문서가 원래 일본의 내부 조사 결과에 의존한 것임을 감안하면, 한국으로서는 일본으로부터 새롭게 제기된 수정 수치를 받아들일 수밖에 없었을 것이다. 즉 일본은 순수 개인청구권의 문제로서 이 요구를 한국의 '청구권'으로 지불하는 것 자체는 수락했을 것이나 금액에 관해서는 당초 한국 측의 예상액과 제법 큰 차이가 나는 것이 불가피한 항목이었다.

다른 문서에서는 일본 당국의 추산으로서 '1.5억 엔'이라는 언급도 있다. 『제6차 한일회담 재산청구권 관계 종합자료집, 1961』, 89쪽. 그러나 여기에는 동시에 미확인이라는 기술도 있으며 또한 기타 자료에서도 그에 해당하는 수치가 확인되지 않으므로 그다지 신빙성 있는 수치로 볼 필요는 없어 보인다.

126 「日韓関係想定問答(未定稿)」, 外務省日韓会談公開文書(문서번호 376), 58쪽 ; 70~71쪽.(단 원문에서 '70~71쪽'은 누락되어 있으므로 저자가 보충)

127 1964년에 작성된 문서에는 보다 정확한 산출이 이루어졌던 흔적이 보이며 시기적으로도 거기서 산출된 금액이 일본정부로서의 최종적인 수치가 되었을 가능성도 전망할 수 있으나 현재 비공개로 인해 그 자세한 내용은 볼 수 없다. 「日韓会談における韓国の対日請求8項目に関する討議記録」, 外務省日韓会談公開文書(문서번호 1914), 102~105쪽.

(4) 전쟁으로 인한 피징용자 피해에 대한 보상

6차 한일회담에서 한국이 제기한 대일8항목요구 5항 중, 넷째 항목은 〈전쟁으로 인한 피징용자 피해에 대한 보상〉 요구였다. 이는 셋째 항목으로서 제기된 임금 등의 미수금 요구와 구별되는 바로 '보상' 요구의 성격을 지닌 것이었다.

6차 회담 7회 위원회에서 한국은 이 요구가 과거 한국인이 일본 국민이 아님에도 일본이 일으킨 전쟁 수행을 위한 희생으로서 강제적으로 징용된 것임을 강조하고 그로 인해 한국인이 겪은 피해에 대한 보상을 요구하는 것임을 밝혔다.[128] 또 이러한 보상 문제로서 이 요구에는 전쟁에 동원되어 사망, 부상한 한국인들은 물론, 생존자도 징용 자체로 인해 상당한 피해를 입었다는 입장에서 같이 포함될 것을 덧붙였다.

5차 한일회담에서도 이미 한국은 일본 국민들과 다른 동원의 강제성을 강조하면서 이 요구가 군인·군속을 포함해 징용된 한국인 중의 부상자, 사망자, 그리고 생존자에 대한 보상을 요구하는 것임을 밝히고 있었다. 따라서 미수금 요구와 같이 이 요구는 그 근거에 관해서도 6차 회담과 5차 회담 사이에 기본적으로 차이가 없었다고 판단할 수 있다.

그러나 요구 대상자 수에는 주목할 만한 변화가 일어났다. 한국이 7회 위원회에서 밝힌 요구 내역은 표8 – 17과 같다.[129]

---

128 이하 이 문제에 관한 7회 위원회 토의 내용은 "일반청구권 소위원회 제7차 회의 회의록",
　　『제6차 한일회담 청구권위원회회의록, 1 - 11차, 1961.10.27 ~ 62.3.6』, 156~160쪽 ;
　　「第6次日韓全面会談の一般請求權小委員会第7回会合」, 外務省日韓会談公開文書(문
　　서번호 1217), 22~25쪽에서 정리.

129 7회 위원회 기록에서 피징용 한국인의 사망자, 부상자 구별은 없으나 그에 관한 내역은
　　한국이 8회 위원회 토의 종료 후에 일본에게 별도 일람표로 제출한 "피징용자 수"에서
　　확인 가능하다. 「第6次日韓全面会談の一般請求權小委員会第8回会合」, 外務省日韓

표8-17 6차 한일회담에서 한국이 제출한 피징용 한국인 수와 보상 요구액

구분	노무자	군인·군속	합계	1인당 보상금	청구액
생존자	648,081명	282,000명	930,081명	200달러	약 186,000,000달러
사망자	12,603명	65,000명	77,603명	1,650달러	약 128,000,000달러
부상자	7,000명	18,000명	25,000명	2,000달러	50,000,000달러
합계	667,684명	365,000명	1,032,684명	–	약 364,000,000달러

비록 5차 회담에서는 직접 대상자 수가 밝혀지는 일은 없었으나 한국정부 내부에서는 주일대표부의 건의를 받아 『배상조서』 등에서 마련되었던 수치들을 크게 수정하고 요구 내역을 다시 짜고 있었다.[표7-4] 5차 회담에서는 부상자와 사망자에 대한 요구액을 구별하지 않은 관계로 그 두 가지 범주는 합쳐져서 산출되었다. 그것을 감안하면서 비교한다면 5차 회담 때 한국정부가 마련한 요구 내역과 6차 회담 때 한국이 최종적으로 제기한 내역의 차이는 크게 나누어 다음 두 가지였다고 지적할 수 있다.

하나는 피징용 노무자 중 생존자 수에 관해 5차 회담 시 산출되었던 인원수가 수정되었다는 점이다. 5차 회담 시 산출된 그 대상 인원수는 '802,508명'이었다. 그러나 6차 회담에서는 '648,081명'으로 약 15만 명가량 줄었다. 그 수치의 차이는 다음과 같은 이유로 생긴 것이었다.

7장에서 이미 고찰한 바와 같이 5차 회담 시, 주일대표부는 피징용 노무자의 인원수를 일본후생성 노동국 발표의 통계에 따라 1939~1944년까지를 661,684명, 1945년은 약 6,000명, 다만 1945년은 전쟁 말기임을 감안

会談公開文書(문서번호 1218), 32쪽. 아울러 한국은 피징용자 수 산출에 활용한 자료를 8회 위원회 토의 종료 후 제출하고 있다. 같은 문서, 33쪽. 그러나 한국이 활용한 자료는 후생성, 미국의 전략폭격조사단 및 개인, 기관의 연구서들이며 결국 한국에서의 실태 조사 등 독자적인 조사에 따른 추정은 일절 포함되지 않았다.

해 동 6,000명은 적다고 하면서 민간 연구자인 박재일의 연구에 나와 있던 160,427명을 1945년의 동원 수로 간주하고 그것을 1939~1944년까지 동원된 661,684명에 더한 822,111명을 일단 노무자 합계로 산출했었다. 그러나 그중 사망자, 행방불명자, 부상자, 생존자를 구별할 자료가 없다는 이유로 『배상조서』나 1953년 5월 23일자 비망록에 나오는 사망자, 부상자 19,603명을 그대로 사망자, 행방불명자, 부상자로 추정하고 동 총수에서 19,603명을 제외한 802,508명을 피징용 노무자 중의 생존자 수로 간주했었다.

바로 6차 회담에서 한국정부가 일본에 정식으로 제기한 648,081명은 5차 회담 시 주일대표부가 이용한 수치를 약간 수정한 것이었다. 즉 박정희 정권은 5차 회담 시, 그 수치가 적다고 해서 한때 기각한 일본후생성 노동국 발표의 1945년의 징용자 수 약 6,000명을 그대로 채용하고 1939~1945년까지의 합계와 더한 667,684명을 총 징용자 수로 간주하고, 그 수치에서 사망자, 행방불명자, 부상자 등의 추정치인 19,603명을 제외한 '648,081명'을 바로 노무자 중의 생존자 수로 삼은 것이었다. 즉 노무자 생존자에 관해 생긴 5차 회담과 6차 회담 간의 차이는 1945년의 징용자 수를 일본후생성 노동국 수치에 따른 것인지 여부를 둘러싼 차이에 불과했다.

박정희 정권이 6차 회담에서 왜 이와 같은 수정을 한 것인지, 그 의도를 직접 가리키는 자료는 없다. 그러나 그 이유는 충분히 상상할 수 있을 것이다. 즉 신속한 문제 해결을 위해서는 인원수 산출에 즈음하여 비록 그 인원수가 줄어드는 일이 있어도 일본정부의 공식 자료인 일본후생성 노동국 자료에 의거하는 것이 설득력을 가졌다. 한국정부는 다가올 정치회담에서 총액 합의를 이끌어 내기 위해서라도 일본이 인정할 수밖에 없는 공식 수치를 선택한 것으로 보인다.

5차 회담과 6차 회담 간에 생긴 두 번째 차이는 생존자, 부상자, 사망자 등에 적용되는 1인당 요구액을 수정한 점이었다. 7장에서 언급한 바와 같이 비록 일본에 직접 밝히지는 않았으나 5차 회담 시, 주일대표부 구상으로 한국이 준비하고 있었던 1인당 요구액은 생존자에 대해 300달러, 또 사망자 및 부상자에 대해서는 1,000달러 내지 1,500달러였다. 박정희 정권은 바로 그것을 변경하고 생존자 1인당 200달러, 부상자 2,000달러, 그리고 사망자 1,650달러로 책정하고 총요구액을 합계 약 364,000,000달러로 삼은 것이었다.

사망자, 부상자에 대한 1인당 요구액 산출과 관련해 박정희 정부가 염두에 둔 것은 일본에서 실제 진행되고 있던 군인·군속에 대한 보상 평균을 기준으로 하는 것이었다. 그러나 생존자에 대해서는 그들이 겪은 정신적 육체적 고통이라는 추상적인 잣대를 들이대는 데 그쳤다. 먼저 6차 회담에서 밝힌 사망자 1,650달러 및 부상자 2,000달러 요구의 구체적인 산출 방법은 다음과 같았다.[130]

부상자 2,000달러는 원호법의 5항증(項症) 장애연금 50,000엔 = 약 140달러[131]의 35년간 지급 총액인 4,900달러를 일시금 산출을 위해 이율 6%로 현재가치로 환산한 약 2,030달러가 그 액수의 근거였다. 또 사망자의 1,650달러[132]는 부양유가족을 3명으로 간주하고 그중, 우선순위자에게 51,000엔, 기타 2명에게 각각 5,000엔씩 부여할 경우의 합계 61,000엔 = 170달러를 15년

---

130 『제6차 한일회담 재산청구권 관계 종합자료집, 1961』, 97~98쪽 ; "일반청구권위원회 제4차 전문위원회의 회의록", 『제6차 한일회담 청구권위원회회의록, 1 - 11차, 1961.10.27 - 62.3.6』, 292~293쪽 ;「一般請求権徴用者関係等專門委員会第4回会合」, 外務省日韓会談公開文書(문서번호 1224내), 11쪽 등을 참고로 정리.

131 한국의 내부 자료에서는 이 140달러를 50,000엔으로 가정하고 있으므로 환율은 전후의 고정 환율이던 1달러=360엔으로 계산한 것으로 보인다. 『제6차 한일회담 재산청구권 관계 종합자료집, 1961』, 97쪽.

132 다만 6차 회담을 앞두고 한국정부 내부에서는 당초 사망자의 금액도 2,000달러로 하는 구상도 존재하고 있었다. 그 구체적인 산출 방법은 위의 문서, 98쪽.

간[자녀가 성인이 되기까지의 기간] 지급할 경우의 총액 2,550달러를 이율 6%로 현재 가치로 환산한 것이었다.[133] 즉 부상자, 사망자에 대한 보상 요구액은 일본 국내에서 해당 일본인에게 적용되는 기준에 따른 것이었다.

한편 '정신적 육체적 고통'이라는 잣대를 이용해 박정희 정권이 채용한 생존자 200달러는 명확한 법적 근거를 가진 것이 아니었다. 그것은 단지 그 이상 청구해도 합의되지 못할 것을 고려해 최소한도의 보상액으로서[134] '산출'된 수치였다. 5차 회담에서 한국이 구상한 300달러는 네덜란드가 전시 중 억류자가 받은 고통에 대한 개인 보상의 요구로서 1인당 250달러를 청구한 결과 일본정부가 약 100달러를 지불하는 것으로 타결한 선례를 고려한 것이었다. 쉽게 말해 5차 회담 시에는 네덜란드가 제기한 1인당 250달러보다 50달러 더 많은 액수를 요구하려 한 데 비하여 6차 회담에서는 오히려 50달러를 줄인 셈이었다. 그 이유 역시 박정희 정권이 조속한 마무리를 위해 일본과의 타협을 중요시한 결과로 봐도 무방할 것이다.

이상과 같은 한국정부의 요구에 대해 일본은 10회 위원회에서 피징용 한

---

133 그러나 부상자 및 사망자의 요구액 산출의 기초가 된 원호법의 내용과 한국이 채용한 금액들 간에는 풀리지 않는 의문이 남는다. 먼저 부상자 산출의 기준이 된 제5항증의 장애연금은 제정 당시에 2,514,000엔이었다. 따라서 한국이 산출의 기초로 삼은 50,000엔과는 현격히 다르다. 또 사망자의 경우도 한국이 채용한 사례에서 원호법은 우선순위자인 부인에게 1,966,800엔, 기타 가족 1명당 72,000엔을 지급하기로 규정하고 있으므로 합계 2,110,800엔이 되며 한국이 기초로 삼은 61,000엔은 턱없이 적은 금액이다. 한국 측 회의록에는 "일본법에도 여러 가지가 있으며 또 일본법에 의하여 계산할 성질의 것도 아니라고 생각하므로 참고로 한 데 불과하다."는 발언도 있으므로("일반청구권위원회 제4차 전문위원회의 회의록", 『제6차 한일회담 청구권위원회회의록, 1 - 11차, 1961.10.27 - 62.3.6』, 293쪽) 이 산출이 원호법의 내용에 전면적으로 따른 것은 아닐 가능성도 있다.

134 위의 한국문서, 292쪽 ; 「一般請求權徵用者關係等專門委員会第4回会合」, 外務省日韓会談公開文書(문서번호 1224내), 11~12쪽.

국인이 당시 일본인으로서 같은 법적 지위에 있었으며 따라서 전후 일본 국민에 대해서도 보상 조치를 취하지 않고 있는 생존자에 대해서 따로 보상하는 것은 불가능하다고 주장했다.[135] 물론 이는 한일병합의 정당성과 그에 따른 동원은 합법이었다는 입장을 고수해야 하는 입장에서 비롯된 필연적인 귀결이었다. 그러나 이 입장은 일본 국민에 대해 조치를 취하고 있는 부분에 관해서는 기본적으로 그 지불 자체의 가능성을 일단 인정한 것이나 마찬가지였다.

그러나 이것은 결코 '보상'을 승인한 것이 아니었다. 실제 동 위원회 석상에서 일본은 사망, 부상자에 대해서는 당시의 국내법에 따라 급여금이 지불되었으나 미지불로 되어 있는 것이 있다면 피징용 미수금으로 지불한다고 한국에 전했다. 즉 일본은 그 지불을 한국이 주장한 '보상금' 명목으로 진행하는 것은 어렵다는 입장을 드러낸 것이다. 위원회에서는 그 이유를 직접 밝히지 않았으나 그것이 어려웠던 이유가 혹시 '보상'이라는 개념으로 한국인에게 지불할 경우 그것이 일본인에 대한 지불 이상의 정치적인 색채를 띠게 될 것을 우려한 결과였음은 분명하다. 실제 일본 국민들에 대한 지불의 근거가 된 원호법에서도 그 목적은 군인·군속의 부상, 사망 등에 대한 '원호'이며 그 지불 명칭 역시 연금 등으로 인한 '지급'에 불과했다. '원호'나 '지급'보다 국가 책임의 의미를 짙게 지니기 쉬운 '보상'이라는 개념은 일본 국민에 대해서도 사용되지 않던 것이었다.

더구나 전후 일본정부 자신이 제정한 관련 국내법은 위원회에서 일본이 언

---

135 이하 피징용 한국인의 보상 문제에 관한 10회 위원회의 토의 내용은 "일반청구권 소위원회 제10차 회의 회의록", 위의 한국문서, 236~237쪽 ; 「第6次日韓全面会談の一般請求権小委員会第10回会合」, 外務省日韓会談公開文書(문서번호 1220), 17쪽에서 정리.

급한 '미수금'으로 지불하는 것조차 어렵게 하고 있었다. 전후 GHQ는 군국주의 일소를 위한 정책의 일환으로서 1923년 이후 법제도화 되어 있었던 군인은급 제도를 1946년 1월 폐지했다. 그 후 군인은급 및 노무자를 포함한 전쟁 동원자에 대한 지원의 법적 근거가 마련된 것은 평화조약 발효에 따른 주권 회복 후의 일이었다.

그러나 원호법이든 1953년에 부활된 군인은급이든 일본정부는 그 수급 자격을 일본 국적 소유자에게만 한정하고 한국인들을 제외했다. 즉 일본정부는 징용 당시에는 같은 일본 국민이었다고 하면서도 전후에는 일본인이 아니라는 이유로 스스로 지불하지 않아도 되는 자의적인 법적 기반을 마련하고 있었던 것이다. 이에 따라 법적 근거에 기초해 직접 한국인들에게 지불할 수 있는 범위는 1946년 1월에 폐지되기까지의 군인은급과 그 제도 폐지 후에도 계속 그 지급이 허용된 부상에 따른 증가은급 정도뿐이었다.

이러한 사정으로 인해 일본정부 내부에서도 한국인에 대한 지불 여부와 관련해 의견 대립이 생긴 것으로 추측된다. 대장성은 군인·군속 및 노무자들에 대한 지불은 평화조약 발효에 따른 일본 국적 상실까지로 한정할 것을 주장했다. 한편 외무성은 한국과의 교섭의 직접적인 소관부서로서 스스로 취한 무책임한 조치를 그대로 밀고 나가는 것에 대해서는 부담을 느낀 것으로 보인다. 외무성은 일단 일본인과 같은 대우를 할 방침을 정했다.[136]

외무성이 일본인과 같은 대우로서 구상한 구체적인 지불 방식은 1957년 5월 제정된 "인양자 급부금 등의 지급법"[137]에 의거하면서 '호의(ex gratia)'로

---

136 「韓国側対日請求額に対する大蔵、外務両省による査定の相違について」, 外務省日韓会談公開文書(문서번호 1749), 6쪽.

137 이 지급법은 전전, 일본 본토 외에 생활 근거를 가지면서도 전후 일본으로 인양한 자에 대한 '위로'금 지불을 위해 마련된 법이며 원래 피징용 한국인에 대한 보상 요구의 문제

'위로금(見舞い金)'을 지불하는 형식이었다.[138]

지불과 관련해 일본은 위원회 등을 통해 구체적으로 금액 자체를 언급한 일은 없었으나 대상 인원수에 대해서는 일본정부로서의 입장을 밝혔다. 1962년 2월 13일 개최된 1회 피징용자 관계 전문위원회에서 일본은 인원수 산출에 한국이 의거한 일본 측 자료가 반드시 정확한 것이 아니라는 입장에서[139] 남북한 지역의 출신자를 다 포함한 한국인의 군인·군속 관련의 인원수 내역을 표 8-18과 같이 제시했다.[140]

즉 생존, 부상, 사망자들을 모두 포함해, 한국이 군인·군속의 총수로 제시한 365,000명과 비교하면 일본이 제시한 242,341명은 약 123,000명가량 적은 수치였다. 더구나 이 수치에는 남북한의 출신자가 같이 포함되어 있어, 한국과의 처리에 즈음하여서는 이북 지역 출신자를 제외하는 다음 과제가 남았다.

또한 일반 노무자 수에 관해서도 한일 간의 인식은 큰 차이를 보였다. 일반 노무자 관련 수치는 2월 23일 열린 3회 피징용자 관계 전문위원회에서 제시되었으나 일본이 1945년 4월 말경 현재로서 제시한 그 내역은 표8-19와 같

와 전혀 무관한 법률임을 염두에 두어야 한다. 다시 말해, 일본인과 같은 대우를 한다는 외무성의 방침에 따라 법적 근거를 찾은 결과 피징용 한국인의 피해보상 문제가 일본인 '인양자'에 대한 '위로'의 문제로서 처리될 것이 구상된 것이다.

138 현재 비공개 부분이 많아 그 내용은 충분히 파악할 수 없으나 그 지불 방식 등에 대한 외무성의 자세한 검토는 「日韓会談における韓国の対日請求8項目に関する討議記録」, 外務省日韓会談公開文書(문서번호 1914), 130~132쪽에 정리되어 있다.

139 한국이 의거한 일본 측 자료의 문제점 등에 대한 일본 측 언급은 2회 피징용자 관계 전문위원회 등에서 자세히 밝혀지고 있다. "일반청구권 소위원회 피징용자 관계 제2차 전문위원회의 회의록", 『제6차 한일회담 청구권위원회의록』, 1-11차, 1961.10.27-62.3.6』, 262~266쪽 ;「一般請求権徴用者関係等専門委員会第2回会合」, 外務省日韓会談公開文書(문서번호 1224내), 3~6쪽.

140 「朝鮮関係軍人軍属数」, 위의 한국문서, 256쪽 ;「一般請求権徴用者関係等専門委員会第1回会合」, 外務省日韓会談公開文書(문서번호 1224), 11쪽.

표8-18 6차 한일회담에서 일본정부가 제시한 한국인 군인 · 군속 관련 인원수 내역(명)

소속 및 신분		복원(생존 및 부상)	사망	합계
육군	군인	89,108	5,870	94,978
	군속	45,404	2,991	48,395
	합계	134,512	8,861	143,373
해군	군인	21,008	308	21,316
	군속	64,639	13,013	77,652
	합계	85,647	13,321	98,968
합계	군인	110,116	6,178	116,294
	군속	110,043	16,004	126,047
	합계	220,159	22,182	242,341

표8-19 6차 한일회담에서 일본정부가 제시한 한국인 일반 노무자 수

이입 형태	기간	노무자 수(명)
자유모집	1939. 9.~1942. 2.	148,549
관 알선	1942. 2.~1944. 8.	약 320,000
국민징용	1944. 9.~1945. 4.	약 200,000
총수	1939. 9.~1945. 4.	약 667,684 (단, 종전 당시 현재 : 약 322,890)

았다.[141]

  일본이 제시한 노무자 총수 667,684명은 일단 한국이 제시한 값과 같았다. 그러나 동시에 일본은 기간 만료에 따른 귀환, 기타 직장 이탈 등으로 인해 종전 당시의 실제 노무 종사자는 한국 측 수치의 절반가량인 약 322,890명이라고 주장했다. 또 그 수치 역시 남북한 출신자를 포함한 것이므로 현실적인 처리에 즈음하여서는 이북 출신자의 인원수를 제외하는 문제가 남았다.

---

141 「集団移入朝鮮人労務者数」, 위의 한국문서, 283쪽 ;「一般請求権徴用者関係等専門委員会第3回会合」, 外務省日韓会談公開文書(문서번호 1224내), 10쪽. 회의록을 통해 이 자료가 후생성 자료에 의거한 것임을 알 수 있으나 일본은 동시에 내무성 자료에 따른 1945년 3월 말 현재의 노무자 수가 604,429명임을 밝히고 있다.

표8-20 대장성 및 외무성이 피징용 한국인 보상 요구와 관련해 시산한 지급 내역

대장성의 시산	외무성의 시산
노무자 대상자 365,000명 × 1/2(한반도로의 귀환율) × 1인당 17,600엔(20살부터 50살까지의 인양자 급부금의 실적 평균) × 0.7(남한 지분) 합계 : 2,248,000,000엔 (＊군인은 은급으로 취급해야 함)	• 노무자 365,000명 × 1인당 20,000엔 × 0.95(남한 지분) = 6,940,000,000엔 • 복원 군인·군속 192,000명 × 1인당 20,000엔 × 0.7(남한 지분) = 2,700,000,000엔 • 사망 군속 15,500명 × 1인당 50,000엔 × 0.7(남한 지분) = 544,000,000엔 합계 : 10,184,000,000엔

그러나 일단 제시한 이 인원수에도 불구하고 이 시기, 일본이 내부적으로 산출했던 피징용 한국인의 보상 문제와 관련된 지불 액수의 시산에서는 그 대상 인원수가 반드시 활용된 것은 아니었다. 이 보상 요구와 관련해 외무성이 그 지불 근거로서 구상한 "인양자 급부금 등의 지급법"에 준하는 조치를 취할 경우, 대장성 및 외무성이 각각 시산한 지불액은 표8-20과 같다.[142]

표8-20에서 대장성 및 외무성이 노무자 인원수로서 활용한 365,000명은 한국이 제시한 군인·군속 수와 우연히 일치하고 있다. 그러나 다른 자료에서 대장성, 외무성 양 성이 활용한 그 수치가 종전 당시 일본 본토 및 사할린 등에 재류한 노무자 수임을 밝히고 있으므로[143] 기본적으로 한국이 제시한 군

142 「日韓関係想定問答(未定稿)」, 外務省日韓会談公開文書(문서번호 376), 59~60쪽.
143 「韓国一般請求権のうち朝鮮人徴用労務者,軍人軍属,文官恩給該当者に関する件(伊関局長指示の事項)」, 外務省日韓会談公開文書(문서번호 1744), 8쪽. 그에 의하면 노무자 인원수 365,000명은 대장성 관리국 편집의 자료에서 따온 것이나 그 정확한 수치는 365,382명이다. 그 대장성 관리국 편집의 표는 「朝鮮人移入労務者数」, 外務省日韓会談公開文書(문서번호 1744내), 2쪽에 게재되어 있다. 또 원본은 大蔵省管理局編, 『日本人の海外活動に関する歴史的調査』通巻 第10册, 朝鮮篇 第9分册, 高麗書林,

인·군속 수와 전혀 다른 것임은 틀림없다. 앞서 언급한 바와 같이 일본은 관련 위원회에서 전체 노무자 수가 667,684명가량이라고 하면서도 종전 당시의 노무자 수는 약 322,890명가량이라고 주장하고 있었다. 비록 그 수치에는 약간 차이가 있으나 365,000명은 일본이 주장한 종전 당시의 노무 종사자 수에 가까운 수치를 적용하려 한 흔적으로 생각해도 무방할 것이다. 또 외무성이 채용한 군인·군속 192,000명 및 사망 군속 15,500명 역시 관련 위원회에서 일본이 직접 제시한 220,159명과 16,004명과는 약간 차이가 있으나 오차가 그다지 크지 않은 점으로 미루어, 그들과 관련된 조정 과정에서 도출된 결과임이 틀림없을 것이다.

직접 엔화로 그 채권이 발생한 다른 항목들과 달리 신체적, 정신적 피해보상 요구액을 미불로 산출한 한국에 비해 일본은 지불액을 그대로 엔화로 산출했다. 인양자에 대한 지급 등 국내 조치와의 균형을 고려해야 하는 일본으로서는 애초 미불로 계산해야 할 이유가 없었다. 그러나 일단 대장성, 외무성 양성이 시산한 그 금액들이 한국이 요구한 금액과 비교해도 상당한 액수임은 틀림없다. 특히 군인·군속도 포함함으로써 대장성보다 약 5배나 큰 액수를 산출한 외무성의 수치 101억 8,400만 엔은 한일회담 당시 한국이 요구했던 환율 1달러 : 15엔으로 계산할 경우, 약 6억 7,800만 달러가 되며 한국이 요구한 약 3억 6,400만 달러보다 약 3억 달러 이상 많다.

그러나 이 시산은 위원회를 통해 일단 일본 자신이 한국에게 정식으로 밝힌 대상 인원수를 정확히 반영한 것도 아니므로 잠정적이고 또 유동적인 것이었다고 평가하는 것이 적절하다. 또 대장성과의 시산 차액도 컸다. 더 나아가 이는 어디까지나 외국인이 된 한국인에게 직접 적용되는 법적 근거가 결여되어

1985, 68쪽.

있는 상황에서 인양자 급부금에 준하는 조치를 취할 경우로서 마련된 것에 불과하며 그 적용 및 실시가 확정되어 있었던 것도 아니었다. 무엇보다 미불로 환산해서 지불해야 할 의무는 어디에도 없으며 더욱이 전후의 환율 1달러 : 360엔이 정착되어 있었던 당시, 한국이 원하는 1달러 : 15엔으로 환산해서 지불해야 할 법적 이유 역시 없었다. 따라서 문제가 청구권으로서 해결될 경우에도 이 항목에 관해 외무성 시산액 101억 8,400만 엔이 1달러 : 15엔으로 환산되고 그 지불액이 결정되었을 가능성은 사실상 전혀 없었음이 틀림없다.

결국 교섭은 그 후 총액 방식으로 됨으로 인해 그 이상 이 항목 요구가 보다 구체적으로 토의되는 일은 없었다. 청구권 관련 요구 가운데 가장 피해보상의 의미가 강하고 또 그로 인해 식민지 지배에 따른 개인 보상 문제에 직결되는 이 〈전쟁으로 인한 피징용자 피해에 대한 보상〉 문제는 이렇게 어중간하게 끝나고 말았다.

(5) 한국인의 대일본정부 청구 은급 관계 기타

다음으로 대일8항목요구 5항 중의 다섯째 항목으로 한국이 제기한 것은 〈한국인의 대일본정부 청구 은급 관계 기타〉였다. 7장에서 언급한 바와 같이 5차 회담은 5·16 쿠데타로 인해 5항의 넷째 항목인 〈전쟁으로 인한 피징용자 피해에 대한 보상〉까지 토의하고 중단됨에 따라 이 다섯째 항목 이하가 5차 회담에서 직접 토의된 일은 없었다. 따라서 이 다섯째 이후의 항목들에 관한 본격적인 토의가 진행된 것은 6차 회담이 처음이자 마지막이었다. 한국은 1961년12월 21일 열린 8회 위원회에서 이 〈한국인의 대일본정부 청구 은급 관계 기타〉 요구가 은급과 기탁금의 두 가지 세부항목으로 구성되어 있음을 밝혔다.

a) 은급

먼저 은급 요구는 일제강점기 한국인이 가지게 된 은급 수급 자격에 따른 수취 채권을 요구하는 것이었다. 즉 그 평가가 어떻든, 은급 요구는 한국인이 '일본인'으로서 일본제국주의의 한반도 지배를 위해 공헌한 '과실(果實)'로서 일본정부로부터 지'급(給)'되는 '은(恩)'을 받으려 하는 요구였다. 이는 일본의 관리(官吏)로서 근무한 것에 따라 얻게 된 채권으로서 당연히 개인청구권의 문제였다.[144]

8회 위원회에서 은급 요구에 관해 한국이 최종적으로 제시한 정식 요구 내역은 표8 – 21과 같다.[145]

한국은 은급 요구와 관련해 기간으로서는 종전 후 20년간 분을 요구하는 것임을 밝혔다. 그 20년이란 기간은 평균 수명을 고려한 것이며 은급법 등에 직접 그 근거를 둔 것은 아니었으나 그 지불 자체에 대한 요구 근거는 일본인에게 적용되는 바로 은급법에 기초한 것이었다.

5차 회담에서는 토의 자체가 없었으므로 은급 요구에 대한 내역이 직접 밝혀지는 일은 없었다. 그러나 6차 회담에서 한국정부가 최종적으로 제기한 요

---

144 실제 이 요구에 관해서는 은급 수급권을 가진 한국인들이 일본정부에 직접 본인에게 지불할 것을 요구했음을 알 수 있다. 1962년 11월 한국으로 출장한 나카가와 조약국장은 방한 중, 대일은급청구촉진회 대표라고 자칭한 김연창, 홍종만이라는 두 명과 면담을 가졌음을 보고하고 있다. 그 기록에 의하면 그 두 명은 최근의 보도에 따르면 청구권 문제가 국가 간에 일괄 처리될 것으로 보고되고 있으나 한국정부 당국자는 젊고 은급 문제에 대해서는 이해도 동정도 없다고 말하면서 은급에 관해서는 자신들이 증서 등을 제출하기 때문에 일본정부가 본인들에게 직접 지불할 것을 요청하고 있었다. 「韓国出張報告」, 外務省日韓会談公開文書(문서번호 294), 25~26쪽.

145 이하 은급에 관한 8회 위원회 토의 내용은 "일반청구권 소위원회 제8차 회의 회의록", 『제6차 한일회담 청구권위원회회의록, 1 – 11차, 1961.10.27 – 62.3.6』, 176~179쪽 ; 「第6次日韓全面会談の一般請求権小委員会第8回会合」, 外務省日韓会談公開文書(문서번호 1218), 7~8쪽에서 정리.

표8-21 6차 한일회담에서 한국이 제출한 은급 관련 요구 내역

지불 형태	인원수(명)	요구액(엔)
연금	35,120	289,645,000
일시금	20,268	16,549,970
합계	55,388	306,194,970

구액들은 5차 회담을 앞두고 장면 정권이 정리한 요구액[표7-1-5]과 일치하고 있음을 알 수 있다. 심지어 그 수치는 『배상조서』의 내역과도 완전히 일치하고 있으므로 결국 이 요구에 관해서는 건국 직후에 준비된 요구 내용이 마지막까지 유지된 것임을 확인할 수 있다.

그러나 위원회 석상에서 한국은 제기한 내역들이 1947년에 미 군정청이 조사한 것에 기초한 것임을 밝히면서 동시에 "그들 수치가 어느 정도 정확한지는 모른다."고 발언했다.[146] 다시 말해 한국정부는 '어느 정도 정확한지도 모르는' 1947년 시점에서의 미군정 조사에 기초한 수치를 아무런 검증도 없이 그대로 최종적으로 제시한 셈이었다. 이러한 의미에서 한국정부가 『배상조서』의 수치를 끝까지 유지한 것은 그 내역에 대해 별도의 검증을 통해 확실한 기반을 가졌기 때문이 아니라 오히려 그 후 그 이상의 조사 진전이 없음에 따른 것이었다. 물론 은급은 일제강점기 주로 공무원으로서 근무한 바로 '제도권'에 속한 사람들의 채권 문제인 만큼 일본 측에 보다 확실한 증빙자료가 존재하는 문제였다.

한국이 제기한 은급 요구에 대해 일본은 10회 위원회에서 그 지불 범위 등에 대해 비교적 자세한 입장을 전했다. 일본이 밝힌 그 입장은 국고 부담으로

---

146 위의 한국문서, 177쪽 ; 위의 일본문서, 8쪽. 한국이 발언한 1947년 미군정 조사는 은급 요구액이 완전히 일치하고 있는 점으로 미루어, 『배상조서』에 나오는 각 도(道) 등에 의해 이루어진 조사임이 틀림없다. 『對日賠償要求調書』, 210쪽.

지불하게 되어 있었던 문관 등에 대한 은급은 인정한다.[147] 은급법은 일본 국적 소유자에게 그 수급 자격을 한정하고 있으며 그에 따라 평화조약 발효 후 일본 국적을 상실한 한국인에게는 지불하지 못하므로 종전 후 20년이라는 지불 기한은 수락 불가능하다. 군인 역시 일본 국적 상실과의 관계에서 그와 상관없는 증가은급만 인정한다. 군속은 미복원자급여법에 따른 것 이외의 지불은 불가능하다는 것 등이었다.[148]

위원회에서 이들 지불 여부에 대해 일본이 그 이유를 추가적으로 설명한 기록은 없다. 그러나 지방정부의 지불 부분을 거부한 것은 일제강점기 바로 한반도 내의 지방정부가 지불하게 되어 있었던 것인 만큼 그 채무를 중앙정부인 일본정부가 대신 지불해야 할 법적 의무는 없다. 또 20년 기한의 지불을 거절한 것은 은급법이 일본 국적 소유자에게만 수급 자격을 한정했으므로 종전 후 약 6년 8개월 후인 1952년 4월에 평화조약이 발효됨에 따라 일본 국적을 상실한 한국인에게는 그 이후의 지불이 불가능하다. 군인에게는 증가은급만이 가능하다고 한 이유는 1946년의 GHQ에 의한 은급 폐지 후에도 부상에 따른 증가은급의 지불만은 허가되었음에 따라 일본 국적을 상실하기까지의 기간 중, 해당되는 한국인에게도 증가은급의 지불은 가능하다. 그리고 군속을 미복원자급여법에만 따를 것으로 정한 것은 군속이 군인은급법의 대상자가 아니

---

147 위원회에서 나온 설명에 의하면 국고 부담 부분은 일반문관, 관립학교 직원, 공립학교 직원, 형무관, 조선총독부 순사(巡査), 도(道) 순사, 공립초등학교 직원에 대한 은급이다.

148 일본이 10회 위원회에서 은급에 대해 밝힌 입장은 "일반청구권 소위원회 제10차 회의 회의록", 『제6차 한일회담 청구권위원회회의록, 1 - 11차, 1961.10.27 - 62.3.6』, 237쪽 ; 「第6次日韓全面会談の一般請求権小委員会第10回会合」, 外務省日韓会談公開文書(문서번호 1220), 18~19쪽. 그러나 군인은급을 부정한 것은 대장성 안에 따른 것이며 외무성은 내부적으로 군인은급에 관해서도 일본 국적 상실과 상관없이 지불하는 구상을 가지고 있었음을 엿볼 수 있다. 「韓国側対日請求額に対する大蔵、外務両省による査定の相違について」, 外務省日韓会談公開文書(문서번호 1749), 8쪽.

표8 - 22 일본정부가 제시한 한국인의 은급 관련 내역(인원수 : 명, 금액 : 천 엔)

구분	보통은급		증가은급		보통부조(扶助)		공무부조		합계	
	인원수	금액	인원수	금액	인원수	금액	인원수	금액	인원수	금액
문관	*1,754	118,562	–	–	*427	21,224	*47	5,173	*2,228	144,959
	※4,626	219,895			※1,006	41,573			※5,632	261,468
군인	*159	33	*10	118	*7	1	–	–	*176	152
합계	*1,913	118,595	*10	118	*434	21,225	*47	5,173	*2,404	145,111
	※4,626	219,895			※1,006	41,573			※5,632	261,468
	6,539	338,490	10	118	1,440	62,798	47	5,173	8,036	406,579

주석 : *는 은급국장 재정(裁定)분, ※는 조선총독도(道)지사 재정분을 뜻함(기술 편의상 인원수 부분에만 달았음).
 –는 해당 항목이 없음을 뜻함.

기 때문에 1947년 2월에 제정된 동 법 이외에는 지불을 위한 법적 근거를 찾
는 것이 어렵다. 바로 이러한 점들이 일본이 밝힌 지불 여부에 관한 이유였다
고 봐도 과오는 없을 것이다.[149]

지불 범위 등에 대한 원칙적인 입장을 밝힌 일본은 이 은급 요구에 대해서
는 비록 기재정(既裁定) 부분에만 한정했으나 인원수 및 금액에 관해서도 자세
한 내역을 제시하고 있다. 1회 피징용자 관계 전문위원회[1962년 2월 13일]에서
일본이 한국에게 직접 밝힌 그 내역은 표8 - 22와 같다.[150]

---

149 미복원자급여법은 육해공군에 속하면서도 그 당시 아직 귀환되지 않은 자에 대한 급여,
    귀환 비용 및 가족에 대한 지원 등을 정한 것이며 원래 은급 지급에 관한 법규가 아니다.
    그럼에도 일본이 이 법률의 적용을 거론한 것은 한국이 요구하는 군속 관련의 지불과 관
    련해 제정 당시 국적 제한이 없으며 더 나아가 평화조약 발효 이전으로서 한국인 군속도
    아직 일본 국적 소유자라는 입장에 서서, 이 법률에 따른 지불 이외에 따로 법적 근거를
    찾는 것이 어렵다는 궁여지책으로서 답한 것으로 풀이된다. 그러나 은급과 관련해 그 후
    이 법률에 따른 지불이 일본 내부에서 구체화된 흔적은 없으므로 사실상 언급만 된 것으
    로 평가하는 것이 적절하다.
150 「朝鮮関係恩給計数」, 『제6차 한일회담 청구권위원회회의록, 1 - 11차, 1961.10.27 -
    62.3.6』, 255쪽 ; 「一般請求権徴用者関係等専門委員会第1回会合」, 外務省日韓会談

표8 – 22를 보면 알 수 있는 바와 같이 흥미롭게도 일본이 그 지불을 인정한 내역은 비록 해당 인원수에 관해서는 55,388명과 8,036명으로 매우 큰 차이가 났으나 일단 총액에 관해서는 한국이 요구한 306,194,970엔보다 오히려 약 1억 엔가량 더 많았다. 더구나 그 금액은 기재정분에 한정되어 있었으며 일본은 종전 시의 미재정분도 지불할 의향을 가지고 있었으므로 수치는 더욱 늘어난다.

한편 일본이 제시한 합계 406,579,000엔은 남북한을 포함한 수치인 데다 평화조약 발효 시까지 일본에 거주하고 지불 가능한 대상자에게 이미 지급된 2,945,298엔 등을 포함한 것이었다.[151] 따라서 위원회에서 일본이 제시한 금액은 일본으로서의 최종적인 지불 액수를 정확히 제시한 것은 아니다. 그러나 일본정부는 내부적으로 은급과 관련된 지불 액수에 관한 시산을 내놓았었다. 대장성이 정리한 대장성 및 외무성의 시산 내역을 각각 정리하면 표 8 – 23과 같다.[152]

비록 그 자세한 산출 내역은 알 수 없으나 이 시기 외무성이 진행한 내부 시산에서는 일단 119억 6,000만 엔이라는 놀라울 만한 금액이 산출되어 있었다. 그러나 이를 실제 지불할 정식 액수로 간주하는 것은 적절하지 않을 것이다. 앞서 언급한 바와 같이 일본은 10회 위원회에서 한국에 대해 지불 범위

公開文書(문서번호 1224), 13쪽.

151 지불된 금액이 포함되어 있다는 진술은 토의 중에 나와 있다. "일반청구권소위원회 피징용자 등 관계 제1차 전문위원회 회의록", 위의 한국문서, 248쪽 ; 위의 일본문서, 7쪽.

152 「日韓関係想定問答(未定稿)」, 外務省日韓会談公開文書(문서번호 376), 61~63쪽. 대장성이 소개한 외무성 시산은 자세한 점에 관해 알 수 없는 부분이 많으나 남북한의 비율에 관해서는 대장성과 같이 70%를 예정하고 있음을 알 수 있다. 「韓国側対日請求額に対する大蔵、外務両省による査定の相違について」, 外務省日韓会談公開文書(문서번호 1749), 8쪽.

표8-23 대장성 및 외무성이 산출한 은급 관련의 지급 시산 내역

대장성	외무성
방침 • 국고 부분만 • 평화조약 발효까지 지급 기간으로 함 • 군인은 군인은급 적용 상황을 고려하여 향후 지불 여부 검토 • 군속은 엄밀히 말해 미수금에 포함되어 있음	
합계 : 남한 지분 70% 분 • 기재정분 : 284백만 엔 • 미재정분 : 280백만 엔 • 합계 : 564백만 엔	**방침** • 지방정부 부담 부분도 포함 • 실권 시(평균 1991년까지)를 지급 기간으로 함
시산 내역 : 남북을 포함 • 기재정 　- 문관 : *144백만 엔(2,228명) + 　　　　　※261백만 엔(5,632명) 　- 군인 : *0.152백만 엔(176명) • 미재정 　- 문관 : *398백만 엔(9,132명) 　- 군인 : *1,259백만 엔(5,485명)	**합계** 11,960백만 엔(이자는 계산하지 않음) **시산 내역** [표기 없음]

주석 : *는 은급국장 재정(裁定)분, ※는 조선총독도(道)지사 재정분을 뜻함.

를 문관 등에 대한 국고 부담 부분으로 한정할 것, 종전 후 20년이라는 지불 기한은 수락 불가능하다는 것, 그리고 군인에 대해서는 증가은급, 군속에 대해서는 미복원자급여법의 범위에 한정한다는 등의 입장을 밝혔다. 따라서 외무성 시산은 위원회에서 밝힌 그 제한들을 일절 고려하지 않고 최대한 인정할 경우의 액수로서 잠정적으로 산출된 값임이 틀림없을 것이다. 그 점은 외무성 시산에서 지방정부 부담 부분이나 수급 실권 시까지 인정하고 있는 데서도 엿볼 수 있다.

그러나 위원회에서 밝힌 입장과 비교적 비슷한 기준으로 산출된 대장성 시산으로 판단해도 그 인정 총액은 564,000,000엔으로 직접 한국에 제시한 406,579,000엔보다 150,000,000엔가량 더 많고, 결과적으로 한국의 요구액 306,194,970엔보다는 약 259,000,000엔가량 더 많은 액수였다.[153]

또 은급이 공무원으로서 근무한 바로 '제도권'에 있었던 사람을 대상으로 한 것이며 따라서 그것이 비교적 정확한 근거에 기초해서 산출되었을 것이라는 성격을 고려하면 한일교섭이 그 후 청구권으로서 타결되었을 경우에도 이 은급에 관해서는 한국이 희망한 금액보다 많은 액수가 지불되었을 가능성이 컸다고 하겠다.

그러나 더 많은 금액을 얻을 수 있었다는 것과 더불어 은급이 제도권에 속한 사람들을 대상으로 하는 것으로서 그 지불의 대상을 비교적 정확히 파악할 수 있었다는 성격과 관련해서는 덧붙여 언급할 만한 역설적인 논점이 하나 있다. 그것은 한일회담 타결 후의 개인청구권 지불과 관련된 문제였다.

지금까지 한국정부가 한일회담 타결 후에 충분히 개인청구권을 보상하지 않았던 이유는 그것을 국가 경제 재건에 충당해야 했다는 것, 일본으로부터 받은 금액이 총액으로서 각 개인의 대일청구권을 적산(積算)해서 산출한 것이 아니므로 실제 각 개인에게 지불할 액수를 산출하는 것이 어려웠다는 것, 그리고 한국정부의 개인 보상에 대한 인식이 부족했다는 것 등으로 이해하는 것이 주류였다. 물론 이것이 틀린 것은 아니다.

그러나 바로 이 은급 요구는 일본이 그 해당 인원수까지 제시하는 등 사실상 개인 수준에까지 자세히 파고들어, 그 상황을 파악할 수 있는 항목이었다.

---

153 일본정부의 보다 자세한 지불액에 관해서는 「日韓会談における韓国の対日請求8項目に関する討議記録」, 外務省日韓会談公開文書(문서번호 1914), 142~143쪽 등에서 따로 산출되고 있었을 가능성이 크다.(단 동 쪽수 중간에 쪽수 표기가 없는 표가 삽입되어 있음) 그러나 그 자세한 내용 역시 비공개로 인해 현재 확인하지 못한다.

또 이하 보듯이 은급권자에 대한 보상 문제 역시 인식되어 있었다. 그럼에도 이것 역시 결국 보상 대상에서 제외되었다. 바로 그 배경에는 실시의 어려움이라는 실무적 사정이나 보상 의지의 부족이라는 요인들과는 어찌 보면 정반대의 정치적인 고려가 깔려 있었음을 알 수 있다.

한일교섭의 타결이 임박한 1965년 3월 18일, 당시 외무부 아주과는 청구권 문제 타결과 관련해 그 후의 개인청구권 보상 문제를 검토하고 있었다. 아주과는 전쟁의 결과로서 배상이 전승국의 전(全) 국민적 피해에 대한 패전국의 사과나 보상이라는 일반적 의미를 지님으로써 반드시 국민 각 개인에게 상환하지 않아도 되는 것과 달리 청구권은 민사상의 채권 상환 문제로서 그에 해당하는 개인에게 기본적으로 상환해야 하는 문제라는 인식을 드러냈다. 그러나 문제는 바로 그것이 민사상의 채권인 만큼 그 현실적인 상환을 위해서는 법적 근거나 증빙 절차가 반드시 필요하다는 점에 있었다. 아주과는 청구권 요구 속에 들어간 피징용자 문제 등은 증빙이 어려우며 심지어 항일투사는 요구에도 들어가지 않고 있다고 지적하는 한편, 바로 은급 요구를 직접 거론하면서 그에 대해서는 다음과 같이 부정적인 인식을 드러냈다. 바로 아주과는 "일본의 통치 기간 중, 그 기간에 가장 기회주의적으로 이용한 어떤 공무원은 우연히 일 정부에 대한 은급청구권을 가지고 있다."고 지적하면서 "청구권이 아무리 법적 근거에 의하여 정당화된다고 하여도 일본 통치에 의하여 압박받은 국민 일반과의 형평을 떠나서는 생각할 수 없다. 청구권은 36년간 압박에서 온 국민감정과 분리하여 생각할 수 없다."고 적었다.[154]

즉 법적 근거나 증빙이라는 원칙에 따라 상환을 실시할 경우, 원래 대일피

---

154 "한일회담에서 논의되는 대일청구권 중 민간인이 보유하는 개인관계 청구권의 보상 문제", 『[민간인(김태성) 등]의 대일청구권 해결 문제, 1955‒65』, 443~450쪽.

해자로서의 성격이 강하고 그로 인해 오히려 제도권 밖에 있었던 한국인 개인에 대해서는 보상의 실시가 어려운 한편 사실상 일제 통치에 협력한 제도권 내의 개인은 그 지불을 순조롭게 받게 된다는 역설을 낳게 할 우려가 컸다.

이 검토는 보상을 실시할 경우와 실시하지 않을 경우의 장단점을 정리하는 등, 제도권에 있었던 사람들을 포함해 각 개인에 대한 청구권 상환 여부를 최종적으로 결정한 것은 아니다. 그러나 1971년 1월에 제정된 "대일민간청구권 신고에 관한 법률"로 인해 최종적으로 은급권자를 보상 대상에서 제외하고 한일회담에서 일단 직접 다루어진 항목들에 비추어 봐도 그 보상 범위를 한정한 것은[155] 한국정부의 개인 보상에 대한 인식 부족에만 기인한 것이 아니라 오히려 법적 근거와 증빙에 따라 적극적으로 그것을 추진할 경우의 부작용을 고려한 측면이 있었던 것도 동시에 기억해두어야 할 것이다.

b) 기탁금

이어 〈한국인의 대일본정부 청구 은급 관계 기타〉 중의 둘째 세부항목은 기탁금 요구였다. 8회 위원회에서 한국은 이 요구가 종전 후 재일한국인들이 한반도로의 귀환에 즈음하여 일본정부에 맡기고 있었던 것이라고 설명했다.[156] 따

---

155 동 법률을 통해 보상 대상이 된 것은 국채 등의 유가증권, 예금 관계, 송금, 기탁금, 생명보험, 재일폐쇄기관에 대한 지분, 우체국 거래 관계, 그리고 피징용자 중 1945년 8월 15일 이전의 사망자 등이었다. 이에 관해서는 經濟企劃院, 『請求權資金白書』, 1976, 56~57쪽. 또 1970년대에 그나마 이루어진 한국정부의 개인 보상에 관한 문제점들에 관해서는 崔永鎬, "韓國政府의 對日 民間請求權 補償 過程", 『韓日民族問題研究』 vol.8, 2005, 225~254쪽.

156 이하 8회 위원회에서의 기탁금 관련 토의는 "일반청구권 소위원회 제8차 회의 회의록", 『제6차 한일회담 청구권위원회회의록, 1 - 11차, 1961.10.27 - 62.3.6』, 179~180쪽 ; 「第6次日韓全面会談の一般請求権小委員会第8回会合」, 外務省日韓会談公開文書 (문서번호 1218), 10~11쪽에서 정리.

표8-24 6차 한일회담에서 한국이 제출한 기탁금 관련 요구 내역

세부항목	요구액(엔)
세관에 예탁된 통화류(類)	10,510,200
조선은행권과 교환된 일본은행권	48,714,690
구 재일조선인연맹에 기탁하고 현재 일본정부에 압류되어 있는 것	54,550,000
합계	113,774,890

라서 이것 역시 개인청구권 문제였음은 두말할 필요도 없다. 한국이 최종적으로 제기한 요구 내역은 표8-24와 같다.

앞 장들을 통해 고찰해 온 바와 같이 일본정부에 대한 기탁금 문제는 『배상조서』 작성 시부터 그에 대한 청구 의사는 감지되었으나 명확한 항목으로서 정리된 일은 없었다. 또 이것은 5차 회담을 앞두고도 구체적인 요구 대상으로 정리된 흔적은 없었으며 결국 이것이 뚜렷한 항목으로서 자리 잡게 된 것은 5차 회담 진행 기간 중, 주일대표부가 본국정부에 보낸 건의에 의해서였다. 그러나 주일대표부의 그 건의에서도 기탁금으로서 제기할 정식 세부항목까지 명시되어 있었던 것은 아니다. 또 5·16 쿠데타로 인한 중단에 따라 5차 회담에서는 이 요구가 직접 위원회 토의에서 다루어지는 일도 없었으므로 결국 이 기탁금 요구와 관련해, 장면 정권하의 요구 내용과 박정희 정권하의 내역을 정확히 비교하는 것은 불가능하다.

한편 이 기탁금 요구는 같은 박정희 정권하에서도 변화를 보였다. 6차 한일회담을 앞두고 박정희 정권은 당초 기탁금 요구와 관련된 세부항목들로서 일단 일본정부에 기탁한 재산[세관이 보관한 일본계통화, 조선은행권과 교환한 일본은행권, SCAPIN 1966호에 따라 일본정부가 세대당 10만 엔 미만의 일본은행권을 보관하고 영수증을 발행한 것], 재일조선인연맹 기탁 재산, 그리고 손달원[오사카콜크주

식회사 전무취체역]에게 기탁한 재산 등을 후보로 정리하고 있었다.[157] 그러나 표8–24에서 표시한 바와 같이 결국 박정희 정권은 청구권 위원회에서 세 가지 세부항목만을 정식 요구 항목으로 제시했다. 이 사실은 같은 박정희 정권 하에서 당초 고려한 SCAPIN 1966호 관련 및 손달원에게 기탁한 재산 등이 제외된 것을 뜻한다.[158] 그 이유를 직접 가리키는 증거는 찾을 수 없으나 증빙 상황, 금액, 과거의 조회 여부 등을 고려해 신속한 해결을 도모하는 입장에서 범위를 줄인 것으로 이해해도 과오는 없을 것이다.

8회 위원회 석상에서 한국은 최종 요구 항목으로 제기한 이들 세 가지 세부 항목과 관련해 다음과 같이 간략하게 추가 설명하고 있다. 즉 세관에 예탁된 통화는 1951년 9월 7일자 대장성 서간에 명시되어 있다. 조선은행권과 교환 된 일본은행권은 귀환 한국인을 위해 미군정이 조선은행권을 일본으로 보내 고 한국인 소유의 일본은행권과 교환했으나 그 결제가 이루어졌다는 기록이 없다. 재일조선인연맹 기탁금은 귀환 시, 재산 반출에 제한이 있었으므로 동 연맹이 그 일부를 기탁받게 되었으나 그 후 그 조직이 불법 단체로서 해산됨

---

157 『제6차 한일회담 재산청구권 관계 종합자료집, 1961』, 127~128쪽.
158 〈SCAPIN 1966호에 따라 일본정부가 세대당 10만 엔 미만의 일본은행권을 보관하고 영 수증을 발행한 것〉이라는 요구는 1949년 1월 18일에 나온 동SCAP 지령에 따라 이루어 진 재산 인도 문제로 풀이된다. 그 지령은 한 가족당 10만 엔 미만에 한해 향후 대한민 국 정부에 지불할 것을 약속한 수령서를 발행함으로써 귀환 한국인이 보유한 엔화를 인 도하게 했다. 이 요구는 그 이전의 한국문서에는 나타나지 않은 항목이며 정확히 한국정 부 내부에서 언제쯤 요구 항목으로 인식되었는지 불투명하다. 그러나 이 요구는 SCAP 지시에 따라 일본정부에 인도한 재산의 반환 문제인 만큼 비록 6차 회담 개시 전에 나타 난 요구 항목이라고 하더라도 그대로 유지되어야 마땅한 것으로 판단된다. 그럼에도 그 것이 왜 정식 요구 항목에서 제외된 것인지는 자료상 규명할 수 없다. 한편 한일회담 개 시 무렵부터 일찍 인식되었던 재일한국인 손달원에 대한 기탁금 요구가 최종적으로 제 외된 이유가 비록 자료를 통해 직접 확인은 할 수 없어도 재산의 기탁이 일본정부와 전 혀 무관하게 이루어진 개인 차원의 문제였다는 점에 있었음은 틀림없을 것이다.

으로써 그 기탁 재산이 압류당한 결과 일본정부에 공탁되게 되었다.

한국이 밝힌 이들 추가 설명 중, 첫 번째 세관 보관분의 요구 내용은 분명하다. 그것은 귀환 시, 한국인이 직접 일본정부에 맡긴 개인재산의 회수 조치를 요구하는 것이었다. 따라서 위원회에서 밝힌 '1951년 9월 7일자 대장성 서간에 명시되어 있다.'는 등의 발언은 따로 요구 근거를 제시하기 위한 것이 아니었다. 그것은 한국이 제기한 요구액의 출처가 바로 GHQ에 대한 보고를 위해 대장성 자신이 작성한 그 서간에 명시된 1949년 6월 30일자의 수치임을 강조함으로써 일본정부에 그 이행을 촉구하기 위한 것이었음이 틀림없다.

두 번째 조선은행권과 교환된 일본은행권을 요구한다는 것은 전후 미국이 취한 조치에 따른 것이었다. GHQ는 1946년 3월 30일 SCAPIN854 – A 등을 발령하고 미군정이 미리 일본으로 보낸 조선은행권과 귀환 한국인이 소유하고 있었던 일본은행권을 교환하는 조치를 취했다. 이는 물론 귀환 한국인들에 대해 귀국 후의 편의를 도모하는 목적과 더불어 일본은행권이 새롭게 한반도로 유입하는 것을 막기 위한 조치였다. 그 교환을 통해 모인 귀환 한국인들 소유의 일본은행권은 일본은행 내의 연합국최고사령관 특별계좌에 예입되었다. 따라서 그 특별계좌에 예입된 일본은행권에 해당하는 가치 부분은 교환을 위해 미리 일본으로 조선은행권을 보낸 미군정에게 마땅히 결제되어야 했다. 한국이 언급한 '결제의 기록이 없다.'는 발언은 바로 이 결제가 이루어지지 않았다는 것을 뜻한다고 해석된다.[159] 한국은 그 미결제의 결과 일본은행의 계

---

159 단 이 계좌에 예입된 일본은행권의 일부는 그간 각종 이유로 점령군이 경비로서 지출하고 있었던 흔적이 있다. 이와 관련된 자료는 戦後補償問題研究会編集, 앞의 책, 113~120쪽. 또 이 일본은행에 예입된 일본은행권은 1948년 9월의 한미협정에 따라 정식으로 한국정부로 이관하도록 하는 조정이 이루어지고 있었음을 알 수 있다. 같은 책, 121쪽. 그러나 결국 한일회담에서 한국이 이 항목을 제기하고, 일본 역시 그 반환을 수락한 사실을 감안하면 그 이유는 알 수 없으나 그때 진행되던 이관 요청은 실현되지 않

좌에 예입된 상태로 남게 된 미군정 채권을 독립 후 한국정부가 그대로 인계했다는 입장에서 일본에 제기한 것으로 풀이된다. 그 요구액 역시 앞서 언급한 1951년 9월 7일자 대장성 서간에 명시된 1948년 2월 28일자의 금액이었다.[160]

한국이 마지막 세 번째로 거론한 재일조선인연맹에 기탁한 재산 요구 역시 귀환 한국인 관련의 요구였다. 즉 이것은 귀환하는 한국인들이 전후 재일조선인 조직으로서 급속히 그 세력을 확장한 동 연맹에 기탁한 재산이 그 후 그 조직의 해산 조치에 따라 일본정부에 압류당했으나 바로 그 압류 재산 속에는 귀환 한국인이 단지 기탁만 한 재산이 포함되어 있다는 입장에서 그 부분을 반환하도록 요구하는 것이었다. 그러나 한국이 제시한 요구액 5,455만 엔은 명확한 근거를 가진 것이 아니었다.

이상의 요구에 대해 일본정부는 10회 위원회에서 그 입장을 밝혔다.[161] 일본정부가 밝힌 수락 여부는 첫 번째 및 두 번째 요구에 관해서는 그 반환 의무를 인정한다는 것이었다. 그 자리에서 일본은 지불을 인정한 이유에 대해 명확히 설명하지 않았다. 그러나 그 이유는 자명하다. 즉 첫 번째 세관 보관분에 대한 요구는 한국인 개인이 일본정부의 공적 기관인 세관에 맡겨 놓았던 단순한 개인재산의 반환 요구이며 더욱이 그 액수 역시 일본정부의 공식 기록에 의거한 것인 만큼 그것을 거절할 수 있는 이유가 없었다.

앉음을 알 수 있다.

160 위원회의 토의 기록에는 그 요구액의 출처에 대한 직접적인 언급은 없으나 그 값 역시 1951년 9월 7일자로 대장성이 GHQ에 전달한 공한의 2항으로서 명시되어 있다.

161 이하 10회 위원회에서의 일본의 기탁금 관련 답변 내용은 "일반청구권 소위원회 제10차 회의 회의록", 『제6차 한일회담 청구권위원회회의록, 1 - 11차, 1961.10.27 - 62.3.6』, 237~238쪽 ; 「第6次日韓全面会談の一般請求権小委員会第10回会合」, 外務省日韓会談公開文書(문서번호 1220), 19~20쪽에서 정리.

또 일본이 인정한 두 번째 요구, 조선은행권과의 교환으로 가지게 된 일본 은행권 역시 그것은 귀환하는 한국인들을 위해 미리 통화 교환을 진행하는 의도로 미군정이 통화를 일본정부에 보냄에 따라 생긴 채무 문제였다. 비록 그 직접적인 채권의 주체는 미군정이었으나 일본정부는 미군정의 권한을 한국 정부가 계승하는 것 자체는 국제 관례상 인정하는 입장에 있었다. 일본정부가 그 채무 지불을 인정한 것은 바로 그 입장에서 도출되는 귀결이었다.

그러나 일본은 세 번째 재일조선인연맹에 대한 기탁금에 관해서는 거절 하는 입장을 취했다. 일본이 밝힌 그 거절 이유는 기탁 경위가 불명하다는 것, 또한 가령 그 단체에 그와 같은 기탁금이 있어도 그 단체의 재산 압류는 SCAP 지시에 따른 것이며 또 압류 재산은 각의(閣議) 양해를 통해 재일조선 인의 생활 보호를 위해 지출되었으므로 실질적으로 한국인에게 환원되었다는 것 등이었다.[162]

즉 당시 귀환 한국인의 재일조선인연맹에 대한 재산 기탁은 가령 그 사실이 있어도 공탁 지시가 정식으로 내려졌던 미불 임금 등의 문제와 달리 일본정부 의 공식 지시 등에 따라 이루어진 것이 아니라 개인적인 차원에서 일어난 일 이었다. 일본정부는 그에 대해 책임을 져야 할 이유가 없다고 판단한 것이었 다. 또 문제의 성격상, 그 기탁이 개인적인 차원에서 이루어진 것인 만큼 일본 정부로서도 귀환 한국인이 동 연맹에 기탁한 재산의 규모를 정확히 파악하고 있었을 가능성은 없다.

---

162 그러나 동 10회 위원회의 1주일 후인 2월 15일자로 작성된 외무성 문서는 대장성이 동 조선인연맹 기탁금의 남한 지분 70%를 지불할 의향을 가지고 있었음을 밝히고 있으며, 또 외무성 역시 그에 대한 입장을 미정으로 하고 있으므로 위원회에서 제시한 입장과 달 리 한국과의 타협을 위해 양보하는 구상도 존재하고 있었음을 알 수 있다. 「韓国側対日 請求額に対する大蔵、外務両省による査定の相違について」, 外務省日韓会談公開文 書(문서번호 1749), 9쪽.

실제 일본정부는 한국이 요구한 연맹에 대한 기탁금 문제와 관련해 내부적으로는 일단 그 기탁 재산에 대한 공탁 여부가 존재하는지 확인 작업을 진행하고 있었다. 1962년 2월 28일자로 법무성 민사국이 외무성에 전한 조사 결과는 한국이 제기하고 있는 것처럼 귀환 한국인이 54,550,000엔을 연맹에 기탁한 사실도 확인되지 않으며 따라서 물론 그것을 따로 공탁하게 한 사실도 없다는 것, 또 해산 조치에 따라 국고로 귀속된 재일조선인연맹의 예금, 저금, 현금의 합계는 3,178,796엔에 불과하다는 것이었다.[163] 즉 귀환 한국인이 재산을 기탁했는가 하는 사실 여부를 떠나 연맹의 해산에 따라 일단 일본정부에 귀속된 재산 규모는 한국이 요구한 약 5,450만 엔과 비교해 턱없이 적은 액수였다. 따라서 가령 이 요구 근거가 일본에게 받아들여지고 그에 따라 지불되는 일이 있어도 그 금액은 한국의 요구와 비교해 불과 5.8%가량의 수준에 그칠 수밖에 없었다.

한편 일본은 그 지불을 인정한 세관 기탁분의 내역과 조선은행권과 교환한 일본은행권의 수치를 2월 13일 열린 1회 피징용자 관계 전문위원회에서 밝혔다. 먼저 세관 기탁분에 관해 한국이 요구한 통화 내역과 일본이 한국에게 밝힌 통화 보관 내역은 표8 - 25와 같다.[164]

또 동 전문위원회에서 일본이 밝힌 조선은행권과 교환되어 보관되게 된 일

---

163 이는 2월 7일의 외무성 조사 의뢰에 따른 답신이었다. 「旧在日朝鮮人連盟に対する帰国朝鮮人の寄託金に関する件」, 外務省日韓会談公開文書(문서번호 375내). 또 연맹과 더불어 해산된 구 재일본조선민주청년동맹의 국고 귀속 재산 역시 예금, 저금, 현금을 모두 더해도 16,434엔가량에 불과했다.

164 「引揚朝鮮人からの保管物件集計表」, 『제6차 한일회담 청구권위원회회의록, 1 - 11차, 1961.10.27 - 62.3.6』, 254쪽. 「一般請求権徴用者関係等専門委員会第1回会合」, 外務省日韓会談公開文書(문서번호 1224), 14쪽.

표8-25 한국이 제기한 귀환 한국인의 세관 기탁 통화와 일본이 제시한 통화 내역

구분	한국이 제기한 통화	일본이 제시한 통화
일본은행권(구 엔화, 신 엔화 포함)	9,027,308엔	10,048,746엔
조선은행권(구, 신 포함)	1,392,411엔	3,994,892엔
타이완은행권	640엔	640엔
중국연합준비은행권	5,500엔	9,820엔
중앙저비은행권	464,000달러	460,000달러
남방개발금고(군표)	796페소	796페소
군표(B호)	25엔	35엔

본은행권의 액수는 한국의 요구액과 동일한 48,714,690엔이었다.[165]

표8-25를 보면 알 수 있는 바와 같이 일본이 한국에게 제시한 세관 기탁 통화는 반드시 엔화 평가로 제시된 것은 아니지만 이 시기, 대장성이 내부적으로 시산하고 있었던 그 세관 기탁 통화의 엔화 합계는 14,514,795엔이었다. 따라서 대장성은 적어도 세관 기탁 통화에 관해서는 한국이 제기한 금액 10,510,200엔보다 약 38% 이상 더 많은 액수를 인정한 것이었다.

이에 한국이 제기한 기탁금 관련 요구의 두 번째로서 대장성이 그 지불을 인정한 조선은행권과 교환한 부분 48,714,690엔을 더한 합계는 63,229,485엔이다. 또 외무성은 합계 약 60,000,000엔을 산출하고 있으므로 비록 그 액수에 큰 차이는 없으나 이 항목에 관해서는 오히려 대장성의 인정액이 조금 더 많았다.[166]

이것은 세관 기탁 및 국가 차원에서 이루어진 통화 교환에 따른 수치인 만큼 그 집계는 기본적으로 정확하다고 판단될 수 있다. 그러나 이들 수치는 남

---

165 "일반청구권 소위원회 피징용자 등 관계 제1차 전문위원회 회의록", 위의 한국문서, 250쪽. 일본문서에서는 동일하다고 한 발언 기록은 없다.

166 「日韓関係想定問答(未定稿)」, 外務省日韓会談公開文書(문서번호 376), 64쪽.

북한을 다 포함한 것으로서 한국과의 현실적인 청구권 처리에서는 남한 지분의 산출 문제가 남았다. 이 세관 기탁 부분과 관련된 남한 지분의 산출에 대해서 대장성은 남북한의 인구 비율인 70%를 적용할 것을 주장한 데 비하여 외무성은 귀환 한국인이 전원 한국으로 귀국했다는 입장에서 전액 지불할 구상을 가지고 있었다.[167]

따라서 한일교섭이 실제 청구권 요구로서 처리되었을 경우, 그에 적용되는 남북한의 비율을 속단하는 것은 어려우나, 전후 한반도로 건너간 한국인의 대부분이 일단 남한으로 귀환했다는 사실을 고려하면 이 기탁금 요구에 대한 남한 지분의 산출에 관해서는 한국의 기대에 비교적 가까워지는 결과가 될 가능성이 컸다. 그리고 일본이 인정한 세관 기탁 재산 규모가 원래 한국이 제시한 금액보다 많았다는 것, 또 조선은행권과의 교환 부분에 대해 일본이 인정한 금액이 한국의 요구액과 동액이었음을 고려할 때, 한국이 제기한 기탁 재산 요구는 애초 그 근거가 매우 미약한 재일조선인연맹 기탁 부분을 제외하고 기본적으로 그 대부분이 실현되었다고 추측해도 무방할 것이다.

(6) 한국인의 대일본인 또는 법인 청구

대일8항목요구 5항의 마지막 요구인 여섯 번째 항목은 〈한국인의 대일본인 또는 법인 청구〉였다. 이 요구를 정식으로 제기한 8회 위원회에서 한국은 제목의 표현이 일반적인 것으로 되어 있으나 실질적인 요구 내용은 한국인이 생명보험에 가입함에 따라 생긴 생명보험회사 19개 사[168]에 대한 책임준비금 합

---

167 「韓国側対日請求額に対する大蔵、外務両省による査定の相違について」, 外務省日韓会談公開文書(문서번호 1749), 9쪽.
168 그 19개 사의 명부 및 각 회사의 해당 금액은 『제6차 한일회담 재산청구권 관계 종합자료집, 1961』, 130~132쪽.

계 4억 3,800만 엔에 한정해 요구하는 것임을 밝혔다.[169]

고찰해왔듯이 보험회사 관련 요구는 원래 『배상조서』로부터 생명보험회사와 더불어 손해보험회사에 대한 요구가 줄곧 계정되어 있었다. 실제 5차 회담을 앞두고 장면 정권이 정리한 『제문제』에도 보험 관련 요구에는 생명보험 책임준비금과 더불어 손해보험에 대한 미불보험금이 포함되어 있었다.

그러나 5차 회담 개시 후, 주일대표부는 손해보험회사에 대한 미불보험금 요구를 제기하는 데는 이재 사실을 증명하는 자료가 없다는 것, 또 금액이 적다는 것 등을 이유로 손해보험회사에 대한 요구를 제외할 것을 건의하고 있었다. 5·16 쿠데타로 인한 중단으로 인해 결국 5차 회담에서는 이 요구 항목 역시 직접 제기되지 못하는 바람에 5차 회담 시의 제기 내용과 6차 회담에서의 제기 내용을 직접 비교하는 것은 불가능하다. 그러나 6차 회담에서 생명보험회사만을 요구 대상으로 삼은 것은 5차 회담 시에 전달된 주일대표부의 건의에 나타난 판단에 따른 결과임은 틀림없을 것이다. 실제 박정희 정부가 6차 회담 교섭에 맞추어 정리하던 내부 자료에는 보험회사 관련 요구에서 손해보험회사 관련 기술이 애초 제외되고 생명보험회사 관련 요구만이 나와 있다.[170] 그러나 이는 한국정부가 이 단계에서 손해보험 관련 요구를 완전히 포기하는 것을 결정하고 있었음을 뜻한 것은 아니었다. 후술하는 바와 같이 박정희 정권은 대일8항목요구 6항의 요구 내용 변경에 따라 한일회담 체결 후의 남은 개인청구권의 문제로서 손해보험 관련 요구 역시 개별적으로 해결하게 할 방

---

169 이하 8회 위원회에서의 이 항목에 대한 토의 내용은 "일반청구권 소위원회 제8차 회의 회의록", 『제6차 한일회담 청구권위원회회의록, 1 - 11차, 1961.10.27 - 62.3.6』, 180~182쪽 ; 「第6次日韓全面会談の一般請求権小委員会第8回会合」, 外務省日韓会談公開文書(문서번호 1218), 11~12쪽에서 정리.

170 『제6차 한일회담 재산청구권 관계 종합자료집, 1961』, 129~132쪽.

안을 구상하고 있었다.

또 그 상세는 불명하나 6차 회담에서는 금액에 관해서도 변화가 일어났다. 생명보험회사에 대한 요구액은 『배상조서』에서 규정된 이후 책임준비금 400,000,000엔과 미경과 보험료 50,000,000엔, 합계 450,000,000엔이었다. 또 『제문제』에서는 비록 보험회사 관련 요구로 생명보험회사와 손해보험회사 관련 수치가 합산되어 473,336,159엔[표7 - 1 - 5]으로 표기되는 바람에[171] 그 내역을 직접 파악할 수는 없으나 『배상조서』이후의 수치로서 손해보험회사 관련 수치가 17,336,159엔이었음을 감안하면 생명보험회사 관련 요구액이 그대로 약 450,000,000엔가량으로 유지되어 있었다고 봐도 큰 과오는 없을 것이다. 실제 박정희 정부가 교섭 전에 정리하던 내부 자료에서도 생명보험회사 관련 요구는 『배상조서』의 수치들이 그대로 유지되어 있다.[172]

따라서 한국이 제기한 요구액 합계 4억 3,800만 엔이 그 요구 대상으로서 실제 위원회에서 언급된 '책임준비금'에만 한정된 금액이었다면 박정희 정권은 최종적으로 생명보험회사 책임준비금을 약 3,800만 엔가량 늘리는 한편 미경과 보험료를 제외함으로써 총액을 약 1,200만 엔 정도 줄이는 조치를 취한 것이 된다.

이 요구는 생명보험 가입에 따른 한국인의 보험료 지불로 인해 발생하게 된 채권의 회수 요구인 만큼 그 청구 자체는 개인청구권으로서 충분한 근거를 가진 것이었다. 그러나 이 문제는 그 채권 - 채무 관계가 민간 차원에서 발생한

---

171 『제문제』에서는 그 액수를 직접적으로는 생명보험회사 책임준비금 및 손해보험회사 미불보험금이라고 한정하고 있으나 금액을 감안하면 그 액수에는 생명보험회사 관련의 미경과 보험료 50,000,000엔과 손해보험회사 재보험 회수금 10,030,690엔도 포함되어 있었다고 판단하는 것이 옳아 보인다.

172 『제6차 한일회담 재산청구권 관계 종합자료집, 1961』, 130쪽.

것이며 그 직접적인 상환 의무자가 일본의 민간회사인 만큼 그 처리를 정부 간에 진행하기에는 한계를 지녔다. 실제 8회 위원회 석상에서 일본은 정부 간에 처리하는 것은 어렵다고 일찍 천명했다. 그에 대해 한국은 이것을 정부 간에 요구하는 근거로서 금액이 많다, 가입한 개인과 대상 회사 간에 해결하는 것은 현실적으로 어렵다, 또 보험 가입이 전쟁 중의 저축 장려의 일환으로서 이루어진 것이므로 절반은 강제적이었다는 등의 이유를 들어 정부 차원에서 처리할 것을 재차 요구했다.

그러나 이 요구에 대해 일본은 결국 6차 회담에서도 최종적인 수락 여부를 직접 밝히지 않았다. 대일8항목요구 5항에 대한 총괄적인 입장을 표명한 10회 위원회에서 일본은 다음으로 보는 6항에 대한 요구 내용을 한국이 바꾼 것과 관련해 이 보험 관련 요구가 그 수정된 6항 요구와 관련이 있다는 이유로 그와 관련시켜 입장을 설명한다고 전했을 뿐,[173] 요구 수락 여부에 대한 직접적인 언급은 피했다.

그러나 일본정부가 이 요구를 거절하는 입장을 취하고 있었음은 틀림없다. 먼저 일본은 생명보험회사의 문제가 거론된 2월 27일의 4차 피징용자 관계 전문위원회에서 일본이 조사한 생명보험회사에 대한 남한만의 채권이 한국이 요구한 액수의 약 10%가량에 불과하다는 견해를 나타내고 있다.[174]

실제 대장성은 내부적으로 남한 관련의 책임준비금이 45,000,000엔이

---

173 "일반청구권 소위원회 제10차 회의 회의록", 『제6차 한일회담 청구권위원회회의록, 1–11차, 1961.10.27–62.3.6』, 238쪽 ; 「第6次日韓全面会談の一般請求権小委員会 第10回会合」, 外務省日韓会談公開文書(문서번호 1220), 20쪽.

174 "일반청구권위원회 제4차 전문위원회의 회의록", 위의 한국문서, 290쪽. 단 일본문서에 서는 해당 부분으로 보이는 데가 먹칠로 처리되어 있어 직접 확인할 수 없다. 「一般請 求権徴用者関係等専門委員会第4回会合」, 外務省日韓会談公開文書(문서번호 1224 내), 8쪽.

라고 산출하고 있었다. 아울러 대장성은 이 생명보험회사들이 한반도에 가진 재산 규모를 조사하고 그 규모가 현금·저금 7,470,000엔 + 유가증권 138,905,000엔 + 부동산·동산 4,638,000엔 + 대부금 3,231,000엔 + 기타 4,409,000엔 = 158,653,000엔이라고 산출했다.[175] 이들 수치가 보험회사가 계약에 따라 적립한 준비금이며 또 회사가 보유한 자산 조사인 만큼 그들 회사를 직접 조사 대상으로 할 수 있었던 대장성의 조사 결과가 비교적 정확한 것이었음은 틀림없어 보인다.

한국의 채권인 생명보험회사에 대한 책임준비금의 시산과 더불어 대장성이 일부러 생명보험회사의 재한재산을 산출하고 있었던 이유는 바로 군정령 33호에 따른 그들 재산에 대한 몰수 조치를 염두에 둔 것이었다. 즉 가령 민간 차원에서 생긴 채권 – 채무 문제라는 점을 놔두고 이 문제를 한일교섭에서 처리할 경우에도 한국에 반환해야 할 준비금을 산출하는 데는 한국이 취득한 그들 회사의 자산 규모를 무시할 수 없었다. 그 조사 결과 한국에 반환해야 할 책임준비금 약 4,500만 엔과 비교해 그보다 약 3.5배나 많은 재한자산을 이미 한국이 취득한 이상, 일본정부는 그 사실을 무시하고 준비금 부분만을 추가적으로 반환해야 할 이유가 없었다. 실제 일본정부는 다른 문서에서 군정령 33호에 따라 한국이 그들 생명보험회사의 재한재산을 이양받았다고 지적하면서 일본 측으로서 한국의 이 요구를 거절해야 한다고 생각하고 있음을 적고 있다.[176]

즉 일본정부는 위원회에서 밝힌 이 문제가 민간 차원의 문제라는 측면을 넘어, 한국의 채권액과 군정령 33호로 인해 한국이 취득한 관련 생명보험회사들

---

175 「日韓関係想定問答(未定稿)」, 外務省日韓会談公開文書(문서번호 376), 65~66쪽.
176 「日韓会談における韓国の対日請求8項目に関する討議記録」, 外務省日韓会談公開文書(문서번호 1914), 154~155쪽.

의 재산의 많고 적음을 따지고 이 요구를 거절하는 입장을 굳히고 있었던 것이다. 따라서 그 후 한일교섭이 청구권으로서 타결되었을 경우에도 이 요구에 따른 지불이 이루어지는 일은 전혀 없었을 것이라고 판단해도 무방할 것이다.

대일8항목요구 5항에는 이들 이외에도 표면상 일단 일곱 번째 항목으로서 〈기타〉가 포함되어 있었다. 그러나 한국은 8회 위원회에서 이 〈기타〉의 제기를 유보할 것, 또 현재 이와 관련해 추가적으로 제기할 것을 예정하고 있지 않다고 밝혔다.[177] 이후 한일교섭에서 이 〈기타〉 항목에 구체적인 요구가 추가되는 일 역시 없었다.

6) 6항 〈한국인(자연인 및 법인)의 일본정부 또는 일본인(자연인 및 법인)에 대한 권리 행사에 관한 원칙〉

6차 한일회담에서 한국이 제기한 대일8항목요구 6항은 〈한국인(자연인 및 법인)의 일본정부 또는 일본인(자연인 및 법인)에 대한 권리 행사에 관한 원칙〉이었다. 무엇보다 주목되는 것은 이 항은 6차 회담에서 제목 자체가 전면적으로 바뀌는 등 요구 내용이 크게 수정되었다는 점이다.

1차 한일회담에서 대일8항목요구가 제시된 이후 5차 회담까지, 6항 요구는 〈한국 법인 또는 한국 자연인 소유의 일본 법인의 주식 또는 기타 증권을 법적으로 인정할 것〉이었다. 즉 이것은 광복 이전에 한국인이 보유한 일본 기업의 주식, 증권 등에 대한 법적 유효성을 전후도 계속해서 인정할 것을 요구하는

---

177 "일반청구권 소위원회 제8차 회의 회의록", 『제6차 한일회담 청구권위원회회의록, 1-11차, 1961.10.27-62.3.6』, 182쪽 ; 「第6次日韓全面会談の一般請求権小委員会 第8回会合」, 外務省日韓会談公開文書(문서번호 1218), 12쪽.

것에 한정되어 있었다.

한국은 이 6항의 수정 요구를 밝힌 8회 위원회에서 그 변경의 의도가 1항부터 5항까지에 포함되지 않은 개인청구권에 관해서는 회담 타결 이후에도 개별적으로 그 권리를 행사할 수 있게 할 것, 그러기 위해서도 국교정상화까지의 경과 시간을 시효 기간에 포함하지 않도록 할 것에 있다고 설명했다.[178] 그 변경 요구의 배경으로서 한국은 교섭 진전에 따라 각종 청구권을 주장하는 사람이 나와, 시간적으로 그들을 하나하나 검토하지 못하기 때문에 교섭 항목에 포함되지 않은 것은 훗날 개인적으로 청구할 수 있도록 길을 열어 놓을 필요가 있기 때문이라고 밝혔다. 아울러 한국은 이 변경에 따라 대일8항목요구 5항의 첫째 항목인 일본계유가증권에 포함되었던 일반주식 문제를 이 수정한 6항에 포함할 것을 요구했다.

따라서 6차 회담에서 최종적으로 확립된 6항 요구는 결국 한국인 개인이 소유한 일본 기업에 대한 주주 권리를 포함해 5항까지 포함되지 않았던 기타 개인청구권들을 향후 개별적으로 행사할 수 있는 토대를 마련하는 것이었다고 평가할 수 있다.[179] 그것은 시급히 교섭을 타결해야 하는 과제와 반대로 그로 인해 모든 항목을 교섭 대상으로 올리지 못한다는 모순을 양립시키기 위한 마지막 방안이었다.

그러나 개인청구권 행사의 권리를 언급한 한국정부의 의도는 일본정부에게 그에 대한 직접적인 처리 의무까지 인정할 것을 요구하려 한 것이 아니었다.

---

178 이하 6항에 대한 8회 위원회에서의 토의 내용은 위의 한국문서, 182~187쪽 ; 위의 일본문서, 13~16쪽에서 정리.

179 동 위원회 석상에서 한국은 이와 같은 사례로서 일본이 점령한 남방에 소재한 요코하마 정금은행으로부터 일본 본점으로 송금한 송금수표의 결제 등을 거론하고 있다. 위의 한국문서, 186쪽 ; 위의 일본문서, 16쪽.

동 석상에서 일본이 군정령 33호를 들어 일본인의 개인재산권이 소멸되었음에도 한국인의 개인청구권만을 남기는 것에 대한 문제점을 지적한 데 대하여, 한국은 한국인의 청구권 자체를 즉시 인정해달라는 것이 아니라 재판에서 심리하는 권리만큼은 인정해달라는 뜻이라고 밝혔다.

즉 6항에 대한 수정 요구는 협정 성립 후, 개인으로서 소송을 제기할 권리만을 요구한 것이었으며 일본정부에 한일협정에서 그 지불 의무를 직접 인정할 것을 요구하거나 아니면 그 후에 한국정부가 자국민 보호를 위해 외교보호권을 행사할 것을 인정하도록 요구한 것이 아니었다. 물론 여기에는 대등한 국가 간의 협정으로서 타결하는 이상, 한국정부만이 외교보호권을 계속 유지할 것을 주장하는 것은 어렵다는 점, 그리고 재한일본인 재산을 취득함에 따라 일본인 개인의 대한청구권이 소멸되어 있는 조건하에서 비록 그것이 교섭에서 다루어지지 않는 것에만 한정된다고 하더라도 한국인의 개인청구권만을 직접 남겨달라고 요구하는 것 역시 어렵다는 등의 판단이 깔려 있었을 것이다. 또 같은 개인청구권이라고 하더라도 그 법적 기반, 증빙 가능 상황 등이 각기 달랐다. 남은 길은 소송 등을 통해서 개별적으로 문제를 해결할 수 있는 통로를 열어 놓는 방법밖에 없었음은 충분히 이해할 수 있다.

실제 이러한 사정은 한국정부 내부에서의 검토 사례를 통해 구체적으로 엿볼 수 있다. 이 6항의 수정 요구가 한국정부 내부에서 정식으로 제기된 것은 6차 한일회담 개시 후 1961년 12월 15일에 개최된 7차 위원회 종료 후의 일이었다. 그 직접적인 주체는 본국정부가 아니라 주일대표부였다. 주일대표부는 본국정부에 6항의 요구 내용을 수정하여 향후 개인청구권을 행사할 수 있는 권리를 규정하는 요구로 할 것을 건의했다.[180]

---

180 "JW-12268", 위의 한국문서, 165쪽.

19일, 이 건의를 접수한 한국정부는 그 청훈을 승인했다. 그 승인에 즈음하여 본국정부가 그 이유로서 들 것을 제시한 사례들은 남방개발금고가 발행한 소각 군표를 소유한 싱가포르 고려인회의 존재, 베트남 거주 교포의 대일청구 사항, 손해보험 청구 관계 등이었다.[181] 이 중 손해보험 문제를 사후에 남길 것을 구상한 이유가 바로 5차 회담 시 주일대표부의 건의에서 나와 있었듯이 이재 사실 등의 증빙을 한일회담에서 개별적으로 진행하는 것이 어렵다는 사정에서 나온 것은 틀림없을 것이다. 남은 두 가지 사례 중, 공식 기록을 통해 그 사연을 비교적 자세하게 확인할 수 있는 것은 베트남 교포의 대일청구권 문제였다.[182]

그 베트남 교포의 대일청구권 문제라고 함은 김태성의 문제였다. 전전, 당시의 사이공에 본거를 두고 신흥양행(新興洋行)이라는 회사를 경영하던 김태성은 전후 일본과의 관계에서 개인적으로 대일채권을 가지게 되었다. 그것은 전전 남방개발금고 버마 지점에 예입한 예금[김태성에게 위탁한 기타 사람의 예금도 일부 포함], 당시 사이공에 거주한 한국인의 관리 급양(給養)을 위해 필요한 경비를 대신 지불한 대금, 연합국한테 접수당한 개인재산, 사이공 주류의 일본군에게 납품한 물자의 미납대금 등이며 그 합계는 7,992,756달러였다. 그는 전후 그 채권 회수를 위해 1954년 무렵부터 당시 이 문제에 관여한 일본인들과 서한을 교신하면서, 증빙 자료를 작성, 1955년 2월 26일자로 주일대표부 김용식 공사에게 그 증빙 자료들과 함께 채권 회수를 위한 대리 교섭을 의

---

181 "WJ - 12175", 위의 문서, 166쪽.

182 남방개발금고가 발행한 소각 군표를 소유한 싱가포르 고려인회에 관한 상세한 기록은 찾을 수 없으나 이것이 일본이 한때 점령한 남방 지역에서 발행된 군표를 소유한 한국인이 그 후 그 군표가 소각됨에 따라 발생한 가치 손실을 보상하도록 요구하는 문제였음은 틀림없을 것이다.

뢰하는 서한을 보냈다.[183]

그 의뢰를 받아, 주일대표부는 3월 5일 외무부 장관에게 이들 청구권 요구가 응당 일본정부에 보상을 요구하는 성격의 문제라고 지적하면서 김태성한테서 받은 자료들을 본국으로 송부했다.[184] 아울러 주일대표부는 4월 25일자로, 그 대리 교섭의 의뢰와 관련된 지시를 청훈하기도 했다.[185] 그러나 이 문제는 그 후 좀처럼 움직이지 않았다. 물론 그 일차적인 원인은 당시 한일회담 자체가 구보타 발언을 계기로 중단 상태에 들어가고 있었으며 그에 따라 그러한 특정 개인의 '미세한' 청구권 문제가 따로 토의될 상황이 아니었다는 데에 있었음은 틀림없다. 그러나 주일대표부가 대일요구 문제라고 인식한 그 김태성 개인의 청구권 문제는 적어도 1955년에는 이미 한국정부에 의해 인식되고 있었던 것이다.

그 후 김태성은 6차 한일회담 청구권 토의가 진행 중이던 1962년 1월 5일, 1955년에 제출한 요구액 계산에 있었던 일부 실수의 수정과 함께 대리 교섭을 진행할 것을 요청하는 서한을 다시 주일대표부에게 보냈다.[186] 이러한 움직임을 배경으로 박정희 의장은 3월 9일 내각수반 앞 훈령에서 김태성 문제가 일본 점령지에서 일어난 일로서 한일회담에서 다루지 않고 있는 문제라는 이유로 정부로서 적절한 조치를 취할 필요가 있다는 말과 함께 그에 대한 대응 방안을 검토할 것을 지시했다.[187]

---

183 의뢰서 및 증빙 서류 등은 『[민간인(김태성) 등]의 대일청구권 해결 문제, 1955-65』, 159~356쪽.(단 356쪽이라는 쪽수 표기는 누락되어 있으므로 저자가 보충)

184 "한일대 제370호", 위의 문서, 156~158쪽.

185 "한일대 제623호", 위의 문서, 357~358쪽.

186 「第二次大戦終結に伴い、日本当局との関係に於て生じたる立替金並代償及び未決済代金等の請求方を日本政府に対し交渉依頼の件」, 위의 문서, 374~378쪽.

187 "2차 대전에 따라 일본에 대한 입체금 대상 및 미결제대금 등의 청구", 위의 문서,

박정희 의장의 지시에 따라 그 문제의 검토에 들어간 한국정부는 주목할 만한 결론을 내렸다. 그것은 6항 요구의 변경 요구를 관철한 후, 그에 따라 김태성 본인이 직접 일본정부에 제소하도록 할 것, 혹시 교섭이 지연되거나 특히 6항 요구가 원활하지 않을 경우에는 한국정부로서 일본정부와 직접 교섭하도록 하고 따라서 청구권 문제의 해결원칙이 서기 이전에는 이 문제를 별도로 제기하는 것을 보류할 것 등의 대응 방안이었다.[188]

즉 6차 회담에서 한국이 6항의 요구 내용을 변경한 것은 바로 이 김태성 문제에 대한 대응 방안에 나타났듯이 개인청구권 처리를 위한 정책적 배려와 얽혀 있었던 것이다. 그러나 이하 보는 바와 같이 한일교섭은 그 후 1차 정치회담을 계기로 총액 결정 방식에 들어감에 따라 이들 6항의 수정 요구가 '관철'된 사실도 없거니와 더 나아가 관철하려고 끈질기게 교섭을 진행한 사실도 없다. 또 6항의 수정 요구가 일본과의 관계에서 '원활하지 않을 경우'에는 그들 개별 문제를 한일 정부 간에 별도 토의하기로 되어 있었음에도 그 후 그 방침이 유지된 사실도 없다.

그뿐만이 아니다. '청구권 문제의 해결원칙이 서기 이전'이라고 해서 김태성의 문제를 제기하는 것을 보류하게 한 그 '해결원칙'은 그 후 주지의 김종필 – 오히라 합의에 따라 결국 '완전히 그리고 최종적으로 해결된 것'이라는 결과가 되었다. 즉 김태성 등의 문제는 그 수정된 6항 요구에 따라 개별적으로 해결할 수 있게 되기는커녕, 한일 간에 따로 제기되는 일도 없이, 양국 간의 합의에 따라 '완전히 그리고 최종적으로 해결된 것'이 되었다.

418~421쪽.

188 이 답신에는 작성 주체, 시기 등의 표기가 없어 박정희 의장 지시에 따른 검토 결과라고 할 만한 직접적인 증거는 없으나 내용상 그에 해당하는 것임은 틀림없다. "김태성의 대일본정부 각종청구의 해결 추진방안", 위의 문서, 422~438쪽.

이와 같은 일관성 없는 교섭 내용에 따른 부작용은 현재 개인청구권 문제의 현안으로 남아 있는 일본군'위안부' 문제 등에 대해서도 어두운 그림자를 드리웠다. 주지하다시피 한국정부는 2005년의 한일회담 문서 공개에 즈음하여 일본군'위안부', 원폭 피해자, 그리고 사할린 잔류자의 세 가지 문제를 한일회담 미해결 과제로 정식으로 삼았다. 물론 그것은 이 세 가지 문제가 심각한 인권 유린 문제로서 한일회담 진행 당시의 의제였던 대일8항목요구의 범위에 들어가지 않았다는 판단에 따른 것이었다.

그러나 한국정부의 6항 요구 변경에 대한 승인 시에도 나타났듯이 6차 회담에서 개인청구권 행사의 권리 문제를 거론한 한국정부가 염두에 둔 것은 개념적으로 재산권에 해당되는 항목들뿐이었다. 5장에서 거론했듯이 2차 한일회담에서 거론된 일본군'위안부' 관련 문제 역시 기탁금 문제에 불과했다. 또 피폭자 및 사할린 잔류자 등, 당시에도 충분히 그 존재를 인식할 수 있었던 문제 역시 일절 거론되지 않았다. 즉 정확히 말해 현재 한국정부가 미해결 과제로 삼고 있는 이 문제들은 당시 '미해결'로 인식되었던 것이 아니라 애초 해결해야 할 과제로 간주되지 않았던 것이다.[189]

그러나 이유야 어쨌건 그나마 해결 과제로 인식되었던 김태성 등의 몇 가지

---

189 이러한 당시의 한국정부의 인식은 5장에서 언급한 바와 같이 일본군'위안부'의 존재가 인식되었음에도 그것을 기탁금 문제로만 제기하고 있었던 사실 이외에도, 한일회담 종료 후에 피폭자와 접한 외무부가 당초 그 문제를 한일회담 청구권 협정의 결과 '국내' 문제로 인식하다가 그 후 피폭자들에 의한 소송 제기 등을 계기로 입장을 수정하게 된 경위를 봐도 알 수 있다. 한일회담 종료 후의 피폭자 문제에 대한 한국정부의 인식 및 대응은 김승은, "재한(在韓)원폭피해자 문제에 대한 한일 양국의 인식과 교섭태도(1965−1980)", 『아세아연구』 제55권 2호, 2012, 104~135쪽. 즉 당시 외무부는 일본군'위안부'나 피폭 피해자의 존재 자체를 인식할 수 있는 상황인데도 그들 문제를 한일회담에서 전혀 다루지 않은 문제점을 인식하지 못하고, 그 후 정세의 변화에 따라 비로소 그들 문제를 '미해결' 과제로 인식하게 된 것이었다.

재산청구권 문제와 더불어 인식되지도 않은 문제들의 존재 가능성을 일절 염두에 두지 않고, 일괄 '완전히 그리고 최종적으로 해결된 것'으로 정한 '해결원칙'은 한국정부 자신의 주장의 기반을 취약하게 했다. 즉 한국정부는 이 '해결원칙'으로 인해 일본군'위안부' 등의 인권 유린 사항도 포함한 모든 문제가 해결되었다는 해석을 스스로 일본정부에게 허용한 것이었다.

교섭 당시 일본은 6항 요구의 내용을 수정할 것을 요구한 한국에 대해 당초 동 8회 위원회 석상에서 이 요구가 군정령 33호 등과 관련해 일본으로 하여금 개인청구권에 대한 생각을 근본적으로 바꾸게 하는 요구라고 예민하게 반응했다. 덧붙여 일본은 청구권 교섭은 전후 처리 문제를 모두 한일회담에서 매듭지으려고 하는 것이 취지이며 또한 한국의 청구 항목 속에는 개인청구권이 많이 포함되어 있는 이상, 한일회담은 사적인 청구권을 포함한 모든 문제를 처리하는 것을 목적으로 하고 있다고 주장했다.[190]

그러나 일본은 그 후 2월 8일의 10회 위원회에서 생명보험 문제 등과 관련시키면서 한국 측 수정 요구에 대해 추후 그 입장을 밝힌다고 말하고 일단 그 수락 여부를 검토하는 자세를 보였다.[191] 그 언약 자체는 거짓이 아니

190 이상의 발언과 관련해 한국 측 기록에는 일본이 일본에서는 개인 관계의 사유재산권은 보호한다는 입장을 취하고 있으므로 이러한 항목을 넣지 않아도 그 권리는 남게 될 것이라는 언급을 한 기록이 있다. "일반청구권 소위원회 제8차 회의 회의록", 『제6차 한일회담 청구권위원회회의록, 1 - 11차, 1961.10.27 - 62.3.6』, 185쪽. 이 주장은 현재 개인청구권의 문제도 포함해 모든 문제가 해결되었다고 하는 일본정부의 공식 입장과 모순되는 매우 중요한 발언이나 회의 중 나온 이 한마디를 대서특필하는 것은 적절하지 않을 것이다. 실제 일본문서에는 그에 해당하는 것으로 보이는 발언으로 "군정령 33호와 전혀 무관한 것이라면 좋을지도 모르나 그와 관계한다면 곤란하다."고 기록되어 있으며 발언 내용에 큰 차이가 있다. 「第6次日韓全面会談の一般請求権小委員会第8回会合」, 外務省日韓会談公開文書(문서번호 1218), 15쪽.

191 "일반청구권 소위원회 제10차 회의 회의록", 위의 한국문서, 238쪽 ; 「第6次日韓全面会談の一般請求権小委員会第10回会合」, 外務省日韓会談公開文書(문서번호 1220),

었다.

실제 외무성은 한국의 수정 요구를 받아, 내부적으로는 그 요구에 대한 대응을 검토하고 있었다. 2월 26일 6항의 수정 요구를 검토한 외무성은 한국인의 개인청구권이 모두 해결된 것으로 하는 방안, 개인청구권은 아무런 영향을 받지 않으나 시효에 관한 규정은 일절 두지 않고 재판소의 판단에 맡기는 방안, 한국인의 개인청구권은 군정령 33호로 인해 소속 변경의 대상이 된 재산에서 생기는 것 이외는 그것을 인정하고 또 그에는 시효 정지 규정을 두지 않는 방안, 마지막으로 한국의 요구를 전면적으로 수락하는 방안 등 네 가지 방안의 가능성을 검토하고 있다.[192]

그러나 결국 후술할 1차 정치회담 직전인 3월 8일, 외무성은 재일한국인을 제외하고 한국정부와의 청구권 문제 타결로 인해 한국인의 개인청구권 문제를 모두 해결하고 또 시효의 진행 정지도 인정하지 않을 방침을 정했다.[193] 군정령 33호로 인해 일본인의 개인청구권이 봉쇄되어 있는 조건하에서 한국정부의 수정 요구를 수락하는 것은 사실상 한국인의 추가 청구권만을 일방적으로 인정하는 것을 뜻했다. 일본정부로서는 향후 나올 수 있는 추가적인 청구권 요구의 불투명함과 더불어 그와 같은 비대칭적인 권리를 허용하는 것은 국내 정치적으로도 어려웠다.

20쪽.

192 「要綱6に関する問題点(討議用資料)」, 外務省日韓会談公開文書(문서번호 1750).

193 「要綱6に対する方針案」, 外務省日韓会談公開文書(문서번호 1754), 1~7쪽. 다만 주목되는 것은 외무성은 한국인의 개인청구권을 모두 해결하는 것을 원칙으로 하면서도 일부 존속시키는 개인청구권을 고려하고 있었다는 점이다. 그것은 대일8항목요구 4항과 관련된 항목으로서 폐쇄기관 및 재외회사의 재일재산 청산에 따른 한국인 지주의 잔여 재산 분배 부분, 5항 중의 생명보험 책임준비금에 대한 한국 거주자의 청구권, 무기명 유가증권에 대한 한국거주자의 청구권, 그리고 평화조약 발효 이후(기타 군정령 33호 공포 후, 또는 한일 무역 재개 이후도 가능) 발생한 개인 간의 청구권 등이었다.

이와 같이 결국 일본정부는 전후 처리 문제를 모두 한일회담에서 매듭지으려는 것이 청구권 교섭의 취지라는 입장을 굳혔다. 그러한 일본에게 한일교섭에 직접 포함된 문제, 개별적으로는 거론되지 않았으나 개념상으로는 유사한 문제, 그리고 개념상으로도 완전히 다르며 물론 토의도 되지 않았던 문제 등을 구별하지도 않고 일괄 '완전히 그리고 최종적으로 해결된 것'으로 하는 것에 합의를 준 한국정부의 경솔함은 결국 일본군'위안부' 문제도 포함해 한국인 개인과 관련된 모든 문제가 바로 법적으로 해결되었다는 해석을 가능케 하는 직접적인 원인이 되었다.

실제 예컨대 다시 불거진 일본군'위안부' 등의 강제연행 문제와 관련해 다나카(田中均) 당시 아시아대양주국장(アジア大洋州局長)은 2002년 7월 16일 국회에서 다음과 같이 답변하고 있다.[194]

당시 전쟁 중에 일어난 각 개별적 행동에 대해 확실한 사실관계를 가지고 그것을 하나하나 검증해나간다는 것은 가능하지는 않았을 것이라 생각합니다. 가능하지 않았기 때문에 이는 한국과의 청구권 협정, 1965년의 기본조약이라는 것도 그렇습니다만 그러한 각 사항을 쌓아나간다는 것은 가능하지 않다, 따라서 일괄 그 청구권의 문제를 처리한다는 형식으로 된 것입니다.

따라서 그러한 의미에서는 당시 그 각 개별 문제에 관해 충분히 검증되었냐고 하면 그것은 그렇지 않을지도 모릅니다. 그러나 그러한 것이 불가능하기 때문에 전체로서 정부와 정부 간에 일괄해서 청구권 문제에 관해 해결합시다, 라고 하는 국가의 의사로서 조약이 체결되었다, 그렇게 생각하고 있습니다.

즉 일본정부는 전쟁과 같은 국가 규모에서 일어난 극단적인 상황에서는 애초 너무나 팽대한 문제가 발생하며 또 그에 따라 그 문제들을 하나하나 해

---

194 国会会議録, 第154回 国会, 「参議院内閣委員会会議録」 第15号, 2002. 7. 16., 9쪽.

결하지 못하기 때문에, 오히려 그러한 사정에 대응하기 위해 국가 간에 진행하는 일괄 처리의 의미가 있었다는 입장을 취하고 있는 것이다. 다시 말해 한일회담 청구권 교섭이라는 것은 거기서 검증된 문제는 물론, 그렇지 않은 문제의 해결마저 가능케 하는 처리 방식이라는 것이 일본정부의 해석이었던 것이다.[195]

이렇게 한일교섭의 결과 도출된 '완전히 그리고 최종적으로 해결된 것'이라는 해결원칙은 교섭 당시 그나마 미해결 과제로 인식되었던 김태성 등의 재산청구권의 문제를 소멸시킨 것과 더불어 일본군'위안부' 문제 등의 인권 유린 문제에까지 악영향을 주게 되었다.

6차 회담에서 한때 고려된 이 6항의 변경 요구는 원래 한일회담에서 직접 해결하지 못하는 문제를 사후 처리할 수 있도록 하는 의미에서 그 당시 인식되었던 문제뿐만 아니라 일본군'위안부' 문제 등 당시 상정되지 않았던 문제까지 청산할 수 있는 계기를 마련할 수 있다는 점에서 매우 중요한 것이었다.

---

195 이 일본 측 입장을 보다 정확히 법적으로 검토하면 다음과 같은 것으로 풀이된다. 청구권 문제 해결을 규정한 본 협정 2조는 그 해결 대상을 '재산, 권리 및 이익'과 '양 체약국 및 그 국민 간의 청구권'의 두 가지로 정하고 있다. 이는 물론 평화조약 4조(a)항에 있는 한일 간의 문제를 '재산 및 청구권'의 문제로 한 것에 대응하고 있다고 판단된다. 본 협정 2조에서 해결 대상으로 정한 전자인 '재산, 권리 및 이익'에 관해 그 해결 범위를 보다 엄격히 정한 합의의사록 2항은 그것을 '법률상의 근거에 의거하여 재산적 가치가 인정되는 모든 종류의 실체적 권리'라고 규정하고 있다. 이 부분은 개념상, 분명히 재산에 대한 청구권을 뜻한다고 판단되며 혹시 규정이 이것뿐이었다면 일본군'위안부' 등의 인권 유린 문제까지 해결되었다고 주장하는 것은 어렵다. 그러나 본 협정 2조에는 '완전히 그리고 최종적으로 해결'되는 대상으로서 위에 이어, '양 체약국 및 그 국민 간의 청구권'이 추가되어 있다. 이 '청구권'이 무엇을 뜻하는지는 합의의사록에서 직접 규정하지 않고 있다. 그러나 해석상, 전자인 '법률상의 근거에 의거하여 재산적 가치가 인정되는 모든 종류의 실체적 권리' 이외를 청구하는 권리 일절이 바로 이에 해당한다고 생각할 수 있다. 즉 일본군'위안부' 문제 등 인권 유린 피해에 대해 보상을 '청구하는 권리'가 바로 이 후자의 청구권에 포함된다는 것이 일본 측 해석 논리로 보인다.

그러나 이 요구는 결국 관철되지도 않았으며 또 그것이 '원활하지 않을 경우'
에는 한국정부로서 일본정부와 직접 교섭하도록 하는 방침도 유지되지 않았
다. 그럼에도 원래 제기 유보의 전제조건에 불과했던 해결원칙만이 '완전히
그리고 최종적으로 해결된 것'으로 확립된 것이었다.

　일본군'위안부' 등의 인권 유린에 대한 미청산 문제는 이와 같은 졸속한 교
섭의 연장선상에서 생겨버린, 바로 뜻하지 않은 부작용이었다.

7) 위원회 토의의 종료와 청구권 요구 내용의 확정

대일8항목요구 중, 실질적인 요구 내용을 포함한 6항까지에 대한 토의는 이
상으로 끝났다. 한국은 6항까지의 설명을 끝낸 8회 위원회 마지막에 지금까
지 토의를 보류한 항목들 및 〈기타〉로 표시된 항목들에 관해서는 그 청구권을
포기한다는 뜻이 아니라 어디까지나 토의를 유보한다는 것에 불과하다는 견
해를 부각했다.[196] 그러나 물론 그 말은 진심이 아니었다. 실제 그 후 그 유보
항목들이 추가적으로 제기된 일은 없었다.

　그 자리에서 일단 한국이 추가 제기의 가능성을 담보한 것은 향후 일본정부
의 대답과 액수 제시를 보고 그 내용에 따라서는 요구 수위를 한층 더 높일 수
있다는 입장을 확보하기 위한 전략에서 이루어진 것은 쉽게 상상할 수 있다.

　한편 한국으로부터 6항까지의 요구가 제기된 후, 일본은 1차 정치회담 이
전에 개최된 위원회로서는 마지막이 된 3월 6일의 11회 위원회에서 향후 한

---

196 "일반청구권 소위원회 제8차 회의 회의록", 『제6차 한일회담 청구권위원회회의록,
　　1-11차, 1961.10.27-62.3.6』, 187쪽 ; 「第6次日韓全面会談の一般請求権小委員会
　　第8回会合」, 外務省日韓会談公開文書(문서번호 1218), 17쪽.

일 간 처리를 청구권 문제로서 진행하는 데 피할 수 없는 세 가지 원칙에 대해 부정적인 입장을 공식화했다.[197] 물론 이것은 정치회담에서 청구권 문제 해결을 위해 타결 가능한 금액을 제시할 것을 기대한 한국에 대해 사전에 찬물을 끼얹기 위한 정지 작업의 하나였다.

일본이 천명한 청구권 처리 원칙에 관한 첫째는 남북한 처리 문제였다. 11회 위원회 석상에서 일본은 한국이 청구권 처리 범위에 이북 지역의 문제가 포함된다는 요구를 거듭하고 있는 데 대하여 청구권 교섭은 평화조약 4조(a)항 규정에 기초하고, 또 그 조항은 처리 대상을 한국이 실제 시정권을 행사하고 있는 남한 지역만을 대상으로 할 것을 규정하고 있다고 말해, 일본정부로서 한국과의 처리 범위를 남한에만 한정할 방침임을 천명했다.[198]

두 번째 처리 원칙으로서 일본은 한국이 대일8항목요구가 재한일본인 재산의 취득을 고려해 제출한 것이라고 주장하고 재한일본인 재산과 대일8항목요구와의 관련성을 부정하고 있는 데 대하여 그 관련성을 인정한 미각서의 존재를 다시 들면서 법적 근거를 인정할 수 있는 대일요구 항목에 관해서도 재한일본인 재산의 한국 취득을 고려할 수밖에 없음을 강조했다. 즉 법적 근거가

---

197 이하 청구권 처리에 관한 세 가지 원칙에 관한 일본 측 입장 표명은 「第11回請求権小委員会における日本側発言要旨」, 위의 한국문서, 306~312쪽 ; 「第6次日韓全面会談の一般請求権小委員会第11回会合」, 外務省日韓会談公開文書(문서번호 1221), 12~18쪽에서 정리.

198 이와 관련해 3월 8일 외무성은 한국이 전 한반도에 주권을 행사하는 유일한 정통정부라는 입장을 고수하고 일본 측 주장에 응하지 않을 경우는 유엔결의 195(Ⅲ)호가 한국의 유효한 지배와 관할권이 남한 지역에 한정될 것을 선언하고 유엔 가맹국 등에게 그것을 따를 것을 요구하고 있다. 또 평화조약 2조로 인한 한반도 독립의 승인에 즈음하여 일본은 동 결의에 기초해 한국정부를 유일한 합법정부로서 승인했다. 또 평화조약 서명국인 48개국 중, 40개국이 그 결의에 찬성하고 있다는 등의 논리를 짜고 한국 측 주장에 대응하도록 방침을 정하고 있었다. 「韓国の地位に関する補足説明(「日韓間の請求権問題について(総論)(案)」付属)」, 外務省日韓会談公開文書(문서번호 718내), 1~4쪽.

있다고 인정하는 것에 대해서도 그 전체가 꼭 실제 지불 대상이 되지는 않음을 예고한 것이었다.

마지막 세 번째 처리 원칙으로서 8회 위원회에서 한국이 정식으로 요구한 1945년 8월 15일 당시의 1달러 = 15엔이라는 가치 환산 비율에 관해 일본은 대일청구권은 모두 엔화에 의한 금전 채권의 요구인 만큼 1달러 = 15엔이라는 환산은 인정하지 못하고 한국에 대한 지불액은 채권이 발생한 당시의 엔화 표시 가치 그대로 산출한다는 입장을 밝혔다.

이와 같이 일본은 대일8항목요구 6항목까지의 구체적인 요구 내용에 대한 엄격한 반응과 더불어 문제를 청구권으로서 처리하는 데 한국이 요구한, 남북한 일체화, 한국의 대일청구권과 재한일본인 재산 취득과의 절단, 그리고 1달러 = 15엔으로 인한 가치 환산 요구 등에 대해 모두 부정적인 입장을 피력했다. 일본은 코앞에 다가온 정치회담을 앞두고 문제를 청구권으로서 처리할 경우에는 한국이 원하는 결과가 되지 않을 것임을 마지막으로 천명한 것이었다.

비록 당초부터 향후 총액으로 인한 해결을 도모하는 데 필요한 근거 마련의 의미를 지닌 교섭이었으나 6차 한일회담 위원회 토의는 이것으로 실질적으로 종료했다. 이후 청구권 교섭은 3월 12일부터 개최된 최덕신 – 고사카 외상 간 1차 정치회담을 효시로 정치 교섭을 통한 총액 결정 과정으로 이행됨에 따라 그 이후 개최된 위원회 역시 총액 결정을 위한 교섭으로 전환되었다. 또 총액 결정 후에는 이번에 결정된 그 총액 제공을 위한 실무 교섭이 되었다. 법적 근거나 증빙에 기초해 한일 간의 과거처리의 범위나 금액을 결정한다는 '청구권' 교섭이 그 이상 추진되는 일이 없어진 것이었다.

그 결과 이상 고찰한 위원회 토의를 통해서 어느 정도 밝혀진 범위, 금액, 내용 등이 한일 간의 과거처리를 위한 최종적인 내용을 구성했다고 해도 과언이 아니다. 즉 그것은 혹시 한국이 '청구권' 요구를 고집하고 그로 인해 한일

교섭이 청구권으로 타결되었을 경우, 실제 이루어질 처리 내용의 대략을 알리고 있다고 하겠다. 바꾸어 말해 이 내용들은 한일교섭이 경제협력 방식으로 타결되어야만 했던 배경을 바로 비추고 있다고도 말할 수 있다.

그런 의미에서 6차 회담 위원회 토의에서 드러난 청구권의 범위, 금액에 관한 한일 양국의 입장을 정확히 파악하는 것은 매우 중요하다. 논의가 복잡했기 때문에 다시 상술한 6차 회담 초기의 위원회 토의를 통해 최종적으로 확정된 한국의 대일청구권 내용 및 그에 대해 일본이 밝힌 입장을 정리하면 표8 - 26과 같다.

표8 - 26에서 정리한 바와 같이 한국의 대일청구권으로서 최종적으로 확정된 내용은 1항 조선은행 반출의 지금·지은, 2항 체신부 관계 중의 4개 세부항목, 4항, 5항, 그리고 수정된 6항이었다. 또 예컨대 2항 체신부 관계 요구 중의 첫째 a)항목이 우편저금, 진체저금, 우편위체라는 세 종류에만 한정되는 등, 일단 제기된 것도 그 세부항목 차원에 들어가 고찰하면 그 요구 대상은 한층 더 삭감되었다. 대일8항목요구는 6차 회담에 이르러 그 요구 범위가 많이 축소된 것을 알 수 있다.

한편 일본은 그 축소된 요구조차 그대로 받아들이지 않았다. 비록 대상 인원수나 금액 등에 관해 견해 차이가 있어도 한국이 최종적으로 유지한 요구 중 일본이 그 지불 의무를 기본적으로 수락한 것은 원래 한국인 개인 및 법인이 가진 개인청구권 부분이었다.

실제 일본이 그 요구를 그대로 승인한 2항 체신부 관계 관련 항목은 6차 회담에서 한국이 결국 개인청구권으로서 제기한 부분이었다. 또 4항과 관련해 그것을 한국 법인의 재일재산으로서 지불하는 것에 대해서는 거절하면서도 폐쇄 등의 조치가 이루어진 관련 법인에 대한 한국인 개인의 지분을 인정한 것 역시 그것이 개인재산이기 때문이었다. 더욱이 5항 일본계유가증권, 일본

표8-26 확정된 한국의 대일청구권 최종 내용과 일본정부의 입장

확정된 한국의 대일청구권 최종 내용			일본정부의 입장
1	조선은행을 통해 반출된 지금과 지은의 반환을 청구함 : 1909년부터 1945년까지 반출된 지금·지은		부정
2	1) 체신부 관계	a) 우편저금, 진체저금, 우편위체 : 세 종류만을 개인청구권으로서 제기	승인
		b) 국채 및 저축채권 등 : 5항 일본계유가증권에 포함했음	-
		c) 조선간이생명보험 및 우편연금 관계 : 동 보험 및 연금 가입에 따라 한국인이 지불한 것 중 적립금, 여유금 명목으로 대장성으로 예입된 것만을 개인청구권으로서 제기	승인
		d) 해외 위체, 저금 및 채권 : 한반도 이외의 구 일본 관할지역에서 이루어진 우편저금, 진체저금, 우편위체, 조선간이생명보험, 우편연금만을 개인청구권으로서 제기. 채권은 5항 일본계유가증권에 포함했음	승인
		e) 태평양미국육군총사령부포고령 제3호로 인해 동결된 한국 수취금 : 한반도 이외의 구 일본 관할지역에서 이루어진 우편저금, 진체저금, 우편위체, 은급과 관련해 1945년 9월 16일 이후 한국 국내에서 미군정이 대신 지불한 것	부정
		f) 기타 : 제기하지 않았음	-
	2) 1945년 8월 9일 이후 일본인이 한국 내 각 은행에서 인출한 예금액 : 제기하지 않았음		-
	3) 한국에서 수입된 국고금 중의 뒷받침 자금이 없는 세출에 의한 한국 수취금 관계 : 제기하지 않았음		-
	4) 조선총독부 도쿄사무소 재산 : 제기하지 않았음		-
	5) 기타 : 제기하지 않았음		-
3	1) 8월 9일 이후 조선은행 본점에서 재일본 도쿄 지점으로 이체 또는 송금된 금원 : 5항 일본계유가증권에 포함했음		-
	2) 8월 9일 이후 재한금융기관을 통하여 일본으로 송금된 금원 : 제기하지 않았음		-
	3) 기타 : 제기하지 않았음		-

확정된 한국의 대일청구권 최종 내용		일본정부의 입장
4	1) 연합국최고사령부 폐쇄기관령에 의하여 폐쇄 청산된 한국 내 금융기관의 재일지점 재산	부정. 단 청산된 재산 중 한국인 주주들에 대한 분배금은 별도 반환
	2) SCAPIN 1965호에 의하여 폐쇄된 한국 내 본점 보유 법인의 재일재산	
	3) 기타 : 제기하지 않았음	−
5	1) 일본계유가증권 : 한국 법인, 체신부, 한국 자연인이 등록 및 현물로서 보유한 국채, 조선식량증권, 식량증권, 일본저축권, 정부보증사채, 지방채, 사채, 저축 및 보국채권, 기타 증권. 주식은 6항에 포함했음	부분 승인. 폐쇄기관, 재외회사 이외의 법인과 개인이 군정령과 관계없이 원래 소유한 것 및 보유 주체와 상관없이 현물로 남아 있는 것
	2) 일본계통화 : 일본은행원 입회하에 소각되었거나 현물로 남은 일본은행권, 일본정부소액지폐, 군표, 일본은행소액지폐, 중앙저비은행권	부분 승인. 유통과정에 있었던 일본은행권 및 일본정부소액지폐 중 일본은행원의 입회하에 소각된 것, 조선은행이 현물로 보유한 일본은행권 중 일본은행이 단지 조선은행에 기탁한 것을 제외한 발행권
	3) 피징용 한국인 미수금	승인
	4) 전쟁으로 인한 피징용자 피해에 대한 보상 : 생존자, 부상자, 사망자를 모두 대상으로 했음	부분 승인. 생존자를 제외한 부상자, 사망자에 대해서 '보상' 개념 이외로 지불
	5) 한국인의 대일본정부 청구 은급 관계 기타 — 은급 : 수급 자격에 따른 개인 연금 및 일시금	부분 승인. 문관에 대한 국고지출분, 군인은 증가은급, 군속은 미복원자 급여법에 준함
	기탁금 : 세관 기탁분, 조선은행권과 교환한 일본은행권, 재일조선인연맹 기탁분	부분 승인. 세관 기탁분 및 조선은행권과 교환한 일본은행권
	6) 한국인의 대일본인 또는 법인 청구 : 한국인 개인이 가입한 생명보험회사 19개 사의 책임준비금	부정
	7) 기타 : 제기하지 않았음	−
6	한국인(자연인 및 법인)의 일본정부 또는 일본인(자연인 및 법인)에 대한 권리 행사에 관한 원칙 : 협정 체결 후에도 교섭에서 다루어지지 않았던 개인청구권을 해당 개인이 직접 제소할 수 있도록 제기	부정
기타	처리 범위를 남북한 전체로 함. 대일8항목요구와 재한 일본인 재산의 취득은 무관함. 가치 환산 비율을 1달러 : 15엔으로 함	부정

주석 : − 는 한국이 최종적으로 정식 요구로서 제기하지 않음에 따라 일본 측 정식 입장이 표명되지 않았음을 뜻함.

계통화, 미수금, 피해보상, 은급, 기탁 재산 등도 기본적으로 개인 및 법인이 가지고 있었던 재산 요구, 그리고 개인이 받을 수 있는 보상 문제였다.

물론 피징용 한국인에 대한 보상 요구는 바로 징용이라는 특수한 조건하에서 생긴 피해보상을 요구하려는 것이었으며 그 점에서는 이미 소유하고 있었던 단순한 재산의 반환을 뜻하는 것이 아니다. 그것은 추가적인 지불을 요구하는 것이며 그러한 의미에서 한국인 개인의 재산 반환 요구와는 그 성격이 다르다. 그러나 이 요구 역시 일본인에게 적용되는 관련 법규 안에서 결국 해당 한국인 개인이 받게 되는 금전이었다는 의미에서 개인청구권 문제임에는 변함이 없었다.

따라서 일본이 한국인의 개인청구권을 넘은 요구로서 수락한 것은 현물 제시를 조건으로 그 지불을 인정한 5항 일본계유가증권 및 일본계통화 관련의 일부 요구뿐이었다. 그것은 원래 일본인이 소유하고 있었던 것이라도 일본 역시 군정령 33호로 인해 한국정부가 1945년 12월 6일 이후의 일본인 재산을 몰수한 것은 인정할 수밖에 없는 입장에서 도출된 것이었다.

이와 같이 일본이 인정한 항목 속에는 군정령 33호에 따른 몰수처럼 일부 지극히 정치적인 배경을 가진 청구권도 포함되었다. 그러나 그들 존재를 감안해도 일본정부가 그 지불 의무를 인정한 것은 사실상 그 정치적인 배경과 상관없는 원래 한국인 개인 및 일부 법인이 소유한 재산청구권의 반환 요구뿐이었다고 해도 과언이 아니다. 그 이유는 분명했다. 그것들은 한일병합조약의 합법성이라는 틀 안에서도 마땅히 인정되어야 하는 경제 활동의 결과 발생한 사적인 재산청구권의 문제였다. 또 일부 인정한 군정령 33호에 따른 몰수 효력 부분 역시, 그 인정은 전후의 미국의 조치에 대한 인정만을 뜻하는 것이지, 병합조약의 합법성이나 식민지 통치의 부당성 등 예민한 정치적인 해석과는 무관한 일이었다. 즉 일본은 한반도 지배의 성격과 연결되는 부분은 조심스레 배제했던 것이다.

이 점은 반대로 일본이 부정한 항목을 봐도 쉽게 알 수 있다. 실제 지금·지은 요구는 한국 통치의 불법성, 부당성과 연관된 요구였다. 또한 4항 한국 법인의 재일재산 요구는 한일의 '일체화'에도 불구하고 '일본 법인'의 존재를 원천적으로 부정하는 정치적인 성격을 전제로 하고 있었다. 또 그 재한재산을 취득했다는 이유로 생명보험회사에 대한 한국인 개인의 청구권까지 거절한 것은 합법적인 한일병합 아래 축적된 일본인 재산은 당연히 존중되어야 한다는 입장을 고수하는 의미를 지녔다.

이렇게 일본은 한국의 청구권의 근거를 자신의 입장에 맞게 대폭 한정했다. 그로 인해 한국은 희망하는 금액을 실현하기 위해 '청구권'으로서 교섭을 진행하는 것이 더욱더 어려워졌다. 실제 한국이 제기한 요구 항목 중 일본이 그나마 그 지불을 인정한 항목들에 대해 책정한 금액은 지극히 적었다.

청구권 요구에 관한 위원회 토의가 진행 중인 1962년 2월 무렵, 비록 대략적인 것이었으나 대장성과 외무성은 각각 한국에 그 지불을 인정하는 금액의 내역을 산출했다. 그것을 정리하면 표8 - 27과 같다.[199]

한국이 제기한 요구에 대해 대장성이나 외무성이 산출한 내역은 반드시 확정된 것은 아니었다. 실제 일단 위원회에서는 그 지불을 승인한 것으로 풀이되는 2 - 1) - d)에 대해서도 일본은 그 액수를 산출하지 못하고 있다. 또 대일 8항목요구 5항을 중심으로 대장성과 외무성 간에는 그 인정 금액에 제법 큰

---

199 「日韓関係想定問答(未定稿)」, 外務省日韓会談公開文書(문서번호 376), 41쪽 ; 71쪽 등에서 정리. 단 한국의 요구액에 관해서는 그 자료에 표기되어 있는 약수가 아니라 위원회에서 한국이 정식으로 제기한 금액에 따랐다. 또 지금·지은의 금액 산출에 관해서는 「日韓会談における韓国の対日請求8項目に関する討議記録」, 外務省日韓会談公開文書(문서번호 1914), 157쪽도 참고했다.

표8-27 한국의 대일청구권 요구액과 대장성 및 외무성이 인정한 금액 내역

구분	한국의 대일요구액	대장성(백만 엔)	외무성(백만 엔)
1	지금 : 249,633,198g 지은 : 67,541,771g	0	0
2-1)	a) 1,197,725,743엔	258[196]	258[196]
	c) 135,444,445엔	67[12]	67[12]
	d) 69,987,800엔	?	?
	e) 45,516,884엔	0	?
4	1) 요구액 제시는 없음 2) 요구액 제시는 없음	39[?]	39[?]
5	1) 8,735,184,324엔	228[146]	608[389]
	2) 1,525,493,702엔	1,517	1,522
	3) 237,000,000엔	98[38]	133[52]
	4) 364,000,000달러	〈2,248〉	10,184
	5) 은급 : 306,194,970엔 기탁금 : 113,774,890엔	564 63	11,960 60
	6) 438,000,000엔	0	0
합계	지금 : 약 1,012억 엔(1g=405엔) 지은 : 약 748백만 엔(1kg=11,000엔) 이상 지금·지은 약 1,020억 엔(1달러 : 360엔) 기타 엔화 표기 부분 : 12,804,322,758엔 (1달러 : 15엔) 5-4) : 364,000,000달러(피징용 한국인 보상) 총 합계 약 15억 달러	5-4)제외 : 2,834[730] =9.9백만 달러 5-4)포함 : 5,082[730] =16백만 달러 (1달러 : 360엔)	24,831[649] =7,100만 달러 (1달러 : 360엔)

주석 : 0은 지불 거부, ?는 미산출, [ ]는 이자, 〈 〉는 지불 인정 여부에 대한 입장이 미정임을 각각 뜻함. 대장성 및 외무성 시산액은 원문대로 약수(約數)만 표기. 또 한국의 요구 총액 산출에 활용된 지금·지은의 금액, 미불 환산 비율 1달러=360엔 등은 대장성의 자의적 시산에 따른 것이므로 한국의 정식 요구로 간주하는 것은 반드시 정확한 것은 아님. 대장성 인정액 중 5-4)를 제외한 합계 2,834[730]의 미불 합계는 원문에 9.6백만 달러로 표기되어 있으나 1달러=360엔으로 환산하면 9.9백만 달러가 옳으므로 고쳐 표기했음.

차이가 존재했다. 그러나 비록 일본정부로서 최종적으로 확정된 것이 아니더라도 청구권의 범위와 금액이 결정되어 갔던 1962년 2월 무렵, 일본정부 내부에서 일단 견적하고 있었던 금액들은 한국의 총 요구액으로서 대장성이 산출한 15억 달러에 대해 대장성이 최대 1,600만 달러, 외무성 약 7,100만 달러에 불과했다.

또 실제로는 중량으로 제기된 지금·지은 요구를 제외하고 한국이 금액으로 제시한 엔화 요구 총액 12,804,322,758엔[1달러 = 15엔으로 미불 환산한 합계 약 853,000,000달러]과 원래 미불로 제기된 피징용 한국인에 대한 보상 요구액 약 364,000,000달러를 더한 실제 요구 총액 약 1,217,000,000달러와 비교해도 일본이 승인한 금액은 턱없이 부족했다.[200] 심지어 1961년 7월 박정희 정권이 수립했던 청구권 요구의 정치적인 최저 라인 500,000,000달러와 비교해도 일본정부가 시산한 것 중 그나마 많았던 외무성 시산 약 71,000,000달러가량은 약 1/7 수준에 불과했다.

이렇듯 그 요구 범위뿐만 아니라, 한국이 무엇보다 중요시하던 금액 면에서도 그 목표액을 달성하기 위해 문제를 '청구권'으로서 밀고 나가는 것은 점점 어려워졌다.

---

200 전에 발표한 연구에서는 1962년 1월 무렵에 일본이 한국의 요구액을 12억 달러가량으로 파악하고 있었음을 지적하면서도 언제쯤 그 액수가 전달되었는지는 불명이라고 적었다. 장박진, 앞의 책, 2009, 423~424쪽. 그러나 위원회에서 한국이 제기한 청구 내용을 정확히 파악하면 이 약 12억 달러가량의 금액이 결국 위원회를 통해 직접 일본에게 밝혀진 내역을 염두에 둔 것이었을 가능성이 가장 커 보인다. 이 점은 한국이 대일 요구 내용을 제기해온 마지막 8회 위원회가 1961년 12월 21일에 끝났던 점에서도 엿볼 수 있다.

3. 정치 교섭과 청구권 교섭의 변용

1) 일본정부에 의한 청구권 명목 소거 과정

이상 고찰해온 위원회 토의가 비록 대일청구권의 범위와 금액을 결정하는 중요한 장이었다고 하더라도 6차 한일회담은 현실적인 타결을 위해서 애초부터 정치적인 교섭의 필요성이 강하게 인식된 회담이었다. 실제 6차 회담에서는 그 시작부터 위원회 토의의 배후에서 정치적인 접촉이 계속 이어졌다.

그러나 현실적인 타결을 위해서는 정치적인 결단이 필요하다고 생각하고 있었던 점에서 공통적이었던 한일 양국도 그 정치적 타결의 내용에 관해서는 그 방향성이 완전히 달랐다. 이하 논하는 바와 같이 김종필 – 오히라 합의로 인해 실현된 청구권 문제 타결의 틀은 그 엇갈린 방향성을 조율하기 위해 결국 금액과 명목이 교환된 타협의 산물이었다.[201] 물론 그 결과는 피해 – 가해 라는 감정적인 차원과 달리 결국 자금의 주고받기가 합의로만 가능한 한일회

---

201 6차 한일회담에서의 정치적인 교섭의 움직임에 관해 저자는 이미 한국문서를 이용하여 한국정부의 움직임을 주로 분석했다. 위의 책, 제8장 제1항. 따라서 이하 여기서는 주로 일본문서를 이용한 일본정부의 움직임을 고찰하나 청구권 교섭의 타결이 '무상 + 유상' 으로 흘러간 과정은 바로 일본의 의도에 따라 주도되었다고 평가해도 과오는 없다.

담 청구권 교섭의 피할 수 없는 구조적인 결과였다.

위원회 토의가 개시된 1961년 10월, 김종필 중앙정보부장은 일본을 방문하여 일찍 정치적인 물밑 사전 조율에 나섰다. 25일 이케다 수상을 예방한 김종필은 자신이 책임 있는 이야기를 할 수 있는 입장에서 방일했음을 밝히면서, 다음 달 예정된 박정희 의장의 방일을 한일회담의 큰 문제에 대한 의견 일치의 장으로 하고 싶다는 견해를 전달했다.[202] 비록 간접적인 표현이었으나 그 자리에서 김종필이 언급한 '큰 문제'가 교섭의 핵심인 청구권 제공 액수를 결정하는 문제였음은 말할 필요도 없다. 즉 박정희 정권은 정치적인 상징성을 띤 11월의 박정희 자신의 방일 시에 한일 양국의 입장 차이를 극복하고 한국이 원하는 선으로 총액을 결정함으로써 실질적으로 교섭을 타결할 돌파구를 마련할 것을 희망하고 있었던 것이다.

그러나 앞서 언급한 바와 같이 국내 대책을 위해서, 또 한국과의 교섭 결과를 보다 유리한 방향으로 이끌어가기 위해서 실무적인 교섭을 선행할 것을 생각했던 일본정부는 정상 간 회담이라는 가시적인 무대를 오히려 일본 측의 원칙적인 입장을 각인시키는 정치적인 장으로 활용하려 했다.[203]

실제 11월 12일 박정희 – 이케다 정상회담에서 박정희 의장이 청구권으로서의 틀을 결정해달라고, 사실상 제공 액수를 밝힐 것을 요구한 데 대해 이케다는 군정령 33호의 해석, 남북한이라는 대상 영역의 결정, 미각서에 따른 한

---

202 보다 자세히는 김종필은 박정희 방일 시 청구권 금액에 관해 양국에서 합의할 수 있도록 일본정부가 정치적인 결단을 내릴 수 있는 인물을 그 전에 서울로 파견하고 그 자리에서 사전 조율할 수 있도록 할 방안을 밝히고 있었다. 「池田総理, 金鍾泌部長会談要旨」, 外務省日韓会談公開文書(문서번호 1820), 1~3쪽.

203 박정희 – 이케다 회담의 내용은 "박의장 – 이께다 회담 희의록", 『박정희 국가재건최고회의 의장 일본방문, 1961.11.11 – 12』, 227~231쪽 ; 「池田総理, 朴正熙議長会談要旨」, 外務省日韓会談公開文書(문서번호 968), 3~7쪽에서 정리.

일 양국 간의 청구권의 관련성 문제 등 복잡한 문제들이 남아 있음을 지적하면서 문제의 핵심에 들어가는 것을 회피했다.[204] 그러면서도 이케다는 청구권이라는 개념으로 지불하려면 상쇄해야 할 문제가 나오고 과대한 금액을 내는 것은 어렵다고 선을 그었다.[205] 물론 그 상쇄해야 할 문제라고 함은 재한일본인 재산을 한국이 취득한 것과 한국의 대일청구권을 관련시키는 과제였다.

즉 정상회담에서 이케다는 청구권이라는 개념으로 접근할 경우에는 한국 측 희망에 부합하는 것이 불가능하다는 것을 부각한 것이었다. 그러면서도 회담 석상에서 이케다는 청구권으로서의 지불이 소액이 될 것을 전제로 그것을 보충하는 맥락에서 경제원조로 인한 추가 지불의 의향을 내비쳤다. 즉 이케다는 청구권 개념을 가급적 축소하고 경제원조로 인해 문제를 해결할 틀을 마련

---

204 박정희 – 이케다 회담 기록은 둘이서 가진 회담 내용을 사후에 본인으로부터 실무 담당자가 청취해서 작성한 탓인지 그 내용에 차이가 있다. 한국 측의 기록에서는 박정희가 한국의 대일요구액이 상당한 청구 근거를 가지고 있는 것임에도 일본이 청구권 지불 액수를 5,000만 달러가량으로 답하고 있는 것은 부당하다고 추궁하고 있을 뿐. 직접적으로 액수를 결정할 것을 요구한 기록은 없다. 그러나 5,000만 달러가 부당하다는 발언의 뜻이 일본에게 더 많은 액수를 요구하고 있는 것이므로 그 자리에서 박정희가 이케다에게 보다 많은 액수의 지불을 인정할 것을 요구한 것은 틀림없다. 또 일본 측의 기록에서는 박정희가 보다 많은 액수의 획득을 위해 '청구권'이라는 개념이 아니라 다른 적당한 명칭을 쓸 것을 인정한 기록이 나오나 그에 관해서도 한국 측 기록에서는 그러한 사실이 확인되지 않는다.

205 단 주목되는 것은 박정희 – 이케다 정상회담에 임하는 방침으로서 11월 7일 일본정부 내부의 일각에서는 종국적으로 청구권의 처리(무상경제원조도 포함) 2억 달러와 이른바 경제협력으로서 2억 달러의 선에서 해결하는 것이 타당하다는 입장에서 정상회담에서는 3억 달러 정도의 수치를 밝히도록 할 구상도 존재하고 있었다는 점이다. 「日韓請求權問題解決要綱に関する件」, 外務省日韓会談公開文書(문서번호 1366), 3쪽. 결과적으로 이러한 수치가 밝혀진 사실은 한일 양국의 문서에서 확인되지 않으며 따라서 그러한 사실은 없었다고 판단해도 무방할 것이다. 그 정확한 이유는 불명하나 이케다 수상 자신이 그 구상을 승인한 흔적도 없으므로 어디까지나 그 액수가 일본정부의 일각에서만 존재한 구상에 불과했다고 봐도 큰 과오는 없어 보인다.

하도록 정치적으로 유도하기 시작한 것이었다.

다만 이케다는 그 제안 시, 경제원조와 관련해서는 무상 형식을 취하지 않고 장기 처리의 유상원조를 실시할 구상을 전달했다. 다시 말해 이케다가 그 자리에서 말한 경제원조는 결과적으로는 그렇게 된 청구권 부분을 무상원조로 대체하는 형식이 아니었다. 후술하듯이 이 구상은 이케다 자신이 실제 실무 당사자에게 지시하고 있으므로 정상회담에서 박정희에게 밝힌 그의 말은 단순한 빈 말이 아니었다. 당초 이케다 자신은 한국과의 청구권 문제의 처리에 즈음하여 청구권 + 유상원조로 인한 해결의 가능성을 열어 놓음으로써 '청구권' 개념 자체의 사용을 완전히 봉쇄하려는 생각을 굳히고 있었던 것은 아니었다.

아무튼 이케다가 소극적인 자세로 나오자, 당초 박정희 방일에 따른 정치적인 교섭을 통해 청구권 문제 타결의 틀이 마련될 것을 기대한 한국정부의 구상은 성사되지 않았다. 그러나 사태 타개를 위해서는 결국 정치적인 결단만이 유일한 방안이라는 점에서는 한일 양국 간에 차이가 없었다. 실제 정치적인 접촉은 그 후에도 계속되었다.

대일8항목요구 중 실질적인 요구 내용을 담은 6항까지의 요구 제시가 끝난 8회 위원회 개최 무렵인 1961년 12월 20일, 배의환 수석대표는 이케다 총리를 방문하고, 기시 전 총리의 방한을 통한 문제 해결을 정치적으로 결단하도록 촉구했다.[206] 위원회에서의 한국 측 청구권 요구의 실질적인 제시 완료와 기시 전 총리의 방한 요청을 받아, 일본정부 내부에서도 정치적인 교섭에 들어갈 움직임이 시작되었다. 이세키 아시아국장은 12월 27일, 위원회 토의를 통해 한국의 청구 근거, 내용, 금액 등의 대부분이 드러났으나 문제의 성격상 위원회 수준의 토의를 가지고서는 지불 여부에 합의하는 것이 불가능하다고

---

206 「重要懸案処理月報　37年1月分」, 外務省日韓会談公開文書(문서번호 1427), 1쪽.

하면서 바야흐로 정치 절충에 들어갈 단계에 접어들었다는 견해를 28일 이케다 총리에게 설명했다.[207]

이와 같은 움직임에 보조를 맞추듯이 이 시기 미국 역시 정치권에 대해 그 결단을 촉구하는 적극적인 대응에 나서고 있었다. 1962년 1월 5일 라이샤워(Edwin O. Reischauer) 대사는 이케다 총리를 직접 방문하여 서울에서도 버거(Samuel D. Berger) 주한 대사가 박정희 의장을 만날 것이라고 밝히면서 워싱턴으로부터의 훈령이라고 하면서 청구권 교섭의 타결에 적극적으로 나설 것을 촉구했다. 그 석상에서 라이샤워는 박정희 의장이 조기 타결을 원하고 있으며 지금 진전이 없을 경우에는 박정희 의장 역시 타결의 토대를 잃어버릴 수 있다, 또 박정희 의장은 구체적인 금액을 일본이 제시하면 토의가 가능하다고 밝히고 있다고 지적하면서 일본정부가 주도권을 잡아 청구권 문제에 대한 안을 제시할 것을 요청했다. 실질적으로 정치적인 타결을 위한 구체적인 금액을 마련할 것을 이케다에게 촉구한 셈이었다. 라이샤워는 아울러 일본이 청구권 액수를 제시하면 현재 8억 달러, 12억 달러라고 전해지고 있는 한국 측 요구가 논의 대상 밖에 있는 값이며 합계 5억 달러 이하가 될 것, 또 그 금액 중에서도 청구권 명목에 해당하는 부분은 그 일부가 될 것임을 한국에게 설득한다고 약속했다.[208]

---

207 「日韓会談今後の運び方に関する件」, 外務省日韓会談公開文書(문서번호 1420), 2~3쪽. 28일에 그 견해를 이케다 총리에게 설명했다는 사실은 문서 제목 밑에 손으로 기입되어 있다. 또 흥미로운 것은 이세키 국장이 외무성의 입장으로서 한국 측 요구에 응하고 기시 전 총리가 한국을 방문함으로써 청구권 문제 해결에 관한 대강을 이끌도록 하는 것이 필요하다고, 기시 방한을 지지하는 생각을 드러내고 있었던 점이다. 같은 문서, 5~9쪽. 다시 말해 이 사실은 기시 방한이 실현되지 않았던 것은 정치권의 판단에 따른 결과였을 가능성을 간접적으로 드러내고 있다.

208 「池田総理、ライシャワー大使会談に関する米大使館員の内話の件」, 外務省日韓会談公開文書(문서번호 1796), 1~5쪽.

상술한 바와 같이 박정희 정권은 김유택 경제기획원장의 방일 시, 이미 8억 달러 요구를 일본에게 직접 제시했으며 또 위원회 토의에서도 중량으로 요구를 제기한 지금·지은을 제외하고 기타 항목으로 합계 12억 달러가량을 제기했었다. 라이샤워가 그 자리에서 언급한 8억 달러, 12억 달러라는 수치가 그에 해당하는 것임은 틀림없다. 또 타결하는 선으로 제시한 5억 달러 역시 박정희 정권 출범 이후 1961년 7월에 이미 최저 타결 라인으로 정해졌던 3안의 수치에 해당하는 것도 틀림없다. 즉 미국은 그 시기까지 한일 간에 오간 핵심적인 금액을 모두 파악하면서 박정희 정권이 최종 타결 액수로 정했던 5억 달러를 기준으로 교섭을 촉진할 것을 촉구한 것이었다.

워싱턴으로부터의 훈령임이 강조된 라이샤워의 회담 촉진 요구와 정치 교섭의 필요성을 역설한 외무성의 의견을 받아, 이케다 총리는 1월 9일 드디어 순청구권에 대한 최종안을 만들 것을 지시했다. 일본정부로서 정치적 해결을 위한 구체적인 준비에 들어갈 것을 결단한 순간이었다. 그 자리에서 이케다는 실무 당국에 무상원조 명목으로 인한 처리는 하지 않을 것이며 그 대신, 장기 저리 차관을 고려할 것을 지시했다.[209] 물론 이 방침은 11월 12일 박정희 - 이케다 회담에서 이케다가 박정희에게 직접 전했던 구상이었다.

그러나 실무자들은 이케다가 지시한 청구권 + 차관 방식으로 인한 해결 방안에 제동을 걸었다. 9일에 이케다가 내린 지시에 대해 이세키 국장은 즉시, 무상원조가 빠진 방식으로는 금액이 적어질 것이 예상되며 한국 측과의 타결이 어렵다는 전망을 밝혔다.[210] 또 이케다 지시의 다음 날인 10일, 외무성과

---

209 「日韓会談の進め方に関する勉強会の状況要点」, 外務省日韓会談公開文書(문서번호 1333), 1~2쪽.

210 이는 이케다 지시를 받은 이세키 국장이 그에 대한 코멘트로서 적은 메모를 통해 확인 가능하다. 위의 문서, 3쪽.

대장성은 공동 명의로 청구권 개념을 남기는 처리 방안에 대한 문제점을 다음과 같이 정리했다.[211]

첫째, '청구권'이라는 명칭을 사용하는 이상 법적 근거가 있는 것에 한정할 필요가 있으나 자료 상실 등 사실관계의 파악이 어렵다. 둘째, 은급법 등 국적 제한을 정한 실정법과 관련해 일본 국적을 상실한 한국인들을 법적으로 어떻게 취급할 것인가 하는 법 해석 자체가 어렵다. 셋째, 남북한의 지분을 산출하는 것이 어렵다. 넷째, 재한일본인 재산과 한국의 대일청구권과의 관련성을 명시한 미각서의 적용이 어렵다. 그리고 마지막 다섯째, 이상과 같이 청구권 액수 자체의 산출이 원천적으로 어려운데도 청구권을 법적 근거가 있는 것으로 설명하면서 더욱이 한국과의 타결을 위해 그에 정치적인 배려를 가한 금액을 추가할 경우 국회 등에서 설명하는 것이 어렵다.

바로 외무성, 대장성 양 성은 이러한 문제점을 들면서 최종 합의 시에는 '청구권'이라는 명칭을 일절 피하는 것이 현명하다는 입장을 취했다. 즉 김종필 - 오히라 합의로 이어지는 무상 + 유상 해결 방안은 이 시기 이케다 총리가 지시한 청구권 + 차관 방식을 기각할 것을 주도한 외무성, 대장성 양 성의 주도로 이루어진 것이었다.

그러나 무상 명목으로 인한 지불을 부정한 총리의 구상과의 조정 문제가 남았다. 그를 위해 다케우치(武内龍次) 외무차관은 외무를 담당하는 관료의 최고 책임자로서 정치권에 대한 설득 작업에 나섰다. 12일 다케우치 차관은 오히라 관방장관에게 이케다 총리가 내린 지시와 달리 무상원조라는 형식을 취할 것을 건의했다. 동 석상에서 다케우치 차관은 청구권 개념의 사용에 따라 지

---

211 「日韓会談の請求権問題処理にあたっての問題点」, 外務省日韓会談公開文書(문서번호 1736), 1~6쪽.

불액을 엄격히 제한하려는 대장성과 그에 정책적 관점을 가미하려는 외무성 간의 조정이 매우 어려우며 또 금액도 적어질 수밖에 없다고 설명하면서 한국과 현실적으로 타결하기 위해서는 무상원조라는 전혀 다른 형식을 취할 필요가 있다고 역설했다. 오히라 장관은 그 안을 이케다 총리와 상담할 것을 약속했다.[212]

이와 같은 흐름 속에서 외무성은 대장성과의 협의를 거쳐 이케다 총리가 지시한 청구권 +경제원조라는 두 가지 명칭에 무상원조를 더한 청구권 + 무상원조 + 경제원조라는 세 가지 명칭 방식을 취할 것인가, 또는 무상원조 + 경제원조라는 두 가지 명칭 방식을 취할 것인가 하는 두 가지 방안을 최종안으로서 마련했다.[213] 외무성으로서도 수상 지시에 남아 있던 청구권 개념에 따른 지불 가능성을 일절 무시하는 것은 부담스러웠던 것으로 풀이된다.

한편 구체적인 교섭 진전을 위해서는 금액을 정하는 과제 역시 피할 수 없는 핵심 문제였다. 1월 16일, 예상되는 3월의 정치회담에서 일본이 제시할 액수로서 외무성이 정리한 것은 명칭 여하를 불문하고 1억 달러 + 장기 저리의 경제협력 2억 달러를 맨 처음에 제시하고 최종적으로 전자를 1.5억 달러 또는 2억 달러, 그리고 후자를 2억 달러로 하는 방안이었다. 물론 '명칭 여하를 불문'으로 한 부분은 그것에 '청구권' 개념을 남길 것인지, 또는 '무상'으로만 추진할 것인지, 외무성으로서도 아직 결정하지 못했기 때문이라고 해석된다.

그러나 이들 수치는 애초 그것으로 타결할 수 있는 값으로서 산출된 것이 아니었다. 실제 외무성은 정치 절충이 개최되어도 단 한 번으로 해결된다고

---

212 「請求權問題に関する武内次官と大平官房長官との会談要旨」, 外務省日韓会談公開文書(문서번호 1739), 1~2쪽.

213 「請求權問題に関する大蔵省事務当局との協議に関する件」, 外務省日韓会談公開文書(문서번호 1738), 3~4쪽.

생각할 수 없으며, 또 한일 양국에게도 교섭이 난항을 겪고 타결되었다고 연출하는 것이 국내적으로 좋다는 인식을 드러내고 있었다.[214] 외무성으로서도 정치 절충이 결국 총액 결정을 위한 장임을 감안해, 일단 금액을 제시하면서도 반대로 그 수치를 활용하면서 한국에 대해 청구권 개념의 사용이 오히려 총액 결정을 위해서는 불리하다는 점을 연출하려고 그러한 수치를 책정한 것으로 풀이된다.

17일 한일 수석대표 간 회담에서는 중의원에서의 예산 심의가 끝나는 3월 상순쯤 정치회담을 개최하는 것으로 합의가 이루어졌다.[215]

합의된 정치회담을 전망하면서 외무성은 청구권 문제의 처리 방침을 최종적으로 정했다. 위에서 봤다시피 외무성은 1월 시점에서 이케다 총리의 지시와의 조정을 위해 한국과의 타결 방안으로서 청구권 + 무상원조 + 경제원조라는 세 가지 명칭 방식과 무상원조 + 경제원조라는 두 가지 명칭 방식을 후보로서 마련하고 있었다.

그러나 2월 7일 외무성은 청구권 개념의 사용을 일절 피하는 방안을 택한다는 방침을 정했다.[216] 외무성은 한국과 벌인 교섭과 대장성 등 관계 기관과의 자료 검토를 통해 충분한 법적 근거가 있는 청구로서 인정할 수 있는 금액이 지극히 소액이 될 것이 분명해졌다고 지적하면서 다가올 정치회담에서 합의할 총액에 관해서는 '청구권'이라는 명칭을 피하는 것이 적절하다는 결론을 내렸다. 외무성은 이 결론과 관련해 이미 1월의 단계에서도 지적되었던 사실관계의 파악, 관련 법의 한국인에 대한 적용, 남북한의 지분 구별, 미각서의

---

214 「日韓会談の今後の進め方について」, 外務省日韓会談公開文書(문서번호 1333내), 7쪽.
215 「杉·裵両首席代表申合わせ事項」, 外務省日韓会談公開文書(문서번호 1709), 1쪽.
216 이하 2월 7일의 외무성 방침의 내용은 「日韓請求権交渉の今後の進め方について」, 外務省日韓会談公開文書(문서번호 1746), 1~9쪽에서 정리.

적용 등의 문제와 함께 청구권으로서 지불하는 이상 확실히 해당 개인에게 지불하도록 하는 것이 필요하나 그것을 한국정부와 조정하는 것은 어렵다는 이유도 덧붙였다. 즉 결과로서 한일 간에 청구권 개념에 따른 지불이 일절 피해진 배경에는 개인청구권에 관해서도 국가가 취득하는 것을 주장한 한국정부의 요구가 일부 작용한 것이었다.

아무튼 외무성은 2월 정식으로 '청구권' 명칭을 소거하는 방침을 굳혔다. 그러면서도 외무성은 같은 방침 속에서 '청구권' 명칭으로 지불하지 않는 자금의 제공으로 인해 청구권 문제가 해결된다는 문제에 관해서는 그것을 부각하는 작업을 잊지 않았다. 즉 오늘날까지 한국인 개인의 청구권 문제와 얽힌 조항으로서 문제가 되고 있는 청구권협정 2조 "완전히 그리고 최종적으로 해결된 것"으로 규정한 조문 작성 문제가 대두되었다.

외무성은 청구권 명칭으로 지불하지 않으면서도 청구권 문제가 해결된 것으로 규정하는 문제에 관해 두 가지 방안을 구상했다. 그것은 한국이 청구권 개념의 사용 포기에 직접 동의할 경우와 그것을 수락하지 않을 경우의 두 가지 케이스에 대응하는 방안이었다. 즉 전자의 경우 협정에서는 한국이 대일청구권을 포기할 것을 먼저 명시한 후, 그 사실을 감안해 일본이 무상원조 및 장기 저리 원조를 제공한다고 규정하는 방식이었으며 한편 한국이 청구권 개념의 사용 포기에 동의하지 않을 경우는 일본이 무상원조 및 장기 저리 원조를 제공함으로써 결국 한국의 대일청구권이 '완전히 그리고 최종적으로 해결된 것'을 확인한다고 규정하는 방안이었다.

주지하는 바와 같이 한국은 청구권 명목을 명확히 포기하는 것에는 동의하지 않았다. 그로 인해 최종적으로 청구권협정에서는 그 1조에서 일본이 한국에 제공할 무상, 유상의 금액, 조건 등이 규정되고, 이어 2조에서 한일 양국의 청구권 문제가 "완전히 그리고 최종적으로 해결된 것이 된다는 것을 확인한다."고 규정되었다. 바로 이 최종 조항은 2월 7일에 외무성이 정리한 2안의 선에서 실현된 셈이었다.

한편 일본정부는 1차 정치회담을 내다보면서 청구권 명칭을 소거할 것, 또 청구권협정 2조에 해당하는 해결 규정 방침을 구체화하는 가운데서도 문제의 핵심인 제공 액수에 관해서는 최종적으로 타결하는 방침을 취하려 하지 않았다. 2월 15일 이케다 총리가 합석한 외무성, 대장성 양 성 회의에서 대장성은 아직 금액에 들어갈 단계가 아니라고 강조했다. 그에 대해 외무성은 한국이 정치회담을 양 측의 수치를 논의하는 자리로 인식하고 있음을 설명하면서 일단 수치에 들어가지 않을 수가 없음을 주장했다.[217]

그러나 외무성의 주장 역시 어디까지나 단지 금액을 제시할 것을 뜻한 것이지, 한국 측과 최종적으로 타결할 액수를 즉시 제시할 것을 주장한 것은 아니었다. 실제 금액 토의의 필요성을 주장한 외무성 역시 금액에 관해서는 상기 1월 16일 안을 제시하는 데 그쳤다.[218] 금액을 제시할 것을 주장한 외무성도 향후 한국과의 금액 교섭에 대비하면서 보다 유리한 결과를 이끌어내기 위해 낮은 선의 금액을 제시하는 전략을 취하려 한 것으로 봐도 과오는 없을 것이다. 무엇보다 동 석상에서 이케다 총리 역시 정치회담에서 총액을 결정할 필요는 없으며 조금 더 생각하고 싶다는 견해를 피력했다.[219]

---

217 「日韓問題に関する件」, 外務省日韓会談公開文書(문서번호 1333내), 3쪽.

218 회의록에는 1월 16일 안을 제시했다는 사실은 직접 기록되어 있지 않다. 그러나 그 기록에서는 외무성이 「日韓会談の今後の進め方について」를 낭독했다고 적고 있으며 동 안은 그 표제로 미루어, 바로 본론에서 고찰한 1월 16일 작성의 외무성 문서로 풀이된다. 또 그 1월 16일 안에서 마련된 무상 1억 달러, 유상 2억 달러라는 방안은 청구권 명칭으로 인한 지불을 최종적으로 기각한 2월 7일의 방침에서도 유지되어 있으므로 그 무렵 외무성이 그 수치를 제시할 것을 구상하고 있었음은 의심의 여지가 없어 보인다.

219 「日韓問題に関する件」, 外務省日韓会談公開文書(문서번호 1333내), 3~4쪽.

이렇듯 일본정부는 1차 정치회담에서는 한국과의 교섭 관계상 금액을 제시하되 어디까지나 한국이 동의하지 못하는 액수를 제시함으로써 타결을 지연하는 방침을 굳힌 것이었다. 동년 7월 일본에서는 참의원 및 자민당 총재 선거가 예정되어 있었다. 북한을 배제하고 또 군사정권과 단독으로 수교하는 데 부담이 컸던 이케다 정권에게 재한일본인 재산을 포기한 국민감정을 생각해서라도 1차 정치회담의 단계에서 한국이 희망하는 액수를 쉽사리 제공하고 교섭을 타결하는 것은 국내 정치적으로 어리석은 선택이었다. 일본정부로서는 1차 정치회담은 국내 정치의 일정이라는 측면에서 봐도 최종적으로 교섭을 타결하는 데 무르익은 시기가 아니었던 것이다.

일본정부가 최종적인 타결을 미루는 방침을 세우고 있던 가운데 김종필 중앙정보부장이 1962년 2월 다시 방일했다. 그 목적은 회담의 조기 타결을 위해 "3월 초 정치적 절충의 개시를 재확인함으로써 동 합의에 단단히 못을 박아 일본 측이 뒷걸음질 할 여지를 없애버리는 것"에 있었다.[220] 2월 21일 이케다 총리와의 회담에 나선 김종필은 책임자 간의 대승적인 입장에서 정치 절충을 진행할 것을 요청하고 이케다 총리의 결심 여하로 어떤 일이든 할 수 있을 것이라고 말했다. 즉 총리로서의 최종적인 결단을 촉구한 것이었다. 물론 김종필 부장이 촉구한 결단의 핵심은 타결 가능한 금액을 일본정부가 공식으로 제시하는 것이었다. 김종필은 그를 위해 한국정부로서 '청구권'이라는 명칭을 사용할 것을 반드시 고집하지 않겠다고, 양보의 자세까지 피력했다. 정치회담에서의 타결을 지연하는 방안을 정했던 일본정부의 방침을 모르는 김종필은 그 양보로 인해 일본이 타결 가능한 액수를 제시하도록 유인하려 한 것이었다.

---

220 "김 중앙정보부장의 방일 시 일본 고위층과 행할 교섭 원칙", 『김종필 특사 일본 방문, 1962.2.19 – 24』, 6쪽.

그러나 그 회담 석상에서 이케다가 보인 태도는 다가올 정치회담의 결과를 예고한 것이었다. 이케다는 정치 절충이라는 말이 논리(理屈) 없이 결정하는 것 같은 나쁜 인상을 준다고 말하면서 사실상 한국이 정치 절충으로 문제가 급진전할 것 같은 희망을 가지는 것에 대해 간접적으로 제동을 걸었다. 또 한국과 달리 일본에는 국회가 있어, 근거 없이 액수를 결정하는 것은 어려우며 반대하는 사람들을 납득시켜나갈 필요가 있다는 것, 또 액수를 결정하는 데도 그 전에 일본 국적을 상실한 한국인에 대한 은급을 지급할 것인가의 여부, 피징용 노무자에게 어떻게 지급할 것인가의 방식 등, 사무적인 문제를 사전에 정할 필요가 있다고 하면서 최종적인 해결이 아직 시기상조임을 완곡하게 드러냈다.

그러나 일단 동 회담에서는 한국에서 외상급의 인물을 도쿄로 파견하고 3월 10일부터 정치 절충에 들어가는 것에 대해서 합의가 이루어졌다. 무엇보다 김종필 부장의 거듭된 요구에 대해 이케다 총리 역시 3월의 정치회담에서 일본정부로서도 액수를 제시할 것을 약속했다.[221]

이에 따라 한국은 일단 정치회담에서 청구권 문제의 타결이 가능한 액수가 제시된다는 것에 일말의 기대를 걸게 되었다. 그러나 1차 정치회담이 그 기대와 어긋나는 결과가 되는 것은 이미 김종필 – 이케다 회담의 내용이 예고하는 대로였다.

---

221 이상 김종필 – 이케다 회담의 내용은 「池田総理, 金鍾泌韓国中央情報部長会談要旨」, 外務省日韓会談公開文書(문서번호 1821내), 4~17쪽에서 정리. 한국문서에서는 동 회담 기록이 토의 기록 형식이 아니라 핵심 사항만을 나열하는 형식으로 되어 있어, 자세한 토의 내용은 확인할 수 없다. 단 이케다가 정치회담에서 액수 표시가 있을 것이라고 언급한 기술은 있다. "회담 제81호, 김종필 중앙정보부장과 이께다 수상과의 회담 보고", 위의 문서, 21~22쪽.

2) 1차 정치회담과 청구권 개념의 봉쇄

1차 정치회담은 결국 당초의 예정보다 이틀 늦은 3월 12일부터 개최되었다. 그러나 정치적 결단으로 인해 돌파구를 마련하려 한 한국정부의 기대와 달리 그 회담 벽두부터 일본이 보인 태도는 그 기대를 허사로 만들어, 회담 이전에 세운 방침대로 청구권 개념으로서의 해결이 불가능함을 각인시키려는 것이었다.

실제 1회 정치회담 벽두에 고사카 외무대신은 장문의 연설을 통해 그 과제를 충실히 수행했다. 즉 고사카는 평화조약 4조⒜항에 기초해 한일 간 청구권 처리의 범위는 남한으로 한정할 것, 재한일본인 재산의 취득과 한국의 대일청구권의 관련성을 인정한 미각서의 존재로 인해 교섭의 주제는 한국의 대일청구권이 얼마만큼 소멸 또는 충족되었는가를 결정하는 문제라는 것, 지불이 청구권 명목인 이상 사실관계 및 법적 근거가 입증되어야 하며 그 입증 책임은 한국에게 있다는 것, 채권액은 모두 엔화 표기의 계약인 만큼 채권 발생 시의 금액으로 계산하는 것이 원칙이며 한국이 요구하는 1달러 = 15엔이라는 환산 비율은 수락하지 못한다는 것, 또 인정될 한국의 대일청구권에 관해서도 미각서로 인해 그 청구권이 얼마나 소멸되었는가가 양국에서 먼저 결정해야 할 과제라는 것 등을 밝히면서, 연설 마지막에는 이상의 결과 청구권으로서의 제공 액수가 지극히 적어질 수밖에 없음을 강조했다.[222]

고사카 외상이 밝힌 이 내용은 위원회 토의를 통해 이미 실무자 간에 밝혀

---

222 「日韓間の請求権問題に関する小坂外務大臣発言要旨」, 『제6차 한일회담, 제1차 정치회담, 동경, 1962.3.12 - 17 전 2권, (V.2 최덕신 - 고사까(小坂)외상회담, 1962.3.12 - 17)』, 131~138쪽 ; 「日韓間の請求権問題に関する小坂外務大臣発言要旨」, 外務省日韓会談公開文書(문서번호 719내), 1~8쪽.

졌던 내용과 다를 바가 없었다. 실무자가 이미 밝혔던 내용을 정치 교섭에서 거듭 강조한 일본정부의 의도는 물론, 교섭의 타결을 위해서는 청구권 명목의 사용을 포기해야만 한다는 것을 한국에게 각인시키기 위한 정치적인 최후통첩이었다.

그것뿐이 아니다. 일본은 고사카 외상의 벽두 발언에 이어, 한국이 제기한 각 구체적인 요구 항목에 대해서도 위원회에서 밝혔던 내용보다 엄격한 잣대를 들이대고 한국이 그 이상 청구권 개념을 고집하는 것을 봉쇄하는 조치를 준비하고 있었다. 비록 한일 양국의 회담 기록에는 그 발언이 실제 이루어졌다는 흔적이 없으므로 동 정치회담 석상에서 그 견해가 직접 밝혀졌는지는 불명하나, 대장성 미야가와(宮川新一郎) 이재국장이 한국이 제기한 각 요구 항목에 대해 밝힐 것으로 준비한 일본정부로서의 최종 입장은 표8 - 28과 같다.[223]

즉 1차 정치회담에 즈음하여 한국이 제기한 각 청구권 요구 항목에 대해 일본정부가 최종적인 입장으로서 준비한 답은 기본적으로 위원회 토의를 통해 이미 밝힌 내용들을 답습한 것이었으나 일부에 관해서는 해석상 보다 엄격한 잣대를 강조한 것이었다. 그것은 특히 5항에 속한 피징용 한국인의 보상 문제에서 나타났다. 그것은 원래 한국인이 소유한 기존의 재산 반환 문제에 해당하는 다른 '청구권' 요구와 비교해 바로 '피해보상'의 성격이 강한 요구로서 보다 정치적인 색채를 띠고 있었다.

실제 피징용 노무자, 군인·군속 문제와 관련해 위원회에서는 비록 그 지

---

223 「日韓間の請求権問題に関する宮川代表発言要旨」, 外務省日韓会談公開文書(문서번호 1757내)에서 정리. 혹시 대장성이 준비하던 각 항목에 대한 최종 입장이 실제로는 밝혀지지 않았다고 하면 그것은 고사카 외상의 벽두 연설로 인해 이미 회담 분위기가 험악해진 탓이 아닌가 상상할 수 있다.

표8-28 한국의 대일청구권에 대해 1차 정치회담에서 일본정부가 밝히려고 한 최종적 입장

구분		일본정부의 최종적인 입장
1항		지불해야 할 법적 근거 없음
2항		우편저금, 간이생명보험 등 대장성으로 예입된 부분 중 한국인 지분은 인정할 수 있으나 한국인 지분의 산출은 신중히 검토해야 함. 기타는 인정할 수 없음
4항		지불해야 할 법적 근거 없음
5항	일본계유가증권	현물 및 군정법령과 관계없는 원래 한국인 소유분만 인정
	일본계통화	현물 및 일본은행권, 일본정부소액지폐 중 유통과정에 있고 일본은행원의 입회하에 소각된 것만 인정
	미수금	한국인 지분 확인 중
	노무자 보상	일본인으로서 징용된 것이므로 생존자에 대한 보상 의무는 없음. 또 부상, 사망자에 대해서는 고용주가 위로금, 조위금 등을 지불하고 있었으므로 일본정부로서 추가적으로 지불해야 할 법적 근거는 없음
	군인·군속 보상	전후 군인은급은 정지되었으며 평화조약 발효 후 제정된 원호법이나 부활된 군인은급은 그 수급 권리를 일본 국적 소유자에게만 한정하고 있으므로 실정법상 지불이 지극히 어려움
	은급	국고 부담 및 평화조약 발효 시까지의 부분만 인정
	기탁금	세관기탁금 및 일본은행권과 교환한 조선은행권 미결제 부분은 인정. 재일조선인연맹 기탁분은 인정하지 못함

불 명목에 관해서는 미수금 등으로 처리하는 소극적인 태도를 보이면서도 일단 일본정부로서 그 지불에 대해서는 인정하는 태도를 보였다. 그러나 1차 정치회담에 맞추어 마련된 입장은 노무자에 관해 이미 각 사업소마다 관련 조치가 취해지고 있으므로 일본정부가 추가적으로 지불할 의무는 없다는 것, 또 군인·군속의 보상 문제에 관해서도 관련 법규에 있는 국적 제한을 오히려 부각하고 보상 대상 외가 될 가능성을 강조하는 것이었다.[224]

---

224 단 이 답변 내용과 달리 그 시점에서 일본정부가 보상 항목에 대해 완전히 지불을 거절할 것을 정식 방침으로 굳히고 있었는지는 불명하다. 실제 비공개 조치로 인해 여전히 그 상세는 볼 수 없으나 미야가와 발언이 나온 다음 날 3월 13일자로 외무성이 작성한 것으로 보이는 금액 사정(查定) 관련 문서에는 노무자, 군인·군속과 관련해 위로금(見

이와 같이 일본은 청구권 요구 중에서도 특히 정치적인 판단이 작동할 수 있는 항목을 중심으로 한국이 청구권으로서의 지불을 고집할 경우에는 일본정부로서 지불 대상을 엄격히 한정할 수밖에 없다는 것, 그리고 그 결과 지불 액수가 적어질 수밖에 없다는 것을 완곡하게 드러내면서 한국정부가 청구권 명목으로서의 타결을 최종적으로 포기하도록 유도하는 만반의 준비를 갖추고 있었던 것이다.

실무자 교섭에서는 넘을 수 없는 한계를 극복하는 것에 정치회담의 의의를 찾았던 한국대표단의 실망은 컸다. 최덕신 외무부 장관은 "외상회담은 실무자 간에서 해결하기 어려운 문제를 정치적인 고려하에 해결하자는 데 그 목적이 있는 것이다."[225]라고 반응했다. 그러나 '실무자 간에서 해결하기 어려운 문제를 정치적인 고려하에 해결'하자는 의미가 청구권 개념을 없애는 것에 있었던 일본정부에게 그와 같은 발론은 상대방의 전략도 모르고 외교 교섭에 임한 자신들의 경험 부족을 노출한 탄식에 불과했다.

그러나 한국은 2월의 김종필 – 이케다 회담에서 이루어졌던 약속에 따라 일본이 제시할 총액에 마지막 기대를 걸었다. 그를 위해 15일에 열린 동 정치회담 3회 절충에서는 청구권 단독 명목에 따른 지불로 인해 부족해지는 부분을 일본이 '무상' 형식으로 지불하는 것을 주장할 경우에는 그것을 수락한다는 의사를 밝혔다.[226] 즉 정치회담에서 사태의 타개를 원했던 한국은 자신이 원

舞金)이 책정되어 있었을 가능성이 크다. 「韓国請求権金額の査定」, 外務省日韓会談公開文書(문서번호 1758), 1쪽.

225 "한일 외상회담 제1차 회의 회의록", 『제6차 한일회담, 제1차 정치회담, 동경, 1962.3. 2 – 17 전 2권, (V.2 최덕신 – 고사까(小坂)외상회담, 1962.3.12 – 17)』, 124쪽 ; 「日韓政治折衝第1回会談記録」, 外務省日韓会談公開文書(문서번호 719내), 21쪽.

226 "한일 외상회담 제3차 회의 회의록", 위의 한국문서, 180쪽 ; 「日韓政治折衝第3回会談記録」, 外務省日韓会談公開文書(문서번호 721내), 3쪽. 단 일본문서에서는 최덕신

하는 금액을 받는 데 일본이 보다 지불하기 쉬운 명목을 일부 사용하는 것을 허용하는 타협적 자세를 미리 제시한 것이었다.

그러나 그 타협안은 1차 정치회담을 사실상 청구권 명목 사용의 봉쇄를 위한 장으로 여기던 일본정부의 전략을 변화시키는 데는 역부족이었다. 정치회담에 들어서면서 당초 금액 제시를 꺼리던 일본 역시 한국이 금액 제시를 거듭 요구하자 1차 정치회담의 마지막 절충이었던 5회 회담에서 그것을 제시했다. 그러나 회담 도중, 일부러 실무자가 별실로 이동해서 금액을 제시한다는 이례적인 형식을 취해 제시된 일본정부의 제공 액수는 청구권 7,000만 달러 + 차관 2억 달러였다.[227]

일본이 제시한 청구권 7,000만 달러는 앞서 고찰한 바대로 1962년 2월 무렵, 외무성이 산출한 액수였음은 의심의 여지가 없다. 그 수치는 같은 시기, 대장성이 마련한 1,600만 달러보다 많은 금액이었다. 대장성 안보다 많은 외무성 안을 제시한 것은 지나친 소액을 제시함으로 인해 일어날 한국 측의 거센 반발을 조금이나마 무마하기 위한 것이었음은 상상하기 쉽다. 그러나 동시에 그 수치는 애초 타결하기 위한 최종 액수가 아닌 최초의 액수로서 일본정부 자신이 정치회담에서 제시할 예정으로 산출한 1억 달러보다 적은 액수였다.

즉 정치회담에서 실제 7,000만 달러를 제시한 일본정부의 대응은 한국이 정식으로 청구권 명목을 포기하지 않는 단계에서 취한 보다 엄격한 조치였다.[228]

장관이 "청구권과 무상원조가 겹치는 부분에 대해서는 무언가 좋은 명목은 없을까?"라고 발언하고 있으나 그 취지는 같다고 봐도 무방할 것이다.

227 금액 제시가 별실에서 이루어진 결과 한일 양측의 회의록에서 그 값을 직접 찾을 수는 없다. 단 한국이 7억 달러를 요구한 데 대하여 일본이 청구권 7,000만 달러 + 차관 2억 달러를 제시한 사실은 한국 측의 다른 기록들을 통해 알 수 있다. 그 점은 이미 장박진, 앞의 책, 2009, 425~426쪽에서 논했다.

228 흥미로운 것은 일본이 3월 7일, 1차 정치회담에 임하기 위한 기본 방침을 정한 가운데

즉 당초 가미한 3,000만 달러가량의 '정치적인 배려'도 일절 배제한 외무성의 실무적 수치를 그대로 정치회담에서 제시한 것은 사실상 한국에 바로 '청구권' 요구를 포기할 것을 촉구한 강한 메시지였다.

그러나 동시에 그 자리에 참석한 외상의 입을 통해서가 아니라 일부러 실무자가 별실로 자리를 옮겨 그 자리에서 금액을 제시하는 형식을 취한 것은 한국에 향후 일본의 접근 가능성을 미리 제기해두는 의미가 있었을 것이다. 즉 외상이 직접 금액을 밝히는 방법을 피함으로써 일본은 그 수치가 결코 일본정부가 정치적으로 결단한 최종적인 금액이 아니라 향후의 교섭 내용에 따라 늘릴 수 있는 금액에 불과함을 미리 내비친 것이었다고 풀이된다. 다시 말해 이 례적인 금액 제시 방식을 통해 일본은 한국이 '청구권'을 포기하기만 하면 금액이 늘어날 것임을 우회적으로 전달함으로써 한국이 그에 호응하도록 유도하는 메시지를 동시에 던진 것이었다.

6차 회담 위원회 토의에서 한국이 정식으로 제기한 각 구체적인 항목 요구에 대한 일본정부의 공식적인 답이 7,000만 달러로 나오자, 한국정부에게는 그 이상 구체적인 항목 요구에 기초한 교섭을 진행하는 것이 아무런 의미도 없게 되었다. 실제 그 이후, 한일회담에서 청구권 요구의 기초 단위였던 각 항목에 의거하면서 교섭이 진행되는 일은 완전히 사라졌다. '청구권' 교섭은 바로 이 1차 정치회담을 계기로 그 기초 항목과 무관하게 총액을 결정하는 교섭으로 옮아감에 따라 사실상 모두 끝난 것이었다.

군사정권의 성격을 감안해 소액부터 제시해서 금액을 인상하는 방안은 적당하지 않다고 말해, 의견 교환의 결과 제시할 총액에 약간 변동이 일어날 수 있다고 하면서도 1억 달러를 그대로 제기하는 방침을 재확인하고 있는 점이다. 「日韓政治折衝に臨む日本側の基本方針」, 外務省日韓会談公開文書(문서번호 718), 6~8쪽. 그 사실을 감안하면 7,000만 달러를 실제 제시한 것은 정치회담 진행에 따른 분위기 속에서 급히 더 엄격하게 대처하는 것이 필요하다는 판단에 따른 것일 가능성이 크다.

3) 김종필 - 오히라 합의와 청구권 교섭의 변용

일본의 교섭 전략으로 인해 1차 정치회담은 한국정부가 기대한 성과를 거두는 일 없이 끝났다. 그 후 한일교섭은 일본 측 국내 정치의 일정도 겹치고 일단 부진한 상황을 맞이했다. 7월, 한일회담의 진전을 가로막았던 일본 국내의 정치 일정이 소화되었다. 1일 과반수 유지에 성공한 참의원선거의 결과를 배경으로 14일 자유민주당 총재에 재선된 이케다 수상은 18일 내각 개조를 단행했다.

중요한 정치 일정의 진전을 맞아, 7월 24일 일본정부는 회담 진척을 위한 중요한 계기를 맞이했다. 신 내각에서 외무대신으로 취임한 오히라가 참석한 회담 석상에서 이세키 국장은 신 내각의 출범까지 기다려 달라는 약속으로 한국을 설득해왔다는 이유로 이보다 더 지연하는 것은 회담 중단으로 이어질 가능성이 있다는 것, 또 이듬해 민정 이행이 예정되어 있는 만큼 한국에서도 국회가 생겨 회담에 대한 반대가 커질 것 등을 지적하고 2차 정치 절충에 나설 필요성을 역설했다. 합석한 수기(杉道助) 수석대표 역시 총리 및 외무대신이 바야흐로 타결의 결의를 가질 것을 당부했다. 그 의견에 대해 오히라 신 외상 역시 더는 지연할 방안이 없다고 말하며 이케다 총리와 상의해서 결단할 것을 다짐했다.

또 이 회의에서는 '청구권'을 없애고 '무상원조'로 타결하는 것을 일본정부의 최종적인 공식 입장으로 할 것을 재확인했다. 그 석상에서 외무성이 '청구권'이라는 명칭을 사용할 경우에는 금액이 적어질 수밖에 없으며 한국과 타결하는 것이 어렵다, 남한 지역에 한정할 것을 명시해야 한다, 국내 보상 문제를 야기할 우려가 남는다는 등의 이유를 들어 '무상원조'로 할 것을 재차 촉구하자, 오히라 역시 특히 국내 보상 문제와 관련해 '자는 아이를 깨우는 것은 곧

란하다.'고 말하면서 '청구권'을 없애고 '무상' 명목으로 추진하는 것에 대해 사실상 정치적인 승인을 했다.[229]

이상의 회의 내용을 기반으로 26일 외무성은 8월 중에 한일 양국 수석대표를 중심으로 예비 절충에 들어가, 9월 말 또는 10월 상순에 2차 정치회담을 개최한다는 방침을 세웠다. 또 24일의 오히라 외상의 승인에 따라 외무성은 다음 정치회담에서는 한국이 수용하고 있는 청구권 + 무상 + 유상 방식에 대해 한국이 청구권을 포기 또는 주장하지 않는 것을 전제로 무상 + 유상으로 타결하는 자세로 임할 방침을 세웠다. 한국이 요구하고 있는 '청구권'에 '무상'을 더하는 방식을 피하는 것은 '무상'이 '청구권'의 변형임이 부각되며 아무래도 국회에 설명하는 것이 어려워진다는 이유였다.[230] 결국 이 방침은 이케다 총리의 승인을 얻어, 8월 20일 2차 정치회담을 위한 예비 절충에 나설 수기 대표에게 내리는 정식 훈령이 되었다.[231] 당초 '무상' 방식을 부정하고 '청구권 + 유상'으로 해결할 것을 지시한 이케다 총리 역시 '무상 + 유상' 방식으로 인한 해결 방안을 일본정부의 최종 방침으로서 승인한 것이었다.

한편 금액과 관련해 예비 절충에 나설 수기에게 내려진 훈령은 '무상 1.5억 달러 + 유상 1.5억 달러'를 한도로 한다는 것이었다.[232] 실제 이 무상 1.5억

---

229 「日韓会談の進め方に関する幹部会議概要」, 外務省日韓会談公開文書(문서번호 1338), 1~6쪽에서 정리. 또 이 회의에서는 한국의 시장으로서의 가치가 유망하나 일본의 기업가가 초조해 하고 있다는 인상을 주는 것이 상책이 아니므로 한국의 정치적 안정에 관심이 있다고 하는 것이 좋다는 대화도 이루어져 있다. 즉 한국과의 조기 타결 방침에는 다른 관련 국가와 비교해 일본이 한국에 빨리 진출하는 것이 필요하다는 인식이 깔려 있었음을 나타내고 있다. 이와 관련된 대화는 같은 문서, 6~8쪽.

230 「日韓会談の進め方に関する件」, 外務省日韓会談公開文書(문서번호 1338내), 4~8쪽.

231 「日韓全面会談日本政府代表杉道助に対する訓令」, 外務省日韓会談公開文書(문서번호 1338내), 1~2쪽.

232 단 유상 1.5억 달러는 당초 '2억 달러'로 인쇄되어 있던 것을 손으로 수정한 것이다. 그

달러는 8월 21일부터 시작된 한일 예비 절충에서 일본 측의 표면적인 교섭 재료로 제시되었다.[233] 그러나 8월 31일 외무성은 최영택 참사관 등을 통해 수집한 정보로 한국정부가 청구권 3억 달러와 그와 비슷한 수준의 유상을 희망하고 있다는 인식에 기초해 액수를 증액하는 방안을 이미 책정하고 있었다.[234] 그 안은 다음과 같다.

- 1안 : 무상 2억 달러, 유상 2억 달러
- 2안 : 무상 2.5억 달러, 유상 2억 달러
- 3안 : 무상 3억 달러, 유상 2억 달러

  (단, 위 무상의 수치들에는 일본의 대한무역채권 약 4,570만 달러가 포함됨)

즉 정치 절충이 진행 중인 8월 말 비록 외무성 구상의 단계였으나 김종필 – 오히라 합의의 핵심인 '무상 3억 달러 + 유상 2억 달러'라는 윤곽이 분명히 잡힌 것이었다.[235]

수정의 의미를 정확히 판단하는 것은 어려우며 따라서 유상 2억 달러가 그대로 정식 방침이었을 가능성도 있다.

233 이 정치 절충에 관한 교섭 내용은 장박진, 앞의 책, 2009, 432~439쪽에서 논했다.

234 「日韓請求権問題の解決方法について」, 外務省日韓会談公開文書(문서번호 1766), 1~3쪽.

235 최근 아사노는 이 5억 달러 제공이 원래 일본이 미국에게 변제해야 할 '점령지역구제정부자금(GARIOA)' 채무의 감액 부분과 관련이 있다고 시사하고 있다. 浅野豊美, 앞의 논문, 84~85쪽. 즉 미국이 일본의 제공 액수를 주도했다는 것이다. 흥미로운 주장이나, 본론에서 논한 바와 같이 5억 달러는 일본정부 내부의 검토 과정을 거쳐 도출되었으며 현재 시점에서 공개된 일본 공식 문서를 보는 한, 5억 달러 결정에 대한 미국의 주도를 직접 드러내는 증거는 없다. 아사노는 그 근거의 하나로서 동 채무 변제에 관한 미일교섭의 시기와 일본이 한국에게 5억 달러 제공의 의향을 밝힌 1961년 5월의 일본국회의원단 방한의 시기적인 근사성에 주목하고 있으나 이는 정확하지 않으며 그때 5억 달러를 언급한 것은 한국 측이다. 다만 그 무렵까지 일본이 한국에 6억 달러가량의 경제원조 의향을 밝혔던 흔적은 한국문서를 통해 확인할 수 있다. 이에 관해서는 장박진, 앞의 책,

10월 20일에 예정된 김종필 부장의 방일을 앞두고 외무성은 10월 2일 각종 경로를 통한 정보를 총합하면서 '무상 3억 달러 + 유상 2억 달러'라는 액수로 한국이 타결할 것이 거의 확실하다고 단정 지었다. 그것을 전제로 10월 20일의 김종필 방일 시, 청구권 문제의 타결을 일거에 이루어내고 그 직후 서울에서 2차 정치회담을 열어 그 자리에서 타결되었다는 형식적인 모양새를 갖춤으로써 교섭을 매듭짓는 방침을 굳혔다. 일본이 김종필 - 오히라 회담에서 제시할 금액으로 정한 방침안은 다음과 같다.[236]

　• 1안 : 무상 2.5억 달러 + 유상 1.5억 달러
　• 2안 : 무상 3억 달러 + 유상 1.5억 달러
　(단 1안, 2안 모두 무상에 대한무역채권 약 4,570만 달러가 포함됨)

　진지하게 타결을 도모할 것을 정한 단계에서 외무성이 왜 8월 31일의 세 가지 안과 비교해 유상을 각각 0.5억 달러씩 줄였는지는 의문으로 남는다. 그러나 일거에 타결로 이끌 것을 결단한 외무성으로서는 무상 부분의 감액을 주장할 경우 한국과의 대립이 심해질 것이 충분히 예상되었다. 추측컨대 일본 정부로서는 그 불필요한 한국과의 대립을 피하면서도 예상되는 5억 달러가량을 둘러싼 한국과의 흥정에 대비하고 조금이나마 일본에게 덜 부담이 되는 결과를 얻기 위해서 유상 부분을 낮게 제기하고, 그 후 그 부분을 늘리는 방안을 생각한 것으로 보인다.
　10월 20일에 열린 1회 김종필 - 오히라 회담에서 오히라는 예정대로 맨 처

　2009, 368~370쪽.
236 「日韓会談における請求権問題の解決方策について」, 外務省日韓会談公開文書(문서번호 1768), 3~8쪽에서 정리.

음 무상 부분 2.5억 달러, 최대 양보로서 3억 달러의 선을 제시했다. 그러나 동 석상에서 김종필이 차관을 포함해 6억 달러를 주장한 결과 1차 회담은 즉시 타결로 이어지지 못했다.[237]

결국 11월 12일 재차 열린 2회 김종필 – 오히라 회담에서 제공 금액을 무상 3억 달러 + 정부차관 2억 달러 + 민간차관 1억 달러 이상으로 하는 것에 합의한 것은 주지의 사실이다.[238] 그것은 한국이 원했던 6억 달러라는 금액을 인정하는 대신, 일본이 주장한 무상, 유상으로 인한 자금 제공 방식을 채택하는 것, 그리고 당초 예상한 5억 달러를 넘는 1억 달러 부분에 관해서는 민간차관으로 보충하는 형식을 취하도록 한 타협의 산물이었다. 한국과 일본은 바로 금액과 제공 명목을 서로 양보함으로써 타결을 이끌어낸 것이었다.

이렇게 하여 1951년 가을 시작한 한일청구권 교섭은 약 12년 만에 표면상 일단 타결의 틀을 마련하였다. 그러나 합의를 위해 도출된 청구권 문제 해결

---

237 "김종필 부장 – 오히라 외상 회담 내용 보고", 『김종필 특사 일본방문, 1962.10 – 11』, 92~93쪽. 단 일본 측의 회담 기록에서는 오히라가 가급적 3억 달러에 다가가도록 노력하고 있다는 발언만 한 것으로 되어 있으며 직접 2.5억 달러, 3억 달러를 언급한 기록은 없다. 「大平大臣・中央情報部長会談記録要旨」, 外務省日韓会談公開文書(문서번호 1824내), 3~4쪽. 그러나 실무자가 동 1회 회담의 내용을 청취한 기록 문서에서는 오히라가 일본정부 내부에서는 2억 달러, 2.5억 달러라는 의견들이 있다는 언급을 한 기록이 있다. 「大平大臣・中央情報部長会談(37年10月20日)に関する日韓双方の記録の対照」, 外務省日韓会談公開文書(문서번호 1824내), 4쪽. 따라서 회담 석상에서 오히라가 외무성의 1안, 2안의 무상 금액을 그대로 언급했을 가능성이 크다.

238 1회 김종필 – 오히라 회담 후, 외무성은 향후의 해결 방안으로서 1안 : 무상 2.5억 달러(대한무역채권은 장래에 탕감할 가능성을 염두에 두면서 현안으로 남긴다), 유상 1억 달러(문서로 약속), 2안 : 무상 3억 달러(대한무역채권은 지불), 유상 1.5억 달러(구두 약속), 그리고 3안 : 무상 3억 달러(대한무역채권은 지불), 유상 1억 달러 내지 1.5억 달러(문서로 약속) 등의 구상을 가지고 있었음을 알 수 있으나 아직 비공개 부분이 많아 상세는 불명하다. 「日韓会談における請求権問題の解決方針について」, 外務省日韓会談公開文書(문서번호 1770), 1~4쪽.

의 틀은 그 부작용으로서 청구권 문제의 성격을 일변했다. 물론 그 근본적인 이유는 6억 달러의 합의를 위해 마련된 무상, 유상 명목으로 인한 자금 제공 방식에 깃들어 있었다.

청구권 문제 해결의 틀이 결정된 2회 김종필 – 오히라 회담 석상에서 김종필은 자금 제공에 관한 명목과 관련해 "청구권 문제를 해결하고 한일 간의 경제협력을 증진하기 위하여"라고 규정할 것을 제안했다.[239] 이어 12월 21일 열린 20회 예비교섭에서도 한국은 청구권 해결 규정과 관련해 전문(前文)에서 "청구권 문제의 해결과 양국 간의 경제협력의 증진을 희망하고"라고 규정하는 협정 요강을 제출했다.[240] 즉 한국은 무상, 유상으로 자금이 제공되는 형식과 관련해 그 자금이 '청구권'으로서 지불된다고 명시하는 표현을 일찍이 피한 것이었다.

물론 이 타협은 무상, 유상의 자금 제공이 순순히 경제원조로 이루어져야 한다는 일본정부의 입장을 고려한 것이었다. 즉 경제원조로서 자금을 제공한다는 의미로 무상, 유상으로 정한 일본정부가 그 자금의 제공을 청구권 지불과 관련시키는 것을 허용할 리가 없었다. 실제 1962년 12월 오노(大野伴睦) 방한에 동행한 이세키 국장은 일찍 한국에 제출한 협정 요강안에서 무상, 유상 부분에 일부러 각각 '경제협력'이라는 개념을 붙여, 그것이 경제원조로서 이루어지는 성격의 자금임을 강조하고 있었다.[241] 그 결과 국민감정 등 국내 사

---

239 "한일대정제 485호, 제2차 김부장, 오히라 외상 회담록", 『김종필 특사 일본방문, 1962.10 – 11』, 163쪽 ; 「大平大臣·金鐘泌韓国中央情報部長第二回会談記録」, 外務 省日韓会談公開文書(문서번호 1826내), 1쪽.

240 "제6차 한일회담 제2차 정치회담 예비회담 제20회 회의 회의록", 『제6차 한일회담, 제2 차 정치회담, 예비절충 : 본회의, 1 – 65차, 1962.8.21 – 64.2.6, 전5권, vol.2, 4 – 21차, 1962.9.3 – 12.26』, 403쪽 ; 「日韓予備交渉第20回会合記録」, 外務省日韓会談公開文書(문서번호 651내), 별첨 2, 2쪽.

정을 생각해 청구권 개념을 완전히 포기하지 못했던 한국정부에게 남은 선택은 사실상 하나밖에 없었다.

바로 '청구권 문제의 해결'로 표현하는 것이 그 유일한 답이었다. 그것은 청구권이라는 표현만은 남겨야 하는 한국 국내의 사정을 반영하면서도 한편으로는 그 자금 제공이 '청구권'과는 전혀 무관하다는 것을 유지해야 했던 "일본 측의 입장을 고려한, 말하자면 지원(助け船)"[242]의 의미로서 제기된 마지막 묘안이었다. 즉 이것은 자금 제공과 청구권 지불과의 관계를 명시하지 않으면서도 '청구권' 개념만큼은 남기기 위해 일본의 자금 제공을 '청구권 문제의 해결'과 연결한 것이었다. 그러나 물론 타협을 위해서 불가피한 이 선택은 자금을 청구권으로서 받지 않으면서도 청구권 문제는 '해결'된다는 논리 모순을 낳지 않을 수 없었다.

그뿐만이 아니다. 무상, 유상이라는 자금 제공을 '청구권 요구에 대한 지불'로 하지 않고 단지 '청구권 문제의 해결'과 연결한 이 타협안은 바로 이로 인해 교섭 성과가 한일 간의 과거처리의 문제와 전혀 무관한 것이라고 하는 일본 측의 해석을 보다 강화했다. 즉 한일 간의 식민지 관계에서 발생한 각종 문제의 처리로서 그간 진행되어온 한일청구권 교섭은 그 타결의 결과 당초의 교섭 목적과 전혀 무관한 것으로서 문제를 매듭짓는 역설을 허용하게 된 것이었다.

실제 무상 등의 개념을 일찍이 고려한 일본정부는 무상 형식으로 인한 해결 구상을 다음과 같이 해석하도록 그 입장을 정리하고 있다.[243]

---

241 「日本国と大韓民国との間の請求権解決及び経済協力に関する協定要綱(抜粋)」, 外務省日韓会談公開文書(문서번호 651내), 「日韓予備交渉第20回会合記録」, 별첨 1, 1~2쪽.

242 「崔大使会談要旨」, 外務省日韓会談公開文書(문서번호 1728내), 3~4쪽.

243 「日韓請求権処理に関する問題点(討議用資料)」, 外務省日韓会談公開文書(문서번호 1740), 20~21쪽.

그것은 법적 근거가 있는 청구권으로서의 지불이 아님은 물론, 도의적, 정치적 기타 비법률적인 요인을 고려한 위로금(見舞金)과도 그 성격을 전혀 달리한다. 즉 그와 같은 무상원조는 적어도 전후 처리의 일환으로서의 청구권 처리 문제와는 전혀 무관(無緣)한 것이며 그와의 관련성으로서는 합리적으로 설명할 수 있는 것도 아니다. 따라서 무상원조를 진행한다면 평화조약 4조(a)항에 기초한 약정과 전혀 다른 형식을 취할 필요가 있으며 그것은 정치적인 판단과 결정에서 찾을 수밖에 없다. 일단 그에 관한 설명은 다음과 같다.

- 종래 일본의 일부였던 한국 독립에 즈음한 배려 및 발전을 위한 일조
- 안전보장이란 반공 방파제를 위한 출자
- 이라인[평화선] 철폐 실현을 통한 어민 구제를 위해 필요한 대가

자금의 제공과 한일 간의 과거처리라는 성격을 완전히 절단하려는 이 해석은 협정 타결 후의 일본정부의 공식적인 입장에도 그대로 반영되었다. 한일회담 타결 후, 일본정부는 바로 이 문제에 대해 다음과 같이 해설하고 있다.[244]

경제협력의 증진과 청구권 문제의 해결은 동일한 협정의 내용으로 되어 있으나 …… 양자 간에는 아무런 법률적인 상호관계도 존재하지 않는다. 이에 대해서 한국정부는 무상 3억 달러, 유상 2억 달러의 공여는 한국의 대일청구에 대한 채무 지불의 성격을 가지며, 기본적으로는 배상과 같은 것으로 설명하고 있다. 이러한 한국 측 국내적 설명은 청구권 문제가 오랜 기간에 걸쳐 한일회담에서의 최대의 교섭 안건으로서 늘 주목되어 왔으며 특히 한국정부로서는 이 문제에 30여 년에 이르는 일본의 한반도 식민지화의 사과로서의 의의를 연결하려고 해온 경위를 감안할 때, 그 입장을 이해하지 못하는 바는 아니다. 그러나 이러한 대내적 정치 고려는 둘째 치고 명문화된 협정의 내용을 말하면 1조에 규정한 5억 달러의 자금 공

---

244 谷田正躬, 「請求權問題」, 谷田正躬·辰巳信夫·武智敏夫編集, 『日韓条約と国内法の解説』, 大蔵省印刷局, 1966, 62~63쪽.

여는 한국 측이 말하는 것과 같은 한국의 대일청구에 대한 채무 지불의 성격을 가지는 것이 아님은 말할 필요도 없는 것인 바, …… 어디까지나 경제협력으로서 이루어지는 것에 불과하다. 이와 같은 공여와 병행해서 재산 및 청구권에 대한 문제에 대해서는 완전히 그리고 최종적으로 해결된 것으로, 양국 간에 어떠한 문제도 존재하지 않게 된다는 것을 확인한 것이 2조의 취지이다.

쉽게 말해 일본정부는 청구권 문제와 전혀 무관한 경제협력으로서 무상, 유상 자금을 제공함으로써 평화조약 4조(a)항에 기초한 청구권 문제가 '부수적'으로 해결되었다고 주장할 수 있게 된 것이었다.

바로 김종필 – 오히라 합의는 그런 의미에서 한일 간의 과거를 '청산'한 것이 아니라 바로 '소멸'시킨 것이었다. 그러나 이와 관련된 문제는 그에 그치지 않았다. 그것은 바로 전후 처리와도 평화조약 4조와도 전혀 무관한 국가 간의 경제협력으로 인해 왜 틀림없는 한일 간의 과거처리 문제이며 또 평화조약 4조에 기초한 청구권 문제였던 개인청구권까지 '완전히 그리고 최종적으로 해결'할 수 있는가 하는 문제였다. 그러나 이와 같은 중대한 모순이 일어난 것은 단지 과거의 책임을 외면하려고 했던 일본정부의 무책임한 입장에서만 비롯된 것은 아니었다.

실제 일본에 제공 자금이 한일 간의 과거처리 문제와 전혀 무관하다는 해석을 허용하는 틈을 보장한 한국은 같은 12월 21일의 20회 예비교섭에서 제출한 전술의 요강에서 "제2차 세계대전 종결에 따라 발생된 양국 또는 양국 국민 간의 청구권 문제가 최종적으로 해결된 것을 인정한다."[245]고 일찍이 제기

---

245 "제6차 한일회담 제2차 정치회담 예비회담 제20회 회의 회의록", 『제6차 한일회담, 제2차 정치회담, 예비절충 : 본회의, 1 – 65차, 1962.8.21 – 64.2.6, 전5권, vol.2, 4 – 21차, 1962.9.3 – 12.26』, 404쪽 ; 「日韓予備交渉第20回会合記録」, 外務省日韓会談公開文書(문서번호 651내), 별첨 2, 4쪽.

하고 있었다. 즉 한국정부 역시 일단 6차 회담에 이르러 제시한 대일8항목요구 6항의 수정 요구, 즉 협정 후 개인청구권 행사의 권리를 담보하는 요구를 김종필 – 오히라 합의가 성립되자 스스로 철회한 셈이었다.[246] 실제 이 수정 요구가 위원회에서 제기된 후, 개인청구권의 문제에 대해 한일 간에 진지한 논의가 이루어진 기록도 없거니와 무엇보다 그것을 거절하려 한 일본을 상대해 한국이 그 관철을 위해 끈질기게 노력한 흔적도 없다.[247]

이렇듯 '청구권' 교섭은 한국과 일본이라는 국가 간의 과거처리 문제와 무관하게 된 것에 더해 과거에서 연유하는 개인청구권의 문제마저 소멸시키는 결과를 초래했다.

김종필 – 오히라 합의 후, 한일교섭은 대일무역 채무의 변제 기간, 유상 부분의 변제 거치(据置) 기간의 해석 등, 자금 제공과 관련된 조건 투쟁으로 옮아갔다. 물론 이것은 과거처리와 관련된 구체적인 항목에 따라 이루어지는 '청구권' 교섭도 아니거니와 비록 총액이라고 하더라도 그것을 한일 간의 과거처리와 관련시켜 제공하기 위한 '청구권' 교섭도 아니었다.

---

246 한국이 개인청구권에 악영향을 주면서도 한일 간의 타결로 청구권 문제가 완전히 그리고 최종적으로 해결되도록 한 이유의 하나로 일본과 북한의 향후 교섭을 차단하려는 의도가 있었음은 장박진, 앞의 책, 2009, 453~455쪽에서 이미 논했다.

247 저자가 찾을 수 있었던 한, 이 시기 6항의 수정 요구가 제기된 후, 개인청구권 행사의 권리를 남기는 것과 관련된 논의가 이루어진 것은 12월 21일 20회 예비교섭의 한 번뿐이었다. 「日韓子備交涉第20回会合記録」, 外務省日韓会談公開文書(문서번호 651내), 8쪽. 단 한국문서에서 그 내용은 한국인이 보유한 주식의 법적 가치를 인정할 것을 따로 규정하도록 요청하고 있어, 6항 요구 수정 전의 내용을 답습하고 있으나 아무튼 그것 역시 개인청구권 행사의 권리를 남기는 과제로서 언급된 것은 틀림없을 것이다. "제6차 한일회담 제2차 정치회담 예비회담 제20회 회의 회의록", 『제6차 한일회담, 제2차 정치회담, 예비절충 : 본회의, 1-65차, 1962.8.21-64.2.6, 전5권, vol.2, 4-21차, 1962.9.3-12.26』, 402쪽. 물론 이러한 한국 측 요구에 대해 일본은 그것을 분명히 거절하는 견해를 나타내고 있다.

이런 의미에서 김종필 – 오히라 합의에 따라 마련된 '청구권 문제의 해결'은 결코 실제 청구권 문제를 '해결'한 것이 아니었다. 그 실태는 청구권 교섭의 성격을 최종적으로 변용시킴으로써 그 후 오랫동안 '정상화'되지 않은 전후 한일관계의 새로운 출발점을 마련한 것이었다.

나가며

저자로서는 앞서 발표한 책과 이 연구로 인해 과거처리를 둘러싼 한일회담 청구권 교섭의 대강은 거의 밝힐 수 있지 않았나 생각하고 있다. 연구자로서는 물론 나름의 안도감이나 흐뭇함을 느끼지 않는 것은 아니다. 그러나 이 책의 집필을 끝내면서 가지게 된 솔직한 소감은 허탈감이었다고 실토하는 것이 보다 정확하다. 식민지 관계에서 연유한 과거 청산 과정의 전모는 고작 이 따위에 불과했는가 하는 생각을 떨쳐낼 수 없기 때문이다. 물론 이는 그 과정을 야유하고 싶어서 하는 말은 아니다.

유구한 역사를 가진 민족이 오랜 친분 관계가 있었던 이웃에 의해 병합당하고 사라졌다는 너무나도 무거운 역사를 다시 가슴에 새겨본다. 그 수모와 죄책감을 견디다 못한 혹자는 스스로 생의 마감을 선택하고, 도저히 이겨낼 수 없는 커다란 역학에 굴복하는 것을 거절한 또 다른 혹자는 그 후 나라 밖에서의 유랑의 삶을 걸었다. 국내에 머무른 사람들 역시, 때로는 저항의 대가로 감옥살이를 해야 했고, 저항조차 못 한 대다수의 사람들은 이웃 나라에 의한 지배라는 민족적 굴욕을 일상으로 삼켰다. 민족적인 대의라는 관점에서 평가할 때, 그 선택에 엄연히 책임이 있는 대일협력자 역시, 이제 누구도 반전시킬 수 없는 커다란 흐름에 농락당하고 민족반역자라는 오명을 쓰게 되었다는 의미에서는 또 다른 역사의 '피해자'임이 틀림없다. 적어도 대일협력자가 존재한 탓에 일본의 지배를 받게 된 것은 아니며 민족으로서의 역량 부족이 반역을 낳았다. 그리고 그 후 일어난 '총력전'은 식민지 피해에 더해 전쟁과 관련된 새로운 피해를 추가했다.

대일과거처리는 바로 이와 같은 너무나도 무겁고 또 광범위한 상처를 떨쳐 내기 위한 숙명을 짊어질 수밖에 없었다. 그것은 각 개인들이 겪은 고통의 기억을 달래고 그 상처를 아물게 함으로써 새로운 출발을 다짐하기 위한 과제였다. 그러나 역사는 종종 역설을 동반한다. 청산 과제가 이와 같은 무거운 사명을 짊어진 것이었으니만큼 그것은 오히려 애초부터 그 사명을 다할 수 없는 과제가 될 수밖에 없었다. 35년간이란 지배에다 전쟁이라는 격동이 낳은 커다란 상처를 말끔히 다 씻어낼 수 있었는지를 자문하기만 하면 그 답은 누구에게나 자명하다. 더구나 외국의 힘 앞에 농락당하고 주권을 상실한 한민족은 다시 외국의 역학 관계에 따라 광복을 되찾은 것뿐이었다. 이로 인해 대한민국은 해방 후의 역사를 원하는 대로 그려나갈 수 있는 입장에 서지 못했다. 거기에다 남북분단, 한국전쟁, 그리고 그 결과로서의 혼란과 가난이 계속 한국 사회를 덮쳤다. 결과 선택의 범위에 제약을 받은 한국은 교섭 당초부터 대일 요구를 기본적으로 반환적인 것에 한정했으며 그나마 제기한 요구마저 국가 경제 건설을 위한 차선책으로서 경제협력이라는 명목으로 '팔아먹어야 했다'. 물론 이러한 결과에는 신생 국가로서의 외교 역량 부족이나 교섭을 진행하는 데 필요한 증빙자료 등의 부재라는 악조건이 작용했다. '완전한 청산'은 사실상 애초부터 이루어낼 수 없는 달콤한 환상에 불과했다.

그러나 이유야 어쨌건, 대한민국은 전후의 역사가 가져다준 제약조건하에서 국익을 위해 평화조약을 받아들이고 그 위에서 한일협정을 맺었다. 물론 이것은 주권 국가로서 스스로 택한 '자주적'인 역사였다. 그 결과 식민지 피해와 관련된 많은 과제들이 '미완의 청산'으로 표류하게 되었다. 그러나 한국사회는 그 역사에 일정한 책임을 져야 한다. 국내에서는 일본과의 과거처리 문제에 임한 한국이 과연 이 과제를 어떻게 추진해 나갔는지에 관한 상세한 검증도 없이 미완으로 표류한 과제를 중요시하는 국민감정의 표출로서 1965년 협정을 너무나 쉽게 부정하는 경향이 강하다. 물론 그것이 지금도 과거의 기억에 시달리면서 고통을 받고 있는 피해자를 구제함으로써 일본과의 진정한 화해를 이루어내려는 순수한 정의감에서 나오는 목소리라는 점까지 부정하는 것은 아니다.

그러나 자신의 책임 의식을 결여한 정의감은 자칫 독선을 자초한다. 과제가 남았다는 사실과 더불어 중요한 것은 왜 그러한 과제가 남게 되었는지에 관한 과정과 논리를 직시하는 자세이다. 아울러 그 과정과 선택에 스스로의 책임을 찾으려는 용기이다. 그러한 겸허한 자세 없이 만족하지 못하는 결과를 쉽게 비판하거나, 더 나아가 그 책임을 상대에게만 일방적으로 떠넘기려는 사고는 원래 이루고자 하는 화해에 역행하는 것일뿐더러 새로운 상처마저 유발한다. 상대의 책임과 더불어 스스로의 책임을 깊이 성찰하려는 겸허한 사고만이 화해를 위해 불가결한 관용의 정신을 낳는다. 이 책이 그러한 관용이라는 정신을 한국사회에 심는 데 있어서, 반드시 선행되어야 하는 정확한 사실관계의 기록과 기억 공유 작업에 일조가 될 수 있다면 저자로서 그 이상의 기쁨은 없다.

　마지막으로 30대 후반이 되면서도 다시 유학길에 오르는 것을 허락해 주신 결과, 정작 본인은 80세라는 고령임에도 혼자 버티시게 된 어머니 고순여(高順汝)님께 사과와 감사의 뜻을 여기에 적으면서 이 연구를 마치고자 한다. 어머니께 강요한 불안과 외로움의 대가로는 턱없이 미흡한 성과이지만⋯⋯.

　　　　　　　　머지않아 해방 70년, 수교 50년을 맞이하면서도
　　　　　　여전히 불신과 갈등 속에 갇혀 있는 한일관계를 지켜보면서

　　　　　　　　　　　　　　　　　　　　2014년 11월
　　　　　　　　　　　　　　　　　　　　장박진

참고문헌

〈한국 문헌〉
외무부 한일회담 공개 문서

- 『한일회담 예비회담(1951.10.20 – 12.4), 자료집: 대일강화조약에 관한 기본태도와 그 법적근거, 1950』.
- 『한일회담 예비회담 (1951.10.20 – 12.4), 본회의회의록, 제1차 – 10차, 1951』.
- 『한일회담 예비회담(1951.10.20 – 12.4) 청구권 관계 자료집: 일본에 있는 구 왕실 재산목록, 1951』.
- 『제1차 한일회담(1952.2.15 – 4.21), 청구권분과위원회 회의록, 제1차 – 8차, 1952.2.20 – 4.1』.
- 『제1차 한일회담(1952.2.15 – 4.21) 청구권 관계자료, 1952』.
- 『제2차 한일회담(1953.4.15 – 7.23), 본회의회의록, 1953.4.15 – 30』.
- 『제2차 한일회담(1953.4.15 – 7.23), 청구권위원회회의록, 제1 – 3차, 1953.5.11 – 6.15』.
- 『제3차 한일회담, 본회의회의록 및 1 – 3차 한일회담 결렬경위, 1953.10 – 12』.
- 『제3차 한일회담, 청구권위원회회의록, 제1 – 2차, 1953.10.9 – 15』.
- 『제4차 한일회담 예비교섭, 1956 – 58, (V.1 경무대와 주일대표부 간의 교환공문, 1956 – 57)』.
- 『제4차 한일회담(1958.4.15 – 60.4.19), 청구권 관계자료, 1958』.
- 『제4차 한일회담, 청구권위원회회의록, 제1차 – 3차, 1958.5.20 – 12.17』.
- 『제5차 한일예비회담 일반청구권 소위원회 회의록, 1 – 13차, 1960 – 61』.
- 『제6차 한일회담 예비교섭, 1961, 전2권, (V.1 7 – 8월)』.
- 『제6차 한일회담 예비교섭, 1961, 전2권, (V.2 9 – 10월)』.
- 『제6차 한일회담 재산청구권 관계 종합자료집, 1961』.
- 『제6차 한일회담 청구권위원회회의록, 1 – 11차, 1961.10.27 – 62.3.6』.

- 『박정희 국가재건최고회의 의장 일본방문, 1961.11.11 - 12』.
- 『김종필 특사 일본 방문, 1962.2.19 - 24』.
- 『제6차 한일회담, 제1차 정치회담, 동경, 1962.3.12 - 17 전 2권, (V.2 최덕신 - 고사까(小坂)외상회담, 1962.3.12 - 17)』.
- 『제6차 한일회담, 제2차 정치회담, 예비절충: 본회의, 1 - 65차, 1962.8.21 - 64.2.6, 전5권, vol.2, 4 - 21차, 1962.9.3 - 12.26』.
- 『속개 제6차 한일회담, 청구권위원회 회의록 및 경제협력문제, 1964』.
- 『[민간인(김태성) 등]의 대일청구권 해결 문제, 1955 - 65』.
- 『한일회담 청구권 관계자료, 1965 - 66』.

한일회담 관련 자료

- 經濟企劃院, 『請求權資金白書』, 1976년.
- 국사편찬위원회 편, 『한일회담 관계 미 국무부 문서 1(1952~1955) - 주한·주일 미국대사관 문서철 - 』, 국사편찬위원회, 2007년.
- 국사편찬위원회 편, 『한일회담 관계 미 국무부 문서 2(1952~1955) - 주한·주일 미국대사관 문서철 - 』, 국사편찬위원회, 2007년.
- 국사편찬위원회 편, 『한일회담 관계 미 국무부 문서 3(1956~1958) - 주한미국대사관 문서철 - 』, 국사편찬위원회, 2008년.
- 국사편찬위원회 편, 『한일회담 관계 미 국무부 문서 4(1956~1958) - 주일미국대사관 문서철 - 』, 국사편찬위원회, 2008년.
- 大韓民國政府, 『對日賠償要求調書 第1部: 現物返還要求』, 1949년 3월.
- 大韓民國政府, 『對日賠償要求調書(續)』, 1949년 9월.
- 大韓民國政府, 『對日賠償要求調書』, 1954년.
- 外務部, 『韓日會談說明書 韓日會談關係文書』, 작성 연도 불명.
- 外務部政務局, 『韓日會談略記』, 1960년.
- 外務部政務局, 『韓日會談의 諸問題』, 1960년.

기타 자료

- 國史編纂委員會편, 『資料 大韓民國史1』, 國史編纂委員會, 1968년.
- 國史編纂委員會편, 『資料 大韓民國史2』, 國史編纂委員會, 1969년.

- 國史編纂委員會편, 『資料 大韓民國史3』, 國史編纂委員會, 1970년.
- 國史編纂委員會편, 『資料 大韓民國史5』, 國史編纂委員會, 1972년.
- 國史編纂委員會편, 『資料 大韓民國史6』, 國史編纂委員會, 1973년.
- 國史編纂委員會편, 『資料 大韓民國史7』, 國史編纂委員會, 1974년.
- 國史編纂委員會편, 『資料 大韓民國史8』, 國史編纂委員會, 1998년.
- 國史編纂委員會편, 『資料 大韓民國史11』, 國史編纂委員會, 1999년.
- 國史編纂委員會편, 『資料 大韓民國史12』, 國史編纂委員會, 1999년.
- 國史編纂委員會편, 『大韓民國史資料輯18: 駐韓美軍政治顧問文書1(1945.8~1946.2)』, 國史編纂委員會, 1994년.
- 國史編纂委員會편, 『大韓民國史資料集 28 (李承晩關係書翰資料集)〈1944~1948〉』, 國史編纂委員會, 1996년.
- 國史編纂委員會편, 『韓國 現代史資料集成 46 주한 미군사고문단 문서』, 國史編纂委員會, 1999년.
- 國會圖書館立法調査局, 『韓國外交關係資料集〈立法參考資料 第193號〉』, 國會圖書館, 1976년.
- 金南珞, "対日賠償問題와 當行", 『무궁』, 1948년 2월, 20~23쪽.
- 李相德, "對日賠償要求의 正當性", 『新天地』, 1948년 1월, 29~39쪽.
- 任炳稷, "對日賠償과 우리의 主張", 『民聲』 제5권 6호, 1949년 6월, 15~16쪽.
- 張世義, "血汗의 代價를 찾자", 『民聲』 제5권 제2호, 1949년 2월, 29~30쪽.
- 鄭光鉉편, "敵産関係法規並手続便覧", 東光堂書店, 1948년. 金南植·李庭植·韓洪九 엮음, 『韓国現代史資料叢書 14(1945~1948) 제3부 단행본 편 제5권 경제·사회·문화』, 돌베개, 1986년.
- 朝鮮銀行, 『朝鮮銀行의 對日債權 一覽表[南朝鮮](1947年 9月 30日 調査)』.
- 遞信部, 『韓國郵政 100年史』, 遞信部, 1984년.
- 저자 불명, "日本降服前後의 華北通貨機構: 聯銀의 制度와 聯銀券의 歸趨", 『朝鮮銀行月報』 no.2, 1947년 6월, 87~90쪽.
- 저자 불명, "對日銀行爲替淸算試論", 『朝鮮銀行月報』 no.3, 1947년 7월, 105~110쪽.
- HQ, USAFIC ⅩⅩⅣ CORPS, G2 Weekly Summary, 『美軍政情報報告書』 통권 第11券 1945.9부터 1946.5까지, 日月書閣, 1986년.

회고, 논문 및 연구서

- 강노향, 『논픽션 駐日代表部』, 東亞PR硏究所, 1966년.
- 고바야시 히사토모, "조선인 강제동원 피해자의 미불금에 대해", 민족문제연구소·포럼진실과 정의 편, 『역사와 책임』 창간호, 2011년, 186~204쪽.
- 金東祚, 『回想30 韓日會談』, 중앙일보사, 1986년.
- 김승은, "재한(在韓)원폭피해자 문제에 대한 한일 양국의 인식과 교섭태도(1965 - 1980)", 『아세아연구』 제55권 2호, 2012년, 104~135쪽.
- 김태기, "1950년대 초 미국의 대한(對韓)외교정책: 대일강화조약에서의 한국의 배제 및 제1차 한일회담에 대한 미국의 정치적 입장을 중심으로", 『한국정치학회보』 vol.33 no.1, 1999년, 357~377쪽.
- 남기정, "샌프란시스코 평화조약과 한일관계: '관대한 평화'와 냉전의 상관성", 『東北亞歷史論叢』 22호, 2008, 37~69쪽.
- 박진희, 『한일회담: 제1공화국의 對日정책과 한일회담 전개과정』, 선인, 2008년.
- 박진희, "한국의 대일강화회담 참가와 대일강화조약 서명 자격 논쟁", 이창훈·이원덕 편, 『한국 근·현대정치와 일본 Ⅱ』, 선인, 2010년, 121~155쪽.
- 俞鎭午, 『韓日會談: 第1次 會談을 回顧하면서』, 외무부 외교안보연구원, 1993년.
- 이원덕, 『한일 과거사 처리의 원점: 일본의 전후 처리 외교와 한일회담』, 서울대출판부, 1996년.
- 任炳稷, 『任炳稷回顧錄』, 女苑社, 1964년.
- 장박진, 「한일회담에서의 피해보상 교섭의 변화과정 분석: 식민지관계 청산에 대한 '배상', '청구권', '경제협력'방식의 '연속성'을 중심으로」, 『정신문화연구』 제31권 제1호, 2008년 3월, 209~241쪽.
- 장박진, 『식민지 관계 청산은 왜 이루어질 수 없었는가: 한일회담이라는 역설』, 논형, 2009.
- 장박진, "한일회담 청구권 교섭에서의 세부항목 변천의 실증분석: 대일8항목요구 제·5항의 해부", 『정신문화연구』 제34권 제1호, 2011년 3월, 86~117쪽.
- 장박진, "한일회담 청구권 교섭에서의 세부항목 변천의 실증분석: 대일8항목요구 제2항의 해부", 『일본공간』 vol.6, 2011년 5월, 195~241쪽.
- 장박진, "대일평화조약 제4조의 형성과정 분석: 한일 간 피해 보상 문제에 대한 '배상', '청구권'의 이동(異同)", 『국제·지역연구』(서울대) 제20권 3호, 2011년,

1~42쪽.

- 장박진, "전후 한국의 대일배상 요구의 변용: 미국의 대일배상 정책에 대한 대응과 청구권으로의 수렴", 『아세아연구』 제55권 제4호, 2012년 12월, 116~153쪽.
- 장박진, "미국의 전후 처리와 한반도 독립 문제: '근거 없는 독립'과 전후 한일관계 의 기원", 『아세아연구』 제56권 제3호, 2013년 9월, 23~64쪽.
- 鄭城和, "샌프란시스코 平和條約과 韓國·美國·日本의 外交政策의 考察", 『人文科 學研究論叢』 제7호, 1990년, 143~157쪽.
- 崔永鎬, "韓國政府의 對日 民間請求權 補償 過程", 『韓日民族問題研究』vol.8, 2005년, 225~254쪽.

- 국회회의록.

〈일본 문헌〉
- 外務省日韓会談公開文書(이에 속하는 각 문서는 매우 많으므로 각주에서 개별적 으로 명시함)

기타 자료
- 上田克郎(大蔵省理財局外債課長), 「外債処理協定の成立とその実施：政策と資 料」, 『時の法令』84号, 1953년, 44~49쪽.
- 大蔵省管理局編, 『日本人の海外活動に関する歴史的調査』通巻 第3冊, 朝鮮篇 第 2分冊, 高麗書林, 1985년.
- 大蔵省管理局編, 『日本人の海外活動に関する歴史的調査』通巻 第6冊, 朝鮮篇 第 5分冊, 高麗書林, 1985년.
- 大蔵省管理局編, 『日本人の海外活動に関する歴史的調査』通巻 第10冊, 朝鮮篇 第9分冊, 高麗書林, 1985년.
- 大蔵省国際金融局, 『経済協力 韓国・105 労働省調査 朝鮮人に対する賃金未払債 務調』, 작성 연도 불명.
- 大蔵省財政室編, 『昭和財政史－終戦から講和まで－』第20巻 英文資料, 東洋経 済新報社, 1982년.
- 大蔵省理財局外債課, 『日韓請求権問題参考資料未定稿 第2分冊』, 1963년.

- 大蔵省理財局外債課,『日韓請求権問題参考資料未定稿 第3分冊』, 1963년.
- 大蔵省理財局外債課,『日韓請求権問題参考資料未定稿 第4分冊』, 1963년.
- 外務省,「日韓関係に横たわるもの」,『世界週報』第34巻 第32号, 1953년, 16~26쪽.
- 外務省編,『日本外交文書 平和条約の締結に関する調書』第一冊(I～Ⅲ), 2002년.
- 外務省編,『日本外交文書 平和条約の締結に関する調書』第二冊(Ⅳ・Ⅴ), 2002년.
- 外務省編,『日本外交文書 平和条約の締結に関する調書』第三冊(Ⅵ), 2002년.
- 外務省編,『日本外交文書 サンフランシスコ平和条約準備対策』, 2006년.
- 外務省編,『日本外交文書 サンフランシスコ平和条約対米交渉』, 2007년.
- 外務省政務局特別資料課,『在日朝鮮人管理重要文書集: 1945~1950年』(1950년), 湖北社, 1978년, 수록.
- 加藤聖文監修・編,『海外引揚関係史料集成(国外篇)』第17巻, ゆまに書房, 2002년.
- 神谷不二,『朝鮮問題戦後資料 第1巻』, 日本国際問題研究所, 1978년
- 財団法人鮮交会,『朝鮮交通史』, 鮮交会, 1986년.
- 戦後補償問題研究会編集,『戦後補償問題資料集 第8集: GHQ関連文書集』, 戦後補償問題発行, 1993년.
- 大和製罐株式会社編,『30年の歩み』, ダイヤモンド社(非売品), 1969년.
- 朝鮮銀行史研究会編,『朝鮮銀行史』, 東洋経済, 1987년.
- 朝鮮総督府,「朝鮮奨学会設立趣意書」, 1941年1月.『日本植民地教育政策史料集成 朝鮮編』第51巻, 龍渓書舎, 1989년, ⑮1~3쪽.
- 閉鎖機関整理委員会編,『占領期 閉鎖機関とその特殊清算』(1954년), 大空社, 1995년, 재수록.
- 法務研修所編,『在日朝鮮人処遇の推移と現状』, 발행 연도 불명,『現代日本・朝鮮関係史資料集1』第3輯, 高麗書林, 1990년, 재수록.
- 森田芳夫,『朝鮮終戦の記録－米ソ両軍の進駐と日本人の引揚－』, 巌南堂書店, 1964년.
- 森田芳夫・長田かな子編,『朝鮮終戦の記録 資料篇第一巻日本統治の終焉』, 巌南堂書店, 1979년.
- 森田芳夫・長田かな子編,『朝鮮終戦の記録 資料篇第二巻 南朝鮮地域の引揚げと

日本人世話会の活動』, 巌南堂書店, 1980년.

- 저자 불명, 「外債処理の問題點」, 『東洋経済新報』 第2394号, 1949년 10월 15일, 22~24쪽.
- 저자 불명, 『在外財産問題の処理の記録－引揚者特別交付金の支給－』, 内閣総理大臣官房管理室, 1973년.

논문, 연구서 및 해설문

- 浅野豊美, 「サンフランシスコ講和条約と帝国清算過程としての日韓交渉」, 李鍾元・木宮正史・浅野豊美編, 『歴史としての日韓国交正常化(Ⅱ)脱植民地化編』, 法政大学出版局, 2011년, 55~94쪽.
- 漆畑充, 「植民地期における朝鮮奨学会に関する一考察」, 『日本の教育史学』 第48集, 2005년, 94~103쪽.
- 太田修, 『日韓交渉 請求権問題の研究』, クレイン, 2003년.
- 岡野鑑記, 『日本賠償論』, 東洋経済新報社, 1958년.
- 金恩貞, 「日韓国交正常化交渉における日本政府の政策論理の原点：「対韓請求権論理」の形成を中心に」, 日本国際政治学会編, 『国際政治』 第172号, 2013년 2월, 28~43쪽.
- 金民樹, 「対日講和条約と韓国参加問題」, 日本国際政治学会編, 『国際政治』 第131号, 2002년 10월, 133~147쪽.
- 古庄正, 「政府と企業の戦後処理」, 山田昭次 古庄正 樋口雄一, 『朝鮮人戦時労働動員』, 岩波書店, 2005년, 229~253쪽.
- 徐龍達, 「戦後における在日韓国人経済経営の動向」, 永野慎一郎編, 『韓国の経済発展と在日韓国企業人の役割』, 岩波書店, 2010년, 21~36쪽.
- 高崎宗司, 『検証日韓会談』, 岩波書店, 1996년.
- 塚元孝, 「韓国の対日平和条約署名問題：日朝交渉, 戦後補償問題に関連して」, 『レファレンス』 no.494, 1992년 3월, 95~100쪽.
- 長澤裕子, 「戦後日本のポツダム宣言解釈と朝鮮の主権」, 李鍾元・木宮正史・浅野豊美編, 『歴史としての日韓国交正常化(Ⅱ)脱植民地化編』, 法政大学出版局, 2011년, 129~156쪽.
- 永野慎一郎, 「韓国の経済発展に対する在日韓国企業人たちの貢献」, 永野慎一郎

編, 『韓国の経済発展と在日韓国企業人の役割』, 岩波書店, 2010년, 37~53쪽.

- 原貴美恵, 『サンフランシスコ平和条約の盲点：アジア太平洋地域の冷戦と「戦後未解決の諸問題」』, 渓水社, 2005년.

- 細谷千博, 『サンフランシスコ講和への道』, 中央公論社, 1984년.

- 谷田正躬, 「請求権問題」, 谷田正躬・辰巳信夫・武智敏夫編集, 『日韓条約と国内法の解説』, 大蔵省印刷局, 1966년, 59~119쪽.

- 吉澤文寿, 『戦後日韓関係：国交正常化をめぐって』, クレイン, 2005년.

- 李鍾元, 「日韓の新公開外交文書に見る日韓会談とアメリカ：朴正熙軍事政権の成立から「大平・金メモ」まで(一)」, 『立教法学』第76号, 2009년, 1~33쪽.

- 李鍾元, 「日韓の新公開外交文書に見る日韓会談とアメリカ：朴正熙軍事政権の成立から「大平・金メモ」まで(二)」, 『立教法学』第77号, 2009년, 109~140쪽.

- 李鍾元, 「日韓の新公開外交文書に見る日韓会談とアメリカ：朴正熙軍事政権の成立から「大平・金メモ」まで(三)」, 『立教法学』第78号, 2010년, 155~205쪽.

- 李鍾元, 「日韓会談の政治決着と米国：「大平・金メモ」への道のり」, 李鍾元・木宮正史・浅野豊美編, 『歴史としての日韓国交正常化(Ⅱ)脱植民地化編』, 法政大学出版局, 2011년, 83~114쪽.

- 李鍾元・木宮正史・浅野豊美編, 『歴史としての日韓国交正常化(Ⅰ)東アジア冷戦編』, 『歴史としての日韓国交正常化(Ⅱ)脱植民地化編』, 法政大学出版局, 2011년.

- 李東俊, 「朝鮮銀行在日資産の「特殊清算」と韓日請求権問題」, 『日本研究論叢』제31호, 2010년, 105~140쪽.

- 李東俊, 「日韓請求権交渉と「米国解釈」会談：「空白期」を中心にして」, 李鍾元・木宮正史・浅野豊美編, 『歴史としての日韓国交正常化(Ⅰ)東アジア冷戦編』, 法政大学出版局, 2011년, 53~82쪽.

- 国会会議録.

〈영문 문헌〉

자료

- Foreign Relations of the United States, 1946 Volume Ⅷ, The Far East

1947 Volume Ⅵ, The Far East

1949 volume Ⅶ, The Far East and Australasia, Parts 2

1950 volume Ⅵ, East Asia and The pacific

1950 volume Ⅶ, Korea

1951 volume Ⅵ, Asia and the Pacific, Part 1

1951 volume Ⅶ, Korea and China, part 1

- The Occupation of Japan, Part 3: Reform, Recovery and Peace 1945 – 1952, 일본국회 도서관 헌정자료실 소장, 청구 기호 OJP – 3.
- Records of the Office of Northeast Asian Affairs, Relating to the Treaty of Peace with Japan: Subject File, 1945 – 51(Lot File 56 D 527), 일본국회도서관 헌정자료실 소장, 청구 기호 YF – A10 시리즈.
- Records of the Office of the Historian Japanese Peace and Security Treaties, 1946 – 1952(Lot File 78 D 173), 일본국회도서관 헌정자료실 소장, 청구 기호 YF – A10 시리즈.

논문

- Yamashita Yasuo, "TITLE CLAIM TO JAPANESE PROPERTY IN KOREA", *THE JAPANESE ANNUAL OF INTERNATIONAL LAW no.2*, 1958, pp.38~54.

※사실상 영어 문헌이라도 한국, 일본의 관계 기관이 편찬한 문헌은 한국, 일본 문헌으로 표기하고 있다.

미완의 청산

한일회담 청구권 교섭의 세부 과정

초판 1쇄 인쇄 2014년 12월 10일
초판 1쇄 발행 2014년 12월 19일

지은이 장 박 진
펴낸이 주 혜 숙
디자인 오 신 곤
펴낸곳 역사공간
등록 2003년 7월 22일 제6-510호
주소 121-842 서울특별시 마포구 동교로 142-11 플러스빌딩 3층
전화 02-725-8806~7, 325-8802
팩스 02-725-8801, 0505-325-8801
E-mail jhs8807@hanmail.net

ISBN 979-11-5707-028-2 93340